杭州年鑑

沙孟海题

(2006)

杭州市人民政府地方志办公室

方志出版社

图书在版编目(CIP)数据

杭州年鉴. 2006 / 杭州市人民政府地方志办公室编.
北京：方志出版社，2006. 10
ISBN 7-80192-911-X

Ⅰ. 杭… Ⅱ. 杭… Ⅲ. 杭州市-2006-年鉴
Ⅳ. Z525. 51

中国版本图书馆 CIP 数据核字（2006）第 128626 号

杭州年鉴(2006)

编　　者：杭州市人民政府地方志办公室
(杭州市环城北路 318 号)
邮编　310026
电话　0571-85253687

出 版 者：方 志 出 版 社
(北京市建国门内大街 5 号中国社会科学院科研大楼 12 层)
邮编　100732
网址　http://www.fzph.org

责任编辑：李　沛
发　　行：方志出版社出版发行部
010-85195814　85196281
经　　销：新华书店总店北京发行所
法律顾问：北京市京诚律师事务所
印　　刷：杭州余杭人民印刷有限公司
制　　版：杭州新正多媒体技术有限公司

开　　本：889×1194　　1/16
印　　张：37. 75
字　　数：1640 千
版　　次：2006 年 10 月第 1 版　2006 年 10 月第 1 次印刷
印　　数：0001-3000 册

ISBN 7-80192-911-X/K·695　　定价：180. 00 元

杭州市地图

安徽省
浙江省
乌溪
梅林镇
杭垓镇
湖
老石坎水库
椰桥镇
狮桥镇
章村镇
云乐
甲路镇
安
南极
仙霞镇
三溪镇
俞村
胡乐镇
千秋关
西天目
旌德
旌阳镇
痢痢尖
太龙
七里
老庵
横路
庙首镇
浙西天池
岛石镇
浙西大峡谷
大峡谷镇
天
黄毛尖
新桥
白马崖
英公水库
斑竹
千洪
杨村
徽
金沙镇
百丈岭
於潜镇
长安镇
杨溪镇
浙川
马啸
龙岗镇
太阳镇
昌化镇
伏岭镇
石长城
清凉峰镇
柳溪江风景区
清凉峰
清凉峰国家级自然保护区
瑞晶洞
河桥镇
潜川镇
绩溪
华阳镇
大明山风景名胜区
湍口温泉
横塘
鱼潭
昱岭关
雨伞尖
湍口镇
溪头镇
杞梓里镇
许村镇
省
临溪镇
大源里
昱
乐平
仙姑尖
瑶山
岭
合村
分水镇
天目溪漂
严家
周家村
流湘飞瀑
歙县
徽城镇
徽州区
岩寺镇
方腊洞
王阜
屏门
临岐镇
元宝尖
百江镇
金紫尖
坑口
小川
唐村镇
蔗川
文昌镇
光昌
白
左口
后坞
白石岩
威坪镇
金家
方腊洞（聚义）
黄山市
宋村
金峰
汪宅
六联
北坞
鸠坑
湖坑
际
白坪
歙岭顶
练溪
富文
温馨岛度假村
长宁
源芳
梓桐镇
青山
龙山岛
淳安
千岛湖镇
梅峰观岛
鹿岛
千岛湖国家森林公园
猴岛
羡山
瀛山书院遗址
郭村
界首
千岛湖
孔雀园
天池
莲花镇
狮石
山
下涯镇
蜜山岛
界首列岛
洋溪街道
建德市
马目
霞源水库
林深源
浪川
姜家镇
里商
千岛湖石林
白沙奇雾
千斤塔顶
中洲镇
汾口镇
石林镇
千
安徽省
齐溪镇
浙江省
横沿
大茂川
大墅镇
安阳
童家
更楼街道
尖坞山
石湾
西岭
灵栖洞天
石屏
何田
枫树岭镇
枫树岭水库
三井尖
岗
寿昌镇
霞山
沙墩头
乌龟洞（建德人）遗址
李家镇
航头镇
大慈岩
铜山铜矿遗址
铜山水库
大同镇
黄店镇
大慈岩镇
村头镇
上方镇
三溪
上马
十里荷花
女埠镇
白马
红军标语墙
永昌镇
音坑
凤凰尖
衢
州
庙前
市
横山镇

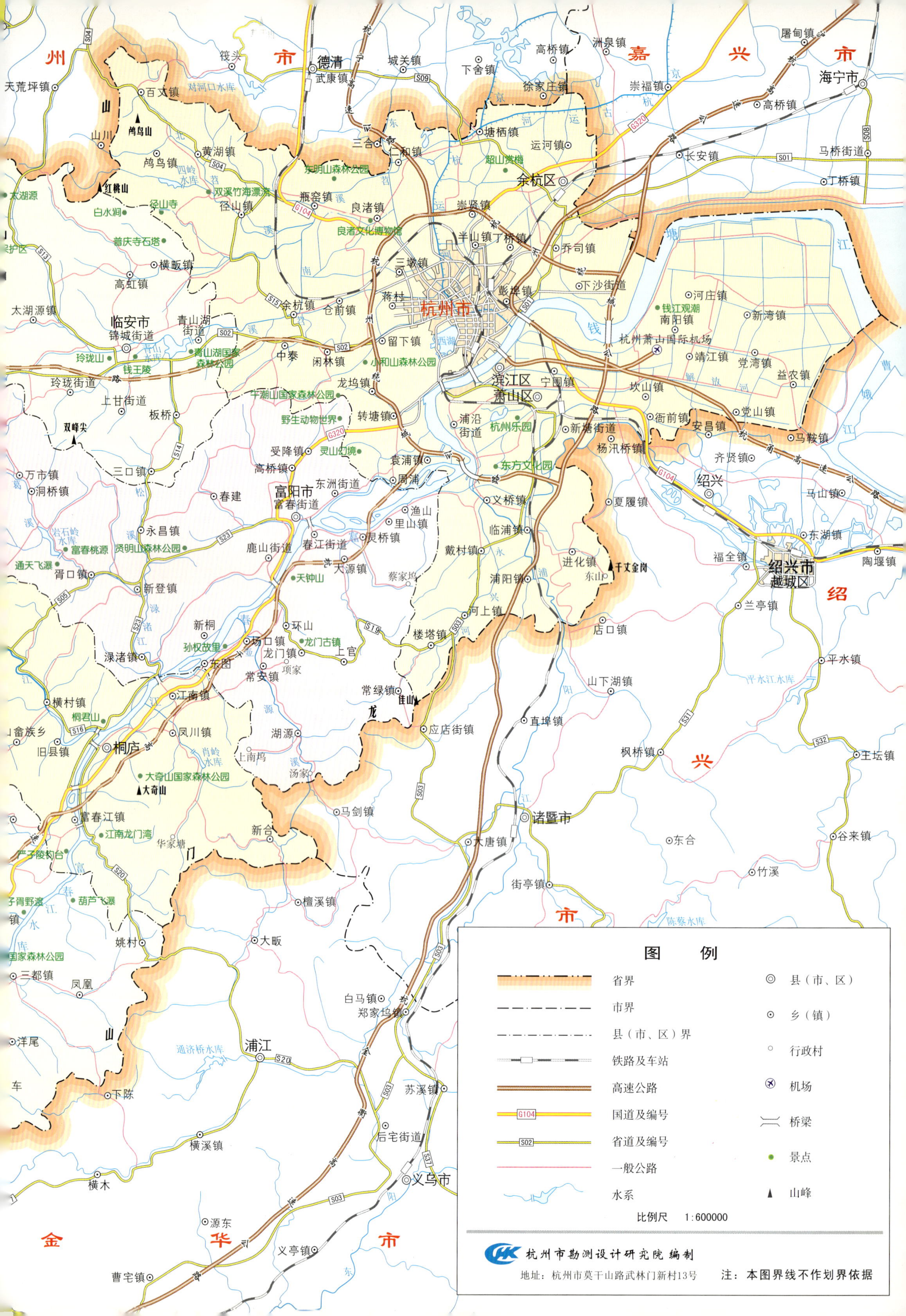
图例
省界
市界
县（市、区）界
铁路及车站
高速公路
国道及编号
省道及编号
一般公路
水系
县（市、区）
乡（镇）
行政村
机场
桥梁
景点
山峰
比例尺 1:600000
杭州市勘测设计研究院 编制
地址：杭州市莫干山路武林门新村13号
注：本图界线不作划界依据
杭州市
余杭区
滨江区
萧山区
临安市
富阳市
桐庐
德清
海宁市
绍兴市
越城区
诸暨市
浦江
义乌市
嘉兴市
湖州市
绍兴
金华市
杭州萧山国际机场
钱江观潮
超山赏梅
东明山森林公园
双溪竹海漂流
径山寺
良渚文化博物馆
小和山森林公园
午潮山国家森林公园
野生动物世界
杭州乐园
东方文化园
灵山幻境
青山湖国家森林公园
钱王陵
玲珑山
太湖源
白水涧
普庆寺石塔
天钟山
孙权故里
龙门古镇
富春桃源
通天飞瀑
贤明山森林公园
桐君山
大奇山国家森林公园
江南龙门湾
严子陵钓台
葫芦飞瀑
对河口水库
平水江水库
通济桥水库
陈蔡水库
千丈金岗
红桃山
鸬鸟山
双峰尖
大奇山
佳山

■杭州荣誉

联合国人居奖 国际花园城市 全国社区建设示范市 全国绿化先进城市
全国园林城市 全国城市环境综合整治优秀城市 中国人居环境奖
国家环境保护模范城市 国家卫生城市 全国科教兴市先进城市
全国创建文明城市工作先进城市 中国优秀旅游城市
全国双拥模范城市 全国无障碍设施建设示范城市
全国绿化模范城市 全国文明风景旅游区

存史资治
继往开来

王国平
二〇〇五年七月六日

杭州西湖　　（西湖风景名胜区管委会 供稿）

迈向钱塘江时代　　　（王　华　摄）

■友好往来

2005年6月24日，中共浙江省委常委、杭州市委书记王国平访问欧洲时，考察世界著名移动电话生产企业。
（市外办 供稿）

4月18日，杭州市市长孙忠焕访问南非，与开普敦市执行副市长加娃·萨米尔斯互赠纪念品。
（市外办 供稿）

11月30日，蒙古总统那木巴尔·恩赫巴亚尔参观杭州都锦生丝织厂。 （葛志宇 摄）

9月10日，美国前任总统比尔·克林顿到杭州参加"西湖论剑"论坛。 （市外办 供稿）

■ 杭州新貌

11 月 8 日，“第三届全球化论坛——世界文化多样性”在杭州举行。（市文广新闻出版局 供稿）

12 月 28 日，举行杭州江东大桥（钱江九桥）奠基仪式。（顾一进 摄）

杭州制氧机集团有限公司生产 5 万立方米空分设备塔体现场　　（市经委 供稿）

背街小巷整治　　（市建委、杭报集团 供稿）

住在杭州——江景住宅

学在杭州——省委常委、市委书记王国平（中）和浙江大学校长潘云鹤（右一）发表电视讲话

11月1日，举行《杭州日报》创刊50周年庆典。 （杭报集团 供稿）

6月1日，首届中国国际动漫节在杭州开幕。

游在杭州——2005年世界旅游小姐在杭州评出

创业在杭州——举行先进制造业发展论坛

杭州籍游泳运动员吴鹏被评为中国体育十佳运动员（市体育局 供稿）

（卢宏荣 供稿）

《烟霞洞之谜》获第十四届奥地利超级摄影巡回展——中国专题组冠军（张 望 摄）

地方志先进

全国地方志系统表彰先进会议在北京人民大会堂隆重举行。杭州市志办参会代表领取“全国地方志系统先进集体”奖牌。

市委常委、常务副市长盛继芳和市政府秘书长娄延安为杭州市志办荣获全国先进奖牌揭牌。

全国方志先进工作者贾大清在北京人民大会堂接受中央电视台现场采访。

7月6日，召开杭州市首轮修志总结表彰暨地方志学会成立大会。

市政府副秘书长、市地方志学会会长许小富主持地方志学会工作会议。

杭州市地方志办公室荣获两项全国先进

2005年，杭州市地方志编纂委员会办公室被人事部和中国地方志指导小组表彰为“全国地方志系统先进集体”，被中国地方志指导小组表彰为“全国方志先进集体”。

市委常委、常务副市长盛继芳（前排左六）等在参加全国先进奖牌揭牌仪式后，与市志办全体人员合影。

数字杭州

对浙江而言，杭州是省会城市，浙江的政治、经济、科教、文化中心。

对中国而言，杭州是历史文化名城、长江三角洲南翼中心城市。

对世界而言，杭州是国际风景旅游城市。

地区生产总值

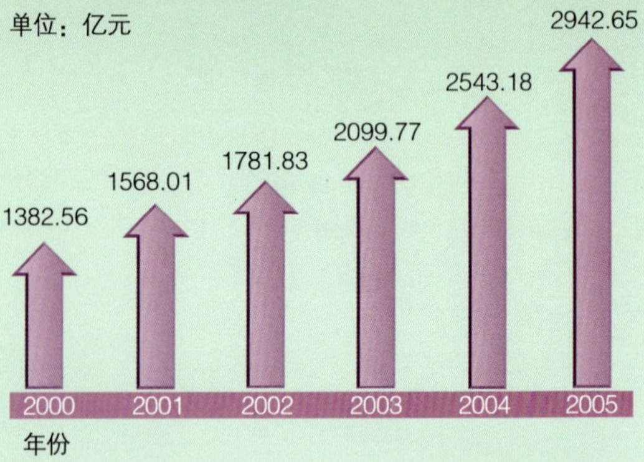

人均地区生产总值

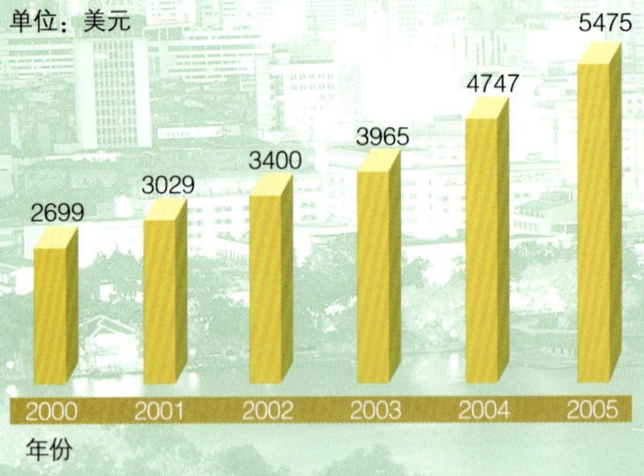

地方财政收入

社会消费品零售总额

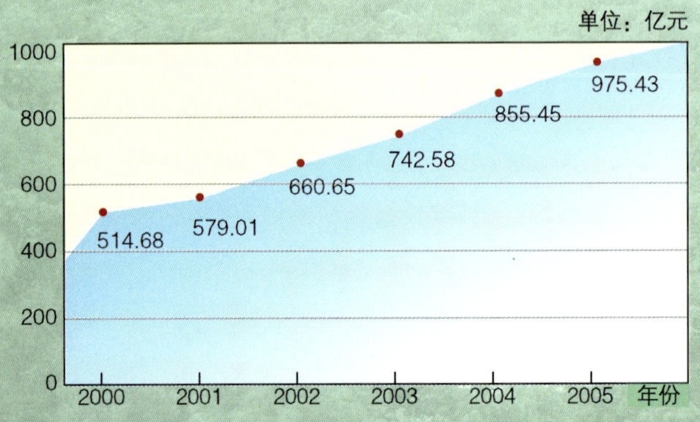

限额以上固定资产投资

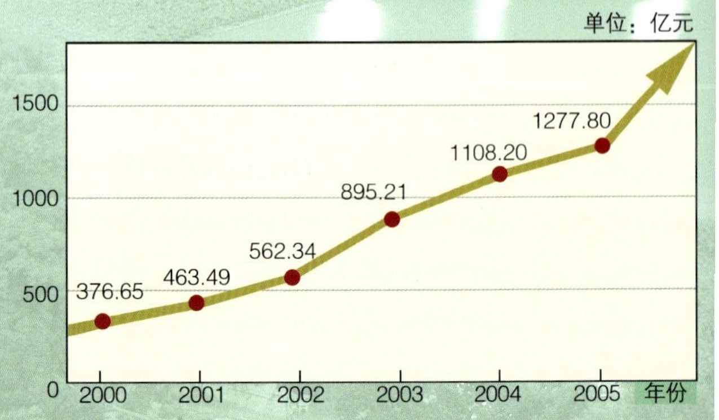

地区生产总值构成(%)

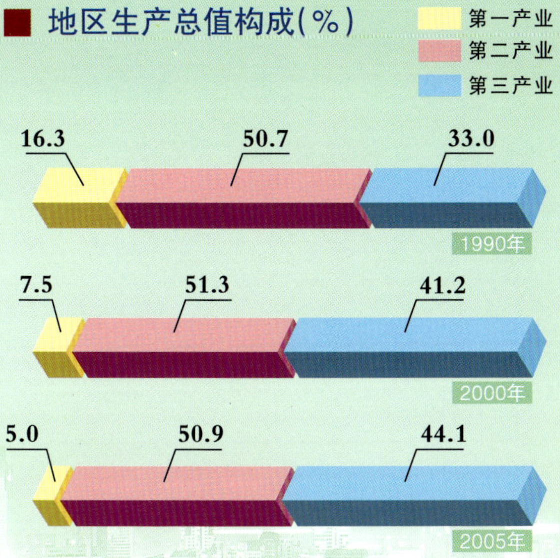

城镇居民人均可支配收入和农村居民人均纯收入

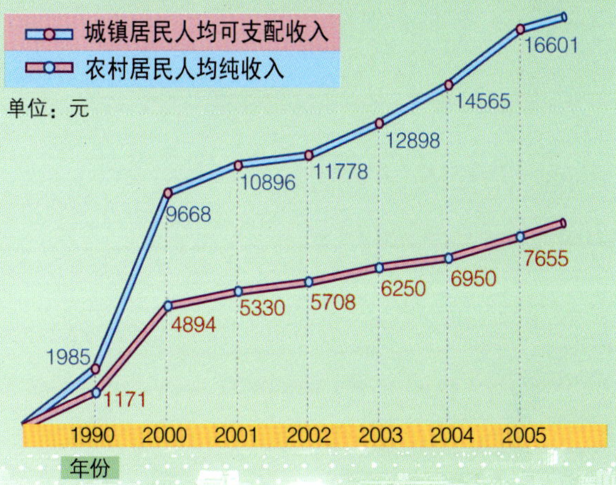

2005 年杭州经济占浙江省的比重(%)

地区生产总值	第三产业增加值	规模以上工业利税	社会消费品零售总额	限额以上固定资产投资额	出口总额	实际利用外资
21.9	24.1	22.8	21.1	20.8	25.8	12.3

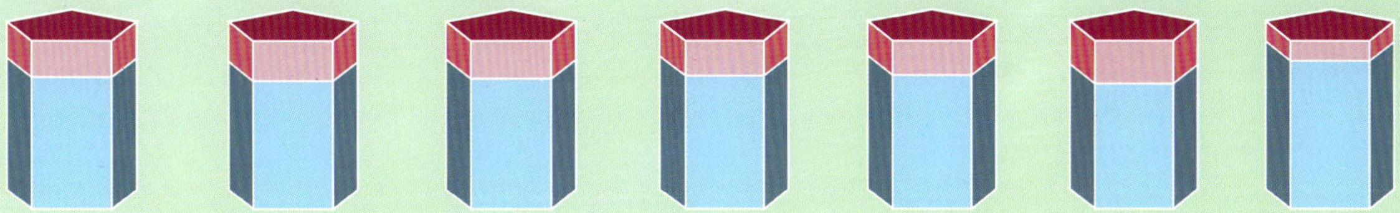

2005 年杭州市平均每天创造的财富

地区生产总值	农林牧渔业总产值	规模以上工业总产值	社会消费品零售总额	财政收入
8.06 亿元	6013 万元	14.91 亿元	2.67 亿元	1.43 亿元

编辑说明

一、《杭州年鉴》是中国共产党杭州市委员会、杭州市人民政府主办的重要年刊，是汇集市情信息资料的综合性地方年鉴，全面系统地逐年记载杭州市经济和社会发展的主要情况，为各级党政机关、研究部门和社会各界人士以及中外投资者，了解、研究、建设杭州，提供丰富、翔实的地情资料。2006年，杭州市地方志编纂委员会办公室增挂杭州市人民政府地方志办公室牌子，编纂单位作了相应调整。本书是1987年创刊以来连续出版的第20部年鉴。

二、《杭州年鉴(2006)》以邓小平理论和“三个代表”重要思想为指导，全面反映2005年全市人民在中共杭州市委、杭州市人民政府的领导下，以科学发展观统领全局，围绕“构筑大都市，建设新天堂”的战略目标，与时俱进，开拓创新，经济持续快速增长，综合实力明显提升，城市化步伐加快，市域网络化进程扎实推进，全方位开放水平得到提升，社会事业全面发展，改革攻坚取得新突破，市场经济体制进一步完善，城乡居民收入稳步提高，社会保障体系更加完善，全面建设小康社会，加强社会主义物质文明、政治文明、精神文明建设所取得的新成就、新经验，以及在发展中遇到的新情况、新问题。

三、本年鉴采用分类编辑法，由卷首、百科、卷尾三个基本部分组成，设类目、分目、条目三个层次。为体现地方特色和年度特色，调整了农业、工业、商业、城市建设管理、邮电通信、金融类目，新增了一些分目。为便于读者的阅读和理解，规范了有关单位的记述，加强了参见功能，附设了相关资料。

四、为更好地发挥年鉴的作用，2002年始，在出版书版的同时，出版电子版年鉴(光盘)；2003年始，载入“中国杭州”政府门户网站，网址：www.hangzhou.gov.cn。

五、本年鉴采用彩色印刷，并刊登杭州新貌和“西湖杯”优质工程、代表性企业、文教卫生、乡镇街道及有关单位的事迹介绍，以更好地反映杭州市经济和社会发展的新成就。

六、本年鉴所刊载的文字内容和数据，由杭州市有关职能部门提供，并经各级领导审核。统计资料数据使用现行法定计量单位，主要数据由杭州市统计局提供。一些重要的连续性指标数据，在上年卷刊出后，有关部门作了适当调整，书中作了说明。

七、《杭州年鉴》编纂工作在中共杭州市委、市政府的领导下，得到各区、县(市)和市属各部门及基层单位的大力支持，广大编纂人员为年鉴撰稿、编辑、校对付出了辛勤劳动。书中的疏漏和失误之处，恳请广大读者批评指正。

杭州年鉴编辑部

2006年9月

特 载

以科学发展观统领经济社会发展全局为“十一五”期间发展开好局起好步(摘要) …… (1)
政府工作报告(摘要) …… (7)
尊重文化多样性共建和谐世界杭州声明(摘要) …… (18)
推进和谐创业构建和谐社会杭州共识(摘要) …… (18)

特 辑

保持共产党员先进性教育活动 …… (19)
保持共产党员先进性教育活动概况
吴官正在杭州调研
王国平进京介绍杭州试点工作经验
“破七难,作贡献”主题实践活动
开展“万名党员访万家困难户”活动
组织先进事迹巡回报告
市委常委下访接待群众
市级党员领导干部上党课
党员领导干部联系点制度
领导干部集中轮训
“先锋形象”大讨论活动
“文明从脚下起步·党员做先锋模范”活动
狠抓村级组织活动场所建设
开展“党员电教新干线”活动
加强企业退休职工党员教育管理
“党员喜看新变化”活动
西溪国家湿地公园开园 …… (21)
西溪国家湿地公园概况
西溪湿地综合保护一期工程
主要景点介绍
改善背街小巷363条 …… (22)
改善背街小巷工程概况
教场路历史文化韵味浓厚
双菱路采荷段景观精致和谐
万寿亭街展现都市文明
做好“一路一档”工作
杭州市志办获两项全国先进 …… (23)

大事记

2005年杭州市大事记 …… (24)

总 述

历史沿革 …… (30)
历史沿革概况
地理气候 …… (30)
地理位置和面积
地貌
气候特征
湖泊河流
自然资源
人口变迁 …… (31)
全市人口
市区人口
迁移人口
行政区划 …… (31)
行政区划概况
调整乡镇
调整社区、居民区、行政村
经济发展 …… (31)
人均GDP突破5000美元
财政收入突破500亿元
工业总产值销售产值双双突破5000亿元
招商引资突破400亿元
私人汽车突破30万辆
经济体制改革 …… (34)
新建4个行政管理机构
深化审批制度改革
探索利益平衡机制
6个区实施公务用车制度改革
公用行业改革取得进展
部分国有企业实施二次改制
医疗卫生制度改革进一步深化
杭州市商业银行增资扩股
杭州联合农村合作银行挂牌开业

日本三井住友银行在杭州落户
香港东亚银行落户杭州
萧山、余杭区完善金融担保制度
7个公司完成股改
推进农村社区股份制改革
开展劳动保障城乡统筹
政治文明建设 ……………… (36)
政治文明建设概况
开展村务公开和民主管理工作
"12345"热心为人民群众服务
信访工作规范化制度化
精神文明建设 ……………… (37)
文明城市创建工作成效明显
"双千结对、共创文明"活动蓬勃开展
"清洁杭州"工作进一步推进
未成年人思想道德建设实事工程丰富多彩
开展5个"百场文艺演出进社区"活动
启动文明礼仪宣传教育实践活动
开展纪念抗日战争胜利60周年系列活动
开展文明交通劝导活动
依法治市 ……………………… (39)
贯彻落实《全面推进依法行政实施纲要》
立法工作特点鲜明
加强行政执法监督工作
行政复议、裁决、应诉工作
仲裁工作
社会治安综合治理
市和区、县(市)机构概况 ……………………………… (40)
市级主要机构及负责人名单
区、县(市)主要机构及负责人名单

农 业

农业综述 ……………………… (46)
"三农"工作"重中之重"地位进一步确立
召开全市农村工作会议
阻击禽流感再获全胜
召开休闲观光农业旅游工作会议
继续实施粮食收购优惠政策
"湿地公园——湿地保护与可持续利用论坛"在杭开幕
村庄整治工作扎实推进
完善征地"农转非"人员社会保障政策
减轻农民负担成果得到巩固
农村专业合作组织稳步发展
乡村通达工程进展顺利
加快农村公共卫生体系建设
"49100"帮扶工程继续深化
农民素质培训工程步伐加快
提高农业科技信息服务水平
推进农村清洁能源建设
开展村经济合作社换届选举
完善土地承包工作
规范股份经济合作社组织建设
资助农产品加工企业
外向型农业获得新进展
举办发展休闲观光农业旅游专题培训班
成立市农产品加工企业协会
召开村级民主政治建设研讨会
农产品展销硕果累累
"绿色通道"政策助农增收
表彰农村工作指导员
修订农产品品牌建设奖励办法
部署防汛防旱工作
市农科院实验中心通过初次评审
农业专家系统开发应用项目通过鉴定
加强农村实用人才队伍建设
西湖龙井茶获金奖
杭州市首家农民专业合作社成立
民办科研机构向阳杨梅研究所注册
新街宁围位居省十强花卉乡镇前两名
种植业 ………………………… (52)
种植业概况
遭遇多种自然灾害
财政拨款634.2万元扶持粮食生产
淳安临安建德被评为省蚕桑西进工程先进县
引进推广新品种新技术
农产品质量安全跃上新水平
开展科技进村入户活动
实施农业标准化
千岛湖蚕茧专业合作社不断壮大
防控一枝黄花
抓地力培育
农业产业化经营有新发展
市蔬菜产业协会成立
林业 ……………………………… (54)
林业概况
创建全国绿化模范城市
生态公益林管理办法出台
启动景观林带建设
中国桂花论坛在杭举行
中国桂花品种繁育中心落户杭州
森林火灾综合防控能力增强
开展"绿剑出鞘"专项行动
实施"固本强基"工程建设
山林纠纷调处成效显著
严格控制林木采伐额度
建立全国首个国家湿地公园
畜牧业 ………………………… (55)
畜牧业概况
养殖污染综合治理成效显著
防控猪链球菌病
成立外来动物和动物产品报验站
开展家禽定点检疫试点
加强对动物诊疗单位的监督管理
水产业 ………………………… (57)

水产业概况
建设区域特色渔业基地
推广水产健康养殖技术
拓展水产品市场
扩大名特优水产养殖规模
建立良种繁育体系
钱塘江放流新鱼种
完善鱼类病害测报体系
发放渔业水域养殖证 1.15 万本
水产品加工业逐步壮大
行业中介组织健康发展
加大渔政执法力度
举办水生野生动物保护宣传活动
渔船安全生产事故应急救援预案出台
水利 …………………………… (58)
水利概况
青山水库除险加固工程竣工
第二批水库达标工程通过考核
实施标准堤塘管理工作考核
市区河道管理不断完善
宣传水法加强水政执法
首次举行水库抢险预案实战演练
汛情旱情
农业机械 …………………………… (60)
农业机械概况
落实大中型农业机械购置补助政策
创建农机警务室
强化收割机跨区作业服务
研究油菜生产全程机械化配套技术
试验推广新型农机具
农场企业 …………………………… (60)
农场企业概况
农场土地确权基本完成
非国有经济占主导地位
推广余杭区农场改革模式
供销合作 …………………………… (61)
供销合作概况
推进农业产业化经营
加快农村现代流通网络建设
杭州名萃土特产展销中心开张
果品公司以“新”赢发展
农事达公司为菜农与消费者架起桥梁
紧急组织对口农药防治稻飞虱
确保农资供应
物资回收公司规范废旧金属收购行为
合众集团实现利润 2.9 亿元
气象 …………………………… (63)
气象概况
主要气候事件
召开全市气象工作会议
杭州首部气象规章出台
气象现代化建设成效显著
做好气象保障服务
拓宽气象业务服务领域
多渠道发布气象信息
推出钱江潮等级预报
开通突发气象灾害免费报警电话
“杭州龙网”获气象为农服务先进奖

工　业

工业综述 …………………………… (66)
实现工业总产值 5441.13 亿元
工业经济运行呈现 4 个特点
完成技改投资 266.3 亿元
188 个项目被列为技术创新
11 个企业通过国家火炬计划考核
建立 183 个企业技术中心
5 个企业技术中心被国家认定
9 个企业被评为省“绿色企业”
21 个企业试点循环经济
68 个企业获信用企业称号
200 个企业确定为成长型企业
48 个企业列入信息化示范、试点企业
新增 82 个清洁企业
99 个企业被评为和谐先进企业
13 种产品认定为中国名牌
参加跨国零售集团国际采购会
举办招商洽谈暨国际企业协作会
参加中国(沈阳)消费品交易会
参加中国哈尔滨经济贸易洽谈会
参加东西部合作与投资贸易洽谈会
举办老字号博览会
新增境外投资项目 51 个
1000 个企业外出投资 300 亿元
马尼托瓦制冷公司落户杭城
杭州有私营企业 8.8 万个
42 个企业进入全国 1000 强
42 个企业成为经济发展的重要力量
53 个民企进入全国 500 强
开展企业服务年活动
施行工资集体协商
举办企业班组长培训班
丝绸工业 …………………………… (71)
丝绸工业概况
促进丝绸与女装产业发展
举办中国国际丝绸博览会
丝绸网开通
开发丝绸新产品新技术
丝绸企业获准供应奥运产品
喜得宝集团科技攻关专题通过验收
金富春公司新产品通过鉴定
达利(中国)公司 QC 成果获省级一等奖
华鼎集团在香港上市
2 个企业进入全国行业竞争力前列
22 个缫丝企业获得准产证
淳安发展蚕桑产业
万事利集团进入医疗产业
轻工业 …………………………… (73)
轻工业概况
轻工重点企业规模扩大

改善轻工企业运行质量
加大轻工业科技投入
组团参加中国食品博览会
新增6种轻工中国名牌产品
加大对工艺美术行业宣传
评审首届杭州市工艺美术精品
开展首届市工艺美术大师评审认定
11种工艺品列入省传统工艺美术品种
老板集团实施品牌战略
举办国际妇幼用品产业博览会
市制笔行业协会成立
美浓丝网印刷公司争创"绿色企业"
奥普电器公司美国参展
推出农夫汽茶
包装工业 …………………… (75)
10个包装企业签定入园协议
通过《亚洲包装中心建设总体规划》
中亚机械公司注重科技促发展
亚洲包装中心建设全面启动
运萨包装制品公司开工建设
化学工业 …………………… (76)
化学工业概况
化工行业外向度水平提高
重点化工企业带动行业发展
环保投入成为技改重点
推广清洁生产方式
加强区域创新体系建设
搬迁4个化工企业
新安化工集团成为技术创新示范企业
传化品牌创新升级
传化集团和新安化工集团实现联合
油漆公司成为"绿色企业"
白油技改项目启动
500万套子午胎项目投产
进行有机硅反倾销
建材冶金工业 …………… (78)
建材冶金工业概况
加快建材冶金技术创新
新一轮水泥机立窑关停启动
换发水泥企业化验室合格证
萧山成为钢结构产业化基地
桐庐建成农居建筑节能住宅
市水泥协会成立
电力工业 …………………… (78)
电力工业概况
杭州电网变电总容量2590万千伏安
城市电网规划编制完成
市电力局通过"三标一体"认证
做好电力大客户服务
推出用电业务跨区受理
城西供电局成立
半山天然气发电工程投产

支柱工业

机械工业 …………………… (89)
机械工业概况
乙烯冷箱获机械工业科学技术一等奖
亚太技术中心认定为国家级企业技术中心
汽轮动力集团列入全国500强
城市客车出口马来西亚
万向轴承成为中国名牌产品
钱潮变压器成为中国名牌产品
TMB轴承被评为中国名牌产品
华立集团获得出口免验证书
西子联合公司销售收入55亿元
杭齿集团被认定为行业排头兵企业
垃圾焚烧技术项目通过鉴定
数控成形磨床入选中国企业新记录
中南集团生产消防摩托车
电子信息业 ………………… (92)
电子信息业概况
通信产业保持行业最大份额
软件产业销售收入236.52亿元
集成电路设计基本实现产业化
动漫游戏初步形成产业链
电子信息业销售收入增幅减缓
电子信息业上缴税金增长
电子信息产品出口持续增长
企业创新能力不断增强
7种产品获推荐优秀软件产品
6个企业进入电子信息100强
食品工业 …………………… (94)
食品工业概况
重视儿童食品安全信用体系建设
召回不脆酱瓜
啤酒业经历"甲醛"风波考验
月饼包装步入循环经济轨道
回收二氧化碳
发展山核桃产业
可果美食品公司成立
加强"致中和"宣传力度
召开健康食品协会联席会议
10大类产品实行QS认证
举办第二十届食品展销会
纺织化纤工业 …………… (96)
纺化工业概况
推行名牌战略
21种纺织商标被评为省市著名商标
杭州化纤业寻求创新发展之路
化纤业实现利润5.91亿元
家纺产业规模发展
纺织品·装饰织物国家标准出台
商辂公司扩建亚麻纺纱厂
兴惠化纤集团完善产业链
大自然集团三产收入1.24亿元
云森集团走出去发展
市纺织协会获市级先进
女装产业 …………………… (99)
女装产业概况
参与香港时装节活动
组团参加北京CHIC活动
开展杭州女装邮政年活动
举办杭州女装万里行活动
召开女装产业发展会议
举行"三个十"评选

举办第五届中国国际女装展
评选服装设计未来之星
举办服装制作技能大赛
举办女装设计大赛
参加俄罗斯时尚展览会
女装网快速发展
蓝色倾情公司参与制定行业标准
医药工业 …………………… (102)
医药工业概况
加快医药先进制造业基地建设
“新药港”建设取得阶段性成果
外资合资医药企业高速发展
高通量新药筛选中心立项建设
杭州成为国家医药出口基地
中药技术及应用获国家科技进步二等奖
赛可平获得生产批文
甲肝疫苗出口印度

授权经营工业

工业资产经营 …………… (110)
工业资产经营概况
推进企业自主创新
实施开放带动战略
中法化学公司改为内资企业
电站辅机新产品研发成功
张小泉锻制技艺入围国家非物质文化遗产
王星记扇子新品迭出
金维他形象代言人杭州送爱心
西湖电子集团 …………… (111)
西湖电子集团概况
数源科技信息产业园落成投产
数源科技实行股改
机卡分离数字电视参展高交会
房地产开发规模效益同步增长
117 厘米大屏幕液晶彩电面市
数源科技公司列入全国售后服务十佳
“数源”成为浙江著名商标
汽轮集团 …………………… (114)
汽轮动力集团概况
汽轮机公司实现营业收入 24.40 亿元
加快开拓海外市场步伐
加快技术创新步伐
延伸汽轮机产业链
营造和谐创业环境
青春宝集团 ………………… (115)
青春宝集团概况
专业化生产中药饮片
药材种植公司生产组培苗
依科生物医药公司通过 GMP 认证
信息科技公司 …………… (116)
信息科技公司概况
合资企业增资
可恩索华伦纸管公司新厂房竣工
千里马国际培训工程启动
斯道拉恩索集团亚太区总裁到访
举行打造先进制造业基地研讨会
信息科技公司被评为市招商引资先进单位
杭氧集团 …………………… (117)
杭氧集团概况
杭氧资产经营公司与杭氧集团公司合并重组
杭氧集团整体迁扩建迈出步伐
杭氧集团成为功勋企业
努力开拓国际市场
杭氧集团公司入围中国制造业 500 强
华东医药集团 …………… (118)
华东医药集团概况
促进产销结合发展
完善人力资源管理
实施财务变革

个体民营经济

个体民营经济综述 ……… (119)
个体民营经济群体规模扩大
营造非公有经济发展环境
民营经济 …………………… (119)
民营经济凸现“三个第一”
民营企业品牌意识增强
民营企业进入高新区动漫产业
注重民营块状经济培育
3 个民营企业排名榜揭晓
个体经济 …………………… (120)
个体工商户集聚第三产业
207 户个体户获“诚信个体工商户”称号
协会活动 …………………… (120)
开展“5511”培训工程
举办再就业招聘会
组织维权服务宣传活动
开展“阳光助学工程”

科学技术

自然科学 …………………… (121)
自然科学概况
营造科技创新创业环境
理顺科技创新体系
推进国家孵化器体系试点城市建设
用科技进步支撑经济社会发展
实施知识产权战略
制定科技强市建设规划纲要
实行党政领导科技进步目标责任制考核
创建科技强市和科技强县
推行科技特派员制度
举办科技活动周和科普宣传周
征集“倡导茶为国饮、打造杭为茶都”论文 223 篇
举办科技合作周
加强科技合作与交流
加强校企科技合作
征集国际科技合作项目 18 个
实施科技计划
申报创新基金 89 项
组织资源节约型科技项目 13 个

加强种子资金管理
医疗卫生科技创新
科技强警示范城市建设
实施城市公共安全试点
实施科技扶贫项目 7 个
创建企业高新技术研发中心
培育高新技术企业
建设科技企业孵化器
实施软科学研究计划 24 项
火炬计划立项 43 项
实施星火计划 104 项
科技成果鉴定与奖励
评选市优秀和先进科技工作者 88 人
启动探查城市地震活断层项目工程
开展防震减灾科普宣传
制定 35 项科技情报研究项目
加强知识产权保护
申请专利 9486 件
开展科技咨询服务
举办市科协第二届年会
京杭高科技产业化合作
促进科技与经济结合
组织青年科技奖评选
首次开展全市科技工作者状况调查
加强科协交流
促进企业科协建设与管理
开展“全国科普日”活动
推进“科教进社区”活动
加大农村科普力度
推进青少年科普教育
首次举办短信科普知识竞赛
开展公众科学素养调查
举办“科协为民服务”讲座
推动学会改革和发展
社会科学 …………………… (128)
社会科学概况
加强社会科学研究
启动南宋史研究项目
召开市社科联第 5 次代表大会
开展社会科学优秀成果评选活动
开展社科普及活动
市委政研室开展重大课题调研
市委党校深入社科研究
杭师院科研创新
浙大城市学院科研活动丰富
杭职院加强科研管理
电大完善科研规章
重视教育科学研究
建立青少年成长环境监测网
举办社区志愿服务论坛
注重社科刊物质量

商　业

商业综述 …………………… (132)
城乡市场繁荣活跃
现代流通方式快速发展
特色街区建设和管理成效显著
整顿规范商贸市场经济秩序
杭州被评为全国“三绿工程”达标城市
乡镇连锁超市发展迅猛
组织实施市区商业网点规划纲要
72 家农贸市场实施农药残留检测
综合整治市区农贸市场
招商引资成果丰硕
继续深化“放心肉”工程
6 个单位(市场)通过国家级绿色市场认证
做好流通领域动物疫病防控工作
推进“放心早点”工程
评审第三轮商贸特色企业品牌单位和个人
典当业有序发展
二手车市场全面走旺
拍卖业绩效双赢
加强废旧金属回收管理
表彰突出贡献商贸服务企业及优秀经营者
2005 年中国(杭州)第三届商铺展览会
2005 年中国杭州商业特色街风采展示活动
2005 年中国(杭州)美食节
第三届中国杭州国际旅游(休闲)商品博览会
中国(杭州)当代茶馆经营发展论坛
商业资产经营 ……………… (137)
商业资产经营概况
实现税利超过 10 亿元
妥善安置分流职工
关爱外来员工
五丰冷食公司获中国商业科技创新企业称号
联合康康连锁店通过国家绿色市场认证
杭州盐业公司整体划转省盐业集团
举办银企关系研讨会
《中国商报》高度评价杭州商业改革
出台劳动模范管理工作意见
组团参加食品博览会
开发宁波“颐和名苑”楼盘
整治农贸市场成绩斐然
解百形成时尚休闲经营特色
世纪联华庆春店获全国绿色零售市场样板单位殊荣
杭城首家超大型地下购物广场开业
杭州蔬菜批发交易市场销售量超 70 万吨
食品酿造公司开展“5S”管理活动
“鸿光浪花”品牌国内领先
饮食服务业 ………………… (141)
餐饮业零售额突破 100 亿元
旅店业平均入住率略有下降
洗染业竞争激烈
酒吧增多
咖啡西餐业健康发展

茶楼业日趋兴旺
家政业服务范围逐步扩大
足浴业发展迅猛
美容美发业实施专项整治
设立百万元创新菜奖励基金
全面推行“五常”管理
社会名人青睐知味观·味庄
组团参加首届中国餐饮业博览会
杭州菜享誉巴黎
举行市级面点师服务师技能大赛
开展“老字号·新菜点”活动
肯德基全力打造素快餐
知味观新开精品点心屋
杭州酒家推出50味经典怀旧菜
展示珍稀食用菌与创新菜
国际饭店与餐馆协会首席执行官考察杭州菜
烹饪大师赴欧洲4国表演技艺

粮油商业 …………………… (144)

粮油商业概况
建设粮食物流中心
军粮供应中心荣获全国先进
切实做好粮食行政执法工作
密山粮食收储基地一期工程竣工
杭州在粮食主产区建立粮食基地已达4万多公顷
举行粮食应急预案演练
食品安全信用体系建设试点启动
首批杭产有机大米面世

烟草专卖 …………………… (146)

烟草专卖概况
网络建设整体推进
专卖市场管理有章有序

市 场

人才市场 …………………… (153)

人才市场概况
举办人才招聘活动
加强人才网站建设
促进高校毕业生就业
开展高级人才评聘
推行人事关系代理
加强流动人员党员管理

劳动力市场 ……………… (154)

劳动力市场概况
开展外来务工人员“春风行动”
积极开展劳务合作
规范港澳台人员就业管理

技术市场 …………………… (155)

技术市场概况
网上技术市场解决企业难题

商品市场 …………………… (155)

商品市场概况
推进全国绿色市场创建
实施市场商品准入制度
强化食品安全监管
新增47个星级文明规范市场
加强经纪人管理

文化市场 …………………… (156)

文化市场概况
文化市场管理工作领导小组成立
集中销毁文化市场违法物品
打击盗版音像制品行动
查处盗版音像制品大案
萧山区文化市场行政执法大队被评为全国先进

资本市场 …………………… (157)

资本市场概况
证券业务交易1902亿元
期货代理交易20428亿元
5个企业上市
创新发展信托产品
实现产权交易额8.26亿元

会展业

会展业综述 ……………… (159)

会展业稳步发展
会展业协会作用明显

西湖博览会 ……………… (159)

西湖博览会概况
加大西博会宣传推广力度
举行西湖国际烟花大会
100对新人加盟玫瑰婚典

会展活动 ………………… (163)

举办工艺美术大师博览会
举办国际汽车工业展览会
举行杭州投资合作周活动
举行高新技术高峰论坛
举办第二届中国国际海报双年展
举办西湖国际茶文化博览会
首届中国国际动漫产业博览会在杭举办
国际茶业大会暨茶·咖啡展览会在杭举办
第五十五届国际医药原料药展在杭举办
西湖论剑与第二届中国网商大会在杭举行

会展场馆 ………………… (165)

浙江展览馆举办61个展览
和平国际会展中心打造会展“金名片”
国际会议展览中心承接7个大型展会
世界贸易中心会展中心承办45个展览

世界休闲博览会

休闲博览会综述 ………… (166)

休博会筹备有序进行
首批设立6个分会场
88个国内外城市签订建馆协议
休博会确定135个活动项目
推进休博会遗产利用

筹备活动 ………………… (171)

举行打造“东方休闲之都”推广活动
举行推介休博对接世博推广活动
杨澜推介休博会

休博圣火采集
寄发相约休博会明信片
国外徒步爱好者感受新西湖
杭州在法国推介休博会
场馆建设 …………………… (173)
加快湘湖主体工程建设
世界休闲博览园初具规模
休闲风情园完成工程总量 80%
东方文化园新建 10 个休闲项目

经济合作交流

经济合作交流综述 ……… (176)
引进内资项目 5437 个
召开全市国内合作交流工作会议
编制"十一五"杭州市国内合作交流发展规划
全国重点城市国内合作交流工作研讨会
举办第二届中国投资峰会
参与主办浙商论坛
召开社团工作会议
召开迎春座谈会和经济情况通报会
招商引资活动 …………… (177)
赴珠江三角洲招商
赴北京招商
引进上海资金 17.18 亿元
第八届国内经济合作洽谈会成效显著
8 区、县(市)赴温州招商
接轨上海融入"长三角" ……………………………… (177)
"十一五"规划与上海接轨
举办发展世博经济座谈会
编制杭州发展世博经济规划
交通接轨上海步伐加快
太湖流域水质不断改善
产业联动出现新势头
构建紧缺人才培训网络
完善教育合作交流机制
科技合作继续推进
实施《长江三角洲地区城市合作协议》
参与西部大开发、东北振兴和中部崛起 …………… (179)
参加"西洽会"
参加第一届东北亚投资贸易博览会
市政府代表团访问友好城市白山市
经济合作代表团赴南昌、银川、西宁考察交流
"山海协作工程" ………… (180)
新增"山海协作工程"项目 211 个
市政府获先进称号
杭衢两市代表团互访
促进淳安经济发展
对口帮扶和对口支援 ……………………………… (180)
"双对口"资金到位 700 万元
召开全市"双对口"工作会议
市政府代表团考察"双对口"地区
加大劳务合作和培训工作力度

对外经济贸易

对外经济贸易综述 ……… (181)
对外经贸平稳发展
参加浙江周活动
赴欧洲举办招商和经贸活动
举办杭州—法国埃松经贸洽谈会
召开商务环境说明会
举办伊斯坦布尔经贸合作交流会
举办杭州商务环境推介会
举行外商投资项目签约仪式
参加浙洽会和消博会
开发区成为招商引资主平台
外贸 ……………………… (183)
自营进出口 216.6 亿美元
企业出口实力增强
优化出口产品结构
3 个出口市场居主导地位
遭遇 27 起贸易摩擦
华东交易会出口 9466 万美元
春季广交会成交 7.04 亿美元
秋季广交会成交 7.3 亿美元
50 个出口创汇企业获"金龙奖"
外资 ……………………… (184)
召开全市招商引资大会
注重推进大项目
提高引资质量
第三产业加快利用外资
发展以民引外
欧洲到杭投资迅速增长
外资企业实现利润 99.28 亿元
表彰优秀外资企业
外经 ……………………… (185)
境外投资规模扩大
投资区域分布广
拓展境外投资领域
杭州海关 ………………… (185)
杭州海关概况
通关监管高效到位
进行准军事化建设试点
大力服务地方经济
出口加工区 ……………… (186)
出口加工区概况
麦特达因底盘零件公司成立
西柏莱玩具公司成立
瑞奇包装公司扩大生产
矢崎配件有限公司 3 个公司合并
出口加工区通行管理系统启用
保税物流中心项目开工
奥科亚瓶盖系统公司引进新生产线
万事达装饰用品公司成立
出入境检验检疫 ………… (187)
检验检疫概况
依法实施行政处罚
检查进境肉类产品
加强原料和基地管理
实施出口产品电子监管系统

试点
加强突发公共卫生事件应急处置准备
截获植物疫情
加强进口旧机电产品检验监管
加强纺织品检验监管
推动渔船备案改造
《浙江检验检疫志》出版
口岸管理 …………………… (189)
口岸管理概况
组建打击走私与口岸管理办公室
试行 5+2 工作制
杭州检验检疫局建设启动
设立西博会专用通道
开展航空口岸文明共建活动
开展反走私综合治理
规范企业进出口行为

国家级开发区

杭州经济技术开发区 …………………………… (191)
杭州开发区概况
精密夹具和机械手项目落址开发区
钱江弹簧公司开工建设
松下马达二期工程投产
国家(杭州)计算机与网络产品产业园成立
鸿阳家电公司开工建设
松下空调压缩机工厂投产
高科技企业孵化器开工建设
禽流感疫苗定点厂落址开发区
新加坡杭州科技园项目启动
运行“企业 110”联动机制
都市农业园成为休闲观光农业旅游示范单位
下沙商贸城开业
建设廉租公寓
物美超市下沙店开业
萧山经济技术开发区 …………………………… (193)
萧山开发区概况
招商引进大项目
引进项目质量提高
发挥骨干企业作用
加快发展 6 类重点产业
增强科技创新能力
开展分级分类管理服务
友成控股上市
GE 水电设备项目投产
香港媒体记者团到开发区采访
高新技术产业开发区 …………………………… (194)
高新开发区概况
打造“动漫之都”核心区
高新区成为 ISO 14000 国家示范区
阿里巴巴公司全面收购雅虎中国
高新软件园成为科技部先进管理单位
8 个企业入围中国软件产业 100 强
高新企业服务网开通
浙大中控 EPA 被列为国际标准
2 个项目获信息产业重大技术发明奖
工作流管理系统获最佳工作流中间件奖
民生药业获得春晚节目评选冠名权
之江国家旅游度假区 …………………………… (196)
之江度假区概况
优化度假区发展环境
打造花园式科研产业化基地
打造生态型旅游休闲新区
宋城门票收入 1.38 亿元
未来世界积极拓展经营渠道
举办 11 场高尔夫球重要赛事

城市建设管理

城市建设管理综述 ……… (198)
科学统筹城市建设
加快实事工程建设
推进“双百”工程建设
推进“城中村”改造
拆除违法建筑 123 万平方米
市建委被评为全国房地产业管理先进单位
首届最佳人居环境奖、人居奖评选
城市规划 ………………… (199)
城市规划概况
编制居住区发展及各类住房布点规划
城市大容量快速公交规划获批复
编制钱塘江两岸城市景观规划
编制历史文化名城保护规划
设计杭州地铁 1 号线站点
编制完成中小学布局规划
“城中村”改造地块布点规划确定
召开和谐杭州示范区研讨会
制订《杭州市城市规划管理技术规定(试行)》
城市部件普查建库启动
编制完成社区详图
勘测设计 ………………… (202)
建筑设计研究院活力增强
城建设计研究院发挥技术优势
勘测设计研究院稳步发展
建筑业 …………………… (203)
建筑业概况
规范建筑市场行为
召开建设市场管理工作会议
加大招投标监管力度
清理拖欠工程款 13.69 亿元
开展建筑市场专项检查
杭州市列入全国工程担保试点城市
开通建设信用网
城市管理 ………………… (204)
城市管理概况
编制城市管理规划

实施31项亮灯工程
道路保洁招标
整治"牛皮癣"
规范户外广告设置
整治售报亭
杭州列入全国数字化城管试点城市
加强犬类管理
建立社区城管联系站
做好防汛抗台工作
开展危机管理调研
成立城管执法志愿者总队
评选十佳城管执法队员
启动"数字执法"试点
推进城管依法行政
人行道停车执法人性化
完善执法考核办法
创新城管执法街面管控机制

房产管理 …………………… (207)
房产管理概况
加快住房保障体系建设
完善房地产预警预报系统
房产管理信息系统获国家级金奖
启动农居公寓房产发证
解决房产历史遗留问题
保护历史建筑
全国物业管理示范小区(大厦)增至34个

国土资源管理 ……………… (209)
国土资源管理概况
出台土地开发整理补助办法
推进集约用地
完成土地更新调查
完成第3批撤村建居土地测绘
启动土地登记当场办结系统
实施征地农转非人员社会保障
制订市区留用地管理办法
提高矿山治理备用金征收标准
城市地质调查启动
完成矿产资源储量登记
市土地交易登记发证中心被命名为全国青年文明号
浙大湖滨校区地块出让

城建资产经营 ……………… (211)
城建资产经营概况
城建筹融资多渠道
规范国有资产管理
加快重点工程建设
开展"两保一优"活动
复兴大桥(钱江四桥)经营权成功转让
七格污水处理厂进行招商
城市创业投资公司成立
开发公交线路短信查询系统
推出公交车载电视
天然气使用量大幅增长
天然气有限公司成立
人工煤制气全面停产
多渠道处置污泥
建设社会公共停车场库
长睦大型居住区建设启动
市自来水总公司被命名为全国文明单位

轨道交通 …………………… (213)
轨道交通概况
《城市快速轨道交通建设规划》通过国务院审批
完善轨道交通工程实施方案
推进试验段秋涛路站工程建设
优化轨道交通线网控制性规划
《杭州地铁1号线工程可行性研究报告》通过评估
编制完成《杭州地铁2号线工程可行性研究报告》
完成4个站点物业开发研究
九堡东站设计通过省审批
钱塘江隧道河段最大冲刷深度研究成果通过专家评审

钱江新城 …………………… (215)
钱江新城概况
加强建设规划管理
积极开展项目服务
国际会议中心开工建设
波浪文化城工程开工
城市阳台桩基工程开工
新城开发公司扩大业务
首批社会投资项目奠基
杭州最大购物中心落户钱江新城

城区绿化 …………………… (216)
城区绿化概况
创建全国绿化模范城市
评出绿化优秀工程18个
推进无物管小区绿化改造
推出绿色文明进万家宣传活动
实施绿化养护管理综合考核
启用园林绿化养护在线信息系统
深化绿化审批制度改革

城镇建设 …………………… (218)
城镇建设概况
深化村镇规划
52个镇进入全国1000强

环境保护

环境保护综述 ……………… (222)
全面推进生态市建设
水环境保持稳定
空气优良天数301天
声环境优于省平均水平
自然生态环境明显改善

生态市建设 ………………… (223)
制定推进生态市建设意见
启动生态市建设工程
深化生态乡(镇)、村建设
西溪湿地水质改善

环境综合整治 ……………… (224)
实施环境污染整治
加强饮用水源保护
深化大气污染综合整治
实施声环境整治
开展市区河道综合整治
推进环境基础设施建设
杭州通过"创模"复查

环境管理执法 ……………… (225)
加强建设项目环境影响评价
加大危险固体废物监管力度

加强放射源管理
查处环境违法案件
人大常委会环保执法检查
受理信访投诉和建议提案
规范排污申报与收费
环保产业与科研监测 ……………………………… (226)
25 个企业通过环境管理体系标准认证
加强环保科研和管理
启动环境信息化建设

西湖风景名胜

西湖风景名胜综述 ……… (227)
西湖风景名胜区全面创优
建设部批准《杭州西湖风景名胜区总体规划》
西湖综合整治保护绩效显著
西湖风景名胜区“十一五”规划编制完成
健全西湖风景名胜区规划建设审批
发展“景中村”农业经济
重新组建西湖执法中队
成立名胜区慈善总会
组建西湖学研究院
西湖街道敬老院揭牌
西湖风景名胜区连续 18 年无森林火灾
风景名胜 ………………… (230)
推出北山街历史文化街区部分景点
整修灵隐头山门牌坊
杭州西湖新梨园开园
韩美林艺术馆建成开放
加大公园景点旅游促销力度
保护管理 ………………… (231)
龙井茶文化村整治
龙井寺修复一新
湖中三岛整治修缮
苏堤白堤环境整治
孤山环境综合整治
改良西湖水质
景区监管信息系统建设成效初显
查处违规违章建设项目
整治景区指示路牌
提高园林养护和园艺水平
展览活动 ………………… (233)
举办“中国茶都·杭州”西湖茶文化嘉年华活动
举办“倡导茶为国饮、打造杭为茶都”高级论坛
举办元宵灯会
电视连续剧《红顶商人胡雪岩》摄制完成
举办西湖八十景摄影大奖赛

文 物

文物综述 ………………… (234)
文物考古事业佳音频传
钱其琛参观江南水乡文化博物馆
文物部门开展工作交流
南宋皇城遗址保护规划初稿编制完成
编制省级文保单位“四有”记录档案
文物保护 ………………… (235)
拱宸桥桥面修缮工程竣工
淞沪抗战纪念牌坊环境整治工程
里万物桥桥面修缮工程竣工
梁宅维修保护利用取得新进展
汪宅维修保护工程
瓶窑南山造像群保护工程启动
南宋官窑博物馆实施二期扩建项目
南宋官窑博物馆征集古陶瓷 611 件
郊坛下、老虎洞窑遗址被列为第五批省级文保单位
飞来峰造像一期保护工程开工
慈云岭造像保护亭工程完工
白塔、梵天寺经幢安装监控设施
建德公布第 5 批文保单位
建德高垣孝子牌坊维修竣工
一本堂维修工程
临安市开展文物保护单位巡查
萧山区被评为全国文物工作先进县(区)
博物馆 …………………… (237)
举办纪念“5·18 国际博物馆日”宣传活动
西湖博物馆建成开放
举办书画和考古成就展
为打造“杭为茶都”品牌发挥作用
举办 20 世纪俄罗斯现实主义绘画大展
入选全国博物馆十大陈列精品
考古 ……………………… (239)
密渡桥南宋河道遗址发掘
吴山广场发现宋代建筑遗迹
四宜路发现近代银元窖藏
收藏 ……………………… (239)
余杭区收藏家协会成立
举办“走进余杭”中国画展等展览

旅 游

旅游综述 ………………… (240)
接待游客超过 3400 万人次
入境游客超过 150 万人次
境内旅游收入超过 400 亿元
出境旅游市场不景气
《杭州市旅游条例》获批准
旅游规划工作进展顺利
加强区域旅游合作
建设旅游咨询服务中心
规范交通指示牌
旅游资源开发 …………… (241)
全面启动十大休闲基地建设
开辟工农业旅游示范点
推出 100 个社会资源国际旅游访问点

中国国际湖泊旅游论坛
旅游促销 …………………… (243)
旅游促销概况
与三大旅行社签订合作协议
制作发放宣传品
旅游业管理 ……………… (244)
星级饭店新增 27 家
旅行社新增 48 家
培训员工逾万人
规范与整治市场秩序

交通运输

交通运输综述 …………… (245)
交通运输概况
倾力打造平安交通
全面推进依法行政
交通电子政务系统不断完善
交通信息指挥系统一期建成
开发公路 GIS 管理系统
工程项目管理系统开发稳步推进
交通行业文明创建工作硕果累累
交通职业院校毕业生供不应求
重点工程建设 …………… (246)
重点工程建设概况
沪杭高速公路拓宽完成
江东大桥开工建设
杭千高速公路一期工程竣工
淳安千岛湖大桥通车
绕城高速公路南线获省优质工程奖
大松树集装箱码头开工
铁路 ………………………… (247)
铁路概况
实现行车安全年
倡导文明服务取得新成果
企业改革撤销铁路分局
宣杭铁路增建第二线工程全线开通
浙赣铁路电气化提速改造工程进展顺利
沪杭铁路电气化工程进展迅速
公路 ………………………… (249)
公路概况
建设农村公路 2515 千米
县道公路结束砂石路面历史
公路养护管理成效显著
依法治路保障畅通
首创出租车 IC 卡积分考核
实施“天网一号”行动
出租车行业“文明行动”获好评
客运站场电子监控系统启动运作
首批“城市快运”上路
推出“杭州快客”品牌
驾驶员理论培训中心成立
考核驾培、维修行业质量信用
驾培IC 卡计时系统获国家专利
打造放心修车街
汽车检测实行网上签证
公路旅客运输
公路货物运输
水运 ………………………… (252)
水运概况
水上巴士航线延伸
加强西溪湿地和西湖水上交通管理
水上交通指挥中心成立
钱江水系推广标准化船型
民用航空 ………………… (253)
民用航空概况
杭州机场客货吞吐量跃居全国第 8 位
实现第 5 个航空安全年
签订合资经营机场协议
机场公安机构移交省公安厅管理
加快基础设施建设
杭州至釜山国际航线开通
曼谷航空公司增开杭州至曼谷航班
港联航空公司增开杭州至香港航班
民营航空公司加盟杭州机场

邮电 通信

邮政 ………………………… (256)
邮政概况
加强邮政行业管理
举办中国(杭州)集邮文化展
杭州市邮政局网站开通
邮政生产作业系统升级
《金钱豹与美洲狮》邮票首发式在临安举行
重视农村邮件接转到户
余杭储蓄余额超过 10 亿元
建德完成农村邮路优化改造
电信通信 ………………… (257)
电信通信概况
实施属地化区域综合营销服务制
签订数字电视合作协议
签订公用电话自律协议
承接市民呼叫服务中心
开通贵宾专线
完成固定电话网智能化改造
第二长途通信枢纽楼通过初步验收
宽带用户超过 50 万户
灵通杭州网站开通
小灵通用户超过 100 万户
机卡分离式小灵通面市
推出商务领航业务
开办属地营业网点
发展偏远山区固定电话
发行网络游戏形象电话卡
发行旅游平安卡
做好重组上市准备
调整电信运营体制
大力发展增值业务
移动通信 ………………… (260)
移动通信概况
推出手机报纸
延安路营业厅被评为全国巾帼文明岗
参与西博会国际烟花大会

移动通信用户数达到400万户
共同打造数字城管
联通通信 …………………… (261)
联通通信概况
打造精品网络
开设“UP新势力”旗舰店
卫星定位技术为烟花大会服务
无线寻呼关网
网络通信 …………………… (262)
网络通信概况
完善网络覆盖
实施管线改造工程
实施智能网升级工程
实施紧密型代维改革
召开IT产业通信应用研讨会
实施提升管理水平工程
提升员工综合素质
举行首届职工运动会

财政 税务

财政 ………………………… (268)
财政概况
加大扶持“三农”力度
加大社会保障支出
支持“文化名城”建设
为“科技强市”建设提供财政支持
增强教育事业投入
卫生事业投入高于财政支出增长幅度
完善社区建设财政补助政策
支持城市基础设施建设
加大生态市建设支持力度
培植地方财源
深化预算改革
提高资金使用绩效
国家税务 …………………… (269)
国家税务概况
支持杭州经济社会发展
整顿和规范税收秩序
强化国税基层基础建设
完善和优化纳税服务体系
加强国税干部队伍建设
地方税务 …………………… (270)
地方税务概况
优化收入结构
社保基金实行“五险合征”
实施精细化管理
完善税源基础性工作
完善稽查制度
深化纳税服务
规范税收执法

金 融

银行 ………………………… (272)
银行业概况
增加有效信贷投入
推动金融生态环境建设
加快金融改革步伐
大力提升金融服务水平
工商银行
农业银行
中国银行
建设银行
交通银行
商业银行
联合银行
信托 ………………………… (277)
工商信托公司
保险 ………………………… (277)
人保财险
中国人寿
太保产险
太保寿险
平保产险
平保寿险

经济管理

综合经济管理 ……………… (288)
综合经济管理概况
建立社会发展形势分析例会制度
调查研究成效显著
“十一五”规划编制工作卓有成效
数字电视用户超过50万户
大力发展高技术产业
加强投资储备项目前期研究
杭州城市快速轨道交通建设规划通过国务院审批
争取国债投资项目和重大外资项目
重点工程投资完成293亿元
公共资源交易 ……………… (289)
公共资源交易概况
基本建设项目并联审批办法实施
重点项目审批直通车提速
评标专家语音通知系统和IC卡自助报名系统开通
政务实时监督系统进入运行阶段
投资项目网上审批平台二期建设进入实施阶段
审计 ………………………… (290)
审计工作概况
加强财政审计监督
国家建设项目审计
经济责任审计
专项审计调查
积极推进审计信息化工作
构建审计质量控制体系
内部审计工作
工商行政管理 ……………… (291)
工商行政管理概况
支持促进中介服务业发展
积极实施商标品牌培育
规范完善市场主体准入
推进信息化建设
推动个私民营经济发展
实施各类专项整治
加强流通领域商品质量监管
开展无照经营整治
加大知识产权保护力度
规范行政执法标准
加大执法办案工作力度

稳步推进消费维权工作
扩展人大定向视察活动范围
完善队伍建设管理措施
加强党风廉政建设
物价管理 …………………… (293)
物价管理概况
加强价格调控监测
房地产价格调控初见成效
多管齐下缓解群众"看病难"
运用价格杠杆缓解"行路难、停车难"
规范教育收费行为
推进教育收费改革
开展价格欺诈专项整治活动
积极稳妥推进价格改革
统计 ………………………… (295)
统计工作概况
完成重大国情国力调查
建立服务业统计调查制度
完善国民经济核算制度
拓展统计服务领域
民情民意调查亮点纷呈
统计信息化建设取得新成果
质量技术监督 ……………… (297)
质量技术监督概况
推进品牌建设
扎实抓好两个安全
推进产业标准化进程
加强三个平台建设
加强民生计量监管
加强质量监督稽查
食品药品监督管理 ……………………………… (299)
食品药品监督管理概况
开展食品安全综合评价试点
稳步推进"三网"建设
组织协调保健品综合监管
巩固认证成果
加强药品监管
做好市场准入工作
药品广告专项治理
开展药械市场专项整治
推进农村两网两房建设
医疗器械使用监管意见出台
50种药品转换为非处方药
浙江省首个药品质量地方性法规施行
经济建设规划 ……………… (300)
经济建设规划概况

信息化建设

信息化建设综述 ………… (301)
稳步推进信息化建设
邮电通信业快速发展
创建数字电视发展模式
举行首届中国国际动漫节
信息化基础建设 ………… (301)
全力参与信息化建设
提升网络运行质量
实施休博会信息化建设
信息技术推广应用 ……………………………… (302)
发放市民卡40余万张
扩展企业基础信息交换系统
深入开展社区信息化建设
积极推进"三网融合"
启动数字城管建设
应急联动指挥系统试运行
党政机关办公业务资源系统正式运行
政府门户网站二期项目完成
加强信息资源开发利用
进行宏观经济监测预测
建立宏观经济监测预测信息系统
积极开展信息协会活动
注重档案信息化建设
提升公交信息化水平
推出移动办公业务
推出宝宝在线业务
信息化环境建设 ………… (305)
加强信息化法规体系建设
稳步推进数据容灾备份中心建设
通过《杭州市信息化条例》
加强信息服务体系建设
加强投资体系建设
加强信息人才培养
基础信息安全测评认证中心成立

党　政

中共杭州市委 …………… (308)
市委工作概况
市委全委会议
市委常委会议
市委财经工作领导小组会议
落实"两项制度、两项活动"
"一纵三横"道路综合整治工程
西湖综合保护
运河(杭州段)综合整治与保护开发
"一湖三园"建设
加快现代服务业发展
市委召开的重要会议
市委调整和新设立的非常设机构
保密工作
领导班子和领导干部综合考核评价试点
深入贯彻《干部任用条例》
首次赴北美招聘海外留学人才
举办"杭州企业家论坛"
村级组织换届选举
流动党员"安家工程"
落实市级优秀党员享受市级劳动模范待遇
社区书记主任参加集中轮训
"和谐组工"建设
全市宣传思想工作会议
做好党报党刊发行工作
加强理论研究
组织编纂《西湖丛书》
评选宣传文化系统"五个一批"人才
评定政工人员专业职称
开展纪念中国人民抗日战争

胜利60周年系列活动
开展“红色之旅”活动
召开全市文艺创作总结表彰会
对外文化交流进一步加强
重大节庆文化和新闻活动
第三届十大名专栏和年度杭州新闻奖(人物奖)评选活动
首届对外传播“金桂奖”新闻报道评选活动
成立市文化国有资产管理机构
调整杭州出版社管理关系
推动多党合作和政治协商制度建设
开展理论学习和业务培训
协助民主党派工商联筹备换届工作
加强党外干部队伍建设
组织杭州旅港同乡会30周年庆典活动
举办宗教界代表人士学习班
召开市统战理论学会第四次会员代表大会
加强统战调研宣传信息工作
市委党校完成干部教育培训任务
深化党校教学内容改革
党校对外宣讲社会效益良好
党校理论科研卓有成效
全面推进社会主义时期党史专题征编工作
改革开放新时期党史专题征编工作启动
中国人民抗日战争暨世界反法西斯战争胜利60周年纪念活动
开展西湖资料的征集和研究
党史宣传教育
老干部工作
关心离休干部的生活与健康
杭州老年大学建校20周年
关心下一代工作
帮教工作各具特色
帮困助学有新发展
市直机关保持共产党员先进性教育活动富有成效
深化创建学习型机关
市直机关加强基层党组织建设
第五次“为省直机关服务月”活动
市直机关第六次“春风行动”
深入推进市直机关党风廉政建设
市直单位综合考核评价活动
市人大 ························ (320)
市十届人大五次会议
市十届人大常委会第二十二次会议
市十届人大常委会第二十三次会议
市十届人大常委会第二十四次会议
市十届人大常委会第二十五次会议
市十届人大常委会第二十六次会议
市十届人大常委会第二十七次会议
市十届人大常委会第二十八次会议
市委人大工作会议
地方立法工作
监督工作
代表工作
市政府 ························ (323)
市政府常务会议
市长办公会议
表彰、奖励和处罚
市政府新设立非常设机构
市政府调整非常设机构
目标管理考核工作
政务督查工作
无线电管理
召开杭州市首轮修志总结表彰大会
积极参与哲学社会科学普及周活动
浙江省二轮修志第八次研讨会在杭举行
《杭州年鉴(2005)》出版发行
接待工作
市政协 ························ (328)
市政协八届四次会议
市政协八届常委会第十四次会议至第十七次会议
加强理论学习和研究
为编制“十一五”规划建言献策
合力推进和谐杭州建设
围绕城市建设和管理献计出力
推进杭州文化名城建设
开展港澳台和海外联谊活动
促进民族宗教工作
提案工作有成效
政协信息工作“四连冠”
纪念市政协成立50周年
市纪委(市监察局) ········· (329)
市纪委第六次全体(扩大)会议
市政府廉政工作会议
落实党风廉政建设责任制
加强党内监督
构建惩治和预防腐败体系
领导干部廉洁自律工作
深化源头治理
查处违纪违法案件
行政执法检查
纠正损害群众利益的不正之风
派驻机构统一管理试点
议案提案办理工作

民主党派和工商联

民主党派和工商联综述 ························ (332)
履行参政议政职能
加强自身建设
拥护《中华人民共和国反分裂国家法》
开展社会服务活动
民革市委会 ················· (333)
关注“三农”问题

为祖国统一工作建言献策
促进杭台民间交流
开展纪念抗战胜利60周年系列活动
举办"和谐之夏"电影月活动
民盟市委会 ………………… (334)
城乡教育调研结硕果
采用多媒体作大会发言效果好
成立教育调研实验基地
举办时政报告会
百名山区儿童"欢乐六一杭州行"
民建市委会 ………………… (334)
会员参政议政热情高
继续扶贫助教
纪念民建成立60周年
经理厂长联谊会更名
设立民建慈善帮困金
民进市委会 ………………… (335)
参政议政工作规范化
资助西部学生到杭就学
主办"万枚明信片相约休博会"活动
举办"门耳千人茶会"
举行庆祝建会60周年大会
农工党市委会 ……………… (335)
开展主题教育活动
深入开展医疗卫生工作调研
举行建党75周年系列纪念活动
"爱心工程"走进监狱
参与国际科学与和平周活动
致公党市委会 ……………… (336)
与政府部门联合开展调研活动
召开议政座谈会
庆祝中国致公党成立80周年
接待中美洲华裔青年代表团
吴明熹来杭考察
九三学社市委会 …………… (336)
围绕中心建言献策
坚持对口联系
举办纪念九三学社建社60周年系列活动
企业与专家结成104对伙伴
精心组织"三百工程"
市工商联 …………………… (337)
深入调研民营经济
企业会员突破万个
继续组织企业家赴中共中央党校学习
调研53个企业
举办基层工商联、商会领导干部培训班
召开民营企业运动会

职工 青少年 妇女组织

职工组织 …………………… (338)
职工组织概况
召开市政府、市总工会第八次联席会议
职工教育培训实行"四位一体"
推广社会化维权经验
市工会法律志愿服务总队成立
举行第六次"春风行动"
劳模(先进)优先购买经济适用房
推行"三级联创"活动
创建和谐劳动关系先进企业
实施企业工资集体协商试行办法
推出女职工重大疾病互助保险
青年少组织 ………………… (339)
青年组织概况
加强青少年思想道德建设
开展团员意识主题教育活动
发展志愿服务事业
推出"蒲公英行动"
深化"青春·创业·杭州"行动
开展社区青少年事务管理试点
推进青年中心建设
开展十大杰出青年系列评选活动
活跃青少年文化活动
妇女组织 …………………… (341)
妇女组织概况
实施姐妹帮扶工程
实施素质培训和劳动力转移工程
创建巾帼文明示范岗
培育特色家庭
开展家庭主题教育活动
加强未成年人思想道德教育
保障和维护妇女权益
"农嫁女"维权试点取得成效
优化妇女事业发展环境

劳动保障 人事

劳动保障 …………………… (343)
劳动保障概况
新增就业岗位15.51万个
开展再就业援助活动
拓宽就业服务
稳步推进城乡统筹就业
社会保险实现"五费合征"
完善医疗保险制度
做好企业退休人员社会化管理工作
完善征地"农转非"人员社会保障政策
首次推出SIYB创业培训
推进技能培训鉴定工作
加强劳动关系调整
探索劳动用工管理长效机制
劳动保障执法监察
劳动争议仲裁
市劳动保障咨询服务中心投入运行
人事 ………………………… (345)
人事概况
优化人才政策环境
引进国外智力成效显著
"科学与中国"院士专家巡讲团首次到杭
全面完成新世纪"131"优秀中青年人才培养计划
为留学人员创业服务
博士后科研工作站建设
专业技术资格考评结合
专业技术人员继续教育

公务员队伍建设
工资福利工作
退休干部服务管理
接收安置军队转业干部 664 名
推进行政机构改革
清理行政职能取得阶段性成果
深化事业单位改革
人事系统开展创新奖和攻关奖评选工作

外事 侨务 台务

外事 …………………………(348)
外事概况
主要出访活动
主要到访活动
主要交流活动
侨务 …………………………(352)
侨务概况
召开全市侨务工作会议
开展海外联络工作
举办海外华侨华人杭州创业论坛
承办 2005 年海外华商杭州投资洽谈会
成立杭州市为华资企业服务法律顾问团
举办侨法宣传日活动
海外华文媒体看“休博”采访团到杭采访
市第七次归侨侨眷代表大会
拓展海外联谊工作
组团出访
参政议政
杭州市侨联青年工作委员会成立
全市社区侨务工作经验交流会
杭州市侨联海归俱乐部成立
台务 …………………………(354)
台务概况
“东引台资”取得新成效
做好在杭台胞台商服务工作
对台宣传取得新进展
积极推进各领域交流交往

政法

政法综述 ……………………(356)
平安创建走在前列
制定平安创建考评办法
落实社会治安综合治理领导责任制
扎实推进综治基层基础工作
构建电子监控体系
开展专项整改活动
集中处理涉法涉诉上访问题
建立执法督查员制度
公安 …………………………(357)
公安概况
反盗车战果丰硕
集中处理群众信访工作
确保首届中国国际动漫节活动安全
7 个区、县(市)完成“三台合一”工作
科技强警工作走在全国前列
开展“百千万”上门走访群众活动
评选“天堂卫士”
为长住在杭境外人员集中换发驾驶证
检察 …………………………(358)
检察概况
依法批捕起诉
落实检察环节社会治安综合治理措施
依法查办职务犯罪大要案
受理群众举报
认真查办渎职侵权犯罪案件
积极推进预防职务犯罪工作
侦查和诉讼监督
监所检察
控告申诉复查
检察技术工作
接受人大对检察工作的监督
检察档案电子应用系统建成
法院 …………………………(360)
法院概况
严厉打击严重刑事犯罪
参与社会治安综合治理
精心审理民商事案件
依法开展行政审判
构建执行工作新机制
规范司法行为
落实司法为民要求
完善信访长效机制
加强审判监督
自觉接受人大和社会各界监督
司法 …………………………(362)
司法行政概况
监狱劳教工作
人民调解工作继续深化
全面完成依法治市普法教育规划任务
法律服务工作进一步规范
保持共产党员先进性教育活动成效明显
案例 …………………………(363)
侦破女大学生吴晶晶被杀案
侦破“三二四”系列流窜抢劫杀人案
马惠民受贿案
高云光等 4 人贪污案
张小泉商标侵权案

军事

军事综述 ……………………(366)
圆满完成各项任务
总部工作组到杭调研征兵情况
总参工作组到杭调研
国防动员 军事战备 ……………………………(366)
组织首长机关按纲施训
整合后备力量作战资源
组织专武干部集训
实施财经集中统管和资金集中支付改革
民兵 预备役 兵役 ……………………………(367)

完善民兵武器装备管理
民兵军事训练
举行城市防空作战演习
圆满完成高炮实弹演练任务
组织预备役部队训练
萧山区被评为征兵工作先进单位
国防教育与军民共建 …………………………… (368)
加强全民国防教育
密切军政军民关系
积极参加双拥共建活动
市党政军代表团赴西藏慰问杭州籍战士
人民防空 ………………… (368)
人民防空概况
杭州市被评为全国人民防空先进城市
拱墅应急疏散场所挂牌
万松岭隧道建成
华丰路建成
文二西路延伸段工程竣工
人防展览馆被命名为省国防教育基地
举行防空袭演习
加强重点镇人民防空工作
约旦国民防局代表团到杭访问
武警 ……………………… (370)
武警概况
开展培育战斗精神主题教育
加强前沿指挥所建设
机关干部当兵代职
加强部队正规化管理
开展勤务专项整治活动
完成西博会安全保卫任务
完成长途押解勤务
抓捕4名涉枪犯罪嫌疑人
演练后勤应急保障能力
三中队被评为武警精神文明建设先进单位
余杭中队党支部被评为武警先进基层党组织
修理技师被评为武警“十大学习成才标兵”

教　育

教育综述 ………………… (372)
全面提升教育品质
推进素质教育
扩大教育建设规模
开展廉洁教育
名校集团化办学
城乡中小学结对
杭州市通过国家一类城市语言文字工作评估
发展农村教育
评选人民满意学校
完善教育资助券和人民助学金制度
实行中外合作办学
开展“长三角”教育合作
建成省级教育强镇(乡)134个
规范教育收费
表彰第2批文明学校53所
创建“绿色学校”
评估“平安校园”
高等教育 ………………… (376)
高等教育概况
加强重点学科和重点实验室建设
建设精品课程
举办大学生创新成果竞赛
浙江大学 ………………… (377)
浙江大学概况
加强学科建设
加快人才培养
办学条件优越
普通高中教育 …………… (377)
普通高中教育概况
举办中小学生科技节
创建省级重点普高19所
减轻过重课业负担
举行学生社团活动
举办校园文学PK大赛
中等职业教育 …………… (378)
中等职业教育概况
成立市中等职业教育商贸专业指导委员会
中策职业学校与新加坡合作办学
确定7所学校为首批职工教育示范基地
义务教育 ………………… (378)
义务教育概况
开展初中教育专项检查
解决外来务工人员子女入学
幼儿教育 ………………… (379)
幼儿教育概况
评选第1批学前教育先进及达标单位
加强婴幼儿教育人员培训
成人教育 ………………… (379)
成人教育概况
举办“全民终身教育活动周”
开展农村成校等级复评和市成人中专合格评估
师资队伍建设 …………… (380)
师资队伍建设概况
实施教师开放性培训
启动农村教师素质提升工程
市区民办学校教师参加职工基本养老保险
改善办学条件 …………… (380)
改善办学条件概况
加快新校舍建设
加强教育信息化建设
开展勤工俭学
学校场地设施对外开放

文　化

文化综述 ………………… (382)
全面推进文化体制改革
组建市文化广电新闻出版局
办好重大文化活动
推进文化产业发展
拓展对外文化交流领域
专业文艺 ………………… (383)

专业文艺概况
举办 8 小时大型电视直播活动
杭州歌舞团演出创佳绩
杭州越剧院创作演出繁荣
杭州滑稽艺术剧院重视非物质文化遗产保护
杭州杂技总团开拓国外演出市场
杭州话剧团尝试小剧场话剧
杭州大剧院试演出成功
市文化中心打造“西湖之夜”品牌
社会文化 …………………… (385)
举办第三届全球化论坛
实施民族民间艺术保护和非物质文化遗产保护工程
实施东海明珠工程
实施文化信息资源共享工程
举办 2005 年娃哈哈西湖狂欢节
丰富和活跃基层文化活动
举办“金鸡报晓闹元宵”灯会
发展公共图书馆事业
动漫产业 …………………… (386)
加快发展动漫产业
全国影视动画工作会议召开
召开动漫产业高峰恳谈会
西泠印社 …………………… (387)
西泠印社概况
举办首届国际艺术节
“孤山证印”国际印学峰会
发挥印社专业特长
开展多层次文化交流
启动《中国印学》和《西泠印社志》项目
申报国家级非物质文化遗产
加强文物管理与维护
扩大产业经营规模
西泠印社拍卖连创纪录
推出“西泠印社”品牌连锁和加盟
西泠印社出版图书 150 余种
西泠印社社长启功逝世
文联与协会 ……………… (388)
文联与协会概况
新春文艺慰问演出
举办为海啸赈灾义画义卖
出版《桂雨文库》和《钱塘文丛》
召开文学创作题材交流会
举办征文大赛暨文学双午奖颁奖活动
举办市儿童文学创作笔会
召开秋季小说笔会
举办西溪印象视觉艺术展
《安妮日记》在杭公演
笑星欢乐社区行
杭州名家书画作品展在合肥开幕
“人人参与,创建绿色家园”摄影比赛
召开市文联主席团会议
纪念抗日战争暨世界反法西斯战争胜利 60 周年
“我的母亲河”运河摄影比赛
少儿舞蹈考级师资培训
第三届“新东方杯”西湖合唱节
第七届中韩书法交流展
第二届大学生电影节
举办中国杭州国际书法艺术节
成立杭州高校剧社联盟
“春风行动”大型书画创作义卖
杭州美术展示交流中心入驻岳王艺术城
新故事创作笔会
抢救保护民间艺术
档案事业 …………………… (391)
档案事业概况
发挥爱国主义教育基地作用
档案接收征集和服务利用
实施依法治档与管理
档案编研取得成绩
加强档案宣传与教育

新闻出版

新闻出版综述 …………… (393)
新闻出版业发展态势强劲
杭州文化广播电视集团成立
举行《杭州日报》创刊 50 周年纪念活动
报纸 ……………………… (394)
杭报集团快速发展
加强报刊网络内部管理
开展对外宣传报道
突出重大主题活动与报道
产业发展呈现优势
完成集团体制改革
开展党建和报业文化建设
广播电视 ………………… (395)
广播电视概况
新闻综合频率加强新闻报道
西湖之声保持省内领先
交通经济广播凸显专业品牌
综合频道进行新闻改版
西湖明珠频道形成品牌栏目群
生活频道转型资讯服务
影视频道改版扬专长
少儿频道健康快速成长
导视频道强化文化定位
《杭州广播电视报》全新改版
出版发行 ………………… (398)
出版发行概况
报刊出版物监管
9 个印刷企业列入全国 100 强
举办西湖书市
新闻出版团体 …………… (398)
召开市新闻工作者工作会议
参与全球通·纪念长征 70 周年“接力长征”大型联合采访活动
组织“杭州新闻奖”评选
市印刷协会提高管理水平

卫 生

卫生综述 ………………… (399)
卫生事业健康协调发展
深化医疗卫生体制改革
医疗机构诊疗 4022 万人次
加强卫生行风建设

医疗设备和药品实行招标采购
加大医疗救助力度
公共卫生 …………………… (400)
公共卫生概况
健全突发公共卫生事件应急指挥体系
加强公共卫生监督与管理
预防保健 …………………… (401)
疾病控制
艾滋病和性病防治
社区卫生服务
妇幼保健
干部保健
农村卫生 …………………… (402)
农村卫生概况
地方病防治
医院管理 …………………… (402)
医院管理概况
医疗机构规范执业
创建"绿色医院"
杭州市被评为无偿献血先进市
中医中药 …………………… (402)
发展中医中药事业
中医行业实行规范化管理
医教科研 …………………… (403)
医教科研概况
医学科研进展
推进医学教育
卫生监督 …………………… (403)
卫生监督概况
食品放心工程
爱国卫生 …………………… (404)
爱国卫生概况
农村改水改厕
除"四害"市场化运作
实施亿万农民健康促进行动
开展第17个爱国卫生月活动
红十字会 …………………… (404)
红十字会概况
推广社区红十字服务
开展卫生救护知识与技能培训
红十字青少年活动
无偿献血和捐献造血干细胞

体　育

体育综述 …………………… (408)
打造体育强市
吴鹏被评为中国体育十佳
竞技体育 …………………… (408)
竞技体育概况
举行市第十六届运动会
杭州籍运动员在第十届全运会上成绩优异
加强体育人才培养
群众体育 …………………… (409)
群众体育概况
加强农村健身设施建设
组织群众体育活动和比赛
发展农民体育
发展老年人体育
开展干部职工体育活动
体育产业 …………………… (410)
体育产业概况
推广体育产业发展经验
全国体育产业工作会议在杭召开
加快体育场地设施规划和建设
体育交流 …………………… (410)
体育交流概况
召开城市体育局长协作会议

社会生活

社会救助 …………………… (411)
保障受灾群众基本生活
健全分级救助制度
开展走访慰问和结对帮扶活动
提高最低生活保障标准
落实配套援助措施
实施医疗救助
提高集中供养比例
改造农村贫困家庭危房1941户
开展实物捐赠活动
健全帮扶救助组织网络
优抚　双拥　安置 ……… (412)
认真落实优抚政策
继续开展爱心献功臣活动
建立优抚标准自然增长机制
拥军慰问活动
争创双拥模范城
军民共建活动
退役士兵安置
新老兵中转
悼念革命先烈
做好军队离退休干部安置服务工作
城乡基层组织建设 ……… (416)
社区概况
加强社区建设
推进社区服务业发展
开展"四进社区"活动
社区信息化水平不断提高
表彰社区建设先进
创建民主法制社区
提高社区工作者素质
落实社区工作者待遇
规范社区志愿服务
举办第二届邻居节
完成第七届村委会换届选举
创新村委会选举方式
社会福利事业 …………… (420)
考核"星光老年之家"
加强社会福利机构管理
福利企业生产稳步增长
发行福利彩票2.49亿元
慈善活动广泛开展
民政事务管理 …………… (421)
地名管理
杭州地名网开通
文华路等3条道路顺利更名
婚姻登记管理
收养登记管理
殡葬管理
举行第12次骨灰撒江活动
民间组织
农村专业经济协会稳步发展
开展民办非企业单位自律与诚信建设活动

流浪乞讨人员救助管理
残疾人事业 …………………… (423)
残疾人事业概况
出台扶助贫困残疾人的优惠政策
安置3718名残疾人就业
拓展康复工作领域
扶持农村残疾人发展种植业
采取多种形式扶贫帮困
配好街道(乡镇)残联专职干事
举办残疾人文艺汇演
残疾人体育工作获全国先进
扩大盲人免费乘坐公交车线路和范围
开展助残宣传活动
加强残疾人联合会自身建设
民族 ……………………………… (426)
民族概况
市民族宗教局获全国民族团结进步模范集体称号
召开市区兰州拉面馆规范工作座谈会
慰问少数民族贫困农户
市政协到富泽民族村视察调研
组织专家给畲族群众送医送药
民族山村“爱之路”建成通车
召开城区民族工作现场会议
宗教 ……………………………… (427)
宗教概况
举办《宗教事务条例》培训班
民族宗教界为海啸受灾国捐款80万元
举行第三届吴越佛教文化与社会研讨会
基督教崇一堂新堂落成
天主教杭州教区管理委员会召开第二次会议
召开弘扬佛教文化专题座谈会
举行和平祈祷活动
市佛教协会召开第四次代表会议
净慈寺举办“吉祥钟声迎新年”活动
交流禅茶茶艺
举行海峡两岸佛教文化交流音乐会
人民生活 ……………………… (429)
城市居民收入稳步提高
农村居民收入继续增长
发展和享受型消费需求日益显现
教育文化娱乐服务支出居高不下
农民消费结构出现明显变化
居住条件不断改善
人口和计划生育 ……………… (431)
人口和计划生育概况
推进新型生育文化建设
创建计划生育优质服务县(市、区)
深化青少年青春健康服务
夯实基层基础工作
加强流动人口计生管理
规范计划生育依法行政
奖励扶助农村部分计生家庭
开展人口发展战略研究
老龄工作 ……………………… (432)
老龄工作概况
召开全市老龄工作会议
432个社区达到省级规范化标准
抓好老年电大分校规范化建设
开展庆祝老人节系列活动
加强维护老年人权益
落实省、市老年人优待政策

人 物

新闻人物 ……………………… (439)
朱炳仁
易贤华
管耀祖
吴巧仙
金永新
华 平
江 航
赵桔水
洪 英
商俊荣
李兰娟
程泰宁
鲁冠球
汪力成
李 刚
逝世人物 ……………………… (442)
章志刚
夏树国
历史人物选介 ………………… (443)
林 枫
白居易
苏 轼
司徒雷登

区县(市)

上城区 ………………………… (444)
上城区概况
加强公共财政建设
金星铜公司研制成功新型装饰板
建成4个名校教育集团
南山路形成艺术休闲特色街
湖滨国际名品街开街
上城区成为全国养老服务社会化示范活动试点
开展敬廉崇洁教育
下城区 ………………………… (446)
下城区概况
下城被命名为全国社区卫生服务示范区
下城成为全国婚育新风进万家先进区
下城被评为省科技强区
加强招商引资
中介服务业发展中心成立
完成100条街巷改善工程
建立慈善救助联动机制
开展社区责任医生进家庭试点
江干区 ………………………… (448)

江干区概况
大学科技园通过国家级大学科技园评估
钱江弹簧有限公司厂区奠基
万事利集团获权生产福娃
境外投资项目 22 个
"农转居"公寓竣工 59 万平方米
拆除违法建筑 46.32 万平方米
加强人才队伍建设
提高教师待遇
维护"农转居"人员合法权益
实施社区矫正衔接
城市家具实施长效管理
拱墅区 …………………… (450)
拱墅区概况
引进浙江金丽温高速公路有限公司
康汽集团入选全国企业 500 强
举办第五十五届国药展
天马牌轴承被评为中国名牌产品
蒋家浜村被评为全国文明村
运河广场建成
拱墅区成为省科技强区
中亚机械公司被认定为国家高新技术企业
组建拱宸桥小学等 4 个教育集团
长征中学成为省三级重点高中
举办 LOFT 创意产业与自主创新发展论坛
拱墅成为省级社区卫生服务示范区
区(社区)行政服务中心投入使用
西湖区 …………………… (453)
西湖区概况
西湖区成为省科技强区
提升文三路电子信息街区品牌
调整农村教育管理体制
创建省级文化先进区
西湖区被评为全国婚育新风进万家活动先进区
开展农村"一十百千万"工程
创新实施社会救助
大力推进农居多层公寓建设
西溪国家湿地公园建成开放
2 个农贸市场成为全国绿色市场示范单位
西湖区被评为全国社区残疾人工作示范城区
滨江区 …………………… (455)
滨江区概况
沿江景观一期工程完成
新建道路完成"上改下"工程
江南实验学校建成
滨江水厂开工建设
《天眼》获专项奖
治安动态监控网络系统基本建成
华润万家超市滨江店营业
实行免费婚检
滨江老年电视大学成立
保护长河街道历史风貌
萧山区 …………………… (457)
萧山区概况
黄孟复到萧山视察
萧山网开通
民营企业家购买私人飞机
收取汽车养路费 2 亿元
检察干部被评为全国十佳反贪局长
完成行政村规模调整
萧山被评为中国花边之都
"钱潮"被认定为中国驰名商标
萧山城市管理规划通过评审
8 种产品成为中国名牌
萧山被命名为中国钢结构产业基地
"友成控股"在香港上市
萧山被评为全国文物工作先进
余杭区 …………………… (459)
余杭区概况
实现工业产值 1044 亿元
创新选举村委会采取"自荐海选"
"杭州·余杭"网站开通
镇乡、街道实施公车改革
老板牌吸油烟机成为中国名牌产品
苕溪流域禁养鸭子
通济桥退堤扩孔工程通过验收
余杭成为全国农业标准化先进
全国盲人门球锦标赛在余杭举行
殡葬工人获全国先进工作者称号
东来阁建成开放
丘山市场被评为全国绿色农贸市场
余杭区人武部被评为全国民兵预备役政治工作先进单位
直路溪小流域治理通过验收
《汇报咏叹调》在中央电视台春节联欢晚会播出
农民陈法庆成为浙江最具影响力人物
桐庐县 …………………… (463)
桐庐县概况
分水江水利枢纽工程建成
桐庐名列百强县第 72 位
杭千高速公路桐庐段竣工
桐庐创建国家卫生县城
桐庐成为全国文化先进县
加强农村电气化建设
"雪水云绿"获国际博览会金奖
复建圆通禅寺
分水被评为全国文明镇
学生获全国儿歌比赛大奖
淳安县 …………………… (465)
淳安县概况
省委书记到下姜村调研
天清岛向游人开放
命名"千岛湖舰"
千岛湖大桥建成通车
推出杭州人游千岛湖优惠活动
千岛湖生态鱼注册原产地标记
千岛湖镇获中国最佳自然生态名镇金杯奖

大力发展天坪笋干
建德市 …………………… (467)
建德市概况
建德入选中国特色魅力城市200强
建德成为国家级生态示范区
建德列入省教育强市
建德成为省级中医先进市
杭新高速公路建成通车
乾潭镇列入全国发展改革试点
新安江水电站被列入“红色之旅”教育基地
实施乡镇行政区划调整
新安化工集团列入全国工业重点行业效益10佳
财政收入首次超过10亿元
确定“山水画廊休闲天堂”宣传口号
潘秋梅列入“全国十大农民女状元”
富阳市 …………………… (469)
富阳市概况
“东吴传龙”参加法国尼斯狂欢节
富通集团“光纤反倾销案”胜诉
常绿镇成为浙江省篮球之乡
联魁塔列为省级文物保护单位
成立首家地方银行
举办“走进富春山水”全国摄影大赛
“受降厅”被列为全国爱国主义教育基地
富阳市被评为国家环境保护模范城市
市图书馆成为“国家一级图书馆”
龙门古镇保护与旅游开发一期工程完工
富春江环保热电项目一期竣工
富阳市成为省级双拥模范城市
城区智能监控系统开通
《中国富阳纸业》出版
富春山居度假村被评为全球最佳新酒店
富阳成为省文化先进市
临安市 …………………… (472)
临安市概况
建成4个省级无公害农产品基地
华光潭水库蓄水发电
“九三”特大暴雨灾害
临安电线电缆产业基地建成
大峡谷景区发生浮桥侧翻事故
实现连锁超市覆盖乡镇
浙皖农贸城投入使用
增加5处省级文保单位

统计资料

统计表 …………………… (482)
杭州市土地面积、年末户数、人口数及人口变动情况(2005年)
杭州市国民经济主要指标(一)
杭州市国民经济主要指标(二)
杭州市历年生产总值及发展指数
杭州市各县(市)经济主要指标(2005年)
杭州市规模以上工业企业单位数、总产值(2005年)
杭州市规模以上工业企业主要财务指标(2005年)
杭州市规模以上工业企业主要工业产品产量(2005年)
杭州市农林牧渔业总产值(2005年)
杭州市主要农产品产量(2005年)
杭州市外商直接投资情况(2005年)
杭州市进出口情况(2005年)
杭州市工业“三废”排放及处理率(2005年)
杭州市区城市公用事业情况(2005年)
杭州市限额以上固定资产投资(2005年)
杭州市金融机构本外币年末存、贷款余额(2005年)
杭州市城市住户调查情况
杭州市城市居民家庭人均消费支出
杭州市农村住户调查情况
杭州市农村居民家庭人均消费支出
杭州市房地产销售价格指数
杭州市主要经济指标在全国15个副省级城市中的位次(2005年)
杭州经济占浙江省的比重(2005年)
杭州市主要经济指标在长江三角洲16个城市中的位次(2005年)
2004年统计数据原上报数与后调整数比较表 …………………… (497)
杭州市部分国民经济指标调整情况(2004年)

附 录

先进名录 …………………… (498)
2005年继续保留荣誉称号的杭州市文明行业(单位)
2005年度杭州市文明镇
2005年度市直单位综合考评优胜单位(满意单位)
2005年度市直单位综合考评先进单位
2005年度市直单位综合考评达标单位
2005年度市直单位非综合考评成绩显著单位
2005年度市直单位非综合考评工作先进单位
2005年度市直单位非综合考评合格单位

杭州市“十五”期间十佳示范文明社区
杭州市“十五”期间十佳社区共建先进单位
2005 年度市直单位“十佳公务员(工作者)”
杭州市创建全国绿化模范城市先进集体
杭州市创建全国绿化模范城市优胜单位
2005 年杭州市农村经济发展奖
2005 年度杭州市外贸出口“金龙奖”
名牌产品名录 ……………… (500)
2005 年杭州市获中国名牌产品及其生产企业
2005 年杭州市获浙江名牌产品及其生产企业
2005 年杭州市杭州名牌产品及其生产企业
2005 年杭州市获浙江省著名商标企业
2005 年杭州市著名商标企业
获科技进步奖名录 ……… (504)
2005 年杭州市获国家科学技术进步奖
2005 年杭州市获浙江省科学技术进步奖
2005 年杭州市科学技术进步奖
单位名称 …………………… (506)
市直属各单位和相关单位名称及规范化简称
彩色图版单位信息 ……… (508)

彩色图版

杭州荣誉 …………………… (前 4)
友好往来 …………………… (前 8)
杭州新貌 ………………… (前 10)
地方志先进 ……………… (前 14)
数字杭州 ………………… (前 16)
杭州余杭人民印刷有限公司 ……………………………… (81)
杭州市墙体改革领导小组办公室 …………………… (82)
杭州老板实业集团 ……………………………… (84)
富丽达集团 ………………… (85)
杭州卷烟厂 ………………… (86)
杭州长命印刷有限公司 ……………………………… (88)
浙江康莱特集团 ………… (104)
杭州九源基因工程有限公司 ……………………………… (105)
达利(中国)有限公司 ……………………………… (106)
红剑集团 ………………… (108)
浙江翔盛集团有限公司 ……………………………… (109)
湖畔居 …………………… (147)
杭州新蕉叶餐饮有限公司 ……………………………… (148)
银泰百货 ………………… (150)
杭州联合肉类集团有限公司 ……………………………… (152)
杭州世界休闲博览会 ……………………………… (174)
浙江天都实业有限公司 ……………………………… (219)
杭州湖滨国际名品街 ……………………………… (220)
中国移动通信 …………… (264)
中国电信 ………………… (266)
杭州工商信托投资股份有限公司 ………………… (280)
杭州联合银行 …………… (282)
杭州资信评估公司 ……………………………… (284)
杭州市国家税务局 ……………………………… (285)
杭州市商业银行 ……………………………… (286)
杭州数字电视有限公司 ……………………………… (306)
建德市人民检察院 ……………………………… (365)
杭州市第三人民医院 ……………………………… (406)
下城区疾病预防控制中心 下城区卫生监督所 ……………………………… (407)
杭州市社会福利中心 ……………………………… (435)
杭州市民族宗教事务局 ……………………………… (436)
杭州维希矿泉饮品有限公司 ……………………………… (438)
上城区工商业联合会 ……………………………… (475)
三墩镇 …………………… (476)
闻堰镇 …………………… (477)
径山镇 …………………… (478)
富春街道 ………………… (479)
永昌镇 …………………… (480)
富阳市交通局 …………… (481)
胜达集团有限公司 ……………………………… (511)
城建新貌 ………………… (512)
2005 年“西湖杯”建筑优质工程 ………………… (514)
杭州澳医保灵药业有限公司 ……………………………… (525)

索　引

主题索引 ………………… (526)
表 ……………………………… (554)
资料 ………………………… (556)
封面:杭州世界休闲博览会
封三:贴沙河风貌

Contents

Special Reports

To Get the Eleventh Five-Plan off to a Good Start by Taking A Scientific Outlook on Social and Economic Development (Abstract) .... (1)
Report on the Work of the Municipal Government (Abstract) .... (7)
Hangzhou Statement on Respecting Cultural Diversity & Building a Harmonious World (Abstract) .... (18)
Hangzhou Consensus on Promoting a Harmonious Business & Building a Harmonious Society (Abstract) .... (18)

Special Edition

The Education on Maintenance the Advanced Nature of the Communist Party Member .... (19)
Xixi National Wetland Park Upon Completion .... (21)
Project on Improving 363 Alleys and Lanes in City Downtown .... (22)
Hangzhou Local Chronicles Office Obtains Two National Awards .... (23)

Chronicles of Events

Chronicle 2005 of Hangzhou .... (24)

General Survey

Historical Background .... (30)
Geographical Overview .... (30)
Population Changes .... (31)
Administrative Districts .... (31)
An Outline of Economic Development .... (31)
Economic System Reforming .... (34)
Construction of Political Civilization .... (36)
Promotion of Cultural & Ideological Progress .... (37)
Legal Affairs .... (39)
Survey of the Organizations in City & Districts, Counties & County-level Cities .... (40)

Agriculture

Overview .... (46)
Crop Cultivation .... (52)
Forestry .... (54)
Animal Husbandry .... (55)
Fishery .... (57)
Water Conservancy .... (58)
Farm Machinery .... (60)
Farm Enterprises .... (60)
Supply & Sales Cooperation .... (61)
Climate .... (63)

Industry

Overview .... (66)
Silk Industry .... (71)
Light Industry .... (73)
Packaging Industry .... (75)
Chemical Industry .... (76)
Building Material & Metallurgy Industry .... (78)
Power Industry .... (78)

Pillar Industries

Machinery .... (89)
Electronics & Information .... (92)
Food Industry .... (94)
Textile Industry .... (96)
Lady Dress Industry .... (99)
Medical Industry .... (102)

Industries of Trust Assets Management

Industrial Assets Management .... (110)
West Lake Electronics Group .... (111)
Hangzhou Steam Turbine Group .... (114)
China Qing Chun Bao Group .... (115)
Information & Technology Company .... (116)
Hangyang Group .... (117)
Hangzhou Huadong Medicine Group .... (118)

Individual & Private Economy

Overview ………… (119)
Individual Economy ………… (119)
Private Economy ………… (120)
Association Activities ………… (120)

Scientific Technology

Natural Science ………… (121)
Social Science ………… (128)

Commerce

Overview ………… (132)
Commodity Assets Management ………… (137)
Catering Sector ………… (141)
Cereals & Edible Oil Trade ………… (144)
Administration of Tobacco Trade ………… (146)

Markets

Job Market ………… (153)
Labor Market ………… (154)
Technology Market ………… (155)
Commodity Market ………… (155)
Cultural Market ………… (156)
Capital Market ………… (157)

Conference & Exhibition Business

Overview ………… (159)
The West Lake Exposition ………… (159)
Large-scale Exhibitions & Fairs ………… (163)
Exhibition Halls ………… (165)

World Leisure Exposition

Overview ………… (166)
Preparing Activities ………… (171)
Halls Construction ………… (173)

Domestic Economic Cooperation

Overview ………… (176)
Attracting Investment ………… (177)
Incorporation with the Shanghai & the Yangtze River Delta Area ………… (177)
Participation in the Development of China's Western Regions & the Revitalization of the Northeast China's Old Industrial Base & the Central China's Rising ………… (179)
Project of Mountain-Sea Cooperation ………… (180)
Helping & Supporting the Suitable Area ………… (180)

Foreign Trade

Overview ………… (181)
Foreign Trade ………… (183)
International Capital ………… (184)
Foreign Trade & Economy Cooperation ………… (185)
Customs ………… (185)
Export Processing Zone ………… (186)
Commercial Inspection & Quarantine ………… (187)
Port Management ………… (189)

National Development Zones

Hangzhou Economic & Technological Development Zone (HETDZ) ………… (191)
Xiaoshan Economic & Technological Development Zone (XETDZ) ………… (193)
Hangzhou High Tech Development Zone ………… (194)
Zhijiang National Tourist Holiday Resort ………… (196)

Urban Construction & Management

Overview ………… (198)
Urban Planning ………… (199)
Survey & Design ………… (202)
Building Industry ………… (203)
Urban Governance ………… (204)
Real Estate Management ………… (207)
Land Resources Management ………… (209)
Urban Construction Assets Management ………… (211)
Track Transportation ………… (213)
Qiangjiang New CBD ………… (215)
Urban Afforestation ………… (216)
Town Construction ………… (218)

Environmental Protection

Overview ………… (222)
Environment-friendly City Construction ………… (223)
Comprehensive Renovation of Environment ………… (224)
Environmental Enforcement ………… (225)
Industry of Environment Protection & Monitoring of Scientific Research ………… (226)

The West Lake Historic & Scenic Area

Overview ………… (227)
Scenic Spots & Historic Sites ………… (230)
Protection & Management ………… (231)
Exhibition Activities ………… (233)

Relics

Overview ………… (234)
Relics Protection ………… (235)
Museums ………… (237)
Archaeological studies ………… (239)
Collections ………… (239)

Tourism

Overview ………… (240)
Traveling Resource Research ………… (241)

Traveling Promotion ······ (243)
Tourism Management ······ (244)

Transportation

Overview ······ (245)
Key Construction Projects ······ (246)
Railroads ······ (247)
Highways ······ (249)
Waterways ······ (252)
Civil Aviation ······ (253)

Posts & Telecommunications

Postal Service ······ (256)
Telecommunication ······ (257)
Mobile Telecommunication ······ (260)
Unicom Telecommunication ······ (261)
Net Commtunication ······ (262)

Finance & Taxation

Finance Control ······ (268)
State Taxation ······ (269)
Local Taxation ······ (270)

Banking & Affiance & Insurance

Banking ······ (272)
Affiance ······ (277)
Insurance ······ (277)

Economic Management

Comprehensive Economic Management ······ (288)
Public Resources Transaction ······ (289)
Auditing ······ (290)
Industry & Commercial Administration ······ (291)
Price Management ······ (293)
Statistics ······ (295)
Quality & Technical Supervision ······ (297)
Drug Administration ······ (299)
Economic Construction Programming ······ (300)

Information Construction

Overview ······ (301)
Basic Construction of Informatization ······ (301)
Information Technology Popularization &Application ······ (302)
Environmental Construction for Informatizaton ······ (305)

The Party & Government

Hangzhou Municipal Committee of the CPC ······ (308)
Hangzhou People's Congress ······ (320)
Hangzhou Municipal Government ······ (323)
Hangzhou Committee of CPPCC ······ (328)
Hangzhou Municipal Commission for Inspecting Discipline of the CPC (Hangzhou Municipal Supervision Bureau) ······ (329)

Democratic Parties & Association of Industry & Commerce

Overview ······ (332)
Hangzhou Committee of the Revolutionary Committee of China Nationalist Party ······ (333)
Hangzhou Committee of China Democratic League ······ (334)
Hangzhou Committee of China Democratic National Construction Association ······ (334)
Hangzhou Committee of China Association for Promoting Democracy ······ (335)
Hangzhou Committee of China Peasants' & Workers' Democratic Party ······ (335)
Hangzhou Committee of China Zhi Gong Party ······ (336)
Hangzhou Committee of Jiu San Society ······ (336)
Hangzhou Committee of Industry & Commerce ······ (337)

Organizations of Workers & Youth & Women

Worker's Organization ······ (338)
Youth Organization ······ (339)
Women's Organization ······ (341)

Labor & Social Security & Personnel

Labor & Social Security ······ (343)
Personnel ······ (345)

Foreign Affairs & Overseas Chinese Affairs & Taiwanese Affairs

Foreign Affairs ······ (348)
Overseas Chinese Affairs ······ (352)
Taiwanese Affairs ······ (354)

Law

Overview ······ (356)
Public Security ······ (357)
Procuratorial Work ······ (358)
Court of Justice ······ (360)
Administration of Justice ······ (362)
Law Cases ······ (363)

Military

Overview ······ (366)
National Defense Mobilization & Military Combat Readiness ······ (366)
Militia, Reserve Duty & Recruitment ······ (367)
Defense Education & Military-Civilian Joint Construction ······ (368)
People's Air Defense ······ (368)

Armed Police .... (370)

Education

Overview .... (372)
Higher Education .... (376)
Zhejiang University .... (377)
Secondary Education .... (377)
Occupation Education .... (378)
Compulsory Education .... (378)
Infant Education .... (379)
Adult Education .... (379)
Teacher Training .... (380)
School Improvement .... (380)

Culture

Overview .... (382)
Professional Art .... (383)
Social Culture .... (385)
Cartoon Industry .... (386)
Xiling Seal-Engraving Society & Painting Institute .... (387)
Federation of Art & Various Associations .... (388)
Archival Administration .... (391)

Press & Publication

Overview .... (393)
Newspapers .... (394)
Broadcasting & TV .... (395)
Publication .... (398)
Press Organizations .... (398)

Public Health

Overview .... (399)
Public Health .... (400)
Health & Prevention .... (401)
Rural Health Care .... (402)
Medical Administration .... (402)
Traditional Chinese Medicine .... (402)
Medical Education & Research .... (403)
Medical Supervision .... (403)
Patriotic Health Campaign .... (404)
Red Cross Society .... (404)

Sports

Overview .... (408)
Competition Sports .... (408)
Mass Sports .... (409)
Sport Industry .... (410)
Sports Exchanges .... (410)

Social Activity

Aid Programs .... (411)
Care of Military Personnel & Martyr's Families, Replacement of Military Discharges & Reciprocal Assistance between Military Unit & Local Governments .... (412)
Grassroots Governments & Community Building .... (416)
Social Welfare Cause .... (420)
Administration of Civil Affairs .... (421)
Administration of the Disabled .... (423)
Ethnic Minorities .... (426)
Religion .... (427)
People's Livelihood .... (429)
Population & Family Planning .... (431)
Senior Citizen Administration .... (432)

People

The News Makers .... (439)
The Deceased .... (442)
Selection of Historical Figures .... (443)

Districts & Counties (Cities)

Shangcheng District .... (444)
Xiacheng District .... (446)
Jianggan District .... (448)
Gongshu District .... (450)
Xihu District .... (453)
Bingjiang District .... (455)
Xiaoshan District .... (457)
Yuhang District .... (459)
Tonglu County .... (463)
Chun'an County .... (465)
Jiande City .... (467)
Fuyang City .... (469)
Lin'an City .... (472)

Statistics

Statistical Tables .... (482)
Comparison Table of the Statistical Data Reported Originally & Adjusted Afterwards .... (497)

Appendix

Lists of Outstanding Institutions & Persons .... (498)
Lists of Awards Products .... (500)
Lists of Scientific Advancement Awards .... (504)
Units' Standard Abbrevations .... (506)
Information of the Organizations on Colorful Inserts .... (508)

Colorful Inserts

Index

Subject Index .... (526)
Table .... (554)
Related Information .... (556)
Cover:Hangzhou World Leisure Exposition 2006
Inside Back:Tie Sha River

以科学发展观统领经济社会发展全局 为“十一五”期间发展开好局起好步(摘要)

在市委九届十次全体(扩大)会议上的讲话

(2005年12月13日)

中共浙江省委常委、杭州市委书记　王国平

这次全会的主要任务是：学习贯彻十六届五中全会、中央经济工作会议和省委十一届九次全会精神，回顾总结“十五”特别是2005年工作，审议通过市委《关于制定杭州市国民经济和社会发展第十一个五年规划的建议》，研究部署下一个五年特别是明年的任务。

一、肯定成绩，总结经验，坚持以科学发展观统领全局

“十五”时期的五年，是“构筑大都市、建设新天堂”的五年，是克难攻坚、再创辉煌的五年。全市经济社会持续快速发展，主要经济社会发展目标提前一年实现，按户籍人口计算的人均生产总值突破5000美元，城市综合竞争力居全国第五位，城市发展能力居全国第六位，“构筑大都市、建设新天堂”迈出了新步伐。全市生产总值2000年为1382.56亿元，预计2005年可达2915亿元，实际增长0.89倍。按2005年预计数计算，“十五”期间全市财政总收入增长2.64倍，规模以上工业销售产值增长2.49倍，全社会固定资产投资总额增长1.67倍，社会消费品零售总额增长0.99倍，外贸出口增长1.73倍，实际利用外资增长2.78倍，城镇居民人均可支配收入增长0.707倍，农村居民人均纯收入增长0.713倍。杭州先后获得联合国人居奖、国际花园城市、中国人居环境奖、全国社区建设示范市、全国环保模范城、全国双拥模范城等荣誉，并连续两年被世界银行评为“中国城市总体投资环境最佳城市”第一名、被美国《福布斯》杂志评为“中国大陆最佳商业城市排行榜”第一名。

市委九届八次全会以来，常委会坚持以科学发展观统领经济社会发展全局，围绕“构筑大都市、建设新天堂”的奋斗目标，按照“发展、创新、稳定、为民”总要求，坚持“四个突出”，推进“五大战略”，破解“七大问题”，打造“平安杭州”，引领“和谐创业”，全市经济社会又快又好发展，经济、政治、文化、社会建设和党的建设取得了新进展。预计2005年全市生产总值比上年(2004年，下同)增长12%以上；财政总收入520亿元，增长17.4%；规模以上工业销售产值5240亿元，增长21.1%；全社会固定资产投资1375亿元，增长14.5%；社会消费品零售总额975亿元，增长14%；外贸出口总额190亿美元，增长25.2%；实际利用外资16.3亿美元，增长15.6%；实际到位内资268亿元，增长19%；城镇居民可支配收入16500元，增长13.2%；农村居民人均纯收入7700元，增长13%；城镇登记失业率控制在3.7%。

(一)贯彻中央和省委重大决策部署。市委九届八次全会贯彻党的十六届四中全会精神，审议通过市委关于进一步加强党的执政能力建设的《实施意见》，对今年工作作出全面部署。党的十六届五中全会闭幕后，召开为

期两天的市委常委(扩大)会暨市委理论学习中心组学习会,研究讨论市委"十一五"规划建议,提出杭州"十一五"发展的指导思想、奋斗目标、指导原则和主要任务。市委九届九次全会贯彻胡锦涛总书记和省委要求,明确了"解放思想、干在实处、走在前列"的目标任务。贯彻中央和省委有关经济工作的决策部署,召开一系列重要会议研究经济工作,建立"两项制度",开展"两项活动"。贯彻省委十一届八次全会关于建设文化大省的决策部署,提出了建设"一名城五强市"的奋斗目标。

(二)解决"三农"问题。把"三农"工作作为"重中之重",一手抓稳定粮食生产,一手抓发展都市农业,推进农业结构战略性调整,发展六大优势产业和五大特色产业,形成都市、平原、山区三大农业圈层。办好"九件实事",加快农业农村基础设施建设和农村社会事业发展,培训农民25.14万人次,转移农民5.2万人,培训后转移就业率达68%。

(三)推进改革攻坚。深化行政管理体制改革,组建市国资委、发改委、行政服务中心、公共资源交易中心、文化广电新闻出版局和文化市场综合执法总队。深化投资体制改革,健全生态补偿机制。深化国有企业产权制度改革,推进国有企业"二次改制"。深化社会领域改革,完善市属事业单位改制政策,推进社保扩面,提高市区企业退休职工基本养老金和农民低保标准,推进企业退休人员社会化管理。深化科技体制改革,加大研发中心建设力度,实施科技型初创企业培育工程,建立民营科技企业再担保服务中心。

(四)推进城市化战略。召开全市城市化暨重点工程建设工作会议,加强城市规划,保护历史文化名城,加快钱江新城和"三副六组团"建设。实施市区"一纵三横"道路综合整治和背街小巷改善工程,建设了一大批重大城市基础设施项目。强化城市管理,"四化"管理覆盖面达73%。加强公共危机管理,抓好防洪抗台各项工作。荣获全国无障碍设施创建示范城市称号,跻身全国首批10个"数字城管"试点城市。出台4个政策文件,在全市30多个"城中村"开展"一片一统筹、一村一方案"改造试点,加大"拆违"力度,推进征地拆迁。加快城市信息化建设。

(五)推进"工业兴市"战略。召开"工业兴市"大会等一系列专题会议,部署工业经济工作。落实"两项制度",市四套班子领导、区县(市)和市直部门负责人联系重大项目187个,其中市四套班子领导45个。加快市区企业搬迁,市四套班子主要领导联系的10个重大工业项目落实搬迁选址。开展"工业企业服务年"活动,为企业排忧解难。大力发展高新技术产业,做大做强通讯、软件、集成电路、数字电视、动漫、网络游戏6条"产业链",打造"电子商务之都"。改造提升传统优势产业,推进企业信息化建设,发展都市型工业。推进民营企业"二次创业",53个企业跻身全国民营企业500强,占全国的10.6%。42个企业跻身全国千强企业,单位数居全国省会城市、副省级城市和全省各市第一。抓好省级开发区申报工作,启动江东、临江、临平、钱江工业功能区建设,推进城镇特色工业功能区建设。

(六)推进"旅游西进"战略。召开加快发展服务业"1+9"会议,明确建设服务业大市目标,出台《关于加快现代服务业发展的若干意见》、《加快现代服务业发展规划》、《现代服务业发展专项资金管理办法》及12个配套政策意见,加强规划引导、技术创新、法制保障、人才支撑、产业集聚、品牌引领、开放带动、政策扶持,加快发展大旅游产业、大文化产业、金融服务业、商贸与物流业、信息服务与软件业、中介服务业、房地产业、社区服务业。推进"旅游西进"和旅游国际化战略,办好西博会、迎接休博会,建设国际风景旅游城市。推进西湖综合保护,第四次推出新西湖。完成西溪湿地综合保护一期工程,建成开放中国首个国家湿地公园。运河综合保护顺利推进,休博会"一湖三园"、余杭南湖休闲度假区等十大休闲基地建设全面启动。杭州被授予"中国茶都"称号。预计全年接待国内游客3200万人次,增长6.1%;入境游客145万人次,增长17.5%;旅游总收入460亿元,增长12%以上。

(七)推进"开放带动"战略。召开全市招商引资大会,赴法国等地开展招商引资和旅游促销活动,一批世界500强企业和跨国公司入驻杭州。召开国内合作交流工作会议,协议引进和实际到位内资超额完成全年任务。转变出口贸易增长方式,机电产品和高科技产品出口快速增长,非洲和东盟等出口新市场快速拓展。"走出去"取得新进展。

(八)推进"环境立市"战略。制定实施《关于进一步优化投资创业环境的若干意见》,城市生活质量列全国100个城市第五位。加快电网建设,让电于民,有序用电,缓解"缺电"制约。争取土地指标,推进土地整理,坚持"一调两宽两严","有地优用",节约用地,集约用地。加强银企合作,发展担保机构,推进企业上市,缓解"缺钱"制约。荣获全国节水型城市称号。全面实施"1278"环境污染整治和"1250"生态示范工程,生态市建设步伐加快,"创模"复查通过验收,全国绿化模范城市创建扎实推进。召开"推进和谐创业,构建和谐社会"研讨会,发表《杭州宣言》。

(九)破解"七大问题"。围绕破解困难群众生产生活问题,完善"四级救助圈",开展第五、第六次"春风行动",深化"破七难、作贡献"主题实践活动,加大困难群众帮扶救助力度。加强对外来务工创业人员服务和管理,让他们"安居乐业"。加大再就业援助力度,投入再就业资金2.18亿元,新增就业岗位15.3万个,实现再就业13万人,安置就业困难人员4.75万人,再就业培训5.61万人,城镇登记失业率控制在3.7%。推进"135"工程,深化"光明行动",完成"姐妹帮扶工程"3年任务。围绕破解"看病难"问题,扩大医疗市场开放力度,推进公立医院产权制度改革,实施"均费双控、超额双缴",实行省市联合药品集中采购,完善医疗保险制度,加大医疗救助力度,市属医院人均门诊费用和住院费用较全国平均增幅低10个百分点,药价平均下降22%,企业退休人员门诊统筹约定医院由1个增加到2个,实现新型农村合作医疗乡镇全覆盖。围绕破解"上学难"问题,完善教育资助券和人民助学金制度,实施教育帮扶工程,加快发展农村教育,解决外来务工创业人员子女就学问题,推进名校集团化战略,全市建立教育集团47个,183所中小学实行名校集团化办学。围绕破解"住房难"问题,新开工建设经济适用住房、拆迁安置房各100万平方米,公开摇号销售经济适用住房 80 万平方米，开工建设“农转居”多层公寓 100 万平方米、人才创业公寓 10 万平方米。围绕破解“行路难停车难”问题，实施“公交优先”，推进智能交通，加强交通改造，完善交通组织，开展集中整治，依法清理整顿停车场(库)，深化“文明从脚下起步”活动。围绕破解“清洁杭州”问题，扩大“清洁杭州”示范街创建面和“洁面工程”覆盖面，推进“墙景美化”、“窗台美化”，加大“清洁杭州、美化天堂”宣传力度，开展“清洁杭州”义务劳动。围绕破解“办事难”问题，深化满意单位创建活动和机关效能建设，研究建立市直单位综合考核评价体系，开展第五次“为省直部门服务月”活动，发挥“96666”投诉中心作用。

(十)打造“平安杭州”。加大预防和处置群体性事件工作力度，落实信访和“12345”工作责任制，正确处理人民内部矛盾。严厉打击敌对势力、非法宗教活动和各种刑事犯罪活动，加强社会治安综合治理，加强流动人口和安全生产管理。

(十一)建设文化名城。召开大文化产业发展会议，出台相关政策文件，建立文化产业发展专项资金，繁荣哲学社会科学、新闻出版、广播影视、文化艺术，扶持文艺精品生产，举办一批重大文化活动，丰富基层文化生活。加强未成年人思想道德建设、公民思想道德建设、企业思想政治工作。深化文明创建活动。抓好人口和计生工作。

(十二)加强民主法制建设。市委召开人大工作会议，下发《关于加强和改善党的领导，进一步推进人大工作的意见》，加强和改进对人大工作的领导，首次开展对市人代会选举干部的述职评议。出台市委《关于进一步加强中国共产党领导的多党合作和政治协商制度建设的实施意见》，加强和改进党对政协工作的领导。贯彻党的民族、宗教、侨务和对台工作方针，召开工青妇工作会议。加强“双拥”工作，推进国防后备力量建设。推进“依法治市”，完成“二五”依法治市、“四五”普法任务。改进领导方式，完善决策机制。

(十三)加强党的建设。扎实推进先进性教育活动，探索建立保持党员先进性长效机制，达到“取得实效”、“群众满意”、“走在前列”和“两个更好”要求。推进领导班子和干部队伍建设，深化“三树一创”活动，抓好地方党政领导班子和领导干部综合考评试点，开展市直单位领导班子届中考核和“一把手”述职评议、领导干部年度总结报告、述廉工作和民主测评。加强后备干部队伍建设，加强女干部和党外干部培养选拔，加大干部教育培训和年轻干部实践锻炼力度。出台 8 个干部人事制度改革文件。推进农村、社区、企业、机关、学校、社团及其他事业单位党建工作，出台关爱党员和基层干部新举措。实施流动党员“安家工程”，加强党员发展、教育和管理。做好农村指导员选派和管理工作。坚持党管人才，加强人才培养、引进和使用。建立健全惩治和预防腐败体系，推进廉政文化建设，加强党风廉政教育，出台党内监督制度“10+1”配套实施办法，组建巡视机构并开展巡视工作，整治“两不”行为，严肃查办违纪违法案件。市委常委会切实加强自身建设，带头开展并切实抓好先进性教育活动，落实 20 条整改措施，对下访接待中群众反映的 40 个问题实行跟踪督查。总揽全局、协调各方，谋全局、把方向、管大事、用干部，充分发挥在同级组织中的领导核心作用。坚持民主集中制，严格执行党内各项制度。完善理论学习中心组学习制度，加强理论武装，增强科学发展意识。牢记“两个务必”，保持良好精神状态，团结开拓，敢于负责，深入基层，深入群众，带头落实“两项制度、两项活动”。严格执行党风廉政建设责任制，管好家属和身边工作人员，干净干事，廉洁奉公。

回顾总结一年来的工作实践，主要有 4 点体会：

——必须以科学发展观统领经济社会发展全局，加快发展、率先发展、协调发展。

——必须发扬“克难攻坚、争创一流、敢于负责、合力兴市”精神，保持想干大事、敢干大事、能干成大事的良好精神状态。

——必须坚持以人为本、以民为先，把实现好、维护好、发展好最广大人民的根本利益作为一切工作的出发点和落脚点。

——必须以党的执政能力和先进性建设为抓手，不断提高领导经济社会发展的能力和水平。

在充分肯定成绩的同时，也要清醒地看到，我市经济社会发展中还存在不少突出矛盾和薄弱环节。粗放型增长方式没有根本改变，经济结构不够合理，自主创新能力不强，能源资源、科技人才、生态环境“瓶颈”制约加剧；社会主义市场经济体制还不完善，生产力发展还面临许多体制性、机制性障碍；经济与社会发展不够协调，城乡和地区发展不平衡，居民收入差距呈扩大趋势；解决“三农”问题任重道远，就业形势依然严峻，处理社会利益关系难度加大，保持社会和谐稳定任务艰巨；政府管理和公共服务能力有待增强，政治、文化、社会建设和党的建设中也还存在不少问题，必须在今后的工作中切实加以解决。

二、认清形势，明确目标，加快建设“和谐杭州”

今后五年，我们要高举邓小平理论和“三个代表”重要思想伟大旗帜，以科学发展观统领经济社会发展全局，以“解放思想、干在实处、走在前列”为要求，以提高人民群众生活品质为重点，坚持“发展、创新、节约、稳定、为民”，推进“五大战略”，破解“七大问题”，打造“平安杭州”，引领“和谐创业”，构建“和谐杭州”，打响经济强市、文化名城、旅游胜地、天堂硅谷 4 张“金名片”，全面建成小康社会，加快率先基本实现现代化步伐。

——经济结构优化，增长方式转变，创新能力增强，全市生产总值年均增长 11%，到 2010 年达 4900 亿元左右，人均生产总值按户籍人口计超过 8400 美元、按常住人口计达 7400 美元，高技术产业占规模以上工业增加值比重达 25%，逐步实现由“杭州制造”向“杭州创造”转变，力争成为发展后劲足、经济实力强的“和谐杭州”。

——改革开放进一步推进，社会主义市场经济体制进一步完善，政府职能进一步转变，多种所有制经济进一步发展，全社会创造活力进一步激发，民营经济和开放型经济达到新水平，力争成为开放水平高、体制机制活的“和谐杭州”。

——城市化步伐加快推进，中心城市功能显著提升，生活、文化、创业高度融合，“三副六组团”初具规模，统筹城乡区域发展取得新的进展，杭州都市经济圈建设全面启动，市域网络化大都市基本成形，到 2010 年城市化率达到70%，力争成为服务功能强、城市品位高的“和谐杭州”。

——历史文化名城得到更好保护，文化事业和文化产业加快发展，“精致和谐、大气开放”的城市人文精神得到弘扬，文化名人集聚，文化精品迭出，文化活动丰富，市民思想道德、科学文化和健康素质提升，力争成为市民素质高、人文气息浓的“和谐杭州”。

——生态市建设取得新进展，环境质量明显改善，资源利用效率显著提高，单位生产总值能源消耗比“十五”期末降低16%，天更蓝、山更绿、水更碧、花更艳、空气更清新、食品更安全、老百姓寿命更长，力争成为资源消耗少、生态环境美的“和谐杭州”。

——社会建设和管理明显加强，社会主义民主充分发扬，社会主义法制健全完善，社会公平和正义得到维护，社会治安和公共安全状况进一步改善，全社会互帮互助、诚实守信，全体人民平等友爱、融洽相处，力争成为法治程度高、社会秩序好的“和谐杭州”。

——人民生活水平继续提高，2010年城镇居民人均可支配收入达25000元，农村居民人均纯收入达11800元，基尼系数控制在0.3以内；解决民生问题取得进展，城镇登记失业率控制在4.5%以内，社会保障覆盖率达70%，新型农村合作医疗覆盖率达100%，困难群众生产生活有保障；高标准、高质量普及“十五年教育”，让更多的人接受更好的教育，不让杭州的孩子输在人生起跑线上；人人享有基本卫生保健服务，“小病不出社区、大病确有保障”，人均预期寿命接近80岁；加快安置房、经济适用住房、廉租房、人才公寓建设和危旧房改善，满足多元需求的住房供应和保障体系进一步健全，“住房难”问题有效缓解，“两个房等人”落实到位，“居者有其屋”取得新进展，力争成为幸福程度高、生活品质优的“和谐杭州”。

今后五年，我们要切实做到“五个坚持”即坚持发展，坚持创新，坚持节约，坚持稳定，坚持为民。

三、创新举措，狠抓落实，为“十一五”发展开好局、起好步

建议明年我市经济社会发展宏观调控主要预期目标为：生产总值增长11%，万元GDP能耗下降3%；全社会固定资产投资增长15%；社会消费品零售总额增长12%；实际利用外资增长20%左右；外贸出口总额增长15%以上；城镇居民可支配收入增长9%，农村居民人均纯收入增长8%；城镇就业岗位净增13万个，城镇登记失业率控制在4.5%以内；价格总水平保持基本稳定。

（一）围绕建设社会主义新农村，解决“三农”问题。

提升农业现代化水平。加大耕地保护力度，稳定粮食生产能力。推进农业结构战略性调整。用先进的物质手段、组织形式和管理理念装备、经营、指导农业，扶持培育农产品加工企业，发展新型农业经济组织，提升农业产业化、农产品标准化和农民组织化水平，确保农业总产值增长7%以上。

多渠道增加农民收入。推进适度规模经营，提高农业名优产品比重，实现集约增效、提质增效、节本增效，增加农民经营性收入。推进农村工业化、城镇化，建立城乡统一的劳动力市场和公平竞争的就业制度，促进农业剩余劳动力和农村人口有序转移，增加农民非农性收入。提高农民社会保障水平，增加农民转移性收入。

加大农村建设力度。实施“新农村建设”工程，办好减轻农民税费负担等“九件实事”，加强农业和农村基础设施建设，加快集镇改造，推进中心村、示范村建设，深化农村改革，加强农村精神文明、民主法制和村级组织建设，促进乡风文明、村容整洁、管理民主。

（二）围绕走新型工业化道路，推进自主创新结构调整。

增强自主创新能力。实施“科技创新能力提升”工程，强化企业的创新主体地位，在一些重要产业尽快实现核心技术和系统集成能力的突破，形成一批拥有自主知识产权的技术、产品和标准。实施名牌战略，鼓励开发具有自主知识产权的专利和品牌。今后五年中，市委、市政府将全力支持拥有名牌产品、先进技术、竞争力强的大企业和企业集团发展成为具有国际竞争力的跨国集团，让他们从“小巨人”快速成长为“大巨人”。

推进工业结构优化升级。坚持信息化带动工业化、工业化促进信息化，提升发展传统工业，适度发展重化工业，大力发展高新技术产业，走新型工业化道路的“杭州之路”。

提高产业集中度。实施“工业功能区建设”工程，继续抓好国家级和省级开发区建设，重点抓好江东、临江、临平、钱江四大工业区申报和建设工作，推进城镇特色工业功能区建设，拓展发展空间，做大特色块状经济。支持优势企业做大做强，推动企业并购、重组、联合，发展规模经营，提高产业集中度。

缓解要素制约。加快土地利用总体规划修编，保障急需建设用地。加大电网建设力度，推进电网抢建工程。加强银企合作，发展担保机构，推进企业上市，提高上市质量，缓解“融资难”。

（三）围绕建设服务业大市，发展现代服务业。

优先发展服务业。实施“现代服务业培育”工程，加快建设旅游休闲功能区、中心城区综合功能区、物流功能区和生产性服务功能区，建设一批商贸物流大项目，提升商业特色街区品位。落实扶持服务业发展的政策措施，实施品牌战略和大公司战略，培育一批现代服务业品牌企业和龙头企业。加大服务业人才培养和引进力度。积极运用现代经营方式和信息技术改造提升传统服务业。加快发展大旅游产业、大文化产业、金融服务业、商贸与物流业、信息服务与软件业、中介服务业、房地产业、社区服务业等现代服务业，提升服务业的比重和层次。

坚持扩大内需。努力调整投资消费关系，在保持投资拉动强度的同时，切实加大消费拉动力度。要把增加城乡居民消费特别是农民消费作为扩大消费需求的重点，积极调整国民收入分配结构，提高居民消费能力。开拓农村消费市场，拓宽消费领域，改善消费环境，增强居民消费预期。

办好休博盛会。巩固扩大西湖综合保护成果，启动西溪湿地综合保护二期工程，推出大运河和萧山“一湖三园”、余杭南湖休闲度假区等旅游产品，打造“名城—名山—名湖”世界级黄金旅游线，确保休博会期间接待国内游客1500万人次、入境游客100万人次，打响“东方休闲之都”品牌。

(四)围绕促进区域协调发展,构筑网络化大都市,解决好杭州"东强、西弱,东快、西慢"的区域发展不协调问题。

做优老城区。实施"文化名城建设"和"新城区建设"工程,加强历史文化名城保护,推进"城市东扩、旅游西进,沿江开发、跨江发展",加快钱江新城和"三副六组团"建设,推动"保老城、建新城"、"两疏散、三集中"。推进"优二进三",发展"总部经济"、"楼宇经济"、"广场经济",构建"旅游西进、高新南下、制造业东扩、服务业中拢"的中心城市产业布局,增强中心城市综合服务功能,推动老城区从注重培育集聚能力向提升辐射能级转变,充分发挥核心增长极的辐射带动作用。在城市管理和"城中村"改造上,6个老城区要带个好头。

做强新城区。要坚持行政区划、财政体制、管理权限"三个不变"和工作机制、管理模式、协调方式"三个创新",推进城市规划融合,实现基础设施共建共享,承接老城区产业转移,推进公交一体化,加快社会保障体系并轨,落实"同城待遇",推动萧山、余杭"融入大都市、做强新城区",优势互补,联动共兴。2006年一定要成为"突破之年"。

做大5县(市)。重点是做大经济总量。要坚持规划共绘、设施共建、政策共享、产业共兴、环境共保,以"交通西进"为龙头、"旅游西进"为抓手、全市"1小时半交通圈"和"三江四湖一山一河一溪三址"旅游资源为基础,推进市区产业特别是制造业梯度转移,"顺藤结瓜"、"水陆并举",打造"高速公路经济"和"黄金水道经济"。坚持大中小城市和小城镇协调发展,加快县城和中心镇建设,以市区为中心、县城为依托、中心镇为基础、高等级公路为骨架,构筑市域网络化大都市,推动5县(市)从郊县向郊区转变。

做新都市圈。要打破行政区划局限,树立按经济区推进城市化的新理念,以创新的思路和举措,健全市场机制、合作机制、互补机制,加强与绍兴、湖州、嘉兴等周边地区的交流合作,推进资源整合、产业整合、功能整合,构建以杭州市区为中心的"1小时半都市经济圈"。要接轨大上海,融入"长三角",促进杭州都市经济圈与上海都市经济圈相互融合。

做畅骨架网。要实施"综合交通"工程,建设地铁一期、机场二期、"一隧两桥五路一搬迁"、"德胜、秋石、留石快速路"、5县(市)交通路网、沪杭城际快速轨道交通、申嘉湖杭高速、杭长高速、京杭运河二通道和钱塘江、富春江、新安江航道扩容等交通基础设施项目,确保2006年杭千、杭徽高速公路全线通车,形成全市"1小时半交通圈"。

(五)围绕建设节约型友好型社会,推进节约优先、环境立市。

打造节约型产业。加强发展循环经济地方立法,制定《杭州市循环经济发展规划》,全面启动"991行动计划"试点,加快实施"770工程",建设一批循环型农业示范园区、一批循环型工业示范园区、一批循环型示范企业、一批"四节"示范工程、一批循环型节约型示范社区、一批循环经济技术开发和应用示范工程、一批废弃物资源化利用与无害化处理示范工程,推进节能改造,推广节能技术、产品和设备,发展循环农业、循环工业、循环服务业和节能省地型建筑。坚持"一调两宽两严",节约用地,集约用地,提高土地利用率。

打造节约型政府。树立"浪费也是腐败"理念,实行政府机构资源使用定额管理,加大对浪费行为的约束和惩戒力度,推广"阳光采购"、"节能采购"。把节约能源资源纳入国民经济与社会发展规划、城市总体规划、土地利用规划和产业政策导向,贯穿于大都市建设、新农村建设、工业区建设、综合交通建设等各个方面。

打造节约型社会。加大宣传力度,精心设计载体,使节约不仅成为一种美德和素质、一种价值观和人生观,更成为一种发展模式和生活方式。

推进生态市建设。加大投入力度,推进运河和市区河道整治、抗咸二期及引水入城、七格污水处理厂三期等环保基础设施项目建设。继续实施"1278"工程,推进"1250"工程,深化生态区、县(市)和生态乡(镇)、村创建,健全生态补偿机制,推进绿化造林和生态功能区建设,切实保护好自然生态。

(六)围绕增强动力激发活力,深化改革,扩大开放。

以开放促经济体制改革。深化授权经营国有企业和公交、自来水、燃气等行业国有企业产权多元化改革,推进水务、燃气、公交、垃圾处理等行业特许经营制度试点,加强国有资产跨行业重组整合,建立国有资本经营预算管理体系。研究制定非公有制经济发展规划,鼓励民营资本进入城市基础设施和现代服务业领域。推进"以民引外、民外合璧",加快民企"二次创业",建立现代企业制度,实现新一轮民营经济"三年倍增"。

以开放促文化体制改革。完善文化政策,形成以公有制为主体、多种所有制共同发展的文化产业格局和民族文化为主体、吸引外来有益文化的文化市场格局。深化公益性文化事业单位人事、分配和社会保障制度改革。推进新闻媒体"两公开"改革。加强文化国有资产和文化市场监管,发展文化中介机构,完善文化管理体制,激活文化经营机制。

以开放促政府职能转变。强化政府公共服务职能,加快建设服务型、法治型、效能型政府。深化投资体制改革,规范政府投资行为。深化财政体制改革,强化公共财政职能。推动行业协会改制转型。稳妥推进公车改革试点。

以开放促"引进来"、"走出去"。坚持"市外就是外"、内外资并举,推动招商引资向招商选资、项目招商向产业集群招商、制造业招商向"制造业+服务业+基础设施"招商转变,高度重视招商引技、招商引智,"北接上海、东引台港、重攻日韩、拓展欧美",再引进一批"大、精、尖"项目,加快发展外向型经济和省会经济,实现新一轮招商引资"三年倍增"。转变贸易增长方式,拓展产品出口市场,支持企业"走出去",推进"山海协作工程"和"双对口"工作,参与西部大开发、中部崛起、振兴东北老工业基地。

(七)围绕建设"一名城五强市",推进科教兴市、人才强市。

建设文化名城。保护历史文化遗产,繁荣哲学社会科学、新闻出版、广播影视、文化艺术,扶持文化精品生产,抓好文化主题活动,完善文化公共服务体系,加快发展以文化旅游、现代传媒、数字娱乐等为重点的文化产业。

打造“五个强市”。深化科技体制改革，加大科技投入，整合科技资源，构建创新平台，打造科技强市。深化教育体制改革，加快农村特别是欠发达地区教育事业发展，加快普及“十五年教育”，实施名校集团化战略，发展民办教育特别是民办高教，推进职业教育、教育培训和成人教育、社区教育、远程教育，解决“上学难”问题，打造教育强市。推进“四改联动”，优化卫生资源配置，健全公共卫生体系，完善社区卫生服务体系，完善农村新型合作医疗制度，解决“看病难”问题，打造卫生强市。深化体育体制改革，促进体育事业与体育产业、城市体育与农村体育、群众体育与竞技体育协调发展，打造体育强市。实施“十一五”人才规划，加强领军人才队伍建设，抓好海外留学人才招聘工作，打造党政人才、企业经营管理人才和专业技术人才“高地”，加大技术工人特别是专业化高级技工和农村实用人才培养力度，打造人才强市。

提高文明素质。突出抓好未成年人思想道德建设、大学生思想政治教育、基层思想政治工作，加强形势政策和爱国主义教育实践活动。推进文明礼仪宣传教育实践活动，深化文明社区、文明村镇、文明行业(单位)创建活动，打造“礼仪之都、人文杭州”。

(八)围绕促进社会和谐稳定，推进“民生保障”，打造“平安杭州”、引领“和谐创业”。

推进“民生保障”工程。抓好第六次“春风行动”，深化“光明工程”，加大对困难群众帮扶救助力度，重视解决农村贫困人口的生活困难。出台新一轮就业再就业政策，开展“四送一落实”再就业援助活动，启动新一轮“姐妹帮扶工程”，加大再就业培训力度，解决困难群众生产生活问题。深化社会保障制度改革，完善城镇和农村最低生活保障制度，健全城镇职工基本养老、医疗、失业、工伤、生育保险制度，完善农村养老保险政策，加强中小学生医疗保障。落实市区征地农民非劳动年龄段以上人员生活补贴制度。落实市委、市政府《关于做好外来务工人员就业生活工作的若干意见》，让外来务工创业人员“安居乐业”。保障妇女儿童权益，发展残疾人事业，研究制定应对人口老龄化的政策措施。加强社会福利事业建设，完善优抚保障机制和社会救助体系。要进一步加快经济适用住房、拆迁安置房、廉租房、“农转居”公寓和人才公寓建设，确保新开工建设经济适用住房和拆迁安置房各100万平方米，落实“两个房等人”。全面推进老城区危旧房改善工程，解决“住房难”问题。加大收入分配调节力度，规范收入分配秩序，缓解地区之间和部分社会成员收入差距扩大的趋势。

打造“平安杭州”。落实领导责任制，健全党委领导、政府负责、社会协同、公众参与的社会管理格局，完善处理信访突出问题及群体性事件联席会议制度，加强信访和“12345”工作，正确处理人民内部矛盾，依法及时合理地处理群众反映的问题，有效化解和妥善处置各种群体性事件。维护职工合法权益，保持职工队伍稳定。加强社会治安综合治理，完善打防控疏体系，推进群防群治力量和电子监控系统建设，依法严厉打击暴力犯罪和多发性侵财犯罪活动，适时开展“打黑除恶”和反“两抢”、禁毒、禁赌专项行动，严密防范和坚决打击各种敌对势力的渗透破坏活动，加强宗教场所和流动人口管理。加强公共危机管理，提高处置突发事件的能力。加强安全生产监管。加强交通安全和食品、药品、餐饮卫生监管，加强自然灾害预测预报，保障人民群众生命财产安全。

引领“和谐创业”。推进城市品牌、行业品牌、企业品牌良性互动，加强杭州“创业文化”研究推广，加快建设“和谐杭州示范区”，促进生活与创业、文化与经济、个人创业与整体发展、政府与民间、对外开放与内生创新的和谐。

(九)围绕建设社会主义政治文明，加强民主法制建设。

坚持根本政治制度。加强和改进对人大工作的领导，支持和保证人大及其常委会依法行使立法权、监督权、重大事项决定权、选举任免权，发挥代表主体作用，重视人大及其常委会自身建设，加强人大常委会及人大机关干部队伍建设。

坚持基本政治制度。加强和改进对政协工作的领导，支持政协履行政治协商、民主监督、参政议政职能，发挥委员主体作用，加强同民主党派合作共事，巩固和发展最广泛的爱国统一战线，重视政协和民主党派、工商联自身建设，加强政协机关和党外干部队伍建设。

坚持依法科学民主执政。坚持和完善“一个核心、三个党组”的领导体制，发挥党委对同级人大、政府、政协的领导核心作用。加强对立法工作的领导，对政府工作的领导，对政法工作的领导，对民族、宗教、侨务和对台工作的领导，对工会、共青团、妇联等人民团体的领导，做好党外人士、非公有制经济人士和其他社会阶层人士的工作。推进政务公开，发展基层民主，落实群众“四权”。坚持计划生育的基本国策，推行优生优育，提高人口素质。实施“三五”依法治市和“五五”普法教育规划，打造“法治杭州”。争创双拥模范城，加强国防后备力量建设。

(十)围绕提高“四种能力”，全面加强党的建设。

巩固深化第一、第二批保持党员先进性教育活动成果，扎实搞好第三批先进性教育活动，探索建立党员经常性教育培训、关爱基层干部和党员、流动党员教育管理、发挥党员先锋模范作用、党组织和党员服务群众、扩大党内民主等保持党员先进性的长效机制。

加强领导班子和干部队伍建设。市、区县(市)和乡镇(街道)三级领导班子换届，是我市政治生活中的一件大事。要切实加强领导，周密安排，坚持正确用人导向，把那些德才兼备、群众拥护的优秀干部选拔到各级领导岗位上来，优化班子结构，增强班子活力。要加强思想政治工作，引导干部正确对待进退留转，处理好换届和保持正常工作秩序的关系，以“换届之年”促“开局之年”各项工作的落实。要继续抓好干部培训，造就一支高素质的干部队伍。

加强基层组织建设。加强社区党建工作，努力建设“和谐社区”。加强农村基层党组织和基层政权建设，培育100个农村基层党建工作示范点，健全村党组织领导的村民自治机制。加强国有(改制)企业党建工作，增强非公有制企业党建工作活力，提高机关事业单位党建工作水平。继续实施党员“安家工程”，加强流动党员教育管理。推进“双培双带”工程，开展“六个一”党员主题实践活动，发挥党员先锋模范作用。

加强党风廉政建设。坚持标本兼治、综合治理、惩防并举、注重预防方针，进一步加强对领导干部的教育、管理和监督。深化"立党为公、执政为民"党风廉政主题教育活动，大兴求真务实之风。加强对各级党组织和党员干部遵守"四大纪律、八项要求"情况的监督检查，加强对党内监督"10+1"制度和《党员权利保障条例》执行情况的监督检查，完善党内巡视制度。加大违纪违法案件的查处力度，着力整治人民群众反映强烈的突出问题。坚定不移地坚持和深化满意单位不满意单位评选活动，转变机关作风，提升机关效能，解决"办事难"问题。

政府工作报告(摘要)

(2006年2月16日在杭州市第十届人民代表大会第六次会议上)

杭州市市长 孙忠焕

"十五"计划提前完成

"十五"期间，在省委、省政府和市委的正确领导下，在市人大及其常委会、市政协的监督支持下，我市以邓小平理论和"三个代表"重要思想为指导，深入贯彻落实党的十六大和十六届三中、四中、五中全会精神，认真学习贯彻科学发展观和中央一系列方针政策，坚持"四个突出"，推进"五大战略"，破解"七大问题"，打造"平安杭州"，引领"和谐创业"，胜利完成了"十五"计划确定的经济社会发展目标，取得了令人瞩目的成就。

综合实力显著增强。"十五"期间，全市实现生产总值10911.39亿元，年均增长13.6%，比"九五"期间增长0.9倍(按当年价格计算)，人均GDP(按户籍人口计算)实现了从3000多美元到5000多美元的跨越；财政总收入1691.85亿元，年均增长29.5%，比"九五"期间增长2.6倍，每年跃上一个新台阶；三次产业结构由"九五"期末的7.5:51.3:41.2调整到"十五"期末的5.0:51.2:43.8，经济结构日趋合理；主要经济指标继续保持全国大中城市领先地位，提前一年完成"十五"计划。

城市化步伐明显加快。"十五"期末，全市城市化率达62.1%，中心城市的集聚力、辐射力、带动力进一步增强，城乡一体化进程不断加快。萧山、余杭撤市设区，城区面积从683平方千米增加到3068平方千米，发展空间进一步扩大。投资297亿元，建成高等级公路974千米。市本级投入城建资金301.12亿元，主城区拓建、新建82条道路、9座桥梁、6条隧道，全面完成9个入城口等环境整治工程。城市水环境、人居环境显著改善。钱江新城显露雏形。西湖综合保护等工程的实现，使西湖更美杭州更靓。西湖风景名胜区获"全国文明旅游区"荣誉称号。"两级政府、三级管理、四级服务"的城市管理新格局正在形成。

改革开放扎实推进。以产权制度和劳动用工制度改革为重点的国有企业改制基本完成。民营经济发展扶持力度加大，民营经济总量跃居全省第一位。非公有制经济占GDP比重为56.5%，比"九五"末提高19.7个百分点。行政管理体制改革稳步推进。事业单位改制逐步展开。现代市场体系正在建立。开放型经济发展加快，全方位、宽领域、多层次的对外开放格局基本形成。实现进口总额353.14亿美元、出口总额616.95亿美元，分别比"九五"期间增长2.6倍和1.6倍。实际利用外资51.57亿美元，比"九五"期间增长1.4倍，利用外资结构不断优化，外资进入领域逐步从制造业向第三产业延伸。国内区域合作与交流不断深化，"省会经济"、"总部经济"不断发展。

社会事业协调发展。创新民营科技企业扶持、培育体系，实施"双百双十"创业计划。率先普及学前三年到高中段15年教育。高等教育实现跨跃式发展，毛入学率达47%。实施名校集团化办学，推进教育均衡化发展。一批文化设施相继建成，文艺、广播电视作品获国家级奖项204项，并成功承办第七届中国艺术节、第五届国际民间艺术节等重大文化活动。积极实施"四改联动"，努力缓解群众"看病难"。加强公共卫生工作，抗击非典取得重大胜利，结核病等疾病得到有效控制。完善社区卫生服务体系，社区卫生服务中心、站分别达45个、220个，实现了市区街道全覆盖。建立新型农村合作医疗制度，乡镇覆盖率达100%，参保人数达350.61万人，参保率为89.6%。爱国卫生工作得到加强。建立了食品安全综合监管机制。群众性体育运动蓬勃开展，竞技体育稳步发展。低生育水平保持稳定，年均人口自然增长率控制在4‰以内，计划生育率保持在97%以上。

人民生活不断改善。"十五"期末，市区城镇居民年人均可支配收入和全市农民年人均纯收入比"九五"期末分别增长71.7%和56.4%。市区城镇居民人均使用住房面积达到20.7平方米，比2000年末增加5.8平方米。就业服务体系日益完善，五年来有78.41万名下岗失业人员实现再就业。2005年末，全市基本养老保险、基本医疗保险、失业保险、工伤保险、生育保险参保人数分别达到227.58万人、187.71万人、118.37万人、111.03万人和96.41万人，比"九五"末有较大幅度增长。全面落实征地"农转非"人员社会保障制度，19.36万名被征地"农转非"人员纳入保障范围。开展"春风行动"，对困难群体的援助力度不断加大。社会治安稳定，市民有较高的安全感。市政府每年为民办成10件实事项目。

2005年政府工作回顾

(一)经济持续快速增长，综合实力明显提高

2005年，全市实现生产总值2942.65亿元，比上年增长13%；财政总收入520.79亿元，增长17.6%；工业销售产值5346.01亿元，增长21.4%；社会消费品零售总额975.43亿元，增长14%；全社会固定资产投资1386.68亿元，增长15.3%；外贸出口总额198亿美元，增长30.5%。

农业综合生产能力不断提升。全市农林牧渔业总产值219.48亿元，比上年增长10.7%。

工业产业结构继续优化。产业结构调整和企业技术创新步伐加快，高技术产业化进程加速。信息化带动工业化步伐加快，示范、试点企业逐步扩大。积极实施品牌战略，创中国名牌13个、浙江名牌56个。清洁生产和循环经济工作稳步推进。

现代服务业发展加快。连锁经营、物流配送、电子商务等现代流通业发展，金融服务、中介服务、社区服务业健康兴起。数字电视发展迅速，动漫和网络游戏产业成为新的亮点。房地产市场平稳发展。旅游业态转型步伐加快。2005年接待国内游客3265.96万人次，入境游客151.36万人次，分别比上年增长8.3%和22.6%。

(二)城市化步伐加快，市域网络化进程扎实推进

城市各项规划加快编制。新一轮杭州城市总体规划报国务院审批，城市快速轨道交通建设规划经国务院审批通过，新一轮土地利用总体规划上报省政府。完成杭州市历史文化名城保护规划及"和谐杭州示范区"规划编制工作。加强萧山、余杭两区与主城区的规划协调。进一步推进阳光规划工作。

城建重点工程顺利推进。完成"一纵三横"道路整治一期等工程，复兴大桥建成并投入使用，七格污水处理厂二期工程建成试通水，启动德胜快速路项目。全面启动运河(杭州段)综合整治与保护开发工程。钱江新城建设项目不断推进。撤村建居和"城中村"改造工作进展顺利，违法建筑得到有效遏制。

城市管理成效明显。城市管理网络进一步完善，综合服务功能不断提升，主城区长效管理覆盖率达80%。精心组织实施城市序化专项整治，完成363条背街小巷改善工程。我市被列为全国首批10个数字城管试点城市之一。城市管理中主城区的相对集中行政处罚权试点和县(市)综合执法试点成效初步显现。

交通网络逐渐完善。"交通西进"、"东网加密"骨架性工程顺利推进，干线畅通工程建设加快，杭新景(杭千)高速公路一期工程建成通车，05省道、淳安千岛湖大桥全面竣工。杭徽、杭浦高速公路和杭甬运河建设进度加快，钱江九桥及接线工程开工建设。建成通村公路2515千米，农村路网进一步完善。

生态市建设加快推进。在全国率先建立生态补偿机制，实施"1278"环境污染整治和"1250"生态示范工程。加强环保执法和环境管理，开展污染物总量控制试点工作。顺利通过国家环保总局的"创模"复查。

(三)对外开放领域不断扩大，全方位开放水平得到提升

对外贸易持续快速增长。2005年全市进口总额100.7亿美元，出口总额198亿美元，分别比上年增长8%和30.5%。

招商引资成绩显著。全市实际利用外资17.13亿美元，比上年增长21.5%。金融、中介服务等领域引进外资有新的突破。开发区和功能园区招商引资作用得到提升，继续发挥示范、带动效应。

国内经济合作迈出新步伐。全市实际利用内资268.5亿元，比上年增长19%。接轨上海进一步推进，"长三角"区域合作不断深化，"双对口"和"山海协作工程"进一步推进。积极参与西部大开发、中部崛起和振兴东北老工业基地建设。

(四)社会事业全面发展，"三大文明"共同进步

科技事业创新发展。孵化器面积比上年增加19.1万平方米。全市新增企业研发中心44个。建成一批公共技术创新服务平台。组织实施国家火炬高技术产业化项目47项、国家重点新产品项目18项，新增省级高技术企业75个。全市专利申请和授权量分别为9486件和4072件，分别比上年增长59.9%和53.3%。

教育事业健康发展。学前三年幼儿入园率达96.1%，初中毕业生升入高中比例达95%。职普招生比保持在53:47。成人教育健康发展，社区教育全面推进。实施对桐庐、建德、淳安三县(市)教育帮扶工程。教育资助券和人民助学金制度全面落实。近10万外来人员子女及29个国家的400多名外籍中小学生在杭入学。

文化事业蓬勃发展。建立文化产业发展专项资金。成功举办首届中国国际动漫节等重大文化活动。组织实施民族民间艺术和非物质文化遗产保护工程。开工建设杭州图书馆新馆，开办全省首个少儿英文图书馆，启动数字图书馆工程，建成30个社区图书馆。努力丰富活跃基层文化活动。加快推进数字电视整体平移和广播电视"村村通"工程。

卫生事业加快发展。完善基层医疗服务体系。进一步办好市惠民医院。实施检查检验结果互认等措施，控制医疗费用增长。进一步完善新型农村合作医疗制度，基本建立以区、县(市)为单位的统一筹资、统一管理制度。加强艾滋病、禽流感等防治工作，严密预防和控制疫情的发生。积极实施"安全放心水工程"，全市农村自来水普及率达96.2%，卫生厕所普及率达91.2%。

体育事业快速发展。全市体育锻炼人口达45%。成功举办市第十六届运动会等重要体育赛事。在第十届全运会上，杭州籍运动员获得8枚金牌、11枚银牌的好成绩。

人才事业协调发展。人才环境进一步优化,全年引进各类人才4万余人,其中高层次人才1900余名。

法治政府加快建设。深入贯彻《中华人民共和国行政许可法》和《全面推进依法行政实施纲要》。加强社会主义民主政治建设。坚持科学民主决策,实行重大事项公示制和听证制,落实人民群众对地方重大事务的选择权、参与权、知情权和监督权。推进基层民主政治建设,在村委会组织换届选举中成功试行"自荐海选"方式。建立健全公共事件应急机制,积极推进"平安杭州"建设。

(五)改革攻坚取得新突破,市场经济体制进一步完善

国有企事业单位改革不断深化。组建了新的市国资委。规范国有企业改制行为。启动全市事业单位机构编制清理规范工作,用人制度和分配制度改革进一步深化。

行政管理体制改革稳步推进。组建了市发改委、市口岸办、市行政服务中心和公共资源交易中心。食品药品监管体制改革逐步推进。稳妥开展区、县(市)公车改革试点。因地制宜地调整部分县(市)乡镇行政区划。

社会领域改革逐步扩大。稳步推进公立医院产权制度改革。新批准开设民营医疗机构121个。省市联动,全面实施药品集中招标采购。深化文化体制改革,重组市文化广电新闻出版局,成立市文化市场行政执法总队,组建市文广集团,在全省率先完成文化行政管理体制的调整。

(六)城乡居民收入稳步提高,社会保障体系更加完善

2005年,市区城镇居民人均可支配收入16601元,全市农民人均纯收入7655元,分别比上年增长14%和10.1%。

居民住房条件得到改善。市区开工建设经济适用住房111.8万平方米、拆迁安置房110.8万平方米,公开销售经济适用住房52万平方米,推出廉租住房配租249户。

就业再就业工作取得明显成效。全市新增就业岗位15.51万个,比上年增长10%。失业人员实现再就业13.09万人,其中安置就业困难人员4.95万人,城镇登记失业率为3.71%。取消外来人员就业登记证制度,劳动就业服务平台开始向农村行政村延伸。

社会保障体系进一步健全。扩大了企业退休人员门诊统筹约定医疗机构个数。全市99%以上企业退休人员实现社会化管理。

2005年市政府为民办10件实事全面完成。

开展文明城市创建活动。圆满完成第一次全国经济普查。人防、信访、统计、计生、档案、民族、宗教、侨务、对台、外事、口岸、气象、防震减灾等工作不断加强,工会、青年、妇女、科协、红十字会、老龄、关心下一代、残疾人事业等健康发展。

政府自身建设得到加强。

在回顾总结、肯定成绩的同时,我们也清醒地看到,在新形势下杭州经济社会发展面临新的挑战,存在着不容忽视的突出问题。主要表现在:粗放型经济增长方式没有根本转变,自主创新能力不强;资源要素和生态环境制约加剧;城乡之间、区域之间发展不平衡性依然存在;因社会转型和利益调整引发的社会矛盾较多,保持社会稳定的压力加大;社会保障难度加大,就业再就业形势严峻;城市国际化水平有待提高,城市品位有待进一步提升;政府职能尚未到位,工作作风、效率还不尽人意。这些问题制约着我市的改革、发展和稳定,我们必须认真研究,千方百计加以克服和解决。

"十一五"时期经济社会发展的指导思想、目标和思路

"十一五"时期,杭州经济社会发展的指导思想是:高举邓小平理论和"三个代表"重要思想伟大旗帜,以科学发展观统领经济社会发展全局,以"解放思想、干在实处、走在前列"为要求,以提高人民群众生活品质为重点,坚持"发展、创新、节约、稳定、为民",推进"五大战略",破解"七大问题",打造"平安杭州",引领"和谐创业",构建"和谐杭州",打响经济强市、文化名城、旅游胜地、天堂硅谷4张"金名片",全面建成小康社会,加快率先基本实现现代化步伐。

杭州经济社会发展的目标是:努力建设经济、政治、文化、社会全面发展,城乡区域协调互动,人与人诚信友爱,人与自然和谐相处,经济实力强、体制机制活、城市品位高、人文气息浓、生态环境美、社会秩序好、生活品质优的"和谐杭州"。

主要预期目标建议为:全市生产总值年均增长11%,到2010年总量达到4900亿元;地方财政收入年均增长15%,到2010年总额达到500亿元;高技术产业增加值占规模以上工业增加值的比重达到25%,单位生产总值的能耗比"十五"末下降16%;城镇居民人均可支配收入年均增长9%,农村居民人均纯收入年均增长8%,到2010年分别达到25000元、11000元;城镇登记失业率控制在4.5%以内,企业职工基本养老保险参保人数达到210万人;人口自然增长率控制在4.6‰以内,人均预期寿命接近80岁。

为此,我们在实际工作中将着重把握好以下几条:

(一)以科学发展观为统领,实现经济社会又快又好发展;

(二)以富民强市为目标,解放思想、奋发有为;

(三)以改革开放为动力,不断增强体制机制活力;

(四)以循环经济为抓手,建设资源节约型、环境友好型社会;

(五)以关注民生为重点,促进和谐社会的构建。

2006年政府工作的主要目标任务

建议2006年全市国民经济和社会发展的主要预期目标为:生产总值增长11%,万元GDP能耗下降3%;市本级地方财政收入增长10%;全社会固定资产投资增长15%;社会消费品零售总额增长12%;市级外贸出口总额增长15%;城镇居民人均可支配收入增长9%,农村居民人均纯收入增长8%;城镇就业岗位新增13万个,城镇登记失业率控制在4.5%以内;价格总水平保持基本稳定。

(一)围绕农业增效、农民增收,推进社会主义新农

村建设

大力提升都市农业。新建市级都市农业示范园区50个。新培育年产值超亿元的农产品加工企业10个。新培育农业专业合作组织50个。加快农业基础设施建设，提高农业综合生产能力。

促进农民转移就业。鼓励发展农村二、三产业，加快农村劳动力向中心镇集聚和向非农产业转移。全年完成农民培训20万人，增强农民致富能力。加强农村就业服务网络建设，为农村富余劳动力向城镇集聚创造条件。推进农村全面进步。坚持“多予少取放活”的方针，完善各项支农政策，加大公共财政倾斜力度，加快建立以工促农、以城带乡的长效机制。继续办好“九件实事”。加快推进以“百村示范、千村整治”工程为载体的村庄整治工作。加快发展农村社会事业。深化“49100”帮扶工程。抓好水库除险加固、土地整理、危房改造、小流域治理等工程项目的实施。继续做好区划调整、乡村撤并工作，加快中心镇发展。深化农村改革，强化村务公开，维护农民合法权益。

(二)增强自主创新能力，加快转变经济增长方式

完善区域科技创新体系。充分发挥企业创新主体的作用，推进以企业为主体、市场为导向、产学研相结合的技术创新体系建设。建立政府组建与企业兴办并举、市场化运作、全社会共享的科技创新公共服务平台。新培育企业技术中心和行业技术服务中心60个以上，新认定企业信息化应用示范试点企业50个以上。

大力发展高技术产业。加快发展电子信息产业和软件产业，培育一批有影响、上规模企业。积极应用高技术和先进适用技术提升改造传统产业。适度发展重化工业。大力实施品牌战略，积极鼓励企业争创名牌。

积极发展循环经济。重点抓好“991”行动计划、“770”工程和“2632”工业循环经济示范工程，努力形成政府大力推进、市场有效驱动、企业发挥主体作用的新格局。大力推进土地节约集约利用。完善有序用电方案，推广应用节电技术和产品。

推进工业功能区建设。充分发挥特色工业功能区集聚效应，不断提高档次和水平。

(三)提升产业与城市服务功能，推进服务业大市建设

加快推进旅游国际化步伐。深入实施“旅游西进”战略。加快适应旅游国际化环境建设。加强文化与旅游的融合，提升旅游国际化程度。深化保护和开发西湖、千岛湖、大运河等旅游资源。以茶博会和丝博会为载体，展现杭州“丝府茶都”魅力。启动西溪综合保护二期工程，实施灵隐景区、吴山景区综合整治工程。打造“名城—名湖—名山”世界级黄金旅游线，形成大杭州、大旅游、大产业格局。

大力发展生产性服务业。发展现代物流业。积极引进银行及保险、信托、证券、基金等非银行金融机构，推动杭州联合银行引进战略投资者，鼓励兴办中小企业担保机构，深化农村信用社改革，发展会计、律师、咨询、评估、技术检测和认证等中介机构。推进各类电子商务发展。

积极发展消费性服务业。提高商贸流通现代化水平，进一步开拓农村消费市场。优先保证经济适用住房、拆迁安置房等的土地需要，积极稳妥实施经营性用地的出让。积极发展大文化和社区等服务业。

全力办好2006年世界休闲博览会。精心组织实施，把休博会真正办成一个有国际影响的盛会，带动我市休闲产业的发展，打响“东方休闲之都”品牌。同时，以休博会提升西博会的国际化程度。

(四)坚持城乡和区域统筹，加快构筑市域网络化大都市步伐

优化功能布局、强化城市管理。完善调整中心区域产业布局规划，提升综合服务功能，发挥“溢出效应”，扩大对市域及周边地区的辐射和带动作用。完成数字城管一期建设。推进公交优先，优化公交线网布局，上半年建成大运量快速公交1号线，筹建2号线。完成主城区318条背街小巷的改造、“一纵三横”二期、“南北向主干道路综合整治”和古墩路等道路整治。抓好沪杭高速德胜互通工程建设，启动秋石、留石快速路建设，续建德胜快速路中东段。开工建设之蒲路、广济路等一批城市主、次干道。加快钱江新城建设步伐。加快现代新型农民多(高)层公寓建设，确保实现全年开工80万平方米和竣工50万平方米。继续清理和拆除违法建筑，建立长效管理机制。加大电网建设力度。争取抽水蓄能电站等项目落户建德。

加快萧山、余杭融入大都市步伐。特别是在城市总体规划和土地利用规划等方面的融合与管理，稳步推进公交一体化和社会保障并轨。加大“一主三副六组团”间的路网建设力度，加强地铁建设筹备工作，加快启动申嘉杭高速公路杭州段、杭长高速公路杭州段、钱江九桥、庆春路越江隧道、杭州湾钱江大通道、沿江景观大道的筹备和建设工作，开创主城与副城错位发展、相得益彰的发展新局面。

打造“高速公路经济”和“黄金水道经济”。推进“交通西进”，推动5县(市)从郊县向郊区转变。加快杭新景(杭千)高速公路洋溪至寿昌段及龙游和千岛湖两条支线、杭徽高速留下至昌化段建设，力争今年全线通车。完善5县(市)交通路网，继续抓好16省道乐平至於潜段、淳开线淳安段等项目建设，力争开工建设20省道桐庐与建德段、16省道桐庐段与320国道连接线等项目。进一步完善农村客运网络。加快推进杭甬运河和大松树、东洲码头建设。以交通为先导，推进市区产业特别是制造业梯度转移。

加快生态市建设。进一步实施“1278”、“1250”工程，增加对生态环境保护的投入。启动七格污水处理厂三期建设，相关区、县(市)开工和建成一批集中式污水处理厂。加快天子岭垃圾填埋场二期工程等一批生活垃圾无害化处置设施建设。全市工业固体废物综合利用率达到90%以上。加快完成区、县(市)界重点水域交接断面水质自动监测站、县(市)空气质量自动监测站等一批监测设施。

(五)深化改革，不断增强体制机制活力

完善国资监管体制。建立国有资本经营预算管理体系。加大国有资产的优化重组力度。有效整合公用行业优质资源。探索杭州水务一体化改革，开展水务、燃气、公交、垃圾处理等行业特许经营权试点。以产权制度改革为核心，加快市政公用事业引入市场机制的进程。

创新公共财政体系。创新机制,健全政府购买服务的公共财政支出制度。探索公务员职务消费制度改革,继续积极稳妥推进机关公车改革。

深化投资体制改革。全面推行企业投资项目核准制和备案制,探索事后跟踪及监管的有效手段。加强政府投资项目管理,逐步推行代建制。

推进事业单位改革。加强事业单位分类管理,调整单位布局,减少机构数量,控制总体规模。加快推进自收自支、企业化管理的事业单位产权制度改革。

推进要素市场化改革。继续扩大国有土地有偿使用范围,积极推进工业用地市场化进程。探索用电负荷指标等紧缺要素市场化交易机制。探索支持企业搬迁的投入与收益对应激励约束机制。推进企业之间排污权交易的试点,进一步完善生态补偿机制。探索稀缺要素跨区域优化配置,扩大要素配置空间。

(六)坚持内外并举,推进开放型经济快速健康发展

转变招商引资方式。从招商引资向招商选资转变,盯住国内外500强和高科技企业,抓住大项目,积极主动"敲门招商",同时,积极引进科技含量高、成长性优的中小项目。从单一招商向多领域招商转变,从项目招商向产业集群招商转变,加大产业链招商。从重视制造业招商向先进制造业和现代服务业招商并举转变,加快第三产业及现代农业的招商引资。从优惠政策招商向优化环境招商转变,增强制度环境吸引力。

优化对外贸易结构。大力发展自主知识产权和品牌出口商品,扩大高技术产品出口比重。建立出口产品预警机制,积极帮助企业跨越技术壁垒,做好国际认证工作。提高反倾销应诉和应对汇率变动的能力。支持有条件企业"走出去"进行资源开采、跨国并购等境外投资经营活动。

广泛参与国内经济合作交流。积极推进接轨上海、接轨世博经济工作。进一步加强省内城市的交流与合作,密切与全国重点城市的联系。继续组织参加西部开发、东北振兴、中部崛起的区域合作交流活动。继续推进"双对口"工作和"山海协作工程"。

(七)加快"名城强市"建设,推进社会事业全面发展

建设文化名城。以农村文化建设为重点,积极推进公共文化服务体系建设。进一步规范文化市场秩序。推进广播影视、新闻出版事业发展。积极开放文化市场,促进文化产业发展。办好第二届中国国际动漫节。

打造科技强市。贯彻落实全国科技大会精神。完善科技发展的政策支持体系,选准重点攻关项目,提高自主创新能力。加强知识产权保护工作。

打造教育强市。坚持教育优先、协调、均衡原则,促进基础教育向均衡化、优质化发展。继续实施名校集团化办学。切实加强农村教育。进一步提高市属高校办学水平,大力加强职业技术教育,积极发展成人教育,努力构建终身教育体系。

打造卫生强市。深化医疗卫生体制改革,努力实现"小病不出社区、大病确有保障"的目标。加强市惠民医院建设,各县(市)都要创建惠民医院,或在公立医院开设"爱心门诊"并推出一定数量惠民病床。调整卫生投入结构和医保政策,进一步推进社区卫生服务机构的发展。加强农村卫生工作,巩固和完善新型农村合作医疗制度。以实施"农民健康工程"为抓手,深化爱国卫生运动。

打造体育强市。坚持普及与提高相结合,促进群众体育和竞技体育齐头并进。

打造"人才强市"。落实各项人才政策。滚动实施新世纪人才工程"131"培养计划,加强高技能人才和农村实用人才的培养。加大高层次人才和领军人才的培养和引进力度,加强博士后科研工作站的建设和管理,争取与人事部共建高新区留学生创业园,努力为各类人才的创业营造良好环境。

做好计生、统计、民族、宗教、外事、侨务、对台、妇女、残疾人、老龄、气象、关心下一代等工作。加强口岸、档案、地方志等工作。

继续关心和支持人民解放军和武警驻杭部队建设。积极做好拥军优属和优抚安置工作。

(八)切实关注老百姓的切身利益问题,推进和谐杭州建设

健全就业服务体系。完善就业再就业政策。进一步做好就业困难人员帮扶工作,关注大学生就业问题。完善职业培训机制。建立农村劳动力资源动态管理机制和农村劳动力就业统计、失业登记制度,加大农村劳动力就业服务工作力度。

完善社会保障体系。制定在职职工门诊医疗统筹政策和中小学生医疗保障办法。分步实施征地"农转非"劳动年龄段以上人员生活补助办法,探索建立农村养老保险制度。完善进城务工人员在工伤保险、医疗保险、养老保险方面的社会保障政策。发展慈善事业。切实保护外来务工人员合法权益。

维护社会稳定。高度重视不稳定因素和信访突出问题的排查及处理工作。坚持打防管控结合,依法打击各种违法犯罪活动,促进"平安杭州"建设。

提高公共安全水平。严格落实安全生产责任制,加强危险化学品、矿山、消防和交通安全等监管。继续开展以食品安全为重点的专项整治,进一步规范市场经济秩序,保障人民身体健康和安全。

今年市政府将着重抓好以下10件实事工程:

1.完善公交网络,方便群众出行。

2.实施背街小巷改善工程,改善旧城居住环境。

3.关爱外来务工人员,营造和谐社会氛围。

4.强化食品安全监管,完善"放心"体系。

5.建立企业在职职工门诊医疗费社会统筹办法,完善社会保障体系。

6.加快经济适用住房建设步伐,进一步完善住房保障体系。

7.分步实施免费义务教育,努力破解"上学难"问题。

8.深化村庄整治,提高农民生活质量。

9.加大环保设施建设,改善城市生态环境。

10.推进有线电视数字化进程,丰富群众文化生活。

(九)加强政府自身建设,推进政府职能转变

坚持依法行政,完善公共服务职能,,提高行政效率,加强应急机制建设,建设节约型政府,提升自身素质。

▶▶资料:名词解释(按首字汉语拼音顺序排列,首字为数字和英文字母的,随后依次排列)

奥运争光工程:按照国家新时期奥运争光计划要求,依托杭州竞技体育的优势项目,通过体育后备人才队伍建设、教练员和裁判队伍建设、竞技体育优势项目培育、优秀运动员培养输送、竞技体育科学训练等举措,使杭州市更多的运动员在奥运会等重大国际比赛中取得优异成绩。

"八八战略":浙江省委十一届四中全会作出进一步发挥"八个方面的优势"、推进"八个方面的举措"(简称"八八战略")的决策部署:一、进一步发挥浙江的体制机制优势,大力推动以公有制为主体的多种所有制经济共同发展,不断完善社会主义市场经济体制;二、进一步发挥浙江的区位优势,主动接轨上海、积极参与长江三角洲地区合作与交流,不断提高对内对外开放水平;三、进一步发挥浙江的块状特色产业优势,加快先进制造业基地建设,走新型工业化道路;四、进一步发挥浙江的城乡协调发展优势,加快推进城乡一体化;五、进一步发挥浙江的生态优势,创建生态省,打造"绿色浙江";六、进一步发挥浙江的山海资源优势,大力发展海洋经济,推动欠发达地区跨越式发展,努力使海洋经济和欠发达地区的发展成为浙江经济新的增长点;七、进一步发挥浙江的环境优势,积极推进以"五个百亿"工程为主要内容的重点建设,切实加强法制建设、信用建设和机关效能建设;八、进一步发挥浙江的人文优势,积极推进科教兴省、人才强省,加快建设文化大省。

"八路一通道":104国道延伸段、艮山东路、凯旋路(艮山西路—庆春路)、龙井路(龙井村—五老峰隧道南口)、紫荆花路(西溪路—天目山路)、紫金港路(天目山路—沿山河桥)、古荡路(紫金港路—古墩路)、炮台路整治工程以及武林广场西地下通道工程。

"百村示范、千村整治"工程:从2003年起,在全市4600余个行政村普遍开展环境整治的基础上,用5年时间对1200个村实施重点整治,其中200个村建成全面小康示范村。

"保老城、建新城":把保护的重点放在老城区,保护杭州这座历史文化名城;把建设的重点放在新城区,加快钱江新城和"三副"(江南城、临平城、下沙城)、"六组团"(塘栖、良渚、余杭、临浦、瓜沥、义蓬)建设,推动杭州城市建设重心从"西湖时代"迈入"钱塘江时代"。

背街小巷改善工程:从2004年开始,用3年时间,按照"人性化"、"人文化"要求,对市区700多条背街小巷进行改善,使老百姓的家门口能够实现"路平、灯明、水畅"。

城市"四化":洁化、亮化、绿化、序化。

"城中村":主城区范围内以村级建制为单位(含已撤村建居地区),农居相对集中,基础设施薄弱,住宅布局无序,生活环境较差,与周边大都市建设开发不相适应的地区。

"春风行动":以"社会各界送温暖,特困职工沐春风"为主题的扶贫帮困救助活动。主要内容是开展再就业服务月活动,建立职工医疗互助补充保险制度,广泛开展社会募捐,进一步加大对特困(困难)职工、残疾人和社会贫困人员的救助力度。

从"西湖时代"迈向"钱塘江时代":杭州市城市发展战略构想。"西湖时代"指围绕西湖为中心、背江面湖发展的时期;"钱塘江时代"指以钱塘江为轴线沿江开发、跨江发展的时期。

党内监督"10+1"制度:市委集中下发的《市委工作规则》、《关于重要情况通报和报告的规定》、《关于实行领导干部述职述廉制度的实施办法》、《关于党员领导干部民主生活会制度的实施细则》、《关于党内信访处理的规定》、《关于巡视工作的暂行规定》、《关于谈话和诫勉的规定》、《关于舆论监督工作的规定(试行)》、《关于询问和质询的规定(试行)》、《关于罢免或撤换要求及处理的规定(试行)》和《关于加强对党政主要领导干部监督的规定(试行)》等11个党内监督制度配套实施办法。

"党员会客厅":上城区南星街道美政桥社区首创的社区党建新模式。

"东动西静南新北秀中兴":杭州城市新格局。"东动"即依托杭州经济技术开发区、萧山经济技术开发区和江东、临江、临平、钱江工业功能区,建设东部现代工业区。"西静"即依托浙江大学和杭州高新技术开发区,形成研发型高新技术产业带和高新技术产业密集区;依托西湖风景名胜区和近郊景区,形成西部旅游产业区。"南新"即由江南城依托萧山城厢镇和滨江高新技术开发区,接纳主城的部分市级功能和人口,拓展城市发展空间,建成具有大都市新功能的城市副中心。"北秀"即依托良渚文化遗址等生态文化旅游景区,增强休闲度假、旅游观光和科教产业功能。"中兴"即以主城区为中心,发展会议展览、金融保险、信息服务、文化体育等现代服务业,形成现代服务业密集区。

"东网加密":杭州市"接轨大上海、融入'长三角'"的基础工程。主要内容是:投资约90亿元,建设以"五线两桥一通道"为主的160公里高等级公路,与"交通西进"工程相呼应,促进杭州市高等级公路网络化。五线是新建杭浦高速公路(沪杭高速公路复线)、拓宽沪杭高速公路、拓宽杭甬高速公路、改建320国道余杭段一级公路、新建萧山区红(垦)十五(工段)线一级公路;两桥是新建钱江九桥及两岸快速路、新建钱江十桥;一通道是杭州湾萧山通道。

"二五"依法治市:为全面落实依法治国方略,杭州市从1996年起每五年制定一个规划,实施依法治市。2001年~2005年实施第二个五年依法治市规划。

"枫桥经验":1963年由浙江省诸暨市枫桥镇首创。主要内容是:矛盾不上交,就地解决,实现捕人少,治安好。毛泽东同志批示"要各地仿效,经过试点,推广去做"。改革开放以来,"枫桥经验"发展和形成了具有鲜明时代特色的新经验,即"党政动手、依靠群众、加强基层、化解矛盾、维护治安、促进稳定、保障发展"。

"工业功能区建设"工程:以制造业布局调整为重点、以招商引资和产业梯度转移为途径的工业功能区建设。主要项目有:江东、临江、临平、钱江四大工业区、

13个区县(市)工业功能区(特色园区)扩容建设,以及企业搬迁等项目。

"光明行动":采取政府出钱与社会捐赠相结合的方式,对全市无劳动能力、无固定收入、生活困难的白内障患者,免费实施复明手术的帮扶活动。

"广场经济":通过修建一定主题的非政治性群众聚合场所,并利用这个场所设定的主题功能引发广场及周边地区实现经济非常规发展。

国有企业"二次改制":通过国有股减持等形式实现国有资本有序退出,优化企业的股权结构。对职工所持股权,在尊重持股职工意愿的基础上,促使股权依法向企业经营层、技术骨干集中或转让给外来投资者。

"和谐创业":和谐创业是杭州发展模式的概括。从最直接、最明确的含义看,和谐创业就是在和谐中创新创业、以创新创业赢得和谐,是创造力、融合力和竞争力的有机统一;从出发点和落脚点来讲,和谐创业是一种立足生活、以人为本的现代生活观、创业观、发展观;从具体内涵来讲,和谐创业体现在生活与创业的和谐、文化与经济的和谐、个人创业与整体发展的和谐、政府与民间的和谐、对外开放与内生创新的和谐等"五大和谐",具有人性化创业、社会性创业、知识创业、协调创业、可持续创业5个特点。

和谐杭州示范区:规划和谐杭州示范区,目的是寻找"和谐社会"理念在城市空间上的体现形式,寻找生态效益、社会效益、经济效益的最大公约数,寻找城市总体规划和经济社会发展规划的有机结合点,以"和谐社会"理念统筹各种城市资源。示范区位于西湖区和余杭区的交接区域,核心规划区面积31.2平方千米。

"红色港湾":上城区湖滨街道首创的深化党建精品建设活动。

惠民医院:杭州市2003年9月作出的旨在建立和完善弱势群体的医疗救助机制,切实解决"低保、特困、困难"人群"看病难"问题的一项重大举措。市惠民医院设在杭州市第三人民医院,并确定指导医院或协作医院。

"婚育新风进万家"活动:中共中央宣传部、国家计生委在全国城乡广泛开展的活动,目的是宣传科学、文明、进步的婚育观念,建设社会主义生育文化,增强广大群众实行计划生育的自觉性,为完成新世纪的人口控制目标营造良好的社会环境。

"交通西进":"旅游西进"战略的重要组成部分,也是一项带动杭州区域经济发展的具有基础性、先导性和关键性的重要工程。到2006年底,基本建成以"一绕、三线、三连、四大接口"为框架的一小时半公路交通圈。"一绕"即杭州绕城公路。"三线"即杭州至千岛湖高速公路,杭州至昱岭关高速公路,杭州至淳安一级公路。"三连"即彭樟线(彭公—长乐—牧家桥—三门—中埠大桥—环山—樟树下—浦江公路)、桐淤线(桐庐—分水—淤潜)、昌文线(昌化—临岐—文昌—千岛湖—洋溪公路)。"四大接口"即昱岭关与安徽黄山相接,与杭昱高速公路同步实施;前山与安徽歙县相接,使淳安环湖公路与安徽相接;会泽里与衢州龙游相接;檀村与金华兰溪相接。

"姐妹帮扶工程":全市女干部、女党员、女企业家和社会各方力量,对生活、就业困难的下岗失业、失土妇女开展的扶持、帮困、培训、供岗、服务等帮扶活动。

"九件实事":市委、市政府决定,自2004年起,用3年时间,集中力量为农民办9件实事。包括:减轻农民税费负担,推进"百村示范、千村整治"工程,健全农村社会保障体系,实施"乡村通达"工程,抓好农村教育培训,深化"49100"帮扶工程,完善农村公共卫生体系,加强农村科技文化信息服务,强化农村生态建设。

"均费双控、超额双缴":市属各医院的门诊人均费用和住院人均费用两项指标必须控制在规定的限额范围之内;没有达到"双控"目标的医院,其超过规定限额的部分全额收缴。

"科技创新能力提升"工程:以"天堂硅谷"建设为核心、以企业自主创新为基础,主要项目有:"国家软件产业基地"、"国家动漫基地"、"国家(富阳)光纤光缆产业园"、"中兴通讯"、"华为通讯"、"华立仪表"、"浙大网新"、"数字电视"、"建德有机硅产业基地"、"传化农业生物"、"萧山数据机床模具基地"、"萧山汽车电子基地"、"科技孵化器建设"等。

"科技型企业初创培育工程":从2005年到2007年,重点支持科技创业者在杭进行科技创业,培育和扶持300个科技型初创企业。

廉政文化"六进"活动:廉政文化进机关、进学校、进企业、进家庭、进社区和进农村活动。

"两不"行为:行为不廉洁、作风不检点。

"两堤三岛":"两堤"是苏堤、白堤;"三岛"是湖心亭、三潭印月、阮公墩。

"两分开"改革:以机制创新、增强活力为主,进行企业、事业两分开的改革,即将党报的主业部分(采编)与经营分开,把报纸的广告、发行、印刷等经营业务从主体业务中剥离出来,组建为企业。

两个"三百五"目标:新增变电容量350万千伏安、新投线路350公里。

"两个房等人":住房困难户能随时申购经济适用住房,拆迁户能随时拿到拆迁安置房。

"两个更好":市委对保持共产党员先进性教育活动提出的要求,即杭州作为试点城市,要比非试点城市搞得更好;面上的教育,要比试点搞得更好。

"两个基地、四个试点":"两个基地"指国家软件产业化、集成电路设计产业化两个基地;"四个试点"指国家信息化、电子政务、电子商务、数字电视四个试点。

"两级管理、三个层次、八大体系":"两级管理"即市级成立国资委,区县(市)级成立或明确负责国有资产监管的机构,分别监管市级和区县(市)级国有资产;"三个层次"即建立完善"市国资委——资产营运机构——国有控股参股企业"的国有资产监管和营运体制;"八大体系"即建立健全国有资产监管政策法规体系、国有资产经营业绩考核体系、出资企业收入分配和调控体系、国有资产统计评价体系、国有产权股权变动监控体系、国有资本经营预算和投资风险监控体系、企业领导人员管理体系、国有企业党建和党风廉政建设体系,形成完备的国有资产监督、管理和营运的制度。

"两抢一盗":抢劫、抢夺和盗窃。

"两疏散、三集中":"两疏散"指疏散老城区建筑和人口,降低老城区建筑和人口密度;"三集中"指工业企业向工业园区和工业功能区集中,高校向高教园区集中,建设向钱江新城、下沙城、江南城、临平城集中。

"两所一庭":派出所、司法所、法庭。

"两项制度、两项活动":"两项制度"指领导干部联系重大项目制度和项目推进制度;"两项活动"指"工业企业服务年"活动和"外商投资企业服务月"活动。

"邻居节":以推进全市邻里之间"和睦、团结、关心、帮助"和建立邻里之间新颖关系为目的,为市民搭建邻里之间平等互助、和谐健康的交流平台,建设新型的社区邻里关系,在全社会大力弘扬团结友爱、互助奉献的良好风尚。

林业水利"双十大"工程:林业十大工程指56.67万公顷(850万亩)生态公益林工程、千里绿色通道工程、百村园林绿化工程、0.67万公顷 (10万亩) 退耕还林工程、"3515"花卉苗木工程、1.33万公顷(20万亩)林业特色基地工程、森林旅游观光工程、林业龙头企业建设工程、森林灾害防治体系建设工程、野生动植物保护体系建设工程。水利十大工程指钱塘江引水入城工程、杭嘉湖南排杭州枢纽工程、青山水库除险加固工程、分水江水利枢纽工程、华光潭水电站工程、东苕溪干流整治工程、千里城乡河网清水工程、百库达标工程、30条小流域治理工程、城市防洪工程。

流动党员"安家工程":杭州市加强流动党员教育管理的综合措施。自工程实施以来,全市共建立流动党员管理(服务)中心73个,新建流动党支部294个,社区(企业)流动党员服务站345个,找到流动党员6021名。

"六个一"党员主题实践活动:掌握一门过硬技术,提出一项合理化建议,创造一份优良业绩,帮助一名困难职工,培养一名入党积极分子,争当一名优秀党员。

"楼宇经济":以商务楼为载体,通过开发、出租楼宇进行招商引资,从而引进税源,增加收入,带动区域经济发展的一种经济形态。

"旅游西进":杭州市旅游业跨世纪发展的重大举措。以"三江四湖一山一河一溪三址"为基础,通过规划共绘、交通共建、市场共拓、产业共兴,整合和优化配置大杭州旅游等各类资源,构筑全市1小时半交通圈、旅游圈和经济圈,打响"游在杭州"品牌,把杭州建设成为国内外享有较高知名度的旅游集散中心和重要目的地,成为现代化的国际风景旅游城市。

"门前三包":包卫生、秩序、绿化。

"民生保障"工程:以人民群众共享改革发展成果为要求、以构建多层次社会保障体系为基础,主要项目有:"经济适用住房"、"拆迁安置房"、"廉租房"、"城中村"改造、"多层农居"、"背街小巷改善"、"优质教育"、"医疗卫生"、"全民健身"、"社会福利"、"城市应急预警"等。

名校集团化战略:杭州市推进基础教育改革和发展重大战略举措。即以名校领衔,通过名校输出品牌、办学理念、管理方式、干部和优秀教师、现代教育信息技术等,施行"名校+新校"、"名校+民校"、"名校+弱校"、"名校+名企"等多种办学模式进行集团化办学,让更多的人接受更好的教育,推进优质教育普及化、平民化,使每一个孩子包括困难家庭、弱势群体的孩子都能接受优质教育。

农村"三级联创"活动:创建"五好"村党组织,创建"五好"乡镇党委,创建农村基层组织建设先进县。

"农民健康工程":以建立健全新型农村合作医疗制度、加强农村公共卫生服务和做好农民健康体检工作为重点,旨在改善农村卫生状况、缩小城乡卫生差距、提高农民健康水平的社会协调工程。

农业六大优势产业:茶叶、花卉苗木、水产、节粮型畜禽、蔬菜、竹业;

农业五大特色产业:水果、干果、蚕桑、中药材、蜂业。

"平安杭州":杭州市贯彻省委建设"平安浙江"决策部署的重要举措。以营造稳定的社会政治环境、首善的社会治安环境、良好的民主法制环境、健康的经济运行环境、有序的生产生活环境为目标,举全市之力,切实加强社会稳定工作,推动杭州物质文明、政治文明、精神文明协调发展,促进杭州经济更加发展、政治更加稳定、文化更加繁荣、社会更加和谐、人民生活更加安康,把杭州建设成全省的"首善之区"。

"平安浙江":是一项社会系统工程。它着眼于清醒认识和妥善解决影响浙江省社会和谐稳定的新情况、新问题,致力于实现在促进社会和谐稳定中推进物质文明、政治文明、精神文明的协调发展,把三大文明建设和社会治安、安全生产、公共安全等融为一个有机联系的整体,要求做到确保社会政治稳定,确保治安状况良好,确保经济运行稳健,确保安全生产状况稳定好转,确保社会公共安全,确保人民安居乐业。

"破七难、作贡献"主题实践活动:杭州市在保持共产党员先进性教育活动中组织党员开展以破解涉及群众切身利益的就业难、就医难、住房难等为主要内容的主题实践活动。目的是把广大党员思想认识上的收获转化为破解"七大问题"的实际行动,用破解"七大问题"的成果来检验先进性教育活动的实际效果,真正做到学以致用、用以促学、学用相长。

"七大问题":困难群众生产生活问题、"看病难"问题、"上学难"问题、"住房难"问题、"行路难、停车难"问题、"办事难"问题、"清洁杭州"问题。

七大优势农业产业带:近郊都市绿色园艺产业区,萧山余杭高效农业产业区,山区半山区名优稀特农林产业区,围绕"三江""两湖"及临安西部山区江湖山沿线旅游农业区,萧山、余杭、富阳、临安的加工、外销蔬菜产业带,临安、淳安、建德、桐庐的林业产业带,"三江"两岸和平原海涂地区及在千岛湖、新安江等大水体周围的特色小宗水果产业带。

人才强市战略:按照增强人才队伍整体实力,激发各类人才活力,形成人才工作合力的要求,努力建设一支宏大的高素质人才队伍,使杭州市的人才工作和人才队伍建设达到总量充足、门类齐全、素质优良、结构合理、流动顺畅、环境一流、机制灵活、产出高效的目标,把人口压力转变为人力资源优势,不断增强省会中心城市对人才的吸纳力，打造区域人才密集区，为经济社会发展提供坚强的人才保证、智力支持。

“三副六组团”：三副指江南城、临平城、下沙城；六组团指塘栖、良渚、余杭、临浦、瓜沥、义蓬组团。

“三个解放出来”：把思想认识从那些不合时宜的观念、做法和体制的束缚中解放出来，从对马克思主义的错误的教条式的理解中解放出来，从主观主义和形而上学的桎梏中解放出来。

“三江四湖一山一河一溪三址”：“三江”指钱塘江、富春江、新安江；“四湖”指西湖、千岛湖、萧山湘湖、余杭南湖；“一山”指天目山；“一河”指京杭大运河(杭州段)；“一溪”指西溪；“三址”指良渚遗址、南宋皇城遗址、跨湖桥遗址。

“三绿工程”：开辟“绿色通道”，培育“绿色市场”，提倡“绿色消费”。

“三树一创”教育实践活动：在全市县局级以上领导班子中开展的树立科学发展观、正确政绩观、牢固群众观，创“为民、务实、清廉”好班子的教育实践活动。

“三网融合”：电脑服务网、电视服务网和电话服务网三网合一。

“三五”依法治市：杭州市从1996年起每五年制定一个规划，实施依法治市。2006年~2010年实施第三个五年依法治市规划。

“山海协作工程”：省委、省政府推进浙江省沿海发达地区与浙西南欠发达地区经济协作的工程。“山”指浙西南欠发达地区，“海”指沿海发达地区。根据省委、省政府部署，杭州市与衢州市对口协作，余杭区对口柯城区、富阳市对口龙游县，萧山区内对淳安县。

“生态市建设”工程：以生态建设与环境保护为要求、以环境基础设施建设为重点，主要项目有：“运河和市区河道综合整治”、“抗咸二期及引水入城”、“钱塘江、东苕溪水源保护”、“北支江、分水江、新安江三江整治”、“萧山西水东引”、“半山、萧山天然气电厂”、“七格污水处理三期、城西污水处理厂及各区县(市)污水处理设施”、“生活垃圾、固体废物处置及综合利用”、“临安、建德、淳安公益生态林建设”等。

“十大休闲基地”：西溪国家湿地公园休闲基地、千岛湖滨水休闲度假基地、天目山森林休闲度假基地、环湘湖休闲度假基地、龙门山古镇休闲度假基地、新安江清凉世界避暑休闲度假基地、余杭南湖滨水度假基地、大明山高山休闲度假基地、大清谷温泉休闲度假基地、桐庐大奇山乡村休闲度假基地。

“十免十减半”：“十免”即免除门诊挂号费、门诊诊疗费、门诊注射费、住院诊疗费、住院空调费、住院注射费、住院陪客费、血常规检查费、尿常规检查费、大便常规检查费。“十减半”即对急诊观察床位费、住院床位费、住院护理费、住院手术费、X线透视费、心电图检查费、脑电图检查费、B超检查费、血液透析费、肿瘤化疗费(不含药费)减半收费。

“十五年教育”：指从学前教育、义务教育到高中教育的十五年教育。

市区“一纵三横”道路综合整治工程：从2005年7月开始，对市区保俶路、曙光路和体育场路、凤起路、庆春路实施综合整治。

“数字城管”：整合多项数字城市技术，再造新的城市管理流程，实现城市管理的信息化、标准化、精细化、动态化。

“双百场”文艺演出：围绕“创建文明城市，构建和谐社会”的主题，杭州滑稽艺术剧院、杭州歌舞团、杭州越剧院、杭州杂技总团等编排100场综合性文艺演出、100场管弦乐知识普及节目进社区、进村镇、进工地。

“双百双十”工程：从2004年开始，5年内建设100万平方米的创业孵化场地、100万平方米的人才公寓；建设10万平方米的大学毕业生公寓，吸引10万人才来杭创业。

“双单制”：“单病种辅助检查规定”和“单病种收费额度管理”的合称。“单病种辅助检查规定”系根据医学诊疗常规确定诊断某一种疾病应做的辅助检查项目；“单病种收费额度管理”是在前者基础上对治疗某一单纯性疾病的住院病人实行最低和最高收费额度管理。

“双对口”：对口帮扶四川省南充市脱贫工作、对口支援重庆市三峡涪陵库区移民安置工作。

“双培双带”工程：把致富能手、工作骨干培养成党员，把党员培养成致富能手、工作骨干；带头致富、带领群众致富。

“双十佳创业新星”评选活动：通过层层挖掘、推荐各条战线涌现出来的创业典型，大张旗鼓地宣传艰苦创业、开拓创新、勇于奉献的感人事迹，激励全市人民兢兢业业干事业、实实在在作奉献，进一步打响“创业在杭州”的品牌。

“双无”：无劳动能力、无固定收入。

“双找”活动：加强流动党员管理的重要举措。即组织找党员、党员找组织。

“四大纪律、八项要求”：“四大纪律”是严格遵守党的政治纪律、组织纪律、经济工作纪律和群众工作纪律；“八项要求”是同党中央保持高度一致，遵守民主集中制，依法行使权力，廉洁奉公，管好配偶、子女和身边工作人员，公道正派用人，艰苦奋斗，务实为民。

“四改联动”：医疗卫生体制改革、药品生产流通体制改革、医疗保险体制改革和医疗救助体制改革四项改革整体推进。

“四个突出”：指突出转变增长方式这一主线，突出体制改革这一动力，突出市区与县(市)统筹并进这一关键，突出解决“三农”问题这一重中之重。

“四个尊重”：尊重劳动、尊重知识、尊重人才、尊重创造。

“四级救助圈”：市、区、街道(镇)、社区(村)四级对困难群众的帮扶救助体系。

“四节”示范工程：节能、节水、节地、节材的示范工程。

“四权”：知情权、参与权、选择权、监督权。

“四送一落实”：市总工会开展的“送政策、送岗位、送技能、送服务，落实社会保障补贴政策”的就业援助和帮扶救助活动。

“四五”普法教育：从1986年开始，党中央、全国人大、国务院决定开展全民普法教育工作，每五年制定一个规划。2001年~2005年实施第四个五年普法规划。

“天堂硅谷”：源于原国务委员、国家科委主任宋健于1990年10月为杭州高新技术产业开发区的题词。他激励杭州高新技术产业开发区建成全省乃至全国的高新技术研发中心、成果交易中心和高新技术产业化基地、高新技术产品出口基地。

“网络化大都市”：市第九次党代会强调，要着眼于“大杭州”，着眼于1.66万平方千米和640万市民，构筑“以市区为中心、县城为依托、中心镇为基础，资源共享、功能互补、协调发展的市域网络化大都市”。

“为省直部门服务月”活动：杭州市改进机关作风，强化服务意识，密切省、市两级机关联系，不断提高办事效率的载体和突破口。

“文化名城建设”工程：以历史文化名城保护与现代文化设施建设为载体，主要项目有：“良渚文化遗址保护”、“跨湖桥文化遗址保护与开发”、“历史文化街区保护”、“萧山绣衣坊区块古建筑群”、“临安钱王陵”、“萧山衙前、余杭塘栖、富阳龙门、建德梅城等名镇古村保护与开发”、“杭州广电中心”、“杭州图书馆”、“杭州科技馆”等。

“文明从脚下起步”活动：动员广大市民从规范自己的交通行为做起，从劝导他人不文明行为做起，在全社会营造良好氛围，使杭州成为一个更适宜生活和创业的文明城市。

“五大战略”：“城市化”战略、“工业兴市”战略、“旅游西进”战略、“开放带动”战略、“环境立市”战略。

“五个统筹”：统筹城乡发展、统筹区域发展、统筹经济社会发展、统筹人与自然和谐发展、统筹国内发展和对外开放。

“五个一工程”：优秀作品评选活动。原规定为一篇好的理论文章，一册好的图书，一部好的戏剧，一部好的电影，一部好的电视剧(片)。后增加一首好的歌曲、一部好的广播剧、一部好的电视专题片。

“五好”乡镇党委：好班子、好思路、好队伍、好制度、好作风的乡镇党委。

“五化联动”：以城市化带动工业化、信息化、市场化、国际化，实现“五化”相互促进。

“五五”普法：从1986年开始，党中央、全国人大、国务院决定开展全民普法教育工作，每五年制定一个规划。2006年~2010年实施第五个五年普法规划。

“现代服务业培育”工程：以构建现代服务业体系为要求、以发展商贸物流等门类为重点，主要项目有：“杭州农副产品物流中心”、“中国四季青服装交易中心”、“萧山国际空港物流中心”、“萧山国际物流中心”、“下沙保税物流(B型)区”、“富阳口岸国际物流中心”、下城“中国丝绸城”、西湖“伟量五金城”、临安“浙皖农贸城”、萧山“中国纺织博览城”和下沙、江南、临平、康桥、江东、临安、富阳东洲等特色物流功能区等。

“乡村通达”工程：全市新一轮农村公路大规模改造建设工程。通过加快农村公路支线和乡道“砂改油”建设，消除现有农村公路危桥，使全市5县(市)等级公路通村率、通村公路硬化率分别达到100%，实现“乡乡通油路、村村通公路”，形成乡村路网与县道、省道、国道、高速公路相衔接的公路交通网。

“小康健身”工程：在全市范围内开展的以增强公众健康素质为目标的群众性体育活动。

“新城区建设”工程：以打造中央商务区为核心、以“三副六组团”建设为重点，主要项目有：钱江新城、钱江世纪城、江南城、临平城、下沙城和临浦、瓜沥、义蓬、塘栖、余杭、良渚组团等。

“新农村建设”工程：以提升农业、建设农村、保障农民为要求、以村镇建设为重点，主要项目有：“百村示范、千村整治”、“集镇改造”、“乡村通达”、“农村饮用水”、“山区水库除险和小流域整治”、“农业七大优势产业带”、“十大种子种苗基地”、“提升农业产业化”、“中低产田改造”、“休闲观光农业”和“49100”帮扶等。

“新药港”：指杭州的医药产业经济总量和经济效益要在全国省会城市居领先地位。

新一轮技改投入“三年倍增”：以2003年实绩为基数，2004年~2006年间，实现全市技改投入翻一番。

新一轮民营经济“三年倍增”目标：以2003年实绩为基数，2004年~2006年间，实现全市民营企业工业销售产值、商品销售总额、税收、固定资产投资额、新产品产值、省级及省级以上著名商标和名牌产品等6项指标翻番，完成由民营经济大市向民营经济强市的跨越。

新一轮招商引资“三年倍增”：以2003年实绩为基数，2004年~2006年间，全市招商引资各项主要指标均要翻一番。

“信息港”：指杭州要成为国内一流的IT产业基地和信息化建设示范城市。

“休闲之都建设”工程：以整合市域旅游资源为要求、以发展旅游休闲会展项目为重点，主要项目有：钱塘江、富春江、新安江、西湖、千岛湖、湘湖、青山湖、南湖、天目山、西溪、运河、市区西部景区和杭州国际会议中心、杭州旅游展览中心、余杭径山温泉度假中心、西湖国际康复中心、临安湍口温泉休闲中心、淳安千岛湖度假中心等。

“阳光家园”：江干区采荷街道建立的杭州首个流动党员之家。

“一调两宽两严”：“一调”指在不违反城市总体规划的前提下，调整土地使用功能；“两宽”指放宽容积率和建筑高度；“两严”指严格控制建筑密度，严保绿化率，从而提高城市的品位和档次。

“一高一领先”：原指全市工业经济增幅高于全省平均水平、全市工业经济总量领先全省各市。2004年5月，市委、市政府充实和完善杭州工业经济“一高一领先”的目标内涵，具体包括5项指标：工业经济增幅高于全省平均水平；工业经济总量领先全省各市；高新技术产业和高附加值、低能耗、低污染的传统优势产业占全部工业经济总量的比重高于全省平均水平；工业利税总额领先全省各市；工业经济效益考评综合得分超过全省平均水平，处于全省领先地位。

“一个核心、三个党组”：“一个核心”即党委，在同级组织中处于领导核心地位。“三个党组”即人大常委会、政府、政协党组，要对党委负责。

“一湖三园”：“一湖”是湘湖；“三园”是休闲博览

园、休闲风情园、东方文化园。

"一名城五强市":文化名城和科技强市、教育强市、卫生强市、体育强市、人才强市。

"一隧二桥五路一搬迁":"一隧"是庆春路过江隧道;"二桥"是钱江九桥、钱江十桥;"五路"是杭浦高速公路、江北沿江大道、机场路北伸线、机场路拓宽、钱江九桥接线;"一搬迁"是钱塘江建材码头搬迁。

"一主三副双心双轴六组团六条生态带":一个主城,江南城、临平城、下沙城三个副城,东西向以钱塘江为轴线的城市生态轴、南北向以主城—江南城为轴线的城市发展轴,临浦、瓜沥、义蓬、塘栖、余杭、良渚六大组团,规划在中心城区、外围组团之间设置6条生态隔离带,保持组团之间的相对独立性。

"一主五辅":"一主"是钱江新城中央商务区,"五辅"是武林商务区、湖滨休闲商务区和下沙、临平、江南三个市级商业副中心。

"印象西湖":以西湖真山真水为依托的大型实景演出。将在西湖的岳湖水域中构建一个菱形的升降式舞台,演员以自然的山水、景观为背景进行表演。

智能交通:利用先进的信息技术、数字通信技术、电子控制技术及计算机处理技术等,综合运用于地面交通管理体系,从而建立起一种实时、准确、高效的交通运输管理系统。

"自荐海选":无候选人的直接选举。具备村委会成员任职条件和有志于村务管理、自愿为村民服务的选民,均可报名参加村委会成员的竞选。选票上印有"自荐"人名单,选民可以选举"自荐"人,也可以另选其他选民。最大的好处是在充分民主的前提下,减少了环节,节约了成本。

"综合交通建设"工程:以构建大都市快速交通为重点,以对接长三角区域交通为要求,主要项目有:"地铁一期"、"机场二期"、"铁路枢纽"、"一隧二桥五路一搬迁"、"德胜、秋石、留石等快速路"、"5县(市)交通路网"和"沪杭城际快速轨道交通"、"杭浦高速"、"申嘉杭高速"、"杭长高速"、"京杭运河二通道"等。

"总部经济":一个区域利用特有的资源优势,吸引企业将总部在该区域集群布局,将生产加工基地布局在具有比较优势的其它地区,从而形成合理价值链分工的经济活动的统称。

"1+9"会议:市委、市政府召开的10个有关服务业的专题会议。"1"指加快杭州服务业发展大会;"9"指杭州市商贸物流业发展会议等9个专题会议。

"1250"生态示范工程:从2005年起,选取农村生活污水处理、生活垃圾处理等12个重点领域,在每个领域内开展50个项目试点工作。

"1278"环境污染整治工程:"1"指市区大气污染综合整治,"2"指钱塘江、太湖(含运河、苕溪)两大重点流域污染整治,"7"指七大重点监管区域,即萧山东片印染染化、萧山南阳经济开发区化工园区、余杭苕溪流域、富阳造纸春江区块、临安锦溪流域、桐庐钟山乡石材加工、建德化工行业的污染整治,"8"指八大重点行业,即化工、印染、造纸、医药、味精、电镀、水泥、冶炼的污染整治。

"131"工程:杭州新世纪人才工程的重要组成部分。即培养100名45岁左右的在国内或省内居领先水平的学术技术带头人,300名40岁以下的后备学术技术带头人,1000名40岁左右的优秀专业技术骨干。

"135"工程:市工会系统每年帮助1000名下岗失业人员实现再就业,为3000名下岗失业人员提供职业介绍服务,对5000名下岗失业人员开展免费职业技能培训。

"2131"工程:文化部、国家广电总局提出的一项跨世纪的公益型农村电影事业发展战略,于1998年开始在全国农村实施。要求21世纪初,全国农村1村1月保证看到1场电影。

"2632"工业循环经济示范工程:确定2个区、6个园区(功能区、块状经济区)、30个企业作为工业循环经济试点单位,200个企业作为清洁生产审核试点单位。通过试点,为加快发展工业循环经济提供示范。

"356"工程:从2004年开始,用3年时间培训500个企业的600名高级经营管理人员。

"49100"帮扶工程:从2000年开始,全市对经济社会发展制约因素较多、农民人均收入低于全市平均水平的49个乡镇以及发展难度较大、人均收入低于全市平均水平的100个村实施帮扶。

"5+1"法规文件:中央集中下发的《公开选拔党政领导干部工作暂行规定》、《党政机关竞争上岗工作暂行规定》、《党的地方委员会全体会议对下一级党委、政府领导班子正职拟任人选和推荐人选表决办法》、《党政领导干部辞职暂行规定》、《关于党政领导干部辞职从事经营活动有关问题的意见》和《关于对党政领导干部在企业兼职进行清理的通知》等6个法规性文件。

"56+6"个功能区:"56"指56个重点培育特色城镇工业功能区,其中萧山区14个,余杭区11个,富阳市9个,临安市6个,桐庐县5个,建德市4个,江干区2个,淳安县、上城区、下城区、西湖区和拱墅区各1个。"6"指6个省级经济开发区,分别为:余杭经济开发区、富阳富春江经济开发区、桐庐经济开发区、临安经济开发区、建德经济开发区和淳安千岛湖经济开发区。

"770"工程:指省发改委提出的发展循环经济"七个一批"循环经济型示范项目和70项重大项目。

"991"行动计划:指省发改委提出的发展循环经济9个重点领域、"九个一批"循环经济型示范工程和100项重大项目。

BRT:"Bus Rapid Transit"的缩写,即快速公交系统。BRT是一种介于轨道和传统公交之间的新型交通方式,集轨道交通的快速性和普通公交车的灵活性于一体。

尊重文化多样性　共建和谐世界

杭州声明(摘要)

由人民日报社、全球化合作基金会和联合国教科文组织的文化多样性全球联盟共同举办,杭州市人民政府承办的“第三届全球化论坛——世界文化多样性”于2005年11月8日~9日在中国杭州成功举行。

本届论坛以“尊重文化多样性、共建和谐世界”为主题,就“尊重和维护文化多样性、推动不同文明平等对话”,“倡导新文明观、共建和谐世界”,“发展文化产业的机遇和挑战”,“经济全球化与文化多样性”,“创造性城市发展和文化多样性”,“传统文化与现代文化”,“民族文化的独特性与世界文化的多样性”等专题进行了深入研讨,达成了许多重要共识。

与会各方注意到,在继2001年11月联合国教科文组织第三十一届大会通过的《文化多样性宣言》之后,今年10月20日,联合国教科文组织第三十三届大会又以压倒性多数通过了《保护文化内容和艺术表现形式多样性公约》(简称《文化多样性公约》)。这是国际社会为捍卫世界文化多样性所取得的重大成果,也是首次以公约形式确定的保护文化多样性的世界性的法律文书,它将成为人类文化发展史上重要的文献之一。在此背景下举办本届论坛,具有重要的现实意义。

与会各方普遍认为:

——文化是一个民族的灵魂与血脉,不同国家与民族独特的文化和传统,是其赖以生存、延续的条件,也是世界文化发展的基础。不同文化交流促进了人类文明历史的发展。促进世界文化多样性发展是世界上大多数国家的共同愿望。

——随着经济全球化的加速,各民族和地域的不同文化会受到不同程度的冲击,但不同民族和地域的文化特点与差异会依然存在。经济越是走向全球化,就越需要重视不同文化间的互相尊重和平等对话,越是应当尊重文化的多样性与差异性。

——如同生物多样性是维持生物平衡和生命在地球上延续的根本问题,文化多样性对人类而言也不可少。它关系人类文明续存的根本问题。各国政府应当加强合作,通过制定更加积极的文化政策,努力防止弱势文化的消亡和退化,共同维护人类文明的续存。

——尊重和承认世界文化的多样性,已成为当今世界大多数国家普遍接受的国际关系准则。世界各国,无论强弱,无论大小,都应在尊重各国传统文化的基础上建立新型的合作伙伴关系。

第三届全球化论坛组委会

2005年11月9日于中国杭州

推进和谐创业　构建和谐社会

杭州共识(摘要)

根据胡锦涛总书记关于加强构建社会主义和谐社会问题调查研究的要求,中央政策研究室、国务院发展研究中心、中国社会科学院、北京大学、中国人民大学、浙江大学等有关单位分别组织调研组,经过近一年时间对杭州和谐创业的研究,于2005年7月16日,在杭州召开的“推进和谐创业、构建和谐社会”研讨会上,就进一步落实科学发展观、推进和谐创业、构建和谐社会形成以下共识:

1、社会主义和谐社会理论既是指导社会运行的理论,又是指导创业发展的理论。和谐创业是构建和谐社会的有效途径。和谐社会是和谐创业的奋斗目标。

2、和谐创业是一种人性化创业,是现代生活观和创业观的统一。要坚持以人为本,充分激发人的创业激情,充分尊重人的创造愿望,充分鼓励人的创造活动,充分肯定人的创造成果,以创新创业创造来开创美好生活。

3、和谐创业必须走知识型和文化型发展道路。要让知识与资本结合成为发展动力,创新发展途径,提升发展层次;要实现经济发展和文化建设互为支撑、物质文明建设和精神文明建设相互促进。

4、和谐创业必须走可持续发展道路。要坚持人和自然和谐相处、经济建设与生态环境保护相互协调、城市与乡村统筹发展,依靠协调出效益,走一条生产发展、生活富裕、生态良好的文明发展道路。

5、和谐创业必须坚持以企业为主体的发展和以人为主体的创业相统一。要激发全社会创造活力,让人人都成为发展的主体,同时又相互配合、彼此支撑,积小成大,个人创业汇聚成整个城市和社会的大发展。

6、和谐创业必须兼顾社会效益和经济效益。要在全社会形成“乐于奉献公益事业、主动承担社会责任”的价值导向。

7、和谐创业必须坚持竞争和合作的统一。要使各个竞争主体彼此沟通和良性互动,在全社会形成有序竞争、合作竞争的良好格局。

8、和谐创业必须坚持“三力合一”。既要发挥企业主体力,又要发挥党委政府的主导力和社会化运作力,实现优势互补,多方共赢。

9、和谐创业必须坚持内源发展和对外开放的和谐。要以内引外,做到中外合壁。

10、构建和谐社会要求各地创造性地提出既符合中央精神、又立足地方特色,既具有全国意义、又反映时代特征的发展理念和发展模式。杭州和谐创业模式是在科学发展观、社会主义和谐社会理论指导下,立足杭州实际、借鉴外地经验提出的一种发展模式,对全国具有借鉴意义。

“推进和谐创业、构建和谐社会”六单位调研组

2005年7月16日于浙江杭州

·保持共产党员先进性教育活动·

【保持共产党员先进性教育活动概况】 1月21日，市委召开全市保持共产党员先进性教育活动动员大会。

杭州市有2万多个基层党组织、39万多名共产党员。2003年，作为全国试点城市之一，9000多个基层党组织、近15万名党员接受了教育。从2005年起，余下的11000多个基层党组织和24万多名党员分3批参加教育活动，其中两批在2005年进行。第1批从1月开始到6月基本结束，参加对象为市、区（县、市）两级党政机关和部分企事业单位，涉及3029个基层党组织、41308名党员；第2批从7月开始到12月基本结束，参加对象为乡镇（街道）机关和城镇基层，涉及3427个基层党组织、48236名党员和13612名试点单位2003年以后发展和调入的党员。

动员大会上，市委提出，杭州是全国19个保持共产党员先进性教育活动试点单位之一。这次面上的教育，要比试点教育搞得更好；作为试点城市，要比非试点城市搞得更好。一定要做到"党员受教育，群众得实惠"。

教育活动分学习动员、分析评议、整改提高3个阶段进行。全市各级党组织紧紧抓住学习和实践"三个代表"重要思想这条主线，牢牢把握保持共产党员先进性这个主题，着眼于提高党的执政能力，始终围绕中央强调的"提高党员素质、加强基层组织、服务人民群众、促进各项工作"的目标，力求"规定动作做到位、自选动作创特色"。

教育活动期间，全市举办各类培训班、读书会874期，培训党员1.08万余人次；党员服务基层群众25.25万人次；党组织和党员整改突出问题4.87万余个。教育活动达到预期目的。

【吴官正在杭州调研】 7月2日，中共中央政治局常委、中纪委书记吴官正在杭州深入基层调查研究，主持召开座谈会，并对如何巩固和发展教育成果、全面推进党的先进性建设作重要指示。

【王国平进京介绍杭州试点工作经验】 1月5日，中共中央召开保持共产党员先进性教育活动工作会议。作为试点单位代表，杭州市委领导王国平、朱报春、于跃敏进京参加会议。市委书记王国平代表市委在会上作题为《坚持分类指导原则，搞好城市基层先进性教育活动》的发言，介绍杭州市的试点工作经验。

【"破七难，作贡献"主题实践活动】 全市各级党组织引导党员把先进性体现到解决群众反映比较集中的上学难、困难群众生产生活问题、看病难、住房难、办事难、行路停车难、清洁杭州的具体实践中，让群众看到教育活动实实在在的成效，有力地促进教育活动的开展。在破解上学难方面，解决8.3万余名外来务工人员子女就学和3.3万余名贫困学生读书困难。在破解困难群众生产生活问题方面，免费培训下岗失业人员1.71万人，帮助2.6万人实现了再就业，安置就业困难人员2.21万人。在破解看病难方面，实行医疗机构药品联合集中招标采购，1.02万余种药品的平均降价幅度达到22%，年让利总额超过5亿元。在破解住房难方面，以解决低收入群体住房问题为重点，优先安置在外过渡拆迁户，重视经济适用房建设。在破解办事难方面，成立公共资源交易中心，让群众办事"少跑一个部门、少进一扇门、少找一个人"。在破解行路、停车难方面，实施"一纵三横"道路整治，缓解局部路段的行路难；组织全市2万余名党员参加"万名党员保畅通"活动，协助交警维护秩序，宣传、解释交通法规。在清洁杭州方面，以创建文明城市为契机，建立完善领导督查制度，定期走访督查清洁工作。

【开展"万名党员访万家困难户"活动】 1月20日，市委保持共产党员先进性教育活动领导小组下发《关于开展"万名党员访万家困难户"的通知》。全市共有15.13万余名党员走访慰问14.65万余户困难家庭，发放慰问金1.49亿余元，帮助困难群众办实事3.89万余件，征求到群众意见、建议5.1万余条。这次活动在社会上引起了巨大反响，为全市的教育活动营造了良好的舆论氛围。

【组织先进事迹巡回报告】 2月25日~3月19日，市委组织先进党组织和优秀党员先进事迹报告团在全市巡回报告。"12345"市长公开电话受理中心党支部和市工商行政管理局法规处处长金卫良，临安市财政局预算科科长金晓梅，杭州市交警支队西湖中队民警蒋定军，杭州三替综合服务有限公司党支部书记、总经理陶晓莺，杭州市天子岭废弃物处理总场推土机作业班班长缪文根，杭州市人大常委会原秘书长、离休干部朱怀兴等，分赴13个区、县(市)和9个市直综合部门，举行26场报告，共有2.24万余名党员聆听了报告。各级党组织和广大党员学有榜样，赶有目标，更加积极地投身“破七难、作贡献”主题实践活动。

【市委常委下访接待群众】 根据《中共杭州市委关于市委常委会保持共产党员先进性教育活动的实施意见》的安排，3月下旬~4月上旬，市委各位常委分别到各自联系的区、县(市)下访，真情听民意，真心解民忧。截至4月8日，市委常委共接待来访群众37批、72人次，解决实际问题65个。

【市级党员领导干部上党课】 为了充分发挥党员领导干部的示范表率作用，市级党员领导干部自觉按照中央和省、市委的要求，积极为党员作辅导报告和上党课。30名市级党员领导干部作辅导报告和上党课共39场次，有党员5300余人次听取辅导报告和党课。市级党员领导干部到基层调查研究共116次，开了73个座谈会，与278名党员、群众交心谈心。

【党员领导干部联系点制度】 为确保先进性教育活动各项工作任务落到实处，取得实效，市委建立党员领导干部联系点制度。29名市级党员领导干部建立各自的联系点，全市市、县、乡3级共有3587名党员领导干部建立先进性教育联系点3649个。市、县、乡3级党员领导干部到基层讲党课9200余场次，到基层联系点调研先进性教育活动1.33万余次，走访慰问困难党员和群众6.97万余户。党员领导干部通过联系点，加强对教育活动的领导和指导，并把教育活动联系点建成党群干群的连心点。

【领导干部集中轮训】 根据市委要求，2月24日~3月9日，市委保持共产党员先进性教育活动办公室、市委组织部、市委宣传部和市委党校，组织1008名市管领导干部分4批在市委党校进行为期3天党的十六届四中全会精神集中轮训。市委组织部认真牵头抓好各级干部培训工作，全市举办各类培训班203个，培训干部1.66万余人次。

【“先锋形象”大讨论活动】 围绕“什么是党员的先进性”、“怎样保持党员先进性”等问题，全市各级党组织认真组织开展“先锋形象”大讨论活动。通过上下结合、内外结合、正反结合、虚实结合、继承与创新结合的大讨论，全市归纳出不同行业、不同岗位党员保持先进性的具体要求。广大党员进一步加深对先进性的认识和理解，增强学习实践“三个代表”重要思想和科学发展观的自觉性和坚定性。

1月21日，市委召开全市保持共产党员先进性教育活动动员大会。
(市委组织部 供稿)

【“文明从脚下起步·党员做先锋模范”活动】 4月8日~5月8日，市委保持共产党员先进性教育活动办公室和市精神文明建设委员会办公室联合组织开展“文明从脚下起步·党员做先锋模范”活动。每天早晚交通高峰期和节假日全天，参加第一批先进性教育活动的党员在市区44个交通繁忙的路口和路段宣传交通法规，对违章人员进行劝导。市直各单位和部分城区机关有2.2万余名党员上街，共劝导违章的行人和非机动车辆21.8万余次，有效地维护了交通秩序，党员在活动中也受到教育和锻炼。

【狠抓村级组织活动场所建设】 为贯彻落实胡锦涛总书记关于“对基层干部要做到真正重视、真情关怀、真心爱护”的重要指示和省委《关于认真解决集体经济薄弱村村级组织活动场所问题的意见》精神，进一步加强杭州市基层组织阵地建设，在教育活动期间，市委常委会把解决村级组织活动场所问题作为整改措施的重要内容，狠抓落实。至12月底，新建600个村级组织活动场所，完成284个面积在100平方米以下的村级组织活动场所扩建任务。共投入资金9767.6万元，完成建筑面积20.82万平方米。

【开展“党员电教新干线”活动】 在教育活动中，市委组织部发挥组织系统电教网络的优势，开展“党员电教新干线”活动。从3月份开始，向全市基层党组织下发电教片3.6万余张，在市区365辆公交车、486辆长途汽车的车载电视和杭州市各长途汽车站候车大厅、176个公交站牌电子显示屏上，滚动播放电教片，大力宣传教育活动和党建工作的经验，以及党组织和党员中的先进典型。观众每天达40万余人次。《新华内参》、浙江卫视先锋栏目相继专题报道杭州“党员电教新干线”的做法，中央保持共产党员先进性教育活动办公室以《简报》形式向全国推广。

【加强企业退休职工党员教育管理】 为巩固和深化教育成果，12月8日，市委组织部、市委保持共产党员先进性教育活动办公室联合下发《关于巩固深化先进性教育活动成果，进一步做好企业退休职工党员教育管理工作的通知》，并召开专门会议进行部署。各级党组织积极采取措施，组建调研组、信息组、劝导组和宣讲组，实施分层教育，开展走访活动，帮扶困难党员，引导企业退休职工党员发挥余热。全市各社区共召开党员大会1690次，有2.89万名党员参加。通过集中宣讲、教育和帮扶，企业退休职工党员较好地在基层和广大群众中发挥作用，推动和促进"和谐杭州"建设。中央组织部《组工信息》以《杭州大力加强企业退休职工党员教育管理》为题，介绍杭州的经验和做法。

【"党员喜看新变化" 活动】 9月10日~19日，市委保持共产党员先进性教育活动办公室和市委组织部以"永葆先进性，建设新杭州"为主题，组织2万名企业职工党员、退休职工党员、街道党务干部和社区工作者党员代表，参观西湖综合保护工程、"三口五路"整治工程、下沙高教园区、西溪湿地等杭州近年来的重大建设成就。"党员喜看新变化"活动的开展，激发了广大党员的荣誉感和责任感，增强了广大党员热爱祖国热爱家乡的自觉性，提高了基层党组织的凝聚力和向心力。

（张义久）

·西溪国家湿地公园开园·

【西溪国家湿地公园概况】 西溪湿地位于杭州市区西部，东起紫金港路西侧，西至绕城公路东侧，南起沿山河，北至文二路延伸段，总面积约10.08平方千米。历史上，她曾与西湖、西泠并称杭州"三西"。在长达1800多年的自然演化和人为干预中，西溪湿地历经汉晋始起、唐宋发展、明清全盛、民国衰落等4个阶段，从原生态湿地演变为次生态湿地。及至近代，人类活动加剧，境内人口密集，农居破杂，污染日剧，古建筑等历史文化遗存减少，保护西溪湿地刻不容缓。经过杭州市有关部门反复论证，于2003年8月正式启动西溪湿地综合保护一期工程，面积为3.46平方千米，其中生态保护区占49.4%，生态恢复区占44.6%，其余为历史遗存保护区和旅游服务区。2005年2月2日，国家林业局确定杭州西溪湿地为全国第一个国家湿地公园试点地。

西溪湿地　　（施　智摄）

2005年4月30日，西溪国家湿地公园开园，5月1日起向游客开放。至年末，接待游客44.85万人次，创收1678万元。在国家林业局的推介下，到西溪国家湿地公园参观考察的国内外考察团络绎不绝。他们都对西溪国家湿地公园的良好生态和迷人风光赞誉有加，对杭州市实施的西溪湿地综合保护工程予以充分肯定。2005年12月，西溪国家湿地公园获杭州市第一届最佳人居环境奖。

【西溪湿地综合保护一期工程】 工程遵循湿地保护国际公约及国家有关湿地保护与利用法规政策，结合西溪湿地实际，坚持"生态优先、最小干预、修旧如旧、注重文化、可持续发展、以民为本"6项原则，先后编制建设、水利、环境、基础设施、旅游等7项重要规划，完成20余种专项规划设计方案。对蒋村乡10个村进行撤村建居，收购土地379.37公顷，拆迁农居517户，并先期动工建设13万平方米拆迁安置农居多层公寓。在实施过程中，完成清淤护岸、绿化、道桥、农居整治、历史建筑恢复、市政管线、水闸、室外灯光、监控系统和背景音箱等各项工程，并深入开展西溪历史景观、民俗文化研究工作，挖掘文化遗存，收集了上千件生产、生活、文化物品和文物，编纂了《西溪纪胜》、西溪文化系列丛书等书籍。经过近两年努力，西溪湿地初步呈现出湿地公园的雏形，并提供了一个湿地保护与利用的研究、交流、展示平台。

一期保护工程不但使西溪湿地的环境得以改善和优化，"杭州绿肾"的湿地效应得到有效恢复，同时对周边环境改善也起到带动作用，大大改善杭州西部生态系统，使得杭州西部的道路交通、视觉轮廓、建筑密度、景观体系和抗洪排水能力等，都有了不同程度的优化，强力提升了西溪、西溪周边地区乃至杭州城市西部的人居吸引力，成为杭州市民普遍羡慕和向往的乡村家园。不仅如此，它还拓展了杭州百姓的休闲生活空间，丰富了杭州旅游的产品类型，增强了杭州旅游西进的推进实力，完善了杭州城市的功能板块，为社会各界和人民群众提供了全新的、品牌型的休闲场所、科普园地和科研基地。

西溪作为首个国家湿地公园卓然问世，受到全国媒体、国内外游客的充分关注和交口称赞。作为杭州的又一张"金名片"，强烈地吸引旅游者的目光，成为游客到达杭州后渴望一游的新胜地。

【主要景点介绍】 西溪湿地综合保护一期工程完成后，西溪国家湿地公园内最主要的景点有8处。

烟水渔庄　位于烟水庵南部。渔庄有柳烟、云烟、炊烟，人与烟水共处，犹如身临仙境。景点内多为二层的水乡民居式的木结构建筑，设有垂钓区、烧烤区、茶馆以及农家生活展示馆。

秋雪庵　位于湿地公园中心水域，是西溪湿地的精华、样板区域。庵在孤岛上，始建于宋淳熙初年，明代大书画家陈继儒取唐人诗句“秋雪濛钓船”的意境，题名“秋雪庵”。向东、向南望去，一望无际的芦苇、滩地在秋季的明月下呈现出令人名利俱冷、苍茫无限的意境。景点内建筑以佛教文化为主，设有两浙词人祠堂，供奉千余词人名录，是体现西溪人文积淀的重要场所。

西溪水阁　位于西溪湿地东南部，是一组文人别业式建筑。它造型独特，东为拥书楼，是文人居所；西为蓝溪书屋，是藏书读书之地。东西各有一处埠头，岸边各设一座小亭，东为鹭亭，方便游人上下船与歇息；西南有一水榭依堤傍竹而建，为涤襟亭，游人可在此凭栏临风，观赏袅袅云烟或婀娜歌舞。

梅竹山庄　是清代文人章次白以诗画会友的居所。章次白以梅竹风格赢得前人和今人的赞誉，也使梅竹山庄颇负盛名。景点内主要有梅竹吾庐、萱辉堂、虚阁3个主题建筑，层次分明，立体如画。此处水道狭窄，曲折流转，无论在岸上或水中，游人都可体会到优雅的梅竹风光及其文化氛围。

深潭口　位于西溪湿地东北部，过去这里有一个很深的水潭，四周河水呈十字型在此交叉相连。沿潭自东北至西南，有百年大香樟树4棵，浓荫匝地，景致古朴幽静。每年端午节，四邻八乡村民都要在这里举行龙舟竞渡，称“龙舟胜会”。蒋村龙舟，竞技不竞速。通过这种形式，表达村民祈求五谷丰登、风调雨顺、平安吉祥的愿望。

西溪梅墅　西溪有许多梅农，多傍溪筑屋，种梅为业，人入此处，但见十里香雪。现在的西溪梅墅包括西溪梅墅、香雪屋、揽春亭、共山小筑等建筑，以田园农舍为载体，以梅文化为内涵，以旷达开远的环境美为特色，充分体现了“态以远生，意以远韵”的诗意画趣。

西溪草堂　位于西溪湿地东南部，原主人冯梦祯是明代中后期的大学问家，博通经史，尤好佛学，官至南京国子监祭酒，素以文章气节为世所重。冯氏晚年居孤山，西溪草堂是一处他非常满意的别业。草堂东侧堤岸葱茏，视廊深远；北侧野草浅滩，有湿地纯朴野性之美。

泊菴　当年这一带芦苇丛生，野趣盎然，庄园似仙岛泊于水上，故名“泊菴”。景点内主体建筑呈“L”型，南为自在堂，北为空明轩，与拈花舫前后呼应。堂屋为草顶，自然质朴，与周边林木融为一体。建筑物外部朴实、天然，内部梁架稍见精致，门窗处理带有魏晋建筑构件元素，含蓄地映射隐士们的清高与雅致。

（胡　鹏　刘　想）

冯山人巷改善后　　（市城管办 供稿）

冯山人巷改善前　　（市城管办 供稿）

·改善背街小巷363条·

【改善背街小巷工程概况】背街小巷改善工程是一项“改善人居环境、提高城市品位”的民心工程、实事工程。2005年，杭州市改善背街小巷363条，受益单位5068个，受益市民58.7万人，超额完成市政府年初计划改善205条街巷的任务，市民满意率达98.3%。

改善工程总投资3.26亿元。改善后的363条街巷中，达标类街巷83条，提高类街巷224条，特色类街巷56条；街巷总长度12.7万米，面积120.2万平方米，涉及30个街道、10个乡镇、176个社区、22个村。有279条街巷实施立面整治，整治房屋843幢，立面面积150万平方米。绿化街巷177条，绿化面积9.9万平方米。保护古建筑11处。房屋“平改坡”84幢。电力、弱电“上改下”街巷126条，埋设电力缆线3.5万米、弱电共同沟和通讯缆线4.2万米。埋设雨水管6.2万米、污水管5.4万米，截污总量3万余立方米/日；埋设自来水管1.9万米、燃气管1.7万米。新建和改建公厕9座。整治农贸市场41个。解决停车泊位6362个。拆除违章建筑5928平方米，拆迁面积1.64万平方米。208条街巷安装路灯2159盏。在工程实施过程中，实现“五个零”(零死亡、零伤人、零违纪、零有责投诉、零质量事故)的目标，实现社会效益、经济效益、环境效益三丰收。 (吴文良)

【教场路历史文化韵味浓厚】教场路位于下城区武林街道，西接环城西路，东至武林路，全长210米，建于民国时期，因处原教场而得名。整条路呈现出中西合璧的建筑风格，是不可多见的杭州近代建筑“活体博物馆”。但随着时光流逝，改善前的教场路两侧房屋外貌斑陋，店面招牌杂乱，建筑物日渐陈旧，马路中间立着近20根电线杆，电线象蜘蛛网一样密密麻麻，让历史积淀蒙尘，与天堂景色极不相称。

教场路改善工程是2005年背街小巷改善中的特色类项目。4月开工，至10月完成。在改善过程中，遵循“修旧如旧”的原则，对两侧房屋进行立面整治，美饰空调外机栅栏，规范店招店牌，重新铺设沥青路面，增添绿化品种，并拔除各类电线杆、路灯杆，将电线铺设于地下，把地名牌、交通指示牌、宣传牌等并在一根杆子上。工程中尤其注重挖掘历史文化底蕴，把重点放在对历史建筑进行抢救性的修复。

改善后的教场路在有限的空间内塑造出和谐有序、历史文化韵味浓厚的街巷环境。依次排开的石库门，端庄古朴的表瓦飞檐，古色古香的麻石巷道，古朴风韵，历历在目。

(杨紫江 谢德林)

【双菱路采荷段景观精致和谐】双菱路采荷段南起采荷路，北至庆春东路，位于江干区采荷街道，道路总长622.5米，总面积1.14万平方米，属于江干区次干道之一。改善前水泥路面局部破损、市政设施与照明设施相对落后，架空线零乱无序，广告(店)牌杂乱无章，建筑风格差异大，绿化缺乏规划设计。

改善工程以统筹连贯建筑形象为出发点，投资800万元，进行沿街建筑立面整治，美化道路两侧绿化、景观，铺设人行道4010平方米，车行道7400平方米，架空线改地下线750米，新建、改建绿化面积4000平方米，拆除违章建筑6平方米，安装广告(店)牌150块，粉刷13栋房屋立面2万平方米，18幢房屋屋顶“平改坡”，并以协调统一的色彩，勾勒出精致和谐的道路景观。

【万寿亭街展现都市文明】万寿亭街位于市中心武林商圈内，东起雷迪森大酒店，西至武林路，长304米，宽6米，道路面积1439平方米。整治前，因建成年代早，路幅狭窄，公建配套不齐，基础设施陈旧落后，路边杆线林立，尤其是街中段的万寿亭农贸市场规模大，人流车流繁忙，“脏、乱、差”问题突出。

改善工程的规划、设计、建设都坚持高起点、高品位，追求“路、绿、水、房、灯、史”六大要素的有机结合。施工单位广泛征求市民意见，公示改善道路设计方案，合理安排工期，严格把好质量关和安全关，把“细节从精”的理念贯穿于整个施工过程中，做到了历史文化传承与现代都市文明和谐结合。

改善后的万寿亭街，道路平坦，环境优美，交通有序，市场繁荣，品位得到了改观和提升，呈现出都市文明的风采。

【做好“一路一档”工作】为了有利于对改善后的街巷实施长效管理，杭州市在实施背街小巷改善工程的同时，采取有效措施，认真做好“一路一档”工作。市背街小巷改善工程办公室出台档案管理制度，明确归档的内容、时间、要求等，把档案管理列入工程考核内容之一，从制度上确保档案资料的完整性和规范化。市、区“改善办”落实相应的经费和场所，指定专(兼)职人员负责档案工作，职责明确，分工到位，做到每一条街巷改善工程完工后，及时将文字和图片资料整理成册，移交档案室。 (谢德林)

·杭州市志办获两项全国先进·

为推动地方志事业发展，从2005年4月开始，人事部、中国地方志指导小组组织全国方志评选表彰先进活动。在基层民主协商推荐的基础上，经省级评选委员会审议、申报，全国方志评选表彰先进工作领导小组会议讨论并提出各项先进的初选名单，全国地方志系统评选表彰工作委员会和全国地方志评选表彰先进工作评审委员会审核、投票表决，再通过网上公示，最后确定先进名单。12月22日，中国地方志指导小组作出《关于表彰全国方志先进工作者、先进集体的决定》，杭州市地方志编纂委员会办公室、萧山区地方志编纂委员会办公室被评为全国方志先进集体，杭州市地方志编纂委员会办公室副主任贾大清被评为全国方志先进工作者。12月28日，人事部、中国地方志指导小组联合作出《关于表彰全国地方志系统先进集体和先进工作者的决定》，表彰先进集体31个，先进工作者10名。杭州市地方志编纂委员会办公室名列全国地方志系统先进集体。中华人民共和国成立以来，人事部表彰地方志工作先进尚属首次。

近年来，杭州市地方志编纂委员会办公室注重发挥志书、年鉴为“三个文明”服务的功能，各项工作取得较好成绩。中华人民共和国成立后的首部《杭州市志》(12卷)正式出版，第二轮修志全面启动。整理出版《万历杭州府志》3函15册，影印出版宋代“临安三志”6函24册。《杭州年鉴》从1987年开始逐年正式出版19卷，连续3次在全国评比中获得特等奖，其中《杭州年鉴(2004)》获得中国年鉴奖和首届中国地方志年鉴奖评比特等奖。 (黄建设)

大事记

Chronicles of Events

·2005年杭州市大事记·

1月

5日 中共浙江省委(以下简称省委)常委、中共杭州市委(以下简称市委)书记王国平赴北京,在中共中央保持共产党员先进性教育活动工作会议上介绍杭州市试点工作经验(6日返杭)。

△杭州市第七次归侨侨眷代表大会举行。大会选举产生杭州市归国华侨联合会第七届委员会，吴水泉当选主席。

7日 2005年中日科技与经济交流研讨会在杭召开。

8日 杭州市城市建设发展公司成功改制为国有独资公司——杭州市城市建设发展有限公司，注册资本30.2亿元,总资产130亿元,净资产34.6亿元。6月20日,10亿元杭州城市债券正式发行。12月29日，该债券以溢价11.5%的业绩在上海证券交易所上市。

10日 市委召开全市政法工作会议。

△杭州网与杭州移动公司合作开发的浙江首份手机报纸正式推出。

11日 市委召开全市党建工作会议。

△公安部追授建德市公安局森林警察大队民警朱山明全国公安系统二级英模称号。朱山明在2004年2月12日下午扑救山林大火时壮烈牺牲。

12日 由杭州广播电视集团与杭州文化发展投资有限公司合并组建的杭州文化广播电视集团成立。

16日 杭州市人民政府（以下简称市政府）代市长孙忠焕率杭州市代表团赴香港和澳门参加“港澳·浙江周”系列经贸活动（22日结束）。

17日 杭州市文化广电新闻出版局挂牌。

△下城区与香港亚洲电视台在香港签订在杭州设立亚洲电视国际推广有限公司的合作协议。

△杭州大厦有限公司董事长、总经理楼金炎当选全国商业服务业十大杰出人物之一。

18日 杭港会展业合作交流会在香港举行。杭州、香港签订会展业合作意向备忘录。

19日 2006年杭州世界休闲博览会门票在香港首发。同时,杭州向香港市民赠送价值10万元的门票。

21日 市委召开全市保持共产党员先进性教育活动动员大会。

23日 淳安县被国家环保总局命名为国家级生态示范区。

24日 市委、市政府召开全市农村工作会议。

27日 市政协八届四次会议开幕(29日闭幕)。

△杭州市首部大型原创卡通片《天眼》在杭首播。

28日 市十届人大五次会议开幕。会议选举孙忠焕为杭州市人民政府市长(2月1日闭幕)。

28日 市委、市政府召开全市计划生育国土资源环境保护工作会议。

31日 国家广电总局下文,首届中国国际动漫节由浙江省人民政府、杭州市人民政府、浙江广播电视集团举办。6月1日,首届中国国际动漫节在杭州开幕。全国政协副主席阿不来提·阿不都热西提及国家有关部门负责人、省市领导出席开幕式。动漫节期间推出中国国际动漫产业博览会、中国国际动漫产业高峰论坛等10多项活动（6月5日闭幕）。

2月

2日 杭州市食品药品监督管理局挂牌。

3日 杭州萧山国际机场跻身全国十大机场行列。

5日 下城区天水街道皇亲苑社区获全国体育先进社区称号。

9日 余杭区文化馆最初创作并演出的小品《汇报咏叹调》亮相中央电视台2005年春节联欢晚会。

16日 民政部、中央文明办、国家新闻出版总署、国家广电总局联合表彰杭州市民政局、上城区民政局、西湖区民政局及下城区朝晖街道、拱墅区大关街道、江干区采荷街道、滨江区西陵社区、萧山区江寺社区、余杭区河南埭社区为“万家社区图书室援建和万家社区读书活动”先进单位。

23日 香港东亚银行正式落户杭州。

26日 萧山区检察院反贪污贿赂局局长赵桔水获全国十佳反贪污贿赂局局长称号。

28日 原余杭区侨办主任洪英作为全国侨办系统10位先进工作者之一，受到国家人事部和侨务办公室的联合表彰。

3月

4日 杭州大厦前厅总台获中华全国总工会授予的全国女职工建功立业标兵岗位称号。

5日 中国社会科学院课题调研组抵杭进行为期10天的调研活动，深层次研究打造“和谐创业”的杭州模式。

6日 上午10时10分左右，临安市浙西大峡谷剑门关景点发生浮桥侧翻事故，桥上88名游客全部落水。经当地有关部门和群众全力抢救，83人获救，5人不幸遇难。事故发生后，市领导于辉达、吴鹏飞、项勤、沈坚等赶赴现场，指挥抢救，指导处理善后工作。

7日 日本三井住友银行有限公司杭州分行开业。

11日 杭州市青少年“红色之旅”教育活动启动。

△西子奥的斯扶梯新工厂在江干工业园区内落成。新工厂建筑面积1.3万平方米，年设计制造能力4500台。

17日 中国社会科学院财政与贸易经济研究所和社会科学文献出版社公布《2005年城市竞争力蓝皮书：中国城市竞争力报告NO.3》，杭州排名第五位，比2004年上升一位。

18日 在国家统计局农村社会经济调查总队正式发布的全国小城镇综合发展水平较高的“千强镇”中，杭州市占有52席。其中，萧山区宁围镇，拱墅区上塘镇，萧山区衙前镇、瓜沥镇、新街镇、闻堰镇进入前百名。

21日 市公共资源交易管理委员会办公室、市行政服务中心正式集中对外服务。

22日 市委、市政府召开加快服务业发展大会。随后，全市商贸物流发展会议、大文化产业发展会议、大旅游产业发展会议、房地产业发展会议、金融服务业发展会议、社区服务业发展会议、中介服务业发展会议、信息服务与软件业发展会议、服务业统计工作会议相继召开。《中共杭州市委、杭州市人民政府加快现代服务业发展的若干意见》、《杭州市加快现代服务业规划》及系列配套政策意见陆续下发。

△市委追授杭州西湖风景名胜区管委会（市园文局）钱江管理处文物宣传科科长江航为杭州市优秀共产党员。

23日 市政府召开全市民政工作会议。

26日 万向集团董事局主席鲁冠球获中国企业联合会颁发的“袁宝华企业管理金奖”。

27日 在日本爱知县举办的世界博览会中国馆杭州周开幕。

28日 在中国城市商业网点建设管理委员会、中国步行商业街工作委员会等单位主办的首批中国著名和特色商业街命名表彰大会上，杭州的中国丝绸城被评为中国特色商业街，武林路商业街、南山路商业街被评为中国最具有升值前景商业街。在全国评出的27条“中国名街”中，杭州有3条，数量居全国城市之首。

29日 市委、市政府召开全市首次国内合作交流工作会议。

4月

8日 中国科学院杭州科技园开园。

10日 市长孙忠焕率杭州市政府代表团赴英国、南非、阿联酋考察访问。18日，孙忠焕与南非开普敦市执行副市长加娃·萨米尔斯在开普敦市政厅签署两市建立友好城市关系协议书（24日返杭）。

12日 杭州市老年大学庆祝建校20周年。

13日 “倡导茶为国饮，打造杭为茶都”高级论坛在杭州开幕，全国茶文化专家、学者50余人出席。在15日举行的闭幕式上，发表了《杭州宣言》。

14日 市委、市政府召开全市城市管理、拆迁工作暨背街小巷改善工程动员大会。

15日 在2005年中国（杭州）西湖国际茶文化博览会开幕式上，原中共中央政治局委员、原全国政协副主席、中国国际茶文化研究会名誉会长杨汝岱代表中国茶叶学会等10个国内权威机构将“中国茶都”匾牌授予杭州。

17日 杭州严官巷南宋御街遗址入选2004年全国十大考古新发现。

21日 杭州市商业银行与澳洲联邦银行签署建立战略伙伴关系的法律文书。8月29日，中国银监会批准澳洲联邦银行入股杭州市商业银行。澳洲联邦银行将斥资6.25亿元，获取杭州市商业银行19.9%的股权。

28日 杭州市召开纪念“五四”运动86周年暨杭州市杰出青年颁奖大会。获得表彰、奖励的有：杭州市十大杰出青年、杭州市十大青年英才、杭州市十佳来杭创业青年、杭州市十佳农村青年兴业带头人。

△杭州土地交易登记发证中心办文窗口被共青团中央命名为“青年文明号”。

△来自全国各地的专家、学者500多人出席在杭州举办的“湿地公园——保护与可持续利用”论坛。

西溪国家湿地公园　　（施　智摄）

△杭州市工会法律志愿者服务总队成立。

29 日 国务院表彰全国劳动模范和先进工作者,杭州市 21 人榜上有名。

30 日 全国首个国家湿地公园——西溪国家湿地公园开园。此前,2 月 2 日,国家林业局确定杭州西溪湿地为全国第一个国家湿地公园试点地。

△武林广场西地下通道开通。

5 月

5 日 全国政协副主席、中国基督教三自爱国运动委员会名誉主席、中国基督教协会名誉会长丁光训在杭出席基督教崇一堂新堂落成典礼。

10 日 中山中路、小营巷、思鑫坊、湖边村、小河直街、西兴老街、长河老街等 7 个历史街区保护规划方案向市民公开展示。这标志着杭州名城保护进入由保"点"到保"面"的新阶段。

11 日 杭州市燃气(集团)有限公司与英荷壳牌(中国)有限公司、壳牌中国私有有限公司、香港中华煤气(杭州)公司合资组建的杭州天然气有限公司合营合同签约。

12 日 市委、市政府召开全市工业兴市大会。

15 日 杭州市为百对外来务工青年举办公益集体婚礼。

17 日 杭州移动电视开播。

20 日 市委、市政府召开全市社区工作会议。

△西溪笔会在杭州成立。国内外近百名作家签名加入笔会。

28 日 浙江省第一所专门为在杭州的外籍人士提供医疗服务的医院——北美医院开业。

30 日 市政府颁布《杭州市市民卡管理办法》。至年底,发卡 40 多万张。

6 月

2 日 浙江半山天然气发电工程 1 号机组比原计划提前 3 个月并网发电。

6 日 国务院批准杭州城市快速轨道交通建设规划。

△位于杭城天水桥耶苏堂弄的司徒雷登故居正式开放。司徒雷登 1876 年在杭州出生,曾任燕京大学校长、美国驻华大使。

8 日 由市区(不含萧山、余杭区)农民、农村工商户和企业法人及其他经济组织入股组建的股份制社区性地方金融机构——杭州联合农村合作银行(简称杭州联合银行)挂牌开业。

15 日 武警杭州市旅级支队成立。

△西门子通信集团开设的杭州西门子软件开发中心在杭州高新技术产业开发区成立。西门子通信集团是全球最大的电信企业之一,3 年内将对该中心投资 3 亿元。

16 日 市委召开九届九次全体(扩大)会议。

18 日 市作家协会召开第七次代表大会进行换届。随后,相继召开代表大会换届的还有:市美术家协会、市书法家协会、市戏剧家协会、市民间文艺家协会、市音乐家协会、市舞蹈家协会、市摄影家协会、市曲艺家协会、市电影电视家协会、市国际标准舞协会。

19 日 省委常委、市委书记、市人大常委会主任王国平率杭州市代表团出访俄罗斯、芬兰、法国(7 月 3 日返杭)。

21 日 市长孙忠焕率杭州市政府代表团赴大连考察学习(23 日返杭)。

22 日 全国政协副主席周铁农率全国政协无党派人士界委员视察团在杭视察文化产业发展情况。

25 日 由杭州市与中国机械科学研究院合作成立的中国机械科学研究院浙江分院成立。

29 日 杭州高新技术产业开发区通信产业园、杭州经济技术开发区计算机与网络产品产业园、富阳光纤光缆产业园被信息产业部批准为首批国家电子信息产业园。

7 月

2 日 中共中央政治局常委、中纪委书记吴官正在杭考察保持共产党员先进性教育活动、经济社会发展和党风廉政建设情况(3 日结束)。

△杭州西湖风景名胜区在首届中国消费者(用户)喜爱品牌民意调查中获"中国顾客十大满意风景名胜区"称号,是上榜的 10 个风景名胜区中唯一的湖泊类风景区。

3 日 杭州市区最后一批管道人工煤气用户成功转换天然气。至此,杭州市区天然气用户达 22.3 万户左右。

6 日 杭州市地方志学会成立。

8 日 杭州市区"一纵三横"道路综合整治工程启动。"一纵三横"是指保俶路、体育场路—曙光路、凤起路、庆春路。

12 日 市委副书记、市长孙忠焕会见中国国民党副主席江丙坤一行。

13 日 建设部确定杭州市为全国首批 10 个数字化城市管理试点城市之一。

14 日 市政府公布第二批 47 处 101 幢历史建筑保护名单。

16 日 全国专家学者在杭参加由国务院发展研究中心、中共杭州市委、杭州市人民政府共同主办的"推进和谐创业、构建和谐社会"研讨会,形成"杭州共识"。

△杭州市第十六届运动会开幕(22 日闭幕)

19 日 杭州市首次发布社会发展形势"白皮书"——《杭州市 2005 年上半年社会发展形势分析》。

21 日 杭州市被列为国家创业培训示范基地。

△淳安县千岛湖镇被中央电视台等部门评为全国 20 个"中国魅力名镇"之一。

25 日 市委、市政府批准设立杭州市国有资产监督管理委员会。

26 日 文澜阁《四库全书》首次在杭州历史博物馆向公众展示,展期 10 天。

28 日 市科技局获全国军民共建社会主义精神文明先进单位称号。

8 月

3 日 杭州(北京)经济合作洽谈会在北京举行,17 个经济合作项目签约,总投资 166 亿元,其中杭州协议引进北京资金 137.5 亿元。

4 日 印度印孚瑟斯技术有限公司与杭州高新技术产业开发区签订协议,印孚瑟斯公司在两年内投资 4500 万美元建设总面积 10 万平方米、拥有员工 4000 人的软件开发园区。

▶▶资料:印孚瑟斯公司

印孚瑟斯技术有限公司总部位于印度班加罗尔,在印度本土设有11个研发中心,在全球38个国家设有办事处,并在旧金山、多伦多、上海等8个城市设有海外研发中心,主要面向全球银行、制造业企业、零售业企业客户提供点对点的IT与咨询服务,年销售额超过10亿美元。

6日 9号台风“麦莎”穿过杭州。全市人民积极抗台,17万名群众转移到安全地带,损失减少到最低程度。

11日 中央人民广播电台“中国之声”《直播中国》特别节目《走进人间天堂杭州》向全国直播,全长80分钟。

17日 市委副书记、市长孙忠焕在沪拜会上海市委副书记、市长韩正,并考察在沪的美国普洛斯公司、法国欧尚超市集团中国区总部及华东电网有限公司。

19日 由中国市长协会主编的《中国城市发展报告》公布2004年度中国50个主要城市发展能力排名,杭州名列第六。前五名是:上海、北京、深圳、广州、天津。

29日 市长孙忠焕率杭州市政府代表团赴东北,参加东北亚投资贸易博览会及中韩、中俄、中朝、中蒙商务日活动,并先后对沈阳、鞍山、长春、白山、延边等城市进行考察。30日下午,杭州市与鞍山市在鞍山签署缔结友好城市协议(9月4日返杭)。

△市人大常委会召开副市长孙景淼述职评议动员会,杭州首次副市长述职评议工作启动。10月21日~22日,市人大常委会对副市长孙景淼进行述职评议。

9月

1日 《杭州西湖风景名胜区总体规划》获国家建设部批准,颁布实施。

3日 杭州市举办纪念抗日战争暨世界反法西斯战争胜利60周年文艺晚会。

△临安市突降特大暴雨,山体塌方,引发泥石流。市领导孙忠焕、于辉达、孙景淼等赶赴现场指导救灾。

11日 历时195天的飞来峰造像一期保护工程结束,龙泓洞石窟造像区和冷泉造像区重新开放。

▶▶资料:飞来峰造像

飞来峰造像是浙江省最大的一处摩崖造像群,共有五代至宋、元、明各代造像345尊,主要分布在飞来峰崖壁的青林、玉乳、龙泓三洞内以及呼猿洞附近,1982年被国务院公布为全国重点文物保护单位。由于造像遭受严重自然侵害,2005年2月17日,投资200余万元的飞来峰造像一期保护工程动工。

12日 市农业和农村工作办公室被农业部等8部委评为全国农业产业化工作先进单位。

△杭州市社科联被评为全国先进社科联。

16日 商务部公布国家级经济技术开发区投资环境竞争力评价结果,杭州经济技术开发区首次跻身十强。

18日 在2005年中国最发达县域经济论坛上公布的中国十强县(市、区)排名中,萧山区名列第七。

▶▶资料:中国十强县

根据2004年统计数据,中国十强县(市、区)为:江苏省昆山市、广东省佛山市顺德区、江苏省江阴市、江苏省张家港市、江苏省常熟市、广东省佛山市南海区、浙江省杭州市萧山区、江苏省无锡市武进区、浙江省绍兴县、江苏省太仓市。

20日 《杭州市企业工资集体协商试行办法》颁布。这是全国第一部有关企业工资集体协商的地方性法规。

△创国内桥梁两项第一的淳安千岛湖大桥建成通车。大桥主桥墩桩长53米~64米,为中国深水钻孔桩之最;915米长的V型连续钢结构,是国内同类桥梁的第一连。

22日 省委常委、市委书记、市人大常委会主任王国平率杭州市代表团应邀赴日本访问(29日返杭)。

24日 为期两天的首届中国国际湖泊旅游论坛在千岛湖畔拉开帷幕。瑞士日内瓦湖、英国尼斯湖、俄罗斯贝加尔湖和中国青海湖、太湖、西湖等著名湖泊的管理者与会。国际游艇展同日举行。

28日 为期两天的2005年国际茶业大会暨茶·咖啡展览会在杭州世贸中心开幕。来自30个国家和地区的近500名代表出席;展览会设展位500余个。同日,四川省雅安市赠送的茶祖吴理真雕像落户中国茶叶博物馆。此前,26日,全国茶馆工作会议在杭召开。27日,在西子湖畔举行万人品茶会;《浙江省茶叶志》在杭举行首发仪式。

10月

1日 西湖综合保护工程第四批项目建成开放。

8日 世界最大的精细漆包线制造商德国益利素勒集团在中国的第一个投资项目——杭州益利素勒精线有限公司在余杭区瓶窑镇正式开业。

▶▶资料:益利素勒集团

德国益利素勒集团是家族式跨国公司,是精细漆包线行业的全球领航者。美国宇航局(NASA)历代太空飞行器的微细线均由其提供,集团因此在宇航、国防等应用领域有独特地位。民用方面,诺基亚、摩托罗拉、三星等手机生产商和宝马、奔驰、通用等汽车巨头,都是该公司的忠实用户。杭州公司是该集团在全球设立的第8个高新技术企业。

9日 市区首批313辆星级出租车上路营运。

10日 湖滨国际名品街开街。

15日 第七届西湖博览会开幕。全国人大常委会副委员长韩启德等出席开幕式。博览会期间,672.37万人次参与各项活动,实现贸易交易额80.84亿元,协议利用外资7.2亿美元,引进内资87.28亿元(30日闭幕)。

17日 2005年《中国国家地理》评选出中国最美丽的地方。杭州西湖与青海湖、喀纳斯湖、纳木措湖、长白山天池被评为中国最美丽的五大湖。

18日 世界最大的家电生产基地——杭州松下工业园投产。

19日 韩美林艺术馆正式开馆。

▶▶资料:韩美林艺术馆

韩美林，男，1936年出生于山东济南，是中国当代实力派画家，不仅擅长书画，在陶艺、雕塑等诸多艺术门类都有很高造诣，硕果累累，蜚声海内外。2005年7月15日，他精心挑选佳作1000余件，慷慨捐赠给杭州人民。市委、市政府为了感谢韩美林的义举，弘扬民族文化，决定在杭州植物园建韩美林艺术馆，作为收藏、展示、学习、研究韩美林作品的固定场所。

20日 全国重点城市国内合作交流工作研讨会在杭州召开(21日结束)。

24日 国家广电总局竞标评审委员会宣布，杭州市在2006年第二届中国国际动漫节举办地竞标中，战胜诸多强劲对手，再度获得举办权。

27日 杭州市被评为全国人民防空先进单位。

29日 全国人大常委会副委员长李铁映在杭参观第六届中国工艺美术大师作品暨工艺美术精品博览会。

31日 由浙江大学、英国剑桥大学联合举办的"全球化制造与中国"论坛在杭州举行，中、英、美、日、韩等国资深学者及企业界代表到会，深入探讨全球化制造的发展与创新之路。

11月

1日 《杭州日报》庆祝创刊50周年。

△晚5时30分~6时，中央电视台播放《平安杭州》，市长孙忠焕应邀赴京向国内外观众介绍创建"平安杭州"的情况。

5日 第三届中国民企高峰会议在杭州举行。会上揭晓的3个榜单上，浙江民企在"中国民营企业品牌竞争力50强"中占23席，杭州的华立控股股份有限公司和万向集团公司榜上有名；在"中国商品专业市场竞争力50强"中，浙江占19席，杭州的四季青服装市场、浙江颐高数码科技集团、浙江宝马汽配集团有限公司和萧山商业城强势入榜；在"中国最具品牌竞争力的100个民营企业"中，浙江占37席，杭州的万事利集团有限公司、浙江富春江通信集团有限公司和同方联合控股集团有限公司光荣上榜。

7日 坐落于江干区的浙江省大学科技园通过科技部、教育部评估，被认定为国家级大学科技园。

8日 为期两天的第三届全球化论坛在杭州举行。全国人大常委会副委员长何鲁丽、全国政协副主席罗豪才出席开幕式并讲话。会议达成许多重要共识，在闭幕式上发表《杭州声明》。本届论坛由人民日报社、全球化合作基金会和联合国教科文组织文化多样性全球联盟主办，杭州市人民政府承办。

12日 杭州市被全国"三绿工程"工作办公室评为全国"三绿工程"达标城市。

15日 杭产动画片《济公》、《环保剑》在法国戛纳国际电视节参展，引起轰动，得到国际专业人士的广泛赞誉。

△市区8所老年电视大学按标准全部建成。

16日 "利群·一见如故——和毕加索面对面"毕加索版画原作大展在杭州开幕，展出毕加索8个系列的版画作品265幅(30日闭幕)。

△杭州千岛湖梦利来家具厂木工商俊荣在第九次全国见义勇为英雄和先进分子表彰大会上获全国见义勇为先进分子称号。

18日 《临安城遗址——皇城遗址保护规划》通过专家评审。遗址保护范围占地面积84公顷。规划分4个阶段实施，从2005年起至2025年止，总投资概算约11.03亿元。

20日 中国科学院、中国工程院7位院士到杭就"科技创新与杭州可持续发展"作报告。

24日 杭州市被商务部认定为15个国家医药定点出口基地之一。

25日 中国社会科学院金融所公布的报告中，将全国50个大中城市的金融生态环境划分为5个等级，杭州与上海、宁波、温州、深圳同列Ⅰ级。

△中国与新加坡合作的新加坡杭州科技园《腾飞园区与房地产管理系统协议》在杭州签约。

26日 位于北山街94号(穗庐)的江南文学馆开馆，"巴金与西湖"图片展同时在馆内开展。江南文学馆内还设有上海巴金研究会、中国报告文学学会、中国散文学会3个国家级学术机构。

28日 位于文晖路、建国北路路口的打铁关历史陈列馆开馆。相传打铁关是南宋民族英雄岳飞军队锻造兵器的场所。

29日 杭州市通过国家语言文字工作委员会组织的一类城市语言文字工作评估，在合格的22个城市中名列前茅。

30日 蒙古国总统那木巴尔·恩赫巴亚尔抵杭参观访问(12月1日离杭)。

钱江新城森林公园　(市绿化委员会城区绿化办 供稿)

△杭州市通过国家广电总局验收，被授予全国有线电视示范城市称号。

△杭州市通过国家环境保护模范城市复查。

12月

1日 市关心下一代工作委员会被评为全国关心下一代工作先进集体。

3日 2005年中日旅游资源交流展在杭州开幕。日本旅行业协会会长新町光示携92个展位的展品参展。

△市公安局宣布，杭州警方成功破获“七一八”特大贩毒案，摧毁一条从珠海至杭州的贩毒通道。

6日 市政协成立50周年庆祝大会隆重举行。此前，1日，《杭州市政协志》及电视片《盈盈一水同舟情》出版发行。2日，市政协成立50周年书画艺术·文史资料成果展及市政协委员、香港美术学院院长徐嫦婷个人画展开幕。

7日 “中国·浙江廉政文化论坛”在杭州举行。中纪委、中宣部、中共中央党校等有关单位的领导和专家学者170余人参加。论坛通过《杭州宣言》。

8日 上城区获全国计划生育优质服务先进区称号。

10日 国家8部委“食品放心工程”综合评价组通过3天检查，认为杭州市“食品放心工程”工作走在浙江省前列。

12日 中共中央政治局常委、全国政协主席贾庆林在温州、舟山、绍兴、杭州等地调研(16日结束)。

△全国政协副主席、全国工商联主席黄孟复到位于萧山区的浙江恒逸集团视察。

△杭州市西湖景区女子骑警巡逻队授牌运作。

△杭州数字娱乐产业园被文化部授予国家数字娱乐产业示范基地称号。

△杭州首例水中分娩婴儿在余杭区妇幼保健院降生。

13日 市委召开九届十次全体(扩大)会议，审议通过《中共杭州市委关于制定杭州市国民经济和社会发展第十一个五年规划纲要的建议》(14日结束)。

12月3日，2005年中日旅游资源交流展在杭州开幕。 (张文照 摄)

△在第9届国际花园城市与国际花园社区全球总决赛中，杭州的通和·南岸花城获全球国际花园社区金奖。

▶▶资料：通和·南岸花城

位于杭州市钱江南岸三江口、湘湖旅游度假区内，2006年世界休闲博览会主会场附近，总占地面积40余公顷，总建筑面积34万平方米，集山景、江景、湖景于一身，建有排屋、别墅、江景公园等多元化人居产品，是一个自然与人文和谐共生的现代化休闲人居社区。

15日 市委、市政府召开全市侨务工作会议。

17日 杭州滨江房产集团有限公司董事长戚金兴、华立控股股份有限公司董事局主席汪力成、传化集团有限公司董事长徐冠巨获2005年度中国经营大师称号。

18日 萧山区被评为全国文物工作先进区(县)。

22日 萧山区萧围东线治江围涂工程开工。围涂总面积1187公顷，工程总投资约12.94亿元，总工期6.5年。

▶▶资料：萧山围垦

萧山区自1966年开展大规模围垦以来，累计围涂造地3.33万公顷，是萧山土地总面积的1/4，被联合国粮农组织称为“人类造地史上的奇迹”。这次围涂造地之后，萧山区将不再有可围垦的区域。

25日 国家水产品及加工食品质量监督检验中心落户杭州。

26日 杭(州)千(岛湖)高速公路杭州至建德段竣工通车。

△“社区志愿服务与和谐社会”杭州论坛召开。来自各地的200多名从事志愿服务研究的专家学者、志愿服务工作者和社会各界人士经过热烈讨论，达成《社区志愿服务与和谐社会杭州共识》。

28日 杭州市地方志编纂委员会办公室被国家人事部、中国地方志指导小组评为全国地方志系统先进集体。

30日 杭州绕城高速公路25年的经营权以78亿元转让给杭州国益路桥经营管理有限公司和杭州国业路桥经营管理有限公司，转让交接仪式在杭州举行。

△桐庐县城和萧山区宁围镇获国家卫生镇(县城)称号。

31日 杭州市第三批社会资源国际访问点挂牌。至此，杭州市社会资源国际访问点达到100个。

(市委办公厅 市政府办公厅 年鉴室)

总 述 General Survey

·历史沿革·

【历史沿革概况】 考古发现表明，5万年前就有智人“建德人”在今建德李家乡一带活动。2001年，跨湖桥遗址考古发现，约8000年前的新石器时代早期，萧山已有人类活动。从新石器时代后期的良渚文化开始，杭州有5000多年的历史。

秦王政二十五年（公元前222年）置钱唐县、余杭县，属会稽郡。

隋开皇九年（公元589年）始称杭州。

五代时的吴越国（公元907年~978年）在杭州建都。

南宋建炎三年（公元1129年），赵构南渡至杭州，升杭州为临安府。绍兴八年（公元1138年），南宋正式定都临安，历时140余年。

民国元年（公元1912年）2月，以钱塘、仁和县地并置杭县。民国16年（公元1927年）5月，划杭县城区等地设杭州市，杭州置市始此。

1949年5月3日，杭州解放。

杭州是中国的七大古都之一，现为浙江省省会，全国15个副省级城市之一，长江三角洲重要中心城市，被国家列为全国历史文化名城和重点风景旅游城市。

·地理气候·

【地理位置和面积】 杭州市地处东南沿海的长江三角洲南翼，杭州湾西端，钱塘江下游，京杭大运河南端，是长江三角洲重要中心城市和中国东南部交通枢纽。市域界于北纬29°11′~30°34′和东经118°20′~120°37′。全市土地面积16596平方千米，其中市区3068平方千米。

京杭大运河杭州段　　（张文照 摄）

【地貌】 境内地貌类别多样。西北部和西部系浙西中山丘陵区，主要山脉有天目山、白际山、千里岗山等，全市最高点是海拔1787米的清凉峰。东北部和东南部属浙北平原地区，地势低平，海拔仅3米~6米，地表江河纵横，湖泊密布。在全市土地面积构成中，山地丘陵占65.6%，平原占26.4%，江、河、湖、荡、水库占8%。　（年鉴室）

【气候特征】 杭州市气候属亚热带季风性，四季分明，温暖湿润。1971年~2000年，年平均气温15.9℃~17.0℃，呈南高北低分布；极端最高气温39.8℃~42.9℃，极端最低气温-7.1℃~-15.0℃。年平均相对湿度76%~81%。年无霜期199天~328天。每年都会出现灾害性天气，影响比较严重的有暴雨、台风、高温、干旱、雷击、寒潮、大雪等。

2005年，杭州市区平均气温17.5℃，降水量1138.6毫米，降水天数141天，日照时数1762.2小时，平均相对湿度69%。

2005年度杭州市总的气候特点是：平均气温明显偏高，降水总量偏少，雨雪日偏少，日照时数北部偏多，南部偏少。春季暖而少雨，梅雨特征不明显。夏初高温干旱，受3个台风的影响，突发性灾害天气频发，9月3日临安昌化特大暴雨历史罕见。秋季温高少雨。冬季气温偏低。从总体上看，2005年杭州为一般气候年景。　（范辽生）

【湖泊河流】 市域内主要河流有钱塘江（境内长74千米）、东苕溪（境内长96千米）、京杭大运河（境内长：杭申甲线49.21千米；杭申乙线39.78千米）、萧绍运河和上塘河等。钱塘江水系包括新安江、富春江。新安江水库又名千岛湖，面积573平方千米，蓄水量达178亿立方米，湖内有大小岛屿1078个，是中国东南部沿海地区最大的水库。杭州市中心的西湖水面面积6.5平方千米，是全国重点风景名胜区。

【自然资源】 杭州土壤以红壤和水稻土为主。红壤分布于丘陵区，质地粘重，呈酸性反应，宜种茶树、果树。西湖龙井一带出产的茶叶品质最优。水稻土集中分布在东北平原区，该区是粮、油、棉、麻、桑和多种蔬菜的主要产地。

杭州处于中亚热带常绿阔叶林植被带，平均森林覆盖率为62.8%，生物种类繁多，资源十分丰富。其中，国家一级保护动物13种，二级保护动物55种，二级保护植物13种。临安市的天目山、清凉峰被列为国家级自然保护区。

矿产资源有萤石、白云石、石灰石、膨润土等大型非金属矿床和铁、钼、铜等中型金属矿床。临安昌化出产一种罕见的鸡血石，质地细腻，色彩鲜艳，为收藏石和图章石中的珍品。 （年鉴室）

·人口变迁·

【全市人口】 2005年末，总户数2074237户，比上年增加28996户，增长率为1.41%；总人口6604452人，增加87695人，增长率为1.34%；平均每户3.18人。其中，男性3361105人，占总人口的50.89%；女性3243347人，占49.11%；性别比为103.63:100。非农业人口2975386人，占总人口的45.05%；增加149551人，增长率为5.16%。非农业人口占总人口比例比上年增长1.69个百分点，主要原因是：杭州市户口政策进一步放宽，相当一部分外地人员被批准迁入；城市建设征地、撤村建居，大量农业人口转为非农业人口；公安机关贯彻落实公安部便民利民措施，放宽了部分人员的落户条件。

2005年，出生人口57233人，比上年减少2707人；出生率为8.72‰，下降0.54个千分点。死亡人口35417人，增加1339人；死亡率为5.40‰，上升0.13个千分点。自然增长21816人，自然增长率为3.33‰，下降0.67个千分点。

2005年末，未落户常住人口17806人，占总人口的0.27%，比上年增加1784人。未落户常住人口数比上年增加的原因是，一些偏远农村地区人员申报户口意识不强，报出生不及时。

【市区人口】 2005年末，总户数1220152户，比上年增加14559户；总人口4095164人，增加79258人。其中，男性2076986人，占总人口的50.72%；女性2018178人，占49.28%；性别比为102.91:100。非农业人口2455584人，占总人口的59.96%；增加124834人，增长率为5.22%。

2005年，出生人口34056人，出生率为8.40‰，比上年下降0.37个千分点。死亡21310人，死亡率为5.25‰，上升0.36个千分点。自然增长12746人，自然增长率为3.14‰。

【迁移人口】 全市迁移人口226152人，比上年减少23178人，以省内迁移为主。全市人口机械增长60722人，市区人口机械增长60544人。与上年相比，增长幅度略有下降，主要原因是，户口政策进一步放宽引起的人员进杭高峰已过，逐步趋向平稳。 （市公安局）

·行政区划·

【行政区划概况】 2005年末，杭州市行政区域范围内，有县级市3个、县2个、市辖区8个、建制镇110个、乡39个、街道办事处57个、社区678个、居民区65个、行政村3666个。

【调整乡镇】 2005年3月，经省人民政府批准，杭州市撤销10个乡。

【调整社区、居民区、行政村】 2005年，经各区、县(市)人民政府批准，杭州市新建102个社区、157个行政村，撤销18个社区、15个居民区、518个行政村。 （张 刚）

·经济发展·

【人均GDP突破5000美元】 2005

表1 2005年杭州市行政区划概况

单位：个

名 称	街 道	乡	镇	社 区	居民区	行政村
上城区	6			51		
下城区	8			68		
江干区	6		4	87	1	29
拱墅区	6		4	68		18
西湖区	7	2	5	122	3	64
滨江区	3			12		23
萧山区	4		22	135		411
余杭区	4	1	14	54		262
市区小计	44	3	49	597	4	807
桐庐县	2	4	7	7	14	186
淳安县		18	12	10	2	898
建德市	3	1	12	30	27	513
富阳市	4	6	15	23	3	611
临安市	4	7	15	11	15	651
合 计	57	39	110	678	65	3 666

表2 2005年杭州市乡、镇调整情况

单 位	撤销、新建的乡、镇
建德市	撤销上马乡建制，并入大同镇；撤销石屏乡建制，并入航头镇；撤销童家乡建制，并入寿昌镇（不含童家乡过浴山村，过浴山村划归更楼街道）；撤销马目乡建制，并入下涯镇；撤销三河乡、麻车乡建制，并入大洋镇；撤销洋尾乡建制，并入梅城镇；撤销下包乡、姚村乡建制，并入乾潭镇；撤销凤凰乡建制，并入三都镇。

表3　**2005年杭州市社区、居民区、行政村调整情况**

单　位	撤销、新建社区、居民区、行政村
下城区	石桥街道撤销石桥、华丰、永丰、杨家行政村建制，分别建立石桥、华丰、永丰、杨家社区。文晖街道建立三里家园、现代城社区。长庆街道撤销水星阁社区，并调整浙大御跸社区范围。朝晖街道撤销塘北社区，并调整塘南社区范围；撤销潮王社区，并调整应家桥社区范围。潮鸣街道撤销石板巷社区，分别并入东园、刀茅巷社区；撤销树园社区，并入所巷社区；调整体东社区，部分并入东河社区；调整东园社区，部分并入刀茅巷社区；永康苑社区更名为艮山门社区。
江干区	四季青街道撤销四季青社区，建立钱江苑社区。笕桥镇撤销花园行政村建制，建立花园社区。丁桥镇撤销丁桥、后珠、大塘、长睦行政村建制，分别建立丁桥、后珠、大塘、长睦社区。彭埠镇撤销云峰、御道行政村建制，分别建立云峰、御道社区。下沙街道撤销七格、头格、上沙、下沙、中沙、元成、松合、东方、新元、湾南行政村建制，分别建立七格、头格、上沙、下沙、中沙、元成、松合、东方、新元、湾南社区。九堡镇撤销牛田、格畈、八堡行政村建制，分别建立牛田、格畈、八堡社区。
滨江区	西兴街道撤销庙后王行政村建制，建立庙后王社区。长河街道撤销长河、江二行政村建制，分别建立长河、江二社区。浦沿街道撤销杨家墩、冠二行政村建制，分别建立杨家墩、冠二社区。
萧山区	新湾镇撤销新湾、新龙、新建行政村建制，合并建立三新村；撤销共建、梅林湾行政村建制，合并建立共建村；撤销新峰、东升、长征行政村建制，合并建立临江村；撤销海丰、山海、丰乐行政村建制，合并建立三丰村；撤销东梅、东海行政村建制，合并建立萧东村。党湾镇撤销大东、幸福行政村建制，合并建立幸福村；撤销勤劳、勤俭行政村建制，合并建立勤联村；撤销合兴、民新行政村建制，合并建立镇中村。闻堰镇撤销小砾山、定山、东汪行政村建制，合并建立三江口村；撤销朝红、东山陈、裴家行政村建制，合并建立闻兴村；撤销瑛珠桥、祥大房、王家里行政村建制，合并建立长安村；撤销山五、工农兵、凌家坞行政村建制，合并建立山河村。所前镇撤销东山夏、山里沈行政村建制，合并建立越王村；撤销大小坞、下闻行政村建制，合并建立李家村；撤销三泉王、柳家行政村建制，合并建立三泉王村；撤销来苏周、大沿行政村建制，合并建立来苏周村；撤销张家坂、娄家湾、钱群行政村建制，合并建立金山村；撤销洪家潭、萧山沿、溱沿金行政村建制，合并建立东复村；撤销里士湖、渔临关、塘下金行政村建制，合并建立金临湖村；撤销东蜀山、灯朗张、张亮桥行政村建制，合并建立城南村；撤销杨树下、张家桥、董家桥行政村建制，合并建立联谊村；撤销赵坞、池头沈、夏山埭行政村建制，合并建立山联村；撤销金鸡山、四一房、顾家湾、西江王行政村建制，合并建立信谊村。新街镇撤销新街、华丰、九号坝、盈上行政村建制，合并建立江南村；撤销荏山、长山、富星行政村建制，合并建立长山头村。浦阳镇撤销上曹坞、下曹坞行政村建制，合并建立曹坞村；撤销曹家湾、安山、前朱、渔池头行政村建制，合并建立安山村，撤销江西俞、新塘、曹家埭行政村建制，合并建立江西俞村；撤销径游、上庄、后朱、汪家塘行政村建制，合并建立径游村；撤销下定、下俞、纪家汇行政村建制，合并建立江南村；撤销汪家埭、李家埭、柴家行政村建制，合并建立浦一村；撤销茗坞、低湖朱、朱家蓬行政村建制，合并建立新谊村；撤销尖山、下山俞、蓬山前、山后头行政村建制，合并建立尖山村；撤销横塘倪、小湖孙、许家、於家行政村建制，合并建立桃北新村；撤销朱家、王家、横江俞行政村建制，合并建立临江村；撤销中央畈、文家坞、小山脚、化山、下湾行政村建制，合并建立尖湖村；撤销洋湖、后湖、树蓬王、闸上行政村建制，合并建立桃源村；撤销灵头、沈家、、彭家桥、洪水湾、木杓山行政村建制，合并建立桃湖村；撤销十三房、童家山行政村建制，合并建立十三房村；撤销山前许、前山头、高庄里行政村建制，合并建立灵山村。城厢街道撤销育才西苑、市心桥、里横河社区，分别并入燕子河、西河路、江寺、百尺溇社区；撤销湖头陈行政村建制，建立湖头陈社区；撤销东湘行政村建制，建立东湘社区；撤销杜湖行政村建制，建立杜湖社区。宁围镇撤销宁北、新北行政村建制，合并建立二桥村；撤销金二、金一、宁安、宁东、宁税行政村建制，分别建立金二、金一、宁安、宁东、宁税社区。河上镇撤销祥利、沙河、板桥行政村建制，合并建立祥河桥村；撤销大桥、楼园行政村建制，合并建立大桥村；撤销麻元、欢乐、强农行政村建制，合并建立紫霞村；撤销泽荣、张毛、下门、白堰行政村建制，合并建立下门村；撤销联合、塘村、泉水、众利行政村建制，合并建立众联村；撤销金坞、鲍坞、上山头行政村建制，合并建立东山村；撤销大坞、于青、桥头黄行政村建制，合并建立三联村；撤销江家桥、樟树下、魏塔、塘口行政村建制，合并建立联发村；撤销高都、里谢行政村建制，合并建立里都村。临浦镇撤销横一、梅里、大坞坑行政村建制，合并建立横一村；撤销后倪、上倪、周家畈、下甫王行政村建制，合并建立横二村；撤销麻车倪、坂里朱、田头庄行政村建制，合并建立浦南村；撤销钟家坦、蒲山韩、桥里行政村建制，合并建立浦二村；撤销水埠、新联、塘头钟行政村建制，合并建立新联村；撤销桥南、茅潭行政村建制，合并建立新港村；撤销陈家塘、张家坂行政村建制，合并建立南江村；撤销潼江、丛塘、塘朗姚行政村建制，合并建立临一村；撤销郭家埭、东葛、坂里杨行政村建制，合并建立临北村；撤销油车桥、西葛、三庄行政村建制，合并建立新河村；撤销王村、张家行政村建制，合并建立王村村；撤销大庄、西庄、高家坞行政村建制，合并建立大庄村；撤销周家湖、下头坞、后山坞行政村建制，合并建立三峰村；撤销木汀徐、施家渡、屠家埭行政村建制，合并建立苎萝村；撤销后沈、上戴、下戴行政村建制，合并建立通一村；撤销白鹿塘、鲁家坞、邱家坞行政村建制，合并建立白鹿塘村；撤销汀联、邱家桥行政村建制，合并建立苎东村；撤销戴家桥、石塔、前孔、自由孔、高田陈、临东、柏山陈、谭家埭、詹家埭居民区，分别建立戴家桥、石塔、前孔、自由孔、高田陈、临东、柏山陈、谭家埭、詹家埭社区。南阳镇撤销南围、长远行政村建制，合并建立远大村；撤销万丰、南阳行政村建制，合并建立南翔村；撤销南联、南北行政村建制，合并建立南兴村。益农镇撤销清联、久新行政村建制，合并建立久联村；撤销夹灶、转塘头行政村建制，合并建立星联村；撤销东一、东湾行政村建制，合并建立东联村。党山镇撤销长沙、四联行政村建制，合并建立长联村；撤销中流、沙北行政村建制，合并建立中沙村；撤销七张头、大潭行政村建制，合并建立张潭村。进化镇撤销肇家桥、盛家坞、马家垫行政村建制，合并建立天乐村；撤销大岩、岭下行政村建制，合并建立太平桥村；撤销郗坞、肖汉、平阳行政村建制，合并建立平阳村；撤销横路头、石门王、华新、石柱头行政村建制，合并建立华锋村；撤销下章、沈家埭、张家桥行政村建制，合并建立王家闸村；撤销城山王、裘家坞行政村建制，合并建立裘家坞村；撤销慈姑裘、山头埠行政村建制，合并建立云飞村；撤销汤山、新垫黄、大汤坞、席家行政村建制，合并建立大汤坞新村；撤销杜家弄、郑塘孔、下颜行政村建制，合并建立城山村；撤销下邵、畈里陈、新闸头行政村建制，合并建立三江村；撤销鲁家、安山陈行政村建制，合并建立凤凰山村；撤销东坞、欢潭、傅家行政村建制，合

（续表 3）

单　位	撤销、新建社区、居民区、行政村
	并建立欢潭村；撤销岳驻、方山、小山头、兰头角行政村建制，合并建立岳联村；撤销小满、泥桥头、汇头钟行政村建制，合并建立新江村；撤销祝家、泗洲行政村建制，合并建立祝家村；撤销邵家塔、泗化、钟家坞行政村建制，合并建立三浦村。义桥镇撤销义一、茅山头、朗彭、桥亭行政村建制，合并建立义桥村；撤销联新、上埠行政村建制，合并建立新坝村；撤销联村、赵一、金山行政村建制，合并建立联三村；撤销建新、横筑塘行政村建制，合并建立湘东村；撤销峡山头、牌轩、后坛行政村建制，合并建立湘南村；撤销西山、西河埭、华家行政村建制，合并建立西山村；撤销单家、前黄、后黄、王家桥、峙坞岭行政村建制，合并建立罗幕村；撤销吴闸、磨刀行政村建制，合并建立蛟山村；撤销田家、下洋桥行政村建制，合并建立田丰村；撤销勤丰、里陈行政村建制，合并建立勤里村；撤销俞家、邵家、南坞行政村建制，合并建立云峰村；撤销秋岭、何家桥、郭村、塘坞行政村建制，合并建立昇光村；撤销潘山、河口、朱村桥行政村建制，合并建立復兴村；撤销姜家坞、蚕花、猫头山行政村建制，合并建立七里店村；撤销方家、陈家、五星行政村建制，合并建立徐童山下村。义蓬镇撤销新富、春风、盐场行政村建制，合并建立南沙村；撤销青春、益民行政村建制，合并建立义蓬村。戴村镇撤销船山、骆村行政村建制，合并建立骆家舍村；撤销顶山、征山、增丰行政村建制，合并建立方溪村；撤销平山、勤工行政村建制，合并建立顾家溪村；撤销枫树、响石桥行政村建制，合并建立枫桥村；撤销石牛山、明堂、狮山、南坞行政村建制，合并建立青山村；撤销中潭、麦园、盛家、前方行政村建制，合并建立八都村；撤销丁村、后宅、凌山、李家坞行政村建制，合并建立半山村；撤销墙头、大湖头、凌桥行政村建制，合并建立三头村；撤销陆家、孙家、石盖、畈里行政村建制，合并建立大石盖村；撤销石马头、石盖坞行政村建制，合并建立石马头村；撤销河上桥、杨家桥、后马湖行政村建制，合并建立河杨湖村；撤销戴家山、下方、溪河行政村建制，合并建立南三村；撤销戴村、后郑行政村建制，合并建立戴村村；撤销何童埠、东周、西周行政村建制，合并建立东风村；撤销冗里、马安、积堰山行政村建制，合并建立永富村。衙前镇撤销祥里施、新林周、东庄王行政村建制，合并建立新林周村；撤销韩戴、里东徐、田里胡、新发王行政村建制，合并建立衙前村；撤销项家、项甬、优胜、草漾行政村建制，合并建立项漾村；撤销四村、翔凤行政村建制，合并建立四翔村；撤销山南、同富行政村建制，合并建立山南富村；撤销交通、卫家、凤凰行政村建制，合并建立凤凰村。瓜沥镇撤销渭水桥、群合、新桥行政村建制，合并建立渭水桥村；撤销黄公溇、镇海、二联行政村建制，合并建立永联村。靖江镇撤销胜联、山前行政村建制，合并建立靖港村；撤销花神庙、伟南、黎明居民区，分别建立花神庙、伟南、黎明社区。新塘街道撤销杜家塘、打纸埭行政村建制，合并建立裘江新村村；撤销会朗曹、沙河沈行政村建制，合并建立联华新村；撤销西河沈、十间楼行政村建制，合并建立新丰村；撤销东河、东京钱行政村建制，合并建立浙东村；楼塔镇撤销佳山坞、母岭、塘头、上马石行政村建制，合并建立大同一村；撤销余元坞、岩岭山、伊家店行政村建制，合并建立大同二村；撤销中央坞、大同坞、路下院行政村建制，合并建立大同三村；撤销楼一、楼四、林场行政村建制，合并建立楼英村；撤销楼二、楼三行政村建制，合并建立楼家塔村；撤销雪环、桥头行政村建制，合并建立雪环桥头村；撤销管村、东山吴行政村建制，合并建立管村村；撤销徐家店、儒坞、直坞行政村建制，合并建立雀山岭村；撤销钭爿坞、夏坞、水阁、王岭行政村建制，合并建立大黄岭村；撤销田村、长山坞行政村建制，合并建立萧南村；撤销岩下、岩门行政村建制，合并建立岩山村。坎山镇撤销昙华、双板桥行政村建制，合并建立民丰河村；撤销振东、振华、三岔路行政村建制，合并建立三岔路村；撤销农新、农丰、永新行政村建制，合并建立新港村。河庄镇撤销新东、江建行政村建制，合并建立江东村。蜀山街道撤销华汇、史家桥、沿山行政村建制，合并建立知章村；撤销路平、老屋、前章行政村建制，合并建立黄家章村；撤销蜀山、东庄周、姚家畈、犁头金、立新行政村建制，合并建立章潘桥村；撤销湖山、金家埭、沈家里、联华、严家埭、安桥、戚家池、联丰、朝阳、向阳、曹家桥、鲁公桥、溪头黄、黄家河、越寨、祝家桥行政村建制，分别建立湖山、金家埭、沈家里、联华、严家埭、安桥、戚家池、联丰、朝阳、向阳、曹家桥、鲁公桥、溪头黄、黄家河、越寨、祝家桥社区；建立山水苑、广宁社区。北干街道建立萧然社区；撤销施家桥行政村建制，建立施家桥社区；撤销畈里张行政村建制，建立畈里张社区；撤销墩里吴行政村建制，建立墩里吴社区。新塘街道撤销董家埭、金家浜、文里头、姚江岸、琴山下、曾家桥、吕才庄、王有史、畈里童、朗家浜、下畈朱、双桥、下潦、前塘、塘里陈、油树下行政村建制，分别建立董家埭、金家浜、文里头、姚江岸、琴山下、曾家桥、吕才庄、王有史、畈里童、朗家浜、下畈朱、双桥、下潦、前塘、塘里陈、油树下社区。萧山经济技术开发区钱江农场建立钱江社区。
余杭区	良渚镇建立棕榈湾、铭雅、亲亲家园社区。余杭镇撤销通济、方县、南湖社区，建立通济社区；撤销南渠、乌龙涧社区，建立南渠社区；撤销山西园、人和社区，建立山西园社区；撤销南安、宝林社区，建立南安社区。
桐庐县	新合乡撤销湖林、旧庄、外松山行政村建制，建立新四村。
淳安县	严家乡撤销仙人潭、同乐庄行政村建制。横沿乡建立枫新行政村。
建德市	更楼街道建立更化社区。寿昌镇撤销城东、城中、城西居民区，建立东昌（暂定名）、望江（暂定名）、西湖（暂定名）社区。
富阳市	富春街道撤销城东行政村建制。

年，全市实现生产总值 2942.65 亿元，比上年增长 13%。按户籍人口计算，人均达 44853 元；按照当年平均汇率基准价折算，为 5475 美元。

▶▶资料：人均 GDP 突破 5000 美元意味什么？

2002 年，世界上中等收入国家人均 GDP 的平均水平为 5040 美元。杭州人均 GDP 达 5475 美元，意味着杭州的社会生产力发展水平总体上已达到上中等收入国家的平均水平。

据专家介绍，人均 GDP5000 美元相当于新加坡、韩国及中国的港、台等地 20 世纪 80 年代的发展水平。在此后的 5~8 年内，他们都实现了人均 GDP 由 5000 美元向 1 万美元的跨越。杭州人均 GDP 达 5475 美元，意味着杭州的经济社会将进入一个加速发展的时期。

【财政收入突破 500 亿元】 2005 年，全市实现财政收入 520.79 亿元，比上年增长 17.6%。其中地方财政收入250.46亿元,增长19.7%,首次突破200亿元。在15个副省级城市中,仅次于深圳、广州,居第三位。

【工业总产值销售产值双双突破5000亿元】 2005年,全市规模以上工业总产值和销售产值再创新高,实现工业总产值5441.13亿元,销售产值5346.01亿元,分别比上年增长21.3%、21.4%。

【招商引资突破400亿元】 2005年,全市实际吸收外地资金408.82亿元,比上年增长19.5%。其中,境外到位资金17.13亿美元,国内引进外资268.5亿元,分别比上年增长21.5%、19.0%。

【私人汽车突破30万辆】 2005年全市民用汽车拥有量达49.27万辆,其中私人汽车30.39万辆,比上年增长30.4%。 (袁民军 洪光豫)

▶▶资料:2005年杭州市社会主义物质文明建设10件大事

1.“十五”目标超额完成。
2.背街小巷改善工程顺利实施。
3.西溪湿地对外开放。
4.人均GDP突破5000美元。
5.财政总收入突破500亿元。
6.杭千高速公路首期开通。
7.成功举办第七届西博会。
8.“一纵三横”工程顺利实施。
9.城市竞争力进前五。
10. 全市第一次经济普查圆满成功。

·经济体制改革·

【新建4个行政管理机构】 2005年,杭州市先后新组建国有资产监督管理委员会、发展和改革委员会、文化广播新闻出版局和行政服务中心(公共资源交易办公室)等4个行政管理机构,完善政府行政组织体系,进一步促进政府职能的转变。

新建的市发改委在保留对全市经济社会发展统筹协调、总量平衡、结构调整职能的同时,承担了总体指导经济体制改革的职能,标志着发展和改革部门工作职能互相融合,工作方式互相促进,工作机制互相创新。

市国资委的组建,标志着权利、义务、责任相统一,管资产和管人、管事相结合的国有资产监督体系开始构建。

组建市行政服务中心,并成立公共资源交易中心,标志着杭州深化行政审批制度改革取得重大突破,推进部门窗口充分授权,完善集中办事制度,集中建设工程、产权和土地交易及政府采购、药品采购等五个中心,公共资源交易平台实现了从非常设机构到常设机构的转变。

在建立市文化广电新闻出版局的同时,组建市文广集团、市文化市场综合执法总队,文化领域实行管办分离、文化行政管理和文化执法分离,奠定了政府从“办文化”到“管文化”转变的体制基础。

【深化审批制度改革】 4月,市政府下发《关于贯彻国务院投资体制改革决定的实施意见》,对不使用政府投资建设的企业项目,区别不同情况实行核准制和备案制,一律不再实行审批制;市发改委拟定《关于贯彻〈外商投资项目核准暂行管理办法〉实施意见》,推进并联审批,开发网上审批系统,网上审批从投资项目向证照办理、企业年检、社会救助等方面延伸,范围逐步拓展,内容不断丰富。

10月,市国土局提出单套住宅土地登记办证实现当场办结目标,整合发证窗口,调整工作流程,精简必备资料,办事效率明显提高。

11月,市行政服务中心出台《关于杭州市基本建设项目并联审批办法(试行)》,将基本建设项目从立项到施工核准审批过程中的部分审批事项,按关联性和并行审核可能性整合设置为若干个并联审批阶段,并对阶段内审批事项实行同时收件、交叉审核,并对外承诺阶段审批总时限。至年末,累计有70个项目在设计审批阶段对各项目部门的前置审批有效地进行了网上并联审批。

12月下旬,市工商局出台《关于杭州市内资企业年检申报备案制试点工作实施意见》,试行年检申报备案制,从2006年起对那些成立两年,信誉好,无长期停业、严重污染、违法经营现象,不涉及特殊行业的3万多个内资企业直接网上办理全部年检手续。

【探索利益平衡机制】 5月31日,杭州市出台《关于建立健全生态补偿机制的若干意见》,从公共财政体系、产业政策体系、市场化机制和行政责任制度4个方面进一步创新生态补偿机制,为生态市建设与环境保护提供体制保障;制定《杭州市生态补偿专项资金管理办法》,加大生态补偿投入,设立2亿元生态补偿和生态专项资金(其中新追加5000万元)。

9月20日,杭州市以市长令颁布《企业工资集体协商试行办法》,对工资集体协商制度的建立、协商程序和工资分配制度等作了明确的具体规定,努力构建劳资和谐的利益博弈机制。

11月18日,浙江省十届人大常委会审议通过《杭州市人民调解条例》。这是中国第一部规范人民调解工作的地方性法规,进一步规范调解程序,建立健全调解民间纠纷、化解社会矛盾机制。

【6个区实施公务用车制度改革】 2005年,杭州市在上年西湖区公务用车制度改革的基础上,本着“积极稳妥,严格规范,成熟一个推行一

改善前后的潮鸣寺巷

(市城管办 供稿)

个”的精神，稳步推进公务用车制度改革。1月1日，高新开发区（滨江）除公检法、城管执法局及区三套班子成员外，全区机关事业单位和乡镇街道同时启动公车改革。4月底，市委、市政府出台《关于区县（市）公务用车制度改革的指导性意见（试行）》，余杭区、江干区、拱墅区、经济开发区相继实施车改，乡镇街道与机关部门同时启动。据对西湖等6个区的统计，车改前后实际开支下降41.3%，节约了财政开支，并在一定程度上解决了公车私用及超编、超标购置配备公车等弊端，社会反应良好。

【公用行业改革取得进展】2005年，杭州市公用行业产权制度改革取得较大进展。4个市属国有房地产开发公司剥离30%优质土地资产国有股权，公开转让，改制为股权多元化的公司制企业。杭州市自来水总公司整体改制为国有独资杭州水业集团有限公司；新组建国有独资杭州市排水有限公司。杭州市燃气（集团）有限公司与壳牌公司合资组建1:1股权结构的天然气高压管网公司。

【部分国有企业实施二次改制】2005年，杭州市部分国有企业深化体制改革，采用多种形式实行二次改制。上城区通过工龄置换转换职工身份、梳理社保费用安置职工、清理债权债务、破产清算等方式对杭州手表有限公司、杭州离合器有限公司等企业实施二次改制。建德市采取走人、破产、重组相结合方式，通过内部职工公开竞标，重新选择面临破产的已改制企业主要经营者。余杭区积极处置职工持股会，全年共注销第一汽运等6个改制企业职工持股会；全区持股会从51个下降到27个。市有关部门还专门研究解决杭州油漆有限公司等企业1983年底前参加工作的内退职工工龄置换金的问题，提出处理改制时未能获得相应工龄置换金问题的原则意见，相关企业正参照此意见解决改制遗留问题。

【医疗卫生制度改革进一步深化】2005年，市政府先后出台《关于加快发展城区社区卫生服务的意见》、《关于进一步规范市级医疗机构经费补助办法的意见》、《关于市属事业单位改制政策的若干补充意见》等3个文件，进一步明确城区社区卫生服务、医疗机构经费补偿、事业单位改制等政策。全市126个公立医疗机构实行药品集中招标采购，招标药品占用药总量80%以上，并形成网上招标、网上采购、第三方信贷支撑体系。西湖区、下城区、上城区开始推进公立医院改革。新批准开设民营医疗机构121个。6月6日，杭州市第四医院65%的国有产权和杭州市整形医院100%的国有产权，通过杭州市产权交易中心向社会公开拍卖转让。

【杭州市商业银行增资扩股】2005年初，杭州市商业银行通过增资扩股，总股本从5.25亿元扩充到10.05亿元。其中，民营企业持有45%股权，国有股权降至45%，高级管理人员和业务骨干出资1亿元左右，持股10%，成为国内第一个MBO（管理层收购）的商业银行。9月初，中国银监会正式批准澳洲联邦银行入股杭州商业银行，澳洲联邦银行出资7800万美元（6.25亿元人民币），以每股2.5元价格认购该行19.9%股份，实现地方金融机构引进外资“零”的突破。

【杭州联合农村合作银行挂牌开业】6月7日，由原杭州市区信用联社及所辖23个农村信用社改制组建的杭州联合农村合作银行挂牌开业。杭州联合农村合作银行定位于社区银行，是由农民、农村工商户、企业法人及其他经济组织入股的股份合作制银行，第二个总部在杭注册的一级法人金融机构。

2005年完成改制的农村信用社还有4个：余杭区、富阳市成立农村合作银行；建德市、淳安县信用合作联社引入股份合作机制，由二级法人改造成统一法人。

【日本三井住友银行在杭州落户】2004年12月27日，日本三井住友银行杭州分行开业，首开外资银行入住杭州的先例。该行主要经营对日资企业的外汇业务，包括存贷款、同业拆借、国际结算业务、远期结售业务等，注册资本为与2亿元人民币等值的美元。

【香港东亚银行落户杭州】10月18日，香港东亚银行杭州分行开业。这是香港东亚银行在内地设立的第10个分行，也是浙江省首个港资银行。该行主要为外资企业、民营企业、中资企业、境外及境内居民提供除人民币业务以外的全面外汇业务，注册资本为与2亿元人民币等值的美元。

【萧山、余杭区完善金融担保制度】20世纪90年代末，萧山区诞生了“封闭式、会员制、非赢利”的金融担保制度，对于扶持乡镇企业起到积极作用。2005年，萧山区完善金融担保制度，26个乡镇（街道）中有19个成立了半官方、半民间性的担保公司，探索解决当地中小企业“融资难”的新路。余杭区出台进一步扶持中小企业信用担保机构发展政策，设立创业资助与风险补偿资金，鼓励民间资本兴办“社区会员制、服务非盈利”的互助型信用担保公司，规范操作程序，完善运作机制。至年末，全区有担保机构16个，注册资本1.5亿元，担保额达19.95亿元。

【7个公司完成股改】2005年，在杭注册的17个A股上市公司，7个完成股权分置改革。杭州数源科技股份有限公司成为浙江首个国有控股全流通上市公司。浙江华鼎集团有限公司登陆香港主板市场，募集资金11亿港币，创下了全市上市公司首发融资的最高纪录。爱大制药有限公司首次通过反向收购进入美国OTCBB市场。

【推进农村社区股份制改革】2005年，杭州市进一步深化农村体制改革。市农办与市工商局联合下发《关于撤村建居股份合作社工商登记的通知》，赋予撤村建居股份合作社可合法对外开展经营活动的法人资格。至年末，全市建立股份经济合作社186个，其中撤村建居股份经济合作社94个。

【开展劳动保障城乡统筹】2005年，杭州市区全面加强农村劳动力就业管理，城乡统筹开展劳动保障工作，取消了外来人员就业登记证制度，逐步在重点行政村建立劳动保障服务室。至年末，滨江区各重点行政村全部建立劳动保障服务机构；萧山区411个行政村全部设立劳动保障管理员；江干区29个行政村全部建立村劳动保障服务室；余杭区262个行政村全部配备劳动保障联络员。（马建华）

·政治文明建设·

【政治文明建设概况】 2005年，杭州市继续按照中共十六大提出的要求，坚持科学发展观，推进经济社会协调发展，把坚持党的领导、人民当家作主和依法治国三者有机统一起来，加强社会主义民主政治的制度化、规范化和程序化建设，坚持以人为本、协调发展，创造和谐稳定的社会政治环境，认真解决群众反映强烈的热点难点问题，坚决维护群众的合法权益，努力让人民群众当家作主、共享文明。

坚持和改善党的领导，按照“总揽全局、协调各方”原则，完善“一个核心、三个党组”构架，发挥党委的领导核心作用。市委先后制定下发《关于加强和改善党的领导，进一步推进人大工作的意见》和《关于进一步加强中国共产党领导的多党合作和政治协商制度建设的实施意见》，坚持和完善人民代表大会制度，加强和改进对人大工作的领导，支持和保证人大及其常委会依法履行职责；加强和改进党对政协工作的领导，支持政协履行政治协商、民主监督、参政议政职能，加强同民主党派合作共事，重视政协和民主党派、工商联自身建设，加强政协机关和党外干部队伍建设。8月，市人大常委会首次组织开展对市人代会选举干部的述职评议。全市各级党政机关认真贯彻党的民族、宗教、侨务和对台工作方针，贯彻《宗教事务条例》，巩固和发展最广泛的爱国统一战线，做好党外知识分子、非公有制经济人士和其他社会阶层人士的工作。加强和改进对工青妇工作的领导，充分发挥他们的作用，保护妇女儿童，维护职工合法权益。加强双拥工作，推进国防后备力量建设，争创双拥模范城。

保障人民当家作主权利，完善科学民主决策机制，推动基层民主深入持续健康发展。市委、市政府实行重大事项公示制和听证制，保障人民群众对地方重大事务的选择权、参与权、知情权和监督权。开展民情民意调查和人民建议征集活动，认真办理人大代表、政协委员的建议、提案，推进决策的科学化、民主化、制度化。扩大公民有序政治参与，召开全市村级民主政治建设研讨会，在村级组织换届选举中推广余杭“自荐海选”模式，推进基层民主政治建设。建立健全公共事件应急机制，不断提高突发公共事件的应急处置能力。加强社会治安综合治理，提高预防和打击犯罪能力，积极推进“平安杭州”建设。开展食品安全等专项整治，进一步规范市场秩序。加强行政监察和审计监督，进一步健全领导干部经济责任审计制度。

推进“依法治市”。市委加强对地方立法工作的领导，善于使党的意志通过法定程序成为国家意志；加强对政府工作的领导，督促、支持和保证政府机关依法履行职能、依法行政；加强对政法工作的领导，积极稳妥推进司法体制改革，支持审判机关和检察机关依法独立公正行使审判权和检察权。市政府坚持科学、民主、依法执政。全面完成“二五”依法治市、“四五”普法教育任务，全民法制意识和依法实行民主权利的意识进一步提高。（欧阳周）

9月26日~30日，杭州村务公开培训班在余杭区举办。（市民政局 供稿）

【开展村务公开和民主管理工作】 6月24日，市委、市政府在余杭区召开杭州市村级民主政治建设工作现场会。7月30日，市民政局、市纪委、市委组织部、市农办、市司法局邀请北京、浙江的专家学者和有关部门领导举行杭州市村级民主政治建设工作论证会，对余杭的经验进行论证。通过这两次会议，树立了典型，推广了先进经验，有力地推动了杭州市村务公开和民主管理工作深入开展。9月10日~20日，市民政局、市纪委、市委组织部、市农办分组深入各区、县（市）调研村务公开和民主管理工作，并形成督查报告上报省村务公开和民主管理领导小组。

9月26日~30日，在省民政厅的支持和中国—欧盟村务公开项目组配合下，市有关部门在余杭区举办杭州村务公开培训班。来自省内11个市和杭州市各区县（市）的代表120余人参加培训和研讨。培训班收到来自专家学者、民政工作者和乡（镇）村干部的论文69篇，编印成论文集。

在总结全年村务公开和民主管理工作经验的基础上，11月29日，市委办公厅、市政府办公厅下发《关于进一步加强村级民主政治建设的意见》，要求各区县（市）扎实工作，再创新局面。

12月6日，为进一步贯彻落实中央《关于健全和完善村务公开和民主管理制度的意见》精神，理顺管理体制，市委办公厅、市政府办公厅下发《调整杭州市乡镇政务公开和村务公开领导小组的通知》，将村务公开办公室设在民政局。（梁　军）

【“12345”热心为人民群众服务】2005年，“12345”市长公开电话受理中心共接处市民群众各类求助164886件。其中，电话138819件、电子邮件20230件、手机短信5837件。当场答复处理87183件，占52.87%；交相关部门办理77703件，占47.13%。按时反馈率99.83%，办结率98.97%，满意率98.78%。8城区和5县（市）共接处群众来电163248件。

“12345”以学习贯彻新颁布的《信访条例》为契机，开展形式多样、内容丰富的业务培训，并积极向身边的先进事迹、先进人物学习。“12345”党支部是第一批保持共产党员先进性教育活动的先进集体，参加了全市26场巡回演讲活动。全体工作人员以此为动力，进一步强化先进意识、责任意识和“以人为本、以民为先”的宗旨意识，更加热心地为人民群众服务。

“12345”紧紧围绕打造“平安杭州”、创建文明城市、创建文明景区、“一纵三横”整治、背街小巷改善等重点工作，及时汲取民情、民声、民智，向市领导专题汇报83件，出简报248期、工作动态52期、市民建议12期83条、疑难问题535件，编发《信息日报》250期、《信息快报》10期。市领导在各类材料上批示179件次。

“12345”充实督查人员，制定《督导巡查行为规范》，加大抽查回访力度，重点对续报件、不满意件、无群众意见的反馈件等实施全面回访核查，共检查交办单和反馈件3万余件，向群众抽查回访6万余件，从而使重复交办件明显减少，交办差错率在0.5‰以内。“12345”还定期综合分析研究热点问题，清理排查疑难问题，与相关单位及时沟通情况，落实专人包案解决疑难问题。

“12345”联手新闻媒体开展“为考生创造良好的无噪环境”、“关注校园周边交通安全”、“为民工清薪”等多项活动，向省、市23家新闻媒体提供信息2875条次。交办和跟踪督办处理省、市新闻单位曝光涉及杭州市的有关问题100余件。

为解决疑难问题，“12345”联合职能部门，赴现场督办、协调，出动1235人次。“12345”还联合中国杭州政府门户网站推出“网上接待室”，围绕市民关注的水价改革、社会保险费“五险合征”等主题，举办活动9期，与网民直接交流和沟通，为群众释疑解惑。

“12345”工作得到广大群众的肯定，共收到群众赠送的锦旗和牌匾41面（块）、表扬信和电子邮件116件，以及大量表扬电话和短信。3月18日，“12345”获市委、市政府授予的精神文明建设突出贡献奖。

（黄　莉）

【信访工作规范化制度化】2005年，市信访局受理群众信访46563件(人)次，其中来信23872件(含市人民建议征集办公室收到各类建议11007件)、来访22691人次，反馈率、办结率、满意率均在96%以上。

市委、市政府认真落实信访工作责任制。市委、市政府主要领导继续与各区、县(市)党政“一把手”签订年度《信访和“12345”工作目标管理责任书》。在每月1次的市领导接待日中，12位市领导接待群众30批、85人次。市委常委会还把下访作为开展保持共产党员先进性教育的一项重要活动，13位常委分别到联系点下访，接待群众40批、76人次。全年市领导就群众的要求、意见和建议，批示1050余件次。市委明确13个区、县(市)信访局列同级党委序列的工作部门，充实了领导和工作力量。认真实行信访督察专员制度，首批2名新提任副局级领导干部担任督察专员3个月。市律师信访顾问团继续参与市领导接待日、下访及平时信访接待工作。各级信访部门重视初信初访问题的处理，加大对疑难、重大问题的协调和督办力度；完善重要信访专报、办理情况通报、首问责任制等制度，探索开展信访事项复查复核、信访听证、实行信访终结等工作；开展热点、难点问题调研，加强信息综合分析和报送，为各级领导和有关部门提供决策参考。

2005年，群众越级访、异常上访增多，择机、择时上访和组织化倾向明显，热点问题相对集中。各级各部门认真学习贯彻新《信访条例》，实行规范信访工作行为和群众信访行为的“双向规范”，促进信访秩序总体好转。3月1日，市人民来访接待中心正式接待群众，当年被评为全省信访工作系统“文明接待室”。

市人民建议征集办公室在受理日常群众建议的同时，组织了“文明城市创建靠大家”、“我为‘一纵三横’献计策”、“2006年市政府为民办实事项目”等3次专题征集活动。

5月，召开全市信访和“12345”工作会议，表彰49个先进集体和100名先进个人。7月，召开2004年度人民建议表彰会，1个集体和13名个人受到表彰。

（王　键）

·精神文明建设·

【文明城市创建工作成效明显】2005年，杭州市以“城市上水平、百姓得实惠”为文明城市创建的最终目的，认识到位，领导到位，措施到位，全社会共同关心、支持和积极参与的氛围进一步浓厚，群众性精神文明创建活动蓬勃开展，城乡面貌和社会环境日益改善。杭州西湖风景名胜区被中央文明委授予首批全国文明风景旅游区称号，杭州大厦有限公司等3个单位被授予全国文明单位称号，萧山区宁围镇等4个村镇被授予全国文明村镇称号，萧山区瓜沥镇等7个村镇被评为全国创建文明村镇工作先进村镇，杭州卷烟厂等6个单位被评为全国精神文明建设工作先进单位。全市13个区、县(市)实现了创建省级文明城区、县(市)“满堂红”。

【“双千结对、共创文明”活动蓬勃开展】2005年，杭州市紧紧围绕“构建和谐社会、全面建设小康社会”的总目标，开展“双千结对、共创文明”活动，推进城乡协调发展。计划在五年内，通过1000个文明单位和1000个行政村的结对共建活动，实施“工业反哺农业，城市支持农村”，力争把结对的村建成区、县(市)级以上文明村，提高全市文明村镇的创建水平，整体推进农村“三个文明”建设。至年末，有706个文明单位与751个行政村结对，捐资建立10余所希望小学，赠送图书几十万册，为加强农村精神文明建设做出积极贡献。

【“清洁杭州”工作进一步推进】2005年，杭州市对城郊接合部(“城中村”)、城市“牛皮癣”、农贸市场和早点摊、交通秩序、建筑工地、河道、景区和绿化带、文化市场等继续开展专项整治，明确责任，限期整改。在整治过程中，发挥人大代表、政协委员的监督作用，加大新闻监督和社会监督力度，向社会公开征聘义务监督员，成立城市管理义务监督员队伍，逐步形成多层次、网络化的监督管理体系。

【未成年人思想道德建设实事工程丰富多彩】 全年共建成乡镇、社区少儿图书阅览室12个。筹集57万元助学基金，对1000名就学困难的外来民工子女进行资助。全市各级关心下一代工作委员会会同有关部门筹措帮困助学资金2566.52万元，资助特困学生41188名，受助学校1504所。建立第一个民工子弟图书馆，开展为民工子弟免费办理借书证、举办读书讲座、为流浪儿和劳教少年送书等活动。开展“红色之旅”爱国主义教育活动，组织300余名中小学生前往嘉兴南湖红船、南京雨花台革命烈士陵园、中山陵等革命历史景点参观。在全市1300余所学校全面推进“廉政文化进校园”工作，引导青少年树立诚实守信、正直节俭、崇尚廉洁的价值观，增强廉洁意识。在全市8个城区的43个街道建立街道家庭教育指导中心（站），组建街道家庭教育讲师团，市、区、街道家庭教育指导工作三级网络初步形成。

【开展5个“百场文艺演出进社区”活动】 2005年，杭州滑稽艺术剧院承办的“百场滑稽戏进社区”活动，共演出350余场，约50余万观众观看演出。杭州歌舞团以“高雅艺术进社区、百场音乐进课堂”为主题，在社区、学校、机关、企事业单位和部队演出100场。杭州越剧院承办的“百场戏曲进社区”活动，让抒情柔美的越剧走进社区。浙江星光电影院线有限公司精心挑选100部优秀影片，在全市各个社区放映500场次。市建委组织“百场电影送工地”活动，在全市100个建筑工地免费放映安全生产宣传教育片和优秀故事片，丰富来杭创业者的业余文化生活。各区、县（市）也相继组织开展百场文艺宣传进社区、进村镇、进工地活动，丰富基层的业余文化生活。

【启动文明礼仪宣传教育实践活动】 2005年，杭州市以迎接世界休闲博览会为契机，以打造“礼仪之都、人文杭州”为目标，在全市范围内深入开展文明礼仪宣传教育实践活动。紧紧围绕生活礼仪、社会礼仪、职业礼仪、校园礼仪、涉外礼仪等内容，在全市机关干部、出租车行业、来杭创业者、个体和私营经营户、国有大中型企业、大中小学校、工青妇系统和各个城区等10个层面，层层宣传、广泛发动，组织开展“文明礼仪大讨论”及以“文明礼仪进万家”、“日常行为讲规范、人际交往讲礼仪、社会活动讲文明”、“我心目中的旅游服务标兵形象”为主题的演讲比赛等宣传教育实践活动；杭州市市民学校开设“有礼行天下”系列讲座，编发《文明礼仪ABC》读本，举办文明礼仪知识竞赛；市级新闻媒体开设“快报文明大学堂”、“文明礼仪讲习所”等专题专栏。通过深入宣传教育，广大市民和外来创业人员在增强礼仪意识、增长礼仪知识、遵守礼仪规范方面有了明显进步。

【开展纪念抗日战争胜利60周年系列活动】 为缅怀革命先烈，弘扬抗战精神，8月~9月，杭州市组织开展纪念抗日战争暨世界反法西斯战争胜利60周年系列活动。内容包括：组织公演现代京剧《沙家浜》、《红灯记》和话剧《安妮日记》；举办大型展览《以史为鉴，面向未来》，近30万人参观了展览；推出新书《图说中国对日空战》、《图说日寇入侵浙江旧影录》；举办浙江省和杭州市纪念抗日战争暨反法西斯战争胜利60周年大型交响音乐会及纪念抗战胜利专场文艺演出；举办第三届西湖合唱节，激情讴歌纪念中国人民抗日战争反法西斯战争胜利60周年的歌曲。

【开展文明交通劝导活动】 2005年，结合保持共产党员先进性教育活动，杭州市组织市、区机关干部、党员和志愿者到主要交通路口、公交站点参与交通执勤，劝导市民增强交通意识，规范交通行为。市四套班子领导带头上街，到主要路口参与交通执勤，劝导市民文明交通。“文明从脚下起步”活动历时半年，近4万人在杭城44条路口参与劝导，对督促市民形成自觉遵守交规的意识，起到良好作用。（张 静）

12月18日，杭州经济技术开发区首届职工文化艺术节开幕式。（顾一进 摄）

▶▶资料：2005年杭州市社会主义精神文明建设10件大事

1.首届中国国际动漫节在杭州成功举办。

2.西湖风景名胜区获首批全国文明风景旅游区称号。

3.举办首届十大“平民英雄”评选活动。

4.杭州体育健儿十运赛场显风采。

5.杭州再次被评为中国最具幸福感的城市。

6.第五届全球化论坛在杭州成功举办。

7.杭州西湖博物馆建成并正式对外开放。

8.文明城市创建工作成效显著。

9.开展"与文明同行,迎休博盛会"活动。

10.韩美林艺术馆落户杭州。

·依法治市·

【贯彻落实《全面推进依法行政实施纲要》】 2005年初,市政府成立全面推进依法行政工作领导小组,制定《杭州市人民政府2005年~2008年依法行政实施方案》等一系列文件,在政府法制网上开辟专栏介绍《全面推进依法行政实施纲要》的有关知识,举办知识竞赛,举行大型法律及政策咨询服务活动,免费向群众发放宣传资料,为全面推进依法行政工作奠定基础。召开各区、县(市)法制办主任工作会议,研究部署贯彻落实工作。

【立法工作特点鲜明】 2005年,市政府法制办共起草、审核18件地方性法规和政府规章草案。其中,6件地方性法规草案经市政府常务会议审议后提交市人大常委会审议,7件政府规章草案经市政府常务会议审议通过后以市政府令发布施行,1件政府规章草案经市政府常务会议审议后以政府规范性文件的形式发布施行,1件政府规章草案经市政府领导批准暂停立法工作,3个立法项目完成起草工作,待市政府常务会议讨论。同时,承办了国务院法制办、省人大、省政府法制办、市人大转来的31件法规、规章的征求意见工作。

2005年立法工作具有鲜明的特点:1.抓好选项工作,增强立法的计划性。市政府从杭州经济社会发展的现实需要出发,拟定《杭州市2005年政府立法计划》,并制定《杭州市政府立法计划项目立项办法》,在调查研究和反复论证的基础上,区别轻重缓急确定立法项目。2.实行"开门立法",增强立法的民主性。除召开立法座谈会、通过媒体公开征求建议意见外,还深入基层倾听群众意见,增强立法工作的透明度和公众参与程度,集中民智,反映民意。3.发挥专家的理论优势,增强立法的科学性。对于一些涉及理论较深的项目,召开立法论证会,请专家学者发表意见。首次开展立法后评估工作,组织专家对《杭州市服务行业环境保护管理办法》的立法绩效进行全面系统的检验和评价。4.立足杭州实际,增强立法的地方性。如《杭州市旅游条例》的制定,切合杭州市建设国际风景旅游城市的需要;《杭州市生态公益林管理办法》确立了森林生态效益补偿制度,推进了"生态市"建设;《杭州市企业工资集体协商试行办法》、《杭州市建设工程劳务管理办法》的制定,对推进"工业兴市"战略、引领"和谐创业"和构建"和谐杭州"具有重要作用。5.及时公布法规规章,增强立法的公开性。每一件法规、规章都及时在《杭州日报》、《杭州政报》和中国杭州网、杭州政府法制网上全文刊登,方便市民查阅。

▶▶资料:2005年杭州市颁布实施的地方性法规和政府规章

一、地方性法规

1.《杭州市机动车辆排气污染物管理条例(修订)》(市人大常委会第51号公告)

2.《杭州市市政设施管理条例(修订)》(市人大常委会第52号公告)

3.《杭州市专利管理条例》(市人大常委会第53号公告)

4.《杭州市旅游条例》(市人大常委会第55号公告)

二、政府规章

1.《杭州市市民卡管理办法》(市政府第218号令)

2.《杭州市社会保险费征缴办法》(市政府第219号令)

3.《杭州市突发气象灾害预警信号发布与传播管理办法》(市政府第220号令)

4.《杭州市生态公益林管理办法》(市政府第221号令)

5.《杭州市医疗机构药品质量监督管理办法》(市政府第222号令)

6.《杭州市企业工资集体协商试行办法》(市政府第223号令)

7.《杭州市建设工程劳务管理办法》(市政府第224号令)

【加强行政执法监督工作】 2005年,杭州市加大行政执法监督力度,推进全市依法行政工作的进程。

加强行政执法责任制工作,促进全市依法行政工作的全面展开。市政府修订行政执法责任制评议考核标准,使考核内容更全面,考核办法更富操作性。市法制办负责做好行政执法责任制的日常检查,年终对全市41个行政执法责任单位进行评议考核。

加强规范性文件备案审查工作,促进法制统一,确保政令通畅。市政府出台《部门规范性文件制定指导规则》,全年共办理规范性文件法律审查78件(通过76件、退件处理2件),使部门规范性文件制定和发布实施的合法性得到"刚性"监督。同时,建立行政处罚案卷评查制度,制定《行政处罚案卷质量规范》、《行政处罚案卷质量评查标准》,规范了行政处罚文书的制作。全年对有关部门上报的422件重大行政处罚决定进行审查和备案,对行政处罚决定存在重大错误的3个行政执法单位发出《行政执法监督通知书》,进一步增强了行政执法单位依法行政的自觉性。

加强相对集中行政处罚权工作,促进行政执法的规范化。市法制办协助桐庐县、临安市做好实行相对集中行政处罚权的申报工作,指导余杭区、富阳市、建德市解决城市管理综合行政执法工作中遇到的疑难问题,促进全市城市管理综合行政执法的规范化运作。

加强培训考核工作,促进行政执法人员素质的提高。市法制办对全市1600余名新上岗行政执法人员进行资格培训,对全市1200余名行政执法人员进行执法证年检知识更新培训,做好萧山区、余杭区、富阳市、建德市城市管理行政执法局417名行政执法人员的培训考核工作,办理和下发行政执法证1811本,基本保证了基层行政执法工作的需要。

【行政复议、裁决、应诉工作】 2005年,市法制办共收到行政复议申请107件,其中受理76件、不予受理2件、转送1件、其他协调处理28件。审结83件复议案件(含2004年转结7件),其中维持50件、终止32件、撤销1件。应诉状告市政府的案件19件,其中胜诉7件、裁定撤回起诉2件、判决驳回起诉2件、正在审理的8件。

【仲裁工作】 2005年，杭州市广泛深入地宣传仲裁法律制度，向群众普及仲裁法律知识，引导企业选择仲裁方式解决纠纷。同时，加强内部管理，进一步规范仲裁文书的制作，提高仲裁员和秘书处工作人员的业务水平，确保了仲裁的公正、高效。全年共受理仲裁案件644件、标的金额6.09亿元，在全国185个仲裁委中分别排名第11位和第22位。

（彭志芳　曾文杰）

【社会治安综合治理】 2005年，杭州市政法部门和社会治安综合治理机构认真按照市委"发展、创新、稳定、为民、节约"的总要求，坚持把维护社会稳定作为压倒一切的政治任务来抓，围绕创建"平安杭州"的总体目标，全面落实社会治安综合治理各项措施，着重在创新发展上下功夫，不断推进杭州市综治工作迈上新台阶，为经济社会的健康、持续、快速发展创造良好的治安环境。5月，杭州市被中央社会治安综合治理委员会评为2001~2004年度社会治安综合治理工作优秀城市。10月，中央电视台大型栏目《平安中国》对杭州市的平安创建工作，特别是整体构筑防控体系、全面夯实基层基础以及严厉打击"涉艾"犯罪等做法进行专题报道，并认为这些举措为全国平安创建工作提供了可供借鉴的经验。

年初，市委、市政府主要领导与13个区、县(市)和19个市级机关主要领导签订了综治目标管理责任书。经年终考核，32个单位全部达标。其中，拱墅区、西湖区、桐庐县、临安市及教育局、市总工会被评为优秀达标单位。还有206个综治先进单位和100名先进个人受到市委、市政府的表彰。

为深化"枫桥经验"，全面推进乡镇(街道)综治工作中心建设，市社会治安综合治理委员会两次组织专项督查，有力地促进了综治基层基础建设。至年末，全市206个乡镇(街道)综治办主任100%由党委副书记兼任，100%配备了综治办专职副主任，100%乡镇(街道)建立了综治工作中心，其中81.6%乡镇(街道)综治工作中心达到规范化建设的标准。

10月18日，市委、市政府在富阳召开进一步深化完善综治工作中心建设会议。会议要求3年内全市各社区、村、企事业单位普遍建立综治工作室(站)，基本形成以乡镇(街道)综治工作中心为基点，上下联动、左右协调、运作高效的基层维护和谐稳定工作网络和机制，真正筑牢维护社会和谐稳定的第一道防线。

全市各级综治机构积极开展矛盾纠纷排查调处工作，全年共调解各类矛盾纠纷22.82万起，调处成功21.90万起，成功率达96%。全市70%以上调解委员会的调解工作实现了"无民转刑案件、无因民间纠纷引起非正常死亡、无群体性上访、无群体性械斗、无归正人员重新犯罪"工作目标。按照帮教社会化、就业市场化、管理规范化的工作思路，采取多种形式做好归正人员安置帮教工作，2005年归正人员安置率97.7%，帮教率99.4%，重新犯罪（错）率1.8%。

全年对908所学校的校园周边秩序进行集中整治，共出动警力3133人次，整改隐患294处，取缔无证摊点329个，收缴淫秽碟片等非法出版物20.21万张(册)，破获犯罪团伙7个，侦破刑事案件57起、治安案件77起。（黄昌富）

·市和区、县(市)机构概况·

【市级主要机构及负责人名单】

中国共产党杭州市第九届委员会

书　记：王国平

副书记：孙忠焕　于辉达　朱报春　叶　明

常　委：王国平　孙忠焕　于辉达　朱报春　叶　明　徐松林　顾树森　盛继芳　王金财　于跃敏(女)　张鸿建　齐毓春　吴鹏飞

委　员：(按姓氏笔画为序)

于跃敏(女)　于辉达　王水法　王国平　王金财　王忠德　王基信　叶　明　朱报春　朱金坤　刘晓刚　许勤华　孙景淼　孙忠焕　齐毓春　李端阳　杨戌标　来坚巨　吴　键　吴鹏飞　吴德隆　佟桂莉(女)　沈　坚　张建华　张鸣放(女)　张鸿建　陈如昉(~2005-09)　陈建华(女)　陈新成　金胜山　郑素成　项　勤　赵申行　赵纪来　胡　侠　娄延安　洪航勇　顾树森　徐一超　徐松林　翁卫军　郭泰鸿　盛继芳　曾东元　虞荣仁

候补委员：(按得票数为序)

陈永良　翁钢粮　赵　晴　邬丽娜(女)　郭禾阳　陈锦梅(女)　陆瑞芬(女)　周和根

秘书长：顾树森

市委工作部门：

办公厅

主　任：严华好

组织部

部　长：于跃敏(女)

宣传部

部　长：张鸿建

统战部

部　长：徐松林

政策研究室

主　任：胡征宇

政法委员会

书　记：于辉达

国防动员委员会(人民武装委员会)

第一主任：王国平

主　任：孙忠焕

保密委员会

主　任：顾树森

党史研究室

主　任：叶建新

党　校

校　长：朱报春

杭州日报报业集团

社　长：李建国

总编辑：赵　晴

党委书记：李建国

干部理论学习讲师团

副团长：朱金中

老干部局

局　长：程浙山

市直机关党工委
书　记：崔鹏飞
农业和农村工作办公室
主　任：来坚巨

中国共产党杭州市纪律检查委员会
书　记：叶　明
副书记：孙建华　　徐苏宾（女）
常　委：叶　明　　孙建华
徐苏宾（女）　吴水根
张德林　　陈章永
王叶林　　俞少平

杭州市第十届人民代表大会常务委员会
主　任：王国平
副主任：吴　键　　丁德明
安志云　　李松春
杨耀梁　　林振国
朱荫湄（女）
委　员：（按姓氏笔画为序）
丁沛华
卞吉安（2005-02~）
叶有福
卢华英（女）（2005-02~）
朱重庆　　刘争平
李建国　　沈惠娟（女）
宋小春　　张　勇
陈利卿（女）　陈建华（女）
陈康森　　林雪玲（女）
周　蕙（女）　郑贤祥
赵天行
钮容量（2005-02~）
贺建强　　徐爱秀（女）
翁钢粮　　蒋天荣
韩柏青　　詹家光
戴宝多
秘书长：俞宝祥（2005-02~）
代秘书长：俞宝祥（~2005-02）
党组书记：吴　键

市人大常委会工作部门：
办公厅
主　任：张　勇
研究室
主　任：陈利卿（女）
法制委员会
主任委员：杨耀梁（兼）
内务司法委员会
主任委员：杨耀梁（兼）
财政经济委员会
主任委员：丁德明（兼）
城乡建设环境保护委员会
主任委员：林振国（兼）
教科文卫、民宗侨委员会
主任委员：安志云（兼）
法制工作委员会
主　任：刘争平
内务司法工作委员会
主　任：刘争平
财经工作委员会
主　任：钮容量
城乡建设、环境保护工作委员会
主　任：郑贤祥
教科文卫、民宗侨工作委员会
主　任：陈康森
人事代表工作委员会
主　任：徐爱秀（女）

杭州市人民政府
市　长：孙忠焕（2005-02~）
代市长、副市长：孙忠焕（~2005-02）
副市长：盛继芳　　陈重华（女）
金胜山　　项　勤
杨戌标　　孙景淼
沈　坚
党组书记：孙忠焕
秘书长：娄延安

市人民政府工作部门：
办公厅
主　任：许小富
党组书记：娄延安
政策研究室（2005-11~）
主　任：赵　敏
发展计划委员会（~2005-01）
主　任：董建平
党委书记：董建平
发展和改革委员会（2005-01~）
主　任：董建平
党委书记：董建平
国有资产监督管理委员会（2005-01~）
主　任：许荣森
党委书记：许荣森
经济委员会
主　任：王大安
党委书记：王大安
科学技术局
局　长：孙　远
党组书记：孙　远
教育局
局　长：徐一超
党委书记：徐一超
经济体制改革委员会办公室（~2005-01）
主　任：赵　敏
党组书记：赵　敏
财政局
局　长：陈锦梅（女）
党委书记：李端阳
国家税务局
局　长：方慧光
地方税务局
局　长：陈锦梅（女）
监察局
局　长：徐苏宾（女）
人事局
局　长：郑素成
党组书记：郑素成
劳动和社会保障局
局　长：张建华
党委书记：张建华
民政局
局　长：赵申行
党委书记：赵申行
公安局
局　长：吴鹏飞
党委书记：吴鹏飞
国家安全局
局　长：方孔文
党委书记：方孔文
司法局
局　长：洪慧萍（女）
党委书记：洪慧萍（女）
交通局
局　长：王水法
党委书记：王水法
药品监督管理局
局　长：郭泰鸿
党委书记：郭泰鸿
安全生产监督管理局（安全生产委员会办公室）（2005-01~）
局　长（主　任）：陈伯雄（2005-05~）
党组书记：陈伯雄（2005-05~）
贸易局（粮食局）
贸易局局长：吴德隆
党委书记：吴德隆
粮食局局长：梁　群
对外贸易经济合作局
局　长：王忠德
党委书记：王忠德
打击走私与口岸管理办公室（2005-01~）
主　任：杨志毅（女）
党组书记：杨志毅（女）
建设委员会
主　任：朱金坤
党委书记：朱金坤
钱江新城建设指挥部（钱江新城建设管理委员会）
总指挥（主任）：杨戌标（兼）

党委书记:王光荣

规划局

局　长:阳作军

党组书记:阳作军

房产管理局

局　长:杨　坚

党委书记:杨　坚

国土资源局

局　长:储根荣

党组书记:储根荣

环境保护局

局　长:陶柏文

党组书记:陶柏文

园林文物局

局　长:张建庭

党委书记:张建庭

城市管理办公室

主　任:陈红英(女)

党组书记:陈红英(女)

城市管理行政执法局

局　长:赵荣福

党委书记:赵荣福

旅游委员会

主　任:项　勤(兼)

党委书记:李　虹

西湖博览会组委会办公室

主　任:冯　俊

信息化办公室

主　任:董建平

党组书记:董建平

审计局

局　长:潘再高

党组书记:潘再高

统计局

局　长:顾晓奋(女)

党组书记:顾晓奋(女)

工商行政管理局

局　长:章建成

党委书记:章建成

物价局

局　长:李爱国

党组书记:李爱国

质量技术监督局

局　长:潘荣琨

党委书记:潘荣琨

农业局

局　长:邵银泽

党委书记:邵银泽

林业水利局

局　长:许保水

党委书记:许保水

文化局(~2005-01)

局　长:陈建一

党委书记:陈建一

文化广电新闻出版局(2005-01~)

局　长:陈建一

党委书记:陈建一

卫生局

局　长:郐丽娜(女)

党委书记:郐丽娜(女)

广播电视局(~2005-01)

局　长:杨志毅(女)

党委书记:杨志毅(女)

广播电视集团(~2005-01)

管委会主任:杨志毅(女)

党委书记:杨志毅(女)

文化广播电视集团(文化广播电视集团有限公司)(2005-01~)

管委会主任:王玉明

公司董事长:王玉明

党委书记:王玉明

体育局

局　长:张连水

党委书记:张连水

计划生育委员会(~2005-01)

主　任:陈国妹(女)

党组书记:陈国妹(女)

人口和计划生育委员会(2005-01~)

主　任:陈国妹(女)

党组书记:陈国妹(女)

外事办公室

主任:郑浙民

党组书记:郑浙民

侨务办公室

主　任:陈树龙

党组书记:陈树龙

法制办公室

主　任:吴声华

党组书记:吴声华

公共资源交易管理委员会办公室、行政服务中心(2005-01~)

主　任:赵　敏

党组书记:赵　敏

企业上市领导小组办公室(2005-05~)

主　任:孟繁明

民族宗教事务局

局　长:赵一新

党组书记:赵一新

人民防空办公室

主　任:施增富

党组书记:施增富

台湾事务办公室

主　任:陈建伟

国内经济合作办公室

主　任:周开疆

党组书记:周开疆

市政府驻北京办事处

主　任:柳久森

市政府驻上海办事处

主　任:蔡易然

市政府驻深圳办事处

主　任:蔡易然

中国人民解放军浙江省杭州警备区

党委第一书记:王国平(兼)

党委书记:齐毓春

司令员:王炳友

政治委员:齐毓春

陆军预备役步兵师高炮团

党委第一书记:于辉达(兼)

党委书记:王劲松

团　长:张炳新

第一政治委员:于辉达(兼)

政治委员:王劲松

中国人民政治协商会议杭州市第八届委员会

主　席:虞荣仁

副主席:马时雍　施锦祥　蒋福弟　鲍世甲　曾东元　俞国庆　陈振濂　韩国熹　郁嘉玲(女)

常务委员:(按姓氏笔画为序)

丁志光　马凤森　王　坚　毛伟志　毛耀武　卞吉安　方治平　方莉英(女)　叶鉴铭　卢华英(女)　史及伟　朱舟海　朱晓静(女)　刘　卫　刘秋敏　庄哲卿　祁国宁　孙　跃　孙银标　孙鼎荣　孙锡培　杨薇薇(女)　李小花(女)　李冈源(女)　吴正虎　吴伟根　吴潮炎　何西华　何嘉琳(女)　余生瑞　汪小玫(女)　沈荣根　沈祥熙　张云溪　张少华　张永谊　张荣官　陈小平　陈伯滔　妙　高　林正范　周根娣(女)　房梅华(女)　柯传奎　胡泽之　俞小安　俞宝祥　施农农(女)　洪慧萍(女)　姚建华(女)　徐凤娟(女)　徐冠巨

翁启蕴　　黄大成
戚俊生　　崔鹏飞
章鹏飞　　蒋志衍
蒋　山　　储念治
楼建人　　褚树青
薛家柱
秘书长:徐泉海
党组书记:虞荣仁(兼)
党组副书记:马时雍(兼)

市政协工作部门:

办公厅
主　任:孙　跃
研究室
主　任:龚志南(2005-09~)
提案委员会(2005-09~)
主　任:蔡卫平
文史和教文卫体委员会
主　任:宋传水(2005-09~)
经济科技委员会(2005-09~)
主　任:陈小平
城市建设和人口资源环境委员会(2005-09~)
主　任:刘　卫

市中级人民法院
院　长:王基信
党组书记:王基信

市人民检察院
检察长:刘晓刚
党组书记:刘晓刚

民主党派和工商联:

中国国民党革命委员会杭州市委员会
主　委:陈重华(女)
中国民主同盟杭州市委员会
主　委:陈振濂
中国民主建国会杭州市委员会
主　委:蒋福弟
中国民主促进会杭州市委员会
主　委:韩国熹
中国农工民主党杭州市委员会
主　委:李松春
中国致公党杭州市委员会
主　委:郁嘉玲(女)
九三学社杭州市委员会
主　委:朱茵湄(女)
杭州市工商业联合会
会　长:鲍世甲
党组书记:赵天行

部分人民团体:

杭州市总工会
主　席:陈永良
党组书记:陈永良
中国共产主义青年团杭州市委员会
书　记:卞吉安
党组书记:卞吉安
杭州市青年联合会
主　席:卞吉安
杭州市妇女联合会
主　席:陈建华(女)
党组书记:陈建华(女)
杭州市归国华侨联合会
主　席:詹家光(~2005-01)
　　　吴水泉(2005-01~)
党组书记:詹家光(~2005-01)
　　　吴水泉(2005-01~)
杭州市科学技术协会
主　席:朱国海
党组书记:朱国海
杭州市文学艺术界联合会
主　席:陈一辉(女)
党组书记:汪小玫(女)(~2005-01)
　　　陈一辉(女)(2005-01~)
杭州市老龄工作委员会
主　任:孙景淼(兼)
杭州市社会科学界联合会
主　席:史及伟
党组书记:史及伟
杭州市残疾人联合会执行理事会
理事长:董吾恩
党组书记:董吾恩
杭州市对外友好协会
名誉会长:王国平(兼)
会　长:虞荣仁(兼)

其他行政事业机构:

市政府专家咨询委员会
主任委员:史济烜
市爱国卫生运动委员会
主　任:陈重华(女)(兼)
市地方志编纂委员会
主　任:孙忠焕(兼)
市机构编制委员会
主　任:孙忠焕(兼)
市电力局
局　长:马益明(~2005-02)
　　　单　人(2005-02~)
党委书记:潘金华
浙江省电信公司杭州市分公司
总经理:时永生(~2005-06)
　　　吴晓伟(2005-06~)
党委书记:钟　斌(女)
市邮政局
局　长:王小明
党委书记:杨　全
市气象局
局　长:王国华
党组书记:王国华
市供销合作社联合社
主　任:樊国强
党委书记:樊国强
市级机关事务管理局
局　长:何铨之
党组书记:何铨之
市委、市政府信访局
局　长:何　楷
党组书记:何　楷
市档案局
局　长:伍　彬
党组书记:伍　彬
市新闻出版局(~2005-01)
局　长:魏皓奔
党组书记:魏皓奔
西泠印社社委会
主　任:王玉明(~2005-01)
　　　魏皓奔(2005-01~)
党组书记:王玉明(~2005-01)
　　　魏皓奔(2005-01~)
市烟草专卖局(杭州烟草分公司)
局　长(经　理):方祖英
党组书记:钟　祥
杭州经济技术开发区管理委员会
主　任:金胜山(兼)
党工委书记:盛成皿
杭州经济技术开发区临平园区管理委员会(~2005-12)
主　任:许保金
党工委书记:许保金
杭州钱江经济开发区(杭州工业新区)管理委员会(2005-12~)
主　任:许保金
党工委书记:许保金
杭州钱江外商台商投资区江南管理委员会
主　任:陈如昉(~2005-09)
党工委书记:王伟民
杭州高新技术产业开发区管理委员会
主　任:张　耕
党工委书记:洪航勇
杭州之江国家旅游度假区管理委员会
主　任:许迈永
党工委书记:高乙梁
杭州西湖风景名胜区管理委员会
主　任:张建庭
党委书记:张建庭
市经济规划院

院　长:董建平

中国人民银行杭州中心支行

行　长:周业梁

党委书记:周业梁

中国工商银行浙江省分行营业部

总经理:沈立强

党委书记:沈立强

中国建设银行浙江省分行营业部

总经理:余静波

党委书记:余静波

中国农业银行浙江省分行营业部

总经理:汪　勤

党委书记:汪　勤

交通银行杭州分行

行　长:俞炯玲(女)

党组书记:俞炯玲(女)

杭州市商业银行

董事长:马时雍(~2005-09)

行　长:吴太普

党委书记:吴太普

中国人民财产保险公司杭州市分公司

总经理:吴建林

党委书记:吴建林

中国人寿保险公司杭州市分公司

总经理:朱卫星

党委书记:朱卫星

中国太平洋财产保险公司浙江分公司

总经理:陆安平(~2005-04)

李增培(2005-04~)

党委书记:陆安平(~2005-04)

中国太平洋人寿保险公司浙江分公司

总经理:程政钦(女)

党委书记:程政钦(女)

市社会科学院

院　长:史及伟(2005-12~)

党组书记:史及伟

市工业资产经营有限公司

董事长:许荣森

总经理:张锦铭

党委书记:许荣森

杭州商业资产经营公司

董事长:戴国强

总经理:郦加清

党委书记:戴国强

市交通资产经营有限公司

董事长:王水法(~2005-11)

总经理:郑明甫

党委书记:王水法

市城市建设资产经营有限公司

董事长:朱寅传

总经理:杨　军(2005-06~)

党委书记:朱寅传

市京杭运河(杭州段)综合整治和保护开发指挥部

董事长:陈　述(~2005-11)

总指挥:陈　述

党委书记:陈　述

【区、县(市)主要机构及负责人名单】

中国共产党杭州市上城区第七届委员会

书　记:张鸣放(女)

中国共产党杭州市上城区纪律检查委员会

书　记:朱履林

杭州市上城区第十二届人民代表大会常务委员会

主　任:沈国友

上城区人民政府

区　长:徐祖萼

中国人民政治协商会议杭州市上城区第二届委员会

主　席:杨全岁

上城区人民法院

院　长:葛成富

上城区人民检察院

检察长:高万洋

中国共产党杭州市下城区第七届委员会

书　记:翁卫军

中国共产党杭州市下城区纪律检查委员会

书　记:朱钟毅

杭州市下城区第十二届人民代表大会常务委员会

主　任:翁卫军

下城区人民政府

区　长:傅力群

中国人民政治协商会议杭州市下城区第二届委员会

主　席:赵洁生

下城区人民法院

院　长:周进军

下城区人民检察院

检察长:陈合达

中国共产党杭州市江干区第七届委员会

书　记:暨军民

中国共产党杭州市江干区纪律检查委员会

书　记:周志辉

杭州市江干区第十二届人民代表大会常务委员会

主　任:暨军民

江干区人民政府

区　长:蔡仲光

中国人民政治协商会议杭州市江干区第二届委员会

主　席:蒋妙玉

江干区人民法院

院　长:金福泉

江干区人民检察院

检察长:张世文

中国共产党杭州市拱墅区第四届委员会

书　记:许勤华

中国共产党杭州市拱墅区纪律检查委员会

书　记:钟丽萍(女)

杭州市拱墅区第四届人民代表大会常务委员会

主　任:许勤华

拱墅区人民政府

区　长:俞东来

中国人民政治协商会议杭州市拱墅区第二届委员会

主　席:毛　宏(女)(~2005-09)

代主席:赵树华(2005-10~)

拱墅区人民法院

院　长:叶玉秋(女)

拱墅区人民检察院

检察长:邱关林

中国共产党杭州市西湖区第六届委员会

书　记:高乙梁

中国共产党杭州市西湖区纪律检查委员会

书　记:吴国良

杭州市西湖区第十二届人民代表大会常务委员会

主　任:高乙梁

西湖区人民政府

区　长:许迈永

中国人民政治协商会议杭州市西湖区第二届委员会

主　席:柳宗宝

西湖区人民法院

院　长:郑重圭

西湖区人民检察院

检察长:郑惠明

中国共产党杭州市滨江区第二届委员会

书　记:洪航勇

中国共产党杭州市滨江区纪律检查

委员会
书　记：周瑞烈
杭州市滨江区第二届人民代表大会常务委员会
主　任：洪航勇
滨江区人民政府
区　长：张耕
滨江区人民法院
院　长：王美芳（女）
滨江区人民检察院
检察长：李森红（女）

中国共产党杭州市萧山区第十二届委员会
书　记：王金财
中国共产党杭州市萧山区纪律检查委员会
书　记：朱　华
杭州市萧山区第十三届人民代表大会常务委员会
主　任：施松青
萧山区人民政府
区　长：陈如昉（~2005-09）
代区长：郑荣胜（2005-09~）
中国人民政治协商会议杭州市萧山区第十一届委员会
主　席：沈奔新
萧山区人民法院
院　长：潘季林
萧山区人民检察院
检察长：方新建

中国共产党杭州市余杭区第十一届委员会
书　记：何关新
中国共产党杭州市余杭区纪律检查委员会
书　记：汪宏儿
杭州市余杭区第十二届人民代表大会常务委员会
主　任：何关新
余杭区人民政府
区　长：刘庆龙
中国人民政治协商会议杭州市余杭区第八届委员会
主　席：李小花（女）
余杭区人民法院
院　长：傅樟绚
余杭区人民检察院
检察长：林星跃（~2005-09）
代检察长：程曙明（2005-09~）

中国共产党桐庐县第十一届委员会
书　记：邵　胜
中国共产党桐庐县纪律检查委员会
书　记：竺泉海
桐庐县第十三届人民代表大会常务委员会
主　任：邵　胜
桐庐县人民政府
县　长：陈祥荣
中国人民政治协商会议桐庐县第六届委员会
主　席：徐国相
桐庐县人民法院
院　长：邵天一
桐庐县人民检察院
检察长：郭志平

中国共产党淳安县第十一届委员会
书　记：郑荣胜（~2005-09）
陈新华（2005-09~）
中国共产党淳安县纪律检查委员会
书　记：邱卫星
淳安县第十三届人民代表大会常务委员会
主　任：郑荣胜（~2005-09）
代主任：张启煌（2005-09~）
淳安县人民政府
县　长：陈新华（~2005-10）
代县长：胡　侠（2005-10~）
中国人民政治协商会议淳安县第六届委员会
主　席：沈建平（女）
淳安县人民法院
院　长：程建飞
淳安县人民检察院
检察长：张　鸣

中国共产党建德市第十一届委员会
书　记：赵纪来
中国共产党建德市纪律检查委员会
书　记：洪庆华（~2005-05）
建德市第十三届人民代表大会常务委员会
主　任：赵纪来
建德市人民政府
市　长：杨　军（~2005-05）
代市长：洪庆华（2005-05~）
中国人民政治协商会议建德市第十一届委员会
主　席：刘志新
建德市人民法院
院　长：胡世乾
建德市人民检察院
检察长：余国利

中国共产党富阳市第十一届委员会
书　记：佟桂莉（女）
中国共产党富阳市纪律检查委员会
书　记：朱永祥
富阳市第十三届人民代表大会常务委员会
主　任：佟桂莉（女）
富阳市人民政府
市　长：戚哮虎
中国人民政治协商会议富阳市第六届委员会
主　席：胡志坚
富阳市人民法院
院　长：王少青
富阳市人民检查院
检察长：吴炳林

中国共产党临安市第十一届委员会
书　记：王　坚
中国共产党临安市纪律检查委员会
书　记：钟文静（女）
临安市第十二届人民代表大会常务委员会
主　任：王　坚
临安市人民政府
市　长：方建生
中国人民政治协商会议临安市第六届委员会
主　席：方金贵(~2005-12)
临安市人民法院
代院长：何　敏(~2005-03)
院　长：何　敏(2005-03~)
临安市人民检察院
检察长：吕金芳

（市委组织部）

农 业
Agriculture

·农业综述·

【“三农”工作“重中之重”地位进一步确立】 2005年，杭州市认真贯彻落实中央、省委关于解决“三农”问题的有关文件精神，以科学发展观为指导，以为农民办“九件实事”为抓手，把统筹城乡经济社会发展作为贯穿“三农”工作的主线，加大政策扶持和资金投入力度。全市围绕调整农业产业结构和提高农业综合生产能力，提升都市农业水平；围绕社会事业发展和深化改革，建设农村；围绕增加收入和改善生活质量，保障农民，“三农”工作“重中之重”地位进一步确立。

都市农业发展水平明显提升。顺应市场经济和都市农业发展要求，着力推进农业结构在更宽的领域、更高的层次上调整。全市六大优势产业（茶叶、花卉苗木、水产品、节粮型畜禽、蔬菜、竹业）和五大特色产业（水果、干果、蚕桑、蜂业、中药材）的产值占农林牧渔业总产值的比重达67.8%。产业化经营深入推进，至年底累计培育市级以上农业龙头企业167个。农村专业合作组织不断壮大，已建各类专业合作组织316家。外向型农业不断发展，全市有104个企业、6.2万名农民在10多个国家和国内20多个省、市建立生产和加工基地。农业科学技术日益普及，科技支撑作用不断增强。加大种子种苗工程建设和新技术推广力度，积极构建多元化的农业技术推广体系。大力发展休闲观光农业，全年接待游客400余万人，收入超过2亿元。加强从生产基地到餐桌各环节的质量监控，加快安全农产品基地建设。至年底累计建成省级无公害农产品基地(森林食品基地)8万公顷，通过认证的无公害、绿色和有机食品品牌369个。

全市农村工作会议 （市农办 供稿）

工业化、城镇化对“三农”的带动作用逐步增强。充分发挥工业化、城镇化对农村劳动力转移就业的带动和吸纳作用，加快农民分工分业，实现农民在非农产业的稳定就业，农村非农劳动力比重和来自非农产业的收入不断提高。2005年，杭州市农民人均纯收入中来自二三产业的收入达83.6%，工资性收入比重为56.4%。发挥工业化对农业发展的促进作用，积极鼓励和引导工商企业特别是民营企业投资农业。全年以工商企业为主体投资农业的资金超过30亿元。

农村社会事业加快发展。继续实施和深化9件为农民办实事项目，进一步解决农村的行路难、保障难、看病难、住房难、饮水难等问题。全市累计完成91个示范村、642个整治村的建设任务。一大批经过培训获得职能证书的农民成为二三产业的主力军。全市普遍建立了失地“农转非”人员的社会保障制度，被征地农民的长远生计妥善解决。农村低保标准在每人每月130元以上。新型农村合作医疗乡镇覆盖率达100%。农村文化信息服务体系日渐完善，全市90.2%的行政村开通了有线电视，78%的行政村建立了农业信息服务点。

农民合法权益得到较好保障。全面开展农村土地二轮承包完善工作，全市村级完善率达98.7%。积极稳妥地推进农村社区股份制改革，有186个村完成了经济合作社股份制改革，确保集体资产保值增值。全市村务公开率达100%，公开规范率

表 4　2005年杭州市农村经济总收入情况

	金额(亿元)	比上年(%)
合　计	5 956.88	26.1
市　区	4 382.74	28.1
萧山区	2 359.08	24.1
余杭区	906.42	40.9
富阳市	614.52	23.5
临安市	340.91	28.9
建德市	181.71	16.4
桐庐县	345.12	10.9
淳安县	91.88	24.4

表 5　2005 年杭州市农村三大产业收入构成

	金额(亿元)	比重(%)	比上年(%)
第一产业收入	185.33	3.1	9.2
第二产业收入	4 662.34	78.3	23.9
第三产业收入	1 109.21	18.6	40.4

96.5%。97.7%的乡镇推行村会计委托代理制，加强了村级财务管理。完成村党支部、村委会和村经济合作社换届，充实基层组织力量。投入近亿元资金，新建村级组织办公场所和活动阵地 884 个。

2005 年，全市实现农林牧渔业总产值 219.48 亿元，农村经济总收入 5956.88 亿元，农民人均纯收入 7655 元，分别比上年增长 10.7%、26.1%和 10.1%。其中：农业产值 113.66 亿元，增长 12.4%；林业产值 23.3 亿元，增长 12.7%；牧业产值 49.59 亿元，增长 8.4%；渔业产值 27.08 亿元，增长 15.7%。茶叶、花卉苗木、水产品、节粮型畜禽、蔬菜、竹业等六大优势产业实现产值 125.31 亿元，增长 13.5%，占全市农林牧渔业总产值的 57.1%；水果、干果、蚕桑、蜂业、中药材等五大特色产业实现产值 23.59 亿元，增长 16.6%，占全市农林牧渔业总产值的 10.7%。

【召开全市农村工作会议】 1 月 24 日，市委、市政府召开全市农村工作会议。代市长孙忠焕主持，副市长孙景森宣读表彰通报，市委副书记于辉达作工作报告，省委常委、市委书记王国平讲了话。会上，市委、市政府表彰奖励了杭州市农村经济发展奖先进区、县(市)，杭州市全面小康建设示范村，杭州市农村经济发展奖十佳乡镇，杭州市十佳农业示范园区，杭州市十佳农产品加工企业和杭州市十佳农村专业合作经济组织。各区、县(市)委主要负责人，分管农业的副书记，副区、县(市)长，市和各区、县(市)有关部门负责人，各乡(镇)党委书记或乡(镇)长共 400 多人参加了会议。会议传达贯彻了中央、全省农村工作会议精神，总结了 2004 年全市农业和农村工作，部署了 2005 年全市“三农”工作任务。 (娄火明)

【阻击禽流感再获全胜】 年初，国务院和省政府分别召开高致病性禽流感防控电视电话会议，市政府于 1 月 28 日和 2 月 7 日两次召开会议进行具体部署。市防治重大动物疫情指挥部下发了《关于进一步加强冬春季节高致病性禽流感防控工作的紧急通知》，要求各地认真贯彻国务院和省、市会议精神，加强畜禽生产领域的免疫和流通领域的检疫监督，并落实三条措施：一是做好防疫免疫查漏补缺工作，提高免疫密度；二是加强家禽流通领域监管，防止输入性疫情发生；三是组织明查暗访，发现问题及时整改。9 月，全国高致病性禽流感疫情再次严峻。10 月 17 日，市政府又召开高致病性禽流感防控工作视频会议，副市长孙景森在会上强调，防控禽流感要有责任意识，加强监督检查，全面落实各项防控措施。11 月 9 日，市防治重大动物疫情指挥部在余杭区瓶窑镇组织了禽流感Ⅲ级疫情防控演练。由于防治措施到位，杭州市没有发生禽流感疫情。 (徐德玉)

【召开休闲观光农业旅游工作会议】 4 月 26 日，召开杭州市休闲观光农业旅游工作会议。浙江省农业高科技示范园区、杭州生态园等 15 家农业园区获得“首批杭州市休闲观光农业旅游示范单位”称号。会议对进一步推动全市休闲观光农业旅游健康、有序、快速发展，迎接 2006 年世界休闲博览会，努力打造杭州“东方休闲之都”，提出了明确要求。

杭州市休闲观光农业旅游工作会议 (市农办 供稿)

湿地公园——湿地保护与可持续利用论坛　　（市林水局 供稿）

【继续实施粮食收购优惠政策】 为稳定全市的粮食生产，2005年粮食收购政策继续鼓励国有粮食收储企业与农民签订粮食订单，粮源用于地方储备粮轮换。国有粮食收储企业与种粮农户按国家规定的最低收购价标准(早稻谷每50千克70元，晚粳谷每50千克75元)签订收购“订单”。凡市场价低于最低收购价的，按最低收购价收购；高于最低收购价的，按市场价收购。订单粮食在收购价格的基础上按每50千克给予5元的政府价外补贴；订单售粮超过2000千克的种粮大户继续按照市政府文件规定，每50千克再给予5元补贴。政府价外补贴在农民售粮时直接兑付给农民。

【“湿地公园——湿地保护与可持续利用论坛”在杭开幕】 4月28日下午，由国家林业局、杭州市人民政府主办，杭州西溪国家湿地公园管理委员会、杭州市林业水利局、文汇报社、杭州日报报业集团承办的“湿地公园——湿地保护与可持续利用论坛”在杭开幕。来自全国各地的专家学者会聚浙江大学国际会议中心，从理论和实践层面研究湿地综合保护与合理利用的做法，共同探索湿地保护与利用的“杭州模式”。全国政协委员、原林业部副部长沈茂成讲话。省委常委、市委书记王国平作《天堂湿地、湿地天堂》专题演讲。市长孙忠焕在论坛上致辞。“湿地国际”中国办事处主任陈克林向论坛开幕发来贺信。文汇报社党委书记吴谷平，浙江大学常务副校长倪明江和市领导虞荣仁、叶明、吴键、林振国、马时雍等出席。省林业厅负责人在会上讲话。西湖区委负责人向与会专家学者介绍了西溪湿地综合保护工程情况。国家林业局野生动物保护司、宣传办负责人以及来自全国各地的专家学者500多人参加论坛。副市长孙景淼主持论坛。

【村庄整治工作扎实推进】 2005年，全市村庄总体规划完成587个，村庄建设规划或方案完成402个。共投入村庄整治建设资金32.64亿元，其中各级财政投入21.07亿元，村集体经济投入6.78亿元，农户自筹9.95亿元。在前两年完成44个示范村、289个重点整治村的基础上，2005年新完成47个示范村、353个重点整治村的建设任务，大大超过20个示范村、200个整治村的年度工作目标。全市有38个示范村得到省委省政府的表彰。进一步实施对农村贫困家庭的危房改造工作，帮助50万农民解决或改善了饮水条件。

【完善征地“农转非”人员社会保障政策】 12月29日，市政府出台《关于建立市区征地农转非劳动年龄段以上人员生活补贴制度的意见》，明确5个老城区(上城、下城、江干、拱墅、西湖区)男年满60周岁、女年满50周岁，未曾招工安置及未享受过市、区财政“双低”养老保险补贴等政府养老政策资助的征地“农转非”劳动年龄段以上人员，均可享受政府发放的生活补贴。生活补贴标准为每人每月150元，并随市区城镇低保标准同步调整。

【减轻农民负担成果得到巩固】 杭州市继续组织开展涉农收费项目和标准的清理整顿，2005年取消涉农收费4大类18项、降低涉农收费标准2大类12项；开展涉农价格和收费专项检查，查出违规收取的农机监理、农村供水、农村有线电视和公路管理等方面资金270余万元；继续强化涉农负担案(事)件责任追究制、涉农价格收费公示制、村级订阅报刊限额制、部门工作责任制以及农村中小学义务教育“一费制”等农民负担监督管理制度建设，努力防止农民负担的反弹。全市没有发生因农民负担问题而引发的恶性案件及影响社会稳定的群体性事件。

【农村专业合作组织稳步发展】 7月7日，市政府召开全市农民专业合作社经验交流会，余杭区政府等10个单位介绍了做好农民专业合作社的经验，部署了今后的工作重点。会议要求各地从农业和农村经济发展全局的战略高度，提高对农民专业合作社重要性的认识，依法落实相关税收政策，切实采取综合配套措施，加大技术指导和财政扶持力度，把专业合作社真正办成与农民利益共享、风险共担的利益共同体，办成农业增效、农民增收的经济实体。根据这次会议的精神，开展了市级示范性专业合作组织的申报。经过书面审核和实地考核，新认定市级示范性专业合作组织13家，累计达到44家；新培育农村专业合作组织47家，农村专业合作组织总数增加到316家(其中农民专业合作社166家，专业协会109家，行业协会41家)，超额完成年初确定的新增40家专业合作组织的目标任务。

【乡村通达工程进展顺利】 全市在上年实现乡乡通公路的基础上，硬化率不断提高。2005年，全市投资1.66亿元，完成329.17千米的县道砂石路改造工程；投资6.3亿元，完成农村通村公路路基、路面工程项目1010个，里程2515千米。全市农村等级公路通村率达到89.7%，硬化率达到85.1%。

【加快农村公共卫生体系建设】至2005年底，杭州市参加新型农村合作医疗的农业人口350.61万人，农民参保率为89.6%；上城、下城、江干、拱墅、西湖区农民人均筹资额每年超过80元，其他区、县(市)农民每人每年超过40元，参保农民平均受益率20.7%，居全省第一。

【“49100”帮扶工程继续深化】2005年，全市组织84个市级机关单位、93个企业、38个强乡镇，继续采取集团帮扶、产业帮扶、行业帮扶、教育帮扶、选派干部下乡帮扶等帮扶手段和措施，加大扶持力度，达到了开发性帮扶与保障性帮扶的有机结合。帮扶工程确定的321个项目除1个因村庄撤并而合并外已全部完工；项目总概算资金2.05亿元，其中帮扶集团承诺扶持资金3517万元，到位3948万元，到位率112.3%，到位资金超过承诺资金。通过帮扶，49个被帮扶乡镇农民人均收入达4409元，比上年增加408元，增长10.2%；100个被帮扶村农民人均收入3761元，增加457元，增长13.8%。

【农民素质培训工程步伐加快】4月，市委、市政府召开全市农民素质培训工作会议。全年筹措培训资金5000余万元，新认定19个农民培训示范基地；培训农民25.1万人，其中农村富余劳动力8.7万人、失地农民2.4万人、已就业农村劳动力5.4万人；发放各类农民素质培训证书20.89万本，发证率83%；培训后转移农村劳动力5.2万人，转移率68%。

【提高农业科技信息服务水平】在建成市、县、乡、村四级农业信息服务网络体系的基础上，重点抓好村级信息服务点建设。全市有村级信息服务点2882个，占村总数的78%。2005年举办区、县(市)级以上培训班102期，培训3586人次。充分发挥市农业科技信息中心的主导作用，全年咨询工作量7928人次，完成“杭州农网”改版和“农业专家系统”建设。“杭州农网”影响力不断提高，全年发布信息9.9万条，点击总数达62.5万人次，平均日点击率1700人次。

【推进农村清洁能源建设】2005年，全市建成农村清洁能源利用示范点50个，农村清洁能源利用率达到61.6%。建成“生活污水净化沼气工程示范村”49个，新增年处理生活污水能力206万吨，直接受益农户1.13万户、4万多人。推广大中型沼气工程63处、7870立方米，新增年处理规模养殖场污水能力28.7万吨，户用沼气池239只、5470立方米；新增生产沼气量155万立方米，折合开发标准煤1218吨；沼液、沼渣在种植业领域推广应用面积达2133公顷。推广太阳能热水器集热面积4.67万平方米，折合开发标准煤8405吨，新增受益农户2.35万户、8万多人。

11月28日，由市农办、市环境保护局主办，市政府农村能源办，萧山区生态办、农业局、戴村镇政府承办的“戴村杯”能源生态知识竞赛在戴村镇举行，杭州市8个区、县(市)组织了代表队参加竞赛。

【开展村经济合作社换届选举】2005年是杭州市村级组织的换届之年，把村经济合作社换届选举纳入村级组织换届之中，在全省是第一家。市农办会同市委组织部、市民政局出台文件，召开村级组织换届选举工作会议，举办培训班，研究分析选举工作中碰到的问题。通过共同努力，全年完成村经济合作社换届选举工作的村3594个，占应换届村数的98%。

【完善土地承包工作】2005年，全市继续贯彻落实市委办公厅、市政府办公厅《关于进一步完善土地承包工作的通知》，新发放农民土地权证15.37万本，发证率99.7%；新签订农村土地承包合同7.39万份，变更合同18.36万份。至年底，已完成完善工作村2709个，完成扫尾工作的村275个。。

【规范股份经济合作社组织建设】杭州市进一步加强对农村社区股份制改革单位清产核资、代表选举、股份量化、收益分配的指导。2005年率先在全省出台了《关于撤村建居股份经济合作社工商登记的意见》和5个配套文件，确立撤村建居股份经济合作社的法人资格，规范股份经济合作社组织建设，保障股份经济合作社及其社员的合法权益。至年底，全市已建设农村社区股份经济合作社186个，其中市区撤村建居单位94个。

【资助农产品加工企业】2005年，杭州市继续实施市政府于2003年制订的农产品加工企业技术改造财政资助管理办法，不断壮大农业龙头企业。落实农产品加工企业技术改造财政资助政策，先后两批确定技术改造财政资助项目40个，资助资金2162万元。其中市级财政资助资金1094万元，区、县(市)财政配套

全市农民素质培训工作会议　　（市农办 供稿）

推介优质农产品 （市农办 供稿）

资金1068元。

全市新培育市级以上农业龙头企业32个，累计达到167个；其中新增年销售收入1亿元以上的加工型农业龙头企业13个(培育16个、淘汰3个)，累计达到46个；新增年销售收入超3亿元的企业11个，累计达到18个。

【外向型农业获得新进展】 2005年，全市有50余个农业龙头企业和近万名农民在全国各地兴建农业生产基地20万公顷，饲养畜禽22万头(羽)。许多由杭州市的企业、农民投资的农业企业，已经成为当地的纳税大户、省级甚至国家级农业龙头企业。全年农业合作项目协议引进内资34.84亿元，外资2.16亿美元；实到内资24.31亿元，外资1亿美元。全市农业实现出口交货值84.8亿元。市农办被评为浙江省农业招商引资工作第一名。

【举办发展休闲观光农业旅游专题培训班】 8月25日~26日，市农办会同市旅委联合举办了首期以“提升休闲观光农业旅游水平，迎接2006杭州世界休闲博览会”为主题的杭州市发展休闲观光农业旅游专题培训班。通过培训，增进了对休博盛会和休闲产业的了解，增强了接轨休博会、服务休博会，推动休闲农业旅游大发展的责任意识和紧迫感；加深了对休闲观光农业和乡村旅游等一系列相关概念、特征的理解，增强了加快发展休闲观光农业旅游的信心和决心；增进了对国内外休闲农业旅游发展现状、经验的了解，增强了提升水平、发挥示范效应的理论素养和实际工作能力。

【成立市农产品加工企业协会】 9月4日，杭州市农产品加工企业协会成立。全市年销售额500万元以上的农产品加工企业有2680多个，年销售产值1600亿元，上缴税收120亿元，出口创汇近10亿美元。成立农产品加工企业协会，旨在最大限度地把全市农产品加工企业、同行业相关企业和农户组织起来，实现生产、加工、流通的有机结合；推进农产品的区域化布局、专业化和标准化生产、规模化和品牌化经营；合力开拓农产品市场，维护市场秩序，以最终保护农产品行业的整体利益，增强行业的凝聚力。有105个企业成为杭州市农产品加工企业协会的首批单位会员，主要集中在畜禽、蔬菜、笋制品和茶叶等4个加工行业，另有个人会员7名。

【召开村级民主政治建设研讨会】 6月24日，杭州市在余杭区召开村级民主政治建设研讨会。与会的省、市有关部门领导和中国人民大学、清华大学、中国民政学院、浙江大学等专家、教授，对村级民主政治建设进行了专题研讨。他们对余杭区在这方面所做的工作表示肯定，特别是在民主选举上，余杭区做了许多颇有实效的尝试和创新，在民主管理、民主决策、民主监督上也走在了全国的前列。

【农产品展销硕果累累】 11月26日~30日，在2005浙江省农业博览会上，杭州市有140多个农产品加工企业的2000多种名特优农产品参加展销。杭州展团销售额达到1212万元，签订销售合同26项，合同额4959万元。在农博会评奖活动中，杭州市有79种产品获省农博会金奖，98种产品获省农博会优质奖；秋梅牌倒笃菜、汇林牌炒货、贡牌西湖龙井和祖名牌豆制品等4个品牌农产品入选省农博会“十大最受市民喜爱的品牌农产品”。12月24日，在上海光大会展中心举办杭州(上海)名特优新农产品展销会，全市有300个农产品加工企业的1400种产品参展，现场销售额600余万元，还吸引了众多客商前来采购洽谈，有14个投资贸易项目签约，协议资金达2亿元。

【“绿色通道”政策助农增收】 杭州市加强农产品运销“绿色通道”监管，2005年举办两期“绿色通道”管理培训班，实现了省、市政策的顺利衔接。全年发放“绿色通道”通行证15万张，免费通行车辆13万辆次，运载农产品13万吨，直接为农民增收300万元以上。

【表彰农村工作指导员】 6月13日，市农村工作指导员办公室发出通报，决定授予金鑫等100人为2004年度“杭州市优秀农村工作指导员”称号。这批优秀农村工作指导员是在全市首批4300多名农村工作指导员中，经各级层层推荐审核后评定的。

6月28日，市委、市政府召开农村工作指导员和科技特派员工作会议，总结上年全市农村工作指导员制度实施情况，部署当年农村工作指导员和科技特派员工作。7月1日~3日，市农村工作指导员和科技特派员工作办公室对省、市两级选派的155名第二批农村工作指导员和首批科技特派员进行了为期3天的上岗培训，7月10日前奔赴各自驻村点。

【修订农产品品牌建设奖励办法】 5月23日，市农办、财政局等单位制定的《杭州市农产品品牌建设奖励办法》出台。该办法规定，凡在杭州市行政区域内从事食用农产品生产、加工、经营的企事业、经济合作社、社会团体及其他经济组织，其当年新获得省级以上有关农产品质量认证(认定)的产品，包括：有机食品、绿色食品、无公害农产品、无公害森林食品等，均可以申报享受市政府一次性资金奖励的扶持政策。《杭州市农产品品牌建设奖励办法》的出台是鼓励实施农业名牌战略，加大农产品品牌建设扶持和保护力度的重大举措，对提高全市品牌农产品的质量和效益，提升品牌农产品的市场竞争力和占有率，促进农业增效、农民增收将起到积极的推动作用。

【部署防汛防旱工作】 市政府继4月15日、5月25日两次召开全市防汛防旱工作会议后，6月24日再次召开全市防汛防旱工作会议，对全市防汛防旱、防灾工作进行再部署、再动员。市长孙忠焕，副市长孙景森，各区、县(市)长，分管防汛工作的副区、县(市)长，水利、气象、国土资源、教育局和市建委主要负责人，市政府各部门、各直属单位主要负责人，市防汛防旱指挥部成员单位负责人参加会议，还邀请省武警总队、驻杭某师、杭州警备区、杭州武警支队首长参加会议。市气象局、林水局、城管办、国土资源局、教育局负责人分别汇报了防汛防旱工作情况。

【市农科院实验中心通过初次评审】 7月3日，中国实验室国家认可委员会(CANL)专家评审组和省级计量扩项认证评审组对市农业科学研究院实验中心的组织和管理、质量体系、审核和评审、人员、设施和环境、仪器设备和标准物质、量值溯源和校准、检验方法、检验样品的处置记录、检验报告、检验工作的分包、外部支持服务和供应等13个质量体系要素进行了认真考评。评审组专家在全面评审考核后认为：市农科院实验中心组织机构健全，质量体系已开始正常运行；注重实验人员的业务培训和技术考核，管理人员和检测人员素质符合岗位要求；检测环境和检测能力有了提高；记录和技术档案管理较认真规范，实验室管理有序；质量控制措施合理，检测质量能得到保证。此次评审是获得国家实验室认可和省级计量认证的初次评审，为市农科院实验中心正式获得国家实验室认可资格和省质量技术监督局计量扩项认证打下了基础。

【农业专家系统开发应用项目通过鉴定】 由中科院北京仲讯雄风科技有限公司和杭州市农业科学研究院共同承担的杭州市农业专家系统开发应用项目，于7月8日通过项目验收和技术鉴定，并在“杭州农网”上发布，向全市推广。该系统能利用人工智能技术模拟农业专家解决问题，接受咨询，帮助决策；集成了多媒体技术，一目了然，简单易学；立足当地的气候特征、土壤条件、品种特点，实用性和针对性强；技术人员可进行修改、升级，随时更换和填充新的专业知识；具有智能化、“傻瓜”化、本地化、动态化四个特点。该项目成果总体上达到国内领先水平。

【加强农村实用人才队伍建设】 1月14日，市委出台《关于加强农村实用人才队伍建设的意见》，建立了杭州市农村实用人才工作领导小组。市本级重点抓好“125培训计划”，即：每年培训农业龙头企业、农产品加工企业的经营管理人才100名，农村经纪人和农民专业合作经济组织带头人200名，种养致富带头人500名。建立农村实用人才信息库，在全市农村实用人才队伍中，开展评选“十佳百优”活动(即杭州市十佳农村实用人才、杭州市百名优秀农村实用人才)，对当选者给予物质和精神奖励。

3月初~6月中旬，市农办会同市农业局，对全市农村实用人才资源进行了抽样调查。从统计调查结果推算，杭州市农村实用人才总数为3.36万人，占全市农业人口的0.8%。

【西湖龙井茶获金奖】 10月9日~12日，杭州市6个西湖龙井茶企业，参加在北京举行的2005第二届中国国际茶业博览会名优茶评选，西湖龙井茶叶有限公司、杭州正浩茶叶商行提供的“贡”牌和“豪”牌西湖龙井茶双双获得金奖。

【杭州市首家农民专业合作社成立】 6月28日，杭州市首家由农民自发成立的专业合作社——萧山久誉家禽合作社在萧山区新塘街道成立。这个合作社的发展目标是打响萧山家禽品牌，让优质“萧山鸡”重振市场雄风。新组建的合作社，由杭州萧山玉泉家禽有限公司发起，8个家禽企业自愿合伙入股。这个合作社有孵化场地4公顷，孵化器271台(套)，在萧山区外建有固定的种禽基地9处，面积24.67公顷，各类苗禽年产能力8000万羽以上，可实现销售收入1.5亿元。

【民办科研机构向阳杨梅研究所注

水稻丰收　　(市农业局 供稿)

册】6月24日,杭州市第一家民办科研机构——向阳杨梅研究所注册登记。该研究所由建德市大洋镇向阳杨梅合作社出资举办,以立足梅农、服务梅农为宗旨,主要从事开发和推广杨梅新品种、新技术,提供杨梅种苗,并组织开展梅农技术培训和应用。

【新街宁围位居省十强花卉乡镇前两名】6月,在省林业厅和省花卉协会组织的浙江省十强花卉乡镇评比中,杭州市萧山区的新街镇、宁围镇,分别位列第一名、第二名。此外,萧山区坎山镇被评选为浙江省十大新兴花卉乡镇。 (娄火明)

·种植业·

【种植业概况】2005年,杭州市粮食复种面积18.62万公顷,比上年减少0.05万公顷,减幅为0.3%;每公顷平均产量5559千克,减少162千克,减幅为2.8%;总产103.50万吨,减少3.30万吨,减幅为3.1%。油菜种植面积3.76万公顷,增加0.16万公顷,增幅为4.5%;每公顷平均产油菜子1879千克,增加59千克,增幅为3.2%;总产7.07万吨,增加0.52万吨,增幅为8.0%。蔬菜种植面积10.31万公顷,减少0.10万公顷,减幅为1%;每公顷平均产量30.02吨,增加1.11吨,增幅为3.8%;总产309.32万吨,增加8.29万吨,增幅为2.8%。毛茶总产量2.56万吨,增长2.2%;总产值12.93亿元,增长26.9%;其中名优茶产量9524吨,产值10.51亿元,分别增长4%和11.3%。果园面积2.48万公顷,水果总产量52.55万吨,分别增长6.2%和5.3%。全市饲养蚕种36.51万张,总产蚕茧1.63万吨,分别增长9.5%和10.8%。

【遭遇多种自然灾害】2005年,杭州市气候性灾害和病虫性灾害接连发生。高温干旱历史罕见。梅汛期平均雨量仅15.2毫米,全市持续高温干旱,据农业部门统计,农作物受旱面积7.5万公顷,成灾1.88万公顷。台风暴雨不断。全年有"海棠"、"麦莎"、"卡努"等较大的台风在浙江登陆,对全市农业生产造成较大损失。稻飞虱发生量为1968年来所罕见,

表6 2005年杭州市粮食生产情况

		面积(千公顷)	比上年(%)	总产量(吨)	比上年(%)
总 计		186.18	-0.3	1 034 950	-3.1
稻谷	小 计	100.57	-1.7	711 931	-6.7
	早 稻	3.02	-24.7	17 560	-22.9
	晚稻及迟中稻	97.55	1.3	694 371	-6.2
春粮	小 计	21.74	4.3	77 129	6.7
	大 麦	0.79	-17.7	2 705	-23.5
	小 麦	16.92	4.4	64 347	7.7
	其 他	4.03	9.5	10 077	12.3
夏秋杂粮	小 计	63.87	0.6	245 890	5.5
	夏秋番薯	16.16	1.2	97 598	6.7
	夏秋玉米	15.80	9.3	64 324	11.0
	夏秋大豆	27.01	-2.9	70 483	0.7
	其他秋杂粮	4.90	-6.0	13 485	-0.8

表7 2005年杭州市棉花、麻类、油菜子生产情况

	面积(千公顷)	比上年(%)	总产量(吨)	比上年(%)	单产(千克/公顷)	比上年(%)
棉 花	0.74	-10.8	1 038	-12.3	1 408	-0.8
麻 类	0.15	-11.8	750	-19.1	5 172	-6.8
油菜子	37.64	4.5	70 733	8.0	1 879	3.2

表8 2005年杭州市蚕茧、茶叶、水果生产情况

单位:面积(公顷)、总产量(吨)、单产(千克/张)

	数量	比上年(%)	单产	比上年(%)
桑园面积	15 362	7.9	-	-
饲养蚕种张数	365 109	9.5	-	-
其中:春 蚕	152 736	8.6	-	-
夏 蚕	21 650	5.7	-	-
秋 蚕	190 723	10.8	-	-
蚕茧总产量	16 339	10.8	44.8	1.2
其中:春 茧	7 218	11.1	47.3	2.3
夏 茧	918	10.6	42.4	4.7
秋 茧	8 203	10.6	43.0	-0.2
茶园面积	30 312	1.6	-	-
茶叶产量	25 551	2.2	-	-
其中:春 茶	17 341	4.0	-	-
夏 茶	3 991	-0.4	-	-
秋 茶	4 219	-2.4	-	-
果园面积	24 768	6.2	-	-
其中:柑橘园	9 621	3.1	-	-
水果产量	525 535	5.3	-	-
其中:柑橘	105 697	-11.0	-	-

余杭区径山茶园 （市农业局 供稿）

属特大发生年份，受灾晚稻面积近7000公顷。水稻青枯病影响较大。9月中下旬持续高温，10月又连续低温阴雨，导致水稻因生理性失水而青枯，全市约有4000公顷晚稻受到不同程度的青枯病影响。面对灾害频发的实际，杭州市各级政府、有关部门和农民群众立足抗灾自救，扎实做好各方面的工作，在受灾之年仍夺得了农业丰收。

【财政拨款634.2万元扶持粮食生产】 2005年，杭州市高度重视粮食生产，继续将粮食生产的各项指标纳入政府目标考核内容。进一步加大对粮食生产的扶持力度，市财政全年安排扶粮资金达634.2万元。其中，直接补贴种粮大户资金70.2万元，补贴粮食型都市农业园区建设资金100万元，补贴中低产田改造市级示范工程资金300万元，粮油作物高产高效示范竞赛奖励资金20万元，粮食作物救灾和应急种子储备资金35万元，粮食新品种引进和粮油重点技术推广项目资金109万元。

【淳安临安建德被评为省蚕桑西进工程先进县】 9月14日~15日，浙江省农业厅在建德市召开蚕桑西进工程表彰大会，淳安、临安、建德3县(市)被评为蚕桑西进工程实施先进县(市)。会上，千岛湖蚕茧专业合作社、建德大同蚕桑专业合作社、临安泥骆蚕桑专业合作社分别和长兴大东吴荣达制丝有限公司、浙江中维丝绸集团有限公司、湖州海源有限公司等丝绸龙头企业举行了对接签约仪式，有效地解决了鲜茧收烘能力不足和干茧销售渠道不畅的问题。

【引进推广新品种新技术】 2005年，全市引进粮油新品种78个，蔬菜新品种127个，水果新品种57个。建立水果苗圃16.67公顷、优质桑品种母本园6.67公顷、茶树良种母本园6.67公顷。推广超级稻无公害栽培技术3.90万公顷、稻鸭共育技术2000公顷、柑橘“三疏二改一覆盖”(疏树、疏枝、疏果，改一般农药防治病虫害为无公害防治、改常规施肥为配方施肥，应用反光膜覆盖)技术3333公顷、名优茶标准化生产技术23.33万公顷、省力化养蚕26万张、方格簇营茧250万片。

【农产品质量安全跃上新水平】 2005年，杭州市实施“农产品质量安全年”活动，强化农业投入品管理和生产全过程监控。全市建立蔬菜产地监控点32个，监控面积3667公顷。对基地上市前的蔬菜、水产品、畜产品、水果、茶叶、粮油等6大类食用农产品抽检2991批次，平均合格率98.2%。生猪宰前瘦肉精尿检3.38万批次，合格率99.7%。

【开展科技进村入户活动】 杭州市农业科技工作者在前几年“联基地、联大户”的基础上，2005年开展科技进村入户活动，将其作为为农服务的新载体。全市有772名农业科技人员参加科技进村入户活动，联系农户(基地、企业)1338户(个)，其中科技示范户800户，基地308个，农业企业230个。

【实施农业标准化】 2005年，杭州市农业标准化工作的重点从制订标准转向实施标准。为使农业标准让农民看得懂、学得会、用得上，市农业部门将区域主导优势农产品的生产技术规程和产品标准编制成标准模式图。全市印发标准模式24种10万余张，受到农民群众的欢迎。

【千岛湖蚕茧专业合作社不断壮大】 千岛湖蚕茧专业合作社是一家集种植、生产、加工、销售为一体的经济

稻鸭共育 （市农业局 供稿）

合作组织。至2005年,参加合作社的农户2万余户,有桑园基地452公顷,已成为迄今全省规模最大、带动农户最多的一家蚕茧专业合作组织。

【防控一枝黄花】9月,经市政府批准,成立由农业、林水、园文、交通、城管、财政等11个部门组成的杭州市重大农业植物疫情防控指挥部,统一协调全市加拿大一枝黄花的防控工作。重点对萧山、余杭区两个一枝黄花重灾区进行防控,全年防控面积为400公顷。

【抓地力培育】2005年,为提高土壤肥力,杭州市植保土壤肥料站采取五项措施培育地力。改造中低产田6700公顷;实施肥药双控示范面积923.33公顷;实施配方施肥6.13万公顷;推广秸秆还田14.35万公顷;种植绿肥9100公顷。

【农业产业化经营有新发展】2005年,杭州市新建都市农业示范园区(基地)54个,面积8000公顷;建成都市农业市级专业示范村50个,面积5311公顷;建成县级都市农业专业村210个。全年有92个基地通过浙江省无公害农产品基地认定。其中:种植业61个,1.66万公顷;水产业19个,0.25万公顷;畜禽业12个,养殖规模291.3万头(羽)。通过认证的无公害农产品32个、绿色食品140个、有机食品14个。至年底,全市已建立市级产业协会9个,区、县(市)级产业协会90个,农业专业协会105个,有各类农业经纪人1000余名。

【市蔬菜产业协会成立】3月25日,杭州市蔬菜协会成立暨第一届会员大会在杭州召开,113名协会会员出席会议,副市长孙景淼向大会发来贺信。大会表决通过了《杭州市蔬菜产业协会章程》,选举产生了协会理事、常务理事、会长、副会长、秘书长。浙江吉天农业开发有限公司总经理郑素英当选会长。(徐德玉)

·林业·

【林业概况】2005年,杭州市围绕“构筑大都市生态林业、建设新天堂绿色产业”的发展目标,继续实施林业十大工程,初步实现了林业生态效益、经济效益和社会效益的良性互动。生态林建设进一步巩固。全市完成造林更新面积6267公顷,其中用材林1933公顷、防护林1067公顷、经济林1600公顷、竹林1667公顷。建成省级重点生态公益林6.67万公顷,累计达22.67万公顷。完成高标准平原绿化27.53公顷,绿色通道290千米,被帮扶乡镇退耕还林666.67公顷,新建市级园林绿化村36个。林业产业稳步推进。建成省级示范基地7个、市级12个,认定省级林业龙头企业20个。重点林业工程容器苗造林使用率达到28%。资源保护得到强化。全市林木采伐量控制在计划额度以内,依法办理林地征占用面积815公顷,营建生物防火林带200千米,森林火灾受害率0.6‰,森林病虫害防治率87.7%,林业刑事案件破案率94.5%。临安国际示范林项目被联合国粮农组织选为亚太地区森林可持续经营杰出典范,建立全国首个国家湿地公园——杭州西溪国家湿地公园,并被列为全省林业“十五”期间“十大成就”和“十件大事”之一。成功举办桂花论坛,积极创建全国绿化模范城市。市林水局被国家林业部评为全国森林资源管理先进单位。(林福平)

市领导参加在少年宫广场举行的创建全国绿化模范城市万人签名活动

(市林水局 供稿)

【创建全国绿化模范城市】杭州市争创绿化模范城市,形成良好的全民共建氛围,顺利通过了7月上旬和9月上旬的两次预检。全国绿化委员会办公室检查组对杭州的评价是:“绿树成荫,花木葱茏,环境优美,在营造绿色家园,推进绿色文明,实现城市的可持续发展上成效较大”,同时提出了进一步深化创建工作的要求。市委、市政府于9月19日召开创模动员大会,向全市人民发出了植绿、护绿、爱绿、兴绿的总动员。广泛进行宣传发动,加强新闻媒体宣传力度,设置40块大型宣传牌和600余条宣传直幅,制作大量的宣传画和宣传手册分发到社区和居民手中,积极组织志愿者开展绿化美化杭城的各项活动。10月1日,分别在少年宫和时花广场举行创建全国绿化模范城市万人签名活动。配合全国绿化委员会拍摄制作了以《共建绿色家园》为题的音像片,努力提升杭城绿化新形象。及时开展督促检查,认真落实整改措施。

【生态公益林管理办法出台】9月12日,《杭州市生态公益林管理办法》经市政府第83次常务会议审议通过予以公布,自11月1日起施行。2003年,市政府将该办法列入立法调研计划。2004年,经专题立法调研后形成草案。在制定过程中,先后邀请国家林业局华东调查规划院、省林业厅、省林业科学研究院、省林业勘测设计院、浙江林学院,以及杭州市城建、交通等部门的专家进行座谈讨论,广泛征求意见。该办法的出台实施,为逐步完善由国家、省、市、县四级财政为主导的生态公益

林投资建设体系提供了保障。（应 娟）

【启动景观林带建设】 按照《浙江省阔叶林发展工程规划纲要》和杭州生态市建设要求，市林水局在2005年启动景观林带建设。以杭千、杭徽高速公路和05省道两侧林相培育改造为重点，采用"封育、新造、补植、改造"等综合措施，保留主导树种，培育优势树种，合理配置景观树种，美化森林生态景观，努力营造色彩丰富、结构优化、层次分明的森林景观大道。全市完成景观林带建设面积1054公顷，其中新造160.87公顷、补植改造220.67公顷、封育抚育652.67公顷。（高耀庭）

【中国桂花论坛在杭举行】 9月21日~23日，以"弘扬桂文化，发展桂产业"为主题的"2005中国桂花论坛"在杭州举行，这是中国取得桂花品种国际登录权后首次以桂花为主题的论坛。来自花卉苗木界和桂花科研、生产、应用领域的专家学者及企业代表100余人出席，共同探讨桂花产业的可持续发展。（汤惠明）

【中国桂花品种繁育中心落户杭州】 桂花是杭州的市花。9月23日，中国花卉协会首次认定杭州、苏州、桂林3个"中国桂花品种繁育中心"。全国发掘的桂花品种已有150多个，其中浙江省91个。被定为中国桂花品种繁育中心的杭州绿地种业有限公司桂花品种繁育基地，建设了全国第一个桂花品种资源库，已收集桂花品种70多个、8万余株，拥有先进的现代化繁育设施。在桂花品种分类和快速繁育技术、无土化栽培技术研究等方面取得了丰富成果，特别是桂花的全光照喷雾繁育技术及无土化容器苗栽培技术均处于国内领先地位。（张炎良）

【森林火灾综合防控能力增强】 2005年，杭州市继续推进县、乡、村三级森林消防队伍建设，增强森林火灾扑救应急反应和高效处置能力。组建专职护林巡查队伍，加强林区野外火源管理；组织森林火险隐患大排查，实施查处森林火灾案件大会战，遏制了因农事用火及上坟扫墓导致森林火灾频发的严峻态势。全年发生森林火灾61起，比上年减少35.8%，其中火警3起，一般火灾58起；过火面积1259公顷，受害森林面积614.7公顷，森林火灾受害率0.6‰。火灾案件查处率97%，追究刑事责任27人。森林火灾造成死亡3人。（童修耀）

【开展"绿剑出鞘"专项行动】 2005年，市林水局根据林区社会治安形势和破坏森林资源违法犯罪的特点，以推进警力下沉，警务前移为抓手，以强化资源管理，规范执法行为为依托，组织全市森林公安机关开展"绿剑出鞘"系列专项行动，分区域、有重点地打击破坏野生鸟类资源、乱砍滥伐林木资源违法犯罪活动，严肃查处林区野外违章用火，保护森林和野生动物资源安全，维护林区社会治安稳定。全市查处各类森林案件893起，其中刑事案件86起，行政案件807起，处理违法人员977人，挽回经济损失172万元。

【实施"固本强基"工程建设】 近几年来，杭州市森林公安机关实施"固本强基"工程建设，从严治警、素质强警、从优待警，抓好队伍建设。打防结合、预防为主，开展林区治安的综合治理，加强业务建设。以增强民警的法制意识、法律素质和执法能力为重点，推进法制建设。以建立公安民警的行为规范、工作规范，以及公安机关的基础设施配备规范为依据，落实装备建设，有效地提高了森林公安预防、侦查、打击违法犯罪的执法水平。至2005年底，淳安、桐庐、建德、临安森林警察大队先后通过省林业厅、公安厅的考核验收，被命名为浙江省森林公安"固本强基"示范单位。（徐惠芳）

【山林纠纷调处成效显著】 2005年，全市计划调处山林纠纷25起，实际调处44起，解决争议面积169.7公顷。在调处的山林纠纷中，市际山林纠纷9起，解决争议面积57.67公顷。特别是建德市三都镇陈村有两块山插花在兰溪市柏社乡山门村，为了权属之争，这两个村于1993年、1995年两次发生大规模械斗，造成间接死亡2人的惨剧，双方矛盾很深。2005年，建德市、兰溪市山林纠纷调处办公室通过调查分析，本着化解矛盾维护山区稳定的原则，多次深入到各自管辖的村做思想工作，同时采取相应的措施，使这两个村终于在调解书上签字，化解了多年的积怨。

【严格控制林木采伐额度】 2005年，按照建设生态市的目标，杭州市加强森林资源保护，严格控制林木采伐。全年采伐林木87.11万立方米，大大低于131.39万立方米的采伐额度。实际采伐按消耗类型分：商品材46.12万立方米；自用材14.42万立方米；烧柴26.57万立方米。按采伐类型分：主伐38.83万立方米；抚育伐24.74万立方米；其他采伐23.54万立方米。全年采伐毛竹2984万支。（俞荣林）

【建立全国首个国家湿地公园】 2月1日，经国家林业局批复同意，杭州西溪湿地成为全国首个国家湿地公园。湿地公园位于杭州市天目山路延伸段，距西湖5千米，集城市湿地、农耕湿地、文化湿地于一体，规划范围东起紫金港路绿化带西侧，西至绕城公路绿化带东侧，南起沿山河，北至文新路延伸段，总面积10.08平方千米。已建成开放区域为西溪湿地综合保护一期工程范围，面积3.46平方千米。（郭新保）

·畜牧业·

【畜牧业概况】 2005年，杭州市畜牧业按照生态市建设和都市农业发展要求，努力提高综合生产能力，畜牧生产稳步发展。全年生猪饲养量482.17万头，比上年增长2.1%；年末存栏165.28万头，增长0.2%；出栏316.89万头，增长3.2%。奶牛存栏1.31万头，下降21.6%。羊存栏22.44万只，下降7.4%；出栏28.86万只，增长6.5%。兔存栏30.80万只，增长13.1%；出栏42.59万只，下降15.6%。家禽存栏1804万羽，下降11.9%；出栏4812万羽，下降2.2%。蜂存栏19.28万箱，增长6.1%。肉类、蛋类、蜂蜜产量分别增长2.9%、3.2%和12.3%，奶类产量下降22.0%。全市畜牧业产值49.59亿元，增长8.4%，畜牧业产值占农林牧渔业总产值的22.6%。

3月12日，农业部兽医局局长

表 9　　2005年杭州市畜牧业生产情况

		单位	年内出栏数	比上年(%)	年末存栏数	比上年(%)
生猪		万头	316.89	3.2	165.28	0.2
牛	小　计	万头	0.92	7.0	3.55	-11.0
	其中:奶牛	头	–	–	1.31	-21.6
羊		万只	28.86	6.5	22.44	-7.4
兔		万只	42.59	-15.6	30.8	13.1
禽		万羽	4 812.38	-2.2	1 804.27	-11.9
蜂		万箱	–	–	19.28	6.1

表 10　　2005年杭州市主要畜产品产量

		单位	数量	比上年(%)
主要畜产品产量	肉　类	吨	307 377	2.9
	蛋　类	吨	98 722	3.2
	奶　类	吨	50 436	-22.0
	兔　毛	吨	18	5.9
	蜂　蜜	吨	20 954	12.3
全市人均占有量	肉　类	千克	46.54	1.5
	蛋　类	千克	14.95	1.8
	奶　类	千克	7.64	-23.0
	蜂　蜜	千克	3.17	10.9

贾幼陵,在省农业厅副厅长赵利民,省兽医局局长张火法,市委副秘书长、市政府副秘书长来坚巨等陪同下,视察了杭州市外来动物和动物产品报验中心城南临时报验站、市畜牧兽医总站的动物疫病监测与控制中心和农产品监测实验室,询问了全市动物防疫和畜产品安全监管工作情况。贾幼陵对杭州市的畜牧兽医工作表示满意。

【养殖污染综合治理成效显著】 根据市政府办公厅转发市环保局等部门《关于杭州市畜牧养殖业污染综合整治方案》的通知精神,至2005年底,在全市禁养区内,累计削减生猪40余万头、奶牛9000头,关闭规模养猪场4个、养牛场13个,完成苕溪水域278.58万羽鸭子饲养的污染整治工作。积极开展规模畜禽场与水产养殖场的污染治理和健康养殖技术示范,畜禽废弃物的资源化利用率已达87%。

果园养鸡　　(市农业局 供稿)

【防控猪链球菌病】 2005年,四川省部分地区发生猪链球菌病,并感染人类。为此,杭州市政府于8月10日召开全市防控猪链球菌病会议,进行全面部署。副市长孙景淼在会上要求统一思想,认清形势,提高防控猪链球菌病的工作责任感和紧迫感;明确任务,落实措施,全面提升对重大动物疫病的防控能力;加强领导,确保猪链球菌病的防控工作落到实处。会后,市农业局召开全市动物检疫工作会议,组织了全市性检查,并对一线动物检疫员进行了猪链球菌病的检疫与诊断知识培训,在屠宰场配备红外线测温仪,加强屠宰检疫把关。由于各项工作落到实处,杭州市没有发生人感染猪链球菌情况。

【成立外来动物和动物产品报验站】 杭州市为进一步做好动物防疫工作,将动物防疫屏障前移。根据《杭州市实施〈中华人民共和国动物防疫法〉办法》的要求,经市政府同意,设立杭州市外来动物和动物产品报验中心。3月10日,杭州市外来动物和动物产品报验中心城北、城南两个临时报验站正式启动,开展对外来动物和动物产品的报验工作。当年查验生猪86万头、活牛2723头、活禽2.38万羽、禽蛋111.4吨、冷鲜和冷冻动物产品3.36万吨,对流通领域动物疫病防治起到了积极作用。

【开展家禽定点检疫试点】 9月10日,杭州市在对生猪实行定点屠宰集中检疫的基础上,又在全省率先开展家禽定点集中屠宰检疫试点。市动物检疫站向杭州禽业有限公司和杭州加进鸭业食品有限公司派驻检疫人员,开展定点检疫工作,当年检疫家禽22.15万羽,迈出了家禽定点集中屠宰检疫的第一步。

【加强对动物诊疗单位的监督管理】

随着宠物饲养量的增加，杭州市区动物诊疗事故纠纷增多。为此，市农业局于4月22日下发《杭州市动物诊疗事故鉴定办法》，组织执法人员对无证诊疗行为进行查处，切实加强对动物诊疗单位的监督管理。市农业局还会同市环境保护局在全省率先发出《关于规范动物诊疗单位医疗废弃物处置工作的通知》，从5月1日起，全市19个动物诊疗单位的医疗废弃物进行集中统一处理。杭州电视台对此作了跟踪报道。

（徐德玉）

·水产业·

【水产业概况】 2005年，杭州市渔业工作在“提升养殖业、发展精深加工业、拓展流通业”思路的指导下，把渔业结构适应性调整与战略性调整有机地结合起来，继续提高第一产业效益，积极推进以加工、流通、休闲渔业为主的第二、三产业，呈现良好的发展态势。全市水产养殖面积6.13万公顷，比上年增加0.1%；水产品总产量14.78万吨，增长5.9%；渔业总产值27.08亿元，增长15.7%。涉渔工业和建筑业总产值7.02亿元，涉渔流通和服务业总产值41.51亿元。

【建设区域特色渔业基地】 杭州市努力建设有区域特色的渔业生产基地。至2005年底，已建成余杭区国家级本牌中华鳖标准化示范区（浙江省最大的规模化生态养鳖基地）、萧山区南美白对虾养殖出口基地、西湖区无公害罗氏沼虾养殖基地、桐庐县富春江无公害河蟹养殖基地、富春江鱼类网箱养殖基地和千岛湖有机鱼养殖基地等一大批区域性特色水产养殖基地，提升了全市水产养殖产业优势。

【推广水产健康养殖技术】 2005年，杭州市推广水产健康养殖面积1164公顷，涉及罗氏沼虾、鳖、蟹、青虾、严州三江鳊、罗非鱼网箱养殖等多种健康养殖模式，并建立了13个水产健康养殖示范点。提倡合理、科学、先进的养殖手段，利用微生物技术，改善养殖水环境，减少养殖过程中对水产品及自然环境的影响，有效地提高了水产品的品质。

【拓展水产品市场】 至2005年底，全市有水产品品牌112个，其中名优品牌63个；建成了以近江水产批发市场为龙头，周边区、县(市)水产市场为依托，水产贩销大户为纽带的较为完善的水产品市场网络体系。同时拓展国际市场，形成了以南美白对虾、鳖、罗非鱼等为主的拳头出口产品。全年出口水产品3672吨，贸易额2006万美元，分别比上年增长66.2%和38.4%；加工水产品1.26万吨，产值3.39亿元；水产品交易市场成交量21.14万吨，成交额33.23亿元。

【扩大名特优水产养殖规模】 杭州市水产养殖模式和品种结构不断优化。2005年，全市名特优水产养殖面积达2.33万公顷，比上年增长6%，18种主要名特优水产品的放养总量

表11 2005年杭州市水产养殖面积

	数量(公顷)	比上年(%)
(一)总计	61 331.66	0.1
内　塘	7 876.76	3.4
外　荡	5 526.40	-12.1
山　塘	2 118.47	-0.1
水　库	44 028.70	1.3
其　他	1 781.33	-2.3
(二)网箱养殖	1 934 438(平方米)	12.2

表12 2005年杭州市水产品产量

	产量(吨)	比上年(%)
(一)总计	147 800.33	5.9
其中:养　殖	138 143.93	7.1
捕　捞	9 656.40	-8.5
(二)养殖水域		
内　塘	60 340.60	0.9
外　荡	11 446.60	-2.1
山　塘	5 913.20	30.1
水　库	8 702.90	27.7
稻　田	37 321.63	12.9
其　他	14 419.00	10.5
(三)主要养殖品种		
青　鱼	2 172.78	23.5
草　鱼	12 884.80	-0.7
鲢　鱼	21 336.70	9.4
鳙　鱼	13 060.80	5.6
鲫　鱼	10 127.80	6.9
鳊　鱼	5 636.50	4.7
鲤　鱼	2 752.40	1.4
罗非鱼	796.00	31.1
鲶　鱼	747.90	-3.8
鳖	20 407.70	3.7
蟹	3 032.15	2.7
虾　类	20 333.20	6.5
加州鲈鱼	772.00	-4.7
乌　鳢	15 304.20	13.1
鳗、鳜鱼	338.50	2.1

达34亿尾(只)。

【建立良种繁育体系】 2005年,杭州市引进水产品原良种,进行繁育、生产和养殖推广,逐步建立起优势主导水产品的良种繁育、生产基地,提高了良种覆盖率。至年底,全市已建成1个国家级水产原种场,2个省级水产良种场和3个具有一定规模的市级水产良种繁育、生产场,有60多个名特优新品种。常规鱼的原良种养殖覆盖率已达到90%以上。为规范水产种苗生产秩序,全市发放水产种苗生产许可证64本。

【钱塘江放流新鱼种】 1月,杭州市从湖北省国家级长吻鮠良种场引进长吻鮠冬片鱼种2.5万尾,放流于钱塘江。12月,又从湖北省水产良种试验站引进胭脂鱼冬片鱼种1.5万尾放流钱塘江。钱塘江的放流品种由传统的青、草、鲢、鳙"四大家鱼"发展到包括常规品种鲤、鳊以及土著名特优鱼类花䱻、鳜鱼、三角鲂、长吻鮠、胭脂鱼等在内的11个品种。据统计,全年钱塘江放流夏花鱼种152.5万尾、冬片鱼种149.85万尾。

【完善鱼类病害测报体系】 2005年,杭州市在余杭、萧山、江干、西湖、建德、富阳、桐庐和淳安等区、县(市)建立36个水产养殖病害测报点,通过"渔技110"网络和鱼类病害预警预报系统等,及时发布最新养殖技术及信息动态,不断完善鱼类病害测报网络体系。年内有草鱼、翘嘴红鲌、南美白对虾、罗氏沼虾、蟹和鳖6个品种纳入测报网络体系,降低了水产养殖风险。

【发放渔业水域养殖证1.15万本】 杭州市根据农业部《关于印发〈完善水域滩涂养殖证制度试行方案〉的通知》精神,从2004年开始,通过宣传发动、学习培训、调查摸底,全面推行渔业水域养殖证制度。至2005年底,全市已发证1.15万本,发证水面5.60万公顷,顺利完成了浙江省海洋与渔业局下达的渔业水域养殖证发放任务。

【水产品加工业逐步壮大】 2005年,杭州市努力培植水产品加工龙头企业,通过"公司+基地+渔户"等模式,形成产、加、销产业链,提高渔业生产的组织化程度,增强市场竞争力。至年底,全市有21个水产品加工企业,年加工生产能力达到6.31万吨。已建成杭州千岛湖水产冷冻食品有限公司、北极品水产(浙江)有限公司、杭州萧山天海水产食品有限公司、萧山跃腾水产有限公司、萧山农发水产有限公司、淳安千岛湖野姣姣特色食品有限公司等16个上规模的水产品加工企业,对增加水产品附加值起到积极作用。

【行业中介组织健康发展】 至2005年底,全市建有各类渔业专业合作组织17个,其中专业协会10个、专业合作社6个、专业商会1个,拥有会(社)员1325人,生产(经营)规模2900公顷。各类行业中介组织的健康发展,为渔业生产提供了产前、产中、产后服务,提升了渔业产业化水平。

【加大渔政执法力度】 2005年,全市共实施渔业行政执法检查3216次,参加人员1.14万人次,取得了显著成效。通过专项执法行动,查处违法案件967起,处罚金64.65万元;收缴电捕器具325套、渔获物11.3吨;调查处理64起渔业污染案件,为渔业养殖单位挽回经济损失211.3万元。开展生产安全检查,登记渔船366艘,检验渔船2148艘,征收渔港费8.99万元、渔船登记费0.7万元、渔船检验费7.37万元。加强依法行政,签发渔业捕捞许可证1501本,征收渔业资源增殖保护费82.36万元。

【举办水生野生动物保护宣传活动】 9月,市农业局在杭州吴山广场举办水生野生动物保护宣传活动,聘请水生野生动物保护专业人员到现场接受市民咨询,并开展爱护水生野生动物签名活动。同时,针对杭州市水生野生动物经营利用的现状,对全市的高中档宾馆饭店和大型农贸市场进行检查,对检查中发现的问题,责令及时整改,提高水产品经营者对水生野生动物必须依法经营的意识。

【渔船安全生产事故应急救援预案出台】 9月20日,市农业局制定的《杭州市渔业船舶安全生产事故应急救援预案》正式实施。该《预案》完善了全市渔业船舶安全生产突发事件应急处置机制,对消除、减少事故危害和防止事故恶化,最大限度地降低事故损失,具有重要意义。

(廖　源)

·水利·

【水利概况】 2005年,杭州市进一步加快水利基础设施建设,不断提高抗灾能力,着力改善城市水环境,促进生态市建设;突出抓好防汛工作,实现了安全度汛目标。水利建设各项指标全面完成,全市完成土石方3029万立方米,新增改善灌溉面积2.24万公顷,有13条小流域开工治理,其中9条通过验收考核,治理水土流失面积197.3平方千米。全面实施改善农民饮用水工程,23.02万人饮水条件得到改善。新增水电装机10.63万千瓦。全年投入水利建设资金15.19亿元。

重点水利工程建设成效显著。青山水库除险加固工程于12月29日通过省水利厅组织的竣工验收。分水江水利枢纽工程拦河大坝、水电站、桐庐县和临安市境内防护工程、库区公路改建全面完成,移民安置工作基本完成,于5月28日下闸蓄水,10月21日通过分水江电站机组启动验收。华光潭水电站工程二级水库大坝、电站已于2004年投入生产,一级水库大坝于2005年5月通过由省发改委和省水利厅联合组织的蓄水阶段验收,6月3日下闸蓄水,继而电站投入生产。西险大塘加固工程按设计要求全部完成,并通过省水利厅组织的竣工初步验收。淳安县严家防洪水库建设于2005年12月底通过省水利厅组织的蓄水阶段验收,下闸蓄水。

【青山水库除险加固工程竣工】 青山水库是一座以防洪为主,结合灌溉、发电等综合利用的大(二)型水库,控制流域面积603平方千米,总库容2.13亿立方米,是东苕溪防洪骨干工程,对杭嘉湖的防洪安全,特别是西险大塘的防洪安全起着直接保障作用。

2001年11月30日,市计划委

员会上报青山水库除险加固工程项目建议书。12月19日，经水利部大坝安全管理中心鉴定后认定青山水库大坝为三类坝，必须进行除险加固。2002年2月10日，省发展计划委员会批复青山水库除险加固工程可行性研究报告，省水利厅批复青山水库除险加固工程初步设计，工程总投资1.16亿元。

除险加固工程包括大坝截渗处理、大坝拼宽处理、副坝加固、泄洪闸加固、泄洪放空洞加固、泄洪渠治理、电站改造、自动化监控监视系统设置、泄洪河道整治等。工程于2002年9月20日动工，历时3年，经建设、设计、施工、监理、质监等各方共同努力，按设计要求全面完成。主要完成工程量土石方开挖67.4万立方米、土石方填筑91.5万立方米、混凝土浇筑3.9万立方米、砌石7.3万立方米、钢筋制安156吨、钢结构制安256吨。2005年12月28日~29日，省水利厅主持召开青山水库除险加固工程竣工验收会议，验收委员会认为工程质量优良，同意通过竣工验收，交付使用。 （施新友）

除险加固竣工后的青山水库大坝 （市林水局 供稿）

【第二批水库达标工程通过考核】 杭州市自2003年实施百库达标工程以来，各级政府高度重视，明确职责，落实经费，工程建设进展顺利。根据市政府办公厅《转发市林水局关于杭州市水库达标建设和小流域治理工作的意见》精神，市林水局于2005年11月下旬至12月上旬组织开展了第2批41座水库达标建设考核工作。考核小组按照《杭州市水库标准化建设考核指标（试行）》要求，从工程安全、设施完备、管理高效、环境优美等4个方面进行逐项打分，41座水库得分均达到了总分的85%以上，并且水库大坝安全类别均为一类坝，已达到标准化水库的要求，投资约7800万元。2005年全市还完成列入浙江省千库保安工程年度计划的36座水库的加固保安任务，投资约7200万元。

（叶 青）

【实施标准堤塘管理工作考核】 为更好地发挥标准堤塘工程效益，市林水局加强了对全市标准堤塘管理养护工作的培训指导和考核，实现了由“重工程建设”向“重工程管理”的转变。2002年，开始对市区标准堤塘管理工作进行考核。2004年，将考核范围扩大到全市9个区、县（市）的13家堤塘管理单位，对20年一遇以上标准堤塘进行考核，总计考核长度482千米。实施标准堤塘考核以来，各地水利局切实加强了标准堤塘管理工作，确定了管理单位，落实了管理养护资金，明确了管理职责，建立了管理养护台账，规范了管理考核制度。2005年，市林水局举办了全市标准堤塘养护培训班，制订下发了《全市标准堤塘管理养护细则》。防汛防台期间，全市标准堤塘工况良好，无险情发生。

（朱家驹）

【市区河道管理不断完善】 按照风景旅游城市的定位和大都市建设的战略要求，市林水局以改善市区水环境和创建“清洁杭州”为目标，深入开展河道配水、保洁等长效管理工作。2005年，进一步完善市区河道配水运行方案。根据汛期降雨量集中、台风影响频繁的实际，制订《杭州市重要汛情配水调度预案》，规范配水设施的运行，提高了应急处理能力。市区全年配水量约25亿立方米，上塘河、余杭塘河、备塘河、和睦港水质进一步好转，没有出现流域性的水质恶化情况。科学实施西溪湿地配水，保障湿地生态和景观用水需求。制订并实施以五常港配水为主、西湖分流为辅的配水方案，促进了城西地区水系调度的最优化。市区实施保洁的河道有476条、1948千米，保洁率97.2%。全年河道打捞各类垃圾、飘浮物、水草达4.8万吨，绝大多数河道保持整洁干净。建设功能完备、生态优良的清水河道109.59千米，完成土石方398万立方米，绿化河道两岸88万平方米。 （汪 健）

【宣传水法加强水政执法】 2005年，杭州市加强对《中华人民共和国水法》和《浙江省水资源管理条例》的宣传，全年组织各种学习培训18次，参加800余人次；举行大型宣传、咨询活动16次，前往观看、咨询的公众10万余人次；制作彩灯（箱）、宣传广告牌600余个（只），发放宣传资料5000余份，展示宣传板报200余块，并开展了水法宣传进社区活动。坚持水政监督检查，全市组织巡查5530次，其中市本级592次。查处水事违法案件471起，立案侦查65起，对侵占河道、非法采沙及向河道内倾倒垃圾等违法行为及时查处，保证了河道整洁畅通。

为加强水资源保护和监督管理，及时反映全市主要江河、湖泊、水库的水资源状况，市林业局在2005年制定了《杭州市水资源公报和杭州市水资源质量通报编制工作细则》，全年编发7期《杭州市水资源质量通报》，1期《杭州市水资源公报》。 （郑雪元）

【首次举行水库抢险预案实战演练】 5月25日，市防汛防旱指挥部在富阳市受降镇大洋坞水库举行杭州市水库抢险救灾应急预案实战演练，相关的防汛抗洪抢险小分队以及下游村的干部群众参加了演练。浙江省防汛防旱指挥部办公室有关专家和杭州警备区、驻杭某部队的首长，各区、县(市)有关部门负责人，杭州市防汛防旱指挥成员单位负责人和相关部门负责人100余人观摩了演练。

这次水库抢险预案实战演练在杭州市尚属建国以来首次。演练严格按预案进行，程序严密，充分检验了预案编制的可操作性，对全市水库抢险预案的编制实施，切实抓好2005年的防汛工作，确保水库等重要水利工程设施安全度汛，具有重要意义。

【汛情旱情】 2005年汛期，全市平均降雨614.5毫米，比上年少193.5毫米，比多年平均值少41%。其中，新安江库区汛期平均降雨639.6毫米，分水江流域760.8毫米，东苕溪流域803.4毫米，市区519毫米。2月17日2时，富春江水库下泄流量5580立方米/秒，为全年最大流量。钱塘江汛期最高水位是闸口的6.39米(8月6日16时)，没有超过警戒水位。8月7日19时，东苕溪干流余杭站水位7.05米，超警戒水位0.39米；瓶窑站水位6.42米，超警戒水位0.76米。

全市6月10日入梅，6月28日出梅。梅汛期18天，比多年平均梅汛期少7天，比上年少8天。梅汛期只在6月10日出现过一次较大的降雨，平均降雨量10.1毫米。出梅后除受台风影响有明显降雨外，其他时段降雨不多。夏季持续高温达46天，比常年多25天。

9月3日17时~22时，临安市昌化地区100平方千米范围内发生特大暴雨，过程降雨量470.4毫米，其中3小时、6小时降雨，分别达441.3毫米、462.2毫米，为超百年一遇标准的暴雨。暴雨引发了泥石流和山洪地质灾害，造成较大的人员伤亡和财产损失。台汛期间，全市平均降雨量为448毫米。

洪涝灾情主要发生在台风期间。据水利部门统计，全市死亡14人，其中山地灾害死亡9人，洪水灾害死亡3人，房屋倒塌死亡2人；倒塌房屋1072间；受灾面涉及10个区、县(市)的141个乡镇，受灾人口36.47万人；农作物受灾面积6.52万公顷，成灾面积1.75万公顷，绝收面积2399公顷；部分水利设施损毁，其中损坏堤防454千米、决口81处、损坏护岸379处、冲毁塘坝72座、损坏灌溉设施1272处；造成直接经济损失8.23亿元，其中水利设施直接经济损失1.28亿元。干旱灾情的主要受旱时段为6月下旬至7月中旬，农作物受旱面积6.31万公顷，缺水面积1.64万公顷。

(李朝秀)

·农业机械·

【农业机械概况】 根据浙江省农业厅统一部署的对全省农业机械开展普查的数据，杭州市2005年拥有农业机械总动力292.13万千瓦(不含渔业机械)，比上年增长2.5%。其中，柴油机动力177.89万千瓦，汽油机动力2.87万千瓦，电动机动力111.36万千瓦。全市拥有各类农机具56.40万台(套)，增长21.9%。其中，各类拖拉机5.53万台，与其配套的各类农机具1.58万台(套)；收获机械21万台，其中联合收割机796台；植保机械6482台；排灌机械17.5万台；农副产品加工机械2.71万台。拥有各类温室大棚设施面积1792公顷，冷藏保鲜库15.33万立方米。农业机械原值27.91亿元。全市机耕作业面积19.79万公顷，联合收割机跨区作业2.27万公顷，机械秸秆还田面积5.33万公顷，机械播种3433公顷。

【落实大中型农业机械购置补助政策】 2005年，杭州市认真贯彻落实省农业厅、财政厅《关于对大中型农业机械购置进行以奖代补的实施意见》，积极引导广大农户和农业企业购置各类大中型农机具。一年来，全市投入购置大中型农机具资金6087万元，各级财政补助648万元(其中省大中型农机具购置资金补助224万元)，共购置各类农机具1691台(套)。

【创建农机警务室】 为认真贯彻2004年颁布的《中华人民共和国道路交通安全法》，加强农村道路的交通安全管理，杭州市农机部门与公安部门分别于2005年3月、8月、10月在余杭区、桐庐县和萧山区联合创建3个农机警务室。公安、农机部门共同出人出物，合署办公，联合上路督查执法，为改变多年来公安、农机两家在农用运输车和拖拉机交通安全管理上职能交叉，理顺农村农机交通管理秩序，探索了新的路子。

【强化收割机跨区作业服务】 按照农业部和省农业厅分别下发的《关于做好2005年农机跨区作业工作的通知》精神，杭州市农机部门认真做好农机跨区作业的组织和服务工作。全市组建了31个跨区作业机收服务队，与外省有关单位签订跨区作业合同30份，成立跨区作业接待站3个，培训跨区作业农机手、修理工128人次。由于服务到位，全年有320台联合收割机赴山东、福建、安徽、江苏等省进行跨区作业，面积2.77万公顷，收益2400多万元。

【研究油菜生产全程机械化配套技术】 杭州市农机部门在2004年引进、试验、示范稻麦油菜三用联合收割机取得初步成功的基础上，2005年又开展了油菜生产全程机械化配套技术的研究。从台州市引进浙江三联4LZ(Y)-1.8型多功能联合收割机，在富阳市塘华村进行油菜全程机械化作业试验，并在桐庐县召开油菜收获机械现场会，均取得了较好的效果，油菜生产全程机械化配套技术逐渐成熟。

【试验推广新型农机具】 2005年，杭州市农机部门试验推广了一批新型农机具。在临安市、富阳市、余杭区试验推广牧草加工机械，以促进草食牲畜的发展。在山区县(市)试验推广小型耕作机、茶叶修剪机、移动式喷灌机、灭茬机、开沟机、田园管理机、植保机、水锤泵等多种小型农机具。这些农机具以其小巧、轻便、实用的特点，深受山区农户的欢迎。根据生态农业发展的需要，还试验推广河道清淤机械、水草清除机械、粪便治污处理机械、秸秆汽化机械等。

(徐德玉)

·农场企业·

【农场企业概况】 2005年，杭州市

农场系统企业实现生产总值25.4亿元，比上年增长42.7%；工农业总产值147.3亿元，增长32.7%；营业收入146.6亿元，增长41.6%；上缴国家税金6.5亿元，增长16.3%；实现税前利润5.6亿元，增长47.4%。年末拥有总资产167.8亿元，所有者权益52.3亿元，资产负债率为68.9%。年末农场从业职工3.1万人，在岗职工人均年收入1.62万元。全年固定资产投资881万元。外贸出口供货值21.1亿元，增长23.4%。

【农场土地确权基本完成】 为发挥农场土地资源的优势，保护农场土地的合法权益，2005年，杭州市各农场根据浙江省人民政府办公厅转发省农业厅、省国土资源厅《关于切实保护国有农场土地权益增强国有农场活力若干意见的通知》精神，积极争取当地政府的支持，加大农场土地登记确权的工作力度。至年底，全市农场近8000公顷土地已有80%完成登记确权工作。

【非国有经济占主导地位】 随着农场经济改革的深入，非国有经济已在农场中占主导地位。2005年全市农场中有个体工商户101户、民营企业190个，从业人员2.92万人，占农场从业人员的94.2%；实现生产总值23.4亿元，占农场经济总量的92.1%。在农场固定资产投资中，非国有经济投入占98%以上。

【推广余杭区农场改革模式】 余杭区农业局系统的农场改制于2004年全面完成，其基本特点是职工统一安置、资源统一调度、资金统一筹措，该改制模式是杭州市农场改制的主要模式之一。2005年，“余杭模式”在临安、富阳市农场改制中被参照运用。临安市农场在职工安置完毕的基础上，撤消临安市良种场、临安市於潜良种场、临安蚕种总场，合并建立临安市良种总场。富阳市在农场改制完成的基础上，建立了富阳市农业资产经营公司，统一经营农场资产。 （徐德玉）

·供销合作·

【供销合作概况】 2005年，杭州市供销社系统认真贯彻中央和省、市农村工作会议精神，按照全国供销总社提出的要求，努力为“三农”服务，抓好各项经营工作，经济效益稳步增长。全年实现销售额72.01亿元，比上年增长16.0%，其中市本级32.96亿元，增长23.3%；实现利润4.76亿元，增长18.9%，其中市本级3.24亿元，增长26.0%。社有资本配置进一步优化，社有资产保值增值，增强了为农服务的综合实力。市供销社荣获2005年度全国计划单列市、副省级城市、省会城市供销社系统综合业绩考核一等奖，主要经济指标在这些城市供销社中名列第一。

加强基层供销社建设，构筑新的组织体系。市供销合作社把创新体制、强化功能、健全组织、加快发展的重点放在加强基层组织建设上，结合发展专业社、综合服务社和连锁经营，推进基层社改造重组。全年完成基层社重组改造17家，其中改造15家，重组2家。

推进农业产业化经营的力度进一步加强。认真贯彻《浙江省农民专业合作社条例》，抓好现有合作社的巩固、整合、完善、提升。全年新发展合作社14家，按条例规范36家，累计有17家成为全国供销总社和省、市的示范性合作社。把兴办村级综合服务社作为供销社扩大为农服务内涵，延伸服务触角的重要工作，在富阳、余杭等地试点，年内有两家综合服务社进入运作。

大力发展农村连锁经营，积极做好农资供应工作。市供销社以现代流通的理念和经营方式改造传统的经营网络，有重点地帮助各地推进农村连锁经营，取得明显成效。继续坚持以农为重，备足货源，稳定价格，保证质量，确保农资商品的有效供应。通过发展农资连锁经营，降低流通成本，让农民得实惠。全市供销社优质优价组织供应化肥35.09万标吨、农药1.21万吨、农膜1161吨，基本满足农民需求，促进了农业生产的发展。 （王俊杰）

【推进农业产业化经营】 全市供销社系统在推进农业产业化经营上发挥着重要作用。2005年，杭州市有全国供销总社和省、市、县农业龙头企业17个，销售额14.2亿元。各类商品交易市场15家，交易额超过20亿元，其中杭州艮山门水果批发市场突破5亿元、淳安县千岛湖茶叶市场超3亿元。全市供销社牵头领办各类农民专业合作社72家，入社农户4588户，带动农户11万户，带动当地农业产值28亿元，帮助农民实现收入2.4亿元。各级供销社参与投资开发的一批农业产业化经营基地正在形成规模，显现效益。市供销社参与投资开发的下沙都市农业园区，不仅在生产经营上发挥了较好的示范作用，其逐步完善的休闲观光功能也已成为经济开发区城市功能配套的一个亮点。市供销社办的临安特种野猪试验场，年底存栏400余头，即将为农民推广饲养野猪提供苗猪。杭州合众工业集团在武义县开发的386.67公顷有机茶园的

杭州果品有限公司举办西瓜展销 （市供销社 供稿）

科技生态示范效应和有机茶出口生产基地的作用已经凸现，杭州果品有限公司在龙泉市建的200公顷中高档水果基地初具规模。全年供销社系统通过各种载体帮助农民实现收入22.6亿元，比上年增长53.3%。其中，供销社企业直接收购农产品9.7亿元，增长56%；通过专业合作社收购3.7亿元，增长118.9%；通过农产品交易市场实现的交易额9.2亿元，增长34.8%。（徐肇明）

【加快农村现代流通网络建设】2005年，杭州市供销社根据省政府“千镇连锁超市、万村放心店”工程建设的要求和市政府《加快发展现代服务业的若干意见》文件精神，召开全市供销社发展农村连锁经营工作专题会议，从实际情况出发，重新规划、部署连锁经营网络的发展，充分发挥现有存量资产的优势，结合基层社改造重组，加快现代流通网络建设。全年新发展农村连锁经营企业5个，连锁网点330个，营业面积4.24万平方米。其中：生活资料连锁网点130个，营业面积3.35万平方米；农资连锁网点183个，营业面积7400平方米；医药连锁店13个，营业面积783平方米。至年底，全市共有农村连锁经营企业28个，连锁经营网点666个，营业面积14.55万平方米，销售额11.08亿元，比上年增长22.7%。（许　平）

【杭州名萃土特产展销中心开张】12月，由杭州市土特产有限公司与吴山开发建设有限公司联合主办的杭州名萃土特产展销中心开张试营业。该中心位于河坊街历史街区的高银街北侧，与老商业街中山中路相接。主办者以“服务三农、服务旅游”为宗旨，为原产地土特农产品经营户提供展示销售平台，为市民和游客提供绿色、生态的名优土特农产品。围绕商场式环境、科学化管理和配套齐备、服务完善的要求，依托吴山商圈，着力打造精品，实现商旅互动。入驻展销中心的近百家来自全省各原产地以及省外的经营户，向消费者提供了数千种各类名优土特农产品，两个楼层4000多平方米的展销大厅装饰简洁雅致，营造出休闲购物氛围。展销中心的经营定位和发展目标是集产品交易、精品汇集、博览展示、信息交流于一体，办成全省各地名优土特农产品的精品总汇，倾力打造“杭城永不落幕的农博会”。（郗　伟）

【果品公司以“新”赢发展】杭州果品有限公司在经营上树立新思维，以特色商品开路，以“新”取胜。5月~9月期间，联合有关单位先后举办全省品牌西瓜、精品水果展销会，台湾水果、温州杨梅首进杭州和云和翠沁蜜梨推介等活动。其中，开放18种台湾水果在大陆销售后，杭州果品公司与台湾瑞利宝贸易公司联手组织凤梨、芭乐、香蕉、芒果、木瓜、莲雾等6个品种计335箱台湾水果，于6月8日首次进杭与消费者见面，年内销售2964箱计2.2吨，销售额34.5万元。由于积极做好时令时鲜和新品种水果的引进和销售工作，凡进杭城的时令新品、优质品牌水果均首先在果品公司亮相，企业的知名度和竞争力大大提升，经营规模和效益同步扩增。全年销售额达到5.6亿元，比上年增长23.8%；报表利润912万元，增长43.8%。（缪涛柱）

【农事达公司为菜农与消费者架起桥梁】9月，杭州宝裕实业有限公司为促进社会主义新农村建设，更好地服务“三农”，满足消费市场的需求，成立了专业从事绿色、无公害蔬菜配送供应的服务企业——杭州农事达农副产品配送有限公司。

公司建立以来，依托供销社系统各单位及省内外100多家规模化农场和蔬菜种植大户，根据不同季节，及时收集、整理蔬菜需求信息，反馈给蔬菜生产基地和种植大户，使他们第一时间掌握市场的需求信息，合理组织生产。公司按照“无公害”、“绿色”标准，实行“三统一包销”，即统一计划生产、统一农资供应、统一种植标准，蔬菜一手包销。定单种植，引导生产，在很大程度上解决了农村(农民)卖菜难的后顾之忧，为农村发展、农民增收提供了致富平台。公司充分利用多年积累的农副产品产销实践经验和商业超市经营管理经验，建有设备齐全的蔬菜质量检测中心和先进的计算机配送管理体系，健全从蔬菜种植到配送的三级安全检测网。通过基地建设实现蔬菜从菜地采收直销，减少流通环节，降低了费用成本。做到当天采收当天配送，或傍晚采收次日清晨配送，保证蔬菜的鲜嫩度，价廉物美。年内，农事达公司蔬菜配送以大专院校为主，以后将逐步扩大到企事业单位、酒店餐饮业和超市。（单海明）

【紧急组织对口农药防治稻飞虱】9月中下旬，五代稻飞虱在杭州农村发生，来势猛、发展快，严重的已经出现水稻成片枯黄倒伏，敌敌畏等对口农药需求量激增。市供销社各级农资部门视抗灾救灾为己任，认真贯彻执行市政府明传电报精神，向有关生产企业和外地农资流通企业紧急求援，千方百计组织力量，克服运输紧张等困难，派员驻厂调运，及时送货到田间，充分发挥农资供应主渠道作用。同时积极了解和掌握虫害情况，组织专家和农技人员深入田间，加强指导，科学防治，确保抗灾取得实效。由于各级政府和有关方面的共同努力，稻飞虱灾情得到有效控制。

【确保农资供应】市供销社各级农资部门立足服务“三农”，强化责任意识，结合当地种植特点，认真分析市场形势，积极组织货源供应放心农资，确保不误农时，满足农资需求，助农增收。2005年，市供销社各级农资部门供应各类化肥35.09万标吨、农药1.21万吨，分别占全市农业用量的56.9%和68.5%。农资商品的质量与价格一直是农民关注的热点，供销社农资部门想农民所想，创新经营业态，努力发展农资连锁经营，抵制了伪劣商品进入市场，保证了农资商品的质量，而且通过直销、配送等方式，有效降低了流通环节的费用，让农民得到实惠。同时，充分发挥各类服务载体的功能和作用，不断创新服务手段，提高服务水平，通过向种植大户送货上门、送供应绿卡、送科技下乡、开“庄稼医院”、与农业等部门协作组织农技专家顾问团开展技术咨询等服务形式，指导农民搞好示范种植和科学施肥用药，深受农民欢迎。（顾利江）

【物资回收公司规范废旧金属收购

行为】杭州市物资回收有限公司是一家以收购废旧钢铁为主的专业公司。2005年，公司针对社会上频频出现的一些收购经营户唯利是图，收购偷盗的城市公共设施、公共财物等违法行为，坚持强化内部管理，规范废旧金属收购行为。要求收购人员严格执行公安部《废旧金属收购业治安管理办法》和省、市政府对收购废旧金属的各项规定和要求，对投售人员坚持一看、二问、三登记，即看清投售物的来源，问清投售者的身份，登记每位投售者的基本情况、投售时间、投售物品及特征、投售数量和金额。对收购中发现可疑的投售者投售来路不明的物品，或禁止收购的城市公共设施、公共财物等，采取有效措施坚决拒收或报案。从源头堵住偷盗公共设施、公共财物违法人员的销赃去路，做到规范管理，合法收购。 (金丽平)

【合众集团实现利润2.9亿元】杭州合众工业集团以企业文明建设为抓手，企业运行机制不断优化，运作水平不断提高。在前几年经济持续快速增长的基础上，2005年再创历史新高，销售总额和实现利润分别达到17.55亿元和2.9亿元，比上年分别增长22.7%和21.2%。

(余世建)

·气象·

【气象概况】2005年，杭州市年平均气温明显偏高，年总降水量偏少，年雨雪日偏少，年日照时数北部偏多、南部偏少，梅雨特征不明显，台风影响明显。春季暖而少雨，夏、秋季气温偏高、降水偏少，冬季气温低少雨。

气温 全市年平均气温17.1℃，比常年(1971年~2000年。下同)偏高0.6℃。各地年平均气温在16.3℃~17.5℃之间，比常年偏高0.2℃~1.1℃。隆冬(1月~2月。下同)，平均气温在2.7℃~4.3℃之间，比常年偏低0.9℃~4.6℃。春季(3月~5月。下同)，平均气温在15.8℃~16.7℃之间，比常年偏高0.2℃~1.5℃。夏季(6月~8月。下同)，平均气温在27.3℃~28.5℃之间，比常年偏高0.5℃~1.6℃。秋季(9月~11月。下同)，平均气温在18.9℃~20.5℃之间，比常年偏高1.6℃~2.6℃。初冬（12月。下同)，平均气温在4.3℃~6.2℃之间，比常年偏低1.0℃~1.7℃。

极端气温。极端最高气温出现在萧山区、临安市，为40.4℃，萧山区出现日期7月5日。临安市出现日期7月3日和4日。极端最低气温出现在临安，为-9.2℃，出现日期1月1日。

高温天数。市区全年出现大于35℃的高温天数为46天，37℃以上的有15天。

降水 全市年总降水量平均为1182.2毫米，比常年偏少307.8毫米，偏少21%。各地年降水量在1121.1毫米~1261.4毫米之间，比常年偏少217.9毫米~413.4毫米，偏少15%~27%。隆冬降水量在215.5毫米~287.0毫米之间，比常年偏少70.5毫米~114.5毫米，偏少48%~67%。春季降水量在194.8毫米~444.3毫米之间，比常年偏少93.0毫米~234.1毫米，偏少21%~120%。夏季降水量在198.0毫米~552.4毫米之间，比常年偏少5.3毫米~343.1毫米，偏少1%~63%。秋季降水量在148.6毫米~244.0毫米之间，除富阳市比常年偏多21.0毫米、偏多7%外，其他各地比常年偏少46.2毫米~100.3毫米，偏少16%~40%。初冬降水量在33.1毫米~44.9毫米之间，除淳安县比常年偏多1.8毫米之外，其他各地偏少2.5毫米~12.5毫米，偏少5%~27%。

全市年雨雪日数平均为146.1天，比常年偏少13.2天。梅雨量创历史最少记录，其中杭州市区的馒头山观测点梅雨量仅5.5毫米，出现了“梅雨不梅”的情况。

日照 全市年日照时数平均为1795.7小时，比常年偏少26.1小时。各地年日照时数在1617.1小时~1892.1小时，北部偏多，南部偏少。隆冬日照时数在131.9小时~180.7小时之间，比常年偏少41.6小时~79.7小时。春季日照时间在396.7小时~520.4小时之间，除桐庐县比常年偏少14.5小时外，其他各地偏多37.9小时~90.1小时。夏季日照时数在552.1小时~625.6小时之间，除淳安县、富阳市分别比常年偏多7.3小时和31.3小时外，其他各地偏少3.1小时~80.1小时。秋季日照时数在383.5小时~487.7小时之间，除萧山区、富阳市分别比常年偏多27.9小时和23.6小时外，其他各地偏少1.2小时~73.9小时。初冬日照时数在138.0小时~160.8小时之间，比常年偏多2.5小时~30.1小时。

【主要气候事件】

大雪 1月12日，桐庐县出现大雪，建德市出现暴雪，无明显灾情。2月9日20时~10日20时，富阳市出现大雪，10日早晨临安市、桐庐县均出现大雪，11日20时~12日8时，临安市出现暴雪。大雪对交通的影响较大，导致部分道路中断。3月10日20时~12日20时，全市各地出现大雪。

寒潮 3月10日20时~12日20时，全市受强冷空气影响，出现了

4月12日，韩国釜山气象代表团到杭州市气象局访问交流。

(市气象局 供稿)

一次寒潮过程，并伴随出现了大雪天气，各地雪深均在6厘米以上。这次寒潮和大雪过程使明前茶明显减产，对临安市的竹笋生产也有一定的影响。

连续阴雨 1月下旬和2月上、中旬，全市出现了持续阴雨的天气，对农作物生长极为不利。2月上、中旬的连续阴雨引发了地质灾害，富阳市有近30起山体塌方。3月下旬连续阴雨，诱发了23日凌晨2时富阳市南部的湖源乡发生山体滑坡，富阳市通往诸暨的重要通道——县道环金线交通中断。5月中、下旬出现的连续阴雨，不利于春粮的收割晾晒和春茶、蔬菜的生长。

雷电 5月17日下午，富阳市东洲街道一涂料厂因遭受雷击发生火灾。6月29日下午，雷电灾害造成余杭区1人死亡。

暴雨 7月和9月出现暴雨，其中7月的暴雨未造成明显灾情，对缓解干旱起到了积极作用；9月的暴雨在全市造成重大灾情，特别是临安市昌化镇"九三"特大暴雨，灾情更为严重。9月3日19时~4日3时，受强降雨云团发展滞留影响，临安市昌化镇出现罕见的特大暴雨，过程降水量达到445毫米，其中3日19时~22时降水量415.5毫米。据统计，这次特大暴雨直接经济损失3.59亿元，昌化等10个乡镇、8.8万人受灾；引起300多处山体滑坡，造成11人死亡、1人失踪。

高温干旱 由于春季降水量偏少，梅雨期各地梅雨量异常偏少，造成了夏初的高温干旱。据杭州市防汛防旱指挥部统计，全市主要受旱时段为6月下旬到7月中旬，农作物受旱面积6.31万公顷，缺水面积1.64万公顷，478座山塘水库干涸，707眼机井出水不足，22.36万人、4.9万头牲畜因旱饮水困难。为确保居民生活用电，全市拉闸限电频繁，对工商业也造成了较大影响。

台风 全年有三个台风影响杭州，分别是第5号"海棠"、第9号"麦莎"和第15号"卡努"，其中"麦莎"是继1990年9015号台风后又一个穿过杭州并对全市造成重大影响的台风。

第5号台风"海棠"。受台风影响，杭州市出现了大风大雨天气。从7月18日8时~21日8时，降水量超过50毫米的有38个测站，超过100毫米的有11个测站。"海棠"影响期间，全市有20个测站先后出现八级以上风速。虽然台风带来的大风造成一些损失，但增加了水资源，对缓解前期旱情，增加水库和河网的蓄水，解除持续高温，缓解电力紧张非常有利。

第9号台风"麦莎"。全市普降暴雨和大暴雨，整个降水过程从8月4日傍晚一直持续至7日下午，过程降水量（4日8时~7日20时）100毫米~200毫米的有28个测站，最大的是临安市的市岭站，达到382.5毫米。全市有25个测站的最大风力出现八级以上风速，达到11级风速的有2个站。据杭州市防汛防旱指挥部统计，截至8月7日8时，有萧山、临安、富阳、淳安4个区、县（市）的22个乡镇受灾，农作物受灾面积8038公顷，其中粮食作物1663公顷；受灾人口3.39万人，倒塌房屋47间，直接经济损失1.06亿元。

第15号台风"卡努"。受台风影响，杭州东部过程降水普遍达到大到暴雨、暴雨，局部还出现了大暴雨。9月10日20时~12日8时，过程降水量12个测站超过100毫米，其中萧山区的进化镇为173.2毫米。"卡努"影响期间，全市有28个测站出现八级以上风速。据杭州市防汛防旱指挥部统计，9月10日~12日，有西湖、滨江、江干、余杭、临安、富阳、桐庐6个区、县（市）受灾，农作物受灾面积1.37万公顷，成灾5866公顷；受灾人口21.05万人，死亡2人，倒塌房屋174间，直接经济损失0.90亿元。

杭州市气象工作会议　（市气象局 供稿）

【召开全市气象工作会议】 市气象局在总结分析"十五"期间气象事业发展成果和"十一五"社会发展需求，广泛征求意见、汲取各地经验、专家论证的基础上，编制完成杭州气象事业发展"十一五"规划，并通过市发改委组织的专家论证。10月28日，市政府召开全市气象工作会议，全面回顾总结"十五"以来全市气象工作情况，介绍中国气象事业发展战略研究成果，详细说明了"十一五"期间杭州气象事业的发展目标和工作重点。

【杭州首部气象规章出台】 7月6日，市政府常务会议审议通过杭州首部气象规章——《杭州市突发气象灾害预警信号发布与传播管理办法》，于9月1日正式施行。这部气象规章对预警信号的发布主体、发布原则、传播途径、传播要求（时效、频率等）、管理监督，以及相关的法律责任等作了具体规定，规范了气象预警信息的发布与传播，以提高全社会防御气象灾害的能力。

【气象现代化建设成效显著】 至2005年底，市气象局X波段天气雷达、地面自动气象站网、雷电定位系统等组成的中尺度天气监测系统，基于宽带通信的省、市、县三级视频天气预报分析会商系统，华大基因研发中心南方基地的高性能计算机远程终端和地球观测卫星(EOS/MODIS)地面接收系统相继建成并投入业务运行，气象影视与电视台实现光缆传输，气象信息监测、传输与处理能力持续提升。优化完善MM5数值预报模式、山体滑坡气象条件等级预报业务系统、面雨量预报系统、中尺度自动站显示应用软件、业务工作网站等业务服务系统，城市积涝预报系统、遥感业务化系统建设取得阶段性成果。

【做好气象保障服务】 全市气象部门坚持把重要时期、重大活动和重点工程专题气象保障服务作为重中之重，2005年努力做好春运、高考、“五一黄金周”、“十一黄金周”、西湖博览会、西溪湿地公园开园、秀水节、森林博览会、观潮节等气象保障服务。对台风的登陆时间和地点、风雨强度以及梅汛期暴雨和出、入梅时间等作出准确预报，为各级政府部门组织部署防灾抗灾工作提供决策依据。在持续高温干旱、严重缺电的时期，严密监视天气变化，及时开展长、中期预测及短期服务，做好实施人工降雨的衔接工作，协助电力部门开展用电指数预测预报，为防暑抗旱、水电调度、工农业生产和人民生活提供优质服务。配合林业水利、环保、交通、电力、国土资源、城管等部门先后推出森林火险等级预报、城市空气质量预报、酸雨观测、能见度预报、用电指数预报、地质灾害等级预报、城市积涝预报等新业务项目，雷电防御技术服务体系和规范化管理体系全面形成。

【拓宽气象业务服务领域】 市气象局努力拓宽气象业务服务领域，2005年开展西湖四季花卉观赏期预报、龙井茶采摘指数预报、观潮指数预报等具有杭州特色的城市气象服务。开展体现城市居民生活质量的健康指数预报、环境气象影响评价和人居环境监测、评估工作，全年完成21万多平方米的建筑工程竣工验收和118户的家庭室内环境检测。发挥EOS/MODIS资源卫星的监测作用，在火灾监测和预警服务基本完善的基础上，加快资源卫星资料在干旱监测预警和洪涝遥感监测中的应用研究。围绕各地特色农业，开展利用气候资源为农村经济发展的应用研究，取得了明显成效。

1月18日，杭州市首块气象电子显示屏在上城区复兴社区建成投入使用。

（市气象局 供稿）

【多渠道发布气象信息】 5月16日，杭州数字电视公共气象频道从华数资讯频道中单列出来成为独立的63频道，八套气象影视节目全新改版，新增公交移动电视气象节目3套，开通社区气象服务显示屏35块，同时与电视、电台、网站、报纸专版、“96121”电话、手机和小灵通短信、户外气象信息显示屏等组成气象信息快速发布体系，极大地方便了公众了解和获取气象信息。

【推出钱江潮等级预报】 9月15日，市气象台和市水文水资源监测总站在原来钱江潮汐预报的基础上推出钱塘江潮汐等级预报。结合降水量、风向、风速、潮涌高度等因素，将钱江潮分为1级~5级，等级越高，观赏性越强，危险性也越大。预报等级具体量化到不同的观潮点，并在电视天气预报节目和报纸气象专栏内进行播报和刊登，方便市民和游客获取观潮综合信息。

【开通突发气象灾害免费报警电话】 9月30日，市气象局开通突发气象灾害免费报警电话8006571121，并通过电视、报纸、网站等媒体发布。凡杭州市范围内有突发性暴雨、冰雹、雷雨大风等强对流天气时，社会公众均可通过该电话向市气象台报警，为突发气象灾害预警获得情报，为政府组织抢险救灾赢得时间。

【“杭州龙网”获气象为农服务先进奖】 年初，“杭州龙网”成功改版，同时推出英文版。全年“杭州龙网”点击率一直名列全国15个副省级城市农业网站首位，9月在中国气象局举办的农业网站先进评比活动中，获“2005年中国农村综合经济信息网络系统气象为农服务先进奖”；12月在由中国电子商务协会、“农博网”主办的大型评选活动中，获“2005年中国农业网站100强”荣誉称号，网上投票得票数列全部参评482家网站第六位，134家政府农业网站第三位。 （木美丽 范辽生）

·工业综述·

【实现工业总产值5441.13亿元】2005年，全市有规模以上工业企业7359个，比上年增长8.2%；其中市区4995个。

工业经济在调整中变化，第一季度全市规模以上工业销售产值比2004年第一季度仅增长18.7%，实现利税增长2.3%，其中利润下降7%。第二季度，工业经济开始回升。至6月末，全市规模以上工业销售产值增长19.9%，工业利税增长4.4%，利润下降6.5%。

下半年，全市工业生产、效益出现明显回升。全年规模以上工业实现工业总产值5441.13亿元，比上年增长21.3%，增幅比上半年提高1.7个百分点；实现销售产值5346.01亿元，增长21.4%，增幅比上半年提高1.5个百分点；工业总产值和销售产值双双超过5000亿元。

工业产品产销率98.24%，比上半年提高0.71个百分点。工业利税450.68亿元，增长5.5%；其中利润234.99亿元，增长3.6%；增幅均比上半年提高。

【工业经济运行呈现4个特点】2005年，杭州市的工业经济运行呈现4个特点。杭州市规模以上工业销售产值和利润增速在浙江省11个地(市)中位次靠后，但发展后劲强劲。杭州市工业销售产值增速回升较快，回升幅度仅次于台州，列第2位。工业销售产值增幅与全省平均水平的差距已由上半年的5.1个百分点缩小到2.6个百分点。工业经济效益整体水平好于全省平均水平，呈回升态势。

在列入全省考核的11项经济效益综合得分中，杭州市为215.30分，高出全省平均水平5.96分。

表13　2005年浙江省各地(市)规模以上企业销售与利润情况

市(地)	工业销售产值(亿元)		利润总额(亿元)	
	实绩数	增长(%)	实绩数	增长(%)
杭　州	5 346.01	21.4	234.99	3.6
宁　波	4 645.03	24.7	254.43	3.4
温　州	2 152.94	23.1	104.18	18.1
嘉　兴	2 120.64	26.3	101.06	25.1
湖　州	1 034.42	32.3	50.32	19.6
绍　兴	3 112.73	23.0	159.33	16.4
金　华	1 342.45	25.9	60.67	21.2
衢　州	316.35	32.7	11.88	21.9
舟　山	265.43	26.1	7.09	18.8
台　州	1 692.39	27.9	74.81	20.1
丽　水	298.59	31.7	15.32	27.3

注：根据2006年1月统计资料编制。　　(市经委)

【完成技改投资266.3亿元】2005年，全市在建技改项目3020项，计划总投资472亿元，全年完成技改项目投资266.3亿元，比上年增长23%。其中市属工业企业在建技改项目298项，计划总投资59.6亿元，完成技改投资25.4亿元，增长53%，占全市技改投资额的9.5%。8个区在建技改项目1418项，计划总投资261亿元，完成技改投资163亿元，增长20.1%，占全市技改投资额的61.2%。5个县(市)在建技改项目1304项，计划总投资152亿元，完成技改投资78亿元，增长21%，占全市技改投资额的29.3%。

全年竣工投产项目2172项，累计完成投资255.3亿元，其中2005年完成投资218亿元。可新增年销售收入560亿元，新增年利润63亿元、税金33.5亿元，年新创外汇5.4亿美元。

【188个项目被列为技术创新】8月30日，全市工业技术创新项目公布。有188个项目被列入，其中新材料专项35项、高新技术产业化专项46项、信息化专项46项、工业可持续发展专项61项。这些项目是杭州市经济发展和替代进口有重大作用的关键技术、主导产品；能带动行业发展、产品结构调整、企业信息化或传统产业改造，并在国内外市场具有竞争优势的技术和产品，高技术含量、高附加值、具有自主知识产权的开发及其产业化等项目。如杭州橡胶(集团)公司承担的“全钢胎抗胎肩脱层分析与设计技术平台研究与开发”项目，杭州汽轮机股份有限公司承担的“60万吨/年PTA装置工

艺空压机驱动用汽轮机的开发"项目,处于国内领先水平,有的达到国际先进水平。据统计,188项技术创新项目总投资19.16亿元,其中贷款3.4亿元、自筹15.54亿元。

▶▶资料:60万吨/年PTA装置工艺空压机驱动用汽轮机的开发

该项目依据60万吨/年PTA装置的工艺流程特点,以及工艺压缩机组三合一整装单元(压缩机、汽轮机、尾气膨胀机)的性能要求,开发出与相配套、并具有性能优良的汽轮机,实现汽轮机的国产化。该项目在引进技术的基础上独立完成,机组整体性能达到国外同类机组水平,完全可以取代进口机组。

PTA是生产聚脂(PET)的主要原料,被广泛应用于化纤、容器、包装、薄膜等生产领域,具有耐热、耐寒、难挥发、抗抽出、柔软性和电绝缘性能好等优点。在PTA装置的整个生产工艺流程中,会产生大量品质不一的工艺富气,而且是难于利用的低压和超低压饱和蒸气,并在动力设备中,需要装置大型的空气压缩机。合理调整工艺流程,充分利用工艺富气是PTA装置中降低能耗、提高效率的重要环节,也是技术难题之一。能量的回收和利用主要方法就是利用这些饱和蒸气来带动汽轮机,使之驱动空气压缩机。随着PTA装置工艺的逐渐完善以及大型设备设计制造技术的提高,大型PTA装置主要采用进口的汽轮机来驱动空气压缩机。

【11个企业通过国家火炬计划考核】 11月,国家火炬中心根据《国家火炬计划软件产业基地骨干企业认定条件和办法》,以及骨干企业上报的2004年度统计数据和相关资料,对2004年度全国软件产业121个骨干企业进行审核。全国有109个企业通过年度国家火炬计划软件产业基地骨干企业审核,其中杭州市列入审核的阿尔卡特通讯系统有限公司、士兰微电子股份有限公司、信雅达系统工程股份有限公司等11个软件企业全部获得通过。

【建立183个企业技术中心】 2005年,杭州市以企业技术创新能力和信息化两大建设为重点,推进技术创新体系建设,增强企业核心竞争能力。全年新认定省级企业技术中心7个、行业技术中心1个、市级技术中心58个。全市累计有183个技术中心,其中国家级5个、省级48个、市级130个,初步形成较完整的技术创新体系。

据对122个企业技术中心统计,每年企业技术开发经费投入36.6亿元,企业实现产品销售收入839.3亿元,技术开发经费支出占销售收入的平均比重为4.36%;当年新产品销售收入349.1亿元,新产品产值率41.59%;当年授权专利330项,授权发明专利39项;当年完成新产品新技术项目数1565项,其中国内领先水平以上项目数770项。在公布的获杭州市优秀新产品新技术奖108个项目中,由建立技术中心的企业研发试制的占66项。在16个被评为浙江省技术创新优秀企业中,有15个企业建立了企业技术中心。据调查,全市企业技术中心与"长三角"高校、科研院所合作项目214项,累计投入资金10.2亿元。

【5个企业技术中心被国家认定】 根据国家发改委公告,杭州市上报需经国家认定的5个企业技术中心全部合格,他们分别隶属于万向集团、东方通信公司、杭州汽轮动力集团、杭州制氧机集团和西湖电子集团。根据省经贸委下发《认定浙江省第9批省级企业技术中心的通知》中,全省有50个省级技术中心通过认定,其中杭州市有10个企业技术中心名列其中。按照《杭州市鼓励和支持企业建立技术中心的暂行办法》,2005年杭州市认定8个企业的技术中心为杭州市级企业技术中心,分别是杭州豆制食品有限公司、杭州新希望双峰乳业有限公司、杭州西力电能表制造有限公司、杭州恒生印染有限公司、杭州福斯达气体设备有限公司、杭州波达塑业有限公司、杭州建铜集团有限公司、杭州日月电器股份有限公司的技术中心。

【9个企业被评为省"绿色企业"】 绿色企业创建活动是浙江省深入推进清洁生产、发展循环经济,建设生态省、创建绿色系列工程的重要内容。2004年以来,杭州市两次组织企业开展申报并向省推荐20个企业,经省经贸委和省环保局组织专家评审,杭州市有9个工业企业被评为2005年第2批浙江省"绿色企业"(清洁生产先进企业),并授予铜牌。9个企业是杭州民生药业集团有限公司、浙江华日实业投资有限公司、泰尔茂医疗产品(杭州)有限公司、怡得乐电子(杭州)有限公司、浙江万马集团有限公司、浙江小王子食品股份有限公司、浙江蜂之语蜂业集团有限公司、农夫山泉股份有限公司、杭州新马电梯有限公司。加上首批通过的4个企业,合计有13个企业评为浙江省"绿色企业",占全省评定"绿色企业"总数的27%。

【21个企业试点循环经济】 通过工业企业循环经济试点示范,总结经验,以点带面,是引导和推动工业循环经济发展的重要举措。11月16日,省经贸委发出《做好全省工业循环经济试点工作的通知》,公布浙江省工业循环经济"4121"示范工程。全省列入工业循环经济试点企业116个,杭州市有杭州卷烟厂等21个企业列入。

【68个企业获信用企业称号】 8月30日,省工商局认定公示191个AAA级"守合同重信用"企业,其中杭州68个企业名列其中。此次认定首次由推荐上报制改为自愿申报制,全面放开申报,全省有351个企业提出申报要求。认定的企业是首次依靠数学模型评价指标体系作出科学、客观的评价,以评价结果作为主要依据进行认定。新体系建立由28项主体指标和102项细分指标组成的评价指标体系,通过对企业合同信用信息、财务信息的分析,对企业的合同信用管理水平等6个方面的信用状况作出评价。

【200个企业确定为成长型企业】 根据《中华人民共和国中小企业促进法》,全市对中小企业实行"积极扶持、加强引导、完善服务、依法规范、保障权益"方针。4月27日,经各区县(市)及相关部门推荐,综合企业规模、效益和潜力等因素,确定200个中小企业为2005年杭州市重点培育的成长型中小工业企业。

表 14　　2005年杭州市被认定的中国名牌产品

序列	名　称	生产企业
1	富可达牌茄克衫	富可达控股股份有限公司
2	迪欧达牌快活羽绒被	浙江柳桥羽毛有限公司
3	北天鹅牌羽绒被	中服浙江北天鹅服饰股份有限公司
4	飞利弘牌羽绒被	浙江三弘国际羽毛有限公司
5	老板牌吸油烟机	杭州老板实业集团有限公司
6	德意牌吸油烟机	德意控股集团有限公司
7	凯意雅牌桑蚕生丝	浙江凯喜雅国际股份有限公司
8	万向牌轴承	万向集团公司
9	TMB 牌轴承	浙江天马轴承有限公司
10	钱潮牌变压器	杭州钱江电气集团股份有限公司
11	SUPCON 牌集散控制系统	中控科技集团有限公司
12	传化(Transfer)牌合成洗衣粉	传化集团有限公司
13	利群牌卷烟	杭州卷烟厂

【48 个企业列入信息化示范、试点企业】 从 4 月~5 月,杭州市开展第 3 批工业企业信息化应用示范试点企业的申报，共受理申请示范企业 25 个,申请试点企业 37 个。杭州市工业企业信息化推进工作领导小组办公室委托第三方中介机构对 62 个企业进行审核，组织专家对有关企业进行答辩评审。申请示范试点的企业,有摩托罗拉公司、农夫山泉公司、浙大中控公司等大企业,也有爱知工程车辆公司、永泰纸业公司等中型企业,涉及到国有、民营、外资等多种所有制成分。

8 月 31 日，领导小组对外公布 2005 年杭州市列入第 3 批信息化应用示范企业 19 个、试点企业 29 个。经认定的示范、试点企业将享受市工业企业信息化应用项目财政资助的相关政策，并接受领导小组办公室的年度考评。

【新增 82 个清洁企业】 2005 年,全市有 82 个试点企业通过清洁生产审核验收。这些企业实施 1700 多个清洁生产方案,总投入近 2 亿元,一年产生经济效益 2.02 亿元。自市政府发出《杭州市 2002 年实施清洁生产试点工作计划的通知》以来,通过试点推广，全市清洁生产企业累计 132 个。

【99 个企业被评为和谐先进企业】 10 月,杭州市首届“和谐劳动关系先进企业”评选揭晓,杭州前进齿轮箱集团有限公司、杭州市居住区发展中心有限公司等 99 个企业榜上有名。年末,这些企业获得由市政府颁发的奖章。

这次“和谐劳动关系先进企业”评选，主要是根据企业工会组织是否健全、企业职工、劳动合同是否全部签订等 6 个方面的要求和 21 条标准进行。评选方法由企业对照标准申报，市协调劳动关系三方评选表彰工作领导小组检查验收，进行公示后由市政府命名。这项评选活动从 2005 年开始,每两年评选表彰一次。

【13 种产品认定为中国名牌】 9 月 1 日，国家质检总局中国名牌战略推进委员会公布 2005 年中国名牌产品，其中杭州市有富可达控股股份有限公司的富可达牌茄克衫等 13 种产品认定为中国名牌产品。参见表 14。

【参加跨国零售集团国际采购会】 11 月 4 日~6 日,由商务部与江苏省政府联合主办的第二届跨国零售集团国际采购会在南京举办。来自江苏、上海、浙江、山东、广东等省(市)的 1000 多家国内企业供应商,与沃尔玛、家乐福、麦德龙、百安居等 26 家国际著名商家以及联华超市、永乐家电、苏宁电器、国美家电等 170 家国内重点连锁、百货企业,共同设展,同场洽谈。美通日用品(杭州)有限公司、养生堂有限公司、新美艺制衣有限公司、浙江小霸王车业有限公司、杭州创基集团有限公司等重点企业参会，其中杭州娃哈哈集团定购了 6 个展位，为浙江省参展企业之最。

【举办招商洽谈暨国际企业协作会】 10 月 16 日~17 日,由杭州市政府主办的 2005 年杭州工业招商洽谈暨国际企业协作配套会在浙江世贸中心召开。洽谈会围绕中小企业发展主题,以对口经贸洽谈为重点。来自美国、英国、意大利、澳大利亚、墨西哥、日本、韩国、新加坡等国家和中国香港特别行政区、台湾省的近 100 名客商参会。参加洽谈会的杭州市企业 500 余个。英国利兹市是杭州友好城市，有 9 个企业参加经贸活动。日本大阪有 10 个企业参加洽谈会,通过考察洽谈和参观杭州企业,在服装、精密铸造、塑料、印刷等行业达成合作协议，决定在日本大阪最大的服装批发大厦设立“杭州女装”窗口。杭州金星烟花有限公司与英国 Porcher abrasives limited 企业达成烟花经贸合作；浙江美术地毯制造有限公司与英国的 Business Advice Team 企业进行机织地毯产品合作。杭州食品协会、青春宝集团、杭州山珍食品有限公司、桐庐冠华兔业有限公司等企业与墨西哥代表团在食品、饮料、酒类、营养保健品等产品上,达成合作意向。

【参加中国(沈阳)消费品交易会】 9 月 8 日~12 日,由中国商业联合会、沈阳市政府、辽宁省商业厅联合主办的第六届中国(沈阳)消费品交易会(以下简称“沈交会”)在辽宁工业展览馆举行。“沈交会”被列为国家重点支持的全国内贸系统 31 项展会活动之一,也是沈阳市 2005 年 23 项大型活动之一。

杭州首次组团参加“沈交会”,万事利集团有限公司、杭州喜得宝集团有限公司、杭州天堂伞业集团有限公司、杭州金利普电器有限公司、浙江德意厨具有限公司、杭州司迈特电器有限公司、杭州骊帛丝绸有限公司等 31 个企业参展。产品涉及丝绸服装、食品、家用电器、家居用品、工艺礼品、文体用品、机械电子等。展销期间,杭州金利普电器有限公司推出的 54 厘米(21 寸)彩电新品种，与朝鲜及东北地区客户签订 10 万台黑白电视机、6 万台彩电的合作意向。

【参加中国哈尔滨经济贸易洽谈会】 6 月 15 日~19 日,由商务部、国务院振兴东北办、中国贸促会、黑龙江省政府、浙江省政府、哈尔滨市政府共同主办的第十六届中国哈尔滨经济贸易洽谈会(以下简称"哈洽会")隆重召开。该届哈洽会为国家级展会,吸引50多个外国经贸代表团以及国内20多个省、自治区、直辖市组团参会。杭州市组织浙江中华鞋业(集团)有限公司、杭州骊帛丝绸有限公司、杭州玉雕厂、杭州金利普电器有限公司等11个企业参展。杭州参展企业签约数量较多,其中杭州金利普电器有限公司与黑龙江省绥芬河市签订1.2亿元的电视机厂建设合作意向,浙江中华鞋业(集团)有限公司与俄罗斯贸易公司签订6万美元的下水裤销售意向。

【参加东西部合作与投资贸易洽谈会】4月6日~10日,第九届中国东西部合作与投资贸易洽谈会(以下简称"西洽会")在西安市举行。该届"西洽会"由商务部等有关部委支持,中国国际贸促会、陕西、浙江等24个省、市、自治区政府及新疆生产建设兵团主办。

"西洽会"设2000个室内标准展位,杭州中策橡胶有限公司、娃哈哈集团有限公司等37个企业参加,设展位94个。杭州参展企业形象鲜明突出,展位设计恢弘大气,引人注目,中央电视台、陕西电视台、新疆电视台等新闻媒体对其进行采访报导。陕西省省长陈德铭、浙江省副省长王永明等参观杭州展区。据统计,杭州中策橡胶有限公司与陕西省客户达成销售意向2.5亿元,杭州金利普电器有限公司与新疆、西安、满洲里等地的客户达成销售意向7500万元,浙江德意厨具有限公司与陕西省渭南市液化站签订5000万元的厨具销售合同。

【举办老字号博览会】10月20日~23日,为期4天的第二届(2005)中华老字号精品博览会在浙江世贸中心举办,安排中华老字号精品展、中华老字号品牌文化秀以及相关推介活动。博览会由中国商业联合会中华老字号工作委员会和浙江省经济贸易委员会联合主办,近200家老字号企业参加展览。展会设六大主题展区,分别是以酒文化为主的百年流芳展示区,以工艺饰品为主的艺苑明珠展示区,以中华美食为主的传统美食展示区,以养生保健文化为主的康泰千年展示区,以印学文化、文房四宝为主的民族瑰宝展示区,开辟非物质文化保护展示区,展示非物质文化精髓以及杭州市《老字号保护规划》。

【新增境外投资项目51个】2005年,全市批准境外投资项目51个,比上年增长21.4%;总投资5115万美元。新增境外投资项目加上6个增资项目,实际批准境外投资总额6513万美元。至2005年末,全市累计批准境外投资项目272个,其中非贸易性项目93个,总投资1.92亿美元,中方协议出资1.10亿美元。

【1000个企业外出投资300亿元】至2005年末,杭州市在外投资的企业总数达到1000个,总投资突破300亿元。自然资源匮乏,发展空间不足,成为困扰杭州新一轮经济快速发展的瓶颈。杭州市大力支持企业走出去参与西部大开发和振兴东北老工业基地,并出资进行奖励或贴息,让企业不断做大做强,为当地经济发展和人员就业做贡献,实现从杭州经济向"杭州人经济"的大拓展。通过产业梯度转移,腾出有限的发展空间和资源发展都市产业,开发新的招商资源。如浙江云森集团在收购新疆奎屯一家棉纺厂后,利用当地的优质棉花资源,促进云森集团产品不断上规模和上档次。

【马尼托瓦制冷公司落户杭城】10月21日,国际知名企业——美国马尼托瓦公司总投资2000万美元的马尼托瓦(中国)制冷有限公司,正式落户杭州滨江工业区块。马尼托瓦公司成立于1902年,总部设在美国威斯康星州马尼托瓦市。该公司是多元化的制造企业,在餐饮设备、起重机和造船等工业产品领域处于世界领先地位,2004年销售总额20亿美元。马尼托瓦(中国)制冷有限公司拥有先进的生产线及多项专利技术,生产Manitowoc(万利多)制冰机、储冰箱、饮料机、餐饮用制冷设备和相关零部件,其中绝大部分零件从美国和欧洲进口,70%产品出口美国、欧洲、亚洲等市场。

【杭州有私营企业8.8万个】至2005年末,杭州市有88611个私营企业,注册资金1548亿元,从业人员超过114万人。2005年,新登记注册的私营企业16200个。从2001年开始,杭州城区(不包括萧山、余杭)共引入150多个公司总部,涉及商贸、旅游、制造等行业,一批上规模的著名私营企业将总部迁入杭州,如吉利集团、苏泊尔集团、宋城集团、盾安公司等。

为了促进民营企业发展壮大,市有关职能部门完善商标梯级认定体系,建立驰名商标培育库,对商标企业加以针对性的培育和辅导。全年新培育中国驰名商标1个、省著名商标43个、市著名商标63个、省知名商号35个。

兴惠化纤集团新建的针织大圆机生产车间 (孙一宁 摄)

【42个企业进入全国1000强】 据国家统计局公布的中国1000个最大企业集团名单，杭州市有42个企业集团进入全国1000强，单位数列全国副省级城市第1位，列浙江省各市第1位。42个企业按地区分布看，大部分集中在市区，6个老城区28个，萧山9个；其余是富阳3个、建德1个、临安1个。从行业分布看，23个属于制造业，显示杭州制造业的实力和优势；批发和零售业11个，建筑业7个，房地产业1个。从登记注册类型来看，30个为有限责任公司，其中国有独资公司12个、其他有限责任公司18个，国有企业、股份有限公司、其他企业集团分别为3个、4个、5个。

【42个企业成为经济发展的重要力量】 杭州市进入全国1000强的42个企业集团，成为杭州市经济的主力军和龙头骨干。2004年拥有资产2471.8亿元，占全市142个资产和营业收入均在1亿元以上集团（以下简称亿元以上集团）的69.7%；其中进入全国1000强的23个工业企业集团的资产1559.9亿元，占全市规模以上工业企业总资产的40.7%。完成营业收入2976.4亿元，占全市营业收入亿元企业集团的80.9%；其中23个工业企业集团的销售收入1422.3亿元，占全市规模以上工业企业产品销售总收入的34.9%。实现利润147.5亿元，占全市亿元以上企业集团的79.5%；其中23个工业企业集团实现利润111.9亿元，占全市规模以上工业企业利润总额的50.7%。上缴税金96.6亿元，占全市亿元以上企业集团的74.2%，占全市财政收入的24.4%。完成出口销售总额454.2亿元，占全市亿元以上企业集团出口销售总额的85.8%，占全市出口总额的29.8%。

【53个民企进入全国500强】 据全国工商联对“2004年度全国上规模民营企业调研排序”，全国民营企业500强名单上，浙江省有183个上榜，占36.6%。在上榜企业中，浙江是进入全国500强企业较多的省份，其中杭州53个、绍兴35个、温州27个、宁波23个、台州19个。杭州市民营企业占全国500强的10.6%，杭州市入围数连续三年居全省之首。在杭州市上榜的53个企业中，营业收入总额超过10亿元的49个，杭州UT斯达康通讯有限公司以172.97亿元首次进入全国10强，居第9位；杭州娃哈哈集团有限公司以114.43亿元，居全国第18位。

【开展企业服务年活动】 6月起，针对全市工业经济发展中出现的缺钱、缺电、缺地、缺人等资源要素的情况，杭州市第一次开展“工业企业服务年”活动。活动期间，市政府重点推进68个活动项目，各部门累计走访企业4200余个，征集问题和建议1353条，帮助企业解决困难和问题1106个。7月20日，举行市级2005年首次银企融资洽谈会，部分区县（市）计经局、工业资产经营公司、在杭金融机构、市担保业协会、市信用管理协会、担保机构、信用评级机构、成长型中小企业、信用企业等单位有关人员近250人参加，向金融和担保机构推荐企业融资项目113个，融资12亿元。积极挖掘40个热电企业发电能力，安排67个企业实施让电计划，做到“缺电不缺服务、限电不限真情”。面向全国公开招聘20多个工科类专业技术人才4099人，其中736人次达成择业意向。全年为企业举办各类招聘会134场，提供就业岗位6.39万个，达成意向1.94万人次。

1月26日，在省人民大会堂举行杭州市“工业兴市”文艺演出。（市经委 供稿）

【施行工资集体协商】 11月1日，《杭州市企业工资集体协商试行办法》施行。工资集体协商，是指职工方代表和企业方代表，依法就企业内部工资的分配制度、分配形式、收入水平、支付办法等事项进行平等协商，在协商一致的基础上签订工资协议的行为。根据该办法，职工方可以通过基层工会联合会或者行业工会，与区域、行业的企业代表组织或者区域、行业内各企业民主推举的代表，开展区域、行业工资集体协商。实行计件工资制的企业，通过工资集体协商，确定职工法定工作时间内的劳动定额和计件单价标准，职工在法定工作时间内所得的计件工资，不得低于按企业当地最低工资所折算的标准。因工资集体协商发生争议，双方协商解决不成的，任何一方均可通过书面形式，向所在地的劳动和社会保障行政部门申请协调处理。

【举办企业班组长培训班】 5月，杭州市经济管理培训中心举办两期企业班组长岗位知识培训班。14个企业单位的178名班组长、工段长参加培训。

年初，市工业经济部门下发“开展杭州市企业班组长岗位知识培训的通知”，计划用两年左右的时间，对全市工业企业的班组长进行一次岗位知识培训，并逐步建立班组长持证上岗制度。培训时间为3天，培训内容主要是班组长的地位和作用，班组管理（包括班组质量管理、设备管理、现场管理和安全管理等），班组长的管理艺术。组织到管

理比较先进的现代化企业参观、学习。经过考试，有177名学员获得班组长岗位培训证书。（胡传明）

·丝绸工业·

【丝绸工业概况】杭州市有规模以上丝绸纺织企业208个（不包括丝绸服装，下同），比上年增加2个；职工人数3.13万人。丝绸行业企业主要分布在萧山区、余杭区、桐庐县，3个区（县）丝绸工业总产值占全市的73%，分别以化纤绸织造业、真丝绸织造业、真丝针织业为主，形成明显的丝绸生产特色区域。

2005年，中国出现取消纺织品配额有利于纺织企业发展的条件，也有“纺织品特保”、加征出口关税、茧丝价格上涨、人民币升值等因素出现，增加了杭州市丝绸企业的压力。杭州市实施“弘扬丝绸之府、打造女装之都”的战略决策，使杭州丝绸产业经受住严峻考验，生产与出口稳步增长，企业经济效益持续向好，行业竞争力不断提升。全年完成工业总产值74.46亿元，比上年增长18.8%；出口交货值34亿元，增长13.6%。丝绸企业主营业务收入69.19亿元，增长11.8%。实现利税总额3.88亿元，增长10.9%；其中利润2.19亿元，增长15.9%。

经中国纺织工业协会审核认定，全国有49个企业为2005年度纺织科技型企业，其中杭州丝绸企业2个，分别是杭州喜得宝集团有限公司和万事利集团有限公司。

【促进丝绸与女装产业发展】杭州市为了推进和谐创业，构筑产业优势，扩大就业途径，提出立足城市特色，发挥优势互补，以丝绸与女装结合为突破口，弘扬“丝绸之府”，打造“女装之都”。9月16日，杭州市委、市政府召开“弘扬丝绸之府、打造女装之都”工作会议。省委常委、市委书记王国平在会上作重要讲话，市长孙忠焕主持，副市长沈坚作工作报告。11月4日，杭州市制定《弘扬“丝绸之府”、打造“女装之都”的若干意见》，就弘扬“丝绸之府”、打造“女装之都”的指导思想、基本原则、组织结构、主要举措、政策保障等提出意见。

表15　杭州市42强与全市1亿元以上规模企业集团对比情况

单位：亿元

	资　产		营业收入		利　润		出品销售额		上缴税金	
	总量	比例	总量	比例	总量	比例	总量	比例	总量	比例
亿元以上企业集团	3 546.3	100	3 679.1	100	185.5	100	529.4	100	130.2	100
42强企业集团	2 471.8	69.7	2 976.4	80.9	147.5	79.5	454.2	85.8	96.6	74.2

表16　杭州市在浙江省进入全国1000强企业集团中的情况

	个数(个)		资产(亿元)		营业收入(亿元)		利润(亿元)		从业人员(人)	
	数量	比例	数量	比例	数量	比例	数量	比例	数量	比例
全　省	103	100	4 479.6	100	5 767.1	100	293.7	100	81 3437	100
杭　州	42	40.8	2 471.8	55.2	2 976.4	51.6	147.5	50.2	31 8567	39.2

表17　15个副省级城市进入全国1000强企业集团单位数

位　次	城　市	进入全国集团(个)
1	杭　州	42
2	广　州	35
3	南　京	28
4	青　岛	20
5	宁　波	18
6	济　南	16
7	深　圳	16
8	成　都	11
9	西　安	10
10	厦　门	9
11	哈尔滨	9
12	沈　阳	8
13	武　汉	8
14	长　春	7
15	大　连	6

【举办中国国际丝绸博览会】10月20日~23日，首次由商务部、杭州市政府主办，国家茧丝绸协调办公室、中国丝绸协会、杭州市经委、市贸易局共同承办的“2005中国国际丝绸博览会”在杭州和平国际会展中心举行。商务部党组成员、部长助理、国家茧丝绸协调办公室主任黄海，中国丝绸协会会长弋辉，省委常委、杭州市委书记王国平，省、市有关部门领导和部分省市商务主管部门的负责人以及印度、意大利、日本、韩国等国家的丝绸机构、协会负责人出席开幕式。博览会汇集了国内外上百个丝绸企业、上万种丝绸产品，数万名厂商到会，其中来自法国、意大利、瑞士、美国、俄罗斯、印度、泰国、马来西亚、日本、韩国等10个国家和中国香港特别行政区200余名专业客商参加展会。

博览会是中外丝绸业界的一次盛会，展示面积1万平方米，比上届扩大30%，其中特装展位占85%以上。浙江、江苏、四川、重庆、广东、广西、辽宁、安徽、山东、湖北、云南、江西等12个省、市（自治区）的丝绸企业参展，其中四川、重庆、江苏、云南、浙江等省、市以组团形式参加“丝博会”；全国丝绸行业竞争力前10位中的8个企业、全国丝绸行业销售额前30位中的21个企业参展。期间，中国丝绸协会授予27个企业80种产品获得2005年全国丝绸新产品金奖。博览会成交额5.8亿元，其中出口5300万美元，国内贸易1.5亿元，现场成交3000万元。参

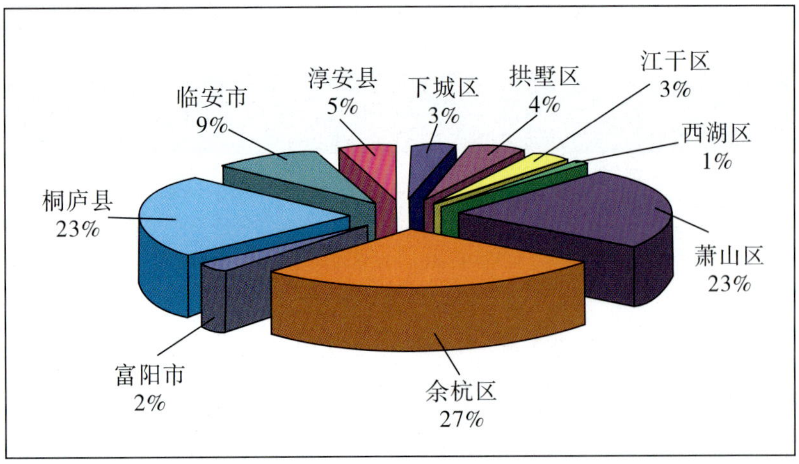

2005年杭州市丝绸产业按产值分布图

观人数5.2万人次,其中,专业客商2.2万人次,外商超过2000人次。

展会期间,举办"第二届丝绸电子检测国际研讨会",国内外专家和同行就推动世界生丝电子检测达成共识。博览会首次与中国奥运科技委员会合作,共同主办"科技奥运与中国丝绸发展论坛"。签署《中国丝绸杭州宣言》,表达共同推动丝绸产业发展、再创中国丝绸辉煌的决心。举办"丝绸携女装比翼高飞"论坛,国内外著名设计师、丝绸女装企业家共同探讨中国丝绸与中国服装特别是女装的关联发展,提出丝绸是最具国际价值的独特资源和文化积淀、是世界高级女装的主要面料来源之一的论点。

【丝绸网开通】 10月20日,由杭州市政府出资,杭州市中小企业服务中心建设的"丝绸网"举行开网仪式。商务部部长助理黄海点击开网。该网的网址www.chinasilkcity.com,设有动态信息、丝绸企业、丝绸精品、丝绸史话、丝绸论坛等9个栏目,是一个集丝绸产业、丝绸文化和丝绸旅游的综合类门户专业网站,与"中国女装网"作为姊妹网,网上网下共同运行。

【开发丝绸新产品新技术】 杭州市丝绸企业注重科技攻关,提升产品档次。在2005年杭州市优秀新产品新技术名单中,万事利集团有限公司的"全真丝数码双面织锦"获一等奖、"合成皮革仿真洗涤"获三等奖,杭州纺织机械有限公司的"飞宇2000新时代自动缫丝机"获二等奖、"HGA732/J型提花剑杆织机"获三等奖,杭州临平创新丝绸实验厂的"双色泡绸"获三等奖。

【丝绸企业获准供应奥运产品】 经北京第二十九届奥运会组委会对企业的资金实力、生产能力、质量管理、设计能力、营销策略等项目评估和考察,杭州市丝绸企业万事利集团有限公司、浙江凯喜雅股份有限公司凭借较强的产品设计开发能力以及综合实力胜出,获得北京2008年奥运会特许经营资格,供应奥运丝绸产品。 (高振纲)

▶▶资料:飞宇2000新时代自动缫丝机 该缫丝机采用机电一体化设计、PLC控制、人机界面触摸屏设定,能自动确定探索周期和给茧机移动速度,保持缫丝恒线速度,明显提高给茧机的添绪能力,减少了生丝落细时间,提高了缫制生丝的质量。自动索理绪车头对提高索理绪效率,减轻工人劳动强度、降低原料消耗、减少用工等方面取得较好的效果。在给茧机传动中,采用变频同步双驱动,按小转速设定值的变化,能自动给出探索周期和给茧机速度的优选值;由两棱体、上下振动理绪、丝辫振动机构构成复合式精理装置方面有创新。该机技术处于国际领先水平。

(王瑛 陈希杨)

【喜得宝集团科技攻关专题通过验收】 12月16日,杭州喜得宝集团有限公司承担的"十五"国家科技攻关项目——《数码喷射印花与四分色印花协同生产技术研究》专题项目在杭州五洋假日酒店通过鉴定。鉴定会由科技部委托中国纺织工业协会主持,经来自浙江、江苏、沈阳、北京等地的专家认真评议和观看实样后,一致认为该专题总体技术水平属国际先进,喷墨印花与四分色印花集成创新,达到国际领先水平。这一技术是喜得宝集团运用数码高新技术改造传统丝绸产业的又一重要成果,将促进印染行业清洁生产和社会环保事业的发展。

【金富春公司新产品通过鉴定】 7月29日,杭州金富春丝绸化纤有限公司承担的国家茧丝绸风险基金项目——蚕丝与其他纤维复合开发防护弹力面料在杭州通过验收。该产品具有滑爽、舒适、柔软、保健和强吸湿性、强抗皱耐磨等特点,服用性能好,制造成本低,具有较强的市场竞争力。11月27日,市科技局组织召开由杭州金富春丝绸化纤有限公司开发的色织弹力丝特乔其、弹力护舒缎、色织弹力丝特缎3种省级新产品鉴定会。经专家鉴定,3种新产品的工艺技术均达到国内领先水平。

【达利(中国)公司QC成果获省级一等奖】 由达利(中国)有限公司选送的"降低印花色浆成本"QC活动分别获得省级和市级一等奖。在获市级一等奖中,该公司是唯一的一个丝绸印染企业。5月23日,国家丝绸质量监督检验中心对该公司14654素绉缎染色绸进行突击随机抽样监督抽查,进行13个项目的检测,除外观疵点、尺寸变化率外,对甲醛含量、PH值及8个项目的牢度进行了检测。7月6日,该公司接到检验合格通知。说明该公司质量管理严格,在染化料的使用和运用中,符合法律法规要求和出口产品的理化指标标准。

【华鼎集团在香港上市】 作为丝绸服装制造及出口商,浙江华鼎集团有限责任公司整合所属30个公司的优质资源,形成集面料织造、印染、成衣制造、品牌服装销售等大纺织业务链。经过9个月的精心筹备,于2005年12月15日在香港联交所主板成功挂牌上市。华鼎集团公开发售及国际配售集资净额共约港币11亿元。

【2个企业进入全国行业竞争力前列】中国纺织工业协会以“推荐优秀企业、树立行业楷模、提升竞争力水平、促进产业升级”为宗旨，推广和传播优秀企业的先进经营管理模式，举办行业提升竞争力的测评活动。8月9日，由中国纺织工业协会主办的中国纺织服装行业竞争力测评活动在北京人民大会堂揭晓，万事利集团有限公司和杭州金富春丝绸化纤有限公司分别位列2004~2005年度全国丝绸行业企业的第1名和第6名。

【22个缫丝企业获得准产证】12月27日，商务部发布公告，公布2005年全国缫丝企业生产经营资格审核结果，杭州市有22个企业符合条件，获得2006年至2007年全国缫丝企业生产准产证。22个缫丝企业核定生产能力合计48320绪，其中自动缫47240绪，占总生产能力的97.8%；立缫1080绪，占总生产能力的2.2%；自动化程度在全国名列前茅。

按区县（市）分，获缫丝企业准产证和拥有生产能力分别是余杭区7个、18960绪，淳安县7个、15880绪，临安市4个、7680绪，桐庐县2个、2800绪，富阳市1个、1800绪，萧山区1个、1200绪。与2003年相比，总生产能力下降29.9%，其中余杭区下降22.1%，临安市下降9.4%；淳安县上升41.8%，其余县（市）持平。

【淳安发展蚕桑产业】2003年，淳安被确定为省蚕桑西进工程实施重点县。2005年，该县有桑园5340公顷，其中三年来新发展3780公顷；三年累计饲养蚕种13.93万张、产茧5963吨、蚕桑产值1.88亿元。该县大力发展蚕桑产业，3年桑园面积、饲养蚕种、蚕桑产值均翻了一番。

【万事利集团进入医疗产业】6月6日，万事利集团有限公司董事局主席沈爱琴与市卫生局局长郧丽娜就杭州市第四人民医院股权转让举行签字仪式，受让市属事业单位——杭州四院65%的股权。7月13日，由万事利集团有限公司和市财政局组建的杭州第四医院有限公司正式成立。公司注册资金12360万元，万事利集团有限公司董事局副主席屠红燕出任董事长。该公司的成立，是民营企业收购国有医院，标志着万事利集团已经正式涉足丝绸和服装产业、文化和医疗产业及房地产等产业。（高振纲）

·轻工业·

【轻工业概况】杭州市轻工行业深入贯彻落实“工业兴市”战略，努力克服生产经营中出现的困难，全年生产、效益平稳增长，产销衔接良好，总量规模不断扩大。据对105个轻工行业归口重点企业统计，全年完成工业总产值596.08亿元，比上年增长19.4%；销售产值590.37亿元，增长18.7%。出口交货总值83.62亿元，增长18.6%。

6月30日，举办“杭州女装万里行”汇报演出。（张永春 摄）

按105个轻工归口企业的统计，全年各季工业总产值和销售产值增幅呈两头低、中间高型走势，增幅在18%~23%之间波动。增幅最高是在第三季度，第一季度和第四季度增幅相对较低。各企业根据市场需求，不断更新产品结构，加大产品技术含量。各季的工业产销率均保持在98.5%以上，产销衔接保持较高水平。

为了保证轻工行业持续发展，重点项目的技改投资比重逐年加大，全年技改投入7.8亿元，其中食品行业投入3.8亿元，包装行业投入2.75亿元。归口企业固定资产实际投资额24.4亿元，增长8%。先进技术和设备的引进，有效提升了产品的品质，增加了生产能力。

【轻工重点企业规模扩大】轻工重点企业增产能力继续增强，对行业拉升带动明显。105个轻工归口企业全年实际完成工业总产值、销售产值分别为596亿元和590亿元，总量均比上年增加近100亿元。105个企业中，工业总产值和销售产值同步增长的77个，特别是26个重点企业增产能力不断增强，全年新增工业产值80亿元、销售产值75亿元，占归口企业新增总量的80%和75%。其中娃哈哈集团新增销售产值20.5亿元、玫琳凯化妆品公司新增9.5亿元、胜达集团新增5.7亿元、卷烟厂新增5.3亿元、金鱼电器集团新增4.2亿元，中粮美特公司新增4亿元、顶益食品公司新增3.5亿元。

【改善轻工企业运行质量】轻工行业经济效益稳步提高，针对主要原辅材料大幅涨价等因素，各企业开展挖潜增效，加强对可控费用的控制。管理费用、财务费用增幅控制在合理的区间，应收账款、产成品存货增幅大大低于销售收入增幅。全年完成利税138.98亿元，比上年增长13.7%；其中利润58.85亿元，增长15.7%。元旦和春节期间，一些主要产品消费呈现强劲的增长态势。往年冬季饮料行业生产、销售是淡季，而娃哈哈集团有限公司2005年12月份销售收入8.5亿元，生产的碳酸饮料、果汁、营养快线、瓜子等产品全面旺销，创下历史同期的最高水平。由于饮料在节日消费中呈上升趋势，该公司利润增幅由三季度的4.1%，上升到全年的12.9%，全年新增利润1.73亿元，对行业利润增长的贡献率2.9个百分点。玫琳凯(中国)化妆品有限公司、胜达集团有限公司、杭州老板实业集团有限公司、顶益食品有限公司、国际香料香精(杭州)有限公司、浙江柳桥集团有限公司、杭州天堂伞业集团有限公司、杭州顶正包材有限公司等重点企业利润增幅均在35%以上，杭州金鱼电器集团、杭州顶津食品有限公司增幅在1倍以上。行业工业经济效益综合指数、总资产贡献率、全员劳动生产率等指标逐年提高，分别比上年上升2.2个百分点、3.4个百分点和7.7个百分点。

【加大轻工业科技投入】 在市场竞争激烈、原材料上涨的形势下，杭州市依靠科技进步，坚持高起点开发新产品，提升产品品质，增强企业市场竞争力。据对105个轻工归口企业统计，全年投入科技经费5.9亿元，比上年增加2.3亿元，增长62.9%。浙江华日实业投资有限公司坚持不断开发新产品，生产利润率相对较高的智能化节能型冰箱取得较好的经济效益。全年生产电冰箱56.8万台，增长51%；实现销售收入7.64亿元，增长82.8%；实现利润2231万元，增长20%。娃哈哈集团有限公司主推的“营养快线”，单种产品年销量16.2万吨，实现销售收入7.7亿元，实现利润1.43亿元。

【组团参加中国食品博览会】 9月21日~23日，由商务部、浙江省政府主办，宁波市政府、省经贸委承办的2005年中国食品博览会在宁波市举办。为了组织好博览会，省经贸委下发《做好2005中国食品博览招商招展工作的通知》，分配给杭州市展位180个，并纳入目标责任考核。为了完成省经贸委下达的招展任务，在时间紧、任务重的情况下，组织了娃哈哈集团、农夫山泉股份公司、杭州卷烟厂、祐康食品集团、贝因美集团、西湖啤酒朝日有限公司等100余个企业参展，计183个展位，成为博览会上规模最大的地方组团。杭州展团在浙江馆以特装的形式，展示杭州食品工业“锦绣天堂、精美食品”大气开放的整体形象。据不完全统计，杭州市参展企业签订销售合同4500万元，达成销售意向1.1亿元。杭州市经委被省经贸委评为最佳组织奖和最佳设计奖单位。

【新增6种轻工中国名牌产品】 继2003年杭州市4种轻工产品被授予中国名牌产品后，2005年又有6种轻工产品被授予殊荣。他们是杭州娃哈哈集团有限公司的娃哈哈牌果汁饮料、浙江柳桥羽毛有限公司的迪欧达牌羽绒被、浙江三弘国际羽毛有限公司的飞利弘牌羽绒被、杭州老板实业集团有限公司的老板牌吸油烟机、德意控股集团有限公司的德意牌吸油烟机、杭州卷烟厂的利群牌卷烟。杭州市轻工行业名牌产品数量逐年增加，呈现出高品质、高效益的特征，带动了轻工行业的发展。上述企业2005年实现销售收入264.6亿元，比上年增长16.4%；实现利润35.8亿元，增长10.1%。

【加大对工艺美术行业宣传】 10月，在第六届中国工艺美术大师作品暨工艺美术精品博览会上，为了提升杭州工艺美术在全国工艺美术行业内的影响，由市政府出资，对中心展馆进行了特别装修，并集中富有代表性和有杭州特色的工艺美术精品，以“锦绣杭州，艺术天堂”为主题，对工艺美术行业进行整体宣传。

【评审首届杭州市工艺美术精品】 创新是工艺美术发展的源动力，精品是工艺美术创新的表现形式。5月，为促进杭州市工艺美术事业繁荣与发展，根据《杭州市工艺美术精品评审认定实施细则(试行)》，组织开展首届杭州市工艺美术精品评审。经专家评审，共评出工艺美术精品金奖35件、银奖40件。

【开展首届市工艺美术大师评审认定】 9月，为表彰在发展杭州市工艺美术事业中成绩显著的工艺美术人才，根据《杭州市工艺美术大师评审实施细则(试行)》，开展首届杭州市工艺美术大师评审认定。经专家评审通过，市政府批准，朱炳仁等12位工艺美术工作者被授予杭州市工艺美术大师荣誉称号。

▶▶资料：市工艺美术大师名单及专业

赵平加	王星记扇子
杜　鹃	王星记扇子
全　岗	杭州扇艺
吴敏华	杭绣
余知音	杭绣
朱炳仁	杭州铜雕
刘小平	杭州木雕
王　京	杭州木雕
郭　艺	杭州艺术陶瓷
黄厥明	杭州微雕
吴素莲	杭州剪纸
吴松江	杭州石雕

【11种工艺品列入省传统工艺美术品种】 继2001年王星记扇子、南宋官窑瓷、富阳古藉石印纸3种工艺品列入省重点传统工艺美术品种后，2005年有昌化鸡血石、都锦生织锦、杭州铜雕、张小泉剪刀、杭绣、杭州陶艺、西湖绸伞、微雕、萧山花编、桐庐剪纸10种工艺品品种列入第二届浙江省重点传统工艺美术品种。

【老板集团实施品牌战略】 杭州老板实业集团有限公司面对市场激烈竞争，加快技术创新，实现平稳、协调、较快发展。2005年，实现产值7.7亿元，比上年增长18.7%；实现销售7.3亿元，增长26.9%；创利税6946万元，增长18%。与国内同类企业相比，各项经济指标和增长速度均名列前茅。

杭州老板实业集团有限公司加快新产品开发，全年开发主导产品吸油烟机、灶具、消毒柜近30款，其中绝大多数产品成功上市。申报各项专利71项，获专利权的有54项。生产的“老板”品牌吸油烟机被评为中国名牌产品，并获得免检产品等多项荣誉称号。在2005年由世界品牌实验室组织的“中国500最具价值品牌”评比中，“老板”品牌以19.33亿元的价值榜上有名。该企业形成了依靠品牌战略促进销售增长，用强势销售推动品牌建设的良性互动。实行重点扶持大通路的方针，与国美、苏宁等公司维持良好的营销关系，他们的销售份额占据60%以上。在2005年怡康时代市场研究公司调查资料中显示，老板牌吸油烟机以9.8%市场占有率蝉连市场销量第一。在国家统计局以及中华轻工业商业联合会发布的信息中，吸油烟机排名第一，燃气灶保持前三名，消毒柜排名第六。

【举办国际妇幼用品产业博览会】5月19日~22日，由杭州市婴童行业协会、台湾妇幼多媒体事业集团和中国国际贸易促进委员会杭州市分会共同主办的首届中国杭州国际妇幼用品产业博览会在杭州和平国际会展中心隆重举行。包括优生、贝因美、黄色小鸭、康恩贝、韩宁玩具等知名品牌的近100个企业前来参展，展位300个。来自全国各地的经销商和采购商参加洽谈业务，观众有上万人次。

【市制笔行业协会成立】桐庐分水制笔业起始于20世纪70年代，快速发展于20世纪90年代。2005年，有制笔及相关配套企业730个，180余个企业进入工业功能区，园区总面积约200公顷。有规模企业60余个，其中产值2000万元以上的企业10个，年产各类笔55亿支，产值20亿元。2002年，被授予“中国制笔之乡”荣誉称号。为进一步促进和提升分水制笔行业块状经济发展，整合杭州地区制笔业的资源，规范行业竞争，以实现行业的可持续发展，2005年11月3日，成立杭州市制笔协会，有会员单位50个。

【美浓丝网印刷公司争创“绿色企业”】4月20日~22日，浙江美浓丝网印刷有限公司公司通过浙江省环科环境论证中心组织的ISO 14000第二阶段现场审核。6月，被授予证书，成为“绿色企业”。该公司通过导入ISO 14000环境管理体系标准，在环境方面有很大改进。全年该公司实现销售收入3.63亿元，利润2395万元，创下历史最高记录。

【奥普电器公司美国参展】1月13日~16日，杭州奥普电器有限公司参加在美国奥兰多市举办的国际建材展。奥普电器公司展示浴霸、通风扇等四大系列产品，吸引众多建筑商、批发商、经销商前来参观洽谈。新闻媒体对奥普电器公司参展人员进行了采访，有关报道刊登在当地报纸财经新闻头版。由于在美国成功参展，该公司产品相继进入大洋洲、欧盟、北美等市场，全年实现出口交货值2208万元，比上年增长17%。

【推出农夫汽茶】农夫山泉股份有限公司寻求推广新产品，继2003年推出“农夫果园”后，2004年推出“尖叫”饮料，2005年推出新品——“农夫汽茶”。该公司通过对历年饮料市场热卖品的分析，发现人们喜欢茶饮料。通过产品开发，于2月将新产品“农夫汽茶”投放市场，受到消费者的欢迎。该公司开发的新产品，全年实现销售收入4400万元，实现利润120万元。（傅　敏）

·包装工业·

【10个包装企业签定入园协议】12月11日下午，在杭州黄龙饭店，杭州吴泰印刷包装机械有限公司、龙发服装包装实业有限公司、浙江中伦纸业有限公司等10个中外合资包装企业作为首批入园企业，与杭州工业新区和萧山经济技术开发区签定总投资4亿美元的协议。这些入园企业属于先进包装装备、包装材料及包装制品制造业企业。亚洲包装中心与西班牙西中经济技术促进会签订了亚包中心西班牙工业园区协议书。签约仪式结束后，杭州市副市长、杭州亚包中心建设领导小组副组长沈坚发表了讲话。

【通过《亚洲包装中心建设总体规划》】12月11日下午，由国家发改委投资研究所编制的《亚洲包装中心建设总体规划》论证会在杭州黄龙饭店举行。参加论证会的有国务院参事、中国包装联合会副会长、亚洲包装中心建设领导小组副组长闵淳昌，杭州市副市长、市亚洲包装中心建设领导小组副组长沈坚，评审专家组成员有国务院国有资产管理委员会研究中心主任王忠明、国家发改委中国机电招标中心高级经济师谢荣全、国家建设部规划管理中心高级规划师龚威平、国家发改委环境与资源综合利用司杨尚宝教授、国家发改委产业与技术经济研究所研究员王亚平、浙江大学机械与能源工程学院教授王振林、上海同济大学教授卢济威、杭州市规划局总规划师刘晓东等，杭州市政府副秘书长赵立康主持会议。市发改委、市建委、市经委、市外经贸局、杭州工业新区、萧山经济技术开发区等单位派员参加论证会。通过与会专家论证与讨论，该规划获得通过。

【中亚机械公司注重科技促发展】杭州中亚机械有限公司是一个专业从事乳品、食品及饮料包装机械的研发、制造和销售的企业，是国家火炬计划重点高新技术企业、浙江省高新技术企业、省外商投资先进企业。

该公司两次承担国家“十五”科技攻关项目子项目和浙江省高新技术重大产业化项目、浙江省重点技术创新项目等，拥有有效专利35项，研发出具有自主知识产权的全自动光机电一体化乳品包装机械。涉足乳品机械领域后，每年科研开发投入占到当年销售收入的5%以上；2005年实际投入研发费用1255万元，占年销售收入的6%。建有省级企业技术中心，有研发人员66人。积极寻求与科研院所的合作，引进日本MAZAK五轴五联动复合加工中心、美国哈斯复合加工中心、瑞士克林伯格数控外圆磨床、德国三位坐标仪检测设备和立体库等精密加工装备及检测设备。2005年2月，与世界著名包装企业——瑞典利乐公司合作，首台国际水准的全自动装箱机在杭州成功下线。

据中国乳制品工业协会发布的信息，2005年，该公司生产的DXR、DASB两大主导产品，市场占有率列国内乳品包装机械行业第1位。产品远销澳大利亚、新西兰、加拿大、斯里兰卡、摩洛哥等国。全年实现销售收入2.07亿元，实现税利1.06亿元，分别比上年增长19.1%和16.3%。（楼建民）

【亚洲包装中心建设全面启动】12月11日，世界包装组织亚洲包装中心建设全面启动暨亚包大厦奠基仪式在杭州钱江新城隆重举行，总投资4亿美元的10个中外合资包装企业被批准首批入园。参加奠基仪

12月11日，举行亚洲包装中心建设全面启动仪式。（市经委 供稿）

式的有世界包装组织秘书长卡尔，全国政协常委、中国包装联合会会长石万鹏，浙江省经贸委主任丁耀民，杭州市市长孙忠焕，常务副市长、杭州亚包中心建设领导小组组长盛继芳，杭州市副市长、杭州亚包中心建设领导小组副组长沈坚等。世界包装组织亚洲包装中心是由世界包装组织授权，国家有关部门批准在杭州建设的中国第1个区域性、世界性包装产业中心。"亚包中心"建设内容主要包括在杭州市钱江新城建设包装研发、贸易、会展、信息、金融、文化、综合服务、行政管理中心在内的总部基地；在杭州经济技术开发区延伸区的临平区块，萧山经济技术开发区延伸区的江东区块建设包括包装机械、包装制品、包装新材料等高新技术产业在内的两个现代化先进包装制造业基地。

（傅　敏）

【运萨包装制品公司开工建设】 7月28日，杭州出口加工区内的土耳其独资企业运萨（杭州）包装制品有限公司厂房开工建设。该企业总投资750万美元，注册资本375万美元。运萨（杭州）包装制品有限公司从事生产、销售及出口包装材料、包装袋、织物、工业纺织纱、农用纺织纱等，其中大型柔性集装袋（FIBC）是现代国际装运行业广泛运用的主要集装化包装，被国际各主要转运机构所认可。预计达产后年生产能力可达100万只集装袋。该投资商运萨安巴拉公司系大型跨国企业，在世界同类企业中排名第2位，产品销售覆盖欧洲、美国及太平洋地区，是欧洲化学、药品、矿产及食品工业集装袋的主要供应商。

（徐建春）

·化学工业·

【化学工业概况】 杭州市有规模以上化工企业539个，从业人员7.3万人。形成以化学原料及化学制品制造、橡胶加工、石油加工三大行业为主，以精细化学工业为主导产业特色的地方化学工业体系，拥有基础化工、精细化工、生物化工、农用化工、橡胶制品等20余大类1000余种产品。

全年规模以上企业完成工业总产值472.01亿元，工业销售产值462.76亿元，分别比上年增长23.9%和25.3%。实现利税46.28亿元，增长27%；其中利润26.83亿元，增长28.9%。工业经济总量占全市规模以上工业总量的9%左右，产业规模列全市所有行业第5位，在全省排第2位，是杭州工业的重要组成部分。

化学工业作为基础产业，为杭州的纺织印染、塑料加工、建筑建材、医药、机械汽车、农业等下游产业的发展提供了强有力的支持，为"工业兴市"作出了积极的贡献。

【化工行业外向度水平提高】 2005年，全市化工行业产品出口保持较高增长，成为行业经济运行的亮点。全市规模以上化工企业完成出口交货值85.83亿元，比上年增长26.4%；出口交货值占工业销售产值的比例达到18.6%，改善了杭州市化工产业外向依存度偏低的局面。在出口产品结构中，农药、染（颜）料、橡胶靴鞋制造等传统出口优势行业中的重点产品，如新安化工集团的除草剂，庆丰农化公司的杀菌剂、除草剂，吉华化工公司的分散染料，下沙恒升化工公司的酸性染料，浙江百合化工控股集团的有机颜料，浙江中华鞋业集团有限公司和杭州雅加实业有限公司的橡胶靴鞋等产品，保持50%以上的高出口比重。

轮胎制造业呈现良好的出口增长态势，全年完成出口交货值22.82亿元，比上年增长64.3%；化学原材料工业中的碳酸钾、有机胺产品出口交货值分别增长70.6%和85%。

【重点化工企业带动行业发展】 列入杭州市100个重点企业的16个化工行业骨干企业全年完成工业总产值233.56亿元，比上年增长36%；产品销售收入244.59亿元，增长37.4%；分别占规模以上化工企业总量的49.5%和52.1%。

重点企业快速良性发展主要依靠规模优势，如新安化工集团的草甘膦、有机硅单体规模分别为亚洲第一、国内第二，建德建业化工有限公司生产的乙基胺系列产品在亚洲具有相当的竞争力。重点化工企业制造工艺先进，生产技术水平较高，信息自动化技术普及率高，普遍运用DCS生产集散控制、ERP资源管理等信息技术进行生产控制和经营管理，提高产品质量和劳动生产率，大大降低能源和原材料消耗。实施清洁生产和循环经济，如新安化工集团利用草甘膦副产氯甲烷生产有机氯硅烷单体，解决了有害气体向大气排放问题，显著降低主导产品的生产成本，实现了循环经济生产。加大技改投入，实施产业升级，如杭州橡胶集团累计投入资金6.2亿元，进行技术改造，新增年产500万套轿车子午线轮胎生产能力。

【环保投入成为技改重点】 杭州化工行业大力加强环境整治和生态建设。在2005年19项化工领域重点技改项目中，有5项为环保工程技改项目。他们是浙江新安化工集团股份有限公司的有机硅单体环保工程项目，杭州电化集团有限公司的废水排污纳管项目，杭州龙山化工有限公司的工业污水综合治理技术改造项目，杭州下沙恒升化工有限公司的废水处理项目，杭州油脂化工有限公司的废水纳管项目。5个项目投入资金8896万元，占全部19项技改资金的20.2%。

【推广清洁生产方式】2005年，有杭州近江化工有限公司、杭州临安金龙化工有限公司、浙江华特集团华特化工有限公司、浙江省桐庐汇丰生物化工有限公司、杭州中策有限公司永固分厂、杭州大自然有机化工实业有限公司、杭州庆丰农化有限公司7个化工企业通过清洁生产审核验收。全市有15个化工企业实施清洁生产方案，每年可节电388万千瓦时、节水205万立方米、削减废水55万立方米、二氧化硫238吨、固体废弃物2753吨。

全年有浙江新安化工集团股份有限公司、杭州电化集团有限公司、杭州龙山化工有限公司、浙江鑫富生化股份有限公司、杭州富春江化工有限公司5个企业通过杭州市工业循环经济建设审核验收。

【加强区域创新体系建设】2005年，杭州吉华化工有限公司被评定为省级企业技术中心；杭州油漆有限公司、杭州科本化工有限公司、中轻物产浙江化工有限公司、浙江威尔达化工有限公司、杭州争光树脂有限公司、杭州博达化工科技发展有限公司、建德市新化化工有限责任公司7个企业通过市级企业技术中心评审。杭州市化工企业累计建成8个省级企业技术中心、24个市级企业技术中心，带动行业整体技术水平和创新能力进一步提升。

【搬迁4个化工企业】7月，位于滨江区浦沿镇的杭州电化有限公司、杭州龙山化工有限公司、杭州油脂化工有限公司和位于机场路的杭州庆丰农化有限公司4个化工企业迁往萧山临江工业区的工程启动，中心城区化工企业的搬迁取得实质性进展。4个化工企业的搬迁完成规划选址、环境评价、立项审批等相关工作，后续的初步设计、安全预评价陆续展开。

【新安化工集团成为技术创新示范企业】浙江新安化工集团股份有限公司在全国化工科学技术大会上，获2005年度“中国化工行业技术创新示范企业”称号。全国有15个化工企业获此殊荣，该集团是浙江省唯一的上榜企业。

新安化工集团采用国际先进技术的丙酮法专利技术，使原料丙酮的单程转化率从82%上升到99.5%以上，每年可节约丙酮成本3900万元，节省燃煤3万多吨，减少二氧化硫排放200多吨。其获得国家发明专利的封闭式循环工艺，以环保和低成本的方式生产草甘膦、有机硅产品。该集团已形成3万吨/年草甘膦、6万吨/年有机硅单体的生产能力，每年仅通过回收氯甲烷3万吨，可创收7800万元；循环利用盐酸9万吨，可创利2610万元。

【传化品牌创新升级】12月，由世界经理人集团下属的世界品牌实验室发布“中国500强最具价值品牌”排行榜，“传化”品牌排名第117位，品牌价值达到50.73亿元。2005年，传化集团实现销售收入57亿元，利润4.2亿元，进入中国石油化工100强综合效益前20位，列专用化学品制造业第1位。

该集团形成从织物前处理剂到各种染色助剂、后整理剂，防水剂系列到化纤油剂、纺织印染用增白剂系列、皮革用化学品等8大系列200余种产品。获得国家火炬项目2项，国家级重点新产品2种，省级科技成果13个。

【传化集团和新安化工集团实现联合】11月，经国务院国资委和证监委批复，传化集团出资2.4亿元，成功接收建德市财政局持有的“新安化工”29.77%国有股，成为新安化工股份的第一大股东。新安化工集团是中国三大有机硅生产基地之一，相关产品竞争力、生产规模位居全国前列。传化集团主要生产染料助剂，原料中的硅油正是新安化工集团有机硅的下游产品。完成收购联合后，使两个集团上下游产业链结合更为紧密。

【油漆公司成为“绿色企业”】杭州油漆有限公司坚持“开发绿色产品，谋求持续发展”的环境方针，2004年被列为浙江省清洁生产试点示范企业。2005年12月，通过省经贸委、省环保局“绿色企业”的审核，成为浙江省第1个获得该称号的涂料生产企业。

企业采用先进技术对现有工艺进行全面更新换代，对物耗、能耗高，污染严重的工序，分期分批实施改造。节约原材料330吨，节水5400立方米，节电6.1万千瓦时，减少固体废弃物15.5吨、废溶剂84吨、废水5400立方米，增收节资约316万元。通过对研磨设备进行密闭改造，大大减少了有机废气的排放，改善职工的工作环境。通过实施清洁生产，提高了企业管理水平，从源头削减污染，提高了资源利用效率，降低了生产成本。

【白油技改项目启动】10月，杭州炼油厂10万吨/年白油加氢技改项目的基础设计编制启动。12月，中国石化集团公司批复该项目的可行性研究报告，同意杭州炼油厂建设一套10万吨/年白油加氢装置及配套的原料和产品储运系统，总投资近1.5亿元，生产高等级的化妆级白油和食品级白油。

【500万套子午胎项目投产】11月18日，杭州橡胶(集团)公司的年产500万套轿车子午胎项目建成投产，相配套的公用工程同步完成。经过质量部门对产品进行严格检测，生产的产品完全符合工艺和质量要求，标志着公司迁扩建工程第一阶段获得成功。

【进行有机硅反倾销】9月29日，由新安化工集团作为申请人之一的中国有机硅反倾销案有了结果。据商务部2005年第46号公告，对原产于美国、日本、德国、英国的进口初级形态二甲基环体硅氧烷，初步裁定被调查产品存在倾销，商务部决定采用保证金形式，征收保证金等反倾销措施。对上述4国应诉公司征收保证金比率为：日本通用电气东芝有机硅有限公司16%，美国

道康宁公司和英国道康宁公司13%，德国瓦克化学有责任公司和其他未应诉公司为35%。（梁 超）

·建材冶金工业·

【建材冶金工业概况】 建材冶金工业经济全年运行总体朝着国家宏观调控的方向发展，市场销售平稳增长，出口形势持续向好，投资结构更趋合理。受国家宏观调控及生产要素制约的综合影响，行业整体效益不够理想。据对76个行业监控企业统计，全年完成工业总产值288.81亿元，比上年增长7%；销售产值266.57亿元，增长7%；销售收入270.51亿元，增长5.9%。实现利税21.59亿元，下降36.5%；其中利润10.73亿元，下降48.3%。

重点企业发挥龙头支撑作用，15个省、市重点企业全年实现工业总产值、销售收入和利润分别为224.16亿元、209.12亿元和9.53亿元，占76个监控企业总量的77.6%、77.3%和88.8%；生产和销售增幅为8.5%和6.7%，高于行业平均水平。有6个企业工业总产值超过10亿元，其中杭钢集团钢铁主业产值99.86亿元。浙江华威建材集团积极开拓业务，全年完成预拌混凝土产量144万吨，居全市预拌混凝土行业首位，实现利润增长73.7%，成为15个重点企业中利润增长最快的企业。浙江东南网架集团公司抓住“奥运经济”，做大做强，在大跨度钢结构领域保持国内领先地位，全年完成工业总产值13.20亿元，创历史新高；实现销售收入12.60亿元，增长13.3%；实现利润6879万元，增长7.9%；有3项工程获全国詹天佑土木工程大奖。

全市建材冶金工业全年完成技改投资额35.66亿元，比上年下降12.7%；建材冶金工业中部分行业盲目投资、投资增速过快的问题得到有效遏制。从投资结构看，主要集中在技术玻璃、钢结构、新型装饰材料等国家重点鼓励和支持的领域，技术含量高、产品附加值高、能源消耗少的项目明显增加。

【加快建材冶金技术创新】 浙江杭萧钢结构股份有限公司、浙江东南网架集团有限公司被市工业信息化推进工作领导小组确定为杭州市第3批工业企业信息化应用示范企业；桐庐三狮水泥有限公司被确定为杭州市第3批工业企业信息化应用试点企业。浙江恒达实业集团有限公司被认定为浙江省级技术中心，浙江和合控股集团有限公司、杭州建铜集团有限公司被认定为杭州市级技术中心。有5个企业的产品经复评保持“浙江名牌”产品称号。他们是浙江东南网架股份有限公司的东南牌钢结构、网架、聚氨酯/岩棉复合夹心板，浙江杭萧钢构股份有限公司的杭萧牌钢结构，浙江协和陶瓷有限公司的CONCORD牌墙地砖，杭州森佳木业制造厂的升佳牌强化复合地板，杭州大庄地板有限公司的大庄牌竹木地板。浙江东南网架股份有限公司、浙江金首水泥有限公司、杭州钱潮建材股份有限公司3个公司的商标被认定为浙江省著名商标。

【新一轮水泥机立窑关停启动】 2005年是落实杭州市政府《全面淘汰我市落后水泥生产能力的若干意见》，全面实施新一轮水泥结构调整的第一年。市政府的考核目标是2005年关停39条、2006年关停42条。至年末，全市关停76条水泥机立窑生产线，其中富阳、临安、余杭、桐庐4个区县(市)提前一年完成关停任务。全市新干法水泥产量占水泥总量比例达到95.76%，超过全省平均水平5.76个百分点。

【换发水泥企业化验室合格证】 至2005年底，水泥企业的化验室合格证到期。根据省经贸委的统一部署，杭州市于8月1日至10月31日对水泥企业（包括粉磨站）换发合格证。经专家审查考评，全市63个水泥生产企业，有61个获得化验室合格证。此次换发的合格证有效期从2006年1月1日起，至2010年12月31日止。

【萧山成为钢结构产业化基地】 近几年来，萧山钢结构业走在全国的前列，2004年萧山钢结构产业总产值41.1亿元，占全省建筑业总产值的45.2%；年产钢结构110万吨，占国内钢结构产量的1/8。萧山钢结构的整体竞争能力不断提升，“东南”、“杭萧”、“大地”等知名品牌受到用户喜爱。2005年9月，萧山区被中国建筑金属结构协会授予中国钢结构产业化基地称号。

【桐庐建成农居建筑节能住宅】 12月30日，桐庐县富春江镇混凝土砌块农居节能住宅楼通过专家验收。该试验楼建筑面积7574平方米，墙材全部采用混凝土小型砌块，采用ZL胶粉聚苯颗粒保温沙浆进行外墙外保温，平屋面采用蒸压加气混凝土砌块保温，坡屋面采用聚苯板保温，外窗采用塑料型材、中空玻璃保温。经省、市建筑及节能部门验收，已达到《夏热冬冷地区居住建筑节能设计标准》的要求，填补了浙江省家居建筑节能住宅的空白。

【市水泥协会成立】 6月18日，杭州市水泥协会成立大会在杭州花港海航度假酒店召开。市水泥协会是在原杭州市水泥制造业协会和杭州市地方水泥协会整合基础上成立的，共有55个企业会员和12个个人会员参加。会议通过协会章程，选举产生了协会第一届理事会成员。经大会推选通过，浙江三狮水泥集团有限公司副总经理、杭州三狮水泥有限公司党委书记杨鸿明担任市水泥协会理事长。市水泥协会的成立，为水泥行业持续、快速、健康发展起到积极的推动作用。（陈 蓉）

·电力工业·

【电力工业概况】 2005年，杭州市发、供电企业职工总数7940人。固定资产原值218.35亿元，净值148.08亿元。全年产值153.94亿元，上缴国家税金4.79亿元。

全市电力工业发电设备总容量359.62万千瓦，全年发电量101.45亿千瓦时。地方办的公用热电厂(6000千瓦及以上)34座，发电量37.49亿千瓦时；企业自备发电站发电量47.9亿千瓦时。

杭州市有35千伏及以上公用变电所264座，变电容量2591万千伏安，比上年增长336.48万千伏安。有35千伏及以上输电线路(包括电缆)560条，线路总长度5496千米。有10千伏配电变压器(含用户)5.27万台，总容量1668万千伏安，增加

304.44万千伏安。有10千伏配电线路(含电缆)2394条,总长度1.75万千米。

按电度表户为计算单位,杭州市有电力用户264.06万户,比上年增长4.8%;年供电量305.13亿千瓦时,增长16.9%;售电量289.25亿千瓦时,增长17%。杭州电网(不包括建德、淳安)年最高用电负荷478万千瓦,增长25.7%。

加快电力基本建设,创造新建、新增110千伏及以上线路、变电容量历史最好业绩。实施完成电力配网25条市政道路架空线路改电缆、126条背街小巷"上改下"工程。深化有序用电,全年拉电条次、限电负荷、损失电量均比上年减少2/3。在管理上,通过ISO 9000、ISO 14000、OHSAS 18000体系认证。全年投入技改资金1600万元,实施科技项目50余项。全面完成乡镇农电体制改革。加强管理,实现全年安全生产无事故。

2005年,杭州市电力局提前一年完成"十五"发展纲要确定的目标。10月,被中央精神文明建设指导委员会授予全国精神文明建设先进单位称号。连续三届保持浙江省、杭州市文明单位的称号。

【杭州电网变电总容量2590万千伏安】 为了适应并适度超前于杭州社会经济发展需求,杭州电网的投资金额、建设规模和投产项目均创历史新高,实现跨越式发展。全年杭州电网建设完成投资22.5亿元,实现新增110千伏以上变电容量、线路长度的既定目标。6月13日,500千伏富阳变电所的一、二期工程相继投运。全市形成由瓶窑、乔司、涌潮、富阳4座500千伏变电所为支撑的双环网结构,杭州的东西南北各有一座500千伏超高压变电所,构成横跨杭(州)绍(兴)嘉(兴)地区的500千伏电磁环网,其超高压变电容量达到700万千伏安,使杭州电网的供电可靠性大大增强。除500千伏工程之外,杭州电网建成投产500千伏富阳变电所220千伏配套送出的10条输电线路,缓解了杭州西部供电紧张局面。建设完成兴南、秋涛、文三变电所等27项110千伏级以上输变电工程,为城区电网薄弱区块注入新的动力。

至2005年末,杭州电网变电总容量超过2590万千伏安,位居全国省会城市第2位。初步形成以500千伏变电所为支撑,220千伏为主网架,110千伏和35千伏为高压配电网的现代电网。

【城市电网规划编制完成】 7月,根据国家电网公司的重点城市电网建设改造和安全供电工作会议精神和《编制城市电网"十一五"规划报告指导意见》,市电力局正式启动杭州城市电网"十一五"规划的调整编制。同以往城网规划相比,从规模、质量上有明显变化。从地域范围看,原来的区域范围主要为杭州市区,面积3060平方千米;新的城网规划范围扩大为杭州地区(不含建德、淳安)除下辖农村供电范围以外的所有区域,增加富阳、临安、桐庐等县(市)城区。从电网范围看,原来城网规划主要为110千伏及以下电网,新的城网规划覆盖380伏~500千伏的供电电压等级。新的城网增加了电网技术改造,以及调度自动化、配电自动化、信息自动化、通信自动化、电网节能规划等专项规划内容。规划2006年~2010年,杭州城市电网规划总投资227亿元,含已落实资金的30.4亿元。8月,市电力局完成杭州城市电网"十一五"规划的调整编制,并由省电力公司上报国家电网公司。

【市电力局通过"三标一体"认证】 12月,市电力局获得由中国质量协会质量保证中心颁发的"三标一体"管理体系认证证书。该体系包括《质量管理体系要求》、《环境管理体系规范及使用指南》、《职业健康安全管理体系规范》3个管理体系标准,结合国家电网公司的《安全生产健康环境质量管理体系》(SHEQ)的要求,结合杭州市的具体情况,整合成一套包含质量、环境、职业健康安全综合管理体系,适用于杭州市电力局的电能输、变、配及电能营销和服务过程中的各类质量、环境、职业健康安全相关内容。如强调电力企业安全的重要性,开展危险源的辨识,对各种关键过程和特殊过程进行识别,制订400余份作业指导书以及多个管理方案和应急预案。又如做到凡事有章可循、凡事有人负责、凡

6月13日,500千伏富阳变电所的一、二期工程相继投入运行。 (黄颂贤 摄)

事有人监督、凡事有据可查，保证每一项工作的质量。

通过“三标一体”管理体系认证，并正式投入运行，有利于提高杭州市电力局的质量管理、职业健康安全管理、环境保护管理水平，实现人、财、物等资源共享，降低成本，对提升企业形象和竞争力有推动作用。

【做好电力大客户服务】 9月15日起，为进一步对部分客户群体提供差异化、个性化、特殊性的服务，提高服务品质，满足客户需求，丰富供电企业产品，实施客户分级管理，市电力局对市区杭钢集团、电化集团、娃哈哈集团公司等30家大客户开展VIP钻石卡服务试点。

▶▶资料：电力VIP客户

VIP客户优先办理各项用电业务。95598专门服务VIP的特征电话无等待接入，可以转接对应客户经理的电话。设立绿色通道，VIP钻石卡客户享受最短时限的、单独的审批和流转通道。例行回访，互相沟通，免费设备检查，提出建议。客户中心通过用电现场服务系统的平台，在有序用电和电价调整以及客户电费出现异常和电量出现异常时，及时通报并协助查找原因，帮助客户减少不必要的经济损失。定期咨询服务，提供用电方面的现场咨询、政策说明、服务宣传等上门服务。享受提供进网作业电工免费培训。接到客户电力事故报修后30分钟内做出响应，最短时间内复电。每周7天，每天24小时在线服务。还提供电力工程造价优惠等服务。

【推出用电业务跨区受理】 10月，市电力局推出用电业务跨区受理服务。即在杭州市区范围内，各供电营业厅、各供电所营业网点(含农网营业所)对有关用电业务实行异地受理。该项业务解决客户不能在市区各营业网点跨营业区进行用电业务申请的问题，特别是对居民申请一户一表开户、峰谷表改造等提供了便利。杭州市区(不含萧山、余杭)的用户可以在市区范围内的任一供电营业网点办理用电业务。

表18　2005年全社会用电量按用电性质构成情况

项　目	用电量(万千瓦时)	构　成(%)	比上年增长(%)
城乡居民生活用电	35 0781.89	10.94	20.66
农林牧渔	37 529.23	1.17	-46.31
工业	235 3067.48	73.36	19.18
建筑业	41 760.56	1.30	8.53
交通运输、仓储、邮政业	31 582.81	0.98	14.20
信息传输、计算机服务和软件业	16 587.20	0.52	42.20
商业、住宿和餐饮业	140 839.54	4.39	20.70
金融、房地产、商务及居民服务业	84 903.96	2.65	26.12
公共事业及管理组织	150 529.63	4.69	25.87
全社会用电量总计	3 207 582.30	100	18.08

表19　2005年全社会用电量按区域用电构成情况

地　区	用电量(万千瓦时)	构　成(%)	比上年增长(%)
六城区	1 181 494.52	36.83	17.50
萧山	949 912.37	29.61	17.59
余杭	316 430.45	9.87	19.83
富阳	355 848.28	11.09	20.14
临安	145 334.05	4.53	17.35
桐庐	84 107.88	2.62	17.97
淳安	36 545.04	1.14	21.19
建德	137 909.71	4.30	20.06
全社会用电量总计	3 207 582.30	100.00	18.08

【城西供电局成立】 12月28日，市电力局根据杭州市“推进城市化”和“旅游西进”的发展战略，进一步缩小供电服务半径，不断提高办事效率和服务水平，挂牌成立杭州市电力局城西供电局。该局位于杭州市之江路158号，供电区域辖转塘、龙坞、周浦、袁浦、留下、三墩、蒋村7个乡镇和文新、古荡2个街道，供电面积269平方千米，电力客户数13万户，预计年用电量超过10亿千瓦时。

【半山天然气发电工程投产】 12月27日，浙江半山天然气发电工程3号燃气机组投产发电。这表明该工程建设的3套390兆瓦燃气—蒸气联合循环机组全部投产发电，杭州电网新增发电装机容量117万千瓦，杭州华东半山发电有限公司成为中国最大的天然气发电厂。

浙江半山天然气发电工程首期规模为3套390兆瓦燃气—蒸汽联合循环机组，装机总容量1170兆瓦，总投资40亿元，每年计划耗用“西部天然气”8亿立方米，发电40亿千瓦时。该工程是国家“西气东输”工程下游的最大发电项目，也是中国第一次由国家统一组织，实行国际招标，第一次引进世界上重型燃机先进制造技术的项目。该工程被列为国家重点建设项目、浙江省重点工程项目和浙江省“五大百亿”工程，得到国家和地方政府的重视和支持。浙江半山天然气发电工程的建设投产，对改善华东地区的能源结构，增强浙江电网的调峰能力，提高电网运行的可靠性，缓解供用电矛盾，发挥重要作用。天然气发电具有良好的环保效应，有利于作为国家重点旅游城市——杭州的环境保护。　　(孙　磊)

公司生产区

杭州余杭人民印刷有限公司

HANGZHOU YUHANGPEOPLE PRINTING CO.,LTD

董事长、总经理张建成（右二）与瑞士客商在生产车间

杭州余杭人民印刷有限公司创建于1980年，前身为余杭县人民印刷厂，1998年改制后变更为现名。公司坐落在杭州市北郊余杭勾庄，有员工280名，固定资产5000余万元，厂区占地面积2.79万平方米。公司配有先进的彩色电脑制版系统，德国进口的高宝对开四色胶印机及瑞士马天尼胶装生产线等，以出版印刷为主营业务，承接各种图书、教材教辅、期刊杂志、年鉴志书、画册、产品宣传册等综合印刷业务。

该公司坚持“质量为本”的理念，注重产品质量管理，切实加强操作人员的技术培训，配备先进的印刷及印后装订设备，能够提供从印前制版到胶印印刷和印后各类装订的多工序协作生产的综合服务，与省内外客户建立长期的业务往来，以高质量的产品和优良的服务得到客户的广泛好评。

该公司是杭州市余杭区的重点骨干企业，全国诚信印刷企业，杭州市文明单位，杭州市文明印刷示范单位。

公司办公楼

全国诚信印刷企业奖牌

杭州市墙体改革领导小组办公室

HANGZHOUSHI QIANGTIGAIGE LINGDAOXIAOZU BANGONGSHI

2006年3月9日，杭州市墙改工作会议在杭州大厦召开。

墙改先进集体和先进个人代表领奖

沈坚副市长等领导向墙改先进集体和先进个人颁奖

杭州市墙体改革领导小组办公室是市政府确定由市经委主管、负责全市新型墙体材料开发利用的管理机构。

“十五”期间，在各级政府的领导下，全市有关职能部门、各级墙改办、企事业单位和墙改工作者，坚持贯彻执行节地、节能、利废，改善建筑功能的发展方针，在省内率先实施禁产和禁用实心粘土砖和限制使用粘土墙材，到2005年末，非粘土墙材产量已占墙材总量的70%、应用量已占40%，获得了良好的社会、经济和环境效益，为全市经济可持续发展作出了应有的贡献。杭州市墙改办，萧山区、余杭区墙改办和杭州市建委被浙江省经贸委授予“十五”期间浙江省墙改工作先进单位，孙孝明等17人被授予浙江省墙改工作先进个人荣誉称号。

贵宾厅

展 厅

杭州老板实业集团

杭州老板实业集团有限公司成立于1979年，是一个以生产厨房家用电器系列产品为主，并涉及房地产、纺织、旅游等领域的现代化大型企业集团。27年来，企业精心专注于厨卫电器领域研发、生产、销售和综合服务，主要产品包括吸油烟机、燃气灶、消毒柜、电饭煲、电压力煲、电磁炉、整体橱柜等。集团拥有48个营销公司及2000多家服务网点，遍布全国30多个省、自治区和直辖市，每年超过100万台的老板电器进入千家万户，全国有2000万用户享受老板电器带来的理想生活。

老板牌吸油烟机生产线

老板集团凭借强大的技术优势实现产品的持续创新，以品牌影响力带动市场占有率的快速增长，以产品线的拓宽和产业链的有机延伸促进企业迅速、稳步扩张，以资源的有效整合和管理机制、管理素质的全面提升构筑高效的企业管理平台。老板集团是中国最早从事吸油烟机研发与生产的企业之一。现为中国五金制品协会副理事长单位、吸油烟机协会副理事长单位、中国城市燃气协会副主任单位、AAAA级首批国家标准化良好行业企业。老板产品、品牌先后被授予中国名牌产品、国家免检产品、中国500个最具价值品牌、连续四届浙江省名牌、浙江省著名商标等荣誉称号。

辉煌属于过去，坚持成就未来。全体老板人将秉承“做一个让社会尊敬的企业”的理念，在“创百年企业、树百年品牌”的目标鼓舞下，不懈努力，为企业做大、做强、做长而奋斗！

富丽达集团
FULIDA GROUP

公司外景

杭州富丽达集团控股有限公司始创于1988年，下辖织造、印染、热电、化工、粘胶纤维、进出口贸易、房地产、技术研发、污水处理等10大子公司，总资产29亿元。年生产中高档服装面料6000余万米，印染能力1.2亿米，粘胶纤维7万吨，是省、市、区重点骨干企业，浙江省重点示范企业，国家重点高新技术企业，国家“化纤仿毛产品开发基地”。

公司以“致力轻纺名牌、奉献七彩人生”为宗旨，积极推进自主创新和品牌战略，注重产品质量，爱护环境、珍惜资源、走和谐发展道路，公司通过ISO 9001质量管理体系和ISO 14001环境管理体系的认证。公司的主导产品被评为“浙江省名牌”，“富丽达”商标为浙江省著名商标。

www.hzfulida.com

热电公司

展示厅

织造生产线

纤维生产线

杭州卷烟厂

HANGZHOU JUANYAN CHANG

杭州卷烟厂创建于1949年10月，经过50多年的发展，已经成为全国烟草行业的知名企业，2005年，拥有员工约1800人，资产总额近77亿元，装备达到国际先进水平，生产制造实现高度现代化。

在市场经济的浪潮中，企业勇立潮头，不断深化改革，飞速发展，不断向“国内一流，国际先进”目标迈进。主要经济技术指标保持较高水平，获得了全国烟草行业“先进集体”和“质量效益型先进企业”等荣誉。2004年，成为全国烟草行业唯一获得“全国质量管理奖”的企业。连续三年被评为杭州市“突出贡献工业企业”，被授予“杭州市2005年度工业兴市功勋企业”称号。

省委书记习近平视察杭州卷烟厂

杭州卷烟厂荣获全国质量管理奖

杭州卷烟厂主厂房

杭州卷烟厂全景

设备一流的生产车间

制丝生产

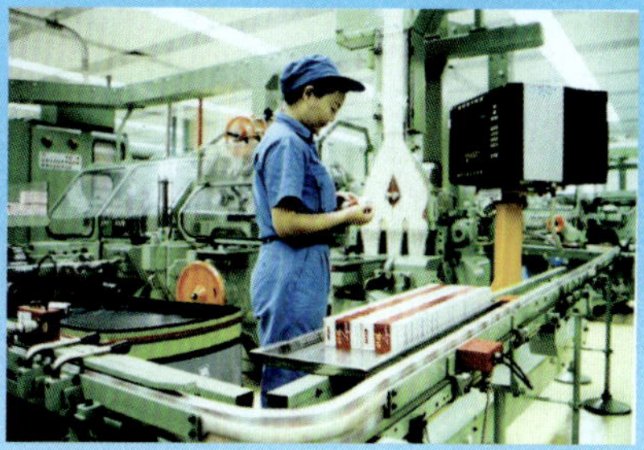

生产场景

杭州卷烟厂始终面向市场，服务客户，坚持“以客户为中心、全员营销和持续改进”三大理念，以先进的技术、一流的设备、科学的管理、细致的服务为保障，品牌竞争能力不断得到提升。产品以“醇和、淡雅”的风格，受到消费者青睐，“利群”品牌被评为全国名优卷烟牌号；2004 年，“利群”商标被认定为中国驰名商标，2005 年，“利群”荣获“中国名牌”称号；“利群”、“雄狮”、“新安江”、“西湖”牌卷烟入选全国烟草行业卷烟“百牌号”名录。

2005 年，杭烟厂销售总量达到 103.8 万箱，销售收入达到 104.82 亿元，实现税利 77.5 亿元。在全国烟草工业企业中，销售收入列第 10 位，税利列第 7 位，利润列第 6 位。在全国工业企业 500 强中列第 262 位。

WWW.HZCMYS.COM

HANGZHOUCHANGMINGYINSHUAYOUXIANGONGSI

杭州长命印刷有限公司

花园式的厂区

先进的印刷设备

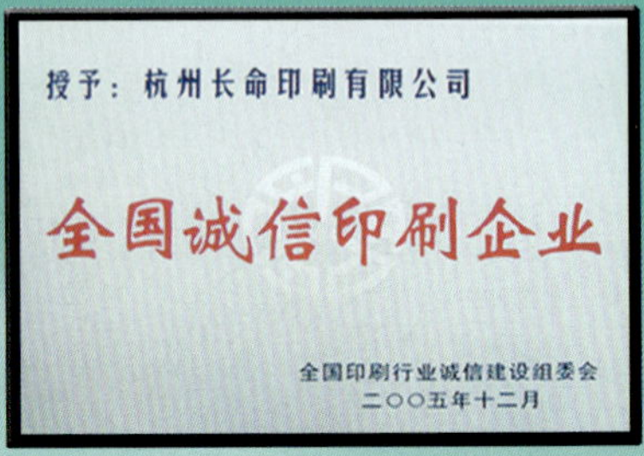
授予：杭州长命印刷有限公司

全国诚信印刷企业

全国印刷行业诚信建设组委会

二〇〇五年十二月

杭州长命印刷有限公司创办于1985年，是浙江省书刊、杂志专业印刷企业。2005年，有厂区面积6.5万平方米，标准式厂房2.6万平方米，绿化面积占总面积的20%以上，厂区格局为三面环河园林式企业。总资产1.1亿元。拥有德国进口全新的高宝104型、105型、74型对开四色、五色胶印机印刷群，双色对开胶印机3台、双面单色对开胶印机3台，装订设备有德国进口全新的沃伦贝格大型胶订生产线1条、上海产高速折页机8台、骑马订联动生产线2条等设备。年印刷量在100万色令以上，年装订量在30万纸令以上(即每天用纸量30吨以上)。生产车间安装了全方位的安全监控系统，实行现代化企业管理。

企业先后被国家农业部命名为中型二档企业和浙江省行业最大、经济效益最佳企业之一，被评为杭州市文明单位，杭州市文明印刷示范企业，连续七年被评为金融资信AAA级企业，浙江省AAA级诚信纳税企业，余杭区特级工业企业，2005年被国家新闻总署授予“全国诚信印刷企业”称号。

2000年，通过ISO 9000质量认证的企业，2003年成功地进行了2000转版。产品质量经省质量技术监督局检测和省印刷产品检测中心质量评审委评定，连续十二年名列行业前茅，并被评为部优、省优。

支柱工业

Pillar Industries

·机械工业·

【机械工业概况】2005年，杭州市机械行业受到国家宏观经济调控和生产要素制约等作用，通过练好内功、创新制度、开拓市场和技术进步等有效措施，保持经济运行基本稳定和生产、销售稳步增长的态势。在国家宏观调控政策的作用下，产销增长速度由前三年的高速增长逐步向稳步增长的态势发展。市机械行业总体经济效益明显下降。

列入机械行业统计口径的99个规模以上企业，完成工业总产值710亿元，比上年增长20.3%；完成工业销售产值703亿元，增长21.6%；工业产品产销率99.01%，高于上年1.08个百分点。全年实现产品销售收入698亿元，增长19.7%。实现利税64.4亿元，增长6.4%；其中利润45.3亿元，增长0.7%。

经济运行质量低于上年水平，经济效益综合指数179.66分，比上年下降4.29个百分点。总资产贡献率10.55%、资产负债率59.10%、流动资产周转率1.78%、成本费用利润率6.86%，分别低于上年0.79、0.03、0.09、1.32个百分点；全员劳动生产率124844元/人，比上年提高25551元/人。亏损企业亏损额1.69亿元，上升97.4%。

为缓解机械产品内销市场的不足，各企业加大外销市场开拓力度，使机械产品出口保持高速增长。机械行业企业全年完成出口产品交货值130.5亿元，比上年增长39%，增幅与上年基本持平。出口产品交货值占销售产值的比重达到18.6%，比上年的15.6%提高2.95个百分点。

随着先进制造业基地建设的不断推进，重点产业引领增长，汽车及零部件、电工电器、仪器仪表三大重点产业，共完成工业销售产值587亿元，比上年增长24.5%，高于全行业平均增幅2.88个百分点。其中汽车零部件产业完成319亿元，增长22.6%；电工电器产业完成177亿元，增长33%；仪器仪表产业完成90亿元，增长15.9%。三大产业占全行业经济总量比重83.5%，对全行业经济增长贡献率达到92.4%。

列入杭州市先进制造业基地建设机械产业发展纲要的五大优势产品生产销售保持较快增长，全年完成销售产值105亿元，比上年增长24.6%，高于全行业平均增幅3个百分点。其中空分设备为主的杭州制氧机集团有限公司，完成销售产值24.2亿元，增长5.8%；完成生产总量84套，与上年持平。电梯及自动扶梯为主的西子联合控股有限公司，完成销售产值53.7亿元，增长44.9%；完成生产总量1.23万台，增长25%。叉车及物流设备为主的浙江杭叉工程机械股份有限公司，完成销售产值12.7亿元，增长7.3%；完成生产总量1.91万台，增长6.3%。船用及汽车齿轮箱为主的杭州前进齿轮箱集团有限公司，完成销售产值10亿元，增长3.6%；完成船用齿轮箱2.69万台，增长2.4%。平面磨床及精密加工设备为主的杭州机床集团有限公司，完成销售产值4.5亿元，增长51.8%；完成生产总量4358台，下降7.3%。

大企业大集团支撑带动作用明显。机械行业内前10强企业，完成销售收入525.5亿元，比上年增长23.4%；实现利税52.2亿元，增长11.4%；其中实现利润39.1亿元，增长7.3%。3项指标分别占全行业经济比重的75.3%、81.1%和86.4%，增幅分别高于全行业平均增幅的3.7、5.0、6.6个百分点。万向集团公司以年销售收入252亿元，增长21%，保持行业龙头地位。华立集团取得营业收入110亿元的良好业绩。经营规模集约化程度进一步提高，其他企业年销售收入超10亿元的7个，超5亿元的11个，超1亿元的39个。杭州市机械行业的万向集团、华立集团、杭州汽轮动力集团、西子电梯集团、杭州制氧机集团、浙江万马集团6个企业列入2004年中国1000个最大企业集团排名。

加强企业自主创新能力。浙江新亚太机电集团有限公司企业技术中心被认定为国家级企业技术中心。杭州钱江电气集团股份有限公司企业技术中心、杭州东华链条集团有限公司企业技术中心、天马控股集团有限公司企业技术中心、杭州中亚机械有限公司企业技术中心、浙江国泰密封材料有限公司企业技术中心、杭州市机械科学研究院有限公司行业技术中心被认定为第9批省级企业技术中心。杭州发电设备厂企业技术中心、杭州福鼎交通器材有限公司企业技术中心、浙宝电器(杭州)集团有限公司企业技术中心、杭州兆丰汽车零部件有限公司企业技术中心、杭州富生电器有限公司企业技术中心、杭州飞鹰舰艇有限公司企业技术中心、杭州汽车内饰件有限公司企业技术中心、杭州西力电能表制造有限公司企业技术中心被认定为第6批市级企业技术中心。机械行业共有国家级、省级、市级企业技术中心43个，其中国家级企业技术中心4个、省级企业技术中心17个、市级企业技术中心22个。

实施科技进步和技术创新。万向集团公司的万向牌轴承、浙江天马轴承股份有限公司的TMB牌轴承、杭州钱江电气集团股份有限公司的钱潮牌变压器、中控科技集团有限公司的SUPCON牌集散控制系统4种产品被认定为2005年中国名牌产品。杭州钱江电气集团股份有限公司的钱潮牌电力变压器、杭州东华链条集团有限公司的自强(ZQ)牌工业链条、浙江杭叉工程机械股份有限公司的杭叉(HC)牌叉车系列3种产品通过浙江名牌产品复评，浙江金固汽车部件制造有限公司的金固牌汽车钢圈被评为浙江名牌产品。市机械行业共有中国名牌产品6种、省级名牌产品30种。

杭州欣美成套电器有限公司的XINMEI牌高低压开关柜，浙江浙大中控自动化仪表有限公司的MULTIF牌无纸记录仪，杭州福鼎交通器材有限公司的FDI牌汽车减振器，杭州恒力电机制造有限公司的莹石、恒乾三力牌直流电动机，杭州南方特种泵业有限公司的NF牌不锈钢多级离心泵，杭州兴源压滤机有限公司的兴源牌压滤机，浙江荣德机械有限公司的荣德牌平面磨床，杭州恒达环保实业有限公司的HD牌污水处理设备，杭州碱泵有限公司的海霸牌化工泵，建德市机械链条有限公司的建链牌输送设备，杭州江南电缆厂的梦虹牌钢芯铝绞线，杭州西力电能表制造有限公司的西力牌电能表12种产品被认定为杭州名牌产品。获杭州市优秀新产品新技术奖35项，其中杭州锅炉集团有限公司的9F级燃汽轮机余热锅炉超长开齿螺旋鳍片管、杭州杭氧股份有限公司的新型高效冷凝蒸发器及新技术等6项获一等奖，杭州东华链条集团有限公司SC180高速齿形链等11项获二等奖，杭州西子孚信科技有限公司的GETM系列永磁同步无齿轮曳引机等18项获三等奖。

【乙烯冷箱获机械工业科学技术一等奖】 11月，杭州杭氧股份有限公司大型乙烯装置成套冷箱国产化攻关研制项目，经中国机械工业科学技术奖评审委员会评审和中国机械工业科学技术奖管理委员会批准，被评为2005年度中国机械工业科学技术奖一等奖。

乙烯冷箱国产化项目，是“九五”国家重大装备科研攻关项目。1996年10月通过国家经贸委组织的立项论证，随后批准立项，列入中国石油化工“九五”规划第1批10个重大国产化攻关项目。2003年12月，该项目通过中国石化集团总公司、中国机械工业联合会、北京燕山石化公司、山东齐鲁石化公司、上海金山石化公司、广东茂名乙烯公司、大庆石化公司、浙江大学及相关单位领导、专家的鉴定。

杭氧集团生产的大型乙烯装置冷箱正待装运 （市经委 供稿）

【亚太技术中心认定为国家级企业技术中心】 10月31日，国家发展和改革委员会、国家财政部、国家海关总署、国家税务总局联合颁布2005年第46号公告，认定第12批国家认定企业(集团)技术中心，浙江亚太机电股份有限公司技术中心名列其中。

为了不断提升技术创新能力，保证开发新项目、新产品充足的资金，该公司逐年加大对技术研发的投入，建设和研究开发的投入比例均达到销售收入的5%以上。至2005年，技术中心有一整套先进的国内外试验检测设备，有一批高素质的科研开发人才，在产品开发、检测数据、信息管理等方面，实现了资源共享。全面实现CAD、UG、PROE、CATIA、PDM、CAPP、CAE等系统应用，CAD设计的普及率达到100%，与客户之间可实现二维图纸或三维数模交流，可通过CAE系统将产品模具三维数模转换加工程序代码输入到加工中心的数控机床，实现了模具无纸化制造。

该技术中心开发出一大批拥有自有知识产权的高技术含量、高附加值的产品，取得多项科研开发技术成果，多项产品荣获国家级、部级、省级奖励。与清华大学合作研发的汽车防抱死制动系统产业化课题，在中国汽车工程学会组织的中国汽车工业科学技术奖终评会上荣获汽车行业的最高奖——一等奖。40余项新产品通过国家级、省级鉴定，技术水平均在国内先进以上，部分产品达到国际同类产品的先进水平。技术中心承担国家级、省级项目18项，其中国家重点新产品10余项、国家级火炬计划项目4项。4种产品被认定为省高新技术产品，25项专利被国家专利局授权或受理。

【汽轮动力集团列入全国500强】 杭州汽轮动力集团有限公司全年完成营业收入60亿元，利润总额6.18亿元，营业收入和利润总额分别比上年增长42.9%和78.7%，关键岗位的员工年收入在5万元以上。该集团进入中国最大的500个企业集团之列，杭州汽轮机股份有限公司进入中国上市公司竞争力100强企业行列。

【城市客车出口马来西亚】11月10日，举行120辆由东风杭州汽车公司生产的城市客车向马来西亚交付仪式，这是马来西亚首次向中国大批量采购客车。

东风杭州汽车公司曾经位居全国大型客车底盘市场份额第一，在客车市场强手林立、市场竞争日益激烈的形势下，进入高档客车的生产销售领域。该公司借鉴客车底盘进入国际市场的成功经验，制定出海外客车市场的开拓目标。马来西亚政府和MT公司下单杭州，正是出于对该公司在海外市场的跟踪技术服务体系和全程保姆式售后服务体系的信赖。一次批量出口120辆高档客车，表明该公司跻身客车整车出口的主力阵营，为开拓客车海外市场迈出了坚实步伐。

【万向轴承成为中国名牌产品】9月1日，在北京人民大会堂召开的中国名牌产品暨中国世界名牌产品表彰大会上，"万向"轴承被国家质量监督检验检疫总局授予中国名牌产品荣誉。这是万向集团继"钱潮QC"万向节之后，拥有的第2个中国名牌产品。万向集团公司作为全国520个重点企业和国务院120个试点企业集团中，唯一的汽车零部件排头兵企业，以"高起点投入，引进高精尖设备，培育高素质人才，制造高档次产品"为目标，汽车零部件产品进入通用、福特、克莱斯勒等国际一流汽车主机厂的配套生产线。近年来，万向集团成立了国家级企业技术中心，设立博士后科研工作站。万向集团投资数亿元，从美国、德国、日本等国家引进代表国际最高水准的检测设备，对产品质量进行监测与改进。其国家级实验室出具的检测报告获得40多个国家的互认资格。

【钱潮变压器成为中国名牌产品】9月1日，钱潮牌110千伏及以下油浸式变压器被国家质量监督检验检疫总局评定为中国名牌产品，这是杭州钱江电气集团股份有限公司坚持实施品牌战略的结果，实现浙江省变压器行业中国名牌"零"的突破。通过实施"三个五年'三步曲'"战略，该集团在设计理念、工艺水平、技术条件、检测手段上，达到国际水平。全体员工力求出厂的每一台钱江电气集团的变压器都成为精品与优等品。已获得ISO 9001:2000质量体系、ISO 14001环境体系和OHSAS 18001职业健康安全体系一体化管理体系认证，获得国际权威机构意大利CESI和荷兰KEMA的质量检测认证。

【TMB轴承被评为中国名牌产品】天马控股集团有限公司紧紧围绕以科技创新为核心的企业发展战略，始终把科技创新作为提升企业竞争能力的中心，从设计研发、装备工艺到整个生产过程都贯穿着技术创新与改造，不断提高制造技术水平，逐步走上符合中国国情和企业实际的"科技强企"之路，成为浙江省最具发展潜力的大型控股集团之一。"十五"期间，各项经济指标每年以30%左右的幅度递增。该集团生产的TMB轴承以优异的质量、高精尖的技术和完善的售后服务，2005年被评为中国名牌产品、国家质量免检产品和浙江省著名商标。

天马控股集团有限公司瞄准国际先进水平，每年投入大量资金进行高起点、全方位的技术改造，形成了"生产一代、储备一代、研制一代、构思一代"的产品发展模式，贯彻ISO 9001、ISO 14001、ISO/TS 16949等质量体系、环境管理运行体系，使产品结构、更符合市场需求，产品质量达到或接近国际水平。近年由企业技术中心自主研发并投产的新品种150多种，其中具有重大改进项目的产品30多种，获得国家授权的20项新产品专利，逐步形成了企业自主知识产权。

【华立集团获得出口免验证书】4月14日，经过国家质量监督检验检疫总局的严格审查，浙江出入境检验检疫局代表国家质监总局向华立仪表集团颁发了中国仪器仪表行业第一张出口"免验"证书，这标志着国家权威机构为华立电表的出口开辟了"绿色通道"。"出口免验"制度是国家质检部门方便和鼓励名优商品进出口、推进名牌战略以及促进国家对外贸易战略的重要措施，代表着国家授予出口企业的最高荣誉。

2004年10月，国家修改了《进出口商品免验办法》。该办法制定了78条免验资格审查条款，要求出口产品在国际市场上有良好的质量信誉，连续三年出口检验的合格率在100%。根据新规定，国家质检总局专家组对华立集团等12个获审企业的制造能力、质量保证体系、产品技术含量与性能等多项标准逐一进行评价考核，严格程度超过ISO 9000质量体系认证，"出口免验"资质具有相当高的含金量。华立集团还是首批获得中国名牌产品、中国免检产品荣誉称号的企业。

【西子联合公司销售收入55亿元】2005年，西子联合控股有限公司销售收入55亿元。该公司从"手脚企业"向"头脑企业"转变，建有西子联合大学和西子研究院，通过培养人才，实现企业从"制造"到"创造"的飞跃，取得40项专利技术，成为企业健康发展的强大引擎。如9E燃机余热锅炉已经在国内赢得自主知识产权，产品出口到印度尼西亚等国家，一种产品就为企业增加10亿元的销售收入。

【杭齿集团被认定为行业排头兵企业】8月8日，中国工业报社根据国家统计局工业统计报表制度，根据国民经济行业分类标准和法人企业统计的原则，以国家统计局等单位的统计数据为基础，结合中国工业报社产业数据中心的相关数据，按照行业排头兵企业的遴选标准，经综合评定后，认定446个小类行业的1338个企业为"2005中国工业行业排头兵企业"，杭齿集团被认定为船用配套设备制造行业的排头兵企业。

【垃圾焚烧技术项目通过鉴定】2月，杭州新世纪能源环保工程有限公司与杭州锅炉集团等单位合作开发的"二段往复式垃圾焚烧与高温余热锅炉技术及设备"项目，通过省科技厅组织的专家鉴定。该项目是国家863计划的"城市垃圾焚烧成套技术与设备"课题的核心研究子项目，同时列入浙江省重大高新技术研究项目和杭州市重大科技攻关项目。他以“城市生活垃圾处理技术”为基础，充分吸收国内外先进、成熟的垃圾焚烧炉技术，经过近三年的研发和工程实践后研制成功，填补了国内空白。

【数控成形磨床入选中国企业新记录】 12月，杭州机床集团公司接到中国企业联合会等评选单位的通知，新产品MKL7150×16/2七轴五联动数控强力成形磨床入选第10批中国企业新记录名单。这台数控成形磨床是国防、汽轮机等行业高端重大工业装备，主要用于飞机发动机叶片、潜艇蜗轮圆弧叶冠的成形磨削。国际上仅有少数工业发达国家掌握该项技术，只有少量产品应用于生产实际。该机床的成功开发，打破了一些国家的技术壁垒和封锁，对提升中国的制造业水平具有重要的意义。

【中南集团生产消防摩托车】 1月8日，浙江省公安厅组织国家消防装备监督检验中心、国家和省有关专家对由浙江中南集团摩托车有限公司生产的BD250XFW40型消防摩托车作鉴定。产品通过鉴定，并投入生产。

面对交通、能源火灾，急需开发一种轻便、快速、高效又环保的灭火装备，2002年，浙江省消防局委托浙江中南集团摩托车有限公司研发，并成立了消防摩托车开发科技组。科技组收集美、日、德等国家消防摩托车的相关资料，结合中国的特点，设计出250毫升排量的摩托车和引进国际先进脉冲喷雾灭火装置为一体的两轮消防摩托车。该摩托车整体系统上带有压缩空气、储水罐、转盘管带、脉冲喷雾水枪等设备，外观流畅，动力强劲，消防队员能迅速驱车赶赴现场，在几秒钟内展开喷射，迅速扑灭火灾。经过试制，试验和多次临战实用，实现了新型快速车载灭火装备的功能，特别适用遏止高速公路、隧道、社区、仓储等发生的火灾。（王智斌 平永星）

·电子信息业·

【电子信息业概况】 杭州市电子信息业坚持政府引导与市场推动并举，规模壮大与产业升级并重，对内引进与对外合作并进，不断优化投资环境，整合优势资源，围绕“研发、生产、市场”三要素，切实加快“两大、两优、两新”(通信、软件，集成电路设计、数字电视，动漫、游戏)产业发展，积极培育重点企业，鼓励自主创新，有效促进电子信息制造业结构优化，规模提高。全年规模以上企业实现销售收入1015.22亿元，比上年增长11.6%。实现利税64.04亿元，其中利润36.31亿元。电子信息产品出口43.54亿美元，增长70.1%。年末从业人员10.13万人，增加9400人。

全市经认定的软件企业数和软件产品登记数累计分别达到400个、计1700件。全市软件企业从业人数2.92万人，比上年增长23.1%。通过计算机系统集成资质认证的企业66个，其中一级4个、二级10个、三级46个、四级6个。杭州成为继北京、深圳、上海之后的全国第四大软件产业基地，在工业控制、金融证券、财务管理、机电一体化、服装设计和印染、医院管理、电信、多媒体、教育等行业和领域，培育了一批国内著名软件品牌，在产业结构、产业布局、产业链构建和市场拓展等方面形成了特色。

11月8日，在杭州经济技术开发区举行电子信息产品制造企业新厂房落成仪式。（顾一进 摄）

【通信产业保持行业最大份额】 2005年，全市通信设备制造业实现产品销售收入354.3亿元，占全部电子信息产业销售收入的37.9%，形成企业集聚度高、产业特色优势明显、配套能力强、发展潜力大的产业集群。东方通信公司、UT斯达康公司、杭州斯达康公司、摩托罗拉公司、华为三康技术有限公司、三菱数源公司、华立通信公司等大企业，发挥了主导支撑作用。传输器材行业中的通信电缆、光缆科技含量提升迅速，逐步形成以光纤预制棒为技术标志，光纤光缆为基础，高中低技术品件配套的产业链，产量占国内市场的1/5左右。富通集团、富春江集团、华伦公司、东冠公司、华达公司、万马集团、飞虹公司等成为行业中具有一定影响的重要骨干企业。

【软件产业销售收入236.52亿元】 2005年，杭州市规模以上企业实现软件销售收入236.52亿元，比上年增长19.2%。其中，电子产品嵌入式软件销售收入113.36亿元，增长2.8%；软件产品收入57.29亿元，增长41.4%；系统集成收入45.34亿元，增长27.3%；软件服务收入20.54亿元，增长74.8%。完成软件出口额2.64亿美元，增长68.2%。

【集成电路设计基本实现产业化】 杭州市集成电路设计形成一定规模的产业，全年实现集成电路设计工业总产值9.74亿元，比上年增长36.9%；实现出口交货值2.76亿元，增长10%。从2001年杭州被列为国家集成电路设计产业化基地以来，已经在集成电路设计、芯片制造、封装测试、单晶硅及相关配套材料以及微电子类元器件产品加工生产等环节上，形成比较完整的产业链，

IC 芯片设计工艺技术和产业化水平居全国同行的前列。

【动漫游戏初步形成产业链】近年来，杭州市动漫游戏产业快速发展，已经拥有杭州高新动画产业园、西湖数字娱乐产业园两大动漫游戏产业基地。通过产业聚集，逐步形成产业体系相对完整，结构布局日趋合理，整体技术水平先进，市场导向作用明显的动漫游戏产业格局。2005年，全市有一定优势的动漫游戏企业50多个，初步形成动漫产品加工、研发、制作、运营和周边产品开发的产业链。

【电子信息业销售收入增幅减缓】杭州市全年电子信息业产品销售收入首次超过1000亿元，但增长幅度与前两年相比有较大幅度下降，比上年增长11.6%；而2003年、2004年分别增长54.5%和44.4%。这是电子信息产业产品结构调整的结果，也说明杭州市电子信息产业经过一段时间的高速增长之后，处于一个相对平稳的发展时期。

【电子信息业上缴税金增长】2005年，由于宏观调控和结构调整的作用，杭州市电子信息业的经济效益下降幅度较大，全年实现利税总额64.04亿元，比上年下降2.9%；其中利润36.31亿元，下降18.4%。由于经济总量持续增长和部分企业享受国家政策变动等因素，全行业上缴国家税金保持较高的增长幅度，上缴国家税金总额27.73亿元，增长29%。

【电子信息产品出口持续增长】杭州市电子信息企业稳定国内市场，逐步加大国际市场开拓力度，部分电子信息企业的海外研发中心规模以及产品生产能力进一步增强。全年电子信息产品出口额43.54亿美元，比上年增长70.1%；其中软件产品出口额2.64亿美元，增长68.2%。浙江浙大网新恒宇软件有限责任公司、杭州信雅达系统工程股份有限公司、杭州恒生电子股份有限公司被评为国家首批中国软件欧美出口工程试点企业（A型），虹软（杭州）科技有限公司、杭州开源电脑技术有限公司被评为中国软件欧美出口工程试点企业（软件产品型），杭州高新软件园被评为全国首批两个中国软件欧美出口工程试点基地之一。

【企业创新能力不断增强】至2005年末，杭州市拥有2个国家级工程研究中心、1个国家级研发中心、2个国家级企业技术中心、4个国家重点试验室，18个企业的技术研究发

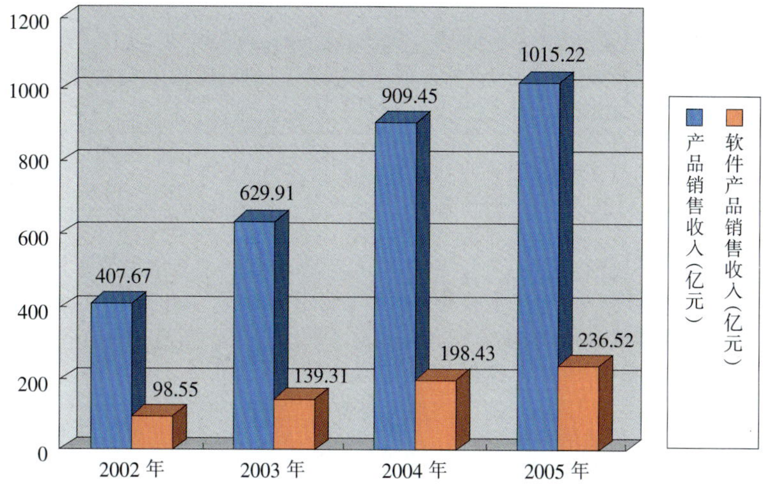

2005年杭州市电子信息业完成产品销售收入情况

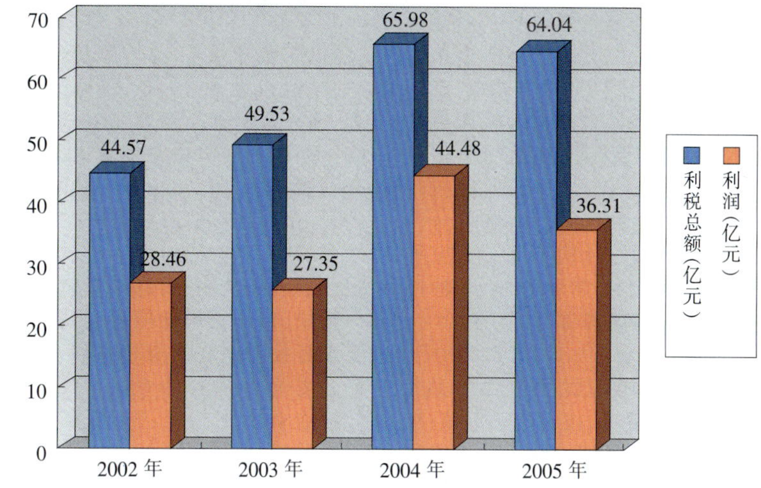

2005年杭州市电子信息业实现利税情况

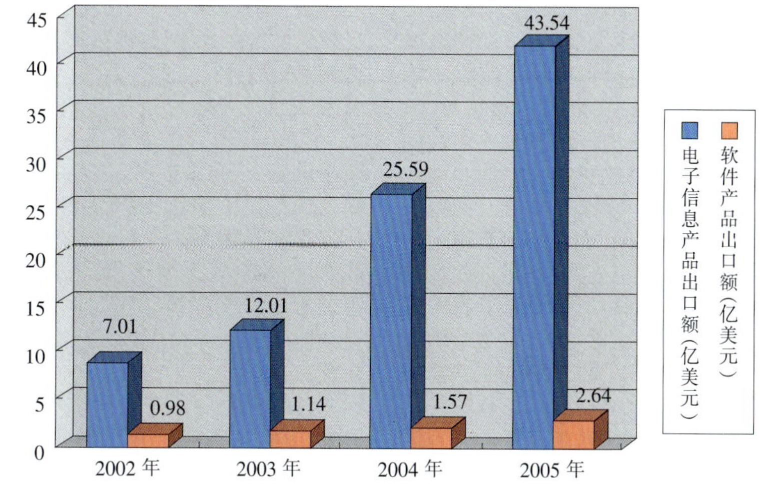

2005年杭州市电子信息产业出口情况

表 20　　杭州市列入第十九届全国电子信息 100 强企业情况

序号	名　称	2005 年	上届排名
1	华立控股股份有限公司	22	29
2	浙江浙大网新科技股份有限公司	49	48
3	富通集团有限公司	56	53
4	浙江富春江通信集团有限公司	59	54
5	西湖电子集团有限公司	70	79
6	浙江华伦集团有限公司	76	80

展中心被列入省信息产业技术研究发展中心名单，21 个企业的研究开发中心被列入省高新企业研究开发中心。设有产品研发中心且投资规模超过 1000 万美元的外商投资企业 3 个。诺基亚公司、三星公司、UT 斯达康公司、西门子公司、摩托罗拉公司、中科院微电子所、华为研发中心等相关企业相继落户杭州。

2005 年，华立集团有限公司华立的(HOLLEY)牌电度表、中控科技集团有限公司的 SUPCON 牌集散控制系统荣获中国名牌称号，浙江南方通信集团股份有限公司（南信）、浙江华达通信器材集团有限公司(隆和)、浙江富春江通信集团有限公司(富杭)、浙江飞虹通信集团有限公司(飞虹)、杭州富通通信技术股份有限公司(富通昭和)的部分产品获准成为国家免检产品。有 29 种产品获得浙江省名牌称号，9 种产品获得杭州市名牌称号。

【7 种产品获推荐优秀软件产品】 2 月，经企业申报、技术资料审核、功能测试或现场测试、专家评审等程序，中国软件行业协会 2004 年度推荐软件优秀产品终评揭晓，杭州市有 7 种软件产品获此殊荣。其中，杭州商益电子有限公司的“商益大型物流配送及连锁管理系统”获“中国优秀软件产品”；6 种产品获得“2004 年度推荐软件优秀产品”，他们是杭州同济应用科技有限公司的“瑞盾本地备份与恢复软件 V3.0”、南望信息产业集团有限公司的“南望远程图像监视软件 V5.0”、杭州创业金卫软件有限公司的“创业金卫政务信息管理系统 V2.1”、杭州东信北邮信息技术有限公司的“CMIN02 移动智能网系统 V4.04”、杭州西软科技有限公司的“西软酒店计算机管理系统 V5.0”和杭州恩普软件有限公司的“恩普社会保险申报管理系统 V2.0”。

【6 个企业进入电子信息 100 强】 6 月，由信息产业部组织的全国第十九届电子信息 100 强企业评选揭晓。杭州市有 6 个企业榜上有名，进入 2004 年第十八届全国电子信息 100 强的也是这些企业，表明这些企业实力和经营的稳定性。具体企业名称及排序参见表 20。　（刘元永）

·食品工业·

【食品工业概况】 杭州市是食品生产、经营和消费的大市、强市。全市有 4300 余个食品企业，食品品种规格较齐全，资源得以综合开发和充分利用，所占全市工业经济总量比例大，是重要支柱产业之一。

食品行业努力践行科学发展观，克服原辅材料价格上扬、能源动力紧缺、市场竞争加剧等制约因素，实现持续健康和谐有序发展。根据市经委统计的 31 个最具代表性、上规模企业的主要经济指标实绩，全年食品工业总产值 319.11 亿元，销售收入 323.89 亿元，利税总额 112.19 亿元，净利润达到 42.28 亿元，分别比上年增长 16.8%、16%、11.5%、12.8%。资产总额达到 253.11 亿元，负债合计 93.22 亿元。

食品行业改革进一步深化，作为主力军的民营企业快速发展，规模越做越大，越做越强。国企重组改制的进程加快，摆脱困境轻装上阵，焕发出青春活力。外资合资企业多赢发展，拓展资金渠道，带来新的管理理念和经营模式。全行业上规模企业数增至 334 个，其中新增 28 个企业。

食品工业企业重视资源的合理开发，重视生态建设和环境保护，重视先进制造业基地建设，重视主动融入“长三角”经济区合作。

食品企业走“产学研”联合自主创新之路，以创建品牌作为经济发展的新增长点，食品质量明显提升。全市对杭州澳医保灵药业有限公司等企业 5 种审报市级名牌产品通过考评，对祐康食品集团有限公司等企业研制开发的 9 种产品通过鉴定。

几次执法大检查的结果表明，食品质量总体呈上升趋势。全市食品安全有喜有忧，没有发生因食品安全质量原因而导致的中毒事件，没有出现重大假冒伪劣的食品案件和被新闻媒体披露曝光的典型案例。由于小企业、小作坊多，受生产条件限制，产品质量不够稳定，抽检合格率与高标准的要求存在差距，一定程度上影响着食品安全。一些以前不曾被认知的现象和物质，使食品安全成为社会关注的热点和焦点。

【重视儿童食品安全信用体系建设】 安徽阜阳发生的问题奶粉事件，引起人们深刻反思和高度警觉。3 月 16 日，杭州市食品安全委员会成立，认定“儿童食品安全关系到我们的未来和希望，是整个食品安全体系建设工作中的重中之重”。由市食品协会牵头，粮食、卫生、工商、质监、环保、教育、农业等部门共同组建市儿童食品安全信用体系建设试点工作小组。实行集中办公，加强职能环节间的衔接，减少程序周转的耽搁，制订安全信用征集制度、安全信用评价制度、安全信用披露制度、安全信用监管制度等规范制度。7 月和 12 月举办两届培训班，10 月召开工作座谈会，形成一定的声势。对参与儿童食品安全信用体系试点的 10 个规模较大、影响良好的企业，作比较详尽的摸底调研，从原料采购进厂到生产制作全过程，从产品到销售整个物流过程都有清晰的了解。对重点食品企业发放《基础情况调查表》，并将调查表纳入档案管理的范畴，实施动态追溯。12 月初，国家 8 部委对杭州市的食品放心工程进行调查，获得“吃在杭州、安全放心”的好评。

【召回不脆酱瓜】 6 月 26 日，杭州景阳观调料酱品有限公司通过媒体发布消息，决定向市场召回 1.6 万袋景阳观牌双菜瓜，宣布无偿调换已被消费者购买的约2000包双菜瓜。该公司在食品原料加工过程中，由于温度控制过高，超过临界点85℃，直接影响了酱瓜不脆这一口感指标。酱瓜不脆无关食品的安全质量大事，但企业为维护老字号的诚信品牌，宁愿耗时费力，受到损失，也要将这批不脆的双菜瓜召回。

【啤酒业经历“甲醛”风波考验】 2005年，有媒体称“95%的国产啤酒都含有甲醛”，影响到杭州啤酒行业的正常生产和市场消费。

啤酒在制造和储存过程中会生成絮状沉淀物，使酒变得浑浊一些。20世纪80年代部分企业曾经添加甲醛来稳定啤酒产品质量。现在生产啤酒的企业，工业技术含量是比较高的，生产设备先进和检测水平提升，应用先进的后处理技术，啤酒中是没有甲醛成分的。

经历“甲醛”风波以后，全年杭城啤酒企业主要技术经济指标呈上升趋势，华润雪花啤酒（浙江）股份有限公司的啤酒产量28.99万千升，销售收入4.26亿元，利税1.14亿元，分别比上年增长12.6%、9.1%和6.9%。杭州西湖啤酒（朝日）股份有限公司的西湖啤酒产量22.50万千升，销售收入3.74亿元，分别增长10.1%、5.8%；利税1.07亿元，基本持平。

【月饼包装步入循环经济轨道】 每逢中秋佳节临近，月饼作为中华民族文化瑰宝的传统赠送佳品，历来受到市民的青睐和喜爱。但月饼豪华包装、过度包装愈演愈烈，已成为对倡导发展循环经济的讽刺，造成了极大的浪费。2005年的月饼市场包装出现明显改观，利民食品厂、颐香斋食品有限公司、楼外楼食品厂、翠沁斋清真食品有限公司、玫隆食品有限公司等生产企业，更多地从融入亲情、友情、传统文化着眼，贯彻简约、得体、适度、实用、安全、环保的原则，有效地简化月饼包装，着力提高月饼的内在质量，注重天然营养搭配，在色泽、香味、滋味上下功夫。

【回收二氧化碳】 杭州西湖啤酒公司以前每年要化费100万元，购买1000吨的二氧化碳液体用于生产；同时在原料发酵过程中产生大量的二氧化碳被白白地排放掉，造成一定的污染又浪费了资源。2005年，该企业投资400万元，从国外购进一整套二氧化碳回收利用的设备，把啤酒发酵过程产生的气体，经过洗涤、制冷、压缩等工序变成液态二氧化碳，每天回收20吨。同时在建立糖化二次蒸汽回收系统后，利用回收器中的二次蒸汽穿过有水流动的管道，让水的温度提高再注入锅炉中用来煮麦芽，节约大量的动力能源。这两项改造每年节约成本约100万元。

【发展山核桃产业】 杭州临安是著名的山货产地之一，2005年山核桃产业的产值增幅明显。临安市采取积极措施，发展山核桃产业。推广科学种植方式，改善山核桃生产的大小年状况。示范基地和示范点建设取得进展，着重营建无公害食品、绿色食品和有机食品。重视科技兴产业，从色观风味口感和食用方便上做好文章。生产加工企业注重品牌效应，树立了人长久牌、东林牌、郭氏牌等品牌，销售单价有了上扬。加强产业管理，加大扶持和宣传力度，进一步拓展市场，办好产品的展示、展销活动。

【可果美食品公司成立】 8月24日，由日本可果美株式会社、康师傅控股有限公司和日本伊藤忠商事株式会社3个企业合资的可果美（杭州）食品有限公司在杭州注册挂牌，总投资2250万美元，注册资本900万美元。该公司倡导饮食习惯趋向于多元化、合理化、健康化，主导产品是可果美牌的蔬菜饮料和复合蔬果饮料两大系列。跨国公司在杭成立食品企业，有利于杭州食品产业的提升和发展。

【加强“致中和”宣传力度】 杭州建德的致中和酒业有限责任公司是一家老字号企业，早在1763年就在严州府开设第一家致中和酒坊。该企业生产五茄皮酒保持了传统配方，融入了现代科学技术，集色艳、香凝、味醇、挂杯、健身等特色于一体。2004年，致中和酒业公司重视媒体的广告效应，改“酒香不怕巷子深”为“好酒也要会吆喝”，以4600万元中标央视黄金时段的广告播放权，取得较好的宣传效果和经济效益。2005年公司销售收入达到1.23亿元，比上年增长了1倍多。

【召开健康食品协会联席会议】 5月26日，中国“长三角”健康食品协会第二次联席会议在杭召开。上海、南京、苏州、无锡、南通、泰州、杭州等地代表与会。杭州市代表介绍了加强科研与管理，大力拓宽对营养保健食品的研发情况。杭州市企业推出了青春宝美容胶囊、青春宝永贞片、青春宝金屏风胶囊、21金维他、保灵孕宝口服液、蜂皇胶囊、铁皮石斛枫斗晶和龟鳖丸等系列产品，并逐步形成企业的拳头产品和杭城的形象产品群。会议就促进交流，加强合作，共同构建食品安全体系，实现科学技术和信息资源的共享互赢等展开讨论，达成了共识。

【10大类产品实行QS认证】 “QS”市场准入制度的要点是食品的生产经营流通必须建立在五大要素基础上，即环境要素、基础要素、动力要素、表现要素和保证要素。实行“QS”认证，主要就是保障食品的安全质量，切实保障消费者的身体健康。杭州市继2004年的米、面、植物油、酱油、醋5大类产品实行“QS”认证后，2005年对肉制品、乳制品、饮料、调味品、方便面、饼干类、罐头食品、冷冻饮品、速冻面米食品、膨化食品10大类产品实行”QS”认证。

【举办第二十届食品展销会】 1月28日~2月2日，杭州市第二十届食品展销会在浙江展览馆举办。该届展销会绿色食品、有机食品明显增多，首次参展的有昆明市的云南野生菌菇系列、上海市的天然海藻系列和浙江农科院的有机食品等，受到市民的特别喜爱，启迪着人们饮食习惯发生的悄然变化。楼外楼、知味观、五味和、颐香斋、老大房、天香楼、万隆和上海功德林等一批百年老店以新面貌、新产品出现在市民面前，与娃哈哈集团、祐康食品公司、绿盛集团公司、佳美旅游营养食品公司等新型企业一起参展。参展的工商企业普遍反映销售情况良好，销售内蒙古的肥羊，康桥的风鸡、烧鸡，五芳斋、褚老大的粽子摊位前都排起了长队。食品的质量安全引起全社会高度关注，消费者的维权意识日益成熟，但这次发生的质量投诉量为最少的一届。展销会有150余个工商企业的3000多种商品参展，接待购物者6万余人次，据不完全统计，销售额逾600万元。

（陈国光　王　石）

·纺织化纤工业·

【纺化工业概况】杭州纺织化纤工业保持快速、稳健、均衡的发展态势，经济运行情况良好，各项经济技术指标在全国省会城市中保持领先地位，并从纺织大市向纺织强市迈进。

全市列入国家行业统计口径的规模以上纺织企业1752个，其中服装和纺织面料鞋帽业411个；从业人员28.75万人，其中服装业8.19万人；占全市工商企业从业人员总数的27%。还有纺织轻工综合类的羽绒、皮毛制品企业209个，刺绣、地毯企业46个，从业人员4.7万人。全年完成工业总产值1076亿元，比上年增长30.5%，占全市工业总产值的19.8%；销售产值1053.32亿元，增长31.4%，占全市的19.7%。出口交货值292.54亿元，增长40.1%；占全市的22.7%。实现利税57亿元，增长30.9%；其中利润32.21亿元。纺织、羽绒、皮毛制品业完成工业总产值134.6亿元，销售产值132.45亿元，其中出口交货值102.2亿元；利税6.14亿元，其中利润3.28亿元。

2005年末，全市拥有棉纺锭122.6万锭，气流纺3.82万头，其中2.94万头属国际一流水平；各类织机7.6万台，无梭化率76.3%；以涤纶为主体的化纤纺丝能力360.7万吨，其中涤长丝337.8万吨，占93.7%。以萧山、余杭两区的纺织产业集群为主力板块，全市服装及家纺面料的总生产能力46亿米，并形成配套的印染后整理能力。全年实产棉纱26.92万吨，比上年增长17.7%；各类坯布26.23亿米，增长10.7%；印染布加工32.28亿米。各类化纤254.4万吨，增长32.5%；其中涤纶纤维实产247.6万吨，增长31.2%，占全部化纤总产量的97.3%。生产真丝5859吨，增长19%；丝织品1.54亿米，增长13.6%；针织品（折用纱量）2.42万吨，增长89.4%；非织造布2.52万吨，增长38.2%。全年实产各类服装2.99亿件，增长17.7%；其中梭织服装2.01亿件，针织服装9770万件。还有羽绒、皮毛服装1957万件。

全年完成固定资产投资额76.72亿元，比上年增长66.9%，占全市19%。创省级以上新产品产值62亿元。

【推行名牌战略】杭州市纺织行业充分认识到实施名牌战略，加强自主品牌建设的重要性，把推行名牌战略作为企业发展和做强的头等大事来抓。全年培育出一批名牌产品，提升了企业综合竞争力，增强了杭州纺织产品的国际、国内市场竞争力。

继2004年金富春丝绸和万事利丝绸被认定为中国名牌之后，2005年有富可达牌茄克衫、迪欧达牌羽绒衣、北天鹅牌羽绒被、飞利弘牌羽绒被和凯喜雅牌桑蚕丝被认定为中国名牌。被认定为省名牌的有蓝纺牌涤纶绣花线、春江牌纱线、云森牌纱线、金富春牌真丝弹力面料、依特曼牌装饰布、澳坦斯牌装饰布、富可达牌休闲服饰、凯喜雅牌真丝服装（及丝）、艾诗雅特牌女装、飞利弘牌羽绒制品10种。被认定为市名牌的有春江牌纱线、澳坦斯牌装饰布、济民牌羊毛衫、壮发牌服装面料、宏纺牌棉纱、重峰牌西裤6种。

【21种纺织商标被评为省市著名商标】近几年，杭州的纺织企业加大对商标影响力的关注，2005年有21种纺织商标被评为省、市著名商标，获省著名商标的有浙江柳桥羽毛有限公司的Leodan商标、杭州红山化纤有限公司的红化商标，浙江美术地毯有限公司的MM商标，杭州奥坦斯布艺有限公司的澳坦斯商标，杭州众望布艺有限公司的众望商标，浙江恒逸集团有限公司的恒逸商标，浙江蓝天鹤舞控股有限公司的鹤舞商标，荣盛化纤集团有限公司的图形商标，杭州崇贤纺机厂的崇杭商标，济民羊毛衫有限公司的济民商标，长林西服有限公司的长林商标等11种。获市著名商标的有杭州宏宇纺织有限公司的宏纺及图形商标，浙江华瑞信息技术有限公司的华瑞商标，杭州飞虹针织服饰有限公司的飞达及图形商标，浙江三弘国际羽毛有限公司的三弘及图形商标，力达现代纺织有限公司的图形商标，江南布衣服饰有限公司的JNBY商标，蓝色倾情服饰有限公司的蓝色倾情商标，商铬丝绸有限公司的商铬商标，众望布艺有限公司的众望商标，华龙纺织装饰有限公司的依特曼商标等10种。

【杭州化纤业寻求创新发展之路】面对变化的外部环境，以萧山区为主力板块的杭州化纤业寻求生存和发展之路。全年科技活动经费支出总额比上年增长64%，一些骨干企

杭州商铬丝绸有限公司扩建的亚麻纺纱车间　（袁成伟 摄）

业依靠自己的技术力量与高校、科研机构合力攻关。全年化纤业创新产品产值31.12亿元。杭州贝斯特化纤公司开发的七孔抗菌涤纶短纤产品工艺技术达到国内领先水平,翔盛公司的超细旦改性涤纶DTY丝荣获杭州市科技进步二等奖。化纤业上中下游协调发展的产业链不断完善,荣盛集团、恒逸集团公司两大化纤龙头企业共同投资化纤前道原料PTA生产,先期投资30亿元的“逸盛”石化第一期年产60万吨PTA生产线于2005年3月18日在宁波开发区投产,适度缓解了杭州化纤业PTA供需矛盾。

【化纤业实现利润5.91亿元】 2005年初以来,以涤纶为主体的中国化纤业受到产能过剩、国际石油上涨、贸易摩擦、欧元升值以及国内宏观调控、电力供应不足、行业周期低谷等因素影响,全国化纤行业实现利润比上年下降20%,不少企业出现亏损。杭州化纤业调整涤纶产品结构,提高附加值,实施“错位发展”。富丽达纺织公司兴建的年产6万吨粘胶短纤,振亚纺织公司兴建的年产1.5万吨细旦涤纶短纤,以及总生产能力1.6万吨新建的3个氨纶纤维制造企业,于2005年内全面投产。杭州涤纶的聚合能力占全国的16%,氨纶占全国总量的16%。

至年末,杭州市有规模以上化纤企业89个,总生产能力360.7万吨。其中,涤纶长丝337.8万吨,占93.7%;涤纶短纤8.8万吨,粘胶短纤6万吨,粘胶长丝1.3万吨,锦纶4.2万吨,氨纶2.6万吨。还有加弹能力160万吨。2005年产销衔接良好,实现销售产值331.66亿元,比上年增长58%,占全国化纤行业销售收入的13.3%;产销率98.61%,增加1.2个百分点。全年生产各类化纤254.4万吨,增长32.5%;主要化纤品种涤纶产量247.6万吨,增长31.2%。杭州化纤业实现利润5.91亿元,占全国化纤业利润总额48.5亿元的12.2%。

【家纺产业规模发展】 杭州的家纺产业以“中国家纺布艺名城”——余杭区为核心,带动萧山区、建德市,产品在市场细分下飞跃发展,在全国占有近30%的市场份额,在国内、国际享有较高知名度。

余杭区的家纺产品以窗帘布和沙发用装饰织物为主体,形成产业链完善的集群。2005年,全区有家纺企业4642个,其中规模以上的家纺企业142个,比上年增加54个;从事家纺产业的从业人员3.1万人,拥有织机近2万台。全年生产家纺装饰织物10.5亿米,销售产值121.7亿元,增长21.7%。产品远销欧、美、日本,出口交货值61.4亿元,自营出口创汇6.05亿美元。建德市的家纺业,近三年来平均每年以近30%的递增幅度增长,2005年创销售产值17.5亿元。余杭区的家纺业有省名牌产品4种、著名商标4种,市名牌产品1种、著名商标4种,并被省工商行政管理局认定为浙江省家纺产品专业商标品牌基地。

为进一步提升家纺产业,发挥区块优势,坚持自主创新和品牌战略的两轮驱动,2005年余杭区制定《关于加快家纺产业发展的财政资助政策》。加大技改力度,全年完成固定资产投资15.4亿元,近两年引进国际一流的宽幅剑杆织机400余台。余杭与紧邻的海宁联手,举办首届浙江(中国)家用纺织品展览会,展出品种2万余种,吸引欧、美、日本、东南亚20多个国家和地区的客商,吸引专业观众1万余人次,达成意向采购协议1亿多元。

【纺织品·装饰织物国家标准出台】 中国纺织品的国家标准多数是按材料和工艺制订的,如棉印染布、大提花本色布、色织布等,已经不适应按用途进行交易的贸易需要。而国外的纺织品标准多数按最终用途分类制定,可分门别类考核产品的性能指标。从改革现有标准体系和与国际标准接轨出发,2002年,杭州市质量技术监督局余杭分局和杭州奥坦斯布艺有限公司向国家标准化管理委员会提出制定装饰用织物国家标准的建议。国家质量监督检验检疫总局2003年下达的制定国家标准计划项目中,纺织工业第21项《纺织品·装饰用织物基本要求》由全国纺织品标准化技术委员会归口管理,杭州奥坦斯布艺有限公司及纺织工业标准化研究所负责起草。

该标准历时3年,经四稿定标、异地评审、现场答辩、专家组评审后,《GB/T19817—2005纺织品 装饰用织物 Textiles—Fabrics for furnishings》中华人民共和国国家标准,由国家标准化管理委员会审批认定发布,于2005年10月1日起实施。12月26日,在余杭大厦举行《纺织品装饰织物》国家标准新闻发布会。

【商辂公司扩建亚麻纺纱厂】 坐落于千岛湖畔的杭州商辂丝绸有限公司,原系乡镇企业,创建于1980年。1998年体制改革后,董事长叶百镏带领职工勤俭办厂,务实开拓,企业获得飞跃发展。至2005年末,公司拥有缫丝、绢纺、亚麻纺3个分厂,1个进出口分公司,总资产9800余万元,占地面积7万平方米,职工1500余人,成为浙江省重点骨干乡镇企业、浙江省丝绸重点发展企业、杭州市重点工业企业。

2000年以来,公司看中开发亚麻纱的商机,投资1500万元,建设2500锭亚麻纱生产线,2003年投产后即产亚麻纱200吨,创利润200万元。2004年进一步扩建,生产规模达到5000锭,年产亚麻纱700吨,创销售产值6800万元,其中出口交货值5240万元。2005年,再投资3000万元新建厂房,增添设备,亚麻纺的生产规模达到1万锭。

2005年,商辂丝绸有限公司生产白厂丝200吨、绢丝400吨、亚麻纱850吨。在1.5亿元销售产值中,亚麻纱销售产值8000万元;利润总额800万元中,亚麻纱创利600万元。

【兴惠化纤集团完善产业链】 浙江兴惠化纤集团有限公司是一个主营各类涤纶丝和各档化纤面料、房地产开发、商业贸易、实业投资的集团企业。公司本部占地28公顷,有职工2000余人,总资产18亿元;有6个全资公司和3个参股公司,成为浙江省最具规模的涤纶加弹丝和坯布生产基地之一,坯布和针织布生产能力位列杭州第一。该公司抓好主业,同时发展和延伸从原料到纺织有机结合的产业链,坚持科学发展和走联合发展的道路。

近五年来,公司每年投资近1亿元进行技术改造,建设有效的产业链,实施科学发展。2001年出资1亿元,与浙江恒逸集团公司合作,共同投资浙江恒逸聚合物有限公司溶体直纺项目。2005年,在主业中“兴惠”占有40%股份的恒逸集团实现销售收入超100亿元,利税超1亿元的业绩。2003年,公司投资5000万元,与衙前两个有较强实力的企业合作建设杭州邦联氨纶有限公司,采用直纺、高速、环保的氨纶生产工艺,于2004年末投入生产,可年产7000吨氨纶丝。2004年,向下游产品延伸,投资1亿元,新建浙江省规模最大的针织生产车间,有针织大园机设备500台,于2005年上半年全面投产。至2005年末,具有涤纶丝加弹生产能力15万吨,织机生产能力为坯布1.5亿米,针织布生产能力4万吨,形成了POY丝、DTY丝(涤纶丝加弹)、坯布(织造)、氨纶丝和针织生产的紧密型产业链。

2005年,该集团公司实现销售收入18.66亿元,创利税1.04亿元,其中实现利润4731万元。连续二年被评为杭州市百强企业,列入中国上规模民营企业500强,是杭州市的重点工业企业。总经理项兴富被评为2005年度杭州市优秀创业企业家。

【大自然集团三产收入1.24亿元】 大自然控股集团公司前身是1996年靠2000万元资金在萧山区益农镇办起的一个织布厂。2005年拥有8个全资子公司,建立了技术中心,其中拥有630台无梭织机、年生产能力4000万米织物的大自然轻纺公司和拥有各类印染设备52台、加工能力4200万米的大自然科纺染整公司,是集团公司的两大生产支柱。近年来,集团荣获“中国民营纺织企业50强”、“中国纺织工业织造行业50强”、“杭州市100强企业”等称号,主产品“自然伊格”面料是杭州市的名牌产品。

该集团涉足第三产业,继在上海、江苏投资房地产后,2005年投资1.5亿元在绍兴兴建集中餐、西餐、娱乐为一体的富临名家实业公司。8月28日,富临名家大酒店、英伦咖啡店、日月同辉娱乐城开业。至年末,该集团在第三产业累计实际投资额3.79亿元,主副业总资产10.58亿元。全年主营业务销售收入4.96亿元,上缴税金2530万元,实现净利润2314万元;第三产业收入1.24亿元,实现利税2724万元,其中净利润1350万元。

【云森集团走出去发展】 浙江云森轻纺集团有限公司创建于1993年,是一个集种棉、扎花、纺纱、捻线、染整、房地产、生态农业、旅游、外贸销售等行业于一体的民营企业,拥有7个分(子)公司。列入全国工业私营企业500强、浙江省工业私营企业100强和浙江省棉纺织行业优秀企业,杭州市100强企业、杭州市重点工业企业。云森牌商标被认定为浙江省著名商标,云森牌棉纱(线)被评为浙江省名牌产品。

近几年,该企业“走出去”发展,与新疆的农场合作,投资开发优质棉田,承包3个棉纺厂,在新疆就地纺纱,并成为新疆13个棉纺厂在华东地区棉纱销售的总代理。投资1000万元,在富阳兴建年生产能力4000吨棉纱(线)的富阳富春制线有限公司。投资1000多万元,兴建、扩建1万平方米的原棉纱市场。2000年5月,成立浙江云森轻纺集团有限公司。

云森集团响应中央号召,参与西部大开发。2000年5月,以3550万元,依法整体收购原新疆奎屯市第一棉纺厂,成立新疆奎屯云森纺织有限公司,并引进德国气流纺、自动络筒机等先进设备。2005年,奎屯云森纺织公司有员工1173名,总资产2.5亿元,固定资产1.69亿元,拥有环锭纺11万锭、气流纺3240头的生产规模。全年实现销售额3.4亿元,利税1729万元,其中利润331万元的良好业绩。该公司被新疆自治区政府列为“重点支持30户民营企业”、获“招商引资先进单位”、“新疆30强民营企业”、“奎屯市先进单位”等荣誉称号。云森集团全年销售收入6.7亿元,实现利税6268万元,其中利润总额2515万元,为杭州纺织企业走出去发展树立了榜样。

【市纺织协会获市级先进】 市纺织行业协会2002年1月成立以来,为纺织工业的健康发展,在政府与企业间发挥了桥梁纽带作用。2005年,市经委委托授权市纺织行业协会10项经济管理职能。协会在推行名牌战略、组织名牌产品考核、推荐审核著名商标认定申报、开展职称评定初审推荐等方面积极开展工作。协会牵头组织开展行业对外交流、外贸与对外经济合作活动,协助企业开拓市场。组织信息交流,全年组织各专业的技术交流、产品开发研讨活动12次,并率团考察台湾省纺织业。行业内部刊物《杭州纺织信息与技术》全年出版11期,每期约5万字。经常有企业向协会秘书处求助中介服务。与全国18个省市的46个协会、学会、科研单位建立了信息交流共享关系。

该协会在2003年和2004年获市优秀社会团体和市经委系统先进协会等荣誉,2005年连续第三次被评为杭州市先进协会,秘书长姚挺被评为杭州市中介服务业行业标兵。 (姚 挺)

大自然控股集团公司的面料织造车间 (黄备生 摄)

·女装产业·

【女装产业概况】2005年，杭州女装产业呈现快速发展势头，出口保持稳定增长。全市有规模以上服装企业382个，比上年减少18个；从业人员7.87万人，增加7600余人。全年实现工业总产值169.93亿元，增长24.5%。实现利税11.88亿元，增长34.5%；其中实现利润7.9亿元，增长49.1%。出口交货值111.48亿元，增长12.6%。

从服装产业发展情况来看，企业规模逐步扩大。2005年，规模以上服装企业数比2001年增加188个，增长96.9%；但规模以上服装企业实现的工业总产值是2001年的2.58倍。至年末，杭州服装产业的构成，从企业性质上，有国有企业2个，集体企业3个，其他有限责任公司32个，股份有限公司1个，私有企业203个，港澳台商投资企业89个，外商投资企业48个，其他类型4个；从企业规模上，年销售收入3000万元~1亿元企业75个，1亿元~3亿元企业18个，3亿元~10亿元企业10个，10亿元以上企业1个。

小企业逐步做大，大企业实力增强。据中国服装协会公布，2005年杭州市有8个企业成为全国服装行业销售收入100强企业，7个企业成为全国服装行业利润100强企业。销售收入100强企业数比上年增加1个，排序逐年靠前。其中，富可达控股股份有限公司保持全国第8位；浙江华鼎集团有限责任公司和万事利集团有限公司分别位居第21位和第24位，均上升1位；汉帛（中国）有限公司从第63位升到第55位。新增加的1个是浙江省二轻企业集团进出口有限公司，列第61位。万事利集团有限公司连续十年进入全国服装行业100强企业名单。在利润总额100强中，浙江华鼎集团有限责任公司首次进入全国前10强。

服装企业注重创建名牌产品，新生代品牌不断涌现，一批品牌受到消费者欢迎。2005年，新创中国名牌产品1种，即富可达控股股份有限公司的富可达牌茄克衫。新增浙江名牌产品4种（含统计口径变化，下同），他们是水中花（国际）内衣有限公司的水中花牌内衣、富可达皮业集团有限公司的富可达牌休闲服饰、浙江凯喜雅国际进出口有限公司的凯喜雅牌真丝服装、浙江省二轻企业集团进出口有限公司的艾诗雅特牌女装。新增杭州名牌产品2种，杭州济民羊毛衫有限公司的济民牌羊毛衫和浙江重峰制衣有限公司的重峰牌西装。新增杭州市著名商标4种，分别是浙江秋水伊人服饰有限公司的秋水伊人、杭州嘉艺针织有限公司的JOININ、浙江江宁丝绸制衣有限公司的曼江利、杭州飞达针织服饰有限公司的飞达商标。

云森集团在新疆投资建设的棉纺厂生产车间　（罗荣根 摄）

至2005年末，杭州服装业拥有国家、省市名牌（或著名商标）39种。其中，中国名牌产品2种，浙江名牌产品11种，杭州名牌产品8种；中国驰名商标1种，浙江著名商标7种，杭州著名商标10种。

服装研发能力不断增强，拥有省、市级技术（研发）中心9个。其中建立省级企业技术中心的有浙江省丝绸集团有限公司、杭州喜得宝集团有限公司、万事利集团有限公司、四季青服装研发中心有限公司4个，建立市级技术研发中心的有万事利高新技术研究开发中心、杭州江宁丝绸制衣有限公司、富可达控股股份有限公司、浙江兽王集团有限公司、汉帛（中国）有限公司5个。一批重点贴牌加工企业，不断加强自主设计能力，逐步实现从“OEM”（加工制造）向“ODM”（设计创造）的转变。

通过加强宣传和扩大营销，整体形象日益提升。女装逐步成为杭州的一张“金名片”，市场知名度不断扩大，市场影响力不断增强，在日本、俄罗斯等国家和中国香港特别行政区也有一定影响。通过树立一个区域品牌形象，给企业经营创造了良好的环境。

【参与香港时装节活动】1月18日~22日，借助“港澳·浙江周”活动和“2005香港时装节”双重平台，由杭州市政府主办，市对外贸易经济合作局、市经委和中国国际贸易促进委员会杭州分会承办，香港贸易发展局支持的“2005香港时装节·杭州女装”推介系列活动在香港成功举办。

香港时装节是国际服装界的一大盛会，杭州女装参与活动分3项内容。1月19日上午，在香港展览中心举行“2005香港时装节·杭州女装”推介会，上演一场以杭州丝绸服装为主的“西子霓裳SHOW”。杭州市副市长金胜山作主题演讲，香港贸易发展局制造业拓展总监许行璋致辞，中联办及驻港机构、香港贸易发展局等领导和港澳相关协会、客商、企业代表等400余名嘉宾出席，香港的十余家媒体现场进行报道。组织“万事利”、“流金岁月”、“良之森”、“汉龙威尔”等29种品牌服装企业，共46个展位，统一使用“中国杭州制造”醒目标志，集中亮相“香港时装节”的3号馆。组织十余个杭州女装企业近60人赴港，观摩香港时装节，参观香港时装设计中心，与香港客商会晤、交流。

【组团参加北京CHIC活动】4月2日~5日，杭州市政府连续第四次组织女装企业参加2005年北京中国国际服装服饰博览会(北京CHIC)。期间，举行“杭州女装新闻发布会”、《杭州女装个性化邮集》发行仪式、“杭州·中国纺织服装信息商务中心”启动仪式和“‘米兰—杭州’新马可波罗时尚之旅”揭幕仪式等“杭州女装主题日”系列活动。全国政协副主席郝建秀、中国纺织工业协会、中国服装协会等有关方面的负责人和杭州市领导沈坚、鲍世甲等出席，并到杭州女装展位参观指导。

杭州市进京参展有30多个企业，展位面积3000平方米。依据专业化展会的要求，各企业分散到各个场馆。

【开展杭州女装邮政年活动】2005年，杭州市女装产业发展领导小组办公室组织开展“2005中国·杭州女装邮政年”活动，由杭州市邮票公司设计发行系列邮品，集中宣传推广杭州女装企业和品牌，提升杭州女装的文化品位。在北京举行2005年中国国际服装服饰博览会“杭州女装新闻发布会”和在中国·杭州第五届中国国际女装展开幕式上，分别举行《杭州女装个性化邮集》“活动篇”、“品牌篇”的首发仪式。

该系列邮品分3个部分。年初，设计发行《杭州女装贺岁明信片》1套12枚，每枚明信片的左下方印有“中国女装看杭州”的字样和标志。共发行3000套。

设计发行《杭州女装个性化邮集》，分“活动篇”、“品牌篇”、“产业篇”3册。该套邮集由省委常委、市委书记王国平题写封面，副市长、市女装产业发展领导小组组长沈坚撰写前言。“活动篇”有7个页面，内置1枚“中国女装看杭州”四方联和16枚个性化邮票。“品牌篇”设计1枚“杭州市女装发展领导小组首获2003~2004中国服装品牌推动大奖”四方联和23枚杭州知名女装品牌的个性化邮票。“产业篇”收集反映部分列入“中国服装行业百强”、“杭州市十强女装生产企业”的个性化邮票14枚。“活动篇”发行量1000册，“品牌篇”和“产业篇”各发行500册。

设计发行2005年杭州女装重大活动纪念封，分别是2005年中捷杯服装制作技能与试衣模特大赛在杭州举行，2005年中国国际女装设计大赛等8枚。每枚发行量1000枚~3000枚不等。

【举办杭州女装万里行活动】第二届“杭州女装中国万里行”活动，由杭州市女装发展领导小组办公室主办，杭州杭派女装商会承办。从5月15日出发到6月16日返回，历时32天，行程1万多千米，途径哈尔滨、沈阳、西安、成都、昆明、株州、济南、武汉、南京、郑州等10个城市。

活动有20余个杭州女装品牌企业参与。据不完全统计，活动期间，接触相关服装商会、协会等单位20多个，服装商场、市场、商贸城等60余个，专业客商1000余人，邀请各地媒体50余家，考察市场、商场30多个。发放各类资料2万余份，总托运重量近10吨。

【召开女装产业发展会议】杭州市女装产业经济增长如何从量的扩张为主向以质的提高为主的转变，是摆在女装企业面前的课题。9月16日，市委、市政府召开杭州市女装产业发展第三次工作会议，提出“弘扬丝绸之府、打造女装之都”主题。省委常委、市委书记王国平到会并讲话，会议由市长孙忠焕主持，副市长沈坚作工作报告。大会隆重表彰了第三届杭州市“十强女装生产企业”、“十大女装品牌”、“十佳服装设计师”。

根据会议精神，11月4日市委、市政府制定《关于弘扬“丝绸之府”、打造“女装之都”的若干意见》，明确指导思想、基本原则，建立战略合作促进委员会，下设产业、文化、旅游3个专项工作领导小组。将原“杭州市女装发展领导小组”调整并充实为“杭州市丝绸与女装产业发展领导小组”，杭州女装产业发展资金扩大为杭州丝绸与女装产业发展资金，金额从原来的300万元，增加到2000万元。

【举行“三个十”评选】2005年，根据市政府《关于加快女装产业发展的若干意见》规定，市女装领导小组办公室在全市女装生产企业中开展第三届“十强女装生产企业、十大女装品牌、十佳服装设计师评选活动”(以下简称“三个十”)。参选的企业或品牌经过公众评选、市场覆盖面、设计能力及装备配置、年销售额、年上缴税金5个方面的考核，使用量化评分的办法，以得分从高到低评选出“十强”或“十大”。初选入围的服装设计师要参加服装动态展示，然后决出“十佳”。

▶▶资料：女装企业“三个十”评选

十强女装生产企业 富可达控股股份有限公司、浙江华鼎集团有限责任公司、汉帛(中国)有限公司、达利(中国)有限公司、杭州市丝绸服装进出口有限公司、万事利集团有限公司、浙江华兴服装有限公司、杭州江宁丝绸制衣有限公司、杭州杰丰服装有限公司、杭州明成制衣有限公司

十大女装品牌 江南布衣、蓝色倾情、浪漫一身、HALLOWELL、黛贝妮、十月妈咪、威芸、曼江利、HopeShow、喜得宝

十佳服装设计师 周红淋、金国伟、郑孟琳、徐京、欧阳青乔、陈晶、周海乐、叶建英、欧阳政梅、杨红彬

【举办第五届中国国际女装展】6月29日~7月2日，由杭州市人民政府主办，市女装发展领导小组办公室、中国国际贸易促进委员会杭州市分会等承办的中国·杭州第五届中国国际女装展在杭州和平国际会展中心举办。

展览会分女装成衣、服饰配件、面辅料、制衣机械及服装专业设计软件展区，尝试丝绸与女装相结合的新路子，首次增设“杭州丝绸女装展区”。展会面积1.2万平方米，有200余个企业参展，其中境外企业24个，涉及国家和地区的有俄罗斯、日本、西班牙、澳大利亚等国。4天展会，参观人数3.5万人次，比上届增长40%；其中，专业观众8000余人次，增长60%；普通观众2.7万人次，增长35%。

为烘托展会氛围，期间举行《杭州女装个性化邮集》“品牌篇”首发

仪式、2005年"汉龙杯"杭州院校服装设计"未来之星"决赛颁奖晚会、杭州丝绸女装展演暨"杭州女装万里行"汇报演出、2005年"中捷杯"服装制作技能表演赛、"欧迪芬时尚饕餮之夜"暨中国美术学院染织服装系服装设计毕业展演、俄罗斯服装设计大师扎依采夫记者见面会、2005年杭州女装与丝绸产业标准化发展论坛、2005/2006秋冬服装流行趋势发布会、女装营销经理人年会等活动。

【评选服装设计未来之星】6月29日晚,2005年"汉龙杯"杭州院校服装设计"未来之星"评选活动在浙江世贸中心酒店落下帷幕。副市长沈坚、市政府副秘书长赵立康及450多位嘉宾观看演出,俄罗斯文学、艺术、服装设计领域的大师扎伊采夫出席决赛晚会。

参加评选活动的作品,是从中国美术学院、浙江理工大学、浙江科技学院、杭州职业技术学院4所院校2005届服装设计毕业作品中挑选的。经过初选,有30组、219套服装入围决赛。经动态展示、专家评审,10组服装脱颖而出。10组获奖服装的设计者被评为服装设计"未来之星"。

【举办服装制作技能大赛】6月起,为了进一步提高杭州服装制造业的技术水平,提升杭州服装制造业的技术质量层次及高新技术在传统行业中的运用,市女装发展领导小组办公室会同市服装协会、市中小企业服务中心和杭州缝制机械行业协会共同举办"中捷杯"首届服装制作技能暨试衣模特大赛。

大赛从6月6日开始,于9月4日全面落下帷幕。大赛由服装制作技能大赛和试衣模特大赛两部分组成,其中技能大赛分团体项目和个人项目。团体项目由制版、工艺制定、服装CAD、服装制作等项组成,参赛对象为杭州市的服装企业。个人项目主要为服装制作、试衣模特和团体项目中的单项,面向全国进行。大赛由中捷缝制机械股份有限公司冠名赞助,市劳动局、市总工会、共青团市委给予大力支持。

【举办女装设计大赛】12月9日,2005年中国国际女装设计大赛在杭州大剧院圆满结束。大赛由中国服装设计师协会、杭州市女装发展领导小组主办,市女装发展领导小组办公室、市服装设计师协会承办,主题为"世界奏响中国乐章"。从4月开始征稿,到9月1日截止,组委会收到1560份作品,分别来自中国、法国、英国、韩国、俄罗斯、乌克兰等国家和中国香港特别行政区。经专家评审,25组共135套服装进入总决赛。经过角逐,来自中国美术学院、浙江理工大学的陶音、陶宁以《转瞬即逝》夺得金奖,来自江南大学的刘钢和香港工业大学的杨玉凤分别以《释放》和《城市夜生活》获银奖,来自乌克兰的柳德米拉·舍甫琴科的《象征》、中国美术学院张栋梁的《絮语》和浙江理工大学徐春菲的《魅影》获得铜奖。

【参加俄罗斯时尚展览会】5月27日,杭州市中小企业服务中心组织14个女装企业,参加在莫斯科举行的俄罗斯第五届SFBI(时尚)展览会,并进行交流考察。中国美院副教授张辛可、杭州汉龙威尔服装有限公司总经理秦国良,被邀请出席全俄罗斯青年设计师大奖赛决赛并担任评委。

SFBI展览会是俄罗斯最具影响力的盛大时尚展览会之一。杭州品牌企业在展位上的亮相,成为展览会的亮点;汉龙威尔、威芸、爱美斯等杭州知名品牌所作的专场服装发布秀,进一步展示杭州品牌服饰时尚、个性的风采。参展团与俄罗斯的时尚设计界进行了交流,参观了著名服装设计师扎伊采夫的时装设计、绘画艺术精品时尚中心。杭州女装企业集中参加展览会,受到俄罗斯媒体采访和关注。参加报道的有俄罗斯中央电视台、莫斯科电视台1套、2套、《俄罗斯商业报》、俄罗斯《经济日报》,俄罗斯纺织服装界最具影响力、发行量最大的《摩登》杂志等。

【女装网快速发展】中国女装网(www.suite-dress.com)是由市政府组建的女装专业门户类网站,是集信息发布、品牌推广、时尚展示和商务运作的综合平台。2002年10月18日,女装网在第二届中国国际女装展上隆重开网。2003年7月1日,开通英文版和繁体中文版。2004年3月22日,女装网全新改版。

2005年,该网站拥有会员3.6万名,每天的访客流量30万~50万人次。主体内容有信息动态、商务在线、联盟会员三大版块,品牌数据库、企业黄页簿、设计师人才库三大数据库,旋转模特、全景环视、在线视频三大网络展示技术。

表21 2005年杭州市列入全国服装行业销售收入100强企业

序号	名称	排序
1	富可达控股股份有限公司	8
2	浙江华鼎集团有限责任公司	21
3	万事利集团有限公司	24
4	浙江太子龙服饰有限公司	46
5	野风集团有限公司	48
6	汉帛(中国)有限公司	55
7	达利(中国)有限公司	56
8	浙江省二轻企业集团进出口有限公司	61

表22 2005年杭州市列入全国服装行业利润总额100强企业

序号	名称	排序
1	浙江华鼎集团有限责任公司	10
2	浙江太子龙服饰有限公司	31
3	汉帛(中国)有限公司	52
4	万事利集团有限公司	58
5	富可达控股股份有限公司	66
6	野风集团有限公司	79
7	杭州江宁丝绸制衣有限公司	94

12月28日，举行第五时尚2006年春夏时装发布会。 （张永春 摄）

【蓝色倾情公司参与制定行业标准】2005年，全国服装标准化技术委员会选中杭州蓝色倾情服饰有限公司参与中国纺织行业协会《中华人民共和国纺织行业标准FZ/T81012围巾披肩标准》的制定。这是杭州品牌女装企业首次参与国家级标准的制定。该公司抓住机遇，积极配合质检部门进行前期调查研究，起草规定了围巾和披肩的要求、实验方法、检测规则、标志、包装、运输及储存等的行业标准。至年末，这一标准制定完成。该标准由国家发展和改革委员会发布，计划于2006年8月1日开始实施。 （朱延勤）

·医药工业·

【医药工业概况】杭州市有专业药厂70个、中药饮片生产企业16个、医用氧生产企业8个、药用辅料生产企业9个、医疗器械生产企业278个、医用卫生材料及敷料企业27个。全年列入行业统计口径的70个医药工业企业资产102.5亿元，资产负债率46.3%，固定资产净值平均余额26.5亿元，全部从业人员平均人数2.02万人。

在"工业兴市"的氛围下，医药行业紧密围绕"两港五区"为重点的"一号工程"建设，结合贯彻实施先进制造业基地医药产业发展纲要，加快"新药港"建设。全年列入行业统计口径的70个医药工业企业完成工业总产值87.91亿元，比上年增长11.4%；工业销售产值84.8亿元，增长12%；工业产品产销率96.47%，上升0.56个百分点。工业产品出口交货值14.1亿元，增长22.8%；产品销售收入84.72亿元，增长11.8%。实现利税20.6亿元，增长2.9%；其中利润12.85亿元，增长4.4%。

化学制药是杭州医药工业的基础，杭州中美华东制药有限公司、杭州默沙东制药有限公司、杭州赛诺菲圣德拉堡民生制药有限公司、浙江万马药业有限公司、浙江大冢制药有限公司等重点企业发展较快。全市化学制药企业产品销售收入36.74亿元，占全市医药工业总量的43%。

中药是杭州医药工业的传统优势行业，正大青春宝药业有限公司、杭州胡庆余堂药业有限公司、杭州天目山药业股份有限公司、浙江康莱特药业有限公司等已成为全国中医药行业的知名企业。全市中药制药企业产品销售收入25.92亿元，占全市医药工业总量的31%。

生物医药行业是杭州市医药工业的重点发展方向，艾康生物技术(杭州)有限公司、杭州九源基因工程有限公司、浙江普康生物技术股份有限公司、浙江天元生物药业股份有限公司、杭州澳亚生物技术有限公司等生物医药企业茁壮成长。全市生物医药企业产品销售收入6.56亿元，占全市医药工业总量的8%。

医疗器械行业成为近年杭州医药工业发展的新兴力量，泰尔茂医疗产品(杭州)有限公司、眼力健(杭州)制药有限公司是该行业的骨干企业，以杭州桐庐尖端内窥镜有限公司、桐庐医疗光学仪器总厂为龙头的内窥镜产品达到全国同行业领先水平。全市医疗器械企业产品销售收入13.2亿元，占全市医药工业总量的16%。

从产品情况看，年销售收入超1亿元的单个品种有医用SF导管、21金维他、百令胶囊、赛斯平、保列治、舒降之、泰能、科素亚、波立维、青春宝抗衰老片、参麦注射液、护理液、康莱特注射液、单抗诊断试剂、铁皮石斛、丹参注射液、乐沙定等17个，比上年增加2个。这批优势产品的工业总量占全市医药工业总量的50%以上。

【加快医药先进制造业基地建设】杭州市医药行业在先进制造业基地建设中，贯彻"大力发展生物技术药物，重点发展中药、海洋药物为主的天然药物，积极发展新型化学药物，加快发展新型医疗器械"的方针，推进医药产业结构整合升级。艾森生物(杭州)有限公司、杭州创新生物检控技术有限公司、旭化成医疗器械(杭州)有限公司建成投产；杭州富邦生物制药有限公司、杭州胡庆余堂天然药物有限公司通过GMP验收正式投入生产；浙江惠迪森药业有限公司、浙江弘盛药业有限公司、艾博生物医药(杭州)有限公司、杭州龙达新科生物制药有限公司等新建项目基本建成，有望陆续投入生产。正大青春宝药业有限公司固体制剂车间改造、杭州民生药业集团有限公司投资超1亿元的新固体制剂车间改造、杭州九源基因工程有限公司低分子肝素钠车间改造等一批技改项目投产。浙江普康生物技术股份有限公司甲肝冻干粉针疫苗出口印度，浙江康莱特药业有限公司康莱特注射液经俄罗斯卫生部批准，正式在俄罗斯市场销售。

【"新药港"建设取得阶段性成果】2005年，杭州市为贯彻实施"人才强市"战略，全面提高医药企业人员的综合素质，市科技局牵头，市财政局、市经委和市信息办等部门联合制订《杭州市信息港、新药港企业培训资助实施意见(试行)》。开展"新药港"企业的备案申报，于5月公布第1批共62个"新药港"备案企业名单。7月，召开杭州市新药港建设领导小组工作会议，会议审议批准高通量新药筛选中心项目建设。

“新药港”产业集聚区是杭州市医药产业快速发展的重要载体，下沙“新药港”产业集聚区经过几年来的建设，医药产业发展取得明显成效，有31个医药企业相继进区。这些企业投资规模大，技术含量高，工艺设备先进，产品优势明显，他们的陆续建成投产和产生效益，加快了下沙杭州医药产业示范基地的建设进程，集聚效应初步显现。截至2005年末，集聚区投产医药企业18个，资产总计29.7亿元，实现销售收入18.03亿元，占全市医药行业销售收入的20%以上。杭州高新技术产业开发区、余杭经济开发区、富春江经济开发区、桐庐经济开发区等医药产业功能区建设取得积极进展，为建成杭州市医药产业重要基地奠定了坚实基础。

【外资合资医药企业高速发展】 杭州市外资合资医药企业保持高速发展的势头，已成为医药工业的中坚力量。杭州默沙东制药有限公司全年完成销售产值11.5亿元，比上年增长23.7%；实现销售收入11.1亿元，增长19.6%，在药品销售总量上首次排名全市第1位。该公司四大主导产品年销售收入均超1亿元，其中泰能针年销售收入3.56亿元。泰尔茂医疗产品(杭州)有限公司通过增资扩股、引进电子类医疗新产品、扩大生产规模等方式，主要经济指标的增幅均在20%以上。艾康生物技术(杭州)有限公司注重科技创新和新产品的研究开发，新项目有50余个，全年销售产值增幅在30%以上。浙江惠松制药有限公司保证植物药提取物优良的品质，依靠稳定的外贸关系，全年销售收入8667万元，增长30%。

【高通量新药筛选中心立项建设】 为加快杭州市新药开发步伐，提高新药研发水平，由艾森生物(杭州)有限公司和艾康生物技术(杭州)有限公司为实施主体的杭州高通量新药筛选中心建设项目，经专家论证和杭州市新药港建设领导小组会议审议通过，列入市政府专项批准的重大医药项目并给予财政资助。总投资2000万元，其中企业自筹1500万元，市财政资助500万元。项目采用“基于细胞电子阻抗原理的无标记技术筛选技术”作为基础技术，研制10万、50万、100万级别的低、中、高通量筛选系统，购置50万级化合物库，搭建高通量新药筛选技术平台，为大规模开展新药筛选奠定物质和技术基础。该筛选中心计划于2007年6月建成，将充分发挥公共技术平台的作用，优先为杭州医药企业和在杭新药研究单位提供新药筛选服务，对提高医药研发水平起到重要作用。

【杭州成为国家医药出口基地】 11月，国家商务部正式公布全国首批国家医药出口基地，确定北京、上海、深圳、杭州等15个城市为国家第1批医药出口基地，杭州成为浙江省唯一入选的城市。国家商务部建立国家医药出口基地，是为了更好地促进医药产品出口，优化产业布局，推动产业聚集，培育地区性的规模竞争优势，尽快形成以国家医药出口基地为龙头，辐射、示范并带动周边地区以及全国的医药产品出口。为支持医药出口基地建设，商务部会同相关部门建立长效工作机制，着重从优化结构、培育主体、开拓市场、促进交流等方面，对医药出口基地内企业的科研开发、技术改造、引进国外先进技术、应对国外技术性贸易壁垒、药品境外注册及与国外技术交流等项目将给予重点支持。商务部从金融、保险、人才等方面制定当地支持基地建设的配套政策和具体实施办法，充分发挥中央和地方两方面的积极性，推动医药出口取得更大突破。杭州市成为国家医药出口基地，极大地推动杭州市医药产品的出口，推动了杭州“新药港”建设。

【中药技术及应用获国家科技进步二等奖】 3月，正大青春宝药业有限公司与浙江大学合作研究开发的“中药质量计算分析技术及其在参麦注射液工业生产中应用”项目，经国家科学技术评审委员会评审和国家科学技术奖励委员会审定，荣获国家科技进步二等奖。该项目以参麦注射液为具体研究对象，运用药物信息学技术，开展中药材整体质量评价方法、中药制药工艺稳定性评价方法以及参麦注射液物质基础等方面的研究，发展形成了中药质量计算分析技术方法学，建立了现代中药质量控制方法，解决了中药复方制剂难以进行质量控制的问题。相关方法和研究成果已经在国际权威杂志《化学信息学计算机科学》、《化学与生物学分析》等刊物上发表。国家科技进步奖的获得，表明该中药注射液的质量控制技术已达到国内领先水平，为参麦注射液在国内同类产品中保持领先地位奠定了坚实基础，对杭州市中药行业技术改造起到现代化示范作用。

【赛可平获得生产批文】 10月，杭州华东医药集团研究所自行研究开发的免疫调节新药赛可平，经过数年的科技攻关后，成为国内第1个获得该产品制剂生产批文的制药企业。赛可平(吗替麦考酚酯分散片)主要用于器官移植后抗排斥反应，国际上只有罗氏制药美国公司独家生产，2004年全球市场的销售额超过5亿元，是市场前景广阔的医药新产品。赛可平的生产上市，成为华东医药集团又一个新的支柱产品，为壮大杭州市医药产业，提升医药产品档次作出贡献。

【甲肝疫苗出口印度】 12月，浙江普康生物技术股份有限公司生产的甲型肝炎减毒活疫苗获得印度国家药品监督管理局(DCGI)的进口批文和市场注册批文，首批5万(人)份甲肝活疫苗成功投放印度市场，并计划在印度的8个主要城市投入使用。

甲型肝炎减毒活疫苗是该公司毛江森院士经过10余年的科技攻关研制成功的，产品获得国家发明奖和3项国家发明专利。从2002年3月开始，普康公司与印度著名的国际医药公司合作，积极推进甲型肝炎减毒活疫苗出口。通过印度国家委员会的论证和严格审核，经印度国家中心实验室(CDLI)对3批样品的检测，结果所有指标全部合格。在此基础上，印度国家药品监督管理局(DCGI)进行了143例疫苗接种者的临床验证，结果显示疫苗安全性高，抗体阳转率达到95.8%。

(王明兴　林　昀)

KANGLAITE 浙江康莱特集团

浙江康莱特药业有限公司是一个以高新技术制药业为主的民营企业集团，致力于中药现代化和人类健康事业，由著名药学专家李大鹏研究员于1993年创办，并担任董事长兼总裁。集团公司在下沙杭州经济技术开发区建有设计风格独特、环境雅致优美的花园式工厂，以及富有浓郁民族文化特色的办公大楼，引进了国际一流的生产线，并通过了国家食品药品监督管理局的GMP认证，达到国际先进水平。在生态环境优越、自然风光优美的浙江南部山区建立了中药薏苡仁种植加工基地，并通过了国家GAP认证。

拳头产品抗肿瘤中药——康莱特注射液，被列为“八五”、“九五”重点国家级火炬计划项目、“九五”国家科技成果重点推广项目、中医药科技成果重点推广项目、国家中药保护品种，拥有自主知识产权，已获得中国、美国、俄罗斯、英国、德国、法国、日本、韩国、菲律宾等10多个国家的专利证书。集团公司还研究发现了康莱特软胶囊、脂肪乳、辅酶Q10胶丸、银杏叶软胶囊、康尔特胶丸、莱福特保健酒等产品。在全国设立30多个商务处，拥有一支素质优良、诚信服务的商务骨干队伍，建立了完善的商务网络，与数千家客户保持着良好合作关系。

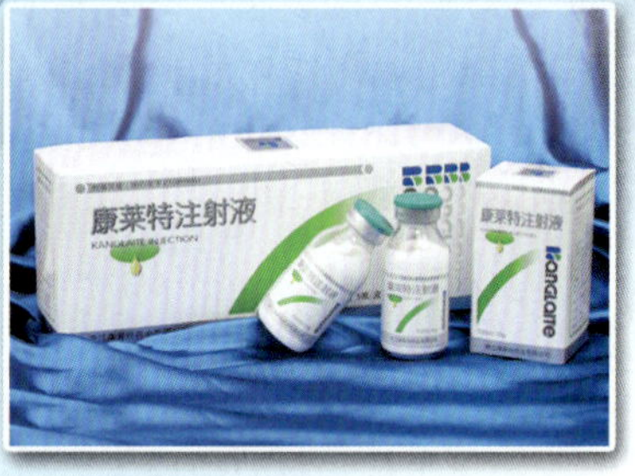

康莱特注射液

该集团公司是国家级高新技术企业，省级重点高新技术企业，被列为浙江省“五个一批”重点骨干企业及杭州市重点骨干企业，拥有自行进出口权。2004年获得杭州市文明单位称号、中国民营科技企业奖。集团公司向国家纳税累计2亿多元，连续多年被评为A级至AAA级信用企业。2006年5月，中华全国总工会授予该集团全国五一劳动奖状。

全国五一劳动奖状

该集团公司遵照“以国内为基础，国际市场为主导”的经营战略决策，迈向国际市场。2001年3月经美国FDA批准，康莱特注射液在美国进行了Ⅰ期临床试验，已经圆满完成，并准备直接进入Ⅲ期临床试验。俄罗斯联邦政府卫生部批准康莱特注射液全面进入临床应用，已经正式投放俄罗斯市场。

集团全景

杭州九源基因工程有限公司

HANGZHOU JIUYUAN GENE ENGINEERING CO.,LTD.

公司总经理周金宝

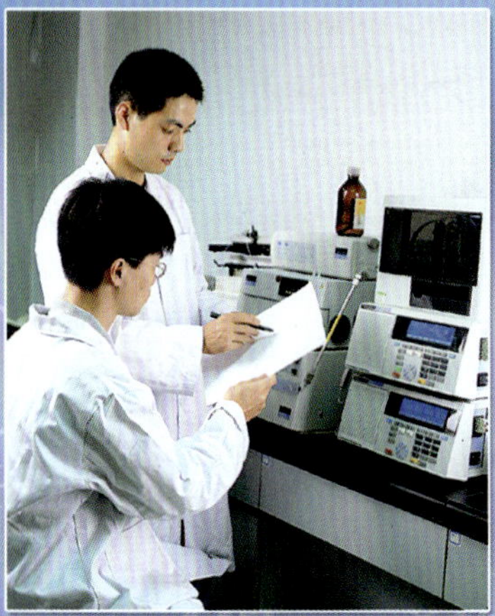

科研人员在实验室工作

杭州九源基因工程有限公司是专业从事基因工程药品、生化药品的研究、开发、生产和销售的现代化制药企业。公司成立于 1993 年 12 月，是国家 GMP 认证企业。

公司秉承中国生物遗传学家——谈家桢先生倡导的“以基因工程为导向，为人类健康做贡献”的理念，勇于实践，积极奉献。1996 年 10 月，率先研制成功升白细胞特效药——吉粒芬(rhG-CSF)，打破了美国及日本厂家垄断市场的局面；1997 年 9 月，成功开发出预防血栓形成药——吉派林(LMWH)，实现了中国预防血栓形成、抗凝血治疗药物领域的突破；2003 年 9 月，国内唯一采用真核细胞表达系统生产的升血小板药——吉巨芬(rhl-11)研制成功。

杭州九源基因工程有限公司将集九方之资源，汇世界之长处，不断为提高中华民族医药和健康水平做出贡献。

达利（中国）有限公司

达利(中国)有限公司地处“丝绸之府”中国杭州，是一个专业从事丝绸织造、印花染色，真丝绸梭织与针织服装制作及成衣出口的一条龙生产企业。作为一个香港独资企业，注册资本1460万美元，占地面积25万平方米，员工4600人。

公司生产经营各类纺织品面料印花、染色加工业务，年产印花绸1500万米，染色绸1200万米，引进德国、瑞士、意大利、西班牙、荷兰等国家的炼、染、印整套真丝印染生产线和印染工艺技术，形成了世界一流的真丝印染生产水平。

公司拥有的August Silk真丝女装品牌，95%以上的产品畅销于美国与欧洲两大市场，已成为中国在全球的销量的丝绸女装品牌。公司拥有现代化的高速平缝车、针织全自动电脑提花机和半自动横机等设备，其真丝绸服装的出口额在全国服装企业排名第一。公司已成为世界许多欧美名牌，如：MAYCO JONES、NEWYORK、MARKS&SPENSER、ANNTAYLOR、DILLARDS、DVF、MACY (FMG)等客户长期合作的供应商。

公司通过了ISO 9001:2000质量体系、ISO 14001:1996环境管理体系和GB/T 28001-2001职业健康安全管理体系认证。企业确立了“以人为本、以客为尊、以变应变、以静致远”的企业文化和“以精美的产品美化人类生活”的经营理念，恪守“每一年、每一天都在为更高的目标努力”的企业精神，为打造“世界一流的丝绸女装产业基地”，为杭州市“弘扬丝绸之府，打造女装之都”贡献力量。

www.sinosilk.com

达利(中国)有限公司丝绸女装产业基地透视图

达利(中国)有限公司丝绸女装产业基地鸟瞰图

IGHFASHION(CHINA)CO.,LTD.

达利凯地印染车间

达利缝纫车间

红剑集团
HONGJIAN GROUP

浙江红剑集团有限公司是一个集聚合、纺丝、加弹为一体，以化纤原料制造为主、工贸结合的企业，下属杭州红山化纤有限公司、杭州红剑聚酯纤维有限公司、杭州红剑纸业有限公司等子公司。占地面积34公顷，总资产约13亿元，员工1600余人，具有年产20万吨聚合及相配套的熔体直纺涤纶长丝生产能力，产品涵盖纤维级聚酯切片、涤纶牵伸丝、涤纶低弹丝、涤纶预取向丝。2005年实现销售产值32.5亿元。

集团公司被列为2005年中国纺织行业协会化纤专业50强第13位、中国制造业500强第392位，并被列入中国民营企业500强、浙江省民营企业100强；被评为浙江省百强企业，列浙江省制造业第61位。

企业精神：严明 唯实 敬业 发展　　经营理念：质量为本 诚实为先

浙江红剑集团有限公司

Http://www.cn-hongjian.com
E-mail: info@cn-hongjian.com

浙江翔盛集团有限公司

下属公司：杭州翔盛纺织有限公司

董事长：

浙江翔盛集团有限公司是一个以化纤、纺织、热电生产和进出口经营、对外投资为主的综合性企业集团，系中国制造业 500 强，全国民营 500 强企业、浙江省百强企业、浙江省制造业百强企业，下属 5 个子公司，4 个现代化生产基地。集团占地面积 66.8 公顷，总建筑面积 39 万平方米，总资产 18.18 亿元，职工 2300 余名，其中工程师等技术骨干 150 余名，专业人才 770 余名。主要产品为 POY、FDY、DTY 涤纶丝、聚酯切片和纺织面料，产品畅销国内 10 多个省、自治区、直辖市和德国、美国、日本等 20 多个国家和地区。2000 年，“翔盛”牌被评为年度“浙江市场知名品牌”；2002 年，集团通过了 ISO 9001:2000 质量体系认证。2004 年“翔盛”商标被评为杭州市著名商标、“翔盛”产品被评为杭州市名牌产品。翔盛集团连年被杭州市政府命名为大企业大集团，并作为重点培育企业，其下属子公司杭州翔盛纺织有限公司是浙江省高新技术 50 强企业。

杭州经济接轨大上海，融入“长三角”，使翔盛集团更具活力，也使发展有了更广阔的舞台。翔盛集团将凭借天时、地利、人和的优越条件，秉承“翱翔盛世、永续发展”的企业精神，坚持以“品质、高效、规范、创新”为管理理念，以“让顾客满意”为经营宗旨，以社会责任为己任，以价值实现为目标，不断拼搏努力，谋求企业发展，在时代的经济大潮中奋勇争先，为全面建设小康、和谐社会做出更大的贡献。

XIANGSHENG GROUP

集团全景

授权经营工业

Industries of Trust Assets Management

·工业资产经营·

【工业资产经营概况】 杭州市工业资产经营有限公司（以下简称市工业资产公司）是市政府授权经营的国有独资有限责任公司，以国有资产通过控股、参股、投资、购并、转让、租赁等形式从事资本经营。2005年，有所属企业120个，其中工业企业105个、三产企业15个。所属企业涉及机械设备制造、汽车零配件生产、电子仪表及信息产业、化工、医药、纺织、服装、丝绸、建筑材料、轻工日用品、家用电器、轻工工艺品等行业，并涉及房地产开发、酒店经营等。公司的涉外商务合作伙伴100余个，遍及五大洲。在职职工5.92万人，专业技术人员7128人，其中具有高级职称任职资格的399人、中级职称任职资格的2107人。在岗职工年平均工资20818元。

坚持以“三个代表”重要思想为指导，牢固树立科学发展观，认真贯彻市委、市政府“工业兴市”战略，紧紧围绕全年的各项目标任务，突出发展主题，深化企业改革，加强资产监管，努力改善服务，生产经营保持平稳较快增长，国有资产净收益保持较好水平，技术创新、企业改革、外资外贸都取得较好成绩。全年实现销售收入344.69亿元，比上年增长15.1%。实现利税25.9亿元，增长3.4%；其中实现利润12.1亿元，增长2.8%。12个商贸企业实现销售收入16.98亿元，增长7.3%。国有资产净收益2亿元以上，国有资产收益率8%以上。

在“工业兴市”战略指引下，着力培育大企业、大集团。105个工业企业全年实现销售产值321.7亿元，比上年增长15.7%；其中全年销售产值超1亿元的企业48个，增加3个。列入市政府重点培育的杭州橡胶集团公司、杭州金鱼集团有限公司、杭州电化集团有限公司、东风杭州汽车有限公司、中国石化集团杭州炼油厂等5个大企业大集团实现销售产值151.8亿元，占公司销售产值的47.2%。杭州橡胶集团公司、杭州金鱼集团有限公司、中国石化集团杭州炼油厂、杭州锅炉集团有限公司、杭州民生药业有限公司、浙江杭叉工程机械股份有限公司等6个企业的销售产值均超过10亿元，其中杭州橡胶集团和杭州金鱼集团有限公司销售产值分别达到76.23亿元和36.67亿元，分别增长27.1%和21.1%。

【推进企业自主创新】 市工业资产经营公司坚持发展是硬道理，大力推进技术改造和技术创新。全年在建技改项目69项，其中省项目4项、市项目65项；计划总投资18.8亿元。全年完成技改投入8.6亿元，比上年增长12.5%；竣工项目41项，其中省项目4项、市项目37项；当年完成投资7亿元，累计完成11.3亿元。这41项竣工项目预计可新增销售收入48.38亿元，利税8.76亿元，创汇8983万美元。

市工业资产公司建立29个企业技术中心，其中省级技术中心10个、市级技术中心19个。拥有6个省级高新技术企业。全年有240种新产品开发投产，其中有国际水平的13种、国内水平的55种。实现新产品销售产值51.94亿元，比上年增长30.6%。

企业搬迁取得积极进展。杭州金鱼集团有限公司下沙新厂房竣工，预计2006年6月可以完成整体搬迁；杭州橡胶集团一期工程进入试生产阶段。杭州电化集团有限公司、杭州龙山化工有限公司、杭州油脂化工有限公司、杭州庆丰农化有限公司、杭州新华集团有限公司、杭州重型机械有限公司铸锻分厂、杭州机床集团有限公司、杭州塑料工业有限公司、浙江轻机实业有限公司、杭州西湖香精香料有限公司和杭州喜得宝集团有限公司等企业均已落实搬迁去向。

【实施开放带动战略】 市工业资产公司认真贯彻实施开放带动战略，千方百计开拓国外市场，坚持不懈争取外商投资。外贸出口继续快速增长，54个外贸出口企业全年出口交货值67.6亿元，比上年增长31.7%，高于销售产值增幅16个百分点，带动销售增长5.1个百分点。全年利用外资项目10个，协议利用外资5269万美元，实际利用外资2917万美元。外资企业日益发展壮大，45个外资企业全年实现销售产值193.8亿元，增长17.7%。外资企业已成为促进经济增长的主要力量。

【中法化学公司改为内资企业】 杭州中法化学有限公司是中国大陆化工行业第1个中外合资企业，成立于1985年2月，生产金属表面装饰用粉末涂料及其中间产品（饱和聚酯树脂），合资期12年。注册资本

145万美元，其中中方出资108.875万美元，占75%；法国炭化公司出资36.25万美元，占25%。

1995年12月，法国公司股份转让给荷兰阿克苏·诺贝尔国际涂料公司，杭州中法化学有限公司更名为阿克苏·诺贝尔杭州粉末涂料有限公司，合资期10年。注册资本365万美元。其中，荷兰阿克苏·诺贝尔国际涂料公司出资219万美元，占60%；中方出资146万美元，占40%。

2000年1月，阿克苏·诺贝尔杭州粉末涂料有限公司股份结构调整，中方出资273.75万美元，占75%；荷兰阿克苏·诺贝尔国际涂料公司出资91.25万美元，占25%。2002年5月，阿克苏·诺贝尔杭州粉末涂料有限公司重新更名为杭州中法化学有限公司，股份结构不变。从1999年至2005年底，该公司的粉末和聚酯年产量从2364吨增加到20786吨，成为大陆最大的聚酯生产企业；年销售收入从3541万元增到29595万元，人均年销售收入164.4万元；年利润1238万元。2005年12月24日，该公司合资期满，外方所持25%的股份，由国家收购10%，主要经营者收购15%，名称仍为杭州中法化学有限公司，成为国家控股的有限责任公司。

【电站辅机新产品研发成功】 杭州锅炉集团有限公司采用合作生产方式，引进法国AAPHE公司设计和制造技术，以福州可门火电厂一期项目为依托工程，研制和开发600兆瓦及以上超临界燃煤机组凝汽器成功，并投入运行。以华能玉环电厂一期项目为依托工程，研制和开发1000兆瓦超临界燃煤机组除氧器及储水箱成功，并投入运行。以淮南平圩第二发电有限责任公司和黄冈大别山发电有限公司600兆瓦超临界高压加热器项目为依托工程，研制和开发600兆瓦超临界高压加热器成功，并投入运行。这些电站辅机新产品的技术水平达到国际同期先进水平和国内领先水平。

【张小泉锻制技艺入围国家非物质文化遗产】 12月，文化部向社会公示第1批国家非物质文化遗产名录推荐项目，张小泉锻制技艺入围。

张小泉剪刀成名于1663年。有诗赞曰："快似风走润如油，钢铁分明品种稠。裁剪江山成锦绣，杭州何止如并州。"张小泉首创镶钢锻打工艺，选用浙江龙泉、云和好钢，并采用镇江泥砖磨削，制成的剪刀剪切锋利、张合和顺，深受百姓欢迎。300多年来，张小泉的继承者恪守"良钢精作"的祖训，使张小泉剪刀成为中国传统的名牌产品。张小泉剪刀制作有72道工序，均为手工制作。

【王星记扇子新品迭出】 10月，在2005年的第六届中国工艺美术大师作品暨工艺美术精品博览会上，王星记扇子以特有的魅力亮相。王星记扇子推出10件新品和精品力作，有表现民族和谐的，有祝愿普天同福的，有纪念西冷印社百年诞辰的，还有描绘西湖景观和山水花鸟的……。表现手法灵活多样，有传统工笔绘画、现代山水写意、微楷、小篆等等，书画并举，布局精巧。在扇面绘画上除传统的真金和彩绘外，运用新材料和新技法，颜色更新鲜、典雅，具有丝一般柔和的光感及宝石般的高贵。扇面选用黑纸扇、洒金白纸扇、仿古绢面扇等传统名扇；扇骨选用高档的黑檀木、玳瑁竹节柄，大边采用象牙镶嵌等，很好地体现了王星记扇子的品位，受到行业内专家高度评价，有3件作品分别获得金奖、银奖、铜奖。

【金维他形象代言人杭州送爱心】 5月14日~16日，全国政协委员倪萍以21金维他爱心大使的身份向杭州市民奉送健康和爱心。在杭州民生药业有限公司主办的献爱心活动中，倪萍走进淳安县综合社会福利院和杭州儿童福利院，看望孤寡老人和残疾儿童，捐赠钱物，认养孤儿。与杭州王马社区的居民一起聊健康，话长寿。走进杭州市药店、超市，了解民生药业公司的产品销售情况。在民生药业公司，她与员工、客户联谊，参观了生产车间和质量保证控制系统。（华招林）

·西湖电子集团·

【西湖电子集团概况】 西湖电子集团有限公司（以下简称西湖电子集团）拥有总资产26.05亿元，比上年增长1.11%；净资产7.22亿元，下降1.37%。在职职工1037人，下降3.5%；其中专业技术管理人员599人，增长2.6%。

西湖电子集团坚持以科学发展观指导企业的实践，围绕"夯实基础管理，盘活存量资产，优化产业结构，寻求国际合作"的年度方针目标，深化企业改革，加快技术改造，狠抓基础管理，拓展产品市场，使彩电主业内外销售进一步扩大，房地产开发效益提高，企业经济运行保持稳定。连续三年进入中国电子信息100强企业先进行列，排名第70位，比上次提升9位。全年完成销售收入18.06亿元，比上年下降16.2%；利润总额3931万元，下降29.4%；上缴税金5976万元，增长

数源科技信息产业园的大屏幕彩电生产线　　（西湖电子集团 供稿）

42.1%;出口创汇8629万美元,下降26.1%;彩电产量80.58万台,增长34.2%;彩电销量79.38万台,增长34.5%;手机产量74.86万部,下降34.8%;手机销量80.84万部,下降22.9%。新产品机顶盒产量8.59万台,增长1.86倍;机顶盒销量9.74万台,猛增514倍。

西湖电子集团按照“做大做强主业,抢抓机遇,拓展新兴产业”的企业发展方针,从观念更新、体制创新、管理创新三方面入手,深化企业内部改革。通过分层次、多形式的方法,对企业干部、职工进行强化学习教育,更新发展观念,增强竞争意识和市场意识。组织经理层参加杭州市企业高级经营管理人才培训,组织中层以上干部70余人参加与杭州市经委合办的《打造中国企业新中层》培训,组织生产一线的22名班组长参加杭州市举办的班组长培训;通过积极实施股权分置改革,建立适应市场竞争的创新机制。西湖电子集团控股的国企上市公司数源科技股份有限公司顺利实行股改;通过完善考核办法,加大考核力度,细化考核指标,以及按照绩效挂钩、重奖重扣的原则,实施了新的工资分配办法,使企业管理创新,规范运作,促进效益提升。

西湖电子集团积极整合资源,加强西湖数源软件园的建设。根据入住软件园区的单位变动大、要求高等特点,从加强招商招租、园区软硬件建设入手,不断提高入住率。年内,通过积极发布房源信息,主动上门招租;强化制度管理,规范运作;加强与入住单位沟通联络,实行优质服务;以及扩大园区绿化面积,加强环境道路整治,对园区供电设施进行扩容改造等硬件改造措施。使园区的管理和设施得到较大的提升,受到入住单位好评,同时吸引了“中宇设计”、“湘财证券”、“广州网易”等一批知名IT和现代服务业单位入住。园区入住单位从上年的48家上升到年底的73家,年平均入住率达到92.1%。西湖数源软件园再次获得杭州市高新技术开发区管委会授予的“特色产业园二等奖”荣誉。

西湖电子集团信息化网络进一步健全。在已运行的URP系统上,自主开发了报表查询系统,及时反映生产、库存、销售的相关数据;修改优化了原物流冲账系统和财务对账系统,提高了数据的准确性和工作效率。在新建的下沙数源科技信息产业园,完成了计算机房的建设及网络工程设施,提供了10兆的宽带网,构建了100兆的局域网,建立了2兆的数字电视专线,实现下沙信息产业园与教工路本部两地的网络互联、数据共享。

西湖电子集团在主导产品彩电的生产经营中,继续保持企业的综合优势,积极开拓创新,使产销量稳步增长。在产品研发上,坚持走自主创新与引进技术相结合的道路。液晶彩电完成了PW113、8125、EX52r等为主机芯的研发改进,研制成功了标准清晰度、高清晰度机顶盒二合一机,机卡分离一体机等高端产品,研制成功了10系列、16系列、20系列、26系列等液晶彩电的机壳设计和模具制造,液晶彩电形成了从51厘米(20英寸)至117厘米(46英寸)全系列产品。CRT(显像管)彩电:推出了以HD25V88、HD34V16等型号为代表的高清晰彩电,开发成功了P、PE、SA等机芯为主流的模拟彩电新产品。全年开发液晶彩电和CRT彩电新产品共计182种。

注重质量基础管理,质量体系通过ISO 9001第三方审核;40种型号的彩电通过了3C认证,1种型号的机顶盒通过了3C认证,2种液晶彩电通过英国ASTB BEAB认证机构的CE认证,该产品获得进入欧洲市场的通行证。在产品生产中,努力克服原材料涨价、资源紧缺、生产基地搬迁影响生产等困难,按照“生产、搬迁两不误”的要求,加强计划执行力度,积极开展劳动竞赛和6S管理。按照“加强配套,挖潜降耗”的要求,对彩色显像管等紧缺物资提前采购,对彩电塑壳等关键配套件采取招标方法,引入实力强、信誉高、价格优的配套厂点作为稳定的合作伙伴,全年采购成本削减总额730余万元。在产品销售中,积极调整,实施建设大市场方案,企业在坚守渠道销售的同时,销售重点向大商场、家电超市转移。年内在五星、国美、苏宁、永乐四大电器商场新增门店59家,新进超市、大商场门店19家,提高了销售终端竞争力。

强化企业形象和品牌宣传,抓住数源科技信息产业园开工典礼、数源科技股权分置改革成功等企业重大事件,邀请政府、社会来宾和新闻媒体参加活动,在中央、省、市媒体广泛宣传。不失时机地利用“五一”、国庆、春节等传统节假日,开展“以旧换新,送货下乡”,“平板看数源,好礼沉甸甸”等贴近消费者的促销活动。

【数源科技信息产业园落成投产】 经过一年的建设,数源科技信息产业园于12月23日落成投产。该信息产业园坐落于下沙的杭州经济技术开发区,是西湖电子集团有史以来最大的技改项目,投资总额1亿元,占地2.2万公顷,总建筑面积5万平方米,一期工程拥有1个由高速贴片机、自动插件机组成的机插车间,5条机板插件线,5条机板调试线,6条整机总装线,2条机顶盒生产线。已建有企业门户网站,企业URP管理系统,企业OA系统和企业电子商务平台,设有专门的信息化组织机构——计算机信息中心。产业园全部投产后,数字彩电、大屏幕液晶彩电年生产能力超过200万台,数字电视机顶盒达100万台。

数源科技信息产业园建成后,彩电主业的生产基地从教工路迁往下沙杭州经济技术开发区,是西湖电子集团积极贯彻实施省、市“打造先进制造业基地”和“工业兴市”战略的重要实践,是企业抓住机遇,实现再次腾飞、再创辉煌的有效途径。数源科技公司打造国际一流的信息产业基地,为企业积极参与国际竞争,开拓产业、产品新领域奠定了坚实的基础。西湖电子集团有效地整合资源,使教工路黄金地段的西湖数源软件园充分发挥出黄金效益。

【数源科技实行股改】 12月29日,数源科技股份有限公司股权分置改革方案在股东大会上通过。至此,数源科技公司顺利完成股改,成为浙江省首家通过股权分置改革的国有控股上市公司。

数源科技公司是由西湖电子集团投资控股的股份上市公司,公司总股本19600万股,其中西湖电子集团持有全部非流通股13600万股,占总股本的69.39%。本次股改执行对价后持股比例降为 58.06%。

西湖电子集团为进一步增强企业核心竞争力，为加快发展创造良好的条件，年内启动了对数源科技进行股权分置改革工作。公司认真学习贯彻中央有关国企上市公司股权分置改革文件精神，积极主动地做好股改相关事宜。7 月起，数源科技股改工作着手准备，至 11 月中旬，各项准备工作就绪，公司向深圳证券交易所递交了全套股改材料并获批准发公告，11 月 28 日公告停牌，发布股改公告，拟 10 送 3.5 股，按照股改程序公司与股东广泛地交流沟通，12 月 7 日公布了调整后的股改方案(10 送 3.7 股)。12 月 29 日，在数源科技股权分置改革相关股东大会上，公司的股改方案以全体有效票的 98.8%和参加表决流通股东 76.63%的赞成率获得通过。数源科技实施股权分置后，一方面可以提高企业的融资率；另一方面企业将设置股权激励制度，为上市公司长期健康地发展创造良好的条件。

12 月 23 日，坐落于杭州经济技术开发区的数源科技信息产业园落成投产。
(西湖电子集团 供稿)

【机卡分离数字电视参展高交会】 10 月，西湖电子集团研发成功的机卡分离数字电视机系列产品参加在深圳举办的第七届中国国际高新技术成果交易会。在开幕式当天，中共中央政治局委员、国务院副总理曾培炎在国家有关部委领导陪同下参观各展馆，来到信息产业部展馆后，曾培炎来到西湖电子集团展区，驻足观看公司最新推出的 107 厘米(42 英寸)机卡分离一体化高清晰液晶电视机、机卡分离数字电视机顶盒等高新技术产品。西湖电子集团董事长章国经汇报了该国家高新技术专项成果的研发情况。曾培炎对西湖电子集团所取得的成绩十分赞赏，充分肯定该公司的科技开发和发展方向。

该“机卡分离数字电视”产品被列入国家发改委 2004 年度数字电视专项“机卡分离数字电视接收机高技术产业化示范项目”，公司依靠企业科技创新、自主开发能力，在一年时间内，研发成功了标准清晰度机卡分离数字电视机顶盒、高靖晰度机卡分离数字电视机顶盒、标清和高清机卡分离一体化 CRT 彩电、标清和高清机卡分离一体化液晶彩电等六大系列产品，完成多种型号产品的试生产，圆满完成此项“国家级”项目。

【房地产开发规模效益同步增长】 西湖电子集团努力克服国家宏观调整所带来的银行贷款难，市场趋淡，消费者持币观望等困难，通过力拓市场，加强管理，取得了明显的成效。在已建的项目中，实行精细化管理，通过实行经理负责制，调动分管经理和管理人员的积极性；积极促销，有效地提高了销售率；通过加强对建筑工程的全过程控制，确保工程建筑质量，使各在建楼盘按计划实施。杭州市区的景城花园工程已完工，预售商品房 258 套，占总量的 86%，其中的高层、小高层已于年底前交付使用；合肥西湖花园项目一期工程完工并交付使用，二期工程部分结顶，两期工程共预售商品房 320 套，占总数的 50%；诸暨景城嘉苑项目一、二期工程进展顺利。

企业抓住机遇努力拓展市场，通过公开招标竞拍获得杭州市区两处土地，其中，九堡地块占地面积 3.4 万平方米，总建筑面积 8.5 万平方米；丁桥地块 6.1 万平方米，总建筑面积 15 万平方米。全年集团公司房地产开发实现销售收入 2.38 亿元，比上年增长 3.5 倍；实现利润 4723 万元，增长 2.4 倍；企业的房地产开发实现了经营规模和经济效益快速增长。

【117 厘米大屏幕液晶彩电面市】 为迎接元旦、春节期间黄金市场，12 月份，数源科技公司研发的国内屏幕最大的液晶彩电——46LW10 型机投放市场。该新产品不仅屏幕尺寸在国内市场上居各品牌之首，而且产品技术达到国际先进水平。117 厘米(46 英寸)的大屏幕，采用了最新第 7 代 AAA 级 TV 专用液晶屏，超级数字芯片采用了动态图像处理、运动补偿、动态色彩校正等 10 项数字处理技术，以及外壳采用钛金属拉丝新工艺，使整机具有画面清晰、色彩纯正、视角宽阔、动态性能好、造型典雅等优势，符合欧美、日本国际流行款式。自行设计制造，使产品成本大大降低，售价仅为日本、韩国品牌产品的一半。

【数源科技公司列入全国售后服务十佳】 数源科技公司以诚信为本，健全售后服务体系，完善售后服务网络，做好优质服务工作。在各地的维修服务网点中，严格规范化运作，维修质量有保证，收费公开合理，咨询服务耐心细致。适时组织开展巡回服务活动，全年组织服务小分队分赴全国各地开展为民服务 50 余次。企业青年志愿者服务队经常利用“学雷锋纪念日”、“国际志愿人员日”等外出设点，开展便民维修咨询服务，并且常年为全市孤寡老人、残疾人、军烈属等开展免费服务。年内，数源科技公司再次被中国质量协会授予“全国优质服务月先进单位”称号，被中国商业联合会、中国企业文化促进会、全国名优产品售后服务先进单位评审委员会授予

“第二届全国名优产品售后服务行业十佳单位”荣誉称号。

【“数源”成为浙江著名商标】 年内，“数源”商标被浙江省工商管理局认定为浙江省著名商标。根据文件确定，作为省著名商标的“数源”同时包括“SOYEA”在内共2种商标，自2006年1月1日起生效，有效期为三年。

“数源”商标自上年被评为杭州市著名商标后，企业通过加强各项基础管理，加强市场和品牌的培育，不断提高企业的知名度和品牌的美誉度，同时积极做好申请省著名商标的各项工作。此前，西湖电子集团的“西湖”商标已连续多年被评为浙江省著名商标，“数源” 作为企业老字号也被评为浙江省知名商号。此次“数源”又被认定为省著名商标，这使该公司的“西湖”、“数源”2种商标，以及公司老字号商标都获得省一级称号，在法律意义上真正实现了全方位保护。 (方泽民)

·汽轮集团·

【汽轮动力集团概况】 杭州汽轮动力集团有限公司的前身为杭州汽轮机厂，成立于1958年。1995年6月，作为国务院100个建立现代企业制度试点，首批改制为政府授权经营的国有独资企业，是国务院确定的520个重点企业、浙江省骨干企业，是杭州市6个国有资产授权经营大集团之一。汽轮机股份有限公司进入中国上市公司竞争力100强企业行列，是中国工业汽轮机的重点生产基地和研发中心。

汽轮动力集团有国家级技术中心和博士后工作站各1个，有成员企业16个，其中全资企业2个、绝对控股公司5个、相对控股公司4个、参股公司5个。产业涉及工业制造、进出口贸易、服务业、房地产等领域。其中，涉及工业制造业的有杭州汽轮机股份有限公司、杭州杭发集团、杭州东风船舶制造有限公司、杭州万东电子有限公司、杭州汽轮科技有限公司、杭州南方通达齿轮有限公司、杭州南华木业包装箱有限公司，涉及进出口贸易业的有杭州热联进出口有限公司，服务业有杭州汽轮物业分公司、汽轮汽车销售有限公司，涉及房地产业的有杭州汽轮诸暨中德置业有限公司。有员工3800余人；总资产43.35亿元，净资产13.77亿元。在中国机械工业销售收入排名表中，名列第31位。

高度重视技术创新工程，有数十项科研成果荣获省部级以上科技进步奖。其中，获国家科技进步一等奖项目2个，获国家科技进步二等奖项目2个。重视产品质量，分别获得GB/T 9001、ISO 9001质量体系认证，取得ISO 9001:2000换版认证。工字牌工业汽轮机商标是浙江省著名商标。

近三年来，该集团主要效益指标连续实现翻番。营业收入2002年是12亿元，2004年是42亿元，2005年完成营业收入60.29亿元，比上年增长42.9%；利润总额2002年是9109万元，2004年是3.5亿元，2005年实现利润总额6.19亿元，比上年增长78.7%。集团关键企业、关键岗位的员工年人均收入5万元以上。

表23 2005年杭州汽轮动力集团有限公司企业经营情况

单位：万元

名称	营业收入	利润总额
杭州汽轮机股份有限公司(含子公司)	244 000	54 000
杭州热联进出口有限公司	280 000	2 000
杭州东风船舶制造有限公司	20 000	200
杭州汽轮动力科技有限公司	19 000	1 150
杭州杭发集团	15 000	2 450
杭州司迈特电器有限公司	8 500	57
杭州南方通达齿轮有限公司	7 000	550
杭州汽轮汽车销售服务有限公司	4 000	240
杭州万东电子管有限公司	3 000	250
杭州汽轮动力集团房产物业公司	1 300	850
杭州南华木业有限公司	1 100	120

【汽轮机公司实现营业收入24.40亿元】 杭州汽轮机股份有限公司是B股上市公司，是汽轮动力集团的核心企业，集团持有该公司63.64%的股份。该公司是中国唯一能按用户特殊需要非标设计制造工业汽轮机的厂家，也是唯一将产品打入由少数国际著名跨国公司控制的工业驱动汽轮机高端市场的中国企业。产品在国内市场占有率稳定在85%以上。2005年实现营业收入24.40亿元，实现利润5.40亿元。

【加快开拓海外市场步伐】 2005年，汽轮动力集团不断开拓海外市场，有效填补了国内发电设备需求萎缩造成的订单缺口，踏上了国际化发展道路。

汽轮机股份有限公司实现出口交货值2500多万美元，还承接海外订单5000多万美元。为了有效地拓展海外市场，设立两个海外事业部。其中，国际一部以印度的合作伙伴Greenesal公司为依托，全力开拓印度市场。通过努力，已经得到40余台汽轮机合同，在印度同类产品市场上争取到20%左右的市场份额，成为印度市场上继BHEL和日本之后的第三大汽轮机供货商。国际二部重点开发印尼、马来西亚、泰国、土耳其等市场，在泰国、印尼销售多套反动式汽轮机，在圭亚那、土耳其等国市场上也有突破。

热联进出口有限公司继2004年在东南亚、中国香港等地建立分支机构后，2005年相继在印度、伊朗等国设立办事处。对投资伊朗矿山资源项目进行可行性论证，谋求更大的发展。

【加快技术创新步伐】 汽轮动力集团加快技术创新步伐，全年完成新产品开发6项、科研技术攻关32项、“双革四新”成果155项，其中3个“百万等级”驱动用汽轮机均通过技术论证，进入实质性研制阶段。快速推进“数字化制造”工程，实施对CAD、CAM、CAPP、BOM、PDM、ERP等系统的整合，向信息集成跨出关键性的步伐，缩短了技术准备的周期，进一步加快生产管理信息化进程。

杭发集团完成1.2万千瓦和1.5万千瓦汽轮发电机的自主开发，着手进行3万千瓦汽轮发电机的开发。1万千瓦水轮发电机组通过省级新产品鉴定，“高水头、高转速、大容量卧式水电机组研制”荣获省机械工业科技成果二等奖。杭发集团通过市级技术中心的认定。

南方通达齿轮有限公司设计高速重载齿轮装置取得重大突破，为辽河富腾热电公司提供的2000千瓦齿轮箱，轴承的承载能力和齿轮的传递功率有了提高。

【延伸汽轮机产业链】 2005年，汽轮动力集团为了延伸汽轮机产业链，在汽轮机股份公司成立燃机事业部，与三菱重工集团合作生产燃气轮机。年内，燃机车间竣工投产，第1套燃机计划在2006年3月交货。公司在得到邯郸钢铁公司燃机合同后，又得到涟源钢厂的燃机订单。随着国家大力“发展循环经济”、“建设资源节约型和环境友好型社会”，这种回收利用钢厂排放的烟气进行发电的燃气轮机的需求量不断增加，市场潜力很大。

在进行分立式改制的第一年，中能、铸锻、辅机、汽轮机械等子公司完成改制后独立运行。中能公司的冲动式汽轮机在传统发电领域夺回了“失地”，取得销售收入1.58亿元，利润2400万元的业绩。铸锻公司边生产、边进行异地新厂房建设，塘栖新厂房主体工程完工，并创下销售收入1.4亿元，实现利润2000万元业绩。辅机公司实现创纪录的2.4亿元销售收入和4000万元利润，并采取积极措施，介入空冷设备制造领域。汽轮机械公司完成增资扩股的改制，着力打好“服务”牌，用9个月时间，完成销售收入5000万元，创利润1400万元。

杭州万东电子管有限公司是中国国内最大的X射线管制造企业，发展前景良好。该集团公司实施“可控制，讲效益”多元化发展战略，增持万东电子管有限公司的股份，由过去参股40%，达到70%的绝对控股。介入金融领域，出资2.4亿元，参股杭州商业银行。

【营造和谐创业环境】 2005年，汽轮动力集团深化以“汽轮兴衰我有责”为主题的提高执行力教育活动。党、政、工、团、科协等组织，结合各自特点，紧密围绕经营目标，开展形式多样的活动，全力营造“和谐创业”的环境。

建立比较完善的全员劳动合同管理体系，各子公司人员调配按劳动合同进行管理，未发生劳动用工争议和集体上访事件。该集团公司被评为浙江省“劳动保障诚信单位”，荣获由国家劳动和社会保障部、全国总工会、中国企业联合会等单位联合颁发的“全国创建和谐劳动关系模范企业”称号。

2005年，该集团获得多项荣誉称号，分别获得杭州市委、市政府颁发的“文明示范企业”、“市十大突出贡献工业企业”、市先进基层党组织、市工交系统先进基层党组织、市工交系统思想政治工作先进单位、市综合治理先进单位、市职工满意“十佳”单位、市“讲比”先进集体、市安全生产示范企业、市档案管理先进单位、市计划生育红旗单位、市五四红旗团委等荣誉称号。杭发集团、汽轮科技公司、汽轮运输公司、南华木业公司4个单位被评为市安全质量标准化达标单位。 （罗尉民）

·青春宝集团·

【青春宝集团概况】 中国（杭州）青春宝集团有限公司（以下简称青春宝集团）下属有控股、参股企业13个；总资产16亿元，净资产10亿元。有员工近4000人，其中各类专业技术人员占60%。全年完成销售收入20亿元，比上年增长12.2%；上缴税金2.7亿元，实现利润3.33亿元，均有小幅增长。

加强内部管理，采取多种形式，保证国有资产保值增值。有组织、有步骤地对股权投资等进行监管，多次对原有的投资企业进行财务审计，鉴定投资质量。盘活存量资产，健全权证管理，为清产核资打好基础。严格按照国资委批准的年度预算增收节支。重视安全生产，加强责任考核，实施“三全”管理。健全组织落实制度，认真开展“安全生产月”活动，提高全员安全意识。

加强知识产权保护，注重提升核心竞争力。加强品牌管理，将商标的主动保护与被动保护相结合。加强对集团内部商标、字号的管理，挖掘品牌文化内涵、提升商标美誉度。其中“胡庆余堂中药文化”已获得国家非物质文化遗产批准名录。

整合资源，提高科技创新能力。投资成立浙江省天然药用植物研究中心，建立一个集科研、药材种植、成药生产、医疗门诊及商业零售批发为一体的产业链提供科技平台。全年有两项发明申报国家发明专利，并获得批准。组培中心为开发建立规范的中药材GAP基地，提供优质种苗。

【专业化生产中药饮片】 为了进一步提升按生产环节专业化的生产能力和管理水平，为企业向产业链上游的业务拓展提供生产保障。2002

位于富阳的杭州胡庆余堂天然药物有限公司 （胡庆余堂 供稿）

年10月，由杭州胡庆余堂药业有限公司、杭州胡庆余堂投资有限公司、杭州胡庆余堂国药号有限公司3个公司共同出资组建了杭州胡庆余堂天然药物有限公司。

2005年12月，天然药物公司顺利投产。该公司占地面积7公顷，严格按《药品生产质量管理规范》要求进行厂房设计、安装，各操作室按生产工艺要求合理布局。中药饮片生产设有普通中药饮片生产区和毒性中药饮片生产区。饮片生产线及颗粒剂生产线面积各有800平方米，有30万级的净化区1个，化验室面积65平方米，有背景1万级净化操作台下100级微生物检验区。中药颗粒剂生产线提取能力达到现代化水平，洁净区的管理收膏、喷雾剂粒、机器内包等生产工序，均达到国内领先水平。

【药材种植公司生产组培苗】 为了符合国家发展中药现代化产业的要求，进一步提升专业化生产的管理能力和市场竞争能力，杭州胡庆余堂药业有限公司成立控股子公司——杭州胡庆余堂药材种植有限公司，总投资225万元，主要生产、销售铁皮石斛产品。该公司坐落于风景秀丽的桐庐，有生产基地60余公顷，已经栽种仿野生状态的铁皮石斛近15公顷；拥有组培室5000平方米，2005年生产药用植物组培苗200多万瓶。该专业化培育基地的建成投产，为开发保健品提供了高品质的原料保障，也为向符合国家GAP标准的地产原药材的种植提供了发展方向和有力的技术保障。

【依科生物医药公司通过GMP认证】 浙江青春宝依科生物医药有限公司是由中国(杭州)青春宝集团有限公司等出资组建，是具有生产冻干粉针剂(抗肿瘤药)、注射剂流水线的现代化生物制药企业。

该公司占地面积6667平方米，严格按《药品生产质量管理规范》要求进行厂房设计、安装，各操作室按生产工艺要求合理布局。冻干粉针剂、注射剂的生产线面积1106平方米，有10万级、1万级、无菌区洁净区各1个；化验室面积248平方米，有1万级洁净度下具有100级微生物检验区。2005年6月，通过国家的GMP认证，表明其冻干粉针剂、注射剂的生产能力已达到国内先进水平。随着生产线顺利投产，冻干粉针剂、注射剂的产品已投放市场。

(王敏华)

·信息科技公司·

【信息科技公司概况】 杭州信息科技有限公司坚持科学发展观，以人为本，以“整合资源、深化改革、提高素质、调整结构、持续发展”为方针，认真贯彻落实杭州市“五大战略”和“工业兴市”战略，紧紧围绕市政府授权经营企业的基本任务，在资本运作、国有资产保值增值、推动高新技术产业发展、化解社会矛盾和保持企业稳定等方面取得成绩，从“改革求生存”转变到“调整、改制、促发展”的新阶段。

信息科技公司总资产13.76亿元，净资产6.78亿元。在职职工1890人。有子公司、下属企业16个，他们是杭州大自然光电科技股份有限公司、杭州大自然光电有限公司、杭州大自然有机化工实业有限公司、乐金大自然(杭州)记录媒体有限公司、杭州华塑实业股份有限公司、杭州大华塑业有限公司、杭州大华工控技术有限公司、杭州大自然真泳磁电有限公司、杭州可恩索华伦纸管有限公司、杭州化工机械有限公司、杭州诚泰化工机械有限公司、杭州大自然音像制作有限公司、杭州信江科技发展有限公司、杭州地基基础工程公司、杭州东部软件园有限公司、杭州磁记录设备厂。全年实现营业总收入10.2亿元，比上年增长48%；实现利税总额4106万元，其中利润总额2673万元。

全年累计完成技术改造投资2610万元。主要有杭州可恩索华伦纸管有限公司“年产1.2万吨系列纸管产品生产线技术改造项目”，列入杭州市第2批市级重点技改项目，已完成投资1510万元；杭州大自然有机化工实业有限公司“磷酸酯系列产品装置改建专项技术改造项目”，年度完成投资额453万元。

东部软件园科技广场交付使用，新增物业2.5万平方米，入驻企业20余个。引进华为公司杭州研究所、浙大国家光仪研究中心等一批知名企业。园区入驻企业180多个。

(赵　静)

▶▶资料：大华嵌入式数字硬盘录像机 该录像机由浙江大华技术股份有限公司研制。以国外高性能的微控制器为平台，使用自主开发优化的RTOS实时操作系统、基于嵌入式的TCP/IP协议、以及符合IEC和ISO标准的多种音视频压缩算法。实现1路、2路、4路、8路、16路音视频MPEG4/H.264技术，主要用于监控领域的视频数据存储记录，可实现多路实时监控与录像，大容量的存储，网络远程控制，多硬盘挂接。并集画面分割、视频切换、画质可调、动态检测、报警联动、录像机功能于一体。广泛应用于银行证券、电力水利、公路港口、机场海关、公安边防、宾馆酒店、智能建筑以及工矿企业等领域。

(王　瑛　陈希杨)

【合资企业增资】 2005年，信息科技公司下属杭州大自然光电科技股份有限公司与韩国LG电子株式会社的合资企业乐金大自然(杭州)记录媒体有限公司完成增资扩股，合资企业注册资金从700万美元增加到1000万美元，投资额从1750万美元增加到2500万美元。下属杭州华塑实业股份有限公司与芬兰斯道拉恩索公司合资成立的杭州可恩索华伦纸管有限公司，完成增资300万美元注册资本。这两个与世界500强合资的企业均在杭州经济开发区建厂生产。

【可恩索华伦纸管公司新厂房竣工】 4月18日，杭州可恩索华伦纸管有限公司新厂房竣工庆典在杭州经济开发区隆重举行。斯道拉恩索公司执行副总裁、亚太区总裁彭凯南(Pentikainen)，市人大常委会副主任丁德明等讲话，各地来宾150多人参加庆祝典礼。搬迁后的公司拥有3条纸管生产线，2005年纸管产量达到370万米。

【千里马国际培训工程启动】 4月21日，中国与新加坡合作项目——千里马国际培训工程新闻发布会在杭州东部软件园科技大厦举行。副市长沈坚、市政协副主席曾东元、新加坡驻沪领事馆官员以及市有关部门负责人出席。

“中新合作千里马国际培训工程”由杭州东部软件园、浙江对外服务有限公司与新加坡 NetAssist 公司三方合作。该培训工程按照国际化的教学要求，采用国际最新的目标教育法、外企实战模式训练等，把培训与实习相结合，以提高学员的理论与实战能力，培养高素质的 IT 专业人才。根据计划，3 年内浙江省输送 2000 名 IT 学员赴新加坡参加带薪培训、实习。7 月，首批学员奔赴新加坡。

【斯道拉恩索集团亚太区总裁到访】 8 月 26 日，世界纸业著名企业——芬兰斯道拉恩索集团亚太区总裁彭凯南(Markku Pentikainen)和亚太区战略副总裁 Matti Naakka 到杭州，考察杭州市的造纸行业，寻找投资机会。副市长沈坚在杭州世贸中心会见考察团一行。

斯道拉恩索集团是《财富》杂志公布的全球 500 强之一，是一个集林、纸、包装一体化的企业集团，主要生产出版用高档文化用纸、包装纸板和木材制品。2004 年，该集团的总销售额 124 亿欧元，在五大洲 40 多个国家有雇员 4.5 万人。斯道拉恩索集团旗下的可恩索联合纸业有限公司在杭州经济技术开发区建有合资企业——杭州可恩索华伦纸管有限公司，年产 2 万吨纸筒芯。

【举行打造先进制造业基地研讨会】 12 月 21 日，“信息化与打造浙江先进制造业基地研讨会”在东部软件园科技大厦举行，来自北京、上海和浙江等地的政府部门领导、学者和企业家 50 余人，就“以信息化带动工业化、用嵌入式软件改造和提升传统产业”作专题研讨。浙江省先进制造业基地办公室主任凌云就“从信息化的本质特征、信息化发展的重点领域和今后政府工作导向”作了演讲，市政府副秘书长赵立康就“改造提升传统产业、适度发展重化工和大力扶持高新技术产业”作重点讲话。研讨会促进了信息交流，有利于信息化落实到产业和项目上。

【信息科技公司被评为市招商引资先进单位】 2005 年 2 月，杭州市为深化招商引资，激励先进，市委、市政府办公厅对 2004 年度全市招商引资工作目标责任制考核先进单位进行通报，杭州信息科技有限公司获杭州市招商引资目标责任制考核的完成任务奖。2004 年，确定杭州信息科技有限公司年度招商引资工作目标为引进外资 500 万美元，实际完成 522 万美元。 (赵 静)

·杭氧集团·

【杭氧集团概况】 杭州制氧机集团有限公司(以下简称杭氧集团)作为国家重大基础装备制造企业，为中国的冶金、石化、航空航天、煤化工提供成套空气分离设备，是国内空分设备行业的龙头企业。杭氧集团是市政府批准设立并授权经营国有资产的国有独资企业。杭氧集团所属企业主要由杭州杭氧股份有限公司、杭州杭氧透平机械有限公司、杭州杭氧环保成套设备有限公司、杭州杭氧物资有限公司、杭州市政环保工程有限公司等国有控股企业 5 个，杭州杭氧压缩机有限公司等国有参股企业 10 个。杭氧集团职工人数 3498 人。总资产 36.06 亿元，净资产 16.66 亿元。

杭氧集团进一步巩固分立式改制成果，优化企业产业结构，推进企业机制转换和体制创新，加大技术投入和企业自主创新力度，提升企业品牌和核心竞争力，日益成为一个具有国际竞争力的现代企业集团。2005 年，生产经营创历史最好水平，实现工业产品销售收入 25.08 亿元，比上年增长 26.8%；利润总额 4.36 亿元，增长 22.8%。

【杭氧资产经营公司与杭氧集团公司合并重组】 8 月，根据杭州市政府《关于杭氧资产经营有限公司与杭州制氧机集团有限公司合并重组的批复》，杭氧资产经营有限公司与杭州制氧机集团有限公司进行合并重组，并继续保留杭州制氧机集团有限公司的名称，合并重组后的杭氧集团成为市政府授权经营企业，是杭州市重点扶持的大企业大集团之一。

【杭氧集团整体迁扩建迈出步伐】 根据杭州市总体规划要求，杭氧集团因所在的东新路 388 号地块另有规划，需要进行整体搬迁。经过一年的运作，杭氧集团生产制造基地整体搬迁至临安经济开发区的迁扩建项目的可行性研究报告通过省发改委审批，建设项目的用地基本落实。11 月，杭氧集团的迁扩建工程进入全面启动阶段。

【杭氧集团成为功勋企业】 杭氧集团坚持管理创新，以做精做强空分设备主业，着力发展其他机械产品为目标，实施分立式改制，建立母子型管理体制，从单一生产空分设备的格局，过渡到以空分设备为主业，其他多种产品和产业共同发展的新格局。从单一的投资主体，发展为多元投资主体，从生产经营企业，发展为生产经营与资本经营并举的企业。坚持技术创新，打造空分设备先进制造业。加快技术创新步伐，主要产品的技术连续上了台阶，填补多项国内空白，迅速形成从引进技术到自主开发的转换。坚持做大做强，全面进军国际市场。实现空分设备从进口到出口的飞跃，并在空分设备的发源地欧洲，建立了杭氧控股的空分设备公司——低温工程德国有限公司。

该集团被杭州市政府授予“杭州市 2005 年度工业兴市功勋企业”称号，该集团董事长杜忠海被授予“杭州市 2005 年度工业兴市功勋企业优秀经营者”称号。

▶▶资料:大型乙烯装置成套冷箱国产化攻关项目

杭州杭氧股份有限公司承担的大型乙烯冷箱国产化项目，是“九五”国家重大装备科研攻关项目，1996 年 10 月通过了国家经贸组织的立项论证，随后批准立项，成为中国石油化工“九五”期间国家第 1 批 10 个重大国产化攻关项目之一。2003 年 12 月，该项目通过中国石化集团总公司、中国机械工业联合会、北京燕山石化公司、山东齐鲁石化公司、上海金山石化公司、广东茂名乙烯公司、大庆石化公司、浙江大学及相关单位领导、专家的鉴定。认为该项目主要技术指标达到了当代国际同类产品先进水平。

华东医药集团环抱素原料厂区 (市经委 供稿)

【努力开拓国际市场】 2005年初，在出口伊朗的空分设备招标会上，杭氧集团凭借技术实力与价格优势，与北京中国化工建设总公司及伊朗卡维集团签订了两套6万平方米/小时空分设备的合同。这两套空分设备是中国出口最大的特大型空分设备，标志着杭氧集团和中国空分设备已具备参与国际竞争的实力，也标志着杭氧集团的空分技术与世界先进水平同步。

【杭氧集团入围中国制造业500强】 8月21日，在2005年中国企业500强发布会暨加快培育具有国际竞争力的大企业高层论坛上，中国企业联合会、中国企业家协会第一次向社会发布中国制造业500强名单，杭氧集团公司入围中国制造业500强，列第456位。根据统计数据显示，杭氧集团是中国空分设备行业和中国通用机械行业唯一入围的企业。(高菊宁)

·华东医药集团·

【华东医药集团概况】 杭州华东医药集团有限公司（以下简称华东医药集团）是市政府授权经营的6个直属企业之一。该集团公司发展成为拥有1个上市公司——华东医药股份有限公司，6个中外合资企业——杭州中美华东制药有限公司、杭州默沙东制药有限公司、杭州九源基因工程有限公司、浙江华义医药有限公司、杭州华东医药集团康润制药有限公司、埃斯特维华义制药有限公司，累计有10多个控股医药企业的集团公司。有总资产39.27亿元，员工4000余人，其中各类专业技术人员1000余人。

华东医药集团全年实现销售收入51.24亿元，实现利润2.6亿元，五项经营指标位列浙江省医药行业第1位。2005年被评为全国制造业500强、全国化工行业500强、全国医药行业100强、浙江省重点培育的大企业集团及杭州市“十大突出贡献企业”，集团公司董事长被评为杭州市“十大突出贡献企业”优秀经营者。

“十一五”期间，该集团发展的总战略是综合经济指标达到省医药行业第1位，进入全国医药行业前10位，形成一个投资中心及一业为主、多种经营的集团公司。

【促进产销结合发展】 2005年，华东集团公司加大产品调整力度，第一次全面完成产品结构的调整，每一个车间都有主导产品，每一个下属子公司都有自身的产品特色。加快生产场地建设，在袍江工业园成立集团下属的第6个外资企业——埃司特维特华义制药有限公司。

华东医药集团的营销取得突破性进展，营销公司提前一年完成三年规划目标。2004年北京大区销售第1个超过1亿元大关，2005年浙江大区突破销售1亿元，实际完成销售1.12亿元，用两年时间做到销售额翻一番。在郑州、长沙大区，销售额均超过了4000万元。

【完善人力资源管理】 2004年，华东医药集团开始深化发展人力资源管理，推出人力资源管理体系。2005年，规范与完善了人力资源管理体系。分别制订员工的招聘手册、培训手册与绩效考核手册，初步建立起以内外招聘相结合的员工招聘体系，以内训为主体的员工培训体系，还有员工绩效考核体系、部门绩效考核体系、中高级管理人员的绩效考核体系。管理出成效、促科研，全年有赛可平产品在全国第一家取得生产批文，赛莫司、环孢素新工艺、泮立苏粉针新工艺、泮立苏粉针新规格、平喘颗粒、卡司平转正6个产品获得生产批文。

【实施财务变革】 2005年，华东医药集团提出“财务无边界”的理念，开展财务变革工作。该集团公司总部与生产销售都成立财务变革工作小组，重点推行全面财务预算管理、加强资金管理、防范财务风险、加强税务筹划4个方面的措施。工业(生产）片在营销公司加强应收账款清理，加强销售费用控制，在生产系统加强成本控制。商业(销售)片围绕“应收款、进货退回、销货退回、库存商品、进货成本”5项控制管理，突出财务监督作用，找到一些漏洞与解决的办法。 (朱静波)

个体民营经济

Individual & Private Economy

·个体民营经济综述·

【个体民营经济群体规模扩大】 2005年，杭州市个体民营经济继续快速发展，民营经济在工业、商贸和投资领域所占的比重均超过50%，已成为拉动全市经济增长的主体和重要力量。全市有个体工商户26.64万户，从业人员51.8万人，注册资金84.62亿元，分别比上年增长11.2%、4.7%、5.8%。有民营企业8.86万户，投资人数20.4万人，雇工93.85万人，注册资金1548亿元，分别增长13.7%、9.9%、9.5%、23.8%。规模以上民营工业企业实现销售产值2775亿元，增长24.5%；占规模以上工业企业的52%，提高1个百分点。

全年非公有经济实现增加值1649亿元，占全市GDP的56.5%，提高1.5个百分点。其中个体民营经济实现增加值1401亿元，占全市GDP的48%。民营商贸企业实现销售额3686亿元，增长13.8%；占全市商贸企业销售额66.1%，比重提高4.6个百分点。民营企业固定资产投资768.99亿元，占全社会固定资产投资55.5%。

【营造非公有经济发展环境】 杭州成为民营经济大市，得益于杭州市积极营造非公有经济发展的有利环境和社会服务体系。2005年，杭州市延续民营经济发展的一系列政策、措施，包括加大财政政策支持力度、完善中小企业信用担保体系、开展创业服务等，有利于个体民营经济进一步拓展发展空间，全面提升发展后劲和实力。3月，市政府出台《进一步推进杭州大文化产业发展的若干意见》，支持、引导和规范社会力量以股份制、合伙制和独资等形式投资文化、教育、卫生、体育等社会事业，加强重点民营文化企业和“高、尖、特、新”中小型民营文化企业的培育。5月，市政府出台《加快杭州市现代服务业发展的若干意见》，根据“非禁即入、不适则调”的市场准入原则，实施便捷高效的审批服务，加大向非公有制企业的开放力度。

国务院出台《鼓励支持和引导个体私营等非公有制经济发展的若干意见》后，杭州市进一步优化服务环境，政府部门着重在制定规划、完善政策、提供服务、维护权益、改进监管方面发挥主导作用。工商部门和个体民营企业协会通过召开民营企业座谈会，组织学习贯彻“若干意见”，引导民营企业进一步解放思想，更新观念，抓住契机，加快发展。市工商局牵头起草全市贯彻国务院“若干意见”的实施意见稿，结合杭州实际，把国家支持和引导非公有制经济发展的政策、措施具体化。

·民营经济·

【民营经济凸现“三个第一”】 杭州市通过实施两轮“三年倍增”计划，实现从国有经济大市向民营经济大市的跨越，凸现了“三个第一”。

非公有经济实力位居全省第一。全市民营企业户均注册资金174.7万元，比上年增长8.8%。民营企业中注册资金100万元~500万元的1.53万个，500万元~1000万元的3673个，1000万元~1亿元的3419个，1亿元以上的98个，分别增长26.8%、34.1%、38.9%、30.7%。民营企业在初具发展规模的基础上，为实现规模效益，积极组建企业集团，全市有民营企业集团235个。有限责任公司继续扩张，全市有限责任公司增至6.9万个，增长16.3%。个人独资企业9737个，增长12.6%。杭州无论是非公有企业数量、非公有企业总资产，还是非公有企业年营业收入，均领先于浙江省内其他地区，在全省“四分天下有其一”。

500强民营企业数量位居全国第一。在全国500强民营企业排名中，2003年、2004年杭州均有53个企业入选，居全国省会城市、副省级城市和全省各市首位，一个城市的500强入选量占到全国的1/10强。

非公有经济的规模和贡献位居全市第一。全市非公有企业数量占全部企业91.8%，非公有企业职工占全部企业职工89.7%，非公有企业年营业收入占全部企业87.5%，对全市GDP的贡献率达56.6%。

【民营企业品牌意识增强】 民营企业加强对自身品牌的培育和建设，通过实施品牌战略，增强市场竞争力。一批有潜力的民营企业积极参与争创省著名商标和中国驰名商标。至年末，全市有84个民营企业的商标获得省级以上著名商标，占全市37.8%，比上年增加4.5个百分点。民营企业注重企业信用，树立“信用至上”、“守法经营”的理念，积极参与市个体民营企业协会与市委宣传部、市工商局联合开展的争创“诚信民营(私营)企业、个体工商户"认定活动。经层层推荐,认真考评,杭州北海程控设备有限公司等104个企业被市争创考评小组认定为市级诚信民营企业。有13个民营企业被省个体民营企业协会等单位联合认定为省级诚信示范单位。

【民营企业进入高新区动漫产业】杭州高新技术开发区具有突出的政策优势、区位优势、产业优势、人才优势和体制优势,成为首批国家动画产业基地和杭州"动漫之都"的核心区,吸引民营企业纷纷进入。至年末,有杭州东方国龙影视动画有限公司、杭州时空影视文化传播有限公司、杭州盛世龙吟数码科技有限公司、杭州边锋网络技术有限公司、杭州创网科技有限公司、杭州二元网络动画有限公司和杭州渡口网络科技有限公司等40余个动画和网络游戏民营企业加盟。网络游戏《童话动物园》在中央电视台和部分省、市电视台播出。《金丝猴神游属相王国》、《济公》通过中央电视台审查。《数码精灵》、《帝国传奇》投入市场,《童年》、《天机》等基本完成前期研发制作。全市有172个民营企业经营动漫、动画、网络游戏行业,其中新登记84个。

【注重民营块状经济培育】萧山区经过几年的培育和发展,民营块状经济日趋成熟和规范。该区传化物流、新街花木、瓜沥纺织印染、闻堰五金工具等产业形成规模。南阳镇、新塘镇分别被中国轻工业联合会和农业部等单位授予"中国伞乡"和"中国羽绒之乡"荣誉称号。桐庐县形成分水、横村、富春江、桐君街道4个特色工业区块,以制笔、纺织服装、玩具箱包、化工、医药(含医疗器械)、建材、机械制造等产业为主导,门类较为齐全。4个工业区块的销售额占全县总量40%,成为该县工业发展强有力的支撑。其中分水工业区块年销售各类塑料笔55亿支,实现销售产值21亿元,占当地销售产值78%。该区块累计技改投入1.2亿元,有5个产品成为全国行业品牌,450项外观设计成为国家专利。通过走"以民引外,民外合壁"之路,达成投资意向项目31个,协议利用外资2.6亿元。

【3个民营企业排名榜揭晓】11月4日~6日,在杭州举行的第三届中国民营企业高峰会议上,公布了民营企业3个排名榜。在"中国民营企业品牌竞争力50强"中,杭州华立控股股份有限公司和万向集团公司榜上有名;在"中国商品专业市场竞争力50强"中,杭州四季青服装市场、浙江颐高数码科技集团、浙江宝马汽配集团有限公司和萧山商业城入榜;在"中国最具品牌竞争力的100家民营企业"中,杭州万事利集团有限公司、浙江富春江通信集团有限公司和同方联合控股集团有限公司上榜。

·个体经济·

【个体工商户集聚第三产业】2005年,全市个体工商户户数比上年增加2.38万户,在全省的比重提高1个百分点。新开业个体工商户中,有82.2%集中在第三产业。人员和资金均向第三产业集聚,新进入第三产业的从业人员和资金分别占71.8%、68%。"租赁和商务服务业"及"卫生、社会保障和社会福利业"成为个体经济发展的新亮点,两大行业中新增个体工商户分别增长2倍和1/3。

【207户个体户获"诚信个体工商户"称号】为树立个私民营企业新形象,倡导"诚实立身,信誉兴业"的良好风尚,培育"信用至上"、"守法经营"的企业意识和理念,年初市个体民营企业协会与市委宣传部、市工商局联合在全市个体民营企业中开展争创"诚信民营(私营)企业、个体工商户"认定活动。7月,经各区、县(市)推荐、评选,市争创考评小组认定,有207户个体工商户获"诚信个体工商户"称号。

·协会活动·

【开展"5511"培训工程】2005年,市个体民营企业协会把开展"5511"培训工程(即5年内全省协会系统完成5万名高层经理特训、50万名高级管理人员业务轮训、1000名企业总裁EMBA研修、100万名技术人员职业技能培训)作为重点,抓好民营企业经营者的培训。市协会组织103名民营企业经营者赴中央党校参加高级经济管理研修班,组织44名民营企业经营者分别参加浙江大学工商管理总裁研修班及企业总裁培训班。萧山区协会组织29名民营企业经营者参加南开大学研修班。各级协会组织销售管理、财税管理及操作技能、企业价值管理等专题培训、讲座1885期(次),参加人员7.98万人。

【举办再就业招聘会】全市各级个体民营企业协会充分发挥密切联系民营企业的优势,通过走访企业,了解掌握民营企业用工信息,组织动员民营企业腾出岗位。加强与劳动、工会、妇联等部门联系,积极举办失业人员再就业现场招聘会。全年举办招聘会12场,参加招聘企业569个,提供就业岗位9447个,参加应聘8494人,达成再就业意向3014人。

【组织维权服务宣传活动】围绕"树立品牌意识、保护知识产权、构建和谐社会"的主题,市、区两级个体民营企业协会积极开展形式多样、各具特色的维权服务宣传活动。在城区街道、专业市场和辖区内张贴标语,悬挂横幅,营造维权气氛;利用协会宣传园地和黑板报、向会员发放资料等形式进行维权宣传。做好会员企业走访,引导会员企业"树正牌、售正货、走正道",依法维护企业的商标使用权、产品专利权和知名商号。努力为会员办实事、好事,帮助会员解决生产经营中遇到的困难和问题。全年各级个体民营企业协会为会员企业维权533次,挽回经济损失419万元。

【开展"阳光助学工程"】为帮助经济欠发达地区生活困难的学生和因疾病、自然灾害等突发性事件辍学或濒临失学的学生重返校园、完成学业,全市各级个体民营企业协会广泛动员会员企业关心教育事业,伸出援助之手,帮助困难家庭学生上好学、读好书。个体民营企业业主致富不忘回报社会,踊跃参与"阳光助学工程",用实际行动展现个体民营企业关爱儿童、奉献爱心的良好形象。全市有1.2万个企业和个人向社会捐款3955.83万元,其中扶贫助学捐款875.49万元。(李红来)

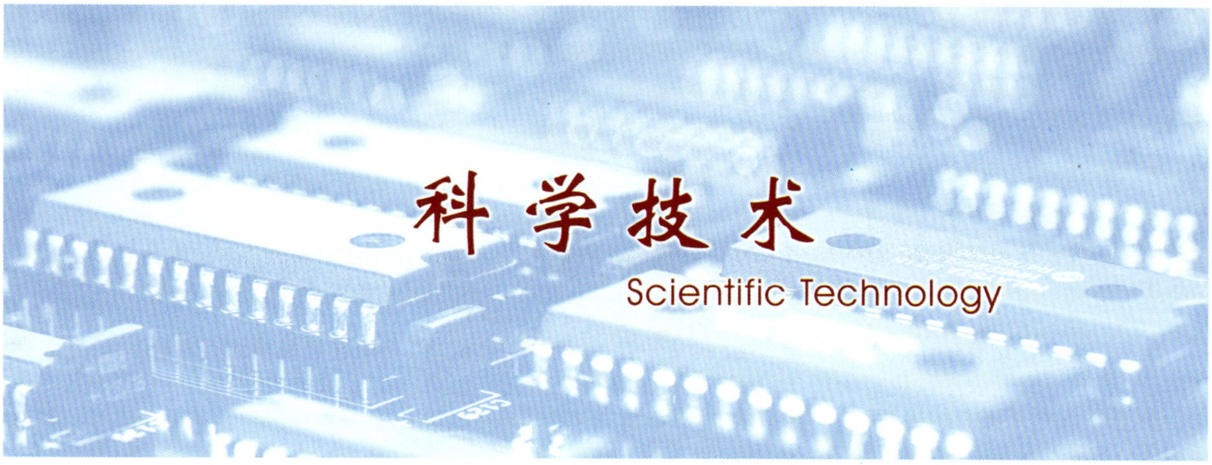

科学技术

Scientific Technology

·自然科学·

【自然科学概况】 2005年，杭州市科技部门贯彻落实科学发展观，推动自主创新，加快实施“一号工程”，建设“天堂硅谷”，引领“和谐创业”，强化创新创业环境，加快高新技术产业发展和传统产业的改造提升，深化科技体制改革，推动产业结构调整和经济增长方式转变，促进了全市经济社会全面协调可持续发展。杭州科技进步指标和综合科技实力保持全省第一，杭州市连续四年被省委、省政府评定为科技进步目标责任制考核优秀单位。

【营造科技创新创业环境】 制定《杭州市专利管理条例》等地方法规和《杭州科技创新服务平台管理办法》、《杭州市评选奖励成绩突出科技工作者办法》等政策文件。开展《杭州市科技进步条例》执行情况的检查，编印《科技创新政策摘要》、《制造业信息化指南》等材料。提高科技中介服务能力。建立对外科技交流中心，开展制造业信息化示范项目推广应用等，为科技型初创企业提供系列配套服务。加强网上技术市场管理，全市上网企业1.09万个，上网课题1548项。市科技局与市财政局合作成立杭州民营科技企业再担保服务中心，设立首期民营科技企业发展再担保资金1000万元。建立与各担保机构的信息交换与工作互动机制，为民营科技企业融资提供5亿元授信额度。与杭州高新区科创中心签订《国家创新基金创业项目投资合作协议》，双方共同完成对在孵企业创新基金项目的支持。组织召开第三届全国民营科技企业投融资洽谈会，80个国内外著名投资机构和企业集团，100余个企业带150个招商项目在会上发布，协议投融资额达78.4亿元。

【理顺科技创新体系】 举办2005年中日科技与经济交流研讨会、科学技术论坛第15次学术报告会、固态照明会议、科技活动周暨科普宣传周、第二届“创业在杭州”科技服务月、2005年中国浙江网上技术市场暨杭州高新成果展示交易会（杭州科技合作周）等，国内外知名学者、专家汇聚杭城。通过大型研讨、交流、宣传推介，营造科技创新氛围，深化杭州市与“大院名校”的合作，扩大杭州的国内外影响。培育科技创新主体，提高自主创新能力。实施科技型初创企业培育工程，建立杭州市科技型中小企业创业投资联盟和杭州市科技型初创企业服务联盟，培育和扶植一批具有成长性的科技型中小企业。首批评选出100个科技型初创企业，作为重点扶持对象，给予种子资金和培育资金的支持，从资金、政策、服务等多方面全程扶持和培育。

【推进国家孵化器体系试点城市建设】 6月，成立市科技企业孵化器协会，把孵化企业培育与科技型初创企业培育结合起来，发挥政府财政资金的引导作用。全市新建成规模以上科技企业孵化器3个，新增孵化场地面积19.1万平方米，在孵企业1231个，在孵高新技术项目1721项，创业技术人员1.46万人，累计有170个企业达到目标。在孵企业实现技工贸总收入21.9亿元，创造利税1.94亿元。新认定江干区科技创业服务中心等6个市级孵化器，累计认定市级孵化器18个、省级孵化器8个、国家级孵化器2个。省大学科技园通过国家级大学科技园评审。市高科技企业孵化器建设进展顺利，建成后可新增6万平方米的孵化场地。

提升区域创新能力，建立市级以上企业（行业）高新技术研发中心178个。建立萧山纺织、余杭家纺、临安电缆和节能灯、富阳造纸、桐庐针织和制笔、建德五金电器、淳安汽车摩托车配件等10个特色城镇工业功能区（块状经济）行业技术研发中心，为区域内行业技术进步和可持续发展提供了基本技术创新平台。启动杭州高通量新药筛选中心等9个专业科技创新服务平台、2个科技基础条件平台、1个科技中介服务平台的建设。引进“大院名校”联合共建科技创新载体，累计共建中科院上海国家技术转移中心杭州分中心和中国机械科学研究院浙江分院等示范创新载体52个，共建博士生、研究生工作站和大学生实践基地10个。

【用科技进步支撑经济社会发展】 全市加快高新技术产业培育和传统产业的改造提升，推动以医药、通信设备计算机及其它电子设备制造业为主的高新技术产业迅速发展。以全国制造业信息化工程应用示范重点城市建设为突破口，加大信息化技术对机械、食品、纺织服装、化工等传统支柱产业的改造提升力度，推进制造企业的管理信息化、生产自动化和装备智能化。坚持先进制造业与现代服务业两轮驱动，用先进技术改造和提升现代服务业。年底，通过了国家"电子商务与现代物流"试点城市的验收，萧山区、余杭区制造业信息化示范应用区域通过省专家组验收，做好杭州市制造业信息化工程应用示范城市的验收准备。

注重农业科技攻关，加强农业科技示范园区、现代农业科技型龙头企业、农村科技服务机构等建设，促进都市农业的发展。桐庐县作为省级可持续发展实验区正式启动。开展生态市建设，利用新技术、新工艺组织"城市污水处理厂污泥无害化处理技术与示范"等示范项目，推进实施电子商务、食品安全、智能交通、公共安全和"科技强警"等一批国家试点城市建设项目。

拟订"重大建设工程抗震设防标准(地震安全性评价)行政许可工作制度(试行)"，启动"城市活断层探测与地震危险性评价"项目，着力地震监测预报网站管理与建设。围绕"一号工程"实施重大科技项目，科技计划从注重单一项目转变到注重创新体系建设、重大科技攻关、科技成果转化和产业化实效的导向。利用计划手段引导企业加大科技投入，推动企业自主创新。通过科技招标、联合攻关等形式，集中2/3的科技资金投入电子信息、新材料、生物技术等为主的高技术产业领域，以及迫切需要解决的热点、难点问题领域。

【实施知识产权战略】 推进知识产权保护进程，按计划实施市政府提出的专利"3年倍增"任务。结合"四二六"知识产权日和"科普宣传周"活动，通过报刊专访、知识产权知识有奖竞赛、青少年创业设计大赛、专题培训与讲座，扩大宣传。其中，市青少年创意设计大赛收到参赛作品3023件，起到增强知识产权保护意识的作用。成立杭州市知识产权促进会，创建专利工作试点区、县(市)和专利示范企业，全市专利示范企业50个，"大功率发光二极管封装技术"等专利成果进入产业化应用阶段。建设知识产权公共服务平台和知识产权代理服务机构，依托专利信息数据库开发制笔业专利数据库，开展创建知识产权"正版正货"承诺单位试点。各级专利管理和行政执法队伍健全，实施市保护知识产权专项行动，重点查处流通领域内侵犯商标权、专利权、著作权，进行药品流通领域知识产权专项检查等10次大规模联合执法行动。

【制定科技强市建设规划纲要】 围绕市委、市政府提出的"1个名城、5个强市"建设方案，制定《杭州建设科技强市规划纲要（2006年~2010年)》，提出十大工程。开展创建"科技强市"、"科技强区(县)"工作。加强科技进步和人才队伍建设的责任意识，开展科普进社区、科技下乡和科技扶贫活动。 (林建萍)

【实行党政领导科技进步目标责任制考核】 市科技目标责任制考核设定16项一级指标、26项二级指标的评价体系。针对经济、科技发展的不平衡性，考核采取城区、县(市)分别计分和评定先进单位，对区县(市)科技工作创特色给予单项指标加分。组织科技、人事、财政、统计部门负责人和工作人员参加2004年度区县(市)党政领导科技进步和人才工作核查组，分别到13个区县(市)实地核查。科技、财政、统计部门把定量指标核查结果，特别是扣分点，向各区县(市)作出反馈和核实，确保公开和公正原则。完成市级考核评优，向省考核组提交了市及所辖13个区县(市)考核资料。市本级及拱墅区、富阳市、西湖区为省级考核优秀单位。下城区、江干区、市高新开发区(滨江)、临安市成为市级党政领导科技进步和人才工作目标责任制考核优秀单位。

【创建科技强市和科技强县】 根据省委、省政府办公厅《关于开展创建科技强市和科技强县活动的通知》精神，市科技局根据各区县(市)经济、科技发展情况，依次确定创建目标，科学制定创建方案。委托浙江工业大学开展专题调研，确定杭州创建"科技强市"的对策。召开科技"创强"专题会议，评析和培训指标体系，估测2004年各区县(市)科技"创强"目标的实现度，分析薄弱环节，交流和指导指标统计、资料整理经验。对提出"创强"申请，指标体系基本符合要求的5个区，向省科技厅推荐，邀请领导和评审专家进行现场检查指导和评析把关，确保申报材料和考评答辩成功。10月，经省专家组考评，省委、省政府批准，上城区、下城区、拱墅区、西湖区、滨江区被命名为省首批科技强区。 (徐长明)

【推行科技特派员制度】 6月，杭州市从涉农大专院校、科研院所和政府有关部门中选派第1批科技特派员150人，入驻乡镇开展科技扶农。全市举办各类农技培训班507期，培训农民3.38万人次；发放农业科普资料12.15万份，为农村农民办实事230件，帮助农民就业4805人，增加农民收入1.35亿元，农民人均收入增幅150%以上。向农村推广新技术182项，引进新品种265个，建立示范区4107公顷，扶持企业137个，创办协会38个，创建利益共同体75个，实现产值3.79亿元，实现年利润9273万元。 (郑云良)

【举办科技活动周和科普宣传周】 5月14日~20日，杭州市举办科技活动周和第十九届科普宣传周，向市区5个中小学校赠送《科学探索》科普图书150册；开展地震、知识产权、科技政策法规、高新技术知识咨询活动，向市民发放防震减灾手册500余册；组织市民参与知识产权有奖竞赛，向科技人员赠送科技创新政策汇编3000余册；放映两场科普电影，向3000余人传播公共安全知识；会同中国茶叶博物馆，围绕"茶为国饮、杭为茶都"设计制作"饮茶与人体健康"动漫科普挂图1000套，分送各街道(乡镇)、社区。整合有效科普资源，举办各类大型科普活动，会同市青少年宫举办第五届市中小学生科技节、第二届亚太地区青少年"人与自然，人类与水"科考活动及中小学生航海模型比赛等活动。各区县(市)科协、有关学会等3200余个基层单位，领导干部3300余人和科技人员、科普工作者、科普志愿者2万余人，参加科普宣传、科技咨询和服务，其中重点活动项目250个，受益群众70余万人次。

(姚寿坤 吉京杭)

【征集"倡导茶为国饮、打造杭为茶都"论文 223 篇】市科技局配合"倡导茶为国饮、打造杭为茶都"高级论坛，在《光明日报》、《杭州日报》、《中国茶叶》等媒体发布征文启事，征集到全国 19 个省、市、自治区的论文 223 篇，评选出一等奖 2 篇、二等奖 3 篇、三等奖 10 篇，并组织获一二等奖作者在论坛上发言。特邀专家论述和 60 余篇获奖论文编辑成论文集，以专刊形式在《中国茶叶》杂志上连载。2005 年中国(杭州)国际茶文化博览会"茶为国饮、杭为茶都"论文征集和高级论坛活动后，8 个"国字号"涉茶机构和 2 个新闻媒体授予杭州为"中国茶都"，原全国人大常委会委员长乔石题词"茶为国饮、杭为茶都"，原全国人大常委会副委员长姜春云题词"倡导茶为国饮、打造杭为茶都"。（姚寿坤）

【举办科技合作周】2005 年科技合作周主题为"自主创新，合作共赢"，由国家科技部、国家知识产权局、中国科学院、中国工程院、浙江省政府、杭州市政府、浙江大学联合主办。期间举行第四届专家与中小企业家握手活动、"二十一世纪的计算"国际学术研讨会、2005 年中国浙江网上技术市场活动周暨杭州高新技术展示交易会、第三届全国民营科技企业投融资洽谈会、"长三角"16 市区域创新研讨会暨第二届"长三角"高新技术项目合作洽谈会等 5 项活动。科技合作周与中国浙江网上技术市场活动周暨杭州高新技术展示交易会同时举办。来自全省 4000 余个企业与全国 300 余个高校、科研院所对接，达成合作项目 20 项，英国渣打银行等投融资机构与浙江省、杭州市企业达成合同意向金额 78 亿余元。"长三角"16 市区域创新研讨会暨第二届"长三角"高新技术项目合作洽谈会有 21 个项目签约，合同总金额 7858 万元。第三届全国民营科技企业投融资洽谈会融资需求 199.7 亿元，通过前期对接和会上洽谈，达成合作意向金额 78.4 亿元。（俞永义）

【加强科技合作与交流】1 月 6 日~8 日，2005 年中日科技与经济交流研讨会在杭州举行。开展了主题演讲、战略研讨、信息发布、合作洽谈和实地考察等活动。1 月 11 日，杭州市与中国机械科学研究院本着"合作、共建、创新、双赢"的基本原则，签订"科技合作协议"。6 月 26 日，中国机械科学院浙江分院正式挂牌成立。4 月 7 日，中国科学院杭州科技园正式投入运行，中科院已入园设立半导体照明、数控机床和能源环保 3 个研发中心，对 3 个领域的共性关键性技术进行研究与开发。科技园为中科院与杭州企业构筑良好对接平台，有效地促进科技成果转化。4 月 18 日~21 日，中国科学院在杭州举办第 15 次"技术科学论坛"，院士和专家就半导体照明产业发展的前沿、热点和重要问题进行交流与讨论，并参观考察杭州半导体照明企业，展开面对面交流，推动了杭州半导体照明产业的发展。中科院上海国家技术转移中心杭州分中心于 11 月 6 日正式在杭州落户，由中国机械科学研究院浙江分院牵头，浙江大学、浙江工业大学、浙江理工大学、杭州自动化研究院的近百名专家院士深入各区县(市)的近百个企业实地考察，有 40 余个企业与专家达成初步合作意向。

【加强校企科技合作】杭州市企业与浙江大学产学研合作项目立项 40 项，提供研发经费 892.2 万元，其中信息电子 13 项、生物医药 9 项；市级创新计划项目等 26 项，提供研发经费 377 万元，支持杭州"信息港"和"新药港"的建设。杭州市企业与浙江大学联合共建科技创新载体 10 余个，提升了企业核心竞争力。杭州市启动科技创新服务平台建设，首批启动软件开发、生物医药、装备制造、服装、丝绸、食品(农产品)安全与标准化生产、珍稀食用菌、科技信息和中介服务等领域的 12 个科技创新服务平台。与浙江大学合作建设的有软件产业科技创新服务平台、金属材料及其热处理技术创新服务平台、食品(农产品)安全与标准化生产技术服务平台、蜂业科技创新服务平台、珍稀食用菌科技创新服务平台等，共提供建设经费 250 万元。（刘海琳）

【征集国际科技合作项目 18 个】实施国际科技合作专项，征集 18 项、立项 9 项，下达经费 120 万元，企业进行技术合作经费 8300 万元，合作国家有法国、美国、俄罗斯、瑞典、瑞士、荷兰、新西兰、韩国、德国等，合作领域包括信息通讯、生物技术、新能源、激光技术、农业技术等。接待来自美国一流国际科技 ILial 公司、美国纳米技术研究院、美国西雅图加速器公司、英国伦敦亚洲基金集团、韩国庆山市政府和庆北科技园、日本财团法人国际研修交流协会、新西兰交流团等 8 批 170 余人到杭进行科技合作洽谈、交流活动，拓展杭州市国际合作渠道。在 2005 年中日科技与经济交流研讨会上，中国科学院、信息产业部、中科院半导体所、中科院软件所、中科院微电子所、上海微系统与信息技术研究所、中科院 EDA 中心，以及联想、深圳

5 月 14 日，杭州市科技(科普)活动周开幕。（市科技局 供稿）

华为、大唐电信等中国著名信息通信企业代表参加研讨会;NTT、KDDI、NEC、松下、三菱电机、日立、富士通、东芝、冲电器等40个日本著名跨国公司和IT企业也派代表参加研讨。 (俞永义)

【实施科技计划】 市科技局管理的科技三项费用全年为8500万元,下达各类科技计划项目(25个专项)34批次。确定项目819项,下达资金8213万元。争取国家级、省级项目247项,资助经费9062万元。项目重点支持以“两港五区”为重点的“一号工程”,用高新技术改造提升传统产业,解决全市面临的难点、热点问题,如企业创新能力建设、缺电、社会发展、生态市建设,现代农业(绿色、优质农产品生产、农产品深加工等)建设。通过项目的实施,增强了科技实力和竞争力,促进了全市经济发展。从2004年市科技发展计划项目执行的反馈情况看:市科技局拨款总计1932万元,其他部门拨款107万元,县(区)配套拨款362万元,政府总投入2401万元,带动企业自筹3.16亿元,金融机构贷款2415万元。2004年立项的项目中有50个产生经济效益。当年产值总额6.60亿元,实现销售收入6.09亿元,实现利润1.01亿元,实际缴税额5345万元,创汇549万美元。其中18个项目当年产值超过1000万元,12个项目当年利润超过100万元。 (王 瑛)

【申报创新基金89项】 征集创新基金项目114项,经专家评审立项后申报89项,获得国家立项38项,总金额2480万元,实现了杭州市科技型中小企业技术创新基金新突破。为培育技术创新源头,促进科技型小企业发展,提高企业孵化器的孵化能力和水平。全年国家创新基金管理中心继续对孵化器企业进行扶持,高新区(滨江)科创中心申报小额资助项目9项,获得7项资助,资助金额235万元。 (潘学冬)

【组织资源节约型科技项目13个】 实施资源节约型科技专项二批共13项,预计总投资6706万元,企业自筹资金6506万元,安排科技专项资金200万元。项目完成后预计销售收入7552万元,利润861万元,税收770万元。节电、节水、节煤等节支1262万元。如浙江永泰纸业集团股份有限公司承担“废纸造纸节水技术应用研究”项目实施后,预计纸机的每吨纸耗水量下降30%以上,从每吨纸耗水量55立方米下降到30立方米以下(每吨纸排水量从20立方米下降到12立方米以下);每年用活性污泥多生产污泥纸2500吨。全年减少清水用量300万立方米、节约费用425万元。此项技术将推动整个富阳市区域内造纸技术进步及清洁生产技术开展。 (蔡 康)

【加强种子资金管理】 修订《杭州市科技创业种子资金资助管理办法》,明确种子资金项目安排遵循决策、管理与评价相分离原则,实行企业申请、专家评审和政府决策相结合的运行机制。强化市高新技术产业发展领导小组办公室职能,加强市高新技术成果转化资金的统筹安排,避免重复支持项目、经费。加强种子资金管理,完善绩效反馈机制,重点强调区财政经费匹配,形成市和区联动格局。全年市种子资金项目经征集申报、专家评审后,下达56项,资金497.5万元。 (章正平)

【医疗卫生科技创新】 2005年,全市安排医卫科研项目41项,资助经费350万元。加强重大慢性疾病诊疗手段的研究项目攻关,针对核酸检测产品以单项检测为主,存在检测时间长、费用高等缺陷,开发乙肝病毒DNA定量及YMDD变异荧光PCR双检试剂盒,产品开发成功将作为临床实验室对乙型肝炎病毒感染程度的检测、抗病毒药物疗效的评估和YMDD变异检测手段。推广临床治疗新技术应用,针对老年痴呆症开展“抗Aβ抗体治疗老年性痴呆的研究”。杭州市作为全国农村卫生适宜技术推广的10个试点省市之一,承担了由科技部联合卫生部、国家中医药管理局、国家人口与计划生育委员会共同组织的“农村卫生适宜技术推广示范研究”项目的部分研究,选择余杭区为试点推广示范县(区),根据当地需求引进推广30项左右适宜技术,形成推广模式研究评估报告。项目组确定第1批推广技术20项,并制定实施计划。

【科技强警示范城市建设】 市科技局配合公安部门“科技强警”示范城市建设,为创建平安杭州打基础。针对刑侦工作中难以准确推断尸体死亡所经过的时间,开展“应用非线性方法对尸体死后所经过的时间研究”课题研究。北京交通大学与杭州市公安局交通警察支队科研所联合承担国家科技攻关计划项目“现代中心城市交通运输与管理关键技术研究”,课题以杭州市为课题示范工程的实施城市,利用杭州市现有车载GPS设备和已建立的基于GPS的两个监控及处理中心,实时采集城市路网动态交通数据,建立路网动态交通数据库和软件平台。10月,杭州市“科技强警”示范城市建设通过公安部、科技部的验收。

【实施城市公共安全试点】 杭州市作为“城市公共安全综合试点”第2批试点城市之一,“三台合一”(119、110、120)的接处警工程为公共安全建设奠定了基础,市区地理信息数据库及可视化数据库搭建了灾害监测和救援信息基础平台。综合消防、气象、安全监督等部门,建立红、橙、黄、蓝4个级别的灾害预警体系;形成从市政府、参与救援部门、消防救援攻坚力量3个层次的抢险救援组织指挥体系。形成以消防为主要处置力量,其他部门共同参与的联合作战救援机制。研制完成“灭火救援辅助决策系统”、“杭州市高空瞭望系统、远程监控系统和重点保卫单位的城市消防无线自动报警系统的研究”。在“城市基础数据库”基础上,编制杭州市安全规划编制成果展示平台所需的最新背景地图。构建杭州市危险源数据库,开发“杭州市危险化学品安全管理信息系统”。建立了市重大事故风险评估与城市总体安全定量化评价,对杭州市消防抢险救援力量布局进行了初评。完成《杭州市突发公共事件总体应急预案》、《杭州市重特大火灾爆炸事故应急预案(试行)》、《杭州市抗洪抢险救灾应急预案》、《杭州市重特大自然灾害应急预案》、《杭州市危险化学品事件应急预案》、《杭州市处置毒气事件预案》、《杭州市特大安全事故应急预案》等涉及公共安全各领域在内的 1998 个重点目标和保卫对象的电子预案，203 个一般单位和 80 个视线单位的预案同时完成，为杭州市公共安全建设提供了软件基础。

【实施科技扶贫项目 7 个】 全年下达科技扶贫项目 7 项，落实扶贫款 55 万元。其中帮扶挂钩乡落实科技扶贫项目 4 项，经费 35 万元。开展“送科技知识下乡”活动，市科技局组织人员赴建德贫困乡镇开展科技下乡活动，举办高山蔬菜、茶叶培训班，进行禽流感防范与控制、高山蔬菜无公害种植技术、茶叶高产与病虫害防治等技术咨询；与洋尾乡希望小学结对助学，为 12 名贫困学生送去结对帮扶资金和书籍、书包等学习用品。 （林 霄）

【创建企业高新技术研发中心】 全年认定 37 个市级高新技术研究开发中心。制定《杭州市特色城镇功能区行业研发中心管理办法》，首批认定 10 个市特色城镇工业功能区行业技术研发中心。对 2003 年以来创建的 88 个企业研发中心进行考核，浙江鑫富药业高新技术研究开发中心、杭州传化华洋荧光增白剂高新技术研究开发中心、杭州内窥镜研究开发中心、艾康医学快速诊断产品研究开发中心 4 个开发中心被评为优秀，对其中 2 个不合格企业提出整改意见。考察合格企业安排了 700 万元企业研发中心建设滚动支持经费，区县（市）主管部门 1:1 经费配套支持。组织推荐南望图像信息技术公司和杭州化工研究所有限公司申报国家级研发中心，4 个企业被省科技厅认定为省级高新技术研发中心。全市市级以上企业研发中心 178 个，其中省级高新技术研发中心 55 个。 （章正平）

【培育高新技术企业】 全年组织 4 批 52 个企业申报区外省高新技术企业认定，杭州红苹果电子有限公司等 46 个被认定为省高新技术企业。区外高新技术企业销售收入上 1 亿元的企业有 93 个，全市区外省级高新技术企业总计 237 个，新增 46 个，市级高新技术企业 102 个，新增 30 个。区外省级高新技术企业销售总收入 471.4 亿元，出口创汇 6.1 亿美元，利税 73.6 亿元。对 61 个高新技术企业进行两年一度的考核，严格把握 5%研究开发费比例、50%高新技术产品比例等考核指标，杭州新伟业计算机网络有限公司等 57 个企业考核合格，其中杭州灵通通信实业公司因未办高新企业更名手续，企业主体变更未通过考核，需补办手续后进行复查；杭州求是高分子化工科技有限公司等 3 个企业不符合条件，被取消高新技术企业称号。 （蔡 康）

【建设科技企业孵化器】 全市投入运行的孵化器有 27 个，孵化面积 53.5 万平方米，在孵企业 1231 个，累计毕业孵化企业 170 个，在孵高新技术项目 1721 项，直接创造就业 1.46 万人，孵化企业年收入 21.9 亿元、利润 8257 万元、税收 1.12 亿元。全年安排 500 万元孵化器种子资金。实际从认定的省、市孵化器中征集孵化创业项目 95 项、立项 56 项，市孵化创业种子资金经费 497.5 万元，各区经费配套 1:1，对孵化企业创业支持近 1000 万元。新认定江干区科创中心等 4 个市级孵化器，累计 18 个。萧山科创中心和杭州集成电路孵化器有限公司孵化器被认定为省级科技企业孵化器，累计 8 个。 （章正平）

【实施软科学研究计划 24 项】 组织实施 3 批 24 项软科学研究课题，已评审通过的《杭州市创建浙江省科技强市对策研究》，对市本级及各区县（市）争创省“科技强市”、“科技强县”形势有了清晰判断，数据翔实，论证充分，操作性、实用性强。《“十一五”时期加快“天堂硅谷”建设的思路和对策研究》研究报告，对杭州市“十五”期间“天堂硅谷”建设中取得的成效与存在的问题，“十一五”期间“天堂硅谷”重点领域、对策措施提出参考意见。 （徐长明）

【火炬计划立项 43 项】 浙江工业大学盈码科技发展有限公司承担的“可内控多模式监控报警系统”等 43 个项目被列为国家火炬计划项目，浙江万向精工有限公司承担的“轿车轮毂轴承单元”等 4 项被列为国家重点火炬计划项目。据 74 项火炬计划情况统计，全年实现销售额 57.63 亿元，利税 12.01 亿元，年创汇 1.32 亿美元。全年验收通过 5 项国家火炬计划项目。杭州永磁集团有限公司承担的国家级火炬计划项目“N45 稀土烧结磁钢”实际投资 1250 万元，其中银行贷款 600 万元，资金使用合理。项目实施 1 年多时间，通过设备及工艺改造，明显降低了材料中的原子份数偏离；采用三级烧结、二级时效和氢破工艺，较好地控制了晶体结构；在磁粉表面包覆具有隔氧和润滑功能涂层方面有创新。产品技术经济指标达到国家火炬计划项目的要求，实现年产量 120 吨，销售收入 1800 万元，上缴税金 120 万元，净利润 245 万元，出口创

举行专家与中小企业家握手活动 （市科技局 供稿）

汇 65 万美元。（蔡 康）

【实施星火计划 104 项】 杭州市组织实施市级以上星火计划项目 104 项，其中国家级星火项目 5 项、省级 5 项、市级 26 项，市级星火培训项目 43 项、县级 68 项。至年末，项目共新增产值 26.55 亿元，新增利税 3.85 亿元，创节汇 5709 万美元。组织培训各类星火人才近 10 万人次。

星火计划重点抓好各级星火计划项目实施、星火密集区建设、农村科技服务体系建设、星火扶贫和星火技术培训等。杭州市承担国家级星火项目重点 1 项、一般 3 项、农业科技专家大院专项 1 项。由浙江新安生物技术有限公司承担的“高含γ-氨基丁酸功能稻米及制品开发和产业化”列入了国家级重点星火计划项目，获资助 60 万元，项目主导产品为功能稻米制品——基尔安米粉，富含天然γ-氨基丁酸，是普通稻米的几十倍。项目投产后预计实现产值 8000 万元，在周边地区带动 3333 公顷以上的功能水稻种植基地。市农科院承担的蔬菜、食用菌新品种新技术示范推广项目获国家星火计划农业科技专家大院专项 15 万元资助。

杭州市 4 个单位列入省农业科技服务体系，其中省级星火技术服务中心 1 个、农村专业技术示范协会 2 个、市级农村科技信息网络分中心 1 个。省级星火技术服务中心——杭州水乡渔业有限公司，通过对乌鳢肉深加工、鱼皮制革和鱼油、鱼血、鱼胆等乌鳢产品的深度开发，拉动了余杭区运河镇周边的乌鳢养殖业，仅运河镇一带乌鳢养殖总面积 140 余公顷，年产量超过 5000 吨，年产值近亿元。从乌鳢养殖、加工到销售，形成了数亿元产值的产业链。

市级星火培训项目根据杭州发展都市农业的要求，重点抓好农村适用先进技术、农民转移就业培训、农业标准化和安全生产技术等培训工作。全年安排 43 个市级星火技术培训项目，落实经费 25 万元，培训人员 1.26 万人次。全市接受县以上星火培训 9.79 万人次。（徐维娅）

【科技成果鉴定与奖励】 市科技成果管理和奖励工作突出经济社会和科技发展的需求，有助于构筑成果转化的新机制，实现政府奖励为导向、用人单位和社会力量奖励为主体的人才奖励新体系。全年完成科技成果鉴定(评审)171 项，其中省级鉴定(评审)65 项，市级 106 项。

市科技进步奖申报评奖项目 193 项，经形式审查、专家评审、市评审委员会审定，报市政府批准，评出一等奖 5 项、二等奖 22 项、三等奖 42 项。推荐上报 75 项参加省科技进步奖评选，其中列入省科技进步一等奖 1 项、二等奖 6 项、三等奖 11 项。（陈希杨）

▶▶资料：600 兆瓦等级电站半容量锅炉给水泵汽轮机 该项目采用再热器冷端汽为第二汽源，避免大温差带来的冲击热应力，安全性、可靠性高。非机械连接，启停安全。高速盘车，有助于水泵暖泵和防止卡涩；采用整体底盘，无垫铁安装，安装简单方便。在引进技术的基础上，开发针对给水泵汽轮机的软件包；积木块技术推广应用、标准化与“量体裁衣”的有机结合，以最佳的性能指标满足用户的要求，同时制造成本和生产周期得到有效控制。（王 瑛 陈希杨）

【评选市优秀和先进科技工作者 88 人】 12 月，市政府授予浙江中控技术有限公司施一明等 8 人为 2003 年度~2004 年度杭州市优秀科技工作者，授予浙江金大科技有限公司李创等 80 人为杭州市先进科技工作者。（王 瑛）

【启动探查城市地震活断层项目工程】 该项目成果旨在杭州城市活断层探测信息平台、震害预测与应急指挥平台、地震小区划平台以及地壳形变监测网络(“三平台一网络”)的构建，为优化城市规划，合理进行抗震设防，有效地抵御地震灾害，打造“平安杭州”提供科学服务和保障。同时，地震监测预报网站规范化、现代化建设顺利推进，全市地震遥测台 7 个，地震前兆测报站 6 个，全部实现了数字化。据全省地震观测质量评比表明，临安（马啸）地震遥测台获全省地方台站观测质量评比第1 名、萧山（楼塔）台获第 3 名、淳安（中洲）台获优秀；萧山（气象局）地震电磁波站获全省评比第 1 名，余杭(瓶窑)站获优秀。市地震局获全省市(地)级防震减灾工作综合评比二等奖，并获 2004 年度全国市(地)级防震减灾工作优秀奖和地震监测预报单项奖。临安交口少年科学院地震测报站被授予国家地震科普基地称号。

【开展防震减灾科普宣传】 5 月科普周期间，在杭州武林广场举行宣传咨询活动 1 天，发放地震科普宣传手册 3000 余册。在以社会公共安全为主题的地震(海啸)科普报告活动中，社区干部 100 余人参加。11 月 26 日，江西九江发生 5.7 级地震时，杭州许多高层建筑受震感波及，市地震部门及时应急处理，会同各宣传媒体进行宣传报道，在答复民众大量来电来访咨询中，体现出社会各界对于地震突发事件安全处置和防震减灾科学意识提高。（林锦南）

【制定 35 项科技情报研究项目】 市科技局下达市科技情报调研计划 35 项，按计划完成和通过专家评审 35 项，下拨计划补助经费 40 万元。课题涉及杭州市年度科技竞争力评价、医药产业发展现状、加强科技支撑体系建设、发展农资连锁经营、农村新型合作医疗制度模式、城市居民医疗卫生保健现状、民营科技企业自主科技研发现状、资源回收利用、技术创新平台建设、量子 IT 产业预测、资源节约型技术的应用、新材料产业的发展、社区服务信息化、风能资源利用、先进制造业基地建设、磁污染防护·标准·检测的共享利用，以及区县(市)科技、经济发展等领域。各区县(市)科技局制订了相应的科技情报调研计划，立项 127 项。（陈志良）

【加强知识产权保护】 全年受理各类专利案件 26 起，其中侵权案 23 起，冒充专利 3 起；结案 13 起，其中侵权案件 10 起，冒充专利 3 起；中止案件 4 起。工商部门全年出动执法人员 480 余人次，检查企业 107 个，检查产品(商品)5.7 万件，查处违法产品（商品)4.28 万件，货值 246.74 万元，捣毁制售假冒窝点 10 个，立案查处各类案件 31 起，其中 1 万元以上案件 7 起，罚款总额 23.39

万元。查获非法音像制品(含盗版)194万余张、非法书报刊(含盗版)18.5万册;查处涉嫌版权或网络侵权等大案7起。全市受理侵犯知识产权类案件67起,立案53起,破案41起;抓获犯罪嫌疑人92人,其中执行逮捕38人,移送起诉案件26起,追缴涉案财物价值1427万元。全年受理各类知识产权案件363起,开展保护知识产权专项行动出动执法人员5000余人次,联合专项执法行动5次,各职能部门单独组织专项执法检查数10次,处理各类违法纠纷案件700余起。

市科技局、工商局、版权局、质监局、贸易局联合开展创建"正版正货承诺单位"活动。杭州解百股份有限公司、杭州新华书店、华东大药房、联华华商超市等9个具有代表性的商品流通单位进行了试点并通过验收挂牌。11月,市科技局、工商局、版权局、质监局、贸易局联合制定并印发《杭州市商品流通领域知识产权管理暂行办法》,流通领域知识产权保护更加规范。

【申请专利9486件】 全市专利申请量9486件,授权量4072件,比上年分别增长59.9%和43.8%,专利申请量和授权量居全省首位、全国省会城市第2位、副省级城市第3位。其中企业专利申请量1981件,发明专利申请量3429件,增长34.8%和81.2%。《杭州市专利管理条例》经杭州市第十届人民代表大会常务委员会第25次会议通过,浙江省第十届人民代表大会常务委员会第21次会议批准实施。修订《鼓励中小学生发明创造实施办法》,申请与资助更加便捷。至年末,全市有省级专利示范企业27个,市级专利试点企业50个,部分区县(市)开展专利试点企业认定。万向集团公司列入第3批全国企事业知识产权试点单位,形成了国家、省、市、区县(市)4级专利示范(试点)企业梯队。 (周 晨)

【开展科技咨询服务】 市科协直属单位市科技咨询中心贯彻市委《关于加快现代服务业发展的若干意见》,巩固原有业务,拓展新业务,发展现代科技中介服务,成为全省科技咨询工作典型,得到省市领导的高度重视。5月,省委副书记、省长吕祖善,副省长金德水,市长孙忠焕等领导,亲临科技咨询中心进行中介服务业发展状况的专题调研。全年科技咨询中心实现收入1464万元。市科技咨询中心承担国际交流及重大活动,利用资源,打造杭州科技咨询网,建设科技信息和科技中介平台。

【举办市科协第二届年会】 11月2日,市科协第二届学术年会在市政府第二会议厅举行开幕式,第九届全国人大常委会副委员长、中国科学院院士、中国科协主席周光召作题为"自主创新、重点超越"学术报告,市委副书记朱报春主持会议,市长孙忠焕致开幕词,省科协党组书记、副主席吕志宏致贺辞。市四套班子领导、科技工作者等1500余人参加开幕式。年会以"坚持科学发展理念,推进杭州和谐创业"为主题,设立1个主会场和农业、工业、医药、教育、建筑、交通、能源、环境、信息、电子商务、机械、上城区、下城区、江干区、余杭区、临安市、富阳市、桐庐县等18个分会场,共计18位两院院士和55位专家作学术报告55场。编印了年会《论文集》,参加年会1.5万人次。

【京杭高科技产业化合作】 6月13日~16日,京杭两地高科技产业化合作交流活动在北京举行。市科协组织杭州65个企业负责人80余人赴京交流,听取国家技术转移中心和中国科学院部分研究所的成果介绍,实地参观考察国家技术转移中心、自动化研究所、联想集团等11个科研院所和高科技企业,与相关专家进行技术合作交流。副市长沈坚出席活动。活动达成20余项合作意向,其中余杭区杭州求精电子科技有限公司与中科院遥感所达成"车载智能并航软件系统开发和电子地图的制作"合作项目,预计项目投产后可为企业增加8500万元销售收入。高新区(滨江)的杭州家和智能设备有限公司与中科院微系统与信息技术研究所建立合作关系。

【促进科技与经济结合】 全市科协组织实施"金桥工程"、"厂会协作"等活动,促进科技与经济的结合。全年实施"金桥工程"项目72个,完成59个,年增利税9122万元,增加纯收入9143万元,节约资金679万元,260名科技人员参加项目实施,其中2个项目获得省"金桥工程"二等奖和三等奖。

【组织青年科技奖评选】 市科协会同市委组织部、市人事局和杭州日报社等单位联合开展第六届杭州市青年科技奖评选活动。从基层初选推荐的36人中选出10名候选人,由市政府批准王匡等10人获奖,并进行表彰。

【首次开展全市科技工作者状况调查】 9月,开展该项调查。经过人员培训、样本确定、数据采集、研究分

表24 2001年~2005年杭州市专利申请、授权量及排名情况

年份		2001	2002	2003	2004	2005
申请量		2 356	3 379	4 528	5 932	9 486
其中	发明	524	937	1 345	1 893	3 429
	实用新型	1 131	1 525	1 870	2 181	3 201
	外观设计	701	917	1 313	1 858	2 856
省内排名		3	2	2	1	1
15个副省级城市排名		6	7	5	3	3
授权量		1 342	1 527	2 350	2 831	4 072
其中	发明	92	79	187	418	687
	实用新型	760	835	1 183	1 334	1 744
	外观设计	490	613	980	1 079	1 641
省内排名		3	3	3	3	1
副省级城市排名		8	7	6	4	3

国性“和谐创业”研讨会,起草和谐创业“杭州共识”。

【市委党校深入社科研究】 中共杭州市委党校出版专著《党政干部淘汰机制研究》和《思维的跨度》2部,共撰写《城郊农民集体维权行动的缘起、方式与机理分析》等论文199篇,发表《乡村秩序的基本逻辑》等论文136篇,其中发表在核心刊物40篇,省级以上刊物发表67篇,被人大报刊复印资料全文转载16篇。

全年承担课题82项。其中完成58项、在研24项。完成课题为国家社科基金项目《城乡结合部突发性群体冲突及对策研究》和《党政干部淘汰机制研究》2项,省社科规划课题《重化工业时期浙江民营经济产业群“重化、优化、绿化”发展的政策导向研究》等10项,省社科联课题《发展绿色能源的市场规则及政府作用》等3项,中央党校调研课题2项,中国行政学院合作基金项目1项,省委党校邓小平理论研究中心课题5项,市规划课题18项,市委市政府主要领导委托课题6项,市委市政府职能部门委托调研课题6项,校级课题5项。2005年新立项课题39项,其中,国家社科基金项目《“先富能人治村”对农村基层党组织建设的挑战及对策研究》和《沿海富村派系演变与村庄权力结构稳定性研究》2项,省社科规划课题《浙江地方政府与非营利组织作用互动机制研究》等6项,省社科联课题2项,中国社会主义学院系统课题1项,全国行政学院院级招标课题1项,杭州市科技情报调研计划项目1项,省委党校邓小平理论研究中心课题7项,市规划课题9项,“和谐创业”专项课题5项,校级课题5项。

科研成果获奖45项。其中,获市第十二届社会科学优秀成果一等奖1项、二等奖2项、三等奖6项,省委党校邓小平理论研究中心优秀课题1项,浙江省党校系统理论研讨会优秀论文一等奖3项、二等奖4项、三等奖2项,市科技情报成果一等奖1项,市党校系统理论研讨会优秀论文一等奖2项、二等奖7项、三等奖4项等。

【杭师院科研创新】 杭州师范学院出台《关于修订杭州师范学院科研管理制度的若干意见》与《杭州师范学院专利工作管理办法(试行)》。全年新立人文社科类科研项目292项。其中,国家哲学社会科学基金项目莫小不的《中国玺印研究》1项,《中国古代小说与戏曲关系史》等部级项目4项;《浙江省新型农村合作医疗制度难点问题研究》等省级项目35项。发表《庄存与春秋学新论》、《南唐故家与西昌文学》等论文800余篇,出版《语言学习概论》、《刑事执行权机制研究》等著作、教材78部。《丰子恺漫画研究》等32项成果获地市级以上政府或学术机构颁发的科研成果奖。

校基础教育实验基地在7所中小学正式挂牌实验,得到了中小学领导和教师的欢迎和好评。承办了全国中外关系史学术研讨会等6个国际或全国学术会议,组织各二级学院举办69场科技学术报告。积极参与省市社科咨询活动,组织20支队伍,并深入到社区、学校、农村举办科技讲座等活动。派出5名科技特派员到乡镇指导科技工作。

重大招标项目有国家最高人民法院重点调研招标课题——《鉴于财产刑执行的调研》,杭州市创文化名城重大工程《中国杭州通鉴》80万元招标课题,教育部人文社科研究项目《中国古代小说与戏曲关系史》及《新时期大学人文教育研究》2项,联合国儿童基金会课题、联合国教科文课题——“基层早期教育专业人员培训指南”及《中国流动人口子女全纳教育的调查与实践项目》2项,还有指标的省级课题35项。

【浙大城市学院科研活动丰富】 浙江大学城市学院全年发表学术论文247篇。在一级期刊和一级学报类期刊上发表《从国立北京艺专论蔡元培美育实践》等论文52篇,《Evolution of organizational culture innovation of Haier group》等29篇论文被国际三大检索系统收录,其中被SCI收录论文14篇、EI收录论文13篇、ISTP收录论文2篇。出版《会展组织与管理》、《人力资源开发与管理》等学术专著10部,其中在国家一级出版社出版6部专著。《春秋时期的祭祀与政治传播》等3项研究成果获杭州市第十二届社科优秀成果奖。该学院被评为浙江省重视教科研先进单位,学院科研部被评为浙江省重视教科研先进集体。承担各类科研项目150余项,其中,承担省社科规划重点及面上项目、全国高等学校教学研究中心、省社科联及杭州市社科规划项目等政府纵向课题19项,承担各类社会合作与委托研究项目100余项,设立学院教师科研基金课题31项。

依托重点学科与重点实验室,推进研究(中心)所的建设,学院设有创业与家族企业研究中心、广播电视研究中心等各类研究机构20余个。与市西博办(杭州市会展办)共同发起成立浙大城市学院会展研究与服务中心(杭州城市会展发展中心)。与浙江大学民营经济研究中心联合发起举办创业与家族企业成长国际研讨会。学院设立、资助了140余项大学生科研计划课题,40名学生科研创新作品在2005年杭州市属高校大学生创新成果评比中获奖,其中一等奖7项、二等奖11项。

城市学院和学院科研部分别被评为浙江省2003~2004年度重视教科研先进单位和教科研先进集体。全年教师出国交流、学术访问75人次,接待外国来访专家、学者及来访学生225人次。与美国、日本、法国、爱尔兰、中国澳门的5所大学建立校际合作关系。招收联合培养研究生20名,在校联合培养研究生合计47名。

【杭职院加强科研管理】 杭州职业技术学院有13个课题申报浙江省教育规划课题,其中4项课题立项。郑健壮的《以“生产力促进中心”为平台,构建高职产学研新模式》课题被浙江省推荐参加教育部重点课题评审,丁学恭的《保险业务在国际贸易中的作用研究》、史征的《热流道及快速成型技术应用研究》2项课题被省教育厅立项。机电系成功申报杭州市科技创新项目,获得科技局8万元资助。院级课题申报2005年度的院级课题在数量上、质量上有较大的进步。申报院级课题数量达到60余项,立项数达到50项。共完成院级以上科研项目16项,公开发表论文152篇,其中郑健壮的论文《战略管理模式与产业集群化发展——

以杭州软件为例》,被《人大报刊资料复印》全文收录。共参编、主编教材24本,专著1本。机电系获浙江省教育科学研究先进集体奖,郑健壮被评为先进个人。

开展“名师讲堂”等活动,邀请省自然科学基金领导宣晓东、教育科学院院长方展画、浙江大学职业教育专家吴学萍等专家,来学院开展咨询、讲座等。学院在杭州市科普周活动中再创佳绩,被授予“优秀组织奖”。出台《杭州职业技术学院纵向课题配套办法》,修改完善《杭州职业技术学院教师科研工作量计算及奖励办法(暂行)》。完善学报的工作程序,《杭州职业技术学院学报》被评为“全国高职院校优秀学报”。

【电大完善科研规章】1月,召开杭州广播电视大学首届科研工作会议,出台《杭州广播电视大学科研工作量考核试行办法》,修订《杭州广播电视大学科研成果奖励办法》。申报哲学社会科学类课题6项,分别为市哲学社会科学规划课题《杭州电大学生宗教信仰问题的调查及对策研究》、《政府在区域经济发展中的作用》;省电大《〈旅游与酒店管理〉实践基地的管理对策研究》、《基于案例分析的商务英语开放教学平台》;杭州市教育局《专兼职学生思政工作队伍建设》、《高校校园文化软硬件建设及活动形式创新》。全年在全国各类学术期刊上发表《名人档案 永载史册》等145篇论文。

【重视教育科学研究】杭州市教育科学研究所全年组织确立年度教育科研规划课题104项,70项新课程专项课题;组织浙江省教育科学2006年度规划课题初评推荐,79项课题被批准立项。组织第二十届教育科研优秀成果评审活动,评出获奖成果120项,其中一等奖11项、二等奖34项、三等奖74项、推广奖1项。组织第二届新课程研究优秀成果的评审,评出获奖成果92项,其中一等奖6项、二等奖16项、三等奖70项。完成浙江省2005年度基础教育优秀科研成果评审的初评,推荐22项成果参加评审,19项成果获奖,其中一等奖5项、二等奖9项、三等奖5项。组织浙江省第五届教育科研先进集体和个人的初评推荐,11个单位(学校)被评为先进集体,20名教师被评为先进个人。

举办“名校集团化战略论坛”、“心理健康教育在学校教育过程的融合”、“德育创新与和谐校园建设”、“长三角”16城市家庭教育指导工作研讨会等10场学术研讨活动,累计参加1800余人次。举办“青少年廉洁教育和社会廉政文化建设”、“国际视野中的教师专业发展”、“教师教育的哲学思考”等8场学术报告会,近2000人次听讲。举办心理辅导高级讲习班等8期培训活动,近1000名教师参加。完成《杭州市名校集团化办学的个案分析和政策建议》等12项调研报告。编印《新课程与学习型组织》、《新课程与学校德育》、《新课程与学校文化》、《新课程与教师教育》等资料,总计约35万字。出版《提升杭州教育竞争力的研究》、《关注教育热点 解析教育现象》、《教师压力管理》、《消融着的冻土带——学校个别心理辅导案例评析》等5本专著;《杭州市名校集团化办学的理论与实践研究报告》在浙江省基础教育优秀科研成果评审中获一等奖。

【建立青少年成长环境监测网】杭州青少年研究所与团市委共同建立“杭州市青少年成长环境监测网——杭州青少年成长发展环境动态调查系统,网址是www.hzqnjc.net。通过200余个监测点获得第1批监测数据,包括8岁~34岁青少年生存的基本状况、生存条件等4个方面。

【举办社区志愿服务论坛】12月26日~27日,由共青团中央主办,杭州市青少年研究所发起和承办的“社区志愿服务与和谐社会杭州论坛”,在杭州黄龙饭店举行。来自中央相关部委、专家学者、志愿服务工作者和社会知名人士约200余人参加论坛。团中央书记处书记王晓、省市领导乔传秀、朱报春、杨耀梁、陈重华等出席开幕式。“构筑和谐社会——城市社区志愿服务工作实践与探索”课题成果由杭州出版社于2005年3月汇集出版,书名为《构建和谐社会的探索——城市社区志愿服务工作实践与探索》,全书25万字。钱永祥、阎素芬合著的论文《在和谐社会构建过程中建构未成年人思想道德建设家庭支持系统的探讨》在团中央主办的首届中国青少年发展论坛暨中国青少年研究会2005年度优秀论文评选中获一等奖。

【注重社科刊物质量】《杭州师范学院学报》(社会科学版)整合学术资源,以特色栏目为重点,建构刊物特色,全年出版正刊6期、增刊1期、共176万字。整合建立“哲学前沿”、“20世纪学术回眸”、“史地新探”、“媒介与大众传播研究”、“20世纪中国文学研究”、“休闲学论坛”、“海外汉学”、“道学研究”、“影视艺术研究”、“语言及其应用研究”等特色专栏。

《中共杭州市委党校学报》全年出刊6期、60余万字。其中,安蓉泉、姚如青的《构建社会主义和谐社会的生动实践——对杭州‘和谐创业’发展模式的分析》,李宗开、周旭霞的《和谐创业发展模式的产业体系与产业发展战略研究》等成果,对推进杭州的经济社会发展具有较高的指导价值;胡序杭的《先富能人治村——农村基层党组织建设面临的新问题及其对策》等多篇文章被人大复印资料等全文或部分转载。

《语文新圃》全年出刊12期、108万字。根据新课标与中学语文改革的要求,加强语文阅读与写作两部分内容,对栏目进行调整,分固定的一级栏目与相对稳定的二级栏目。

《杭州研究》全年出刊4期、45万字。坚持办刊宗旨,保持地方特色,围绕杭州经济、政治、社会、文化开展理论研究和理论宣传。

《英语画刊》(初中、高中旬刊)全年出刊72期,面向国内外高中、初中学生,刊物质量保持全国同类刊物前列,获得国家新闻出版总署、教育部、中宣部联合测评的优秀期刊称号,被列为国家免检期刊。

(周建富)

·商业综述·

【城乡市场繁荣活跃】 2005年,杭州市商贸服务业根据全省发展服务业和流通工作会议提出的工作任务,积极落实加快全市服务业发展大会和全市商贸物流工作会议精神,抢抓机遇,乘势而上,保持了良好的发展态势,城乡市场繁荣活跃。全市实现社会消费品零售总额975.43亿元,比上年增长14%。分行业看,批零贸易业零售额872.01亿元,增长14.4%;餐饮业零售额100.86亿元,增长11.5%。农村消费市场增幅加快。全年市区实现社会消费品零售总额841.47亿元,增长13.9%;5县(市)实现社会消费品零售总额133.97亿元,增长14.6%。城乡市场共同繁荣。杭州市"县以下"农村市场实现社会消费品零售总额49.18亿元,增长12%。商品交易市场规模不断扩大。年末有各类商品交易市场736个;其中年成交额超1亿元的大型市场109个,比上年增加29个。全年市场成交总额1467亿元,增长7.1%。

【现代流通方式快速发展】 年末,全市限额以上连锁零售、餐饮、住宿企业84个,连锁门店2268个,年零售额达到159.12亿元,比上年增长36%,占全部社会消费品零售总额的比重为16.3%。以第三方物流为主的杭州物流市场健康发展,15家省、市重点物流企业发展良好,培育了7个重点联系企业;康桥区域物流业发展和杭州经济技术开发区保税物流中心建设稳步推进;杭州农副产品物流中心、近江冷藏配送中心等一批重大项目动工建设或竣工开业;成功举办了"2005中国杭州国际采购与供应管理论坛"活动及杭港现代物流专题讲座。扶持电子商务发展的力度加大,培育了10个商贸(旅游)电子商务应用示范企业。

【特色街区建设和管理成效显著】 2005年,杭州市围绕"培育特色、规范管理、完善功能、提升品位"的目标,在商业特色街区的建设和规范管理方面取得显著成效。

南山路勾山里的历史文化保护工程、清河坊的高银巷地下停车库、四季青的华夏三期和常青停车场、武林路的鲜花景观建设、文三路的东部软件园广场、梅家坞的新农居点等续建项目相继开工或完成建设。10月10日,汇聚34家国际著名品牌专卖店的湖滨国际名品街成功开街,营业面积达1.8万平方米。

认真落实《杭州市商业特色街区管理暂行办法》,组织和完善街区管理机构,切实加强管理。初步明确了市级特色街区的规划建设方案和管理区域界定;按照城市管理的要求,各街区的市容街景、环境卫生等得到明显改观;诚信服务取得新的成果,武林路、丝绸街和清河坊、南山路分别获得省、市级"百城万店无假货"示范街称号。8条街完善了购物和服务设施导向标志的四国文字标识工作,商业特色街区的文化休闲、观光功能有了增强;国内外游客进入商业特色街区休闲购物的人数不断增多,清河坊、南山路、武林路、丝绸街的旅游人流量已占总量的50%以上。中国步行商业街工作委员会授予清河坊"中国著名商业街"称号,授予丝绸特色街、四季青和文三路"中国特色商业街"称号,授予武林路和南山路为"中国最具升值前景商业街"称号。

【整顿规范商贸市场经济秩序】 为贯彻落实商务部等11个部、委联合印发的《打击商贸活动中欺诈行为专项行动工作方案》和浙江省经济贸易委员会等16个部门《关于转发<打击商贸活动中欺诈行为专项行动工作方案>的通知》精神,市贸易局按照杭州市关于整顿和规范市场经济秩序的部署,2005年先后开展了一系列扎实有效的工作,取得了阶段性成效。

结合"百城万店无假货"和"创塑品牌工程"等活动,举办"倡导诚信兴商、共建和谐社会"主题宣传活动,把"诚信兴商"与促进行业和企业信用制度建设结合起来。联合城管、公安等部门出台《关于杭州市大中型商业零售企业户外促销活动一次性报批的实施意见》,规范零售企业户外促销活动;对商贸企业的大型促销活动进行了专题协调,规范企业的价格促销行为。认真落实市政府办公厅《关于规范商业零售企业进货交易行为的意见》,明确禁止8种不正当的收费行为。针对商业特许经营中出现的新情况,按照《商业特许经营管理办法》的要求,在整治活动的基础上,研究草拟地方性规范和促进特许经营的发展意见,对美容美发等服务行业进行了专项整治。

【杭州被评为全国"三绿工程"达标

城市】2005年,杭州市实施"三绿工程"取得明显成效,被国家商务部等13个部、委评为全国"三绿工程"达标城市,市贸易局荣获全国"三绿工程"先进单位称号。

2002年9月,杭州市被全国"三绿工程"办公室确定为争创全国"三绿工程"示范城市。为使工作有法可依,先后制订颁布了一批相关的法规、规章和地方标准。2003年,市政府确定把创建20家绿色市场作为为民办实事项目之一。2004年,绿色市场创建活动由市区向县(市)延伸。根据消费需求和食品安全工作的发展趋势,培育了一批"菜篮子"商品专卖店,至2005年底共有97家,经营的主要商品获得绿色食品、安全食品和品牌产品的称号。一些农贸市场引进"菜篮子"商品专卖店后,形成了"农+专"的经营模式。经过严格的申报、验收、评定程序,有80家农贸市场、超市、批发市场被评为杭州市绿色市场。

在市场准入方面建立并逐步完善4项制度。产销联防制度。与有关部门一起通过"定对象、签合同、立承诺、保安全、互监督"办法,建立了动物防疫与畜产品安全流通领域联防制度。禁用药物检测制度。凡进入屠宰场待宰的生猪,宰前每批次必须进行禁用药物(瘦肉精)尿检。索证索票追溯制度。凡进入农贸市场、超市和宾馆饭店的鲜肉,必须凭证上市(采购),做到证、物相符。考核制度。定点屠宰厂(场)考核不合格的,实施警示、停业整顿等制度,整改合格后方可屠宰。蔬菜批发市场对重点监控的品种实行市场自检与抽检相结合制度。农贸市场和超市均建立了"放心菜"检测制度。

【乡镇连锁超市发展迅猛】 认真实施省政府提出的"千镇连锁超市,万村放心店工程",乡镇连锁超市发展迅猛。2005年,杭州市有53个乡镇填补了连锁超市(便利店)的空白点,新发展连锁超市(便利店)214家,新增营业面积7.4万平方米,吸纳农村就业2500多人。全市350家乡镇超市(便利店)实现销售额5.9亿元,占全市"县以下"农村消费品零售总额的12%,比上年提高4个百分点。至年底,全市149个乡镇中有119个开设了连锁超市,连锁超市乡镇覆盖率达到79.9%,超额完成省政府65.1%覆盖率的考核目标。杭州市有乡、镇的区、县(市)10个,西湖、拱墅、江干、萧山、余杭、临安、富阳等7个已经完成全覆盖,提前两年实现目标。

【组织实施市区商业网点规划纲要】根据商务部和省经贸委要求,杭州市指导推进各区、县(市)商业网点规划制定和实施。至年底,14个区(管委会)、县(市)的网点规划工作,已有10个编制完成并经所在地政府批准;有2个(下城、下沙)已进入专家论证阶段,2个(淳安、滨江)尚未启动。按照市区商业网点规划纲要对近30个涉外零售企业的布局进行了确认和指导。开展对区、县(市)在建和已立项的3000平方米以上商业项目的统计调查,掌握全市网点发展的基本情况,建立了对20多个已列入省、市重点建设项目的跟踪联系制度。帮助指导下沙、滨江区和休博园等商业服务网点招商对接,组织50多个商贸服务企业在杭州经济技术开发区进行商贸服务业招商对接会。成功举办第三届商铺展,发挥了商铺展作为政府规划引导和企业信息沟通的平台作用。

【72家农贸市场实施农药残留检测】 对全市200个摊位以上的农贸市场配备农药残留检验检测设施,是市政府2005年为民办实事项目之一。为做好这一实事,市贸易局在广泛调查的基础上,制定了《关于建立农贸市场农药残留检测室的实施意见》,提出了工作目标、工作计划和工作措施,确定了工作步骤,排出了各阶段的工作时间表。为更好地服务基层,又制定了《杭州市农贸市场农药残留检测室建设和操作规范要求》,对检测室的硬件设施配置、检测人员配备及检测操作流程等提出了规范性要求。同时,积极做好补助资金、检测人员操作培训等各项保障和服务工作。至年底,市区72家200个摊位以上的农贸市场农药残留检测建设全部完成,检测工作全面展开,检测结果通过"杭州商贸网"向社会公布。萧山、余杭、桐庐等区(县)也结合当地实际,积极推进蔬菜农药残留的检测工作。

【综合整治市区农贸市场】 2005年,市贸易局根据市政府的部署,制定了市区农贸市场整治方案和考核验收标准,明确了整治工作的责任主体,建立了由25名社会义务监督员组成的监督员队伍,加强对各区责任主体整治工作的检查落实。从年初开始,对市区101家农贸市场和53家无证市场进行全面整治,并先后3次对各区农贸市场整治情况进行考核验收。经过一年的硬件设施投入改造和软件管理的规范,市区农贸市场的脏、乱、差问题总体上有了较大改观。各区政府、企业共投入资金3670万元,对一批老市场的地面、柜台、墙面进行整修,增设了家禽屠宰间、卫生间、检测室等配套设施。建立了不同形式的环境卫生

市领导在生鲜超市调研 （市贸易局 供稿）

5月12日，杭州市召开加快农村乡镇连锁超市发展大会。（市贸易局 供稿）

管理制度和岗位责任制，纠正了部分市场擅自改变原定功能的问题，场内通道不畅、周边停车混乱、场外设摊等问题得到改善。通过一年的综合整治，经整治领导小组年终考核，市区101家农贸市场有23家达到优秀，66家合格，1家不合格，另有11家因拆迁等原因暂未验收。

【招商引资成果丰硕】 2005年，杭州市成立了商贸重点项目指导协调小组，建立领导干部项目联系制度和项目指导协调工作制度，加大商贸大项目建设的招商力度，成功地举办了香港·浙江周暨CEPA杭港商贸服务业招商引资活动和杭州（上海）发展现代服务业商务洽谈会，招商引资成果丰硕。外商投资商业领域业态从大型百货、综合超市、仓储式超市逐步向专卖店、中小型零售批发业发展。全年受理外资商贸服务业申报项目39个，注册资金1.16亿美元，合同外资6580万美元。已批项目24个，注册资金7928万美元，合同外资3179万美元。累计批准引进项目30个，注册资金2.22亿美元，合同外资1.06亿美元。据对市区商业外资企业69个独立网点统计，总营业面积24万平方米，实现社会消费品零售额47.86亿元。

湖滨国际名品街开街营业。总投资2500万美元的江干区农副产品集散中心开发项目，总投资500万美元的易初莲花超市项目，总投资3000万美元的萧山经济技术开发区大型综合购物商场项目，总投资1亿美元的余杭沃尔玛会员购物广场项目等在2005年西博会杭州投资合作周外商投资项目签约仪式上签约。杭州富日物流有限公司与台商签订了总投资1.2亿元的物流合作项目。招商引资还引进了大量国际知名品牌，如路易·威登、乔其·阿玛尼、弗拉嘎姆等等。至年底，知名外资商业企业覆盖五种业态，遍布上城、下城、江干、拱墅、西湖区。

【继续深化“放心肉”工程】 市区全年定点屠宰生猪135.01万头，比上年增长9.1%；引进市外品牌冷鲜肉31万头，上市“放心肉”共166.01万头。市“三绿工程”办公室继续加强对市场的巡查和私屠滥宰、未检肉交易等违法行为的打击，出动检查5995人次（其中夜间1729人次），检查市场1103场次，查扣未检肉7吨，取缔未检肉交易点43个（其中私宰窝点2个）。市区及各县（市）城关镇“放心肉”上市率分别达98%和96%以上，乡镇“放心肉”上市率达85%以上。

加大对流通环节重点食品质量安全整治。根据市场肉品流通的现状和发展趋势，先后出台《杭州市鲜猪肉市场准入管理意见》和《关于进一步规范市外鲜猪肉进杭交易行为的通知》两个规范性文件，对市外鲜猪肉进杭销售提出了要求，并对市外9个肉类生产企业进行了现场风险评估。提出《2005年杭州市流通领域重点食品专项检查整治意见》，并分类制订了重点食品专项整治方案。全年抽检市销牛肉135批次，对不合格的按有关规定进行了处罚。

家禽集中屠宰管理工作启动。按照市政府《关于加强杭州市区家禽屠宰检疫管理的实施意见》和《杭州市禽类屠宰加工厂（场）基本技术条件》（标准），市贸易局在上半年会同有关部门对市区申报的两个家禽屠宰场进行了现场指导服务，帮助企业做好整改的同时，对家禽屠宰加工服务费标准进行了多次现场调研、测算，确定检疫检验验讫标志，拟定了市区开展家禽屠宰管理工作的通告，先后组织了市区农贸市场、超市管理人员共150余人进行专题培训。9月10日，市区家禽集中屠宰管理工作正式启动。

继续做好市区定点屠宰厂场的布局调整。根据市区定点屠宰厂（场）布局调整专题会议精神，经多方协调，市区6个定点屠宰厂（场）合作协议和公司章程正式签署，对被撤销定点屠宰场给予补助的具体标准和方式也经市政府专题会议确定后实施。

【6个单位（市场）通过国家级绿色市场认证】 2005年是杭州市开展绿色市场创建的第3年，经企业申请，各区、县（市）推荐，申报杭州市绿色市场的单位共30个。经有关部门联合评审、社会公示，有23个农贸市场（超市）被评为市级绿色市场，“联合康康”连锁店、世纪联华庆春店、东山弄农贸市场、古荡农贸市场、余杭丘山农贸市场、萧山市北农贸市场等6个单位（市场）被推荐申报国家级绿色市场。根据国家绿色市场标准，市贸易局在做好指导、服务、督促整改的同时，专门邀请国家级绿色市场审核员，对申报单位逐个上门指导，并对相关人员进行专门培训。经国家级绿色市场审核小组实地验收，6个申报单位（市场）全部正式通过全国绿色零售市场认证，其中世纪联华庆春店还被评为全国样板市场。

【做好流通领域动物疫病防控工作】 8月10日，市政府召开全市防控猪链球菌病工作会议。为切实做好流通领域猪链球菌病防控工作，构筑食品安全屏障，确保上市肉品安全，市贸易局组织杭州市牲畜屠宰管理所和杭州肉类协会组成两个检查小组，于8月18日~26日对市区及各县(市)的定点屠宰厂(场)进行了专项检查，指导屠宰企业落实各项防控措施，特别是做好从业人员的防护工作。配合市农业、工商、卫生、质监等部门，加强对各环节的监督检查，防控隐患。

2005年，国务院和省、市政府多次部署高致病性禽流感防控工作。为切实做好全市流通领域高致病性禽流感防控，市贸易局会同有关部门加强检查、指导，切实落实各项防控措施。根据省政府提出开展"品牌家禽示范窗口"和"放心禽产品消费店"评选活动并在杭州市区试点的工作要求，市贸易局和有关部门制定了评选标准和评选办法，推荐世纪联华庆春店等6家超市为首批"放心禽产品消费店"。

【推进"放心早点"工程】 2005年，市贸易局根据市政府办公厅等部门《关于鼓励发展便民、便利连锁经营的奖励办法(暂行)》，积极支持发展大众化早点连锁经营门店，对符合条件的2003年以来开设的新丰、知味观等8个大众化早点连锁经营门店奖励24万元。同时，认真落实市委《关于深化"破七难、作贡献"活动，落实解决"七大问题"目标任务的通知》精神，对市区无证早点摊情况进行调查，积极探索早点供应新方式。针对部分地方无证早点摊档有所抬头的情况，借鉴外省、市经验，在下城区进行"集中生产、统一配送、连锁经营"早点供应方式的尝试，制定了《关于切实做好2005年放心早点工作的通知》，并配合有关部门取缔无证摊档。

【评审第三轮商贸特色企业品牌单位和个人】 为打造"游憩购物天堂"，按照企业经营理念和发展方向，巩固和完善企业品牌内涵，丰富和提升服务特色，鼓励更多的新型商贸企业和商贸服务从业人员投身于品牌创塑活动，培育和发展更多、更受群众喜爱的品牌单位和服务品牌个人。根据市贸易局等单位《关于在全市商贸企业实施"创塑品牌"工程的意见》的要求，2005年，开展了杭州市商贸特色企业品牌单位、品牌个人第三轮评审。经各区、县(市)行业主管部门、各行业协会和商贸服务企业推荐，专家和消费者代表初审，杭州商贸品牌评审委员会考评，市政府决定授予杭州百大集团股份有限公司等24个商贸企业第三轮杭州市商贸特色企业品牌称号。同时，经各区、县(市)行业主管部门、商贸服务企业和各行业协会推荐，专家和消费者代表暗访考核，理论考试，评审委员会评审，授予杭州大厦购物中心针纺商场玛丹娜品牌专柜营业员朱冬英等14人第三轮杭州市商贸特色服务品牌个人称号。

【典当业有序发展】 2005年，杭州市典当企业牢固树立风险意识，强化经营风险控制机制，正确把握开拓当源与风险管理的关系，建立健全科学完善的内部管理制度，有效地化解了经营风险，创造了良好的经营业绩。19个典当企业和4个分支机构全年实现典当金额56.6亿元，利润总额4458万元，上缴税收总额1961万元，分别比上年增长35.1%、49.8%和101.3%，在经济建设中发挥了重要作用。

为落实商务部《典当管理办法》，市贸易局建立了定期检查和不定期检查制度，细化重大事件和问题报告制度，强化安全防范措施，加大了对负债、放款、当票等薄弱环节的管理。采取定期例会、随机走访及个别指导等形式，及时掌握典当企业经营动态，并在业务上予以指导。会同市公安局对典当企业的经营行为开展全面检查，对存在问题进行通报并发出整改通知，责令限期整改；组织典当企业负责人学习座谈《典当管理办法》，加深理解，按政策规范运作；还组织50余名典当企业从业人员参加了省有关部门组织的典当专业知识培训。

【二手车市场全面走旺】 随着商务部《二手车流通管理办法》和《汽车贸易政策》相继出台，杭州市二手车市场全面走旺。2005年交易量首次超过5万辆大关，达到5.4万辆，比上年增长25%；其中小轿车2.2万辆，增长36%。实现交易金额23.7亿元，增长98%；其中小轿车14.9亿元，增长2.55倍。

交易行为日趋规范。杭州4家二手车交易市场首次联合开展"'三一五'诚信服务"宣传，向社会公众作出优质服务承诺，"诚信"机制逐步建立。随着生活水平的不断提高，杭州玩车一族越来越多，新车开上一段时间就换成为时尚。这些"新二手车"的不断涌入，为二手车市场提供了丰富的货源。《二手车流通管理办法》取消了二手车交易场所的限制，改变了经营主体单一、交易方式滞后的局面，引入了汽车品牌经销商等经营主体，实现了经营主体多元化，拓宽了二手车市场的发展空间。交易量近三分之一流向市外，尤其是中西部地区，大流通格局逐步形成。《二手车流通管理办法》实施后，市贸易局联络有关管理部门探

9月29日，杭州市举行诚信兴商宣传活动暨百城万店无假货示范点授牌仪式。

(市贸易局 供稿)

索新的管理模式，为杭州市二手车市场稳步发展提供服务。同时，倡导二手车交易市场尝试新的交易方式，开展了新旧汽车联展、旧车展示大型活动和二手车置换业务、二手车拍卖业务、网上交易业务。

【拍卖业绩效双赢】 杭州市全年举行各种拍卖会1934场，比上年增加30%；总成交额首次超过100亿大关，达115.5亿元，增长17.8%。

市贸易局督促拍卖企业学习贯彻执行商务部《拍卖管理办法》，开展了以会代训、考察调研、专家座谈等活动。按照省经贸委的统一部署，从2月初至10月底，对全市所有拍卖企业进行核查，清理了3个有名无实或已审批一年以上但未领取营业执照的企业和5个分公司，对核查过程中存在问题的41个企业提出整改意见，下发了书面整改通知。至年底，有47个企业增加了注册资本金，35个企业根据各自存在的问题进行了整改。通过清理，重新确认核准拍卖经营资格，对合格企业核发了《中华人民共和国拍卖经营批准证书》。在网上建立拍卖企业诚信档案，把在日常经营管理中不规范、有违法经营行为、有恶意竞争、有损行业形象等不良记录的企业在网上公示，接受全社会的监督。开展规范诚信经营、业绩优秀企业评比活动。在要求拍卖从业人员参加各类业务培训班和继续教育的基础上，组织全市170余名拍卖师参加浙江省第二届“十佳拍卖师”竞赛，杭州代表队有4名选手获“十佳拍卖师”称号。拓展拍卖领域，特别是书画艺术品拍卖有了历史性突破，全年成交额12.34亿元，比上年增长2倍，占总成交额的11%。至年底，杭州市所有拍卖企业都设立了自己的网址、网站，利用电子商务这一现代流通服务技术开展征集拍品、寻找拍源、企业促销和宣传公告等活动，应用网络信息技术实施经营和管理，网上拍卖逐渐兴起。

【加强废旧金属回收管理】 2005年，市贸易局建立了杭州市废旧金属回收企业监督管理联席会议制度，商定监管措施和联合行动方案。会同市工商局、公安局、环保局、城管办、城市执法局等部门对废旧金属回收企业进行专项整治，检查废旧金属回收企业93个。在检查中，对无证、无照的回收企业，工商部门当即责令关门停业，待领取营业执照后再开业；对超经营范围收购的，责令更改营业执照；对违规收购或没有按规定进行废旧金属收购登记的，由公安部门按《中华人民共和国治安管理条例》的有关规定进行处罚。加强对从业人员的培训教育，提出依法规范经营行为的要求；积极发挥行业协会的作用，指导行业协会抓好回收企业的自律工作；加强日常检查，会同公安部门进行经常性检查，发现问题及时督促整改。为了避免市区废旧金属回收网点盲目、过度发展，根据《杭州市产业发展导向目录》及市区现有废旧金属回收网点的状况，制订了《杭州市区“十一五”期间废旧金属回收网点布局规划》。

市领导与受表彰的突出贡献商贸服务企业代表及优秀经营者合影

（市贸易局 供稿）

【表彰突出贡献商贸服务企业及优秀经营者】 杭州市商贸服务企业面对开放、竞争的市场环境，奋发有为，创新发展，为全市经济社会发展作出了贡献，涌现出一批优秀企业及其经营者。3月23日，市政府召开全市商贸物流业发展会议，授予杭州联华华商集团公司、杭州大厦有限公司、浙江银泰百货有限公司、杭州百大集团股份有限公司、杭州解百集团股份有限公司、杭州肯德基有限公司等6个企业杭州市2004年度突出贡献商贸服务企业荣誉称号，授予杭州联华华商集团公司董事长蔡兰英、杭州大厦有限公司董事长楼金炎、杭州百大集团股份有限公司董事长董伟平、杭州解百集团股份有限公司董事长周自力、杭州肯德基有限公司董事长戴宁等5人杭州市2004年度突出贡献商贸服务企业优秀经营者荣誉称号，并给予了通报表彰和物质奖励。

【2005年中国（杭州）第三届商铺展览会】 由市贸易局主办，浙江中浙国际展览商务有限公司承办，《中国房地产报》、亚洲人居与地产研究发展中心协办的2005年中国（杭州）第三届商铺展览会于6月17日~19日在浙江世界贸易中心举行，成交额5.2亿元（含意向成交额），预约登记4900余名投资者。国内商业房地产开发商、连锁企业、专业投资者以及创业者逾2万人次观摩了展会。

展会设立城市规划展示区，向广大投资者展示了《杭州市城市总体规划》、《杭州市城市交通站点规划》、《杭州市商业用地规划》和《杭州市区商业网点导向性规划》，以及萧山、余杭、下沙经济开发区、临安市等地的商业网点规划。展会举办了商业企业选址策略研讨会、参展房地产项目推介会和现场商铺投资专家咨询。展会吸引了来自浙江省内及北京、上海、江苏、山东、湖北、海南等地的63家企业参展，展会规模折合标准展位280余个，展出商业地产项目面积约900万平方米。

【2005年中国杭州商业特色街风采

展示活动】由市贸易局、中国步行商业街工作委员会和各区政府（景区管委会）共同主办，各特色街区管委会（指挥部）承办的2005年中国杭州商业特色街风采展示活动于10月18日~25日举行。8条特色街活动的参与人数达362万人次，成交（营业）额15.36亿元，被评为西博会项目金奖。

9月28日，四季青热卖节首先启动，商业特色街风采展示活动开始热身。10月10日，"人间天堂"新湖滨——湖滨国际名品街开街庆典，展示活动序曲奏响。10月18日~25日，先后有商业特色街风采展示活动开幕式、吴山庙会、首届杭州国际跑车名车展、西湖啤酒节、"天堂丝绸"国际论坛、文三路电子竞技活动、第二届"飞鱼牛仔"街舞大赛、武林衣秀——非主流之夜、梅家坞茶乡风情主题摄影大赛等活动。

这次商业特色街风采展示活动，商家参与积极性高涨，政府投入减少，市场化运作程度提高。8条特色街活动中政府拨款的只有4条，金额为60万元，比上年减少57%。南山路活动总支出300万元，其中292万元为市场化运作。

表25　2005年杭州市销售额超亿元定点商场经营情况

单位：万元

商场名称	销售总额(含税)	利润总额
杭州大厦购物中心	215 821.5	27 513.0
浙江银泰百货	190 043.5	17 329.6
杭州百货大楼	136 738.0	8 466.5
杭州解放路百货商店	124 545.0	11 839.6
杭州元华商场百货有限公司	247 56.4	-1 700.8
富阳百货大楼	25 047.8	608.4

表26　2005年杭州市区定点连锁经营企业销售情况

单位：万元

企业名称	零售额
杭州联华华商集团有限公司（世纪联华）	244 759.0
麦德龙杭州江干商场	40 599.6
杭州顶仁乐购超市德胜店	31 677.1
杭州物美大卖场	42 555.2
杭州好又多超市黄龙店	17 254.1
可的便利店	12 917.2
北京华联超市	13 409.6
上海华联超市杭州公司	4 869.4
杭州华东大药房	5 417.2

【2005年中国（杭州）美食节】2005年中国（杭州）美食节包括四大活动。一是10月28日~11月3日举办的"五丰冷食"中华名小吃展销。共设展位288个，汇集了外国和全国各地包括港澳台地区的特色小吃，参展城市60余个，参展品种600余种，7天的人流量40.5万人次，营业额1620万元，是西博会历时时间长、人气旺、群众参与度高的项目。小吃展上具有异国风味的小吃品种50余种，其中有不少是由外国人亲手制作的。二是10月29日~10月30日举办的"劲霸·詹王杯"首届江南烹饪大赛。来自浙江、江苏、江西、安徽、上海等省（市）20个城市的近200名选手参加了角逐。三是4月~10月举行的杭州市宾馆餐饮名店评选活动。这项活动历时半年，最终评出35家宾馆餐饮名店。四是5月~12月举行的杭州餐饮大师、名师评定活动。共评出39名杭州烹饪大师、3名杭州烹饪名师。

【第三届中国杭州国际旅游（休闲）商品博览会】11月3日~7日，由市旅委、市贸易局、市外办、中国国际贸易促进委员会杭州分会共同主办的第三届中国杭州国际旅游（休闲）商品博览会在杭州和平国际会展中心举行。展会接待专业客商3000人次，市民、游客8.8万人次，协议成交额4151万元，意向成交额5582万元，批发、零售额2664万元，总交易额突破1.2亿元。参加展会的有来自日本、韩国、尼泊尔等国友好城市，香港、台湾和广东、广西、新疆、江苏、安徽、上海、北京、深圳、福州等省（市、自治区）200多个企业的近万种旅游休闲商品。

【中国（杭州）当代茶馆经营发展论坛】4月16日，由杭州市人民政府、中国国际茶文化研究会、中国茶叶学会主办，市贸易局承办的"茶与城市——'康师傅'中国（杭州）当代茶馆经营发展论坛"在杭州举行。论坛汇聚了来自16个省（市），38个城市的74家茶馆代表，还邀请了美国、加拿大、新加坡、捷克、日本等国家，以及中国香港、澳门、台湾地区的行业代表。论坛形成相关文章50余篇，编印了《当代茶馆》会刊，展示了国内外近百家茶馆的风采。论坛受到西湖国际茶文化博览会组委会的充分肯定，被评为二等奖。

市贸易局还协助杭州西湖风景名胜区管委会承办了"茶文化嘉年华"活动，包括杭州名茶楼展示、茶艺表演、现场炒茶表演、茶知识咨询等。全市有30家茶馆在白堤搭台，向市民和游客展示表演茶艺。

（茅益聚）

·商业资产经营·

【商业资产经营概况】2005年，杭州商业资产经营公司努力推进传统商业向现代商业转型，经济增长的质量和效益得到明显提高。全系统实现销售（营业）成交额185亿元，比上年增长11%。实现税利10.2亿元，增长12%；其中实现利润6.8亿元，增长12.8%。

优势企业在向现代商业转型中增强了市场竞争力。系统各企业以市场为导向，抓住机遇，努力提高经营水平。杭州联华华商集团有限公司以提升企业核心竞争能力为目标，以坚持区域领先、扩大规模优势、三大业态协调发展为策略，加快网点发展速度，提高网点发展质量，全年销售额比上年增长34%。杭州解百集团股份有限公司坚持做强做精现代百货、发挥主业经营优势的方针，全面实施品牌战略，提高了市场地位，扩大了有效销售。杭州饮食服务有限公司以消费需求为导向，不断推出餐饮创新品种，努力提高餐饮业品位和企业管理水平，实现营业收入继续大幅增长。

营销的科学性不断提高。各企业着眼于市场和顾客，学习、运用现代营销方式，提高经营效益。杭州豆制食品有限公司由原来的“坚持保障市场供应”的经营思想转换到“弘扬大豆文化，造福百姓健康“的品牌经营理念，锲而不舍地推进和深化品牌创建工作，取得了以品牌建设引导消费的效果。杭州联合肉类集团有限公司通过请市民代表参观“联合康康”品牌的优质生猪屠宰现场和外销分割肉生产线等措施，以诚信经营赢得了市场和消费者，实现了利润翻番。杭州解百集团股份有限公司把商场定位与城市定位有机结合，同时注重市场调查，探索销售规律，把握时机开展不同形式的营销活动，经营业绩稳步提升。

继续推进企业产权结构优化和深化经营机制转换。2005年先后完成对物资总公司及相关单位和茅廊巷副食品商行、海丰西餐社等企业的歇业改制工作，改善和优化了资产结构。对已改制的小型零售企业，进行专题调查，认真分析这些企业在经营发展中遇到的困难和问题，实施分类指导，以深化劳动用工制度改革为重点，增强企业经营活力。杭州木材有限公司、杭州金龙集团有限公司等企业深化内部改革，取得了明显成效。各企业以建立与市场接轨的经营管理机制为目标，不断完善企业运作机制和法人治理结构，自主创新能力逐步增强。

努力完善科学管理体系。各企业把建立、完善科学管理体系作为实现向现代商业转型、提高核心竞争力的重要手段，转变管理理念，创新管理方式，提高管理水平。杭州饮食服务有限公司以建立现代餐饮企业为目标，以点带面，全面实施“五常”管理，餐饮企业作坊式的管理方法得到了改变。杭州食品酿造有限公司坚持管理创新，以实施“5S”管理为突破口，企业的质量管理、成本管理和安全管理水平明显提高。运用信息化管理手段，提高管理效能。杭州五丰冷食有限公司实施企业资源计划系统，增强了企业动态运行控制能力，降低了生产成本。杭州联华华商集团有限公司在开发商、供应商的配合下完成VSS系统上线运行，提高了企业的经营效率。杭州解百集团股份有限公司、杭州蔬菜有限公司、杭州红波无线电有限公司等企业在计算机信息开发和利用方面都迈出了可喜的步伐。为了更好地实现资源共享，杭州商业资产经营公司在2005年还开通了“现代商业”信息网站。

积极探索企业文化建设新路子。各企业运用各种有效方法和载体，对员工加强价值观念的引导，形成奋发进取、和谐创业的良好氛围。杭州联华华商集团有限公司根据公司年轻人多的特点，开展丰富多彩的文化体育活动，2005年还建立员工业务技能培训点14个，开展各类培训430次，受训1.1万人次。杭州解百集团股份有限公司把抽象的文化理念与企业经营有机结合起来，提高员工对企业文化建设的认识水平、理解程度和参与热情，全年举办富有特色的培训和学习活动83场次，参训人员达1.09万人次。杭州饮食服务有限公司举办外来员工表彰联欢会，把企业的文化理念与对员工的关爱融合在一起，生动体现了公司的蓬勃生机和创新精神，产生了很强的企业凝聚力。杭州解百集团股份有限公司、杭州联合肉类集团公司和杭州豆制食品有限公司被评为杭州市“十五”期间职工教育先进单位。

【实现税利超过10亿元】 杭州商业资产经营公司以推动企业的不断发展壮大为中心，在生产经营中发挥企业的自身优势，加快传统商业向现代商业的转型步伐；市场需求为导向，加强企业营销力度，加快品牌创建步伐；转换企业内部经营机制，企业的抗经济波动能力和抗风险能力不断增强，经济运行质量和经济效益明显提高。2005年，许多企业实现利润创历史新高，全系统实现税利超过10亿元大关，达到10.2亿元，涌现出一批在全省及全国同行业或同类企业中居领先地位的优势企业。

【妥善安置分流职工】 根据企业的发展需要，杭州商业资产经营公司在2005年对原茅廊巷副食品商行和海丰西餐社进行歇业改制。实施过程中，杭州商业资产经营公司及相关的杭州蔬菜有限公司和杭州饮食服务有限公司从稳定、发展的高度出发，坚持构建和谐社会的指导思想，按政策规范运作，注重调查研究，依法维护职工权益。有关领导到改制企业宣讲政策，深入细致地做好职工的思想工作，切实帮助困难职工解决实际问题。两企业歇业共分流职工138名，均得到妥善安置，无一人上访。 （徐建中）

【关爱外来员工】 杭州商业资产经营公司系统企业使用外来劳动力已占用工总数的40%左右，各企业都把外来员工视为企业团队中平等的一员，实施人性化管理。不但在签订劳动合同、缴纳社会保险金、薪酬福利等方面严格按政策规定办理，并且从生活上给以帮助，精神上给以关心。许多企业通过召开外来员工座谈会，倾听他们对企业的要求，了解他们的实际困难，热心帮助他们解决子女上学、户口迁移等具体问题，解除他们的后顾之忧。杭州饮食服务有限公司等单位针对外来员工住房困难、在杭生活成本较高的情况，通过调研测算，专门出台了住房补贴政策。杭州服装(集团)有限公司等单位配备专人全面负责外来员工的集体宿舍管理，为他们提供安全舒适的生活环境，还建立职工之家，组织各类活动，丰富外来员工的业余文化生活。 （赵 敏）

【五丰冷食公司获中国商业科技创新企业称号】 杭州五丰冷食有限公司学习国际先进的管理经验，2003年投资800余万元全面实施ERP(企业资源计划)项目。经一年多时间，应用ERP系统中财务、分销、制造、采购、人力资源等模块，为企业全面预算管理、开发人力资源提供了信息支撑平台，为企业对市场整体了解和快速反应提供了保障。ERP系统的成功应用，不仅提高了企业的市场竞争力，而且在全国食品制造行业树立了良好的形象。在全国轻工业企业信息化建设交流大会上，五丰冷食公司代表杭州市企业在会上介绍了经验。2005年,五丰冷食公司先后被中国轻工业联合会评为全国轻工业企业信息化先进单位,被中国商业联合会评为中国商业科技创新企业。 (吴志刚)

【联合康康连锁店通过国家绿色市场认证】 杭州联合肉类集团有限公司所属联合康康分公司实施差异化营销策略,强化品牌建设,严格质量管理。2003年以来,按照《农副产品绿色零售市场》(GB/T19211—2003)标准,制定销售网络管理、质量监管等4个连锁经营管理工作流程图,完善商品管理制度、供应商管理制度、连锁经营信用管理制度等32项相关制度,制作了进货检验、消费者投诉记录表等17张管理表单,使管理水平不断提高,品牌形象得到了确立。2005年11月,联合康康连锁专卖店一次通过中国食品恒信(北京)质量论证中心的绿色市场认证,成为浙江首家通过国家绿色市场认证的专卖店。 (王 澜)

【杭州盐业公司整体划转省盐业集团】 根据浙江省人民政府《关于做好深化全省盐业管理体制改革的通知》和浙江省人民政府国有资产监督管理委员会《关于做好浙江省盐业国有资产无偿划转工作的通知》精神,经浙江省人民政府国有资产监督管理委员会批准,杭州盐业公司及所属企业于2005年8月整体划转给浙江省盐业集团管理。杭州盐业公司是一家从事盐业经营的国有独资企业,原隶属于杭州商业资产经营公司,主要负责杭州市区盐及盐化产品供应及销售。 (杨 伟)

【举办银企关系研讨会】 11月16日,杭州商业资产经营公司与杭州市青年企业家协会共同主办了银行信贷与银企关系研讨会。解百集团、开元旅业集团、东方通信公司等杭州知名企业高层管理人员,浙江大学的学者,杭州青春创业俱乐部骨干成员,多家银行及媒体代表共50多人参加了会议。研讨会就企业贷款政策新动向、银行对受资方的调查重点、企业对银行业务创新的需求、产业项目投资分析及选择、新形势下银企关系等议题展开了热烈的讨论。并就企业、银行在融资过程中各自关注的重点进行了充分的沟通,就国内金融行业全面开放后的金融产品创新开展了对话。会议对加强银企合作、促进企业发展起到了积极的推动作用。 (李 竞)

【《中国商报》高度评价杭州商业改革】 2月4日,《中国商报》在市场周刊头版以6000多字的篇幅刊登了题为《杭州商业为国企改革闯出一片新天地》的长篇通讯,充分肯定杭州商业资产经营公司从实际出发进行不同形式的企业改制,高度评价企业快速发展和国有资产保值增值的成就。该文从"角色的转换——从领导到老板加保姆"、"改制之路——艰难而富有勇气的探索"、"引导与服务——增强竞争力,创造亲和力"、"没有了隶属,为什么还愿被'领导'——纽带从何而来"等4个方面介绍公司以勇于探索、敢于实践的锐意进取精神走出一条破解"进退之惑"的成功之路的情况,为如今杭州的商业繁盛、和谐平安写下了浓墨重彩的一笔。

【出台劳动模范管理工作意见】 为更好地发挥各级劳动模范爱岗敬业、拼搏奉献的示范带头作用,大力弘扬劳模的优秀品质,更好地维护劳模的权益,营造学习劳模、尊重劳模、关爱劳模、争当劳模的良好社会风尚,促进劳模管理工作的规范化、制度化,杭州商业资产经营公司党委于12月出台《关于做好劳动模范管理工作的意见》,对劳模的评选推荐、日常管理、帮扶救助和离退休待遇保障提出了一系列具体规定。公司建立劳模管委会,宣传劳模的先进事迹和优秀品质,以劳模品牌带动职工经济技术创新;明确了为劳模服务、维护劳模权益的各项具体措施;对加强劳模培养、建立后备劳模人才库、建立劳模档案提出了要求。

【组团参加食品博览会】 由商务部和浙江省政府主办,以"推动食品安全与科学发展"为主题的2005年中国食品博览会,于9月21日~23日在宁波国际会展中心举行。全国有16个省、市、自治区的1400多个企业参展,汇集了一大批食品龙头企业和国家、省、市名优品牌产品。杭州商业资产经营公司作为杭州展团之一,组织联合肉类集团、五丰冷食、东南面粉、西湖味精、食品酿造、豆制食品有限公司等11个食品生产企业的上百个品种在这次博览会亮相,让区域性的产品走向全国各地。杭州商业资产经营公司围绕"创放心品牌、兴健康消费、立诚信形象、建服务大市"这一主题,对展厅进行了精心设计装修,集中展示了知味观的小笼、豆制食品公司的兰花豆腐干、联合肉类集团的联合康康冷鲜肉和肉制食品、采芝斋的小糕点等特色品牌产品。展销期间,参观者、洽谈者络绎不绝,11个企业接待各地客商上百家,知味观、采芝斋、粮油公司所带的包装食品、特色糕点以及天赐牌大米样品在最后一天均被普通消费者抢购一空。

【开发宁波"颐和名苑"楼盘】 杭州商业资产经营公司所属杭州国大房产开发公司、商业储运有限公司于2004年底共同组建宁波国力房地产开发有限公司,开发宁波"颐和名苑"房产项目。"颐和名苑"位于宁波市江北区洪塘街道,总建筑面积约16万平方米,楼盘模型自从2005年宁波第十届住博会上亮相后,在宁波市民中产生了良好的影响。宁波国力房地产开发公司还致力于为业主着想,开展"我用金钥匙,换你金点子"活动,广大消费者积极参与,从不同角度对小区开发提出了很好的建议。宁波国力房地产开发公司和有关建设单位表示,要将"颐和名苑"建设成为宁波洪塘区域高尚住宅的亮点工程。 (张鑫浩)

【整治农贸市场成绩斐然】 2005年,杭州商业资产经营公司根据市委、市政府综合治理市区农贸市场的工作部署,先后投入资金500多万元,对公司系统农贸市场进行全方位的整治。公司以《杭州市市区农贸市场综合验收标准》和创建全国文明城市检查标准为要求,坚持整治工作与提升市场经营管理水平相结合,与市场品牌建设和发展相结合,踏踏实实确保每一项工作落到实处。全年完成拱宸桥农贸市场的整体搬迁重建,朝晖、松木场、察院前、庆春农贸市场的大面积改造,以及半山、石桥、茅廊巷农贸市场的部分设施改造，有效地改善了这些农贸市场长期存在的“脏、乱、差”状况，经营环境、经营格局、经营秩序明显改观。公司系统被列入整治考核的5家农贸市场在杭州市农贸市场综合整治验收中取得骄人成绩，2家被评为优秀，3家达标，受到整治验收部门和广大消费者的一致好评。（施黎明）

【解百形成时尚休闲经营特色】2005年，杭州解百集团股份有限公司紧紧围绕“精致生活，休闲人生”的经营定位，注重商品品牌的经营和服务品牌的创新，逐步形成时尚休闲的经营特色，推动传统百货向现代百货转型。根据经营定位和消费需求趋势，加大品牌引进的力度，对一些能够提升经营档次和品位的高档化妆品、穿着类品牌更是倾注全力，全年引进新品牌专柜200余个，其中国内外知名休闲、时尚品牌近50个。利用现代信息技术，建立品牌监督机制，对所经营的品牌实行优胜劣汰，全年清退品牌200余个。通过调整，经营定位更加清晰，品牌经营氛围更加浓郁，达到了优化品牌结构，改善经营形象，提升经营业绩的目的。积极参与市场竞争，推广企业形象，倡导休闲、时尚的生活方式。与时尚知名人士吴海燕联手打造的“流行趋势发布”这一解百独创的营销品牌，得到了深化和提升。特别是举办“时尚设计与现代百货”论坛，开创了现代百货商场开设时尚论坛的先河，搭建起设计师、供应商与市场之间理念碰撞的平台。注重从细微处入手，扩展服务内涵，提升服务品质，打响寓亲切、周到、专业于一体的“CAP”服务品牌，努力为消费者提供人性化、精细化的服务和休闲、舒适的购物环境，进一步锁定目标消费群。2005年，解百荣获“全国商业服务业十佳企业”、“中国商业科技创新企业”、“全国商业诚信企业”、“全国商业顾客满意企业”等荣誉称号。（陶晓方）

【世纪联华庆春店获全国绿色零售市场样板单位殊荣】为确保食品质量安全，提高商贸行业文明服务水平，打造绿色消费市场，世纪联华庆春店自2004年下半年被列入浙江省首批争创全国绿色零售市场示范单位后，切实加强争创工作，专门成立了“计量、质量、物价”三信管理网络，各部门设立兼职“三信”员，形成管理网络，明确职责，责任到人，严格按照《农副产品绿色零售市场》标准实施。完善商品准入标准，严格规范管理，保障消费者在超市买到放心、满意的商品；加强业务培训、提高专业素质，在各环节上及时发现并制止假冒伪劣商品进入超市；全程把关、保证质量，对蔬果的验收实行统一检测农药残余量，销毁不合格产品；优化环境、完善设施，在省技术监督局和农业厅的指导下安装了商品安全条码现场查验设备，方便消费者监督和查询。以名优产品引导消费，引进联合康康冷鲜肉、中大有机蔬菜等优质农产品220多种。贯彻落实“商品质量先行负责制”，认真处理消费者投诉，维护消费者的合法权益。这些有效措施的全面实施，获得了社会各界的好评和认同，取得了良好的社会效应。2005年11月，世纪联华庆春店被国家三绿工程办公室命名为全国绿色零售市场样板单位。

整治改造后的拱宸桥农贸市场　　（杭州商业资产经营公司 供稿）

【杭城首家超大型地下购物广场开业】在连锁超市加快网点发展，争夺网点资源日益激烈的新形势下，杭州联华华商集团有限公司打破长期以来以租赁方式发展的传统模式，2004年9月，投入1.8亿元，以购置物业的方式一举买下运河文化广场地下商城，完成了世纪联华在杭州城区南北东西的战略布局。2005年12月，世纪联华运河购物广场开业，总面积2.5万平方米，成为杭城首家超大型地下购物广场，其中超市经营面积1.5万平方米，经营品种近5万种；精品百货经营面积1万平方米，包括时尚淑女馆、极限运动馆、都市休闲馆、亮丽女鞋馆、医药保健馆、家庭园艺馆、儿童天地及特色餐厅等。为适应消费者购物停车需要，开设了近1万平方米的大型地下停车场，使消费者能轻松实现一站式的购物享受。世纪联华运河购物广场的开业，在一定程度上改变了区域商业格局，填补了杭州本土商业在城北的网点布局空白，有效改善了城北居民的购物环境，促进了城北商业的快速发展，也为世纪联华在城北的连片发展奠定了良好基础。（杨　政）

【杭州蔬菜批发交易市场销售量超70万吨】2005年，杭州蔬菜有限公司三里亭分公司（杭州蔬菜批发交易市场）经营在连年攀升的基础上再创历史新高，销售成交量70.59万吨，比上年增长8.8%；成交额15.17亿元，增长23%。成为华东地区蔬菜交易的重要集散地和蔬菜交易量最大、交易额最高的专业蔬菜批发市场之一。利用场地优势，挖掘市场经营潜力，是交易量不断扩大的根本。首先是把握好淡旺季经营节奏。抓好冬旺和节日经营，使冬笋及反季节蔬菜等重点商品保持成交优势；拓展淡季和灾期经营，在台风频繁的三季度，针对本地及周边地区蔬菜上市量减少的情况，积极引进外地蔬菜。其次是实施同一品种的多区域引进。由于蔬菜生长有较强的季节性，利用中国南北气候差异较大的特点，对同一品种的货源一年四季由南到北多区域轮换引进，交替上市。延长商品在市场成交的时间，突破"按季应市"规律，促进成交量不断扩大。再次是培育新的货源和拓展重点品种经营。根据消费变化，组织适销、优质货源，重点商品经营比重增幅较大，全年成交额5000万元以上的品种有8个，达5.7亿元，占客菜总成交额的45%左右。市场还实现本地菜全天成交，深入萧山、余杭、下沙、富阳、临安等产地，召开菜农座谈会，分发宣传资料，听取他们的意见，本地菜成交量从原来的月均200余吨，增加至近1万吨。（李斌武）

【食品酿造公司开展"5S"管理活动】杭州食品酿造有限公司是浙江省规模最大的酿造调味品和中秋月饼生产企业，拥有"湖羊"牌酿造酱油、"双鱼"牌酿造食醋、"五味和"牌中秋月饼等省市名牌产品及著名商标，所生产的酱油、米醋为"国家免检产品"。为确保并不断提高产品质量，改善工作环境，建立良好的作业规范，继2003年导入ISO 9001质量管理体系并经认证后，于2005年全面推进以"整理、整顿、清扫、清洁、素养"为主要内容的"5S"管理活动。抓培训。先干部，后群众，使全体员工清楚了解"5S"管理的主要内容和要求。抓组织。成立推进"5S"管理活动领导小组，就"5S"管理活动的目的、方针、目标、要求、方法和工作步骤作出具体部署，要求所属单位和各部门因地制宜，注重创新，务求实效。外单位来公司联系工作，对办公场所的整洁、整齐、明亮，有耳目一新之感。西湖酒厂对生产现场全面整理、整顿、清扫，明确标识，各类工具摆放有序，生产环境明显改善。抓考核。"5S"管理必须持之以恒，以潜移默化的方式，制约惰性。公司制定了考核办法，年末对优秀的单位和个人予以奖励，对考评末位的予以批评处罚。通过"5S"管理活动，公司在培养起良好工作规范的同时，有效提升了管理水平。（郑展南）

世纪联华地下购物广场入口处　　（杭州商业资产经营公司 供稿）

【"鸿光浪花"品牌国内领先】以"弘扬大豆文化，造福百姓健康"为经营理念的杭州豆制食品有限公司，把"安全放心"和"有益健康"作为2005年品牌建设主题，投入近200万元用于产品开发和技术改造，实现品牌升级。经国家绿色食品办公室和国家大豆行动计划推广中心考核，公司传统豆制品5类产品的25个品种被许可使用国家大豆行动计划产品标志，是省内唯一的全国首批生产国家大豆行动计划标志产品的企业；9大系列20个产品通过中国绿色食品发展中心的绿色食品认证，被认定为A级绿色食品；"鸿光浪花"豆饮料产品获得食品质量安全市场准入认证。公司成为杭州市豆制品行业唯一的企业技术中心，公司起草的浙江省地方标准《散装及预包装豆制品质量安全要求》经省质量技术监督局批准于6月在全省实施。品牌升级推进了公司产品畅销，全年投料（大豆）近1.5万吨，销售额首破1亿元大关，经营规模继续名列全国豆制品行业前茅。（费　华）

·饮食服务业·

【餐饮业零售额超过100亿元】近5年来，杭州市餐饮业销售额平均增幅在20%以上，大大高于其他行业的增长率。2005年销售额100.86亿元，首次超过100亿元，比上年增长11.5%。

老字号名店展现新气象。杭州饮食服务有限公司属下的知味观、杭州酒家、奎元馆、太子楼、天香楼等导入先进的"五常"管理，设立百万元创新菜奖励基金，开展春季好口味、秋季好滋味等活动，受到消费者好评。

景区餐馆"村村点火，处处冒烟"。继藕香居、知味观·味庄、汉尊之后，醉白楼、粤煌阁、花园餐厅、老正兴、龙井草堂等店纷纷开张，吸引了众多"吃环境、吃档次"的休闲客。

餐馆呈现更多个性特色。伊家鲜云水餐厅·酒吧问世，西湖春天、新张生记、金玲珑等店纷纷开设粤式早午茶。

大店小店齐头并进。花中城、红泥、张生记、新开元、知味观、杭州酒家等大店销售额依然增长，小店表现得更加活跃，水牛石、严州府、戴记农庄、川浙会、川味观、外婆家等店生意红火，名声鹊起。市民的餐饮消费趋于理性，商务、宴请宾客、年夜饭等选择著名大店，而日常小聚则选择路边小店。

大型餐馆朝着产业化方向发展。加工和配送中心的建立，包装食品的增加，年夜饭套餐的得宠，使传统餐饮业开辟了新领域。

【旅店业平均入住率略有下降】2005年，全市有星级宾馆200余家，不少三星级和四星级宾馆装修后升星，在建的五星级宾馆达8家。宾馆升星后，有的效益有所提高，比如五洋、最佳西方梅苑等；有的与原先持平，如华辰国际、马可波罗等。

国有宾馆改制继续进行，赞成宾馆、友好饭店相继拍卖改制，赞成宾馆成为股份制企业，友好饭店由滨江房地产公司经营。

旅店业连续几年的效益增长局面面临拐点，全年平均入住率65%，比上年略有下降，幅度在5%左右。虽然入住率有所下降，但星级宾馆平均房价上扬，多数店家效益与上年持平。

现有宾馆的经营者普遍感到生意不如往年好做，主要原因是新的旅店增加太多。新的旅店以简易型、经济型为主，大多数是由原先的办公楼、厂房改建，其房价适合大众消费。此外，在满觉陇、赤山埠、茅家埠等地的农居房屋开设了很多旅店，因为价格便宜，而且在景区，所以吸引了不少自费散客，造成了旅客的分流。

【洗染业竞争激烈】2005年，全市洗染门店在400家以上。连锁经营发展迅猛，伊尔萨、大佳等洗染公司的门店分别多达20余家，这些门店基本上是自营的。台商经营的象王洗染店的加盟店也有7家。一些老牌的洗染店如康华、吉祥发展不快。大型宾馆的洗染部门不少对外营业，小街小巷里无证的小型洗染店越来越多。洗染业竞争更加激烈。

洗染业面临的问题是水电费涨价、房租涨价、员工劳务涨价，导致成本提高。送来洗染的衣物假冒伪劣产品比例上升，造成衣物损耗，投诉增多，赔偿增加。因此，尽管洗染价格比上年上涨了20%左右，但大型洗染店效益仍然下降。

【酒吧增多】杭州酒吧行业协会在2004年成立，2005年有会员企业56个，全市约有酒吧和歌舞厅、夜总会等娱乐企业200余个。

市区的酒吧集中在南山路、北山路等毗邻景区的地段，娱乐企业分布在保俶路、庆春路、黄龙体育中心一带，多数设在高星级宾馆里。2005年新开的酒吧有伊家鲜云水酒吧、SOS歌厅、帝豪等。

南山路的酒吧由于停车制约，导致客源分流，效益下滑，酒吧一条街经营状况面临困境。

【咖啡西餐业健康发展】2005年，全市加入咖啡西餐协会的企业有30余个，新开设的咖啡馆、西餐馆有绿茵阁、龙舍、之江饭店博意等。由于消费者的兴趣逐渐提高，所以西餐馆、咖啡馆总量增加，尤其是两岸咖啡连锁店猛增。

咖啡馆、西餐馆分布以星级宾馆和景区为主，特别是市区的南山路一带居多。很多咖啡馆兼营西式简餐，西餐馆当然少不了咖啡。有的西餐馆甚至还经营炒螺蛳之类的中菜，说明杭州某些西餐馆不是严格意义的西餐馆，而是接近休闲吧之类的消费场所。经营者之所以灵活变通，主要是为了吸引更多的顾客。

西餐馆比较注重环境和氛围，人气不如中餐馆兴旺，但多数店家经营状况良好，因为西餐的利润较高。宾馆里的西餐馆以雷迪森、凯悦、华辰国际、友好饭店、香格里拉等店较为出名，经常举办的美食节、合理的价格得到年轻消费者的青睐。

【茶楼业日趋兴旺】随着“中国茶都”落户杭州，2005年茶楼业扩展迅速，全市茶馆从800家增加到1000余家，新店主要分布在市区的杨公堤、梅家坞、茅家埠、龙井村等新开辟和新整治的景区。这些地方经过整治，环境、农居焕然一新，风景优美，交通和停车方便，适合品茗休闲。加上很多农家将房屋出租给乐于和善于经营的人经营，使茶馆上了一个档次。这些茶馆把喝茶和就餐结合在一起，一般消费者在这里一坐就是一天，人均消费额40元左右。

有些大型茶馆也进入了景区，茅家埠的醉白楼在开出两幢楼餐馆的同时开出了一幢楼的茶馆，著名的和茶馆进驻了石屋洞的景区茶室。

湖畔居、十八棵御茶园等高品位茶馆推出了杭州传统名菜，把喝茶和就餐结合在一起，这和农家茶楼有点接近，但二者档次不同，接待的消费群不同，前者以外宾和商务客为主。

社区茶馆遍地开花，几乎每个社区都开设了茶馆，最便宜的仅3元钱一客。这些茶馆虽然简易，但方便居民，尤其是退休人员。有的还开辟英语角、阅览室、棋牌室，热闹异常，深受市民欢迎。

【家政业服务范围逐步扩大】2005年底，全市注册登记的家政公司有1150余家，但由于家政服务业涉及面广，且行业尚无明确界定，因此实际数量远大于此。据工商部门介绍，登记的个体家政业人员达上万人，有的经常在服务，有的只是挂名。

一些著名的家政公司逐步进入综合性、规模化、品牌化的发展道路，三替公司、巾帼家政、便民服务公司等建立了自己的网站，服务比较规范，虽然收费比“游击队”略高，但生意兴旺。

家政业的经营服务范围迅速扩大，如三替公司已经建立了10个分公司，在保洁、搬家、保姆等传统家政业之外，还涉足园林、机修、秘书、网购等等。五洋宾馆的家政公司服务还扩展到温州、宁波等外地，从业人员多达1500人，比宾馆主业多出4倍。

【足浴业发展迅猛】杭州市原有的沐浴行业协会已经消亡，2005年成立了足浴行业协会，有会员企业30余个。足浴连锁经营发展迅猛，象豪园、佳优子、姗娜娜等著名足浴公司连锁店多达几十家，有的在外地的加盟店亦多达几十家。连锁经营有利于品牌树立，服务规范。

足浴业员工收入高于家政业、餐饮业、旅店业，月平均工资在1500元以上。（夏　天）

【美容美发业实施专项整治】10月26日，杭州市美容美发行业专项整治活动拉开序幕。在专项整治会议上，白虹美观·克丽缇娜护肤连锁、阿伟美发、侨治发型、金芭蕾美仪培训学校、帅维尔美容美发院等企业负责人表示要诚信待客，杜绝欺诈行为。杭州市美发美容行业协会向全市美容美发企业发出《倡议书》，要求美容美发企业按有关规定自查自纠，积极投入优质服务活动。会后，行业协会采取走访、电话联系、书面汇报等形式，检查了解企业专项整治情况，努力使专项整治工作落到实处。（魏靖芳）

【设立百万元创新菜奖励基金】4月11日，杭州饮食服务有限公司下发《关于建立实施创新菜点开发激励机制的意见》,设立创新菜奖励基金100万元,对创新菜肴的厨师和服务人员进行奖励。年内用于奖励研发人员和促销人员奖金31.71万元,极大地提高了员工的创新积极性。杭州饮服业这一举措,开了全国餐饮界先河,各大媒体纷纷报道,给予高度评价。

【全面推行"五常"管理】 7月18日起,杭州饮食服务有限公司组织全系统员工进行以"常组织、常整顿、常清洁、常规范、常自律"为主要内容的培训,"五常"管理全面推行。确定了知味观、杭州酒家、太子楼为公司实施"五常"的示范单位,率先实施"五常"管理,以点带面,推动了整个系统"五常"管理工作的全面铺开。至年底,系统内90%以上的员工通过了"五常"培训考核,企业的环境、效率、形象都有了较大的改观和提升。 (王有发)

【社会名人青睐知味观·味庄】 5月12日,原中共中央政治局委员、国务院副总理钱其琛,在省委常委、市委书记王国平的陪同下考察知味观·味庄。钱其琛称赞味庄环境优雅怡人,菜肴精美,服务细致周到,愉快地与大家一起合影留念。

9月24日,中国大学生电影节在杭启幕,著名导演谢晋、艺术大师韩美林、香港著名演员曾志伟等作客味庄,群星荟萃。曾志伟赞叹:"亭台楼阁、小桥流水,此景如诗如画,杭州天堂有如此精致而不失大气的餐厅,来此用餐真是一种享受。"谢晋说,味庄的虾爆鳝背是他25年来在杭州吃到的最好的一次。韩美林兴致勃勃地为味庄留下了墨宝。

(邓 燕 陆晓利)

【组团参加首届中国餐饮业博览会】 10月17日~21日,杭州餐饮业代表团一行30余人赴成都参加由国家商务部主办的2005中国餐饮业博览会。在餐饮业发展成就展上,杭州展区引起各地代表的广泛关注,成为人气最旺的展台之一,获得这届餐博会组委会颁发的最佳展台奖。

(许 新)

【杭州菜享誉巴黎】 7月,在法国巴黎举行的中国美食节上,杭州菜登台亮相,令外国同行大开眼界。

这届中国美食节为时一周,杭州菜在第一天进行表演。杭州酒家的中国烹饪大师王仁孝现场制作了西湖醋鱼、龙井虾仁、干炸响铃、金牌小笼包、糯米素烧鹅等杭州名菜和名点,在自助酒会上一上桌就被抢吃一空。

中央电视台、香港凤凰台、法新社等媒体记者采访了王仁孝等杭州厨师。法国同行希望进一步合作,扩大中国菜影响,提升中国菜形象。王仁孝表示,在杭州的中国菜创新研究院愿意竭诚与法国同行交流,让历史悠久的中国饮食文化在法国发扬光大。 (芦 菡)

【举行市级面点师服务师技能大赛】 8月25日,第七届(2005)中国杭州西湖博览会支持项目暨杭州市市级中式面点师、餐厅服务员技能大赛开赛,来自全市餐饮行业的近百名选手参加。经过激烈角逐,知味观面点师叶玉莺制作的五香牛头酥、水晶墨鱼饺等创新品种以其逼真的造型、清爽的口感荣获第一名,星都宾馆餐厅服务员陈丽女获餐厅服务比武第一名。 (严晓红)

【开展"老字号·新菜点"活动】 4月19日和9月13日,杭州饮食服务有限公司分别开展了以"老字号·新菜点"为主题的春季好口味和秋季好滋味创新菜活动,重拳出击2005年春、秋季市场。公司所属6个老字号餐饮企业联袂推出了100多只创新菜,凸现了时令性强、新颖度好、手法多样、定位准确等特点,展现了这些企业在激烈的市场竞争中以变应变不断创新的姿态,吸引了一定的消费人群,同时催生了新的经济增长点,经济效益和社会效益不断提高。 (王有发)

【肯德基全力打造素快餐】 一向以油炸产品为主打的洋快餐也改走"素食"路线了。8月,杭州肯德基有限公司宣布,将全力打造以蔬菜为主的均衡营养新快餐,并倡议同行加入这一行列,共同打造一个符合新时代人类需求和中国国情的新快餐。

肯德基打造的新快餐,保留了传统洋快餐的优点:顺应现代人的生活节奏,提供快速便捷的餐饮;采取工业化、标准化生产,产品质量统一稳定。但不像传统洋快餐那样以油炸食品为主,高热量、高脂肪、少蔬菜。相对而言,传统洋快餐的产品终年不变,缺少创新;新快餐则将不断推出新产品,包括短期上市的产品,让消费者常吃常新;传统洋快餐鼓励消费者多吃,新快餐通过均衡搭配的套餐组合,引导消费者适量、均衡进食。 (吴启蕾)

【知味观新开精品点心屋】 9月16日,位于知味观一楼大厅东侧的精品点心屋开门迎客。

知味观的传统点心历史悠久,闻名杭城,深受市民和各地游客的追捧,成为知味观的金字招牌。为开拓点心经营的新领域,提高知味观点心的口味和档次,营造高雅的消费氛围,满足不同层次的消费需求,开设了一个面积280余平方米、餐位100只的精品点心屋,供应由中国点心大师、名师精心制作的50余种精品点心、20余种精致小菜和16种各地名菜。精品屋推出的点心和小菜突出了一个"精"字,精美原料、精心制作、精细服务组成了精品点心屋的特色。 (王正平)

【杭州酒家推出50味经典怀旧菜】 11月1日,百年老店杭州酒家推出50味经典怀旧菜,深受市民欢迎。

上个世纪50年代,杭州曾评出36只杭州人最喜欢的传统名菜,而有杭州特色的传统菜远不止这36只。这些传统菜,绝大部分是流行在当年百姓家餐桌上的、逢年过节时吃的鲞扣鸡、全家福、咸笃鲜等。随着生活环境、原料来源、日常烹饪方法的改变,它们已渐渐淡出人们的视线。素以经营杭帮菜著称的杭州酒家,在新潮菜新口味令人应接不暇的同时推出怀旧菜,是为了让"老杭州"再品当年的家乡美味,让未曾品尝过这类美味的"新杭州"尝个新。 (王有发)

【展示珍稀食用菌与创新菜】 12月1日,杭州烹饪协会、杭州食用菌协会联手在杭州酒家举行珍稀食用菌与创新菜展示会。

近年来,食用菌生产发展迅猛,

"高效珍稀食用菌技术推广与深加工"列入了国家级星火计划,多种食用菌,多吃食用菌,成为农民脱贫致富、丰富绿色食品市场、促进消费者健康的有效途径之一。尤其是在香菇等传统食用菌之外,珍稀食用菌脱颖而出,如鸡腿菇、白灵菇、秀珍菇、杏鲍菇、小白菇、蟹味菇、茶树菇等,年销售量达2000吨。这些食用菌在餐馆里使用较多,但做出的菜肴品种不多,主要是菌菇汤。如能把食用菌做出更多的美味佳肴,就能开辟更大的市场。

在这次展示会上,知味观、杭州酒家、奎元馆、太子楼等11家餐馆研制了40余道食用菌创新菜,运用煎、炒、爆、炸、炖等各类厨艺,烹制出鹅肝酱酿杏鲍菇、江湖上素、干煸茶树菇、天鹅戏水等色香味形俱佳的菜肴。 (芦　茼)

【国际饭店与餐馆协会首席执行官考察杭州菜】 11月4日,由国际饭店与餐馆协会首席执行官大卫·麦克梅林率领的国际饭店与餐馆协会考察团,在省委副书记夏宝龙、中国饭店协会会长韩明的陪同下,来到杭州酒家,考察杭州传统名菜。

当服务员端上杭州特色冷盘"醉蟹"时,从不吃生海鲜的麦克梅林开始只是好奇地用筷子蘸了点汁尝尝,一试鲜味就赞不绝口。当服务员打开圆圆的泥巴团"叫化童鸡"时,一股酥香扑鼻而来。麦克梅林说,世界各地都能吃到各种方法烹制的鸡,可没想到,鸡能做出这么好的味道。考察团的国际餐饮业同行尽情享受鲜美菜肴,纷纷赞叹中国烹饪技艺的神秘。

国际饭店与餐馆协会一行还考察了2005中国(杭州)美食节,并与杭州市人民政府、中国饭店协会举行了工作会谈,签订了三方共同主办2006中国(杭州)国际美食节的合作意向书。

【烹饪大师赴欧洲4国表演技艺】 11月11日~25日,国际烹饪艺术大师、杭州酒家总经理胡忠英,中国烹饪大师、奎元馆总经理王政宏等一行6人,赴法国、荷兰、西班牙、比利时等欧洲四国进行烹饪技艺表演,制作了西湖醋鱼、叫化童鸡、龙井虾仁、东坡焖肉、鸡汁银鳕鱼、蟹黄鱼茸蛋、铁板肥牛卷、拨丝水果、松子鳜鱼、宋嫂鱼羹等20多只杭州名菜。精彩的表演、精湛的技艺使外国朋友惊叹不已,提高了杭州菜在欧洲的知名度。 (熊棠玉)

省委副书记夏宝龙(右)向考察团赠送餐饮画册 (杭州饮食服务有限公司 供稿)

·粮油商业·

【粮油商业概况】 2005年,杭州市认真贯彻落实国务院颁布的《粮食流通管理条例》(以下简称《条例》),做好依法行政工作,努力提高全社会粮食流通管理水平。全年审批发放25个企业的粮食收购许可资格证,至年底全市具有粮食收购资格的企业有52个;实施全社会、全行业粮食流通统计,统计单位已发展到84个;加强市场监管,对最低粮食周转和最低成品粮库存情况进行检查,开展粮食行业食品安全信用体系建设试点的有关工作;制订粮食行政流通监督检查和执法的办事指南、工作职责等制度,检查粮食经营企业(经营者)的经营台帐和库存粮食质量。

完善粮食应急预案。市粮食局为提高粮食应急预案启动时的反应能力,举行了粮食安全应急预案二级预警演练。市区应急粮食供应点、应急加工和运输企业实行定点挂牌,进一步明确应急企业的责任。

粮食购销工作有新的举措。按照"政府引导、部门协调、企业为主、市场运作"的原则,粮食部门通过订单延伸、建立基地等形式,积极探索粮食产销合作新思路。全年从省外购进粮食153.78万吨,达全市产需缺口的75.6%,履约率90%。积极开展"订单粮食"。签订省内订单合同3.2万吨,省外订单合同4000吨,至年底订单粮食收购3.6万吨。针对晚稻受病虫害、台风影响,粮食质量下降,农民种粮成本增加的情况,为保护农民利益,坚持敞开收购,确保晚稻收购工作顺利完成,全市入库粮食5.47万吨。

粮食市场管理规范有序。粮食批发市场运行正常,对年经营量达到一定规模,并依法经营的企业和个人,政府给予表彰和奖励。对粮油市场增加投入,改善交易环境,提高服务水平,全年成交粮油总量143.81万吨,成交量逐年增长。市场管理规范。按照《条例》的要求加强粮油市场管理,同时发挥粮食行业协会作用,深入开展"放心粮油"进社区活动。继续抓好军粮供应,强化质量监督,实施统一配送,受到驻杭部队的欢迎和好评。

粮食仓储等基础设施建设成效明显。严格按《条例》要求,执行粮食入库和出库检验制度,继续开展争创"星级粮库"活动,通过粮油安全大普查、安全生产检查和粮仓季度鉴定,完善储备粮管理办法,管住管好各级储备粮。加强粮食仓储等基础设施建设,完成半山粮库扩建工程,全市中心库建设全部到位,同时做好市县储备粮集并。加强对粮食保管员的业务培训,提高保粮队伍素质和保粮水平,推广运用计算机台账管理、计算机测温测湿、机械通风等先进保粮技术，提高储备粮管理水平。

【建设粮食物流中心】 杭州粮食物流中心项目位于杭州余杭区良渚镇勾庄，规划建设用地41.13公顷，总建筑面积约24万平方米，总投资估算8.5亿元，包括公共服务区、粮油交易区、仓储区、加工区。该项目经省发改委批准列入省重点建设项目，并被国家发改委列入2004年流通业结构调整国债项目。建成后将成为集储运、加工、交易、信息“四位一体”的区域性粮食物流中心，年交易额预计可达30亿元。按照“整体规划、分块实施、政府主导、市场运作”的要求，由省、市和余杭区联合投资组建公司，2005年项目规划、征地、拆迁等前期工作已全面启动。该项目的实施对于保障杭州市粮食安全，促进粮食物流业发展，增强粮食宏观调控能力具有重要意义。

【军粮供应中心荣获全国先进】 7月，杭州市军粮供应中心被国家粮食局、财政部、中国人民解放军总后勤部授予全国军粮供应管理先进单位荣誉称号。近几年来，市粮食局强化“五种意识”(责任意识、质量意识、管理意识、监督意识、服务意识)，坚持“五个确保”(确保政策、确保质量、确保制度、确保稳定、确保服务)，对全市军粮供应实行“五个统一”(统一筹措、统一加工、统一检测、统一包装、统一配送)，确保驻杭部队指战员能够吃上“放心粮油”。

【切实做好粮食行政执法工作】 为正确行使粮食行政管理部门依法行政的职能，市粮食局在2005年成立粮食行政执法领导小组，下设办公室，具体实施粮食流通执法检查。制订有关粮食行政执法的工作职责及规章制度，指导和规范粮食行政执法人员的工作。整理出版《粮食行政执法文件汇编》，供全市粮食加工、储存、经营企业及粮食批发市场经营户学习。制订粮食行政执法工作计划，采取定期和不定期检查相结合的方式，有计划、有重点地开展粮食流通行政执法检查。11月，市政府法制办明确市粮食局具有行政处罚实施主体资格后，年底组织有关执法人员开展了一次以批发市场、粮油经营公司、超市为主要检查点的粮食行政执法检查，维护粮食流通的正常秩序。

杭州市密山粮食收储基地　　(市粮食局 供稿)

【密山粮食收储基地一期工程竣工】 杭州市在黑龙江省密山市建设粮食收储基地项目经杭州市政府同意，由杭州市粮食局于4月与密山市政府签订合作备忘录，杭州市粮食收储公司与密山市新源织布厂签订资产转让合同书。基地建设方案经杭州市政府批准于8月初动工，主体工程于11月1日竣工。基地一期工程建设粮食总仓容1.5万吨，日烘干粮食能力300吨，并修缮了库区围墙、部分办公楼和有关配套设施，引进了民营企业日处理稻谷100吨的加工生产线一条。

建成后的杭州市密山粮食收储基地将利用当地充足的粮食资源、灵敏的供求信息、便利的交通运输等优势，积极开展粮食收购、烘干、储存、中转发运等各项业务，为杭州市输送粮源。同时，杭州市也可通过粮食收储基地控制收购粮食质量，降低储存成本和风险，缓解杭州本地粮食仓容紧张的矛盾，更有效地确保粮食安全。

【杭州在粮食主产区建立粮食基地已达4万多公顷】 杭州市粮食部门和有关企业加强与粮食主产区的合作，建立形式多样的产加销协作关系，积极探索粮食产销合作新思路。至2005年底，杭州市在粮食主产区建立的粮食基地已达4万多公顷。其中，杭州恒天面粉公司在江苏、安徽、河南等地建立2.67万公顷小麦和水稻生产基地，杭州紫香食品集团公司在黑龙江省宝清县建立6667公顷粮食生产基地，余杭粮油加工有限公司与黑龙江省鸡东县合作建立6667公顷优质水稻生产基地，萧山区粮食购销公司在安徽省望江县建立666.67公顷粮食生产基地。

【举行粮食应急预案演练】 10月28日，杭州市举行了粮食安全应急预案二级预警演练。根据《杭州市区粮食应急预案实施细则》要求，通过对预案各环节具体事项、粮食需求分析、粮食筹措和运送等方面的演练，分别提出市场监控、新闻发布、组织供应、粮食收购、安排加工、组织运输、市场管理、后勤保障等方案。在详细测算的基础上制订具体的粮源准备、运输、供应时间和流向安排、供应价格，以及信息保障、通信保障、交通保障、物资保障等方面的措施，确保市场粮食应急供应各环节的操作及时有效。

这次演练是模拟粮食市场异常波动、粮食供不应求解决办法的一次有益的尝试，标志着杭州市粮食安全应急管理工作逐步迈向了规范化管理轨道。通过演练，完善了粮食安全应急预案的合理性和可操作性，提高了粮食行政管理部门在粮食应急预案启动时的应急反应能力。

【食品安全信用体系建设试点启动】

2005年，杭州市根据国家食品药品监督管理局等部门制定的《关于加快食品安全信用体系建设的若干指导意见》和《浙江省食品安全信用体系建设试点工作方案》，在粮食、肉类、儿童食品三大行业开展食品安全信用体系建设试点，该项工作被列入杭州市政府为民办实事项目之一。粮食行业的试点工作由市粮食局牵头，农业、贸易、卫生、工商、质监、环保等部门按职责分工配合，制定下发了《杭州市粮食行业食品安全信用体系建设试点工作方案》。杭州市粮食收储有限公司、东南面粉有限责任公司、冰灯米业有限公司、杭州市油脂有限公司、杭州江南粮油批发交易市场等10个粮食行业试点企业参加了杭州市食品安全信用体系建设试点工作培训。粮食行业食品安全信用体系建设试点工作分启动、实施、总结三个阶段，于2006年6月底前完成。

【首批杭产有机大米面世】 经国家有关部门鉴定的首批杭产有机大米，于2月初投放杭州市场，销售火爆。

这批由余杭粮油加工有限公司加工生产的有机大米，产自该公司在黑龙江省鸡东县的优质水稻生产基地。水稻田的土地无任何农药残留，并建有专门的灌溉设施和农田防护林，作物生长过程中使用经过熟化处理的有机肥，采用人工除草、鸭子治虫等，不使用农药、化肥、激素等物质，各项指标均通过国家农业部检验机构的抽检认证，并达到当前国际上通用的最高农产品认证级别。由于首批大米供不应求，该公司每月在杭州市场投售约150吨有机大米，年内在主城区开设了3家专卖店，并已进入大型超市销售。

(何　震)

·烟草专卖·

【烟草专卖概况】 2005年，杭州市烟草专卖局(公司)以迎接全省、全国烟草行业网建现场会为契机，开展按客户订单组织货源试点，整体推进网络建设，稳步提升经济运行质量，专卖管理内外兼修，精神文明建设再上台阶，圆满完成了各项目标任务，被省委、省政府评为2005年度省级文明单位，还荣获省烟草专卖局(公司)的多项表彰:订单试点、网络建设、精神文明建设、财务管理、信息化建设工作分别获全省烟草行业一等奖，安全保卫和经济运行分别获全省二、三等奖。全年批发销售卷烟31.5万箱，比上年增长6.2%；卷烟销售收入51.83亿元，增长12.7%；实现税利14.1亿元，增长14.2%；实现利润11.17亿元，增长13.6%。

杭州烟草呼叫中心　　(市烟草专卖局 供稿)

【网络建设整体推进】 "杭烟网"建设坚持上下联动、整体推进，运行质量得到全面提升。实现了呼叫集中和优化。3月，萧山呼叫中心率先加入市本级，拉开了全市呼叫集中统一的帷幕。年底，富阳率先尝试打破区域呼叫。全市呼叫集中以后，坐席员从80名下降至50名。实现了物流整合。上半年，杭州烟草物流配送中心搬迁至沈家村基地，新的厂房、设备和精细化的管理，提高了全市一体化大配送的运作水平。下半年，在市本级、余杭、建德和淳安试点推行跨区域送货，并在余杭开展物流新包装试点。实现了投诉集中。成立全市统一的客户服务热线，实行24小时电话受理。建立局长(经理)接待日制度，市、县两级领导现场处理当日客户投诉问题。建立了卷烟销售网络应急服务系统应急电话，进行多次网络运行应急方案演练，进一步提高了网络应急能力。

【专卖市场管理有章有序】 2005年，杭州烟草专卖管理在继续加大外部监管力度，提高市场净化率的同时，注重自律，进一步发挥诚信管理的积极作用。在市场净化方面，坚持打击地下售假网络和日常监管并重，强化基础管理，联合城管执法，实行"查、处"分离，加强考核。全市实现卷烟市场净化率98.8%，查获5万元以上卷烟销假案件63起，其中50万元以上3起，100万元以上2起；立案侦察起诉23起，被判刑30人。取缔异地卷烟经营户809家，占应取缔总数的93.7%；对1778家无证经营户进行分类整治，有效遏制了市场售假行为。在内部自律方面，严格实施省烟草专卖局(公司)统一开展的专项治理卷烟体外循环工作，每季度组织一次全市自查和复查；建立杭州烟草行业内部专卖管理监督实施细则以及4个配套管理制度；积极推行批零互动诚信自律体系建设，形成烟草专卖局、烟草公司、卷烟经营户三方面平等互动，共建诚信市场的局面。　(徐文栋)

湖畔居

乙亥仲春 程十发题

湖畔阁夜景

杭州湖畔居茶楼于 1998 年开业，为杭州市西湖风景名胜区管委会、市园文局直属单位。近八年来，茶楼始终以“树立西湖窗口形象，提供一流优质服务”为宗旨，在社会上赢得了很高的声誉。

上有天堂，下有苏杭。天堂有美景，美景透茶香。龙井茶、虎跑水，世人誉为“西湖双绝”。连岗三面，在水一方。登上三面临湖的湖畔居茶楼，西湖的湖光秀色尽收眼底。

湖畔居——留有年届九旬北京大学终身教授张中行的品茶漫题；有普通市民为杭州、为西湖的发展和建设留下的问计卓言；有来自海内外各国友人对中国茶文化的赞誉；有台湾名流秦汉、凌峰对美景茶香留下的依恋……

湖畔居——有闻名中外的特级西湖狮峰龙井茶；有中国茶叶博物馆认定质量的全国各地各类 100 余种名茶、工夫茶，且用纯天然虎跑泉水冲泡；有中外各式花茶，韵味独特的江南茶宴；有各具特色精湛的各式茶艺表演和江南丝竹；还有独具古今特色的各类茶壶、茶具。

湖畔居——有举办 200 人以上的会议及婚宴场地；有 2 人~30 人设施一流的各式包厢；有沐浴阳光下、亲近西湖水的乐园露天茶座；有精心制作上百品种茶点、茶食的自助茶吧。

湖畔居，欢迎您！

室内雅间

露天茶座

饮食焦点

杭州新蕉叶餐饮有限公司

蕉叶饮食集团，凭着特色的经营理念，出色的泰国风味菜肴，赢得了广大消费者的好评。经过多年发展，规模不断扩大，在全国主要城市(包括北京、杭州、成都、深圳、广州、上海、西安、太原)均有分店，深受各地顾客喜爱。

“蕉叶”的装修极具热带风情，入眼即是小桥流水，青藤绿叶，满目苍翠，犹如进入原始森林。还有泰式的藤式椅子、屋脊翘角、镂空花窗、泰式佛像……处处充满着原汁原味的泰国环境氛围。

冬阴海鲜窝

奶猪酿糯米饭

咖喱皇炒蟹

尽在蕉叶

“蕉叶”始终以追求快乐、美味、健康、品质 四大主题为宗旨。菜肴作品多次获得大奖。其中咖喱皇炒蟹、香辣腰果炒大虾双双获第十五届广州美食节奖；脆皮烧奶猪酿糯米饭、冬阴海鲜窝、碳烧猪颈肉荣获第十六届广州美食节金奖。杭州新蕉叶餐饮有限公司被杭州市政府评为 2005 年度来杭投资企业先进单位。

香辣腰果炒大虾

原汁菠萝海鲜焗饭

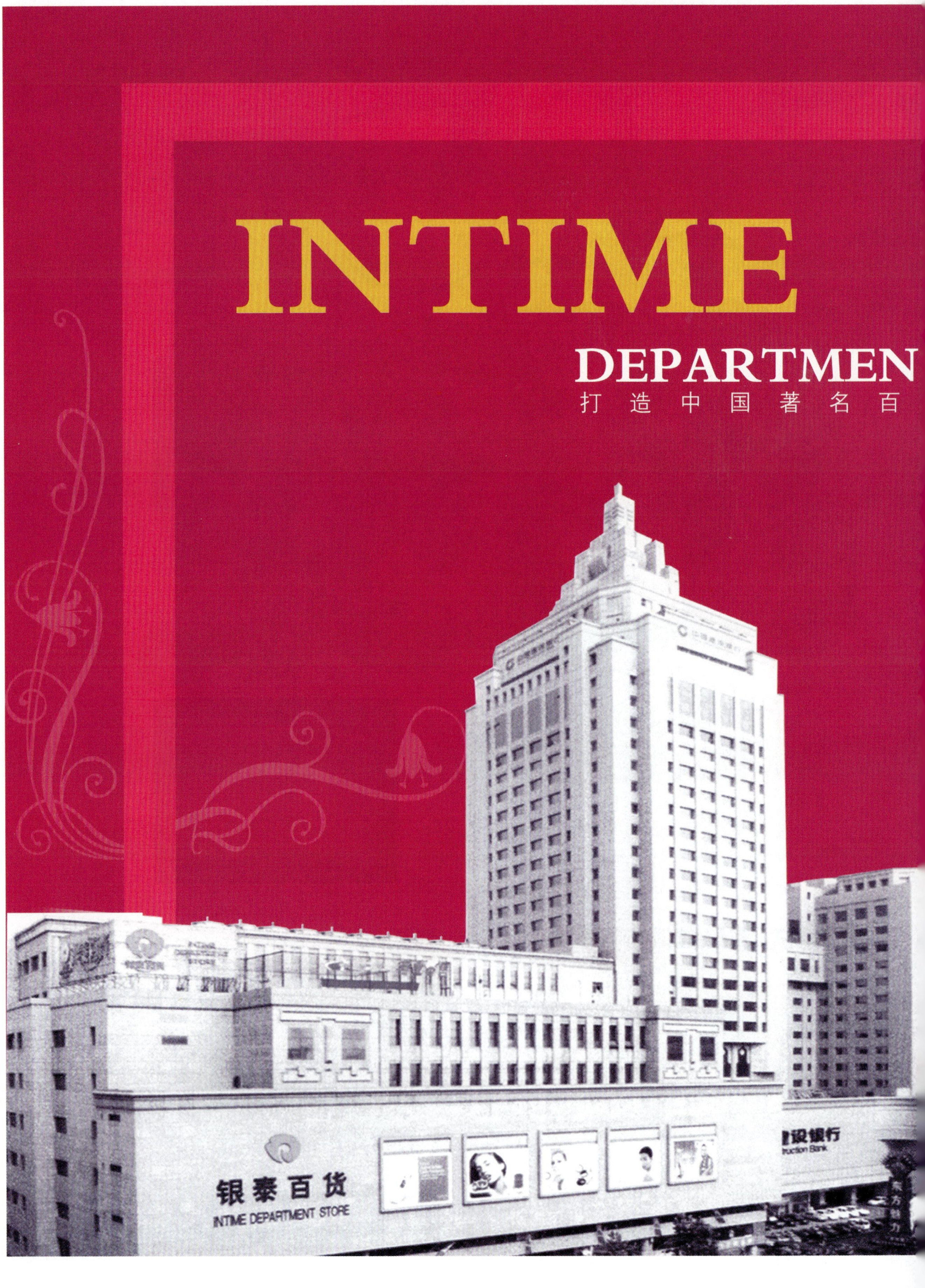
INTIME
DEPARTMEN
打 造 中 国 著 名 百
银泰百货
INTIME DEPARTMENT STORE
建设银行

TOPE
锁 企 业

银泰百货是中国银泰投资有限公司(以下简称中国银泰)旗下的自有百货品牌，银泰百货集团是以百货零售业为主营业务的百货零售企业。该企业以年轻人和新型家庭为主要客群，致力于与供应商共同发展，全面共赢；致力于中国城市时尚文化建设，树立年轻活力、时尚品位的百货形象，引领流行趋势，为顾客创造高附加值。

银泰百货经过几年的发展，已创造出良好的业绩，各门店均取得很好的经济效益和社会效益，形成了全国性的百货集团公司的架构。集团参、控股的企业共有 15 家大型百货店，在杭州、宁波、重庆、温州、金华等地拥有多家大型百货店。在浙江省商业零售业统计中，银泰百货(包括杭州和宁波)连续五年居百货业零售额第一。

2005 年，银泰百货引入美国华平投资集团作为战略发展伙伴，引入国外先进的管理理念和国际资本市场的运作方式，扩大百货业务经营，增设连锁店铺，发展连锁企业。通过兼并收购快速扩张成长，在重要核心城市占据控制稀有的最佳商业网点，创造无法复制的竞争优势。2004 年下半年以来，银泰百货积极与国内商业企业接洽合作事宜，目前有多个项目已经进入实质性的操作阶段。

今后 3 年~5 年，是银泰商业发展的重要时期。为应对国内零售业的激烈竞争，以及国外零售业大举进入中国市场的新形势，进一步确立银泰百货的行业领先地位，集团将按照“积极参与重组国营百货店，有条件开设新的百货店”的战略发展方向，通过自营式发展和投资式发展，打造商业旗舰，发展规模经济，加强与供应商的战略合作，使银泰百货集团成为中国一流时尚连锁百货集团，在亚太地区成为具有一定影响力的零售企业。

www.intime.com.cn

杭州联合肉类集团有限公司

HANGZHOU UNITED MEAT GROUP CO.,LTD.

杭州联合肉类集团有限公司于2001年10月改制建立，是一个大型肉类食品加工、冷藏经营企业（始建于1958年）。公司所属企业23个，其中直属分公司10个，控股子公司13个，公司注册资本5000万元，2005年末企业本级总资产3.83亿元，净资产1.84亿元。2005年销售收入6亿元，各类商品成交额20亿元，实现利润5009万元。

近几年来，集团公司顺应市场经济发展规律，对企业内部经济结构进行调整，形成了冷藏业、屠宰加工业、肉类食品生产经营共同发展的格局。主要产品有白条肉、分割肉、肉制品、速冻食品及以连锁营销的“联合康康”品牌冷鲜肉等。

集团公司先后被评为全国定点屠宰先进企业，全国“绿色生产线”示范单位，中国肉类行业50强，全国工业肉制品及副产品加工行业效益十佳，浙江省商业名牌企业，杭州市农业龙头企业。

集团公司坚持“做专、做精、做强”的经营理念，努力发展成为优质猪源市场控制能力强，相关产业互相协同，内销外贸相互支持，销售网络健全，具有整体竞争优势的产业集团。

党委书记、董事长：陈炳炎

总经理：陈宝良

·人才市场·

【人才市场概况】杭州市人才开发中心全年组织1.2万个企事业单位参加各种形式的人才招聘活动，应聘择业的专业技术人才、经营管理人才和高校毕业生65.3万人次。代理1619个企事业单位专业技术人才和经营管理人才的人事关系，代管50255名流动人员的人事档案，促进了杭州的人才流动工作和经济社会发展，为杭州实施“建经济强市，创文化名城”发展战略提供了有力的人才保障和智力支持。杭州人才市场被浙江省工商行政管理局评为“三星级文明规范市场”，并获杭州市第七届(2005)西湖博览会优秀组织奖。

【举办人才招聘活动】面对杭州经济社会快速发展对人才需求日益增长的新形势，市人才开发中心增强大局意识、竞争意识和服务意识，改进工作方法，提高服务质量，积极举办各种形式的人才招聘活动。全年组织举办人才交流集市142场(次)，1074个企事业单位参加集市，接待登记各类人才26.5万人次，其中7.4万人次达成择业意向。

根据人才供需双方选人择业的需要，组织举办杭州高校毕业生就业招聘会、杭州春季人才交流大会和第七届(2005)西湖博览会杭州人才交流大会，2045个企事业单位参会，接待登记各类人才30.5万人次，其中9.6万人次达成择业意向。

组织人才信息张榜招聘，有3878个企事业单位在杭州人才市场信息大厅发布3.4万个工作岗位的需求信息，应聘人数和达成择业意向人数分别比上年增长17.6%和13.9%。

【加强人才网站建设】市人才开发中心加强人才网站硬件建设，配置先进的网络设备，增加新的业务内容，加强售后服务。至年末，人才库总量达到35万人，其中新增14.6万人。网上招聘单位8000余个，比上年增长13.1%。7月15日~8月15日，举办“首届‘长三角’地区大中城市网上人才招聘大会”，1056个用人单位面向社会公开招聘3.2万名专业技术人才和管理人才，涉及1.1万个岗位。259万人次访问杭州人才网，应聘88.3万人次，通过杭州人才网向招聘单位在线申请岗位的应聘者4.9万人次。网站全年平均日访问量7.4万人次，年访问量2700万人次。杭州人才网在全国政府人才类网站中排列第2位。

【促进高校毕业生就业】市人才开发中心把营造高校毕业生就业服务环境作为合理配置整体性人才资源的大事来抓，积极做好毕业生供需信息的收集，通过人才网把市区3030个用人单位、3.8万个需求岗位及时向社会发布；通过新闻媒体广泛宣传毕业生就业政策、就业技巧，印发毕业生就业网操作须知和毕业生报到须知等资料，派员到浙江工业大学、浙江理工大学和浙江工商大学等高校开展就业指导。全年举办应届高校毕业生就业招聘会、杭州市区未就业毕业生公益性就业专场等5场(次)。建立大学生实习基地，与浙江大学、浙江教育发展中心、浙江三联学院联合举办3场公益性大学生实习供需洽谈会。全年市区(不含萧山、余杭区)接收非师范类毕业生27630名，比上年增长30.7%；其中博士生109名、硕士生1673名、本科生15294名、大专生10267名，中专生287名。

【开展高级人才评聘】市人才开发中心调整内设工作部门，充实相关工作人员，成立杭州市企业高级经营管理人才评价顾问团，与长三角大中城市企业高层管理人才评荐中心签署培训合作协议，商定统一的培训体系和认证程序及证书发放等事项。全年举办知名企业高级经营管理人才招聘会、世纪精英高级人才招聘会和英才天地中高级人才专场招聘会12场，641个知名企业推出9758个中高级管理职位，接待登记各类中高级人才3.48万人次，其中达成择业意向3859人次。组织46个知名企业到北京、上海、合肥和南京等地招聘急需的高级专业技术人才和高级经营管理人才。举办《从优秀到卓越，领导力培训提升及评估》、《职务分析及岗位说明书》、《员工关系管理及劳资风险规避》、《母子公司管控》等课程的培训，400余名高级经营管理人才参加培训。

【推行人事关系代理】根据人事制度改革的要求，市人才开发中心积极开展市场化、社会化、专业化和规范化的人事关系代理。加强对浙江大学、浙江工业大学、浙江工商大学和杭州市卫生局等11个人才分中心(工作站)人事代理工作的业务指导。全年代理人事关系的企事业单位1619个，比上年增长23.1%；代理个人人事关系2.89万人。按照中央组织部和国家人事部的要求，加强流动人员人事档案管理与服务，保证流动人员的人事档案进得来、出得去、管得好。全年代管流动人员人事档案5.03万份，增长31.2%；代管引进外地人才户籍1.35万人，增加1倍。为各类流动人员办理流动手续、职称申报手续3.24万人次。逐步推进人才派遣业务，至年末，有委托用人单位94个，租赁专业技术人员2700人。

【加强流动人员党员管理】 市人才开发中心流动人员党委有86个党支部、4452名流动党员。根据流动党员工作单位点多线长面广、高度分散和不易集中开展组织生活等特点，流动人员党委组织党员开展形式多样、内容丰富的思想建设和组织建设活动。建立流动人员党员网上家园，使每个党员能通过网上家园互相沟通，党委的工作人员能在网上与每个党员沟通。加强流动人员党支部建设，全年通过489名预备党员转正。组织1490名流动人员党员开展保持共产党员先进性教育。组织党员开展法律咨询、结对助学、缅怀先烈征文比赛等有益活动。
（程宏全）

·劳动力市场·

【劳动力市场概况】 2005年，杭州市劳动力市场以提升服务为抓手，在“便民、实用、高效”上下功夫，服务范围不断扩大，服务质量不断提高。至年末，全市有各类职业介绍机构385个，比上年增加154个；从业人员1081人，增加510人。其中，公共职介机构233个，增加142个；从业人员729人，增加486人。各级公共职业介绍机构根据自身特点，针对不同对象，定期或不定期举办专场招聘会，全年举办各类招聘会274场，组织用人单位7088个，推出就业岗位12.89万个，达成就业意向3.78万人。全市208个街道(乡镇)劳动保障管理站、571个社区劳动保障服务室积极提供空岗和就业信息。萧山、余杭、临安、建德等区、县(市)将公共职业介绍服务延伸到中心乡镇，在中心乡镇举办劳动力交流会，开展“送政策、送岗位、送技能、送服务”的就业直通车进社区、下农村活动。全市提供空岗119.57万个次，接待求职登记57.03万人次，介绍成功25.93万人次。

市劳动保障部门合理调整劳动力市场布局，将市外来劳动力服务中心改建为综合性的劳动力市场，为各类求职者和用人单位提供便利、优质的综合性就业服务。市专业技能人员交流中心与市人力资源开发中心努力扩大服务功能，在市场内增设便民服务箱、意见箱、温馨提示、市场方位指示牌、信息张贴栏、资料查询区、自助查询区、免费直饮水等人性化服务功能和设施。

11月2日，香港劳工处助理处长曾健和参观杭州市劳动力市场。
（市劳动和社会保障局 供稿）

【开展外来务工人员“春风行动”】 市劳动保障部门围绕开放一批公共职介机构、推荐一批诚信民办职介机构、表彰一批优秀民办职介机构、打击一批非法职介机构、印制一张信息引导“春风卡”的“四批一卡”主题，开展完善外来务工人员就业服务的“春风行动”。期间，取消外来务工人员就业登记证制度，停止外来务工人员就业各项收费，开放市专业技能人员交流中心，免费进行职业介绍、职业指导；推荐53个民间职介所为“放心职业介绍服务单位”，其中6个民间职介所为“优秀民间职介所”，取缔和整治62个非法职介机构；发放5万本印有求职指南等内容的“春风卡”。

【积极开展劳务合作】 市劳动保障部门通过开展企业用工需求调查和外来务工人员流动就业抽样调查，及时了解、掌握企业用工需求和外来务工人员流动就业情况。与山东、四川、安徽、江西、甘肃等省、市劳动保障部门建立联系，开展就业信息交流。至年末，该市与8个省的12个市、县签订了劳务协作书，建立了劳务合作基地。举办省际劳务合作交流大会，推出“跨区域劳务合作洽谈”服务，邀请陕西和四川成都、甘肃兰州等省、市劳务合作部门到杭与用工需求量较大的企业进行面对面洽谈，全年达成合作意向书332份。桐庐等地由政府领导带队，组织企业到江西、山东、四川、甘肃、安徽等地举办用工招聘会，引进输入劳务人员4117名。

【规范港澳台人员就业管理】 杭州市有1238个单位聘用港澳台人员和外国人，在杭就业的人数为2059人。根据劳动和社会保障部《贯彻实施台湾香港澳门居民在内地就业管理规定有关问题的通知》精神，市劳动保障部门于10月1日起对在杭就业的港澳台居民行使行政许可和管理职能，并调整了有关操作流程和办事指南，规范和完善港澳台人员在杭就业的审批程序。全年受理港澳台人员办证3171人，其中新办就业证920人，办理就业许可证569人，办理就业证延期888人，变更就业证3人，迁出就业证54人，终止就业证737人。
（陈碧波）

·技术市场·

【技术市场概况】市科技管理部门采取切实有效措施，努力开拓技术市场，繁荣技术贸易。全年经认定登记的各类技术合同15137项，技术合同成交额30.11亿元；其中技术开发合同成交额15.62亿元，技术转让合同成交额1.43亿元。全市技术交易从技术含量相对较低、规模相对较小的技术服务、技术咨询为主向具有自主知识产权和创新内容的技术开发方向转变。

加强网上专业技术市场建设。由浙江瓯高集团公司承担的IT专业技术市场已立项并着手筹建，使网上技术市场进一步体现为区域特色经济发展服务的功能。至年末，全市技术市场注册会员达2.9万个，平均日访问量2150人次；上网企业1.09万个，开展产学研对接活动50余次；发布技术难题1873项，其中英文技术难题85项；技术难题签约377项，合同成交额4.26亿元；引进共建创新载体26项，网上技术市场的各项指标均达到年度要求。对杭州艾力康医药科技有限公司的“介入治疗聚乙烯醇(PVA)颗粒栓塞剂技术开发”等31项网上签约项目补助资金168.9万元，区、县(市)科技局为网上技术市场签约项目配套及奖励资金300余万元。经年终考核评比，上城、萧山、余杭、建德网上技术分市场获优秀组织奖。

【网上技术市场解决企业难题】建德三狮松涛水泥有限公司利用网上技术市场平台，先后发布10余项企业技术难题，引起国内外许多科研院所的兴趣和关注。其中“急需开发企业DCS生产控制自动化和ERP技术管理网络”的技术难题招标项目，国内有20多个科研单位应标。经过洽谈，比较各方成本和优势，最终与浙江中控技术股份有限公司达成合作开发协议，总投资320万元。该项目当年实现两大系统并网运行，使三狮松涛公司在同行业中领先进入生产运行自动化控制和信息化管理的前沿，并取得较好经济效益和社会效益。

(胡小庭)

·商品市场·

【商品市场概况】2005年，全市商品市场监管以食品质量安全为重点，以深入贯彻实施《浙江省商品交易市场管理条例》为契机，以快速定性检测监管体系建设和商品交易市场重点商品准入制度建设为抓手，坚持“以管助办，以管促兴”，积极探索商品交易市场发展的新路子，促进了市场形态的提升和星级市场的创建。全市有各类商品交易市场758个，累计有星级文明规范市场223个，其中四星级10个、三星级53个、二星级55个、一星级105个。

市工商局坚持日常监管与巡查监管、市场经营者信用监管相结合，采取以日常监管为主、巡查监管为辅的联合监管模式，加大对商品市场特别是食品市场的整治力度。选择新杭派和老杭派2个市场作为开展市场经营者信用监管的试点。年内2个市场对所有经营者输入了信用指标，并进行了信用评价。

【推进全国绿色市场创建】2005年是杭州市开展绿色市场创建的第3年。经企业自评，各区、县(市)推荐、申报，有关部门联合评审、社会公示，全市有23个农贸市场(超市)被评为市级绿色市场。根据国家级绿色市场标准，推荐“联合康康”连锁店、世纪联华庆春店、东山农贸市场、古荡农贸市场、余杭丘山农贸市场、萧山市北农贸市场等6个单位(市场)申报国家级绿色市场。市工商局对申报单位(市场)加强整改督促，并专门邀请国家级绿色市场评审员逐个上门指导，对相关人员进行专门培训。11月，经国家工商总局绿色市场审核小组实地验收，6个申报单位(市场)全部通过全国绿色零售市场认证，其中世纪联华庆春店被评为国家级样板市场。杭州市工商局被评为国家级“绿色市场”先进单位。

【实施市场商品准入制度】市工商部门把副食品批发市场和县以上中心农贸市场的副食品交易区作为全面实施商品准入制度的重点市场，以重点带一般，全面推进市场准入工作，提高食品质量准入门槛。10月，市工商局出台《杭州市食品、副食品市场商品准入管理实施意见》以及《实施食品、副食品市场商品准入工作计划》。根据实施意见提出的总体要求，全市有268个商品市场开展商品准入工作，1.7万户经营户建立进货索证和销货供证制度。

【强化食品安全监管】市工商局在余杭区和富阳、建德市设立3个食品检测中心。各城区工商分局在超市、农副产品批发市场和农贸市场建立77个食品检测点。为基层工商所配备48个食品安全检测箱。全年检测食用农产品22.54万批次，总合格率98.3%，对16.9万千克检测不合格食品实施退市、销毁或作无害化处理。会同市贸易局筹建农贸市

市工商局领导检查农村食品安全放心店 (市工商局 供稿)

场食品安全检测室。根据《杭州市农贸市场农药残留检测室建设和操作规范要求》,对全市200个摊位以上的农贸市场进行调查摸底,及组织检测设备、仪器的统一招标。至年末,全市有72个农贸市场建立了规范的检测室并开展商品检测。开展食品和农资市场打击商标侵权、禽流感防控等专项整治。根据国家工商总局《2005红盾护农方案》和省工商局开展"红盾护农"行动要求,全年查处各类假冒伪劣农资商品案件70余起,案值294.7万元。

【新增47个星级文明规范市场】根据《浙江省星级文明规范市场认定办法》,市工商局组织力量对全市创建星级文明规范市场情况进行全面检查。经过市场申报和考核认定,全市新评出星级文明规范市场47个。其中四星级1个、三星级10个、二星级26个、一星级10个。积极在农贸市场中开展星级市场创建活动。全市224个农贸市场以治理脏、乱、差为重点,按照星级市场标准进行提升改造,市场规模、档次明显提高。至年末,全市拥有一星级农贸市场29个、二星级55个、三星级18个。

【加强经纪人管理】市工商局积极创新经纪人管理的监管手段和监管方法,把经纪人登记、备案、日常监督检查等涉及经纪人监管的日常事务下放到区工商分局,市工商局重点做好制订规范、理顺关系和组织培训等工作。相继出台《杭州市经纪人管理办法实施意见》、《经纪人行业管理目录》、《经纪人在领取<营业执照>时签署意见的通知》等指导性文件,明确经纪人的行业类别及管理方式。11月24日,在余杭区召开经纪人管理现场会,推广和介绍经纪人管理的手段和模式。全市统一启用市场管理软件,举办3期管理软件培训班。各工商分局全面开展经纪人备案和经纪机构调查摸底。全市有各类经纪企业6000余个,经纪执业人员2.3万人。

(张顺正 陈 杭)

·文化市场·

【文化市场概况】2005年,杭州市经文化广电新闻出版部门许可或备案登记的文化经营单位有9459个。其中,各类印刷企业3496个,音像制品书报刊零售单位3230个,网吧950个,娱乐场所782个,演出剧场94个,表演团体67个,电影放映单位124个,广播电视节目制作、视频点播、卫星电视广播地面接收单位500个。有个体演出人员及个体演出经纪人168名。有书刊发行业、娱乐业、演出业等文化市场行业协会13个。

全市文化市场综合执法机构改革基本完成。1月17日,杭州市文化市场行政执法总队挂牌成立,至6月,各区、县(市)文化市场行政执法大队全部完成组建,标志着全市文化市场综合执法机构改革走在了全省的前列。新成立的市文化市场行政执法总队按照"狠抓重点、鼓励创新、干事成事、取信于民"的方针,加大扫黄打非工作力度。全年受理群众举报325件,出动检查4176人次,检查经营单位6097个(次),捣毁地下窝点51个;立案查处70起,罚款77.63万元;收缴非法音像制品134.9万张、非法出版物15万册、其他物品1918件。总队经办的"八二五"盗版音像制品案,被国家保护知识产权工作组办公室、公安部、文化部等部门列入"2005年全国侵犯知识产权十大案件"。萧山区探索通过设立行政执法联络室完善行政执法协作机制,余杭和江干区发挥乡镇属地管理优势填补农村文化市场管理空白的做法,均取得明显成效。认真履行行政许可和市场监管职能。原文化局、广电局、新闻出版局3个局合并后职能发生变化,市文化广电新闻出版局对行政许可项目进行清理,确定由该局负责许可的具体项目27个。根据《中华人民共和国行政许可法》,重新制订政务公开制度和行政许可统一文书,规范许可行为,方便群众办事。全年出动执法人员2.37万人次,检查各类经营单位4.18万个(次),查处违规经营单位1634个,取缔无证经营单位1016个,取消经营资格单位7个,捣毁地下窝点173个。查获非法音像制品161.7万张,查缴非法书报刊19.9万册(张)。全年处理案件1744起,立案调查293起。一批擅自从事出版物委托印刷出版业务和擅自接受个人委托印刷出版物的案件受到重罚,最高罚款30余万元。群众投诉率比上年下降64.9%。

推行网吧管理10项举措,从严查处网吧接纳未成年人等严重违规行为。通过省、市主要新闻媒体设立"曝光台",曝光16个两次以上重大违规经营的网吧。推进"净网先锋——网吧管理软件"的升级调试,有效打击违法行为。开展对淫秽电脑游戏软件和违法网络游戏的专项查禁。全年受理网吧群众投诉比上年下降65%,网络文化市场呈现出违规问题持续下降、经营秩序明显好转、群众满意度不断提高的良好态势。

在3月~8月全市创建全国文明城市期间,通过任务分解、与城区签

6月20日,省、市有关部门举行打击盗版音像制品夏季行动启动仪式。

(市文化广电新闻出版局 供稿)

订责任书等形式，明确各创建单位的责任；召开5次城区文化广电新闻出版局分管局长、主任和执法队长会议，研究部署文化市场创建目标和任务；每天派出5个督查组赴各城区督促落实创建举措。以电子市场、车站码头、校园周边及夜市为重点开展滚动巡查，依法查处一批违法经营单位和地下非法批销窝点。

【文化市场管理工作领导小组成立】 4月12日，市委办公厅、市政府办公厅下发通知，将“杭州市社会文化管理委员会(杭州市“扫黄”“打非”工作领导小组)更名为“杭州市文化市场管理工作领导小组（杭州市“扫黄”“打非”工作领导小组)，并对领导小组及办公室成员进行调整。市委副书记叶明任领导小组组长。新成立的领导小组制订了2005年全市“扫黄打非”方案，协调开展了出版物市场整治、打击盗版音像制品夏季整治、秋季出版物整治、视听点播市场整治、无证游戏机整治等专项行动。

【集中销毁文化市场违法物品】 1月12日，市文化局、市整顿和规范经济秩序工作领导小组办公室在黄龙体育中心西门广场联合举办“2005杭州市违法音像制品、出版物及其他违法物品集中销毁活动”。副市长陈重华、省文化厅副厅长陈智伟等领导参加销毁活动。共销毁市文化新闻出版、公安、工商部门和8个城区文化部门收缴的违法音像制品38.4万张(盒)、电子游戏机399台、电子游戏电路板531块、书刊34.77万册、电子出版物光盘20万张。违法物品除一部分现场压碾后填埋销毁外，大部分采取粉碎、化浆回炉处理。

【打击盗版音像制品行动】 6月20日，由省委宣传部、省“扫黄打非”工作领导小组办公室、省文化厅、省新闻出版局(省版权局)、省公安厅、杭州海关、省工商行政管理局、杭州市政府主办，杭州市“扫黄打非”工作领导小组办公室和拱墅区政府承办的浙江省暨杭州市2005年打击盗版音像制品夏季行动启动仪式在杭州文化商城举行。省文化市场管理

1月5日，市政府常务副市长盛继芳前往中国证监会浙江监管局，就如何加快杭州证券期货业发展与该局领导座谈。（市上市办 供稿）

工作领导小组成员、省文化厅厅长杨建新作专项部署。专项活动分宣传动员、治理行动、总结检查3个阶段，历时2个半月。治理集中行动期间，全市出动稽查人员8300余人次，检查音像制品销售点7500余个(次)，捣毁非法音像制品批销地下窝点75个，取缔无证摊点200余个，收缴非法音像制品73万余张，其中淫秽色情音像制品11.8万张。行政立案1448起，刑事立案27起。

【查处盗版音像制品大案】 8月25日，根据群众举报，市文化市场行政执法总队在文化部市场司和省文化厅的指导下，联合市公安局、江干区公安分局和有关城区文化市场行政执法大队，连续奋战14小时，在江干区采荷路芙蓉一区、凯旋路花圃铁路新村、凯旋路247号华景新苑和水湘村三堡十组，捣毁4个地下非法音像制品仓库，收缴VCD、DVD、录音带等盗版音像制品42.8万张。4名外省籍在杭州长期从事盗版音像制品批发的犯罪嫌疑人被公安机关当场抓获，切断了一条由省外通向杭州的特大盗版音像制品地下经销渠道。

【萧山区文化市场行政执法大队被评为全国先进】 4月18日，萧山区文化市场行政执法大队成立。该大队按照“一手抓繁荣、一手抓管理”的方针，积极开展各类专项整治，严肃查处文化市场违法违规经营行为。全年出动检查3500余人次，检查文化经营场所4100余个(次)；收缴非法音像制品近7万盒、非法书报刊1.5万册、赌博型游戏机及电路板372台(块)；取缔无证经营单位564个；立案45起，移交公安部门追究刑事责任5起、6人次；对违规经营单位吊销许可证3个、停业整顿3个、责令整改30个，罚款11.39万元，为全区文化市场的繁荣发展和规范有序作出了积极贡献。12月14日，在全国服务农民服务基层文化工作先进集体表彰大会上，萧山区文化市场行政执法大队被中宣部、文化部联合授予全国基层文化市场管理先进集体称号。（许　英）

·资本市场·

【资本市场概况】 2005年，杭州市加大对金融服务业的政策支持力度，资本市场出现新一轮的发展机遇。3月21日，市委、市政府召开全市现代服务业发展大会，印发《加快现代服务业发展的若干意见》和《杭州市加快现代服务业发展规划》，将金融服务业列为加快现代服务业发展的八大重点领域之一。提出完善资本市场体系、鼓励支持金融创新、优化中小企业融资环境等主要举措。把高水平规划和发展钱江新城金融街区，探索金融制度创新、积极发展证券市场，有效整合地方金融资源、制订促进金融机构到杭发展的政策，规范信托行业有序发展、成立杭州市金融服务协调办公室等列为工作重点。3月22日，市政府下发

表 27　　2005 年浙江省与杭州市证券业发展情况

项　目		浙江省	其中:杭州市
投资者开户数(万户)		180.9	84
交易额(亿元)	股　票	3 838	1 724.3
	基金国债	221	177.8
市场规模(亿元)	保证金	76.4	43.8
	托管市值	433.6	235
机构数量(个)		160	92
从业人员数(人)		3 100	1 600
利润额(万元)		5 165	-3 240

表 28　　2005年杭州市新增上市企业基本情况

序号	企业名称	上市时间	股票代码	上市地点	备注
1	四川金顶(集团)股份有限公司		600678	上海	异地控股
2	浙江友成塑料模具有限公司	10月 12 日		香港	红筹
3	黑龙江华冠科技股份有限公司		600371	上海	异地控股
4	浙江华鼎集团有限公司	12月 15 日		香港	红筹
5	杭州爱大制药有限公司	12 月 8 日		美国	红筹

《支持金融服务业发展的若干意见(试行)》和《杭州市金融业发展规划》,提出将杭州建设成为金融创新活跃、金融服务快捷、防范体系完善、金融市场比较发达、金融辐射能力强劲的长江三角洲区域性金融中心的目标。9 月 23 日,市发改委、市财政局、市上市办联合印发《杭州市支持金融服务业发展的资金使用管理试行办法》，确定市财政从 2005 年开始，每年在现代服务业发展专项资金中统筹安排一部分资金,用于支持杭州金融服务业发展。

通过政府和在杭金融机构的共同努力,全市实现金融业增加值 193 亿元,占全市 GDP 的 6.6%,占第三产业增加值 15.1%。11 月,在中国社会科学院、中国人民银行等部门公布的《中国金融生态调查报告》中,杭州在全国所有地级以上城市中排名第 4 位，被评为城市金融生态一级城市。

【证券业务交易 1902 亿元】 杭州市有证券经营机构 (包括证券营业部)92 个,当年新增 3 个,杭州证券经营机构占全省总数的 57.5%。全年实现证券业务交易总额 1902 亿元,比上年下降 10.2%;其中,股票交易总额 1724.3 亿元,下降 10.6%;基金国债交易总额 177.8 亿元,下降 6.8%。证券经营机构效益下滑,全年亏损 3240 万元。全市有证券从业人员 1600 人,增长 14.3%;投资者开户数 84 万户,增长 1.9%;证券交易保证金 43.8 亿元,增长 17.9%;托管市值总额 235 亿元,下降 16.7%。

【期货代理交易 20428 亿元】 杭州市有期货经纪公司 11 个,期货营业部 4 个,从业人员 750 人。期货经营机构注册资本总额 4.9 亿元,年末资产总额 19.68 亿元,净资产总额 5.92 亿元。全年实现期货代理交易总额 20428 亿元,比上年下降 3.2%。其中浙江永安期货经纪公司交易额最大,为 4255 亿元,列全省第 1 位、全国第 2 位。年末期货投资者交易保证金余额 12.86 亿元,下降 9.9%;全年实现利润总额 1159 万元。

【5 个企业上市】 杭州市利用资本市场融资取得新的进展，全年有 5 个企业成功上市。其中,红筹股上市公司 3 个,分别为在香港上市的"友成模具"、"华鼎集团"，在美国上市的"爱大制药";实现异地控股 2 个，分别为"四川金顶"和"华冠科技"。新增加募集资金 11.4 亿元。至年末,全市有上市公司 33 个,累计募集资金 65.4 亿元；上市公司总市值 365.65 亿元，占杭州市 GDP 的 12.5%。

【创新发展信托产品】 杭州工商信托投资股份有限公司各类信托业务全年募集资金 25 亿元,比上年增加 0.69 亿元。其中发行集合资金信托计划 5 个,金额 3.75 亿元。全年实现利润 5200 万元。该公司不断创新信托业务，推出鸿利 1 号公用事业稳健组合投资集合资金信托，信托计划期限 5 年，是国内期限最长的信托计划之一。该项信托计划设置开放日，允许在一定范围内受让信托收益权，实现了信托产品的半流动性。该公司发行浙江省第 1 个收益和期限可选择型(即"伞形")信托计划——湖盐线海盐段公路改建工程集合资金信托计划和第 1 个无预期收益率信托产品——开放式基金精选集和资金信托计划。全年公司陆续分配兑现集合资金信托计划 16 个，计划项目本金总额 32 亿元,全部达到或超过预期收益率，最高年收益率 8.734%。

【实现产权交易额 8.26 亿元】 全市产权交易机构实现产权交易额 8.26 亿元,营业收入 974 万元,利润总额 431 万元。产权交易市场逐步转变为以改制企业股权转让为主导的产权交易，完成多项企业股权的拍卖和挂牌转让。其中,杭州友好饭店拍卖以 1.55 亿元起价，经过 33 轮报价,以 2.21 亿元成交,创下杭州国有饭店拍卖的新高；杭州市城市建设综合开发总公司 30%产权转让以 1500 万元起价，经过 38 轮竞价,以 7100 万元成交；杭州市整形医院 100%国有产权以 4400 万元起价转让,以 8000 万元成交;杭州市第四人民医院 65%国有产权以 8038 万元协议转让，实现了国有资产保值增值。滨江、拱墅、江干、余杭和杭州经济技术开发区 5 个区的公务用车车改车辆拍卖全面展开，共拍卖车辆 461 辆，总成交价 3260.64 万元，溢价比率达 31.5%，取得社会效应和经济效益的预期目标。（钱朝霞）

·会展业综述·

【会展业稳步发展】2005年，杭州会展业总体规模继续扩大，市场发展日趋成熟。全年举办各类展览205个，展览总面积83.73万平方米，比上年增加2.33万平方米，增长2.9%。其中，特装展位总面积42.1万平方米，增加14.3万平方米，增长51.4%；国际展位总面积11.23万平方米，增加4.43万平方米，增长64.7%；单个展览平均展位面积4166平方米，增加516.5平方米，增长14.2%。接待观众321万人次，其中专业观众108万人次；直接办展收入1.1亿元，增长8%。市会议展览业协会所属8个单位承接和举办各类会议3255个，增加316个；接待会议代表31.8万人，增加5.2万人；其中境外代表2.82万人。

会展配套设施逐渐完善。浙江世界贸易中心、杭州和平国际会展中心、杭州国际会议展览中心、浙江展览馆4个专业展览场馆，拥有室内展览面积8.44万平方米，可提供8000个国际标准展位。全市星级宾馆增至229个，其中五星级宾馆9个；可使用会议设施面积5万平方米，比上年增长25%。

会展人才培养加快。全市有浙江经贸职业技术学院、浙江旅游职业学院、浙江树人大学、浙江育英职业技术学院、浙江科技学院(成教学院)5所高校开设会展专业，其中浙江经贸职业技术学院会展专业首届毕业生就业率达96.1%。

【会展业协会作用明显】市会议展览业协会根据会展业发展要求，积极开展行业交流、行业协调等活动，充分发挥桥梁和纽带作用。发展5个新的单位会员，累计有单位会员56个、个人会员29名。协会编发会刊，预报场馆展览信息，刊登行业调研成果，公布行业政策，进行行业内信息交流。受市发展会展业协调办公室委托，协调完成2005年度行业数据汇总及分析报告。召开会员座谈会，交流办展情况，听取会员对行业发展建议。组织9个会员单位赴港与香港会展企业开展交流合作。做好牵线搭桥，组织会员单位合作办展，对会员间重复办展或档期冲突等问题及时协调。（高　嵩）

·西湖博览会·

【西湖博览会概况】10月15日~30日，由国家广电总局、国家旅游局、浙江省政府、中国工程院、中国贸促会、中华全国工商业联合会、中国轻工业联合会、中国纺织工业协会、中国商业联合会主办，科技部、商务部、中国科学院、香港贸发局支持，杭州市政府承办的第七届(2005)中国杭州西湖博览会在杭州举行。该届西博会以“和谐生活，和谐创业”为主题，安排53个展览、会议、文体

表29　2005年杭州市举办展览情况

项　目	单　位	数　量
举办展览总数	个	205
举办展览总面积	万平方米	83.73
特装展位面积	万平方米	42.1
国际展位面积	万平方米	11.23
单个展览平均展览面积	平方米	4166

表30　2005年杭州市展览规模分类情况

展览规模	展览数(个)	占展览总数的比例(%)
1万平方米以上展览	17	8.3
8000至1万平方米展览	14	6.8
5000至8000平方米展览	12	5.9
5000平方米以下展览	162	79

表31　2005年杭州市会展业协会所属宾馆饭店承办会议情况

项　目	单　位	数　量
举办会议总数	个	3 255
会议营业收入	万元	8 842.3
接待会议代表人数	万人	31.8
接待境外代表人数	万人	2.82

10月22日，民间艺人在西博会狂欢节上展现各种舞姿。 (市西博办 供稿)

和商旅活动项目（含18个期外项目）。全国人大常委会副委员长李铁映、韩启德，原全国政协副主席杨汝岱，中央和国家有关部门、西博会主办和支持单位领导，浙江省、杭州市领导和国内外友好城市代表，中外来宾和市民672.37万人次直接参加西博会的项目活动。西博会实现贸易成交额（含营业收入）80.84亿元，协议利用外资7.27亿美元，引进内资87.28亿元。

第七届西博会按照“亲民、节俭、文明、安全”的要求，明确目标、落实责任、周密安排。烟花大会、狂欢节等大型活动制订详细的交通组织方案，方便市民和游客出行。安排4万张参观通票和7000张烟花大会赠票，邀请低保户、困难户、外来务工者和城市建设者代表参加。重大活动安排电视直播，让更多的观众了解西博会盛况。按照建设节约型社会的要求，西博会注重实效，简化仪式，节俭办会，不搞专门的开幕式和大型文艺晚会。制订安全保卫、消防管理、医疗急救等专项方案，所有项目单位都明确安全目标和责任人，提交安全工作承诺书，确保了西博会期间的安全、有序。

第七届西博会取得丰硕成果。利用到外地举办西博会新闻发布会之机，借船出海，推进招商，取得“敲门招商”的历史性突破。西博会期间各类展示、交易、投资、合作等经贸活动十分活跃。连续六年举办西博会，各展会组织者积累了丰富经验。西博会项目层次提升，内涵拓展，效应愈加明显，成为老百姓和中外游客的盛会。西博会抓住了杭州老百姓和中外来宾的眼球，直接拉动了杭州GDP的增长。西博会举办的16天中，杭州商场销售总额22.40亿元，餐饮业营业收入5.36亿元，民航、铁路、公路、水路客运票款收入和公交、出租车营业收入2.49亿元，邮政、电信、移动、联通业务收入3.91亿元。

【加大西博会宣传推广力度】 西博会宣传推广分阶段突出重点，并与市旅游、外事、外宣等部门的宣传推广活动紧密结合。1月，组织参加“港澳浙江周”活动，举办“杭港会展业合作交流会”。3月，举行日本爱知世博会中国馆“杭州周”活动。8月2日和18日，分别在北京、上海举行西博会新闻发布会。通过中央电视台、凤凰卫视和东方卫视等媒体发布宣传广告；在省、市电视台、电台、报纸等媒体开辟宣传专栏、专刊；利用西博会网站、浙江在线西博会频道等载体进行宣传。组织全市出租车在后窗张贴宣传广告。举行“西博会倒计时牌进社区”活动。全年发放画册、会刊等宣传品45万余份。 (俞淳婕)

【举行西湖国际烟花大会】 10月15日晚，“钱塘江·全球通之夜——2005杭州西湖国际烟花大会”在钱

表32 **第七届（2005）中国杭州西湖博览会会议项目**

序号	名称	主办、承办单位	举办时间
1	2005年中国杭州名师名校长论坛	浙江省教育厅、杭州市政府、杭州市上城区政府、杭州市教育局、浙江大学教育学院	2005-10-18~26
2	2005年（第十三届）国际有线电视技术研讨会	中国广播电视学会技术研究委员会、浙江广电科技股份有限公司	2005-10-22~24
3	第七届（2005）杭州人才交流大会	市人事局、市人才开发中心	2005-11-05~06
4	国际高等院校服装设计教育高层论坛	中国美术学院、中国美术学院染织与服装系	2005-10-14~15
5	2005年杭州投资合作周	市政府、市对外贸易经济合作局、市国内经济合作办公室、市经济委员会、市信息化办公室、市侨务办公室、市台湾事务办公室	2005-10-14~22
6	LOFT创意产业与自主创新发展论坛	市委宣传部、拱墅区政府、拱墅区委宣传部、拱墅区商贸旅游局、拱墅区文化广电新闻出版局	2005-10-18
7	高新技术高峰论坛	浙江大学、香港科技大学	2005-10-20~22

表 33 **第七届(2005)中国杭州西湖博览会展览项目**

序号	名　　称	主办、承办单位	举办时间
1	第26届(2005)中国浙江国际自行车、电动车展览会	省自行车行业协会、浙江华达展览有限公司	2005-10-15~17
2	第六届中国杭州国际汽车工业展览会	中国机械装备(集团)公司、浙江中汽会展有限公司、中汽对外经济技术合作公司、浙江海外海集团	2005-10-20~25
3	第七届中国(浙江)国际家具展览会	中国室内装饰协会、下城区政府、浙江和平工贸集团公司、杭州和平广告展览有限公司、杭州和平家私博览中心	2005-10-28~31
4	第八届(2005)西湖艺术博览会	省文学艺术界联合会、中国文联艺术指导委员会、省文化艺术发展有限公司	2005-11-03~07
5	2005年第二届中国中华老字号博览会	中国商业联合会中华老字号工作委员会、省经济贸易委员会、杭州老字号企业协会、杭州西湖国际博览有限公司	2005-10-20~23
6	2005年中国国际丝绸博览会	商务部、市政府、国家茧丝绸协调办公室、中国丝绸协会、市经济委员会、市贸易局	2005-10-20~23
7	2005年西湖书市	省出版物发行业协会、市文化广电新闻出版局、市书刊发行业协会、杭州华盟商务咨询有限公司	2005-10-21~25
8	第六届中国工艺美术大师作品暨工艺美术精品博览会	市政府、中国工艺美术协会、中国工艺美术学会、中国工艺美术馆、中国工艺美术协会秘书处、市经济委员会	2005-10-27~31
9	第三届中国杭州国际旅游(休闲)商品博览会	市贸易局、省宝石协会、杭州工艺美术进出口有限公司、上海博威展览服务有限公司	2005-11-03~07
10	2005年中国浙江网上技术市场活动周暨杭州高新技术成果展示交易会	省政府、科技部、国家知识产权局、市政府、省科技厅、浙江大学、省发改委、省经贸委、省人事厅、省教育厅、省农业厅、省信息产业厅	2005-11-11~13

表 34 **第七届(2005)中国杭州西湖博览会文体项目**

序号	名　　称	主办、承办单位	举办时间
1	快乐杭州——中国杭州2005年西湖狂欢节	市文化广电新闻出版局等	2005-10-22~26
2	2005年“商业杯”杭州国际城市围棋赛	中国棋院、杭州商业资产经营公司、杭州棋院、市围棋协会、市国际交流服务中心	2005-10-25~28
3	第三届西湖合唱节	市委宣传部、市文学艺术界联合会、省合唱协会、市音乐家协会	2005-10-28~30
4	2005年中国(杭州)集邮文化展	市邮政局、市集邮协会	2005-10-22~24
5	2005年UP新势力大学生电影节	中国联通浙江分公司、共青团浙江省委、市文学艺术界联合会、市文化广电新闻出版局、杭州文化广播电视集团、市电影电视家协会、浙江星光电影院线公司、杭州电视台西湖明珠频道、浙江汉风文化传播有限公司	2005-9-24~10-21
6	2005年第二届中国国际海报双年展	中国美术学院、中国美术学院视觉传达设计系	2005-10-22~28
7	首届西泠印社国际艺术节	西泠印社、西泠印社展览有限公司、中国书画篆刻网	2005-10-15~18
8	2005年中国杭州国际书法艺术节	中国美术学院、市文学艺术界联合会、中国美术学院现代书法研究中心、中国美术学院书法系、《美术报》、杭州红星文化大厦	2005-10-30~11-30

表 35　　第七届(2005)中国杭州西湖博览会支持项目

序号	名　称	主办、承办单位	举办时间
1	2005年警察与科学国际讲坛	公安部外事局、省公安厅、浙江公安高等专科学校	2005-06-17~19
2	2005年中国杭州国际家居设计陈设高峰论坛暨知名家居品牌发布会	中国建筑装饰协会、省建筑装饰行业协会、著名家居代理商(中国)联盟、杭州联盛投资有限公司、杭州第六空间家居生活广场有限公司	2005-10-15~30
3	2005年金融理财论坛	浙江大学、市政府、浙江大学经济学院理财研究中心	2005-10-21
4	2005年复旦高层管理论坛	复旦大学管理学院、浙江孚嘉企业管理培训有限公司	2005-10-29
5	首届全球化制造与中国高层论坛	浙江大学、英国剑桥大学、浙江大学管理学院	2005-10-31~11-01
6	首届全球数字图书馆国际学术研讨会	教育部、浙江大学	2005-10-31~11-02
7	第五届(2005)杭州国际民间手工艺品展览	省文联、浙江展览馆	2005-05-25~30
8	2005年中国(杭州)第三届商铺展览会	市贸易局、浙江中浙国际展览商务有限公司	2005-06-17~19
9	第八届浙江国际建筑装饰材料及装备贸易展览会	佳德国际展览有限公司、杭州西湖博览会有限公司、杭州佳德展览服务有限公司	2005-09-08~11
10	2005年中国·杭州千岛湖国际游艇展示推介会	淳安县政府、市经济委员会、淳安县经济贸易局、杭州佳德展览服务有限公司	2005-09-24~26
11	2005年中国国际香水及彩妆展览会	中华全国工商业联合会美容化妆品业商会、中国对外贸易经济合作企业协会、市进出口商会、市广告展览有限公司	2005-09-30~10-02
12	2005年中国(杭州)国际石材、石艺与技术装备展览会	省石材工业协会、杭州西湖国际博览有限公司、浙江石材市场	2005-10-10~12
13	浙江省第十二届房地产博览会	省建设厅、浙江精诚广告有限公司	2005-10-13~16
14	2005年杭州国际科技生活应用博览会	中华奥林匹克之友协会、杭州三光束展览有限公司	2005-11-03~06
15	2005年浙江省博物馆文物·艺术精品特展	省文化厅、浙江省博物馆	2005-10-11~30
16	2005年西湖国际定向节	省教育厅、省体育局、省测绘局、中国学生定向协会	2005-11-05~09
17	杭州市职工技能大赛	市总工会、各产业工会、市职工技协办	2005-07-09
18	2005年国际旅游小姐冠军总决赛	中华全国工商业联合会旅游业商会、浙江唐风汉格形象设计有限公司	2005-06-23~07-01
19	2005年"杭州之行"第八届国际弦乐夏令营	浙江天目琴行有限公司、上海音乐学院、上海丁善音乐学校、《小演奏家》杂志社、杭州天目艺术专修学校	2005-07-26~08-02
20	"明珠杯"首届"杭州形象使者"评选大赛	杭州文化广播电视集团、杭州电视台西湖明珠频道、西湖之声电台	2005-06~09
21	2005年/2006年波司登国际滑联短道速滑世界杯杭州站比赛	省体育局	2005-09-30~10-02
22	第四届中国天目山森林旅游资源博览会	省经贸委、市委宣传部、临安市政府	2005-09-20~23

表 36　　第七届(2005)中国杭州西湖博览会观光项目

序号	名　称	主办、承办单位	举办时间
1	2005年中国西湖情大红鹰玫瑰婚典	省青联、共青团杭州市委、宁波大红鹰集团、杭州青少年活动中心、杭州青年文化传播有限公司	2005-10-16
2	2005年国际烟花大会	市政府、市西湖博览会组委会办公室、市旅游委员会、杭州西湖风景名胜区管委会、市交通局、上城区政府、滨江区政府	2005-10-15 (19:45-20:25)
3	2005 年中国(杭州)美食节	中国饭店协会、市政府、市贸易局、西湖区政府、杭州商业资产经营公司	2005-10-28~11-03
4	2005 年中国(杭州)国际电脑节	中国电子企业协会、西湖区政府、浙江颐高数码科技集团等	2005-10-28~31
5	2005 年中国杭州商业特色街风采展示活动	市贸易局、上城区政府、下城区政府、江干区政府、拱墅区政府、西湖区政府、西湖风景名胜区管委会、市湖滨地区商贸旅游特色街区建设整治指挥部、南山路东侧整合指挥部、清河坊历史文化特色街区管委会、武林路时尚女装街区管委会、丝绸特色街区管委会、四季青服装特色街区管委会、文三路电子信息街 区办公室、梅家坞茶文化村管委会	2005-10-21~25
6	2005 年杭州(国际)丝绸时尚节	下城区政府、杭州中国丝绸城	2005-10-21~25

塘江畔隆重举行，历时 40 分钟。烟花大会首次从西湖移师钱塘江，印证了杭州从“西湖时代”到“钱塘江时代”的发展格局。烟花大会是第七届西博会重要的大型活动。8 万多发水面烟花、电脑特技烟花、闪光烟花、高空礼花、中低空艺术烟花、高楼楼顶特技烛光烟花、桥墩平射烟花此起彼伏，带给观众全新的享受。钱塘江区域水、岸、桥联动，两岸人山人海，万民同欢，有 90 万名市民和游客参加。全国人大常委会副委员长韩启德、原全国政协副主席杨汝岱，中央和国家有关部委领导，国外重要来宾、驻华外交机构代表、国外友好城市代表，港澳台地区和侨界知名人士、兄弟城市领导、国内外著名企业代表参与这一盛会。

10 月 15 日晚，绚丽的烟花首次在钱塘江上燃放。　　(市西博办 供稿)

【100 对新人加盟玫瑰婚典】 10 月 16 日，2005 年中国西湖情大红鹰玫瑰婚典在杭州举行。参加玫瑰婚典的 100 对新人来自美国和中国北京、浙江、香港、澳门等 10 多个地区。新人职业涵盖工人、农民、军人、教师、医生等，在杭工作的外地青年成为新人队伍中的主力。玫瑰婚典吸引浙江和港澳地区 40 多万人、80 多家媒体、200 多名记者和摄影爱好者。整个婚典分为“浪漫之旅”、“爱满西湖”、“盛世华典”3 个篇章。杭州市委副书记、市长孙忠焕主婚。每对新人在精美的锦缎长卷上签名留念。在港澳，新人们携手走过豪华浪漫的星光大道，在庄严浪漫的大三巴牌坊前合影，沿途吸引数万名港澳市民和中外游客的关注。内地、港澳以及国外媒体对玫瑰婚典报道 80 余篇。　　(朱　盈)

·会展活动·

【举办工艺美术大师博览会】 10 月 28 日至 11 月 1 日，第六届中国工艺美术大师作品暨工艺美术精品博览会在浙江世贸中心举行。有 200 多位国家、省、市级工艺美术大师的作品参展。其中杭州国家级工艺美术大师嵇锡贵、赵锡祥、王文瑛，浙江省工艺美术大师郭琳山、郑胜宁、陈水琴等展出工艺美术精品 50 余件。工美博览会接待中外专业客商 3.3 万人次。直接零售额超过 3500 万元。展览期间，举办中国工艺美术行业最具权威性的“百花奖”评选活动。从全国申报的 1080 件作品中，评选出特等奖 5 件、金奖 96 件、银奖 106 件、铜奖 116 件、优秀作品奖 227 件。

【举办国际汽车工业展览会】 10 月 20 日至 25 日，第六届国际汽车工业展览会在杭州国际会议展览中心举行。有 260 个汽车生产企业和经销商参展，展出汽车千余辆；吸引各界观众 26.39 万人次，其中专业观众

5.58万人次；达成贸易成交额15.18亿元，成交车辆12650辆。汽车展突出“休闲、环保”概念，专门设立房车展区，集中展示国内外10多个知名房车企业的最新产品。期间，组委会举办首届汽车文化节、汽车模特大赛、汽车摄影大赛、国民车评选等活动。结合车展举办中国汽车市场体系建设高层研讨会、汽配全球采购信息发布会、中国(杭州)房车与露营发展论坛等活动，为车展营造浓厚的文化氛围。欧美、中东、非洲等国际汽车零部件采购团参加汽配全球采购信息发布会。（徐越燕）

【举行杭州投资合作周活动】 杭州投资合作周是杭州市招商引资的品牌项目，也是中外客商投资洽谈的重要平台。10月14日~22日，2005年杭州投资合作周专项活动分别在浙江世贸中心大饭店、黄龙饭店和新侨饭店举行。参会的中外嘉宾1600余人，其中境外客商1030人，协议利用外资7.27亿美元，引进内资87.28亿元。

杭州投资合作周拓展招商领域，整合客商资源，共推出30项活动，内容丰富。其中杭州商务环境说明会、中日经贸专场、中美经贸专场、中欧经贸专场、海外华商杭州投资洽谈会、台湾经贸洽谈会、工业招商洽谈会、IT产业经贸合作论坛、国内经济合作洽谈会、中国投资峰会等招商引资专项活动，针对性强。举办单位利用投资合作周期间客商集中、招商项目多的优势，进行整体推介、分项洽谈。参加投资合作周的外商、内地和台湾客商、侨商根据各自的投资意向参与各专场招商引资活动，寻求合作伙伴，一批项目当场签约。

【举行高新技术高峰论坛】 10月20日~22日，由浙江大学、香港科技大学共同主办的“高新技术高峰论坛”在华庭云栖酒店举行。有238名中外代表参会，其中境外代表45人。诺贝尔物理学奖获得者罗伯特B、教育部副部长赵沁平、浙江大学校长潘云鹤、香港科技大学校长朱经武等参会。全国人大常委会副委员长、中国科学院院长路甬祥，香港特别行政区教育统筹局局长李国章发来贺信。论坛以探讨高校科技创新机制为主题，围绕21世纪学科会聚的特点、形式和规模，学科建设与学科会聚的有效链接，学科会聚优先领域的选择和突破方向以及科研平台对学科会聚突破与创新的作用，学科会聚对高等教育体制与科研体制的挑战和机遇等议题进行深入探讨，达成许多有见地的共识。（姜　平）

【举办第二届中国国际海报双年展】 10月22日~28日，中国美术学院在杭州举办第二届中国国际海报双年展。双年展是国际平面设计领域学术水平最高的海报展览之一，受到国际平面设计界的瞩目。2.3万名观众现场享受了这一视觉盛宴。双年展分文化海报、公益海报、商业海报3类，收到40个国家和地区570名设计师的1323件作品。其中文化类906件、公益类321件、商业类96件。参展作品代表了当代世界各地平面设计师的设计水平。期间，邀请法国皮埃尔·贝纳尔、波兰瓦萨列维斯基、香港靳埭强和北京王序等国际杰出平面艺术家组成评审团，对作品进行严格评选。结合双年展组织“第二届中国国际平面设计高级论坛”，国内外顶尖平面设计师就国际平面设计领域所取得的成果和现状发表演讲。

【举办西湖国际茶文化博览会】 4月1日~22日，在杭州举办的西湖国际茶文化博览会以“茶为国饮，杭为茶都”为主题，以茶文化为主线，以活动、展览、会议为主要形式，通过10大活动阐述茶与文化、茶与健康、茶与城市、茶与旅游等方面的密切关系。茶博会发表具有建设性意义的《杭州宣言》，征集18个省、市的181篇论文，使“茶为国饮”被广泛接受，“杭为茶都”被与会专家公认。中国国际茶文化研究会等10个单位联合授予杭州“中国茶都”称号。推出“精品龙井茶”品牌，为西湖龙井茶品质和品牌进行权威正名。将茶文化与旅游结合，以梅家坞茶文化村、龙坞休闲茶村、中国茶叶博物馆、龙井山园、城隍阁、径山茶源为主要景点，推出“茶文化遗存游”、“茶文化徒步游”、“健康养生之旅”、“生态环保之旅”、“茶馆休闲之旅”、“茶工业游”等旅游专线，有8万名海内外游客参加。名茶之乡博览会吸引来自浙江、上海、北京、广东、山东、台湾和日本89个政府机构和企业参展，设130个展位，3万多名市民和游客参加，现场成交2000万元。（朱　盈）

【首届中国国际动漫产业博览会在杭举办】 6月1日~5日，国家广电总局和浙江省政府在杭州共同举办“首届中国国际动漫产业博览会”，相配套的“动漫产业信息发布会暨项目签约仪式”和“杭州数字娱乐产业园区开园仪式”等活动同期举行。作为“首届中国国际动漫节”的重点项目，博览会观众突破12万人次，现场销售额1370万元，成交额在5000万元以上的动漫企业21个，其中上亿元的9个。博览会达成合作交易项目500余项，合同(意向书)成交额30亿元。杭州国家动漫产业基地引进内资2.5亿元，杭州数字娱乐园区引进风险投资基金1000万美元。全国政协副主席阿不来提·阿不都热西提和中宣部、文化部、国家广电总局、财政部、信息产业部等有关单位领导到会参观。

动漫产业博览会展览总面积2万平方米，展示内容涵盖动漫产业链条的全部环节。美国迪斯尼资深作家张振益，香港黄玉郎、马荣成、赖友贤，日本Asunaro舍株式会社总裁石川一郎等国际知名动画家和企业家，口袋巧克力、小舟、慕容引刀等内地动漫名家和新星到场签售。名家之多，为国内历届动漫展之最。首届博览会吸引国内各主要动漫媒体与企业参展，其中有13个国家级动漫产业和教研基地。还有英国BBC、日本小学馆、香港玉皇朝、香港画一、湖南代表团、北京电视台、台湾鸿鹰集团等参展。从国内外征集到一批知名动漫作家原创作品，包括美国迪斯尼《花木兰》原创手稿等，有的属国内首次展出。

【国际茶业大会暨茶·咖啡展览会在杭举办】 9月28日~30日，由国际茶叶委员会、中国食品土畜进出口商会、商务部外贸事务发展局、中国国际茶文化研究会、中国茶叶流通协会、中国茶叶学会以及杭州市政府共同主办的“2005国际茶业大会暨茶·咖啡展览会”在杭州举办。全国政协副主席李贵鲜，全国政协常委、原陕西省委书记安启元等领导出席大会开幕式。这是中国首次举办国际性茶叶、咖啡展会,30多个主要茶产地国家和地区的茶叶种植、加工、销售及进出口贸易企业代表500余人参会,其中境外代表300余人。国际茶叶委员会首席执行官马努佳·佩雷斯、日本贸促会理事长中田庆雄、韩国茶人联合会会长朴权钦、日本华侨总会会长曾德深以及国内主要茶研究机构负责人到会,就世界茶叶产销趋势、茶叶进口国检疫规定、茶叶安全与人体健康以及茶叶营销和品牌战略等业内热点问题进行研讨或发表演讲。同期举办以展示、交流、业务洽谈为主的"茶·咖啡展览会",设展位300余个,展出茶及茶饮料、咖啡、茶具、茶包装新材料及新技术、茶加工设备与技术以及茶、咖啡文化书籍出版物等。9月27日,在湖滨三公园到六公园举办"湖畔万人品茶会",近3万名市民及中外游客参加品茶。9月28日,在中国茶叶博物馆举行由四川省雅安市赠送的茶祖吴理真雕像揭幕仪式。

【第五十五届国际医药原料药展在杭举办】 11月15日~17日,由中国医药集团、国药励展展览有限公司共同主办的"第五十五届中国国际医药原料药、中间体、包装、设备秋季交易会"在杭州举办。"原料药展"展览面积3.5万平方米,其中特装展位面积4881平方米;设标准展位1619个,参展企业1101个。接待专业人士3.2万人,其中境外人士285人,遍及30个国家和地区。与第五十四届"原料药展"相比,展位数、参展企业数、特装展位面积和专业人士数分别增长12%、10%、22%和22%,规模为历届之最,显示出杭州作为中国医药化工产业中心的区位优势和"新药港"建设所产生的强大产业集聚力。 (高 嵩)

【西湖论剑与第二届中国网商大会在杭举行】 9月10日,西湖论剑在西湖之畔上演。阿里巴巴总裁马云、美国前总统克林顿、新浪CEO兼总裁汪延、搜狐董事局主席兼CEO张朝阳、网易首席架构设计师丁磊、腾讯总裁兼CEO马化腾、雅虎联合创始人杨致远等国内外几十个互联网公司CEO和80多位风险投资人士及文化界人士参加论剑。克林顿、张维迎、丁磊、马化腾、汪延、张朝阳、杨致远发表精彩演讲。9月11日,与"西湖论剑"首尾相连举办第二届网商大会。大会公布第二届中国十大网商,介绍中国网商应用电子商务和构建诚信机制的最新成就。该届网商大会邀请多位嘉宾作主题演讲,设立不同主题的专场论坛,采用线上线下全新的互动方式,直接参与活动的观众2000余人,使网商大会成为网商们的节日。 (邵玲玲)

·会展场馆·

【浙江展览馆举办61个展览】 浙江展览馆位于杭州市繁华区——武林广场。拥有室内、外展览场地近2万平方米,是举办庆典、展览(展示)和开展各种宣传教育、发布各类信息的重要场所。展览馆充分发挥自身优势,精心组织各类展览活动。全年举办展览(展示)61个,其中经济商贸类展览34个,政治文化宣传类展览27个;组织各类广场活动46场(次),参观人数约162万人次。 (陈方贤)

【和平国际会展中心打造会展"金名片"】 杭州和平国际会展中心地处市中心下城区,是下城区打造"会展大区"概念性规划中第1个启用的会展场馆。该中心周边物流通道快捷,大型商场、餐饮、金融、商务、仓储等配套设施齐全。场馆外观秀美,简捷实用,设施设备现代化、智能化。该中心是历届杭州西湖博览会的主场馆,又是浙江省、杭州市贸促会指定的办会场馆。专业、优质的展览服务使该中心成为杭州会展业的一张"金名片"。全年举办各类展会58个,参观人数超过200万人次,实现成交额150亿元。 (陈 润)

【国际会议展览中心承接7个大型展会】 杭州国际会议展览中心位于杭州城北,与沪杭、杭甬、杭昱高速公路及104国道线连接,交通便捷,人流、物流、车流集散方便。展览中心占地13.3公顷,建筑面积12.7万平方米,是浙江省占地面积最大的综合性国际会展中心。2005年,展览中心承接"第五十五届中国国际医药原料药、中间体、包装、设备秋季交易会"、"第六届杭州国际汽车工业展览会"、"中国动物保健品暨兽医技术展览会"、"2005年首届中国浙江家用纺织用品展览会"等7个大型专业展会,展出总面积17.9万平方米。 (高 嵩)

【世界贸易中心会展中心承办45个展览】 世界贸易中心会展中心交通便捷、流畅,人流、物流、车流能快速集散。全年主办、承办和承接国内外各类展览45个,总展出面积24.9万平方米。其中第六届工艺美术大师作品暨工艺美术精品博览会规模最大,接待中外客商、收藏家和观众12.5万人次,实现贸易成交额2.06亿元。 (严 建)

10月28日至11月1日,第六届中国工艺美术大师作品暨工艺美术精品在世界贸易中心展出。 (市西博办 供稿)

世界休闲博览会

World Leisure Exposition

·休闲博览会综述·

【休博会筹备有序进行】 2006年杭州世界休闲博览会（以下简称休博会）筹备工作进入倒计时。全市各级各部门把举办休博会提高到发展现代服务业、打造“东方休闲之都”的高度，坚持“整合资源、开放办会，以点带面、统分结合，好戏连台、高潮迭起”的办会方针，加强领导，落实责任，有序安排，协同作战，在硬件建设、活动安排、宣传推介等方面取得新进展，为拉开2006年休博会大幕打下坚实基础。

市休博办、萧山区政府和休博会组委会有关部门推进“一湖三园”建设进度，按照休博园工程建设专题会议确定的进度要求，重点加快湘湖启动区块建设和休博园、风情园、东方文化园建设。项目建设单位制订详细的建设施工计划和倒计时建设计划，每月将园区工程进度情况以书面形式上报。在“三园”设立专门办公点，了解各区块建设进度，现场协调解决项目建设中存在的困难和问题。

加大宣传推介力度，制订休博会与西博会宣传、营销总体方案，整合宣传力量和资源，分阶段突出重点。依托各方面力量，通过新闻媒体、广告载体、互联网开设休闲与会展频道、专刊、专栏、专题等，扩大影响，提升休博会知名度。以日本爱知世博会“杭州周”，“杭州·香港周”，“印度出境旅游交易会”，“法国‘印象杭州’图片展”，德国、法国、韩国“国际旅游展”等大型展会为平台，宣传推介休博会。设计制作发放通用画册，中、英、日文宣传册，邀请函、宣传光盘、休闲专刊、手提袋等19个品种的宣传品45.47万份。在公交车身、街面灯杆上设计广告；在旅游集散中心、车站、码头、宾馆等公共场所发放宣传资料。在中央电视台新闻频道、经济频道、国际频道、英语频道及东方卫视等11家省级电视台投放西博会、休博会广告。市主城区户外广告刊出12处，计2000余平方米。

王国平等休博会组委会领导视察休博园　　（市休博办 供稿）

打好杭州、浙江、中华、世界“四张牌”。杭州各区、县（市）积极参与休博会，组织吴山庙会、大清谷野外拓展运动、运河文化节、观潮节、双溪漂流节、龙门古镇风情节、新安江之夏旅游节、剪纸邀请赛、国际游艇展以及森博会等一批特色项目，充分体现大杭州休闲旅游资源和东方休闲之都的魅力。休博会与上海、成都、武汉和台湾地区台北、高雄、新竹、花莲等45个城市建立良好的合作关系。南京、苏州、无锡、黄山等“长三角”城市积极主动与杭州开展休闲旅游合作。有3个国际组织、36个国外城市（企业）与休博会建立合作关系，参与休博会项目的筹备和实施；与日本JTB集团签署互换游客资源协议。（俞淳婕）

【首批设立6个分会场】 休博会积极创新办会模式，在省内外有关市、县设立休博会分会场，办一个没有围墙的休博会。省内外许多市、县看好休博会品牌，踊跃报名参加。至年末，已在杭州市富阳、建德、桐庐，浙江省安吉、诸暨，以及江苏省昆山市周庄镇设立6个分会场。各分会场根据自身特色和旅游资源，制订分会场实施方案，筹划一系列文化、经贸、旅游休闲项目，与杭州主会场形成互动。根据休博会组委会制订的

《2006杭州世界休闲博览会分会场实施管理办法(试行)》规定,分会场工作实行属地管理,所在地政府对分会场举办的所有活动进行策划、组织、实施、管理,承担安全责任;休博会组委会负责统筹与指导。分会场与主会场在宣传推广、资源利用、客源组织等方面加强合作、沟通,实行跨区域联动。分会场可以在主会场设立宣传推广窗口,也可以在百城馆设馆,展示自己的休闲风情和历史文化。安徽省黄山、浙江省绍兴和杭州市临安、淳安等分会场也在策划中。 (朱 盈)

【88个国内外城市签订建馆协议】 世界百座城市休闲风情馆(以下简称“百城馆”)是2006年杭州世界休闲博览会的重要展示项目,位于世界休闲博览园区,以展示和交流各城市独特的休闲风情与历史文化为主题,并进行休闲旅游特色产品、工艺品制作演示和销售。在休博会期间,每个建馆城市将选定某一天或某一周作为自己的“城市日”或“城市周”,由各建馆城市市长或代表主持“城市日”或“城市周”活动,用全民狂欢的方式来推广城市形象和品牌。至年末,百城馆有88个国内外城市和组织建馆,其中境外馆49个,占55.7%。境外馆涉及22个国家和地区,有世界休闲组织设立的世界休闲五大洲馆,马尔代夫国家馆,德国柏林、印度新德里、尼泊尔加德满都、也门萨那等国家首都城市馆,巴西累西腓、英国利兹、法国尼姆、意大利比萨、澳大利亚墨尔本、西班牙奥维耶多、日本岐阜和大阪、韩国春川和庆山等休闲旅游城市馆。境内馆中,有台北、台中、高雄、嘉义、花莲、台南、新竹等7个台湾城市馆和澳门馆、香港钱币馆。上海、杭州、海口、南京、乌鲁木齐、武汉、成都、贵阳等省会城市馆,三亚、开封、苏州、无锡、丽江、大理、黄山、乐山、北海、烟台、平遥等休闲旅游特色城市馆,浙江省内10个城市及休博会分会场安吉等展馆和上海世博会馆、昆明世博馆、海南博鳌馆3个组织馆。各建馆城市和有关组织在签订建馆协议后,陆续进场装修。 (沈杨根)

【休博会确定135个活动项目】 休博会组委会围绕休闲主题,组织会议、展览、文体、观光四大活动板块。通过广泛征集、严格立项、规范管理、合理安排,至年末,基本确定135个活动项目。四大活动板块安排紧凑,高潮迭起。计划2006年4月,休博园等主场馆正式开放,开幕式、百城馆展示、休闲产业博览会等首批20个活动项目掀起休博会首波高

表37 **2006年杭州世界休闲博览会计划活动(筹备)项目**

序号	名 称	举办时间和内容
1	世界休闲大会	2006年10月16日至20日举行,主题为“休闲:社会、文化和经济发展不可分割的部分”
2	世界休闲峰会	2006年10月20日至22日举行,主题为“休闲:社会、文化和经济发展不可分割的部分”
3	世界休闲奖评选	获奖者将作为嘉宾出席2006年休博会开幕式
4	休闲教育培训与研究	以“亚太休闲教育研究中心”为基础,开展世界范围内的休闲教育、培训和研究活动
5	开幕式演出	2006年世界休闲博览会和第八届中国杭州西湖博览会开幕式及大型文艺晚会
6	世界100座城市休闲风情馆展示	100座国内外著名休闲旅游城市设馆,展示各自独特的休闲风情和历史文化
7	闭幕式演出	2006年10月22日举行
8	环球嘉年华活动	引进“环球嘉年华”全套游乐项目
9	文艺活动	以“世界在这里相聚”为主题,邀请中外艺术表演名家表演
10	节庆活动	体现不同文化背景的具有较高观赏性、浓郁休闲特色和参与性的各类活动、表演、比赛等
11	主题公园活动	为儿童安排各种新奇游乐设施和创意趣味活动,为成人提供娱乐休闲场所
12	主题休闲街活动	销售图书、音像制品,定期举办国际书市。开设各类酒吧、咖啡吧、休闲吧,经营特色餐饮、中外风味小吃等
13	娱乐、健身会所活动	由娱乐中心和健身中心组成
14	酒店与别墅休闲度假	度假酒店以五星级标准建造,集旅游度假、休闲娱乐、会议、宴请于一体
15	西班牙烧烤馆开馆	享受异国风味,现场观看制作工艺
16	日本食鱼馆开馆	食鱼馆以木装修为主。让人们在享受美食的同时,一边观山水之色,一边听丝竹之乐
17	“2006东方休闲文化节”开幕式暨“风情坊休闲步行街”开街典礼	2006年4月下旬举行
18	东方国际佛乐大典	邀请国内外10座古寺名刹的著名佛乐演奏大师,在东方文化园举行一场盛况空前的佛乐大典
19	东方国际太极拳邀请赛暨国际太极文化交流会	2006年5月举行东方国际太极拳邀请赛。2006年8月下旬举办国际太极文化交流会
20	文化遗产休闲体验之旅	2006年6月开启休闲体验之旅
21	东方少年国学吟颂会	2006年7月,组织海峡两岸的少年儿童,进行优秀文学作品比赛和文艺演出

（续表 37）

序号	名　　称	举办时间和内容
22	东方雅乐——纳凉晚会	2006年8月举办“江南丝竹”东方雅乐欣赏晚会，演绎中国古老乐器
23	东方的浪漫——婚庆游园活动	2006年9月金秋，在园内以中国的婚庆文化为基础，开发婚庆游园项目
24	东方药膳挑战赛	2006年10月举办
25	2006年中国国际休闲产业博览会	2006年4月20日至23日举办，分“运动健康”、“旅游度假”、“饮食文化”、“网络数字”、“居家生活”五大板块展示
26	第九届（2006）西湖艺术博览会	2006年10月举办
27	2006年中国国际丝绸博览会	2006年10月举办
28	第七届中国工艺美术大师作品暨工艺美术精品博览会	2006年10月举办
29	2006年中国国际香水及彩妆展览会	2006年10月举办
30	2006年中国·杭州千岛湖国际游艇展示推介会	2006年9月举办，展示国内外各类游艇、各类水上娱乐设备
31	第九届浙江国际建筑装饰材料及装备展览会	2006年4月13日至16日举办
32	国际营养科学联盟第八届临床营养学大会暨第五届亚太临床营养学大会	2006年10月15日至18日召开，就食品的营养、健康食品的生产工艺改革、食品安全等议题展开研讨
33	2006年中国（杭州）国际妇幼婴童产业博览会	2006年4月6日至9日举办，设孕妇专区及婴童食品、婴童用品、婴童服装、教育玩具、服务机构等展区，展示相关妇幼婴童产品
34	2006年中国国际衡器展览会	2006年5月17日至19日举办，同期举办全国称重技术研讨会和衡器新技术新产品发布会等活动
35	2006年中国（杭州）第四届商铺展览会	2006年6月15日至18日举办，展示商铺、社区商业中心、旅游区商业中心、专业和综合市场等商业房产
36	第六届（2006）杭州国际民间手工艺品展览会	2006年5月25日至30日举办
37	第二十七届（2006）中国浙江国际自行车、电动车展览会	2006年10月14日至16日举办，展示和销售各类自行车、电动自行车、休闲自行车及其相关的零部件产品
38	第六届中国杭州国际汽车工业展览会	分整车、房车及汽配零部件等展区，展示汽车工业发展状况
39	第八届中国（浙江）国际家具展览会	2006年10月7日至11日举办，展示和销售国内外最新流行款式家具及相关家居产品
40	2006年第五届浙江国际工业博览会	2006年5月11日至13日举办，展示仪器仪表自动化技术设备、电子元器件及电子信息技术设备、电力电工设备以及轴承、电机及磁性材料等机械工业设备
41	2006年杭州人才交流大会	2006年11月举办，面向全国推出上万个就业岗位
42	2006年（第十四届）国际有线电视技术研讨会	2006年10月召开，围绕国内外有线电视行业发展热点问题，邀请行业内专家、学者以及知名企业负责人参会研讨
43	2006年中国杭州名师名校长论坛	2006年10月举行，邀请教育界的专家及名师名校长，围绕基础教育发展相关问题展开研讨
44	2006年复旦高层管理论坛	2006年10月29日至30日举办
45	2006年国际旅游小姐冠军总决赛	2006年7月举行
46	2006年中国（杭州）集邮文化展	2006年8月举办
47	2006年杭州国际城市围棋赛	2006年10月举办（暂定）
48	2006年世界青年举重锦标赛	2006年5月27日至6月4日举行
49	第四届西湖合唱节	2006年10月举办（暂定）
50	2006年浙江省博物馆文物·艺术精品系列特展	2006年4月至10月举办
51	2006年西湖国际定向节	2006年10月举行
52	钱塘江之夜——2006年西湖国际烟花大会	2006年10月举行
53	西湖情玫瑰婚典	2006年10月，以“相约西湖、相拥一生”为主题，通过全国报名组织各地新人举行集体婚礼
54	2006年中国（杭州）美食节	2006年10月举办
55	中国杭州商业特色街风采展示活动	2006年4月至10月，杭州市区9条特色街区通过各种形式，开展休闲、旅游、文化、商贸活动

（续表 37）

序号	名　称	举办时间和内容
56	2006年中国(杭州)国际电脑节	2006年10月举办(暂定),集展览、论坛和趣味游戏活动于一体
57	2006年"天堂丝绸"时尚节	以展示天堂丝绸为主,展示各种丝绸服装、配饰、工艺品
58	杭州未来世界——"世界休闲不夜城"活动	"梦幻中心大剧场"内上演《梦幻天堂》大型科幻歌舞剧。阿拉伯广场举办戏水狂欢游戏"哗哗世界",设有"时光隧道"、"魔幻城"、"森林探险"、"国际风情街"等配套活动
59	龙井山园"茶乡风情"系列活动	2006年4月至10月推出
60	宋城景区活动	2006年4月至10月,推出民间绝艺大赛、火把节、天灯节、《宋城千古情》大型歌舞演出等活动
61	天都城景区活动	2006年4月22日至10月22日,举办风筝节、少儿时装秀、植树节、拓展运动夏令营、金秋浪漫婚典等活动
62	大清谷野外拓展运动	2006年4月22日至10月22日,面向企事业单位、学校和个人开展野外拓展运动赛事
63	2006年中国杭州·拱墅区第四届大运河文化艺术节	2006年5月至9月举办,以京杭运河为主题,开展系列文化、艺术活动
64	2006年中国国际(萧山)钱江观潮节	2006年10月8日至10日举办
65	第八届萧山杜家杨梅节	2006年6月18日至24日,围绕杨梅节,举办文艺演出、书画表演、采摘和品尝等体验式活动和杨梅展销
66	2006年双溪漂流水上欢乐节	2006年9月至10月举办,内容包括双溪漂流水上欢乐节开幕式、国际漂流邀请赛、径山茶艺修学游、山歌对唱比赛、风情双溪竹海夜漂等
67	神州风韵·第二届中国民间艺术之乡剪纸邀请赛	2006年10月,举办新老"十大神剪"现场表演、剪纸艺术理论研讨、获奖作品展览、剪纸作品展卖及颁奖晚会等
68	中国天目山森林旅游资源博览会	2006年9月举办,以"绿色临安、和谐家园"为主题,开展系列经济、休闲、文化活动
69	清代杭州·宫廷档案展览	2006年5月16日至6月30日,展出"人间天堂"、"清帝南巡"、"富饶之都"、"文化名城"、"历史大事"等内容
70	2006年吴山庙会活动	2006年10月,举行吴山庙会开幕式、清河坊民俗风情表演、吴山美食节、首届吴山风筝节等10项活动
71	国际(杭州)美容美发节	2006年9月10日至16日举办,以时尚主题秀为主要表现形式
72	2006年第二十届全国荷花展	2006年6月18日至7月15日举办
73	中国天目山国际山地户外挑战赛	2006年5月举行,比赛项目包括溯溪、山地越野、自行车/跑步交替、岩壁速降等
74	休博园一日游	参观十大主题景观,参与十大游乐项目,体验十大休闲中心,观看十大精彩演出等
75	休博会主会场二日游	在休博园一日游的基础上,增加游览世界休闲风情园、东方文化园和萧山湘湖景区
76	西湖、西溪、休博园二日游	集合西湖经典景点、新西湖亮点、西溪国家湿地公园和休博园等精彩旅游线路
77	茶乡丝府之旅	依托杭州丰富的茶文化资源,推出既能游览山水美景,又能体验茶乡风情的旅游产品
78	美食购物之旅	结合杭州十大特色街区设计线路,充分体验杭州的休闲氛围
79	乡村旅游休闲之旅	推出以"十大休闲基地"和首批九大"杭州市乡村旅游示范点"为基地的乡村特色旅游产品
80	"体验杭州、感受中国"——组织城市社会资源参观	杭州分三批推出城市社会资源国际旅游访问点100处,通过参观杭州社会生活的方方面面,让外国游客真实了解杭州
81	走遍杭州之萧山	观潮胜地、度假天堂游
82	走遍杭州之余杭	天堂门户、休闲胜地游
83	走遍杭州之桐庐	潇洒桐庐、富春江山水游
84	走遍杭州之淳安	秀水千岛湖、休闲好去处
85	走遍杭州之建德	江南山水秀、最忆新安江游
86	走遍杭州之富阳	富春山水、孙权故里游
87	走遍杭州之临安	离城市最近的森林公园游
88	新江南秀丽山水A线游	该线以口岸城市及高速公路沿线城市为纽带,覆盖全省11个市
89	新江南秀丽山水B线游	游览浙东水乡佛国、浙西名山名水、浙南奇山秀水、浙北丝乡古镇
90	经典华东五市游	游览南京、无锡、苏州、上海、杭州
91	小华东"金三角"游	游览上海、杭州、苏州
92	名城名湖名山"三名"旅游	游览上海、杭州、黄山
93	精彩中国旅游线路游	把杭州与其他主要城市和景区组合形成精彩中国旅游线路

（续表 37）

序号	名　　称	举办时间和内容
94	富阳龙门古镇民俗风情旅游节	2006年4月至6月，举办开幕式、"三国全宴"及"孙氏私房菜"菜式征集、百镇百家戏游龙门、龙门论剑等活动
95	2006年首届（杭州）宠物大赛	2006年5月1日至7日举行，分工作犬组、狩猎犬组、牧羊犬组、运动犬组、非运动犬组、爹利犬组、玩具犬组与其他组别比赛
96	第三届百兽狂欢节	2006年10月1日至7日，举行各种以动物为主角的狂欢活动
97	富春江皮划艇表演赛	2006年5月至6月，邀请部分退役运动员及浙江省体训大队专业运动员，在富春江上举行皮划艇表演赛
98	中国女篮甲B联赛	2006年上半年举行
99	浙江省农民敲打乐大赛	2006年8月下旬，邀请全省各地经过选拔产生的近二十支农民敲打乐队参加比赛
100	纪念郁达夫诞辰110周年国际学术研讨会	2006年10月举办
101	第三届全国作家节浙江分会场活动	2006年5月，与浙江省作家协会联合举办
102	越剧诞生百年纪念活动	2006年6月至9月，举办越剧表演艺术家徐玉兰越剧艺术研讨会
103	打造山水文化名城系列活动	2006年9月，举办"富阳人唱富阳歌"歌曲大赛、"富阳人画富阳景"书画大赛、"富阳人说富阳事"曲艺大赛等赛事
104	中国造纸论坛	2006年10月，邀请有关领导、专家、学者参加论坛，参观造纸工艺流程，赋诗作画
105	富阳优质农产品展示会	2006年9月至10月展示
106	2006年杭州世界休闲博览会安吉分会场启动仪式暨安吉春笋节开幕式	2006年4月至6月举行，内容包括竹博园赏竹乐、观竹海、画竹画、品鲜笋等；金叶百笋宴；中国大竹海挖竹笋 等
107	安吉春季踏春游	2006年4月至5月举行
108	"挑战自我"安吉户外拓展大赛	2006年6月举行，内容包括扎筏渡河、攀岩速降、勇攀天梯、翻墙求生等
109	"天荒地老·相约安吉"交友会	2006年7月举行
110	全国热气球巡回赛或全国动力伞巡回赛	2006年8月举办
111	"寄语休博会"千名师生书画现场表演暨万米长卷留言	2006年9月举行，将万米长卷留言转送给休博会组委会
112	挑战吉尼斯——万人拔河大赛	2006年10月举行
113	安吉生态文化节	2006年10月举行
114	中国国际山地极限运动锦标赛	2006年10月举行
115	推出安吉系列特色旅游线路	组织天荒坪自行车休闲游、生态安吉徒步休闲游、乡村休闲度假游、"我的假期，我作主"学生科普生态游
116	西施故里旅游区开园仪式	2006年4月20日，举行"龙腾风舞到诸暨"狂欢巡游、踏响千年——集体"响屐舞"、西施眼——女性生活摄影展
117	首届中国商道论坛	2006年4月20日至21日举办，为各界商业人士、业内专家、有关政府部门提供交流与对话平台
118	中国古代四大美女故里联谊活动	2006年4月20日至21日，邀请中国古代四大美女故里及重要相关城市，就挖掘整理中国古代四大美女文化及整合资源、开发旅游产品等问题开展研讨
119	中国西施文化研讨会	2006年4月20日举办，与会学者及专家就"西施传说"作为非物质文化遗产如何继承与保护性开发进行交流与探讨
120	中国西湖——西施故里首届荷花会	2006年6月至8月，举行荷花会开幕式、西湖及日月潭建立友好湖泊论坛、拜祭荷花神女——西施、台湾游客游西湖——西施故里观光游览
121	西施水灯节	2006年4月20日至26日举行
122	第五届中国（国际）珍珠节	2006年4月20日，举行珍珠节开幕式、珠宝城招商推介会暨项目签约仪式、第三届中国淡水珍珠首饰及工艺品设计大赛、中国珍珠产业与休闲产业合作研讨会、珍珠市场特色采购等活动
123	第十一届中国周庄国际旅游节暨首届"周庄杯"驻华使节夫人中国才艺大赛	2006年5月，举办第十一届中国周庄国际旅游节，邀请驻华使节夫人进行中国才艺比赛，并穿插周庄茶道文化演示
124	文化旅游主题活动	2006年4月，举行《周庄》全国同题诗大奖赛颁奖暨《诗意周庄》首发仪式、"永远的周庄"全国优秀摄影作品评比等活动
125	"渔家生活"展示	2006年4月，演示塘网、捻网、麦钓等传统渔家捕鱼方式，展示各种水乡特有的鱼种及古老神秘的渔家图腾

(续表 37)

序号	名　　称	举办时间和内容
126	全福庙会活动	2006 年 5 月，举办周庄传统庙会节，进行祭拜等宗教活动及舞龙、舞狮、挑花篮、打莲厢、唱戏、捏面人等民间文艺和技艺表演
127	水上活动	2006 年 6 月至 8 月，举行赛龙舟、划灯、摇快船、荡湖船、放河灯、鱼鹰捕鱼等各类水上传统活动和比赛
128	暑期夏令营活动	2006 年 7 月至 8 月，举办民俗文化展示、水上活动参观、田园风光游览、学做周庄菜等夏令营活动
129	观“周庄八景”	2006 年 7 月至 10 月，参观经过整饬的周庄古八景中的“全福晓钟”、“蚬江渔唱”、“南湖秋月”等部分景点
130	水乡美食节	2006 年 9 月，展销江南水乡饮食，举行周庄美食大赛
131	民俗节庆月	2006 年 10 月，举办荡湖船、挑花篮、打莲厢等民俗表演，体验国庆、中秋、重阳节等各个民俗节庆
132	水乡情传统婚典	2006 年 10 月，举办周庄独特的传统婚庆仪式
133	大型酒类、菊花展	2006 年 10 月，展出万三十月白、万三十月黄等醇香可口的万三系列特色酒，引进并展出各类观赏性菊花
134	民曲民风展示	2006 年 4 月至 10 月，举行古戏昆曲、锡剧、沪剧、越剧表演和贞丰街传统民俗手工艺表演及“沈万三夜游周庄”大型情景表演
135	特色休闲主题游	2006 年 4 月至 10 月，举行沈万三文化游、休闲健身游、民俗文化游，住明清格调民居旅馆、做一天周庄人等活动

潮。5 月~6 月，世界华人篮球赛、世界青年举重锦标赛、天目山山地挑战赛等体育赛事接连不断。7 月~8 月，宋城、未来世界、龙井山园等主题公园、景区的 40 余个系列活动成为休博会主角。9 月~10 月，世界休闲大会、世界休闲峰会、游艇展、艺博会、丝博会、投资合作周等 10 余项重大活动全面登场。　（朱　盈　俞淳婕）

【推进休博会遗产利用】 2003 年 9 月，杭州休博会组委会首次向世界休闲组织提出休博会遗产问题。经过多次会谈，于 2005 年 9 月与世界休闲组织就杭州方提出的《定期举办休博会共同推进休闲事业——陈述要点》达成 5 点共识。双方认识到休博会知识产权属杭州和世界休闲组织共同拥有；世界休闲组织同意定期举办世界休闲博览会，对杭州愿意继续举办休博会表示赞赏；双方赞同设立一个管理世界休闲博览会事务的工作委员会；世界休闲组织在 11 月初理事会全体会议上将决定对杭州方建议的正式回应；对于休博会其他多种形式遗产的利用，双方将积极扩大合作，进一步发挥休博会遗产的作用。11 月，世界休闲组织在加拿大魁北克举行会议，同意在杭州方建议的框架内，组织专门委员会进一步研究“定期举办休博会”的有关事项。　（俞淳婕）

·筹备活动·

【举行打造“东方休闲之都”推广活动】 8 月 1 日~4 日，杭州市以“打造东方休闲之都，构建和谐创业之城”为主题，在北京举行第七届中国杭州西湖博览会和 2006 年杭州世界休闲博览会新闻发布会、国际企业家座谈会、杭州（北京）经济合作洽谈会、“双西·休博之旅”等系列推广活动，同时开展招商引资和旅游合作。这是近几年杭州在京开展的集中推广活动中规模最大的一次。8 月 2 日在北京长富宫饭店芙蓉厅举行的休博会、西博会新闻发布会是推广活动的重头戏，杭州市委副书记、市长孙忠焕主持会议，浙江省委常委、杭州市委书记王国平和副省长钟山分别致辞。休博会形象大使杨澜介绍了休博会情况。国家旅游局副局长王志发、科技部党组成员张景安到会讲话，原全国政协副主席孙孚凌出席会议。世界休闲组织、亚太旅游组织等国际组织，外国驻中国外交机构，西博会、休博会部分项目在京主办单位，各省、市驻京办事处，国家级旅行社代表和在京国内外新闻媒体记者等 300 多人参加新闻发布会。

【举行推介休博对接世博推广活动】 8 月 17 日~18 日，杭州市在上海举行以“宣传西博、推介休博、服务世博、发展现代服务业”为主题的推广活动。上海市委副书记、市长韩正，市人大常委会副主任朱晓明，市政协副主席左焕琛，市政府副秘书长姚明宝和上海世博会执委会专职副主任钟燕群等领导出席相关活动。8 月 18 日上午，在上海浦东国际会议中心举行“杭州对接世博、服务世博、发展世博经济工作座谈会”，杭州休博会组委会与上海世博会事务协调局签署《2006 杭州世界休闲博览会宣传休博、对接世博、服务世博协议书》。下午，召开第七届中国杭州西湖博览会、2006 年杭州世界休闲博览会新闻发布暨杭州市商务环境说明会，杭州市委副书记、市长孙忠焕致辞，副市长金胜山介绍了杭州商务环境和现代服务业情况。法国欧尚集团公司亚洲区财务总监包怀轩、上海市政府副秘书长姚明宝到会讲话。沪杭两市签订了 17 个合作项目协议，总投资 21.53 亿元。外国驻上海领事馆投资、商务领事，上海和周边地区现代服务业世界 500 强企业代表及知名外资公司代表，外国驻上海投资咨询服务机构、投资促进机构代表，上海现代服务业知名企业代表和在沪国内外新闻媒体记者等 400 余人参加会议。

（邵玲玲）

【杨澜推介休博会】 9月19日，休博会形象大使杨澜在上海旅游节上亮相，接受上海生活时尚频道、《第一财经日报》等上海媒体专访，积极推介2006年杭州世界休闲博览会。2006年的杭州，将为世界搭建一个人文和谐、风景独特、体验深刻的休闲交流平台。在184天的盛会期间，将安排100多个休闲旅游、文体活动、会议培训和展览展示项目；来自国内外1600万名游客将共同享受多元的休闲方式。杨澜在向媒体记者介绍了杭州休博会的情况后，代表休博会组委会邀请上海的朋友到杭州看看。同时回答了记者有关“休博会怎样拓展休闲经济”的提问。

（郑洪波）

9月21日，休博会形象大使杨澜在上海推介休博会。 （市休博办 供稿）

【休博圣火采集】 4月21日，杭州世界休闲博览会倒计时一周年之际，100多位休博会志愿者齐聚浙江丽水龙泉山，举行一场以“休闲·和谐·文明”为主题的休博圣火采集巡游暨龙泉山开山大典活动。用来自江浙第一高峰的圣火点燃休闲的烈火，引领休闲时代的潮流。在海拔1929米的龙泉山黄茅尖上，一位身着休闲服装的美丽少女高高举起聚光镜，随后有火焰跳跃，越来越旺。4月21日下午2时18分，3位来自美国和南非的国际休闲使者共同引燃火炬完成了在江浙最高峰上“休博圣火”的采集。当天，休博圣火途经龙泉、云和及丽水3个城市。当地休闲志愿者陪同3位休闲使者将休博圣火传递至杭州。

4月21日，休博会倒计时一周年的熊熊圣火点燃。 （市休博办 供稿）

【寄发相约休博会明信片】 10月22日，由民进杭州市委主办，市委宣传部、市休博办、市邮政局、团市委协办的“万枚明信片相约2006杭州世界休闲博览会”首发式在浙江图书馆主会场启动。来自朝晖小学的50多位“和平小信使”首先向50多位外国领导人寄发第一批邀请“相约2006杭州世界休闲博览会”的明信片。明信片由国家邮政局发行，印有2006年休博会吉祥物“晶晶”图案、休博会主题以及休博会“一湖三园”实景设计图等，具有较高纪念和收藏价值。同时在浙江图书馆主会场和西城广场、浙大紫金港校区、庆春广场、武林广场、少年宫广场、岳坟景区6个分会场举行相约休博会签名活动。市领导和广大市民、学生代表、外地游客一起参加。5000余人在20米长的横幅上签下自己的名字，并寄发了主题明信片，邀请国内外亲朋好友参加休博会。

【国外徒步爱好者感受新西湖】 9月24日，由市委宣传部、市外办、市休博办、西湖风景名胜区管委会等7个单位共同举办的“迎接休博会、徒步新西湖”活动在杭州花圃举行启动仪式。来自美国、德国、日本、法国、荷兰、瑞士、澳大利亚、刚果、喀麦隆等10余个国家800多名徒步爱好者将用脚步感受新西湖的变化。上午10时30分，杭州市委副书记叶明宣布活动正式启动。身着统一休闲衫的各国徒步爱好者从花圃出发，沿杨公堤、北山街、湖滨、柳浪闻莺、南山路、苏堤，一直走到曲院风荷，徒步环绕了西湖一圈。途中，徒步爱好者参观了西博会和休博会博物馆。在钱王祠，杭州茶博茶艺表演队为徒步新西湖的中外来宾表演了精湛的茶艺。 （邵玲玲）

【杭州在法国推介休博会】 10月22日，中国浙江周活动和大型浙江旅游推介活动在法国巴黎希尔顿酒店召开。法国政府高层人士和旅游机构人士，重点景区、饭店从业人员及法国电视、报纸等媒体记者参加推介活动。杭州市副市长项勤作了休博会的主题推广演讲，向法国各界朋友发出参加2006年杭州休博会邀请。在活动现场，马可波罗国际文化经济技术交流协会与杭州休闲博览会执委会签订了合作协议。法国利雪市和两家跨国企业与休博会执委会签订了休博会百城馆加盟协议。法国旅游协会与休博园签订门票代理协议后，休博会执委会向法国合作方赠送200张休博会VIP门票。（俞淳婕）

9月24日，国外徒步爱好者在杭州花圃整装待发。（市休博办 供稿）

·场馆建设·

【加快湘湖主体工程建设】加快湘湖启动区块建设是萧山区迎接休博会的工作重点。该区建立湘湖保护与开发领导小组和工程指挥部，下设17个工作组，从全区抽调108人进驻现场，拆迁工作实行分块包干、任务到组、责任到人。至年末，完成房屋拆迁签约1395户，占拆迁户总数99.6%；基本完成41个企业搬迁。分四期开工建设25万平方米、2411套安置房。12月2日，一期工程7.2万平方米、688套安置房通过竣工验收；二期工程4.5万平方米、408套安置房主体结顶。经过专家论证，完成湘湖4.6平方千米启动区块的修建性详规。3月，开工建设一期湖堤、湖岸修复工程，奋战九个月，年前全面完成湘湖启动区“一湖、二堤、三岛、四亭、五码头、十二座桥”等主要景点及绿化工程的建设。

【世界休闲博览园初具规模】作为2006年杭州世界休闲博览会主场馆，世界休闲博览园坐落在原生态湘湖旅游度假区，是一个集休闲、旅游、度假、会展、人居于一体的主题城。由宋城集团投资。休闲博览园分水城区、海滩区、游乐区等区域。建于休博园内的百城馆，通过威尼斯独特的临水建筑、26座风格各异的小桥和3千米的水道，将整个水城区组成一个独特的世界。休博园内将举行休博会开（闭）幕式、德国啤酒狂欢节、第九届世界休闲大会等活动，是休博会场馆建设的重点项目。至年末，园内威尼斯水城主体建筑结顶，城市中心区主体建筑进入装修阶段；其他区块基础施工全面展开；威尼斯湖畔区公建工程、游乐区基础工程基本完成打桩，其中游乐区大型设施开始安装、调试；水上世界大舞台完成土建，开始安装钢结构。（李伟霞）

【休闲风情园完成工程总量80%】世界休闲风情园是集豪华客房、特色餐饮、高档商务于一体的度假胜地，毗邻世界休闲博览园。该园由风情园主体工程、索菲特世外桃源度假酒店和异国风情别墅人居展示区三大功能区块构成。建设中的索菲特世外桃源度假酒店拥有301间豪华客房，1000余个中西餐厅餐位，12个不同规模的会议室及高标准的会议设施，以及1万多平方米的专业娱乐、健身会所，成为休博会的主要接待会场。异国风情别墅人居区将建140多栋高档度假别墅，每幢别墅的建造汇聚各国别墅建筑设计的精髓，配以顶级的酒店式服务和智能化设施。年末，已完成工程总量80%以上。索菲特度假酒店主体全部结顶，外装修基本结束，内装修全面展开，部分设备开始安装；异国风情别墅人居区有100多幢别墅结顶，并开始装修；风情园区块主体工程基本结顶。（俞淳婕）

【东方文化园新建10个休闲项目】东方文化园位于钱塘江、富春江、浦阳江三江汇合处的萧山义桥杨岐山南麓，占地180公顷，历时8年建设和开发，总投资17亿元，于2000年建成。该园融园林文化、宗教文化、养生文化于一体，有千年古刹——杨岐禅寺，宣承佛教文化的万佛金塔地宫，及四星级酒店——太虚湖假日酒店。其中万佛金塔地宫系仿泰国皇宫式建筑，塔身内供奉9999尊金佛像，并陈列有借自北京故宫的国家一级保护文物；地宫广场上的玉卧佛则由整块缅甸玉雕琢而成，高2米、长6米、重12吨，是国内最大的玉卧佛像，被称为“涅磐之像”。该园被列为休博会主园区及首届世界休闲峰会主会场后，2005年新建仿古牌坊、东方大道、马术游乐场、八卦百草园、“观音显圣”演示景观等十大休闲旅游项目。

（李伟霞）

2006 杭州世界休闲博览会

世界休闲高层论坛在杭州召开

4 月 22 日，开幕日举办隆重的开幕式文艺晚会。

2006 年 4 月 22 日至 10 月 22 日，2006 年世界休闲博览会和第八届西湖博览会在杭州进行。

休博会以“休闲——改变人类生活”为主题，坚持以人为本，体现人文关怀，通过传播先进的休闲理念，倡导健康的休闲方式，推动和繁荣休闲产业，提高城市的休闲服务水平，丰富人们的休闲体验，享受更加美好的生活，展现人与自然的和谐相处，“和谐生活、和谐创业”。

依托杭州市丰富的休闲旅游资源和经济、社会快速发展的优势，2006 年休博会和第八届西博会安排了 208 个的休闲旅游、文体活动、会议培训和展示展览类项目；邀请 22 个国家和地区的 88 个城市以及 27 个企业在休博会设馆，展示各自独特的休闲风情和历史文化；休博会还设立绍兴、黄山、安吉、诸暨、周庄、富阳、建德、桐庐、临安、淳安 10 个分会场，辐射范围延伸至长三角浙苏皖三省。

为举办休博会，杭州市建设了“一湖三园”作为主园区。湘湖旅游度假区以跨湖桥文化和自然风景为特色；世界休闲博览园以欧式建筑风格及休闲、娱乐、综艺和会议展示为主要特色，是休博会开幕式、闭幕式、世界休闲大会的举办地；世界休闲风情园突出东方风情和接待功能；东方文化园则以展现“释、道、儒”等东方宗教文化为特征。

中共中央政治局委员、国务院副总理吴仪出席世界休闲高层论坛，发表《积极发展休闲服务，不断提高生活质量》的重要演讲。休博会传播了积极的休闲理念，促进了休闲产业的发展。杭州市打造“东方休闲之都”，突出了发展休闲产业的比较优势，重视推进休闲基础设施建设，着力提升休闲旅游环境。在发展休闲产业方面，杭州已走在了全国前列。

狂欢节

汽车展

人居展

湘湖旅游度假区是以湘湖自然生态、历史文化为基础的大型休闲度假区。

世界休闲博览园

世界休闲风情园

东方文化园

World Leisure Expo 2006 Hangzhou China 世界休闲博览会

经济合作交流

Domestic Economic Cooperation

·经济合作交流综述·

【引进内资项目 5437 个】 2005 年,杭州市引进内资项目 5437 个,比上年增长 5%;协议资金 556.3 亿元,增长 17.29%,完成全年任务的 114.7%;到位资金 268.5 亿元,增长 19%,完成全年任务的 105.79%。

引进项目的产业结构:一产项目 49 个,协议资金 2.34 亿元,到位资金 1.23 亿元,分别占资金总额的 0.42%和 0.46%;二产项目 992 个,协议资金 166.48 亿元,到位资金 70.67 亿元,分别占 29.93%和 26.32%;三产项目 4396 个,协议资金 387.48 亿元,到位资金 196.6 亿元,分别占 69.65%和 73.22%。

引进资金的所有制结构:非国有资本协议资金 426.12 亿元,到位资金 219.17 亿元,分别占资金总额的 76.60%和 81.63%;国有资本协议资金 130.18 亿元,到位资金 49.33 亿元,分别占 23.40%和 18.37%。

引进资金的地域结构:引进的省内资金主要来源于温州、台州、宁波、绍兴等地,协议资金 229.36 亿元,到位资金 106.11 亿元,分别占资金总额的 41.23%和 39.52%;引进的省外资金主要来源于上海、北京、广州、福建等地,协议资金 181.82 亿元,到位资金 82.44 亿元,分别占 32.68%和 30.70%。来源于省、部属企业的协议资金 145.12 亿元,到位资金 79.95 亿元,分别占 26.09%和 29.78%。

表 38　　2005年杭州市国内招商引资情况

单位:亿元

单　位	协议资金	到位资金	项目个数	完成率(%)	
				协议资金	到位资金
上城区	58.43	29.50	826	101.79	100.00
下城区	74.52	37.50	937	122.77	113.64
江干区	60.21	24.06	652	137.78	102.38
拱墅区	85.63	37.04	1 308	137.23	105.83
西湖区	46.80	26.62	807	107.09	113.28
高新(滨江)区	49.03	30.23	322	100.47	100.77
萧山区	30.04	22.44	206	101.83	149.60
余杭区	36.21	11.23	53	154.74	102.09
桐庐县	16.48	7.05	64	117.71	117.50
淳安县	16.25	6.47	103	116.07	107.83
建德市	15.87	6.84	105	113.36	114.00
富阳市	15.96	7.02	24	101.01	100.29
临安市	25.41	10.00	13	113.95	100.00
杭州经济技术开发区	15.06	6.50	13	103.86	100.00
钱江新城	10.40	6.00	4	100.00	101.69
合　计	556.30	268.50	5 437	114.70	105.79

【召开全市国内合作交流工作会议】 3 月 29 日,市委、市政府召开全市首次国内合作交流工作会议。省委常委、市委书记王国平到会作题为《以落实科学发展观为统领,以搞好两个服务为目标,努力开创我市国内合作交流工作新局面》的讲话,市委副书记、市长孙忠焕作工作报告。6 个单位作大会发言。会上,下发《关于进一步加强国内合作交流工作的若干意见(征求意见稿)》。会后,经过各单位深入讨论,市委办公厅、市政府办公厅于 7 月 25 日联合出台《关于进一步加强国内合作交流工作的若干意见》,明确了今后一个时期杭州市国内经济合作交流工作的指导思想、基本原则、重点领域和重要举措。

【编制“十一五”杭州市国内合作交流发展规划】 2005 年,市经合办组织编制了《杭州市“十一五”国内合作交流发展规划》,作为专项规划列入杭州市“十一五”规划体系。《规划》提出未来五年杭州市国内合作交流工作的指导思想、奋斗目标和主要任务,体现了中央和省、市委的经济和社会发展战略要求,具有前瞻性、科学性、操作性。

【全国重点城市国内合作交流工作研讨会】 10 月 20 日在杭州召开。上海、天津、重庆、南京、杭州、武汉、成都等 42 个重点城市的国内合作交流部门负责人,浙江、江西、云南、四川、青海、湖南、宁夏等省(自治区)国内合作交流部门领导,及杭州市各区、县(市)经合系统负责人,部分外地驻杭(浙)办事机构负责人共

150余人参加会议。与会人员围绕“十五”期间国内合作交流工作广泛交流经验,并深入探讨“十一五”期间加强国内合作交流工作的思路和方法,形成了“网络共建、信息共享、工作共研、平台共用、市场共兴”的“杭州共识”。42个城市的国内合作交流部门会上签订了建立紧密型合作关系、进一步加强国内合作交流工作的协议。

【举办第二届中国投资峰会】 10月22日,由中国投资协会、杭州市人民政府、浙江省发展和改革委员会共同发起的第二届中国投资峰会在杭州黄龙饭店开幕。中国投资协会、中国经济体制改革研究会、中国市场经济研究会等单位领导、省市有关领导、各地驻杭商会和来杭投资企业的负责人250多人出席会议。国务院西部开发办副主任、国家发展和改革委员会新闻发言人曹玉书作关于制定中国“十一五”发展规划建议有关情况的专题报告,中国经济体制改革研究会副会长、中国市场经济研究会副会长杨启先就当前经济体制改革热点问题作报告。

【参与主办浙商论坛】 6月5日,由省、市有关部门联合主办的浙商回乡投资与总部经济论坛在杭州举行。来自全国各地的知名浙商、专家学者250余人出席。副市长金胜山作题为《加速发展总部经济,不断创造杭州经济发展新优势》的主旨演讲,提出杭州发展总部经济的优势、定位和举措,希望在外创业的浙商能来杭投资,设立总部。

【召开社团工作会议】 6月17日,杭州市召开经合系统社团工作交流会议。杭州温州商会、杭州泉州商会、来杭投资企业协会等社团负责人出席,与市经合办就有关商会发展模式及加强建设、发挥作用等问题进行交流探讨。

【召开迎春座谈会和经济情况通报会】 1月13日,市政府在香格里拉饭店召开外地驻杭办事机构暨来杭投资企业迎春座谈会,通报表彰2004年驻杭办事机构和来杭投资企业中的先进单位。市经合办通报2004年杭州市国内经济合作情况,四川省人民政府驻杭办事处、浙江元成园林工程有限公司两个先进单位发了言。

7月21日,市政府举行2005年上半年杭州市经济情况通报会,外地驻杭办事机构和来杭投资的企业代表近300人出席。会上,项勤副市长介绍杭州市经济运行的总体情况,分析宏观调控下发展面临的问题,并通报市委、市政府的工作部署和重大举措。市经合办通报上半年全市经济合作交流情况和下半年国内合作交流的活动安排。省协作办主任姚少平应邀到会并讲话。

2005年,杭州市新增外地驻杭办事机构531个。至年末,累计达2262个。通过落实来杭投资优惠政策,共为148个来杭投资企业核准640人迁杭入户。

·招商引资活动·

【赴珠江三角洲招商】 3月18日~22日,市政协副主席曾东元率杭州市经贸代表团一行90多人,赴“珠三角”地区的广东东莞和福建泉州开展招商活动。东莞、泉州两地政府有关部门领导、企业家代表、新闻媒体等600余人分别出席在当地举办的经济合作洽谈会。杭州市经贸代表团在会上宣传介绍杭州市的基本情况和投资环境,并推出重点投资项目100余个。500余个当地企业负责人和投资者与杭州代表团进行洽谈,共达成13个项目的合作意向,涉及高新科技、环保、现代服务等多个行业,投资总额逾44亿元。

【赴北京招商】 8月初,省委常委、市委书记王国平,市委副书记、市长孙忠焕等率市有关部门领导及各区、县(市)、国家级开发区主要领导,赴北京开展招商活动。王国平、孙忠焕带队走访北京的大公司、大企业,“敲门招商”。8月3日,杭州(北京)经济合作洽谈会在北京国际饭店举行。王国平、孙忠焕向在京的知名企业负责人及新闻媒体工作者300余人介绍杭州市发展概况及投资商务环境,推出项目100余个。200余个北京企业负责人和投资者参与洽谈。京杭两地达成18个项目的合作意向,17个项目正式签约,投资总额逾166亿元,协议引进北京资金137.5亿元。

【引进上海资金17.18亿元】 8月18日,沪杭两市在沪举行项目合作签约仪式,杭州市领导孙忠焕等出席。会上,有17个项目签约,投资总额21.53亿元。其中,沪杭两市合作内资项目14个,投资总额17.88亿元,引进上海资金17.18亿元。

【第八届国内经济合作洽谈会成效显著】 10月20日,第八届国内经济合作洽谈会在杭州黄龙饭店隆重开幕。各地企业家和投资者、部分外地驻杭办事机构代表及各新闻单位记者共300余人出席。市委副书记、市长孙忠焕在开幕式上介绍杭州的投资发展环境。开幕式后,全市13个区、县(市)和国家级开发区分别与到会客商进行项目洽谈,钱江新城和杭州工业新区就整体投资环境和重点项目进行集中推介。中国远洲集团、中国水电建设集团、北京清华银纳公司等500余个国内外知名企业(集团)参加洽谈活动。

10月21下午,举行项目签约仪式,有34个重点内资项目签署合作协议,引进资金87.28亿元。签约项目涵盖电子通讯、生物医药、生态农业、建筑材料、商贸旅游、水利、供水、环保等多个领域,涉及一产项目1个,二产项目14个,三产项目19个,其中总部迁杭项目4个。签约的大项目较多,如余杭区的“新西湖”国际休闲度假项目,总投资25亿元。以IT、环保、通讯科技、生物医药等产业为主的高新技术产业项目16个,总投资约35.4亿元,占总签约额的40.56%。

【8区、县(市)赴温州招商】 11月29日,市经合办组织8区、县(市)招商部门赴温州开展招商引资活动。仅西湖区、江干区、建德市推出的招商项目就达60多个。各区、县(市)与200多个温州企业负责人和投资者进行洽谈,达成20余个项目投资意向,涉及资金15亿元。温州媒体对此次活动高度关注,《温州日报》作了整版报道。

·接轨上海融入“长三角”·

【“十一五”规划与上海接轨】 2005

年，杭州市在制订国民经济与社会发展"十一五"规划的过程中，注重与上海市"十一五"规划和"长三角"地区区域规划相衔接。9月，市发改委"十一五"规划调研组赴上海学习考察，按照接轨上海"规划共绘"的思路，以发展目标、政策目标与手段、重大基础设施布局、产业结构调整、区域发展方向等为重点内容，与上海和"长三角"的规划衔接。年内，与上海大学合作完成《杭州市现代服务业发展规划(纲要)》的编制，与复旦大学合作编制了《杭州市物流业发展规划》。此外，还配合国家发改委、浙江省发改委做好《"长三角"地区区域规划》编制工作，配合浙江省发改委和上海市发改委做好沪杭城际快速轨道交通、杭浦高速公路等基础设施的前期工作。

【举行发展世博经济座谈会】 8月18日，市政府在上海举行"对接世博、服务世博、发展世博经济"工作座谈会。市委副书记、市长孙忠焕就杭州参与世博、服务世博、与上海共同发展世博经济提出设想和建议，上海世博会执委会专职副主任钟燕群、上海市合作交流办公室副主任陈荣堂介绍上海世博会筹备情况和"长三角"共同办会的基本设想。市经合办对《杭州对接世博会、发展世博经济规划》作了说明，有关部门进行了交流发言。沪杭双方均认为，上海举办世博会是整个"长三角"区域发展的重要机遇，沪杭两市地域相邻，有着良好的合作基础，应进一步加强合作交流，实现优势互补，共同发展世博经济。上海世博局与杭州休博会组委会签署了《2006年杭州世界休闲博览会宣传世博、对接世博、服务世博协议书》。

【编制杭州发展世博经济规划】 2005年，由市委政策研究室、市发改委、市经合办3个部门牵头，委托浙江大学编制《杭州市对接上海世博会、发展世博经济规划》，作为专项规划列入杭州市"十一五"规划体系。《规划》在把握上海举办世博会的总体规划及各阶段的特征，分析世博会对杭州经济发展影响和杭州市发展世博经济优劣势的基础上，提出杭州市发展世博经济的战略目标、总体思路和基本策略，以及参与世博经济的重点领域及举措。

【交通接轨上海步伐加快】 2005年，杭州市继续推进以"东网加密"和"交通西进"工程为重点的交通基础设施建设，交通接轨上海步伐进一步加快。完成了沪杭高速公路杭州境内约7千米的6车道拓宽任务，大大提升通行能力。申嘉杭高速公路完成项目初步设计预审和土地预审等工作。由沪杭共同投资建设的杭千高速公路一期工程杭州至建德洋溪段于12月26日建成通车。连接"名山、名湖、名城"黄金旅游线的杭徽高速公路建设进度加快。大松树集装箱码头于11月28日开工，将进一步加强与上海国际港口的运输联系。此外，杭州市加强与"长三角"地区兄弟城市之间客运班线开辟、车辆组织等工作，至年末，与"长三角"地区所有地市之间的客运班线都已开通。

5月16日，杭州市经合代表团参观考察南昌高新技术产业开发区。

（市经合办 供稿）

【太湖流域水质不断改善】 2005年，杭州市围绕"太湖共保"，强化太湖流域水污染防治工作力度。通过加大对城镇环保基础设施建设、工业企业排污治理、运河及市区河道清淤保洁等水环境综合整治工作，减少向太湖流域排放的水污染物总量，降低污染负荷，市域内出境断面水质有明显改善，相关监测断面的总磷浓度指标比2000年~2004年均值下降15%以上，为下游湖州、嘉兴和上海的水环境质量的改善做出应有的贡献。

【产业联动出现新势头】 2005年，杭州市旅游部门加入"长三角"区域市场推广联合组织，通过挖掘区域旅游资源优势，整合包装旅游线路，赢得旅游业的新发展。市农业部门在上海设立工作联络处，及时收集上海和境外的招商引资信息，向国内外客商发布杭州农业的招商引资政策信息，组织各种招商活动。杭州农网和上海、江苏等地农网实现对接，相互交流农业动态，发布农产品供销信息，实现信息互通、联动。开展"长三角"地区农业生产标准和农产品加工标准的调研工作，为制定"长三角"地区产品市场准入制度提供基础材料。

【构建紧缺人才培训网络】 2005年，"长三角"地区加快构建紧缺人才培训三级网络体系。作为"长三角"紧缺人才培训服务中心的秘书长单位，"长三角"紧缺人才培训服务杭州中心牵头召开会议，组织各省市在规范培训市场、提高项目的市场竞争力、加大项目的开发力度和共建信息交流平台等方面达成共识。杭州中心下属的临安、余杭、安吉等分中心，引进现代物流、汽车营销、国际贸易单证、外语口译等紧缺人才项目培训，全年共有6300余人参加培训考试。

【完善教育合作交流机制】 2005年，杭州市教育行政部门与上海、江苏、安徽以及宁波、武汉、南京等长江流域10省5市的教育行政部门签订《关于加强长江流域各省市教育工作共同发展合作协议书》。杭州市教育科学研究所与“长三角”地区兄弟城市教育科学研究所签订《“长三角”城市教育科学研究合作协议》,杭州市职业教育研究中心与上海市教育科学院职业(成人)教育研究所达成开展课题合作研究的意向,完善教育合作交流机制。杭州市承办了“长三角”地区城市小学科技教育模式研讨会、“长三角”地区城市家庭教育指导工作研讨会、“长三角”地区杭州教育和谐发展论坛、沪杭两地青春期性健康教育课交流活动和第四届杭州西博会名师名校长论坛。其中,名师名校长论坛已成为“长三角”城市教育交流研讨的一个名牌项目。杭州职教研究中心与上海市教科院职(成)教所开展的中等职业教育管理体制改革、内部管理机制改革和以就业为导向的课程整合研究,取得初步成果。杭州市教育部门依托华东师范大学的师资力量,开展了教师岗位培训和骨干教师培训。

【科技合作继续推进】2005年,杭州市科技部门与上海市知识产权服务中心(上海市专利交易中心)签订《上海市、杭州市知识产权服务、专利交易合作协议》,推动知识产权事业的发展。成立中国科学院上海国家技术转移中心杭州分中心、东南大学建德五星车业机电工程研究中心、第二军医大学药学院浙江中药现代化研究中心、上海交通大学国家技术转移中心余杭分中心,组建立足杭州、面向浙江、辐射“长三角”的中国机械科学研究院浙江分院,分别与中科院上海微系统所和上海同济大学共建新材料新能源研究开发基地博士后流动工作站和研究生创新创业工作站。这些联合共建的科技创新载体,将进一步提升杭州的科技创新能力,提高杭州企业核心竞争力。

【实施《长江三角洲地区城市合作协议》】4月,“长三角”城市经济协调会办公室第一次工作会议讨论通过《长江三角洲地区城市合作协议》6个合作专题的年度实施方案。会后,杭州市召开市规划局、交通局、发改委、旅委等12个部门参加的工作会议,对信息、规划、科技、产权、旅游、协作等6个方面的合作进行专题研究,制定实施方案。经过半年多运作,专题工作进展情况良好,取得阶段性成果。参与“‘长三角’区域物流信息一体化”专题的有关部门,配合上海开展调研工作,完成了《‘长三角’区域物流信息一体化调研报告》初稿。作为“‘长三角’地区各城市规范设置主要旅游景点道路交通指引标志”专题的第一批试点城市,杭州选择西湖风景区进行示范性设置,及时落实经费,工作进展顺利。作为“长江三角洲区域科学研发仪器公用服务平台建设”专题第一批项目实施组(11城市)的成员,杭州选派技术骨干赴上海参加专题培训班,并参与系统的建设。在“长江三角洲区域产权交易市场一体化”专题的实施中,杭州有关部门参与MA—CHINA产权交易公共网站的建立,与上海等城市实现了交易网络的互通。关于“长江三角洲区域合作与交流”专题,杭州完成了2005年杭州市国内经济合作项目基本情况调查,与上海、嘉兴等城市互换数据,并就筹建区域性行业协会等事宜进行探索。

·参与西部大开发、东北振兴和中部崛起·

【参加“西洽会”】4月6日,以“东中西部互动,促进协调发展”为主题的第九届中国东西部合作与投资贸易洽谈会(简称“西洽会”)在西安市举行。本届“西洽会”由商务部、国防科学技术工业委员会、信息产业部、工商行政管理总局支持,中国国际贸易促进委员会和陕西、浙江等24个省、市、自治区政府共同主办。以副市长沈坚为团长的杭州市政府代表团近150人参加“西洽会”,并承办浙江展区的会展活动。杭州娃哈哈集团公司、浙江中策橡胶集团有限公司、农夫山泉股份有限公司、浙江德意控股集团有限公司等37个杭州企业组成杭州展团,以“精致和谐、大气开放”的风格展示杭州市近年来经济社会发展的成就,成为引人注目的亮点。在陕西浙江合作项目对接会暨项目签约仪式上,杭州娃哈哈集团公司等8个杭州企业与陕西省等西部地区企业签署9个合作项目,涵盖工业、基础设施、商贸等领域,总金额8.8亿元。

“西洽会”期间,市政府代表团还考察西安高新技术开发区,拜会西安市政府及有关部门,进一步推进两市的合作与交流。

【参加第一届东北亚投资贸易博览会】9月2日,由商务部主办、吉林省政府承办的首届东北亚投资贸易博览会在长春开幕,以市长孙忠焕为团长的杭州市政府代表团应邀参加。首届东北亚博览会规模庞大,合作项目众多,吸引了38个国家和地区的经贸代表团与会,国内有23个省、13个重点市的主要领导与会,与会总人数3万余人。杭州组织汽车零配件、纺织、皮革、饮料等项目参加洽谈,万向集团、娃哈哈集团公司、农夫山泉股份有限公司、兽王集团公司、杭州轻纺公司、杭州丝绸服装进出口公司等知名企业参展,并与多个国家、地区进行洽谈,取得可喜进展。为充分利用这一国家级对外贸易交流平台,市政府代表团先后与俄罗斯、韩国、蒙古等国家、地区的政府、商会及企业进行一系列广泛深入的交流,达成一批经贸合作协议和合作意向。博览会期间,孙忠焕一行实地考察万向集团长春公司,对杭州企业积极参与东北老工业基地建设和经济发展表示赞许。代表团还与蒙古国工商会达成《关于进一步推进双边经济发展的合作协议》。

【市政府代表团访问友好城市白山市】9月3日,参加首届东北亚投资贸易博览会的杭州市政府代表团抵达友好城市白山市考察访问,并参加两市政府工作座谈会。会上,白山市市长周化辰介绍白山市经济社会发展情况,希望利用白山的资源优势,与杭州在各个领域进行合作,共谋发展。杭州市市长孙忠焕介绍杭州概况,认为双方在经济上具有很强的互补性,发展合作领域前景广阔,希望两市在经济发展中实现双赢。

在白山市期间,杭州市政府代表团还考察了杭州企业在当地投资兴办的靖宇娃哈哈公司和农夫山泉公司。

6月13日，市长孙忠焕代表杭州市政府向衢州市“山海协作工程”促进中心捐赠100万元。图为中心大楼开工仪式现场。（经合办 供稿）

▶▶资料：白山市

白山市位于吉林省东南部，改革开放以来，工业总量快速增长，产品质量迅速提高，初步形成以林产、矿产和能源为支柱，以医药、绿色食品、造纸、服装、新型建材、塑料化工和汽车零部件工业为主体，基础比较雄厚的工业格局。

【经济合作代表团赴南昌、银川、西宁考察交流】 5月16日，市经合办组织以企业为主的杭州市经济合作代表团赴江西南昌考察，开展与中部地区的合作交流。代表团参观了南昌国家级高新技术产业开发区和有关企业，在当地举行的经贸交流座谈会上，与南昌企业交流了投资发展意向。

9月23日~27日，市经合办组织部分区、县（市）经合办和有关企业组成杭州市经济合作代表团，赴银川、西宁考察，开展经济合作交流。代表团先后参加杭州—银川经济合作洽谈会和杭州—青海经济合作洽谈会，进行洽谈和项目对接。通过考察交流，宣传了杭州发展成果和投资环境，加快了杭州参与西部大开发的步伐。

·“山海协作工程”·

【新增“山海协作工程”项目211个】 2005年，杭州市新增“山海协作工程”合作项目211个，协议总投资70.16亿元，新增到位资金28.13亿元。其中，与衢州合作项目123个，协议总投资60.3亿元，到位资金22.7亿元，项目履约率93.5%；对淳安项目82个，协议总投资8.01亿元，到位资金4.95亿元。

【市政府获先进称号】 12月27日，在浙江省人民政府召开的“山海协作工程”工作会议上，杭州市人民政府获省“山海协作工程”先进单位称号，万向集团、浙江康盛管业有限公司获省“山海协作工程”先进企业称号，唐志祥、马丽明、陈相强等3人获省“山海协作工程”先进个人称号。

【杭衢两市代表团互访】 6月12日~13日，市委副书记、市长孙忠焕率杭州市政府代表团赴衢州访问，与衢州市领导座谈交流。13日上午，两市举行“山海协作工程”工作座谈会，共商合作大计。孙忠焕代表杭州市政府向衢州市“山海协作工程”促进中心捐赠100万元。

9月9日，衢州市委书记厉志海、市长孙建国率衢州市党政代表团访问杭州，与杭州市委书记王国平、市长孙忠焕进行工作座谈。

【促进淳安经济发展】 12月15日，市经合办与淳安县人民政府在杭州共同举办推进“山海协作工程”工作座谈会暨淳安投资环境说明会，杭州8城区经合办负责人，部分杭州企业代表，温州、泉州、安吉、温岭商会代表，外地大企业驻杭办事机构负责人以及新闻记者120多人出席会议。会上，市经合办就全市经合系统将如何帮助淳安加快发展发了言，淳安县政府介绍淳安的投资发展环境，部分在淳安投资的企业作交流发言，有关企业进行项目洽谈。

·对口帮扶和对口支援·

【“双对口”资金到位700万元】 2005年，杭州市“双对口”资金落实到位700万元，完成项目45个。其中，对口帮扶四川省南充市600万元，对口支援重庆市涪陵区100万元。根据国务院和省政府部署，2005年对口帮扶工作重点放在农村，实行“整村推进”工程。全年用于南充12个扶贫新村建设的资金达每村40万元。

【召开全市“双对口”工作会议】 3月29日，市政府召开全市“双对口”工作会议，副市长金胜山、省协办副主任黄荣海出席。会议下发《关于加强杭州市2005年~2007年“对口帮扶”、“对口支援”工作的意见》，市经合办对2005年“双对口”工作、特别是实施“整村推进”工程进行部署。2005年~2007年，杭州市对口帮扶南充脱贫工作的重点转向实施“整村推进”工程，集中一定财力和物力帮助南充建设27个扶贫新村；对口支援涪陵三峡库区移民工作将以开展经济合作为重点。

【市政府代表团考察“双对口”地区】 5月25日~29日，副市长金胜山率杭州市政府代表团赴“双对口”地区涪陵、南充两地开展考察交流活动。期间，市政府代表团向南充捐赠帮扶资金500万元，用于当地整村推进工程和基础设施建设；向涪陵捐赠帮扶资金30万元。

【加大劳务合作和培训工作力度】 2005年，市经合办与市就业服务局培训中心赴南充实地考察，确定与南充共建劳务培训基地，落实资金80万元，并结合杭州劳动力市场需求，与南充商定开展劳务合作的内容、重点和目标计划。9月，杭州市组织农业专家在南充举办农业开发科技培训班，帮助阆中市、西充县、嘉陵区培训果林种植大户65人。

（陈晓斌）

对外经济贸易

Foreign Trade

·对外经济贸易综述·

【对外经贸平稳发展】 2005年,杭州对外经济贸易部门实践科学发展观,努力克难攻坚,积极优化结构,转变增长方式,实施大项目战略,扩大投资领域,确保对外经贸保持良好发展态势。

全市外贸出口克服国家出口退税政策调整、贸易摩擦加剧等因素影响,外贸出口持续快速增长。全年实现进出口总额298.7亿美元,比上年增长21.9%;其中出口198.04亿美元,增长30.5%。外贸自营出口138.7亿美元,增长39.3%。自营出口增幅高于全国10.9个百分点。全市外贸出口的国家和地区达到205个,其中自营出口超过500万美元的国家和地区达到88个。

利用外资在较为困难的环境下,实施大项目带动战略,突出"以民引外","以外引外",努力扩大投资领域,创新引资方式,利用外资质量和水平有新提高。全年协议利用外资40.05亿美元,比上年增长30.1%,提前一年完成招商引资第2轮翻番的目标;实际利用外资17.13亿美元,增长21.5%,超额完成全年目标任务。至年末,杭州市累计批准外商投资项目7678个,总投资338.41亿美元,注册资本202.43亿美元,协议外资178.83亿美元,实际利用外资87.19亿美元。

"走出去"投资有新发展,境外投资项目质量明显提高,项目规模进一步扩大。全年新批境外投资项目51个,比上年增长21.4%;实现国际经济合作营业额2.59亿美元,增长9%。外派劳务400人。至年末,累计批准境外投资企业(机构)272个,其中非贸易性企业(机构)93个,总投资1.92亿美元,中方协议出资1.095亿美元。

【参加浙江周活动】 1月17日~22日,浙江省政府在香港地区、澳门地区举办浙江周交流合作活动。杭州市组成以孙忠焕代市长为团长,金胜山副市长为副团长,市级相关部门和区、县(市)有关人员80余人的浙江周杭州代表团,参加省政府举办的"香港—浙江周"开幕式、浙港物流合作论坛、"澳门—浙江周"开幕式等活动。

杭州市有37个投资项目签约,总投资13.83亿美元,协议利用外资5.79亿美元。活动期间,杭州市自行举办系列项目推介、招商引资活动。1月18日,杭州市政府在香港香格里拉饭店举办杭港会展业合作交流会。孙忠焕、金胜山等市领导出席。参加的港方人数110余人,其中有40余个企业的负责人。同日,由杭州市政府与浙江省经贸委共同在香港君悦酒店大礼堂举办CEPA浙港商贸服务业洽谈会暨合作项目签约仪式。金胜山介绍了杭州市商务环境,到会人员500人左右。1月19日,在香港展览中心举行杭州女装推介会和"西子霓裳"表演。在2005年香港时装节春季服装展上,杭州市有29个企业参展,展位数45个。

【赴欧洲举办招商和经贸活动】 6月22日~7月7日,杭州市在欧洲举行大型对外招商和经贸洽谈系列活动。省委常委、市委书记王国平,市委常委、萧山区委书记王金财,副市

10月18日,松下杭州工业园的电化住宅设备机械(杭州)有限公司投产。

(顾一进 摄)

长金胜山，各区、县(市)、国家级开发区、市级有关部门及60个企业负责人共178名代表参加。大会签约项目6项，开展的洽谈项目60余个。

访欧期间，代表团拜访了100余个欧洲企业。其中包括法国圣戈班公司、法国液化空气有限公司、爱玛士公司、瑞士苏尔寿公司、法国诺顿公司、英国3S公司、法国路易·威登公司、法国迪卡龙、法国阿尔斯通公司、法国卡特公司、德国麦德龙、伊莱克斯、法国雷诺动力传动公司、法国欧尚、德国ZF公司、德国MAN公司、土耳其运萨公司等著名企业，受到外方企业的热情接待，双方就加强经贸合作达成了共识。代表团还拜访一批欧洲行业和区域性协会及机构。

【举办杭州—法国埃松经贸洽谈会】6月28日，中国杭州—法国埃松经贸合作洽谈会在法国埃松省省会Evry市隆重举行。中国驻法大使公使衔参赞韩铁城，市委常委、萧山区委书记王金财，副市长金胜山，法国埃松省省长贝尔纳·弗拉涅欧，省议会第一副议长提瑞·曼顿，法国国会议员热尔门，省工商会主席于·热拉尔，欧中友协副主席皮埃尔·普旺扎诺等出席。来自中法两国的政府、企业、工商界350多位人士参加洽谈会。中国驻法大使赵进军发表讲话，省委常委、杭州市委书记王国平作“互利互惠、谋求双赢”的发言，副市长金胜山回答了外商提问。埃松省遗传研究与开发中心主任加布利尔·麦吉，欧中友协副主席皮埃尔·普旺扎诺，法液空(杭州)有限公司董事长马克·都凯等发言。双方举行投资合作项目签约仪式，签订包括法国沙克雷专区与萧山经济技术开发区合作协议等5个项目，100余个法国企业与近50个杭州企业进行了经贸合作项目洽谈。

【召开商务环境说明会】6月30日，在意大利国会众议院会议厅召开杭州市暨余杭区商务环境说明会。意大利有关政府部门和企业代表近100人，杭州市政府有关部门和企业代表30余人出席说明会。意大利亚洲协会主席和金胜山副市长致辞。金胜山介绍了杭州市商务环境，优势产业，历史文化，阐述了杭州与意大利合作基础和前景。余杭区副区长屠东东介绍了余杭区情和在余杭的意大利工业制造基地。余杭区政府和意中友好协会签订了合作意向。

【举办伊斯坦布尔经贸合作交流会】7月7日，杭州—伊斯坦布尔经贸合作交流会在土耳其伊斯坦布尔举行。土耳其21个知名企业的29名代表、土耳其3家著名媒体，以及杭州市政府有关部门的代表参加交流会。中国驻伊斯坦布尔总领事馆商务领事藏云岩出席，金胜山副市长介绍了杭州的商务环境，阐述了伊斯坦布尔和杭州在经济方面的合作前景和发展空间。运萨集团总裁Selim Akdogan介绍了运萨集团选择投资杭州的决策情况。土耳其担保银行上海首席代表诺扬介绍了土耳其知名企业与杭州企业间的经贸往来，外方投资合作的愿望，以及双方合作前景的展望。土耳其企业代表与杭州市代表团进行了深入交流。

【举办杭州商务环境推介会】10月14日，“2005杭州投资合作周”开幕式暨杭州商务环境推介会在黄龙饭店水晶宫举行。会议由副市长金胜山主持，省委常委、杭州市委书记、市人大常委会主任王国平参加开幕式并致辞，市委副书记、市长孙忠焕介绍杭州的商务环境，市外经贸局局长王忠德推介杭州市主要的招商平台和载体。驻沪总领馆代表，世界500强企业和跨国公司的代表，世界著名的商会、中介机构的代表，欧洲和美国企业界代表，日本企业界代表，东南亚企业界代表，台湾省企业界人士，侨商代表，杭州市有关部门负责人、新闻界人士，计500余人出席大会。

东芝信息机器(杭州)有限公司总经理二木一平、三星半导体（中国)研究所所长高显一，百安居中国总部零售董事、总经理司马蓝德等应邀在会上发言。此次活动对展示杭州投资环境，打响杭州品牌，提升杭州知名度有重要作用。

【举行外商投资项目签约仪式】10月17日，在黄龙饭店水晶宫举行“2005杭州投资合作周”——外商投资项目签约仪式。省委常委、市委书记、市人大常委会主任王国平，市委常委、宣传部长张鸿建，市人大常委会副主任丁德明，副市长金胜山，市

表39　2005年杭州市自营出口额居前18位的国家

单位:万美元

序号	国别(地区)	本年累计	比上年同期(%)	占出口总额比重(%)
1	美　国	434 307	51.35	31.31
2	日　本	210 353	49.74	15.16
3	德　国	94 326	19.55	6.80
4	英　国	48 738	28.46	3.51
6	意大利	32 153	32.24	2.32
5	荷　兰	31 733	28.68	2.29
7	韩　国	27 503	32.50	1.98
8	加拿大	26 777	42.36	1.93
9	法　国	25 949	1.65	1.87
10	澳大利亚	25 006	35.53	1.80
11	新加坡	22 285	-12.53	1.61
12	西班牙	21 561	32.53	1.55
13	阿拉伯联合酋长国	20 677	36.18	1.49
14	印　度	20 111	97.89	1.45
15	比利时	14 653	30.93	1.06
16	泰　国	13 846	18.12	1.00
17	印度尼西亚	12 630	30.01	0.91
18	马来西亚	11 376	49.86	0.82

政协副主席蒋福弟以及各区县(市)、市有关部门负责人和杭州市有关企业代表及外商代表300余人参加。有25个外商投资项目在会上签约，总投资9.88亿美元，协议利用外资5.39亿美元。

【参加浙洽会和消博会】6月8日~12日，第七届浙江省投资贸易洽谈会、第四届中国国际日用消费品博览会在宁波举办。市委副书记、市长孙忠焕出席浙洽会。杭州市组成以副市长金胜山为团长，各区县(市)、开发区、相关部门和企业代表150余人的代表团参加浙洽会、消博会。杭州市签约的外商投资项目11项，总投资3.32亿美元，协议利用外资1.56亿美元，其中7个重点项目参加浙江省重大项目签约仪式，总投资2.31亿美元，协议利用外资9770万美元。组织28个企业参加消博会，出口成交415万美元。

【开发区成为招商引资主平台】4个国家级开发区和6个省级开发区为完成2005年招商目标任务作出重要贡献。4个国家级开发区全年批准外商投资项目191个，协议利用外资15.42亿美元，占全市比例38.5%；实际利用外资7.73亿美元，占全市比例45.1%。6个省级开发区全年批准外商投资项目42个，协议利用外资3.50亿美元，占全市比例8.7%；实际利用外资1.58亿美元，占全市比例9.2%。

·外贸·

【自营进出口216.6亿美元】2005年，全市外贸自营进出口总额首次突破200亿美元，达到216.6亿美元，比上年增长27.8%。自营进出口规模在全国省会城市中仅次于广州，名列第2位；超过全国除8个沿海省(市)外，其他22个省份的进出口规模。

全年批准取得自营进出口权企业1187个，其中705个企业取得出口实绩。至年末，全市有自营出口企业4272个。

【企业出口实力增强】杭州市外商投资企业全年出口81.2亿美元，比上年增长39.5%，占出口总额的58.5%；外贸企业出口57.6亿美元，增长38.9%，占出口总额的41.5%。出口上规模的企业逐年增加，全年出口额在5000万美元以上的企业39个，其中出口额1亿美元以上企业9个。杭州摩托罗拉移动通信设备有限公司和东芝信息机器(杭州)有限公司出口分别达到13.1亿美元和12.9亿美元。

【优化出口产品结构】全市机电产品和高科技产品出口保持高增长态势，全年机电产品出口66.4亿美元，比上年增长45.6%，占出口总额的47.8%；高科技产品出口34.5亿美元，增长53.6%，占出口总额的24.9%。两者增幅分别高出全市出口增幅14.3个百分点和6.3个百分点。

全年完成一般贸易出口83.5亿美元，比上年增长34.8%，占出口总额的60.2%；加工贸易出口55.2亿美元，增长46.5%，占出口总额的39.8%。

【3个出口市场居主导地位】2005年，杭州市出口的国家和地区有205个，其中美国、欧盟和日本列出口的前三位，出口额分别为43.4亿美元、29.9亿美元、21亿美元，三大市场占全市出口总额的68%。非洲、加拿大、澳大利亚、新西兰和韩国等市场出口取得显著增长，增幅均在30%以上。

【遭遇27起贸易摩擦】2005年，全市出口企业遭遇各类贸易摩擦27起，其中涉及反倾销案20起，保障措施6起，“337”调查1起；涉及企业193个，涉案金额5500多万美元。

主要案源国和地区为美国、欧盟、印度、哥伦比亚等，发展中国家发起的“两反一保”案件16起，在全部案件中占59%，占总涉案金额的35%。

2005年，欧盟对中国化纤面料反倾销终裁有了结果，杭州永盛纺织有限公司等9个企业获得市场经济地位。欧盟对中国酒石酸反倾销案终裁有了结果，杭州宝晶生物化工有限公司获得市场经济地位。

【华东交易会出口9466万美元】每年两届的中国出口商品交易会与每年一届的华东进出口商品交易会是杭州外贸出口的重要平台，全年出口成交15.3亿美元。

3月1日~6日，杭州交易团参加在上海新国际博览中心举办的第

表40　2005年杭州市自营出口额居前20位的企业

序号	企业单位	本年累计	比上年同期(%)
1	杭州摩托罗拉移动通信设备有限公司	131 111	185.88
2	东芝信息机器(杭州)有限公司	129 143	16.52
3	杭州中策橡胶有限公司	25 360	66.65
4	杭州市轻工工艺纺织品进出口有限公司	24 130	15.19
5	UT斯达康通讯有限公司	21 466	-5.37
6	杭州市粮油食品土畜产进出口有限公司	17 073	5.41
7	浙江柳桥羽毛有限公司	12 224	70.43
8	杭州市五矿机械化工进出口有限公司	10 682	54.28
9	杭州余杭国际贸易有限公司	10 038	23.85
10	杭州市对外经济贸易服务有限公司	9 108	22.30
11	杭州热联进出口有限公司	8 969	63.59
12	杭州华为三康技术有限公司	8 963	259.08
13	博世电动工具(中国)有限公司	8 724	72.42
14	万向进出口有限公司	8 670	2.39
15	汉帛(中国)有限公司	8 570	19.36
16	杭州市丝绸服装进出口有限公司	8 368	-6.18
17	杭州威陵钢家具有限公司	8 355	45.96
18	浙江达利凯地丝绸有限公司	8 014	15.15
19	浙江华立国际发展有限公司	7 728	89.60
20	杭芝机电有限公司	7 704	15.13

16480人次，预防接种24047人次。检疫运输工具飞机5226架次；检疫集装箱10.04万标箱。签发普惠制证16.5万份、金额43.54亿美元，比上年增长16.9%和7.4%；一般产地证3.08万份、金额12.74亿美元，增长53.2%和17.9%。

加强区域性优惠原产地规则的宣传，举办了2期区域性优惠原产地知识讲座，415个企业的580余人次参加讲座。至年末，杭州地区共有6个地理标志产品和2个原产国标记产品获国家质检总局注册认证，注册产品数量居全国第1位。举办关于26个地理标志颁证的新闻发布会，加大地理标志宣传和保护力度。

认真进行检验检疫办公自动化系统的试运行，配合软件公司做好办公自动化系统的安装、调试并完成自动化系统试运行初期验收。组织部分人员参加总局的培训班，对有关人员分批进行培训。统一规范办公自动化系统的有关操作，及时与服务商沟通，提出合理改进意见和人性化设计的建议。在发文和收文过程中，自动化系统和纸质文本并行。

【依法实施行政处罚】 检验检疫部门对违反检验检疫相关法律的行政相对人进行立案和查处，加大对行政相对人违法行为的行政处罚力度，行政处罚案件数量比2004年有明显的增加。截至2005年12月30日，立案查处各类违法案件56件，罚没款金额136.29万元，立案数和罚没款金额分别是上年的1.93倍和3.17倍。这些案件中，逃漏检、不如实报验、假冒产地或标志、假冒商检单证等违法行为占较大比例。通过对这些案件的查处，有力地打击了各类违法行为，维护了对外贸易秩序，确保了检验检疫法律法规的贯彻落实。

【检查进境肉类产品】 根据国家质检总局统一部署，检验检疫局分别于2005年1月、9月、11月单独或会同浙江省质量技术监督局对辖区内的肉类冷库、集贸市场进行执法检查，共检查8个冷库和集贸市场，在杭州萧山查获非法入境巴西牛肚230箱、计2.3吨。按规定要求处理查获的肉类产品，有效防止了动物疫病的传播，保护了消费者身体健康。

【加强原料和基地管理】 检验检疫局加强辖区内出口水产品、蜂产品原料供应基地的管理。全年出口虾备案养殖场12个，出口鳗鱼备案养殖场4个，出口鱿鱼等备案渔船38艘，出口虾备案饲料加工厂2个，出口小龙虾备案收购点12个。取消7个备案鳗鱼养殖场。已建有各类养蜂联合体养蜂户3190个，蜂群数39.38万群，可产蜂蜜2万余吨，蜂王浆近1000吨。其中，紧密型养蜂户1685户，蜂群数20.45万群，可产蜂蜜1万多吨，蜂王浆600多吨。

为从根本上解决出口蔬菜的农药残留物和疫情的控制，对辖区内200多个基地，共约2万公顷已登记备案蔬菜基地进行复审，对十多个新备案的蔬菜基地进行了考核。

快速办理骨髓入境申报手续 （杭州海关 供稿）

【实施出口产品电子监管系统试点】 浙江检验检疫局是全国检验检疫部门"出口产品电子监管系统"推广应用的试点局之一。该局认真做好试点企业的现场调研、人员培训、软件安装调试，对新版软件进行大量模拟数据测试，上报测试结果和修改建议。软件修改后，进一步验证系统功能的准确性。2005年5月，"出口产品电子监管系统"正式在杭州瑞宝能源科技有限公司投入运行，监管出口商品为锂离子蓄电池。在试点的基础上，该局逐步加大对电子监管全面推进的力度。

【加强突发公共卫生事件应急处置准备】 检验检疫局制订《浙江局口岸应对突发公共卫生事件及核与辐射恐怖事件应急处置预案》、《浙江局国境口岸食物中毒应急预案》、《浙江局卫生除害处理安全事故应急预案》和《浙江局应对口岸流感大流行应急处置预案》等应急预案，建立指挥体系和处置程序，明确要求落实责任单位和人员，强化技术储备和应急药品、器械储备。

8月，组织举办浙江检验检疫部门应对突发公共卫生事件培训班，组织培训班学员观摩嵊泗检验检疫局举行的马迹山港入境国际航行船舶突发食物中毒事故应急处置演练。

【截获植物疫情】 检验检疫局成立疫情截获工作检查组，加强疫情截获工作的督促和指导，深入重点进境口岸，了解一线植检疫情截获工作。做好重要截获疫情的鉴定复核，及时通报检验检疫局辖区疫情截获统计情况。全年浙江检验检疫部门截获植物检疫危险性有害生物49批次，其中二类有害生物15批次、三类有害生物2批、其他有害生物32批次。

【加强进口旧机电产品检验监管】 检验检疫局全年受理杭州地区进口旧机电产品备案206批，备案产品数量6756台（套、件），累计金额

6482万美元。其中，签发进口旧机电产品装运前预检验备案书5份，备案产品数量118台(套、件)，货值1572万美元，组织实施12批装运前预检验，均发现不同程度的问题，要求企业完成整改并达到相关标准要求后方准进口；签发旧机电产品免装运前预检验证明书196份，备案产品数量6539台（套、件），货值4898万美元；签发进口旧机电产品不予备案通知书2份，备案产品数量18台(套)，货值40.88万美元；报国家质检总局初审3批次，货值6.76万美元。

检验检疫局对进口旧机电产品备案进行严格把关，加强对进口旧机电产品的到货检验监管，全年进行到货检验187批，金额4106万美元，其中一次检验不合格需限时整改40批、金额320.56万美元。加强对违规进口旧机电产品的行政处罚力度，全年立案查处进口旧机电产品违规行为为18起，累计罚金74.13万元。

【加强纺织品检验监管】检验检疫局将纺织品检验重点转移到涉及安全、卫生、环保等敏感项目上，对部分出口服装，根据输入国和地区的技术法规实施不少于10%比例的日常抽查。监管中重点抽查新报检企业、小批量报检批以及风险较高的丝类面料。全年多次检出对人体直接致癌的2号联苯胺，涉及安全、卫生、反欺诈项目平均不合格率较高的情况，得到省领导的高度重视，副省长钟山批示要求省经贸委、省外经贸厅专题研究，提出应对之策。

【推动渔船备案改造】欧盟FVO(食品兽医办公室)对中国出口欧盟食品的生产卫生条件和状况，尤其是对出口企业源头卫生条件和监管体系十分关注。2005年3月，欧盟FVO代表团对浙江出口水产品企业的卫生状况进行考察。浙江检验检疫局就欧盟FVO专家对浙江出口水产品检验监管体系的考察情况及时向省政府作专题汇报，走访省海洋与渔业局，指出存在的问题，提出解决问题的意见和建议。针对欧盟FVO的考察意见，浙江检验检疫局根据国家质检总局、农业部、商务部的要求，暂停对欧盟出口鱿鱼。及时向总局上报有关整改材料和计划，对舟山市鱿鱼船改造提出意见。根据“成熟一个，备案一个；备案一个，放开一个”的原则，开展出口水产品加工用原料供应渔船检验检疫备案，稳步恢复辖区内符合要求的检验检疫备案渔船和注册企业对欧盟出口鱿鱼产品。2005年末，浙江局辖区已经改造并符合欧盟要求的渔船38艘，有22个企业恢复对欧盟出口鱿鱼。

【《浙江检验检疫志》出版】12月，《浙江检验检疫志》由浙江人民出版社出版发行。该志书有175.5万字，是浙江省地方志的一个重要组成部分，反映了浙江检验检疫事业的全面历史情况，具有重大的史料价值。全年召开志书审读会议12次、专家审读活动8次，收集有关修改、补充、增加内容的意见2000条，调整有关篇章结构90多处。（沈永平）

·口岸管理·

【口岸管理概况】2005年，是杭州市加大对外开放力度，加快口岸发展建设速度的一年，也是杭州市人民政府打击走私与口岸管理办公室(以下简称市打私与口岸办)组建的第一年。该办职能是负责全市打击走私工作组织协调和监督检查缉私，指导大案、要案和突发事件的查处；负责综合协调全市口岸管理，指导全市口岸建设和管理。全年打击走私与口岸管理围绕杭州市中心任务，以建设社会主义和谐社会为目标，以提高口岸竞争力、服务经济建设、深化反走私综合治理、规范经济秩序为重点，边组建单位，边开展工作，取得显著成绩。

省政府和杭州市政府把杭州航空口岸列为“大通关”建设的重点。围绕口岸发展服务于外向型经济建设和打造现代化国际空港的总体要求，积极创造条件，采取措施，加强协调配合，优化口岸环境，全面推进杭州口岸现代化建设。

杭州航空口岸新开通釜山、曼谷、新加坡(经厦门)等国际(地区)航线10条，每周执行航班278班，比上年增长72%。全年出入境人员首次突破100万人次，达到103.13万人次，增长34.8%。进出境货运量2.13万吨，增长59%；进出境快件57.49万件，增长18.2%；出入境飞机10314架次，增长40.4%。

按照“打防结合，综合治理，突出重点，坚持不懈”打击走私方针，扎实推进、有序展开反走私综合治理。全年杭州地区立案查处走私犯罪案件4起，案值7011万元，涉税1534万元。查处违规行政案件122起，案值1.8亿元。查处贩私案件140余起，查获走私香烟13963条、化妆品1831瓶、冷冻食品33.7吨等物品。

【组建打击走私与口岸管理办公室】根据1月7日中共浙江省委办公厅、浙江省政府办公厅关于印发《杭州市深化完善政府机构改革方案》的通知、1月26日杭州市委办〔2005〕3号文件精神，组建市打私与口岸办，为市政府打击走私与口岸管理委员会的常设办事机构。增挂杭州市人民政府打击走私办公室、杭州市人民政府口岸管理办公室牌子。

1月13日，任命杨志毅为市打私与口岸办党组书记；1月14日，任命杨志毅为市打私与口岸办主任。5月9日，杭州市政府办公厅《关于印发杭州市人民政府打击走私与口岸管理办公室职能配置内设机构和人员编制规定的通知》，明确主要职能、内设机构、人员编制等。设综合处、口岸管理处、打击走私工作处3个处，编制15人(含后勤服务人员编制2名)，其中局级领导职数2名、处级领导职数4名。纪检、监察机构的设置、人员编制和领导职数按有关文件规定执行。

9月，根据省、市文件要求，市打击走私领导小组办公室从市工商局改设在市打私与口岸办，完成工作交接，实现由兼职到专职转变。调整充实市打击走私综合治理领导小组成员，由副市长金胜山任组长，副组长由谢国建(市政府)、杨志毅(市打私与口岸办)、钱英培(杭州海关)、蒋银海(市工商局)、童继伟(市公安局)担任。市打私与口岸办根据“三定”方案，落实办公地点，筹措办公经费，严格按照干部任免使用规定组建干部队伍，成立机关党支部、机关工会等机构，新组建单位的功能和作用逐步体现。

海上缉私演习　　(杭州海关 供稿)

【试行5+2工作制】 杭州萧山国际机场口岸原来实行一周5天工作制，为适应杭州萧山国际机场出入境旅客和进出口货物运输的需求，满足“三高一大”(高科技、高创汇、高资信、大型生产性)企业试行“便捷通关”的需要，杭州空港口岸对入出境旅客试行“5+2”天、24小时通关服务，进出口空运货物试行“5+2”天和晚上预约报检报关及相关口岸现场查检放行制度。并按照“积极推进、稳妥实施、重点先行、逐步推广”的方针，积极试行“空中申报，落地验放”新型通关模式，提高空港大通关效率。为了解决杭州航空口岸查验人员不足问题，招聘协管辅助人员，有利于5+2天、24小时模式开展。

【杭州检验检疫局建设启动】 7月15日，为进一步促进杭州市开放型经济发展，改善外商投资环境，强化出入境检验检疫工作，理顺检验检疫部门与地方政府部门的关系，市政府与浙江出入境检验检疫局在杭州黄龙饭店举行建设杭州出入境检验检疫局协议签字仪式。杭州市市长孙忠焕，副市长金胜山，浙江出入境检验检疫局局长慎仁安，副局长谢丽娟、徐宝根、贺水山等有关部门领导出席。金胜山副市长和慎仁安局长分别代表市政府和浙江出入境检验检疫局签字。关于建立杭州出入境检验检疫局的报告已经上报国务院。

【设立西博会专用通道】 10月，根据第七届西博会活动要求和市领导批示精神，在杭州航空口岸开展“为西博会提供优质服务”活动。各查验单位认真按照市口岸办工作座谈会制定的优质服务措施，均设立西博会专用通道，在国际厅设立服务点，入境处放置西博会和休博会宣传广告，张贴西博会、休博会海报，并发放宣传手册。市口岸办被市委、市政府授予西博会优质服务先进单位称号。

【开展航空口岸文明共建活动】 为了进一步推进“大通关”建设，激励航空口岸单位制度创新和管理创新，努力搞好口岸管理，落实各自责任，主动为杭州改革开放和经济建设发展服务，将“开展优质服务”延伸为长效管理，开展杭州航空口岸文明共建活动。4月19日，省、市政府在新侨饭店举行杭州航空口岸共建活动座谈会。会议由省、市口岸办负责承办。省政府副秘书长、省口岸办主任楼小东和杭州市政府副市长金胜山讲话，并向签订2004年度《杭州航空口岸共建责任书》的杭州边防检查站、杭州机场海关、浙江出入境检验检疫局杭州机场办事处进行表彰、奖励。楼小东和市政府副秘书长谢国建分别代表省、市政府与上述查验单位签订2005年度的共建责任书。

【开展反走私综合治理】 杭州市贯彻“打防结合，综合治理，突出重点，坚持不懈”打击走私方针，各职能部门相互协作、密切配合，积极开展反走私综合治理专项行动，净化了市场经济环境。成功查获一起走私数控车床大案，案值6226万元，涉税1366万元。破获了省公安厅挂牌督办的“七一八”贩毒案，摧毁了一条从珠海到杭州的贩毒通道，这是浙江省侦破的最大一起贩卖毒品麻古案件。查处两起走私进口香烟大案，当场查获万宝路牌、喜力牌、三五牌等香烟4595条，案值40余万元。查获贩卖走私手机1400余台，涉案金额200余万元。市打私与口岸办被省打私与海防口岸管理办公室评为全省打击走私综合治理工作优秀单位。

【规范企业进出口行为】 2005年是浙江省规范企业进出口行为工作试点的最后一年，也是参与规范企业数量最多的一年。杭州市有167个进出口企业参加规范工作。按照省打击走私办公室部署，积极组织法律法规知识竞赛，杭州市有390个进出口企业参加反走私法律法规知识竞赛，参赛人员优秀率80%以上，其中获得一等奖1名、二等奖3名、三等奖6名。杭州市打击走私办公室被省打击走私办公室评为组织优胜单位。

(丁　佐　宋迎新)

·杭州经济技术开发区·

【杭州开发区概况】 杭州经济技术开发区(以下简称杭州开发区)紧紧围绕建设国际先进制造业基地、新世纪大学城和花园式生态型城市副中心三大目标，有效实施“工业兴区、科教强区、环境立区”三大战略，圆满完成2005年度及“十五”计划的各项目标任务。

经济持续快速发展，综合经济实力位居全国国家级经济技术开发区前列。全年完成生产总值170.9亿元,比上年增长30.8%;人均GDP达到9850美元。全年实现财政收入36.33亿元,增长7.5%;其中地方财政收入9.02亿元,增长32.1%。

加快产业结构调整，促进产业优化升级。全年实现工业总产值725.94亿元,比上年增长44%。全年完成工业性投资49亿元，增长63%。新增工业开工项目79个,开工面积97.06万平方米,竣工面积91.2万平方米。新增投产企业28个,新增产值超过1亿元企业20个。培育形成电子信息、生物医药、机械制造、食品饮料四大主导产业。

坚持“主攻日韩、拓展欧美和东引”的招商引资方针,适时调整招商策略。全年完成协议利用外资6.5亿美元,实际利用外资3.2亿美元,比上年分别增长25.3%和10.3%。引进协议内资、实际到位内资分别为15.8亿元和7亿元。积极推进对外贸易发展，全年完成进出口总额67.54亿美元,比上年增长41.8%;完成外贸出口39.31亿美元，增长54.7%。

现代服务业迎来蓬勃发展阶段，初步形成大文化产业、商贸物流业、房地产业和金融服务业四大主导产业。全区实现商品零售总额40.08亿元,比上年增长26%。三次产业比重从上年0.9:92.44:6.66，调整为1.00:87.25:11.75，其中第三产业比重由2004年度6.66%上升至11.75%。

坚持节约、集约利用土地,实施项目评估联席会议制度,坚持“选商引资”,土地利用效率得到较大提高。全年引进1000万美元以上大项目29个,项目投资密度从2004年34.5万美元/0.067公顷提高到47.1万美元/0.067公顷。

加快推进城市化进程，努力建设国际化、现代化、人文化的杭州城市副中心。坚持规划先行,高起点修编下沙分区规划、下沙新城中心区规划和各专项规划。加快推进城市基础设施建设,德胜快速路工程、沿江大道贯通工程、北部工业区市政工程、自来水加压泵站工程、七格污水处理厂二期工程、大型居住区保税物流中心等重点基础设施投资项目进展良好。全年完成全社会固定资产投资83.79亿元，比上年增长43.2%。按照“绿化、洁化、序化、亮化”要求,大力实施环境综合整治和建设,全面完成建成区架空线路“上改下”工程及亮灯工程、主干道景观改造工程、下沙路综合整治、高教园区中央景观工程。坚持建管并举,建立城市管理联席会议及城市基础设施作业养护例会制度。

全力推进社会事业协调发展，完善社保网络，成立开发区慈善总会。着力解决被征地农民就业问题,组织开展被征地农民就业培训,积极开发就业岗位,实现“零待业家庭”目标。建立综治办公室、拆违办公室“两办合一”机制，完善联席会议制度,成立白杨、下沙街道综治中心,开展联合执法和专项整治行动70余次。

【精密夹具和机械手项目落址开发区】 4月20日，德国雄克公司精密夹具和机械手项目正式落址开发区。雄克公司是德国最大的精密夹具和机械手生产厂,是集研发、设计、生产于一体的世界著名跨国公司。该公司生产五大类产品,其中三大类产品居世界第一,是全球最大的机械手生产厂家。雄克公司成为全球最大的静压膨胀式夹具系统生产厂和最大的卡爪生产厂,其自动抓取机械的开发和生产处于世界同行业最前列。落址开发区的项目首期工程总投资1050万美元，注册资本500万美元,用地2公顷。首期项目投产后,年产值在1亿美元以上。

【钱江弹簧公司开工建设】 5月10日，投资总额2500万美元的中美合资杭州钱江弹簧有限公司在开发区举行开工典礼暨奠基仪式。该公司是原杭州钱江弹簧厂基础上创建的股份制民营企业,在开发区征地4公顷,建现代化厂房3.6万平方米。主要生产汽车关键零部件及模具弹簧、家用电器弹簧等产品。该公司在美国底特律成立了钱江弹簧美国有限公司,产品已进入美国通用、克莱斯特和福特三大汽车公司。至年末,该公司已有3个制造基地、1家跨国公司和1个中美合资企业,年销售产值近1亿元,在全国同行业中名列前茅。

【松下马达二期工程投产】5月18日，杭州松下马达有限公司在开发区举行公司10周年庆典暨二期新厂区投产仪式。该公司成立于1994年，落户杭州开发区10年来发展速度惊人,产销能力成百倍增长。截至2004年，生产销售各类家电马达1800万台,销售收入14.2亿元。2005年5月,杭州松下家电马达生产线投入使用;7月,与原杭州松下马达生产线合并,扩大再生产。

【国家(杭州)计算机与网络产品产业园成立】6月29日，信息产业部在武汉授牌杭州经济技术开发区为国家(杭州)计算机与网络产品产业工业园,成为全国经济技术开发区中，首批成立的2个国家级计算机与网络产品产业园之一。这是杭州开发区全力推进“两港(信息港、医药港)”建设所取得的成果。

【鸿阳家电公司开工建设】8月9日，杭州鸿阳家电有限公司举行新厂区开工典礼。作为九阳集团公司的大型研发中心和主要生产基地，项目总投资2990万美元，注册资本1200万美元，设计建筑面积8万平方米。“九阳小家电”作为国内著名小家电品牌,2005年该集团销售收入超过10亿元,主导产品豆浆机和电磁炉拥有40多项国家专利,多次获得国家级奖项,2004年被列为国家星火计划项目。

【松下空调压缩机工厂投产】10月18日，松下工业园首个空调压缩机工厂举行投产开业庆典。松下杭州工业园总投资额19亿元，是日本松下电器产业株式会社在中国投资最大的项目。该工业园全面投产后,计划达到年产250万台洗衣机、200万台电饭煲和100万台燃气具等白色家电。下属的空调压缩机工厂,投产后预计2006年产量230万台。自1994年松下洗衣机项目在杭州建成投产后,“松下电器”连续在杭投资9个项目，形成家电制造较为完备的产业链。杭州生产基地的建成,使松下公司在中国生产的白色家电产量,全面超越日本总部,成为产品输出到海外的重要生产基地。

【高科技企业孵化器开工建设】10月24日，杭州市高科技企业孵化器一期工程开工典礼在杭州开发区大学科技园区举行。该工程总占地3.47公顷，其中一期工程0.87公顷，建筑面积1.8万平方米，投资5500万元。计划2006年6月建成后,孵化器将利用自身物理空间、实验设备、中介服务、优惠政策、高科技投资公司投融资背景,以及孵化器协会、民营科技企业促进会等行业协会六大资源支撑，为民营科技型企业搭建一个集技术、物业、政策及中介为一体的综合服务平台。

【禽流感疫苗定点厂落址开发区】11月8日，由农业部动物检疫所青岛易邦生物工程有限公司投资建设的浙江易邦生物技术有限公司在开发区奠基落户。青岛易邦生物工程有限公司是国内动物生物制品高新技术企业，农业部禽流感疫苗定点生产厂家。该公司总投资1.2亿元，注册资金6000万元，前期到位资金3000万元。该项目建成后，主要从事研究、转化、生产、销售动物用疫苗和诊断试剂、单克隆抗体、特异性抗体、免疫增强剂、佐剂等,投产后形成年产140亿羽(头)份动物疫苗，这有利于拓展杭州开发区“新药港”基地产业门类，对国家重大疫病领域研究和生产具有重要意义。

【新加坡杭州科技园项目启动】11月25日，中国新加坡合作项目——新加坡杭州科技园《腾飞园区与房地产管理系统协议》正式签约。该科技园落址于杭州开发区大学科技园内，规划总面积106公顷,主要发展软件产业、研发和信息技术产业。

新加坡腾飞集团是亚洲的商务空间方案首创者,在信息技术园、工业园、产业园、科学园开发、管理、营销方面积累了丰富经验。在中国有1000余个客户,并成功开发、管理新加坡科学园、印度班加罗国际科技园等。这次合作对引入该公司园区管理经验,主要包括总体规划、开发管理、市场营销、物业管理、租赁管理和资产管理等，提升杭州科技园区自主创新能力及国际化程度有较大作用。

【运行“企业110”联动机制】7月6日,杭州开发区“企业110”指挥中心设立,具有GPS定位系统、道路动态指挥监控系统、区域报警系统和有、无线通讯系统。参与联动的企业,在门口悬挂报警标志灯箱，门卫室配备与指挥中心联网的无线通信系统和直拨电话,使企业与企业、企业与公安形成一种“一呼百应、一拨则灵”的快速反应和处理机制。与以前建立的高教园区“校园110”机制相互配合,实行群防群治,上下联动,内外联动，实现多年来开发区刑事案件和治安案件首次下降。9月29日，“企业110”联动机制得到公安部重视与肯定。

【都市农业园成为休闲观光农业旅游示范单位】7月~8月,根据《杭州

11月25日,新加坡杭州科技园签约。（顾一进 摄）

市发展都市农业实施意见》和《杭州市级农业旅游(休闲观光)示范单位评选和奖励办法》,经杭州市农办和市旅委联合考评验收,杭州开发区都市农业园首批通过审核,被命名并授牌为杭州市休闲观光农业旅游示范单位。该园区东临钱塘江,南靠高教园区,绕城高速公路依傍穿行,总面积800公顷,有家禽、水产、蔬菜水果、花卉苗木和休闲观光五大专业区。

【下沙商贸城开业】 9月30日,开发区第1家大型综合商场——下沙商贸城开业。商贸城按三星级市场进行建造,配有自动扶梯、客货梯、中央空调、24小时监控系统、通风设施配置及无线广播系统,备有大型停车场等公用设施。商贸城占地面积2.8公顷,建有2栋商业大楼,建筑面积约4万平方米,营业面积3万多平方米,容纳经营户400余家。

【建设廉租公寓】 11月,杭州开发区廉租公寓动工建设。廉租公寓(后勤服务中心)位于开发区东部区块,总建筑面积13.03万平方米,总投资2.31亿元,可入住1.7万名企业职工。

【物美超市下沙店开业】 12月26日,杭州下沙地区首家大卖场——物美超市开业。物美控股集团有限公司是以连锁方式经营超市的专业集团公司之一,超市下沙店填补了该地大型超市的空白。该超市分3层,经营面积2万平方米,有休闲食品、服饰皮具、生鲜食品等3万余种。有容纳500个车位的免费停车场,提供免费手机充电、免费购物班车等服务。 (虞付月 徐建春)

·萧山经济技术开发区·

【萧山开发区概况】 2005年,萧山经济技术开发区(以下简称萧山开发区)紧紧围绕目标任务和"加快发展、提升发展、持续发展"的总体要求,攻坚克难,经济社会事业取得明显成效。实现生产总值55.48亿元,比上年增长19.2%。

全年新批外商投资企业29个,办理外资增资项目29个,引进外资总投资6.24亿美元,协议利用外资2.72亿美元,实际利用外资1.58亿美元。其中,协议利用外资、实际利用外资分别比上年增长3%、7%,分别占萧山区的46.5%、50.6%。引进市外协议内资9.01亿元,实到市外内资3.47亿元,分别完成全年目标任务的150%、105%。

全年实现工业总产值206亿元,比上年增长22.6%。实现工业利润12.08亿元,增长15.7%;税收7.03亿元,增长40.8%。自营出口9.6亿美元,增长18.4%。

有效拓展发展空间,桥南区的226.7公顷土地征迁取得进展。12月,萧山区成立桥南区征迁工作领导小组及征迁工作指挥部。完成农户房屋评估581户,占应评估户数的82%;全面展开安置小区规划设计。南沙大堤废堤的利用,获得钱塘江管理局的批准。市北2.7平方千米公建用地开发建设开始启动。签订34.6公顷安置小区的征地合同,有关征迁前期工作顺利推进。江东申报和征迁工作有进展。完成产业发展规划编制。上报了国家级开发区和省级开发区扩容请示。进行了江东二期征迁政策调研,调整了安置区位置。

不断优化环境,加大基础设施投入力度。全年新建绿地2.3万平方米,修复沥青路面6万余平方米、道路板块4800多平方米,维修路灯2600支。通过市场化运作,市北区老化、陈旧的路牌、公交候车厅得到更新。顺利通过省环科环境认证中心对开发区管委会ISO 14001运行情况的监督审核。

针对电力供应紧缺情况,加强有序用电管理。努力争取用电指标,搞好企业自备发电,对重点时段、重点企业、连续用户等不同情况,合理地制定用电方案。针对项目用地不足的困难,积极开展扩容申报和征地拆迁,帮助企业盘活存量土地,建造多层标准厂房,缓解土地紧张状况。针对企业贷款难的现状,努力搭建服务平台,举办银企联谊活动,把筛选出来的一批好企业、好项目推荐给金融单位。

信息化建设迈出步伐,经过8个月的开发建设,包含门户网站、协同办公系统和8个业务系统的电子政务系统建成并投入试运行。制订国有资产管理、固定资产管理、外事审批、公文处理、档案管理等20多个制度。开展保持共产党员先进性教育活动,工、青、妇等群团组织积极开展各类文娱活动。新建党支部6个,发展党员51名。德意集团成立集团的中国共产党委员会、纪委。新建工会16个、团组织3个。友成模具公司被团省委评为浙江省非公企业学习型团委。

11月23日,中共中央政治局委员、国务院副总理吴仪到萧山视察经济技术开发区。

【招商引进大项目】 2005年,萧山经济技术开发区在招商引资中,引进的瑞典爱立信、德国ZF齿轮集团、日本双日株式会社、日本丰田通商等世界500强企业4个,均为这些企业在浙江的首次投资项目。一批大项目相继审批或洽谈成功。如总投资4000万美元的日商独资的普利适优迪车桥项目,是萧山区引进的外资投资最大的汽车关键零部件研发、生产项目。总投资4020万美元的日商独资的格凌水研项目,是浙江省引进的首个较大规模的环境保护技术研发和服务的外资项目。达利(中国)有限公司新增协议利用外资4340万美元,总投资达到1.098亿美元,成为中国最大的丝绸服装生产企业。

【引进项目质量提高】 萧山开发区集约招商成效明显,全年新批的29个外资项目中,有18个项目没有新增土地,共租用厂房面积7.1万平方米。29个增资项目和所有内资项目,均未新增用地。引进项目的质量和投资密度显著提高,投资密度平均每0.067公顷达到41.4万美元,比上年25万美元提升66%。

【发挥骨干企业作用】 萧山开发区全年实现工业产值超过1亿元的企业65个,占全部投产企业的21.4%;工业产值152.64亿元,占开发区工业产值的70.6%。工业产值5亿元以上的企业7个,其中汉帛(中国)公司达到8.08亿元。实现利润5000万元以上的企业6个,其中松冈机电公司达到1.28亿元。

外贸出口强劲,增速加快,涌现一批出口型骨干企业。全年出口企业114个,占投产企业的37%。实现出口额6000万美元以上的企业4个，其中汉帛(中国)公司达到7379万美元。骨干企业贡献突出，上缴税金2000万元以上的企业8个，其中汉帛(中国)公司达到7321万元。

【加快发展6类重点产业】 萧山开发区加快发展轻纺服装、机械制造、建材家具、电子电器、精细化工、医药食品六大行业，总量不断增大。全年轻纺服装类实现产值70.61亿元，比上年增长76.1%；机械制造类实现产值44.70亿元，增长6.1%；建材家具类31.16亿元，增长17.8%；电子电器类实现产值12.74亿元，增长16.9%；精细化工类实现产值10.75亿元，增长36.4%；医药食品类实现产值10.43亿元，增长24.7%。

【增强科技创新能力】 萧山开发区全年申报批准省级先进技术企业4个，累计13个；有企业技术中心15个，其中市级5个。技术创新项目增加，全年有7个项目被列为杭州市技术创新项目。成长型企业培育加快，全年申报市级成长型中小企业10个，农业龙头企业、加工型企业7个。全年申报省、市级高新技术项目9个、省级重点科技项目2个；申报中小企业国际市场开拓奖资金项目11个，外商投资产品出口型企业31个，列入杭州市首批重点科技型初创企业5个，得到市“三项科技经费”资助25万元。

【开展分级分类管理服务】 萧山开发区企业管理从原来的平面管理转向分级分类管理，在对300多个企业进行综合分析排列的基础上，进行A、B、C类三级分类管理指导。A类企业重点是上水平，打品牌，提升核心竞争力；B类企业重点是挖潜改造，增强后劲，加快发展；C类企业重点是强化管理，健全机制，提高效益。实现服务创新，做到“工作衔接零距离、办事环节零障碍、服务质量零缺陷”。在项目申报、政府咨询等方面，主动为企业排忧解难。全年组织走访企业100多个次，为企业办理国产设备抵免税及各类变更手续1000多批次。

【友成控股上市】 10月14日，浙江友成塑料模具有限公司的“友成控股”在香港创业板成功上市，这是萧山开发区外资企业在香港上市第一家。这次挂牌上市，是浙江友成塑料模具有限公司和杭州友成机工有限公司通过在香港设立壳公司，并通过壳公司在香港上市。股票名为“友成控股”，股票代码8319，总发行量4000万股，可以募集资金约5000万港元。

【GE水电设备项目投产】 10月28日，以美国通用电气公司(GE)为主投资的通用电气亚洲水电设备有限公司在开发区建成投产，这是GE在国际投资最大的水电设备项目。项目总投资7983万美元，注册资金5229万美元。该公司正常运作后，预计年产值5000万美元，3年以后年产值2亿美元。

【香港媒体记者团到开发区采访】 3月22日，“香港媒体看萧山”记者团联合采访萧山开发区，向香港地区及世界展示开发区的投资环境。管委会常务副主任叶永浩介绍开发区概况和港资企业的发展情况。记者们采访汉帛制衣公司、庆丰纺织公司、友成模具公司等企业。这次“香港媒体看萧山”，参加采访的媒体单位包括香港无线电视、凤凰卫视、《大公报》、《文汇报》、《东方日报》、《香港经济日报》、《南华早报》、《香港商报》、《香港经济导报》、《信报》、《新报》、《成报》、《资本杂志》等。

(童坚刚)

·高新技术产业开发区·

【高新开发区概况】 杭州高新技术产业开发区(以下简称高新开发区)围绕“构筑天堂硅谷，建设科技新城”的战略目标，走在前列，推进重点工程，经济和社会事业得到持续健康发展。全年实现生产总值150.6亿元，比上年增长18.6%。技工贸总收入912亿元，增长29%。财政收入37亿元，其中地方财政收入18亿元，分别增长15.5%和21%。全社会固定资产投资89.5亿元，增长24.6%。

高新技术产业平稳发展，以“两强”(通信和软件产业)、“两优”(集成电路和数字电视)、“两新”(动画和网络游戏产业)为特色的高新技术产业，完成技工贸总收入702亿元，比上年增长24.2%，占全区技工贸总收入的比重77%。通讯设备制造业保持稳步发展，全年实现技工贸总收入446亿元；软件及相关服务收入130亿元，增长30%；数字电视、动漫游戏、生物医药、光机电一体化、新材料等新兴产业得到较快发展。国家软件产业基地公共服务与技术支撑平台专网接入用户412个，项目建设模式被微软公司列为和中国政府合作的成功典型。杭州高新软件园及5个企业分别被科技部火炬中心列入“中国软件欧美出口工程”COSEP试点基地和试点企业，全区通过CMM/CMMI认证的企业23个。在科技部内部评价中，杭州高新软件园综合排名第2位。制订《关于鼓励和扶持动漫产业发展的若干意见》，协办首届中国国际动漫节，国家级动画产业基地初见成效。国家通信产业园正式授牌。

增强科技创新能力，累计投入科研经费34亿元，比上年增长53.9%。新列入国家863项目8项、国家火炬计划项目15项、国家创新基金第1批项目11项、国家重点新产品计划11项、国家科技兴贸计划2项、国家高新技术产业化专项5个，创业服务中心获得国家科技部创新基金创业项目服务资格。争取到市级以上各类资助资金1.49亿元，其中获得国家科技资助经费3337万元、省级科技资助经费1638万元。总投资2.6亿元、面积6.8万平方米的西斗门创业孵化园一期工程，总投资4亿元、面积9.6万平方米的节能环保科技开发(孵化)综合大楼和面积2.8万平方米的中科院杭州科技园交付使用。高新担保公司发挥为中小科技型企业融资担保的作用，全年为企业担保2.5亿元，累计担保额15.4亿元。

全年新引进科技型企业434个，注册资金7.11亿元。2个企业通过“双密企业”(技术密集型、知识密集型企业)认定，69个企业通过省级高新技术企业认定。高新技术企业累计524个，占全市高新技术企业总数的71.3%。新认定省级研发中心4个，市级研发中心和技术中心15个，累计批准建立国家级技术中心2个，省级研发中心和技术中心27个，市级研发中心和技术中心55

个。全年投入研发经费25.8亿元,比上年增长37.3%。

拓宽"产学研"合作渠道,积极开展博士后科技活动、研究生挂职实习、IC设计专题培训班等活动,深化与浙江大学的全面合作。组建院士自主创新成果转化基地。与浙大CAD&CG国家重点实验室、浙工大软件学院、浙江传媒学院签订建立动画研发中心、教学示范基地等合作协议。全年列入市级"产学研"合作项目35项,占全市的45.5%。列入省市专利示范试点企业9个,培育区专利试点企业10个,99项专利和198件软件著作获得专项资金资助。

大力实施"人才强区"战略,积极开展以"相约在高新"为主题的人才交流活动,全年引进中专以上人才1.54万人,其中高级人才1078人,比上年增长52%。以留学人员创业园为载体,扎实推进创新创业环境建设,全年引进留学人员59人,新办企业42个。积极推进博士后工作,批准设立2个企业博士后工作分站;2个企业获得杭州市优秀博士后科研工作站,1名博士后获得杭州市优秀博士后称号。

【打造"动漫之都"核心区】 2004年12月6日,杭州高新区动画产业园被命名为全国首批"国家动画产业基地"。该基地推行政府推动、企业主体、市场运作、分步实施的建设模式,主要涉及动画制作、数字影视、教育课件、网络游戏与无线游戏、动画游戏衍生产品等产业领域的建设。基地一期工程有建筑面积5万余平方米,其中研发制作空间近3万平方米,其余为教学培训、产品展示、交流合作等平台。有盛大边锋公司、盛世龙吟公司等38个动漫和游戏企业加盟,聚集动漫游戏及相关人才1500余人。2005年完成动画影视作品933集,计8580分钟,居全国第2位。发行并播出的动画片有《天眼》、《环保剑》等5部。

5月31日~6月5日,该基地积极承办和组织企业参与首届中国国际动漫节的动漫产业博览会、动漫产业信息发布会暨项目签约仪式、动漫产业高峰论坛和动漫人才招聘大会等主要活动。杭州"动漫之都"的产业核心区和示范区初显端倪。

【高新区成为ISO 14000国家示范区】 5月22日,杭州高新区被国家环保总局、科技部火炬中心授予ISO 14000国家示范区称号,成为全国第6个获此殊荣的国家级高新区。

严格实行污染项目一票否决制,每个企业都要求做环境影响评价,在能源结构、降噪措施甚至地下车库内机动车尾气的排放等方面,达标者放行,不达标者坚决拒之门外。大力加强基础设施建设,投资1200万元,兴建西兴污水处理厂;建设长12千米、日处理能力10万立方米的污水输送管;日处理垃圾450吨的杭州绿能垃圾发电厂投入运营,解决了城市垃圾无害化、减量化、资源化问题。

【阿里巴巴公司全面收购雅虎中国】 8月11日,在北京中国大饭店,阿里巴巴公司董事局主席、首席执行官马云,与雅虎全球首席运营官罗森格先生宣布并签署合作协议,阿里巴巴公司收购雅虎中国全部资产,同时得到雅虎公司10亿美元投资,阿里巴巴公司获得雅虎品牌在中国无限期使用权。10月25日,阿里巴巴公司正式宣布,顺利完成对雅虎中国全部资产的收购并开始正常运行。阿里巴巴公司收购雅虎中国全部资产,包括雅虎中国门户网站(www.yahoo.com.cn)、雅虎的搜索技术、通讯和广告业务,以及3721网络实名服务。雅虎公司出资10亿美元成为阿里巴巴公司的股东之一,成为阿里巴巴重要的战略、策略投资者之一,拥有阿里巴巴公司40%经济利益和35%的投票权。整合后的雅虎中国公司全部交由阿里巴巴公司经营和管理。

【高新软件园成为科技部先进管理单位】 9月21日,在北京召开的国家火炬计划软件产业基地10周年工作总结交流会议上,科技部表彰"国家火炬计划软件产业基地先进管理单位"、"优秀软件企业"及"国家火炬计划软件产业基地先进个人"。杭州高新软件园荣获"国家火炬计划软件产业基地先进管理单位";中控科技集团有限公司、杭州恒生电子股份有限公司、杭州信雅达系统工程股份有限公司被评为"优秀软件企业"。区管委会副主任韩雁、区科技局局长金志鹏、国家软件产业基地办公室主任董志敏等获"先进个人"称号。

【8个企业入围中国软件产业100强】 由信息产业部公布的2005年中国软件产业最大规模前100家企业名单中,杭州国家软件基地的8个企业入围,与深圳市并列排名第3位,仅次于北京市,上海市。他们是浙江浙大网新科技股份有限公司列第8位、杭州士兰微电子股份有限公司第46位、杭州信雅达系统工程股份有限公司第56位、华立集团有限公司第57位、浙江中控科技集团有限公司第66位、杭州新中大软件股份有限公司第86位、南望信息产业集团有限公司第90位、中程科技有限公司第91位。

【高新企业服务网开通】 11月22日,由高新区管委会指导,区总商会主办、区信息中心技术协助的高新企业服务网开通,网址为www.hhtz.com。该服务网为高新区企业提供与生产、经营、科技合作、信息化等相关的免费信息服务、B2B(企业与企业之间通过互联网进行产品、服务及信息的交换)商贸协作平台以及企业间的合作机会;汇聚国家、省、市及区经济主管部门下发的相关政策、文件、通知、公告,国内外相关最新动态信息;帮助在杭高校、院所进行宣传,促进高校科技成果在高新区的转化,促进在杭高校毕业生到高新区就业和实习。至年末,这家网站已提供5000余个企事业单位的基本信息。

【浙大中控EPA被列为国际标准】 由浙大中控公司主持、联合浙江大学等单位共同起草制定的EPA实时以太网是中国制定的第1个拥有自主知识产权的工业自动化标准。3月,该标准以95.8%的IEC/SC65C(国际电工理事会)成员国投票赞成率,发布为IEC/PAS标准化文件。12月5日~9日,IEC/SC65C/MT9(现场总线维护工作组)和WG11(实时以太网工作组)在美国召开联合工作组会议,确定该标准被正式列入现场总线国际标准IEC61158(第4版)中的第14类型,并列为与IEC61158相配套的实时以太网应用行规国际标准 IEC61784-2 中的第 14 应用行规簇（Common Profile Family 14, CPF14）。

【2 个项目获信息产业重大技术发明奖】 12 月 9 日，杭州国芯科技有限公司的卫星和有线数字电视信道接收芯片项目获信息产业部重大技术发明奖。该公司开发的卫星数字电视信道接收芯片(GX1101)和有线数字电视信道接收芯片(GX1001)，具有快速卫星信道盲扫速度的技术和强大的对付有线网络反射能力的 DVB—C 信道接收芯片技术。该项目打破这一领域长期依靠进口关键芯片的局面，促进中国彩电及消费电子行业从生产大国向制造强国地位的转变，对推动数字电视产业进程具有重要意义。

【工作流管理系统获最佳工作流中间件奖】 4 月 6 日，信雅达公司 SunFlow 工作流管理软件通过中国软件评测中心的评测，被中国软件评测中心和中国计算机报评为“2005 年度最佳工作流中间件奖”，这是浙江省唯一获此殊荣的中间件奖项。信雅达 SunFlow 工作流系统为企业流程整合和流程优化，提供了灵活便捷的平台支撑，在产品性能和功能以及应用成熟性方面获得好评，在不少行业中得到应用。

【民生药业获得春晚节目评选冠名权】 11 月 18 日，杭州民生药业公司以 4508 万元，竞得中央电视台《2006 年我最喜爱的春节晚会节目评选》独家冠名权。预计 2006 年元宵之夜，全国有 400 余个电视频道参与直播或转播，数亿名国内外观众及网络用户点击收看。借助中央电视台高品质的传播平台，“民生药业”影响力得到极大提高，提升了“21 金维他”的品牌优势。

（李海松　陈　悦）

·之江国家旅游度假区·

【之江度假区概况】 杭州之江国家旅游度假区(以下简称之江度假区)深化管理体制调整，夯实发展基础，加快建设开发步伐，推进经济与社会各项事业和谐发展。全年协议利用外资 7540 万美元，比上年增长 11.7%；实际利用外资 4218 万美元，增长 42%。累计引进总投资 8.73 亿美元及 11.64 亿元人民币。全年各类营业收入 3.76 亿元；之江度假区本级财政收入 2.21 亿元，增长 37.6%；地方财政收入 1.15 亿元，增长 2.8%；地方财政支出 6700 万元，增长 40.1%。完成建设投资 4.52 亿元，各类建筑竣工 9.1 万平方米，累计完成建筑 85.34 万平方米。

充分发挥西湖区、之江度假区两区资源共享、优势互补的机制优势，建立委领导联系重点项目制度、项目推进协调制度、项目推进例会报告制度 3 项制度。加大项目落实力度，全年引进中外企业 33 个，协议利用外资 7540 万美元，实际利用外资 4218 万美元；完成区外到位资金 3.38 亿元，市外到位资金 5120 万元，市外协议资金 9456 万元，获市招商引资考核一等奖。重大招商项目推进取得阶段性成果，“冰雪世界”项目完成土地挂牌出让；“商务中心”完成征地拆迁，大部分注册资本金到位；“极地海洋公园”、“普民服饰”等项目，为进一步建设或挂牌打好了基础。

位于转塘的中国美术学院象山中心校区教学楼投入使用　　（周　起　摄）

旅游经济呈现持续增长的局面，全年接待中外游客 260 万人次，比上年增长 4.9%；门票收入 1.59 亿元，增长 64.73%。宋城、西湖高尔夫球场等旅游产品不断创新，提高接待能力。之江度假区第 1 家五星级标准的华庭云栖度假酒店对外试营业，至年末接待旅客 7 万人次，实现营业收入 2000 万元。在建的“阳明谷”度假村、玫瑰园健康休闲世界等项目建设顺利推进，主体工程基本建成。加强旅游安全管理，开展食品安全专项检查，整治无照经营活动，建立 15 家放心示范商店和 24 个农村消费维权监督联络站(点)。

通过优化企业服务，发挥各部门力量，加大协税护税力度，财政收入稳定增长。之江度假区(含转塘)财政收入 2.75 亿元，比上年增长 31.5%；地方财政收入 1.38 亿元，增长 4.2%。有 5 个企业纳税进入西湖区前 50 名。加强财政支出管理，完成之江发展总公司资产调整，实现国有资产的保值增值。

加强征地拆迁及项目报批，进一步夯实发展基础。完成 53 个建设项目的征地任务，签订 372.72 公顷征地协议，其中集体土地 301.59 公顷。完成 58 个项目拆迁，拆迁农户、企业 1352 户，拆迁总面积 47.32 万平方米，为度假区进一步发展打下良好的基础。项目报批和地块推出取得实效，开展杭州市委党校迁建项目、杭州卷烟厂易地技改项目及科海路、之浦路等省、市重点工程的用地报批，保障重点项目的推进；完成江涵路、文景路、珊瑚沙农居等 5 个工程的报批，总面积 48.12 公顷；推出出让土地 20.27 公顷，收回土地出让金 11.65 亿元。

充分发挥之江度假区与西湖区各方面的优势，加强协调配合，形成优势互补、协调推进的良好态势。制定《关于进一步明确之江度假区有关单位与西湖区有关部门之间工作职责的意见》，明确度假区范围内的社会管理职责由西湖区相关职能部门负责。以保持共产党员先进性教育为重点，认真开展机关作风建设。

制订信访接待有关制度，完善沟通协调机制，解决好信访问题，确保社会稳定。

【优化度假区发展环境】之江度假区有序推进开发建设，不断优化区域发展环境。投入资金6亿多元，重点推进基础设施、农居建设。深化各项规划设计，开展《浮山单元控制性详细规划调整》、《转塘中国美院周边地区城市设计》、《度假区沿江地块城市设计》等规划的编制，调整转塘科技经济区块及原西湖乡工业园区的功能定位，为度假区增加了科研、综合用地。进一步完善度假区及转塘周边地区基础设施规划，在度假区扩区和转塘镇控制性规划等基础上，进行路网整合和局部调整。完成上泗地区污水排放规划方案、沿320国道以南3条220千伏高压线路迁移规划及西北片(居住区块)内4条110千伏电缆"上改下"工程规划、度假区南片污水泵房规划定点和工程设计等规划，完善度假区扩区范围内袁浦镇小江村等4个农居点的修规设计。

顺利推进农居建设，重点开展珊瑚沙、午山等5个农居点的建设，全年新开工面积15万平方米，在建面积35万平方米，竣工农居10万平方米。

加快基础设施建设步伐，建成向山路、美院南路、美院北路3条道路，开工建设科海路等8条道路，续建江涵路、杭富路一期、向山路隧道、枫华路、碧波路等道路工程。基本建成旅游集散(之江)中心。接通之江路污水管，解决了度假区近期污水出路问题；双流公园、度假区南片1号污水泵站等项目动工建设。完成2条220千伏高压线的迁移。

【打造花园式科研产业化基地】之江度假区在建设中，注重打造花园式的科研产业化基地。9月21日，市规划局批复涵盖转塘科技经济区块的《杭州市西湖分区浮山单元控制性详细规划》，该规划扩大了区块范围，从2002年批准的177.9公顷增加至218.6公顷。向东预留了19公顷发展用地，向西预留了15公顷综合用地。新规划调整了用地布局结构，提高了土地利用率，为区块实现集约用地和高档次开发建设目标奠定了基础。在实施规划调整的同时，区块全力抓好杭州卷烟厂迁扩建工程建设，积极衔接市委党校选址建设工作，并抓住大项目入驻的有利时机，启动了科海路、河山路等新一轮基础设施建设，争取落实99.6公顷土地的"农转用"指标。

以新的控制性规划功能定位为指导，加快新一轮的招商引资步伐，积极引入科研型、总部型企业。11月，与德力西集团、嘉德威集团、方泰电器等企业签订入园协议，并拓展了国华电力公司、省质检局等项目。大力开展区块入口段环境整治，拆除违法建筑1080平方米，实施绿化建设4.86万平方米，初步形成景观绿化带。

【打造生态型旅游休闲新区】转塘镇逐步朝生态型旅游休闲城镇和旅游服务基地目标发展，开始实施旅游配套及休闲、居住功能的"一个中心、三个轴带、五个区块"规划，基础设施建设日趋完善。2005年，向山路、美院南路、美院北路建成，在建向山路隧道、杭富路、八角路、鸡山路、方家路、梦园路等；总建筑面积25万平方米的象山农居等3个农居点建设顺利推进；中国美术学院象山中心校区投入使用。转塘镇的自然环境得到优化，人文气息日益浓厚，休闲、居住功能逐步显现。

【宋城门票收入1.38亿元】宋城景区坚持以市场为导向，以经济效益为中心，以进一步完善景区旅游休闲功能为目标，经营业绩取得历史性的突破。全年接待游客218万人次，门票收入1.38亿元。大型歌舞《宋城千古情》全年演出800多场次，已成为杭州夜游精品项目，以及国内旅游、演出市场的品牌和精典之作。为打造"东方休闲之都"品牌形象，迎接休闲博览会的到来，宋城集团投入1000万元，对舞美、灯光、服装、舞段进行全新改版，使其具有更美、更新、更好的视觉感受。改版《宋城千古情》在10月黄金周正式推出，深受游客喜爱和好评，节日期间每天演出4场。

进一步提升市井民俗表演，推出"新春庙会"、"火把节"、"泼水节"、"天灯节"等大型品牌主题活动。为了弘扬优秀民族民间文艺，保护传统民间表演艺术精华，与国家文化部民族民间文艺发展中心合作举办"2005'宋城杯'南北民间表演绝艺王擂台赛"。投资300万元，建成民间收藏馆，免费对游客开放。2005年，该景区获得的荣誉称号有"国家文化产业示范基地"、"2005年度中国十佳景区"及"平安景区"，"浙江省工商企业信用AA级'守合同重信用'单位"，获得西湖狂欢节"优秀彩车奖"、"最佳彩车奖"、"优秀表演奖"。

【未来世界积极拓展经营渠道】未来世界公园推陈出新，推出新春第一届洋庙会、首届丽人节、春游、动漫飞天节、动漫之旅儿童节、杭州啤酒节、森林探险节、第三十二届环球国际小姐总决赛、8周年园庆、"中秋篝火狂欢派对"、极限玩家节、秋游、"圣诞万人狂欢"、和谐社区才艺大汇演等特色主题活动。努力开拓多层次促销，完善旅行社、学校代理点销售网络，积极发展外省业务、社会团队和老年市场，组织学生游、婚庆游、一日游，尝试推广网络销售。全年接待游客42万人次，门票收入2104万元。

【举办11场高尔夫球重要赛事】2005年，是西湖国际高尔夫乡村俱乐部前18洞球场开业10周年，高尔夫球市场培育和球会业务快速发展，营业收入比上年增长1.2倍。全年举办重要赛事11场次，主要有"VOLVO精英杯"、"美克美加杯"西湖高尔夫邀请赛、"奥迪quattro杯"高尔夫锦标赛中国赛区(杭州站)等，共接待各方会员嘉宾近4万人次。至年末，西湖高尔夫球会员发展到近600人。

6月18日，浙江省第1个9洞灯光球场在西湖高尔夫球场亮灯，受到球友欢迎和好评。景观绿化改造工程完工，新种桂树、香樟、广玉兰、梅树等树木近800株。新增球车数十辆，扩建改建更衣室、培训中心、员工宿舍等配套设施。新的企业Logo和VIS形象识别系统发布启用，西湖高尔夫俱乐部吸引越来越多高尔夫球爱好者前来打球、休闲、娱乐、锻炼。（周　起）

城市建设管理
Urban Construction & Management

·城市建设管理综述·

【科学统筹城市建设】 2005年，杭州市建设委员会根据杭州城市发展规划和目标，科学统筹，突出城市交通建设和人居环境建设，着力提升城市综合服务功能。全年用于城市基础设施建设的投资371.87亿元，比上年增长15.5%；增幅比上年提高3.6个百分点，占同期固定资产投资比重的29.1%。完成一批道路、桥梁、污水处理、绿化工程和涉及市民直接利益的背街小巷改善工程。全市以创建全国文明城市为契机，加大“四化”长效管理推进力度，增强搞好环境卫生活力，提高依法行政能力和执法效能，城市管理与综合执法取得新的突破。

【加快实事工程建设】 以城市交通建设为重点的实事工程建设受到市民广泛关注。7月5日，“一纵三横”道路综合整治工程开工，到9月30日，一期工程即庆春路、曙光路、体育场路（环城西路以西段）基本完成。通过整治，交通功能明显改善，道路景观焕然一新，历史文化碎片得到挖掘。10月11日，二期工程即体育场路（环城西路以东段）、保俶路、凤起路整治开工，工程按计划推进。德胜快速路中、东段工程建设进度加快，中段完成总工程量50%。基本完成为西溪湿地公园配套的文一西路、文二西路、紫荆花路、紫金港路、西溪路5条改、扩建道路工程。完成“三口五路”续建工程104国道延伸段、艮山东路等部分路段。新建成古荡路（紫金港路—古墩路）、炮台路。城市快速公交1号线建设进展顺利，黄龙公交中心站等配套项目开工建设，并对快速公交2、3号线的建设方案进行论证。加快重点地段12个过街人行通道设施建设，年内建成6个。河道治理、污水处理、环境整治等实事工程建设均取得新的进展。

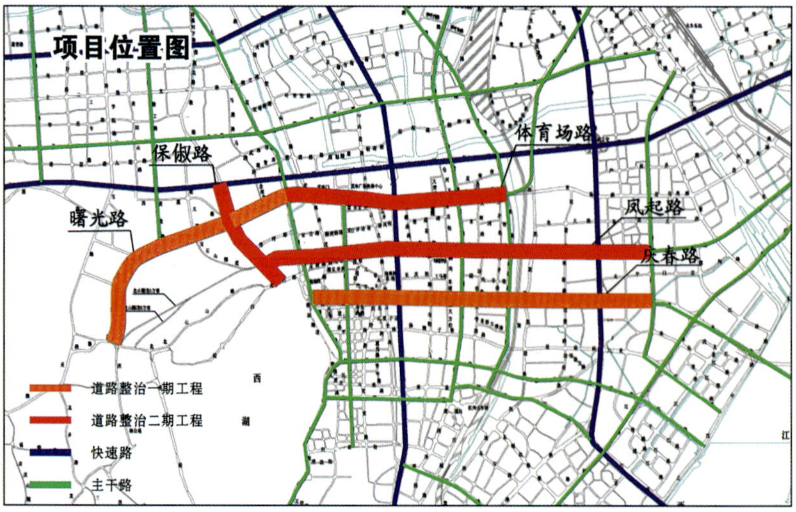

“一纵三横”道路综合整治工程 （市建委 供稿）

【推进“双百”工程建设】 为解决城市中低收入家庭住房难问题，实现2007年底基本达到经济适用房、拆迁安置房两个“房等人”目标，2005年初市建委确定市区经济适用房开工100万平方米、拆迁安置房开工100万平方米的“双百”计划。围绕实施“双百”工程，市各有关部门认真制订拆迁计划，积极筹措建设资金，千方百计落实经济适用房开发地块。至年末，经济适用房开工建设100万平方米，提供经济适用房摇号房源80万平方米，拆迁安置房开工建设100万平方米，全部实现预定计划。

【推进“城中村”改造】 改造“城中村”是解决“三农”问题，推进城市化的重要举措。杭州市成立“城中村”改造领导小组，城区成立相应领导小组及办公室，有关部门落实专人负责。3月，出台《杭州市市区农居建设管理暂行规定》等4个政策文件，制订《2005年度撤村建居大市政配套专项计划》。按照“一区一统筹，一村（片）一方案”的“城中村”改造模式，以江干区为试点，先行抓好30个点、40个村的“城中村”改造。编印《杭州市撤村建居改革试点政策汇编》7万余册，发放到每一户撤村建居村村民家庭。全年农村多层公寓开工100万平方米，竣工53万平方米。10月14日，市委、市政府召开全市撤村建居和“城中村”改造专题会议，要求完善政策，充分调动各村特

表 41　　“一纵三横”道路历史文化碎片汇总表

道　路	重点突出类	一般表达类和简要提示类
庆春路	古钱塘门遗址、众安桥绿地、求是书院、红楼、古庆春门(5 处)	菜市桥雕塑、东坡路、菩提寺路、孝女路、岳王路、中山路、司马渡巷、皇诰巷、上八界巷、皮市巷、马市街、直大方伯、大学路、祖庙巷、陆军监狱、众安桥瓦子群雕、盐桥广福庙浮雕、东河的丁丙及洪昇等雕塑、孝女井遗址、山子巷、永丰巷、楚妃巷、广兴巷、大福清巷、小福清巷、六克巷、东清巷、花灯巷、醋坊巷、楚庆巷、碧珠巷、刀茅巷(32 处)
曙光路	宝石山入口、黄龙洞入口(2 处)	杨虎城旧居、李朴园故居、护国仁王寺(3 处)
体育场路	约园、金祝牌楼、武林门、武林广场(城市发展的历史)、体育场(5 处)	弥陀寺路、宝善桥、万寿亭、梅登高桥、杭州高级中学(体育场中学)、安定里、东健康路、混堂桥巷、天赐里(9 处)
保俶路	昭庆寺、昭庆寺里街、梅冈园(韩世忠别业)、松木场市(4 处)	宝石山下一弄、西溪路口、天目山路口、石塔儿头、莲花凉亭、宝石山下二弄、宝石山下四弄、流水桥弄(8 处)
凤起路	杭州高级中学、杭十四中、唐经幢(3 处)	都锦生织锦博物馆、大东门、武林的相关史实及武林门、麒麟街(4 处)

别是农民的积极性，切实解决农民就业生计、社会保障等问题，进一步推进“城中村”改造。

【拆除违法建筑 123 万平方米】 拆除违法建筑关系到城市的整体形象。2 月，市政府调整拆违工作体制，重新明确有关部门职能。把拆违工作重心从查违、拆违转移到防违、控违上，以遏制新的违建发生为重点，从调整内部结构、建章立制、完善长效管理机制入手，积极做好防违、控违工作。结合背街小巷改善和撤村建居等专项整治，从源头上采取一系列防违、控违举措，遏制了违建势头的蔓延。至年末，全市拆除违法建筑 123 万平方米。

【市建委被评为全国房地产业管理先进单位】 2005 年，市建委克服用地紧、拆迁难等不利因素，完成房地产开发投资 346.03 亿元，开工建设住宅 726.1 万平方米，竣工 507.4 万平方米；按计划开工建设经济适用房和拆迁安置房，安置拆迁 3 年以上回迁户 5409 户，达到省、市政府提出的回迁率 80%的目标。全市人均住房使用面积从 2000 年 14.88 平方米提高到 20.70 平方米。12 月，市建委被建设部授予“全国房地产业管理先进单位”称号。

2002 年~2005 年，杭州市建成 164 万平方米多层公寓住宅小区，有 4000 多户“农转非”居民入住。图为三堡社区多层公寓。　（市建委 供稿）

【首届最佳人居环境奖、人居奖评选】 5 月，为打响“住在杭州”品牌，引导杭州房地产市场健康、稳定、持续发展，市政府举办杭州市最佳人居环境奖、人居奖评选活动。经过严格评选，西湖综合保护工程、西溪湿地国家公园、采荷街道市民中心建设工程、滨江区核心区块建设工程、淳安千岛湖中心镇建设工程等 5 个项目获首届最佳人居环境奖；绿城春江花月一期和二期、坤和山水人家、金都华庭、南都江滨花园、华浙白马公寓、清水公寓、名城左岸花园、钱江彩虹城、建德国信新安明珠、余杭天阳棕榈湾等 10 个项目获首届最佳人居奖。　（鲍世明）

·城市规划·

【城市规划概况】 杭州市规划部门以科学发展观为指导，围绕构建“和谐杭州”，积极履行服务城市建设的职责，努力提高规划编制设计水平和质量。根据全市建设重点和规划需要，组织编制各类规划设计 121 项，投入经费 3960 万元。批复规划 83 项，其中 29 项报市政府批复。配合建设部做好新一轮总体规划报国务院审批的相关工作。适应杭州高起点发展的要求，开展杭州市近期建设规划、“三副六组团”建设规划编制和 5 个城区及下沙分区规划修编。深化湖滨、复兴等 23 个规划单元控规编制，覆盖面积 102 平方千米。推进杭州市历史地段保护规划汇总等 21 项专项规划、杭州市电力工程专项规划等 18 项市政交通规划、杭州市城市设计导则等 11 项城市设计和杭州“和谐创业相关课题研究”等 9 项规划研究课题的编制研究。全年编制完成 58 项重大建设工程和与重点工作任务相关的规划设计。

市规划部门以提高规划编制水平为重点目标，积极创新管理机制。实行全市规划编制项目统筹管理，从源头上实现城市规划一盘棋目标。通过制订推行阳光规划实施方案、加强城市规划设计项目中间方案审查、试行《控制性详细规划管理规定》等规章，规范和完善规划设计各环节的管理制度及配套措施。积极引进外来规划设计研究力量参与规划编制设计，继续采取项目招标、方案征集和定向委托等各种方式，通过竞争优选规划设计方案。全年规划招投标及对外委托项目经费计 1249 万元。规划设计单位以质量建设为抓手，改进考核方法，严格设计管理，较好地完成 74 项指令性任务和 27 项目标考核项目。

认真贯彻落实规划公示制度，深化完善各项公示办法。全年组织 6 次重要规划和重要建设项目设计方案的展示，参观展示市民超过 2

万人；向公众发放规划资料1.7万份，收到书面建议1400余份。3月12日~15日，在武林街道等地区进行控规公示期间，市规划部门领导带领业务处室人员3次到现场与居民座谈，听取并吸纳居民建议意见。6月和11月，市规划部门分别在浙江图书馆和武林广场组织两次大型规划宣传和咨询服务活动，展示规划成果，接待市民咨询。根据社区和市民要求，组织编制568幅社区详图，发放到各城区和街道、社区。完善建设项目建前公示和批后告示制。从健全制度入手，推进办事服务窗口建设。市规划局办事服务窗口被市行政服务中心评为“红旗窗口”。

规范信访工作制度和程序，建立信访要情紧急报送及突发事件应急处置机制。全年按时办结反馈各类信访（咨询）7916件，其中12345交办件696件，96666交办件44件，重要信访转办件109件；受理来访1451批次，来信188件，来电4940件。

市规划部门认真修订和完善规划管理法规体系和配套技术规范，构建规划工作与社会群体的和谐关系。完成《杭州市城市规划管理条例》修订立法调研，按时上报送审稿。经市政府同意印发《杭州市城市规划管理技术规定（试行）》，在试行中总结经验，修改完善。出台《杭州市日照分析技术管理规则》、《杭州市建筑层高控制规定》等技术规范，对建设项目批前公示和批后修改、电子文件总图报批等要求进行具体规范。结合规划管理实际，制订《杭州市市区农居建设管理暂行办法》、《杭州市市区农居危房管理暂行办法》的实施工作流程。制订并实施《杭州市城镇居民私房修建翻建规划管理暂行规定》。按照《中华人民共和国行政许可法》规定，组织实施规划行政许可听证制度，增加规划审批透明度与公正性。认真做好行政复议和行政诉讼工作，全年办理21起行政复议和行政诉讼案件。结合《中华人民共和国城市规划法》颁布实施15周年，开展多种形式的规划法规宣传活动。加强规划批后管理督查和违法建设确认工作，全年向市城管执法局移交批后管理违章案件79起，办理各类违法建设确认项目101件，处理竣工验收超建面积项目53件。

加强基础测绘和信息化建设，全年投入基础测绘数字化地形图经费795.3万元，完成杭州市主城区1：500数字化地形图更新面积145.2平方千米，完成各测区GPS城市四等导线点27个，一级导线点899个，四等水准947.6千米。初步建立地形图动态更新机制，确保在城市建设快速发展情况下地形图的现势性。会同市有关部门开展地图市场检查。加强测绘资质管理和测绘市场监管，依法查处违法测绘案件。

积极整合信息化建设成果和资源，整理汇总以控规为主的规划编制电子成果。完成基础地形资源新测数据在各系统间的处理、转换及更新。完成建设项目网上审批系统、规划批后跟踪管理系统、基础资料综合管理与服务系统的开发和验收。开辟规划在线栏目，发布城市规划各类公示、公告及相关信息。新增杭州市社区详图模块，开设“网上办事”栏目，为建设单位和市民群众提供便利服务。市规划局网站再次被评为市政府优秀门户子网站。提高档案利用和服务水平，全年接待档案利用者3729人次，调档1917卷，复印工程图纸2.27万张，提供地形晒蓝和四线图服务3738人次，计9153幅，出具数据605张。完成2171卷档案的扫描数字化入库，整理各类规划审批和竣工档案2864卷，灰线档案8277份，文书档案3073件。市规划档案馆被省建设厅和省、市档案局认定为“省二级档案馆”。（王　宁）

【编制居住区发展及各类住房布点规划】 为缓解“住房难”，规划部门认真做好居住区发展及各类住房布点规划。1月27日，《杭州市居住区发展规划》得到市政府批复。该规划提出居住区开发的指导思想和近期居住用地的发展方向。确定江南、临平、下沙三个副城为居住用地重点选择区域；主城以旧城更新改造为主；大力开发快速交通、轨道交通等公共交通节点周边的房产。

根据居住区发展规划，2月，编制完成《杭州市区2005年度商品房及经济适用房布点规划》。该规划提出商品房和经济适用房的布点，应综合解决道路、供水、电力等市政基础设施的配套、中小学等公共服务设施的同步建设和社区服务的完善。布局上逐步向钱江新城、丁桥、下沙城等城市新区转移，尽可能使居住与就业接近。

10月26日，市政府批复《杭州市区近三年（2005~2007年）拆迁安置房用地布点规划》。该规划提出老城区每年提供建筑面积100万平方米以上的拆迁安置房目标。确定2005年~2007年拆迁安置房建设规划分别为：109.1万平方米、102万平方米、221.5万平方米，3年合计432.6万平方米。（曹　勤）

【城市大容量快速公交规划获批复】 5月30日，市政府批复同意《杭州市城市大容量快速公交专项规划》。该规划是一个长期的、整体的、与轨道交通有机结合的大容量快速公交专项规划。规划年限分近期、中期和远期。规划范围为杭州市区主城和下沙、临平、江南3个副城。规划建设快速公交线路10条，平均长度16.2千米，线网密度1.40千米/平方千米。快速公交与轨道交通换乘点14个，快速公交与铁路换乘点2个，快速公交与长途客运站换乘点4个。过江通道4条。快速公交平均站距750米。快速公交市中心平均速度20千米/小时~30千米/小时，外围平均速度30千米/小时~40千米/小时。快速公交市中心10千米范围覆盖密度0.45千米/平方千米，车站半径范围750米覆盖达53%。评审专家对该规划给予充分肯定。（顾志法）

【编制钱塘江两岸城市景观规划】 经过1996年、2001年两次行政区划调整，杭州城市范围进一步扩大，钱塘江两岸成为未来20年杭州城市发展建设的主战场。为提升和塑造杭州城市的新形象，市规划局组织编制钱塘江两岸发展景观控制规划。规划范围上游起于萧山区闻堰镇，下游北岸至海宁交界处，南岸至绍兴交界处。北岸长50千米，南岸长100千米。规划将钱塘江两岸定位为开放大气的城市景观面，着重控制两岸的天际轮廓线，注意建筑群的层次和进深。规划提出沿钱塘江两岸形成具有杭州特色的城市空间形象，营造以山体景观为背景，钱塘江生态带为主轴，以道路、河道绿化为骨架，分布均衡的公园为点缀的绿色景观体系。

【编制历史文化名城保护规划】 2005年，是杭州市编制完成历史文化名城保护相关规划最多的一年。经过评审、公示，市政府先后批复元福巷、武林路、小河直街、留下和笕桥路5个历史文化地段(街区)保护规划和中山中路、清河坊、小营巷、湖边邨、北山街、西兴老街等10个历史文化街区保护规划及《杭州市第1批历史建筑保护规划图则》。并发文公布杭州市第2批历史建筑保护名单，五福里、市体育馆、大通桥取水泵房日军残留工事旧址、张小泉剪刀店旧址、邵芝岩笔庄、浙大玉泉校区建筑群、省团校建筑群、杭州饭店主楼、刘庄1号楼建筑、汪庄建筑群、怀庐、弥陀寺建筑群、笕桥航校旧址建筑群、石函精舍等47处历史建筑被列入第2批保护范围。

（曹　勤）

【设计杭州地铁1号线站点】 6月~12月，市规划局对杭州地铁1号线武林广场站、城站、铁路东站站3个重要站点及周边地区城市设计进行方案招标。同济大学、东南大学、广州市城市规划设计研究院、浙江省城乡规划设计研究院等国内知名院校参与设计投标。经过专家评审，同济大学、浙江省城乡规划设计研究院和杭州市城市规划设计研究院编制的站点设计方案胜出。同期组织编制杭州地铁1号线沿线站点上盖物业及控制用地规划。杭州市城市轨道交通规划领导小组确定杭州地铁1号线主城区段的沿线设富春江路站、秋涛路站、城站站、湖滨站、龙翔桥站、凤起路站、武林广场站、文化广场站、艮山门站、闸弄口站等19个站点，并明确500米的用地功能优化调整范围和200米的城市设计范围。由浙江工业大学建筑设计院、浙江省城乡规划设计研究院、杭州市规划设计研究院、中国联合工程公司、北京城建设计院5个甲级规划设计院及香港柏麟德规划建筑有限公司承担规划设计工作。按照杭州历史文化名城保护原则，12月，杭州地铁1号线沿线站点文化景观研究与交通站点城市设计同步展开。　　（顾志法　林　瑾）

【编制完成中小学布局规划】 为加快城区教育事业有序、协调发展，解决"上学难"和"上好学难"问题，市规划局委托市规划设计研究院编制《杭州市区（五城区）中小学布局规划》和《杭州市区高中学校布局规划》。5城区中小学布局规划围绕落实学校空间位置、解决生源就近入学问题，按照"老城区实施改造、乡镇实施布局调整、新区加紧配套"的思路进行编制。高中学校布局规划范围为市区3068平方千米。根据老城区高中学生、班级和学校数量预测，确定近期和远期规划。其中近期规划(至2010年)市区新建优质高中10所、特殊教育学校1所。

（曹　勤）

【"城中村"改造地块布点规划确定】 5月13日，市政府批复同意《杭州市111个"城中村"改造地块布点规划》。111个"城中村"改造地块规划用地862.26公顷。其中拱墅区281.13公顷，江干区161.59公顷，上城区27.23公顷，下城区68.15公顷，西湖区324.16公顷。规划用地包括"城中村"安置用地和平衡用地，其中平衡用地按照安置用地的30%~50%进行测算。批复要求"城中村"改造地块布点应符合该地区相关的控制性详细规划。在此前提下，按"城中村"改造相关政策，由各区政府综合平衡，统一组织实施。

【召开和谐杭州示范区研讨会】 6月11日~12日，杭州市在西子宾馆召开"和谐杭州示范区研讨会"。此前，市规划局开展了《杭州和谐发展示范区概念规划》编制工作，并完成了规划成果。研讨会邀请了两院院士和北京大学、浙江大学、中国规划设计院等单位的专家参加。与会专家就打造西溪模式，修复自然生态和人文生态；建设西部水环境工程，提升居住环境；加快浙江大学紫金港校区建设，形成概念浙大；加快"城中村"改造，确保农转居平稳过渡；引领余杭、良渚组团规划建设和旅游业发展等问题进行深入研讨。省委常委、市委书记王国平，市委副书记、市长孙忠焕到会并作报告。中国工程院院士、浙江大学校长潘云鹤等22位专家在会上发言。

【制订《杭州市城市规划管理技术规定（试行）》】 为解决城市规划建筑间距、建筑高度、建筑退让和日照分析范围等城市建设过程中的矛盾，市规划局根据有关法规和规范，组织专家和相关人员，对原《杭州市城市规划建筑管理技术规定》进行修订。1月24日，市政府批准实施《杭州市城市规划建筑管理技术规定(试行)》。该规定取消新城区和老城区的区分，提高特殊地区详细规划的报批等级和居住建筑间距系数，修改高层建筑间距体系，提出日照分析范围的比选方案，对建筑高度控制、建筑退让、停车问题和建筑面积的计算问题进行了论证。12月5日和26日，市规划局根据该规定试行情况，2次作了修改论证。

（顾志法）

【城市部件普查建库启动】 2005年7月，杭州市被建设部列为全国首批10个数字化城市管理试点城市之一。根据试点要求，8月，市规划局启动数字化城管城市部件普查建库工作。总体目标是建立一个完整、稳定、可靠、多层次、全方位的城市部件数据库，为数字化城管信息系统的运行奠定数据基础。城市部件普查建库区域确定为上城、下城、西湖、江干、拱墅和西湖风景名胜区的全部或部分街道，覆盖面积200平方千米，共计1∶500图幅3200幅。普查部件包括市政、交通、市容环境、图标、房屋建筑等6个大类97种，每类部件的平均属性项达20多个。

市规划局成立普查建库工作领导小组，组织300余人的建库技术队伍，投入各类测绘仪器和计算机等220多台。分5个阶段，由点及面，全面展开城市部件普查、数字化输入和数字化建库工作。至年末，已完成上城、下城和西湖风景名胜区3个区的普查建库，并提交给"数字化城管"项目组开发试用。　（王　宁）

【编制完成社区详图】 为方便城市社区信息化管理和市民查询，市规划局历时半年多，为老城区各社区制作并赠送一份1∶500的社区详图。从2004年7月开始，市规划局

3月10日，灯芯巷社区居民在仔细察看市规划局编制的社区详图。

（市规划局 供稿）

对上城、下城等5个城区1000多名普查人员进行地名信息标注业务培训，编制1200多幅地名外业调查底图，组织普查人员深入到全市45个街道、523个社区（包括村、居委会）的每一条道路、每一条河流、每一座桥梁、每一幢房子、每一个角落进行地名调查。对普查到的上百万个地名及附属信息进行数字化整理、设计并建立地名数据库。于2005年3月完成568幅社区详图的制作。社区详图详细载明各级行政区划驻地、道路（街、巷、弄）名称及门牌号、河流湖泊名称、建筑物及企事业单位名称、小区名称及楼栋号等信息，并首次在地理位置上清晰地标绘社区的界线。（顾志法）

·勘测设计·

【建筑设计研究院活力增强】杭州市建筑设计研究院有限公司以改革为动力，不断开拓设计经营业务，努力提高承接项目及设计业务的能力，充分利用公司人才和技术优势，积极参与市场竞争。在上海、深圳、江苏、安徽、山西、四川、内蒙古和浙江省杭州、温州、宁波、绍兴、嘉兴、丽水、湖州等地参加项目投标，共中标项目34项。全年签订设计合同60项，其中10万平方米以上工程15项。全年完成施工图设计项目37项，施工图设计面积304.9万平方米，施工图设计投资42.3亿元。

该公司认真贯彻实施ISO 9001质量保证体系，制订和完善设计技术管理规定23个。重视新规范与强制性标准的教育培训，全年组织业务培训25次，参加上级业务部门培训14次。强化质量意识，每季度一次对“外部施工图审查意见回复单”的分析和质量讲评会、半年一次的施工图质量抽查形成制度，并随机组织和安排项目的质量检查。认真开展设计创优和质量创优，业务骨干在设计产品质量上层层把关，设计产品质量优良率保持在100%。“野风·海天城”项目获“双节双优杯住宅方案”国家级金奖，“东海·江南春城”项目获“建筑规划设计方案竞赛”国家级综合奖，“杭州市第一人民医院医疗综合大楼”、“宁波高教园区图书信息中心”、“杭州市保俶塔实验学校”和“杭州富豪大厦”（金泰商务大厦）4个项目获浙江省优秀设计奖。

该公司按照精简机构、提高效率的原则，不断完善用工制度改革，推行用人制度创新。全年引进专业设计人员13人，录用高校毕业生29人，其中研究生12人，本科生17人。进一步完善技术经济承包责任制，落实各种激励举措，鼓励设计人员为公司多做贡献。（卢福荣）

【城建设计研究院发挥技术优势】杭州市城建设计研究院有限公司努力推进科技创新，充分发挥在建筑钢结构设计、地下隧道和桥梁设计等方面的技术优势，积极开拓省内外设计业务。全年完成施工图设计投资55亿元，比上年增加近一倍；施工图设计建筑面积290万平方米，增长65.7%；签订设计合同111项，完成设计产值7000多万元。全年承接具有较大影响的项目有超高层（42层）华辰·国际发展大厦、五星级酒店——浙江保罗大酒店、沃尔玛超市浙江旗舰店——浙江天驰大厦和临海大桥等。该公司积极融入大都市建设，相继参与杭州地铁1号线工程管线迁改、上城区背街小巷改善工程、京杭运河杭州段江涨桥加固工程、钱江路沿江大道工程等7个城市建设项目的设计，为加快构筑大都市步伐作出了应有贡献。

该公司坚持以质量求生存，切实加强设计质量管理，设计产品质量保持优良。在浙江省建设工程“钱江杯”优秀设计奖评比中，余姚市兰墅大桥工程获一等奖，桐乡市城市污水处理工程获二等奖，浙江省警官职业学院警体馆获三等奖。武汉世纪花园被建设部列为钢结构高层住宅试点。（陈　易）

【勘测设计研究院稳步发展】杭州市勘测设计研究院面对勘测设计市场的激烈竞争，始终坚持以经营为中心，充分利用人力、物力、信息和勘测技术等方面的优势，积极拓宽经营活动领域，努力扩大市场占有份额。通过投标获得杭州地铁1号线岩土工程、快速公交（BRT）1号线下沙公交枢纽站和香积寺路地块经济适用房等一批市场项目的勘测业务。抓住“一纵三横”道路整治等重点工程建设的契机，承接40多项市政工程项目的勘测设计。全年完成测绘、岩土工程勘察和设计检测项目1820项，工程到账款3700万元，实际收入比上年增加。完成《杭州市设计暴雨强度信息研究》、《基坑自平衡深层静载荷试验技术开发与应用》和《建立杭州市都市图统一坐标系的研究》3项省、市级科研项目。与有关单位合作完成城市规划档案扫描数字化项目2170卷，约10万页。完成上城、下城、西湖、江干、拱墅、滨江和西湖风景名胜区600多平方千米、550多个社区地名信息数字化建库和录入等工作。完成杭州市数字城管涉及约200平方千米范围的97类城市部件普查。编辑出版《杭州市城市交通和汽车生活手册》。与上海市政工程设计研究院、上海市政工程勘察设计有限公司合作，初步完成施工难度较大的钱江九桥勘察任务。

该院严格执行质量管理体系和标准制度，产品检验合格率保持100%，优良品率在95%以上。有关岩土工程勘察项目获建设部组织的全国工程质量安全监督执法检查组的好评。该院承担的《杭州市GPS C级网暨精化大地水准面》、《杭州文化商城工程勘察》、《文一路、德胜路快速通道测绘工程》分别获浙江省建设工程"钱江杯"优秀设计一、二、三等奖。（王　宁）

·建筑业·

【建筑业概况】2005年，杭州市建筑业规模继续扩大，产值稳步增长，增幅虽有所回落，仍表现出强劲的上升态势。全年建筑业企业完成总产值1092.7亿元，比上年增长17.1%；其中在外省完成的产值224亿元，增长38.7%。建筑业对财政税收贡献不断增加，全年上缴税金30.15亿元，增长22.1%。建筑业企业效益明显增长，实现利润24.06亿元，增长19.3%。全市计算建筑业劳动生产率的平均人数60.43万人，人均劳动生产率18.08万元/人，增长18.1%。全年建筑业总产值超10亿元的企业有24个，其中浙江省建工集团有限责任公司、广厦建设集团有限责任公司产值均超过50亿元，浙江省长城建设集团股份有限公司、杭州三箭建设集团股份有限公司、浙江国泰建设集团有限公司产值均超过30亿元。建筑业增加值178亿元，占全市GDP比重的6.3%。

根据省建设厅的有关规定，企业资质申报及复审、定级工作由往年一年一次转为一年四次。全年参加资质申报及升级、定级的建筑企业298个，城市园林绿化企业171个，工程监理、造价咨询、招标代理等中介机构177个。加强对工程项目管理人员、注册执业人员管理，全年办理建筑业企业三级项目经理聘用备案手续1173人，完成418名全国监理工程师、86名造价工程师注册初审。

围绕"打造诚信市场"主题，市建委加强各项制度建设。以建立建设市场信用信息网站为契机，初步构建建设市场信用管理体系；以调整产业结构、培育劳务交易市场为重点，加强对建筑业企业内部各项管理；以制止和预防招投标中围标、串标行为为重点，完善招标投标监管办法，规范有形建设市场运行；以全面推行"三位一体"、"两级三点"的质量、安全监管模式为重点，加强安全生产目标管理；以清欠工程款及民工工资为重点，加大对建设市场的行政执法力度，促进城市建设可持续发展。

【规范建筑市场行为】围绕加强建筑市场管理，市建委加大建章立制工作力度。为提高政府投资效益和管理水平，制订《杭州市政府投资项目建设管理暂行规定》；为有序开放建筑市场，修订《进杭建筑业企业管理规定》；为规范建筑业企业劳动用工和劳务交易行为，维护农民工合法权益，制订《进一步规范建筑业企业劳动用工行为的意见》、《杭州市建设工程劳务管理办法》等4个规范性文件；根据市政府《杭州市建设工程质量和安全生产监督管理体制改革的若干意见》，制订《杭州市建设工程质量安全文明施工一体化监督巡查意见》、《监督工作质量检查管理办法》等10项管理制度；为强化建筑领域的安全生产，市建委印发《市建设系统〈2005年安全生产履职报告书〉》、《建设系统生产经营单位安全质量标准化达标考核》、《建筑施工企业安全生产管理机构设置及安全生产管理人员配备办法》和《危险性较大工程安全专项施工方案编制及专家论证审查办法》等文件。

【召开建设市场管理工作会议】4月8日，市政府召开全市建设市场管理工作会议，总结回顾2004年建设市场管理工作，全面部署2005年任务。会议要求以科学发展观为指导，围绕"打造诚信市场"这一主题，实现"三大转变"，落实"五项任务"，坚持行业监管与服务并重，推进建筑业企业的结构调整及市场化进程，促进建筑市场进一步好转。会上，副市长杨戌标代表市政府与各区、县（市）领导签订《杭州市清理建设领域拖欠工程款工作目标责任书》。浙江省建工集团有限责任公司代表36个重点建筑业企业向全市发出《诚信倡议书》。

【加大招投标监管力度】根据经济适用房代建单位招标、材料设备采购招标、专业工程招标等招标项目大量进入杭州建筑市场的情况，市建委进一步加强招投标管理。全年受理建设工程发包项目4757个，工程总造价419.55亿元，其中实行招标项目工程3104个，总造价352.59亿元，占项目总数84.04%；应招标工程招标率和应公开招标工程招标率均达到100%。认真贯彻《杭州市建设工程监理招标投标实施办法》，从总监投标资质审核、中标后换发总监上岗牌等几个环节加强对项目总监的监督和管理。全面执行《进一步加强杭州市建设工程招标代理机构管理工作的通知》，规范招标代理机构行为，统一招标代理合同文本。按照一个专业人员只能在一个代理机构任职的规定，全年对78个代理机构发放诚信手册，对1100余名代理机构的专职人员进行上岗证备案。推行和贯彻工程量清单计价规范、建设工程计价规则和计价依据，结合工程量清单招标中存在的问题，印发《杭州市建设工程施工招标文件示范文本》（2005年修订版）。加强对招投标中不规范行为的查处力度，全年有11个工程责令复评，有7个工程改变原评标结论；对13个存在串标或规避招标的工程给予相应的处罚或通报。（杨　洁）

【清理拖欠工程款13.69亿元】市建委根据清欠工作目标，与各区、县（市）建委（建设局）签订清欠目标责任书。市清欠办对工作较薄弱的县（市）上门督办。依据《杭州市建筑施工企业实施职工工资支付保证金制度的意见》，督促施工企业在申领《施工许可证》前必须将工资支付保证金存入相关账户。在杭州建设网开设"清欠工作专栏"、"各区、县（市）清欠率排行"等栏目，对清欠率排行在前的单位给予表扬，以鼓励先进，督促后进。至年末，政府投资项目清欠率100%，全市清理拖欠工程款13.69亿元，总清欠率94.3%，提前一个月完成省政府下达的"政府投资项目清欠率达到100%、总清欠率达到80%”的目标任务。

（王瑞理）

【开展建筑市场专项检查】 为规范建筑市场各方主体的行为，市建委积极实施业主与施工单位的诚信评议卡制度，由承发包双方对合同履约情况尤其是工程款、民工工资的支付情况进行信用互评，全年完成诚信评议卡备案项目268件。建立健全企业检查考评机制，组织开展全市建筑市场专项检查。全年检查215个建设单位、195个监理单位和285个建筑施工企业，检查工地376个。发出整改通知单331份，对45个企业的违法违规行为进行处罚或通报批评，共处罚款75.42万元；其中被取消进杭备案资格的外地企业12个，主要违规行为涉及未办理施工许可手续擅自开工、招投标弄虚作假、串标及违规操作、超资质或无资质承接业务、违章施工等方面。

（杨　洁）

【杭州市列入全国工程担保试点城市】 10月26日，建设部下达《选择深圳、厦门等市作为推行工程担保试点城市的意见》，杭州市确定为全国6个工程担保试点城市之一。杭州市于2003年5月首先在房地产开发建设项目中推行工程担保试点，担保范围为投标担保、支付担保和履约担保。2004年8月6日，建设部出台《在房地产开发项目中推行工程建设合同担保的若干规定（试行）》。根据建设部规定，市建委结合试点情况，规定从2005年5月1日起，在市区范围内工程建设合同造价在1000万元以上的房地产开发项目，工程建设合同造价在200万元以上的其他建设项目，实行业主支付担保和承包商履约担保。担保金额不得低于工程建设合同价格的10%；采用经评审的最低投标价法中标的招标工程，担保金额不得低于工程建设合同价格的15%。未提交业主工程款支付担保的建设工程，视作建设资金不落实，不予办理建筑工程施工许可证。全年办理工程建设合同担保项目140个，工程合同价格59.5亿元，业主支付担保金额5.6亿元，承包商履约担保金额5.6亿元。

（黄　巍）

【开通建设信用网】 7月28日，市建委举行杭州建设信用网开通仪式暨新闻发布会。建设部为杭州建设信用网开通发来贺信，浙江省建筑业管理局局长张奕到会祝贺。杭州市开通信用网是一个改革市场监管方式的新举措，为全省信用平台建设提供了基础。信用网络的建立，将实现方便信息共享、方便信用检查、方便信用管理三大功能。建设信用网网址为jscx.hzjw.gov.cn。该信用网开通至年末，收集企业信息998条，从业人员信息1.4万条。企业不良行为曝光栏曝光45个企业，160人次；嘉奖表扬47个企业，30人次。

（杨　洁）

改善后的背街小巷——学士路　（张德荣 摄）

·城市管理·

【城市管理概况】 2005年是杭州市的“城市管理年”。市城管部门深入贯彻全市城市管理工作会议精神，加强城市管理体制和机制建设，不断推进“四化”长效管理，确保公用行业安全生产、稳定供应、优质服务和市政环卫基础设施的安全运行，较好完成了年度各项工作任务。

市城管办围绕城市管理的发展变化，进一步加强城管法规和制度建设。年初列出16个专题进行调研，为市委、市政府科学决策提供依据。配合市人大修订《杭州市市政设施管理条例》，抓好该条例和《杭州市城市市容和环境卫生管理条例》的宣传贯彻；参与制订《杭州市城市基础设施运行危机管理办法》、《杭州市城市节约用水定额用水管理办法》等4个城管规范性文件。在5个城区和西湖风景名胜区所辖332个社区设立城市管理联系站，设站社区占建制社区的88.1%。城市管理联系站巡查、受理解决问题3.5万个。制订并经市政府批转2个有关长效管理的文件，明晰市、区政府在城市“四化”管理和市政公用管理中的52项职责。建立建设与管理、作业与管理、经营与管理、执法与管理、环境与管理5个沟通协调平台，协调解决政策边际、管理边际问题。开展城市管理战略研究，编制完成《杭州市城市管理规划》和《杭州市城市管理三年实施计划》。市城管部门与高等院校合作，形成《杭州市夜景灯光总体规划与研究》、《街景整治设计导则》以及《中国城市管理——以杭州为例》等研究成果。

推进“四化”长效管理，对市区23条主要道路和城市家具实施洁面工程，开展“门前三包”、城市“牛皮癣”、横幅广告、店招店牌、空中杆线等市容专项整治。市区有64条（段）道路实行24小时保洁，覆盖率29.2%。全年处置城市生活垃圾138万吨。“门前三包”责任制签约单位33541个，比上年增加1126个。检查发现“门前三包”问题6008个，督促完成整改4843个。“四化”长效管理排查问题22043个，整改20676个，整改率提高4.8%。主城区“四化”长效管理覆盖率从上年末的50%提高到80%。杭州市被建设部列为全国首批数字城管试点城市。

精心组织实施背街小巷改善工程,全年完成背街小巷改善363条,改善街巷总长度12.7万米, 总面积120.2万平方米;工程直接受益人数58.7万人,受益单位5068个。完成71个居民生活小区、253个公建单位、120个污染源的截污纳管工程,新增纳管污水7.63万吨/日。以西湖(三期工程)、运河和西溪湿地为重点,组织实施景观亮灯工程建设。完成孤山、钱王祠、吴山景区和7座跨运河桥梁亮灯工程及西溪湿地一期工程配套亮灯工程。完成一批市容环卫设施改善项目。全年新改建公厕72座,垃圾中转站13座;完成自来水"一户一表"改造8.3万户;更新公交车辆417辆,完成20个公交车站港湾式改造。启动公交线网布局的优化调整, 基本形成解决公交一体化的方案,全年新辟公交线路51条。

认真受理各类行政许可1875件, 其中批准1803件, 未批准72件,全部按时办结。健全行政许可工作制度,按照行政许可法,修改完善办结行政过错责任追究制度, 制订限时办结制、服务承诺制、行政许可统一受理(送达)规定等制度。规范行政许可行为,统一行政许可文书,对行政许可事项的办理程序、条件、期限、依据等进行分类梳理,并在市城管办门户网站上公布, 提高了行政许可行为的透明度。建立行政许可批后监管信息统计制度, 向社会公布行政许可、行政监督检查投诉举报电话,加强许可行为的监督。改善集中办理中心"窗口"管理,建立首问责任制,通过优化工作程序,改进服务方式,减少办事环节,全年为许可申请人减少658个工作日。加强人大建议、政协提案的办理工作和信访工作, 市城管办被评为市建议提案工作先进集体和市信访工作先进集体。

规范行业管理,编制完成《杭州市户外广告设施设置技术规范》等4个地方性行业标准。修改完善各类应急处置预案,经市政府转发"市政公用设施运行危机管理暂行办法"、"城市隧道突发事件处理应急预案"、"城区抗雪防冻预案"、"城区防汛抗台预案"等多个预案,确保各类基础设施的正常运行, 圆满完成重大节假日以及西湖博览会、动漫节等省、市重大活动期间的市政公用和市容环卫服务保障工作。市政、环卫、供水、燃气4个行业协会积极开展咨询、培训和服务。

体育场路亮灯工程 (市建委 供稿)

城管执法坚持"依法、理性、亲民、科学"的方针,着重抓好城管执法志愿者总队建设、"门前三包"管理数字化执法支撑和街面管控三大工程,在完善城管综合执法体系、改进执法方式方法、提高城市综合管理水平等方面取得新的进展。城市管理综合执法效率不断提高, 区域级差管理、网络式管理等街面管控机制进一步创新。认真规范行政执法行为, 建立健全行政执法报告制度、错案责任追究制等工作制度,行政执法责任制通过市有关部门评议考核,考核分99分。全年教育纠正市容环卫、市政公用、城市绿化等方面的违法行为24.4万人次, 办结行政处罚案件20.5万起,罚款2827万元。 (吴文良 郁 晨)

【编制城市管理规划】 10月16日,由市城管办和浙江大学管理学院共同编制的《杭州市城市管理规划》通过专家评审并上报市政府。该规划根据杭州市的总体发展定位和城市管理发展趋势, 构建了未来杭州城市管理的框架和基本蓝图, 提出了完善和提升城市管理水平的总体思路及相应对策。该规划提出的"无缝隙城市管理体系" 概念和加强城市管理的"五大战略重点"、"六大战略举措"和"八大保障措施",贯穿了"人本、品位、效能"的管理理念,具有重要的创新意义和实践意义。杭州市在全国开创性地编制城市管理规划, 表明市政府职能进一步从建设型向管理型、服务型转变。根据《杭州市城市管理规划》, 市城管办组织各区政府 (管委会) 编制完成《杭州市城市管理三年实施计划》。

(郦必成)

【实施31项亮灯工程】 市城管办等有关部门根据城市照明总体规划,补充编制分区规划, 进一步实施亮灯工程。萧山区、余杭区、杭州经济技术开发区完成照明分区规划编制,滨江区、西湖区、运河集团分别编制沿江景观带灯光总体规划、西溪湿地夜景灯光总体设计、运河景观带夜景灯光概念规划。市财政局安排3500万元专项资金用于亮灯工程建设。重点开展西湖景区三期、西溪湿地一期、7座运河桥梁及部分景观带、"一纵三横"等31项亮灯工程。其中,西湖景区城隍阁亮灯工程突出"绿色照明"新理念,充分利用智能控制技术,创造出"海市蜃楼"的灯光效果;7座运河桥梁亮灯工程导入"运河民俗文化"等内容,展示运河杭州段的文化优势。各亮灯工程积极探索节能新途径, 照明监控系统进行智能化升级改造, 实现节能化、防盗化、信息化多合一,达到国际领先水平。 (韩明清)

【道路保洁招标】 1月27日, 江干区、上城区首次向社会进行道路清扫保洁招标。招标的项目由钱江新城范围内的椒江路、庆春东路、姚江路和钱江路等13条道路组成，分4个标段，道路面积84.7万平方米。为确保招投标工作的“公开、公平、公正”，市、区两级城管部门精心组织。市城管办会同市财政局制订《招标文件》(范本)，核定道路清扫保洁招投标的面积和招标范围，统一保洁标准、作业要求，规定向社会公开招标的原则、投标单位资格条件、招投标程序和评标办法。江干、上城两区政府成立以分管副区长为组长、区纪检部门和有关职能部门参加的招投标领导小组。两区城管办邀请区公证部门对招投标的全过程进行公证。通过实行规范、公开招投标，年单位清扫保洁费用比内部测算下降6元/平方米。 (冯立群)

【整治“牛皮癣”】 整治非法涂写招贴广告是城市管理的热点与难点，结合创建全国文明城市工作，市城管办在主城区集中开展“牛皮癣”专项整治。各城区和市有关部门相互配合，在主城区道路两侧和社区主干道两侧的“牛皮癣”做到24小时内基本清除。全年投入资金460万元，清除“牛皮癣”1650万张。

【规范户外广告设置】 5月，为规范户外广告设置，加强户外广告设施安全管理，市城管办会同市质量技术监督局等单位出台《杭州市户外广告设施设置技术规范》。该技术规范明确户外广告设施的设计、制作、安装、维护保养、安全检测等各项技术规定，是杭州市户外广告行业的第一个技术标准文件。为配合该技术规范的实施，6月，市城管办举办8个城区、2个管委会户外广告审批管理人员培训班，有30多人参加培训；8月，举办户外广告公司业务人员培训班，有48个广告公司、80余人参加培训。该技术规范于7月1日起实施。

【整治售报亭】 针对售报亭经营超范围、场地超标准、吊挂不规范，影响城市市容景观等问题，市城管办会同市市容环卫监管中心、市邮政局制订《杭州市售报亭经营管理规范标准》，规范售报亭的设置格式和经营行为。对市区400余个售报亭的经营者进行业务培训，并按规范标准开展集中整治。整治后的售报亭以整洁、整齐、规范的新面貌亮相杭城，与四周市容景观形成较和谐的配置。 (孙锡祥)

【杭州列入全国数字化城管试点城市】 数字城管是信息化技术在城市管理中的应用。7月，杭州市被建设部列为全国首批数字化城市管理试点城市。市政府成立以市长孙忠焕为组长的数字城管领导小组，由市城管办和市信息办负责全市的数字城管建设。至年末，市区23681个网格单元初步划定，完成6大类97种部件、5大类61种城市事件管理标准的制定。上城、下城、西湖风景名胜区3个试点城区的普查建库工作基本结束，涉及城市部件80多万个。全市数据库建设和杭州数字城管信息中心及协同处置平台的组建工作基本完成。 (杨 敏)

【加强犬类管理】 为保障居民的身体健康，维护公共秩序，市市容环卫监管中心专门建立犬类管理工作协调机制和社区信息联络制度，明确各职能部门职责，加强犬类审批、批后监管、防疫、执法、信息反馈等环节的管理，形成犬类管理齐抓共管的局面。结合养犬管理实际，制订《杭州市限制养犬规定实施细则》(初稿)，对准养犬品种、养犬人责任、相关犬类管理部门责任、犬类防疫、养犬申请登记、年度注册及养犬地址变更程序等管理节点进行明确和细化。积极探索犬类管理新路子。3月，市城管办会同市城管执法局在南都德加、和平和庆春苑3个社区开展“创建规范化养犬社区”活动，通过签订《创建规范化养犬社区协议书》，明确各方具体责任。与农业部门开展现场办证一条龙服务，邀请兽医进行养犬护犬知识介绍和防病治病咨询。加强对无证养犬户教育，责令当事人限期改正违法行为。通过创建活动，居民依法养犬和文明养犬意识得到增强，违规养犬投诉明显减少，养犬办证率大为提高。全年办理《养犬许可证》1153份，比上年增长2.2倍。 (石 舜)

【建立社区城管联系站】 建立社区城市管理联系站是全面打造无缝隙城市管理网络体系，加强市、区、街道、社区城管工作信息沟通的重要举措。6月10日，市民政局、市财政局和市城管办联合出台《设立社区城市管理工作联系站的实施意见(试行)》。按照自愿设立和联系站“养事不养人”的原则，确定在江干区46个社区进行试点。至7月底，上城、下城、西湖、拱墅和西湖风景名胜区先后开展此项工作。有332个社区建立了社区城管联系站，占主城区社区总数88.1%。各社区城管联系站认真履行职责，积极开展工作。至年末，受理社区居民反映城管问题7188件，主动巡查发现问题29061件，问题整改率98%，有效、快速地解决了社区垃圾清除不及时、道路坑洼、污水满溢等问题，改善了社区居民居住环境。 (王国梁)

【做好防汛抗台工作】 杭州市台风偏多，防汛抗台任务十分艰巨。市城管办和市城区防汛办积极做好防汛抗台工作。4月，对全市防汛预案进行修改完善并重新下发。在主汛期前向20余个城区防汛办组成部门发放责任落实确认书，督促各成员单位落实防汛目标、责任和措施。3次召开城区防汛会议，根据汛情，部署城区安全度汛工作。完成主城区55处低洼积水点治理，邀请市民随时对新产生的低洼积水点进行举报。在台风季节密切关注气象预报，严格各级值班制度，抓好人员、物资、措施“三到位”，对重点市政公用设施、户外广告、人行道树、背街小巷工地和低洼积水点加强防范。在新闻媒体上滚动播出或刊登《告市民书》和《温馨提示》，提高市民安全防范意识。及时启动预案，出色完成抗击“海棠”、“麦莎”、“泰利”和“卡努”台风工作，确保市政、公用、环卫设施的正常安全运行，全年无防汛抗台事故发生。

【开展危机管理调研】 自2004年9月以来，市城管办根据城市基础设施运行的实际，深入开展危机管理调查研究。经过半年多努力，到2005年4月形成《三大行业(市政、公用、环卫)基础设施汇总表》、《基础设施重点保障对象和区域清单》、《城市基础设施三大行业危机研究分析报告》和《城市基础设施三大行业预警信号及防御指南》等7份基础资料，为加强危机管理提供了资料保障。会同市编制办对兄弟城市基础设施危机管理体制情况进行考察，借鉴和吸取当地政府预防和处置城市基础设施危机管理的思路和启示，结合杭州实际完成《现行城市基础设施运行危机管理体制分析及对策》、《杭州市城市基础设施运行危机预警系统建设》等4份成果报告，并组织危机管理研究成果评审会，推进研究成果转化。7月，出台《杭州市市区市政公用+设施运行危机管理暂行办法》。（黄　萍）

【成立城管执法志愿者总队】市城管执法局本着"人民城市人民管，管好城市为人民"的理念，把抓好志愿者活动作为"一号工程"来抓，于3月24日成立城管执法志愿者总队。志愿者根据城管执法部门设置的活动载体，积极参加"护法"、"护绿"、"护河"等专项行动，在城管执法宣传劝导方面发挥了特殊作用，产生了良好社会效益。至年末，登记注册的城管执法志愿者达8026人，全年参加执法宣传劝导专项活动43次，计4万余人次。城管执法志愿者活动引起社会广泛关注，中央和省、市新闻媒体对此进行跟踪报道，累计宣传报道文章达60篇。

【评选十佳城管执法队员】10月，为弘扬正气，调动城管执法队员的积极性，市城管执法局与市人事局联合开展杭州市"十佳城管执法队员"评选活动。经各城区推荐，评选活动领导小组审核，从32名推荐人选中确定16名候选人，于10月24日在《杭州日报》上公告，邀请市民投票评选。广大市民踊跃参加，评选活动领导小组共收到市民选票8000多张。根据得票情况，王梅等10名执法队员当选为杭州市"十佳城管执法队员"。

【启动"数字执法"试点】4月，市城管执法局启动数字化执法试点。经过方案论证，确定望江、采荷、米市、长河、西兴、浦沿6个执法中队先行试点。"数字执法"工作硬件系统由"执法通"手持机、红外线便携式打印机、高速扫描仪、台式电脑和服务器等装备构成。队员外出执法，携带"执法通"手持机和便携式打印机，即可完成当事人基本信息查询、拍照取证、文书制作、信息传输等现场执法工作。至年末，6个试点中队使用数字化执法装备查处各类违法案件3358起，其中简易程序2262起，一般程序1096起，罚款87480元。查处的违法案件涉及到"门前三包"、建筑工地管理和市政、绿化、工商、环保、交通管理等方面。"数字执法"达到快速、便捷效果。

【推进城管依法行政】市城管执法局坚持依法行政，严格执法理念。通过制订规范性文件、加强业务培训、强化执法监督、开展执法案例检查、评选办案能手等途径和方法，提高综合执法水平。全年案例检查评分高于往年，最佳案例评分突破90分；发生行政复议案件3件、行政诉讼案件5件，均被复议机关或人民法院决定或判决维持；收到行政复议申请7件，除1件依法不予受理外，其余6件均按时依法审结，经上级部门检查，无一错案。为全面推进依法行政，根据国务院和市政府有关规定，结合城管执法工作实际，市城管执法局制订《杭州市城市管理行政执法系统2005~2008年依法行政实施方案》。

【人行道停车执法人性化】市城管执法局遵循亲民、便民的执法理念，着重在人性化执法上采取措施。通过网上民意调查，召开市民意见征询会，广泛听取和吸收社会各层面对人行道停车执法的意见和建议，适时推出接受调查通知书背面印制附近停车场(库)示意图、合法停车温情提示及禁停提示牌、注重现场教育劝离、节假日接受违章处理等8项亲民、便民举措，取得较好效果。全年查处人行道违章停车9.5万起，其中，处罚4.4万人次，现场教育纠正5.1万人次，违章当事人自觉接受处理的比例达77%。中央电视台"新闻联播"栏目、《城市管理》杂志对杭州市人行道停车执法采取人性化举措作专门报道。

【完善执法考核办法】市城管执法局认真总结以往考核工作，广泛征求有关部门意见，对考核方案进行修订和完善。把考核的着力点放在落实整改上，将督查发现的问题通报给各责任单位，根据责任单位整改情况进行考核，使督查问题整改率提高到90%以上。扩大从严处罚案件范围，对绿化、环保、户外广告、养犬等方面案件实施量化考核，并把各单位有责投诉量纳入考核范围，使考核更加科学、规范、有效。突出错时管控、解决热点难点问题、满意单位评比中提出意见的整改和完成重大执法保障任务等情况的考核。其中将解决热点难点问题作为奖励性考核项目，激励各单位克难攻坚的积极性。全年有5个热门难点问题得到有效解决。

【创新城管执法街面管控机制】针对街面管控工作出现的新情况、新问题，市城管执法部门积极探索科学合理、规范完善的城管执法街面管控模式。在严控区和控制区，采取优化高峰督岗、一般巡查、错时管理、快速反应、电子监控等措施，使各种违法行为分别在30分钟内和1小时内发现并处理。一般控制区实施堵疏结合、序化管理，严格落实处理投诉半小时到现场承诺制。加强节假日街面管控工作，区执法中队每个节假日保证2/3以上人员在位，重点时段保证1/3以上人员在街面值勤。通过创新街面管控机制，城区街面基本做到无占道经营、擅自设置户外广告和经营性横幅、乱倒废弃物、毁绿、违法建设、无照摊群等"六无"。（郁　晨）

·房产管理·

【房产管理概况】市房产管理部门围绕"稳定价格、加强保障"的目标，积极完善中低收入家庭住房保障体系，加大整顿和规范房产市场秩序力度，房产市场保持稳定健康发展的态势。

房产权属管理水平全面提升。市房产管理部门简化行政审批手续，严格实行错案责任追究制，高标准严要求为民服务。全年完成各类房产登记受理13.24万件，发放房屋权证13.47万本。房产交易成交量8.63万件，成交面积1991万平方米，金额971.9亿元。社区用房确权工作顺利开展，为13个社区229处社区配套服务用房核发房屋所有权证，共计确权3.46万平方米。

房地产市场管理得到加强。根据国家4部委《做好稳定住房价格工作的意见》，市房管局出台《进一步规范杭州市商品房预(销)售经营管理的通知》和《进一步整顿和规范房地产中介市场秩序的通知》，对房产市场的经营行为进行具体规范。将诚信档案的建立和运用结合到房地产市场日常管理工作中，加大市场监管力度。会同相关部门对房地产中介企业进行2次集中执法检查，有关违规情况上网通报，要求限期整改。会同市工商局在全市推出房地产中介企业合同备案制度，将房地产中介企业各种合同、协议进行事前审查。完成600多个房地产中介企业年检年审，其中103个企业被取消资质证书。

全市新增物业管理面积380万平方米，物业管理总面积达3280万平方米。有27个小区通过市有关部门检查考核，成为杭州市物业管理优秀小区(大厦)。针对住宅小区中存在着业主大会召开难、业主委员会成立难、业主委员会成立以后运行难的“三难”问题，市房产管理部门制订《业主大会及筹备组组建工作指导意见（试行)》、《业主大会和业主委员会议事规则(示范文本)》，规范业主大会和业主委员会选举、换届。开展业委会优秀工作者和物管优秀员工“双十佳”评选活动，提升物业管理行业整体形象。配合创建全国文明城市活动，组织2次物业管理执法大检查。推进为民办实事工程，完成248幢房屋“平改坡”和10个小区房屋整治。加强维修基金管理，全年办理预售商品房物业维修基金56件，竣工房屋物业维修基金135件，归集维修基金2.69亿元。审批93个小区共用部位、共用设施的维修项目，拨付维修基金449.85万元。完成房屋安全鉴定1930幢，鉴定面积79.04万平方米。受理新建白蚁预防申报项目572个，新建预防施工面积1086万平方米；旧房灭治978户，装修预防656户。

严格控制拆迁规模。依照年度计划落实拆迁，简化审批手续，按规定时限核发房屋拆迁许可证。全年办理《房屋拆迁许可证》38件，拆迁户数934户，拆迁总面积57.21万平方米。积极做好拆迁户安置，全年安置在外过渡3年以上拆迁居民5409户，安置率85.9%，完成市政府考核目标。加强拆迁协调，将拆迁纠纷裁决权、强拆权下放到各区，并做好下放后对各区房管部门的指导工作。加强拆房工地安全文明施工和环境卫生监管。制订《加强和改善全市拆房施工安全生产管理工作的若干意见》，细化对拆房施工的安全要求。对全市国有土地拆迁工地进行明查暗访。全年组织拆房工地安全检查1000余次，发放整改通知书54份，整改率100%。城区国有土地拆房施工未发生人员死亡事故。

【加快住房保障体系建设】杭州市加大经济适用住房保障力度，严格按照轮候制优先购买原则，认真做好第15、16、17、18次经济适用住房公开销售工作。全年为中低收入家庭提供“三墩都市水乡”、“北景园”、“九堡新江花园”等居住区经济适用住房5793套，建筑面积49.85万平方米。核发专项经济适用房准购证421户。放宽廉租房准入条件，由人均住房使用面积6平方米调整为10平方米。适当提高廉租房配租标准，租金补贴配租标准由人均住房使用面积8平方米调整为11平方米。从12月1日起实行上述政策，使3000多户低收入住房困难家庭纳入住房保障范围。全市对249户市区最低生活保障线以下及特困职工实行配租，其中租金补贴配租212户，实物配租37户。初步建立经济租居房制度，全年落实经济租居房房源348套，建筑面积2万平方米。有序推进住房分配货币化，全年审批市区离休干部、行政单位退休职工配偶等一次性住房补贴人员2569人；对8796名职工核定发放住房补贴3.49亿元。扩大企业住房分配货币化试点，审批试点企业10个，计2194户。

【完善房地产预警预报系统】杭州市依托房地产市场信息系统，不断完善统计分析功能。建立从全市各区域到各个楼盘的价格、成交套数、成交面积等指标的日、周、月走势图，细化按照区位、土地等级、价位、用途、户型面积、建筑结构等分类要求的统计，为房地产市场的预警预报提供准确的依据。编制完成杭州主城区住宅、非住宅的月房地产价格指数，对每个预售楼盘的价格进行跟踪比较。结合网上备案系统的运作和预警预报系统的完善，对各类房地产市场信息数据进行分析、归类和整合，每季度形成专题报告，提供市委、市政府决策。全年预售商品房3.98万套，建筑面积506.7万平方米；销售二手房2.2万套，建筑面积194.4万平方米。市区商品住宅平均价格为6167.4元/平方米，比上年上升6.3%，涨幅趋缓。

【房产管理信息系统获国家级金奖】杭州房产信息化建设取得喜人成果，住房销售进一步透明化。在完善商品房预销售合同网上备案的基础上，又设置经济适用房网上备案及预售商品房按揭合同、二手房买卖合同和办证等网上备案系统。经济适用房和预售商品房按揭合同网上备案系统分别投入运行和试运行。商品房办证实现立等可取。6月，透明售房系统通过建设部房地产市场信息系统建设第一阶段验收。10月，房产管理信息综合系统一期、二期工程通过中国地理信息系统协会专家组评审，其中一期工程获“国家地理信息系统(GIS)优秀工程金奖”。这是杭州市和浙江省获得的第1个国家级GIS优秀工程金奖。

【启动农居公寓房产发证】为配合“城中村”改造，市房产管理部门全面启动农居公寓房产发证。根据市政府撤村建居发证权限下放的要求，以方便基层为宗旨，采取集中办理、各城区设点办理、上门服务、帮助审核发证要件等形式，与各城区共同做好“城中村”改造农居公寓的房产发证。全年完成农居公寓房产初始登记437套，计4.52万平方米；办理农居公寓安置户个人产权登记104户，计1.11万平方米。

【解决房产历史遗留问题】杭州市加大宗教房产管理工作力度，认真解决宗教房产历史遗留问题。出台已撤销包租的天主教、基督教、伊斯兰教原宗教包租房产遇城市拆迁可参照拆迁双重安置的办法，使相关包租房产安置问题得到妥善解决。全年处理宗教包租房产8处，建筑面积约9000平方米,解决了包租房产承租户不能参加房改、拆迁不能扩面的历史遗留问题。

【保护历史建筑】杭州市加强历史建筑保护,市、区两级建立历史文化街区和历史建筑保护机构,明确分工和职责,落实工作联系和交流制度,为历史建筑保护工作奠定了组织基础。指导5个城区全面开展历史文化街区整治,编制完成元福巷、武林路、留下、笕桥路和小河直街5个历史文化地段(街区)规划方案,其中3个历史文化地段(街区)规划方案进入动迁实施阶段。根据对历史建筑产权产籍、建筑风貌等情况的调查,制订《杭州市历史建筑保护试点的推荐及确定办法》,确定15处历史建筑作为保护试点。完成其他75处历史建筑的实景拍摄、实地踏勘和相关资料的核查,以及实景DVD光盘的制作等建档工作。通过公开征集、专家评审,完成历史建筑标志牌的制作和安装。

【全国物业管理示范小区(大厦)增至34个】1996年~2004年,杭州市累计有31个小区(大厦)被建设部评为全国物业管理示范小区(大厦)。2005年11月,创新大厦、紫桂花园和江滨花园通过建设部考评组的考评验收,获得全国物业管理示范小区(大厦)称号。杭州市获此殊荣的小区(大厦)增至34个。创新大厦由创新大厦主楼和会展中心组成,总建筑面积3.7万平方米,绿化面积1.2万平方米,绿化率43%。大厦主楼高79.8米,为地下1层,地上20层,由浙江耀江物业管理有限公司管理。紫桂花园占地面积6.7万平方米,总建筑面积11.2万平方米,绿化面积2.5万平方米,绿化率36%,由浙江绿城物业管理有限公司管理。江滨花园总建筑面积14.5万平方米,由34幢住宅楼宇组成,绿化率40%。整体建筑造型现代、简洁、明快、清雅,由浙江南都物业管理有限公司管理。 (市房管局)

·国土资源管理·

【国土资源管理概况】全市国土资源管理部门认真贯彻国务院《深化改革严格土地管理的决定》,一手抓土地市场治理整顿,一手抓土地有效供给,全面推进国土资源管理。

全市完成土地整理项目63个,建成标准农田9133公顷,超额完成省政府下达的年度标准农田建设任务。全市完成宅基地整理项目154个,整理面积542公顷,复垦面积471公顷。因地制宜开展造田造地,垦造耕地1373公顷,全市连续第九年实现耕地占补平衡。加大闲置土地查处力度。全市收回闲置土地75宗,面积140公顷;其中市区收回21宗,面积44公顷。

积极开展新一轮土地利用总体规划的修编,市级规划已报省政府审核。萧山、余杭区完成规划大纲的编制和论证修改,已报省政府审批。全市获取用地指标4240公顷,总量居全省第一。及时分解和用好指标,年底根据指标使用情况进行余缺调剂。全市建设用地报批项目2268个,总用地面积5801公顷,其中农用地4579公顷。积极推进征地拆迁,一手抓失地农民权益维护,一手抓工作进度,千方百计保证建设项目及时交地。

积极参与市场调控,确保土地市场稳定。面对国家加强房地产市场的宏观调控后出现的新情况,国土资源管理部门采取有效措施,确保土地市场稳定和完成各级政府下达的土地出让金征收任务。全市收缴土地出让金191.8亿元,比上年增长31%;其中市本级60.3亿元,创下历史新高。加大土地收购储备和做地力度。全年投入资金84亿元,收购土地840公顷;其中老城区投入资金72.9亿元,收购土地334公顷。年末土地储备库中已具备公开出让条件的净地224公顷,实现了土地储备库中从无地到有地的历史性转变。规范土地交易行为,老城区完成企业改制土地资产处置72宗,土地面积25公顷,收取土地出让金1.19亿元。新签《土地年租金合同》326份,收取年租金1724万元。

全市立案查处土地违法案件1646起,土地面积1063公顷,收缴罚没款1.3亿元。向有关部门提出党纪政纪处分建议42人,受到处理27人。对5起涉嫌土地违法犯罪案件作出司法移送。开展非法买卖农村集体土地检查、卫星遥感执法检查、土地违法案件集中查处等专项执法活动。分3批对26起典型违法案件进行公开曝光,起到较好的警示和教育作用。

按照禁采区关停、限采区收缩的原则,关闭了一批布局不合理、规模小、效益差、安全隐患突出的矿山。全市再次减少矿山56个,超额完成省政府下达的缩减指标。采矿权市场逐步规范,全市出让采矿权195宗,收取出让金1.2亿元。全面推进废弃矿山治理,全市启动废弃矿山治理62个。全市投入资金2243万元,完成54处灾害点的工程治理和16处灾害点的搬迁避让,使2184人摆脱地质灾害的威胁。全市开展建设工程地质灾害危险性评估147个,比上年增长1倍多。

【出台土地开发整理补助办法】9月,市政府出台《杭州市土地开发整理补助办法》。该办法适当提高了造田造地的补助标准,将杭州市委托垦造耕地、承担市区(不含萧山、余杭区)耕地占补平衡任务的补助标准由10.5万元/公顷提高到18万元/公顷。制订废弃工矿整治的补助标准,充分挖掘废弃工矿整治的潜力。鼓励建设用地复垦项目与“百村示范、千村整治”工程结合。加大保护耕地特别是基本农田的力度,对在新一轮土地利用总体规划修编时承担杭州市区基本农田保护任务的单位,给予15万元/公顷的补助,并允许各区、县(市)适当提高补助标准。

【推进集约用地】9月,市政府下发《集约利用和盘活工业土地的若干意见》,从政策上引导和鼓励集约用地。杭州经济技术开发区在集约用地上下功夫,工业项目的投资密度和产出效能分别由2004年的4455万元/公顷和1.03亿元/公顷提高到5775万元/公顷和1.06亿元/公顷。余杭区国土资源分局对全区2003年以来供地的动工情况逐宗进行实地调查,根据具体情况对存量土地采取相应的盘活措施。萧山区对29宗69.2公顷批而未供、供而未用的土地进行调剂置换。桐庐县全年盘活存量用地343公顷。

【完成土地更新调查】全市从2003年开始进行土地更新调查,至2005年10月底,土地更新调查成果分别通过国土资源部和省政府验收。其中市区土地更新调查在全国的副省级城市中第1个通过国土资源部验收。该次调查以1:10000数字正射影像图(DOM数据)为外业调查底图,结合原有的土地利用数据和最新的卫星遥感影像数据,对全市土地利用更新情况进行调查,摸清了全市土地利用类型、数量、构成、分布和权属状况,形成了图数实地相一致、现势性强的图件、数据、报表等基础数据成果。全市更新1:10000调查标准图幅912幅,更新建立8个土地利用数据库和土地利用现状管理信息系统。

【完成第3批撤村建居土地测绘】 第3批撤村建居土地利用现状调查测绘,涉及下城、西湖、江干、拱墅、西湖风景名胜区和杭州经济技术开发区的13个乡镇44个行政村,控制测量范围内土地总面积100平方千米。测绘成果显示,第3批撤村建居44个行政村土地总面积9739公顷,其中国有土地4757公顷,集体土地4982公顷。完成1:500地籍图2156幅、1:500土地利用现状图2372幅、1:2000~1:5000村级彩色土地利用现状图44幅。

【启动土地登记当场办结系统】 10月1日,市国土资源局开通单套住宅土地登记当场办结系统。单套住宅土地登记只要符合范围、资料齐全,就可以向受理窗口提出当场办证申请。实行当场办结,使办证时间由原来8个工作日缩短到30分钟以内,方便了群众办事。

【实施征地农转非人员社会保障】 3月,市政府出台《市区征地"农转非"人员参加低标准缴费低标准享受基本养老保险的补充意见》,对市区劳动年龄内的征地"农转非"人员实行社会保障全覆盖,失地农民不再有后顾之忧。该补充意见明确规定补贴对象为上城、下城、拱墅、江干、西湖5个城区在2003年6月11日前办理"农转非"手续、在劳动年龄内的"农转非"人员,市、区两级财政按照"前农转非人员"一次性缴纳基本养老保险总额的30%给予补贴,市、区财政各补贴20%和10%。

【制订市区留用地管理办法】 7月,市政府下发《加强杭州市区留用地管理的暂行意见》。对市区留用地的适用范围,留用地指标核发、管理和使用,以及留用地建设项目的管理等作出具体规定。建立留用地指标卡结算制度,以村为单位对留用地指标实行"银行存折卡式"管理,指标"进出"一卡显示,核发、管理、使用均采用数字化手段。允许留用地指标在市区范围内的集体经济组织之间调剂,以便统筹安排,合理使用。强化村民大会或村民代表大会集体讨论决定的重要地位,明确规定留用地指标只核发给村集体经济组织,不得转让给村集体经济组织以外的建设用地单位或个人使用,不得用于经营性房地产开发。

市国土资源局组织青年志愿者为民服务小分队,深入街道、社区开展便民服务活动。 (周序端 摄)

【提高矿山治理备用金征收标准】 杭州市自2002年起开始征收矿山自然生态环境治理备用金,当时规定的征收标准相对偏低。2005年4月制订的规定根据矿山治理的难易程度,按不同等级设定征收标准,如露采石料矿山按20米以下分台阶开采的每平方米征收40元,不分台阶开采的每平方米征收100元(宕面面积),体现了征收额度与治理费用的接轨。矿山自然生态环境治理备用金征收新标准的实施,既可以督促矿业主规范开采,及时复绿;又减轻了各级政府治理矿山的财政压力,防止矿山生态环境治理"新账"的产生。

【城市地质调查启动】 10月9日,举行杭州城市地质调查项目签字仪式,副市长杨戌标、中国地质调查局副局长张洪涛分别代表杭州市政府和中国地质调查局在签字仪式上签署了合作协议。这标志着市政府与国土资源部、中国地质调查局共同开展的"杭州市城市地质调查"项目正式实施。杭州城市地质调查围绕杭州湾产业带布局要求和杭州市高标准、高起点推进城市化的目标,把城市基础地质调查和研究与城市建设紧密结合在一起,综合运用多种工作方法、技术和手段,开展地质调查,评价城市地质容量,建立可视化城市三维地质数据管理和服务系统,为城市地下空间资源开发利用及安全性和地质环境保护提供基础数据。该项目是继北京、上海之后,国土资源部与地方合作的第3个城市地质调查项目。

【完成矿产资源储量登记】 2005年,全市对353个应登记矿山实施占用与查明登记,储量登记率100%。通过储量登记,详细查明了市、县两级现有开采矿山的地质条件、矿床规模、形态、产量、储量和矿产资源的开发利用状况,为矿山企业发展和政府部门决策提供了科学依据,也为加强储量的日常监督和管理及依法开采提供了信息平台,确保了采矿权在有偿转让过程中出让资源储量的真实可靠性。

【市土地交易登记发证中心被命名为全国青年文明号】 市国土资源局

土地交易登记发证中心办文窗口坚持“群众利益无小事”的服务理念，业务工作和队伍建设两手抓，努力打造政府部门窗口服务品牌。在取得市级、省级“青年文明号”的基础上，4月，被共青团中央授予全国“青年文明号”荣誉称号。

【浙大湖滨校区地块出让】 浙江大学湖滨校区地块位于杭州市延安路353号原浙江医科大学校址，出让总面积65938平方米，用途为商业、金融业、办公、市政设施及广场用地，容积率为2.4~2.6，建设密度不大于40%。该地块紧临武林路特色女装街和杭州商业气氛最浓厚的延安路，距西湖风景名胜区仅数步之遥。10月21日，该地块在市公共资源交易中心挂牌出让，出让起始价为15亿元，经过102轮角逐，最终被嘉里建设(杭州)有限公司以24.6亿元竞得。 （朱根钱）

·城建资产经营·

【城建资产经营概况】 2005年，市城建资产经营公司认真落实科学发展观，以党员先进性教育为动力，把改革改制作为主线。市自来水总公司、市城建发展公司等5个单位完成改制，组建市排水有限公司。深入开展“两保一优”(保安全、保供应、优服务)活动，较好保障各类产品有效供应，实现安全生产“七无”目标。城建资金筹集从单纯依赖银行贷款的间接融资向直接融资、间接融资、招商引资等多种融资渠道并举的方向发展。加强对重点工程建设的督查和协调，全年城建投入资金33.54亿元，比上年增长30.4%。

加强和改善经营管理，深入开展增收节支活动，努力提高经济效益。全资(控股)企业全年实现营业(销售)收入36.2亿元，比上年增长5.3%；国有总资产366亿元，增加82亿元。应收账款余额从3.7亿元降到2.9亿元；资产负债率55.7%，下降7.3个百分点；公司净资产收益率8.7%。市政工程集团公司、建工集团公司、市城乡建设设计院3个参股企业净利润均增长25%以上。

市城建资产经营公司结合“十一五”规划编制，具体制定企业发展战略规划。通过调研和论证，初步确立企业发展远景。围绕实现国有资产保值增值目标，把“效益优先”、“服务优秀”作为企业发展定位；依据企业属性和行业关联度，实施公交、能源、水务、城建、固废、置业6大板块管理；整合资源，强化核心业务、发展成长业务、挖掘种子业务、稳定政策业务；建立投资中心、行业利润中心、业务利润中心3个管理层次，实现高效有序管理。

【城建筹融资多渠道】 市城建资产经营公司拓宽思路，采取多渠道筹措资金。6月20日，面向全国发行10亿元企业债券，并以溢价11.5%的业绩在上海证券交易所上市，开启通过发行企业债券筹措城建资金的先河。加强与金融机构的合作，全年贷款7亿多元，其中92%的贷款低于基准利率，节约融资成本1.5亿元。复兴大桥(钱江四桥)经营权成功转让，引进资金7.65亿元。七格污水处理厂一、二期项目招商达成意向，可引进资金8.58亿元。天然气高压管网项目与英荷壳牌(中国)有限公司签订正式合营协议，这是市政公用企业与世界500强的首次成功合作。积极开发资源性项目，全年完成150多条道路的弱电管线新建和“上改下”工程，折合单孔长度2487千米，实现管线销售收入4631万元，比上年有较大幅度增长。

【规范国有资产管理】 市城建资产经营公司通过建章立制，规范国有资产管理。对《国有产权转让管理办法》、《派出董事、监事考核管理办法》等制度进行修改，向改制为公司制的企业和参、控股企业委派董事、监事；向11个控股企业委派财务总监，实行专职财务总监审签制度。建立绩效考核指标体系以及配套的激励机制，对全资(控股)企业领导班子成员实行年薪制，并制订出台工资总额管理办法。开展系统外城建资产的确权划转，全年划转历年财政性投资的城建资产38项，计32.19亿元。基本完成房产、土地的确权，确权房产86宗，建筑面积5.5万平方米；确权土地18宗，土地面积22.7万平方米。加强内部审计，对有关单位实施财务收支审计，对重点工程进行跟踪审计。开展账外资产专项清理。制订资金纳入结算中心的考核办法和借款管理办法，资金纳入率从上年末的64.8%提高到82.4%，资金纳入量由上年平均每天4.8亿元增加到7.52亿元，为公司内单位解决短期周转资金7.48亿元。

【加快重点工程建设】 市城建资产经营公司实行项目责任制，重点工程建设进展较快。完成天然气西线16.5千米高压管铺设，完成下沙、良渚、留祥3个天然气调压站的工程建设，形成多条管线向市区供气。主城区基本完成天然气转换，有25.31万户居民和466个公建用户用上天然气。热力二通道工程升温并网试运行。第二垃圾填埋场完成渗滤液污水处理工程和库区52.5米标高以下铺膜工程。西湖街道、留下镇10个村的供水工程竣工通水，其中留下镇5个村通水工程投资1899万元，惠及3.2万户居民；完成自来水“一户一表、计量出户”预置8.3万户；抗咸二期和引水入城工程进行取水口调整。公交快速1号线工程顺利推进；完成公交场站建设项目土地征用报批，新建11个公交首末站和中心站。较好完成“一纵三横”道路综合整治、背街小巷改善等省、市重点工程中的市政公用配套工程。

【开展“两保一优”活动】 市城建资产经营公司深入开展“两保一优”活动，保障各类产品有效供给。开通公交常规线路23条，准快速线1条，新增和更新公交车449辆。全年公交客运量7.28亿人次，票款收入9.36亿元，分别比上年增长4.6%和11.2%。加强地下管线查漏，确保供水、排水、供气、供热等设施的安全运行。全年供水4.16亿立方米，实现销售收入4.5亿元，销售额增长2.9%。完成污水处理2.74亿吨，增长10.6%。销售管道燃气（折天然气)7015万立方米、液化气3.82万吨，实现销售收入3.5亿元，增长15.5%。热电完成发电量4.75亿千瓦小时，供热量380万吉焦，分别增长2.9%和4.2%。全年按规范处理和填埋生活垃圾65万吨，保障城市生活垃圾日产日清。城市“四自”道路全年收费5.8亿元，增长3.7%。房地产企业全年新开工面积65.5万平方米，销售53.7万平方米。“三墩·都市水乡”项目被评为中国经典人居十大名盘。原市自来水总公司被中央精神文明建设指导委员会命名为全国首批文明单位。服务质量不断提高。全年受理来信、来电、来访55.75万件,办结率、反馈率均100%,满意率99.98%。及时办理人大议案和政协提案,满意率98%,再次被评为市信访工作和12345市长公开电话工作先进集体。（林 燕）

【复兴大桥(钱江四桥)经营权成功转让】为有效缓解城建资金紧张状况,市城建资产经营公司以每年提供稳定的补偿费替代向社会车辆收费的方式对复兴大桥(钱江四桥)的经营权进行转让。10月10日,中标人腾达建设集团股份有限公司为受让复兴大桥(钱江四桥)经营权,组建杭州复兴大桥(钱江四桥)经营有限公司。11月26日,市城建资产经营公司与该公司签署《杭州市复兴大桥(钱江四桥)经营权转让协议》。12月2日,7.65亿元经营权转让费进入市财政局资产管理专户。复兴大桥(钱江四桥)经营权的成功转让,是杭州市城市基础设施非经营性项目吸引外来资本的有益尝试。

【七格污水处理厂进行招商】市城建资产经营公司将七格污水处理厂一期、二期工程作为整体资产,通过TOT(资产转让—运营—移交)模式进行公开招商。6月16日,北京首创股份有限公司—深圳汉氏环境投资有限公司联合体、天津创业股份有限公司和中国光大国际有限公司—吉宝西格斯环境工程科技(上海)有限公司联合体分别递交投标文件。经业内专家认真评标,天津创业环保股份有限公司以最低的污水处理价格、最优的技术方案从上述投标人中脱颖而出。7月18日,项目招商领导小组确定天津创业环保股份有限公司为第一中标候选人。7月至9月,根据招标文件规定,招商项目谈判小组与该公司进行多轮谈判,就该项目资产转让4个协议达成一致意见。（于小将）

【城市创业投资公司成立】12月22日,杭州城市创业投资有限公司成立。该公司是市城建资产经营公司探索由单纯的城建国有资产管理转向资产管理与资本运作相结合,与市城建发展公司共同投资组建,专门负责实业投资和资本经营的国有企业,公司注册资金5000万元。（邹晶晶）

【开发公交线路短信查询系统】市公交集团公司与杭州电信局等相关通信营运商合作,成功开发功能较多、能提供最新公交线路情况的短信查询平台。10月4日,短信查询系统投入试运行。无论是移动用户,还是联通用户,只要发送相关指令到0665706、291148(移动用户)以及895706、9901148(联通用户)公交线路短信查询平台,就可以发回需要了解的公交线路走向、站点、营运时间、票价、IC卡是否可用等相关信息。

天然气西线16.5千米高压管线施工现场（沈淑敏 摄）

【推出公交车载电视】5月,市公交集团公司与市文化广播电视集团共同组建杭州广电公交移动多媒体有限公司,采用数字电视技术和无线传输接收的方式,在公交车上开通数字移动电视,为乘客提供最新的生活资讯和新闻娱乐信息。至年末,全市有1100多辆公交车完成移动电视接收装置的安装,移动电视信号已覆盖杭州主城区。（薛 林）

【天然气使用量大幅增长】市燃气(集团)公司抓住居民对清洁绿色能源需求较旺的发展势头,以管道建设和技术服务为突破口,积极拓展天然气应用市场。1月,“禁燃区”实施锅炉改造,该公司会同市环保局等部门,两次召开天然气推广工作会议,采取“一厂一策”的办法,对大型工业企业和公建用户进行攻关,实现天然气销售的迅速扩张。正大青春宝药业公司、胡庆余堂制药厂、圣戈班玻纤公司等年用气量在100万立方米以上的工业企业和公建用户用上天然气。以天然气转换为契机,深入社区开展形式多样的宣传与服务活动,促进居民用户的增长。全年新增公建用户111个,改造锅炉151吨;居民用户新增点火数29465户。共销售天然气7014.6万立方米,比上年增长47.8%。

【天然气有限公司成立】5月11日,市燃气(集团)公司与壳牌(中国)有限公司、壳牌中国私有有限公司、香港中华煤气(杭州)有限公司正式签订天然气合营合同,总投资额为7.5亿元,用于建设117千米长的天然气管道和2个天然气接收门站。市燃气(集团)公司、壳牌公司、香港中华煤气(杭州)公司分别持有51%、39%、10%的股份。

5月16日,《中外合资杭州市天然气有限公司高压输气管网项目可行性研究报告》获省发展和改革委员会批复。8月29日,省对外贸易经济合作厅同意成立杭州天然气有限公司。9月30日,杭州天然气有限公司获企业法人营业执照。12月29日,1800万美元注册资金到账,天然气利用工程一期合营工作顺利完成。

【人工煤制气全面停产】随着杭城人工煤气区域天然气转换的有序展开，市燃气(集团)公司采取有效措施，确保人工煤制气顺利停产。4月27日，编制完成《制气分公司停产总体方案》，内含《回收车间停产置换实施方案》、《水煤气气柜氮气置换方案》、《人工煤气停产后制气分公司两座7.5万立方米气柜高度的确定》、《压送气柜煤气置换方案》等9个子方案，上报市城建资产经营公司。成立停产领导小组和现场工作小组，分步实施停产工作。5月26日，制气分公司进行停产预演。6月2日，直立炉、机炉及其辅助生产系统开始停产。6月6日，完成水蒸气放散。6月22日，完成水煤气炉及相关设备的停产。7月2日，制气分公司气柜停止供应人工煤气，标志着停产任务全面圆满完成。

（沈淑敏）

【多渠道处置污泥】市排水总公司采取应急措施与长效手段同步实施的污泥处置思路，通过利用污泥制砖、实施应急堆场扩容工程和污泥处置项目招商等途径，开展污泥处置。年初，与多个单位合作，利用污泥作为掺合料烧制多孔砖，累计消纳污泥1.06万吨；与杭州仙庆环境污染物处理厂合作用于有机肥生产试验，累计提供污泥近3万吨；向安徽销售活性污泥5500吨。污水处理厂污泥临时堆场应急扩容工程完成施工图设计、堤坝稳定性专家论证等。污泥处置项目招商完成立项、项目选址意见书批复和招商公告发布，初步确定18个合资及国内污泥处置公司为潜在投资人。（袁潮波）

【建设社会公共停车场库】市城建发展公司为缓解停车难，积极与各城区合作，利用城建可开发资源，建设社会公共停车场库。3月，潮鸣休闲广场地下停车库工程开工。该项目建筑总面积2937平方米，总投资约1000万元，设计停车泊位83个，是市城建发展公司首次应用“市区联动”机制，与杭州各城区合作开发的停车场库。12月2日，该地下停车库项目正式竣工。于11月开工的清泰立交(西侧)桥下社会停车场工程，占地面积约2800平方米，建设停车泊位76个，动态停车规模可达300至350辆次，总投资约100万元。12月底，该停车场主体工程基本完工。

【长睦大型居住区建设启动】6月6日，市城建发展公司与市土地储备中心签订长睦大型居住区《委托做地协议》，这是市城建发展公司首次进入土地一级开发市场。长睦大型居住区位于江干区丁桥镇和余杭区星桥镇的接合部，规划范围东至学堂港，西至线城公路，南至杭沪铁路，北至上塘河，总用地面积286.94公顷。10月，杭州市成立长睦大型居住区前期建设领导小组。11月，《杭州市长睦地区修建性详细规划方案》通过市规划局组织的方案评审，标志着长睦大型居住区前期建设工作取得阶段性成果。

（徐　亮）

【市自来水总公司被命名为全国文明单位】市自来水总公司自2003年评为全国创建文明行业工作先进单位后，在全公司深入开展文明单位、文明班组、青年文明号、文明服务示范点、文明员工等系列创建活动。与27个社区和3个乡村建立社企、城乡共建关系。以深化班组“工人学理论小组”活动、创建学习型组织和“三报一网一栏”为载体，积极开展企业形势任务、普法、党的路线方针政策、公民道德建设、诚实守信等教育活动。努力规范完善党员管理、三会一课、党员报告、信息周报、书记例会等制度，开展党员先锋岗、先锋工程、先锋窗口等系列活动。通过ISO 9001质量体系、ISO 14001环境体系认证和水质监测国家计量认证(CMA)及国家实验室认可(CMAL)双认证。推行营业区块管理，建立绩效考核体系，依靠高效管理和制度创新，创造行业领先业绩。以解决群众热点难点问题为出发点，开展“一户一表规范、抄表收费放心、困难用户承诺、热线服务满意、服务机制完善”等五大服务工程活动。2005年10月21日，市自来水总公司被中央精神文明建设指导委员会命名为全国首批文明单位，成为浙江省第1个被评为全国文明单位的城市建设与公用事业企业。

11月18日，市自来水总公司改制为市水业集团有限公司。

（周张海）

·轨道交通·

【轨道交通概况】2005年，杭州轨道交通建设取得突破性进展。在国家调整轨道交通立项审批程序的情况下，审时度势，抢抓机遇，及时编制建设规划，并顺利通过国家有关部委审查，为国务院批准杭州轨道交通建设规划奠定基础。杭州地铁1号线工程可行性研究报告通过国家审查。编制完成2号线工程可行性研究报告。4号线、7号线工程可行性研究全面启动，相关基础资料收集、线位比选、站位设置等前期工作有序展开。试验段秋涛路站工程进展顺利。物业开发研究取得初步成果。

【《城市快速轨道交通建设规划》通过国务院审批】6月6日，国务院批准《杭州市城市快速轨道交通建设规划》，这意味着杭州轨道交通建设拿到了“入场券”，也意味着国内第一张通过国务院审批的轨道交通建设规划网在杭州诞生。国务院批准的近期建设规划为轨道交通1号线和2号线重点路段，线路全长82.2千米，基本覆盖中心城区“一主三副”大部分范围，连接城市主要交通集散点和对外交通枢纽。近期规划线路将构成杭州市轨道交通初步网络骨架，使主城区与临平、下沙、江南副城之间的联系通道更便捷，能较好地缓解城市交通压力。

【完善轨道交通工程实施方案】市地铁集团以“一主三副”同期建成并开通轨道交通为目标，以确保工程质量、安全工期为原则，制订轨道交通一期工程计划。根据主城区车站施工对城市交通的影响，将施工工法与交通组织相结合，制订局部交通组织初步方案，力求协调有序、相辅相成，尽可能降低工程施工对城市交通和环境的影响。对2号线、4号线的建设时序以及工程方案进行深入研究，综合比选，确定实施方案。按照“谁出资谁受益”的原则，匡算轨道交通一期工程各投资主体的项目资本金分担额，根据工程情况细化资金筹措方案，初步明确各投资主体的出资额和年度出资计划。编制资金筹措方案，落实了国家工

3月30日,轨道交通秋涛路试验站东段浇顶。(李崇旦 摄)

商银行、国家开发银行等6大国家银行总行的贷款承诺,并初步制定了运营补亏方案。加强车辆编组与运营组织研究,列车编组由B型车5辆扩大为B型车6辆。对秋涛路站节点方案进行技术攻关,以达到2分钟行车间隔的设计要求,确保主城区在一定规划期内的运能要求。针对武林广场站、文化广场站、过江隧道等施工难度大、技术要求高、体现杭州轨道交通特色的复杂工点,邀请国内知名的轨道交通设计院进行研究,提出设计方案,解决工程难题。完成同站台换乘建设以及换乘节点预留方案研究,统筹安排工程建设。完成文泽路站折返研究,为下沙段建设时序调整奠定基础。跟踪沪杭磁悬浮铁路杭州站、汽车南站、火车东站、空港二期等重大交通设施的规划实施进展情况,编制轨道交通站与上述交通设施及公交衔接方案,努力做到轨道交通与其他交通方式"无缝衔接"。

【推进试验段秋涛路站工程建设】2003年12月,杭州轨道交通试验段秋涛路站开工建设。市地铁集团加强试验段工程管理,建立健全各项保障措施,不断总结建设经验,确保试验段秋涛路站工程建设进度。2005年3月底,秋涛路站东区最后部分顶板浇注完毕,标志着该站东区主体工程完成,车站框架结构初步呈现。西区基本完成工程拆迁任务,主体工程围护结构施工进度加快。至年末,试验段累计完成工程投资7443万元,完成形象进度的70%。

【优化轨道交通线网控制性规划】5月17日,市政府批复杭州市轨道交通线网控制性规划(优化)。原则同意线网规划年限分2010、2020和2050年,规划范围为杭州市区和富阳、临安市。原则同意该规划确定的轨道交通线网规模、走向、线路功能定位和近期建设安排。整个轨道交通线网由8条线组成,呈枢纽型放射状布置,网住"一主三副六组团",体现"以换乘枢纽为中心,交通走廊为主体,城市发展方向为视野"的国际设计理念。

【《杭州地铁1号线工程可行性研究报告》通过评估】10月16日~18日,受国家发展和改革委员会委托,中国国际工程咨询公司组织专家在杭召开杭州地铁1号线工程可行性研究报告评估会。此前,市地铁集团根据该公司的预审意见,对工程可行性研究报告进行完善,并全部落实环境评价报告、建设项目用地申请、地震安全性评价、地质灾害评估等9个支持性文件的审批手续。通过审查评估,中国国际工程咨询公司和专家组认为杭州地铁1号线工程可行性研究报告内容全面,相关支持文件完整,数据翔实,采用的主要技术标准、技术方案可行,达到工程可行性研究报告的编制深度和要求。评估意见对车辆与运营组织选择国标B型车6节编组、4动2拖方案给予肯定。杭州地铁1号线工程可行性研究报告通过评估。

【编制完成《杭州地铁2号线工程可行性研究报告》】市地铁集团组织专家对杭州地铁2号线方案进行专题研究,经综合比选,2号线改走风起路,能更好地贯彻国务院领导关于"线路布局要注意保护杭州风景名胜"的指示,并使1号线在延安路段的站位布局更加合理。经征求各投资主体和有关部门的意见,基本确定了2号线的线位、站位。开展沿线地形、地质、管线等基础资料的勘测和调查,有序进行客流预测、环评报告、国产化专题研究、拆迁安置及土地预审等前期工作。10月22日,环评大纲通过国家环保总局技术评估。12月底,《杭州地铁2号线工程可行性研究报告》编制完成。该报告研究范围为丰潭路经风起路至萧山蜀山车辆段,线路全长约30千米,均为地下线,设车站24座,车辆采用4动2拖B型车,总投资144.09亿元,线路最大通过能力为30对/小时,最大断面运能为4.32万人。

【完成4个站点物业开发研究】市地铁集团借鉴香港地铁"人跟线走"、"线为人服务"的经营理念,分析轨道交通线路、站位、车场的功能定位,重点对1号线主城区段主要车站物业开发方案进行研究和概念性设计,取得初步成果。调整湖滨站站位,结合旧城改造,进行上盖物业开发,整合资源,制造客流,带动周边物业升值,力争将湖滨站做成杭州轨道交通物业开发标志性亮点之一。深入研究武林广场地下空间开发方案,开发范围确定为武林广场地下空间、东西通道以及东北角的上盖物业,并对武林广场地下空间开发模式进行探讨。借鉴香港、北京车辆段建设经验,细化七堡车辆段和湘湖停车场上盖物业开发方案。上述4个站点的物业开发方案初步确定。

【九堡东站设计通过省审批】为方便乘客换乘,体现以人为本的设计理念,轨道交通九堡东站与客运中心主体大楼相连,做到"无缝衔接"。配合客运中心建设,轨道交通九堡东站项目向省发展和改革委员会申请立项。11月3日,九堡东站工程可行性研究报告通过省发展和改革委员会的审批。车站总建筑面积为1.94万平方米，布置在九堡客运中心站南侧。车站外观建筑、站前广场以及综合交通衔接等已进行规划。

【钱塘江隧道河段最大冲刷深度研究成果通过专家评审】钱塘江隧道河段最大冲刷深度直接关系到杭州地铁1号线过江段的建设和隧道埋深,市地铁集团组织浙江大学、浙江水利河口研究院对该课题作专门研究。通过实体模型和动床数值模型、正态水槽模型等多种手段，完成课题研究报告。浙江省水利厅、南京水利科研所、清华大学等单位8位专家对研究成果给予肯定。科研报告为杭州地铁1号线钱塘江隧道工程建设提供了科学依据。（杨春芳）

·钱江新城·

【钱江新城概况】2005年是钱江新城“大建设、大发展、出形象”的一年,也是实现“五年基本成形”的关键之年。钱江新城建设管委会以实施大项目带动战略为核心，以培育中央商务区功能为重点，大力推进社会投资项目建设，积极启动二期扩容区块开发，较好实现年初确定的目标。全年完成建设投资12.7亿元,累计完成投资63亿元。

完成钱江新城二期（三堡—八堡）沿江开发区块控制性详细规划的编制和国际咨询;完成《核心区地下空间控制性详细规划》、《核心区块交通研究》、《核心区块控制性详细规划深化方案》、《核心区块城市设计深化方案》、《核心区块城市天际线》、《核心区块重点区域城市设计》、《望江区块控规调整方案》和钱江新城排水系统等8个规划编制;做好“钱江苑”安置小区控制规划调整和沿江区域的景观设计国际咨询。全年完成城市阳台、波浪文化城、九年一贯制学校等10余项重大工程的设计。

推进基础设施建设,实施望江区块次干道工程;新塘河取水、排涝泵站于8月投入使用；之江路城市阳台地下通道及管廊工程土建结顶;开工建设临江大型地下车库和凤起东路(秋涛路—新塘路)、甬江路、婺江路（之江路—钱江路）等道路工程,续建钱江路隧道工程。环境美化与整治不断完善。建成11万平方米的森林公园和世纪花园，于6月1日向市民开放；新增绿化面积7万平方米,完成80万平方米绿化面积的养护。配合市有关部门开展新塘河截污纳管和核心区块综合治理。

加快重点工程建设，杭州国际会议中心完成桩基工程；城市主阳台实施钱塘江水上施工；波浪文化城(一期)实施管线迁移,并打下桩基500多根。12月23日,杭州大剧院试运行一年后通过竣工验收,全面投入使用。庆春路过江隧道积极进行项目技术前期工作，完成项目立项及工程可行性审查。“钱江苑”安置小区新开工2.5万平方米,累计交付使用24万平方米。

稳妥实施征迁和回迁，全年搬迁区内企业7个,农(居)民31户,拆除各类建筑面积7万平方米;实施二期沿江开发区块拆迁的各项前期工作，启动三堡—八堡建材码头的搬迁，完成44个企业的资产评估;完成常青、定海、五福3个社区和解放路延伸工程等1007户农(居)民的回迁安置。

大力开展招商宣传推介活动,组织承办香港杭州钱江新城投资环境说明会、海外华商杭州投资专场洽谈会、杭州市与浙江省知名企业家恳谈会,赴北京、上海等地参加招商推介会。全年出让(划拨)土地16宗,计44.53公顷,其中住宅用地2宗、综合办公用地8宗、行政划拨6宗；成功引进8个企业集团项目的入驻,其中香港华润(集团)投资约5亿美元；共签订土地出让合同资金30多亿元。

【加强建设规划管理】钱江新城建设管委会与市规划局建立规划联席会议制度，全年召开18次会议,及时研究解决规划过程中出现的问题。会同各审批部门建立审批服务小组，完成有关项目批复及会议纪要63项。与环保部门沟通,完成《钱江新城核心区块环境影响报告书》,改单个项目环评为规划区域环评,简化了审批环节。与省、市消防部门沟通协调，解决新城核心区块避难层设置、直升机停机坪规划布点等重大项目的技术问题。与市地铁集团等单位协商，调整新城轨道交通线网规划,增设站点,为实施新城整体交通战略奠定基础。通过调研、协商,新城核心区取消化粪池。加强建筑设计节能管理,制定《钱江新城绿色建筑建设管理导则》。

【积极开展项目服务】钱江新城建设管委会把推动社会投资项目建设列入重要议程,会同市建委、市规划局等部门,严格按照“建世纪精品建筑”的要求,把好设计审批关。新城项目服务小组积极配合投资商完成项目立项、注册、设计、审批等工作,解决容积率调整、自来水管道配套费减半等问题。召开4次投资商座谈会，组织专家多次就重大项目进行论证，及时解决社会投资项目建设中的问题，为投资商提供便捷有效的服务。新开工建设集美国际大厦、荣安企业总部大楼、华成大厦、圣奥大厦、国际时代广场、尊宝大厦等10幢商务大楼，总开发量60多万平方米。

【国际会议中心开工建设】杭州国际会议中心位于钱江新城核心区,与建成的杭州大剧院沿钱江新城中轴线两翼对称布局，国际会议中心的“日”建筑造型与大剧院的“月”建筑造型结合完美，展现了“日月同辉”的设计理念。国际会议中心由19层主楼、2层裙房和2层地下室组成,总建筑面积11.8万平方米,总投资约15亿元。该工程于9月25日开工建设,11月底完成桩基工程。

【波浪文化城工程开工】坐落于钱江新城核心区主轴线上的波浪文化城工程，是钱江新城核心区内主要的城市公共建筑，也是新城地下空间开发利用的重要组成部分，通过半敞开式的商业空间将市民中心、杭州大剧院、国际会议中心实现建筑群有机联系，并与地下轨道交通相连。波浪文化城主体平面呈“T”字型,东西向长506米,南北向宽438米,共2层,建筑总面积约12万平方米。一期工程总投资6.5亿元,项目于12月开工。

【城市阳台桩基工程开工】城市阳台工程位于钱江新城核心区中轴线终点,是波浪文化城的延伸。占地总面积 2.8 万平方米，总投资约 2 亿元。整个建筑南面大部分区域悬空于钱塘江江面，中部悬空于下沉式之江路上，北部的平台与波浪文化城连成一体。城市主阳台长 300 米，外挑江面 80 米。该项目桩基工程于 11 月开工。

【新城开发公司扩大业务】 钱江新城建设开发公司围绕新城中心工作和重大工程，组织实施“钱江苑”安置小区建设，积极配合管委会完成征地拆迁、绿化养护、水电安装、管道迁移等工作。该公司不断增强市场竞争意识，积极对外开拓业务，成功摘牌市民中心 C-01 地块和 F-05 地块，其中 F-05 地块与绿城集团合作开发房地产业务。通信管道经营、广告牌出租等业务取得较好业绩。

【首批社会投资项目奠基】 7 月 18 日，钱江新城首批社会投资公建项目——集美国际大厦和荣安企业总部大楼开工。王国平、吴国华、孙忠焕、虞荣仁等省、市领导参加开工仪式并为工程剪彩。集美国际大厦是商业、办公一体化的综合性、智能化、景观式超高写字楼。总建筑面积 7 万平方米，总高度 149 米，地下 2 层，地上 36 层，总投资 4.3 亿元。荣安企业总部大楼集办公、餐饮和高级商务洽谈中心于一体。总建筑面积 3 万平方米，总高度 100 米，共 28 层，总投资 2 亿元。

【杭州最大购物中心落户钱江新城】 8 月 29 日，钱江新城最大一宗综合商业用地使用权由香港华润(集团)公司竞得。省委常委、市委书记王国平，市政府副市长金胜山，市政府副秘书长、钱江新城建设管委会常务副主任王光荣，项目投资方华润(集团)有限公司董事、总经理宋林，项目合作方新鸿基地产发展有限公司副主席兼董事、总经理郭炳联等参加项目签约仪式。

该项目位于钱江新城核心区，东至富春路、南至江锦路、西至钱江路、北至庆春东路，总用地面积约 10 公顷，项目建筑面积达 55 万平方米。主体建筑性质为集商业、酒店、办公、公寓等功能于一体的大型商业综合项目，其中商场建筑面积 18 万平方米，总投资 40 多亿元(5 亿美元)。该项目由华润(集团)公司与新鸿基公司联合开发，项目建成后将成为杭州规模最大的购物中心(SHOPPING MALL)。

(郑　萍　蒋建新)

·城区绿化·

【城区绿化概况】 全市城区绿化坚持“量质并举，建管并重，以质的提高为主”的方针，全年新增城区绿地面积 770 公顷，改造绿地面积 151.5 公顷，建成 3000 平方米以上的公共绿地 18 处，对 28 个旧居住区进行绿化改造，改善了城市生态环境。至年末，市区园林绿地面积达 10774 公顷，公共绿地面积达 2564 公顷，绿地率 33.5%，绿化覆盖率 37.31%，人均公共绿地 10.44 平方米。

推进绿化养护管理。以“黄土不露天、管理不放松”为目标，利用春季有利时机，市、区联动，组织补栽和新植行道树。对绿化毁损严重的地段，逐处确定保护方案，落实栽植养护管理责任制。进行道路隔车带绿化整治，集中解决天目山路、莫干山路等道路分车绿化被人为踩踏和灵西隧道马家坞口绿化管理等难题。做好抗旱保绿、抗台保绿，完成重大活动和五一、十一黄金周布置摆花任务，全年摆放鲜花 120 万盆。市、区绿化管理部门和城管部门形成合力，全力以赴推进创建全国绿化模范城市活动。11 月，杭州市入围 13 个全国绿化模范候选城市。

规范绿化招投标市场。组建市园林绿化工程质量安全监督站，加强对园林绿化在建项目的监管。对“一纵三横”整治、“背街小巷”改善等重点实事工程严格把关，最大限度地保留行道树。加强招标资格预审管理，严格备案制度。对园林绿化评标专家库进行调整扩容，全面推行园林建设工程量清单招标。查处串通投标的园林绿化招标项目 2 个，处理评审违规的园林绿化评标专家 1 名，遏制了招投标活动中的不正之风。

加大绿化宣传力度。通过组织春季义务植树、春季绿化咨询暨绿化宣传板报展评、“爱在林荫城市”宣传和首届绿化网络征文，召开“护绿使者”座谈会、开展爱绿护绿上路劝导等活动，向市民宣传绿化、美化家园的重要意义。开展“最佳公园”、“最佳道路(河道)绿地”评比，全市有 61 个公园（景区）、107 条道路绿地、29 条河道绿地、48 个社区绿化参加“双最”系列评选活动。评出“最佳公园(景区)”2 个、“最佳道路(河道）绿地”6 条、“最佳绿化社区”3 个。

(赵　艳)

▶▶资料：“双最”评选活动

杭州市“最佳、最差公园(景区)”评选活动从 1999 年 9 月开始。通过对 A、B 类公园的景观质量、养护管理水平、行风建设等方面进行全面检查评比，以及群众投票推选，最后经杭州市“最佳、最差公园(景区)”评选委员会审定，确定参赛公园名次。A 类为西湖风景

7 月 18 日，省委常委、市委书记王国平等省、市领导参加集美国际大厦和荣安企业总部大楼开工仪式。(方永斌 摄)

区范围内具有比较完善的综合性设施、向广大市民和游客开放的公园(景区);B类为城区公园,指除西湖风景区、余杭区和萧山区外的,面积在4000平方米以上的城区公园(景区)。2000年至2005年,A、B类公园最佳公园(景区)分别为:郭庄和白堤、黄龙洞圆缘民俗园和华浙公园、黄龙洞圆缘民俗园和华浙公园、黄龙洞园缘民俗园和滨江市民广场、郭庄和华浙公园、万松书院和滨江市民广场。

2004年,杭州市增加开展了"最佳、最差道路(河道)绿地"和"最佳、最差绿化社区"评选活动。2004年最佳绿地为:江南大道、市心北路、省府路,最佳河道为永久河、贴沙河(上城段)、运河(濮家段)。2004年最佳绿化社区为:泰和社区(萧山区)、京都苑社区(下城区)、桂花城社区(西湖区)。

9月4日,杭州市举行"携手1+6绿色文明进万家"活动启动仪式。

(市园文局 供稿)

【创建全国绿化模范城市】 8月,市政府决定申报"全国绿化模范城市"。在市政府统一协调下,市、区两级绿化管理部门通力合作,完成申报材料编写和基础资料收集、汇总、上报。制作宣传杭州绿化的电视片、MTV和大批宣传牌、宣传画册,营造良好的创建绿化模范城市氛围。11月初,全国绿化委员会办公室组织有关专家,在原林业部部长高德占的带领下,对杭州市创建"全国绿化模范城市"工作进行检查。检查团通过听汇报、查资料、看实地和随机抽样调查,认为杭州市提供检查的各项数据、资料和图表真实、详尽,对照创建标准,符合"全国绿化模范城市"的条件和要求。 (徐飞燕)

【评出绿化优秀工程18个】 为提升城区绿化档次,全市对2005年涌现的精心组织、精心设计、精心施工、精心管理的绿化工程进行评比。经市园林文物局组织评定,分别评出公共绿地和道路绿地优秀工程各9个。其中公共绿地优秀工程中,钱江新城森林公园(1号、2号)被评为一等奖,六和公园、凤山门公园、拱康路街头绿地被评为二等奖,艮山运河公园、沿山河(花蒋路—紫金港路)绿化、北景园生态公园、开发区生态公园(一期)、新塘河(清江路—望江路)绿化被评为三等奖。道路绿地优秀工程中,时代大道道侧绿化被评为一等奖,之江路道侧(春江花月段)绿化、风情大道北侧绿化、104国道(石祥路—余杭界)绿化被评为二等奖,艮山东路道侧(钱潮路—杭海路)绿化、凯旋路绿化、曙光路道侧绿化、世纪大道绿化、庆春路绿化被评为三等奖。 (冯 红)

【推进无物管小区绿化改造】 市财政局和市园林文物局联合制订《杭州市城区无物业管理小区绿化改造以奖代拨实施方案》,鼓励对无物业管理小区进行绿化改造。该方案规定凡是自筹资金,对无物业管理、绿化档次较低、损坏严重急需整改的小区实施绿化改造,达到一定质量标准的,由市政府按工程量的一定比例一次性予以奖励。全年上城、下城、西湖、江干、拱墅5个主城区有28个无物业管理小区进行了绿化改造。 (徐飞燕)

【推出绿色文明进万家宣传活动】 9月4日,杭州市在市青少年活动中心广场举行"携手1+6绿色文明进万家"系列宣传活动启动仪式。该项活动由市城区绿化办和杭州市长寿桥小学教育集团联办。通过一位小朋友和他(她)的爸爸妈妈爷爷奶奶外公外婆这一家庭群体的辐射作用,把绿色文明拓展到社会生活的各个层面,提高全民的爱绿护绿意识。杭州市长寿桥小学的学生、家长、老师及绿化、教育等部门领导160多人参加了启动仪式。11月2日,绿化管理部门、长寿桥社区和长寿桥小学在下城区皇亲苑健身公园共同举行宣传绿化理念和环保意识的文艺晚会,近千名小区居民在欢声笑语中受到爱绿护绿的教育。全国绿化模范城市检查团成员和省、市有关领导观看了文艺演出。 (赵 艳)

【实施绿化养护管理综合考核】 7月,市园林文物局制订《杭州市城区绿化养护管理综合考核办法》及《杭州市城区绿化养护管理综合考核评分细则》,明确考核范围、考核内容、考核办法及评分细则。将城区分A、B两类,A类地区为上城、下城、江干、拱墅、西湖5个区,B类地区为杭州高新技术开发区、萧山区、余杭区、杭州西湖风景名胜区、杭州经济技术开发区、钱江新城。主要考核区内道路(河道)、公园、社区绿地养护管理质量和执法管理质量、基础台账资料等情况。年末,经市城区绿化养护管理综合考核领导小组评定,下城区政府、杭州西湖风景名胜区管理委员会分别获得A、B类地区最佳管理奖。 (吴华英)

【启用园林绿化养护在线信息系统】 随着养护管理体制的调整和管理范围的延伸,市园林绿化工程质量安全监督站积极推进养护管理领域信息化建设。该站依托杭州绿化网的网络平台,开发出以城市绿化养护质量为主要内容的网上即时处理系统——杭州市园林绿化养护质量在线信息系统。该系统与全市绿化养护管理单位互联,通过角色分配、流程设置等手段,使各养护管理单位及时、快捷地完成质量抄告、回复、查询、打印备案及密码保护等功能,增进了信息互通和交流,提高了抄告和整改效率。 (绿管站)

【深化绿化审批制度改革】 全市绿化审批按照依法行政、服务为民的原则,进一步深化审批制度改革,积极推行并联审批制度,将市园文局的一整套审批规范延伸到各区城管办,并首次将审批工作列入对各区城管办、绿化办年度考核的内容。市绿化部门全年完成城区绿化审批1093件,其中杂项审批429件,总平会签77件,方案会审587件。对"一纵三横"道路整治等工程项目,认真做好行道树迁移审批、绿化方案审查和其他涉及道路绿化的协调与服务。通过踏勘现场、召开协调会,将"一纵三横"道路整治需迁移的行道树从395株减少到196株,最大限度地保留了行道树。 (韩建国)

·城镇建设·

【城镇建设概况】 2005年,杭州市城镇建设以推进社会主义新农村建设为目标,坚持建设与管理并重,实施项目带动战略,加大城镇建设的投入。西湖区抓好村镇路网建设,实施8条村级道路建设和扩绿工程,全年扩大绿化面积70余万平方米。江干区以"城中村"改造为重点,组织30个点、40个村的撤村建居试点,加快推进农村向城市、农民向居民的转变。拱墅区积极搞好运河文化旅游景观带建设,大力实施道路综合整治和住宅"平改坡",全年新增绿地80万平方米。萧山区重点抓好基础设施建设,加快实施供水工程,全区日综合供水能力达到95万立方米;完成东片大型污水处理厂一期30万吨/日主体工程,城区污水并网率达78%;完成城区10条背街小巷改善和17条河道综合整治。余杭区加快城镇建设步伐,拨付2000万元作为城市化建设奖励资金。全年实施基础设施新(续)建项目45项,总投资12.67亿元。建成东来阁、人民路西延、红丰立交桥等工程,改善背街小巷1万余平方米,三大组团污水工程取得阶段性成果。

桐庐县以"城乡规划年"活动为契机,高起点编制县城总体规划纲要(初稿)和白云源路南中心地块、城西区块、滨江区块、大奇山区块的控制性详细规划。协助乡镇完成83个中心村总体规划、16个乡镇(街道)控制性详规。投入2.1亿元,加快市政基础设施建设。建德市投资2亿元,建成严州大道立交桥工程,新建改建严东关路、健康北路、新林路、新中后巷等道路。淳安县狠抓实事工程,加快实施千岛湖大道二期、滨湖景观大道二期、千岛湖新自来水厂、新千岛湖广场、城中湖南路、湖景路等6个重点工程和30余个市政公用项目的建设,并开展"城中湖"整治。全年建成经济适用房2.2万平方米、廉租房3700平方米。临安市积极做好环卫、房地产、污水管网、天然气及绿地系统等专项规划的编制,完成"吴越风"城标、北入城口道路改造等工程,新增城镇绿地3万平方米。富阳市以建设1个新区、5个基础设施项目、20个市政工程项目为主线,着力破解行路难、停车难、住房难,取得可喜成绩。

【深化村镇规划】 根据杭州市村镇建设规划,各区、县(市)建设局与农办组织各乡镇编制村镇总体建设(整治)规划,推进"千村环境整治工程"和"百村环境整治示范工程"的实施。至年末,各县(市)全部完成建制镇规划编制;其中中心镇、重点镇规划18个。坚持"因地制宜、量力而行、保持特色、延续文脉"的原则编制村庄规划。把村庄划分为建设拓展型、整治改造型、控制缩减型3种类型。根据县(市)发展规划和自然资源情况,分综合型、旅游型、工贸型、集贸型、居住型村庄进行详细规划。对地处山区、半山区和风景名胜区周边的村庄,规划为发展"农家乐"式的新型农村。 (鲍世明)

【52个镇进入全国1000强】 3月18日,国家统计局农村社会经济调查总队发布全国小城镇综合发展指数测评结果,杭州市有52个镇进入综合发展水平较高的"千强镇"行列,占全省进入总数的19.4%。其中有6个镇进入了全国前百位行列——萧山区宁围镇第19位、拱墅区上塘镇第46位、萧山区衙前镇第53位、瓜沥镇第83位、新街镇第84位、闻堰镇第97位。

国家农调队该次测评是依照发展水平、生活质量和发展潜力三大指标,对2003年全国近2万个小城镇(包括城关镇)通过对总人口、外来人口比重、外来劳动力比重、财政总收入、企业个数、人均财政收入、农民人均纯收入、每个企业利润、每个企业上缴税金等数据的综合比较,最终评定出这1000个综合发展水平较高的小城镇。

(严　建)

市民公园　　(市园文局 供稿)

浙江 TIANDU SHIYE 天都实业有限公司

浙江天都实业有限公司由浙江广厦股份有限公司和浙江龙翔大厦有限公司共同投资组建，注册资金2亿元，是一家集房地产开发、旅游等为一体的大型实业公司。

由浙江广厦股份有限公司投资、浙江天都实业有限公司开发的广厦天都城项目，是2000年杭州西湖博览会上签约的最大投资项目之一，由全国著名的策划单位总体策划，美国、英国及国内多家权威设计公司精心规划设计。项目总投资预计超过100亿元，总建筑面积480余万平方米，开发周期约8年~10年，规划居住人口8万~10万人，可提供8000个就业岗位。

项目规划区域内建有天都欢乐四季公园、天都国际度假酒店、香榭里大街、天都广场、欢乐广场、天都房产以及商业、运动、娱乐等齐全的配套设施，目标建成一座21世纪的小康居住生活示范城和具有现代文明水准的新城。经过三年多的建设，旅游板块已初具规模，充满浓郁法兰西特色的天都欢乐四季公园已建成并对外开放，以五星级标准建造的天都国际度假酒店即将对外试营业，旨在为百姓提供优越人居环境的新城建设项目已建和在建的建筑面积为100万平方米，2006年计划交房15万平方米；另外，近30万平方米的天水苑、天星苑、爱丽山庄别墅进入实质性建设阶段。

广厦天都城项目自建设以来，得到了当地政府和社会各界的高度重视和支持，赢得了诸多的荣誉。星桥街道已被建设部列为“全国小城镇建设试点镇”。

温情湖

情

青砖骑楼

开街

杭州湖滨国际名品街用“情”字串起了春、夏、秋、冬四个季节，展现出独特的时尚气质和诱人魅力。

温情，春天的温暖，名品街周到、细致的服务；

激情，夏天的张扬，名品街引领国际时尚，发布最新的流行趋势；

浓情，秋天的浪漫，艺术、文化、时尚与名品街的结合，从视觉、听觉、触觉全方位诠释名品街带来的愉悦感受和浓浓真情；

深情，冬天的深刻，人性化的服务，尊贵身份的体验，名品街的每一处细节如涓涓暖流注入心田，这种感觉深入人心，早已逾越购物本身，是一种情感上的交流，是内心深处的认可。

杭州湖滨国际名品街引领的是一种新的享受型、愉悦性消费方式，一种与国际同步的高尚、从容、艺术化的生活方式，一种将“情”融入服务、融入细节的情感体验。

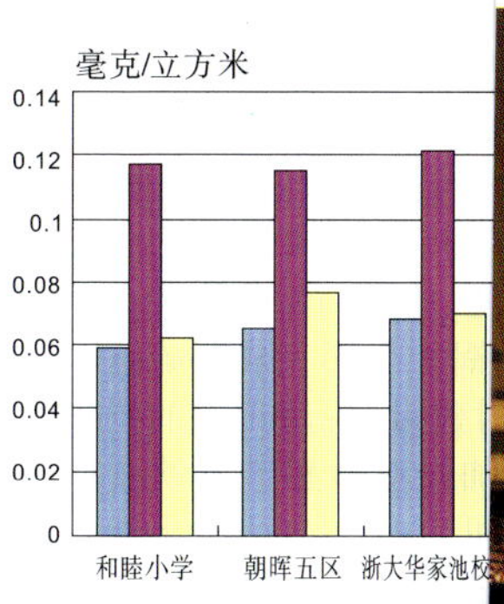

2005 年杭州

油类 245.6 吨，氰化物 3.33

【空气优良天数 301 天】
杭州市主城区环境空气质
级（优）、Ⅱ级（良）的天数
比上年增加 9 天。影响空
指标中，二氧化硫和二氧
国家空气质量二级标准，
粒物浓度总体呈下降趋势
染较为严重，大部分地区
雨区，酸雨发生频率较上
高，其中以富阳上升为最
（PH 值）最低值出现在临安
雨频率为 82%，比上年上
主城区及萧山、余杭区降
波动状态，其中，主城区降
略有上升，萧山、余杭区有
全年工业废气排放量
标立方米，二氧化硫排放
吨，烟尘排放量 3.58 万吨
量 6.06 万吨。

【声环境优于省平均水平
环境质量总体有所改善。
噪声平均等效声级 55.8 分
年上升 0.2 分贝，优于浙江
平；城市道路交通噪声 67
上年持平，低于国家 70 分
标准值。主城区各类功能
化不尽相同，特别住宅区
区和工商混合区昼夜等效
为 63.1 分贝、52.8 分贝、
分别下降 0.8 分贝、3.6 分
贝；工业区 70.7 分贝，基本
居住文教区外，其他功能
相应标准，处于轻度污染
区、县（市）区域环境噪声
城市道路交通噪声除临安
略有下降外，其余均有所

【自然生态环境明显改善
入开展生态市建设与环

2005年浙江省暨杭州市纪念“六五”世界环境日广场活动　（晏利扬 摄）

曝光力度，市环保局列出十大环境违法典型案件，通过召开新闻发布会进行通报。

【人大常委会环保执法检查】3月～6月，省、市、县三级人大常委会开展生态市建设和环保执法跟踪检查。根据统一部署和工作要求，市各级政府和有关部门积极做好迎检工作。6月13日，市政府向省人大常委会执法检查组汇报检查整改情况。根据检查组反馈意见和省政府对整改工作的要求，市政府进一步加强对萧山南阳化工园区和富阳造纸行业环境污染问题的整改。上半年，市人大常委会分别组织开展《杭州市生活饮用水源保护条例》、《杭州市机动车辆排气污染物管理条例》的执法检查和市环境噪声管理情况的专项检查。

【受理信访投诉和建议提案】为方便环境信访投诉，市环保局制订《杭州市治理环境污染妥善处置相关群体性事件专项工作方案》，通过12345市长公开电话、12369环保投诉专线、局长信访接待日制度、信访处理网络、环保执法人员24小时值班制度等渠道，及时受理群众环境投诉，查处环境违法行为。全年受理环境投诉10990件，接待群众来访333批659人次。深入开展环境违法行为公众有奖举报活动，全市受理群众有奖举报1036件，对144人次举报人发放奖金31万元。办理人大代表和政协委员关于建立生态补偿机制、加强钱塘江水资源保护等建议提案71件。

【规范排污申报与收费】9月，市环保局制订《2005年杭州市排污申报的填报及审核要求》等规定，围绕规范、全面、足额的原则开展排污申报与收费工作。全市使用统一的收费软件、收费标准、收费票据。全年有14714个单位实施排污申报，依法收取排污费1.21亿元。通过排污收费这一载体，将环境监测、环境监察、总量管理、行政执法及限期治理等工作有机结合起来。

·环保产业与科研监测·

【25个企业通过环境管理体系标准认证】2005年，市环保局组织开展环境保护及相关产业基本情况调查。杭州蓝保环境技术有限公司等6个企业的复合式餐饮业油烟净化设备通过中国环境保护产业协会认定，进入环保产业名录；杭州理想科技有限公司等6个企业获省环保产业协会颁发的环境污染防治工程专项设计认可证。市环境科学学会等单位成功开发城市污水处理厂污泥资源化安全利用新技术和污泥直接制砖新技术。全年有25个企业完成ISO 14000环境管理体系标准论证。

【加强环保科研和管理】11月，市环保局举办环保学术年会，邀请中国工程院金鉴明和魏复盛两院士作学术报告。组织第一届环境污染防治应用技术交流会和杭州市自然科学论文评选参选活动。下达《钱塘江环境污染生态调查及对策研究》等10个科研课题和《杭州市污染物排放许可管理现状及立法研究》等6个政策调研课题。出台《杭州市环保科研课题管理办法》，对历年课题进行认真分析和梳理。年内完成10个科研课题的验收和结题工作。其中《杭州市环境容量研究》获得国家环保总局环保科技进步三等奖，《可吸入颗粒物源解析》获得省环保科技进步一等奖，《千岛湖水污染防治与生态保护研究》获得省科技进步三等奖和市科技进步二等奖。组织环保科技创新项目申报工作，其中《“蓝天工程”对策措施研究》、《危险固废调查及对策措施研究》2个项目列为市重点科研项目。

【启动环境信息化建设】杭州市全面启动环境中心数据库的建设，完成杭州地区饮用水源保护区划电子地图制作、上千个污染源GPS数据标识以及GIS信息技术支持工作；利用因特网完成对原杭州市污染源在线监控系统的数据传输模式技术改造；完成“1250”生态工程600个示范项目的生态建设系统成果分布电子地图工作；完成“十一五环境规划”环境信息化建设专题报告编制工作；完成建设项目“三同时”跟踪软件的研发和维护。在省内环保系统率先建立环评专家计算机管理系统，实现对环评专家自申请、使用至续聘的全生命周期的信息化管理，以达到合理利用专家资源，使评审活动更具公平性、公正性。

（胡凌林）

·西湖风景名胜综述·

【西湖风景名胜区全面创优】2005年,西湖风景名胜区管委会以建设、保护、管理、提高、完善为重点,在西湖的保护发展、园林文物事业以及区域经济和社会事业发展等方面创出佳绩。据统计,全年西湖风景名胜区接待游客2304万人次,比上年增长8%,门票收入达2.54亿元。全年区级财政收入2.15亿元,增长15.5%;地方财政收入1.4亿元,增长17.1%。

实施西湖综合保护工程,推出八大项目。完成"两堤三岛"、西湖博物馆、龙井村、龙井寺、韩美林艺术馆、北山街部分景点、灵隐头山门以及西湖学研究院等八大项目,进一步恢复了西湖的自然和历史原貌。至此,西湖保护取得重大成果,"一湖两塔三岛三堤"的世纪全景之梦成为现实,形成"东热南旺西幽北雅中靓"的新格局。在西湖综合保护工程带动下,相继实施九溪、杨梅岭溪流整治等工程,推进高丽寺复建、灵隐景区农居保护整治,并对其他公园景点分别进行局部维修和整治,完善了景区基础设施。西湖综合保护工程得到各级领导、专家学者、游客群众的高度评价和充分肯定。一年来,名胜区相继获得首批全国文明风景旅游区、中国顾客十大满意风景名胜区、2004年度国家重点风景区综合整治先进单位等称号,杭州西湖被《中国国家地理》杂志等媒体评为中国最美的五大湖之一,西湖综合保护工程获市"最佳人居环境奖"。

加强规划保护和日常管理,景区整体环境改善。一是景区总体规划编制和实施取得历史性突破。《杭州西湖风景名胜区总体规划》通过国务院有关部委联合审查,经国务院同意,于9月1日由建设部批准实施,成为西湖风景名胜区历史上首部正式获得国家批准的总体规划。《西湖风景名胜区和园林文物事业"十一五"规划》编制完成,邀请国内一流专家进行审查。二是景区日常管理不断加强。建立环湖景区10个重点单位夜间巡查制度,消除管理盲区,发现并处理问题3504条。开展专项整治,有效控制住破坏景区公共设施、违章拉客、"野导游"、偷钓等现象。实行科学化管理,完成风景名胜区ISO 9001:2000和ISO 14001:2004质量认证和环境管理体系,配合全市开展"数字城管"试点工作,初步实现西湖游船GPS安全管理和调度。三是景区环境保护成效显著。景区建设施工排污申报率100%,夜间施工审批率100%,使环境污染得到有效控制。完成长桥溪截淤整治和玉皇山老隧道沿线、北山街二期、龙井村整治及岳湖口等处的截污纳管,为西湖水质的进一步改善创造了条件。景区山林防火实现连续18年无森林火灾,松材线虫病防治情况良好。

推进体制改革和人才队伍建设,名胜区经济持续发展。区法制办增挂司法局牌子,绿化管理站增挂市园林绿化工程质量安全监督站和西湖风景名胜区建设工程质量安全监督站牌子;组建区帮扶救助服务中心、西湖博物馆(西湖学研究院)等5个工作机构;对所属文博单位进行整合,市文物保护管理所与历史博物馆(市文物考古所)分设,唐云艺术馆与名人纪念馆合署。调整西湖街道执法中队,加强人才队伍建设,引进各类人才76人;做好"131"优秀中青年人才的培养,其中1人当选省特级专家;指派4名专业技术人员到上海挂职锻炼;开展了"三项教育"及茶艺师和园林绿化技师、村民培训活动。

打造和谐景区,社会事业明显进步。全年景区农村经济总收入6.16亿元,农业总产值5300万元,农民人均收入1.07万元。"景中村"建设管理取得新进展,完成西湖街道供水工程和主要农贸市场整治;梅家坞村被评为"全国农业旅游示范点"、省"农家乐特色示范村";龙井村被评为省级"全面小康建设示范村";三星级以上"民主法治村"创建面达60%以上。西湖龙井茶品牌保护与建设工作扎实推进。完成西湖龙井茶划区定界和地理信息系统,建成都市农业龙井茶示范园区1个。"贡"牌、"狮"牌和"豪"牌西湖龙井茶在参加名茶评比中均获金奖。落实征地农转非"双低"基本养老保险工作,加大扶贫帮困力度,成立风景名胜区慈善总会,2547户4671名农民参加新型农村合作医疗保险,初步解决农民"看病难、看病贵"的问题。计划生育和初级卫生保健各项指标全面达标,建成2个社区卫生服务站,禽流感防控有力,景区未发生疫情。食品卫生管理工作成效明显。西湖风景名胜区有市级文明社区3个、市级文明村4个、省级文明单位3个。

文化活动丰富多彩。组织承办"倡导茶为国饮、打造杭为茶都"高级论坛和2005年"中国茶都·杭州"西湖茶文化嘉年华活动,得到各界好评。举办第四届"相约西子湖"、"西湖八十景摄影大奖赛”等活动，展现了西湖新风采。开展文化活动进农村(社区)工作，举办元宵灯会、西湖龙井茶开茶节。开辟“西湖新梨园”，充实景区文化内涵。

做好信访、综合治理等工作。全年承办和受理群众来信、公开电话的反馈率为100%，办结率为100%，满意率为99%。强化打防控疏，构筑以科技为依托的景区治安防范体系，建成景区治安模拟转数字网络视频监控系统。全年完成领导视察的警卫和大型活动安全保卫任务168项。刑事案件下降29.4%，为全市下降幅度最大。侦破了灵隐景区重大团伙诈骗案件。景区未发生影响社会稳定的重大事件、重特大恶性刑事案件和重大治安事件，初步实现“首善之区”的目标。

西湖风景名胜区管委会全年接待了江泽民、贾庆林、吴官正、韩启德、蒋正华、李贵鲜、朱镕基、李鹏、乔石、李岚清、钱其琛、丁关根、宋平、胡启立、钱伟长等党和国家领导人。完成了蒙古总统那木巴尔·恩赫巴亚尔、联合国教科文组织文化助理总干事莫尼尔·布切纳吉等重要外宾接待工作以及来自全国各地的党政代表团共计329批1.36万人次。

(王宏伟)

【建设部批准《杭州西湖风景名胜区总体规划》】 9月1日，《杭州西湖风景名胜区总体规划》(2002年~2020年)由建设部正式批复同意。该规划在历届省、市领导的重视和支持下，凝聚了几代人的期望和追求，是西湖风景名胜区历史上首部正式获得国家批准的总体规划。规划遵循风景名胜区“严格保护、统一管理、合理开发、永续利用”的工作方针，针对西湖风景名胜区的现状和实际，着重处理城市和西湖的关系，突出自然景点和文物古迹的保护和延续，既为西湖综合保护工程提供了切实可行的依据，也为西湖未来的保护、管理工作指明了方向和途径。

根据规划要求，西湖风景区东起松木场、保俶路转少年宫广场北，南自鼓楼向西经九溪至留芳岭(不包括之江旅游度假区)，西自之江旅游度假区北端，北自老和山山麓转青芝坞路北侧30米，规划总面积为59.04平方千米，以西湖为中心的核心保护区面积为14.6平方千米，外围保护带为39.65平方千米。将西湖风景名胜区划分为环湖景区、北山景区、吴山景区、植物园景区、灵竺景区、凤凰山景区、钱江景区、五云景区、虎跑龙井景区等九大景区，名胜区内有景点122处，其中特级、一级景点占40%以上。

《西湖风景名胜区总体规划》明确西湖未来20年的发展蓝图，体现西湖风景名胜区独特的风格特征，考虑各个景区、景点的整体格局和风格的协调性，突出其在历史文化、文物古迹、园林建筑、植物景观等方面所形成的特色，特别强调景区与城市形成“和谐共美、互依互利”的良性共生关系。规划还明确了西湖的中远期发展，对近期工作，特别是西湖综合保护工程起到切实的指导作用。规划强调要促进旅游发展，把保护风景资源与旅游业发展结合起来，合理选择旅游内容，科学保护与利用风景资源，提高旅游经济效益，对杭州城市及周边地区经济起到先导作用。

(金霄航)

西湖八十景中的“金色茅家埠” (西湖风景名胜区 供稿)

【西湖综合整治保护绩效显著】 自2002年起，杭州市委、市政府作出重大决策，连续5年对西湖“东南西北中”进行全方位保护和整治。2005年在前几年基础上，成功实施“两堤三岛”、西湖博物馆、龙井村、龙井寺、韩美林艺术馆、北山街部分景点、灵隐头山门牌坊、西湖学研究院等8个项目，实现了西湖的第4次推出。在工程实施的5年里，西湖每年都有新变化、新气象，西湖的文化内涵不断得到充实。据统计，通过实施西湖综合保护工程，累计拆除违法、有碍观瞻和无保留价值的建筑45万余平方米，共拆迁住户和单位2500余个，减少景区人口7000余人，新增公共绿地100余公顷，恢复水面90公顷。完成了西湖疏浚工程和引配水工程，西湖平均水深由疏浚前的1.65米增至2.5米；西湖的年配水量达1.2亿立方米，西湖水实现一月一换，改善了西湖水质，透明度从50厘米提高至73厘米。同时，对环湖地区保留的单位和住户实行截污纳管，电力、电信等杆线一律从地面改入地下，彻底改变湖西地区“脏、乱、差”和环境污染严重的状况。工程尤其注重挖掘文化内涵，共恢复、整治80个景区(点)，这些景与历代形成的西湖新老十景、钱塘十景、西湖十八景、杭州二十四景、西湖百景等相映成辉。西湖景区生态环境明显改善，历史文化遗存得到有效保护，杭州的旅游形象和城市品位、竞争力大幅度提升，产生了巨大的生态效益、经济效益和社会效益，为实现城市可持续发展作出了贡献。

【西湖风景名胜区“十一五”规划编制完成】 2005年，《西湖风景名胜区和杭州市园林文物事业发展“十一五”规划和2020年远景目标纲要》编制完成。规划回顾了“十五”期间西湖风景名胜区和杭州市园林文物事业发展情况，明确了“十一五”期间的指导思想、目标和基本原则，以及“十一五”期间的主要任务和发展重点。提出至2010年，西湖风景名胜区和市

园林文物事业有较大发展，财政总收入和地方财政收入年均增长8%，为建设国际著名风景旅游城市和构建社会主义和谐社会打好基础。该规划为西湖风景名胜区未来5年工作指明方向，具有很强的现实指导性和科学性，将进一步推动西湖的保护、管理、经营和研究工作，使城市绿化和文物保护利用迈上新台阶。

（倪志华）

【健全西湖风景名胜区规划建设审批】2005年，西湖风景名胜区加强审批透明度，建立健全监督机制，规范内部审批管理制度，与相关部门、单位加强沟通，强调首问责任制、一次性告知制、限时办结制等制度，对每一事项进行调查研究，严格按规定办事，有效地提高了办事效率，确保工作无差错，实现零投诉。通过召开行政审批工作座谈会，征求辖区各有关单位的意见和建议，完善名胜区行政审批的有关规定，规范行政审批人员的行为。参加杭州市有关风景区建设项目讨论会22次，讨论建设项目86件次；审批建设工程选址意见书120件(其中农居124户)，办理建设项目方案会签100件；办理临时建筑物、构筑物审批项目39件，审批户外广告52件、商业网点设计方案38件、风景区雕塑设置和塑像塑造1件。

（何东玲）

【发展“景中村”农业经济】西湖风景名胜区树立科学发展观，在农村经济发展、龙井茶品牌宣传和保护、村庄整治、农村社会事业发展等方面取得成效。据统计，区内农村集体可分配收入达到2555万元，比上年增长15%，农业总产值达到5252万元，农民人均收入达到1.07万元，增长8%。

贯彻实施《杭州市西湖龙井茶基地保护条例》，加强西湖龙井茶基地的保护和管理，提升了西湖龙井茶品牌。全年茶叶总产量288.6吨，产值5392万元。完成西湖龙井茶一级保护区划区的定界，一级保护区内龙井茶栽种面积共计459.2公顷，列入一级保护面积为368.5公顷，建成满觉陇-杨梅岭都市农业西湖龙井茶示范园区，建设无公害农产品基地面积69.33公顷。编制完成《杭州市西湖龙井茶基地一级保护区总体规划与地理信息系统研建》规划文本，制作西湖龙井茶基地一级保护区地理信息系统软件，西湖龙井成为国际地理标志网络首批成员。在5月份召开的“中国济南第三届国际茶博览会”上，“狮”牌西湖龙井茶获茶博会金奖；10月份召开的中国国际茶叶博览会上，“贡”牌和“豪”牌西湖龙井茶在名优茶评选中双双获得金奖，展示了西湖龙井茶品牌的内在品质和整体形象。引进粤煌阁、醉白楼等品牌好、税收高的优质企业，景区“农家茶楼”雨后春笋般发展，陆续开出600余个，成为名胜区发展茶乡特色经济、实现茶农增收致富的一大支柱。2005年龙井村被省、市命名为全面小康建设示范村；梅家坞村被国家旅游局命名为全国农业旅游示范点，并被省农办和省旅游局联合命名为浙江省农家乐特色示范村。

改水工程投资2500万元，做到村村通自来水。新型农村合作医疗惠及百姓，有11个村（股份经济合作社）参加合作医疗，参加人数为5446人，参保率94.4%。成立慈善总会，完善农村保障体系，加大救助力度，构筑完善名胜区统筹城乡、全面覆盖、保障到位的新型社会救助体系，并落实经常性帮扶救助工作。梅家坞、双峰、龙井、茅家埠等村庄实现袋装垃圾和集中统一回收，落实专职保洁人员和经常性保洁制度。对辖区内主要农贸市场及临时交易点进行环境脏、乱、差的综合整治。开展村民素质培训，全年有1456名村民参加素质技能培训教育，提高了村民素质和自我管理意识。

【重新组建西湖执法中队】10月，风景名胜区对西湖中队执法体制进行调整，解散原西湖中队，在区(局)城建监察队员中选录20名队员进行重组，队员编制统一挂靠灵隐管理处，委托西湖街道对新组建的西湖中队进行统一管理、统一考核。新组建的西湖执法中队形成执法队员、城建队员、保安人员“三位一体”的管理模式，采取保安定岗前置管理、执法队员责任制巡查与机动支撑并举的双轨执法管理办法。解决了“景中村”执法管理多元化问题，对增强执法管理力量，巩固西湖综合保护工程成果起了推动作用。

【成立名胜区慈善总会】西湖风景名胜区辖区总人口2.65万人，享受社会救助的低保、困难家庭有79户、147人，困难家庭就学学生30余人，残疾人209人，60岁以上老人3724人，西湖风景名胜管理区(市园文局)退休人员2383人。9月19日，西湖风景名胜区慈善总会成立。首届理事会推选名胜区管委会张建庭为名誉会长，选举朱坚平为会长，裘建平为常务副会长。名胜区楼外楼实业有限公司、西湖街道、西湖游船有限公司等10余个单位在成立大会上，捐赠慈善资金200余万元。

【组建西湖学研究院】近几年来，杭州市委、市政府提出要将西湖的保护、管理、经营、研究作为西湖风景名胜区全面发展的重要目标。随着西湖综合保护工程的实施，西湖的保护、管理和经营工作深入开展，而对西湖的研究方面则相对薄弱。为改变这一情形，组建西湖学研究会和西湖学研究院的设想应运而生。2004年，成立了西湖学研究会，加大西湖学研究的力度，将研究西湖落到实处。2005年，结合西湖博物馆对外开放，组建了西湖学研究院，办公地点设在西湖博物馆内，馆院合署办公。该院隶属于西湖风景名胜区管理委员会，为公益性、具有独立法人资格、学术研究型的事业单位。主要任务是组织开展西湖学研究，负责西湖史料的整理、编撰工作，承担西湖学研究会办公室交办的任务。研究院设立学术研究部、文献资料室、外联部等专门机构。具体研究人员由西湖学研究会专家组成员担任。西湖学研究院的成立，提升了研究西湖的深度和广度，为西湖的保护和管理打好坚实的理论基础。

【西湖街道敬老院揭牌】10月11日，西湖风景名胜区西湖街道敬老院经整治修缮正式投入使用。新的敬老院面积1300平方米，床位70张。敬老院解决了辖区内孤寡老人的集中供养问题，供养率为100%，提前完成“十一五”规划要求，同时还可腾出部分床位用于对外开放，既为社会承担一部分责任，又达到以院养院的目的。在敬老院整治修缮中，名胜区所属单位共捐款28.9万元，唐云艺术馆捐赠3幅书画作品，景区市政市容环卫处提供长期免费清运垃圾的服务，保证了敬老院的按期投入使用。

【西湖风景名胜区连续18年无森林火灾】西湖风景区始终把森林防火工作作为重点，按照“谁主管，谁负责”的原则，与各联防片签订管理责任书，落实防火责任。新购2000把2号工具，新增20台对讲机，做到专职山林管理员每人1台，保证防火指挥部通讯畅通。在219.9千米游步道建造防火蓄水池116个，总蓄水量达2518立方米。加强森林消防队伍建设，提高专业防火水平，完善防火扑救预案并进行演练。有计划、有重点地开展扑火体能、机能的训练，提高防火突击大队的战斗力，做到组织、任务、训练、机具四落实。在防火期实行24小时值班制度，组织辖区联防单位开展防火综合治理，及时消除火险隐患。西湖风景名胜区度过第18个森林防火期，实现连续18年无森林火灾。

·风景名胜·

【推出北山街历史文化街区部分景点】2005年，北山街历史文化街区二期保护工程以历史建筑及古迹景观修复为重点，按照“保护、整治、完善、畅通”八字工作方针，先后完成玛瑙寺、乐墅、静逸别墅、黄源旧居等历史建筑的修复；完成陈文龙墓整修及周边环境整治；加强智果禅寺、大佛寺整修前的动迁工作。完成黄源旧居陈列布展并于国庆节对外开放。

【整修灵隐头山门牌坊】2005年，灵隐头山门牌坊进行整修。悬挂了江泽民题写的“灵隐寺”匾额。牌坊设计考虑飞来峰景观及灵隐寺香道的氛围，保留飞来峰入口门楼原来的飞檐瓦顶翘角，小青瓦屋面，主体构架色彩为浅栗色，屋顶增加了体现佛教文化的图案构件，原门楼明间的上下穿坊之间增加雕花枋心板，原封闭式窗户改为木格花纹结构，墙面色调为浅姜黄色。（金霄航）

【杭州西湖新梨园开园】5月5日，浙江京昆联谊会和杭州西湖风景名胜区管委会联袂开辟新景点“杭州西湖新梨园”在杨公堤景区盖叫天故居旁正式开园。盖叫天故居所在的金沙港社区的“金沙港实验京剧社”也同时成立。杭州西湖新梨园的推出是弘扬民族艺术、振兴传统戏曲、丰富西湖景区文化内涵的重要举措。杨公堤景区自然风光优美，又有一代京剧艺术大师盖叫天的故居，在此设立杭州西湖新梨园，开展京昆戏曲文化活动，举行中外票房票友联谊活动，有利于京昆艺术的发展，有利于传承历史文化，丰富了景区文化内涵，成为戏曲艺术的新热点和西湖文化的亮点。（倪志华）

【韩美林艺术馆建成开放】韩美林艺术馆位于杭州植物园分类区北面，总用地面积为8925平方米，建筑占地面积1969平方米，建筑总面积为4207平方米，其中主馆建筑面积为3677平方米，于9月30日建成，10月19日正式开馆。全国政协副主席王忠禹等领导为艺术馆揭幕。全国政协副主席、中共中央统战部部长刘延东为艺术馆开馆发来贺信。中国作家协会党组书记金炳华，全国政协常委、中国文联副主席冯骥才致辞。国家有关部委、省市有关单位，以及来自文化、艺术、新闻等领域的嘉宾共300余人参加开馆仪式。

韩美林先生是中国当代极具影响力的实力派画家，在书画、陶艺、雕塑等诸多艺术门类都有很高造诣，创作蔚为大观，蜚声海内外。韩美林先生对西湖情有独钟，2005年，韩美林先生精选几十年来潜心创作的上千件珍贵艺术作品，慷慨捐赠给杭州人民。杭州市政府建设韩美林艺术馆作为展示、收藏其作品的固定场所。艺术馆由文献厅、雕塑展厅、绘画展厅、工艺品展厅等几个部分组成。艺术馆建筑融合传统和现代特点，以西湖柔美山水之韵味和韩美林先生的创作特点为契合。室内装饰设计以中国传统形式为母体，结合现代空间艺术的创作手法，力求表现韩美林先生艺术世界的精神与神韵。陈列通过多种手段，介绍展现韩先生的艺术经历及其作品的独特风格和魅力。

（韩美林艺术馆）

10月19日，韩美林艺术馆开馆。（西湖风景名胜区 供稿）

【加大公园景点旅游促销力度】2005年，西湖风景名胜区立足市场，加大公园景点旅游促销力度。加强与旅行社联系，加大门票促销力度。多次召集各景点管理部门与旅行社联合就开发境外旅游市场进行合作和探讨，筹划门票促销新形式，借助旅行社的辐射力，加强宣传力度。组建公园景点旅游新线路，根据游客需求及旅游产品的特色，突出公园独特性和差异性，整合旅游资源，与东方文化园联手推出“西湖—东方园”一日游线路；借助杭州旅游集散中心进行门票促销合作，扩大“西湖一日游”运作能力。继续做好公园IC卡的发售，改造升级现行公园年卡软件系统，让公园年卡功能应用与市民卡接轨，为实现一卡通功能做好准备。为改善旅游环境，发挥价格杠杆调节客流，部分景点实行门票调价，更好地保护了文物古迹。开展收费公园景点客流量分析，完成西湖精品旅游线及一日游联票调价后的经济运行。据统计，全年各收费景点门票收入2.6亿元，比上年增长 5%。

·保护管理·

【龙井茶文化村整治】 2005 年，完成“茶乡第一村”——龙井村的整治工程。工程范围西至老龙井御茶园，东达龙井寺停车场，南抵十八涧北段，涵盖了整个呈“Y”型的龙井村，总面积 18.49 公顷。整治以拆除违法建筑、整治溪流、显山露水、保护传统民居、完善基础设施及充实绿化为主要内容。对全村沿街 144 个农户按坡屋顶、粉墙黛瓦、西湖传统名居的形式进行改造整治，墙面适当采用碎石干砌墙或木质材料进行补充，门窗采用木窗和烤漆铝合金门窗。全村所有管线均从地面改入地下，污水纳入城市管网，全村住户均用上自来水。工程新增绿地面积近 1 万平方米，新建牌坊 2 座、公共厕所 2 座、垃圾房 8 座；新增停车场地 2800 平方米。整治中拆除违章和有碍景观的建筑 1.2 万平方米，溪流整修加固驳岸 4000 余立方米，溪沟护栏 350 米。通过整治重塑了龙井村山涧溪流景观，再现了茶乡农居溯溪而上、择水而居的山地景观风貌，恢复了富有西湖龙井茶乡特色的自然村落风貌。

【龙井寺修复一新】 龙井寺整治工程以尊重历史为基础，以弘扬龙井茶文化为宗旨，以山涧、清泉、奇石及石刻艺术为景观特色，完善游览观赏格局，挖掘人文内涵，展示龙井茶文化精髓，将龙井寺打造成为“茶为国饮，杭为茶都”的实证。工程从景观布局上分问茶古道区块、南入口区块、建筑主体区块、后山区块，工程范围共占地 3.92 公顷，维修建筑 1176 平方米，根据原龙井寺建筑遗址复建建筑 879.4 平方米，绿化面积 2.85 万平方米。整治后的龙井寺呈现山水之胜、林壑之美，集泉文化、茶文化、佛教文化于一景。建筑主体风格精美古典，尽显中国古建筑的精湛工艺及古朴优美神韵。依泉而建的听泉亭，登高远眺的翠峰阁，设施齐全典雅的御书楼、秀翠堂、清虚静泰等都为茗茶赏景佳处。挖掘后山景区景观资源，拓展了景区的游览空间，为游人提供了室外品茶、寻古访幽的场所。沿着修整后的问茶古道，依稀再现龙井寺当年盛况及龙井茶文化的神韵，整理后的龙泓涧水系现出昔日峰回路转、溪泉相伴的美景。龙井茶文化陈列室以图版、实物、雕塑等表现形式，介绍龙井寺的历史沿革以及龙井寺的历代茶事活动，展出了在整治工程中发现的龙井寺古石碑，佐证龙井寺的历史。

御书楼 （西湖风景名胜区 供稿）

【湖中三岛整治修缮】 根据市委、市政府提出的打造西湖“东热南旺西幽北雅中靓”新格局的战略目标，改善西湖湖中三岛的景观质量，提升知名度和美誉度。2 月~9 月，西湖风景名胜区管委会实施湖中三岛环境综合整治。工程遵循“最小干预、保护修整”原则和可持续发展原则，在尊重三岛原先总体平面格局、保护历史遗存、维持原有自然风貌的基础上实施。

“三潭印月”修缮整治以保护修缮原建筑为主体，去除与周边环境不协调的设施，淡化商业气氛，挖掘岛上原有的人文历史景观，完善岛上基础设施。布设李卫(清代浙江总督)陈列室，在先贤祠中布设了三潭的历史沿革。恢复“万字亭”等历史人文景观。“阮公墩”整治突出表现“生态岛”清逸幽静、野趣横生的特色，调整绿化布局，增加野趣，优化生态景观。对岛上的建筑物基本以修整为主，保持原有建筑结构及风格，对建筑物立面以及基础进行加固维修。“湖心亭”整治恢复清代钱塘十景之一的“湖心平眺”。整治后的“太虚一点”景观位于岛的中心位置，建筑雕梁画栋、金碧辉煌，翘角飞檐，外观两层黄色琉璃屋面，显得堂皇而庄重。取消了过多的商业内容，布设说明三岛历史沿革的文字、图片资料，使游客直观了解三岛，起到导游中心功能。相传乾隆皇帝所题的意寓风月无边御碑，通过加注文字小记说明碑的由来及典故，丰富了湖心亭的历史人文景观。

三岛的绿化体现共性、彰显个性。三潭印月植物配置以造景见长，春秋季为主，兼顾四季，恢复“竹径通幽”、“鱼沼秋蓉”等传统特色景点，充实新优花卉品种，以优雅的水湿生植物美化内塘水面，体现江南山水园林特色。湖心亭围绕“湖心平眺”营造植物景观，补种树冠高耸的常绿大乔木，梳理、调整中下层灌木，突出主建筑之雄伟，营造疏朗通透的赏景空间。阮公墩引入品种丰富的乡土植物，尽显芳草萋萋、野趣横生、人与自然和谐相处的意境。在三岛景区内外湖岸线上增加铺装面积，为游客开辟观景休憩平台。改造游船码头，完善园林配套设施，开设三岛导游服务中心，提高服务档次。

【苏堤白堤环境整治】 苏堤、白堤环境综合整治工程尊重历史、以人为本，在保护历史遗存，维持原有清静秀美的自然风格基础上进行整治。同时，增加园林配套设施，优化植物配置，充实历史文化内涵。游览路线层次丰富，游客可游可赏可行可憩。

苏堤整治中保持总体布局不变，除对醉书亭、仁风亭、春晓亭进行了维修外，在苏堤原游览线上增加一部分供游人驻足停留休息的地方，在靠近堤两侧绿地中增设临水铺装和亲水平台。形成以中间道路为主线，两侧原路和游步道为次线，以若干临水铺装和亲水平台为点，以露天茶室和花港码头等为面，新的点-线-面的布局框架。绿化工程围绕“苏堤春晓”做文章，通过疏理、造景、借景等园艺手法进行调整，突出原有桃红柳绿、连绵绿廊的美景。工程共计新增乔木326株、灌木6350株，调整和新增花坛、花境4000平方米，铺设草坪面积6万平方米。此次整治中的亮点是“苏堤休憩坪台”，由原来苏堤上最大的花坛改建而成，面积为280平方米。设计手法古典精炼，坪台铺装中容纳了自唐以来对西湖进行浚治的近30位名人志士的文字记载，铺装面犹如1幅放大的书法作品。考虑到游客休憩、避雨的需要，新建休息廊1座；整治主干道，将原来普通沥青路面更换成高级沥青路面，道路两侧5600米混凝土侧石调整为石材侧石。

白堤整治主要从绿化软质景观和铺装设施硬质景观入手，保持并突出表现白堤“桃红柳绿、明朗艳丽”的景观特色，突显白堤的历史人文价值与内涵。白堤柳树和碧桃由于受“根巧病”的危害，长势良莠不齐，影响景观。首先对白堤的部分柳树、碧桃采取迁除更换病株、挖除病土、改善土质等多种措施，新种植柳树160株、碧桃36株，换土700余立方米，确保了“间株杨柳间株桃”的特色景观。白堤原1966米侧砼石调换成高湖石，铣刨、摊铺沥青路面9830平方米。

苏堤、白堤的整治，提高了景观价值和游览价值，成为西湖综合保护工程中的新亮点。

【孤山环境综合整治】 孤山环境综合整治，在保护历史遗存、维持原有自然风格基础上，重点治理水土流失，完善园林配套设施，优化植物配置，充实休闲小品，提高孤山的景观价值。整治工程总面积13.5公顷。重点对老建筑进行修缮，充实和调整绿化面积，重新铺设孤山路道路管网，改造和完善基础设施，适当调整夜景灯光及路灯等。复建了“白苏二公祠”和“复旦光华”牌坊，修建范公亭等人文景观，修缮历史建筑2564平方米；绿化调整6.3万平方米，重浇沥青路面2.6万平方米，改造人行道及铺装面积1.65万平方米。修缮整治后的孤山景区已成为一个有深厚文化氛围、清新自然气息、充满盎然情趣的西湖山地园林。复建的“白苏二公祠”，占地面积2100平方米，建筑面积700平方米。因苏堤南端已有苏东坡纪念馆，建成的“白苏二公祠”主要以纪念白居易为主。祠内主要展示“白苏二公祠”的历史沿革、白居易、苏东坡的楹联、匾额及所留下的一些脍炙人口的诗句名篇等内容。原先保留的17块“白苏二公祠”相关的石碑，包括4块苏东坡手迹的石碑，以及杭州遗存最早的碑刻——唐代龙兴寺经幢拓片，均在祠内展出。按原样恢复“复旦光华”牌坊，端庄、凝重。位于孤山中山公园正对面，高约7.2米，宽11.9米，主体结构由钢筋混凝土建造，屋面采用木结构，四柱三间三楼式。

御酒坊前湖水清澈 （西湖风景名胜区 供稿）

【改良西湖水质】 西湖风景名胜区通过引水工程、湖面绿化、清卫保洁、流域截污纳管、上游溪流整治和生态保护等多种措施，使西湖水质稳步提高，平均透明度达65厘米，比上年提高5厘米；营养指标中氨氮和总氮含量开始下降；其中，氨氮含量0.184毫克/升，下降率为上年的100%以上；总氮含量年降幅度为30%以上。全年西湖引水超出1.2亿立方米，引水后透明度持续保持在120厘米以上。结合重点整治工程，投资1650万元，实施各项截污纳管任务，埋设各类排污管线2.29万米，日截污量为5413吨。通过物理、化学、生态等手段，净化长桥溪流域居民生活污水和拦截泥沙入湖的多功能长桥溪水生态修复工程，使长桥溪水生态得到根本性修复，入湖水质大幅提高，对西湖水质的改良起了推动作用。

（金霄航）

【景区监管信息系统建设成效初显】 2005年，杭州西湖风景名胜区启动监管信息系统建设，并在景区管理中发挥作用。作为监管信息系统延伸和相关系统，景区动态网络监控系统基本建设完成。景区建成监控探头288个，覆盖景区主要部位。据统计，景区公安分局利用监控系统查处各类违章行为及不文明现象1200余起，发现警情180余起，直接破获刑事案件20余起，调解纠纷86起，抓获各类违法犯罪嫌疑人74人。西湖水域船舶卫星定位管理系统建设完成。已完成西湖水域内100余条机动船卫星定位终端的安装，同时为部分手划船和管理人员配备了有卫星定位功能的手机。

【查处违规违章建设项目】 西湖风景名胜区按照“坚决拆、全面控、严格管、重点整”的12字方针和“明确目标、形成合力、力求突破”的总体要求，打击违法建筑，形成防违、控违、拆违长效管理机制，开展公告拆违、区域整治、法院强拆等活动，遏制违法建筑的蔓延，全年查处各类违法、违章建设案例192起，拆除违法建筑927处，共计3.23万平方米。

（何东玲）

【整治景区指示路牌】 通过前期调查摸底、规划制定、专家讨论，将西湖风景区指路牌按内容、形式划分为4个等级。其中一级指路牌为大型道路交通指示牌；二级指路牌为小型地标指示牌，主要指示公园景点及重要单位的方位；三级指路牌为人行道路指示牌；四级指路牌主要指示重要单位、公共服务设施入口方位以及为盲人提供道路指示服务等。同时将社会知名度高、游客数量大、具有悠久历史文化的著名景点，在指路牌中全程导向指示。全年重点对一二级指路牌进行整治，国庆节前重新设置完成43杆(158块)指路牌，拆除了各单位擅自设置的指路牌；调整大型指路牌13块，拆除28杆原先设置的景点指示牌。新指路牌采用木质支架、铝质牌面，指路牌的背面张贴公益广告，宣传西湖风景区的著名景点。

(金霄航)

【提高园林养护和园艺水平】 风景名胜区调整充实景区绿化，全年种植乔木1.02万株、灌木23.82万株、地被5.14万平方米、草坪15万平方米。西湖风景名胜区绿化景观朝着景观优化、植物配置细化的方向发展。风景区全年花卉布置近200余万盆，布置面积1.23万平方米。除每年举办的郁金花展、灵峰梅花展等活动外，各公园景点还先后举办钱王祠西湖迎春花展和金秋花果展、植物园杜鹃花展、城隍阁菊花展等活动。

利用花展提高西湖风景名胜区的园林养护和园艺水平，在参加国内外各类展览和比赛中取得成绩。参加香港2005年花卉展览，杭州西湖风景名胜区管委会（市园林文物局）花卉布展团设计建造的园林作品“六和钟声”，在来自17个国家共183个参展机构的作品中脱颖而出，被评选为大型园林景点最佳设计奖冠军。参加2005年亚太地区第八届盆景、赏石会议暨展览会，西湖风景名胜区选送10盆精品树桩盆景，在参展400余件参展作品中，“横空出世”获得展览会金奖，其他4件作品获得银奖、铜奖及最佳作品奖。参加2005年浙江省海峡两岸兰花博览会，获得1金1银2铜和组织奖。参加2005年第十九届全国荷展，获新品种一等奖、二等奖各1件。

·展览活动·

【举办“中国茶都·杭州”西湖茶文化嘉年华活动】 为打造“茶为国饮、杭为茶都”品牌，2005年“中国茶都·杭州”西湖茶文化嘉年华活动于4月16日拉开帷幕。该活动由市政府主办，名胜区管委会和市贸易局共同承办。在平湖秋月附近大草坪上，黄龙越剧团演出1台精彩节目，来自名胜区和各城区的24个茶楼、茶室轮流登场进行茶艺表演。平湖秋月到锦带桥段还有茶叶公司、茶楼、茶室现场展示。邀请市政协书画院的16位书画名家作书画创作演示，书画家们在平湖秋月草坪上铺开纸笔，现场泼墨挥毫，绘出对“中国茶都·杭州”的美好祝愿。安排陶艺现场表演、龙井茶炒茶表演、龙井新茶销售、茶文化书籍展销、茶谜竞猜及万人品茶等多项活动，吸引了大批游客和市民前来观光和参与。

【举办“倡导茶为国饮、打造杭为茶都”高级论坛】 4月13日~15日，由杭州市政府主办、西湖风景名胜区管委会等单位承办的“倡导茶为国饮、打造杭为茶都”高级论坛召开。省委书记、省人大常委会主任习近平专门发来贺信，省委常委、市委书记王国平率市四套班子领导出席论坛开幕式。全国政协文史委副主任刘枫，中国工程院院士、中国茶叶学会名誉理事长陈宗懋，中国科学院院士、原浙江农业大学校长陈子元，原省政协主席、中国国际茶文化研究会名誉会长王家扬，商务部、建设部、中国饮料工业协会的有关领导和在杭8个“国字号”茶业机构的负责人，以及来自全国13个省、市的50余名专家学者出席论坛。论坛期间，与会专家学者对杭州的茶业进行了全方位考察、研讨与论证，通过了“倡导茶为国饮、打造杭为茶都”的《杭州宣言》，并由中国茶叶学会等10个单位联合授予杭州“中国茶都”称号。4月15日，2005年中国（杭州）西湖国际茶文化博览会开幕式晚会上，举行了授予杭州为“中国茶都”的授牌仪式，确立了杭州“中国茶都”的地位。

(何东玲)

【举办元宵灯会】 2月22日~25日，西湖风景名胜区管委会在茅家埠景区举办元宵灯会，精致而富有文化内涵的灯组，展示了西湖风景名胜区各村(社区)崭新面貌，丰富了景中村(社区)新春文化生活。元宵灯会内容丰富，特色鲜明。由西湖街道所属的25个社区、经济合作社、企事业单位和学校自行制作的金鸡报晓、茶乡情、农家乐、满陇桂雨、一帆风顺、百合花开、六和钟声等形态各异的座灯，为灯区营造了浓厚的节日氛围。2月23日（农历正月十五）晚举行的“踩街”表演以及有奖竞猜灯谜活动，把整个元宵灯会活动推向高潮，受到了市民游客的好评。

【电视连续剧《红顶商人胡雪岩》摄制完成】 杭州西湖风景名胜区管委会与北京紫禁城信都电视文化有限公司共同出资投拍的电视连续剧《红顶商人胡雪岩》于2004年10月19日开机，2005年1月31日完成拍摄，并通过国家广电总局审批。该剧由著名导演阎建钢执导，著名作家二月河和薛家柱共同担任编剧。巍子扮演胡雪岩、曹颖扮演罗四、吕良伟扮演王有龄。该剧在大量的历史材料基础上，把胡雪岩发迹、鼎盛、败落3个时期，淋漓尽致地再现荧屏，真实地展现了胡雪岩的传奇一生。 (金霄航)

【举办西湖八十景摄影大奖赛】 西湖综合保护工程修复整治80个景区（点），景点与原有西湖美景相映成辉，使西湖的景点格局和分布更加完善。为让世人共赏西湖新景，2004年9月开始，由西湖风景名胜区管委会联手杭州日报报业集团、市摄影家协会举办“西湖八十景摄影大奖赛”，旨在用镜头表现西湖综合保护工程后西湖的生态、人文新景观、新气象，倡导市民和游客走进自然、热爱西湖、宣传西湖、宣传杭州，推进杭州旅游业的发展。大赛届时3个月，290人选送参赛作品，单幅作品数量2900余幅，组照269组(计1091张)，总计3997张。一些参赛者提供个人作品数有100余幅，题材涵盖了西湖八十景的内容，且质量较高。经大赛评委会评选，评出特等奖2名、一等奖6名、二等奖10名、三等奖20名。

(倪志华)

文物 Relics

·文物综述·

【文物考古事业佳音频传】 2005年，杭州历史文化遗产保护体系得到完善。文物保护维修和考古工作取得成果。博物馆建设有序推进，整体水平提高。挖掘历史文化资源，加强文物考古与研究，使文物的保护与利用、保护与建设、保护与社会经济的发展更为和谐。

加强历史文化街区和历史建筑保护。市文物部门协同规划、房管等部门修改完善《杭州历史文化名城保护规划》并编制完成其实施细则。先后提请市政府公布两批历史建筑共122处，并在2004年公布《杭州市历史文化街区和历史建筑保护管理办法》的基础上，编制了针对性和可操作性更强的《杭州市历史文化街区和历史建筑保护管理办法实施细则》和《杭州市历史建筑保护规划图则》。完善了《元福巷历史地段保护规划实施方案》、《长河历史文化街区保护规划实施方案》、《深澳古村历史文化保护区保护规划》。

文物保护管理规范化和科学化。为加强文物日常管理巡查和执法，加强文物保护管理机构建设，将市文物保护管理所与杭州历史博物馆（市文物考古所）两个单位单独建制并增加编制，使文物保护管理力度和巡查频度加强。颁布《杭州文物保护基层机构管理办法（试行）》，成立良渚遗址文物监察大队。强化各城区文物机构，建立以联席会议为载体的城区文物保护信息反馈和日常管理协调机制，健全文物保护网络。

文物保护基础性工作有序推进。先后完成南宋皇城遗址保护规划、八卦田景群保护与建设规划、150个市文保点用地保护规划的编制。随着第5批省级文保单位的公布，全市省保单位达到81个。经国家文物局评审通过，12个文物点列入第6批全国重点文保单位预备名单。完成申报国保单位及25个省保单位的"四有"建档。新设立和更换了文物保护单位的标志牌。

2005年，市本级文物经费投入1.5亿元。文物维修全面展开，完成汪宅、梁宅、拱宸桥、淞沪抗战纪念牌坊、张同泰药店、天主教堂、陈文龙墓、里万物桥等文物修缮整治工程；启动凤凰寺、民国时期省高等法院和杭县地方法院旧址、求是书院等维修工程。维修后的梁宅被开辟为展示传统中医文化的广兴堂，是文物利用的有益探索。启动全国重点文保单位白塔的环境整治工作，白塔公园建设正式立项，严重影响文物保护及环境的闸口杭州铁路机务段与铁路货场建筑搬迁等相关事宜取得实质性进展。石质文物保护取得成果，在近年采用高科技手段进行信息采集的基础上，实施飞来峰造像保护一期工程（冷泉区、龙泓区），效果显著，缓解了长期存在的威胁造像安全等问题，为全面实施飞来峰造像保护工程，推进杭州的石质文物保护积累了宝贵经验。完成了慈云岭造像保护亭建设。编制了余杭区省级文保单位南山造像的保护方案。

考古工作佳音频传。严官巷南宋御街遗址被评为2004年度中国十大考古新发现之一，是继南宋太庙遗址、南宋临安府衙遗址、南宋老虎洞官窑遗址与南宋恭圣仁烈皇后宅遗址之后南宋临安城考古的又一重大发现，在中国城市考古史上占有重要位置。半山、白马庙巷、窑渡桥等地块的抢救性考古发掘取得了成果。

专题博物馆建设增添新篇章。中国第一座湖泊类专题博物馆——西湖博物馆建成开放。完成唐云艺术馆陈列改造以及黄源故居、白苏二公祠、司徒雷登故居的陈设布展，并对外开放，使之成为新的人文景点。京杭大运河博物馆陈列方案得到完善，良渚文化博物馆新馆进入形式设计阶段。

开展杭州市博物馆达标竞赛活动，提高博物馆管理水平。完善博物馆综合考评体系，利用明查暗访相结合方式对市属各博物馆进行考评，发现问题及时整改，各博物馆的陈列布展、管理、宣传教育、服务等各方面水平得到提升。

文物征集工作有起色。市文博系统全年共征集文物2000余件。南宋官窑博物馆一次性受赠唐宋时期为主的陶瓷文物精品611件，在门类上填补了浙江陶瓷收藏的空白；萧山区征集到260余件原始瓷和几何印纹陶文物精品，为筹建博物馆奠定了基础。西湖文献资料室征集的各类西湖文献资料历年累计为2546件。5月，结合国际博物馆日和西湖文献征集活动，举办集文艺演出、图版展示、有奖竞猜、文物知识咨询、鉴定等于一体的大型广场宣传活动。

加强文物宣传教育，发挥博物馆社会效益。各博物馆利用自身优势，举办系列展览。如杭州历史博物馆先后举办馆藏书画精品展和“追寻城市足迹——杭州考古20年成果展”；中国茶叶博物馆配合杭州市“杭为茶都、茶为国饮”活动，推出茶文化图片展；中国江南水乡文化博物馆推出“走进余杭”中国画展、“今日余杭”成就展等临时展览。

《杭州的古桥》初稿编纂完成，《杭州文博》编辑出版第2期和第3期，成立了西湖学研究院，编制实施2005年杭州十大名人纪念宣传方案，挖掘和利用白居易、关汉卿、范仲淹、陈文龙等名人文化资源。

（郎旭峰）

【钱其琛参观江南水乡文化博物馆】 5月10日，原国务院副总理、外交部部长钱其琛在副省长钟山、市长孙忠焕等陪同下，参观了中国江南水乡文化博物馆。钱其琛对博物馆的陈列内容表现出极大兴趣，认为水乡文化博物馆以文化地理区为单位的设馆方式，打破了行政区划的束缚，陈列设计有特色，很贴近百姓生活。钱其琛还与博物馆工作人员合影留念。

（中国江南水乡文化博物馆）

【文物部门开展工作交流】 市文物保护管理所自9月独立建制后，从大杭州文物保护的角度出发，加强了与各区、县（市）文物业务工作的联系和沟通，与各区、县（市）文物部门建立起良性的互动关系。11月，市文保所组织各区、县（市）文物部门召开了文物保护经验交流座谈会。来自萧山、余杭2个区及富阳、桐庐、临安、建德、淳安5个县（市）文管会（文物馆）的有关负责人及业务干部、市园文局文物处负责人、文保所有关人员共30余人参加了会议。会议代表就各自在文物保护方面的经验、做法及面临的困难和问题进行了交流。会后，市文保所组织业务骨干赴各县（市、区）进行文物工作交流。（郎旭峰）

【南宋皇城遗址保护规划初稿编制完成】 年初，凤凰山管理处与中国科学院地理科学与资源研究所、中国文物学会旅游研究与规划设计中心签订南宋皇城遗址保护规划委托合同。11月中旬，保护规划初稿编制完成，并组织召开了专家评审会议。与会专家在听取编制单位介绍后，对规划文本进行审查和讨论，基本同意规划中的保护思路，同时也对规划依据、专项评估、保护措施、展示手段、考古规划等内容提出了具体修改意见。规划编制单位根据评审会议要求对规划方案进行了修改和完善。（凤凰山管理处）

【编制省级文保单位“四有”记录档案】 2005年，加强杭州市文物保护单位的规范管理，深化和推进文保单位记录档案编制工作，使各级文保单位记录档案备案工作步入法制化、科学化、规范化、标准化轨道。按照《中华人民共和国文物法》和省文物局有关要求，市园文局继2004年完成全市第1批至第5批全国重点文保单位“四有”记录档案编制工作后，从7月起在市区范围内开展香积寺石塔、卫匡国墓、胡雪岩旧居、拱宸桥、吴汉月墓、慈云岭造像等25处省级文保单位记录档案编制，初稿于11月30日完成。

·文物保护·

【拱宸桥桥面修缮工程竣工】 拱宸桥始建于明代，清代曾重修。桥横跨运河东西两岸，是京杭大运河终点的重要标志，也是江南运河现存最大的古桥之一。2005年3月，拱宸桥被省政府公布为第5批省级文保单位。长期以来，拱宸桥桥身多处风化破损，后期附加物也对桥造成较大影响。此次修缮工程重点对桥面进行整治，清除有害添加物和附生植物，重新铺设桥面阶石。拱宸桥桥面整治修缮工程历时3个月，于10月18日通过验收。

【淞沪抗战纪念牌坊环境整治工程】 国民革命军陆军第八十八师淞沪抗战纪念牌坊位于西湖区西溪路东端，建于1946年，为纪念“一·二八事变”后抵抗入侵日军的驻浙第八十八师1120名阵亡将士而修建，是杭州市区抗日战争重要遗迹之一。为省级文物保护单位。2005年，正值世界反法西斯战争和中国人民抗日战争胜利60周年，由于牌坊周边环境较为杂乱，市园文局根据文物保护与国家修缮抗日战争纪念设施的有关规定，对牌坊的环境进行整治，调整园区绿化、地面铺砌青石板、镌刻阵亡将士名录、更换保护标志牌等。整治工程由市文物保护管理所负责实施，杭州柏力环境艺术雕刻有限公司进行方案设计，杭州恒和园林工程有限公司承担施工。于11月底开工，12月中旬竣工。经过整治，纪念牌坊大气古朴，镌刻着烈士英名的黑色花岗岩碑体和周围密植的龙柏、刚竹、红枫等，营造出缅怀先烈的肃穆氛围。

【里万物桥桥面修缮工程竣工】 里万物桥位于拱墅区万物桥巷，始建于宋代，现存桥体修建于明代正德三年（1508年），为单孔石拱桥，南北向横跨西溪河东支流口清水潭。1982年全市第3次文物普查时发现该桥。2003年，里万物桥被列为市文物保护点。里万物桥桥体保存状况较好，但桥面被改成水泥路，通机动车，桥体两端引桥部分埋在路下，桥堍已接近桥顶高；栏板、栏杆也为水泥、钢管替代。为贯彻文物工作“保护为主，抢救第一，合理利用，加强管理”的方针和结合运河水系整治改造工程。2005年8月，拱墅区市政园林管理所对该桥进行保护性修缮。主要恢复桥面原状，对后期改铺的水泥、钢管等物进行清除，恢复桥面踏步和栏板，并将桥台栏板做成霸王靠的形式，挖掘并恢复原有的河埠头。在桥头两端立短柱以防止机动车通行。该工程于9月竣工，并通过市文物部门验收。

【梁宅维修保护利用取得新进展】 梁宅位于下城区七龙潭3号，始建于清代乾隆年间，原为清朝名臣梁肯堂宅邸，为市文物保护点。该宅坐北朝南，主要建筑共7座，建筑占地约2500平方米，建筑面积1630平方米，分布于东、中、西3条轴线。因年久失修，建筑破败不堪，火险隐患严重。市委、市政府对梁宅的维修和保护高度重视，2001年从历史文化名城保护资金中拨出1800万元实施梁宅内的住户动迁。2004年由市文物保护管理所负责实施建筑维修工程，市文物建筑工程有限公司承担施工任务。工程自2004年9月开工，至2005年3月全部竣工。

维修后的梁宅恢复了古宅特有

的庭院深深、古朴雅致的风貌，焕发了它昔日的风采。杭州市中医院将梁宅作为中医专家门诊的场所，并陈列展示中医文化，使梁宅成为杭州市又一处合理利用古建筑、社会效益和经济效益并举的范例。

【汪宅维修保护工程】 汪宅位于上城区望江路266号，始建于清代咸丰年间，为市级文物保护单位。整座建筑坐北朝南，占地约1500平方米，建筑面积约1100平方米，分布于东、西两轴线上。汪宅建成时有完整的居住院落和花园，现只保留了正厅、花厅、后楼等3座主要建筑。汪宅内原有居民住家30余户，搭建了大量的违章建筑，火灾隐患严重，加上建筑因年久失修，处境岌岌可危。2004年，市政府从杭州市历史文化名城保护资金中拨出1500万元，对汪宅实施住户动迁和建筑维修保护，由市文物保护管理所负责实施，市园林工程有限公司承担施工任务。工程于2005年1月开工，至10月竣工。 （郎旭峰）

【瓶窑南山造像群保护工程启动】 余杭瓶窑南山造像群是有明确纪年的元代造像群，造像线条流畅、比例协调、造型端庄，为江南石窟与摩崖石刻艺术的瑰宝，具有很高的历史和艺术价值。在长期自然和人为因素影响下，造像、石刻、题记遭受不同程度的破坏，主要表现为危岩崩塌、深水侵蚀、淋滤与溶蚀、风化、环境污染等。2004年8月开始，余杭区文物管理委员会办公室委托中国文物研究所编制南山造像保护方案，保护区面积0.18平方千米，总投资近2000万元。2005年，保护方案通过专家论证，并报省文物局批准实施。保护将采用加固工程、水治理工程、生物病害防治技术和环境整治等方法，使造像群遗迹等珍贵文化遗产获得有效保护和合理利用。总体保护工程预计2008年全部完成。

（中国江南水乡文化博物馆）

【南宋官窑博物馆实施二期扩建项目】 该项目是做大做强官窑博物馆的极好发展机遇，是关系到可持续发展的关键性项目，得到市、区(局)各级领导的高度重视。2005年，市委王国平书记明确指示“把规划搞好，整体一起动”。

二期规划方案由杭州园林设计院承担，已完成第三稿。该规划方案按照总体规划、分步实施的思路，将官窑博物馆周边的玉皇山后山地区及乌龟山部分山体为规划范围，以南宋官窑为基点，从市场、旅游、休闲、陶瓷文化教育、陶艺培训等多角度出发，挖掘中国陶瓷文化内涵，丰富展示手法，拓展传统陶瓷文化产业，延伸休闲功能。结合当前馆区范围和功能，划分为入口区、陈列教育区、演示展卖区、山体游赏区四大功能区域。

【南宋官窑博物馆征集古陶瓷611件】 南宋官窑博物馆作为中国首个依托古窑址建造的陶瓷专题馆，建馆10余年来，在弘扬祖国优秀传统文化方面起到积极作用，社会效益显著。但藏品匮乏一直阻碍博物馆的可持续发展。随着二期发展建设的实施，文物征集也更显迫切。2005年，由市政府出资1500万元征集费用，为博物馆的发展注入了强大的内力。博物馆人员多次赴安徽淮北考察，征得611件古陶瓷文物。所征文物门类丰富、规格高、精品多、展示效果好，提升了博物馆的整体收藏质量，丰富了杭州陶瓷文化内涵。

【郊坛下、老虎洞窑遗址被列为第五批省级文保单位】 3月，浙江省人民政府核定公布了第五批163处省级文物保护单位，由南宋官窑博物馆负责保护管理的郊坛下、老虎洞两处瓷窑遗址被列入保护名单。

郊坛下窑址是经过确认的南宋时期朝廷设置的窑场之一，1962年被列为杭州市级文物保护单位，1986年又重新公布。1990年在郊坛下窑址建保护大厅，并专门成立南宋官窑博物馆，对遗址进行保护和研究；老虎洞窑址发掘成果尚处于整理阶段，其南宋遗存经专家论证，被确认为是南宋时期烧造御用瓷的窑场。2000年，老虎洞窑址被公布为杭州市文物保护单位。老虎洞窑址于2002年完成初步保护开放设施，建有木结构保护棚3座，遗迹间有木构架栈道相连。遗迹四周铺设参观道，并沿路设排水明沟，引流山水，保护遗迹。 （南宋官窑博物馆）

【飞来峰造像一期保护工程开工】 2月17日，灵隐飞来峰造像一期保护工程开工，以龙泓洞造像区和冷泉造像区为保护范畴，重点采用危岩加固、地表防渗、地面排水等保护方法。前期完成了大量准备工作，本着对国家珍贵文物高度负责的精神，各方面密切合作，精心设计、精心施工、精心管理，工程历时195天，使工程保质保期完成。通过了国家、省、市各项检测和检查，省、市相关部门进行实地验收后，一致表决通过。保护工程解决了渗水侵蚀、溶蚀、风化等地质灾害现象，解除了多块危岩构成的安全隐患，保证了文物及游客的安全。 （灵隐管理处）

【慈云岭造像保护亭工程完工】 省

南宋官窑博物馆陈列厅 （市园文局 供稿）

级文物保护单位慈云岭造像保护亭于2005年5月顺利竣工，减少了酸雨对文物的直接侵蚀，延缓了风化程度。同时还对慈云岭造像周边环境进行了整治，增添慈云岭造像说明文字及匾额等陈设，优化了保存环境。

【白塔、梵天寺经幢安装监控设施】凤凰山管理处于11月完成了全国重点文物保护单位闸口白塔、梵天寺经幢的监控设施项目招标和安装。加强了对闸口白塔、梵天寺经幢的安全保护力度，完善了安全防范设施。（凤凰山管理处）

【建德公布第5批文保单位】5月19日，建德市政府公布第5批市级文物保护单位，即大洋镇的三河章夑故居、麻车高垣中厅、大慈岩镇的叶大宗祠、连三进、紫微第、宣教厅共6处。公布的文物保护单位是在全市第三次历史文化遗产普查基础上，从众多文物点中筛选出来，具有较高的历史、艺术和科学价值。至此，建德市有省级文物保护单位3处，市级文物保护单位37处。

【建德高垣孝子牌坊维修竣工】高垣孝子牌坊位于建德市大洋镇高垣村，始建于清咸丰四年（1854年），为旌表乾隆年间举人吴文迈孝敬母亲而立的孝子坊，为市级文物保护单位。“文革”初期，牌坊顶部遭到破坏。9月，市文物管理委员会办公室根据旧时留下的牌坊老照片、家谱记载及村中老年人回忆，参考建德、兰溪等地有关牌坊建筑形式及作法，委托专家设计编制牌坊顶部修复方案。10月10日开始实施维修，于12月初竣工。

【一本堂维修工程】一本堂位于建德市大慈岩镇李村，始建于明代中叶，1911年重建，总体风格保留明代建筑风格。祠堂坐北朝南，呈长方形，由前殿、戏台、止殿、后堂构成。为建德市级文物保护单位。

因年久失修，建筑中进基础下沉，两边墙体不同程度向内倾斜，对整个建筑的安全构成较大威胁。2005年，建德市文物办对其进行修缮，加固祠堂地基，对中进两边倾斜墙体进行纠偏，对已腐烂构件全部按原样进行了更换，解决了一本堂的安全保护问题。（建德市文物办）

【临安市开展文物保护单位巡查】1月~4月，临安市文物馆对辖区内散布于各乡镇（街道）的2处（4项）全国重点文物保护单位、7处省级文物保护单位、28处市级文物保护单位和部分历史建筑进行全面检查，除对不可移动文物状况作详细记录外，还结合田野不可移动文物安全隐患的整改，第5批市级文物保护单位保护范围和建设控制地带的划定，落实文保单位管理制度和相应的业余文保员聘用等方面工作。通过检查明确临安市不可移动文物的现状和亟待解决的问题，明确今后一个时期加强不可移动文物保护的重点和措施。针对检查中发现的因自然和人为因素造成的问题，区别轻重缓急，采取扎实有效措施，综合运用法律、经济、行政手段予以整改落实。（临安市文物馆）

【萧山区被评为全国文物工作先进县（区）】12月18日，文化部、国家文物局在四川省成都市召开全国文物工作先进县（区）表彰大会，萧山区被授予全国文物工作先进县（区）称号。

萧山区文物工作主要以跨湖桥及相关遗址的发掘和保护、博物馆新馆建设为重点展开，每年召开全区文物工作会议，全面落实“五纳入”方针，保护了一大批文物资源。1987年以来，萧山地方财政投入文物保护的资金始终居于全省县（市、区）前列。近20年来，投入到文物保护、博物馆建设及文物征集等项目的经费总计近2亿元。陆续完成了江寺、衹园寺、越王城遗址、葛云飞故居（宗祠）、葛云飞墓地陵园、朱凤标墓、衙前农民运动旧址等20余处省级和市级文物保护单位及多处古建筑文物点的维修，及时抢救大批濒临毁灭的文物古迹。萧山区博物馆新馆土建工程结束，占地面积1000平方米，总投入超过1亿元。跨湖桥遗址2005年被正式公布为省级文保单位，其保护工程进展有序。遗址公园（博物馆）规划已经出台，公园占地5万平方米，其中遗址博物馆占地4000平方米，预计投入5000万元。各有关乡镇（街道）很重视文物保护。衙前镇政府出资100余万元，先后修复衙前农民运动旧址的东岳庙前殿、“农村小学”、李成虎墓和故居，建成“衙前农民运动纪念馆”；进化镇政府投入30万元，修复民族英雄葛云飞故居中的葛氏宗祠；所前镇政府投入30万元，用于葛云飞陵园建造；楼塔镇政府投入10万元，用于洲口桥维修加固；河上镇政府出资8万元修复了星拱桥。民间掀起集资修复文物热潮。楼塔管村的章氏宗祠修复工程，当地村民集资近100万元；进化的葛壮节公故里表、汤寿潜纪念碑均通过社会捐资修复完成。坎山施氏宗祠、义桥湘南韩氏宗祠、河上永恩堂等也是通过民间集资修缮完成的。从1981年以来，萧山已进行大规模文物普查5次，最近1次于2005年6月完成。其中，2002年的普查范围遍及全区16个乡镇（街道）的70个行政村，共普查120余个历史文化遗迹，进行抢救性发掘4处，新发现文物点近20处。从2000年开始，萧山在文物专项经费中拨出一部分用于流散文物的征集，从开始几万元、几十万元，到2005年的100余万元，已征集古陶瓷文物600余件，以及大量近现代民俗文物。

（萧山区文物办）

·博物馆·

【举办纪念“5·18国际博物馆日”宣传活动】5月14日，杭州市园林文物局为纪念“5·18”国际博物馆日、中国博物馆创建100周年和中国人民抗日战争胜利60周年，加强博物馆理念的宣传，组织市属20余个博物馆、纪念馆在杭州吴山广场举办大型宣传活动。活动通过媒体宣传、图版展示、舞台节目表演、免费文物鉴定咨询和博物馆特色展示等形式，向公众宣传介绍国际博物馆日主题有关的知识、中国博物馆的发展历程、抗日战争期间杭州地区的抗日活动史实以及各博物馆的发展情况。活动场面盛大，气氛热烈，吸引了广大市民参与。（余洪峰）

【西湖博物馆建成开放】10月1日，杭州西湖博物馆建成并正式对外开放。该博物馆是国内唯一的湖泊类专题博物馆，坐落于西湖南线柳浪闻莺公园,毗邻钱王祠,占地面积2.26万平方米,建筑面积7920平方米。

博物馆建筑大部分位于地下,整体风格简洁、含蓄而富有动感。其斜坡式大草坪屋顶与湖滨绿化带自然衔接。馆区绿化配置疏密有致,四季花木遍植,与周边的湖光山色相映成趣,为游客营造了轻松舒适的氛围。

西湖博物馆展示内容包括自然与人文两大部分,由序厅、"天开画图"(西湖的山水)、"钟灵毓秀"(西湖的人文)、"浚治之功"(西湖的浚治)、"明珠璀璨"(西湖的影响)5个部分组成,集中展示西湖从一个小海湾逐渐演变成享誉世界的天堂明珠的历史。展示手段丰富多样,有较强的参与性和互动性。展览突破传统展示中生硬死板、图解说教味浓的弊端,运用声、光、电等高科技手段,使展示更为生动而富有趣味。尤其是三维动画立体电影、270度环幕电影(游船模拟)成为参观热点。博物馆还具备游客服务、西湖文献收藏和西湖学研究三大功能。每天参观者络绎不绝。国庆"黄金周"期间,游客接待量超过13万人次。日接待量1万人次以上,最多4万余人次。开馆3个月,游客量突破50万人次。

10月16日,原全国政协副主席杨汝岱一行到西湖博物馆视察参观。杨汝岱对西湖博物馆与自然环境融为一体的建筑及新颖丰富的陈列设计表示赞赏,感叹"杭州西湖真是个好地方!"。

12月31日,中国水利部部长汪恕成一行到西湖博物馆参观。汪恕成说,西湖是世界著名的风景湖泊,作为中国第一个湖泊博物馆,应该比日本的琵琶湖博物馆更有人文历史内涵。称赞西湖博物馆建筑有特色,陈列充分体现出西湖与人类的关系。(西湖博物馆)

10月1日,新落成的西湖博物馆正式对外开放。(市园文局 供稿)

【举办书画和考古成就展】10月1日~12月31日,杭州历史博物馆从馆藏明清时期至近现代名家的书画作品中遴选精品,如明代华亭派代表董其昌、浙派殿军蓝瑛,扬州画家黄慎,海上画派任颐、蒲华、赵之谦、吴昌硕,近现代张大千、齐白石等的作品,举办馆藏书画精品展。展出的书画作品极具观赏和研究价值,在中国书画艺术和收藏史上具有重要地位,反映了中华民族浓郁的文化艺术特色。展览让观众领略了中华民族书法绘画艺术的风采,获得了艺术享受。

历史文化名城杭州在地面上留存名胜古迹,在地下也蕴藏着极为丰富的文化遗存。自1986年以来,经过各级考古工作者的辛勤耕耘,杭州考古事业取得了辉煌成就,共完成数百项考古发掘。历次考古均发现和发掘出大量古文化遗迹,出土了大量文物,其中不乏国宝级珍品。杭州市有5项考古发现被评为当年"全国十大考古新发现",在全国是仅有的。11月3日~12月25日,市文物考古所、杭州历史博物馆联合举办"追寻城市足迹——杭州考古20年成果展",旨在引领观众透过展出的精美器物和内容丰富的图片资料,进行古今对话,追寻城市足迹,共享杭州古今辉煌与繁荣。

(杭州历史博物馆)

【为打造"杭为茶都"品牌发挥作用】中国茶叶博物馆为发展茶产业、弘扬茶文化、促进茶旅游,响应杭州市委、市政府的号召,倡导"茶为国饮",打造"杭为茶都",参与市政府等主办的2005年中国(杭州)西湖国际茶文化博览会。4月2日~22日,国际茶文化博览会在杭州举行。共设2005年西湖龙井开茶节等9个项目和活动。作为杭州八大国字号茶叶研究机构之一的中国茶叶博物馆在活动中推出"茶香溢杭州"主题展览,联合有关单位主办"饮茶与人体健康"国际论坛,参与"倡导茶为国饮,打造杭为茶都"高级论坛、茶文化嘉年华和中国茶圣节等各项活动。利用茶叶博物馆在全国乃至全世界的知名度、美誉度和影响力,联合在杭国字号茶叶机构广邀天下茶人,共品杭州的茶香茶魂,引导杭州茶馆提升品位和档次,点化人民群众的品饮生活,"茶为国饮"成为共识。中国茶叶博物馆等10个茶叶行业权威机构授予杭州为"中国茶都"称号。

4月初,"茶香溢杭州"为主题的特展,分别从茶文化、茶科技、茶教育、茶旅游、茶产业等角度,多层面来展示"杭为茶都"的特点和魅力,展览得到市民好评。4月中旬,为纪念吴觉农先生诞辰108周年,弘扬吴觉农对中国近代茶业所作的无私贡献,中国茶叶博物馆策划设计"农学宗师、茶界泰斗"专题展览,为上海吴觉农纪念馆展览搭建了总体框架,丰富了展览内容。10月,在北京举办的第二届中国国际茶业博览会上,为宣传中国博大精深的中华茶文化,主办方委托中国茶叶博物馆制作相关展览,发挥中国茶叶博物馆馆藏资源优势,举办图文并茂的"中华茶文化"主题展览。此外,中国茶叶博物馆还与岳庙文保所联合举办"江南茶忆"临时展览,在龙井寺与钱江管理处合作举办"龙井寺与龙井茶”专题展览；与市科技局推出《茶与人体健康系列挂图》，深入到杭城各个社区。

11 月 26 日~29 日，国家一类城市语言文字工作评估组对杭州市实施语言文字工作评估，共有 19 个单位受评，中国茶叶博物馆是杭州众多博物馆中唯一接受评估的单位。国家一类城市语言文字工作评估组和观察组对中国茶叶博物馆语言文字工作给予高度评价，认为中国茶叶博物馆将茶文化的博大精深和语言文字结合得非常完美。年末，中国茶叶博物馆被评为杭州市语言文字工作先进单位。（中国茶叶博物馆）

【举办 20 世纪俄罗斯现实主义绘画大展】 10 月 21 日~11 月 20 日，20 世纪俄罗斯现实主义绘画大展亮相杭州西湖博览会博物馆。俄罗斯美术具有深厚现实主义传统，在 20 世纪 30 年代就由鲁迅、徐悲鸿等介绍到中国，对新中国美术产生了积极影响。1 个月内 300 件俄罗斯近 50 年来现实主义绘画作品陆续展现在广大艺术爱好者面前。作品由俄罗斯艺术科学院院士、列宾美术学院教授、俄罗斯自由艺术家等提供。其中有俄罗斯著名艺术家叶里梅耶夫的《玛丽娜》、卡留塔的《丽莎》等优秀作品。此次展览对促进中俄文化交流及圣彼得堡和杭州两座友好城市美术界的学术交流起到了积极的作用。

（西湖博览会博物馆）

【入选全国博物馆十大陈列精品】 5 月 17 日，第六届（2003~2004 年度）全国博物馆十大陈列精品展览评选活动揭晓，中国江南水乡文化博物馆选送的“江南水乡文化陈列”荣获“最佳服务奖”。陈列在创意、内容设计、形式设计和观众服务方面都受到了与会专家和文博界同行的认可和好评。

（中国江南水乡文化博物馆）

·考古·

【密渡桥南宋河道遗址发掘】 5 月 8 日~6 月 30 日，市文物考古所配合杭州武林房地产公司汇丰大厦建设项目，对该项目工程建设范围进行抢救性考古发掘。发掘区位于湖墅南路和密渡桥路交叉口的东南角，在发掘区的西北部布南北向两排 10 米×10 米的探方共 6 个，发掘面积 600 平方米，发现了宋代河道、木桩、灰坑等遗迹，对于研究南宋时期临安城的城市布局和发展具有重要意义。由于受发掘区域建筑所限，揭露的河道遗迹长度约 30 米，其宽度近 2.5 米，河岸两侧均有排桩护坡。

【吴山广场发现宋代建筑遗迹】 6 月 3 日~7 月 28 日，市文物考古所配合吴山地区的开发建设，对位于吴山广场西南部地下停车场两侧的地块进行抢救性考古发掘，发掘面积总计 600 平方米。在发掘过程中，宋代至明清时期的遗迹均有发现，出土了陶瓷器、古钱币、石器、铜器等遗物。主要清理出一组由墙基、砖铺地面、水池、木桩、木板护墙等构成的宋代建筑遗迹，为一组以砖砌水池及其东侧被近代水井打破的砖砌建筑为中心，以木板护墙为外围挡水固土设施的宋代建筑遗存。虽然揭露面积有限，尚无法判定该建筑遗迹的性质及功用，但肯定其周边必定有水存在。

【四宜路发现近代银元窖藏】 10 月，吴山脚下的杭州四宜路东侧发现 1 处近代银元窖藏，出土大量晚清民国银元。该窖藏距地表面 1.2 米深处，开口为边长 65 厘米、深 70 厘米的方形石坑，坑壁用不规则的小石块砌成，坑口覆盖两块长方形石板。坑内堆积厚 30 厘米~50 厘米的黑色草木灰，银元装于草木灰中，共出土银元 1800 枚。据分析，这批银元由于战乱或不可抗拒因素未及时使用。

（杭州历史博物馆 市文物考古所）

·收藏·

【余杭区收藏家协会成立】 5 月 15 日，余杭区收藏家协会在临平成立。陈梅乾当选为会长。近年来，余杭民间收藏热不断升温。成立收藏家协会致力于开展有组织的私人收藏展示交流活动、收藏鉴赏知识培训与普及、加强民间收藏的协作与沟通等，成为名副其实的“藏者之家”。为热爱文物收藏的社会各界人士搭建起一个良好的事业平台，从而对保护、研究、弘扬余杭乃至杭州和浙江民间收藏起到推动作用。据统计，全区收藏爱好者 3000 余人。

【举办“走进余杭”中国画展等展览】 5 月 23 日~6 月 30 日，中国江南水乡文化博物馆举办著名画家“走进余杭”中国画展。展出钱大礼、包辰初、洪世清、诸涵、朱颖人、杜高杰、张耕源、杜巽 8 位省内当代著名画家精心创作的 108 幅中国画精品，吸引了众多美术爱好者和市民参观。

9 月 6 日，由余杭区委宣传部主办、中国江南水乡文化博物馆承办的“今日余杭”成就展开展。展览从“荣誉榜”开始，分“工业经济蒸蒸日上”、“都市农业欣欣向荣”、“服务业迅速发展”、“基础设施日臻完善”、“社会事业繁荣昌盛”、“城镇面貌日新月异”6 个版块，以图文并茂、新旧对比的形式，生动具体地反映了近年来余杭经济社会所发生的巨大变化，展示了余杭在实现向“经济强区、生态城区、文化名区”三大跨越进程中所取得的巨大成就。

10 月 27 日~11 月 20 日，中国江南水乡文化博物馆推出“余杭·印象”美术作品展。共展出 100 余幅由区美术家和美术爱好者创作的美术作品。

（中国江南水乡文化博物馆）

旅 游

Tourism

·旅游综述·

【接待游客超过 3400 万人次】 2005 年，杭州市接待境内外游客 3417.36 万人次，比上年增长 8.9%；旅游总收入 465.07 亿元，增长 13.2%，相当于全市 GDP 的 15.9%；旅游业增加值 175.84 亿元，按现价计算比 2000 年增长 106.9%，年均增长 15.6%，占国内生产总值的比重为 6%。

【入境游客超过 150 万人次】 2005 年，杭州市接待入境游客 151.36 万人次，比上年增长 22.6%。接待入境游客数在全国居深圳、广州、上海、北京、珠海之后，列第 6 位。旅游外汇收入 7.58 亿美元，增长 26.8%。旅游外汇收入在全国居北京、上海、广州、深圳之后，列第 5 位。

入境游客在杭平均逗留时间为 2.63 天，人均花费为 190.56 美元。

2005 年，杭州十大外国客源市场是：韩国、日本、美国、马来西亚、泰国、新加坡、德国、印度尼西亚、西班牙、澳大利亚。

【境内旅游收入超过 400 亿元】 2005 年，杭州市接待境内游客 3266 万人次，比上年增长 8.3%；旅游收入 404 亿元，增长 11.8%。到杭的境内游客中，以观光、度假、商务、探亲访友、会议为主要目的的，分别占 50.4%、30.1%、16.9%、14.9%、7.2%（有兼项的）。

到杭境内游客仍以省内及周边省市为主，省内占 33.6%，上海占 14.7%，江苏占 14.0%，其他主要客源地还有安徽、山东、广东、北京、江西、河南、福建、湖南、黑龙江等。与上几年相比，大格局基本没变化，但中远程客源市场增幅显著。

【出境旅游市场不景气】 至年末，对杭州市开放的出境游目的地达 81 个。由于安全事件的影响及签证率下降等因素，2005 年杭州市出境旅游市场不景气。全市旅行社组织出境游人数 17.69 万人次，比上年下降 26.82%。

按出境游客多少排列，2005 年杭州市出境游主要目的地依次为：泰国、新加坡、马来西亚、韩国、澳大利亚、新西兰、菲律宾、日本。

【《杭州市旅游条例》获批准】 9 月 28 日，杭州市第十届人民代表大会常务委员会第二十六次会议审议通过的杭州市第一部旅游地方法规《杭州市旅游条例》，于 11 月 18 日经浙江省第十届人民代表大会常务委员会第二十一次会议批准，2006 年 1 月 1 日起施行。

《杭州市旅游条例》设总则、旅游促进、旅游资源开发和保护、旅游经营管理、权益保障、法律责任和附则，共 7 章 53 条。《杭州市旅游条例》是杭州市首部旅游业地方性法规，明确旅游业优先发展的原则，赋予旅游规划以法律地位，提出促进旅游业发展的若干措施，规范旅游业发展的若干重点、难点问题，如旅游资源的开发与保护、旅游购物的责任承担、旅游集散中心的性质、旅游客运线路的开通以及行业管理中诸如“野导”、“黑车”等问题的解决办法，都作了明确规定。《杭州市旅游条例》的出台，对于保护旅游经营者和游客的合法权益、促进旅游业

表 44　　2005年杭州市旅游指标一览

地　区	入境旅游者（人次）	比上年（%）	旅游外汇收入（万美元）	比上年（%）	国内旅游者（万人次）	比上年（%）	国内旅游收入（亿元）	比上年（%）	旅游总收入（亿元）
全　市	1 513 585	22.64	75 773	26.84	3 265.96	8.30	403.6	11.8	465.07
市　区	1 442 429	20.99	73793.13	26.23	2 373.77	6.74	332.23	11.03	390.35
其中：萧山区	78 637	55.56	2 741.91	28.66	216.00	5.40	30.00	13.9	32.20
余杭区	40 805	99.02	1 104.54	26.05	160.02	31.85	14.90	13	15.80
富阳市	27 768	169.54	668.66	121.10	205.88	10.91	16.97	16.31	17.50
建德市	774	−36.92	25.40	−52.11	125.00	5.00	12.00	12.7	12.02
临安市	4 327	−5.87	143.61	3.23	156.46	9.32	12.40	12.5	12.50
桐庐县	10 088	333.89	196.35	242.91	182.07	25.25	13.20	22.11	13.40
淳安县	28 199	20.50	945.85	30.78	222.82	12.02	16.80	12.8	17.30

发展具有重要意义。

此前，市政府和有关部门先后出台《杭州市人民政府关于加快杭州旅游业发展的若干意见》、《关于评选旅游、商贸、中介服务业示范企业和行业标兵的实施意见》、《杭州市社会资源转化为旅游产品工程以奖代拨实施办法》等政策性文件。

【旅游规划工作进展顺利】 2005年，杭州市旅游规划编制工作有很大进展。《杭州市旅游发展总体规划》1月正式开始编制，9月27日通过专家评审，11月初完成综合稿，11月30日和12月23日分别向市人大和市政协汇报并征求意见，年底上报市政府审批。

5月26日市政府批准实施《杭州大旅游产业发展规划（2006年~2020年）》。

年内编制完成《杭州市旅游业发展"十一五"规划》。

年内编制的地区规划和专项规划还有：《建德旅游"十一五"规划》、《江干区"十一五"旅游发展规划》、《萧山区"十一五"旅游发展规划》、《余杭区旅游业发展总体规划》、《余杭旅游资源保护规划》、《南湖旅游休闲度假区概念性规划》、《大禹谷旅游度假项目开发总体规划》、《"老余杭"休闲文化园详细规划》、《杭州金禧园婚庆文化城概念性规划》、《杭州天目风景旅游区总体规划》、《富阳市富春江旅游度假区规划》、《临安"十一五"旅游发展专项规划》、《皋亭山单元控制性详规》、《四季青服装特色街区旅游购物规划》等。

【加强区域旅游合作】 2005年，杭州市各级旅游部门重视区域合作，力争"1+1＞2"的效果。

1月8日，淳安县、桐庐县、富阳市抓住05省道开通的机遇，在千岛湖举行首届浙西旅游合作峰会，就旅游合作交流、旅游经济发展以及市场营销、行业管理、规划建设等议题进行深入的探讨与交流。3县（市）旅游部门提出共同构筑浙西旅游经济圈的概念，并签署《浙西旅游合作宣言》。

3月26日，杭金衢"金三角"旅游经济圈合作大会在建德举行。建德市与金华的兰溪市、衢州的龙游县签署《杭金衢"金三角"旅游经济圈合作宣言》，联合推出建德悬空寺、兰溪诸葛八卦村、龙游龙门石窟"神奇之旅"旅游线路。

9月3日~5日，杭州市旅委出席2005年"长三角"旅游城市高峰论坛无锡峰会。24个论坛成员单位共同发表《无锡倡议》，承诺将深化"长三角"区域旅游合作，打造中国区域旅游合作典范。

【建设旅游咨询服务中心】 为方便旅客，2005年，杭州市加紧建设旅游咨询服务中心。"五一"前建成吴山广场咨询点，"十一"前建成西湖博物馆咨询点，全年共建成7个咨询点。通过2004年下半年的"96123"外语志愿者招募工作和咨询点人员培训工作，从2005年1月1日开始，杭州旅游咨询服务中心提供多语种旅游信息服务。至年末，旅游咨询点和96123旅游热线共接受咨询54万人次。

同时，完善杭州旅游集散中心的建设，开通观光巴士旅游线4条，开通发往上海浦东机场和舟山班车每天6班次，开通发往周边旅游景区（点）旅游线路近50条。余杭、富阳、临安的旅游集散中心初步建成。交通换乘方案逐步完善。至年末，建成并开放黄龙和之江两个常年换乘点。

【规范交通指示牌】 2005年下半年，杭州市参加"长三角"地区城市规范设置主要旅游景点道路交通指引标志试点工作。通过招标，市旅委与同济大学签订《杭州市景点道路交通指引标志规划》的编制合同，并落实经费，组织施工。至年末，西湖风景名胜区和西溪景区的交通指示牌按要求设置到位。

与此同时，市旅委强化"多语标识"工作。至年末，杭州所有3A级以上景区、重要商业特色街、主要宾馆饭店都悬挂用中、英、日、韩等国文字标识的指示牌。

·旅游资源开发·

【全面启动十大休闲基地建设】 为推进"东方休闲之都"建设，2005年初，市旅委拟定杭州市休闲基地建设初步方案，提出17个休闲基地备选名单，拟以原有的旅游景区和接待点（区域）为基础，在"十一五"期间加大资金投入，完善休闲设施，进一步营造休闲环境，促进休闲消费，在环西湖休闲度假区已基本建成的基础上，打造出10个休闲特色鲜明、有相当规模（地域面积、接待设施、年接待游客量）、影响力较大的休闲目的地。经过推荐、审核、评定、挂牌等程序，至年末，十大休闲基地

龙门古镇

千岛湖秀水节开幕式　（张文照 摄）

已确定，建设工作全面启动。

▶▶资料：建设中的十大休闲基地

西溪国家湿地公园休闲基地。在充分保护生态的基础上，建成集生态休闲与科普教育于一体的旅游休闲度假地，凸显“生态、野趣、恬静”特征。2005年完成的一期工程包括烟水渔庄服务区、深潭口民俗文化展示区、沿山河人文历史展示区、湿地自然景观区、百家溇国际会议中心、百家溇度假酒店等6个主要休闲项目建设，总投资18亿元，占地面积3.46平方千米。

千岛湖滨水休闲度假基地。总体形象为“蓝天、碧水、青山、绿地、温泉、乡情”，通过适度建设功能互补、设施配套的度假区块和10家左右五星级酒店，使其成为面向海内外市场的杭州旅游圈内最具湖滨特色的生态度假基地。2005年开工建设天鹅山度假村山地运动公园会所、千岛商务中心、水上不夜城三大项目，总投资约5.9亿元。

环湘湖休闲度假基地。包括湘湖一期工程、世界休闲博览园、世界休闲风情园、东方文化园四大建设项目，总投资64亿元，总面积约7.2平方千米。2006年4月杭州世界休闲博览会开幕前建成开放，是继西湖之后城区内又一国际休闲商务旅游区。

天目山森林休闲度假基地。围绕“森林王国”品牌形象，积极开发森林休闲、森林健身、森林考察、森林度假等多样化旅游产品。总投资5亿元，景区面积14平方千米，建设用地约73公顷。

大明山高山休闲度假基地。利用大明山原有的旅游资源及配套设施，建成全省海拔最高的高山型度假胜地。总投资3亿元，景区面积20平方千米，增加建设用地约13公顷。

南湖滨水休闲度假基地。利用滞洪区湖面开发国际性的大型水上旅游休闲度假中心。总投资25亿元，面积约7.4平方千米。

新安江清凉世界避暑休闲度假基地。以新安江水域为依托，建成融自然、生态、文化、休闲为一体的新安江清凉世界避暑休闲胜地。总投资21亿元，面积约45公顷。

龙门山古镇休闲度假基地。以富春江沿线的各主要人文、自然景点为吸引物，依托古镇、农户、传统工艺和乡村生态，发展乡村休闲度假设施。总投资8亿元，面积24平方千米。

桐庐大奇山乡村休闲度假基地。以“吃农家饭、住农家屋、观自然景、赏民俗情、享田园乐”为重点的乡村型休闲项目。总投资9.5亿元，面积约80平方千米。

大清谷温泉休闲度假基地。以温泉度假疗养、康体、休闲等为主，以大众娱乐、野外运动、休闲健身、生态教育为辅。总投资5.3亿元，面积6.5平方千米。

【开辟工农业旅游示范点】为推进旅游西进战略，适应观光游向休闲游转变，增强工业、农业的休闲观光功能，2005年，杭州市各级旅游部门积极开辟工农业旅游示范点。至年末，娃哈哈下沙工业园、淳安县千岛湖农夫山泉生产基地、浙江省农业高科技示范园区、浙江（中国）花木城、杭州梅家坞茶文化村、华宝斋中国古代造纸印刷文化村被列入工农业旅游示范点；浙江省农业高科技示范园区、杭州都市农业园、杭州生态园、浙江（中国）花木城、梅家坞茶文化村、绿景休闲观光农业园区、杭州双流农庄、景芳休闲渔业快乐庄、浙江华丰农业生态园、杭州白马湖渔村、星星都市村、永安高山农庄、蜂之蜜蜜蜂王国、巴比松度假庄园、千岛湖有机鱼休闲观光园区、钱江水禽休闲观光农业园区、萧山湘湖生态鳖养殖场、杭州神博乐园、余杭竹园农业生态休闲观光园区、杭州西坝生态农业观光园、杭州绿慧生态休闲农庄、杭州蜂农氏蜂文化休闲观光园、中得农业休闲观光园、杭州云森生态农业休闲园区、临安八百里养生园、柳溪江农业休闲旅游观光园区被列入杭州市休闲观光农业旅游示范单位。

11月30日，市旅委命名9个乡村旅游示范点。它们是：西湖区上城埭村、余杭区山沟沟村、富阳市白鹤村、桐庐县芦茨村和畲乡山寨、建德市三都渔村、淳安县上西村、临安市白沙村和上坪村。

【推出100个社会资源国际旅游访问点】2005年，杭州市旅游部门将社会资源成功转化为旅游产品，在城市公共服务设施、工农业旅游示范点、社会文化、社会政治、市民生活和节庆会展六大领域先后推出100个社会资源国际旅游访问点，并制作宣传册《体验杭州·感受中国》向旅行社和散客发放。访问点全年共接待游客18.1万人次，其中外国游客1.7万人次。此举属国内首创，并引起较大反响，得到国家旅游局的充分肯定，在杭州参加世界文化多样性论坛的联合国教科文组织代表也给予高度评价。国家旅游局出版的《旅游调研》刊登了杭州的做法和经验，《中国旅游报》也作了大篇幅的报道。

▶▶资料：杭州市社会资源国际旅游访问点名录

第一批（2005年1月1日开放）：京杭大运河水上巴士 古荡农贸市场 杭州市中医院 清河坊历史文化街区 南山路艺术休闲特色街区 杭州大厦购物中心 银泰百货 楼外楼 知味观·味庄 花中城餐饮连锁企业 富春山居度假村 娃哈哈下沙工业园 农夫山泉淳安生产基地 杭州钢铁集团 下沙工业城 滨江高新工业园 杭派精品服装市场 张小泉集团有限公司 王星记扇业 都锦生(丝织工艺品) 正大青春宝药业公司 浙江省农业科技示范园区 浙江(中国)花木城 梅家坞茶文化村 蜂之语蜜蜂王国 千岛湖有机鱼休闲观光园 白马湖渔村 晶星都市园 浙江大学 中国美术学院 下沙大学城 学军中学 中策职校 采荷初中 绿城育华教育集团 崇文实验学校 天长小学 新华实验幼托园 市府机关幼儿园 杨绫子学校 杭州老年大学 杭州青少年活动中心 陈经伦体校 杭州日报社 下城区长庆派出所 西湖区法院 杭州市社会福利中心 萧山区社会保险中心 武术协会(太极拳) 木兰拳协会 西泠印社 青上阁石雕艺术馆 上城区小营巷社区 西湖区德加社区 拱墅区珠儿潭社区 世界休闲博览园

第二批（2005年7月1日开放）：东山弄农贸市场 丝绸城特色街区 武林路女装街 杭州百货大楼 张生记 王润兴 奎元馆 东方通信 朱炳仁铜雕艺术博物馆 万事利集团 杭州绿景生态开发公司 富阳永安高山农庄 桐庐巴比松度假庄园 杭州生态园 杭州高级中学 杭二中 旅游职校 文澜中学 保俶实验学校 安吉路实验学校 学军小学 求是教育集团 东园婴幼教育中心 紫荆花学校 少儿图书馆 杭州艺术学校 刘小平根雕工作室 下城区东新园社区 杭州大剧院

第三批（2005年12月1日~31日开放）：钱塘江大桥 信义坊商业步行街 解放路百货商店 萧山区宁围镇 红泥砂锅 景芳休闲渔业快乐庄 杭州都市农业园 华丰农业生态园 杭州双流农庄 广兴堂国医馆 滨江山一村生态观光园 狮子山休闲山庄 12345市长公开电话 佳音乐器厂 下城区灯芯巷社区

表45 2005年杭州市国外旅游促销活动

内 容	时 间
派员参加国家旅游局2005年印度旅游展。	2月16日~3月3日
组团参加第39届柏林国际旅游交易会(ITB)和巴黎国际旅游博览会。	3月9日~23日
组团参加日本爱知世博会“杭州周”活动，并针对日本中部地区进行巡回旅游推广促销活动。	3月27日~4月2日
派员参加德国法兰克福会议与奖励旅游展。	6月2日~5日
组团参加2005年韩国国际旅游展览会，并赴马尔代夫，邀请其到杭参加2006年世界休闲博览会百城馆展示。	4月18日~21日
组团参加市委、市政府赴欧洲大型招商和旅游促销活动，举办“东方休闲之都——印象杭州”大型图片展。随后，杭州市旅游促销团赴法国、芬兰、丹麦等国开展旅游促销。	6月底~7月初
派员参加瑞士国际会议。	8月
派员参加韩国釜山旅游年。	11月1日~4日
组团参加2005年中国国际旅游交易会。	11月24日~27日
接待马尔代夫、西班牙、德国海得堡等地到杭交流、洽谈合作。	全年

表46 2005年杭州市主要国内旅游促销与交流活动

内 容	时 间
组团赴香港、澳门参加浙江省大型旅游促销暨第二届香港·浙江周、第一届澳门·浙江周活动	1月17日~22日
组团参加广州国际旅游展销会。	3月4日~6日
组团参加北方旅游交易会和青岛亚太国际旅游博览会。	6月8日~17日
在第二届东亚国际旅游博览会上重点推出“让我们相聚在杭州”——2006年杭州世界休闲博览会的节庆活动。	8月26日~28日
组团参加2005年中国长江三角洲国际旅游交易会。	9月3日~5日
组团参加2005年中国国际旅游交易会。	11月24日~27日
接待常州、南京、安徽、武夷山、普陀、余姚、巫山、厦门、焦作等地市来杭交流、宣传促销。	全年

【中国国际湖泊旅游论坛】 9月24日~25日在淳安县千岛湖镇举行。17个国家和地区的62个著名湖泊、16所大学、15个市县旅游局和10个著名旅游规划设计企业的专家、学者170余名与会，共商发展湖泊旅游大计。与会专家和湖泊代表达成旨在实行湖泊旅游业可持续发展的《千岛湖共识》，发起成立中国湖泊旅游联盟的倡议。同时，在千岛湖举办国际游艇展。

·旅游促销·

【旅游促销概况】 2005年，杭州市加大国内外旅游促销力度，先后组织促销团或派员参加国家旅游局和省旅游局组织的国外促销团9次，积极宣传杭州的旅游资源和旅游环境，提高杭州在国外的知名度，增强杭州对国外游客的吸引力。在全年的促销活动中，尤以对欧洲和日本的促销成效最为显著。

杭州市积极拓展以欧洲为重点的新市场，先后组团参加德国柏林展、法国巴黎展、法兰克福会议与奖励旅游展和第二届欧中旅游合作论坛，并在法国巴黎和英国伦敦举办《东方休闲之都——印象杭州》大型图片展，吸引更多的欧洲客人到杭州旅游。2005年，欧洲游客比上年增长43.3%。

杭州市以参加日本爱知世博会为契机，实施日本旅游市场振兴计划。参加世博会“杭州周”的杭州代表团深入到日本的中小城市进行宣传活动；邀请《妇女画报》、《主妇之友》等5个在日本有影响力的女性杂志社的记者、摄影师等共11人来杭州采访，开发日本女性旅游市场；

与日本国土交通省联合举办中日旅游资源交流展，组织近1000名日本人士来杭参加。通过这些活动，杭州在日本的知名度大幅度提高。2005年，杭州接待日本过夜游客比上年增长4.9%，

境内旅游促销与交流活动也积极开展，特别是接待各省市旅游部门比往年更为活跃。

【与三大旅行社签订合作协议】 8月3日~4日，市政府与中国国际旅行社、中国旅行社、中国青年旅行社签订战略合作协议。协议的主要内容为：从9月1日起，三大旅行社在欧美等旅游市场的主流媒体上介绍杭州，包括宣传2006年杭州世界休闲博览会，把杭州作为中国国际一类城市对外包装旅游产品并进行销售，为杭州旅游和休博会建立国际化的营销网络。杭州方面对三大旅行社也作出相应承诺。

【制作发放宣传品】 2005年，杭州市旅游部门重视旅游宣传品的制作和发放。主要的宣传品有：

《杭州旅游指南》144万册，有中文简体和繁体、英文、日文、韩文5种，放在杭州市三星级以上饭店及特色饭店、车站、码头、咨询点等81处网点供到杭散客免费取用。

《体验杭州·感受中国》100个社会资源国际旅游访问点宣传册5000册，中英文对照，针对旅行社、散客发放。

《杭州旅游宝典》1.3万册，有中、英、日、韩四国文字，放在杭州市三星级以上饭店及特色饭店每间客房里，供游客阅读。

《东方休闲之都·杭州》画册1000册，中英文对照，主要作为纪念品赠给到杭贵宾。

《杭州旅游纪念邮册》2万册，中英文对照，主要作为纪念品赠送到杭嘉宾及团队客人。

《女子十二乐坊杭州演奏会》光碟8000张，用女子十二乐坊演奏的音乐衬托杭州风光，主要用于赠送到杭游客及外出促销。

《东方休闲之都——杭州》光盘2000张，中英文、中日文对照，汇集市旅委历年制作的9部专题片及广告片，主要用于赠送到杭游客及外出促销。

表47　2005年杭州市旅游饭店客房出租率及房价

星　级	客房出租率(%)	平均房价(元/间·天)
五星	68.12	582.15
四星	71.33	354.56
三星	72.67	262.23
二星	56.45	145.91
一星	59.31	64.24
其他	67.69	498.07
平均	67.89	314.13

·旅游业管理·

【星级饭店新增27家】 截至2005年末，杭州市星级饭店总数达229家，比上年增加27家。其中，五星级9家，四星级25家，三星级79家，二星级110家，一星级6家。共计客房30321间，床位56850张。全市星级饭店营业收入56.39亿元，经营利润17.06亿元，利润总额2.82亿元；客房出租率67.89%，平均房价314.13元/间·天。

星级饭店分布如下：市区146家，淳安县31家，临安市17家，富阳市12家，建德市12家，桐庐县11家。全市形成以星级饭店为主体，一大批经济型饭店、旅馆、招待所等为补充的旅游饭店产业群。

全年新增"绿色饭店"8家。至年末，"绿色饭店"达53家。

数字电视进宾馆是2005年杭州饭店业的亮点工程。至年末，有106家旅游饭店完成"模转数"工作。

▶▶资料：2005年度杭州市十佳星级饭店(排名不分先后)

浙江世贸中心大饭店　杭州西湖索菲特大酒店　杭州大厦宾馆　杭州马可·波罗假日酒店　杭州最佳西方梅苑宾馆　浙江开元萧山宾馆　杭州华辰大酒店　杭州大华饭店　杭州大酒店　杭州银江宾馆

【旅行社新增48家】 2005年，杭州市新增旅行社48家。至年末，全市旅行社总数达328家，其中国际旅行社34家，国内旅行社294家。

导游队伍不断扩大。至年末，全市共有导游员7234名。2005年评选出杭州市文明导游员65名，市级文明导游员累计达到284名。

▶▶资料：2005年度杭州市十佳国际旅行社和十佳国内旅行社

十佳国际旅行社：浙江省中国旅行社　浙江省中青国际旅游有限公司　杭州市中国旅行社有限公司　浙江海外旅游公司　浙江中山国际旅行社有限责任公司　浙江国际旅游集团有限公司　杭州海外旅游有限公司　浙江海峡旅行社有限公司　浙江海内外商务旅游有限公司　杭州招商国际旅游有限公司

十佳国内旅行社：杭州园林旅游贸易有限公司　杭州大厦旅行社　杭州新世界旅游有限公司　浙江天堂旅行社有限公司　杭州假日旅行社有限公司　杭州天缘旅行社有限公司　浙江中旅假日旅游有限公司　杭州海外旅游航空服务有限公司　杭州开元旅游有限公司　杭州长运旅游有限公司

【培训员工逾万人】 2005年，杭州市旅游部门加大对员工教育培训力度，全年培训11201人，比任务考核人数增加3496人。主要的教育培训工作有：全市旅游工作研讨班一期，旅行社经理岗位职务培训198人，异地导游培训152人，饭店员工培训169人，导游年审培训5032人，导游资格考试及培训1706人，日本联合体培训295人，华东线导游培训17人，农民工培训3549人，旅游目的地管理师培训47人。

【规范与整治市场秩序】 2005年，杭州市健全旅游市场整顿规范机制，继续抓好旅游广告(包括一日游旅游广告、网络旅游广告)的规范工作，网络旅游咨询的规范工作。强调属地管理，加大整治"野导游"的力度，多次组织明查暗访，强化整治效果，增加打击威力。旅游市场秩序明显好转。　(张文照)

·交通运输综述·

【交通运输概况】 2005 年,杭州市交通系统各单位围绕“建设出精品、管理创亮点”的目标,强化基础建设,优化行业管理,各项工作都取得了可喜成绩。全年完成交通建设投资超 90 亿元,再创历史新高。建成杭千高速一期杭州至建德段 108 千米,建设速度之快、工程质量之优、沿线景观之美,创造了杭州交通建设之最,成为全省高速公路的精品。杭徽、杭浦高速公路建设稳步推进,江东大桥、大松树集装箱作业区顺利开工,杭甬运河新坝船闸主体落成,申嘉湖杭、杭长高速和钱江隧道前期工程加快实施。改造国、省道 156 千米,建成绿色通道 336 千米,完成 2515 千米农村公路建设和 329 千米县道“砂改油”任务。完善规费征收目标考核,加强规费征收工作的管理与稽查,各项规费征收均超额完成。开展出租车“文明行动”,服务质量和司机队伍整体素质明显提升。城乡客运一体化进程加快,萧山区全部完成,其他区、县(市)有条不紊地进行,全市城乡客运一体化率达到 80.7%。推进依法行政,交通路政、运政、港政、稽征和行业安全监管工作都取得了新的进展。遵循“谋长远、深研究、重实施”的基本要求,编制完成《杭州市公路水路交通“十一五”发展规划》。

全年完成全社会货物运输量 1.99 亿吨,比上年增长 5.4%,其中公路、水路 1.93 亿吨,增长 4.9%。完成全社会旅客运输量 2.41 亿人次,增长 5.7%,其中公路、水路 2.17 亿人次,增长 5.3%。 (韩莉萍)

【倾力打造平安交通】 市交通局认真落实安全生产责任制,严格执行全员安全教育制度,集中开展工程建设等领域的安全专项整治。2005 年,实施公路“安保工程”,投入资金 1.45 亿元,对 19 处省级和 323 处市级交通事故隐患点(段)进行了整治。完成全市 1505 辆危险化学品运输车 GPS 卫星定位仪安装工作,并建立了 GPS 监控平台;3315 辆客运车辆全部安装了行车记录仪,安装率达到 100%;市区 912 辆旅游客运车辆也全部安装行车记录仪或 GPS。全市 11 家二级以上汽车客运站全部安装了车况门检检测线,一级汽车客运站安装旅客行包安全检查设备达 100%。开展公路水路治超治限专项整治工作,取得明显成效。钱塘江烟花大会期间,出动 16 艘海事艇、5 艘摩托艇和 200 余名海事人员,圆满完成水上交通安全保障任务。 (李宏伟)

【全面推进依法行政】 2005 年,市交通局制订了《全面推进依法行政五年规划》和《全面推进依法行政工作任务责任分解方案》,以创建文明规范执法单位建设为载体,促进交通系统依法行政工作全面展开。全年受理行政许可事项 1.31 万件,决定许可事项 1.29 万件,不予许可事项 70 件。每一许可事项均严格按照《行政许可法》的规定和要求运作,未发生申请人投诉、申请复议或行政诉讼。市监察局、市法制办召开全市贯彻执行《行政许可法》工作现场会,推广了市交通局在行政许可方面的工作经验。

严格行政执法,加强市场监管,依法打击各种扰乱运输市场秩序的违法行为。全年办结行政执法案件 5.24 万件,罚款总额 7589 万元。行政诉讼 11 起,无一败诉。行政复议 7 起,除 1 起申请人主动撤销申请外,其余 6 起均维持原决定。加大执法督导力度,认真开展行政执法督查,全年进行行政执法督查 4 次,有力地推动了深化行政执法责任制工作的开展,规范了交通行政执法行为,提高了交通行政执法水平。

《杭州市机动车驾驶员培训管理条例》和《杭州市客运出租车管理条例》修改草案上报市政府,并列入 2006 年市人大立法计划;向市政府报备规范性文件 3 件。全系统有 1012 人持有部颁行政执法证件,50 周岁以下的执法人员均取得了大专及以上文化程度学历。 (罗 燕)

【交通电子政务系统不断完善】 2005 年,市交通局实施机关网络改造和井道线路梳理,完善系统计算机局域网,全面实现市交通局与各直属单位和区、县(市)交通局的网络联接互通;启用了移动综合虚拟网;加强计算机保密技术,制订了计算机系统安全管理办法。全面推行电子政务。市交通局各直属单位和区、县(市)交通局相继建成和使用 OA 系统,并与市交通局 OA 系统实现自动公文交换,真正实现了交通系统办公自动化。交通门户网站日趋完善。完成市政府新办公业务资源系统试运行;建立局域网短信平台,加强系统内信息沟通;启动杭州交通信息网的升级建设,完成交通办公网改版。各直属单位和各区、县(市)交通局均建立并完善了各自的网站，基本形成完整的杭州交通门户网站。

【交通信息指挥系统一期建成】 杭州市交通信息指挥系统是市应急指挥系统的子系统，由局指挥中心和公管、运管、港航分中心组成。一期总投资780万元，2004年12月开工，用一个月时间完成了计算机网络、GPS/GIS平台、大屏幕显示、视频传输及显示系统、电话会议系统和综合值班系统软件的开发，在2005年春运中发挥了一定的作用。至9月底，一期工程的视频监控、移动视频采集、电话值班和会议、GPS车船定位监控、安全预警和应急指挥五大功能已基本实现。通过视频监控系统可以看到绕城高速公路214路监控图像、市港航管理局44路水上监控图像、市道路运输管理局71路监控图像以及市公安局214路市区道路视频监控图像，同时向市应急指挥联动系统实时传送4路视频监控图像。

【开发公路GIS管理系统】 公路GIS管理系统是浙江交通基础信息应用平台及公路业务信息系统建设项目一期工程的组成部分，以省市联动模式实施。省交通厅信息中心负责项目的规划和管理，省公路局负责业务指导，杭州市交通局(市交通信息中心)和市公路局为试点单位。2005年底，完成了系统的开发和387.4千米路面数据采集，并投入试运行。

【工程项目管理系统开发稳步推进】 2005年，市交通信息中心完成了杭千高速公路、杭徽高速公路、杭甬运河航道改造和德胜路高架工程项目管理系统的开发应用。建成连接市交通局、项目业主、工程指挥部、监理单位及施工单位的高速数据网，逐步完成了投资控制、计划进度、质量管理、档案管理等四大模块开发，并在工程建设管理中全面应用。8月，与省交通信息中心联手，承接了诸(暨)永(嘉)高速公路项目管理系统的实施项目。在实施过程中，克服时间紧、任务重、要求高、规模大等困难，精心组织，对全线48个项目部、18个驻地办事处、9个工程指挥部的网络构架和电源系统改造，项目管理系统参与人员的全面培训，系统软硬件设备招投标等一系列工作紧密衔接，于10月全部投入使用，取得了良好效果。 (虞伟达)

【交通行业文明创建工作硕果累累】 市交通局以职业道德建设为重点，以培育“四有”职工队伍为目标，以科学管理、依法行政、优质服务为切入点，行业文明创建工作取得丰硕成果。至2005年末，局属所有单位分别被评为区、市、省和交通部文明单位，杭州市范围内的高速公路、国道全部建成文明样板公路，杭申线被评为国家文明样板航道、千(岛湖)深(岙)线被评为省级文明样板航道，涌现出一大批文明示范窗口、文明车站、文明车(船)、星级出租车、星级教练员等等。文明创建工作为杭州交通持续、健康发展提供了保障。 (黄曙明)

杭千高速公路一期工程 (市交通局 供稿)

【交通职业院校毕业生供不应求】 市交通局所属杭州技师学院和杭州汽车驾驶技工学校坚持以中等职业教育为核心，开展多种职业培训，形成了立足杭州、辐射全省、长短结合、灵活多样的办学模式。两校的办学实力不断增强，职业培训能力不断强化，2005年驾驶培训9484人次、多种职业技能培训1.30万人次，教学质量、管理水平进一步提高，毕业生供不应求。

2005年，杭州技师学院被评为省“十佳驾培学校”和杭州市职工教育培训示范基地，还被浙江省劳动和社会保障厅批准为全省唯一具有汽车维修高级技师鉴定资格的鉴定单位。杭州汽车驾驶技工学校建立和运行符合学校特点的全面质量管理体系，获得中国方圆标志ISO：9001质量管理体系证书，成为浙江师范大学的教育实践基地，被省劳动和社会保障厅授予“2004/2005学年全省先进技工学校”称号。

(戴敦明 马慧君)

·重点工程建设·

【重点工程建设概况】 2005年，全市22项省、市交通重点工程项目完成投资72.1亿元，创历史新高。杭千高速公路(杭新景高速公路杭州段)一期工程杭州至建德洋溪段108千米于12月26日正式通车，实现了两年时间优质高效建成的既定目标，千岛湖支线、洋溪至寿昌段、龙游支线建德段超额完成了年度计划。杭徽高速公路建设进度明显加快，其中留下至汪家埠段完成投资6.5亿元，为计划的130%；汪家埠至昌化段超额完成年度5.2亿元的投资计划。杭(州)浦(东)高速公路杭州段三个合同段的前期标准化工地建设和便道施工已完成，路基填筑完成2.9万立方米，完成投资2亿元。杭甬运河建设顺利推进，至年底累计完成投资5.7亿元，新坝船闸落成，整体工程全面开工，进入攻坚阶段。大松树集装箱码头、江东大桥及接线项目相继开工。杭(州)长(兴)高速公路、申嘉杭高速公路、钱江通道(隧道)及接线等工程前期工作稳步推进。此外,投资2.54亿元对全市21条计156千米的国、省道干线公路进行了改造,进一步提升了干线公路的通行能力和行车舒适度。

【沪杭高速公路拓宽完成】 12月22日,沪杭高速公路拓宽工程全线建成通车。

沪杭高速公路拓宽起点为沪杭高速公路上海枫泾,终点为杭州余杭大井,全长95.6千米。其中,上海枫泾至海宁沈士79.1千米为双向八车道,海宁沈士至余杭大井16.5千米为双向六车道。该工程于2003年7月开工建设,工期为29个月,概算投资25亿元。2005年8月12日,沪杭高速公路拓宽工程杭沪向(左幅)提前5个月贯通。11月18日,沪杭向(右幅)提前40天开放试运营。拓宽后,沪杭高速公路的最高限速达120千米/小时。拓宽沪杭甬高速公路是浙江省和杭州市实施"接轨大上海,融入长三角"战略的重要举措,对浙江省乃至整个长三角地区的共同发展具有深远的影响。

【江东大桥开工建设】 12月28日,杭州江东大桥(钱江九桥)开工建设。

江东大桥西起杭州经济技术开发区高教2号路与11号路交叉口,东至萧山江东工业区滨江2号路东侧,全长4332米,其中桥梁长3520米,双向八车道,设计时速80千米,工程预算投资18.9亿元,计划2008年建成通车。通过全国范围的桥型设计方案征集、市民评选和多次专家论证,主桥结构确定为两座自锚式悬索桥和一座连续钢构桥,双塔双缆,独柱桥塔,主跨空间大缆、倾斜吊索,边跨无吊索,多项技术指标均创造了全国之最。

江东大桥的建设,不仅在钱塘江上增加了一座富有杭州城市特色的景观建筑,而且为钱江两岸的沟通增设了一道便捷的快速通道,对于完善城市交通道路网络,加快江东工业园区开发,加强杭州接轨上海和长三角地区合作等都具有积极作用。

淳安千岛湖大桥 (市交通局 供稿)

【杭千高速公路一期工程竣工】 12月26日,杭千高速公路一期工程杭州至建德洋溪段举行通车典礼。

杭千高速公路是杭州市实施"交通西进"战略的关键性项目之一,工程东起西湖区袁浦镇,向西经富阳、桐庐、建德,至淳安千岛湖,同时至龙游与杭金衢高速公路相接,全长191.65千米,总投资约121亿元。杭千高速一期工程杭州袁浦至建德洋溪段全长108千米,双向6车道,设计时速120千米,建设工期从2003年3月至2005年底;二、三期工程龙游支线和千岛湖支线计划于2006年底建成通车。

【淳安千岛湖大桥通车】 9月20日,淳安千岛湖大桥经过3年建设,竣工通车。千岛湖大桥总投资1.38亿元,全长1258米,其中主桥长928米、引桥长330米,桥面宽18米。大桥在设计上注重与山水美景相得益彰,桥型轻灵飘逸,新颖别致,成为千岛湖中又一景。在技术上,大桥下部结构为高桩承台钻孔桩基础柔性墩,主桥墩桩长53米~64米,为目前国内桥梁深水钻孔桩施工水深之最;施工中的深水柔性桩技术国内领先,其V型连续刚构915米,亦为国内同类桥梁第一长"连"。

千岛湖大桥是淳安县交通网络中的枢纽工程,分别连接杭千高速、06省道、05省道一级公路和千岛湖环湖公路,并通过已开工在建的杭淳开(千汾线)公路连接黄衢南高速和205国道。它的建成,实现了杭州经淳安至安徽黄山的全天候陆路通道,并将极大地优化和改善淳安县域内的公路交通网,对淳安经济和社会发展具有巨大的促进作用。

(梁强勇)

【绕城高速公路南线获省优质工程奖】 杭州绕城高速公路南线工程全长22.98千米,投资17.2亿元,2003年12月建成通车。经两年运营后,2005年12月29日顺利通过竣工验收,工程综合得分96.1分,为全省高速公路建设最高分,荣获2005年度浙江省建设工程钱江杯(优质工程)奖。 (胡晓丹)

【大松树集装箱码头开工】 11月28日,杭州港大松树集装箱码头举行开工仪式。该项目是经省政府批准建设的水运重点工程,位于杭州市余杭区良渚镇运河村(大松树),占地32.7公顷,规划建设500吨级泊位15个(其中集装箱泊位7个、钢材泊位8个),年吞吐量300万吨,集装箱18万标箱,总投资3.1亿元。兴建大松树集装箱码头,对完善杭州港口布局结构,实施"水运强市"战略,转换运河功能,带动新兴产业链发展等具有重要影响。(徐　靓)

·铁路·

【铁路概况】 2005年浙江境内营运的铁路有沪杭、浙赣、宣杭、萧甬4条干线和1条地方合资铁路(金华—温州)及金千(金华—千岛湖)、长牛(长兴—牛头山)、北仑(宁波—北仑)、余慈(蜀山—慈溪)、洪镇(洪塘乡—镇海)等支线,营业长度1232千米。其中,杭州地区的营运铁路有沪杭线的临平—杭州段、浙赣线的杭州—浦阳段(包括浙赣绕行线全长)、萧甬线的萧山—夏家桥段(包括萧萧联络线全长)、宣杭线的石濑—艮山门段和复线新开通的行宫塘—乔司段、金千支线的唐村—千岛湖段,车站共有32个。主要车站有杭州站、杭州东站、乔司站、艮山门站、南星桥站和杭州北站。杭州站和杭州东站都是一等站,以客运为主,是杭州旅客进出的门户,客运量在华东地区仅次于上海。2005年,杭州站旅客发送1462万人次,到达为1283万人次;杭州东站发送旅客392.4万人次,到达为515.3万人次;乔司站是初步实现综合自动化的现代化编组站,为二级四场配置,承担杭州枢纽列车编解的主要任务,为一等车站;艮山门站是机械化驼峰,采用全减速顶连续调速系统辅助编组站,为二级三场配置,除承担部分列车编解任务外,还是杭州地区的主要货物站,也是一等车站;南星桥站和杭州北站均为二等站。南星桥站除承担零担货物运输外,还负责客车的整备任务;杭州北站则主要承担易燃、易爆等危险货物的运输组织工作。除车站以外,杭州地区的主要铁路运营单位还有:承担客货列车乘务工作,直接在列车上为旅客服务的杭州列车段;承担机车乘务和整备、检修的杭州机务段;承担客车乘务、整备和检修的杭州车辆段;承担货车整备和检修的杭州北车辆段;承担铁路线路和桥隧维修养护的杭州工务段;承担铁路信号维修养护的杭州电务段及承担铁路电力供应与维护的杭州供电段。2005年,杭州地区完成旅客发送2010万人次;完成旅客到达1868万人次;完成货物发送523.5万吨;完成货物到达2070万吨;实现运输收入18.30亿元。

【实现行车安全年】2005年,杭州铁路的有关单位,以确保提速安全和客车安全为重点,全力推进提速安全标准线建设,深入开展安全生产大检查和安全专项整治,狠抓施工、道口、调车和列车到发等安全关键控制,认真落实季节性安全防范措施,确保现场作业安全有序,取得可喜成绩。全年没有发生行车重大、大事故,杜绝了责任职工因公死亡事故、责任旅客死亡事故、责任货运大事故和责任火灾爆炸大事故。

【倡导文明服务取得新成果】杭州铁路有关单位,围绕“文明服务、以人为本、旅客至上”的服务理念,2005年积极开展“遵守职业道德,规范服务管理”和“倡导文明服务,规范服务礼仪”活动,大力改进和提高客运服务质量。在不断改善站房、候车室和列车硬件设施的同时,有针对性地开展人性化、个性化的特色服务,取得了新的成果。由杭州列车段担当乘务的T31/32次、K209/210次列车被铁道部命名为“红旗列车”;N503/504、T31/32、K209/210次三趟列车,保持了上海铁路局“示范列车”称号;N505/506次列车首次列入上海铁路局“规范列车”行列。杭州站荣获2005年全国精神文明建设工作先进单位称号,并继续保持全国创建文明行业示范点和浙江省文明单位称号。

新建的宣杭复线行宫塘站　　(上海铁路局杭州铁路办事处 供稿)

【企业改革撤销铁路分局】2005年,铁路系统企业改革实施大动作,在前几年推进主(业)辅(业)分离、改制,学校、医院移交地方管理,合并部分基层站段的基础上,2005年3月,铁道部宣布撤销全国的所有铁路分局,实行路局直接领导管理基层运输站段体制,即实行铁道部、铁路局、站段三级管理。杭州铁路分局撤销后,成立上海铁路局杭州铁路办事处,承担检查督促原杭州分局管内基层运输站段的安全生产工作,并负责协调处理铁路与地方的有关事宜。原分局人员除少数留任办事处外,绝大多数到基层站段和多种经营单位工作。

【宣杭铁路增建第二线工程全线开通】宣杭铁路增建第二线工程自皖赣线宣城站经长兴至杭州站,全长224千米(安徽省境内80.5千米、浙江省境内143.5千米)。其中:宣城—德清175千米为增建第二线;德清—行宫塘站25千米为双线取直段;行宫塘站—乔司站24千米为新建单线。设计速度160千米/小时,为Ⅰ级干线。由铁道部第四设计院设计,中铁一局、三局—五局、十局—十四局、二十四局和大桥局等单位施工。工程于2003年4月22日开工,2005年9月4日建成,9月28日全线开通运营。共完成路基土石方1112万立方米;特大桥9座、1.72万延长米;大桥16座、3934延长米;中桥46座、2978延长米;小桥82座、2333延长米;涵洞985座、1.10万横延米;隧道4座、2937成洞米;正线铺轨293.1千米;站线铺轨33.97千米;铺岔349组;供电线路539.9千米;通信线路533千米;房屋3.5万平方米;新建行宫塘、沈家桥、星桥3个车站;改建泗安、长兴、湖州、德清和乔司编组站等14个车站,工程总投资34.1亿元。

【浙赣铁路电气化提速改造工程进展顺利】 浙赣铁路电气化提速改造工程东始杭州站，西至株州站，是长江以南最重要的东西向干线，是国家铁路网主骨架的重要组成部分。全线以200千米/小时的速度进行提速改造和工程设计，浙江境内(杭州~新塘边)总投资约78.75亿元。

浙赣铁路电气化提速改造工程浙江段于2003年12月5日在诸暨开工以来，进展顺利。至2005年底，已完成投资（含地方取直段自行投资)73亿元。全线征地拆迁工作基本结束，隧道、桥梁墩台全部完成，路基贯通。其中：路基土石方完成3177万立方米；特大桥9座全部完成，总长2.26万米；大中桥61座全部完成，总长9169米；涵洞完成2.10万横延米；完成铺轨415.32千米，为设计总量的98.2%(剩余主要为拨接地段)；完成电力接触网工程杯型基础6627个，占设计量的89.2%，安装立柱5085根，占设计量的53.4%；完成10千伏高压架空线路266.11千米，敷设电缆1304千米；在9个需改造的车站中，已完成蒋堂、后溪街、白龙桥、上铺、贺村、新塘边6个站；新建的龙游、衢州站房已通过竣工验收。

浙赣铁路电气化提速改造工程指挥部成立站改施工、房建站场设备、“四电工程”推进、物资保障、铺架和轨面作业、综合协调6个专业工作组，抓紧剩余工程的进度与质量，预计2006年6月全面完工，下半年开通运营。

表48　**2005年杭州市铁路客、货运量**

单位	站名	旅客发送量(万人)	旅客到达量(万人)	货物发送量(万吨)	货物到达量(万吨)	运输收入(万元)
杭州直属站	杭州	1 462.10	1 283.10			96 911.60
	杭州东	392.40	515.30			26 642.40
乔司直属站	乔司					
	艮山门			74.07	179.86	15 629.00
	南星桥			59.24	137.68	8 202.70
	杭州北			87.65	859.13	6 959.80
	临平	21.30	21.10	24.33	88.53	4 348.90
	笕桥			7.77	4.62	279.70
	勾庄				5.40	
	行宫塘					
	沈家塘					
	星桥					
诸暨车务段	盈宁					
	钱塘江			2.97	9.73	121.10
	长河					
	萧山西			44.24	169.47	5 622.87
	萧山	123.80	38.56	3.14	399.63	9 613.08
	白鹿塘			50.10	2.60	549.22
	临浦					
	浦阳					
金华站	唐村乘降所					
	排塘					
	寿昌	4.67	3.75	44.79	58.77	1 858.70
	更楼			43.75	51.89	688.23
	新安江	4.67	4.07	14.15	52.62	1 306.75
	朱家埠			48.04	4.42	2 938.11
	千岛湖	1.45	1.65	10.68	4.00	485.67
萧甬公司	夏家桥					
嘉兴车务段	三墩					
	仓前			8.58	41.30	680.59
	洪洞					
	石濑					
合计		2 010.39	1 867.53	523.50	2 069.65	182 838.42

【沪杭铁路电气化工程进展迅速】 沪杭铁路电气化工程东起上海站，西至杭州站，全长201.6千米，预计总投资13亿元。工程由铁道部电化局承担，杭州供电段协助监督管理。2004年12月25日开工，进展迅速，至2005年底，全线接触电网和变电所基本完成，预计2006年6月1日前全部达到开通条件，下半年正式运营。　（单泳能　何华人）

·公路·

【公路概况】 2005年底，杭州市公路总里程（不含市区的市政养护道路)7075.67千米，其中国道392.26千米、省道958.65千米、县道3411.68千米、乡道2240.41千米、专用道72.67千米。另有通村公路5307千米。

全市从事公路货物运输的经营单位(含个体联户)1.66万个，从事公路旅客运输的经营单位（含个体联户)3163个，拥有营运客货汽车6.58万辆，其中营运货车4.93万辆、18.44万吨位；营运客车1.65万辆、19.84万座位。从事货物运输的拖拉机1.89万辆。从事搬运装卸的单位9个，从事运输服务的单位1148个。全年征收养路费14.21亿元(其中汽车养路费13.74亿元，手扶拖拉机、摩托车养路费0.47亿元)，比上年增长16.1%；征收公路建设基金1.92亿元，下降10.3%。

全市有客运出租汽车经营企业116个，经营车辆6872辆；个体客运出租汽车经营者2138户，经营车辆2188辆。其中，市区(不含萧山、余杭区)经营企业77个，经营车辆5829辆；个体经营者1425户，经营车辆1459辆。

杭州市区汽车租赁企业51个，有租赁车辆1484辆。货的(0.75吨以下小型货运出租汽车)1689辆。

全市拥有各类机动车维修企业4996个，从业人员2.43万人。其中，一类机动车维修企业170个，二类机动车维修企业622个，三类机动车维修业户2560个，摩托车维修业户1644个。全年维修各类车辆283.69万辆次。市区有机动车维修企业985个，全年维修车辆88.46万辆次。全市有汽车综合性能检测站

11 个，其中 A 级站 9 个，B 级站 2 个，设计年检测能力 23.2 万辆次，2005 年检测车辆 14.28 万辆次。

全市有机动车驾驶培训机构 108 个，从业人员 4370 余人。其中一级驾培机构 11 个，其余均为二级。有各类教练车 4095 辆，全年培训驾驶员 14.2 万人，培训考试营运驾驶员 9038 人。

（胡晓丹　程　静　姚燕明）

【建设农村公路 2515 千米】杭州市加大对农村公路建设的投入力度，加强建设管理，取得了明显成效，2005 年建设里程达 2515 千米，投资 6.3 亿元，工程合格率为 100%。至年底，全市公路通乡（镇）率达 100%，等级公路通村率 89.7%，继富阳之后，又有萧山、余杭、桐庐等 3 县（市、区）实现了通行政村公路等级率 100%、路面硬化率 100%的“双百”目标。

【县道公路结束砂石路面历史】2005 年，县道砂石路面改造工程当年启动当年完工。工程项目按等级公路标准统一设计，实行社会监理，在淳安县设立驻地办公室，辐射临安、建德、桐庐县（市）。全年完成 47 个项目计 329.17 千米，投资 1.66 亿元，工程合格率 100%，优良率为 87.2%。全市县道以上公路结束了砂石路面的历史。

【公路养护管理成效显著】2005 年，杭州市以迎接交通部全国干线公路检查为抓手，加强公路养护管理工作。加快公路养护机械化、现代化进程，全市购置沥青储存、摊铺、压实等设备 101 台（套），临安、建德、桐庐、市郊公路段（处）完成沥青拌和楼建设，各公路段（处）全部拥有了大型沥青拌和摊铺设备，初步形成了养护机械化的工作体系。加大养护工程资金投入，推进了各大工程建设。实施干线畅通工程，全年国、省道实施大中修项目 21 项，里程 156.3 千米，投资 2.54 亿元，工程合格率 100%，优良率达 85%；实施绿色通道工程，建设公路绿化 336 千米，各类苗木种（补）植 3.5 万株；实施公路安保工程，国、省道和重要县道增设钢质护栏、墙式护栏 224.7 千米，投资 1500 万元完善通村公路安全设施，公路通行能力、行车舒适度、安全性得到了较大改善。健全公路养护工程招投标管理，招标里程达到辖区国、省道里程的 61.5%，50 万元及以上的大中修工程全部实行公开招标。同时，通过“创建文明公路”、“百日公路保洁畅通”等活动，强化公路养护职工主动养护意识。开展新技术、新工艺、新材料的研究和推广应用，《公路路面隆声带的应用研究》、《水泥稳定碎石基层沥青路面裂缝防治研究》达到国内领先水平，《现浇砼薄壁筒桩处理桥头软基工程实践和研究》达到国际先进水平。这些研究成果已逐步在国、省道改建和高速公路建设中应用。全年国、省道干线公路平均好路率 77.47%、县乡公路平均好路率 60.06%，公路路况稳中有升。杭州绕城高速公路、杭金衢高速公路、省道新淳线、彭泗线被省交通厅评为文明公路。

完成砂石路面改造的桐庐县道　（市交通局 供稿）

【依法治路保障畅通】杭州市围绕“依法治路，保障畅通”的工作方针，认真贯彻《浙江省公路路政管理条例》，切实加大管理力度。2005 年参与在建公路工程路政管理，杭徽、杭千高速公路依法纳管。加强路政管理规范化建设，规范执法，亲情服务，提升路政管理水平。全市涌现出 12 个文明中队、7 个星级路政中队，10 个路政大队全部成为市交通系统规范执法单位，其中高速路政大队、桐庐路政大队被市交通局评为优秀执法单位。

根据全省超限运输车辆治理工作部署，保持治超机构不变、人员不减，以 7 个固定检测站和 10 个流动检查点为依托，严格检查车辆超限超载。全年出动执法人员 7.14 万人次，查处“双超”车辆 1.79 万辆，卸载总吨位 22.03 万吨，卸载率 95.8%。

全年受理行政许可申请 421 件，查处公路违法案件 1.57 万起，未发生行政复议变更、撤销和行政诉讼败诉案件。完成 19 处省级及 323 处市级道路交通安全隐患点（段）整治任务。国、省道设置标志 3587 块，漆划标线 9.5 万平方米；山区三级以下公路设置夜间客车禁行标志 450 块，全市公路安全畅通保障能力大幅度提升。（陶文龙　胡晓丹）

【首创出租车 IC 卡积分考核】5 月，市交通局联合市公安局启动出租车定额积分制管理。定额积分制考核依托交通部门管理的出租车司机服务资格证 IC 卡考核体系和公安交警部门的交通 DIC 卡考核体系，将两卡的定量考核结果合并，由两部门共同纳入司机服务资格证 IC 卡中，通过计算机自动管理程序，对出租车司机、车辆、经营业户三方产生考核结果。该考核方式为全国首创，得到交通部的肯定。实行定额积分制考核后，出租车经营违章率、投诉率明显下降，至年底，出租车违章率在十万分之一以内，投诉率在百万分之八以内，为历史最低。

【实施“天网一号”行动】6 月 10

日~11 月 20 日，全省开展“天网一号”无证营运车辆专项整治活动。杭州市道路运输管理局抽调素质高、业务精、作风硬的执法人员组成专项整治执法队，采取各项有效措施，严厉打击无证营运等违法违章行为。同时鼓励群众举报无证经营行为，以列入“黑名单”的车辆为重点稽查对象，采取定点稽查与流动稽查、定时稽查与不定时稽查、不定期稽查与交叉稽查相结合的方法，掀起了一场“打黑”浪潮。活动期间，全市出动执法人员 2.30 万人次，查扣“黑车”2589 辆次，其中市区 859 辆次。“黑车”的违法行为受到严重打击，营运市场秩序明显改善。

首批“城市快运”启动仪式　（市交通局 供稿）

【出租车行业“文明行动”获好评】11 月 9 日起，市道路运输管理局与市交警支队联合在全市出租车行业开展以打击出租车严重违法违规行为，提升出租车行业服务质量和文明形象为重点的“文明行动”。至年底，共查获出租车违法违规经营行为 228 辆次，无证营运车辆 255 辆次，出租车一般违章 304 辆次，有效遏制了出租车不文明行为，市民对绕道、拒载等服务质量的投诉明显下降，社会各界和新闻媒体对“文明行动”都给予了好评。

【客运站场电子监控系统启动运作】3 月，全市客运站场电子监控系统启动试运行，覆盖杭州机场、火车站、汽车站等主要客运集散中心，同时还连接 6 个运管处，2 个道路运输办证、办事和违章处理窗口，8 个一线场站管理所，共有 78 个监控点（探头）。至年底，利用该系统查处的违章行为 2300 余起。

【首批“城市快运”上路】9 月 20 日，杭州市首批“城市快运”举行启运仪式，130 多辆“六统一”的“城市快运”上路营运。“城市快运”是一种服务百姓、面向城市小件货物运输的新型运输方式，“六统一”即统一车型、统一标志色、统一标识、统一车辆号段、统一叫车、统一服务规范，服务的主要对象是城市中的小件货物急运、快运业务。这些车辆载重量在 1 吨以下，采用全封闭厢式车，全部配备 GPS 卫星定位系统，叫车电话 28022222，使用浙 A0T001~浙 A9T999 专用号段的号牌，可以在市区大部分道路上通行。“城市快运”的运价由货主与承运方协商确定。“城市快运”的推出，优化了货物运输组织结构，巩固了杭州整顿“四小车”成果，完善了城市物流配送体系，提高了市区商品流通效率，填补了城市中小件货物社会化、专业化运输服务的空白，社会效益和经济效益良好。

【推出“杭州快客”品牌】为打造本土快客品牌，提升客运优质服务水平，塑造企业信用形象，2005 年市道路运输管理局对部分快客班车统一标志、标色，推出了“杭州快客”品牌。“杭州快客”标志、标色适用于市区至县（市）和区、县（市）之间对开营运线路上的快客班车。至年底，全市有 42 辆杭州至桐庐，杭州至萧山临浦、瓜沥，杭州至千岛湖，杭州至建德，杭州至新安江等对开营运线路上的快客班车喷上了“杭州快客”标志、标色。“杭州快客”的票价按“浙江快客”收费标准，服务以安全、舒适、快捷、优质为宗旨。“杭州快客”受到广大乘客的欢迎，已具有一定的知名度。　（程　静）

【驾驶员理论培训中心成立】根据国家有关规定，机动车驾驶员培训（包括理论培训）必须实行社会化管理。2005 年，市机动车服务管理局经过调查研究和论证，制订了理科培训改革方案。经多方协调，确定了由交通、公安、驾校三方合作，由驾培协会牵头，所有驾校参与的统一培训模式。9 月 1 日，杭州众和机动车驾驶员理论培训中心挂牌成立。中心开发了多媒体教学软件，以集中面授与多媒体滚动教学相结合，实施交通部教学大纲和统编教材。

驾培理科培训改革，开全省乃至全国之先河，加强了管理部门之间的合作，为保证培训质量、维护驾培市场秩序创造了条件。

【考核驾培、维修行业质量信用】市机动车服务管理局从 2005 年起，对全市驾培机构和市区具有机动车维修资质的一、二类企业开展质量信用考核。质量信用考核由行业协会和管理部门组成考评小组，对驾培机构和维修企业从经营信用、市场信用、服务质量、收费标准、税费交纳和信用表彰等方面进行现场考核评估，进行半年度及年度工作综合评价，按照考核标准打分，列出信用质量考核从高分到低分的企业排行榜，在新闻媒体上公布。经初评、终评，2005 年全市驾培机构评出年度信用质量考核 AAA 级优胜单位 32 个，市区的维修企业获优秀等级 82 个、良好 98 个、合格 88 个、不合格 5 个。

通过考核，有 5 个优秀等级的维修企业入围 2005 年度全国汽车维修诚信经营评选活动。

【驾培 IC 卡计时系统获国家专利】杭州市机动车驾驶培训行业于 2004 年 7 月在全国率先启用 IC 卡实时

计时系统，通过个人指纹录入对培训课时刷卡计时，以保证教学大纲规定的学时不缩水。2005年3月，这项驾培管理新技术通过国家知识产权局审查，获得实用新型专利证书。该实用新型名称为“一种利用指纹验证和IC卡记录考评驾驶员训练情况的记录仪”，专利的专利权人为杭州维尔通讯技术有限公司、杭州市机动车驾驶员培训管理处（2004年11月18日更名为杭州市机动车服务管理局）。

【打造放心修车街】2005年交通部7号令《机动车维修管理规定》颁布实施，维修行业价格全面市场化，不再实行统一工时定额和收费标准。为营造“阳光”修车消费环境，发挥集聚效应和区块优势，市机动车服务管理局在对全市维修工时定额与收费实行备案管理的同时，于“三一五”消费者权益保护日，在西城广场举行汽车维修“两街一路”放心街开街启动仪式。在江干区艮山东路名车长廊、拱墅区石祥路特色汽车街区、西湖区西溪路与天目山路板块这个汇集了100多个维修企业、覆盖市场上各种维修车型的区域，开展打造放心修车街活动，推出13个重服务、精管理、社会效益良好的特色服务样板企业，提供八项特色服务，即预约、个性化定制式服务，使用“预约交接单”和“维修委托书”，执行质量保证期制度，公开收费项目和标准，提供24小时救援服务，上传管理部门维修数据，维修跟踪服务和完善客户回馈制度等。

【汽车检测实行网上签证】2005年，市机动车服务管理局与深圳安车公司共同研究开发出处于国内领先水平的汽车综合性能检测站电了签证系统。至年底，市区3家汽车综合性能检测站全部完成与行业管理部门的联网，在全国率先使用。利用该系统，可读取受检车辆维修数据、检测站传送的车辆检测数据和维修照片，通过比对，做出签发指令，整个检测签证过程在网上完成。实施网上签证能够避免车辆的缺检漏检，有利于杜绝某些检测站对送检车辆不严格按照国标检测、甚至与维修企业共同对送检车辆做“假维护”的情况。电子检测系统的应用将强化车辆维修和综合检测的监督力度，提高维修质量。（姚燕明）

【公路旅客运输】2005年，全市从事公路旅客运输的单位有3163个（含个体联户），拥有营运客车1.65万辆、19.84万客位，其中大客车1866辆、7.58万客位，中型车3468辆、7.18万客位，小型车1.12万辆、5.08万客位。全市客运班车每天发送3万余个班次，其中发往省外739个班次，发往省内其他市2479.5个班次，市内跨县（市）4033个班次，市属各区（县、市）境内2.3万个班次。市区（不含萧山、余杭区）每天发送班车4390个班次，其中东站1437个班次，北站591个班次，西站344个班次，南站483个班次。

水上巴士公司推出钱塘江夜游新项目 （市交通局 供稿）

全市有等级客运站39个，其中一级站3个、二级站9个、三级站13个、四级站6个、准四级站8个。

全年完成公路旅客运输量2.14亿人次，周转量105.80亿人千米，分别比上年增长5.2%和2.3%。春节运输期间（1月25日~3月5日），公路运输部门调集767辆旅游客车及社会自备客车支援春运，全市日均投放客运车辆4040辆、9.54万客位，日均发送1.91万班次（累计加班2.76万班次），完成客运量1323万人次。其中，市区（不含萧山、余杭区）日均投入客车675辆、1.97万客位，日均发送3978班次（累计加班9535班次），完成客运量306.84万人次。

【公路货物运输】2005年，全市从事公路货物运输的单位有1.66万个（含个体联户），拥有营运货车4.93万辆、18.44万吨位，其中市区（不含萧山、余杭区）894个、2.05万辆、9.18万吨位。全年完成货物运输量1.35亿吨、周转量54.93亿吨千米，分别比上年增长3.2%和2.3%。

全市有货运交易市场6个，道路货运站12个。（程 静）

·水运·

【水运概况】2005年，杭州市有水路运输企业65个，其中货运企业28个，客运企业37个；另有水运服务企业23个。全航区有运输船舶5175艘、48.91万千瓦、83.36万吨位、1.66万客位；有渡口53处，渡船64艘。全年完成货物运输量5833万吨、周转量77.29亿吨千米，分别比上年增长10.3%和37.1%。完成客运量304.32万人次、周转量7875万人千米，分别增长28.3%和8.3%。三堡船闸全年通过船舶6.02万艘、2476万吨、1.94万闸次。

全市通航里程2005千米，其中等级航道1157千米，有船闸8座。航道养护全年疏浚土方17.6万立方米，打捞沉船2艘、256吨位，维护航标2892次/355座。

全年完成船舶检验5703艘、60.9万总吨，其中制造检验285艘、2.3万总吨。审批新建船舶设计图纸89套。

全年征收水上交通规费1.52亿

元，比上年增长19.4%，其中航政规费1.16亿元，增长17.6%；港政规费3614万元，增长25.5%。征收船舶过闸费5525万元，船舶检验费479.41万元。

杭州港完成货物吞吐量5095万吨，比上年增长4.7%，其中进口4287万吨，增长7.7%；出口808万吨，下降8.7%。危险货物吞吐量348万吨，增长24.7%。公用码头完成吞吐量701万吨，下降10%。

全年发生水上交通事故4起，死亡3人，沉船3艘，直接经济损失50.5万元。

【水上巴士航线延伸】 根据市委、市政府关于将运河杭州段景观设计与历史遗存的保护开发有机结合起来，把其打造成"东方塞纳河"的规划思路，市港航管理局进一步完善水上巴士项目的站点设置，2005年完成一期港航锚泊区工程、艮山门站工程。至年底，水上巴士建设项目累计完成"四站一点一锚泊区"(拱宸桥站、信义坊站、武林门站、艮山门站、大关停靠点、港航锚泊区)，6艘巴士共330客位，航线长度从5.5千米延伸至8千米。水上巴士公司探索多途径经营，新开通了钱塘江夜游、运河市区游、余杭塘栖游、直航西溪湿地等项目。

【加强西溪湿地和西湖水上交通管理】 2005年，市港航管理局与相关部门共同做好西湖水上交通安全监督管理工作，对西湖水域的船舶进行检验发证，对机动船驾驶员进行了培训考核。

西溪湿地的水上交通管理工作做到"早进入、早参与、早动作"，整治无证水泥船载客、维护好水上交通秩序，对船舶依法实施登记、检验、发证，对船员进行培训考核，并确定了湿地内区域航线。年内建立了比较完善的长效管理机制，使这一杭州新景区在客流如潮的情况下水上交通井然有序。

【水上交通指挥中心成立】 7月11日，杭州市水上交通指挥中心(包括淳安千岛湖指挥分中心)一期工程竣工并投入运行，于11月27日通过了省港航管理局和市交通局的联合验收。该工程设计开发了船舶定位系统的操作界面，建立了水上巴士、内河危险品锚地以及淳安千岛湖、临安青山湖等覆盖7县市重点水域共52个监控点的视频监控系统，对航道的通航情况，有关码头、锚地的船舶停泊和装卸情况等进行实时监控。还建立视频会议系统，基本形成了比较完善的具有数据采集处理能力、决策能力和组织协调指挥能力的水上交通指挥管理体系。

【钱江水系推广标准化船型】 2005年，市港航管理局为提高内河航道和通航设施利用率，保护水环境、水资源，提高船舶安全适航性，根据浙江省开发内河标准化船型的计划和杭州市通航水域实际情况，针对标准船型"安全、环保、经济、美观"的要求，开发研制了钱江水系、萧绍内河水系7种不同载重吨的标准化货船船型。年内建成4艘500吨级、1艘200吨级标准化货船并已投入营运。新标准化船型船舶外形美观，安全性更佳，航速更快，从而提高了船舶营运效率，降低了运输成本，改善了船民生产和生活条件。为推广标准化船型，还制定实施了规费优惠和三堡船闸过闸费优惠等一系列鼓励发展措施。 (徐　靓)

·民用航空·

【民用航空概况】 2005年，杭州萧山国际机场共保障各类航班安全起降7.9万架次，比上年增长18.3%；高峰日起降架次为8月7日304架次，高峰小时起降架次为9月3日11时23架次。完成旅客吞吐量809.26万人次，增长27.7%；出入境旅客96.3万人次，增长36.2%；高峰日旅客吞吐量为8月7日2.82万人次。完成货邮行李吞吐量20.49万吨，增长28.2%；出入境货邮行李4.97万吨，增长107.1%。全年平均客座率70.3%，载运率59.1%。有22家中外航空公司在杭运营。新开通杭州至敦煌、秦皇岛国内航线和杭州至釜山国际定期客运航线，通航城市69个，每周起降航班1500余班次，其中国际及地区航班270余班次。

【杭州机场客货吞吐量跃居全国第8位】 杭州萧山国际机场2005年完成旅客吞吐量和货邮行李吞吐量在中国内地137个民航机场中均排名第8位(旅客吞吐量排名前7位机场分别是北京、上海浦东、广州、上海虹桥、深圳、成都、昆明机场)。杭州萧山国际机场自2000年底建成通航以来，运输生产实现了持续快速增长，发展速度和发展潜力尤为令人瞩目。年旅客吞吐量从2001年的298.13万人次发展到2005年的809.26万人次，年均增长率超过27%；在全国民航机场中的排名不断前移，从2001年的排名第13位，上升到2005年的第8位，成功迈入全国八大机场行列。

【实现第5个航空安全年】 2005年，杭州萧山国际机场有限公司(以

4月15日，杭州萧山国际机场有限公司与香港机场管理局签订增资认购协议。
(机场公司 供稿)

表 49　2005 年杭州萧山国际机场国际航线及杭港、杭澳航线旅客流量

目的地	旅客出港量（人）	比上年（%）	平均客座率（%）
首　尔	76 098	57.6	66.1
东　京	48 742	71.9	46.1
大　阪	26 436	41.5	45.8
新加坡	11 628	-1.8	65.8
曼　谷	9 772	-7.0	54.5
釜　山	10 624	–	67.0
名古屋	625	–	包机
吉隆坡	750	–	包机
哥达基纳巴卢	728	–	包机
古　晋	444	–	包机
马尼拉	155	–	包机
佐　贺	57	–	包机
中国香港	211 564	27.1	60.9
中国澳门	68 942	10.5	66.2

下简称机场公司)坚持“安全第一，预防为主”的方针，切实加强组织领导和安全管理，进一步完善落实安全责任制，实现第 5 个航空安全年。广泛开展“安全教育日”和“安全生产月”、“安康杯”竞赛等活动，强化安全宣传教育。根据民航总局、华东地区管理局的部署要求，全面实施安全生产专项整治，对“机场运行条件与使用许可证不相符”、“机场控制区秩序”、“货物安检”等 6 个方面问题，认真自查并及时整改，共解决落实了 25 个问题及建议。加强安全管理的制度化、规范化建设，制定下发《航空安全教育暂行规定》、《航空安全奖惩暂行规定》、《安全事件信息通报和处置暂行规定》等，组织修订了各保障单位的安全规章制度和操作规程。加强机坪安全运行管理，开展了内场车辆警示灯的专项整治和飞行区标识标线的梳理工作。加强与驻场航空公司的沟通协调，就航空器发生意外的情形、通报内容和信息受理部门等进行了规范。修订《机场防汛抗台应急处置预案》，切实做好“海棠”、“麦莎”等台风的防范工作。抓好机务维修、通信导航、空防安全、隔离区管理、飞行区管理、净空保护、鸟害防治和不停航安全施工等安全保障工作，杜绝各类安全事故和事故征候，提高了安全工作质量。成功举行“一二·二”应急救援桌面演练，锻炼了应急处置能力。全年查获各类违禁物品 2944 件，查获伪造、冒用证件 755 起。圆满完成重要客人警卫和 2005 年春运、“五一黄金周”、“十一黄金周”、杭州西湖博览会等重大活动的保障任务。

1 月 12 日，杭州萧山国际机场货站马来西亚航空公司货运仓库建成投入使用。（机场公司 供稿）

【签订合资经营机场协议】 经省政府同意、省国有资产监督管理委员会(以下简称省国资委)批复，机场公司以增资扩股方式引进战略投资者，与认购增资的香港机场管理局合作，共同投资、经营和管理杭州萧山国际机场。机场公司由一家国有的有限责任公司变更为合资经营的有限责任公司。机场公司以经评估、省国资委确定的净资产出资，占合资公司 65%的股权；香港机场管理局以港币现汇方式出资，占 35%的股权。机场公司通过与香港机场管理局合资合作，优化资本结构，引进先进的机场运营管理理念、技术和经验，加大改革和创新力度，加快国际化、现代化进程，全面提升运营管理水平，推动杭州萧山国际机场持续、快速、协调、健康发展。

这一合资项目始终得到了省委、省政府和民航总局的高度重视和全力支持。在省国资委的具体领导下，机场公司合资项目领导小组及其办公室经公司董事会授权，认真履行职责，严格工作程序，规范推进各项基础工作。在选定香港机场管理局为合资谈判对象后，双方于 1 月 17 日在香港签订合资意向书，建立了战略合作伙伴关系。在省政府和省国资委等有关部门的协调下，及时完成了机场公司股权重组、财务审计、土地变更登记、资产评估等大量繁重的基础工作。4 月 15 日，机场公司股东与香港机场管理局在杭州正式签订增资认购协议。按照国家有关部委的要求和省政府的决定，合资项目和机场二期项目实行一次性报批。各方全力以赴加速推进机场二期项目的前期工作，与合资工作进程紧密协调衔接。9 月 5 日，机场合资和二期项目申请报告由省发改委上报国家发改委。国家发改委按照核准程序全面展开评估审核工作，委托中国国际工程咨询公司完成了机场合资和二期项目的专家评估。为细化增资认购协议内容，合资双方进行了多次谈判磋商，就合资经营合同基本达成共识，并据此拟定合营公司章程，为申请设立合资公司作好准备。按照省国资

委有关省属国有企业改制审批工作程序，机场公司的改制总体方案报经省国资委批复同意，改制实施方案至年底基本完成编制。此外，机场公司与香港机场管理局在机场规划建设、安全运营、市场拓展、非航空性业务开发和人员培训等多方面进行了密切交流和合作，并启动了双方共同参与的杭州萧山国际机场五年业务计划的研究和编制工作。

【机场公安机构移交省公安厅管理】 3月10日，根据国务院《关于印发民航体制改革方案的通知》和民航总局、公安部、省政府有关民用机场公安机构改革的文件精神，机场公司与省公安厅签订了《关于杭州萧山国际机场公安机构的移交书》，确定将机场公司所属的机场公安机构从2005年3月16日起正式移交省公安厅管理。移交后的机场公安机构名称为浙江省公安厅机场公安局，受省公安厅直接领导，同时接受民航总局公安局和民航华东地区公安局的业务指导。

【加快基础设施建设】 2005年，机场公司合理筹措资金，加大固定资产投入，加快基础配套设施建设。本着“安全生产优先”的原则，投入3000多万元对机场设施设备进行了更新和维修。开展机场二期工程的前期工作，航站区总体规划和航站楼方案设计通过国际公开招标，最终选定英国阿特金斯集团提交的设计方案。由民航总局和国家环保总局组织进行环境影响评估，机场二期工程环评报告书通过了国家环保总局的审批；完成了机场总平面规划的编制、评审以及机场二期征地的测绘、地籍调查。委托民航华东空管局编制完成了机场空域规划和飞行程序设计工作，委托杭州市城市规划院编制完成了机场地面交通组织规划。完成了机场货运南区总体规划。投资3931万元、新建4个货机位和5.22万平方米道面的机场货机坪工程，于12月8日通过竣工验收；投资3939万元、总建筑面积2.34万平方米的国际货运监管仓库完成主体工程。机场大门口仓储办公用房完成主体工程，并交付东方航空、厦门航空公司装修使用。总面积为3900余平方米的2号国际监管仓库和海关二级监管仓库、机场35千伏中心变电站扩容改造、10千伏电缆网络局部改造、候机楼值机C岛改造、候机楼国际厅“大通关”改造、国内工作人员安检通道改造、停机坪11号登机桥的改装等工程完工投入使用。

3月29日，杭州至釜山航线首航。 （机场公司 供稿）

【杭州至釜山国际航线开通】 3月29日，韩亚航空公司开通了杭州至釜山国际定期客运航线，使用B737-400机型，每周两班。该航线是韩亚航空公司在杭州萧山国际机场继开通杭州至首尔国际定期客运航线之后的第二条航线。

【曼谷航空公司增开杭州至曼谷航班】 4月20日，泰国曼谷航空公司加入杭州至曼谷航线运营，使用A320机型，每周两班。该公司为厦门航空公司开通杭州至曼谷航线之后的第二家直飞曼谷的航空公司。

【港联航空公司增开杭州至香港航班】 10月5日，香港港联航空公司加入杭州至香港航线运营，使用ERJ170-100LR机型，每日三班。该公司成为继港龙航空、东方航空和国际航空公司之后第4家投入杭州至香港航线运营的航空公司。至此，杭州至香港航线每日增至10班，该航班量在全国仅次于北京至香港和上海浦东至香港，位居第三位。

【民营航空公司加盟杭州机场】 7月27日，民营鹰联航空公司开通了杭州经停长沙至成都航线，使用A320机型，每日一班。10月1日，民营奥凯航空公司加入杭州至天津航线运营，使用B737-900机型，每周三班。这两家公司成为加盟杭州萧山国际机场的首批国内民营航空公司。 （蒋德高）

▶▶资料：2005年杭州萧山国际机场通航航线

国际航线

定期航班：首尔、釜山、曼谷、新加坡、东京、大阪、吉隆坡、迪拜、阿姆斯特丹

不定期包机：名古屋、哥达基纳巴卢、古晋、马尼拉、乌兰巴托、安克雷奇、雅加达、佐贺、达卡、马斯特里赫

国内航线

香港、澳门、北京、广州、海口、武汉、张家界、贵阳、厦门、济南、桂林、三亚、合肥、天津、银川、南宁、太原、昆明、大连、温州、长沙、哈尔滨、南昌、青岛、郑州、长春、成都、兰州、珠海、重庆、晋江、沈阳、西安、上海、浦东、深圳、福州、乌鲁木齐、南京、西宁、汕头、石家庄、秦皇岛、敦煌、黄山、湛江、呼和浩特、宁波、舟山、徐州

综合业务优势进一步显现。经营业绩在浙江联通公司范围保持全省领先，全年完成主营业务收入14亿元，增长幅度名列全省前茅。

网络运行质量稳步上升，网络优化指标位居全省联通公司前列。实现移动网络无线系统忙时呼通率大于98.21%，掉话率小于0.36%，网间忙时来话接通率大于99.38%。国内长途忙时来话接通率大于59.32%，IP电话拨号忙时来话接通率大于99.99%，165拨号接通率大于99.40%。

通过服务带动发展，实现从被动服务逐步向主动型服务的有效转变，让用户选择联通产品"省心"、消费联通产品"放心"、拥有联通产品"舒心"、感觉联通服务"称心"、体会到联通公司的"诚心"。在服务手段上，完善技术支撑，对10010语音系统进行全面升级，解决号码多、用户难记的困扰。只要记住10010综合服务热线，就可以满足用户不同的服务需求。1月20日，被浙江省消协授予"浙江省第六届消费者信得过单位"的称号；9月18日，被中国通信企业协会授予"2005年度全国通信行业用户满意企业"的称号；6月30日，体育场路营业厅被中国联通公司授予"中国联通十佳营业厅"的称号。

通过调整机构、优化资源、完善激励机制，工作重心向一线前移。全面推行财务预算管理，加强企业内控制度建设，通过健全法律审核流程、完善合同管理流程等手段规避公司经营活动的风险；实施通信资源普查，各项资产管理更加准确和真实。全年未发生重大安全事故。

积极参与社会公益事业，与建德梅城镇荷畈桥村、淳安中洲镇木瓜村结对共建，出资帮扶弱势群体。2005年，联通公司被评为杭州市级文明单位、杭州市先进基层党组织、杭州市"社区共建十佳标兵单位"，工会、团委和妇委会分别获得"创建学习型组织、争做知识型员工"先进单位、省级青年文明号和市级姐妹帮扶先进集体等称号。联通公司在2000年1月正式挂牌成立，2005年2月4日，在浙江省人民大会堂举行成立5周年庆典。

【打造精品网络】 网络质量是影响电信运营企业核心竞争力的重要因素。联通公司根据移动通信网络的运行特点，通过实行"大运维、大建设"的机构调整，实施网络资源的集中监控、集中维护和集中管理的"三集中"维护管理模式，共享各种资源，进一步提高工作效率，网络覆盖和通信质量明显改善，综合通信能力继续提升，精细化管理得以加强。7月，联通公司的创新项目——"实施网络资源集中管理，提高客户服务满意度"，获2005年度中国联通企业管理现代化创新成果一等奖和全国通信行业企业管理现代化创新成果二等奖。杭州联通公司建设网络的所在城市，被中国联通公司授予"十佳精品网络城市"荣誉称号。

【开设"UP新势力"旗舰店】 "UP新势力"是中国联通公司为满足15岁~26岁目标用户的通信需求，推出针对青少年人群的第一客户品牌，主要为青少年用户提供资费优惠、移动通信生活体验、终端定制等服务，满足青少年追求多彩时尚生活的需求，以"就要你最红"为品牌精神，迎合年轻人的口味。全年新建11家"UP新势力"旗舰店，杭州地区累计建成24家，主要落户于高教园区内，便于拓展学生市场。

【卫星定位技术为烟花大会服务】 10月初，联通公司运用CDMA1X技术与杭州市港航管理局联合开发完成"杭州市水上指挥中心船舶卫星定位通信系统"，该系统具有船舶定位、报警、调度、通话、船岸间数字传输及短信互通的功能，能够对航行中船舶的航行动态实施跟踪监控，从而实现对航行船舶的"零"距离管理。至年末，该系统覆盖包括千岛湖、新安江、富春江、钱塘江、京杭运河及青山湖等杭州地区的所有航区。第七届烟花大会首次移师钱塘江举行，新投入使用的卫星定位技术发挥了作用，21艘装有定位系统的海巡艇在重点警戒区巡航，与指挥中心保持着不间断的联系。

【无线寻呼关网】 12月31日，根据中国联通公司的统一部署，接入号为127(自动台)/126(人工台)的本地网、129(自动台)/128(人工台)的省网以及191（人工台)/192（自动台)的全国网无线寻呼台，关网停止寻呼业务的服务。199(自动台)/198(人工台)，因考虑全国漫游业务，推迟到2006年6月30日关网停止服务。无线寻呼业务从1985年11月开始建台，到关网经历了20年的发展历史，在20世纪90年代中期形成业务发展的高峰，杭州地区电信寻呼的在网用户有60多万户。随着移动通信业务的快速发展，无线寻呼业务逐渐被取代。 （张荣洁）

·网络通信·

【网络通信概况】 中国网络通信集团公司杭州市分公司（以下简称市网通公司）自2003年7月18日挂牌运营以来，坚持"专注、创新、价值链"三大策略，探索出一条差异化发展的道路，形成了独特的竞争优势，逐步进入健康快速发展轨道。公司有员工188人，平均年龄29.7岁，其中大专以上学历占89%。通过全体员工努力，全面超额完成各项经营目标任务，全年实现主营业务收入1.36亿元，比上年增长112.7%。

网通公司的全光纤、全智能精品通信网络覆盖杭州市区县(市)中心区域及大部分乡镇。采用最先进的双网技术——公众网宽带中国CHINA169和商务网CNCNET双平面的网络架构，利用密集波分复用(DWDM)传输技术，实现全光纤传输和FTTC(光纤到路边)、FTTR(光纤到远端节点)及FTTB(光纤到大楼)。新一代固定电话网络——INnet(互动智能网)，在全国率先实现"语音网络智能化"。

网通公司利用先进的通信网络，以宽带和企业电话为重点，向用户提供新颖而丰富的通信产品和业务。"CNC max 宽带我世界"和"CNC Connected 宽带商务"，集接入、内容整合、服务为一体，提供高质量、丰富的宽带应用。"新互动"语音业务具有基本通话功能，还有移机不换号、固定电话彩铃、集团虚拟网、市话详单、话费立显、IP新干线及固定电话漫游、Web自助等创新功能。"e家亲"产品组合以宽带和固定电话为基础，为家庭用户提供方便、快捷的通信服务。"橙"卡系列为不同客户群作专门的通信设计。5月28日，利用新兴的宽带无线接入技术，

WiMAX 系统开通黄龙世纪广场第 1 个站点,可为终端用户提供最高 54 兆的带宽上网。

8 月 19 日,根据杭州市委组织部“关于同意将网通杭州市分公司列为双重管理单位的函”,成立中共中国网络通信集团公司杭州市分公司委员会。孙志华任党委书记,刘勇、夏敏、庞晓东、郑宁生任党委委员;并成立纪律检查委员会,庞晓东任纪委书记。3 月 30 日,杭州网通公司召开第一次全体团员大会,审议并通过《中国网络通信集团公司杭州市分公司第一次全体团员大会选举办法》、《共青团中国网络通信集团公司杭州市分公司第一届委员会委员候选人名单》等决议,以直选方式选举胡国栋为第一届团委书记。7 月 29 日,杭州网通公司召开一届一次职工代表大会暨一届三次会员代表大会,审议并通过《以效益为中心,加快发展,强化管理,为全面推动企业迈上新台阶而努力奋斗》等报告。

11 月,通过双向选择、择优聘任,进行年终竞聘上岗,实现人员在公司范围内的合理流动。7 月起,扎实开展共产党员先进性教育活动,组织学习、会议等 30 余次,收看影视资料 3 次,每位党员人均书写心得体会 12 篇以上。

积极参与慈善事业,1 月向印度洋海啸灾区捐款活动,全体员工捐款 10646 元。12 月,在第六次“春风行动”中,献爱心捐款 10257 元。

【完善网络覆盖】 网通公司网络从杭州城区、萧山、余杭、富阳延展到临安、建德、淳安,城域管线网络建设有较大进展,业务承载、处理能力大大提高。通过交换、传输、数据设备的新增和升级调整,实施双备份,建设第二路由环网以及会聚节点、分层结构的设置等网络优化。

9 月 29 日,随着富阳传输网第二路由的投入使用,杭州网通公司本地传输网在萧山、余杭、临安、富阳 4 个区、县(市)实现骨干光传输网的双路由保护,从物理层面真正实现光传输系统的环保护功能。

【实施管线改造工程】 由杭州市统一规划的背街小巷改善及“一纵三横”工程全面启动后,网通公司根据市场部门预测的潜在用户发展区域以及网络发展的需要,实施管道组环成网、与主干管道沟通等工程,并配合缆线“上改下”工程。全年完成光(电)缆割接 40 余次,完成 127 条道路、200 余条计 100 余千米的缆线“入地”工程。

【实施智能网升级工程】 7 月 2 日,实施智能网二期割接工程,实现新互动固定电话和新互动 V 电话管理流程的统一。使 V 电话、固定电话虚实合一,增强了彩铃业务功能,增加了 e 话务台、固定电话漫游等功能。

【实施紧密型代维改革】 4 月 1 日,为满足客户服务需要、解决维护人员紧缺的问题,网通公司探索新的维护模式,实施紧密型代维改革。此举采用紧密型合作代维、日常维护+代理抢修相结合的新型代维模式,既解决了维护人手少的问题,又保证了管理的规范性与统一性,还大大降低了维护成本。通过对代维体制的改革,降低了维护成本,提升了服务水平,提高了客户满意度。

【召开 IT 产业通信应用研讨会】 8 月 18 日,杭州网通公司召开第一次 IT 产业通信应用研讨会。参加研讨会的有省、市政府有关领导,国家软件产业基地的主要负责人以及微软公司、思科公司、恒生电子公司、世导科技公司、浙江在线、东方通信公司、IBM 公司、诺基亚公司等知名企业代表。研讨会以“合作、发展、共赢”为主题,共同探讨电信运营商的发展及趋势,通信新便利设想及新型产品。

【实施提升管理水平工程】 2005 年,杭州网通公司为提高企业管理水平,实现“三年打基础、五年实现腾飞”的目标,实施销售能力、基础管理、投资效益、服务质量四大“提升工程”。

通过“销售能力提升工程”,建立紧密型营销队伍。初步解决一线销售人员不足的问题,建立以绩效为导向的销售人员薪酬模式和绩效考核机制。在代理渠道管理中,引进金银铜牌评价体系,突出重点发展。实施“基础管理水平提升工程”,梳理优化核心业务流程、清理机线资料和用户资料以及加大清欠力度。“投资效益提升工程”以“规范管理、高效运作、提升效益”为主题,加强投资管理,规范投资行为,规范工程建设基础管理。通过“项目管理”的尝试以及电子工单辅助系统等措施,提高工程质量,保证后台对前台的及时响应。“服务质量提升工程”以加强服务质量管理和监督为主要内容,完善对客户的回访和服务质量监督制度,加强超时投诉和升级投诉管理,提高客户满意度。

截至 9 月 27 日,杭州网通公司固定电话用户数超过 10 万户。结合“5·17”世界电信日主题,5 月 19 日在杭州网通公司环北营业厅举行“刮卡赢金牌”活动颁奖典礼,奥运冠军占旭刚为活动的第 1 位金牌得主颁奖。

【提升员工综合素质】 杭州网通公司从 4 月 15 日起,开展为期 2 个半月的“我与网通共成长”主题活动。活动以学习和提升为主线,以强化个人素质和提高服务水平为重点。第一阶段 4 月 15 日至 5 月底,全体员工进行形式多样、内容丰富的培训。6 月为第二阶段,以知识竞赛、岗位练兵、技术比武等形式,对培训结果进行验收。活动还评出优秀老师、优秀学员和优秀集体。

9 月 20 日~21 日,杭州网通公司员工陈昱、刘杳雪代表浙江网通公司参加在河南举行的“中国网通 2005 年宽带接入维护技能大赛”。陈昱获 LAN 专业个人三等奖,刘杳雪获 ADSL 专业个人三等奖,两人荣获中国网通宽带维护技术标兵称号。

【举行首届职工运动会】 9 月 17 日,杭州网通公司为弘扬积极进取、奋发向上、以人为本的企业文化,陶冶员工情操,增强员工体质,以比赛促进交流与沟通,增强企业的凝聚力与向心力,举行首届职工运动会。运动会设拔河、乒乓球、羽毛球、中国象棋、跳棋、四国军旗、踢毽子、跳绳、登山等 9 项,经过紧张而激烈的比赛,于 11 月 3 日闭幕。

(杜 宁 傅金萍)

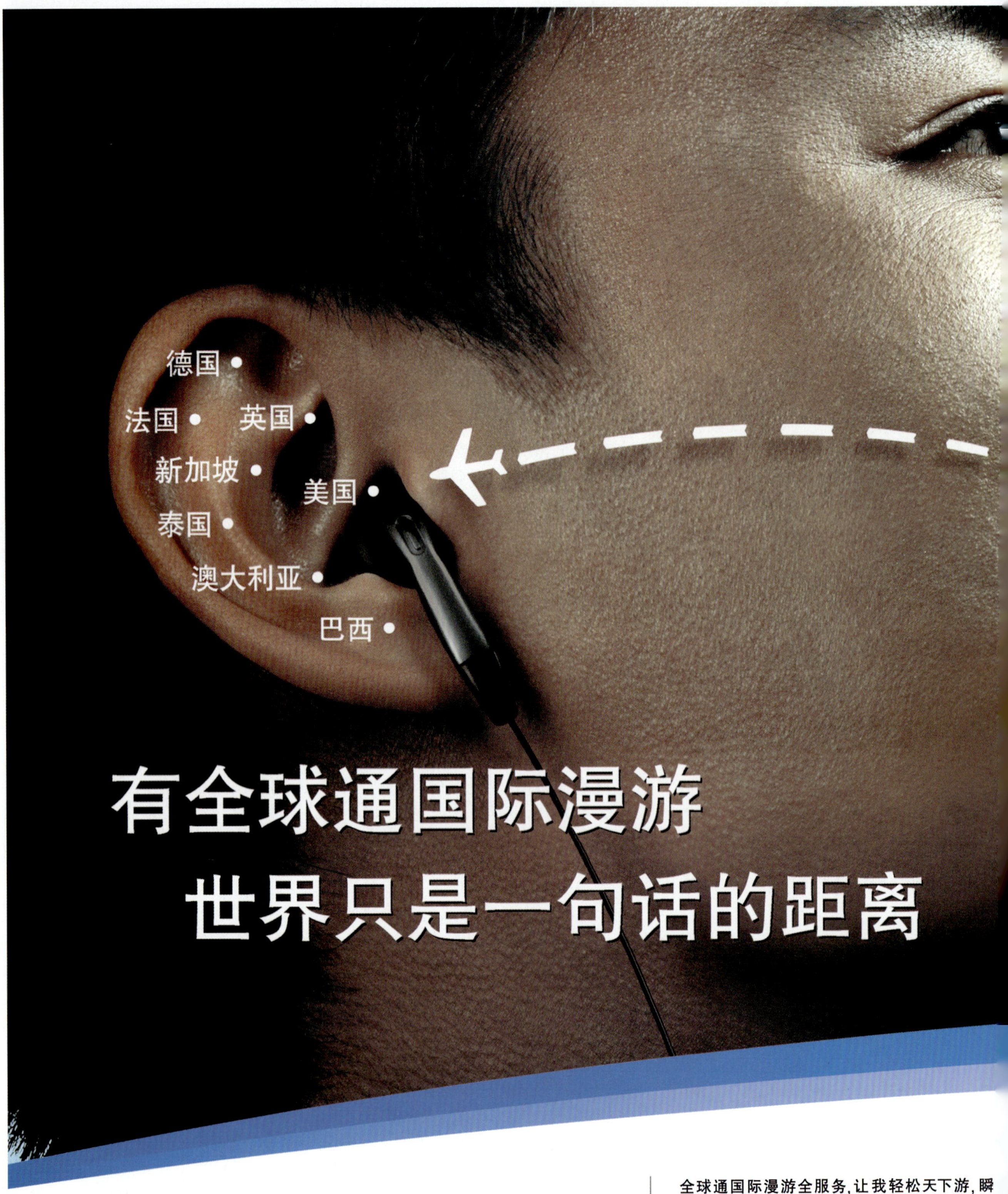
德国
法国
英国
新加坡
美国
泰国
澳大利亚
巴西
有全球通国际漫游
世界只是一句话的距离

那一头。一句通话，使远在天边的亲人、朋友、老板、同事就如近在我眼前。国际漫游免费服务热线、随e行无线上网、彩信漫游等
匕，都畅通无阻。有全球通，远的是天涯，近的是我和世界的距离。

- 国际漫游统一以人民币计费
- 开通166个国家和地区的短信漫游
- 开通44个国家和地区的彩信漫游、随e行无线上网和手机上网
- 开通24个国家和地区的来电显示
- 敬请拨打10086客户服务热线，咨询、办理国际漫游服务

中国电信
CHINA TELECOM

浙江省电信有限公司杭州市分公司（以下简称杭州电信）有正式员工3208人，总资产78.1亿元，管辖上城、下城、江干、拱墅、西湖、滨江、下沙7个电信分局和萧山、余杭、桐庐、建德、淳安、富阳、临安7个区、县（市）分公司。

从1883年开通第一条电报线路以来，杭州电信已走过了123个春秋。在百年发展历程中，特别是改革开放以来，杭州电信励精图治，勇于创新，走出了一条独具特色的发展之路，保持了健康、持续、稳定的发展势头。有固定电话用户410万户，交换机容量为530万门。

作为杭州市主体电信运营商，杭州电信拥有的通信手段和网络设施与发达国家通信技术保持同步。2005年以来，与先进制造企业华为公司实行战略合作，投资数亿元开展固网智能化改造工程，固话网络升级为具有世界先进水平的新一代智能化网络，形成了一个集大容量程控交换、光纤通信、数据通信、卫星通信、无线通信等多技术手段的立体化现代通信网络，并逐步向数字化、智能化、宽带化和个人化方向发展，全网综合通信能力在全国省会城市中名列前茅。

中国电信集团公司总经理王晓初（前左二）视察杭州电信庆春路营业厅

杭州电信分公司总经理吴晓伟（左一）、党委书记钟斌（左二）看望新业务研发人员。

用/户/至/上

Customer First

杭州电信分公司秉承"用户至上、用心服务"的理念，优化企业内部资源配置，加快实施精确化管理步伐，努力推动企业从传统的基础网络运营商向现代综合信息服务提供商转型。除了拥有电话、宽带、小灵通等三大品牌产品外，还推出了固话彩铃、灵通短信、一号双机、企信通、宝宝在线、数码E房、全球眼、号码百事通、商务领航等新业务，以满足客户个性化的通信需求，为客户提供多种有价值的综合信息服务。有236个营业网点，用户可以选择就近的服务网点办理业务。不断完善服务体系，形成了网上业务受理、10000业务受理、客户经理上门服务等多样化的服务手段。

近几年来，杭州电信分公司积极参与杭州市的公益事业活动和信息化建设，投入数亿元资金，为构建和谐社会，促进经济社会的协调发展作出了新贡献。先后被授予全国创建文明行业工作先进单位、全国邮电先进集体、全国信息产业系统先进集体、全国用户满意服务单位、浙江省文明单位、杭州市文明单位、杭州市社区共建十佳标兵单位等荣誉称号。

杭州电信武林广场营业厅

用/心/服/务

ervice Foremost

·财政·

【财政概况】 2005年，全市财政部门积极贯彻中央宏观调控政策，完善财税体制改革措施，精心组织收入，优化支出结构，促进了社会经济全面健康持续协调发展。全市完成财政总收入520.79亿元，比上年增长17.6%；其中地方财政收入250.46亿元，增长19.7%。市区完成财政收入458.41亿元，增长17.6%；其中地方财政收入217.26亿元，增长19.7%。市本级完成财政收入155.09亿元，增长12.1%；其中地方财政收入63.13亿元，增长13.5%。全市完成财政支出238.33亿元，增长21.8%；市区完成财政支出195.76亿元，增长22.2%；市本级完成财政支出68亿元，增长14.2%。全市各级财政均实现收支平衡。

【加大扶持"三农"力度】 2005年，在省管县的财政体制下，市本级财政投入3.1亿元用于支持各区、县（市）的"三农"支出。其中，安排1.3亿元地方水利建设基金用于小流域治理、病险水库除险加固和改善农村生态环境；投入2800万元治理农村生活污水垃圾、农村改厕、畜禽养殖场污染综合整治和加强对高致病性禽流感的防控，确保畜禽产品食用安全；投入1551万元用于推行新型农村合作医疗体系；安排3400万元用于"百村示范、千村整治"工程和乡村通达工程补助；拨付800万元并带动社会资金3078万元用于对"49100"重点帮扶乡镇的扶贫帮困；补助资金500万元用于农民素质培训；安排650万元用于村级组织办公场所建设；投入3100万元建设市级都市农业示范园区，推广先进适用农业科技；安排2000万元资助农产品加工企业技术改造和鼓励销售杭产农产品，提升农业产业化水平，加快都市农业的发展。

【加大社会保障支出】 2005年，市财政预算内安排各类社会保障支出13.16亿元，比上年增长11.2%；支出社会保障后备金9.57亿元。落实2003年6月11日后被征地失土农民参加"双低"养老保险补助资金6.01亿元。安排促进就业专项资金1.1亿元，市区有1.26万名下岗失业人员自谋职业，享受人均3000元的就业援助补贴；8900名下岗失业人员从事社区公益性工作，享受财政补贴资金3200万元；新增就业岗位9.67万个，8.9万名下岗失业人员实现再就业，其中就业困难人员3.41万名。解决市区自主经营创业人员资金困难的问题，市区累计发放下岗失业人员小额担保贷款694笔，计1780万元。

【支持"文化名城"建设】 2005年，市本级用于文化事业方面的支出1.28亿元。其中，文化事业费支出6430万元，文化事业建设费支出3804万元，大文化产业专项支出2561万元，重点用于文化"三下乡"、数字电视建设、动漫产业发展、对外重点宣传、重大文化活动和精品创作扶持经费等。用于历史文化名城建设专项支出1.48亿元，西湖博物馆、杭州碑林扩建、南宋官窑博物馆、吴山二期文物建筑保护工程、高丽寺复建等重点文物保护工程相继建成或陆续开发。

【为"科技强市"建设提供财政支持】 2005年，市本级投入2.6亿元用于支持"科技强市"建设。其中，安排1亿元高新技术成果转化资金，重点支持电子信息、生物医药、精细化工、新材料和光机电一体化等科技创新与高新技术产业领域，发挥政府产业导向作用；安排1.29亿元用于科技项目创新、农业科技、网上技术合作市场、科技平台建设、知识产权保护等，着力提升杭州市企业自主创新能力。

【增强教育事业投入】 2005年，市财政大力支持打造"教育强市"。市级教育事业费支出4.72亿元，比上年增长28.6%，高于财政经常性收入增幅。投入9066万元加大对职业教育的扶持；进一步完善经济困难学生资助体系，落实市本级财政贴息资金、风险补偿金和困难学生伙食补助330万元；加大对进城务工农民子女入学的扶持力度，落实外来务工人员教育专项资金260万元；市财政安排专项资金300万元，扩大对贫困学生教育券资助面；安排名校集团化发展专项资金280万元，实施名校集团化战略；安排初中教育专项资金140万元，促进各区、县（市）初中教育均衡发展；安排教师培训专项资金360万元，提升教师教学水平。

【卫生事业投入高于财政支出增长幅度】 2005年，为缓解"看病难、看病贵"问题，市财政投入卫生事业费

1.7 亿元，比上年增长 39.3%，高于同级财政支出增长幅度。通过政府购买基本医疗服务和加大医院的基本建设投入，推进医疗卫生事业健康快速发展。支持“四改联动”，推进卫生事业改革。完善救助制度，为困难群众就医提供保证。加大对市惠民医院的扶持力度，2004、2005 两年补助医院医疗设备资金 1250 万元；接治的无主病人和对困难人群减免的医疗费，除部分由医院和社会承担外，其他由市财政予以解决。

【完善社区建设财政补助政策】2005 年，杭州市进一步完善社区建设财政补助政策。按照不低于全市上年企业职工平均工资标准，落实社区工作者工资、福利标准、住房公积金和社会保险等待遇。制定“撤村建居”社区管理经费补助办法，建立经费补助机制；制定社区服务业发展资金使用管理办法，落实发展资金 1000 万元。安排专项资金 1100 万元，支持社区卫生服务机构的建设与发展；安排社区共建专项资金 300 万元，用于各区新建、置换、购买社区配套用房的奖励和补助。完善社区企业退休人员社会化管理服务工作，提高服务工作经费标准。

【支持城市基础设施建设】2005 年，为改善市区交通状况，用于城市管理和建设的财政资金投入达 47.2 亿元。安排 2 亿元资金对 363 条市区背街小巷实施改善，达到“路平、水畅、灯明”的目标，提高了市民的居住环境和城市品位。落实“三口五路”整治工程、彭埠入城口建设、蒋村基础设施项目建设、交通智能化建设、运河整治与保护开发和“一纵三横”道路整治等各项重点项目的建设资金。

【加大生态市建设支持力度】2005 年，生态市建设资金由上年的 6500 万元增加到 1.2 亿元，增幅近 50%。制定《杭州生态市建设专项资金使用管理暂行办法》，加强对资金使用的监管和绩效考评，重点保障了重要水系源头保护工程、环境基础设施建设、生态示范工程、农村污染综合防治示范工程、市区污染治理、绿色公交等建设项目的资金需求。

【培植地方财源】2005 年，根据市委大力发展第三产业的要求，市财政以支持第三产业发展为重点，梳理、整合扶持政策，强化专项资金支持，建立年规模为 5.48 亿元的杭州市现代服务业发展专项资金。制定《杭州市加快现代服务业发展若干意见》及相关资金的使用管理办法等配套政策，促进杭州市文化、旅游、商贸物流、金融、中介、信息与软件、社区服务、房地产等行业的健康快速发展。继续落实支持“工业兴市”和“一号工程”各项政策措施，修订相关专项资金管理办法。全年兑现于鼓励企业投资发展、技术改造、改革改制、信息化应用和发展高新技术产业等方面资金 4.11 亿元。从预算内外筹集调度资金 8 亿元，启动金鱼集团、松下家电、喜得宝集团、杭氧集团和新华集团等 5 个企业的搬迁工作。

【深化预算改革】2005 年，市财政深化部门预算、国库集中支付和收支两条线改革。将土地出让金等专项基金支出纳入政府性基金预算，与各类财政专项资金计划和部门预算一并纳入人大监督范围。市级行政事业单位全部实行部门预算并提交人代会审议，人大重点审查的部门预算增加至 4 个。研究制定《杭州市级部门预算调整暂行办法》，明确预算调整中各部门的职责、权限和程序。进一步扩大国库集中支付范围，整合财政专项资金，提高资金使用效益。将市本级 70 个专项资金整合为 22 项。组织开展全市行政事业单位地方性津贴补贴项目的清理工作，规范收入分配。开展行政事业单位办公设备的专项调查，为优化预算编制标准，合理分配资金提供依据。

【提高资金使用绩效】2005 年，积极开展财政支出绩效监督试点工作。市财政局对部门预算执行情况和财政专项资金使用情况开展专项检查，加强财政资金使用全过程监督，完善有效的内部支出监控机制。拓展财政审价工作的广度和深度，全年完成财政性投资工程审价项目 223 个，审定造价 20.12 亿元，核减资金 3.74 亿元，核减率 15.7%。逐步推进财政投资项目前置管理，建立健全委托评审选择、重大争议协调处理、委托评审跟踪管理及评价考核的机制。加强政府集中采购信息发布管理，提高公开招标率和采购透明度，政府集中采购规模比上年扩大 20%。全年政府采购预算规模 8.58 亿元，合同金额 7.62 亿元，预算资金节约率达 11.2%。（孔华强）

·国家税务·

【国家税务概况】2005 年，市国税局认真落实“抓紧、抓早、抓实、抓出成效”的工作要求，以税收信息化建设为依托，不断完善税源监控体系，切实加强税收征管，确保了国税收入的持续快速增长。全年累计组织国税收入 307.36 亿元，比上年增长 16.2%，增收 42.83 亿元。其中，增值税、消费税两税入库 229.13 亿元，增长 13.3%，增收 26.87 亿元。杭州市国税收入的排位列全国副省级城市第三、省会城市第二。在全市 520.79 亿元的财政总收入中，国税部门组织的收入达 276.83 亿元，占 53.2%，为促进杭州经济社会持续健康发展提供了财力保障。

【支持杭州经济社会发展】2005 年，市国税局自觉服从和服务于杭州经济社会发展大局，全面落实促进下岗失业人员再就业，扶持“三农”，鼓励高新技术产业、外商投资企业和资源综合利用企业发展，支持民政福利企业和利用国产设备技术改造项目税收减免等各项税收优惠政策，全市累计办理各类税收减免及先征后退 40.46 亿元，对推进“工业兴市”、建设“天堂硅谷”、构建“和谐杭州”的发展战略起到了积极作用。落实出口退税机制改革政策，认真做好出口退税工作。根据国务院出口退税机制改革调整和杭州市外贸结构调整等情况，加强调研，提出应对措施，积极为政府当好参谋。进一步简化审批手续，加快单证审核和退税进度，全年办理出口退税 83.01 亿元。

【整顿和规范税收秩序】市国税局加强与公安、地税等部门协作，联合开展打击制售假发票、虚开增值税专用发票和骗取出口退税等涉税违法活动。认真做好协查案件、涉税举报案件和大要案的查处工作，组织开展了钢铁水泥生产企业、废旧物资回收企业等税收专项检查，全年检查纳税户3394户，查补税款3.55亿元，其中税款在50万元以上的大要案65件，移送公安机关223件，严厉打击了涉税违法行为，维护了经济秩序，净化了税收环境。

【强化国税基层基础建设】市国税局积极推进征管改革，加强国税基层建设，大力实施科学化精细化管理，不断夯实税收征管基础。综合征管软件CTAIS2.0全面上线运行，税收征管科学化水平得到提升。推行和完善税收管理员制度，管理责任落实到岗到人，基层征管力量得到充实。加强低税负预警监控管理，强化各税种管理，健全纳税评估机制，认真开展评估工作，通过纳税评估，全市查补税款1.4亿元。加强车辆购置税征收管理，全年共征收车辆购置税12.85亿元。

【完善和优化纳税服务体系】市国税局按照现代服务型政府要求，不断提升服务理念，优化纳税服务。积极开展"工业企业服务年"和"访企业听意见送服务"活动，举办税收辅导培训讲座26期，召开各类政策通报会、座谈会48次，为企业提供政策咨询与业务辅导。坚持日常宣传与第14个税收宣传月宣传相结合，开展"税收宣传进社区"，与"中国·杭州"政府门户网站和12345市长公开电话受理中心共同举行网上直播等活动，加强税收宣传教育。以解决"办事难"为突破口，实施国、地税联合办证，实行"一地一窗一证一码零收费"，得到国家税务总局的认可。积极打造杭州国税"全程服务"品牌，进一步改善服务态度，提高办事效率。开展纳税信誉等级评定工作，全市审核确定纳税信誉A级336户、纳税信誉AA级166户、纳税信誉AAA级273户。

4月18日，杭州市税务登记办证大厅挂牌。（市地税局 供稿）

【加强国税干部队伍建设】市国税局狠抓领导班子建设，定期组织理论培训，落实党组理论中心组学习制度、述职述廉制度和巡视检查制度等，各级领导班子的执政能力不断增强。积极推进系统文明创建工作，39个单位分别被评为省、市国税系统文明单位和青年文明号，65人分别被评为省、市国税系统优秀税务工作者；被评为全国税务系统先进集体、先进工作者各1个。加大培训力度，强化岗位练兵，落实五年培训规划，全年举办培训班8期，培训干部624人次。进一步深化干部人事制度改革，完善干部选拔任用办法，为干部成长构筑施展才干的平台。切实加强党风廉政建设，开展"清廉文明、平安国税"主题教育，积极建立反腐倡廉"大宣教"格局，逐步构建教育、制度、监督并重的惩治和预防腐败体系。

（周凌明 邹卫刚）

·地方税务·

【地方税务概况】2005年，全市地税部门在依法治税、规范管理的前提下，继续加强税源管理，优化纳税服务，保证了收入持续快速增长。全年组织各项收入324.97亿元，比上年增长22.8%；其中地税收入217.46亿元，增长17.9%。分税种为营业税85.74亿元，增长14.1%；企业所得税63.99亿元，增长18.3%；个人所得税35.71亿元，增长14%；其他各税32.02亿元，增长33.6%。其他收入107.51亿元，增长34.3%；其中养老保险基金61.04亿元，增长41.9%；医疗保险基金21.06亿元，增长17%。

【优化收入结构】2005年，市地税局与国土资源部门确定杭州市区城镇土地使用税等级划分标准，编制了杭州市区城镇土地使用税等级划分示意图，7月1日起调整市区土地使用税等级与单位税额，全年土地使用税入库5136万元，比上年增长1.35倍。完善土地增值税预征管理办法，加强土地增值税征管工作力度，全年入库土地增值税3.43亿元，增长2.49倍。规范农村经济合作社税收征管工作，做好建筑用石资源税开征后的政策落实和管理工作。对未按规定建立印花税应税凭证登记簿或未完整保存应税凭证等致使计税依据明显偏低的纳税人，实行核定征收。完善金融、保险、建筑安装、房地产和外贸企业"按月预缴、年终结算"征收印花税办法和委托代征另一方印花税的管理办法。加强与国税部门的沟通和对基层生产企业的业务指导，确保生产企业出口自产货物免抵增值税征收城建税、教育费附加政策的贯彻落实。实行委托国税代征城建税、教育费附加，通过国税征收"两税"，实现数据的信息共享，加强城建税、教育费附加的征管。加强残疾人保障金代征工作，加大水利建设专项资金征管力度，开展社会保险费费源普查，做大非税收入规模，增强地方政府对地方财力的综合调控能力。

【社保基金实行"五险合征"】10月起，市区范围内（不包括萧山、余杭区）的基本养老、基本医疗、工伤、生育、失业五项保险全部改由地税部门确定应征数并进行征收。2005年"五险"资金共入库63.87亿元，比上年增长40.9%，提高了地方政府的社会保障能力。

【实施精细化管理】2005年，根据国税总局提出的精细化管理要求，市地税局从整合资源入手，完善各项制度，强化税源监控，探索建立"强化管事、淡化管户"的绩效管理机制。试行"税源管理、纳税评估、政策服务"三位一体的税收管理服务责任制。坚持属地管理原则，实施分类管理，建立"抓大、控中、定小"的征管工作机制。运用信息化手段对税源大户进行税源综合分析、动态监控和精细化管理，开发中型企业纳税评估软件,并建立指标体系,对小型企业规范核定征收。加强税源监控,全面推广运用"在线税收监控系统",实现管理精细、职责到位、考核到岗。开发"房地产税源监控"软件,实现与市建委、国土资源局、房管局的信息共享,建立房地产行业税源专项分析、预测管理新机制。完善日常分析制度,密切关注营业税各税目收入的变化结构。

【完善税源基础性工作】 2005年,市地税局做好挖掘税源的基础性工作,发展和培育新的税收增长点。开展房产税、土地使用税基础资料普查;做好取消减免审批项目和下放审批权限营业税减免的后续管理,组织开展对"技贸收入"免征营业税情况调查,建立减免税管理台账。运用企业资料"一户式"储存平台,对减免税、广告费扣除、固定资产加速折旧等管理事项实行动态管理;建立企业所得税收入分析制度,制定企业停、歇业所得税清算管理办法;出台《个人独资企业和合伙企业核定征收个人所得税暂行规定》,至年末共核定征收2983户,入库372.6万元。进一步完善企业所得税弥补亏损台账管理制度,成功开发电子台账自动生成软件。

【完善稽查制度】 2005年,国、地税试行联合稽查,推行"目录稽查法",建立稽查建议反馈制度,实行调账检查制度,开展责成自查和重点检查,进一步完善协查制度。开通网络举报热线,拓展举报渠道,加强对地方税种的全面稽查,堵塞征管漏洞,增强依法纳税意识。

【深化纳税服务】 2005年,市地税局在开展以"满意在地税"为主题的纳税服务活动中,推出重构组织结构、统一服务标识、再造业务流程、简化办税程序、完善质量管理、推行礼仪服务等一系列征管举措。建立起以财税网站网上申报为主、办税服务厅为补充和12366税收服务热线为延伸的"三个服务平台",为纳税人提供"一户通"、"一窗式"服务和电子缴库等多种申报和缴税方式。实行个体工商户税务登记名填单服务。新推出的市区国、地税部门联合办理税务登记和房地产税收一体化征收管理,被国家税务总局认定为"创新工作"。

【规范税收执法】 2005年,市地税系统先后组织开展全市税收执法自查和重点检查、《中华人民共和国行政许可法》及9个配套制度贯彻实施情况检查、税收优惠政策执行情况跟踪问效检查。依法办理行政复议和应诉案件。受理行政复议案件5件,已办结4件均为复议维持;办理行政应诉案件8件,已结案6件均为地税机关胜诉。6月起,按月将杭州市范围的地税政策汇编成册,统一公告。 (孔华强)

表52 2005年杭州市区财政收支情况

收入			支出		
项目	金额(万元)	为上年(%)	项目	金额(万元)	为上年(%)
地方财政收入小计	2 172 575	119.7	一般预算支出	1 957 619	122.2
一、分税制财政体制收入	2 116 268	120.3	一、基本建设	159 259	126.0
1.增值税25%部分	386 667	114.3	二、企业挖潜改造	142 831	110.9
2.营业税	749 219	116.5	三、科技投入	64 863	145.6
3.企业所得税40%部分	417 080	125.1	1.科学支出	8 028	116.9
其中:内资企业所得税40%部分	341 680	127.9	2.科学三项费用	56 835	150.8
外资企业所得税40%部分	75 400	113.8	四、农业、林业、水利和气象支出	69 448	118.7
4.企业所得税退税	-170		五、工交流通部门事业费	29 663	107.5
5.个人所得税40%部分	122 545	114.4	六、文体广播事业费	42 340	116.5
6.城市维护建设税	142 620	106.9	其中:文化事业费	14 465	117.5
7.其他税收	129 625	168.7	七、教育支出	248 992	118.3
8.国有企业计划亏损补贴	-89 360	96.4	八、医疗卫生支出	91 440	122.4
9.农业四税	183 389	118.0	其中:卫生	44 775	138.7
其中:契税	169 728	127.4	中医	3 335	95.8
10.罚没收入	55 380	119.1	九、抚恤社会救济事业费	36 038	123.0
11.行政事业性收费收入	16 068	112.5	十、行政事业单位离退休人员经费	71 333	107.9
12.其他收入	3 205	112.0	十一、社会保障补助支出	49 041	112.7
二、专项收入	56 307	100.1	十二、行政管理费	221 863	148.8
其中:教育费附加	49 742	103.6	十三、公检法司支出	159 744	113.4
排污费	6 565	80.1	十四、城市维护费	256 570	177.3
			十五、专项支出	71 582	137.1
			其中:教育费附加	55 583	120.5
			排污费支出	9 388	154.1
			十六、其他事业费及其他支出	242 612	90.2

金 融

Banking & Affiance & Insurance

·银行·

【银行业概况】2005年,杭州市银行业金融机构认真贯彻国家宏观调控政策,积极增加信贷投入,促进经济结构、产业结构调整和优化,有力地支持了全市经济快速发展。全市本外币各项存款余额比上年增加1024.77亿元,增长18.3%;其中企事业存款、储蓄存款和其他存款余额分别增加287.27亿元、356.49亿元和373.24亿元,增长10.5%、19.4%和34%。本外币各项贷款余额增加745.25亿元,增长15.5%。其中,短期贷款余额增加301.05亿元,增长10.9%;中长期贷款余额增加260.13亿元,增长15.5%。全市累计投放现金11752.53亿元,增长13.1%;累计回笼现金11562.05亿元,增长13.4%。年末,全市金融机构本外币不良贷款余额94.37亿元,比上年减少8.46亿元;不良贷款率1.7%,下降0.55个百分点。全市金融机构实现利润136.3亿元,增加40.51亿元,增长42.3%。

【增加有效信贷投入】2005年,人行杭州中心支行积极创新央行窗口指导方式,引导金融机构认真落实有保有压的信贷政策,在满足重点项目、重点行业、重点企业信贷需求的同时,加大对经济薄弱环节的有效信贷投入,支持经济社会全面协调健康发展。具体工作中,人民银行把政策引导与服务相结合,多管齐下,通过会同有关政府部门搭建银企沟通平台,落实全市重点项目信贷资金13.15亿元;配合省政府制定小企业贷款风险补偿基金使用试行办法,以风险补偿的创新方式引导金融机构加大对小企业的信贷投入;组织全省农村信用社推广信贷支农经验,向农业企业、农户等推介金融支农新产品;认真落实国家助学贷款新政策,探索建立金融支持下岗再就业工作的长效机制,各项措施取得明显成效。年末,全市金融机构本外币贷款余额比上年增长15.5%,高于同期全市GDP增长率和物价上涨率之和1.3个百分点,使全市金融机构的信贷投入基本满足经济发展的合理资金需求。

表53　　2005年末在杭金融机构本外币存贷款情况

单位:亿元

类　别	存款余额	贷款余额
在杭金融机构	6 748.72	5 545.30
政策性银行	0.63	18.40
商业银行	5 750.07	4 900.24
其中:国有商业银行	2 973.81	2 751.44
股份制商业银行	2 349.03	1 878.58
城市商业银行	427.24	270.21
农村合作机构	651.47	457.11
非银行金融机构	255.31	169.53

【推动金融生态环境建设】2005年,人行杭州中心支行大力开展金融生态环境宣传,通过新闻媒体、报刊杂志、现场宣传咨询等活动,促进社会各界认识和重视金融生态环境建设。8月,人行杭州中心支行举办建设良好金融生态环境媒体峰会,在金融机构和新闻媒体互动宣传下,取得良好的社会效应。加大反洗钱检查力度,人行杭州中心支行建立反洗钱工作联席会议制度、金融监管机构反洗钱协调制度以及与省公安厅等部门联合建立反洗钱工作联席会议制度。全年协查案件41件,涉案金额20多亿元。完成个人征信系统建设的联网运行和企业征信系统在全省的试运行,银行信贷征信系统全面升级,收录全市借款企业4.5万余个,人民币贷款入库率在93%以上,月均查询3.3万次。建立金融风险快速反应机制,加大对金融机构流动性风险和整体风险状况的监测和分析。密切关注金融企业改革动态,规范农信社专项央行票据兑付考核的各个环节。在2005年中国社科院公布的《中国城市金融生态环境评价报告》中,杭州市被列入全国5个I级城市之一。

【加快金融改革步伐】2005年,人行杭州中心支行积极推动农村信用社、国有商业银行的机制改造,支持金融市场发展,加快金融基础设施建设,提升金融服务能力,各项改革进展顺利。外汇管理部门创新外汇管理方式,减少贸易进口付汇环节,推进境外投资外汇管理改革试点,促进贸易投资便利化,有力地支持了企业"走出去"战略。积极推荐优质企业发行短期融资券,经中国人民银行批准,杭州万向钱潮股份有限公司在全省发行第1期短期融资券6亿元。大力推动发展货币市场,引导银行业金融机构利用债券回购、资产买卖等工具,将货币市场资金有效引入信贷领域,支持实体经济发展。积极推动票据融资业务,至年末,杭州市银行业金融机构累计为企业签发银行承兑汇票2532.65亿元,余额达1260.05亿元,占同期贷款余额的23.2%。

【大力提升金融服务水平】 2005年,人民银行大额支付系统在浙江省顺利推广运行,杭州市有21个机构直接接入、733个机构间接接入该系统,实现实时安全汇划资金,提供更快速、更安全、更可靠的现代化支付清算服务。正式开办浙江省辖银行汇票,疏通中小金融机构的结算渠道。相继开通国库同城票据交换、内部往来和大额支付系统,从7月起实现各级预算收入当日收入当日报解。稳步推进财税库行横向联网,完善杭州市地税部门的电子扣税系统,实现缴税、退库及明细对账的全面电子化。积极推动银行卡发展,协调降低杭州市区银行卡刷卡费率,鼓励商户使用POS机。全市银行卡跨行交易清算3169万笔,比上年增长32%;清算金额271.6亿元,增长46%。加大人民币反假力度,把农村、学校、商场、客运站作为人民币反假的主要宣传阵地,前移反假、防假阵线,全年收缴假币1078万元,保证人民币在市场的正常流通。 (曲 东)

▶▶资料:短期融资券

2005年5月24日,中国人民银行出台《短期融资券管理办法》,在银行间债券市场推出企业短期融资券业务。企业短期融资券是指企业在银行间债券市场发行和交易并约定在一定期限内还本付息的有价证券。其特点是期限短(最长不超过365天),发行利率和价格由企业与承销机构协商确定,实行余额管理,待偿还短期融资券净额不超过企业净资产40%等。由于短期融资券具有发行便利、融资成本低、市场化程度较高等优点,因此受到企业的欢迎。至2005年末,全国有58个企业发行短期融资券1392.5亿元,约占企业债券市场直接融资总量的70%。

省辖银行汇票

2005年4月1日,人民银行杭州中心支行在全国率先推出省辖银行汇票。省辖银行汇票是浙江省内经人民银行杭州中心支行批准经营支付结算业务的政策性银行、商业银行、城乡信用社签发,由其在见票时按照实际结算金额无条件支付给收款人或者持票人的票据。省辖银行汇票采用见票即付方式,汇票签发机构之间必须相互兑付。省辖银行汇票的推出使企业方便地实现"一手交票一手交货",降低了商品交易成本,也有助于疏通中小金融机构的结算渠道。至2005年末,全省有7个商业银行的1239个网点签发省辖银行汇票,累计签发金额达50亿元人民币。 (曲 东)

怎样使用牡丹国际卡

中国工商银行发行的牡丹国际卡(含牡丹万事达国际卡、牡丹维萨国际卡、牡丹运通卡、牡丹白金卡等)内设人民币和外币(美元或港币)两个账户。持卡人境内消费使用人民币账户,境外(包括香港、澳门)消费使用外币账户,人民币账户和外币账户内的存款不通用。

持卡人境外消费后,建议通过服务热线95588查询或网上银行查看国际卡人民币和外币账户余额(有可能境外消费通过银联使用人民币结算),若人民币账户发生透支,用人民币归还;若外币账户发生透支,有两种还款形式:1.在有外汇业务的网点直接存入外汇还款;2.用人民币购汇还款(购汇还款业务是指牡丹国际信用卡外币账户透支额使用人民币现金或通过人民币账户转账购汇偿还的业务)。凡牡丹国际信用卡在境外发生外币支付而产生的外币账户欠款,除国家法律禁止的交易外,都可使用人民币购汇偿还。购汇还款有以下3种方式:

(1)柜面购汇还款:持卡人可到工商银行网点向工作人员说明情况,填写"牡丹国际卡购汇还款业务凭证",办理购汇还款业务。

(2)电话购汇还款:持卡人可拨打服务热线010-95588,使用国际信用卡人民币账户中的存款余额,进行电话购汇还款(如人民币账户余额不足,需先到网点存入人民币,待其到账后再进行电话购汇还款)。

(3)网上银行购汇还款:网上银行注册的牡丹国际卡可通过网上银行国际卡购汇还款功能进行还款操作。 (邵庆义)

【工商银行】 2005年,中国工商银

12月31日,常务副省长章猛进(左三)到人行杭州中心支行慰问参加年终决算的金融系统员工。
(人行杭州中心支行 供稿)

行股份制有限公司浙江省分行营业部适应股份制改造新形势,遵循"结构优化、控制风险、管理创新、和谐发展"的方针,优化经营,强化管理,各项业绩跃上新的台阶。全年实现经济增加值23.27亿元,经济资本回报率48.9%;不良贷款率下降至1.16%。成为全国工行第二个存贷款双超千亿元的省会城市行。经营绩效连续第四年排名全国工行直属分行、一级分行营业部第一名。

加快发展个人金融业务。出台专项经营发展指导意见,制订个人金融业务指导委员会制度。整合营销资源,深层次挖掘客户价值,形成个人业务与对公业务发展并举的格局。年末,个人信贷占信贷总量比16.9%,个人储蓄存款占存款总量比44%,个人中间业务收入占中间业务收入总量比25%;个人金融业务对全行利润贡献比13.4%。

推进客户结构调整,促进经营结构的优化。投放到AA-级以上法人客户的贷款余额所占比例比上年上升7.87个百分点;择优支持中小企业客户,新增贷款1.3亿元,新发展小型和微型企业客户113户。

致力管理创新,提高风险掌控能力。开展依法合规大检查,清理低效、不规范账户1.4万户,压缩网点(含不再延伸网点)42个。实施网点远程数字监控,完成17个支行的数字监控系统改造。对贷款亿元以上企业客户进行全面风险排查,加强集团关联企业信贷管理。加强员工行为动态分析,有效防止涉赌案件发生。进一步深化内部改革,开展业务、法律尽职调查和土地、房产产权等固定资产确权、清理工作,对员工工资、支行高管人员薪酬实行集中审批和统一考核与管理。调整相关处室(部)职能,推行柜员等级制,稳步推进后勤体制改革和金库守押社会化前期准备工作。

在保持共产党员先进性教育活动中,组织开展"先人一步、快人一拍、高人一筹,永葆先进"的主题实践活动,取得较好成果,得到上级行肯定,受到中央级媒体关注。

(邵庆义)

【农业银行】2005年,中国农业银行浙江省分行营业部面对复杂的经营环境和日趋激烈的同业竞争,强化风险管理,深化机制改革,优化业务结构,经营效益不断提高,全行的客户基础、内控基础、网点基础和队伍基础进一步夯实。年末,全行本外币各项存款余额突破600亿元,比上年增加91.9亿元;储蓄存款增量和增量市场份额均居同业首位。各项贷款余额突破520亿元,优良法人客户贷款余额占比达88%,比上年提高2.7个百分点。全行五级分类不良贷款占比下降到4%之内。

资产质量继续好转,中间业务发展提速。根据杭州区域和行业"十一五"规划,积极介入经济结构调整、产业升级、产业转移和新产业建立中的优质客户,全年优质工商企业贷款、房地产贷款、基础设施贷款合计新增35.1亿元。针对杭州市民日益丰富的金融需求,不断强化金融服务功能。全年实现国际结算42.1亿美元,比上年增长26.3%。全年新增卡量65万张,增长20.7%;卡消费41亿元,增长78.2%;发卡累计378万张。代理保费收入2.5亿元,增长78.6%。

稳步推进电子化建设。顺利完成数据集中工程,新的电子业务运行管理体系初步形成,网上银行、电话POS、电话银行等业务渠道发展迅速。网上银行交易额和客户总数比上年分别增长2.47倍和1.75倍。电子银行交易量占全行总交易量的20%以上。

提升风险管控能力。以风险控制为前提,把精细化管理贯穿到经营管理的全过程。通过完善业务管理规章制度,全面梳理业务流程,规范操作程序,强化贷后管理,实施信贷长效管理机制,强化内控评价、行长责任、自律监管和经营真实性审计,开展操作风险大检查活动,有力地促进了规范经营。

2005年,该营业部获杭州市"示范文明单位"、全国精神文明创建工作先进单位称号,营业部团委获全国"五四红旗团委"称号,城东支行获农业银行总行先进单位称号;有23个网点被评为杭州市"巾帼示范岗"。 (徐 行)

【中国银行】2005年,中国银行股份有限公司浙江省分行(以下简称中行浙江省分行)加快调整业务结构,规范发展资产业务,转变经营模式和增长方式,实现规模和效益同步增长,各项工作取得新进展。年末,该行杭州地区本外币存款余额比上年增长14.7%,本外币贷款余额增长4.2%,资产不良率下降0.23个百分点。

坚持创新发展、规范经营。公司授信业务继续贯彻重点地区、重点行业和重点客户发展战略,有效介入原合作基础较薄弱的交通、能源等资源型、垄断性行业,成功营销一批大项目。信用卡业务通过制定信用基本政策、建立拒批信息资料库等措施,加强进件风险控制;实施对透支资产的精细化管理,对符合条件的透支户会同公安机关共同催收。开发人民币资金存放同业新产品,拓展贸易融资和票据业务等经济资本占用低的产品。

中间业务规模效益同步增长。贯彻总行关于大力发展中间业务的要求,确定未来三年中间业务的发展目标和策略,出台中间业务发展指引、中间业务奖励费用分配管理办法等。国际结算业务在继续做大传统业务的同时,拓展相对创新的国际双保理、出口商业发票贴现等贸易融资产品。以中银奥运双币卡、长城借记卡和长城准贷记卡为重点产品,开展形式多样的银行卡营销活动。加大企业网上银行业务的宣传营销力度,积极向大型公司、集团企业等高端客户推介银企对接、集团理财等方案;个人电子银行业务注重与传统服务产品的整合。适时调整保险兼业代理等代理业务产品结构,在规范准入的基础上加强与保险公司的合作。代发薪、代收付等传统代理业务也通过加强和拓展与客户的合作,实现稳定增长。

加大授信业务风险管理力度。根据总行资产风险分类改革的部署,开展授信资产集中分类认定工作,并制定新的三年资产质量管理目标,抓好对资产质量的全程监控和风险提示,严格准入退出机制。在辖区内推行授信集中审批制度,实行授信执行与贷后管理集中,从制度和流程上防范授信业务中的操作风险。

开展机构流程和人力资源整合。从业务拓展和产品部门、业务支持和运营部门、风险内控和监督部门、支持保障和行政管理部门四条线，重整业务流程和组织架构，形成脉络清晰、职能明确、运行有序的组织结构体系。制定《2005年~2007年重点城市机构网点发展规划》，推广网点标准化、模块化建设。以建设经营管理、专业技术、技能操作三支队伍为主线，设置新的职位体系，实行全员岗位聘任。（项慈恩）

【建设银行】 2005年，中国建设银行浙江省分行杭州辖区完善体制机制，强化市场营销，提升服务水平，加强内控管理，各项工作取得新进展。年末，本外币一般性存款余额比上年增加97.7亿元，增长18.1%；全年日均存款增加54.88亿元。本外币贷款余额570.2亿元，增加73.17亿元，增长12.8%。账面利润在系统内80个中心城市行排名第四。

推进战略转移，发展特色业务。扩大中小企业业务，与杭州市政府签订支持中小企业发展合作协议，年内新签约企业28个，签约授信金额17.5亿元。出台《杭州地区中小企业信贷指引意见》和《杭州地区中小企业业务研究报告》。启动中小企业“茁壮之路”计划，“茁壮之路”品牌推广活动成功入选杭州“十大营销事件”。个人金融业务取得新突破，新增中高端客户3.87万户，累计11.03万户，存款余额达125.02亿元；推出龙卡名校卡，发行浙大龙卡1.1万张；推出外汇掉期业务、国际保理等系列产品；实现“银关通”产品、个贷2.0系统推广上线；丰富95533电子银行和网上银行业务功能，建成特色管理平台项目，完成骨干网络系统的升级改造。中间业务实现快速发展，制订中间业务整体推进方案，明确发展方向和重点，突出结算、银行卡、代理、财务顾问等特色产品优势。全年中间业务收入增长48.4%，在系统内80个中心城市行排名第六。

强化联动营销，支持地方经济建设。建立省分行与杭州辖区支行联动营销机制，成功营销浙江省财政国库集中支付项目、浙江省电力公司资金管理改革项目、杭州市对公电费托收项目、杭州市市级行政事业单位专用存款账户监控管理项目等一批优质重点客户和重大项目，并与浙江大学、阿里巴巴(中国)网络技术有限公司签订战略合作协议。

“以客户为中心”，推进差别化服务。构建大服务体系，开展改进服务献良策、百日服务零投诉等活动。着力解决网点排队问题，配置网点大堂经理，优化劳动组合，提高柜面服务效率；完善《个人中高端客户管理办法》，深入实施“分层面、分区域”的营销策略。

防范信用风险，确保安全运营。加强对集团客户和重点行业的风险监控，制订公司和个人信贷业务政策指引；完善重大信贷风险事项报告制度，初步建立信用风险快速反应机制；对信贷和非信贷资产实行全面五级分类管理，资产质量持续提高。深入开展专项治理活动，进行业务风险点排查，及时发现和整改风险隐患、制度缺陷；推广应用指纹认证系统、会计稽核和档案管理系统；实现基层网点会计凭证自动勾对，推进会计集中管理改革，建立起较完善的会计督导体系。

开展“培训年”活动，全面落实各项培训管理制度。全年管理人员培训面达到90%，举办客户经理培训15期，选送优秀人才参加金融理财策划专业的学习。

10月27日，中国建设银行在香港成功上市。（徐 滢）

【交通银行】 2005年，交通银行杭州分行承担起浙江省分行管理职能。该行围绕总行战略转型的总体部署，积极适应新体制和新机制，开拓创新、真抓实干，全面完成年度各项主要发展目标。年末，各项人民币存款余额563.16亿元，比上年增加111.37亿元，增长24.7%；各项人民币贷款余额424.76亿元，增加81.03亿元，增长23.6%。

改善信贷结构，提高经营效益，资产质量继续提升，年末本外币五级分类后三类不良贷款占比为0.7%。围绕提高效率、简化流程、强化贷后管理，积极探索小型企业授信管理，小型企业授信业务得到稳步推进。年末，人民币对公存款余额423.44亿元，比上年增加81.13亿元，完成年度计划的114.6%。杭州分行本级与2个企业签订企业年金基金托管和账户管理业务协议，与3个企业达成合作意向。与浙江电信公司等重点客户签订战略合作框架协议，与保险、信用社、证券等机构的战略合作取得积极进展。

制订出台《交通银行杭州分行2005年~2007年发展规划》。坚持召开季度业务形势分析会，制订实施绩效考核、授权授信、风险管理、资金计划、预算财务等规章制度。加大对省级优质集团性客户的营销力度；对辖属分行实施授信管理“一行一策”、差别管理；大额支付系统实现省分行集中管理。制订实施《杭州分行风险监控工作指导意见》。按照部门制约、岗位制衡的要求，完成风险管理部门职能转型；运用风险预警、风险提示、逐笔拨备等手段，加强风险监控。制订实施个人贷款审查管理办法；加大内部督查及审计力度，规范内控制度体系；严格授信

9月21日，市政府和建行省分行签订支持中小企业发展合作协议。

（建行省分行 供稿）

审查,有效控制经营风险。健全案件查防、案件防范分析会等制度,制订《员工行为规范管理办法》,风险防控机制不断完善。

经营机制不断优化,创新能力不断提升。加强公司业务部营销功能,预算财务、会计结算等部门完成分设。制订出台绩效考核办法,分解落实考核指标;实施管理部门年度工作目标量化考核。加大岗位培训力度,启动中层干部和客户经理系列培训。按照确保业务均衡发展要求,加强资产负债匹配管理,完善计划调控。适时调整贷款利率执行标准,提高信贷资源的综合效益。切实加强财务预算管理,完善费用管理办法。"全国通"、"双利理财"、"银企通"等产品的市场影响力逐步扩大,网银业务持续增长。管理会计及人力资源管理等系统成功上线,对公、对私客户分析系统投入使用。省分行内部信息网二期改造完成,管理效率进一步提高。 (林 宁)

【商业银行】 2005年末,杭州市商业银行各项存款余额427.97亿元,比上年增加87亿元,增长25.6%;其中储蓄存款余额87.7亿元,增加21.4亿元。各项贷款余额270.9亿元,增加58.5亿元,增长27.5%。存、贷款年增速均超过杭州同业平均水平。按贷款五级分类口径,年末不良贷款率为2.03%。全年实现利润总额6.63亿元,净利润4.35亿元,均创历史新高。年末所有者权益24.74亿元、资本充足率8.8%,资本实力得到进一步增强。

债券资产结构合理,中间业务稳步增长。债券资产比重从年初24%调整到16%,累计实现债券投资收益2.2亿元;年末,国债占总投资比重达76.8%。全年累计发行银行卡146万张,新增34万张;卡均余额1966元,比上年上升695元;银行卡交易量14万笔、1.7亿元。国际结算量9.35亿美元,增长71%;结售汇7.3亿美元,增长64%。

加强风险管理。通过调整贷款担保结构,增加抵质押贷款比重,提高风险抵偿能力。年末,信用贷款、保证贷款占比从上年末的5.5%、54.8%分别下降为4%、39.7%;抵质押贷款占比从38.8%上升到55.2%。加大不良贷款管理力度,总行与支行上下联动,就降低信贷资产风险,制订"一户一策",成效显著,使不良贷款率保持在较低的水平。顺利实现计算机系统迁移,并对系统进行优化。

成功引进境外战略投资者。在市政府和董事会的大力支持下,杭州市商业银行与澳洲联邦银行达成战略合作意愿,于4月21日签署协议。8月27日,中国银监会批准该行引进外资的申请。9月21日,澳洲联邦银行投资入股资金6.25亿元(折合人民币)到账。

启动18.06亿元置换资产回购工作。该行与市国资委、市财政局、市城建资产经营公司进行反复沟通,制定回购方案,于12月30日签署资产回购协议,首付资金4.86亿元已于12月31日到位。至此,杭州商业银行将持有的杭州市排水总公司资产整体划转给杭州市排水有限公司。 (程淑蓉)

8月,在市直机关反腐倡廉辩论赛上,市商业银行代表队荣获亚军。

(市商业银行 供稿)

【联合银行】 2月5日,以杭州市区农村信用合作社联合社及所辖23个农信社为基础组建成立杭州联合农村合作银行(简称杭州联合银行)。至2005年末,全行各项存款余额208.86亿元,比上年增加33.12亿元,增长18.9%;各项贷款余额148.13亿元,增加26.19亿元,增长21.5%。不良资产余额3.59亿元,下降0.91亿元。全年实现各项业务收入11.52亿元,增加2.4亿元,增长24.5%;实现账面利润2.06亿元,增加1.03亿元,增长96.4%;实现综合效益6.98亿元。

拓展存款业务,优化信贷结构。年初和年终两次集中开展百日劳动竞赛活动,取得较好成效。年终竞赛至活动结束时,各项存款比活动初期净增16.13亿元,占下半年全部存款增量的85.9%。重点扶持农业龙头企业、农业园区、农业种养大户,加大对个人(农户)消费贷款的投放力度,探索解决中小企业贷款担保难的新途径。改进存量授信、小额信贷及总行审贷工作流程和方法,全年授信企业客户995个、金额111.8亿元,比上年增加274个和48.3亿元。组建专职信贷检查员队伍,强化信贷后台管理,全年检查支行58个次,提出整改意见46条。对高风险企业和存有风险隐患的企业,制定退出、压缩计划,并列入信贷管理考核,责任到人。

加强资金运用,努力提高资金收益。加大正回购操作力度,全年累计实现正回购324.05亿元,比上年增加87.2亿元。抓住债券市场牛市机遇,适时减仓,年末债券投资余额23.05亿元,比上年减少3.01亿元。大力拓展同业合作,年末同业约期存款余额为30.8亿元,比上年增加18.05亿元;做好兴业银行、浙商银行、广东发展银行对杭州联合银行同业合作的授信工作,累计授信10.5亿元。推进承兑业务和贴现业务,全年累计签发银行承兑汇票业务2250笔,金额16.01亿元;累计办理贴现、转贴现192笔,金额7.5亿元。

强化内控管理，努力增强风险防范能力。5月，在全行开展案件专项治理活动，查找出问题385条，提出整改意见213条。对原有各项规章制度进行梳理，新制定、修订制度90余项。开展增量贷款审计、责任跟踪审计、不良贷款审计等专项审计，努力提高内控评价的全面性和有效性。对全行所有营业网点网络进行升级改造，由单一的业务网分设为业务网、MIS(管理信息系统)网和OA网，实行三网并行，相互隔离，提高业务系统的安全性能。

加强队伍管理，推进企业文化建设。全年组织各类教育培训班18期，参加培训1300人。推进以创建“巾帼文明示范岗”等为载体的文明创建活动，年末全行有省级“巾帼文明示范岗”3个、市级“巾帼文明示范岗”11个；推动企业形象建设，重新整合原有VI(视觉形象识别系统)，统一更换营业网点门头及配套设施；在OA运行的基础上，开通杭州联合银行网站。（方 刚）

11月27日，杭州联合银行举办“微笑·在您身边”大型户外活动。

（杭州联合银行 供稿）

·信托·

【工商信托公司】2005年，杭州工商信托投资股份有限公司加速拓展信托理财市场，加大风险控制力度，优化业务结构，经营业绩快速增长。年末，公司总资产59.7亿元，比上年增长22.9%；其中信托资产43亿元，增长17.9%。全年业务收入1.4亿元，增长62.3%；实现利润1.03亿元，增长104%；人均创净利101.4万元，资本利润率11.9%。

创新业务领域，培养核心客户群体。在外资股权信托收购、基金化房地产投资信托等领域以及资本市场、银行信贷资产买卖、融资租赁信托等金融市场边缘衍生产品领域进行创新，与金融同业、会计师事务所和律师事务所等中介机构、理财机构等建立起广泛的共享型业务合作关系。成立浙江联信基业房地产资产管理有限公司与杭信资产处置有限公司两家子公司，逐步确立以账户管理为核心的内部管理体系，构造以组合投资管理为特征的资产管理框架。建设高端客户管理网络体系，培养起一批基本的、核心的交易对手与高端客户，客户结构得到明显改善。个人客户中50万元以上客户占总量49%，资金占比76.3%。建立客户资源数据库，对客户信息进行分类管理，对不同客户实行分层服务，根据产品内容、营销流程等方面的反馈信息，及时修正营销策略。

严格风险控制措施，坚持高效运作。设立起顺序递进、权责统一、严密有效的风险控制防线，成立信托业务决策小组、固有业务决策小组、资金运营联席会议、风险管理部等管理部门，基本形成对风险进行事前防范、事中控制、事后监督和纠正的内控机制。规范经营管理，重视信托资产的跟踪管理与重大业务项目流程的稽核，全年没有发生业务风险。

优化人力资源管理。以撤并、精简、重组和增设等形式，改革公司内部的管理机构、管理层次；为适应公司转型与拓展业务的需要，对部门人员重新定职、定岗、定责。引进博士后等高级专业人才，逐步形成一个层次性高、专业面广、复合型强的合理的人才格局。完善激励与约束机制，建立新聘员工考核、续聘考核、年度考核、民主测评等个人考核体系与部门考核体系，修订、完善《人力资源管理制度》、《聘用退休人员暂行办法》和《引进人才租房补贴暂行办法》等，从制度上为优化人力资源建设提供保障。（徐 玲）

·保险·

【人保财险】2005年，中国人民财产保险股份有限公司杭州市分公司继续深化效益第一的经营理念，狠抓业务有效发展，规范客户服务，精细内部管理，业务经营取得新突破，规模和效益双丰收。全年实现保费收入10.6亿元，支付各类赔款5.77亿元。

业务发展势头良好。该公司针对市场竞争日趋激烈的现状，细分市场，细分险种，细分客户，排除各种困难，推动业务增长。车辆险业务根据车龄区间调控产品价格，牢牢把握条款、手续费、渠道等重要环节，努力提高市场竞争力，发展速度逐月加快，在全国系统负增长的情况下，实现8%的增长率。非车险业务实施“月计划、季考核”、500万元规模以上企业保源调查等行之有效的措施，努力争取核心客户，大力发展货运险、责任险等分散性业务，保持了良好的发展势头。全年新保省市机关事业单位公务用车、萧山天然气发电工程和杭徽高速公路余杭、临安段等重大项目。

风险管理基础强化。加强基础性工作，提高管控水平，确保正常经营的良好业绩。优化数据质量，实施数据适时监控和月通报工作制，加强应收保费、重要凭证和未决赔款准备金管理。积极推进承保精细化管理，实施现场核保日制度和承保风险评估制度，构建起制度化的风险管理组织和程序；确定风险控制过程中的权利和责任，增强员工在签单、承保、风险评估等环节上的风险意识和责任心，切实加强业务质量的监控。

中国人寿杭州市分公司党员在台州市椒江区解放一江山岛战役烈士陵园重温入党誓言（中国人寿杭州市分公司 供稿）

提升品牌服务形象。以总公司在全国系统开展"金牌服务工程"为契机，全力改善理赔服务，提高服务品质，打造金牌服务工程。全面实施"理赔无忧——车险快捷服务"承诺，实现5000元以下赔案提交单证后3个工作日内付款，并将承诺固化为基本的实务操作规范。多层次开展领赔款温馨提示活动，先后通过《杭州日报》和91.8兆交通电台发布催赔公告，所辖县支公司均通过当地媒体提醒客户，让广大保户切身感受人保的诚信服务。积极推进95518专线、移动短信服务相结合的客户服务平台建设，建立95518信息员培训基地，在95518"百城服务竞赛"中获全国系统第一名。（周辉华）

【中国人寿】 2005年，中国人寿保险股份有限公司杭州市分公司实现总保费22.91亿元，业务总量列全省第一；给付赔款8876万元。

统筹兼顾，保持业务持续健康发展。该公司开展"品质提升年"活动，个险、团险、中介三块业务协调发展，呈现良好势头。个险期交业务平稳发展，关键指标明显提高。团险、中介业务发展快速，格局趋向合理。创新销售模式，加强与银行、邮政代理渠道的紧密合作，全年规模保费中介和团险占比在90%以上。

夯实基础，提升管理品质。在加强内控制度建设、依法合规经营、防范经营风险、提升客户服务等方面做了很多扎实有效的工作，工作流程更趋严密。顺利实现业务管理系统的升级转换，清理老业务数据，重新整理归并老客户资料。在全市系统开展"规范经营、诚信服务"主题实践活动，举办大型健康讲座；对重症病案，采取提前介入、上医院查勘慰问等方式，加快理赔速度，让客户最大限度地感受国寿的优质服务。通过流程整合、减员增效和薪酬改革试点工作，使岗位设置更加合理，人员更加精减高效，服务质量、服务效率明显提高。

加强培训，提升队伍素质。开展职场训练和培训，提升销售人员的专业化技能；注重员工职业素质培训，全年开展岗位培训356期，参训4492人次。（李绚丽）

【太保产险】 2005年，中国太平洋财产保险股份有限公司浙江分公司保费收入9.78亿元，赔款支出6.63亿元，净增1.03亿元，赔付率为67.8%。

强化核保、理赔、财务"三集中"管理。在总公司的工作框架下，根据市场情况对核保政策进行微调，修订和完善核保管理规定与细则，着重强化车辆承保、招标业务、再保险方案设计等工作的标准化与规范化，使业务质量管理、流程规范、风险管控工作有明显提高。理赔部对有关制度和工作细则进行更新与补充，实行保险调查人、车险复勘、车辆配件报价等制度，引入保险公估力量，强化后续管理，规范定责定损工作，有效地推进了理赔服务质量的提高。执行"收支两条线"制度，对基层单位进行严格的费用管理，确保资金管理安全、有效；完善预算控制手段，加强核算集中管理的过程管理，有效地控制财务风险。

重视基层管理，狠抓业务质量。成立基层管理部，并借助新OA的启动和推广、内部论坛的升级等信息技术的支撑，全面加强分公司对基层单位工作的有效管理与及时沟通。在对各地机构经营数据分析的基础上，通过发挥业务政策、费用政策的杠杆作用和辅助以信息技术手段，正确引导各地业务的发展方向，

中国人寿杭州市分公司举办"鑫光灿烂"投资理财讲座（中国人寿杭州市分公司 供稿）

确保业务质量的提升。继续做好大项目的攻关服务，成功承保浙江嘉华发电有限责任公司的财产一切险、宝山钢铁股份有限公司宝钢分公司的财产险、温州发电有限责任公司一揽子保险项目和洋山码头建设项目的工程险与财产险等大型项目。

全力投入抗台大灾理赔。成立防汛防台领导小组，下设报案受理、查勘定损和赔案审核等工作小组，在汛期多次赴绍兴、温州、台州、舟山等地开展调研和工作指导。制订2005年防汛防台工作预案，对人员配备和职能划分作进一步明确和细化。统一灾损理赔标准，统一调配理赔资源；理赔部先后3次组织大灾理赔培训，有针对性地结合案例分析讲解现场查勘、财务查账等基础知识和实务要点，促进理赔队伍工作能力和整体素质的提升。

调整部门设置，完善客户服务。加强标准化团队建设与管理制度改革，通过竞聘和双向选择的方式重组业务部门，对管理部门也作了适当调整。继续加强以95500服务热线为平台的客户服务工作，制定和健全客户服务基础规范等制度，完善新手助跑、长假车辆代保管等服务项目，新推出异地代缴罚款服务。将车险业务中的有关保险知识、信息和常见问题的解答制作成光盘，赠送给车险客户，《中国保险报》对此作了报道。在总公司对系统内服务热线的测评中，该公司95500服务热线连续两年位居全国前列。

（汤 琪）

【太保寿险】 2005年，中国太平洋人寿保险股份有限公司浙江分公司实现保费收入15.82亿元，营销、直销、银保三大渠道保费分别为9.3亿元、5.5亿元和1.02亿元。全年理赔案件近6万件；总金额1.21亿元，比上年增长27.5%。

狠抓基础管理，夯实基础工作。改革、完善、创新个险业务营销管理体制，提升队伍素质；直销渠道的团体年金、意外险与银保渠道业务坚持不做虚假业务、泡沫业务、违规业务。新组建高端客户经理部，由具有香港注册财务策划师证书的18人组成。

强化“两核”（核保核赔）集中管理，提升内部管控能力和风险防范能力。遵循“严防风险，服务第一”的宗旨，优化核保核赔的保障与服务功能，加强时效考核，增强现场与非现场的监督和指导，逐步提升公司内部的风险管控能力；实现个险集中核保的上线工作和定额保单新业务管理系统2.0版的切换。深化全面预算管理，加强财务集中化管理，以P07新财务系统上线为契机，进一步加强计财基础工作，确保财务安全。

该公司在业务发展、内部管理不断加强的同时，投身公益事业，积极发挥保险功能与作用。通过慰问贫困人员，资助困难家庭、失学儿童，向苍南地区欠发达乡镇赠送现金、实物，为失土、失业、下岗的家政服务员提供保险保障，向城市管理行政执法人员提供保险，向人大代表赠送保险等方式回馈社会，全年累计直接受益4000余人，免费提供的保险保障达12.5亿元保额，捐赠现金、实物（折合人民币）10万余元。

（陆文雯）

【平保产险】 2005年，中国平安财产保险股份有限公司浙江分公司实现保费收入7.19亿元，比上年增长4.1%；赔款支出4.6亿元。

发展大项目承保业务。该公司成功续保杭州娃哈哈集团股份有限公司财产一切险等一揽子保险，保额近80亿元；承保诸永高速公路温州段的建工一切险和第三方责任险，保额近40亿元；承保秦山四期（秦山二期扩建项目）建筑安装工程一切险及第三者责任险，保额11.6亿美元；与纳爱斯集团签订进出口货物运输保险与特种车辆保险，全年保额11亿元。

全面提升服务品质。为进一步提升平安车险理赔服务品牌，在推出车险全国通赔、开设全国统一客户服务电话、投入使用网上车险理赔E化审批系统等服务项目的基础上，实行全年无休假制度，增设小额案件立等可取等特色服务，以强化理赔基础服务。继续推进“转型发展，精耕细作”的经营战略，业务模式和经营方式从“产品为导向”向“客户为导向”转型，全面规划、细分需求、整合服务模式，推行标准化续保和日常服务运营制度，进一步完善客户服务品质管理体系。

整合公司内部资源，提高运作效率。强化营销渠道，围绕客户需求，开发产品，稳定提高产品渗透率；改革组织架构，设行政资源中心、团体客户中心、个人客户中心和客户服务中心。举办客户论坛，邀请业内专家发布专业风险管理报告。

该公司被中国保险监督管理委员会浙江监管局及浙江省保险行业协会授予2005年度抗台救灾理赔先进集体称号。

（金敏晓）

【平保寿险】 2005年，中国平安人寿保险股份有限公司浙江分公司杭州本部实现保费收入10.32亿元。其中，个险业务首续期总规模保费8.83亿元，比上年增长13%；团险实现保费收入1.19亿元；银保完成保费收入2991万元。支付各项赔款和给付金1.42亿元，增长16%。

提升服务效率和业务品质。完善“两核”作业流程和制度，落实专人负责新契约各类函件的预约、催办工作；推出异地体检、异地契调服务等举措后，核保函件完成工作日从原平均7.6天缩短至3.9天，体检7天完成率从45%提升至73%。建立完善的承保追踪体系，推行高额件核保前置服务，实施高额件简化财务核保政策，承保率得到较快提升。采用月度分析等措施，确保理赔时效。开展理赔客户满意度调查，了解客户需求，对异议案件进行复审。

建立作业时效追踪和品质督察体系。实施向续收督导制转型，细化数据分析，强化重点产品的督导。稳定转账平台，有效控制续收成本，客户账号维护列入日常工作。完善未收件管理，每周不定期对未收件进行追踪，加强督导力度。对咨询、投诉等业务采用分类管理办法，并建立疑难案件合议制度；以按周追踪、按月发布的方式追踪各类作业时效，明确指标责任人。建立保全品质督察体系，完善常规审计制度，确保客户资金安全。强化新契约回访品质问题件与投诉品质问题件的处理追踪，做好客户资料维护，建立咨询投诉件信息通报制度，加强业务品质管理。

（柳慧美）

HANGZHOUTRUST
杭州工商信托
20
Twenty
Years
Building growth on trust

杭州工商信托
HANGZHOUTRUST
20 Twenty Years
Building growth on trust

杭州工商信托投资股份有限公司成立于1986年，是中国最早完成股份制改造的金融机构之一。作为目前国内50多家持有金融信托业务执照的机构之一，该公司确立了以专业购并金融服务和金融市场衍生产品服务为重点的信托主业，盈利能力持续增长，净资产收益率连续两年成为业内的佼佼者。

20年来，杭州工商信托投资股份有限公司一直秉承“诚实、信用、谨慎”的经营方针，以强大的业务创新能力和内控机制为依托，在激烈的市场竞争中树立了经营规范、信誉至上的良好形象，成为支持地方经济发展的重要力量。

杭州工商信托投资股份有限公司
Hangzhou Industrial & Commercial Trust & Investment Co., Ltd.

小 企 业 成 长 的 伙 伴 银 行

股份合作制银行

杭州联合银行全称为杭州联合农村合作银行，成立于 2005 年 6
8 日，是一家经中国银行业监督管理委员会批准，由杭州市区(不含
山、余杭区)的农民、农村工商户、企业法人及其他经济组织入股组建
股份合作制社区性地方金融机构，注册资本 5 亿元人民币，总行设
浙江省省会城市杭州。

杭州联合银行实行“三会一层”（股东代表大会、董事会、监事会、
行长为首的经营管理层)的新型法人治理结构，自主经营、自担风险、
负盈亏、自我约束。全行有员工 1100 余人，其中具有中专以上学历
工占 95%，专业技术人员占 71%。下辖营业网点 112 个，主要分布在
城、下城、江干、拱墅、西湖、滨江区。各项存款余额 240 余亿元，贷款
额 180 余亿元，资产 330 余亿元，综合实力名列浙江省农村合作金
系统前茅。

杭州联合银行成立以来，秉承农村信用社的优良传统，充分发挥
方性股份合作制银行在地缘、人缘、机制等方面的特点和优势，以支
‘三农”和地方经济发展为己任，紧紧围绕“以市场为导向、以客户为
心”的经营理念，建立健全现代企业制度，明确市场定位，依托现代
技手段，加快金融产品和服务功能的创新，突出个人业务、零售业
，全面服务百姓生活，积极向产权清晰、经营情况良好的中小企业倾
获得了良好的社会效益和经营效益。在支持杭城经济和“三农”发
的同时，自身经营实力也得到长足发展。2005 年，实现各项收入
21 亿元，利润 2.12 亿元，分别比上年增加 2.56 亿元和 1.05 亿元。

杭州联合银行各项本币业务持续健康发展，外汇业务顺利开业，
端人才引进成效显著，人力资源优化项目全面实施，成为继工行、杭
市商业银行之后第三家正式面向杭城市民受理市民卡业务的银行。

杭州联合银行的工作目标是争取用两年左右的时间，发展成为
家功能齐全、业绩优良、资本充足、内控严密、运营安全、个性鲜明的
村合作银行。在此基础上，本着做“小”、做“散”、做“精”的原则，力争
不远的将来，打造成一家真正意义上的“精品零售银行”、“专业个人
行”，向全国最好的农村合作银行目标大步迈进。

2005—2006

24小时 客服热线 96592

杭州资信评估公司
HANGZHOU CREDIT RATING COMPANY

杭州资信评估公司成立于 1992 年 12 月，经营范围包括债券、股票、企业、企业债券、金融机构及其他项目的信用等级评估，经济信息咨询，信用知识培训及其他相关服务，有一支由 30 余名专业技术人员组成的高素质人才队伍。是浙江省开展企业信用评级较早的专业机构。

公司已形成具有自身特色的金融机构系统初审委员会、专业技术人员评审组、专家评审组和专家评级委员会三级四层次的评级体系；严格执行受理、评审、复审、终评、复议、终审评定、公告到评后跟踪监测 8 个环节的评估程序；设计制定了近 40 个行业指标体系，自行研制和开发了功能强大的评估软件系统与信息验证系统，已积累了近 4 万个评级企业共 1000 余万条企业信用信息数据，其功能和信息量居全国同行领先水平。

公司为杭州市经纪人协会常任理事单位、杭州市信息协会常务理事单位；被杭州市人民政府授予“2005 年度杭州市中介服务业示范企业(机构)”称号。

HANGZHOU CREDIT RATING COMPANY

杭州市国家税务局

HANGZHOUSHI GUOJIA SHUIWUJU

杭州市国家税务局主要负责全市增值税、消费税、企业所得税、外商投资企业和外国企业所得税、储蓄存款利息所得税、个人所得税、车辆购置税等征收管理以及进出口税收管理工作。

全市国税系统以“聚财为国、执法为民”为宗旨，以组织税收收入为中心，严格依法治税，深化税收改革，强化科学管理，加强队伍建设，全面推进各项税收工作。“十五”期间，共组织税收收入1118.1亿元，占全市财政总收入的55%。收入总量已连续数年位居全国副省级城市第三、省会城市第二。以办税服务厅为载体，积极打造“全程服务”品牌，在全国首创国地税联合办理税务登记。该局先后被评为全国税务系统信息化建设先进单位、省卫生先进单位、市综合治理先进单位和区文明单位；局机关工会被中华全国总工会授予“模范职工之家”称号；局机关党委被评为杭州市先进基层党组织；进出口管理处被市政府授予“杭州市模范集体”称号；局机关妇委会多次被评为“三八红旗集体”。

依法诚信纳税座谈会现场

全市国税系统党风廉政建设工作会议现场

举办税务知识宣传

融汇国际
分享未来
与澳洲联邦银行战略合作，不断超越自我。
为成就未来，我们一往无前。

杭州市商业银行股份有限公司成立于1996年9月26日，经过10年发展业已成为一家资产质量良好、盈利能力较强、综合实力跻身全国城市商业银行前列的具有良好投资价值的股份制商业银行。现有70家分支机构，网点遍布杭州地区，拥有3.4万名公司客户和220万名个人客户。截至2005年末，该行资产481亿元，存款余额428亿元，贷款余额达到271亿元，2005年实现拨备前利润8.3亿元，净利润3.3亿元，资本利润率22.08%，资产利润率1.18%，资产收益水平达到国内优秀上市银行水平。

2005年4月，该行与澳洲联邦银行正式签署了《股份认购协议》、《战略合作协议》和《技能转移协议》，澳洲联邦银行以每股2.5元的价格取得该行19.9%的股权，并将在信用管理、市场营销、IT技术、内部审计、财务管理、资金营运管理等六大关键领域实施技能转移。由此杭州市商业银行成为省内第一家拥有外资股份的城市商业银行，这是2001年以来该行第三次增资扩股。至此该行已形成了由国有资本、民营资本、境外资本、内部员工股等多个利益主体构成的多元产权结构。2005年末该行股本总额12.55亿元。

Commonwealth Bank
澳 洲 联 邦 银 行

·综合经济管理·

【综合经济管理概况】2005年,杭州市综合经济管理部门继续贯彻中央宏观调控政策,牢固树立科学发展观,较好地完成了市十届人大五次会议确定的目标任务。全市生产总值达到2942.65亿元,按可比价格计算,比上年增长13%,连续十五年增幅保持两位数。财政总收入520.79亿元,增长17.6%;其中地方财政收入250.46亿元,增长19.7%。完成全社会固定资产投资1386.68亿元,增长15.3%。居民消费价格总水平上涨1.7%。城镇居民人均可支配收入1.66万元,增长14%;农村居民人均纯收入7655元,增长10.1%。完成外贸进出口总额298.7亿美元,增长21.9%。其中,进口总额100.7亿美元,增长8%;出口总额198亿美元,增长30.5%。

1月13日,杭州市发展计划委员会正式改组为杭州市发展和改革委员会。

【建立社会发展形势分析例会制度】7月19日,杭州市首次召开社会发展形势分析会。参加会议的有杭州市30多个部门的领导和13个区、县(市)发改局局长。副市长陈重华到会讲话,次日《杭州日报》头版刊登了题为《杭州首度发布社会发展形势分析"白皮书"——社会发展水平连续八年居全省之首》的长篇报道。

【调查研究成效显著】2005年,市发改委以《杭州市经济发展监测预测月报》为平台,扎实开展综合经济、工业、商贸、楼市、物价、投资等监测分析。上半年,在对15个副省级城市对比分析后,向市委、市政府报告《我市多项指标出现巨大落差》,引起市领导高度关注。7月,向市委、市政府提出《狠抓项目落实,促进投资增长》建议,提出促进投资增长"七个抓"(即抓开工、抓前期、抓报批、抓调整、抓管理、抓征地拆迁、抓项目储备)的建议,被市委、市政府采纳。针对1月~10月全市投资增长11.7%,与全年增长18%目标尚有较大差距的实际,于11月中旬提交专题调研报告《抓审批、促开工,力争完成今年目标》,提出在2005年剩余的40天内力争完成投资增长目标的政策措施,被市委、市政府采纳并在全市范围内实施。针对上半年杭州市企业赢利空间缩小,资金、电力等要素制约,房价过高导致人才流失,主城和副城间公共交通不畅等问题,及时向市委、市政府提出报告,促成多项针对性措施的出台。

市发改委全年开展调研课题45项,涉及"三农"问题、实施"五大战略"、推进循环经济建设、"十一五"规划空间布局与保障措施、发展中介服务业、发展海洋经济、缓解要素制约、区域经济协调发展、推进小城镇改革、解决"上学难"以及人事制度改革、建立廉政机制和创建节约型机关等方面。在杭州市农业农村工作优秀调研成果评选中,《增加杭州农民收入的思路与对策研究》被评为一等奖,《禽流感疫情与我市动物防疫体系建设研究》被评为二等奖。调研课题《杭州市生物产业基地建设研究》中关于争取建立国家级生物产业基地的建议受到市委、市政府高度重视,被列入议事日程;《杭州市经济结构调整问题研究》的结论,在2005年政府工作报告中得到采纳;《杭州发展海洋经济的对策措施研究》,成为市政府《关于建设陆海并举强市的实施意见》中的主要内容。

【"十一五"规划编制工作卓有成效】2005年,市发改委认真衔接国家和省"十一五"规划,正确把握杭州市"十一五"规划编制的总体方向与基本原则。9月始,与杭州日报社共同开展杭州市"十一五"规划市民建言活动,在《杭州日报》开辟专栏,围绕"建设资源节约型社会、环境友好型城市"、"如何深化破解七难问题"、"完善就业和社会保障体制机制,构建和谐社会"、"加快城乡一体化、促进区域经济协调发展"4个专题组织市民进行讨论,社会反响强烈。在市政府门户网站和市发改委子网站上建立市民建言专栏,广泛听取社会各界对"十一五"发展的意见建议。坚持以规划带项目,及早研究全市重大项目规划。至年底,完成《杭州市"十一五"规划基本思路研究》;确定杭州市"十一五"规划编制体系目录;在广泛征求各方意见的基础上,完成《规划纲要》讨论稿。完成专项规划73个。

【数字电视用户超过50万户】至11月,杭州市实现数字电视"模转数"用户超过50万户,并通过国家广电总局验收,被授予"全国有线数字电视示范城市",进入全国首批实现数字化整体转换城市行列。杭州数字电视的运营维护模式被国家发改委和国家广电总局誉为“杭州模式”。

【大力发展高技术产业】积极发展高技术产业是杭州市认真贯彻落实科学发展观，破解经济发展中资源不足、能源短缺、环境制约加剧等难题的重要举措。2005年杭州市在软件、集成电路和数字电视方面有15个项目列入国家和省高技术产业化项目。市发改委为全市高技术行业争取到国家各项资金补助4520万元。

【加强投资储备项目前期研究】2005年，市发改委下达投资储备项目前期研究计划32个，安排资金约638万元。主要做好三方面的项目前期研究：以规划带项目，开展城市基础设施现代化、城市基础设施现代化水平评价、防灾设施现代化、市区给排水设施现代化、市区交通设施现代化、生态设施现代化、信息基础设施现代化等事关杭州发展的重大基础设施发展建设规划研究；开展杭州市“十一五”建设重大项目、市区钱塘江跨江通道近期建设、城镇污水处理及再生利用设施建设、城西示范区规划编制、钱塘江出海航道建设等对城市功能布局具有决定作用的建设项目前期研究；对杭州市委党校异地迁建、市第三医院医疗综合楼扩建、杭州五云山疗养院改扩建、市公安局交警支队所属大队建设规划等重要机关、事业单位的办公用房和社会发展新建、改建及扩建项目进行前期研究。在对这些建设项目的必要性、项目功能定位、建设内容、建设规模、建设方案、投资估算、资金筹措以及效益评价等进行全面论证后，列入政府投资项目储备库。

【杭州城市快速轨道交通建设规划通过国务院审批】6月6日，经国务院批准，国家发改委印发《关于审批杭州市城市快速轨道交通建设规划的请示的通知》，杭州市成为首个被国务院批准轨道交通建设规划的城市。

【争取国债投资项目和重大外资项目】2005年，市发改委引进国债和各类资金2.67亿元，向国家发改委争取到杭州市4个物流大项目国债转贷贴息额度2640万元(授用贷款2.4亿元)。积极引进重大外资项目。总投资9000万美元的杭州天然气有限公司高压输气管道项目获省发改委批准，该项目由杭州市燃气公司与英国壳牌公司、香港煤气公司合资建设；转让价78亿元人民币的绕城公路北、东、南线及西线经营权转让项目经国家发改委批复同意；总投资7亿港元的华润集团(一期)万象城购物中心项目获省发改委核准。

【重点工程投资完成293亿元】2005年，全市重点工程187项，计划投资280亿元，实际完成投资293亿元，为年度计划的104.6%。全市有42个项目列入省A类重点建设项目形象进度计划，年度计划投资120亿元。其中，半山天然气发电厂3台3×39兆瓦机组全部建成，投入商业运行；分水江水利枢纽工程下闸蓄水，发电机组启动验收；华光潭梯级电站二级电站建成，一级电站1、2号机组投产；杭新景高速公路（袁浦—洋溪段）建成通车，杭徽高速公路完成年度投资计划117%；富阳华源电热有限公司高技术产业化工程建成竣工；松下家电生产线项目主体建设完成；富春环保热电项目3炉2机投入运行。至年末，全市实际完成投资132.1亿元，为年度计划的110.1%；竣工投运和建成试运行的项目16个。（徐东敏）

·公共资源交易·

【公共资源交易概况】杭州市行政服务中心、杭州市公共资源交易中心于3月21日起正式集中对外服务。

市行政服务中心是办理市级审批、审核转报权限范围内(含在杭的国家、省属单位)固定资产投资项目(含内、外资基本建设和技术改造)审批事项的统一平台，实行“一门受理，统筹协调，规范审批，限时办结”的运行方式。进驻市行政服务中心的有市发改委、市经委、市建委、市国土资源局、市房管局、市城管办、市园文局、市规划局、市环保局、市人防办、市卫生局、市交警支队、市消防支队等13个部门和单位，提供配套服务的有市城建档案馆、市散装水泥办、市墙改办、市白蚁防治所等4个单位。

市公共资源交易中心是杭州市进行建设项目交易、土地交易、产权交易、政府采购以及药品集中招投标等公共资源交易活动的统一平台，实行“发布信息，统一进场，规范交易，全程监管”的运行方式。市公共资源交易中心主要由市建设工程交易中心、市土地交易中心、市产权交易中心、市政府采购中心等单位组成。为加强对招投标工作的监督，市招标办、市采购办同时进驻该中心。

至年末，市行政服务中心受理

市公共资源交易中心办事大厅　（市公共资源交易中心 供稿）

行政审批事项1.63万项，办结率为100%;平均办结天数为4.47天。市公共资源交易中心总交易额达375.57亿元。其中:建设工程进场项目1068个，建筑面积1728万平方米,投资总额206.55亿元;土地使用权公开交易21场,成交金额158.27亿元；举行产权交易拍卖会54场，成交金额7.38亿元；政府采购项目550个,采购金额3.37亿元。

【基本建设项目并联审批办法实施】 11月16日起,《杭州市基本建设项目并联审批办法》在市行政服务中心试行。该《办法》采用“同时收件、牵头相关、同步审批、限时办结”的运作机制,对建设项目立项、工程设计及建设工程规划许可证分3个阶段进行并联审批，建立起“分工负责,中心办结,服务承诺,协调运行,考核责任”5项责任制。该《办法》试行后,大大提高了审批效率,方便了投资者和办事群众。

【重点项目审批直通车提速】 2005年，在市公共资源交易中心和市行政服务中心注册、办理相关审批事项的市重点建设项目387项，其中市领导联系的重大项目34项,“加快建设项目”353项。在为重点建设项目开通审批“直通车”,审批时间减半的基础上,34项“重大项目”审批时间再提前51.8%，实际平均办理时间为4.07天;353项“加快建设项目”审批时间提前40.8%,实际平均办理时间为3.86天。

【评标专家语音通知系统和IC卡自助报名系统开通】 6月1日，建设工程评标专家语音通知系统正式启用;8月19日，招标项目IC卡自助报名系统正式开通。形成了信息发布、建设工程IC卡自助报名、公开开标、计算机随机抽取专家库名单以及语音通知、封闭式评标及中标公示等较完整的、科学的、智能化的运作系统。

【政务实时监督系统进入运行阶段】 杭州市政务实时监督系统于7月21日起在市行政服务中心、市公共资源交易中心试运行,10月21日正式运行。该系统由市纪委、监察局组织开发,具有“实时、真实、直观、安全、保密”5个特点,与中心管理系统共享数据库，具有较强的数据分析和事项查询功能。

【投资项目网上审批平台二期建设进入实施阶段】 11月22日，杭州市投资项目网上审批平台二期进入实施阶段。年内,根据该项目的实施方案，审批平台二期建设完成平台和窗口部门信息系统的衔接和并联审批系统的开发；完善各窗口部门系统返回信息的管理程序，达到平台和窗口部门信息交换的可靠性和实时性；完成平台二期硬件与看图软件的采购；利用市规划局的图形资源，完善了审批平台的网上看图功能。 （徐　娜）

·审计·

【审计工作概况】 2005年，全市审计机关完成审计项目和调查项目931个,为省审计厅下达杭州市600个年度计划数的155%。通过审计，查出各类违规金额23.64亿元,损失浪费金额5133万元;其中,应上缴财政12.43亿元,应减少财政拨款或补贴1.33亿元，应归还原渠道和应调账处理金额9亿元。向司法机关、纪检监察部门移送或建议有关部门处理案件13件。市审计局编发《审计要情专报》3期、《杭州审计》38期、《杭州审计信息》62期;被上级机关采用审计信息259篇次，得到中央、省、市领导批示38次,被有关新闻单位报道53次。市审计局在全省审计机关年度考核中名列第一。余杭区审计局被国家审计署、人事部评为全国审计机关先进集体。

【加强财政审计监督】 2005年,市审计局加强对市、县（市、区)、乡(镇)三级财政的审计监督,促进财政职能的调整、转换和公共财政体制的建立。按照财政审计一体化的要求，全市审计机关普遍开展对本级预算执行情况的审计，如实向本级政府提交审计结果，受政府委托向人大常委会提交《审计工作报告》。市人大常委会专门作出《审议意见书》,要求市政府责成有关部门和单位针对审计反映问题，认真分析原因,切实整改。市政府召开常务会议,召集审计反映有问题的10余个单位,提出整改要求。市本级及时向社会公布审计情况。

市审计局根据年度计划和受省审计厅委托,分别对杭州市江干区、西湖区和台州市天台县等4县(区)政府2004年度财政决算进行审计，查出违规金额近10亿元,处理处罚1.5亿元。各区、县(市)审计机关对全市44个乡镇2004年度财政决算及其他财政收支情况进行审计,审计覆盖面达28.4%。查出各类违规金额1204万元、管理不规范金额4.01亿元、专项转移支付资金中存在问题金额1604万元。

【国家建设项目审计】 2005年,全市审计机关对393个国家建设项目开展竣工决算审计，涉及项目投资总额56.17亿元。通过审计,核减工程价款3.03亿元,查出虚结工程款、资金不落实、少缴税金等问题金额7.64亿元。组织上城、下城、江干、拱墅、西湖区审计机关,对背街小巷改善工程和钱江新城、市民中心、“两堤三岛”、“一纵三横”等重大项目开展全过程跟踪审计，促进建设项目有序和规范进行,提高资金效益。杭州高新开发区(滨江)关于实行建设项目“五化”(招标管理公开公平公正化、项目管理规范化、资金管理统一化、工程审计制度化、教育监督日常化)管理、促进审计核减率逐年降低的专题信息，受到省、市领导重视,转发各地借鉴。

【经济责任审计】 全市审计机关对185名领导干部实施经济责任审计，查出违规、管理不规范和损失浪费金额31.94亿元，其中主管责任30.34亿元、直接责任1.6亿元。通过审计,被免职2人、降职2人、撤职1人、移送纪检监察部门处理2人。建立和完善一系列审计制度，促进经济责任审计的规范化、制度化建设。普遍建立审计对象分类管理制度，全面实行审前告示制度，重新修订操作办法，制定审计结果运用和整改督查实施办法。建德市、淳安县、萧山区和西湖区被市经济责任审计联席会议评为全市经济责任审计工作先进单位,上城区、江干区尝试建立领导干部离接任交接制度。

【专项审计调查】 2005年，全市审计机关开展调查项目87个，调查单位1108个，调查涉及金额357.54亿元，反映有问题金额72.35亿元。

对62个安置下岗职工再就业企业和94个社会福利企业税收优惠政策执行情况进行专项调查。调查反映的主要问题是税收优惠政策不尽合理，企业享受的税收减免额是所安置的下岗再就业人员、残疾职工所得报酬的数十倍；优惠政策覆盖面窄、部分企业资质不符合条件、个别企业弄虚作假骗取税收优惠等问题。审计反映的问题，引起各级领导的高度重视，国务院、省、市领导分别对此作出批示。审计提出的再就业税收优惠实行按实际招用人数减免的建议，被国务院下发的《关于进一步加强就业再就业工作的通知》采纳。

对全市被征地农民基本生活保障资金征缴、使用、管理和运营情况开展专项审计调查，反映出符合参保条件的被征地农民2.92万人未参保、各地应筹资总额未到位13.37亿元、2413万元资金未拨到被征地单位的社保资金专户等问题，引起市领导和有关部门重视，得到较好解决。

对富阳市2003年、2004年的国土资金进行专项审计调查。基本摸清该市土地征用、收储、整理和国有土地使用权出让、划拨、转让等情况。针对查处的30件土地违法案件罚款662万元未执行到位的问题，向富阳市政府作出通报，促成罚款如数收缴。

对全市43个国有投融资机构的投融资情况进行专项审计调查，了解掌握这些机构年度资产负债、投资、融资、债务风险控制和内部控制制度建立等情况。

【积极推进审计信息化工作】 市审计局加快审计信息化建设，2005年完成审计署现场审计实施系统的安装任务，完善了信息化管理各项工作制度。"金审工程"一期(OA)竣工并投入使用，同步实现与"AO"(现场审计实施系统)的交互；完成政府内网门户网站建设，实现"一站式办公"；初步建成法律法规库，开发杭州市审计法律法规库管理软件；完成"金审工程"二期(联网审计)立项及前期调研，编制可行性方案并通过专家评审；完成全市审计机关现场审计实施系统的部署及培训。市审计局代表国家审计署接受"国家金审工程一期"子项目——杭州市中级法院计算机试点审计项目的验收；副审计长石爱中致信肯定，并专程到杭调研观摩。省审计厅组织机关处级以上干部，到市审计局召开工作现场会，推广杭州市审计信息化工作的做法。

审计工作场景 (市审计局 供稿)

【构建审计质量控制体系】 2005年，市审计局加强审计法制工作，全力构建符合杭州市实际的审计质量控制体系。全市审计机关认真开展审计署6号令试点工作，制定《操作意见》，对审计操作程序进行梳理、规范和统一，质量、风险与效率的关系得到较好处理。严格执行审计程序，规范审计执法行为，坚持审计业务会议制度，完善重大审计事项定性和处理处罚机制。出台《杭州市审计局审计结果公告办法(试行)》，明确重要审计项目逐步向社会公开。

【内部审计工作】 年末，全市有内审机构255个（其中专职机构111个），内审人员969人(其中专职204人)。全年内审机构审计单位6134个，纠正违规金额1.8亿元，促进增收节支1.25亿元，查出损失浪费金额316万元，提出意见建议被采纳3248条。市审计局被评为浙江省内部审计指导工作先进单位。

(陈响荣)

·工商行政管理·

【工商行政管理概况】 2005年，全市各级工商行政管理部门按照服务型、规则型、效能型工商建设的核心定位，坚持创新制度，改进方式，提升能力，充分发挥职能，为维护市场经济秩序，促进经济社会发展作出了新的贡献。

全市新登记注册企业17150个，其中外商投资企业659个、私营企业15171个、其他内资企业1320个。年末，全市有各类企业108821个，其中外商投资企业3824个、私营企业77847个、其他内资企业27150个；有个体工商户239823户；有各类商品交易市场758个，星级文明规范市场223个，其中四星级市场10个、三星级市场53个。2005年，杭州市有4个市场被评为国家级"绿色市场"，市工商局被评为国家级"绿色市场"先进单位。全系统查处各类经济违法案件1.37万件，其中大要案件1983件、移送司法机关案件12件；罚没款7311万元。

【支持促进中介服务业发展】 2005年，市工商局牵头拟定《杭州市发展中介服务业规划》和《关于加快杭州中介服务业发展的若干意见》，组织专门机构具体负责加快中介服务业发展工作。成立杭州市(下城)中介服务业发展中心。各分局注重发挥辖区中介服务业的比较优势，选择中介服务业发展的重点行业，加快形成发展中介服务业的功能区块，并加大对重点项目的跟踪服务工作。制定《杭州市经纪人管理办法实施意见》和《经纪人行业管理目录》，进一步规范经纪人管理工作，为建设服务业大市起到了积极的促进作用。

【积极实施商标品牌培育】 2005年，市工商局进一步健全著名商标培育库，建立驰名商标培育库，对商标企业进行有针对性的培育和辅导，进一步完善商标梯级认定体系。完成网上受理评审申报软件的开发和应用。制定全市品牌发展规划，各级工商管理部门积极协助政府，加强品牌发展的调研和实施工作。各县(市)分局加大对特色农产品品牌的扶持和培育力度，着力提升农产品的竞争力和知名度，取得较好成效。全年新培育中国驰名商标1个，省著名商标43个，市著名商标63个，省知名商号35个。

【规范完善市场主体准入】 2005年，全市工商管理系统认真贯彻落实《关于简化企业注册登记手续的若干意见》，按照简化审批手续、提高窗口效能的要求，全面推行个体工商户登记审核合一制，市局机关受理的申办企业有60%已实行审核合一制。推出《有限责任公司登记和注册操作指南》等6项操作规程，统一登记行为，提升审批效率。全面落实企业登记一次性告知制、档案质量检查制，加强窗口准入审批制度化建设。制订出台行政许可听证规则，进一步规范注册登记行为。修改完善企业网上开业、变更软件，网上开业、变更率得到大幅提升。推行网上年检，企业网上参检率和网上申报率均突破90%。认真开展商品交易市场换证工作，换证率达98%。设计并试运行户外广告网上审批系统。

【推进信息化建设】 2005年，全市工商管理机构全面推广使用浙江省工商行政管理业务系统软件和OA政务系统软件的试点工作。在工商数据大集中和企业信息交换的基础上，在全省工商系统和杭州市政府部门中，率先建立数据中心异地数据备份及灾难应急系统。完成系统“红盾信息网站”改造，增设杭州市民营企业发展网页。修改完善网上办事系统功能，完成企业网上年检申报备案制软件以及数字证书电子签名应用软件的开发，为全面提升系统信息化管理工作夯实基础。

【推动个私民营经济发展】 2005年，全市各级个民(私)协会坚持“政治建会、自主立会、服务兴会、开放办会”的原则，认真组织会员学习贯彻《国务院关于鼓励支持和引导个体私营等非公有制经济发展的若干意见》，积极开展宣传、培训和维权服务，立足为会员办实事，做好事。为提高民营企业的现代化企业管理水平及民营企业家的整体素质，市工商局组织民营企业家参加EMBA(高级工商管理)研修班培训，组织商品交易市场负责人赴中央党校参加市场高级管理层研修班培训，效果良好。

【实施各类专项整治】 2005年，全市工商管理系统先后开展食品市场、农资市场、文化市场、旅游市场、户外广告、医疗广告、打击商标侵权等专项整治工作。全市出动执法人员1.29万人次，检查各类市场、商家3.95万个。强化以维护食品安全为重点的食品市场专项执法整治，有序开展清查劣质藕粉、苏丹红食品、“沙县小吃”、“雀巢”儿童奶粉、包装食品等专项行动，努力营造消费安全的市场环境。在创建全国文明城市工作中，系统各级集中力量开展户外广告专项整治、无证农贸市场专项整治工作，取得较好的工作成效。

【加强流通领域商品质量监管】 2005年，全市工商管理系统深入开展“百县万村放心店”工作，初步形成“政府牵头、部门参与、工商推进、齐抓共管”的工作机制，完成创建并挂牌的放心示范店有2090个。在商场和超市推行商品准入监管的基础上，制定出台《食品副食品市场商品准入工作意见》，在全市食品副食品市场全面实施商品准入监管工作。全面启动农村消费维权网络建设，全市聘设义务监督员5480人，设立监督站(点)1827个。推进商品质量检测工作，重点加强流通领域食品和农资、儿童玩具、儿童服装等商品的检测，全年检测商品1506批次，其中合格765批次、不合格741批次，合格率为52.5%，并通过媒体发布消费警示信息。加大对农贸市场的食品安全监管，全市设有检测中心3个、检测车9辆、检测点77个、检测箱43个；检测食用农产品20.18万批次，总合格率为98.3%。

【开展无照经营整治】 2005年，全市工商管理系统在各级政府支持下，坚持“疏堵结合、以疏为主”方针，以理性化的监管理念，大力开展无照经营整治工作，不断探索对无照经营的长效管理办法，建立完善无照经营整治工作联席会议制度、专项报表制度、督查考核制度等长效举措，无照经营整治工作取得明显成效。全系统查处无照经营1.22万户，其中疏导办照7875户、取缔3154户。

【加大知识产权保护力度】 全市工商管理系统集中力量开展保护知识产权专项行动，重点查处打击商标侵权案件和非法印制销售侵权假冒商标标识行为。全年立案查处商标违法案件641件。在10多个商品市场启动涉外高知名度商标的市场禁售监管举措，年内发出禁售通告2个，涉及涉外商标11个。

【规范行政执法标准】 2005年，市工商局出台《杭州市工商行政机关行政处罚案件分层管辖规定》，并对部分工商行政管理行政处罚法规条款进行细化，下发全系统执行。进一步实施案件分级核审核评制度和行政处罚错案追究制度，加强了对行政处罚案件的质量检查和审核工作。

【加大执法办案工作力度】 全市工商管理系统进一步确立“准确、合理、帮扶”的执法办案理念，加大执法办案力度，重点是加大对妨碍食品安全、商标侵权、不正当竞争、商业贿赂、合同欺诈、抽逃注册资金等违法行为的执法力度。全年查处各类经济违法案件1.37万件，罚没款7311.4万元，其中大要案件1983件、移送司法机关案件12件。

【稳步推进消费维权工作】2005年，市工商局按照建立集投诉举报查处于一体的12315指挥中心的要求，对12315消费举报投诉受理中心进行改建扩容。全年接听各类举报投诉咨询电话17.52万个，投诉处理率达100%，为消费者挽回经济损失1142万元。该中心认真做好12345市长公开电话办理工作，全年受理交办电话2412个，按时反馈率为100%，满意率为97.7%。全市各级消费者协会围绕“健康维权”年主题，开展消费维权讲座，举办各类培训，并在商场、超市开展商品消费体验和商品比较试验等活动，提高广大消费者的维权意识和维权水平。

【扩展人大定向视察活动范围】2005年，全市工商管理系统开展邀请人大代表实施对工商行政管理工作的延伸定向视察活动，并对视察的方式、对象、内容等提出建议。部分分局还将食品安全监管、无照经营整治、队伍作风建设等重要工作纳入人大定向视察的范围，自觉接受人大代表的监督。

【完善队伍建设管理措施】2005年，全市工商管理系统认真开展“解放思想、走在前列”大讨论活动，围绕“三型”工商建设的核心定位，大力开展工商机关文化建设，通过教育培训不断提升全员的综合素质。建立行政诉讼应诉队伍并进行业务培训。系统各级进一步加强红盾工程建设以及数字化工商所创建工作，促进基层建设和管理工作有新的提高。严格执行《干部选拔任用条例》，推行干部人事制度改革。

【加强党风廉政建设】2005年，全市工商管理系统认真贯彻实施国家工商总局落实中央惩防体系实施纲要的《具体意见》，制定《杭州市工商局关于建立教育、制度、监督并重的惩治和预防腐败体系的实施方案》。市局与各分局签订党风廉政建设责任书、行风建设责任书，形成一级抓一级，层层抓落实的工作格局。探索建立人事权、行政权、财务权的“三权”监督制约机制，取得初步成效。积极开展工商廉政文化主题教育活动。市局纪委组成工作督查组对系统重点工作完成情况进行效能督查。重新聘用行风监督员，制定《信访及投诉、举报处置工作细则》和《96666、12345和信访工作目标考核评分标准》。（张顺正　陈　杭）

·物价管理·

【物价管理概况】2005年，杭州市创新价格工作思路和方式，价格改革有新突破，价格监管有新举措，各项工作取得新成绩。全年居民消费价格总水平比上年上涨1.7%，涨幅低0.8个百分点。其中食品类价格上涨3.3%，烟酒及日用品价格上涨0.2%，家庭设备用品及维修服务价格上涨1.9%，医疗保健和个人用品价格上涨2.2%，居住价格上涨5.3%，衣着价格下降1.6%，交通和通讯价格下降2.8%，娱乐教育文化用品及服务价格下降0.2%；原材料、燃料、动力购进价格上涨6.9%，工业品出厂价格上涨3.5%。

市物价局被国家发改委、省物价局评为全国或全省价格系统“四五”普法工作、政策法规工作、农产品成本调查工作、价格监测工作、价格认证工作、政务信息工作优秀（先进）单位。

【加强价格调控监测】2005年，杭州市进一步加强市场价格监测和分析，及时掌握价格运行动态，尤其是将与人民群众生活密切相关的商品价格作为价格监测的重点。全省价格监测工作会议召开后，及时召开全市价格监测工作会议，全面部署价格监测工作，健全价格监测预警体系，增加价格监测点，拓宽信息采集渠道，完善报送网络，扩大监测覆盖面，提高价格监测预警能力。市价格主管部门每月向市委、市政府和各区、县（市）报告杭州市价格运行情况，剖析存在问题，提出解决对策。年初，受气候影响，蔬菜等食品类价格上涨导致居民消费价格总水平涨幅较高，市物价局及时向市委、市政府汇报，建议执行“两条控制线”（即居民消费价格涨幅月环比超过或达到0.8%、同比累计连续3个月超过或达到3%时，暂停出台政府提价项目3个月）政策，向全市人民承诺3、4、5月暂停出台任何政府调价项目。由于全市严格执行“两条控制线”政策，居民消费价格涨幅趋缓。为应对市场价格异常上涨，在上年制定应对市场价格异常上涨工作预案的基础上，先后制订价格监测报告制度、应对市场价格异常波动监测预警制度以及应对市场价格上涨监督检查工作预案，建立健全了价格应急机制。

【房地产价格调控初见成效】针对房价上涨较快，群众反响较大的情况，市物价局于4月赴上海学习取经后，结合杭州市的实际，向市委、市政府提出加强房地产价格调控、促进房地产市场健康发展的7条建议，受到市委、市政府领导的好评，7条建议大部分被采纳。由于杭州市不断加大解决群众住房难的力度，大幅增加经济适用房公开销售量，

物价部门对粮油批发市场进行价格检查　（市物价局 供稿）

房价涨幅在全国的位次由年初的第2位退至第10位。为贯彻国家发改委等7部委《关于做好稳定住房价格工作意见的通知》精神，杭州市继上海之后在全国较早地开展房地产价格专项检查，重点打击不明码标价、价格欺诈等16种价格违法行为，对查实涉嫌价格欺诈的房地产开发公司进行处罚，对群众投诉举报经查实违反规定多收房款作退款处理。这次房地产价格专项检查，社会反响好，影响大，群众较为满意。

【多管齐下缓解群众"看病难"】 2005年，杭州市积极推进省市药品联合招标采购。此次联合招标规模大、范围广、品种多、效果好。据测算，中标药品降价面为94%，中标药价平均降幅22%；按省、市、区三级医疗机构上年药品采购量匡算，预计年让利额超过5亿元。做好药品价格公示工作，市物价局通过杭州价格网等载体分3次公布1.4万余种中标药品的销售价格。10月，在全市范围内组织开展医药价格专项检查。从检查情况看，杭州市医疗机构中标药品销售价格执行情况较好，各医疗单位的医药价格行为较以往规范，但也存在着自立名目、分解项目重复收费等违法行为，全市查出价格违法所得金额200多万元。继续在医疗机构开展价格诚信活动，建立健全医疗机构内部价格管理制度，建立遏制乱收费行为长效机制。

【运用价格杠杆缓解"行路难、停车难"】 为解决杭州市区尤其是风景区停车收费标准偏低、结构不合理，以及城市中心地区占道停车等问题，缓解"行路难、停车难"，吸引社会资金投资停车场建设，市物价局组织有关人员对改革和规范停车收费管理办法进行调研。在通过省市新闻媒体、市政府门户网站、杭州价格网公开征求意见的同时，向市党代表、人大代表、政协委员以及街道、社区寄送征求意见函3000余份。经广泛吸收社会各阶层意见、建议，将原单纯提高收费标准办法，完善为促进停车产业发展的政策性意见，得到市委、市政府领导的充分肯定。经市政府办公厅批转，机动车停放收费新政策从9月1日起执行。停车收费的改革，使价格杠杆作用得以充分体现，"十一"黄金周景区车流量明显减少，中心城区停车频次加快，地下车库停车明显增加。杭州市的停车收费改革，被有关专家誉为"政府运用相对价格理论对停车位公共资源进行调节的成功尝试"。

【规范教育收费行为】 2005年，杭州市围绕"上学难"问题，加强教育收费管理，规范教育收费行为。省义务教育阶段"一费制"政策出台后，杭州市认真抓好贯彻落实，在严格核定杂费、课本费和作业本费的基础上，一次性统一向学生收取费用。为规范学校对高中择校生的收费行为，落实高中"三限"(限钱数、限分数、限人数)政策。针对实施"一费制"后出现的新情况、新问题，市物价局会同市教育局进行调研，对义务教育阶段代办服务项目、收入管理等进行规范。制定出台《民办中小学生均培养成本审核办法》。在全市1300所国家和社会力量创办的幼儿园、小学、初中、普通高中和职业学校推行教育收费公示制度，倡导"阳光收费"，规范收费行为。9月，按照教育收费轮查制度要求，市物价局会同纠风、教育等部门组成30个检查组，在180多所学校进行教育收费专项检查，并对部分学校仍存在的跨学期收取学费、代管费列支不规范等问题进行了处理。

【推进教育收费改革】 为推进幼儿教育收费改革，促进幼儿教育事业发展，市物价局从上年始对改革和规范幼儿教育收费问题进行调研，并于2005年4月将改革和规范市区幼儿教育收费管理意见向市党代表、人大代表、政协委员及有关部门和街道社区寄发征求意见函3100份，广泛听取社会各界意见；6月，经市政府同意，下发《关于改革和规范杭州市区幼儿教育收费管理的通

表54　2005年杭州市区主要主副食品零售价格

品名	规格	2005年12月价格(元/千克)	上年同期价格(元/千克)	比上年同期增长(%)
猪肉	去骨夹心新鲜肉	14.80	16.00	-7.5
	无骨新鲜腿肉	16.00	16.50	-3.0
	新鲜条肉	15.40	16.54	-6.9
鲜蛋	新鲜完整鸡蛋	6.06	6.50	-6.8
	新鲜完整鸭蛋	8.26	8.00	3.3
水产品	500克~1000克鲢鱼	8.90	6.00	48.3
	500克~1000克鳙鱼	10.50	9.40	11.7
	1000克以上草鱼	10.30	10.36	-0.6
	250克以上鳊鱼	10.40	10.28	1.2
家禽	1000克以上食用鸡	7.70	10.00	-23.0
	1000克以上麻鸭	14.50	15.46	-6.2
蔬菜	青菜	2.80	1.36	105.9
	包心菜	2.60	2.34	11.1
	芹菜	3.00	2.38	26.1
	花菜	3.00	2.20	36.4
	菠菜	3.40	3.34	1.8
	番茄	2.90	3.38	-14.2
	萝卜	2.70	1.30	107.7
	马铃薯	2.60	2.28	14.0
大米	标一晚籼米	3.10	2.80	10.7
	标一晚粳米	3.10	3.20	-3.1
	标二晚粳米	3.20	3.40	-5.9
面粉	特一粉	3.00	3.00	0
食油	二级菜油	6.60	7.60	-13.2
	色拉油	6.60	7.60	-13.2
苹果	红富士	5.00	4.20	19.0
芦柑	一级	3.40	5.00	-32.0

知》。为促进中等职业教育事业的健康发展，培养杭州市急需的蓝领技师人才，市物价局在深入调研、听取社会各界意见建议的基础上，会同教育、财政、劳动保障等部门于2005年3月印发《关于改革和规范中等职业学校收费管理的通知》，进一步规范中等职业学校收费行为，提高了收费政策透明度。

【开展价格欺诈专项整治活动】2005年，市价格主管部门进一步加大对实行市场调节价商品和服务价格监管的力度。市物价局在学习、借鉴厦门经验的基础上，提出加强对放开商品价格监管的初步意见，把制止价格欺诈作为突破口，重点打击虚构原价、虚假标示、不履行价格承诺等价格违法行为。6月起，在全市范围内开展大规模的反价格欺诈专项整治活动。活动历时两个月，对一些商家利用虚构原价进行价格欺诈的行为进行处理，有的给予公开曝光。浙江电视台、杭州电视台、《钱江晚报》、《都市快报》、《东方早报》等省内外媒体对整治活动进行了报道。8月1日，中央电视台"新闻30分"和"晚间新闻"节目播发杭州市查处价格欺诈的消息，在社会上产生积极影响。在总结反价格欺诈经验基础上，杭州市研究制定《关于加强市场调节价商品和服务价格监管的若干意见》，为进一步加强对市场调节价商品和服务价格监管构筑起长效机制。

开展中秋月饼市场价格专项检查。遵照国家发改委等4部委《关于规范月饼价格、质量、包装和搭售行为的公告》规定，为规范月饼市场行为，保护消费者和经营者的合法权益，坚决杜绝"天价"月饼等不良现象，于8月中旬~9月中旬开展中秋月饼市场价格专项检查。9月中旬，国家发改委等部委组成的联合督导组协同中央电视台记者来杭对月饼市场进行明查暗访后，认为杭州市月饼市场价格监管工作做到"五个到位"，即工作到位、认识到位、宣传到位、检查到位和引导到位。

据统计，2005年全市查处价格违法案件965件，查处价格违法所得金额666万余元（其中退还用户326万余元、没收违法所得金额340万元），罚款73万余元。

【积极稳妥推进价格改革】2005年，杭州市积极实施水资源价格改革，推进节约型社会建设。市物价局在广泛听取社会各界意见基础上，较小幅度提高居民用水价格，较大幅度提高特种行业用水价格。考虑到弱势群体的利益，市物价局向市委、市政府提出对企业退休人员每人每月增加生活费补贴2元、对困难家庭每户每月增加水电气定额补贴5元的建议，市委、市政府采纳后，补贴方案与水价调整方案同步出台。水价调整措施有效疏导了价格矛盾，保证供排水企业的正常运行。由于调价方案合理，宣传到位，不仅社会反响小，而且推动了节水工作，促进了杭州市节约型社会建设。

为减缓油价上涨对出租车行业的影响，市价格主管部门积极开展调研，及时向市政府提出停止向出租车经营者收取运管费、客运附加费的建议；开展出租车营运成本监审，委托社会中介机构进行成本评审，并于11月上旬举行杭州市区出租车运价调整听证会；向市党代表、人大代表、政协委员及街道、社区发放征求意见函3000多份，在吸收意见和建议的基础上，将修订完善后的出租车运价调整方案上报市政府。（赵全新）

·统计·

【统计工作概况】2005年，杭州市统计部门围绕"发展、创新、稳定、为民"的主题和市委、市政府的中心工作，干在实处，走在前列，大力推进统计改革与发展，统计服务水平和统计数据质量明显提高，统计法制和统计基础建设不断加强，统计信息化和统计队伍建设有新的突破，统计工作呈现出积极向上的新局面。

服务业统计调查工作进展顺利。克服服务业涉及行业广、单位数量多、变化快，调查对象基础差，国家尚没有统一的服务业统计调查制度等困难，积极探索服务业统计调查工作，建立起既遵循国家统计制度原则，又体现杭州特点的服务业统计调查制度。

强化对经济运行的监测和分析。为及时反映中央宏观调控政策对杭州市经济产生的影响，加大对经济运行的监测预警力度，提出经济运行中需要关注的问题及建议。撰写《上半年经济发展的主要问题和分析》、《我市工业经济运行态势日益趋紧》、《我市房地产运行情况分析》、《我市对外经济发展现状及面临的形势》等一批有深度、有见地的统计分析材料，提高了统计监测的科学性和有效性。完成市委交给的《"十一五"时期提高城乡居民收入，扩大消费的思路和对策研究》、《杭州市2005年国民经济运行情况及2006年展望》等课题，撰写《"十五"以来我市经济发展的问题及对策研究》、《机遇与挑战——杭州与长三角地区其他主要城市经济发展比较分析》、《走在前列、构建和谐杭

1月31日，副省长王永明（左二）视察杭州市经济普查工作。
（市统计局 供稿）

州的现实制约及对策建议》、《杭州全面建设小康的指标实现情况及主要问题》等一批专题调研报告。

统计法制建设得到加强。组织开展“四五”统计普法教育的查漏补缺,对8342人进行“四五”统计普法函授教育学习;对15个区、县(市)统计局以及两个市级部门进行普法验收。对861个企、事业单位进行统计稽查;对统计稽查中发现的207件统计违法行为进行立案查处。组织开展区、县(市)统计违法案卷质量评议工作,实行错案责任追究,规范统计执法检查行为。贯彻国务院关于《全面推进依法行政实施纲要》,制定《杭州市统计局关于全市政府统计系统贯彻落实全面推进依法行政实施纲要的意见》和《杭州市统计局推进依法行政工作方案》。

推进统计基础建设。按照《杭州市统计基础建设年活动验收办法》,对申请验收的萧山区、富阳市、高新(滨江)区统计局三年统计基础建设年活动情况进行实地验收,并延伸抽查验收若干个乡镇(街道)和企业,推动了基层的统计基础建设。制定出台《杭州市统计局巡查工作办法》,对临安、下城、拱墅等区县(市)执行统计法和国家统计报表制度及统计数据质量等情况进行巡查,有效地保障了统计数据的准确性和统计工作的权威性。

【完成重大国情国力调查】 按照国家的统一部署,杭州市各级统计部门对全市近10万个法人单位、产业活动单位以及38万余个个体经营户进行经济普查登记和抽样调查,并做好数据会审、质量评估及资料开发应用等各项普查工作。加强个体经营户抽样调查质量监控,组织普查员对3.6万户样本户进行上门调查,并做好样本户的数据复查工作。成立经济普查执法检查组,对普查数据异常的单位开展重点统计稽查,确保普查数据的客观性和真实性。集中各区、县(市)统计业务骨干150人及市统计局全体专业人员,用了近2个月的时间对上亿笔普查数据进行严格的审核。多次组织检查组对各区、县(市)的经济普查数据质量进行抽查。在国家经济普查办和省普查办的抽查中,杭州市经济普查数据误差率为3.1‰,低于全省平均水平,数据质量居全省前列。经省统计局最终审定,杭州市按《经济普查年份GDP核算方案》核算的GDP与2004年GDP快报数误差仅为1.1%,受到省普查办的好评。年底召开杭州市经济普查成果新闻通报会,发布《杭州市第一次经济普查主要数据公报》。杭州市被国家统计局评为全国经济普查先进集体。

组织实施全国1%人口抽样调查。在萧山区开展抽样调查试点。全市各级统计部门采用广播、报刊、电视、黑板报、社区宣传栏、现场咨询活动、宣传车等多种形式宣传500余次,悬挂横幅、张贴标语5000余条。制定和完善调查数据的逻辑审核关系,加强调查表数据的人工审核,使数据处理过程制度化、规范化,确保调查数据的真实。杭州市1%人口抽样调查顺利通过国家和省的事后质量抽查。

【建立服务业统计调查制度】 2005年,杭州市建立起适应经济社会发展需要,既能满足国民经济核算,又能分类指导地方服务业发展,符合地方统计工作实际的服务业统计调查总制度和八个重点发展服务业(大旅游产业、大文化产业、商贸与物流业、金融服务业、信息服务与软件业、中介服务业、房地产业、社区服务业)测算制度,并制定《杭州市服务业统计调查制度实施方案》。建立市及区县(市)、乡(街道)三级服务业统计调查网络,确保服务业各项统计调查工作的顺利推进;对区县(市)统计局、市级部门和银行、保险、电信等省部级单位分管领导与统计人员,以及服务业基层单位、个体工商户进行培训,全市培训近万人。做好服务业统计试调查,试调查数据与经济普查数据基本衔接。在试调查的基础上,对服务业统计指标体系和统计调查方法制度作修订完善。

杭州市开展服务业统计调查工作引起全国统计系统的广泛关注,国家统计局局长李德水、副局长林贤郁对杭州市率先建立服务业统计调查制度和开展服务业统计调查工作予以充分肯定,认为杭州市服务业统计工作走在全国的前列。《中国信息报》也对杭州市开展服务业统计工作的情况作专门介绍。

【完善国民经济核算制度】 根据《国务院办公厅转发国家统计局关于改进地区GDP核算工作意见的通知》和浙江省人民政府办公厅转发《省统计局关于改进地区GDP核算工作意见的通知》精神,市政府下发杭州市《关于改进地区GDP核算工作意见》。加强对区、县(市)GDP数据的评估,在全省率先对区、县(市)的农业、工业、建筑业增加值测算实行下算一级,提高GDP数据的质量。根据国家、省关于经济普查年份GDP核算方案的规定,完成经济普查年份GDP分区、县(市)核算工作。

【拓展统计服务领域】 2005年,市统计局通过对市区5万余人24小时出行情况的详细调查,初步摸清市区交通流量的基本情况,为交通规划部门合理规划市区交通,有效解决市民“出行难”提供翔实的基础资料。对全市6万余个非公经济单位和38万户个体户,开展非公领域人才资源抽样调查工作,客观了解杭州市非公有制经济领域人才资源状况,为组织人事部门加强非公有制经济领域人才资源管理,发挥人才资源优势及“十一五”人才规划编制提供可靠依据。在1%人口抽样调查样本户中抽取1000户外来务工创业人员家庭进行调查,既了解外来务工人员在杭生活、就业情况和对杭州的心理期望,又摸清外来务工人员及家庭在家乡的土地拥有情况,为市委、市政府从深层次研究外来务工人员同城待遇政策提供重要依据。

【民情民意调查亮点纷呈】 2005年,市统计局围绕杭州市党政领导和社会各界关心的热点、难点问题,开展企业退休人员社会化管理实施情况、老年人生活情况、创建全国文明城市测评、城市管理、西溪湿地公园开放、群众安全感、烟花大会移师钱塘江、西博会总体评价、政府为民办实事向市民征集意见、背街小巷改善工程等10项大型民情民意调查,客观地反映市委、市政府有关政策措施实施后的效果及市民的心态。如2005年西博会首次将烟花大会移至钱塘江举办,全市上下都十分关注,市统计局组织人员赴钱塘江两岸开展现场调查，同时对在家收看烟花大会电视实况转播的市民进行电话调查，取得调查资料后，为改进烟花大会提供9个方面的意见与建议。结合背街小巷改善工程的开展，围绕认知状况、欢迎程度、参与意识、目标要求和期待愿望等在市民中开展调查，对77条背街小巷周边的4630户居民家庭进行总体评价调查，及时为有关部门改进工作提供依据，促进了背街小巷改善工程建设。

【统计信息化建设取得新成果】2005年，市统计局依托杭州统计综合数据库系统，在全市推行企业统计报表联网直报。工业、贸易、房地产、投资、劳动工资、生产价格、服务业等专业均通过网上直报采集数据，网上直报企业达1.45万个。对计算机网络系统进行升级扩容，将2001年组建网通VPN网时设置的市与区、县(市)的连接由10M改为100M，原供企业网上直报的10M电信专线改为100M，改善了网络环境。实现全市企业单位基础信息实时交换，并建立基本单位名录库动态维护更新制度。4月，全国人大常委会副委员长蒋正华在全国人大常委会统计法实施情况报告中对杭州统计综合数据库系统在统计工作中发挥的作用予以高度评价。国家统计局在杭州召开了宏观经济数据库建设暨杭州统计综合数据库系统现场会，推广杭州的经验。（史君怡）

·质量技术监督·

【质量技术监督概况】2005年，杭州市质量技术监督系统坚持"为经济建设服务、为社会发展服务、为群众生活服务"的方针，认真履行综合质量管理和行政执法职能，取得良好的成绩。

全市新增中国名牌产品13个、浙江名牌产品56个，认定杭州名牌产品66个，初步形成高中低品牌集群；建立产品质量预警及长效监管等制度；明确特种设备安全监察部门、技术检验机构、企业主体的责任；医疗卫生计量监管从城镇延伸到乡镇；在全省率先开展"民用四表"首检；加强对生产源头的质量监管，突出人身安全健康产品的打假力度，完善打假工作网络，有效维护了公平竞争的市场秩序。

完成全系统网络互联，实现办公自动化。办事窗口增设特种设备安装维修、标准计量服务窗口，实现一站式服务，提高了办事效率。代码中心开通全国组织机构代码共享平台，为各级行政职能部门加强监管，提供可靠准确的数据。

修订《杭州市质量技术监督局反腐保廉体系实施意见》，落实党风廉政责任制，建立副处级以上干部廉政档案70份。

建德市质监局被定为人大定向视察单位，下城区分局、滨江区分局通过了区人大对2003年以来行政执法工作评议。

【推进品牌建设】2005年，全市质量技术监督系统分层次抓好各类名牌的培育与管理，全年有13个产品获中国名牌，总量26个；56个产品获浙江名牌，总量175个，居全省之首；杭州名牌66个，总量175个；12个产品被认定为国家免检产品，提高了品牌经济的运行质量和效益。举办杭州市"坚持以质取胜，推进品牌建设"论坛，召开全市争创中国名牌产品动员大会和推进品牌建设座谈会，在富阳市开展品牌建设试点。

全市有425个企业通过质量管理体系认证，98个企业通过环境质量体系认证，628个企业通过强制性产品(3C)认证，4个企业通过C标志认证；18个企业通过计量检测体系审核；19个企业的59个产品通过采用国际标准水平确认。省"五个一批"和市重点骨干企业主导产品采标覆盖率达90%。

出台加强西湖龙井茶品牌保护的6项措施，制订"精品西湖龙井茶"标准，研制成原产地域产品保护与防伪标识两码合一的电子防伪标识和精品认定标识，免费为12个西湖龙井茶生产加工企业安装电子远程监控系统，提高了西湖龙井茶品牌的信誉度，得到市委的充分肯定，多次在有关工作会议上予以表扬。

【扎实抓好两个安全】加强食品生产加工环节的监管。各级质量技术监督部门通过全面普查建档、建立监管网络、落实监管责任、实施标准清理、实行分类监管和实施市场准入等工作，摸清全市3464个食品生产加工企业的情况，对125个D类或C类企业实行关停或并转，对503个证照不全或无证无照的企业移送有关部门处理。在全市212个乡镇（街道）、2040个重点企业分别设立质监员、协管员和信息员，并组织培训。区、县(市)政府与乡镇、村及企业分别签订监管责任状，建立"一企一档案、一镇一台账"的动态监管数据档案。按照基础标准、生产加工标准和产品标准，初步构建食品标准体系框架。

加强特种设备安全的全程监管。市质监局与所属单位以及85个电梯、起重机安装维护保养单位分别签订目标管理责任书；各区、县(市)局与乡镇、街道(社区)和295

市质监局执法人员抽查商场眼镜质量　　（市质监局 供稿）

在"打假保建设"专项整治中,市质监局加大对劣质钢材的查处力度。

(市质监局 供稿)

个重点安全监管单位签订责任书,建立由530人组成的乡镇特种设备安全监察协管队伍。全面排查危险化学品特种设备,出动执法人员1122人次,查处事故隐患锅炉201台,拆除无证伪劣锅炉14台;开展气瓶专项整治,检查气瓶50多万只,查处非法生产的气瓶365只、报废气瓶1732只。开展固定式简易升降机专项整治,重点整治安全隐患突出的升降机,拆除3台,停用106台。开展压力管道定检,普查燃气压力管道713千米、热力压力管道299千米;在2个重点化工企业进行定检试点,检定工业压力管道85.5千米。开发特种设备监管电子软件,形成集企业网上申报、窗口集中受理、后台流程审批于一体的科学管理流程,促进了特种设备的安全运行。市质量技术监督局被评为杭州市安全生产先进单位。

【推进产业标准化进程】 2005年,市质监局研究制订杭州市电子政务地方标准规范,包括一个体系,六大指南以及30多项重大技术标准。在全市推广运用的标准规范主要有杭州市"市民一卡通"、"一站式"投资审批信息系统技术标准和杭州城市地理空间基础信息数据规范等。信息安全标准在滨江区试点运用。千岛湖有机鲢鳙鱼、中泰苦竹、淳安蚕桑丝等3个项目被列入国家级农业标准化示范项目;滨江果业、淳安无公害山茱萸、余杭乌鳢示范园区建设通过省级农业标准化验收。编制《规模商品肉猪质量安全生产技术规程》等29项农业地方规范。萧山萝卜干获原产地产品保护,塘栖枇杷获原产地域产品专用标志使用权;杭州市无公害蔬菜国家示范园区、余杭本牌中华鳖国家示范园区被评为全国先进标准化示范园区。华立控股股份有限公司被确定为国家首批重要技术标准研究企业试点单位,8个企业被确定为国家第二批标准化良好行为试点单位;5个企业分别通过国家AAAA级验收和省AAA级确认。开展标准化下乡活动,分17期巡回各区、县(市),在2000余个企业进行国家强制性标准的宣传贯彻和培训,编制下发《企业标准化管理教程》。为提升城市管理国际化水平,编写《城市公共信息图形标志应用指南》。

【加强三个平台建设】 优化标准信息咨询平台。市质监局利用互联网,建立标准服务快速通道,实现点对点的快速服务,企业在两小时内可得到所需标准电子文本;完成标准数据库改版,新增标准作废发布通知服务。全年为华立控股股份有限公司、UT斯达康通讯有限公司等近千个企业提供标准查询服务。创新预警服务平台。完成并开通TBT/SPS预警平台,新增计算机系统智能收集HS码(海关商品分类码)和ICS码(产品国际分类码)等功能,实现通报内容和出口产品相匹配、出口企业通报信息分类对口发送,发展企业会员单位320多个。根据企业的产品类型,及时将WTO总部通报的WTO/TBT主要内容发送到企业法人信箱中,保证企业在第一时间收到与其相关的通报信息。完善出口服务平台。积极发挥国际贸易技术服务体系作用,重点研究解决欧盟电子电气设备中限制使用某些有害物质的指令(RoHS);组织翻译IEC(国际电工组织)针对RoHS指令中的6种有害物质的检测标准。在杭州、宁波等重点地区举办RoHS应对循环研讨会6期,600余个企业参加研讨。积极帮助企业获取产品出口的RoHS检测报告,与德国TUVNORD(北德检测集团)合作开展RoHS业务,出具检测报告200余份。

【加强民生计量监管】 2005年,市质监局在加强民生计量监管上主要做好以下几方面的工作:对全市565个乡镇以上医疗机构的1.42万台(件)医疗计量器具,实施强制检定;7个市直管医院全部通过二级计量水平确认,15个区、县(市)级医院通过三级计量水平确认。与市卫生局联合在11个市级医疗机构和2个医学检验中心,推出50项医学检验(检查)项目报告互认,提高了医疗管理水平和检验检查报告的准确性。与197个农贸市场的主办者签订计量管理责任状,落实责任;对1.59万台(件)计量器具实施强制检定,并在检定后铅封,较好地解决电子秤作弊问题。与有关单位协调,实施民用水表、电表、燃气表首检制度,首检电表8.16万台、燃气表10.32万台、水表6.76万台。对659个加油站的4144支加油枪实施强制检定,推出新型防作弊装置;实施加油站开启加油机铅封备案制度,对加油机维修严格执行计量器具许可证制度;每个加油站都配备20升标准量筒;公布投诉举报电话,加强社会监督和消费者维权。加强对制造及修理计量器具许可证、合格评定、强制性认证、计量标准及计量授权、法定检验机构的监管。

【加强质量监督稽查】 2005年,全市质监部门完成产品定期监督抽查193种2004批次,合格1682批次,合格率83.9%;日常监督抽查产品34种622批次。建立杭州市产品质量安全预警机制，对实施红色和黄色预警的4个企业进行专项整治，全市产品质量指数为94.5。全系统出动执法人员1.73万人次，检查企业9410个，查处违法产(商)品货值3015万元，销毁假冒伪劣产(商)品货值171.52万元，捣毁制售假冒窝点50个，查处各类违法案件2072件(立案查处1008件，其中万元以上大要案189件)，罚没款上缴国库979.7万元。重点开展食品、建材、电器、汽配等涉及人身安全健康产品的专项执法检查，建立长三角地区打假协作网等打假机制，增强打假力度和效果。稽查支队受理网上投诉95件，办结率、满意率均为100%。全年处理各类投诉举报1.31万件，为企业和消费者挽回直接经济损失908.55万元。（秦展扬）

·食品药品监督管理·

【食品药品监督管理概况】2005年，杭州市食品药品监管系统各项工作都取得新的进展。食品安全综合监管新机制初步建立，市食品药品监督管理局于2月2日挂牌，市食品安全委员会于3月16日成立；上城、下城、江干、拱墅、西湖、滨江区的食品药品监督管理分局均于9月16日挂牌，各区、县(市)相继成立了食品安全委员会。

推进食品安全监管。开展食品安全信用体系建设试点，于3月成立食品安全信用体系建设领导小组，制定工作方案，出台《杭州市食品安全信用管理规范》等制度，选择上城区、下城区、江干区、拱墅区、西湖区、滨江区及3个行业(肉类、粮食、儿童食品)、30个企业进行试点，开展"两档"(生产经营质量档案、食品安全信用监管档案)建设，初步形成信用评价体系框架。组织食品安全信息规范发布试点，实施全市食品安全综合信息的季度联合发布和年度综合发布；牵头组织有关部门联合开展"杭州市区蔬菜质量一日一评"活动，选择市区笕桥蔬菜批发交易市场、三里亭农副产品交易市场等3个蔬菜批发市场的10个大类、35个品种蔬菜进行定量抽样和快速检测评价，评价结果于当天上午通报批发市场和相关监管部门，并在杭州主要新闻媒体公告检测结果及所采取的措施，市民也可上网(www.hzda.gov.cn)查询。制定实施2005年全市食品专项整治方案，由市食品药品监管局牵头，对城乡接合部的食品生产经营企业进行联合执法检查，处理投诉举报46件，协调查处"苏丹红一号"等食品安全问题。

【开展食品安全综合评价试点】市食品药品监管局会同有关部门组织实施了食品放心工程重点品种检测评价工作。一期在城区开展11类与人民群众生活密切相关的重点品种检测评价，检测评价食品210个批次，合格率为95.2%；二、三期向各区、县(市)的街道、乡镇和农村推广，检测评价食品涉及全市面上10个重点品种、2402个批次，合格率为94.2%。该试点在国家质监总局等8部委组织的对杭州市的综合评价中受到好评和肯定。出台《杭州市食品放心工程综合评价试行方案》。

【稳步推进"三网"建设】2005年，市政府与15个区县(市)政府、管委会签订食品安全责任书，各区、县(市)政府以多种形式与乡镇、街道签订食品安全责任书，部分乡镇、街道与村委会、社区居委会签订了食品安全责任书，基本建立起市、县、乡、村四级食品安全监管责任网。市食品药品监管局协调开展"千镇连锁超市、万村放心店"农村现代流通网建设，年内已建连锁超市117个、示范店2709个，分别完成省政府下达任务的120.6%和143.2%。积极促进食品安全群众监督网建设，全市已建乡镇消协分会56个，乡镇消费监督站127个，村级消费维权点1276个，聘请消费维权监督员5480名。

【组织协调保健品综合监管】2005年，市食品药品监管局在对全市保健品市场监管现状进行调研的基础上，开展保健食品监测评价。对3大类、29个品种进行专项抽检，检出不合格产品13个，占44.8%。下半年，开展保健食品广告监测，监测保健食品广告502个，查获违法广告18件，其中发出行政告诫书5件、移送工商部门13件。

【巩固认证成果】2005年，市食品药品监管局积极实施药品生产企业等级管理，对22个药品生产企业GMP认证组织跟踪检查；现场检查19个医疗机构制剂室，完成469只制剂的整顿复核工作；完成56个药品生产企业、114个药品的注册抽样和现场考核。完成296个药品零售企业GSP认证，对15个药品批发企业的GSP认证和12个药品零售连锁企业155个门店的GSP认证实施跟踪检查或专项检查。

【加强药品监管】2005年，市食品药品监管局加强药店分级管理，以医保定点药店为重点，对170家药店开展驻店药师在岗情况、处方药销售情况的即时性、动态性检查。开展各类特殊药品专项检查，统一全市各级医疗机构特殊药品台账管理，规范日常监管。积极探索药物不良反应监测体制和机制建设，上报药品不良反应报告1174份；配合国家质监总局、省质监局调查"甲肝疫苗"事件。履行好口岸局的各项职责，确保进口药品质量，全年完成进口药品通关单215份、314批次，货值9800万美元。

【做好市场准入工作】2005年，市食品药品监管局继续贯彻"宽进严管"的方针，发展市场竞争主体。全市新批零售药店526家，关闭208家，年末有零售药店1440家，新批药店大多在农村、城郊接合部，推进了合理布局；新增医疗器械生产企业39个、经营企业183个，年末有医疗器械生产企业278个、经营企业达784个；新注册一类医疗器械产品120种。推进药品流通体制改革，发展连锁经营，年末有药品连锁企业31个、门店719家，全市连锁率为49.9%，其中市区连锁率为64.1%，分别比上年提高3.3和8.1个百分点。

【药品广告专项治理】2005年，由市食品药品监管局牵头制定药品广告专项整治方案，明确相关部门的职责与分工，确定整治内容、整治重点和整治步骤，组成5个执法组，初步形成资源整合、责任落实、部门协作、齐抓共管的药品广告长效管理机制。在对违法广告进行集中查处和专项整治中，市食品药品监管局向市工商局移送违法药品广告56件。在国家局组织的5城市部分药品电视广告监测抽查中，杭州市违规率为6%，不到平均数的1/10。

【开展药械市场专项整治】 2005年，针对药械市场存在的问题，市食品药品监管局继续组织以打击制售假劣药品、医疗器械为重点的“蓝盾行动”。全系统开展“药品打假在农村”、疫苗专项整治、城乡接合部无证经营药械专项整治等专项检查16次，出动执法人员1.94万人次，检查涉药单位（摊点）1.18万个，取缔无证经营188个，责令整改350个，立案231件，涉案金额2039万元，没收价值216.7万元的伪劣药械，罚没款514.6万元。根据“有诉必查、有假必打、有案必破”的要求，部门配合，上下联动，依法查处未经注册体外诊断试剂案、中成药非法添加化学成分案、无证经营疫苗案、擅改批号案等有影响的大案要案7件。

【推进农村两网两房建设】 市食品药品监管局将药品监管网络建设作为2005年的工作重点，继县、乡两级监管网全部建成后，年内村级监管网也已达到99%。运用监管和市场机制两种手段，推动乡、村两级医疗机构药品配送规范化，全市规范配送的乡镇、行政村达100%。继续抓好农村医疗机构“两房”（即药房、卫生所）的规范建设，各区、县（市）县级医疗机构药房规范建设完成率和乡镇卫生院药房规范建设完成率均达100%、村卫生室规范建设完成率为99%、个体诊所规范建设完成率为98%，超额完成市政府下达的目标任务。

【医疗器械使用监管意见出台】 为保证医疗器械的安全有效和保障人体健康和生命安全，《杭州市医疗机构医疗器械使用监督管理意见（试行）》于8月29日出台。该意见对医疗机构的医疗器械管理、采购、贮存、使用等提出明确要求，规定采购医疗器械应建立规范的进货程序，严格审核与索证制度，医疗机构使用的医疗器械，包括赠送产品、专家出诊携带产品、租赁产品及招标产品均须持有效证件，不得使用未经注册、无合格证明、过期、失效或淘汰的医疗器械。

【50种药品转换为非处方药】 4月21日，国家食品药品监督管理局又公布50种药品转换为非处方药，其中包括化学药品15种，中成药品35种。市食品药品监管局接通知后，即通知辖区相关药品生产企业办理处方药转为非处方药的变更手续，把这50种药品正式列入非处方药管理。中国于2000年推行处方药与非处方药的分类管理制度，并逐步加大药品分类管理力度，至2005年末取消药品流通领域处方药销售“双轨制”（即处方药销售可凭处方销售，也可不凭处方销售），明确规定全部处方药须凭执业医师处方销售，在药师指导下使用。

【浙江省首个药品质量地方性法规施行】 《杭州市医疗机构药品使用质量监督管理办法》于11月1日起正式施行。该质量监督管理办法系浙江省首个涉及药品监督管理的地方性法规，共39条，分别对医疗机构人员与管理制度、设施与设备、药品购进和验收、药品储存与养护、药品调配使用、法律责任及医疗机构的药品使用等方面予以明确规定，为加强医疗机构药品监管提供了法律依据。至2005年末，杭州市有各级各类医疗机构近2000个，医疗机构药品销售占药品终端销售的85%，年使用药品金额50多亿人民币。

（柳静波）

·经济建设规划·

【经济建设规划概况】 2005年，杭州市经济建设规划院积极参与杭州市的经济建设规划，开展重大问题研究、发展规划编制、重点项目论证等工作。参与13个规划的编制，其中有《杭州市“十一五”发展规划基本思路研究》1个全市规划和拱墅区、江干区等3个城区规划，还包括杭州大文化产业发展、杭州动漫游戏产业、杭州数字电视产业发展、杭州“十一五”高技术产业发展、杭州“十一五”政府投资项目建设、京杭运河（杭州段）综合整治与保护开发等8个专项规划和“和谐杭州示范区”发展规划及1个区域规划。

开展重大课题研究，包括政府投资评估、地铁建设方案、创意产业发展、都市经济和区域经济研究等方面。《杭州市“十五”期间政府投资回顾与分析》的研究成果得到市领导充分肯定；杭州地铁被批准建设后，及时就地铁建设和管理模式、融资方案等问题进行深入研究，提出《杭州市地铁一期工程融资合作方案》；在对把杭州城西打造成“和谐杭州示范区”的研究后，提出的观点被市委、市政府采纳；提出杭州发展创意产业的新思路，省委书记习近平、市委书记王国平等领导充分肯定创意产业在浙江建设文化大省和杭州建设文化名城中的重要作用。开展《杭州市创意产业发展思路及对策研究》，市委、市政府在《加快现代服务业发展的若干意见和发展规划》等文件中采纳了发展文化创意产业的意见。此外，还开展《“十一五”时期杭州市区都市型经济发展研究》、《“十一五”时期长三角区域经济发展趋势及我市的发展定位》、《京杭运河（杭州段）综合整治与保护开发资金平衡方案研究》等课题研究。

重大项目咨询评估。全年开展市委党校异地迁建、杭州市民中心行政办公用房设计方案、绕城公路经营权转让、杭州动漫卡通城建设、五云山疗养院改扩建、杭州第三医院医疗综合楼和丁桥高级中学教学楼建设等45个项目的预可研、可研报告或项目建议书研究编制工作。开展杭州西溪湿地生态旅游建设项目的国债申报、推介等工作。

（市经济规划院）

·信息化建设综述·

【稳步推进信息化建设】 2005年，杭州市的信息化建设围绕中心任务，推进重点工程，有序健康发展。全市电子信息产业总体上保持发展势头，产业结构不断优化，产业规模继续提高。规模以上企业实现销售收入1015.22亿元，比上年增长11.6%。实现利税总额64.04亿元，下降2.9%；其中利润36.31亿元，下降18.4%。电子信息产品出口43.54亿美元，增长70.1%。年末从业人员10.13万人，增加9400人，增长10.2%。

2001年7月，在高新软件园建设的基础上，杭州被国家发展计划委员会和信息产业部批准为"国家软件产业基地"。至2005年，杭州软件基地已经成为全国四大软件基地之一。10月，市信息办杨晓勇被科学技术部授予"国家火炬计划软件产业基地十周年荣誉个人"称号。

市政府办公信息处理中心与市民卡公司、数字电视公司、交通银行进行合作，实现市民邮箱和市民卡的捆绑开户、数字电视的市民邮箱应用、交通银行的邮箱开户和账单发送。至年末，市民邮箱的发放量超过50万个，启用数近30万个。

市信息办与市统计部门密切合作，加强对信息产业统计的研究，制定行业统计报表制度，努力建设切合实际的统计体系。结合信息产业服务平台建设，重新开发电子信息产业网上直报系统。

【邮电通信业快速发展】 杭州市年末固定电话用户411.17万户，比上年增长14%；固定电话主线普及率63.97线/百人，增长21.1%；移动电话用户607.25万户，增长26.6%；宽带用户81.6万户，增长30%。全年电信业务总收入85亿元，增长12%。邮电通信业的持续快速发展，为信息产业发展和信息化建设提供了有力保障。

【创建数字电视发展模式】 杭州市是全国数字电视试点城市之一。8月，上城区完成有线电视"模转数"整体平移，成为全国第1个实现"数字电视"化的城区。至11月30日，市区50.5万用户数字电视整体平移，完成80个星级宾馆整体转换。12月15日，国家广电总局在杭州召开《杭州有线数字电视试点》验收会，通过杭州有线电视数字化整体转换试点工作的验收结论。验收的通过，表明杭州市为中国广电事业发展和"三网融合"，探索了一条坚持政府主导、社会参与、市场化运作、应用和产业开发开放互动发展为原则，整体平移发展数字电视的特色道路，成为继青岛之后，在全国具有典型性、推广性、指导性的发展数字电视的"杭州模式"。

【举行首届中国国际动漫节】 6月1日~5日，首届中国国际动漫节在杭州举行，动漫节由国家广播电视总局和浙江省政府主办，杭州市政府、省广播电视局、浙江广播电视集团共同承办。主题是振兴中国动漫产业、全力打造中国动漫品牌，激励原创动漫产品。

杭州动漫产业经过几年努力，已经拥有杭州高新动画产业园、西湖数字娱乐产业园两大动漫游戏产业基地。通过产业聚集，逐步形成产业体系相对完整，结构布局日趋合理，整体技术水平先进，市场导向作用明显的动漫游戏产业格局。2005年，全市有一定优势的动漫游戏企业50多个，初步形成动漫产品加工、研发、制作、运营和周边产品开发的产业链，全年动漫作品制作时间约1.5万分钟。 (刘元永)

·信息化基础建设·

【全力参与信息化建设】 市电信公司遵循杭州市建设"数字杭州"和以信息化带动工业化、以工业化促进信息化的方针，积极开拓，提升技术含量，全力参与杭州市信息化建设。

加大投入，不断发展宽带网。截至3月1日，杭州电信公司宽带用户超过50万户。下半年，设在市电信公司的96118旅游综合服务平台建成，并对公众开放，充分发挥浙江省丰富的旅游资源和强大的电信网络两大优势，运用信息化手段提升旅游服务水平。实施宽带提高质量工程，实现"网络提速，服务提升，投诉减少，离网率下降"的目标，全年宽带用户障碍修复及时率超过95%，全网DSLAN端口速率达标率在95%以上，异常掉线率明显下降，提升了信息化建设的服务水平。

【提升网络运行质量】 市电信公司加快互联网建设步伐，采用国际先进技术，对城域网域名服务系统进行优化，技术上达到国际运营商一流水平。2005年，国家"863"计划信息领域的重大项目——高性能的宽带信息网落户杭州和上海。至年末，设备安装完毕，进入业务试运营。该网的投入使用，为新一代的终端业务提供高效的支撑和保障，提高了信息化能力。

重视提供信息化服务的网络运行安全，确保提供可靠的网络服务。在数据方面，制定和完善重要客户的应急或备份路由预案，建立全网流量监控系统。在电源方面，针对拉闸限电导致数据接入机房宽带设备不能正常运行的现象，对158个数据接入机房进行电源改造，降低停电对宽带网运行的影响。（张向东）

【实施休博会信息化建设】 作为2006年世界休闲博览会主要参与单位——杭州世界休闲博览会有限公司承担繁重的任务，需借助信息化平台来提升管理与运营效率。而自建信息化平台，存在着投资成本大、研发周期长、维护困难等问题。9月，市电信公司根据该公司的实际情况，制订由在线办公管理、办公自动化、流动办公组网、网络传真4个产品打包组成的商务领航信息化解决方案，帮助实现企业信息化，降低了运作成本，规范了企业管理，增强了信息化服务的安全性、稳定性和可靠性。（江　瀛）

·信息技术推广应用·

【发放市民卡40余万张】 3月，杭州市为顺利发放市民卡，成立以市政府副秘书长孙振洲为组长，各共建单位和各区分管领导参加的发卡领导小组。6个城区和西湖风景名胜区、杭州经济开发区及各街道、乡镇相继成立发卡工作小组。5月15日，开始在上城区望江街道和下城区天水街道进行规模发卡试点，取得初步经验。6月，市民卡规模申领采集工作全面展开。2004年初步建成的市民基础中心数据库和交换平台在2005年上半年试运行正常。通过市民卡数据交换平台，获得公安部门800多万条数据，完成公安户籍与劳动部门的比对。85万条人口数据汇集了含劳动局内码、医保卡号等14个数据项的全市医保数据，并进行医保数据的入库。开通劳动部门与地税部门社保资金征缴的企业数据的交换；与市公安局、工商局、民政局和公积金管理中心实现数据的实时交换，市劳动局的医保数据交换方案完成软件开发。至12月31日，市民卡采集申领54万份，发卡407073张。

【扩展企业基础信息交换系统】 杭州市在市工商局数据集中的基础上，将企业基础信息交换范围由市本级、6个城区及3个开发区扩大到全市各区、县(市)，由企业基础信息扩大到企业和个体工商户基础信息，包括新增、变更、年检、注销等基础信息。积极推进企业信息互联的应用，基于企业基础信息交换平台，促进部门间的互联互通和资源共享。市食品药品监督局和城市行政执法局开展基于该平台的食品安全信用体系和城市管理及行政执法数据库的建设。

【深入开展社区信息化建设】 2005年，社区信息化建设从社区居民的需求出发，按照“政府引导、社区自治、社会参与、市场运作”方法，以试点引路，不断推向深入。以区为单位整体推进社区信息化。在全国第一次完整提出社区信息化基本功能规范、评估指标体系及实施办法，积极推动以区为单位整体推进社区信息化，充分调动区、街道、社区的积极性，促进网络、电子台账和呼叫中心“一体化”。

结合市民卡工程和数字电视整体平移，开展杭州市社区(市民)门户网站的建设，通过互联网统一展示杭州市社区形象，推进政务公开，提升社区服务。网站建设以各社区服务网站为副站，为各社区免费建设网站，解决以往社区建网站需求强烈，但人才、资金等相关资源缺乏的情况。开展以互联网站为主、结合96345服务专网的综合服务体系，同步开展市民基础信息和个人信用信息征信系统建设，为社区信息化发展提供更加坚实的基础。

【积极推进“三网融合”】 杭州市经过努力，积极推进电脑服务网、电视服务网和电话服务网“三网融合”。8月，上城区推出“5A”式社区信息化服务，即任何人(Anyone)在任何时候(Anytime)、任何地点(Anywhere)，通过任何方式(Anyway)均可得到任何服务（Anyservice)，基本实现了“三网融合”，实现政府、运营商、社区、商家、居民之间的多赢互利。市民可通过电脑服务网，了解社区最新动态，进行各种咨询，申请服务信息；也可通过电视服务网，了解“社区动态”、“居民风采”、“居务公开”等，享受相关社区服务；还可通过电话服务网，依托市民呼叫系统96345，要求个性化服务。1月和2月，根据新型数字社区建设的需要，市信息化办公室联合市民政局制订并发布《杭州市社区信息化管理服务软件基本功能规范》和《杭州市社区信息化评估指标体系(试行)》。

【启动数字城管建设】 7月，杭州市

10月24日，高科技企业孵化器在杭州经济技术开发区开工建设。(顾一进 摄)

被建设部列为全国数字化城市管理首批试点城市后，制定实施方案和三年规划，计划至2007年4月实现街面管理、环卫作业、社会服务、市政养护作业、地下管线管理、公用设施运行管理、市政公用与市容环卫企业运行监管等城市管理业务的数字化、信息化。9月，对数字城管信息系统进行公开招投标。至年末，该系统的开发进展顺利，建立了城市管理数据库，杭州主城区涉及的190.95平方千米范围内，划定单元网格10074个，对196万件城市管理部件进行普查。

▶▶资料：数字城管

"数字城管"指依托空间信息、工作流、行业实体库、计算机网络、无线通信等技术，实现城市部件和事件管理的数字化、网络化和空间可视化，创新城市管理模式，再造城市管理流程。通过建立一套科学完善的监督评价体系，实现政府信息化建设相关资源的共享，提高城市管理水平。

（刘元永）

【应急联动指挥系统试运行】2004年以来，杭州市根据实际应急处置的需要和未来信息大范围跨部门应用的要求，开展应急联动指挥系统一期工程建设，从系统开发和标准规范两个层面展开。2005年，完成杭州市应急联动指挥系统《信息共享标准和规范》初稿，初步建成应急联动指挥中心应用平台框架、VPN通信网络平台、GIS共享平台、短信平台、数据交换系统、卫星导航系统、视频汇集系统、接警联动系统、林水局典型应用和市委、市政府总值班室典型应用等，实现了联动部门间的监控视频汇集和部分应急信息交换，对难度较大的地理信息共享进行有益尝试，解决跨部门的地理信息共享问题。至年末，该系统进入试运行。

【党政机关办公业务资源系统正式运行】1月1日起，杭州市通过对原党政机关办公自动化系统的升级改造，党政机关办公业务资源系统正式运行。该系统是以杭州市委、市政府办公厅为中心，涵盖各区县（市）委、政府和市级机关180多个单位的电子政务办公系统。该系统具有以往办公自动化系统的功能，还集成公务电子邮箱（市民邮箱）、政务外网门户系统（可调用机关内部各业务系统的共享信息）、电子文件柜、即时消息、短消息、条型码、视频点播、决策支持等应用。采用统一的电子公文格式标准，高度安全的系统设计，为市级机关统一制作和配发电子公章、CA（数字）证书，实现全市公文信息的共享交换、单轨制报文、网上会办会签等办公应用。根据用户对应用需求的不同，提供完整版、部门版、单机版（宽带/拨号）3个不同版本。

该系统由市政府办公信息处理中心负责建设管理。

【政府门户网站二期项目完成】2005年，杭州市对"中国杭州"政府门户网站和电子邮件系统（市民邮箱）进行升级改造。至年末，完成二期建设项目，通过专家验收并投入运行。网站二期项目包括旅游者频道、投资者频道、英文版、单点登陆系统、主页防篡改系统、入侵检测系统、网站流量统计分析系统等子系统的建设。

邮件系统的二期项目对市民邮箱进行全面升级改版，市民邮箱的免费使用空间由10兆扩容至50兆。邮箱整合网站的信息资源，方便快捷地与网站形成互动应用。用户在邮件系统内，可直接进入网站的精华栏目查阅、查询各类信息，还可以作为主网站的注册用户，享受"网上办事"、"政务论坛"、"网上订阅"等服务；增加"网络公文包"功能；制作市民邮箱独立的登录界面，设计标准版、古典版、时尚版、卡通版4种不同风格的版面；部署防垃圾邮件系统，自动地对垃圾邮件作出判断，定期对垃圾文件夹进行清理。

（王美群　陈莉娜）

【加强信息资源开发利用】2005年，杭州市信息资源的开发利用以市民卡项目、企业基础信息项目和金宏工程等项目建设为切入口，初步建成人口基本数据库、企业基础数据库和宏观经济历史数据库。

市经济信息中心主要承担市民卡项目的数据中心和交换平台建设，基本建成全市个人基础数据库。中心数据库汇集公安常住人口信息668万条；劳动医保参保信息131万条，参保单位信息4.76万条，失业人员信息41万条，就业援助信息12万条；公积金基本信息47万条，补贴信息30万条；工商个体户18万条；民政婚姻信息12万条，全市婚姻数据52万对，救助信息6.79万条等，数据总计容量达到4个太。

承担企业基础信息互联平台建设与运行维护，每月交换数据统计和每日数据备份维护。2005年交换数据近300万条。基本汇集工商、国税、地税、质监、统计等部门的14万个企业基础信息，实现数据实时交换、数据共享。

基本建成全市宏观经济月度数据库。年度数据库包括23大类5000多个指标，入库年度数据（1979~2004年）5.1万条；季度数据库包括13大类330多个指标，已入库季度数据（自2000年起）1.66万条。

【进行宏观经济监测预测】杭州市经济信息中心根据国家发改委加强宏观经济运行监测的统一部署和省发改委对经济监测的要求，针对杭州经济发展中的热点、难点问题，以《杭州市经济发展监测预测月报》为发布主平台，开展杭州经济发展监测预测，及时发现经济运行中的新情况、新问题。

以《经济发展监测预测月报》为发布主平台，加强对相关问题的监测，定期撰写经济形势的专项分析报告。第一季度，重点分析全市经济形势，就多项指标回落过快可能带来的不利形势、工业增长中存在的问题、人民币汇率变动对出口的影响和房地产市场中存在的不足等热点问题，作了监测剖析，正确判断全年经济发展趋势。上半年，客观分析评价了经济增幅回落的原因，提出了存在的主要问题，提出对策建议。第三季度，着重监测分析各种有利条件和制约因素，客观分析存在的差距，提出完成全年目标的措施建议。

强化工业监测，监测的重点企业主要分布在机械电子、纺织服装、通信设备、医药化工、食品饮料、金属制品等行业。通过监测企业经营绩效、要素制约和预期发展，每月撰写杭州市工业企业监测报告。10月，按照省发改委《关于在杭州、绍兴开展工业企业监测预警试点工作的通知》,把重点工业企业监测范围从原来的60个扩大到100个,特别增加了IT企业监测模块。

加强投资监测，撰写投资形势分析报告。以杭州市二手房价格指数为主线，每月定期发布楼市的监测报告。不定期的开展相关城市比较分析,在比较中主动寻找差距。及时监测物价变动,着重监测粮食、副食品等主要生活消费品和钢材、化工产品、水泥等重要生产物资的价格走势，客观分析价格变动原因及其引发的经济效果。

【建立宏观经济监测预测信息系统】 市经济信息中心从为宏观决策服务的高度，进一步做好经济运行的监测、预测和预警。至年末,整合宏观经济分析资源，开发完成季度模型研制、统计报表子系统、统计分析子系统、系统维护子系统、经济分析子系统,建立并逐步完善《杭州市宏观经济监测预测系统》。建设过程中，注重吸收和引进了广东省发改委、江苏省信息中心、常州市信息中心等单位的经验,加强与高等院校、科研机构的合作。

【积极开展信息协会活动】 2005年,在中国信息协会的指导下,杭州市信息协会围绕“开发信息资源、服务信息事业”宗旨,服务社会信息化建设。5月，成立第1个分支机构——杭州信息协会余杭分会。配合市政府办公厅参与编辑信息化科普读本《学会上网》。配合市信息办发放书籍到各个社区，组织5万余名社区居民参加培训。发挥会刊和网站的信息资源集散功能，做好信息内容服务。

发挥桥梁纽带作用，服务社会信息化建设。帮助企业申报信息化项目、各类扶持基金,例如华立集团申报国家发改委某项目时遇到困难,协会帮助联络疏通。杭州中晶信息技术有限公司在申报市信息化扶持资金中碰到困难，协会与市信息办联系协调,帮助解决问题。

提供支持和帮助，服务企业信息化建设。10月，协会与中国中小企业国际合作协会共同举办2005年中国中小企业信息化建设杭州培训班。 (陈　静)

【注重档案信息化建设】 2005年，市档案局(馆)网上档案馆一期、二期项目通过验收,并实施三期项目。全年完成馆藏档案数字化136万页,录入条目案卷级1.56万条、文件级21.68万条。修改完善网上档案馆自助管理平台,依托“中国杭州”网站为市级机关提供自助网上查询和管理档案的功能。加强档案年检电子目录管理，全年接收年检单位数据库88个。开展全市电子文件归档试点，完成《档案信息化培训教材(初稿)》编写。完成国家级课题《数字档案海量存储整体解决方案的研究》,并通过国家档案局鉴定。高新(滨江)区档案馆实现“数字档案馆”一期计划。

开通宝宝在线网站,为儿童提供信息服务。 (市电信公司 供稿)

至年末，全市综合性档案馆完成全文数字化520.2万页。各专业档案馆和机关档案室的档案数字化取得可喜成绩，市房产档案馆对房产档案全文数字化1297万页,市国土资源局档案室对土管档案全文数字化1350万页,市工商局档案室对企业开业登记档案全文数字化450万页。

“杭州档案”门户网站全面改版,年点击率19.2万人次。在省档案局的优秀档案网站评比中,“杭州档案”被评为第1名,“杭州档案”门户网站和萧山档案网站连续第二次被评为全省档案系统优秀网站。

(乜登科)

【提升公交信息化水平】 3月起,市电信公司为市公交公司提供有效的信息服务和技术支撑,将50余个调度站点接入市公交公司虚拟专网(VPN)网络,提升公交部门的信息化水平。为市公交公司提供小灵通短信查询系统，方便民众查询并获得最新的公交信息。与市公交公司签订BRT—1号线网络租用协议，对该公司整体网络进行改造，并提供视频会议解决方案。 (张向东)

【推出移动办公业务】 6月,随着信息化的深入推进,为满足政府部门、企事业单位、大中小学校对远程移动办公的需求，市电信公司推出移动办公业务。拱墅区政府、西湖区政府和市药品监督管理局等单位,开始使用移动办公业务，使出差在外或下班回家的员工能安全、快捷地远程访问单位的内部专用网络,进行移动办公，有效提升工作效率和效益。

【推出宝宝在线业务】 随着推进教育行业信息化，人们越来越注重孩子的早期教育，对幼儿园的教学管理提出了更高要求。9月10日,市电信公司在杭州育苗幼儿园推出“宝宝在线”业务,开通杭州第1个“宝宝在线”网站,网址为www.bbshow.com.cn。该网站是依据幼儿园和家长的需要量身定制的信息化系统，提供包括宽带接入、网站建设、宝宝成长档案记录、在线视频等服务,形成无边界的管理网络，功能得到幼

儿园老师和家长的认可。(江　瀛)

·信息化环境建设·

【加强信息化法规体系建设】 4月,《杭州市信息化条例》通过省人大常委会的批准。5月,《杭州市市民卡管理办法》以市长令的形式颁布实施。杭州市陆续制定《杭州市政府信息公开规定》、《杭州市本级信息化建设专项资金管理办法（试行)》、《关于加快“一号工程”建设的若干意见》、《关于加快信息服务与软件业发展的若干意见》等政府规章和规范性文件。杭州市信息化法规体系建设取得阶段性成就，信息化发展环境日趋完善。

5月9日,省委常委、杭州市委书记王国平等考察位于钱江新城的杭州电信第二长途通信枢纽楼。(市电信公司 供稿)

【稳步推进数据容灾备份中心建设】 4月,杭州市有关部门制定《2005年度灾备项目实施方案》及《项目建议书》、《年度投资预算》，并经市发改委审批立项,下达了政府采购计划。5月,成立灾备项目工作组,提出年度灾备项目——《监理招标方案(草案)》和《系统总集成招标方案(草案)》。该项目的重点是构建由内部局域网、数据复制网、业务接入网组成的三层架构基础网络，使其具有良好的扩展性和兼容性。结合灾难恢复计划的制定，开发综合管理平台，基本实现业务和运行维护管理信息化。6月,启动数据容灾备份中心一期工程建设。

【通过《杭州市信息化条例》】 2000年起，杭州市人大常委会信息化立法列入调研计划。2002年，经市信息办提出《杭州市信息化条例》(初稿)。2003年,经过7次较大规模的论证、修改。2004年,杭州市人大常委会将信息化列入2004年杭州市的立法计划。2005年4月14日,在经杭州市人大常委会、市政府批准的基础上,《杭州市信息化条例》经浙江省第十届人民代表大会常务委员会第17次会议批准。4月26日，杭州市第十届人大常委会公布《杭州市信息化条例》,自2005年6月1日起施行。该条例是在国家还没有相关法律条件下通过的，在全国各省(市)中,有湖南省和杭州市提出了信息化法律，杭州市信息化立法走在了全国前列。

【加强信息服务体系建设】 为切实推进信息产业发展，及时掌握企业发展中的共性问题，杭州市有关部门开展深入实际的调研，针对不同情况,及时予以解决和反映。启动企业公共服务平台、社区市民服务平台和个人信用征信平台建设，开展互联网本地交换平台建设的准备。根据信息服务与软件业发展的需要,开展光纤到户的试点。上半年,通过论证、研讨和交流,确定发展光纤到户工程的具体标准。

【加强投资体系建设】 2005年,杭州市信息办强化政府投资信息化项目全过程管理。根据2004年全市政府投资信息化项目的执行情况,对部分项目进行审核验收，提出相应对策;配合市审计局,开展部分项目的专项审计和抽查审计;结合《杭州市电子政务建设实施纲要》的细化落实和任务分解,提出2006年度政府投资信息化项目导向目录。

在项目资助方面，加大对信息产业的倾斜力度。全年安排“信息港”产业发展项目73个,落实扶持、奖励资金2510万元。安排信息服务与软件业资助项目14个，落实资助、奖励资金1035万元。

【加强信息人才培养】 8月,市信息办与杭州电子科技大学软件职业技术学院合作，设立杭州国家电子信息产业基地培训中心。至年末,杭州国家软件产业基地联合实训中心、杭州东忠IT人才育成中心、浙江华为通信技术培训中心已分别落址该中心。该中心与杭州国家软件产业基地有限公司、浙江华为通信技术有限公司、阿里巴巴(中国)网络技术有限公司、杭州天盾信息安全有限公司、杭州东忠软件有限公司、杭州爱科电脑技术有限公司、信息产业部电子教育中心等在教学、实训环节进行全面合作，共同建设了国际IT认证中心、国际IT培训中心、软件技术实训中心、网络技术实训中心、信息安全实训中心、信息管理实训中心、电子商务实训中心、数字媒体实训中心等电子信息人才实习、培训基地。

【基础信息安全测评认证中心成立】 11月9日，举行杭州市基础信息安全测评认证中心(简称HZTEC)成立大会暨上海信息安全测评认证中心杭州分中心挂牌仪式。该中心经杭州市信息化办公室、杭州市民间组织管理局批准设立，具有独立法人资格。该测评中心致力于推动全社会信息安全保障体系的完善，同政府各级信息安全相关主管部门广泛合作,围绕落实信息安全等级保护、风险评估的实施和信息化项目管理办法，为各部门预防和控制信息安全风险提供科学有效的服务。这是浙江省第1个从事信息安全测评、评估的第三方专业机构。(刘元永)

华数 HUA SHU 由你更精彩

缤纷天地

杭州数字电视有限公司

中共中央政治局委员、国务院副总理曾培炎，在浙江省委书记、省人大常委会主任习近平，省委常委、杭州市委书记王国平，副省长王永明等陪同下，视察杭州数字电视有限公司。

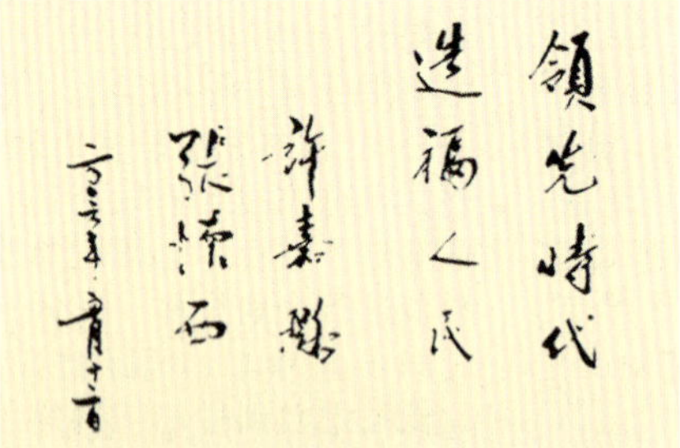

全国人大常委会副委员长、民进中央主席许嘉璐和全国政协副主席张怀西在考察公司后题词：领先时代，造福人民。

2004年10月21日，在南都德迦西区中心广场，公司举行“天堂有你更精彩”特别晚会，标志着杭州数字电视整体转换正式启动。国家广电总局副局长张海涛，省委常委、杭州市委书记王国平，副省长盛昌黎，杭州市委副书记叶明，常务副市长盛继芳等领导出席晚会，并与公司负责人合影。

2004年3月，杭州数字电视有限公司试运营，经过两年来的创新与发展，用户超过50万户，为杭州市成为“全国有线数字电视示范城市”作出了积极贡献。

杭州数字电视突破了以往单向传播服务，在全国首创并且成功运营了双向传播互动的“广播”和“交互”合一的数字电视服务。数字电视的交互功能从根本上改变传统收视习惯甚至“改变”了电视机的用途，把“看电视”变为“用电视”。

杭州数字电视独创的交互式数字电视模式，被业内誉为“最具有想象力的杭州模式”。2004年8月21日，国家广电总局副局长张海涛视察公司，高度评价数字电视的“杭州模式”。

自有线数字电视运营以来，杭州的用户由市区向郊区迅速扩大，杭州市郊的村民购买交互式增强型机顶盒，三塘村、九堡村、蚕桑村成为最先全部使用交互式机顶盒的“全交互村”。

客服热线 96371　团购热线 28850202

网站 www.hzdtv.com

自主精彩

2 月 26 日，国家广电总局副
长田进一行来杭州调研数字电
对“杭州模式”给予高度评价。

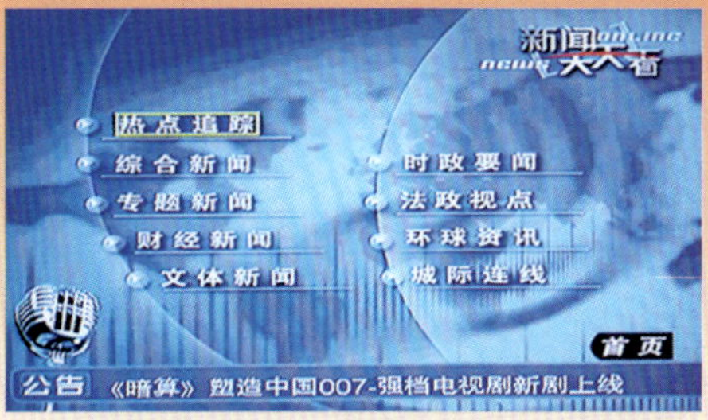

新闻搜索为用户提供了各种新闻的点播功能，这些栏目就像互联网一样按照时事、财经、体育、娱乐等内容进行归类，用户可以根据自己的需要随意选择观看。

5 月 18 日，省委副书记、省长
吕善，副省长金德水在省委常
杭州市委书记王国平，杭州市
长孙忠焕等陪同下，考察杭州数
电视有限公司，对数字电视产业
发展给予充分肯定。

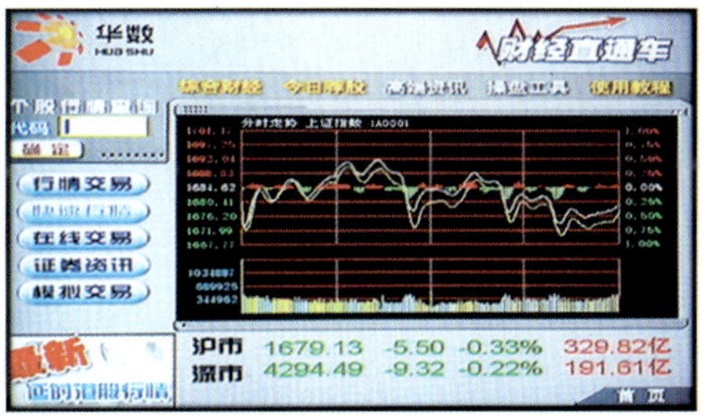

华数数字电视财经直通车为您提供行情查询、在线交易、基本资讯查询等服务内容。

◀下城区东新街道三塘村成为杭州首个“全交互村”。

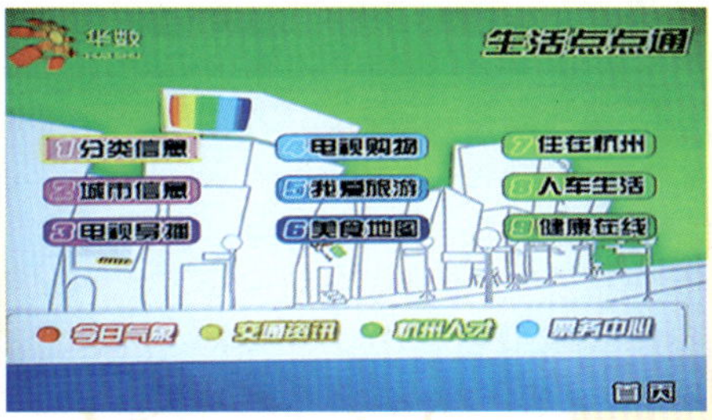

“生活点点通”中的“医院通”提供各大医院的价目表、专家推荐介绍以及挂号服务等项目，足不出户，直通医院。

◀三塘村村民在登记办理交互式数字电视业务。

▶5 月 16 日，在杭州数字化综合信息平台新闻发布会上，杭州市民对交互式机顶盒表现出浓厚的兴趣。

电视政务栏目向用户提供杭州市政府的公告、政府文件、重大会议视频等内容。

党 政

The Party & Government

·中共杭州市委·

【市委工作概况】 2005年，中共杭州市委坚持以科学发展观统领经济社会发展全局，认真贯彻中央和省委重大决策部署，围绕“构筑大都市、建设新天堂”的奋斗目标，按照“发展、创新、节约、稳定、为民”总要求，解放思想，干在实处，走在前列，坚持“四个突出”，推进“五大战略”，破解“七大问题”，打造“平安杭州”，引领“和谐创业”，全市经济、政治、文化、社会建设和党的建设取得了新进展。

解决“三农”问题。贯彻落实中央、全省农村工作会议和中央、省委有关文件精神，把“三农”工作作为重中之重，深入基层调查研究，召开全市农村工作、帮扶工作会议，切实解决“三农”问题，提升农业、保障农民、建设农村。大力推进农业结构战略性调整。继续办好“九件实事”，加大农民培训力度，出台系列政策健全农村社会保障。

推进城市化。召开全市城市化暨重点工程建设工作会议，加强城市规划，保护历史文化名城，加快钱江新城和“三副六组团”建设。实施市区“一纵三横”道路综合整治和背街小巷改善工程，建设了一大批重大城市基础设施项目。加快城市信息化建设，跻身全国首批十个“数字城管”试点城市。加强公共危机管理。荣获“全国无障碍设施创建示范城市”称号。在全市30多个“城中村”开展“一片一统筹、一村一方案”改造试点，加大“拆违”力度，推进征地拆迁。进一步优化投资创业环境，加快电网建设，加强银企合作，推进土地整理，缓解要素制约。破解“七大问题”，打造“平安杭州”，加快生态市建设步伐。

推进“工业兴市”。召开“工业兴市”大会等专题会议，部署工业经济工作。落实“两项制度”，市四套班子领导、区县(市)和市直部门负责人联系重大项目187个。加快市区企业搬迁，市四套班子领导联系的10个重大工业项目落实搬迁选址。开展“工业企业服务年”活动，为企业排忧解难。大力发展高新技术产业，做大做强通讯、软件、集成电路、数字电视、动漫、网络游戏6条“产业链”，打造“电子商务之都”。深化国有企业改革，推进国有企业“二次改制”，解决一批改制遗留问题。改造提升传统优势产业，推进企业信息化建设，发展都市型工业。推进民营企业“二次创业”，53个企业跻身全国民营企业500强。抓好省级开发区申报工作，启动江东、临江、临平、钱江工业功能区建设，推进城镇特色工业功能区建设。

加快现代服务业发展。推进“旅游西进”和旅游国际化战略，办好西博会、迎接休博会，建设国际风景旅游城市。推进西湖综合保护、西溪湿地综合保护、运河综合保护工程实施，建成开放中国首个国家湿地公园。休博会“一湖三园”、余杭南湖休闲度假区等十大休闲基地建设全面启动。召开加快现代服务业发展“1+9”会议，明确建设服务业大市目标，出台《关于加快现代服务业发展的若干意见》及相关配套政策，加强规划引导、技术创新、法制保障、人才支撑、产业集聚、品牌引领、开放带动、政策扶持。

建设文化名城。贯彻省委十一届八次全会关于建设文化大省的重大决策部署，在深入调研基础上提出建设“一名城五强市”的奋斗目标。制定出台《关于进一步推进杭州大文化产业发展的若干意见》等，建立文化产业发展专项资金，繁荣哲学社会科学、新闻出版、广播影视、文化艺术，扶持文艺精品生产，举办一批重大文化活动，丰富基层文化生活。深化社会领域和科技体制改革，科技进步指标和综合科技实力继续保持全省第一。加强未成年人思想道德建设、公民思想道德建设、企业思想政治工作。深化文明创建活动。抓好人口计生工作。

加强民主法制建设。加强和改进党对人大、政协工作的领导。召开工作会议，出台市委《关于加强和改善党的领导，进一步推进人大工作的意见》和《关于进一步加强中国共产党领导的多党合作和政治协商制度建设的实施意见》。首次开展对市人代会选举干部的述职评议。贯彻党的民族、宗教、侨务和对台工作方针，抓好工青妇工作。加强“双拥”工作，推进国防后备力量建设。推进“依法治市”，改进领导方式，完善决策机制。

加强党的建设。扎实推进先进性教育活动，探索建立保持共产党员先进性长效机制，推进领导班子和干部队伍建设，深化“三树一创”活动，抓好地方党政领导班子和领导干部综合考评试点，开展市直单位领导班子届中考核和“一把手”述职评议、领导干部年度总结报告、述廉工作和民主测评。出台8个干部人事制度改革文件。推进农村、社区、企业、机关、学校、社团及其他事业单位党建工作，出台关爱党员和基层干部新举措。实施流动党员“安家工程”，加强党员发展、教育和管理。做好农村指导员选派和管理工作。坚持党管人才，加强人才培养、引进和使用。建立健全惩治和预防腐败体系，推进廉政文化建设，加强党风廉政教育，出台党内监督制度“10+1”配套实施办法，组建巡视机构并开展巡视工作，整治“两不”行为，严肃查办违纪违法案件。

【市委全委会议】 6月16日，市委召开九届九次全体(扩大)会议。会议深入学习贯彻落实胡锦涛在参加十届全国人大三次会议浙江代表团讨论时的重要讲话精神和省委关于“干在实处，走在前列”的要求，以先进性教育为动力，解放思想、振奋精神，坚定信心、迎难而上，着力解决当前全市经济社会发展中的主要矛盾和突出问题，全面落实市委九届八次全会的各项部署，确保杭州市经济社会又快又好地发展。

12月13日~14日，市委召开九届十次全体(扩大)会议。会议学习贯彻党的十六届五中全会、中央经济工作会议和省委十一届九次全会精神，回顾总结“十五”特别是2005年工作，审议通过《中共杭州市委关于制定杭州市国民经济和社会发展第十一个五年规划的建议》，研究部署下一个五年特别是2006年的工作任务。

【市委常委会议】 2005年，召开市委常委会会议38次。市委常委会坚持以科学发展观统领经济社会发展全局，贯彻中央和省委重大决策部署，根据市委九届八次全会明确的全年工作任务，围绕“构筑大都市、建设新天堂”的奋斗目标，针对解决“三农”问题、加快发展现代服务业、固定资产投资、招商引资、“工业兴市”、“两项制度、两项活动”、“城中村”改造等重大问题开展专题调研。

加强常委会自身建设。带头开展并切实抓好先进性教育活动，全面加强党的思想、组织、作风、制度建设，保持党的先进性，提高党的执政能力。全面落实20条整改措施，对下访接待过程中群众反映的40个问题实行跟踪督查。按照党委“总揽全局、协调各方”原则，谋全局、把方向、管大事、用干部，充分发挥在同级组织中的领导核心作用。坚持民主集中制，严格执行集体领导制度，自觉遵守各项议事制度和工作规则，重大问题民主讨论、集体决定。健全完善向市委全会报告工作制度、向有关方面定期通报情况和征求意见制度。完善以理论学习中心组学习制度为核心的常委会学习制度，加强理论武装，增强科学发展意识，坚持用改革的思路和办法解决发展中的问题。

【市委财经工作领导小组会议】 2005年，市委财经工作领导小组召开会议8次。会议对存量土地及闲置建筑物情况、市属事业单位退休人员福利补贴待遇、杭州经济开发区临平园区、市属工业企业搬迁、市民中心建设项目、地铁建设项目、市属事业单位改制政策补充意见、做好外来务工人员生活就业工作的政策意见、解决引进高层次人才住房等重大问题进行了研究。

【落实“两项制度、两项活动”】 7月，市委、市政府针对杭州市上半年工业销售产值、工业技改投入、固定资产投资、招商引资四大指标出现下滑趋势，决定深入实施“大项目带动”战略，以“两项制度、两项活动”为主抓手，着力推进项目建设。组建市重点项目推进、招商引资推进、城建项目推进、工业项目推进等4个领导小组及其办公室。市委常委会专题研究了“两项制度、两项活动”有关工作。7月13日~18日，市委、市政府围绕加快推进项目建设，召开固定资产投资、“工业兴市”、招商引资、落实“两项制度、两项活动”专题会议。

2005年，市、区县(市)两级四套班子领导和市有关单位负责人分头联系重大项目，推进了重大工业项目搬迁选址、省市重点技改项目开工建设等工作，全市实现固定资产投资1386.68亿元。各级政府、相关单位走访企业8300余个，帮助企业解决结构调整、技改投入、科技创新、搬迁改造、市场拓展、人才培养、招商引资、深化改革等方面存在的困难和问题1378个。通过举办政策咨询报告会、组织征求意见建议活动、开展外企宣传活动、编印外籍人员《生活指南》等工作，为外商提供全过程、全方位、全天候的服务，推进了招商引资。

【“一纵三横”道路综合整治工程】 为解决杭州市“行路难、停车难”，彰显城市特色，提升城市综合竞争力，市委、市政府决定对“一纵三横”(即保俶路、曙光路—体育场路、凤起路、庆春路)道路实施综合整治。7月8日，市委、市政府召开杭州市区“一纵三横”道路综合整治工程动员大会，全面部署实施“一纵三横”道路综合整治工程，并与各责任单位签订责任状。“一纵三横”道路综合整治工程全长约16.7千米，总投资3.6亿元。工程坚持高起点规划、高标准建设、高强度投入、高效能管理

12月13日，市委召开九届十次全体(扩大)会议。 (市委办公厅 供稿)

的“四高”方针，落实保质量、保进度、保安全、保稳定、保廉洁的“五保”要求，达到交通功能清晰、道路结构合理、体现公交优先、智能交通管理、改善人居环境、彰显城市人文、提升城市品位的要求和实现洁化、绿化、亮化、序化的“四化”目标。工程计划于2006年4月休博会召开前完工，完工后4条道路的通行能力有望提高30%左右。

【西湖综合保护】 10月1日，西湖博物馆、韩美林艺术馆、两堤三岛、龙井村、龙井寺、北山街部分景点、灵隐头山门牌坊、西湖学研究院等八大项目正式对外开放。这是继2002年实施西湖南线整合工程、2003年实施“三大景区”(杨公堤景区、湖滨新景区、梅家坞茶文化村)建设、2004年实施北山街历史文化街区保护工程后，第四次推出的保护工程项目。

在西湖综合保护工程中，累计拆除违法、有碍观瞻和无保留价值的建筑45万平方米；拆迁住户和单位2500多个；减少景区人口7000多人；新增公共绿地100余万平方米；恢复水面90万平方米；完成西湖疏浚工程以及引配水工程，平均水深由疏浚前1.65米增加到2.5米；西湖年配水量1.2亿立方米，西湖水实现一月一换，水质极大改善，透明度从原50厘米提高至73厘米。对环湖地区保留的单位和住户实行截污纳管，电力、电信等杆线一律“上改下”，彻底改变湖西地区“脏、乱、差”和环境污染严重的状况。西湖“东热、南旺、西幽、北雅、中靓”的新格局基本形成。

【运河(杭州段)综合整治与保护开发】 京杭运河杭州段北起余杭塘栖镇，南至三堡船闸，途经余杭、拱墅、下城、江干4个区，全长39千米。运河流经区内人文胜迹众多，但长期以来，运河主城区段两岸的宝贵岸线资源长期被单位和住宅小区占用，加上运河水质下降，生态环境恶化，自然和人文景观损毁，旅游和休闲功能衰退，致使运河远离了市民、远离了游客。2002年，市第九次党代会把运河(杭州段)综合整治与保护开发列入“十大工程”之一。

2005年，编制完成《京杭运河(杭州段)综合整治与保护开发“十一五”规划》、《2005~2010年运河综合整治与保护开发总体计划》。综合整治与保护开发的范围覆盖运河(杭州段)全境，一次规划、分段实施，坚持“保护第一、生态优先、拓展旅游、以人为本、综合整治”的理念，采用截污、驳坎、清淤、绿化、配水、保护、造景、管理“八位一体”的综合整治措施，突出“生态、文化、旅游、休闲、商贸、居住”六大功能，控制和弱化工业、航运、水利功能，淘汰排污功能。力争5年~10年，使运河成为水清可游、景美可赏、岸绿可憩、文润可品的绿色生态带和黄金景观带，通过实施运河综合保护，实现还河于民、还河于游客，为京杭大运河申遗打下扎实基础，充分挖掘和利用运河杭州段丰富的自然景观和人文资源，把运河杭州段打造成与西湖、西溪齐名的世界级旅游产品。运河(杭州段)主城区段(全长12千米)一期景观整治工程“一馆、两带、两场、三园、六埠、十五桥”将于2006年国庆节前全部完成。

表55　2005年中共杭州市委重点调研课题

重点调研课题	课题主持人
以和谐创业为途径构建和谐社会的思路与对策研究	王国平
着力缓解要素制约，保持我市经济社会持续、快速、健康、协调发展	孙忠焕
创建“平安杭州”，构建和谐社会	于辉达
落实科学发展观，探索考评新机制	朱报春
以改革统揽预防腐败工作的实践与思考	叶　明
推进副城、组团、中心镇建设，拓展以钱塘江为轴线的城市发展新空间	顾树森
深化财政改革，构建公共财政体系	盛继芳
加快推进萧山经济结构战略性调整的思路和对策研究	王金财
大力推进组织工作创新，为构建和谐杭州提供坚强保证	于跃敏
杭州大文化产业发展现状与对策研究	张鸿建
进一步加强我市国防后备力量基础建设的几点思考	齐毓春
预防和处置群体性事件的实践与思考	吴鹏飞

【“一湖三园”建设】 2002年8月10日，世界休闲组织理事会以多数票表决同意杭州为2006世界休闲博览会的举办城市。以“休闲——改变人类生活”为主题的2006杭州世界休闲博览会定于2006年4月22日~10月22日举办。休闲博览会采取“政府主办、企业主体、市场运作、社会参与、实现共赢”的模式，主展区杭州世界休闲博览园由民营企业——杭州宋城集团负责投资建设以及招商经营。

“一湖三园”是休博会的主园区，系专门为休博会配套建设的特色功能区块，包括湘湖、杭州世界休闲博览园、杭州世界休闲风情园、杭州东方文化园。2005年，“一湖三园”建设全面启动，湘湖旅游度假区位于杭州市萧山区，规划总面积51.7平方千米，将建设成为以“一湖、二堤、三岛、四亭、五码头、六停车场、十二座桥”为基础的大型休闲度假区，向世人展示“一湖秀水、两岸美景”。休博园是休博会主场馆，投资35亿元，占地200公顷，是一个集休闲、旅游、度假、会展、人居为一体的现代休闲主题城。世界风情园占地120公顷，是集客房、餐饮、商务于一体的休闲度假、休闲娱乐、会议宴请的场所。东方文化园占地180公顷，总投资9.5亿元，展示东方传统文化的丰富内涵和深厚底蕴，可以向宾客提供商务、会议、休闲、度假、疗养服务。“一湖三园”建设计划于2006年4月休博会召开前完工，建成后将为杭州市民和外地游客提供良好的休闲场所，为进一步促进杭州经济社会的全面发展，加快建设国际风景旅游城市，打造“东方休闲之都”发挥积极作用。

【加快现代服务业发展】 大力发展现代服务业，对于杭州发挥工业化处在中后期、城市化处在加速期的优势，保持经济健康、持续、快速发展，推进“经济强市”、“文化名城”、“旅游胜地”、“天堂硅谷”建设，打响“东方休闲之都”的城市品牌，继续在全省发挥龙头、领跑、示范、带头作用，具有十分重要的意义。2005

表 56

2005年中共杭州市委重要文件索引

文件号	发文日期	标题
1	2004-12-24	中共杭州市委关于贯彻党的十六届四中全会精神，进一步加强党的执政能力建设的实施意见
2	2005-01-13	中共杭州市委常委会2005年工作要点
3	2005-01-20	中共杭州市委关于开展以实践“三个代表”重要思想为主要内容的保持共产党员先进性教育活动的实施意见
6	2005-02-22	中共杭州市委关于加强和改善党对新时期工会、共青团、妇联工作领导的意见
7	2005-02-25	中共杭州市委、杭州市人民政府批转《市委组织部市民政局市农办关于认真做好2005年村级组织换届选举工作的意见》的通知
8	2005-03-21	中共杭州市委、杭州市人民政府关于加快现代服务业发展的若干意见
9	2005-04-03	中共杭州市委、杭州市人民政府关于进一步优化投资创业环境的若干意见
10	2005-04-26	中共杭州市委、杭州市人民政府关于进一步落实和完善社区工作保障条件的意见
12	2005-06-03	中共杭州市委、杭州市人民政府关于加快推进生态建设与环境保护的若干意见
13	2005-06-16	中共杭州市委、杭州市人民政府关于进一步构筑市域网络化大都市的实施意见
14	2005-07-27	中共杭州市委关于加强和改进机关党的建设工作的意见
15	2005-08-17	中共杭州市委关于进一步加强中国共产党领导的多党合作和政治协商制度建设的实施意见
16	2005-08-22	中共杭州市委关于贯彻中央《建立健全教育、制度、监督并重的惩治和预防腐败体系实施纲要》的意见
17	2005-08-31	中共杭州市委关于印发《杭州市贯彻实施〈中国共产党党内监督条例（试行）〉相关制度》的通知
19	2005-09-13	中共杭州市委、杭州市人民政府、杭州警备区关于进一步加强新时期双拥工作的若干意见
20	2005-09-15	中共杭州市委、杭州市人民政府关于进一步加强和改进大学生思想政治教育的实施意见
21	2005-10-14	中共杭州市委关于进一步发挥市委总揽全局、协调各方领导核心作用的若干意见
22	2005-12-14	中共杭州市委关于制定杭州市国民经济和社会发展第十一个五年规划的建议
23	2005-12-22	中共杭州市委、杭州市人民政府关于做好外来务工人员就业生活工作的若干意见
24	2005-12-28	中共杭州市委关于加强和改善党的领导，进一步推进人大工作的意见

表 57

2005年中共杭州市委办公厅重要文件索引

文件号	发文日期	标题
1	2005-01-01	中共杭州市委办公厅关于印发王国平同志在市委九届八次全体（扩大）会议上的报告的通知
2	2005-01-14	市委办公厅、市政府办公厅印发《关于加强高层次人才引进工作的若干意见》等四个政策性文件的通知
4	2005-02-18	市委办公厅、市政府办公厅关于进一步加强全市基层计划生育干部队伍建设的意见
5	2005-02-23	中共杭州市委办公厅关于进一步加强和改进社区党的建设工作的意见
6	2005-02-18	中共杭州市委办公厅、政研室2005年工作要点
7	2005-03-22	市委办公厅、市政府办公厅关于进一步推进杭州大文化产业发展的若干意见
8	2005-05-31	市委办公厅、市政府办公厅关于建立健全生态补偿机制的若干意见
9	2005-07-05	中共杭州市委办公厅关于印发《杭州市干部考察预告制度实施办法》等八个文件的通知
10	2005-07-14	市委办公厅、市政府办公厅关于认真做好落实“三真”关爱基层工作的意见
11	2005-07-15	中共杭州市委办公厅关于印发王国平同志在市委九届九次全体（扩大）会议上的报告的通知
12	2005-07-25	市委办公厅、市政府办公厅关于进一步加强国内合作交流工作的若干意见
13	2005-09-21	中共杭州市委办公厅关于加强廉政文化建设的实施意见
14	2005-10-27	中共杭州市委办公厅关于巩固深化先进性教育活动成果，进一步加强国有（改制）企业党建工作的若干意见
15	2005-11-29	市委办公厅、市政府办公厅关于进一步加强村级民主政治建设的意见
16	2005-12-22	中共杭州市委办公厅关于印发《2005年市委常委会工作报告》和王国平同志在市委九届十次全体（扩大）会议上的讲话的通知

年，市委、市政府在深入调查研究的基础上，制定出台《关于加快现代服务业发展的若干意见》、《杭州市加快现代服务业发展规划》、《杭州市现代服务业发展专项资金管理办法》及12个配套政策意见，并于3月组织召开近2000人参加的加快现代服务业发展"1+9"会议，明确建设服务业大市目标任务。为解决现代服务业在发展过程中遇到的问题，加强对现代服务业发展的协调和指导，建立由市长为组长的杭州市发展现代服务业领导小组和由分管市领导为组长的大旅游、大文化、金融服务、商贸与物流、信息服务与软件、中介服务、房地产、社区服务、统计工作领导小组。加强规划引导、技术创新、法制保障、人才支撑、产业集聚、品牌引领、开放带动、政策扶持，加快发展大旅游产业、大文化产业、金融服务业、商贸与物流业、信息服务与软件业、中介服务业、房地产业、社区服务业。2005年，杭州市第三产业增加值1297.5亿元，比上年增长16.4%。三次产业增加值结构由上年的5.2∶51.8∶43调整为5.0∶50.9∶44.1。

▶▶资料："两项制度、两项活动" 即领导联系重大项目制度、固定资产投资项目推进协调制度，工业企业服务年活动、外商投资企业服务月活动。

加快现代服务业发展"1+9"会议 即服务业发展大会和旅游产业发展会议、大文化产业发展会议、金融服务业发展会议、商贸物流业发展会议、信息服务与软件业发展会议、中介服务业发展会议、房地产业发展会议、社区服务业发展会议、服务业统计工作会议等专题会议。

"三树一创" 即树立科学的发展观、正确的政绩观、牢固的群众观，创为民、务实、清廉的好班子。

党内监督制度"10+1" 即《中共杭州市委工作规则》、《关于重要情况通报和报告的规定》、《关于实行领导干部述职述廉制度的实施办法》、《关于党员领导干部民主生活会制度的实施细则》、《关于党内信访处理的规定》、《关于巡视工作的暂行规定》、《关于谈话和诫勉的规定》、《关于舆论监督工作的规定（试行）》、《关于询问和质询的规定（试行）》、《关于罢免或撤换要求及处理的规定（试行）》等党内监督十项制度配套实施办法和《关于加强对党政主要领导干部监督的规定（试行）》。

两不行为 指行为不廉洁、作风不检点。

组织实施"356"工程 指从2004年起，用3年时间，对全市500个骨干重点企业的600名高级经营管理人员进行培训。

【市委召开的重要会议】 2005年，市委召开以下重要工作会议：全市帮扶工作会议、努力实现全市工业经济"开门红"电视电话会议、全市党建工作会议、全市政法暨610工作会议、全市宣传思想工作会议、全市工青妇工作会议、市文化市场综合执法机构改革动员大会、全市计划生育国土资源环境保护工作会议、全市保持共产党员先进性教育活动动员大会、全市农村工作会议、全市招商引资大会、2004年百名挂职干部总结暨2005年继续选派百名中青年干部到重点工程挂职锻炼动员大会、全市关心下一代工作暨表彰会议、全市城市化暨重点工程建设工作会议、市城区绿化工作会议、全市再就业先进表彰大会、全市禁毒工作会议、市委"十一五"规划和2020年远景目标建议起草工作动员会、市创建全国文明城市暨迎接休博会动员大会、加快杭州服务业发展大会、市大文化产业发展会议、市商贸物流业发展会议、市社区服务业发展会议、市金融服务业发展会议、市房地产业发展会议、市大旅游产业发展会议、市服务业统计工作会议、市信息服务与软件业发展会议、市中介服务业发展会议、市国内合作交流工作会议、全市加强机关效能建设争创人民满意单位总结大会、市委巡视工作会议、全市城市管理工作和拆违工作暨背街小巷改善工程动员大会、全市"工业兴市"大会、市信访和12345市长公开电话工作会议、市社区建设工作会议、全市进一步加快电网建设暨迎峰度夏抗缺电动员大会、市区"一纵三横"道路综合整治工程动员大会、全市人口形势分析会、全市军转安置工作会议、市依法清理整顿停车场（库）工作动员大会、全市加快工业功能区建设工作会议、市"弘扬丝绸之府、打造女装之都"工作会议、全市工业企业克难攻坚奋战百日大会、市委人大工作会议、全市侨务工作会议、全市干部保健工作会议、市党风廉政建设和反腐败工作情况通报会等。

【市委调整和新设立的非常设机构】 2005年，市委调整非常设机构：市委对台工作领导小组、对外宣传工作领导小组、军民共建领导小组、乡镇政务公开和村务公开领导小组、地方志编纂委员会、推进政务（村务）公开工作协调会议制度、国防教育委员会、科普工作领导小组、拥军优属拥政爱民领导小组、老龄工作委员会、推进厂务公开工作领导小组、宗教工作领导小组、西湖博览会组委会、反腐败查案协调小组、动漫游戏产业发展领导小组、西湖国际茶文化博览会组委会、文化市场管理工作领导小组。

市委新设立非常设机构：市委保持共产党员先进性教育活动领导小组、市构建惩治和预防腐败体系工作领导小组、市委开展政党交流工作接待领导小组、市家庭教育工作领导小组、市国防动员委员会、2006杭州世界休闲博览会组委会执委会、市机关效能建设工作办公室、市发展现代服务业领导小组、市涉台突发事件处理领导小组、市区背街小巷改善工作领导小组、市"茶为国饮，杭为茶都"战略合作促进委员会、市交通综合整治工作领导小组、中国棋院杭州分院领导小组、西溪湿地公园领导小组管委会、"首届中国国际动漫节"执委会、"倡导茶为国饮、打造杭为茶都"高级论坛组委会、市文化国有资产管理领导小组、市委党校建设领导小组、市望江地区改造建设领导小组、市服务业统计工作领导小组、农村工作指导员和科技特派员领导小组、"一纵三横"道路历史文化内涵论证专家组、"印象西湖"项目领导小组、市"杭为茶都"工作协调委员会、市轨道交通建设工作领导小组、市大学生思想政治教育工作领导小组、市实施公务员法领导小组、市村级民主政治建设协调小组、"弘扬丝绸之府、打

造女装之都”战略合作促进委员会、市综合考评委员会。　（欧阳周）

【保密工作】2005年，全市完成保密工作调研课题46个，选送调研文章10篇参加全省保密工作调研成果评选，全部获奖，其中《全市保密工作现状、存在的问题及对策研究》和《杭州市信息安全现状及对策建议》获一等奖，杭州市获组织奖。全面完成“四五”期间保密法制宣传教育任务，并通过省“四五”保密法制宣传教育工作检查组的检查验收。组织保密法制宣传板报展评活动，将各地各部门送展的58块板报在全市13个区、县(市)巡展，有8700余人观看。结合保持共产党员先进性教育活动，分期分批组织副处级以上领导干部、涉密人员3235人收看保密形势教育片《筑牢保密防线》。设计制作可粘贴到话机、计算机、传真机等办公自动化设备上的保密卡通提醒贴，向全市各单位和在杭军工企业发放14.2万张。

全年检查28个市直单位的185台网络服务器和计算机，检查各类网站87个(其中政府部门互联网站62个)。

市保密局与市文广新闻出版局等有关部门联合制定下发《关于切实做好第三届全球化论坛——世界文化多样性期间保密工作的通知》，并结合论坛实际制订《工作人员保密守则》，为论坛的成功召开发挥保密安全保障作用。做好高考试卷保密室和国家司法考试试卷保密室的保密检查工作。开展在杭二、三级军工企业保密资格审核工作，其中通过市保密局审核的企业5个，通过省保密局、省军工办审查的企业1个。协助市交通局对钱江三桥技术图纸资料密级进行鉴定，并开展业务指导。对《2006杭州大黄页》开展保密审核工作。

保密工作首次列入市级机关工作目标考核内容。　（孙玉卿）

【领导班子和领导干部综合考核评价试点】6月6日起，省委分4组对杭州市西湖、临安、桐庐、淳安等4个区、县(市)开展为期1个月的党政领导班子和领导干部综合考核评价试点。杭州市成立综合考核评价试点工作领导小组并设4个考核组和1个综合组配合开展工作。市委及西湖等4个区、县(市)党委对试点工作高度重视，准备充分，组织周密，做了大量工作，为试点工作的深入开展创造了有利条件。杭州市领导班子和领导干部综合考核评价试点工作得到省委的充分肯定。

【深入贯彻《干部任用条例》】为深入贯彻《干部任用条例》、中央“5+1”法规性文件、中组部视频会议和省委有关文件精神，按照省委组织部要求，18名市级党政领导干部于2月4日实施年度总结报告和述廉工作；全市111个单位的133名党政“一把手”及527名领导班子成员进行年度总结报告和民主评议、测评工作。7月5日，市委集中出台《杭州市干部考察预告制度实施办法》等8个干部人事制度改革文件。召开全市分管组织工作的领导干部会议学习传达中组部视频会议精神，举办全市组工干部专题培训班。对全市108个单位贯彻执行《干部任用条例》情况进行集中检查，并向全市通报；对全市565名科级以上领导干部在企业兼职情况进行清理。对部分区、县(市)党政正职建议人选实行市委全委会成员民主推荐，建立市管领导干部选拔任用全程记实制度，市本级和13个区、县(市)全部实行干部选拔任用常委会票决制。10月11日，中组部《组工信息》以《杭州市抓实四个环节防止干部“带病上岗”、“带病提拔”》为题，介绍杭州市贯彻落实《干部任用条例》和有关规定的工作经验。

【首次赴北美招聘海外留学人才】10月25日~11月9日，以市委常委、组织部部长于跃敏为团长的杭州市政府代表团赴北美参加第六届北美中国留学人员人才交流大会，这是杭州市首次跨出国门招聘海外人才。在此期间，签订有关意向的海外留学人才有301人，其中博士86人、硕士164人。推出5个专业性较强的副处级公务员职位，报名应聘31人，其中硕士或博士29人。积极引进项目和智力，有20多个引进项目和智力达成合作意向。

【举办“杭州企业家论坛”】为构建杭州企业家了解掌握国内外经济走势和学习经营管理知识的园地，搭建企业家与专家学者和高层领导的交流平台，市委组织部在组织实施“356”工程的同时，创新培训形式，举办“杭州企业家论坛”，探索建立企业家培训的长效机制。全年举办“杭州企业家论坛”2期，企业经营管理人员500多人参加论坛活动。

【村级组织换届选举】4月1日，市委、市政府召开全市村级组织换届选举工作会议，全面部署村级组织换届选举工作。全市完成村党组织换届选举3672个，村委会换届选举3655个。在换届选举工作中，全市积极推行村党组织“两推一选”(村民推荐测评、党员民主推荐、党员民主选举)和村民委员会“自荐海选”，认真落实党员群众的知情权、参与权、选择权和监督权，确保换届选举工作平稳顺利推进。在新当选的村党组织书记中，45周岁左右的2959人，占总数的82.3%；学历在高中以上的3023人，占84.1%；具有带头致富带领致富本领的3214人，占89.4%。实现了市委提出的“领头雁工程”建设“三个80%”的目标。

【流动党员“安家工程”】2005年，结合保持共产党员先进性教育活动的开展，市委出台《关于实施流动党员“安家工程”的意见》，召开流动党员教育管理工作经验交流会，全面实施流动党员“安家工程”。各级组织部门深入开展流动党员专项普查活动；在新闻媒体刊播致流动党员的公开信，发出《致流动党员的公开信》2.3万余封；广泛开展“组织找党员、党员找组织”活动；全市建立流动党员管理(服务)中心73个，新建流动党员支部294个，社区(企业)流动党员服务站345个，找到流动党员6021人，创新10种流动党员党组织组建模式。中组部《组工信息》刊发《杭州市大力实施流动党员“安家工程”推进第二批先进性教育活动》信息，向全国推介杭州工作经验。省、市委领导先后对这项工作的成效作出批示，给予充分肯定，省委组织部发文向全省总结推广杭州的工作经验。

【落实市级优秀党员享受市级劳动模范待遇】8月19日，市委、市政府下发《关于落实市级优秀共产党员享受市级劳动模范待遇的通知》。享受市级劳动模范待遇的优秀共产党员的范围为：改革开放以来，受到市委表彰的市级优秀共产党员和受到中央（中组部）、浙江省委表彰的全国和省级优秀共产党员（包括外地调入）。根据《通知》精神，全市有近2000名优秀党员享受市级劳动模范待遇。

【社区书记主任参加集中轮训】 5月16日~28日，市委组织部、市委党校和市民政局联合组织全市8个城区的社区党组织书记和主任720人，分4批在市委党校进行为期3天的集中轮训。6月10日，省委常委、市委书记王国平在市委组织部《关于杭州市社区书记、主任集中轮训工作情况的总结报告》上，对集中轮训工作给予充分肯定，并要求总结经验，形成制度。

【"和谐组工"建设】 为落实构建和谐社会要求，促进"和谐杭州"建设，市委组织部以开展保持共产党员先进性教育活动为契机，以公道正派为主题，以能力建设为主线，创新实施"和谐组工"建设，开展"树公道正派形象，为和谐杭州服务"的主题实践活动。全年举办组工干部系列讲座14期；制定部机关自身建设"八个加强"措施；开展部机关干部竞争上岗、交流轮岗。选派干部6人到中组部、省委组织部、市重点工程等上级机关和基层一线挂职锻炼。组织力量，登门走访100余个市直部门组织（人事）处征求意见。市委组织部连续第三年被评为人民满意单位。市委组织部撰写的论文《关于组织工作服务于社会主义和谐社会建设几个相关问题的研究》获中组部党建研究所重点课题一等奖。

（张义久）

【全市宣传思想工作会议】 1月19日召开。会议贯彻全国、全省宣传思想工作会议和省委十一届七次全会、市委九届八次全会精神，总结2004年全市宣传思想工作，部署2005年宣传工作任务。市委副书记叶明，市委常委、宣传部部长张鸿建出席会议并讲话，副市长陈重华出席会议。会议表彰获2004年度全市宣传思想工作"创新奖"、第二届外宣品"金桂奖"、全市宣传思想工作优秀调研报告、市领导干部优秀理论文章、优秀宣传思想工作者称号的单位和个人。

【做好党报党刊发行工作】 杭州市2006年度党报党刊发行工作会议于9月8日召开，各区、县（市）委分管副书记和宣传部部长，市直属各单位党委分管负责人，市属部分大企业党委负责人，区、县（市）委办公室主任和邮政局局长参加会议。市委副书记叶明在会上对搞好党报党刊发行工作提出明确要求。各级重点党报和市各有关部门的负责人，就如何搞好2006年度党报党刊发行工作交流情况，提出落实措施。2005年全市超额完成党报党刊的征订任务。

（史鋆娟）

【加强理论研究】 4月，市委宣传部召开"浙江精神"理论调研会。根据省委领导"充实完善浙江经验，丰富发展浙江精神"的指示，先后两次召开由杭州著名企业家和理论工作者参加的座谈会。市委宣传部组织开展2005年度杭州市领导干部优秀理论文章评选活动，各地各单位选送参评文章近100篇，评审出一等奖5篇、二等奖11篇、三等奖20篇。出版获奖文章汇编《求索——2005年度杭州市领导干部优秀理论文章选辑》。

（凌张顺）

【组织编纂《西湖丛书》】 为推动杭州历史文化名城建设，市委宣传部根据市委指示，组织《西湖丛书》和西湖研究重点课题的编纂和研究。

2005年，40项西湖研究重点课题全部完成，第二批《西湖丛书》20册顺利出版。

【评选宣传文化系统"五个一批"人才】 2005年，根据《杭州市宣传文化系统"五个一批"人才工作实施方案》和《杭州市宣传文化系统"五个一批"人才选拔工作实施意见》，经各单位民主推荐、党委（党组）研究上报，市"五个一批"人才评选领导小组审核，并经市委宣传部研究，曹迪民、任洲、徐佳伦、沈经纬、王连生、徐海荣、陈晓红、詹建芬等8人被评为杭州市宣传文化系统"五个一批"人才。曹迪民、任洲、翁仁康等3人被评为浙江省宣传文化系统"五个一批"人才。市委宣传部对"五个一批"人才进行了表彰和奖励。

【评定政工人员专业职称】 按照注重业绩、不唯资历的原则，认真审核申报材料，严格把好政工职称评审质量关。2005年，经市政工专业评审委员会评审，有112名政工人员具有政工师任职资格；经省政工专业评审委员会评审，有45名政工人员具有高级政工师任职资格。

（陈明春）

【开展纪念中国人民抗日战争胜利60周年系列活动】 为缅怀革命先烈、弘扬抗战精神，开展杭州市纪念中国人民抗日战争暨世界反法西斯战争胜利60周年系列活动。组织公演红色经典现代京剧《沙家浜》、《红灯记》和话剧《安妮日记》；举办《以史为鉴　面向未来》大型展览，展示杭州人民前赴后继、不屈不挠的抗日英雄事迹，近30万人参观展览；推出纪念抗日战争胜利60周年重点新书《图说中国对日空战》、《图说日寇入侵浙江旧影录》；举办"浙江省和杭州市纪念抗日战争暨反法西斯战争胜利60周年大型交响音乐会——胜利之歌"及纪念抗战胜利专场文艺演出；举办第三届"西湖合唱节"，激情讴歌纪念中国人民抗日战争暨世界反法西斯战争胜利60周年。

【开展"红色之旅"活动】 为加强青少年爱国主义和民族精神教育，引导青少年增强民族自尊心、自信心、自豪感，激发青少年爱祖国、爱家乡的热情，大力推进杭州市未成年人思想道德建设，市委宣传部、市教育局、市文明办、团市委在全市广大青少年中开展"红色之旅"教育活动。6月，组织30多所中小学的200余名师生代表赴中共"一大"会址南湖红船、革命圣地延安、南京雨花台烈士陵园和侵华日军南京大屠杀遇难同胞纪念馆、中山陵等革命历史景点参观，缅怀革命先烈。（陈　波）

【召开全市文艺创作总结表彰会】 7月22日召开。会议总结全市文艺创作情况，对43件杭州市第八届"五个一工程”入选作品进行表彰，对37件获省以上大奖的作品进行再奖励，授予“2005朝鲜‘四月之春’国际艺术节专场演出”等4个项目和王军等11人杭州文艺突出贡献奖，给予“大学校园戏剧展演”等6个项目杭州优秀文艺项目奖；设立杭州市文艺人才培养专项资金，与重点创作题材和政府采购文艺产品进行签约，兑现政府扶持、奖励和采购经费等940万余元。

【对外文化交流进一步加强】 4月，杭州歌舞团受文化部委派，参加2005年朝鲜“四月之春”国际艺术节，在有30多个国家文艺团体参演的评比中，杭州歌舞团以一台呈现江南魅力和民族传统文化的节目获得艺术节组委会的高度赞赏，并受到朝鲜最高领导人金正日的高度评价，夺得团体金奖及单项节目10个金奖、1个银奖。杭州歌舞团为中国争了光，为杭州争得了荣誉，也为提高杭州的知名度、美誉度作出重要贡献。回国后，该节目在杭州大剧院汇报演出，市领导给予高度评价。年末，杭州越剧团携越剧音乐剧《寒号鸟》出访韩国。（施 薇）

【重大节庆文化和新闻活动】 5月31日晚，首届中国国际动漫节开幕式“炫动西湖”文艺表演晚会在湖滨三公园举办，闭幕式童话音乐剧《寒号鸟》于6月5日晚在杭州大剧院举行。动漫节COSPLAY（动漫商家和电玩公司展现自我独立性的活动）大赛，吸引国内外55支著名队伍参加，观众逾10万人次。第七届西湖博览会“快乐杭州”西湖狂欢节引进包括法国卡特兰民间歌舞团、苏格兰爱丁堡风笛乐队、德国斯图加特乐队等国外艺术团体，6000余名中外演员和杭州各界群众参加狂欢表演。邀请国（境）内外40余个媒体的90余名记者参加2006杭州世界休闲博览会前期和西博会的报道。据不完全统计，受邀前来采访的境外、涉外及网络媒体共刊（播）发稿件200余篇（幅、次）。

【第三届十大名专栏和年度杭州新闻奖（人物奖）评选活动】 市委宣传部、市新闻工作者协会联合开展杭州市第三届十大名专栏和2005年度杭州新闻奖（人物奖）评选活动。经过各新闻单位推荐、社会各界公开投票、市统计局统计、评委会评议和市委宣传部审定，授予10个栏目“杭州市第三届十大名专栏”称号。分别是：杭州电视台综合频道“杭州新闻60分”、杭州电视台生活频道“我和你说”、杭州电视台明珠频道“阿六头说新闻”、《杭州日报》“倾听·人生”、杭州人民广播电台交通经济广播“老马识途小马指路”、《都市快报》“85100000新闻热线”、杭州网“杭州网论坛”、《每日商报》“18创富”、桐庐电视台“大刘热线”、《杭州日报》“新闻故事”。经过各新闻单位推荐、新闻从业人员投票、评委会评议和市委宣传部审定，张伟达、夏茂松、姜贤正、叶根琴、宋一洲、董明、陈伟成、沈杰、李节、冯旭东等10人获2005年度杭州新闻奖（人物奖）。（王坚勇）

【首届对外传播“金桂奖”新闻报道评选活动】 于8月举办。市委对外宣传办公室对2004年度在国内公开发行的对外对侨对台报刊或国外及港澳台地区和中央、省级报刊上发表的宣传介绍杭州的50篇对外新闻报道稿件进行评选，《30国际顶级卖家相中杭州》（《香港商报》）、《市政府办的，正是咱老百姓盼的》（《人民日报》）等17篇作品获奖，其中一等奖2篇、二等奖3篇、三等奖5篇、优秀奖7篇。（陈文振）

【成立市文化国有资产管理机构】 3月，杭州市成立文化国有资产管理领导小组，与市文改领导小组合署办公，统一管理意识形态领域市属文化国有资产，实行管人、管事、管资产三统一。领导小组下设办公室，与市文改办合署办公。年内，制订出台《2004年度杭报集团、杭州文广集团经营者年薪制考核试行办法》。

【调整杭州出版社管理关系】 根据市委常委会会议纪要精神，在推进全市文化市场综合执法机构改革的同时，加快出版资源整合步伐。原市新闻出版局下属杭州出版社、新闻发展中心、版权中心等单位，以杭州出版社为主体，将整合组建为杭州出版总社。杭州出版社暂委托市委宣传部代管，由市文广新闻出版局实行行业管理。（孙 磊）

【推动多党合作和政治协商制度建设】 2005年，市委统战部认真学习贯彻中央《关于进一步加强中国共产党领导的多党合作和政治协商制度建设的意见》和省委的实施意见。结合以上两个文件的贯彻，主要开展四方面工作：向市委提出关于学习宣传贯彻这两个文件精神的建议，市委批复同意，并在市委常委会上专题学习研究部署贯彻文件精神；组织市级各民主党派、工商联领导干部和各区、县（市）委统战部部长赴中央社会主义学院参加为期5天的读书班，邀请中央统战部和中央社会主义学院的教授作文件精神辅导报告；分别召开市各民主党派和工商联领导干部、各区县（市）委统战部部长、无党派人士、党外实职

杭州歌舞团受文化部委派，参加2005年朝鲜“四月之春”国际艺术节。

（市文广集团 供稿）

待遇3011人;70岁以上5283人(其中80岁以上1384人)。当年退休改离休人员4人。

在年初召开的全市党建工作会议上,省委常委、市委书记王国平和市委副书记朱报春分别就贯彻落实全国老干部"双先"表彰大会精神,以及做好新形势下老干部工作提出了要求。2月2日,召开全市老干部先进个人、先进离退休干部党支部、老干部工作者先进个人和老干部工作先进集体表彰大会,对全国老干部先进个人吴子刚、全省老干部先进个人陈天霓等5人转授荣誉证书,对市级老干部先进个人、市级先进离退休干部党支部、市级老干部工作者先进个人和市级老干部工作先进集体进行表彰。编印《杭州市老干部先进事迹选编》,赠送给全市老干部、离退休党支部和老干部工作者;王国平为该书题词,朱报春为该书作序。全年,市委举行老干部情况通报会(报告会)7次,有8000余人次老干部参加;举办老红军、市级离退休老干部、地专级老干部理论读书会1期。各地、各单位举行情况通报会72场次,3.6万人次老干部参加;举办老干部理论学习班、读书会39场次,2700余人次参加;举办离退休老干部党支部书记培训班17次,700余人次参加。全市组织3万余人次离退休干部参观杭州市经济社会发展新成果和建设新风貌。

为纪念中国人民抗日战争暨世界反法西斯战争胜利60周年,弘扬伟大的抗战精神,宣传抗日老战士的巨大贡献,各地、各单位开展了系列纪念活动。下城区在老干部中组织开展多层面的纪念抗战胜利座谈会、观看抗战影片和文艺演出;编印《烽火抗日》、《血与火的回忆》丛书,向老干部和社会各界有关人士赠阅。市工交系统离退休中心提出"高唱革命歌曲,纪念抗战胜利60周年"的倡议,得到广大老同志的热烈响应。上城区开展纪念抗战胜利60周年知识竞赛活动,离休干部200余人参加。富阳市老干部编写《日寇侵略罪行》、《做新时期的小主人》等宣传资料40余篇,先后到学校、社区等基层单位宣讲400多场次,受教育4500余人次;市公安局、市教育局、市卫生局、市民政局等单位领导上门慰问抗战老战士,送去纪念品和慰问金。6月28日~30日,在市政府一楼大厅展出530余幅老干部精心创作的书画、诗词、摄影作品和收集的邮票。8月,市委老干部局代表市委、市政府向全市1400余位老红军、抗战老战士转发中央和省委颁发的纪念章,发放市委、市政府的纪念品,市委常委、组织部部长于跃敏参加走访慰问活动;组织召开纪念中国人民抗日战争暨世界反法西斯战争胜利60周年座谈会,邀请老红军、抗战时期离休干部参加。据统计,在系列纪念活动中,全市组织老同志宣讲2676场次,听讲人数55.3万人次;举办图片展览714场次,参观人数3.5万人次;组织红色之旅活动354场次,参加人数5.6万人次;组织参观爱国主义教育基地759场次,参观人数28.67万人次;举办纪念抗战胜利座谈会18场次,参加人数938人次。

【关心离休干部的生活与健康】 5月,市委老干部局在上年走访慰问杭州市易地安置在外省市的74位离休干部的基础上,又对易地安置在省内其他城市的44位离休干部进行走访慰问。对走访中发现的问题作专题研究后,下发《关于加强对安置在外地离休干部管理服务工作的意见》。全年组织离休干部169人赴五云山疗养院避暑疗养,组织离休干部1831人参加体检休养。及时协调解决老干部医疗服务上的需求,与省、市级医院干部病房建立《老干部住院情况通报制度》。6月起,提高享受县处级以上待遇离休干部的用药和住院标准。编印、发放《离休干部医疗保健知识》小册子300余册,受到老同志的欢迎。

【杭州老年大学建校20周年】 4月12日,在杭州剧院举行杭州老年大学20周年校庆暨规范化建设表彰大会。市委书记王国平等市领导出席会议,中组部老干部局、全国老年大学协会、《中国老年教育》杂志社发来贺信贺电,省委老干部局副局长陈林到会祝贺。会上,表彰了老年大学规范化建设先进集体和先进个人、优秀学员。结合杭州老年大学建校20周年,出版《文集》、《书画工艺集》、《摄影集》和《诗词集》。至2005年末,杭州老年大学累计招收学员3546人、4226人次,开设班级88个、课程36门;接待省内外客人56批次,境外游客13批、286人;各区、县(市)书画和诗词协会来校交流35批次。 (余 辉)

【关心下一代工作】 2005年,全市各级关工委组织以"牢记历史、不忘过去、珍爱和平、开创未来"为主题,用抗日战争的生动历史对广大青少年进行坚持中国共产党领导的教育,理想信念的教育,团结统一、爱好和平的教育,勤奋学习、艰苦奋斗的教育。市关工委组织召开纪念中国人民抗日战争暨世界反法西斯战争胜利60周年座谈会,邀请老红军、抗战时期的老同志参加;与浙江科技学院联合举办大型革命事迹报告会,600余名大学生参加;与市科协、市心理卫生协会联合举办"关注学生心理压力,促进下一代健康成长"系列活动;首次召开全市关心下一代讲师团工作交流会,肯定成绩,总结经验,撰写的《加强"讲师团"队伍建设,充分发挥"五老"特殊作用》文章,在全国和全省关心下一代工作会议上交流。各级关工委积极开展以"爱我中华,共铸诚信"、"红色之旅"、"爱我中华,勤奋学习,树立理想,报效祖国"、"青少年维权月"和"远离网吧,走进图书馆"等为主题的教育活动。12月24日《杭州日报》第1版和市委保持共产党员先进性教育第490期《简报》,分别报道全市2万多名离退休老同志离岗不退色,永葆先进性,在关心下一代工作中,展示先锋形象的先进事迹。

全年各级关工委组织宣讲报告会90.03万场,受教育人数90万人;举办征文比赛392次,参加人数15.48万人;举办图片展览714场,参观人数35.27万人;组织红色旅游354次,参加人数5.69万人;组织观看抗战电影941场,观看人数85.84万人;组织参观爱国主义教育基地759场次,参观人数28.67万人;举办纪念抗战胜利座谈会18次,参加会议938人次;举办各类培训班6952期,受教育人数99.49万人。

【帮教工作各具特色】 各地关工委认真贯彻落实《中华人民共和国未成年人保护法》和《中华人民共和国预防未成年人犯罪法》,在法制教育、家庭教育、网络教育、挽救失足青少年和帮助失业待业青年及进城务工青年进行技能培训上，注重与宣传、教育、司法、文化、妇联、科协、劳动等部门形成合力，推进教育阵地和文化场所的建设，取得良好的社会效果。萧山区与省未成年人教管所共建萧山区未成年人法制教育基地,采取法制讲座、现场参观等形式,对青少年进行法制教育;富阳市关工委编印《青少年法制教育宣讲材料汇编》;江干区在社区成立归正青少年帮教站，由社区团干部和帮扶救助员与归正青少年结对，形成“二帮一”的良好局面;建德市关工委坚持组织老教师赴省未成年人教管所对服刑少年犯开展面对面的帮教工作;上城区关工委撰写《2004 年上城区未成年人犯罪情况调研》等调研文章；下城区关工委与外出务工归正人员签订《外出务工归正人员帮教协议书》,及时掌握思想动态,有针对性地开展帮教工作；西湖区关工委组织老同志与归正人员进行结对帮教;市教育局组织 58 位老同志、团干部和在校高中学生，赴省未成年人管教所开展“在团旗下共同成长”的春风矫治、结对帮教活动等。至年末，全市有帮教小组 1670 个。全年参与帮教工作的老同志 7940 人,帮教失足青少年 1624 人,经过帮教有明显进步的 1359 人。

【帮困助学有新发展】 全市各级关工委把帮困助学作为关心下一代工作的一个重点，为青少年办实事好事、排忧解难。全年筹措帮困助学资金 2567 万元，资助特困生 4.12 万人,受助学校 1504 所。其中,市财政拨款 50 万元,资助特困生 865 人;市直机关单位关工委集资 55.76 万元，受助学生 1.37 万人、学校 60 所。第六届“奋飞奖”奖励品学兼优的受助特困生 100 人。市工交系统离退休干部服务中心关工委建立“帮困助学基金”,老党员们以特殊党费的形式帮困助学，其中新四军老战士杨光捐资 1 万元。萧山区公安分局经侦大队中队长章江峰，把被评为杭州市十大青年破案能手获得的奖金 5000 元悉数捐献给区关工委资助特困生。市文广新闻出版局关工委在杭州市建立了第一家“民工子弟图书馆”,开展为民工子弟免费办理借书证、免费举办读书讲座等活动。萧山区益农小学关工小组对特困生在经济上给予定期资助的同时，建立特困生成长档案，对特困生尽情引导,热情帮教,真情关怀,形成了经济、思想、学业一体化的帮困助学机制。临安大华集团立足临安,面向全国,数年如一日,为建立教育基金和帮困助学已先后投入 437 万元。淳安县里商乡关工委针对本地贫困家庭多、贫困学生多,经济欠发达的实际情况，采取扶贫与助学相结合的办法，为贫困学生家庭寻找致富之路,变输血型助学为造血型助学，收到了很好的效果。

2005 年，杭州市关工委被中国关心下一代工作委员会和中央精神文明建设指导委员会办公室评为全国先进集体,缪开寿、朱怀兴、赵永前、厉宝发等 4 人被评为全国先进个人。（俞春忠）

【市直机关保持共产党员先进性教育活动富有成效】 2005 年,市直机关工委负责市直系统保持共产党员先进性教育活动，较好地完成指导 43 个单位、416 个基层党组织和 5607 名党员开展先进性教育活动。市直各单位机关党组织严格按照要求,坚持求真务实,扎实有效地抓好各个环节,积极开展“破七难、作贡献”系列主题实践活动,力求规定动作做到位、自选动作创特色,基本实现中央提出的“提高党员素质、加强基层组织、服务人民群众、促进各项工作”的目标要求。期间,组织开展“万名党员访万家困难户”、“文明从脚下起步”和“机关党员访困难户送清凉”等活动，得到群众的普遍好评。群众满意度测评结果,对市直单位满意和比较满意的占 94.4%,基本满意的占 5.5%。

【深化创建学习型机关】 市直机关全年举办理论培训班 3 期，培训处级干部 107 人,区、县(市)直工委书记和市直机关党组织专职副书记 119 人;举办学习贯彻党的十六届五中全会精神报告会 1 场。深化创建学习型机关活动，形成创建学习型机关激励机制，建立学习型机关积分制。组织市直机关各单位开展纪念中国人民抗日战争胜利暨世界反法西斯战争胜利 60 周年等系列活动。在实践中形成一批机关党建调研成果,发表于市级、省级、国家级报刊。其中《构建永葆先进性的长效机制》一文,刊发于 10 月 26 日《人民日报》理论版头条。

【市直机关加强基层党组织建设】 市直机关工委全年指导 10 个单位机关党组织进行换届选举，批复 7 个基层党组织调整委员,审批成立 8 个基层党组织。市直单位 64 个机关党委全部配备专职副书记。制定下发《关于在市直机关推行发展党员票决制的意见》、《关于进一步加强和改进机关党支部建设的意见》,修改完善机关党建工作目标考核标准。全年举办入党积极分子培训班 4 期，培训入党积极分子 441 人,新发展党员 242 人,预备党员转正 828 人。组织召开市直机关纪念建党 84 周年暨先进表彰大会，表彰 2003~2004 年度市直机关先进基层党组织 78 个、优秀共产党员 192 人、优秀党务工作者 87 人。其中,受到市委表彰的先进基层党组织 4 个、优秀共产党员 2 人、优秀党务工作者 2 人。

【第五次“为省直机关服务月”活动】 4 月,在第五次“为省直机关服务月”活动中,市直机关工委组织 57 个市直单位分批走访 193 个省直单位，主动汇报工作和征求意见，开展各类服务活动。市满意办组织部分省、市机关党员，联合在武林广场开展为民服务日活动。活动期间,展出宣传牌 60 余块，发放宣传资料 5073 份,受理各类咨询和投诉件 227 件、现场解决 75 件。

【市直机关第六次“春风行动”】 12 月 8 日,召开市直机关第六次“春风行动”动员大会,动员和部署市直机关干部帮扶救助个人捐款工作。至年末，市直机关干部捐款 538.94 万元,捐赠实物 7 万余件。市直机关工委筹措资金 8 万余元，帮助建德市梅城镇荷畈桥村启动道路硬化工程等扶贫项目。

【深入推进市直机关党风廉政建设】 2005 年，市直机关工委认真落实中央《建立健全教育、制度、监督并重的惩治和预防腐败体系实施纲要》和杭州市实施意见，以及党内监督

表 58　2005 年杭州市人大常委会重要文件索引

文件号	发文日期	标题
1	2005-01-11	关于表彰 2004 年度先进代表小组和代表工作积极分子的通知
2	2005-01-14	关于召开杭州市第十届人民代表大会第五次会议有关事项的通知
3	2005-01-14	关于出席杭州市第十届人民代表大会第五次会议的通知
4	2005-01-14	关于列席杭州市第十届人民代表大会第五次会议的通知
5	2005-01-14	关于邀请旁听杭州市第十届人民代表大会第五次会议的通知
6	2005-01-17	杭州市人大常委会 2005 年工作要点
7	2005-04-01	关于补选杭州市第十届人民代表大会常务委员会代表资格审查委员会组成人员的决定
8	2005-06-08	杭州市地方性法规行政许可设定论证办法
9	2005-06-03	关于提请批准《杭州市人民代表大会常务委员会关于修改〈杭州市机动车辆排气污染物管理条例〉的决定》的报告
10	2005-07-29	关于补选刘爱力同志为浙江省第十届人民代表大会代表的报告
11	2005-08-02	关于提请批准《杭州市专利管理条例》的报告
12	2005-08-02	关于提请批准《杭州市市政设施管理条例(修订案)》的报告
13	2005-08-03	杭州市区、县(市)人民代表大会常务委员会街道工作委员会工作办法
14	2005-09-29	关于许可对市十届人大代表胡梓林采取强制措施的决定
15	2005-10-08	关于接受陆善定辞去杭州市第十届人民代表大会财政经济委员会副主任委员职务的决定
16	2005-10-10	关于提请批准《杭州市旅游条例》的报告
17	2005-10-10	关于提请批准《杭州市人民调解条例》的报告
18	2005-11-21	关于补选沈仲明同志为浙江省第十届人民代表大会代表的报告
19	2005-12-07	关于对杭州市副市长孙景淼述职评议的意见建议的函
20	2005-12-14	关于召开杭州市第十届人民代表大会第六次会议的决定

制度“10+1”配套实施办法，扎实有效地推进党风廉政建设和反腐败斗争。组织市直机关 25 个单位参加杭州市机关反腐倡廉辩论赛，推进廉政文化进机关工作。加强信访监督和执纪办案工作，全年归口单位受理信访件 149 件，其中市本级 78 件，全部办结，为国家和集体挽回经济损失近 480 万元；查处某单位违规分房问题，挽回经济损失 350 万元。　（郭利平）

【市直单位综合考核评价活动】 4 月，市委成立课题组，对进一步深化满意单位评选、建立市直单位综合考评体系进行专题调研。12 月，制订《中共杭州市委　杭州市人民政府关于对市直单位实行综合考核评价的意见》。综合考核评价办法由社会评价、目标考核和领导考评 3 个部分组成。全市参加 2005 年度市直单位综合考核评价的单位 104 个。在综合考评的社会评价活动中，发出社会评价表 1.5 万份，回收 1.44 万份；收集到社会各界和人民群众对参评单位的意见、建议 4517 条。

被评为 2005 年度优胜单位(满意单位）的有市民政局（市老龄工办)、市信访局(12345 市长公开电话受理中心)、杭州西湖风景名胜区管委会(市园文局)、市人事局(市编委办)、市委组织部(市人才办)、市财政局(市地税局)、市农业局(市水产局)、市劳动保障局、市纪委机关(市监察局)、市公安局等 10 个单位。被评为 2005 年度成绩显著单位的有市委办公厅(市委政研室)、市政府办公厅、市政协机关、致公党杭州市委会、市国税局、市人大常委会机关等 6 个单位。社会各界对参评单位的平均满意率为 29.76%，平均比较满意率为 37.87%，平均基本满意率为 27.51%。调查数据显示，有 96.26%的人民群众认为综合考评活动对机关作风的好转、工作水平的提高、工作业绩的提升将产生积极作用。　（徐焕阳）

·市人大·

【市十届人大五次会议】 1 月 28 日~2 月 1 日举行。市十届人大代表 489 名，实有代表 487 名，出席这次会议代表 480 名。

会议以邓小平理论和“三个代表”重要思想为指导，在市委领导下，深入贯彻中共十六届三中、四中全会和省委人大工作会议精神，全面落实市委九届八次全会确定的各项任务，充分发扬民主，严格依法办事，正确执行政策。会议听取和审查市政府工作报告，审查、批准杭州市 2004 年国民经济和社会发展计划执行情况的报告与 2005 年国民经济和社会发展计划，审查、批准杭州市及市本级 2004 年财政预算执行情况的报告和 2005 年财政预算，听取和审查市十届人大常委会工作报告、市中级人民法院工作报告、市人民检察院工作报告；选举杭州市市长和市人大常委会秘书长、委员。

1 月 26 日下午召开预备会议，选举产生由 67 名成员组成的大会主席团，选举丁德明兼任大会秘书长，通过会议议程。

会议期间，举行 4 次全体会议、5 次主席团会议、1 次专题审议会和 1 次财经委员会会议。

会议收到代表10人以上联名提出的议案393件。大会主席团决定,将15件议案交由市十届人大有关专门委员会审议,提出审议结果的报告,经市人大常委会审议通过后答复代表,并在下次市人民代表大会时印发全体代表;其他378件议案由市人大常委会办事机构依法交由有关机关、组织研究处理,并负责答复代表。会议还收到代表建议、批评和意见164件。

【市十届人大常委会第二十二次会议】1月13日举行。主要议题:1.审议并原则通过市人大常委会工作报告(稿),征求对市政府工作报告、市中级人民法院工作报告、市人民检察院工作报告(征求意见稿)的意见。2.审议并通过市人大常委会2005年工作要点(稿)。3.听取并审议市十届人大五次会议筹备工作情况的汇报。4.审议并通过市十届人大五次会议议程、日程(草案)和有关名单(草案)。5.听取并审议市政府关于推进杭州生态市建设的决议2004年度实施情况的报告,审议市人大常委会视察组关于推进杭州生态市建设的决议2004年度执行情况的视察报告(书面)。6.审议并表决市人大常委会主任会议、市政府、市中级人民法院人事任免事项。

【市十届人大常委会第二十三次会议】3月30日举行。主要议题:1.审议《杭州市专利管理条例(草案)》。2.听取并审议市人大常委会检查组关于《杭州市机动车辆排气污染物管理条例》执法检查情况的报告,审议市政府关于该《条例》贯彻执行情况的报告(书面)。3.听取并审议市政府关于杭州市对外经贸工作情况的汇报。4.审议并表决市人大常委会关于补选市十届人大常委会代表资格审查委员会组成人员的决定(草案)。会前,举行《中华人民共和国专利法》知识讲座。

【市十届人大常委会第二十四次会议】5月26日~27日举行。主要议题:1.审议并表决《杭州市机动车辆排气污染物管理条例(修订案)》,报省人大常委会批准后颁布实施。2.审议《杭州市市政设施管理条例(修订案)》。3.听取并审议市人大常委会检查组关于《杭州市城市市容和环境卫生管理条例》执法检查情况的报告,审议市政府关于该条例贯彻执行情况的报告(书面)。4.听取并审议市中级人民法院关于进一步加强全市法院基层建设的情况汇报,审议市人大内务司法工作委员会关于全市人民法院基层建设情况的调查报告(书面)。5.听取并审议市食品药品监管局关于对市人大常委会行政执法评议意见整改落实情况的报告。6.审议并表决《杭州市人大常委会地方性法规行政许可设定论证办法(草案)》。7.听取并审议市政府关于贯彻执行《杭州市人大常委会关于加强历史文化资源保护利用的决定》情况的报告。8.审议并表决市政府人事任命议案。9.讨论《关于改进常委会会务工作的意见(征求意见稿)》。会前,举行《中华人民共和国地方各级人民代表大会和地方各级人民政府组织法》知识讲座。

【市十届人大常委会第二十五次会议】7月26日~29日举行。主要议题:1.审议并表决《杭州市专利管理条例(草案)》、《杭州市市政设施管理条例(修订案)》,报省人大常委会批准后颁布实施。2.审议《杭州市人民调解条例(草案)》、《杭州市旅游条例(草案)》。3.审议并表决《杭州市区、县(市)人大常委会街道工作委员会工作办法(草案)》。4.审议并表决市人大常委会主任会议关于提请补选刘爱力为省十届人大代表的议案。5.听取并审议关于市本级2004年财政决算草案和2005年上半年财政预算执行情况的报告,决定批准市本级2004年财政决算。6.听取并审议关于2004年度市本级预算执行和其他财政收支的审计工作报告。7.听取关于市2004年度预算外资金收支执行情况的报告。8.评议市发改委、市经委、市民族宗教局、市司法局、市体育局、市贸易局、市环保局局长(主任)和市中级人民法院两位副院长的书面述职报告。9.听取并审议市人大常委会检查组关于开展《杭州市生活饮用水源保护条例》执法检查情况的报告,审议市人大常委会检查组关于《建设生态省决定》、环保法执行情况跟踪检查情况的报告(书面),审议市政府关于市人大常委会执法检查整改情况和《杭州市生活饮用水源保护条例》贯彻执行情况的汇报(书面)。

【市十届人大常委会第二十六次会议】9月26日~29日举行。主要议题:1.审议并表决《杭州市人民调解条例(草案)》、《杭州市旅游条例(草案)》,报省人大常委会批准后颁布实施。2.听取并审议市政府关于第七届中国杭州西湖博览会筹备工作汇报。3.审议并表决关于提请补选沈仲明为省十届人大代表的议案。4.审议并表决市中级人民法院、市人民检察院人事任免报告。5.听取并评议市城管行政执法局局长述职报告。6.听取并评议市劳动保障局关于行政执法工作情况的报告,听取并审议市人大评议小组关于市劳动保障局行政执法情况的调查报告。7.评议市民政局、市审计局、市卫生局、市人口计生委、市工商局、市法制办、市国土资源局局长(主任)和市人民检察院两位副检察长的书面述职报告。

【市十届人大常委会第二十七次会议】11月28日~29日举行。主要议题:1.审议《杭州市家畜屠宰管理条例(草案)》、《杭州市城市房屋使用安全管理条例(草案)》。2.听取并审议市人大常委会检查组关于《杭州市客运出租汽车管理条例》执法检查情况的报告,审议市政府关于该条例贯彻执行情况的报告(书面)。3.审议市人大法制委员会关于对《杭州市西湖风景名胜区管理条例》及其执行情况的评估报告(书面)。4.听取并审议市人大常委会视察组关于加快运河综合整治决议2005年度执行情况的视察报告,审议市政府关于加快运河综合整治决议2005年度执行情况的报告(书面)。5.听取并审议市政府关于市十届人大五次会议代表建议、批评和意见办理情况的报告,市人大常委会关于市十届人大五次会议代表建议办理情况的报告。6.审议并表决市十届人大五次会议主席团交付各专委会审议的代表议案审议结果的报告草案(书面)。

【市十届人大常委会第二十八次会议】12月12日~13日举行。主要议题:1.审议并表决关于召开市十届人大六次会议的决定(草案),决定市十届人大六次会议于2006年2月16日在杭召开。2.听取并审议市人大常委会视察组《关于实施引水入城工程,加快城区河道整治的决议》2005年度执行情况的视察报告,审议市政府《关于实施引水入城工程,加快城区河道整治的决议》2005年度执行情况的报告(书面)。3.审议并表决市人大常委会主任会议人事任命议案。

【市委人大工作会议】12月13日举行。市四套领导班子成员,市中级人民法院院长,市人民检察院检察长,市人大常委会委员,市政府组成部门主要负责人,各区县(市)党委、人大和政府主要负责人,市人大代表小组组长等239人出席会议。

会议贯彻党的十六届五中全会、《中共全国人大常委会党组关于进一步发挥全国人大代表作用,加强全国人大常委会制度建设的若干意见》和省委人大工作会议精神,认真回顾总结近年来特别是2001年市委人大工作会议以来市人大工作成绩和实践经验,研究部署"十一五"时期的全市人大工作。这次会议是杭州市进一步坚持和完善人民代表大会制度,改进党的领导方式、提高党的执政能力,保障人民当家作主、建设社会主义法制社会,落实科学发展观、构建和谐杭州,贯彻"干在实处,走在前列"要求的一次重要会议。会议形成了中共杭州市委《关于加强和改善党的领导,进一步推进人大工作的意见》,提出今后一个时期加强党对人大工作领导、发挥人大代表主体作用、规范人大工作制度、加强市人大常委会自身建设等方面的目标和任务。

会议由市委副书记于辉达主持,省委常委、市委书记、市人大常委会主任王国平作报告,市人大常委会党组书记、副主任吴键讲话,市政协主席虞荣仁、市委副书记朱报春等出席会议。

【地方立法工作】2005年,市人大常委会按照年度立法计划和实际需要,审议通过了《杭州市专利管理条例》、《杭州市人民调解条例》、《杭州市旅游条例》、《杭州市机动车辆排气污染物管理条例(修订)》、《杭州市市政设施管理条例(修订)》、《杭州市家畜屠宰管理条例》等6件法规案,其中前5件已经省人大常委会批准。

《杭州市人民调解条例》作为全国率先规范人民调解工作的地方性法规,对人民调解委员会的设立、调解员的产生、民间纠纷的受理、调解程序、调解协议的签订及履行等作出了明确规定。旅游业是杭州市现代服务业中最具比较优势的先导产业和龙头产业,《杭州市旅游条例》对全市旅游规划、旅游资源开发与保护、旅游促进、旅游经营的管理、旅游者和旅游经营者的权益保障等进行了规范。常委会还审议了《杭州市城市房屋使用安全管理条例(草案)》,对西溪湿地保护、精神卫生、居住区配套设施建设管理、机动车驾驶员培训管理等工作进行立法调研。此外,市人大常委会审议通过了《杭州市人大常委会地方性法规行政许可设定论证办法》;组织部分人大代表和法学专家对《杭州市西湖风景名胜区管理条例》进行评估。

8月30日,市人大常委会领导视察"一纵三横"道路综合整治工程。
(市人大常委会办公厅 供稿)

【监督工作】2005年,市人大常委会围绕改革发展稳定中的热点、难点和关系群众切身利益的问题,突出重点,抓住关键,讲求实效,切实履行宪法和法律赋予的监督职权。

开展执法检查,保证法律法规、决议决定的正确实施。结合省人大常委会统一部署开展的2004年执法检查整改落实情况"回头看"工作,市人大常委会组织代表对全市环境保护法、建设生态省决定和生态市建设决议的贯彻执行情况进行跟踪检查,市、区县(市)两级人大上下配合,着重对《杭州市生活饮用水源保护条例》的贯彻执行情况进行执法检查。针对存在的问题,要求市政府及职能部门进一步加强领导,加大投入,完善体制,强化执法,切实做好饮用水源保护工作。市政府高度重视,进一步加强对饮用水源地水质的监测,并制定全市饮用水源保护规划和全市饮用水源突发性污染事故应急预案,提高应急能力,确保饮水安全。市人大常委会还对国家和省、市颁布的10件法律法规进行执法检查,对河道整治、运河综合整治、历史文化资源保护利用等决议、决定执行情况进行督查,督促政府部门加大行政执法力度,认真解决存在问题,推动政府工作。

强化监督,推进国家机关依法行政、公正司法。市人大常委会听取和审议了市政府关于市本级2004年财政决算草案和2005年上半年财政预算执行情况的报告、关于2004年度市本级预算执行和其他财政收支的审计工作报告,并作出有关决议;深化部门预算审查,分别听取市政府有关部门关于2005年市本级部门预算和专项资金预算情况的汇报;聘请财经专业人员组成市人大财经工作咨询小组,对市本级2004年财政决算情况进行专题审查,对政府投资情况和资金使用绩效进行分析评估。积极开展司法监督工作,分别听取和审议市中级人民法院、市人民检察院关于全市人民法院基层建设、人民陪审员选任、人民监督员工作情况的报告，对司法机关贯彻执行刑事诉讼法的情况和减刑、假释、暂予监外执行等工作进行检查，首次召开市中级人民法院、市人民检察院工作情况通报会，并通过办理涉及司法机关的来信来访依法开展个案监督，推进司法公正、司法为民。市人大常委会和主任会议还听取和审议了市政府关于杭州市"三农"、外经贸、中小学德育、文化体制改革、社会老龄化、档案等工作情况的报告；对市公共资源交易、文物保护、道路交通和出租车管理、地铁建设等工作开展视察；对政府投资项目资金管理、侨资企业发展、民族宗教、农村体育、农村九年制义务教育、良渚遗址保护等进行调研，提出针对性的意见、建议，推进政府相关工作。

经市委同意，市人大常委会首次组织开展对市人代会选举干部的述职评议工作。

【代表工作】 2005 年，市人大常委会认真贯彻《中共全国人大常委会党组关于进一步发挥全国人大代表作用，加强全国人大常委会制度建设的若干意见》的精神，并结合实际，重点抓好两个方面的工作。一是优化服务，支持和保证代表依法行使职权。认真落实主任会议成员和专职委员分工走访代表、主任会议成员接待代表、召开政情通报会、向代表寄送有关资料、邀请代表列席常委会会议等制度，加强与代表的联系和沟通，切实保障代表知情知政；组织代表参加执法检查和"两项评议"等工作，拓宽代表参与常委会工作的渠道；继续开展先进代表小组和代表积极分子评选活动，加强"代表之家"建设，深化"创业在杭州，代表作表率"、"代表进社区(村)"活动，开展人大代表小组定向视察活动，充分发挥人大代表的主体作用。闭会期间，人大代表书面提出意见、建议 56 件，其中办结 34 件。二是完善制度，改进代表议案和建议处理工作。对承办单位承办人员进行培训，建立办理工作通报制度，修改和完善办理工作目标考核办法，注重办结率、代表满意率及解决率。市十届人大五次会议期间代表提出议案和建议、批评、意见 574 件，有关专门委员会认真审议大会主席团交由审议的 15 件议案，并逐一向提案代表作出答复。由国家机关和有关组织承办的 559 件代表建议，均在法定期限内办结，解决率比往年有所提高。对十届人大以来尚未解决的代表建议进行认真梳理，选出事关群众切身利益、当前又有解决可能的 10 件代表建议，责成原承办单位重新办理。经主任会议成员督办，这 10 件建议已解决或基本解决。 (丁忠芳)

·市政府·

【市政府常务会议】 2005 年，市政府举行常务会议 35 次。会议研究的主要工作和重大问题有：市财政预算安排、杭齿集团公司市属国有资产部分及隶属关系划归萧山区、杭州绕城公路权益转让、加快学前教育改革与发展、颁发第三届杭州市科技创新特别贡献奖、对贡献突出的地方企业实施奖励政策措施、市燃气集团公司与壳牌公司等 3 个外资企业共同出资组建合资公司、市政府全体(扩大)会议方案、杭州市定额用水管理实施方案、市政府为民办实事项目任务分解情况、2005 年市"两会"提案和建议情况及办理工作意见、市政府廉政工作会议方案、临安市浙西大峡谷浮桥侧翻事故处理、安全生产大检查工作部署、七格污水处理厂招商工作、农转居多层公寓 2004 年指导价、杭州航空口岸查验单位以奖代补和协管员经费、有关加快服务业发展、调整建德市乡镇行政区划、杭州市专利管理条例(草案)、进一步落实和完善社区工作保障条件、《关于贯彻落实〈浙江省人民政府切实加强安全生产工作的决定〉的通知》等 8 个安全生产方面的政策文件、有关"工业兴市"政策性文件和表彰奖励项目、市区民办学校教师参加机关事业单位职工基本养老保险实施办法以及妥善解决国有企业办中小学退休教师待遇、修订《杭州市机动车辆排气污染物管理条例》和《杭州市市政设施管理条例》、稳定住房价格加强住房保障、设立杭州出入境检验检疫局、杭州市 2005 年土地整理折抵指标使用额度、杭州西湖与德国基姆湖建立"姐妹湖"合作关系、杭州市市民卡管理办法、市属工业企业搬迁中财政利益调整政策、市民中心建设、学习贯彻市委九届九次全体(扩大)会议精神、制定《杭州市旅游条例(草案)》、2004 年度杭州市本级预算内外资金收支执行情况、杭州盐业公司整体划转、全市抗缺电工作、实施数字城管试点工作方案、杭州市区部分企业搬迁涉及社会保险关系、市属事业单位改制政策的补充意见、制定《依法清理整顿非法挪用停车场(库)的实施意见》和《杭州市区残疾人轮椅车管理办法》、全面推进城乡统筹就业工作、制定《市区征地农转非劳动年龄段以上人员生活补贴制度的意见(试行)》、制定《集约利用和盘活工业存量土地的若干意见》和《杭州市工资集体协商办法》、落实市人大常委会审议市财政预算执行报告和审计工作报告的意见、制定《进一步规范杭州市区违法建筑查处工作意见》、实施"城中村"改造试点"一区一统筹、一村一方案"、制定《杭州市征用集体所有土地房屋拆迁补偿安置标准》、加强和改进出租房屋管理工作及做好外来务工人员公寓建设管理、贯彻落实全国实施公务员法工作会议意见、制定《杭州市人民政府 2005-2008 依法行政工作实施方案》和《杭州市突发公共事件总体应急预案》及实施意见、杭州市工业固体废物处置中心建设、制定《杭州市城市房屋使用安全管理条例》、贯彻落实全省行政监察工作会议精神、加快杭州市工业循环经济发展、余杭区要求市帮助解决的若干重大问题、市重点项目推进情况、市区税收实行属地征收管理、制定《杭州市享受政府特殊津贴人员选拔管理办法》和《杭州市杰出人才评选奖励办法》、制定《杭州综合配套改革试点框架议案》、完善城市道路(公路)收费方式、市区事业单位及其职工参加基本养老保险、制定扶持家禽业健康发展的若干意见等。会议听取杭州市重大项目推进工作情况、迎接国家食品药品监督管理局等 8 部门食品放心工程综合评价情况和杭州市经济运行情况分析等汇报，专题研究分析全市经济形势和 2006 年杭州市财政收支形势，讨论《政府工作报告》(初稿)。

【市长办公会议】 2005年，市政府举行市长办公会议13次。会议对市区工业企业搬迁、杭州“未来世界”游乐公园二次开发、各开发区规划许可实施主体、向安徽省淮北市征集陶瓷文物、嘉德广场历史遗留问题及浙江中纺腾龙投资有限公司免缴地块容积率调整部分土地出让金、江东大桥建设、杭氧集团公司与杭氧资产经营公司体制合并重组、市区廉租住房政策调整、杭州市燃气(集团)有限公司气源结构调整和制气分公司停产歇业、西湖区玉泉社区农居改造、化解燃油价格上涨影响和确保出租车行业稳定健康发展、农转居多层公寓建设用地中配比30%商品住宅用地、杭州自来水总公司整体改制、杭州市动漫游戏产业发展规划、卡通城项目方案及制定《鼓励杭州动漫游戏产业发展的政策意见》、转让杭州印象西湖文化发展有限公司股权、杭州经济开发区自来水供应设施建设、百大集团股份有限公司国有股权转让等重要工作和重大问题进行了研究。

【表彰、奖励和处罚】 1月，市政府决定，对江西省人民政府驻浙江办事处等53个驻杭办事机构和康恩贝集团有限公司等70个来杭投资企业予以通报表彰；对卢晓潮等52名2004年度杭州市国土资源工作先进个人予以通报表彰；命名萧山区临浦镇、义篷镇和杭州高新开发区(滨江)浦沿街道为杭州市现代化标志性教育强镇；对蔡严珍等41名2004年度杭州市计划生育先进工作者予以通报表彰；对萧山区人民政府等14个杭州市农村经济发展奖先进区、县(市)，杭州西湖风景名胜区西湖街道等杭州市农村经济发展奖十佳乡镇，滨江区东江新优苗木都市农业示范园区等杭州市十佳农业示范园区，祐康食品集团有限公司等杭州市十佳农产品加工企业，杭州市江干区花坛花协会等杭州市十佳农村专业合作经济组织和双低高含油量油菜新品种浙双758示范推广等55个杭州市农业丰收项目奖予以表彰、奖励；对在迎峰度夏抗缺电和发展工业中作出突出贡献的万向集团等100个工业企业予以通报表彰；对下城区政府办公室等41个2004年度政务信息工作先进单位予以通报表彰；授予姚献平、金建祥、陈向东2004年度杭州市科技创新特别贡献奖。

2月，市政府决定，对UT斯达康通讯有限公司等销售(营业)收入前30位、东芝信息机器(杭州)有限公司等自营出口前30位、杭州大厦有限公司等利润总额前30位、UT斯达康通讯有限公司等税金总额前30位的2004年度经营业绩优秀外商投资企业予以通报表彰；对2004年为杭州经济作出较大贡献的浙江银泰百货有限公司等20个来杭投资企业纳税大户予以通报表彰；授予东芝信息机器(杭州)有限公司等50个企业2004年度杭州市外贸出口“金龙奖”,并予以通报表彰；对上城区政府等10个2004年度“迎七艺、迎西博”城市“四化”及街景市貌专项整治活动先进集体和曹兢业等80名先进个人予以通报表彰；对获得2004年中国驰名商标的杭州橡胶总厂等4个企业和历年来获得中国驰名商标的杭州娃哈哈集团有限公司等7个企业予以通报表彰。市政府、杭州警备区决定，对杭州市人事局等32个2003年度冬季退役士兵安置工作先进单位和徐培珍等28名先进个人予以通报表彰。

3月，市政府决定，对在2004年全市重点工程项目建设中作出突出贡献的杭州高新技术产业开发区管理委员会(滨江区人民政府)等9个优胜部门、余杭区320国道改建工程指挥部(320国道改建工程)等7个先进集体和邱志民等52名先进个人予以通报表彰；授予杭州市财政局等49个集体杭州市再就业先进工作单位称号，授予沈持平等51名个人杭州市再就业先进工作者称号，授予百大集团股份有限公司等32个企业杭州市再就业先进企业称号，授予王炎龙等28名个人杭州市再就业优秀个人称号；授予杭州联华华商集团公司等6个企业杭州市2004年度突出贡献商贸服务企业荣誉称号，授予蔡兰英等5人杭州市2004年度突出贡献商贸服务企业优秀经营者荣誉称号，并给予通报表彰；对2004年被中国名牌战略推进委员会评为中国名牌产品的生产企业杭州娃哈哈集团有限公司等6个企业、被浙江省名牌认定委员会评为浙江省名牌产品的生产企业杭州信雅达系统工程有限公司等72个企业、被杭州市名牌战略推进委员会认定为杭州市名牌产品的生产企业杭州大自然光电科技股份有限公司等49个企业予以通报表彰；对2004年荣获国家质量管理卓越企业的万向集团公司、荣获全国质量管理先进企业的杭州娃哈哈集团有限公司等3个企业以及荣获全国质量管理先进个人称号的沈爱琴、冯根生予以通报表彰；对富阳市人民政府等15个“双对口”工作先进集体和聂红兵等12名“双对口”工作先进个人予以通报表彰；对2004年度“洁美杯”、“洁美窗口”竞赛活动中被评为“洁美杯”的湖滨街道等10个街道和四季青街道等8个乡镇(街道)，被评为“洁美窗口”的城站广场等12个单位(地区)，被评为“洁美杯”竞赛进步奖的文新街道等10个街道，被评为“洁美杯”竞赛活动先进个人的邵竹宏等100名个人，被评为“洁美窗口”竞赛活动先进个人的杨卫国等50名个人予以通报表彰；对市城管执法局等6个2004年度杭州市城市管理工作先进单位和市林水局等10个最佳保障单位予以通报表彰。

4月，市政府决定，对下城区政府等10个创建全国无障碍设施建设示范城先进城区、市城管办等3个优秀组织单位予以通报表彰，对被评为2004年度生态墓地建设先进单位的余杭区、富阳市、桐庐县和被评为2004年度墓地治理先进单位的临安市予以通报表彰。

5月，市政府决定，授予杭州卷烟厂等3个企业2004年度杭州市工业兴市功勋企业称号，并授予获此称号企业的主要经营者孟伟刚、汪力成、沈金荣2004年度杭州市工业兴市功勋企业优秀经营者称号；授予杭州汽轮动力集团有限公司等10个企业2004年度杭州市十大突出贡献工业企业称号，并授予获此称号企业的主要经营者聂忠海等10人2004年度杭州市十大突出贡献工业企业优秀经营者称号；对杭州汽轮机股份有限公司等10个2004年度技术改造先进企业，杭州东信移动电话有限公司手机生产线后线高性能测试设备技改等20项技术改造优秀项目，杭州龙山化工有限公司金云华等46名技术改造先进个人,萧山区经济发展局等5个技术改造管理工作成绩显著单位予以通报表彰;对萧山区等5个2004年度全市工业经济增长目标考核先进区、县(市)和萧山区宁围镇政府等综合经济效益十强镇(乡、街道)以及桐庐县桐君街道轻纺功能区等12个特色城镇工业功能区先进单位、达标单位予以通报表彰和奖励;对杭州摩托罗拉移动通信设备有限公司等11个上规模大企业大集团予以通报表彰;对萧山区等11个无偿献血先进区、县(市),杭州西湖风景名胜区等4个无偿献血达标区、县(市),杭州日报报业集团等27个无偿献血促进奖单位,刘忠虎等33名无偿献血促进奖个人,市第一人民医院等76个无偿献血先进单位予以通报表彰;对《杭州市农业优势特色产业可持续发展研究》等100篇2004年度农业农村工作优秀调研成果予以通报表彰;命名浙江新迪国际食品有限公司等15个企业为杭州市外向型农业(外贸出口)先进企业,杭州大庄地板有限公司等10个企业为杭州市外向型农业(外拓基地)先进企业,并予以通报表彰。

6月,市政府决定,对市民政局等8个首轮《杭州市志》纂修工作先进集体、方立军等15名先进个人、孔志宏等48名修志工作积极分子予以通报表彰。

7月,市政府决定,授予新型高效冷凝蒸发器新技术等82项科技成果"2004年杭州市科技进步奖";对2003年~2004年全市安全生产工作成绩显著的拱墅区人民政府等96个先进单位和顾文友等100名先进个人予以通报表彰;对为杭州市文物博物馆事业作出杰出贡献的丁仰振予以表彰和奖励。

8月,市政府决定,对上城区等32个杭州市第十六届运动会成绩优异单位、市体育局等3个突出成绩单位和市体育中心等5个最佳赛区单位、市陈经纶体育学校等5个优秀赛区单位予以通报表彰。

10月,市政府决定,对上城区人民政府等6个2004年冬季征兵工作先进单位、上城区清波街道等22个先进基层单位和吴颖强等44名先进个人予以通报表彰;对王匡等10名第六届杭州市青年科技奖获得者予以通报表彰;对上城区湖滨市容环境卫生管理所延安路保洁班等17个2005年度杭州市市容环卫工作先进集体和冯良凤等十佳城市美容师以及陈柏有等40名优秀城市美容师予以通报表彰。

12月,市政府决定,对浙江中控技术有限公司施一明等8名2003~2004年度杭州市优秀科技工作者和浙江金大科技有限公司李创等80名2003~2004年度杭州市先进科技工作者予以通报表彰;对被评为首届杭州市最佳人居环境奖的杭州西湖风景名胜区管委会(市园文局)的"西湖综合保护工程"等5个项目、被评为首届杭州市最佳人居奖的杭州绿城房地产开发有限公司的"春江花月"等10个项目和对被评为2005年工业企业服务年活动成绩突出单位的桐庐县政府等2个单位、被评为2005年工业企业服务年活动成绩优秀单位的萧山区政府等4个单位予以通报表彰。

【市政府新设立非常设机构】 2005年,根据需要,市政府新设立一批非常设机构:杭州市第十六届运动会组织委员会、杭州市推行清洁生产工作领导小组、杭州市食品安全委员会、外地进杭车辆通行次费标准调整实施工作领导小组、杭州市1%人口抽样调查工作领导小组、杭州市科技强警示范城市建设工作领导小组、杭州市全面推进依法行政工作领导小组、杭州市突发公共事件总体应急预案编制工作领导小组、工业企业服务年协调小组、杭州市综合交通调查工作领导小组、杭州市社会保障监督委员会、杭州市中小学防御山洪与地质灾害工作领导小组、杭州市银行卡产业发展与推进工作组、杭州市加快商贸与物流业发展领导小组、萧山余杭区融入大都市工作领导小组、杭州市发展中介服务业领导小组、杭州市发展农村连锁经营联席会议、杭州市创建全国绿化模范城市工作领导小组、杭州殡仪馆迁建工作领导小组、杭州市工艺美术事业发展协调小组、杭州市重大农业植物疫情防控指挥部、杭州市区长睦大型居住区前期建设领导小组、钱塘江建材码头迁建工作领导小组、2006杭州青少年交流国际音乐节杭州组委会、田园地块开发建设领导小组、杭州市建筑节能领导小组、杭州市工业固体废物处置中心建设项目推进领导小组、杭州市第二次全国残疾人抽样调查领导小组、杭州市国有控股上市公司股权分置改革工作领导小组、2006中国国际休闲产业博览会筹备工作小组、杭州市整顿和规范矿产资源开发秩序工作领导小组、金信信托风险处置工作杭州领导小组。

【市政府调整非常设机构】 2004年,市政府调整的非常设机构有:杭州市清理和拆除违法建筑工作领导小组、杭州市西溪湿地综合保护工程建设指挥部、杭州市对口支援三峡库区移民和对口帮扶四川脱贫工作领导小组、杭州市"十一五"规划编制工作领导小组、杭州住房公积金管理委员会、杭州市爱国卫生运动委员会、杭州市市场整合联席会议、杭州市加快商贸服务业发展领导小组、杭州市推进现代物流产业发展领导小组、金融服务协调工作领导小组、杭州市新药港建设领导小组、杭州市防震减灾工作领导小组、农函大杭州分校校务委员会、浙江省大学科技园领导小组、杭州市打击走私综合治理领导小组、杭州市春运工作领导小组。撤销杭州市投资控股有限公司管委会。

(何卫军)

【目标管理考核工作】 2005年,市直机关各部门把落实《政府工作报告》和市委全委会明确的重大工作情况作为目标管理主要内容,将市政府为民办实事工程、招商引资工作纳入市级机关目标管理考核,有效地保障了这些工作的顺利完成。市目标管理领导小组按照"考评结合、同步进行、综合评定"的目标考核工作原则,经审查确定:市民政局(市老龄工办)等10个单位被评为市直单位综合考评优胜(满意)单位;市林水局等13个单位被评为市直单位综合考评先进单位。市委办公厅(市委政研室)等6个单位被评为市直单位非综合考评成绩显著单位,市气象局等7个单位被评为市直单位非综合考评工作先进单位。

(阮　翔)

【政务督查工作】 2005年,杭州市加大政务督查工作力度,在制度、方式和组织上作进一步的调整和改进。完善《政府工作报告》和市政府重要会议部署工作落实情况定期督查制度。年初,将《政府工作报告》确定的任务、指标分解落实到各部门,并明确进度和质量要求;每季度政府全体会议布置任务后,按照任务性质,确定相应责任部门,每半月对落实情况进行督查和分析,每月检查工作完成情况。全年办理上级领导批示122件。

继续以目标管理考核为动力,推进政务督查工作。服从和服务于市委、市政府的中心工作,对社会影响面大、事关群众切身利益的工作开展专项督查,对政府工作中较紧迫的重大工作进行实地督查。政务督查机构通过承办单位自评、互评和不定期抽查等形式,把握工作实施阶段的进展情况;采用分解任务、限时反馈、暗访抽查、公开评比考核等手段,使政务督查的严肃性、全面性、准确性、时效性得到较大提升,推动各部门高效地完成工作任务。

(韩东晓)

【无线电管理】 2005年,市无线电管理处受理设台申请133个,指配频率28个,核查PHS基站5888个、SCDMA基站47个。全市新增电台6596部,新发、换发电台执照6969本,报废台站299部;按要求收回已停用800兆赫模拟集群系统频率3个,保留800兆赫模拟集群系统1个。对杭州移动、联通公司基站进行登记。全年固定站开机196次,监测1540小时;监测车出动24次,行程2310千米;检测无线电发射设备263台。全市出动执法检查人员21人次,检查单位28个,行政处罚单位3个;受理干扰投诉8件,查结8件。

与省无线电运动协会合作,采取上门检测验机、开展咨询沟通等手段,加强业余无线电台经常性监督管理。注册登记业余无线电爱好者173人、设备324台。10月,协助安徽省黄山市无线电管理处查处跨省航空频率受干扰事件。

投资300万元新建临平固定遥控监测站,年内完成安装调试并投入使用。萧山、下沙站遥控线路改光缆,并通过消防验收。(郑书海)

【召开杭州市首轮修志总结表彰大会】 7月6日,召开杭州市首轮修志总结表彰暨地方志学会成立大会。会议总结杭州市首轮修志取得的成绩和经验,表彰首轮修志工作先进集体和个人,并对二轮修志的总体目标和要求作出进一步的明确。省委常委、市委书记、市地方志编委会顾问王国平,市委副书记、市长、市地方志编委会主任孙忠焕分别为大会题词“存史资治,继往开来”与“修志明鉴,重在质量”。市委副书记、市地方志编委会副主任叶明出席会议并讲话,市委常委、常务副市长盛继芳作《继往开来,只争朝夕,切实做好二轮修志工作》的报告。原杭州市市长钟伯熙,原市委副书记史济烜,市政府秘书长娄延安,浙江省社会科学院党委副书记、省志办主任杨金荣,著名方志学家、省地方志学会会长魏桥,省志办副主任王志邦等出席会议,各区、县(市)和市直属各部门分管地方志工作的负责人,受表彰的首轮修志先进集体、先进个人代表等246人参加会议。

会议通过《杭州市地方志学会章程》,产生了市地方志学会会长、副会长、秘书长、副秘书长、常务理事。

【积极参与哲学社会科学普及周活动】 浙江省暨杭州市2005年哲学社会科学普及周活动于9月24日~30日举办。市地方志学会精心策划,组织以“方志和杭州的历史文化”为主题的广场科普咨询和专场讲座。24日,在武林广场咨询现场展示《杭州市志》、《杭州年鉴》的同时,还展示了内容通俗,形式活泼,融导向性、实用性、知识性、趣味性于一体的宣传图板和宣传折页,直观形象地向市民展现杭州历史文化和方志文化的密切关系;现场接受咨询180余人次,发放宣传资料和《杭州年鉴》光盘480余份。26日,学会承办的科普讲座上,主讲人从杭州城池的形成与发展演变,方志在历史文化中的地位和作用,方志文化如何为构建和谐社会、建设文化大市服务等方面,作了深入浅出的演讲,受到参加讲座的市民和社会科学工作者的好评。市地方志学会被市哲学社会科学普及活动组委会、市社会科学界联合会授予优秀组织奖。学会会员贾大清撰写的论文《加快信用体系建设刻不容缓》获市政府颁发的杭州市2005年度哲学社会科学优秀成果三等奖。

【浙江省二轮修志第八次研讨会在杭举行】 10月26日~28日举行。研讨会由杭州市地方志办公室承办。中国地方志指导小组成员兼秘书长秦其明、杭州市副市长项勤、浙江省地方志办公室主任杨金荣、全国著名方志学家魏桥出席会议并讲话,浙江省各市、县(市)志办负责人和地方志工作者60余人参加研讨会。与会者就地方志立法、第二轮修志与首轮修志关系、如何在二轮修志中突出时代特点与地方特色等课题,进行了研讨。

【《杭州年鉴(2005)》出版发行】 9月,大16开本、全彩印、总篇幅量166万字的《杭州年鉴(2005)》由方志出版社出版。该书依据杭州城市定位和经济社会的发展变化,精心设计年鉴框架,以反映杭州“精致和谐、大气开放”的新形象。新增世界休闲博览会、经济合作交流和环境保护3个类目,对各类目中的分目作科学、合理的编排。全书设类目47个、分目255个、条目2112个,附表格104张、资料46篇、内文插图222幅,有彩色图版87版,封面照片系中国首个国家城市湿地公园——西溪湿地。11月,经浙江省新闻出版局批准,集文字、图片、表格、视频于一体的《杭州年鉴(2005)》多媒体光盘出版。(志　鉴)

【接待工作】 2005年,市委、市政府接待到杭视察考察、参观访问、洽谈投资和交流合作的中央和全国各地党政领导及港澳台同胞、华侨知名人士2.7万人次。

到杭视察的党和国家领导人及老同志有中共中央政治局常委、全国政协主席贾庆林,中共中央政治局常委、中纪委书记吴官正等55人。到杭考察和检查工作的中央国家机关副部(省、军)级以上领导290人。全国27个省(自治区、直辖市)和全国173个市(地区、盟、自治州、直辖市城区)分别组团到杭考察。厄瓜多尔前总统杰米尔·马华、芬兰前

表 59

2005 年杭州市人民政府重要文件索引

文件号	发文日期	标题
1	2005-03-11	杭州市人民政府关于市区征用土地农转非人员参加“低标准缴费、低标准享受”基本养老保险的补充意见
2	2005-03-11	杭州市人民政府关于积极鼓励盘活存量土地促进土地节约和集约利用的意见(试行)
3	2005-03-22	杭州市人民政府关于杭州市现代物流发展规划的实施意见(试行)
4	2005-03-22	杭州市人民政府关于加快杭州旅游业发展的若干意见
5	2005-03-22	杭州市人民政府关于支持金融服务业发展的若干意见(试行)
6	2005-03-22	杭州市人民政府关于加快信息服务与软件业发展的若干意见
7	2005-03-22	杭州市人民政府关于扶持发展社区服务业的若干意见

表 60

2005 年杭州市人民政府办公厅重要文件索引

文件号	发文日期	标题
1	2005-01-20	杭州市人民政府办公厅转发市建委关于杭州市住宅配套设施建设管理暂行规定的通知
2	2005-11-07	杭州市人民政府办公厅转发市人防办关于杭州市实施浙江省人民防空警报设施管理办法细则的通知
3	2005-02-16	杭州市人民政府办公厅关于印发杭州市区农居危房管理暂行办法的通知
4	2005-02-16	杭州市人民政府办公厅关于印发杭州市区农居建设管理暂行办法的通知
5	2005-02-18	杭州市人民政府办公厅转发市劳动保障局关于杭州市退休人员门诊医疗费社会统筹管理办法的通知
6	2005-03-07	杭州市人民政府办公厅关于印发杭州市贷款建设的城市道路车辆通行费征收管理实施细则的通知
7	2005-03-15	杭州市人民政府办公厅关于规范商业零售企业进货交易行为的意见
8	2005-03-16	杭州市人民政府办公厅关于完善撤村建居和城中村改造有关政策的意见(试行)
9	2005-03-21	杭州市人民政府办公厅关于评选奖励杭州市年度突出贡献商贸服务企业及其优秀经营者的实施意见(试行)
10	2005-03-21	杭州市人民政府办公厅转发市财政局关于杭州市现代服务业发展专项资金管理办法的通知
11	2005-03-22	杭州市人民政府办公厅关于印发杭州市政府雇员管理试行办法的通知
12	2005-05-11	杭州市人民政府办公厅关于加快杭州市中介服务业发展的若干意见
13	2005-05-25	杭州市人民政府办公厅转发市公共资源交易管理委员会办公室关于杭州市公共资源交易行为监督管理暂行办法的通知
14	2005-06-15	杭州市人民政府办公厅转发市农业产业化领导小组办公室等部门关于杭州市农产品加工企业技术改造财政资助管理办法的通知
15	2005-07-01	杭州市人民政府办公厅转发市城管办关于杭州市区市政公用设施运行危机管理暂行办法的通知
16	2005-08-23	杭州市人民政府办公厅关于印发杭州市区最低基本养老金实施办法的通知
17	2005-11-09	杭州市人民政府办公厅关于印发杭州市网上行政许可行政审批行为实时监督办法(试行)的通知
18	2005-11-11	杭州市人民政府办公厅关于鼓励和扶持动漫游戏产业发展的若干意见(试行)
19	2005-12-12	杭州市人民政府办公厅关于印发杭州市服务行业环境保护管理办法实施细则的通知
20	2005-12-19	杭州市人民政府办公厅关于进一步规范市级医疗机构经费补助办法的意见

总理埃斯科·阿霍等国外政要和香港中华总商会会长霍震寰等来自港澳台地区与海外的企业家、知名人士、知名外商到杭考察洽谈投资合作。（接待办）

·市政协·

【市政协八届四次会议】 1月27日~29日举行。会议审议通过市政协主席虞荣仁代表市政协常委会所作的工作报告，听取并讨论市政协副主席郁嘉玲所作的关于市政协八届三次会议以来提案工作情况的报告，审议通过市政协八届四次会议决议和市政协副主席曾东元所作的市政协八届四次会议提案收集和初审情况的报告。

会议充分肯定市政协一年来的工作。2004年，市政协常委会以邓小平理论和“三个代表”重要思想为指导，在中共杭州市委的领导下，按照市政协八届三次会议的要求，依靠全体委员和各参加单位，围绕中心，把握主题，求真务实，开拓创新，主动服务大局，积极履行职能，推进“三化”（制度化、规范化、程序化）建设，广泛团结联谊，为杭州市改革开放和现代化建设作出了积极贡献。会议同意市政协常委会提出的2005年工作指导思想和主要任务。

与会人员列席杭州市第十届人民代表大会第五次会议，听取并讨论代市长孙忠焕所作的《政府工作报告》及其他报告。

会议期间，收到大会发言材料28份，12位委员作大会发言；收到以提案形式提出的意见建议622件（团体50件，联名116件，委员个人456件）。编印会议简报20期。

会议号召全体政协委员和参加市政协的各民主党派、工商联、无党派人士与各人民团体，要以邓小平理论和“三个代表”重要思想为指导，深入学习贯彻中共十六大和十六届三中、四中全会精神，紧密团结在以胡锦涛为总书记的中共中央周围，在中共杭州市委的领导下，紧紧围绕团结和民主两大主题，认真履行职能，求真务实，扎实工作，为杭州加快发展、率先发展、协调发展作出更大的贡献。

会议期间，中共杭州市委、市政府领导参加小组讨论，听取大会发言。省委常委、市委书记王国平，省政协副主席李青、吴国华，代市长孙忠焕和担任过市政协领导的老同志周峰、陆祖德等应邀出席开幕式和闭幕式。

【市政协八届常委会第十四次会议至第十七次会议】 市政协八届常委会第十四次会议于1月10日举行。会议协商通过市政协八届四次会议议程、日程（草案）；协商通过《政协第八届杭州市委员会常务委员会工作报告》和《政协第八届杭州市委员会常务委员会关于八届三次会议以来提案工作情况的报告》；协商通过市政协八届四次会议报告人名单，大会秘书长、副秘书长名单；协商通过《政协杭州市委员会提案审查立案办法（试行）》；听取市政府关于市政协提案办理情况的通报；讨论通过市政协委员调整事项。

第十五次会议于1月28日召开。会议听取市政协八届四次会议各小组讨论情况汇报，审议通过《政协第八届杭州市委员会第四次会议决议（草案）》，审议通过提案委员会《关于八届四次会议提案收集和初审情况的报告（草案）》。

第十六次会议于5月17日召开。会议听取市发改委关于杭州市“十一五”规划编制情况的说明，以大会发言的形式对完善杭州市“十一五”规划编制提出意见和建议，协商通过《市政协关于杭州市“十一五”规划编制的若干建议》。

第十七次会议于9月12日~13日召开。会议听取市委副书记于辉达所作的题为《关于构建社会主义和谐社会》的报告，协商通过市政协常委会《关于构建杭州和谐社会的若干建议》，协商通过市政协专门委员会人事调整事项。

【加强理论学习和研究】 2005年，市政协常委会运用理论中心组和座谈会、报告会、委员学习会等形式，认真组织学习中共十六大和十六届四中、五中全会精神，中共中央关于加强人民政协工作的一系列指示，省委、市委有关重要会议精神。请市委书记王国平、市长孙忠焕给全体委员作形势报告，请市委副书记叶明作党风廉政建设的报告，还请有关专家作台海形势报告。就发挥民主党派在人民政协中的作用、加强政协专门委员会建设等，成立5个课题组，由市政协领导牵头，深入调研。召开全市政协工作理论研讨会，收集会议交流研讨文章30余篇，汇编成册。10月，成立市政协理论研究会。

【为编制“十一五”规划建言献策】 年初，市政协组织各民主党派、工商联和专委会，围绕落实科学发展观、创新发展模式、提高自主创新能力等问题开展调研，形成调研报告11份，为编制杭州市“十一五”规划建言献策。5月，市政协八届十六次常委会协商通过《关于杭州市“十一五”规划编制的若干建议》，就推进杭州经济增长方式的根本转变、进一步提升核心竞争力，统筹城乡发展、解决“三农”问题，优化产业布局、加快江东和临平工业区建设等提出10条建议。市委书记王国平、市长孙忠焕分别作出批示，认为建议具有很强的指导性和针对性；市委《关于制定杭州市国民经济和社会发展第十一个五年规划建议》吸纳市政协建议有关内容，并将市政协建议转发给市级机关有关部门、各区县（市）党委和政府，要求在制定“十一五”规划时参考。

【合力推进和谐杭州建设】 市政协紧扣“和谐杭州”建设中的重要而紧迫的问题，组织各民主党派、工商联、人民团体和专委会、区县（市）政协，开展联合调研，形成调研材料28份。市政协《关于杭州构建和谐社会的若干建议》，提出要加强城市流动人口规律研究、优化外来暂住人员管理，缩小城乡教育差距、坚持医疗机构公益性改革方向等8个方面的建议。市委和市政府主要领导明确要求有关部门认真研究，并在编制杭州“十一五”规划时采纳。努力为全市法制建设服务，就《杭州市广播电视传输播放管理条例（草案）》等7个地方性法规举行听证会，提出意见建议；经广大委员多年建言呼吁，《杭州市人民调解条例》于2005年正式出台。密切关注民生，就市区自来水价格、出租车运价调整等事关群众切身利益的有关政策，以及杭州旅游业发展总体规划等事项，开展协商议政，提出不少较高质量的建议。

【围绕城市建设和管理献计出力】 2005年，市政协针对西溪路周边地区违章用地和违规搭建严重、公共设施不配套、建筑品位不高等问题，组织部分委员开展视察，提出要尽快编制好规划、严格控制该地区建设项目等建议。市委主要领导给予充分肯定，要求把该地区的保护与开发作为打造"和谐杭州示范区"工程抓紧落实。专项调研湖滨地区交通问题，提出缩短延安路单向行驶线路、调整公交站点设置等意见，引起有关部门的重视。组织部分委员、专家学者和市各民主党派、工商联负责人视察背街小巷改善工程，向市委和市政府报送《实施背街小巷改善工程需要注意的几个问题》，提出要找准景观改善与方便群众生活的结合点和平衡点、重视长效管理等建议，市委办公厅《决策参考》全文转发，有关部门在工程实施中充分吸纳。多次组织委员对钱塘江流域水资源保护、城区绿化工作等开展视察调研，提出建立流域共保和生态补偿机制等建议。

【推进杭州文化名城建设】 2005年，市政协为挖掘"一纵三横"道路沿线的历史文化内涵，成立专家组，多次组织对"一纵三横"道路进行视察，反复论证，拟制《"一纵三横"道路历史文化景观布置纲要》，并就人文景观建设方案进行座谈。召开运河(杭州段)景观建设方案通报论证会，视察运河两岸桥梁和景观带整治情况，提出景观建设应明确功能定位、充分体现古运河文化底蕴等意见，建议要重视运河物质和非物质文化的挖掘保护，恢复部分传统文化项目，使运河文化与西湖文化交相辉映。对玉皇山以南地区开展视察调研，提出要完善规划、加快历史文化资源整合利用等建议。市委专题会议形成的历史文化遗址公园建设纪要，充分吸纳了政协提出的建议。围绕杭州历史文化名城建设开展文史工作，充分发挥存史资政作用。深化于谦研究，召开第四次于谦研究年会；做好全国政协重点征编课题《名人故居》的编纂协作工作；编辑出版《西湖文化》、《杭州名人名居》等书籍。

【开展港澳台和海外联谊活动】 2005年，市政协密切与荷兰、法国、美国、加拿大等国家侨团同乡会、联谊会的联系，先后接待14批、130人次的港澳台及海外团队和友好人士。为香港杭州同乡会换届和成立30周年纪念活动做好协调服务工作。邀请来自美国、荷兰等6个国家和地区的港澳海外委员及侨领、侨商代表参加西博会。组团考察访问欧洲、南美等一些国家和台湾地区。接待韩国、墨西哥等国外友好考察团。在完善"五侨"(市侨办、侨联、人大民宗侨委、政协港澳台侨委、致公党委员会)联席会议机制的基础上，建立涉台机构的联动机制，积极帮助台胞侨胞解决实际问题，维护他们的合法权益。

【促进民族宗教工作】 2005年，市政协积极宣传党和国家的宗教政策，召开宗教工作座谈会，认真了解和反映杭州市宗教工作情况。在纪念中国人民抗日战争暨世界反法西斯战争胜利60周年之际，协助有关部门组织全市五大宗教团体举行和平祈祷活动。在政协委员的呼吁和推动下，基督教崇一堂建成启用。关心和支持少数民族地区发展，组织香港委员和香港杭州同乡会会员向桐庐县莪山畲族乡捐款，用于修建卫生院和增设幼儿园设施等。市政协被授予浙江省民族团结进步模范集体称号。

【提案工作有成效】 市政协八届四次会议以来，共立提案641件，至年底已全部办理完结。常委会对重点提案和市各民主党派、工商联集体提案进行重点协商和督办，提高了办理质量，2005年18件重点提案都得到较好办理。其中，民革市委会关于完善农村现代化目标体系的提案，在市领导和有关部门的重视下，已对杭州市农村现代化目标体系作了调整充实。民建市委会和民进市委会关于食品安全问题的两件集体提案，引起市领导和有关部门的高度关注，对杭州市成立食品安全委员会、制定相关制度和措施起到促进作用。首次开展提案办理工作的民主评议活动，推动提案的办理落实。修订完善《杭州市政协提案工作条例》，制定提案办理目标考核办法，进一步规范了提案工作。开展八届政协第二次优秀提案评选表彰活动，26件提案被评为优秀提案。

【政协信息工作"四连冠"】 2005年，杭州市政协信息工作再次在全国政协系统荣获一等奖，实现"四连冠"目标。全年向全国政协报送《值班日报》24期、《政协信息》200余期。其中"国家再就业税收优惠政策应进行调整"、"关于深化农村信用社改革的建议"、"关于合并《城市居民委员会组织法》和《村民委员会组织法》的建议"等信息，引起中共中央、国务院领导的重视，温家宝、黄菊、回良玉分别作出重要批示。全年向市委和市政府报送反映社情民意信息37期，得到市领导45人次的批示。其中，"关于在西湖龙井茶区建造北纬30°茶叶生长'黄金线'标志性建筑"的信息，市政府办公厅根据市委和市政府主要领导的批示，专题召开协调会，确定选址建造标志性建筑；"对完善我市城镇居民最低生活保障制度的建议"的信息，市委副书记朱报春批示，要求民政、劳动保障等部门认真研究，提出意见。

【纪念市政协成立50周年】 2005年，为纪念市政协成立50周年，市政协常委会精心组织一系列纪念活动。12月6日，举行庆祝大会，省市领导、政协委员和各界人士代表1000余人出席，省委常委、市委书记王国平到会讲话；编纂出版90余万字的《杭州市政协志》，较完整地记录市政协50年的历史轨迹，得到各方好评；拍摄4集电视片《盈盈一水同舟情》，形象直观地展现市政协走过的50年历程，乔石为该片题写片名，播出后反响良好。组织政协委员文艺演出，召开老政协委员和老政协工作者座谈会，举办政协书画艺术、文史成果展览和金都杯"我和政协"征文活动。 (朱 国)

·市纪委(市监察局)·

【市纪委第六次全体(扩大)会议】 2月3日召开。会议全面落实中纪委五次全会、省纪委七次全会和市委九届八次全会精神，回顾总结2004年工作，研究部署2005年任务。省委常委、市委书记王国平作题为《构建惩防体系，推进反腐倡廉》的讲话。市委副书记、市纪委书记叶明代表市纪委常委会作题为《坚持改革统揽，落实战略方针，深入推进党风廉政建设和反腐败斗争》的工作报告。全会充分肯定2004年反腐倡廉各项工作取得的新进展，确定全市2005年反腐倡廉工作的指导思想，要求重点抓好八个方面工作：严肃纪律，促进领导干部廉洁自律；抓住突出问题，坚决纠正损害群众利益的不正之风；坚持依纪依法办案，严肃查处违纪违法案件；发展党内民主，加强对权力的制约和监督；深化改革创新，深入推进治本抓源头工作；坚持依法行政、从严治政，充分发挥行政监察的职能作用；加强国有企业反腐倡廉工作，支持国有企业改革和发展；加强纪检监察机关自身建设，提高干部队伍素质。

【市政府廉政工作会议】3月10日召开，会议由常务副市长盛继芳主持。会上，市委副书记、市长孙忠焕作题为《坚持改革统揽，加快制度创新，深入推进政府廉政建设》的讲话，并代表市政府领导班子成员作出郑重承诺，从自身做起，廉洁自律，以身作则，自觉接受市政府各部门、社会各界和广大人民群众的监督。市监察局局长徐苏宾作题为《贯彻战略方针，狠抓工作落实，深入推进行政监察工作》的报告。会议明确2005年主要工作任务：坚持改革统揽，深入推进源头治理工作；抓住突出问题，切实纠正损害群众利益的不正之风；强化监督检查，确保政令畅通；严肃行政纪律，不断解决行政机关和公务员队伍中存在的问题。

【落实党风廉政建设责任制】2005年，市纪委按照党风廉政建设责任制的要求，协助市委制定《2005年杭州市党风廉政建设和反腐败工作的组织领导和责任分工》，明确139项工作的主管领导、牵头部门和参与单位，指导各区、县(市)做好2005年责任制任务分解工作。继续坚持党委班子关于党风廉政建设责任制落实情况报告制度、党政领导班子定期听取党风廉政建设和反腐败工作情况汇报并研究解决重大问题制度，督促各区、县(市)和市直部门“一把手”向市委、市纪委报告2005年度履行“一岗双责”和个人廉洁自律情况。对10个市直单位党政领导班子及主要负责人贯彻执行党风廉政建设责任制等情况进行重点检查。落实党风廉政建设“一票否决制”，把责任考核与2005年度工作目标考核、评选满意单位不满意单位等工作有机结合起来，以维护责任制的严肃性。全年对147名拟提拔任用干部、388名拟评为先进个人和39名因私出国的领导干部进行廉政鉴定。其中，30名因党风廉政问题被取消评先进资格，对32名领导干部实施党风廉政责任追究。

【加强党内监督】根据《浙江省党内监督十项制度实施办法（试行）》精神，2005年，杭州市制定了党内监督制度“10+1”配套实施办法。其中，前10项是根据《中国共产党党内监督条例(试行)》制定的配套规定，后1项是根据杭州实际，以“一把手”为监督重点，在“人权、财权、事权”等重要方面所制定的具体监督规定。严格执行“三谈一述”制度，市和区、县（市）两级纪委负责人对包括31名市管领导干部在内的1020名领导干部进行谈心谈话，对650名新任领导干部进行任前谈话和廉政教育，对45名领导干部实施诫勉谈话。有2147名领导干部进行了述职述廉。组建市委巡视机构，对建德市、拱墅区的党风廉政建设和领导班子建设工作进行巡视。

9月20日，下城区举办廉正文化文艺晚会。（市纪委办公厅 供稿）

【构建惩治和预防腐败体系】根据中央和省委建立健全教育、制度、监督并重的惩治和预防腐败体系的部署，结合杭州市构建惩防体系工作的实践，市委制定《关于贯彻中央〈建立健全教育、制度、监督并重的惩治和预防腐败体系实施纲要〉的意见》和《2005年下半年构建惩防体系工作要点和责任分工》，提出了建立健全惩治和预防腐败体系工作的新要求。各地各部门自觉地把构建惩防体系作为党的建设和反腐倡廉工作的一项战略性任务，同本地本部门经济社会发展紧密结合起来，开展学习宣传，制订具体计划，明确目标要求，建立工作机制，认真抓好任务的分解和落实。

【领导干部廉洁自律工作】8月~9月，结合保持共产党员先进性教育活动，在全市深入开展“立党为公、执政为民”党风廉政主题宣传教育月活动。建立党员干部法纪教育基地，组织各级党员干部观看《从政警示录》教育片，增强党员干部廉洁自律意识。加强对党员干部特别是领导干部严格遵守“四大纪律、八项要求”(即政治纪律、组织纪律、经济工作纪律、群众工作纪律。要同党中央保持一致，不阳奉阴违、自行其事；要遵守民主集中制，不独断专横、软弱放任；要依法行使权力，不滥用职权、玩忽职守；要廉洁奉公，不接受任何影响公正执行公务的利益；要管好配偶、子女和身边工作人员，不允许他们利用本人的影响谋取私利；要公道正派用人，不任人为亲、营私舞弊；要艰苦奋斗，不奢侈浪费、贪图享受；要务实为民，不弄虚作假、与民争利）情况的监督检查。清理565名党政领导干部企业兼职的问题。继续加强对“行为不廉洁、作风不检点”问题的集中整治，全年查处“两不”案件581件，处理参与赌博的党员干部492人。全市各级领导干部上缴现金、有价证券和支付凭证等折合人民币275万元。制定出台《关于进一步加强党员干部出国（境）管理的实施意见》和《杭州市廉政文化建设实施意见》。

【深化源头治理】2005年，杭州市继续深化预防腐败源头治理各项工作。建立市行政服务中心和公共资源交易中心，完善并联审批，推行网上审批，提高审批时效；健全运作体系，创新交易办法，规范交易行为。区、县（市）招投标统一平台建设进展顺利。开发应用网上政务实时监督系统，有效提高了监督实效。深化干部人事制度改革，推行领导干部任职前公示、任职试用期、考察预告、差额考察等8项制度。深化财政管理制度改革，严格执行部门预算编制标准，扩大国库直接支付范围，市本级国库集中支付资金7.94亿元，比上年提高11%。对全市财政资金投入的393个重点项目实行跟踪审计。积极稳妥地推进公务用车制度改革，制定《关于区、县（市）公务用车制度改革的指导性意见》。

【查处违纪违法案件】2005年，全市各级纪检监察机关推行案件公开审理、申诉案件公开听证和党政纪处分权利义务告知等制度。公开审理（听证）案件67件，向512名受处分党员干部实行权利义务告知；对267名被处分党员干部进行回访教育。认真受理党员的控告和申诉，做好查核工作，为1155名党员干部澄清问题。受理群众信访举报6294件次，立案1017件，处分党员干部1001人。其中：涉及厅局级干部2人，县处级干部34人，乡科级干部66人；给予党纪处分922人，有228人被开除党籍；给予政纪处分146人，有44人被开除公职；174人被追究刑事责任。查处的大要案主要有：杭州市中级人民法院原处级执行法官赵旭、刘怀仁及余杭区人民检察院原检察长林星跃等人的徇私枉法贪污受贿窝案，浙江电信杭州分公司原党委委员、副总经理吴建华经济严重违纪违法案件，原余杭市副市长马惠明等人的严重违纪违法案件，原余杭市委副书记、政法委书记方金贵（后任临安市政协主席）等严重经济违纪违法案件。通过查办案件，为国家和集体挽回直接经济损失4500余万元。

【行政执法检查】2005年，全市立项开展执法监察项目160项，挽回直接经济损失1.51亿元。围绕重大项目和重点工作，对“两项制度、两项活动”贯彻执行情况开展监督检查；对创建文明城市以及市级行政事业单位专用存款账户、住房公积金、重大建设项目资金管理使用、市区房屋拆迁户安置、环境污染整治等工作进行专项检查；对杭千高速公路、钱江新城、市民中心、市级机关专项用房、背街小巷改善等一批重点工程项目实施跟踪监督和效能监察。查处违规违纪案件19件，被追究纪律或法律责任20人。开展贯彻执行《中华人民共和国行政许可法》情况专项检查，全面推进依法行政。保证建设工程招标投标、经营性土地招拍挂、国有产权公开交易、政府采购四项制度的落实，有40个违规企业和160人次被查处并曝光，9人移送司法机关追究刑事责任。

【纠正损害群众利益的不正之风】各地各部门认真解决在征用农村土地、城镇房屋拆迁、企业重组改制和破产中侵害群众利益以及拖欠农民工工资等问题。村级集体经济组织和农民个人土地征用补偿款全部发放到位。在拆迁安置中审核解除监管资金23亿元，安置在外过渡2年以上的拆迁户5667户，超额完成拆迁安置目标任务。全市清欠农民工工资9600万元。加强对省、市药品集中招标采购工作的监督检查，药品降价幅度达22%，降价金额约2.5亿元。在全市1336所中小学校推行收费公示制度，检查673所学校收费情况，查处乱收费案件14件，清退金额65万余元，3名学校负责人受到责任追究。组织开展创建“人民满意基层站所（办事窗口）”活动和环保、广电系统行风评议。“行风热线”受理群众咨询和投诉1953件，反馈率达100%。市96666投诉中心受理群众投诉6581件，有194名工作人员因服务态度和效能问题受到处理。组织市效能与行风监督员开展明查暗访，加强对机关作风和效能建设的督查，促进了行政机关办事效率和服务水平的进一步提高。

【派驻机构统一管理试点】党的十五届六中全会作出纪检监察机关对派出机构实行统一管理的决定。2005年，杭州市选择市国土资源局、市规划局为派驻机构统一管理试点单位，管理体制由原市纪委、监察局和驻在部门双重领导改为由市纪委、监察局直接领导。派驻机构实行统一管理后，派驻机构与市纪委监察局、驻在部门的工作关系是：派驻机构实施监督和查办案件工作直接受市纪委、监察局领导，重要情况和问题直接向市纪委监察局请示、报告；驻在部门党组和行政领导班子对本部门的党风廉政建设和反腐败工作负全面领导责任，派驻机构按照规定职责予以协助、配合，有关情况及时与驻在部门党组和行政领导班子沟通；派驻纪检组长继续担任驻在部门党组成员，并参加驻在部门有关党组、行政领导会议，但不参与驻在部门的业务分工；派驻监察室主任列席驻在部门有关行政领导会议。

【议案提案办理工作】2005年，市纪委监察局收到市十届人大五次会议人大代表提出的议案4件、市政协八届四次会议政协委员提出的提案4件。8件议案、提案主要反映公务用车制度改革、行风监督员管理、公务员问责等方面的内容。市纪委常委会专门听取议案、提案办理工作情况汇报，对答复材料进行审议，提出修改意见和工作要求。市纪委常委、监察局副局长分别带队与人大代表、政协委员进行沟通、征求意见。8件议案、提案实现按时办结率、满意率和基本满意率、面商率均为100%的目标，并在市政府门户网站将答复情况向社会公开。

（唐贻甫）

·民主党派和工商联综述·

【履行参政议政职能】 2005年,各民主党派市委会、市工商联深入学习《中共中央关于进一步加强中国共产党领导的多党合作和政治协商制度建设的意见》,把改革、发展、稳定中的重大问题作为参政议政的重点,就政治、经济、文化等各个领域的热点、难点问题深入调查研究。全年共开展调研活动155次,写出调研报告99份,其中39份得到市委、市政府领导批示。在市人大、政协会议期间,市各民主党派、工商联中的人大代表提交议案154件,立案143件;政协委员提交提案458件,有455件被采纳。

【加强自身建设】 2005年,市各民主党派和工商联十分重视自身建设,不断提高成员的素质。各党派和工商联秘书长以上领导干部参加中央社会主义学院举办的学习班,126名在各级政府领导班子任职的党派成员和中青年骨干参加市社会主义学院举办的培训班,成员中719人次参加爱国主义系列讲座听课。通过中共杭州市委统战部和组织部统一协调,各党派共有13名成员到市级政府机关和乡镇、街道挂职锻炼,2名成员到美国参加MPA培训。市各民主党派全年新成立支部11个,发展成员217名,其中具有高级职称的67名、中级职称的109名。市工商联新建市级商会2个,区、县(市)、乡镇商会17个,发展会员1432个。

表61　2005年杭州市各民主党派组织成员情况一览

单位:个、人

党派名称	组织情况					成员情况		
	市委会	县委会	总支部	支部	小组	总数	女成员	新成员
民革杭州市委会	1	1	2	36		637	248	26
民盟杭州市委会	1	2	5	67		1 234	545	24
民建杭州市委会	1	1	4	54	2	1 306	412	54
民进杭州市委会	1	3	5	81		1 410	722	58
农工党杭州市委会	1	1	7	55		1 029	503	14
致公党杭州市委会	1			14		268	141	13
九三学社杭州市委会	1		4	51		1 194	469	28
合　计	7	8	27	358	2	7 078	3 040	217

表62　2005年杭州市各民主党派、工商联参政议政情况一览

党派名称	市人大议案(件)	市政协提案(件)	开展调研活动		
			次　数	写出报告(份)	中共杭州市委批示(份)
民革杭州市委会	19	81	35	17	9
民盟杭州市委会	27	65	10	8	3
民建杭州市委会	4	57	35	6	4
民进杭州市委会	33	68	20	15	1
农工党杭州市委会	37	64	9	8	3
致公党杭州市委会		36	7	10	1
九三学社杭州市委会	15	38	16	12	12
市工商联	19	49	23	23	6
合　计	154	458	155	99	39

【拥护《中华人民共和国反分裂国家法》】 全国人大3月14日颁布实施针对台独的《中华人民共和国反分裂国家法》后,各民主党派市委会、市工商联举行各种形式座谈会、研讨会,坚决拥护《中华人民共和国反分裂国家法》,严厉批驳陈水扁鼓吹"一边一国"的谬论,要求广大成员认清形势,站稳立场,与台独势力作坚决斗争,维护祖国统一。

【开展社会服务活动】 2005年,各民主党派市委会、市工商联充分发挥人才荟萃、智力密集、联系广泛的优势,开展各种形式的社会服务活动,为社会稳定和构建和谐社会作出新的贡献。全年共引进内资19.36亿元、外资8590万美元;为社会捐款1186.18万元,捐赠药品和各类物品折合人民币113.38万元;义诊17250人次,培训技术人员4924人

表 63　　**2005年杭州市各民主党派、工商联社会服务情况一览**

党派名称	引资 内资（万元）	引资 外资（万美元）	培训技术人员（人次）	免费培训下岗人员（人次）	安排再就业岗位（个）	义诊人次	捐款（万元）	捐物折价（万元）
民革杭州市委会	30 000	2 300	620		29	300	10.00	20.20
民盟杭州市委会	4 105	450	3 400		30	300	8.30	1.00
民建杭州市委会	2 500	1 000	100	120	350		150.00	20.00
民进杭州市委会					2	850	4.91	9.16
农工党杭州市委会	13 000	2 000	124	237		12 000	0.62	0.60
致公党杭州市委会	130 000	2 215			3	800	7.80	0.82
九三学社杭州市委会	14 000	625	200		2	3 000	2.50	50.00
杭州市工商联			480		290		1 002.05	11.60
共　计	193 605	8 590	4 924	357	706	17 250	1 186.18	113.38

次，免费培训下岗人员 357 人次；安排 706 名下岗职工再就业；支边扶贫项目 8 个；结对贫困生 230 名。民革杭州市委会被民革中央评为全国社会服务先进集体。　（徐辛沛）

·民革市委会·

【关注"三农"问题】 2005 年，民革市委会把科学发展和社会和谐作为参政议政的第一要务，特别关注"三农"问题。在市政协会议上，有关"循环经济"的提案注重可操作性，关于农村环境和农村生态保护绿色 GDP 的提案也有新的立意；被列为市政协重点提案的《完善农村现代化目标体系，切实维护保障农民利益》，被确定为由主席督办的"一号"提案；《重视农村生态环境，积极发展生态农业》等提案也得到有关部门的重视和社会的广泛关注。市委会还充分调动广大党员及其联系人士的积极因素，紧紧围绕"三农"问题，开展调查研究，建言献策，提出的"关于解决外来务工者子女入托难问题"、"城乡社会保障一体化"等建议，得到多位市领导的批示，《浙江日报》、《杭州日报》、《都市快报》、《联谊报》、《团结报》刊登了相关文章和信息。

【为祖国统一工作建言献策】 2005 年，市委会在参政议政中更加注重为促进祖国和平统一建言献策。全国政协十届三次会议上，陈重华主委提交题为《关于应对"台独"分裂势力"去中国化"的三点建议》的书面发言。市政协八届四次会议上，市委会提交题为《重视以史实加强对祖国统一的宣传教育工作》的集体提案。市委会撰写的《关于民革祖统工作的思考》被民革中央《团结》杂志社评为优秀论文。祖统工作委员会围绕台海形势的热点问题先后召开 4 次专题座谈会，并及时整理委员的意见建议，报送有关部门。

【促进杭台民间交流】 2005 年，市委会积极促进杭台两地民间科技、文化和艺术交流。3 月，为配合杭州雷峰塔地宫出土文物在台湾历史博物馆展出，挑选杭州西湖四季风景图片，刻成光碟并配上解说词寄往台湾，不仅提升了展出效果，也加深了台湾民众对杭州历史文化和风景名胜的了解。9 月，市委会所属钱塘书画研究社的书画家们应邀参加在绍兴兰亭举行的"纪念孙中山先生"书画笔会，与来自台湾和美国的书画界朋友交流。10 月，接待以黄昭美女士为团长的台湾中华花艺基金会浙江访问团，为女党员举办中华传统插花艺术讲座。

【开展纪念抗战胜利 60 周年系列活动】 6 月，市委会举办征文活动，并精选文章在《杭州民革》上刊登。7 月，在浙江展览馆举办纪念抗日战争胜利 60 周年书画作品展览，展出钱塘书画研究社创作的近百幅以抗日战争为题材的作品。8 月，举行纪念抗日战争胜利 60 周年座谈会，20 多位亲历抗战的党员和抗战将士后裔参加，表示要弘扬抗战精神，履行好参政党的职责。

【举办"和谐之夏"电影月活动】 2005 年夏，市委会在萧山区携手浙江钱江啤酒股份有限公司举办"和谐之夏"——民工电影月活动。在两个月内，组织电影放映队深入民工

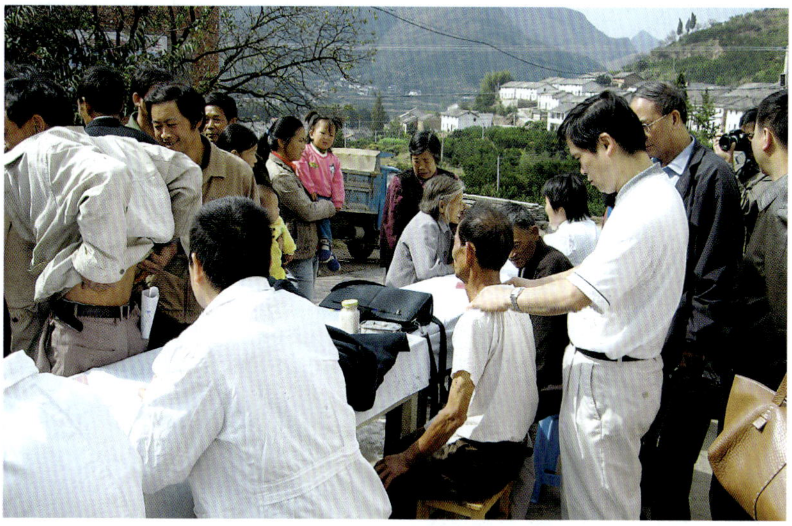

10 月 22 日，民革杭州市委会组织党员赴建德市三都镇梓里村进行医疗和农技服务活动。
（民革市委会 供稿）

聚集的厂矿、工地及居住区，免费放映爱国主义题材的影片20余场，为外来建设者输送精神食粮，活跃业余文化生活。（张晓怡）

·民盟市委会·

【城乡教育调研结硕果】4月~9月，民盟市委会先后成立“城乡基础教育公平问题”和“探索城乡集团化教育模式，缩小城乡教育差距”两个课题组，对城区学校和余杭、淳安、建德等地农村学校开展实地调查研究，先后写出调研报告《关于我市基础教育公平问题的调查报告》和《关于进一步完善城乡集团化教育模式的建议》。市委会在调研报告中提出的建议，具有很强的指导性和操作性。两个调研报告均被《杭州研究》刊登，并获得杭州市2005年度农业农村工作优秀调研成果三等奖。中共杭州市委书记王国平在后一个调研报告上作了批示：“以‘名校+农校’为载体，将名校集团化从城市拓展到农村是一大创举，意义重大，值得肯定。请领导小组和市教育局认真研究，积极采纳。”

【采用多媒体作大会发言效果好】在市政协八届四次全会上，副主委孙鼎荣代表市委会作题为《关于进一步深化“清洁杭州”的建议》的大会发言。发言采用多媒体形式，将追踪调研拍摄的现场照片通过大屏幕展示出来，引起很大震动。民盟市委会锲而不舍参政为民的精神，深深地感动有关部门。市林水局和有关城区对此非常重视，积极采取措施，认真进行整改，一些地方的面貌发生了可喜的变化。

【成立教育调研实验基地】3月30日上午，民盟市委会教育调研实验基地成立。基地设在曾获全国先进民办学校称号的杭州计算机学校。创建教育调研基地，是市委会拓展了解社情民意渠道、提升参政议政水平的一次有益尝试。民盟市委会将以此为平台，通过深入调查研究，形成一批具有创新意义的成果，为推动杭州市的教育事业提供经验。

【举办时政报告会】5月13日上午，市委会举办时政报告会，邀请86岁的老盟员、建德市政协原副主席、民盟建德市委原主委汪积功作有关连战大陆之行的报告。汪积功是连战夫人方瑀的亲舅舅，连战夫妇在大陆访问期间，汪老应邀于5月1日~3日赴上海与他们相聚。报告会上，汪老十分生动地讲述了这次会面的背景和详细经过。

【百名山区儿童“欢乐六一杭州行”】6月1日，淳安县枫树林镇中心小学的100名同学和他们的老师一起，开开心心地参加由市委会主办、下城总支承办的“欢乐六一杭州行”活动。孩子们游览了风光秀美的西湖杨公堤，参观了首届中国国际动漫展。市委会送给每个孩子一只精美的卡通书包。（潘崇辉）

7月18日，市政协民盟界别委员视察背街小巷改善工程。（民盟市委会 供稿）

·民建市委会·

【会员参政议政热情高】2005年，民建市委会组织会员认真学习《中共中央关于进一步加强中国共产党领导的多党合作和政治协商制度建设的意见》，充分调动会员参政议政的积极性。会员们除积极在人大、政协会议上提出提案、议案外，平时还关心经济社会发展，积极建言献策。会员薛滔菁和严维鹏提出的《关于要求尽快收回废弃铁路所占土地的建议》，引起省政府的高度重视。常务副省长章猛进批示：“意见很好，请国土部门派员调研，提出意见。”

【继续扶贫助教】2005年，市委会加大扶贫助教工作力度。年初，经市委会牵线，杭州天长小学师生向淳安两个乡的小学捐赠400余册书籍、1000余件衣服和部分学习用品。6月，市委会再次与民进市委会联合在淳安举办扶贫助教第三期教师培训班。许多企业家会员关心教育，共向淳安希望小学捐款18万元，向富阳市人民教育基金会捐款100万元。

【纪念民建成立60周年】10月28日，民建杭州市委会与浙江省委会联合召开大会，纪念中国民主建国会成立60周年暨浙江民建成立50周年。此前，市委会在会员中开展纪念民建成立60周年征文活动，配合省委会完成了《回忆录》、《风采录》的组稿工作。为进一步加强自身建设，还开展先进集体、先进会员和单项积极分子的评选活动，评选出先进集体7个，先进会员64人。

【经理厂长联谊会更名】年初，民建会员经理厂长联谊会召开大会，更名为民建会员企业家联谊会，并选举产生新的领导班子。企业家联谊会更强调活动内容与形势发展相适应，先后组织了报告会、沙龙等活动，受到会员的欢迎。10月，联谊会组织企业家赴安徽参加2005年中国非公有制经济发展论坛。11月，联谊会组织20余位企业家赴山东聊城考察，为两地民营企业经济合作牵线搭桥。企业家联谊会积极开展招商引资工作，常务副会长朱新风先后引进美国高乐福国际旅游展示开发公司和绿城置业有限公司来杭投资，投资额分别为1000万美元和1500万元；会员汤小明引进一个国内贸易公司来杭投资1000万元。

【设立民建慈善帮困金】 经过多年筹备，11月18日，以构建和谐社会为目标、关心会员、依靠会员的民建慈善帮困金管理委员会正式设立，并制定出相应的管理和使用办法以及实施细则。民建慈善帮困金捐赠仪式同日举行，会员企业家和各支部代表30余人参加并当场捐款，共筹集帮困金30余万元。 （蒋歆歆）

10月22日，“万枚明信片相约2006年杭州世界休闲博览会”首发仪式在浙江图书馆举行。 （民进市委会 供稿）

·民进市委会·

【参政议政工作规范化】 2005年，民进市委会制定《参政议政课题调研实施办法（试行）》和《参政议政奖励办法（试行）》两个文件，对课题申报、立项、调研、成果使用、奖励与经费管理等作出明确规定，使调研工作更加制度化、科学化、规范化。同时，对信息报送机制、信息员队伍建设、信息工作制度等，也作出明确规定，使信息网络进一步健全，信息工作渠道更加通畅。6月，以加强参政党能力建设为中心议题，召开区、县（市）委员会工作会议。7月，举办骨干培训班、新会员学习班，把提高参政议政能力作为学习培训的主要内容。市委会还就建立长效机制、强化参政议政职能等工作进行总结，在11月召开的全省民进参政议政工作会议上作了交流发言。至年末，共收到会员建言献计200余条、信息400余条，上报有关部门160条，被采用100条。其中，关于下沙高教园区的信息报送后，省长、副省长作出批示，责成有关部门组成联合调研组开展调研，提出对策。市委会被中共杭州市委宣传部评为2005年度社会舆情组织管理先进单位。

【资助西部学生到杭就学】 2005年，市委会前往甘肃平凉白水乡大潘村精心挑选2名品学兼优的女生，到所属的中华职业专修学校幼师专业学习，承担3年所需学费近4万元。希望通过此举，从教育西部的娃娃入手改善西部劳动力素质结构，将扶贫工作落到实处。至年末，通过市委会牵线，与甘肃平凉白水乡大潘小学结对的在杭学校有3所，学生100对，捐赠各种物资折合人民币约2万元，直接捐款近万元。

【主办“万枚明信片相约休博会”活动】 由市委会主办的“万枚明信片相约2006年杭州世界休闲博览会”首发仪式于10月22日上午在浙江图书馆主会场和6个分会场同时举行。市委会向广大市民、中外游客赠送“相约2006年杭州世界休闲博览会”主题明信片（含有邮资）1万枚，加盖纪念戳，现场寄递，邀请他们在国内外、台港澳的亲戚朋友来杭州参加博览会，以达到让世界了解杭州、让杭州走向世界的目的。

【举办“门耳千人茶会”】 为配合杭州市的“春风行动”，市委会于1月11日会同杭州门耳茶坊举办2005年新春杭城百姓门耳千人茶会。茶会面向5城区，邀请300余户特困家庭、1000多人参加，并赠送礼品，以表达对弱势群体的关注、关心和关爱。

【举行庆祝建会60周年大会】 12月29日，省市民进庆祝建会60周年大会在杭州剧院举行，1000余人参加。全国政协副主席、民进中央常务副主席张怀西，中共浙江省委副书记乔传秀，省九三学社主委冯培恩分别代表民进中央、中共浙江省委、省市各民主党派和工商联致贺辞，副省长、民进省委会主委盛昌黎发表讲话。会后，近百名文艺界会员奉献一台精彩的文艺演出。

（陈云祥）

·农工党市委会·

【开展主题教育活动】《中共中央关于进一步加强中国共产党领导的多党合作和政治协商制度建设的意见》（中共中央〔2005〕5号文件）发布后，3月~7月，农工党市委会在全体党员中开展以“学习5号文件，开展传统教育，坚定两个信念，构建和谐社会”为主题的教育活动，要求各基层组织和全体党员认真学习，深刻领会精神。市委会领导作辅导报告，常委、委员参加基层组织的学习，举办授课、巡回演讲12场次，党员受教育面达80%。市委会还参与农工党中央组织的“学习《意见》，社会宣传浙江行”活动，先后有2篇文章在中央级报刊上发表。

【深入开展医疗卫生工作调研】 2005年，市委会召开调研工作专题会议2次，组织调研和考察活动9次，走访20个社区、乡镇卫生院及11个企业，完成调研报告8份，尤以有关医疗卫生工作的调研更为深入。市委会在市政协会议上的5个集体提案中，就有《促进民营医院健康发展的建议》、《抓住“窗口机会”有效遏制艾滋病蔓延势头》、《坚持以人为本，促进城市生态健康》等3个是有关医疗卫生工作的。其中，《促进民营医院健康发展的建议》在中共杭州市委办公厅的《决策参考》上全文刊登，《抓住“窗口机会”有效遏制艾滋病蔓延势头》被市政协列为重点督办提案。市委会还就杭州市经济社会的发展组织深入调研，写出有见地的调研报告。其中，《关于加大投入，完善医院财政补偿机制的建议》、《加快发展我市社区卫生服务的建议》等调研报告分别得到中共杭州市委书记王国平、市长孙忠焕的批示，并在中共杭州市委办公厅的《决策参考》和杭州市政府办公厅的《杭州政务》上全文发表。

【举行建党75周年系列纪念活动】为继承农工党的优良传统，5月~7月，市委会动员全市党员参加农工党中央组织的纪念中国农工民主党建党75周年知识竞赛活动，有743名党员参加，其中9名分别获一、二、三、四等奖。8月5日~7日，市委会举办纪念建党75周年书画展，展出农工党员创作的书画作品120余幅，讴歌中国农工民主党建党75年来与中国共产党亲密合作、肝胆相照的风雨历程，近2000余名农工党员和市民观看展览。8月8日，市委会举行纪念建党75周年座谈会，许多老党员回顾农工党发展的历程，表示要在共产党的领导下，继续为中华民族的伟大复兴事业做出自己的贡献。

【“爱心工程”走进监狱】2005年年初和年末，市委会组织的“爱心工程”与浙江花都美容美发学校合作，为浙江省女子监狱举办2期美容职业技能培训班，74名即将出狱的女服刑人员参加培训，并全部获得省劳动厅颁发的结业证书和美容师初、中级操作技能证书。10月，到省劳教所开办50人参加的美容职业技能培训班，市政协副主席曾东元参加培训班的开班仪式。美容职业技能培训为服刑人员出狱后重新立足社会、自食其力打下基础。

一年来，市委会“爱心工程”还免费培训下岗职工113人次；两次到市社会福利院为老人们进行医疗咨询和美容美发服务。

【参与国际科学与和平周活动】国际科学与和平周是农工党中央主办、具有全国影响力的大型为民服务活动。第十七届国际科学与和平周期间，11月8日，市委会派出各类专家13名和中共余杭区委统战部、农工党余杭区支部联合在余杭区余杭镇溪塔村举行大型为民服务活动，受益群众达400余人次，并赠送价值2000余元的药品，取得良好的效果。（王会荣）

·致公党市委会·

【与政府部门联合开展调研活动】2005年，致公党市委会发挥人才荟萃、智力密集、位置超脱、言路畅通的优势，与政策熟悉、网络健全、财力雄厚、信息量大的政府部门合作，共同调研，取得良好效果。5~6月，市委会组织党员中的政协委员与市文化广电新闻出版局、市财税局的工作人员赴建德、淳安、临安等县（市）调研，与当地文化部门及乡镇村有关人员座谈，完成题为《加强农村文化建设，促进和谐社会构建》的调研报告，提出一些有针对性、科学性、可行性的建议。这份报告得到分管副市长的重视，并在杭州市2005年度农业农村工作调研成果评比中获优秀奖。

【召开议政座谈会】这是市委会加强参政议政工作的一次尝试。10月19日，参加座谈会的党员结合各自的工作实际，围绕中共杭州市委、市政府的中心工作和人民群众关心的热点、难点问题，畅所欲言，各抒己见，在加强公民道德教育、解决行路难和拆迁难、改善城乡接合部管理、改善招商引资后续服务工作、“三农”问题、退休人员社会化管理、解决外来务工人员就医难等方面，提出不少好的建议。

【庆祝中国致公党成立80周年】9月27日，市委会在马可·波罗假日酒店举行中国致公党成立80周年庆祝会，并表彰先进集体和先进个人。此前，作为一项庆祝活动，9月16日晚，市委会与市城管办、市总工会在市工人文化宫联合举办慰问背街小巷改善工程建设者的文艺演出。

【接待中美洲华裔青年代表团】6月16日~18日，市委会接待中美洲华裔青年代表团一行12人。代表团成员来自哥斯达黎加、尼加拉瓜、萨尔瓦多、危地马拉等4个尚未与中华人民共和国建立外交关系的中美洲国家，是当地华人的第二、第三代后裔。市委会领导陪同他们游览西湖和西溪湿地公园，参观数码城和高新区（滨江）创业园，使他们亲身感受祖国大好河山的秀美和日新月异的发展变化。

【吴明熹来杭考察】11月23日，致公党中央副主席、全国政协副秘书长吴明熹到临安西天目地区考察“农家乐”发展情况，与当地农民进行座谈。他对临安市政府扶持“农家乐”的政策表示赞赏，认为这些既保护了生态环境又富裕了农民的好经验、好做法应该在全国推广。吴明熹还参观钱王陵园，听取临安市政协和中共临安市委统战部领导关于钱王及临安历史的介绍。（吴煜华）

·九三学社市委会·

【围绕中心建言献策】2005年，九三学社市委会高度重视发挥在科技工作等方面的群体优势，深入开展调查研究，积极建言献策。在市政协八届四次会议上，刘秋敏委员代表市委会作的题为《启动传统工业升级工程，深入实施“工业兴市”战略》大会发言，得到与会领导的重视和高度评价。市委会还组织社员到紫阳、凯旋、翠苑、东新等街道调研社区治安工作，到高新区（滨江）视察了解高新技术企业的发展状况、投资环境和产业前景，完成《杭州市发展循环经济的对策建议》、《改善社区治安状况，奠定和谐社会基础》等调研报告和材料9份。全年向中共杭州市委、市政府专报意见、建议7份，其中《关于生态补偿问题的建议》、《关于以钱江新城建设为契机，促进以钱塘江文化为主体的“杭派文化”发展的建议》等3篇得到中共杭州市委书记王国平的批示，要求有关部门研究采纳；《提高科技自主创新能力，引领经济社会协调持续发展》、《关于推进塘栖枇杷产业化进程的建议》等4篇得到市长孙忠焕等领导的批示，要求有关部门深入研究。全年共报送信息80余条，其中全国政协录用2条，中共中央统战部录用2条，九三学社中央录用11条，中共杭州市委、市政府录用13条。

【坚持对口联系】2005年，市委会通过与政府部门对口联系这一平台加大参政议政力度。先后分别与市科技局、市建委各举行2次对口联系座谈会，对打造“天堂硅谷”、完善科技创新服务体系、建设网络化大都市和“十一五”规划等提出建议。《杭州信息·决策参考》全文转发市委会撰写的《九三学社市委与市科技局对口联系工作的做法与体会》。

【举办纪念九三学社建社60周年系列活动】活动历时3个多月。6月，在全体社员中开展社史、社章及多党合作、政治协商制度知识竞赛和征文活动。8月23日，举行纪念抗日战争胜利暨九三学社建社60周年歌咏会。9月18日，省、市委会召开九三学社成立60周年暨浙江建立组织50周年纪念大会，全国人大常委会副委员长、社中央主席韩启德出席并作重要讲话。市委会还组织了文艺汇演、大型书画展览和老社员座谈会、中青年骨干座谈会。

【企业与专家结成104对伙伴】10月27日，市委会与市科技局联合举办第四届“专家与中小企业家握手”活动。中国科协党组副书记齐让、社中央副主席冯培恩、中共杭州市委副书记叶明、市政协副主席曾东元等领导出席。活动促成了企业与专家结成104对合作伙伴关系，其中20对现场签约。

【精心组织“三百工程”】2005年，市委会组织的“三百工程”正式启动。先后向上城区紫阳街道、萧山区楼塔镇的100户困难家庭送去大米、食用油、电扇等价值1万多元的物品。5月，向江干区采荷中学、上城区杨绫子学校、西湖区上保社区、拱墅区德胜社区、滨江区闻涛路小学、余杭区百丈镇的100多名困难学生送去助学金、学习用品、玩具等，价值2.5万多元。老人节期间，组织内科、外科、骨科、眼科等专家前往江干区滨江老人公寓为百名老人义诊，并送去100多份节日礼物。

（古　涛）

·市工商联·

【深入调研民营经济】2005年，市工商联积极履行参政议政职能，围绕民营经济发展深入调查研究，全年撰写调研文章23篇，其中有3篇在《杭州通讯》上发表，4篇在市委办公厅、市政府办公厅的内部刊物上发表。在市政协八届四次会议上，市工商联作了题为《扩大投资领域，推进和谐创业，创建民营经济强市》的大会发言，市委书记王国平作出批示。随后，市工商联与市委政策研究室根据批示精神共同召开非公有制企业、市有关部门参加的两个座谈会，并将非公有制企业座谈会上的发言整理成专题信息，报市委、市政府，获得市领导的好评。

【企业会员突破万个】2005年，市工商联发展新会员1432个，其中个人会员近400名。至年末，会员累计1.34万余个，其中企业会员突破1万个。一年来，先后成立杭州市礼品商会、杭州市机电设备商会。至年末，全市有同业公会、行业商会和异地商会24个。

【继续组织企业家赴中共中央党校学习】4月11日~16日，市工商联第三次组织全市百余名非公有制经济代表人士赴中共中央党校学习。来自全市各区、县(市)和基层商会的非公有制经济代表人士，重点学习《国务院关于鼓励支持和引导个体私营等非公有制经济发展的若干意见》，学习内容还涉及经济发展、经营管理、政治形势等多个领域。

【调研53个企业】8月29日，全国工商联公布2004年度上规模民营企业排序，杭州市有53个企业进入前500名行列，占全国的10.6%。市工商联及时对这53个企业总体状况作了调研和分析，并上报市委、市政府。市委办公厅的《决策参考》全文刊载调研分析报告。

【举办基层工商联、商会领导干部培训班】9月13日~27日，市工商联与市委统战部首次在市社会主义学院联合举办全市基层工商联、行业商会秘书长以上领导干部培训班。培训课程包括党的十六届三中和四中全会精神、科学发展观、当前经济形势分析、统战理论知识、工商联和商会知识、和谐创业与企业家的社会责任等。

【召开民营企业运动会】11月18日~19日，市工商联、市体育局、市总工会联合在西湖体育馆举办杭州市“富通杯”首届民营企业运动会。全市13个区县(市)、20多个基层商会和直属会员企业组成25支代表队，近900名运动员参加射击、羽毛球、乒乓球、拔河、保龄球、立定投篮、自行车慢骑、趣味竞赛等8项赛事。

（陆　吉）

12月12日，全国政协副主席、全国工商联主席黄孟复(左三)考察杭州恒生电子股份有限公司。

（市工商联 供稿）

位，提高培训质量和就业率，全年培训农村妇女1.91万人，其中推荐就业1.25万人，就业推荐率65.5%。技能培训、劳动力转移与发展来料加工业结合，通过培养经纪人，建立来料加工协会，制定发展来料加工业考核办法，举办来料加工业务洽谈等举措，做强做大来料加工业，让农村妇女在家门口实现劳动力转移。至年末，全市有来料加工点1671个，从业人员10万余人，加工费收入3.91亿元。通过送科技下乡、争取小额贷款、出版《城乡妇女信息报》、举办女能手女专业大户及村妇代会主任培训、征集评选论文等，为农村妇女及时提供科技、信息、资金服务。全市新建“三八”绿色工程147个，面积454.5公顷。

【创建巾帼文明示范岗】 2005年，杭州市命名114个市级“巾帼文明示范岗”。举办“巾帼文明示范岗”创建活动现场会暨示范岗负责人培训。开展“巾帼文明示范岗”复核验收，采用自查、复查、抽查等方法，对1994年以来命名的400余个市级示范岗进行复查清理，提高“巾帼文明示范岗”的示范效应和社会影响。

【培育特色家庭】 2005年，市妇联将创建学习型家庭与女性素质教育、未成年人家庭教育相结合，倡导家庭实施“每天学习1小时行动计划”。市妇联与市综治办联合召开创建动员大会，出台《创建“平安家庭”的实施意见》，以家庭平安促进社会稳定。围绕“妇女、家园、环境”主题，把握创建节约型社会的要求，在城市家庭中开展争创绿色家庭、节约型家庭活动，有105个家庭分别被评为全国、省、市级绿色家庭，15个社区分别被评为省级、市级绿色创建示范点。开展“和谐家庭”摄影大赛、体验亲情·守望幸福——母亲节特别活动、第六届“万名好妈妈一日游”、老人·家庭·孩子重阳节联欢、翰墨之家评选等活动。全年评选市级“五好文明家庭”标兵户10个、“美德在农家”示范户10个、“五好文明家庭”180个、“五好文明楼群”50个，新评选各级“五好文明家庭”9.66万户、“五好文明楼群”1508个。至年末，全市有“五好文明家庭”114万个，占全市家庭总数的58.2%。

【开展家庭主题教育活动】 市妇联围绕创建全国文明城市的目标，组建礼仪讲师团，深入基层开展“文明礼仪从我家做起”的家庭文明礼仪知识巡回讲座，在淳安县召开了家庭廉政文化建设现场会。市妇联、市纪委联合出台《关于加强家庭廉政文化建设的实施意见》，以“人生旅途、廉内相助”为主题，创建“廉洁家庭”，争当“贤内助”，开展家庭助廉活动，以家庭廉政文化建设促进党风廉政建设。全年1.44万个“五好文明家庭”参加结对、走访、慰问活动。上城区召开城市管理义务监督员授聘大会，组建722名家庭志愿者参加的城市管理义务监督员队伍，每周1次对背街小巷的改善工程进行监督。

【加强未成年人思想道德教育】 2005年，开展以“为国教子，以德育人”为主题的“双合格”家庭教育实践活动。下城区举办长三角家庭教育指导工作论坛，全国妇联和省市领导及来自长三角地区的150余名从事家庭教育指导和研究的专家参加。8个区43个街道建立家庭教育指导中心，完善和建立学校教育、社会教育、家庭教育三位一体的家庭教育指导网络。家庭教育网络较为完善，中小学家长学校办学率92.3%，幼儿园家长学校办学率89%，社区家长学校办学率79.5%。命名市级示范家长学校66所。下城区社区家庭教育指导工作获省妇女工作创新奖。实施“春蕾计划”筹集20万元，在淳安县富文乡新建1所春蕾小学。

【保障和维护妇女权益】 2005，市妇联发出《关于加强在杭外来流动妇女权益保障工作的意见》，以妇女维权新闻发言人的形式，发布在杭的外来妇女现状。举办“外来流动妇女维权服务日”活动，深入外来流动妇女集中区域，提供法律宣传服务。联合杭州广仁医院开展“关爱外来务工妇女健康爱心体检”活动，为在杭工作的外来流动妇女3000人提供价值114万元的免费体检。滨江区建立“外来流动妇女服务中心”，为外来流动妇女维权。

【“农嫁女”维权试点取得成效】 9月，西湖区“农嫁女”维权试点结束。在“农嫁居”、“农嫁农”、离婚(丧偶)及其子女的待遇落实当中，“农嫁居”妇女比“农嫁农”妇女落实得好，“农嫁农”妇女二轮土地承包后婚嫁的比承包前婚嫁的落实得好，“农嫁女”本人比子女落实得好。以“农嫁居”妇女为例，全区“农嫁居”妇女的“土地承包权”得到全部享受的为86.8%，“宅基地”以不同形式享受的为89.8%，“土地征用劳力安置补偿费”全部享受的为94.0%，“双低养老保险补贴”全部享受的为82.5%，“集体资产股份量化中享有基本股东”为87.1%，其中“农嫁居”“土地征用劳力安置补偿费”全部享受的比例从53.2%上升到94%。市妇联联合市农办、市法制办总结西湖区试点情况，在征求13个区县(市)意见基础上，形成《杭州市保障农村婚嫁妇女土地承包权及相关权益的意见(讨论稿)》，提交市委、市政府审议。

【优化妇女事业发展环境】 市妇联与市委组织部联合召开市第五次培养选拔女干部工作座谈会，总结近年来杭州市培养选拔女干部工作的做法与经验。举办杭州市纪念“三八”国际劳动妇女节95周年暨女领导干部风采展示会，评比表彰32个市妇女工作先进集体和49名市优秀妇女干部，并进行了女领导干部时装展示和健美操比赛。举办杭州市女干部培训班和妇联系统专兼职干部培训班各1期，76名来自全市机关各部委办局、各区县(市)、企事业单位的女干部和专兼职妇女工作者参加培训。

全市村领导班子中有妇女干部的村占总数的72.4%。余杭区、江干区、拱墅区、西湖区、高新区(滨江)、经济技术开发区妇女进村“两委”班子的比例均超过90%。

市政府落实全国“三八”红旗手的市级劳模待遇，以简复单的形式明确全国“三八红旗手”享受市级劳模待遇的具体内容，激励了广大妇女见贤思齐、争先创优的热情。

（叶　琦）

·劳动保障·

【劳动保障概况】2005年，全市劳动保障各项工作按照全面推进、重点突破的思路稳步实施。城乡统筹就业工作全面启动，社会保险实行“五费合征”，医疗保险制度改革进一步深化，创业培训国际合作项目首次推出，劳动用工管理长效机制逐步形成，劳动保障维权力度进一步加大，劳动保障咨询服务创新载体，各项基础建设不断完善。杭州市劳动保障局被评为2005年杭州市直单位综合考评优胜(满意)单位，获2005年全国劳动保障宣传工作先进单位称号。

【新增就业岗位15.51万个】2005年，各级劳动保障部门在全市开展再就业政策实效行动，检查政策落实情况。根据失业人员从事个体经营申领一次性补助费工作反映出的问题，作出“必须经营3个月、进行税务登记、提供3个月完税凭证才能申领”的规定。建立失业登记有效期制度，对于“6个月有效期满后不及时进行失业状态确认的、已有单位为其缴纳社会保险的、已经申领营业执照的和成为缴税企业业主”的人员，注销其失业登记，不再纳入失业人员管理范围。对再就业资金使用情况进行监督检查，全年全市使用再就业专项资金2.15亿元。至年末，全市新增就业岗位15.51万个，失业人员实现再就业13.09万人；城镇登记失业人数6.09万人，其中6城区3.57万人，城镇登记失业率3.71%，比上年下降0.62个百分点。

【开展再就业援助活动】2005年，各级劳动保障部门在全市广泛开展以“送政策、送岗位、送技能、送服务，落实社会保障补贴政策”为主要内容的再就业援助活动。举办各类再就业招聘会274场，组织用人单位7088个，推出就业岗位12.89万个，达成就业意向3.78万人。全市新增公益性岗位5944个，新增机关事业单位后勤岗位1466个，非正规就业劳动组织新增就业岗位2153个。发放小额担保贷款201笔，金额达512.5万元。发放一次性就业援助补助费3796万元，用工补助费1168万元。

【拓宽就业服务】各级劳动保障部门积极开展大中专毕业生见习训练工作。至年末，全市有见习基地49个，其中新建29个；累计提供见习岗位2515个，推荐见习2043人；推出大中专毕业生暑期实习、见习训练及就业推荐等“一条龙”服务。将被征地农转非人员纳入就业服务范围，提供职业指导、技能培训和就业援助等多项就业服务。积极开展劳务合作，推出“跨区域劳务合作洽谈”服务，市本级已和8省12个市、县签订劳务协作书，建立劳务合作基地，全年从江西、山东、四川、甘肃、安徽等地输入劳务人员4117人。

【稳步推进城乡统筹就业】11月，市政府出台《关于全面推进城乡统筹就业工作的通知》，对全市城乡统筹就业工作提出整体规划。各级劳动保障部门开展农村劳动力调查，对全市劳动年龄段内农业户籍人口的住户和农村劳动力人数、素质结构、就业状况、职业技能等情况进行全面调查。取消外来务工人员就业登记证制度，停止外来务工人员就业各项收费，推荐53个诚信民办职介机构和6个优秀民办职介机构，取缔和整治62个非法职介机构，发放5万本内含“放心职介”服务单位、求职指南、维权注意事项等内容的“春风卡”，组织职业指导课42期。至年末，全市各级劳动力市场共提供就业岗位119.53万个，求职登记56.97万人次，介绍成功25.89万人次。

【社会保险实现“五费合征”】2005年，市区按照“统一参保管理机构、统一费用征收机构、统一缴费基数规定、统一参保基本信息”的原则，实现五大社会保险费统一征收，扩大了社会保险覆盖面。萧山区在全省率先基本实现工伤保险全覆盖。至年末，全市参加基本养老保险170.32万人，其中企业参保154.24万人、机关事业单位参保16.08万人；收缴企业基本养老保险基金66.22亿元，支付能力达13.93个月，比上年末提高4.08个月。基本医疗保险参保187.71万人，比上年增加15.36万人；收缴医疗保险基金27.03亿元，支出21.97亿元。失业保险参保118.36万人(6城区81.47万人)，增加12.63万人；收缴失业保险基金6.83亿元（6城区5.29亿元），支出1.79亿元，累计结余11.46亿元。工伤保险参保111.03万人(6城区64.69万人)，增加22.58万人；支付工伤保险基金5156万元（6城区2013万元）。生育保险参保96.41万人（6城区70.07万人），增加16.63万人；收缴生育保险基金8211万元（6城区6513万元），支付生育保险基金7317万元（6城区6417万元）。

【完善医疗保险制度】 至2005年末，全市参加门诊统筹的退休人员26.91万人。调整基本医疗保险规定病种门诊医疗费结算方式。对纳入门诊统筹管理但不持有《杭州市困难家庭救助证》的退休人员，其个人自负住院和规定病种门诊医疗费的医疗困难互助救济申请标准从2万元调整为5000元，全年救济医疗困难人员5029人次，发放医疗困难互助救济资金1470万元。开展医疗保险稽核工作，全年累计剔除定点医疗机构、定点药店违规医疗费2925万元，追回参保人员违规医疗费88.62万元。至年末，市区有定点医疗机构282个，比上年增加48个；定点药店134家，增加29家；与杭州市区以外的省内其他市、县（市）30个医疗机构签订医疗保险服务协议。

【做好企业退休人员社会化管理工作】 2005年，市政府办公厅转发《市劳动保障局市财政局关于进一步做好市区企业退休人员社会化管理服务工作意见》。市区街道（乡镇）劳动保障管理站增配工作人员20人；对退休人员超过500人的社区，按比例增配专职管理人员，发放补贴。加强退休人员社区活动场所建设。按照“待遇不降、服务更优”的要求，落实和改善退休人员待遇，企业退休人员月人均养老金958元。至年末，全市实行社会化管理的企业退休人员36.01万人，社会化管理率达99.2%；其中移交社区管理32.89万人，社区管理率达91%。

【完善征地“农转非”人员社会保障政策】 2005年，市政府出台《关于市区征用土地农转非人员参加低标准缴费低标准享受基本养老保险的补充意见》，将市区所有劳动年龄段内的征地农转非人员纳入保障范围，从根本上解决征地农转非人员社会保障问题。至年末，全市参加职工基本养老保险（含“双低”养老保险）及享受各类生活补贴的征地农转非人员有19.36万人。

【首次推出SIYB创业培训】 2005年，各级劳动保障部门全面落实再就业培训补助政策和技能鉴定补贴政策。首次推出“创办和改善你的企业”（SIYB）创业培训，13个区、县（市）先后举办SIYB创业培训班，培训合格555人。通过创业培训，实现创业或自谋职业296人，带动其他人员就业1319人，较好地发挥了以培训促创业、以创业促就业的倍增效应。至年末，全市再就业培训5.62万人，培训后就业率达63%。杭州市被劳动保障部批准为国家创业示范基地。

4月8日，国家劳动保障部副部长华福周（右三）视察杭州市劳动保障工作。
（市劳动保障局 供稿）

【推进技能培训鉴定工作】 开展农村劳动力培训，全年培训失地农民2.56万人，培训已在二、三产业就业农民4.99万人。推进高技能人才培训工作，推出“815高级蓝领培训工程”（每年培养8000名高级工、1000名技师、50名高级技师），并根据工种难易程度对高技能人才培训予以不同补助。对30个工种的技师和5个工种的高级技师实施社会化考评。组织开展中式面点师、中式烹饪师、茶艺师等15个工种的技能竞赛。

全市技校招生6823人。全年有技校毕业生3081人参加技能鉴定，发证3018人；职高毕业生5382人参加职业技能鉴定，发证4350人。至年末，全市培养高技能人才9580人，其中技师1656人，高级工7924人。杭州市高级技工学校被国家教育部、劳动保障部等7部委授予全国职业教育先进单位荣誉称号。

【加强劳动关系调整】 6月，市劳动保障局发布307个工种、11个国民经济行业、11种登记注册类型企业、11种专业技术等级、6类不同学历的企业劳动力市场工资指导价位。加强劳动合同管理与检查，全市规模以上企业劳动合同签订率达92.6%。发布实施《杭州市企业工资集体协商试行办法》，自11月1日起施行，对适用范围、协商内容、协商程序及建立工资集体协商指导员队伍作了明确。至年末，全市签订集体合同的企业6334个，开展工资集体协商的企业8279个。

【探索劳动用工管理长效机制】 建立建筑业企业职工工资支付保证制度。至年末，全市建筑企业职工工资支付保证金达2.4亿元，其中市区7663万元；涉及建筑企业105个。设立欠薪应急周转金1080万元。规范建筑劳务分包企业用工管理，对建筑施工现场职工情况登记、考勤、工资发放等提出具体明确的要求。推行企业劳动保障守法诚信制度，将企业是否存在拖欠职工工资、不签订劳动合同、不缴纳社会保险费等违法行为作为评价企业劳动保障信用等级的重要指标记入信用档案。全市实施书面审查企业 1.33 万个。

【劳动保障执法监察】2005 年，市劳动保障局进一步健全投诉举报制度和案件调查处理制度，规范劳动保障执法监察行为。组织开展全市性的劳动力市场秩序、劳动用工、打击违法使用童工行为、清理拖欠农民工工资等专项整治行动 6 次。全市各级劳动保障监察机构通过日常巡查、专项检查、投诉举报专查和书面审查等形式，检查用人单位 3.2 万个次，涉及劳动者 151.4 万人次。督促补签劳动合同 7 万份，追补发放劳动者工资及待遇 9682 万元，补缴社会保险费 3790 万元。市劳动保障监察支队被劳动保障部、公安部、人事部、工商行政管理总局表彰为全国清理整顿劳动力市场秩序专项行动先进单位。

【劳动争议仲裁】2005 年，各级劳动保障部门加快劳动仲裁实体化建设。继市本级和萧山区后，余杭区、拱墅区新组建劳动仲裁院。萧山区成立仲裁派出庭 8 个，余杭区成立仲裁派出庭 3 个。全市立案处理劳动争议案 2324 件，涉及劳动者 7190 人，分别比上年增加 21%和 86.7%；结案 2318 件，结案率为 95.3%，为双方当事人追回经济损失 5334 万元。在全市 206 个乡镇(街道)、923 个行政村（社区)、4892 个企业建立劳动争议调解组织，调解劳动争议案件 7757 件。

【市劳动保障咨询服务中心投入运行】市劳动保障局为拓宽与公众的沟通渠道，方便广大市民和用人单位，组建了咨询服务中心，于 12 月 15 日正式对外服务。该中心以 87612333 为统一号码标识，综合利用计算机、现代通信和信息技术搭建起跨部门、综合的劳动保障咨询系统，运用电话、传真、短信、电子邮件等手段为社会公众提供劳动保障政策法规、业务指南、社会保险信息咨询和查询、受理投诉举报建议及开展社会调查等服务。该中心拥有 30 个人工座席，30 路自动语音服务，提供全天 24 小时自动服务及周一至周五的 8 小时人工服务。

（陈碧波）

·人事·

【人事概况】2005 年，全市人事部门以引进和培养高层次人才为重点，深入实施人才强市战略；以完善制度、提高能力为核心，加强公务员队伍建设；以深化体制、加强监管为抓手，稳步推进行政体制和事业单位改革；以构建人事公共服务体系为载体，着力优化各项服务工作；以构建和谐社会为目标，营造和谐的创业环境，各项人事人才工作取得新进展。

【优化人才政策环境】2005，市委、市政府出台《关于加强高层次人才引进工作的若干意见》、《杭州市政府雇员管理试行办法》、《杭州市人才开发专项资金管理办法》等重要文件，并由市人事局等有关部门制定相关实施细则。与浙江大学合作编制并发布《杭州市 2005 年度紧缺人才开发导向目录》，提出高层次人才、信息产业人才、现代服务业人才、生物医药人才、现代制造业人才、城市建设和建筑类人才、文化教育卫生技术人才、农业技术类人才、经营管理类人才和高技能实用人才为杭州市 2005 年度紧缺急需的十大类人才。市人事局完成杭州市“十一五”人才规划初稿的编写。全年采取大型招聘会、专场招聘、网上招聘和外出招聘等多种形式，引进人才 4 万余人，比上年增长 34%；其中博士 112 人、硕士 1780 人。

【引进国外智力成效显著】2005 年，市人事局执行外国专家项目 75 个，引进德国、美国等 10 余个发达国家经济技术和管理专家 112 人来杭工作，取得显著成效。杭州聚光科技有限公司的半导体激光在线气体分析系统产业化研究项目在专家指导下，荣获中国仪器仪表学会最高奖——科学技术奖，并被国家发改委列入年度科学仪器高技术产业化专项。全年组织专业技术人才和中高级管理人才 334 人赴美国、德国等发达国家进行科技创新、城市管理等方面的培训。

【“科学与中国”院士专家巡讲团首次到杭】10 月 20 日~23 日，应市人事局邀请，“科学与中国”院士专家巡讲团就“科技创新与杭州可持续发展”这一主题，到杭州作专题报告和考察咨询活动，为杭州市高新技术产业发展和经济社会的可持续发展出谋划策。巡讲团由中宣部、科技部等 6 部委组织，于 2002 年启动，系首次来杭。在杭期间，中国工程院和中国科学院的李国杰、吴祖泽、金涌、简水生、李乐民、何新贵、毛江森 7 名院士及中科院副秘书长沈保根等参加杭州市举行的“科技创新与杭州可持续发展”专题报告会、院地合作座谈会。市领导于辉达、朱报春、叶明、王金财、于跃敏、张鸿建等市委理论学习中心组成员及市直单位和区、县(市)党政主要领导，市新世纪人才工程“131”第一、第二层次培养人选，市领导联系的科技人员

湖墅街道劳动保障管理站

（市劳动保障局 供稿）

10月20日，杭州市举行“科技创新与杭州可持续发展”专题报告会。
（市人事局 供稿）

等500余人参加报告会。市领导叶明、金胜山，11个高新企业负责人及部分市直部门领导与专家进行院地合作座谈。院士巡讲团还赴高新开发区、经济技术开发区和西湖科技经济园等地考察交流。

【全面完成新世纪“131”优秀中青年人才培养计划】 2005年是“十五”时期“131”优秀中青年人才培养计划实施的最后一年。市人事局组织18名“131”培养人选赴德国进行为期21天的科技创新与知识产权保护培训，首次安排46名培养人选国内学术休假，建立“131”人才信息库，编印培养人选名录，对10名业绩突出的培养人选在《杭州日报》上作专题报道。对2001年以来入选的1225名“131”一、二、三层次培养人选进行综合考核评估，其中1154名符合培养目标、64名基本符合、7名不符合。全面总结新世纪“131”优秀中青年人才培养计划实施情况，提出继续滚动实施该培养计划的初步方案。

【为留学人员创业服务】 2005年，市人事局与有关部门共同组织赴北美开展留学人员招聘和项目洽谈活动，初步谈成项目意向和引智意向20多个，落户项目1个。组织参加第八届中国留学人员广州科技交流大会，初步谈成项目意向和引智意向5个，有意向来杭工作留学人员18人。开展人事部与杭州市政府共建杭州高新开发区留学人员创业园筹备工作，新建杭州市经济技术开发区留学人员创业园。资助来杭创业留学人员20人，核拨资助资金257万元。受理符合申请专项经济适用房条件留学人员26人，解决上年申请经济适用房留学人员10人的住房问题。全年办理留学人员工作证140人，开具留学人员证明34人，为留学人员协调子女入学事宜。

【博士后科研工作站建设】 2005年，杭州市博士后科研工作站规模进一步扩大。新建省级博士后科研工作站3个，新招博士后研究人员14人，新开博士后研究课题11项，考核出站博士后留杭工作3人。结合中国博士后制度实施20周年，首次组织开展2005年度杭州市优秀博士后科研工作站和优秀博士后的评选表彰活动，评出优秀博士后科研工作站5个，各奖励2万元；优秀博士后5人，各奖励1万元。至年末，全市有国家级博士后科研工作站23个、省级博士后科研工作站4个。

【专业技术资格考评结合】 2005年，继续开展以考试、考评相结合，考核认定与同行专家评议相结合的专业技术人员评价办法。在市公安消防部门的配合下，开展工程系列消防专业技术资格的考评结合工作，被国家人事部确认为全国首创，《人民日报》、《中国人事报》、《中国人才》等媒体予以报道。全年组织专业技术人员职称外语、专业技术资格及执业资格考试41类，通过各类考试取得专业技术资格1.67万人。评审通过中级专业技术职务4845人，高级专业技术资格1692人，其中40岁以下晋升高级职务1286人、破格晋升高级职务245人。开展有突出贡献的企业经营管理人才直接申报评审高级经济师工作，评审通过53人。与有关部门共同组建杭州市企业高级经营管理人才评价顾问团。

【专业技术人员继续教育】 2005年，继续实施名校名师名专业战略。在上年与北京大学、同济大学、大连理工大学和中央电大合作的基础上，又引进中国科技大学、华中师范大学合作办学项目，6所大学均在杭

表64　杭州市新世纪“131”优秀中青年培养人选成果（2001年~2005年）统计

承担和完成科研项目数			发表论文篇数	出版专著数	科研成果			科研成果创利			荣誉称号			担任技术领导职务		入选浙江省“151”人才工程培养人选		
国家级	省部级	市级	省级以上刊物		国家级科技进步奖人数	省部级科技进步奖人数	市级科技进步奖人数	创利1000万元以上人数	创利500万元以上人数	创利500万元以下人数	浙江省首批特级专家人数	国家政府特殊津贴人数	杭州市科技特别贡献奖人数	担任企业技术负责人	担任行业技术负责人	第一层次培养人选人数	第二层次培养人选人数	第三层次培养人选人数
302	596	866	2 408	250	30	191	286	70	98	211	2	22	4	376	191	15	33	123

设立教学基地，开设硕士、大学本科、大学专科3个层次22个专业的学历、学位教育课程，有学员1000余名。这项工作得到市委、市政府的好评，并给予培养资金和教学场地的支持。开展“长三角”紧缺人才培训工作，全年有6300人参加外语口译、汽车营销、现代物流、外贸单证等杭州市紧缺专业的培训和考试，900余人获“长三角”紧缺人才岗位能力证书。全市有30余万人次的专业技术人员接受继续教育，覆盖面在45%以上。

【公务员队伍建设】2005年，市人事部门会同组织部门拟制杭州市实施公务员法工作意见，组织全市公务员3.2万人参加公务员法的培训和考试。面向社会和应届毕业生招考录用公务员932人。开展市直机关“十佳公务员(工作者)”评选表彰工作。组织实施公务员年度考核并首次在考核中实施“末位告诫”制度，全市被“末位告诫”7人，其中调整工作岗位3人。组织考核基本称职和不称职公务员68人参加公务员基本素质培训班。组织实施公务员初任、任职、更新知识和公共技能等培训，在任职培训中引入“如何提高应对公共突发事件的能力”培训。开展与香港、上海两地公务员互派学习活动。全年办理公务员调任30人、转任264人。

【工资福利工作】2005年，依据年度考核结果，为全市机关事业单位在职人员13.45万人晋升工资档次；为公务员5193人正常晋升级别工资，其中连续三年考核优秀公务员215人提前晋升级别工资；为机关事业单位职务变动人员1.12万人调整工资；为机关事业单位交流换岗人员8091人重新确定工资。组织市级机关事业单位在职人员2.14万人参加健康体检、考核优秀公务员295人参加健康休养。根据国家和省政府的统一部署，组织召开全市清理津贴补贴和规范收入分配秩序工作会议，开展津补贴调查摸底和汇总上报，为新工资制度的实施做好基础工作。

【退休干部服务管理】严格退休制度，为机关事业单位4090名职工办理了退休手续，其中机关公务员正常退休721名，特殊工种人员提前退休117名，审核报送机关事业单位因病丧失劳动能力鉴定职工89名。按有关规定为23名企事业单位的高级专家、劳动模范提高了退休费标准。组织市级机关事业单位退休干部9213人参加健康体检。组织全市机关事业单位退休干部4300人参加“喜看杭州新面貌”一日游活动，得到退休老同志的好评和市委领导的充分肯定。办好市退休干部大学，根据老年教育的特点，开设29个班级，1500多人次参加学习实践，丰富退休老同志的生活。

【接收安置军队转业干部664名】2005年，全市接收安置军转干部664名。其中，计划分配649名，自主择业15名。计划分配中师职干部10名，团职干部152名，营职干部199名，连排职干部126名，专业技术干部162名。继续对营以下干部采取考试与考核相结合的安置办法，较好地完成了安置任务。安置随调家属79名。完成392名军队转业干部的上岗前培训。落实企业退休军转干部的补贴政策，建立企业军转干部数据库。

【推进行政机构改革】根据中央、省关于深化完善政府机构改革的要求，组织实施了市和区、县(市)机构改革工作，对国有资产管理体制、安全生产监管体系设置、文化体制等进行了调整。积极探索城市管理综合执法的新路子，在上级编办的支持下，在部分县(市)进行城市管理综合行政执法体制改革。

【清理行政职能取得阶段性成果】结合市委破“七难”的要求，在上年清理工作的基础上，着重抓好督促落实和对剩余遗留问题的协调处理两项工作，公布并下发了对72个问题的处理意见及落实情况督查通知，同时对剩下的一些难题会同有关部门再次进行认真的梳理，并对涉及市发改委、经委等16个部门和单位的“三定”方案进行了制定和修订，清理行政职能取得阶段性成果。

【深化事业单位改革】推进事业单位用人制度改革，2005年全市有3852个单位实行人员聘用制，占事业单位总数的81%；积极推行事业单位工作人员公开招聘。继续深化事业单位分配制度改革，出台《关于进一步深化事业单位分配制度改革的实施意见》并组织实施。部署并启动全市事业单位机构编制清理规范工作，为加强事业单位规范管理奠定基础。加强对事业单位改制的政策指导，会同有关部门研究制定了《关于市属事业单位转企改制政策的若干补充意见》，经市政府同意后下发。参与市卫生、文化体制改革试点工作。

【人事系统开展创新奖和攻关奖评选工作】2005年，为激励先进，促进全市人才人事和机构编制工作加快发展，市人事局组织全市人事系统首次开展人才人事和机构编制工作“创新奖”、“攻关奖”的评选活动。经推荐评选，全市有11项人才人事和机构编制工作获得“创新奖”和“攻关奖”。(张　锦)

·外事·

【外事概况】2005年，杭州市外事工作认真贯彻中央“经济外交”精神，进一步确立地方外事服务经济建设和社会发展的思想，切实增强紧迫感、责任感和使命感，取得良好成效。全年审批因公出国(境)团组1692批、6718人次，分别比上年下降2.8%和1.7%；其中经贸团组872批、2942人次，分别占总数的51.5%和43.8%。代办护照1465批、5862人次，代办签证849批、4175人次，护照收缴率在95%以上。

全年接待境外来宾245批、3022人次。其中，副部级以上团组12批、210人次，国际友好城市、友好交流及友好往来城市代表团46批、410人次，世界500强企业为主的国外著名大公司代表77批、507人次，国际会议、国际组织代表11批、399人次，驻华使领馆官员20批、80人次，国外媒体9批、37人次。

全年派出公务员16人分赴日本、韩国等国家研修，接收境外公务员10人到杭研修。

【主要出访活动】孙忠焕率团访问阿联酋、英国和南非　4月10日~22日，以市长孙忠焕为团长的杭州市政府代表团一行7人应邀赴阿联酋、英国和南非访问。在英国，代表团在杭州市友好城市——利兹市分别举办杭州投资环境说明会和2006年杭州世界休闲博览会推介活动。在南非，杭州与开普敦市正式签署建立友好城市关系协议书。在阿联酋，代表团与中国驻迪拜总领事和迪拜中国贸促中心负责人进行会谈，并实地考察华为阿联酋分公司。

4月15日，市长孙忠焕在访问英国利兹亨利王子中学时与学生亲切交谈。
(市外办 供稿)

王国平率团访问俄罗斯、芬兰和法国　6月19日，省委常委、市委书记王国平一行赴俄罗斯、芬兰和法国访问。在俄罗斯，代表团重点考察圣彼得堡古建筑保护工作情况，双方就如何进一步加强历史文化名城保护进行深入探讨。在芬兰，代表团与诺基亚公司总部签署诺基亚创新软件园项目合作备忘录。在法国，代表团参加中国杭州———法国埃松经贸合作洽谈会、东方休闲之都——中国杭州图片展和中国国际丝绸博览会法国招商会。

虞荣仁率团访问荷兰、法国　11月16日~28日，市政协主席虞荣仁一行赴荷兰、法国考察访问。在荷兰，代表团与海牙市议会、市政府就两市开展交流合作和邀请海牙市参加2006年杭州世界休闲博览会进行商谈，并签订两市友好交流备忘录。在法国，代表团与尼斯市政府就今后两市友好交流与合作交换了意见。

【主要到访活动】美国洛克菲勒开发公司总裁尼古拉斯·洛克菲勒访杭　1月13日，市委书记王国平、副市长项勤会见宴请尼古拉斯·洛克菲勒一行。

日本三井住友银行总行副行长奥正元访杭　1月10日，副市长金胜山会见奥正元一行。

日本航空公司常务取缔役荒井克之访杭　1月12日，副市长金胜山会见宴请荒井克之一行。

奥地利欧亚事务主管沃尔福冈·艾瑟尔访杭　1月24日，代市长孙忠焕会见宴请沃尔福冈·艾瑟尔一行。

爱尔兰凯瑞集团董事会主席巴克雷访杭　1月20日，副市长孙景森会见宴请巴克雷一行。

韩国春川市市长柳锺洙访杭　1月25日，柳锺洙率韩国春川市市政府代表团访杭，并与杭州市签署“杭州—春川休闲文化产业交流协议意向书”和2006年杭州世界休闲博览会“世界百座城市休闲风情馆”韩国春川馆建馆协议。

日本松下电器社社长中村邦夫访杭　2月16日，市长孙忠焕、副市长金胜山、副市长沈坚会见中村邦夫一行。

日本东芝执行役专务兼PC社社长西田厚聪访杭　2月17日，市委书记王国平、副市长金胜山会见宴请西田厚聪一行。

美国BD公司高级副总裁比尔·科仕访杭　2月21日，市长孙忠焕会见宴请比尔·科仕一行。

印尼金融银行常务副总裁潘韦胜访杭　3月3日，副市长盛继芳会见宴请潘韦胜一行。双方就金融合作、拓展服务领域、实现互利互惠进行洽谈。

美国英特尔公司解决方案服务事业部全球总裁瑞克访杭　3月9日，市委书记王国平、副市长金胜山会见宴请瑞克一行。

日本东芝PC总社副社长渥美幸一郎访杭　3月15日，市委书记王国平、副市长金胜山会见渥美幸一郎一行。

以色列贝特谢梅什市市长丹尼尔·范克宁访杭　3月15日~19日，丹尼尔·范克宁一行应邀访杭。代表团在杭期间，市长孙忠焕、市委副书记朱报春和市政协副主席马时雍等分别会见客人。贝特谢梅什市与杭州市签署2006年杭州世界休闲博览会“百城馆”建馆协议。

蒙古国议员、信息通信技术发展委员会主任Sainbuyan Otgonbayar访杭　3月21日，市委书记王国平会见宴请以私人身份到杭州访问的Sainbuyan Otgonbayar一行。

美国道富银行董事长洛格访杭　3月22日，市委书记王国平、副市长金胜山会见宴请洛格一行。

泰国泰攀省省长松蓬·堤玛萨访杭　3月22日，副市长孙景森会见松蓬·堤玛萨一行。

日本全日空航空公司会长野村吉三郎访杭　3月29日，市委书记王国平、副市长项勤会见宴请野村吉三郎一行。

南非驻沪总领事付康宁访杭　3月29日，市长孙忠焕会见付康宁。

捷克新任驻沪总领事米兰·胡斐才访杭　4月6日，副市长盛继芳会见米兰·胡斐才。

日本神户制钢所社长犬伏泰夫访杭　4月12日，副省长钟山、副市长盛继芳会见犬伏泰夫一行。

加拿大北电网络大中华区总裁毛渝南访杭　4月13日，市委书记王国平、副市长沈坚会见宴请毛渝南一行。

英国太古股份有限公司主席唐宝麟访杭　4月21日，副市长金胜山会见宴请唐宝麟一行。

世界休闲组织、世界休闲博览会执行官杰拉德·凯尼恩访杭　4月22日，市委书记王国平、副市长项勤会见杰拉德·凯尼恩一行，就举办2006年杭州世界休闲博览会进行会谈。

美国摩托罗拉公司执行总裁恩德拉·纳蒙克访杭　4月27日，市委书记王国平、副市长金胜山宴请恩德拉·纳蒙克一行，并就双方进一步加强交流合作，拓展合作领域，实现共同发展进行了交谈。

越南驻华大使陈文律、缅甸驻华大使吴文登访杭　4月27日，副市长金胜山会见陈文律、吴文登一行。

印度INFOSYS信息技术有限公司董事长Narayana Murthy访杭　5月9日，市委书记王国平会见Narayana Murthy一行。

马来西亚著名实业家郭鹤年访杭　5月10日~11日，市委书记王国平、市长孙忠焕先后会见郭鹤年一行。

英荷壳牌天然气与电力亚太地区总裁贝德威、壳牌中国集团主席王郁章一行访杭　5月11日，市委书记王国平会见贝德威、王郁章等一行。会见结束后，市委副书记于辉达、副市长杨戌标参加杭州市燃气公司与英荷壳牌公司、香港中华煤气公司合资组建杭州天然气有限公司的合营签约仪式。

法国路易威登集团主席Y. Carcelle访杭　5月20日，市委书记王国平会见Y.Carcelle一行。

美国世导公司董事所罗门访杭　5月25日，市委书记王国平会见宴请所罗门一行。

日本总务省总务审议官松井浩访杭　6月1日，副市长金胜山会见松井浩一行。

芬兰新任驻沪总领事席柏薇访杭　6月2日，副市长孙景森会见席

表65　**2005年杭州市其他主要出访团组**

出访时间	代表团团长及职务	出访国家
2005-03-13	市人大常委会副主任李松春	澳大利亚、新西兰
2005-03-24	市委副书记叶明	日本、澳大利亚、新西兰
2005-04-02	副市长金胜山	日本、美国
2005-06-23	副市长金胜山	瑞士、法国、土耳其
2005-07-03	市人大常委会副主任丁德明	加拿大、巴西、阿根廷
2005-07-17	副市长金胜山	日本、韩国
2005-08-08	市人大常委会副主任吴键	英国、印度
2005-08-18	副市长杨戌标	俄罗斯、拉脱维亚、立陶宛
2005-08-21	市委副书记朱报春	以色列、意大利、希腊
2005-09-08	市政协副主席马时雍	墨西哥、智利、秘鲁
2005-09-12	市委常委、宣传部部长张鸿建	俄罗斯、瑞典
2005-09-22	市委书记王国平	日本
2005-10-23	市委常委、组织部部长于跃敏	美国、加拿大
2005-11-09	市人大常委会副主任杨耀梁	埃及、希腊
2005-11-13	市委常委、市委秘书长顾树森	南非、埃及、津巴布韦
2005-11-15	副市长陈重华	巴西、阿根廷
2005-11-27	副市长孙景森	加拿大、智利

8月4日，市委书记王国平、副市长金胜山出席印孚瑟斯技术有限公司杭州软件园项目签约仪式。（市外办 供稿）

柏薇一行。

加拿大皇家银行总裁兼首席执行官戈登·尼克松访杭　6月3日，副市长盛继芳会见宴请戈登·尼克松一行。

以色列驻华大使海逸达访杭　6月6日，市长孙忠焕会见海逸达一行。

新加坡淡马锡控股公司执行董事丹尼斯·滕访杭　6月6日，副市长金胜山会见丹尼斯·滕一行。

韩国驻华大使金夏中访杭　6月17日，金夏中一行到访，实地考察韩国临时政府杭州旧址纪念馆。

英中贸易协会会长鲍威尔勋爵访杭　6月30日，副市长盛继芳会见宴请鲍威尔勋爵一行。

马来西亚霹雳州政府代表团访杭　7月11日，市人大常委会副主任吴键会见宴请以州立法议会议长拿督末依莎为首的马来西亚霹雳州政府官方考察团一行。

日本福井市市长酒井哲夫访杭　7月12日，日本福井县日中友好协会会长、福井市市长酒井哲夫一行到访，市政协主席虞荣仁会见宴请代表团一行。

西班牙发展部部长马格达莱娜·阿尔萨访杭　7月25日，副市长盛继芳会见马格达莱娜·阿尔萨一行。

世界华商总会执行主席廖俊侨访杭　7月26日，市长孙忠焕会见宴请廖俊侨一行。会见结束后，宾主双方共同出席由亚洲包装中心和西班牙欧美投资集团在杭投资兴建的亚包大厦签字仪式。签字仪式上，金泰集团与西班牙3E集团同时签订合资组建杭州三鑫国际包装集团有限公司的协议。

印度印孚瑟斯技术有限公司董事长莫瑟访杭　8月4日，市委书记王国平、副市长金胜山会见莫瑟一行，并出席印孚瑟斯技术有限公司杭州软件园项目签约仪式。

马来西亚信息部部长卡迪尔访杭　8月9日，市长孙忠焕会见宴请卡迪尔一行。宾主双方就进一步加强信息产业合作、增进相互了解进行友好交谈。

联合国教科文组织助理总干事Mounir Bouchenaki访杭　8月11日，副市长杨戌标会见宴请Mounir Bouchenaki一行。

德国巴伐利亚州安贝各地区最高行政长官阿尔敏·南特维希访杭　8月13日，副市长金胜山会见宴请阿尔敏·南特维希一行。

日本爱华日中经济文化友好访华团访杭　8月31日，市委书记王国平会见由日本内阁府首相特命顾问、东京电力株式会社前会长荒木浩率领的爱华日中经济文化友好访华团一行。

德国海德堡市市长比特韦伯访杭　9月2日，比特韦伯率团访问杭州，并在杭举办海德堡市建筑展览。副市长盛继芳、市人大常委会副主任丁德明、市政协副主席韩国熹分别会见宴请代表团一行。

印度塔塔之子公司执行董事阿兰·鲁士林访杭　9月5日，市委书记王国平会见阿兰·鲁士林一行。

尼日利亚奥逊州政府代表团访杭　9月5日，副市长陈重华会见由州长奥拉贡索耶·奥因罗拉率领的奥逊州政府代表团一行。

英国西屋铁路系统全球销售总监约翰·克拉克访杭　9月5日，副市长盛继芳会见约翰·克拉克一行3人。

韩国三星半导体事业部社长权五铉访杭　9月10日，市委书记王国平、副市长金胜山会见权五铉一行。

美国前总统克林顿访杭　9月10日，克林顿到访，出席阿里巴巴公司“西湖论剑”开幕式，并作主题演讲。

美国投资基金代表团总裁陈仲华访杭　9月12日，市长孙忠焕、副市长沈坚会见宴请陈仲华一行。

巴基斯坦驻沪总领事扎法儿·莫哈默德访杭　9月22日，副市长金胜山会见扎法儿·莫哈默德。

拉脱维亚对外友协代表团访杭　9月23日，副市长杨戌标会见宴请以拉脱维亚鲍斯卡州议会主席艾瓦尔斯·奥克马尼斯为团长的拉脱维亚对外友协代表团一行16人。

印度国家软件服务企业协会主席拉马多纳访杭　9月24日，省长吕祖善、市长孙忠焕会见拉马多纳一行。

瑞士美宝银行副总裁米谢尔·高塔访杭　9月28日，副市长盛继芳会见米谢尔·高塔一行。

意大利驻沪总领事巴隆切利访杭　10月10日，巴隆切利到访，出席湖滨国际名品街开幕仪式。市人大常委会副主任丁德明、副市长金胜山会见巴隆切利一行。

以色列驻沪总领事顾特曼访杭　10月11日，副市长孙景淼会见顾特曼一行。

日本新任驻上海总领事隈丸优次访杭　10月14日，副市长金胜山会见隈丸优次一行。

韩国外交协会代表团访杭　10月14日，市政协主席虞荣仁、副主席郁嘉岭会见宴请由会长李昌范率领的韩国外交协会代表团一行。

英国利兹市政府代表团访杭　10月15日~18日，利兹市议长马克·哈里斯率利兹市政府代表团及随行企业家代表团一行到杭访问。

市长孙忠焕，市人大常委会副主任吴键、李松春，副市长金胜山、沈坚分别会见代表团。代表团参加西博会相关活动，杭州市工商联与利兹市商会签署友好合作备忘录。

美国驻沪总领事季瑞达访杭 10月17日，市委书记王国平会见季瑞达一行。

意大利国家经济社会理事会主席安东尼奥·马扎诺访杭 10月19日，副市长金胜山会见安东尼奥·马扎诺一行。

韩国驻华大使金夏中访杭 10月20日，市长孙忠焕会见金夏中一行。

华为技术公司总裁、中美合资华为3COM公司CEO任正非访杭 10月20日，市委书记王国平、副市长金胜山会见任正非一行。

美国马尼托瓦克公司全球总裁泰瑞·葛罗考克访杭 10月20日，市长孙忠焕会见泰瑞·葛罗考克一行。

美国波士顿数字桥基金会总裁爱德华·迪摩访杭 10月21日~24日，爱德华·迪摩受波士顿市长托马斯·麦尼诺委托到杭州访问，商谈进一步推动两市友城关系和双方在文化教育和经贸科技等领域的交流合作意向。副市长金胜山、项勤分别会见爱德华·迪摩。

德国西门子公司全球总裁克罗斯·克雷夫德访杭 10月28日，市委书记王国平、副市长盛继芳会见宴请克罗斯·克雷夫德一行。

德国斯图加特市市长舒斯特访杭 11月1日，副市长金胜山会见舒斯特一行。

日本马拉松代表团访杭 11月6日，2005年浙江省暨杭州市国际马拉松比赛在杭举行，日本岐阜市、福井市、狭山市、向日市、松江市、岩国市马拉松访华团及福井市议会访华团近100人到杭访问并参加比赛。

日本著名音乐家喜多郎访杭 11月14日，市委书记王国平会见喜多郎一行。喜多郎将担任由张艺谋导演的《印象西湖》的音乐制作。

《福布斯》杂志亚太区总裁威廉·亚当斯访杭 11月16日，市长孙忠焕会见威廉·亚当斯一行。

新加坡总理公署部长兼财政部第二部长、外交部第二部长林双吉访杭 11月16日，市长孙忠焕会见林双吉。

英国利兹市政厅首席执行官保罗·罗杰逊访杭 11月23日，保罗·罗杰逊一行到杭访问，并举行2006年杭州世界休闲博览会“百城馆”利兹馆建馆新闻发布会。

韩国三星电子有限公司副会长李润雨访杭 11月25日，市委书记王国平、副市长沈坚会见宴请李润雨一行。

蒙古国总统那木巴尔·恩赫巴亚尔访杭 11月30日，那木巴尔·恩赫巴亚尔抵杭参观访问。

新加坡驻沪总领事谢德强访杭 12月5日，副市长金胜山会见谢德强一行。

世界包装组织秘书长卡尔·奥斯迈茨访杭 12月11日，副市长沈坚会见卡尔·奥斯迈茨一行。

西班牙奥维耶多市议员哈维尔·比德尔访杭 12月17日~23日，哈维尔·比德尔受奥维耶多市长加比诺·劳伦佐(Gabino de Lorenzo)委托到杭访问。19日，副市长陈重华会见宴请客人。

日本北海道札幌市代表团访杭 12月21日，札幌市副市长小泽正明一行到杭访问，并在杭举行旅游说明会。副市长项勤及有关部门负责人出席说明会。

丹麦驻上海总领事曹伯义访杭 12月28日，副市长金胜山会见曹伯义一行。

【主要交流活动】 第14届中日科技与经济交流研讨会在杭举行 1月6日~8日举行。国家信息产业部、中科院领导，有关单位代表，日本总务大臣麻生太郎及日本知名企业代表138人参加会议。会议以研讨信息通信产业发展趋势、促进中日两国在该领域的合作为主题，组织开展主题演讲、战略研讨、信息发布、合作洽谈等活动。中国科学院院长路甬祥、日本内阁总理大臣小泉纯一郎、日本经济产业大臣中川昭一分别向大会发来贺信。会议期间，日方代表实地考察参观杭州经济开发区和杭州高新开发区，并与杭州企业界进行广泛深入的合作会谈。

举行在杭境外友人新春团拜会 2月1日，市政府在凯悦酒店举行在杭境外友人新春团拜会。市领导孙忠焕、安志云、金胜山、曾东元与350多位在杭外国投资商代表等境外友好人士欢聚一堂，畅谈杭州市2004年度经济社会各项事业发展的成果，听取他们在杭的创业体会。市长孙忠焕向来宾发表了热情洋溢的新春贺辞。

日本三井住友银行落户杭州 3月7日，日本三井住友银行杭州分行正式开业。市委书记王国平、副市长金胜山出席开业典礼，日本三井住友银行行长西川善文、中国银监会浙江监管局局长傅祖蓓、日本驻沪总领事馆有关负责人等在典礼上致辞。日本三井住友银行是世界500强企业，也是落户杭州的首家外资银行。

举办首届西湖国际高尔夫邀请

外国朋友参加中国·杭州2005娃哈哈西湖狂欢节 （市政府新闻办 供稿）

赛　3月26日，在杭州西湖高尔夫俱乐部举行。邀请赛共邀请80余位高尔夫球手，包括50位在杭投资外商代表。西湖国际高尔夫邀请赛的举办，旨在丰富在杭外国投资者的业余生活，呼应2006年世界休闲博览会在杭召开，倡导以休闲为主题的生活理念和方式，增进不同文化背景、不同职业背景人之间的沟通交流与合作。省政协副主席张蔚文、副市长金胜山出席邀请赛开幕式并致辞。

澳洲联邦银行与杭州市商业银行联手　4月21日，市委书记王国平会见以穆礼行长为首的澳洲联邦银行(CBA)代表团及澳大利亚驻华大使馆公使衔参赞周史迪一行，双方共同出席澳洲联邦银行与杭州市商业银行战略合作协议的签约仪式。9月4日，经中国银监会批准，澳洲联邦银行将斥资6.25亿元人民币，获取杭州市商业银行19.9%的股权。引进外资后，杭州市商业银行成为浙江省首个有外资股份的城市商业银行。

德国西门子杭州软件开发中心在杭开幕　6月15日，市委书记王国平、副市长金胜山出席德国西门子杭州软件开发中心开幕仪式。该研发中心，将主要从事3G解决方案、智能网、计费系统、移动固网融合等技术的研究和开发。

诺基亚杭州软件园开工　软件园开工典礼于9月20日在杭州高新开发区举行。省委副书记、省长吕祖善宣布软件园正式开工，市长孙忠焕、副市长金胜山出席开工典礼。

"迎接休博会，徒步新西湖"活动在杭举行　9月24日，"迎接休博会，徒步新西湖"开幕式活动在杭州花圃举行。市委副书记叶明、市人大常委会副主任安志云、市政协副主席蒋福弟出席开幕式。参加开幕式活动的有来自美国、德国、日本、法国、瑞士、澳大利亚、刚果和喀麦隆等国家和地区的境外友人以及杭州市民共800多人。

杭州神钢建设机械有限公司正式投产　10月13日，投产仪式在杭州经济开发区举行。市长孙忠焕、副市长金胜山出席投产仪式。杭州神钢由两家日本世界500强企业——神钢建设机械、丰田通商株式会社和国内一家民营投资公司合资建设，总投资达4650万美元，主要生产液压挖掘机等工程机械。

中国驻外使节代表团访杭　10月26日，市委书记王国平在西湖国宾馆会见宴请常驻日内瓦代表团团长沙祖康等中国驻外使节团（大使及夫人）一行。此次外交部组织由44位大使、1位副总领事和4位参赞组成的考察团到浙江及杭州考察访问。结合考察访问，举办民营企业"走出去"座谈会，利用外交、外事资源为经济建设服务。

杭州—向日友好交流20周年纪念活动　10月27日~31日，日本京都府向日市市长久岛务、议长赤井良子和向日市日中友协会长山田勇等一行到杭访问，举行纪念杭州市与向日市签订友好交流协议书20周年活动。在杭期间，市长孙忠焕会见久岛务、赤井良子一行；市人大常委会副主任安志云、副市长金胜山、市友协副会长华丽珍等会见宴请访华团全体成员。

"第三届全球化论坛——世界文化多样性"在杭举办　11月8日在杭州举办。市外办接待包括芬兰前总理埃斯科·阿霍，厄瓜多尔前总统杰米尔·马华德，卢旺达总统特使、非洲联盟特使瓦伦斯，联合国秘书长安南特使乔治·凯尔及奥地利文化部部长在内的来自26个国家、5个国际级机构与组织的68位与会外宾。（邬莲平）

▶▶资料：南非开普敦市

2005年4月18日，杭州市与南非开普敦市缔结为友好城市。该市位于南非最南端，系南非西开普省的省会所在地和南非继约翰内斯堡后的第二大城市，也是南非著名的风景旅游胜地，其国内生产总值占西开普省的75%和整个南非的10%。开普敦市市区面积2487平方千米，城市人口约300万。

开普敦市面临大海，背依一座巨大山岩——桌山，桌山雄踞整个开普敦市，为城市的标记。位于大西洋和印度洋交汇处的著名的好望角，距离开普敦市仅60千米。

开普敦市是一座美丽的城市，其繁忙的港口、美丽的渔村、广袤的葡萄园和景色优美的海岸公路及半岛两侧迷人的海滩，深受广大旅游和运动爱好者喜爱。城市里恣意混合的建筑风格反映出昔日的品味，爱德华式与维多利亚式建筑均得到悉心保护，城区及市郊的开普荷式建筑都得到很好的维护。

·侨务·

【侨务概况】2005年，杭州市侨办、市侨联认真贯彻胡锦涛会见全国侨务工作会议代表时重要讲话和全国、全省侨务工作会议精神，围绕市委、市政府中心工作，坚持为国家大局服务和为侨服务的统一，开拓进取，务实创新，各项工作取得新进展。

全市侨务部门接待海外侨胞261批次、1826人次。全年走访慰问生活困难归侨及重点侨眷236人次，发放慰问金及生活补贴10万多元。市侨办认定三侨（华侨子女、归侨子女和归侨青年学生）考生身份29人次，受理来信来访422人次。全年引进外资项目1个，投资额1233万美元。海外侨胞向杭州市捐赠款物6批，折合人民币123.2万元。

市侨联与市人大民宗侨委、市侨办、致公党市委会、市司法局等单位联合举办杭州市侨界春节团拜会，与市侨办联合举行杭州市侨界中秋国庆茶话会。开展侨联"文化交流年"活动，与浙江天目琴行合作，邀请国外乐团到杭举办演出活动2场。组织全市170多所小学近10万名小学生参加第六届"世界华人小学生作文大赛"，选送作文289篇，获奖54篇，萧山区侨联和江干区侨联获组织奖。全市各级侨联受理群众来信64件，接待来访280人次，协助处理涉侨侵权案件35件。制定市侨联调查研究和联系基层制度。走访调研留学生企业21个。完成下城区和临安市侨情调查试点工作，临安市委统战部被授予浙江省侨情调查试点工作优秀单位称号。召开市侨联福利基金会第十六次暨石华玉医学专项奖第十五次颁奖大会，表彰优秀归侨子女1人和医学院校优秀学生、青年医生15人。市侨联接待海外来宾120人次。全市各级侨联接待华侨华人700余人次；参与引进外资1363万美元、人民币3380万元，协助接受海外侨胞各类捐赠折合人民币40万元。召开市侨联宣传信息工作会议,全年出刊《侨联工作简报》36期、《杭州侨联》6期。

余杭区侨办洪英被人事部、国务院侨办联合表彰为全国侨务系统十佳先进个人。（周萌萌 李孟波）

【召开全市侨务工作会议】 12月15日,市委、市政府召开全市侨务工作会议。市领导王国平、孙忠焕、虞荣仁、于辉达、安志云、金胜山、俞国庆等接见会议代表。王国平在会见代表时讲了话。于辉达主持会议并讲话。副市长金胜山在会上作题为《凝聚侨心,发挥侨力,开创我市侨务工作新局面》的工作报告,回顾总结全市六年来的侨务工作和基本经验,对今后一个时期侨务工作作了部署。会议要求各级党委、政府认真贯彻全国、全省侨务工作会议精神,围绕市委、市政府中心工作,凝聚侨心,发挥侨力,为推动杭州市经济社会又快又好地发展作出贡献。

会议表彰下城区人民政府侨务办公室等29个全市侨务工作先进集体和孙梅霞等39位侨务工作先进个人。全市各区县(市)党委、政府分管领导和侨办主任,市直机关有关单位负责人等180余人参加会议,下城区和杭州高新开发区（滨江)领导在会上作交流发言。

12月31日,市委办公厅、市政府办公厅印发杭州市《关于加强新形势下侨务工作的实施意见》。

【开展海外联络工作】 2005年,在俄罗斯、奥地利等国的华侨中成立杭州籍侨团,法国杭州联谊会完成换届工作。市侨办先后3次组团出访北美、西欧和俄罗斯,与当地40多个海外侨团进行面对面的交流。至年末,市侨办已与30多个国家和地区的100多个非杭州籍侨团建立联系。市四套班子领导高度重视海外杭州籍侨团建设,出访期间走访侨社、考察侨企,慰问、看望杭州籍侨领、侨胞,鼓励侨团在维护侨胞利益、融入当地主流社会中发挥作用,为家乡经济建设服务,为维护祖国和平统一作出贡献。

【举办海外华侨华人杭州创业论坛】 2005相聚“长三角”——海外高新技术交流合作周(浙江段)暨海外华侨华人专业人士杭州创业论坛于9月12日开幕,历时3天。该次活动旨在推进海外华侨华人专业人士、留学人员与杭州市经济科技工商界的交流合作,吸引海外人才来杭发展创业。来自10个国家和地区的海外华侨华人专业人士72人和杭州企业界代表120余人参加论坛。活动期间,推出国内外高新技术和人才项目260多个,当场签订项目合作意向书18个。

【承办2005年海外华商杭州投资洽谈会】 10月13日~15日举行。海外华商杭州投资洽谈会是西博会投资合作周的一项重要活动,由市侨办承办,市经委、钱江新城管委会协办。来自22个国家和地区的海外华商100余人和杭州市企业界、开发区代表100人参加洽谈会。会议以“发展、创业、合作、交流”为主题,展示宣传杭州大气开放和良好的投资环境,加强了杭州与海外华商的联络联谊和合作交流。与会代表参加了投资合作周开幕式暨杭州商务环境说明会。期间,举办工业投资项目专场和钱江新城投资项目专场,参加洽谈的海外华商与杭州市企事业单位代表进行近百场项目对接洽谈。

【成立杭州市为华资企业服务法律顾问团】 8月23日,市侨办、市司法局联合举行杭州市为华资企业服务法律顾问团成立大会。成立法律顾问团是杭州市开展外商投资企业服务月活动的一项具体举措,旨在加大“依法护侨”的工作力度,不断提高为华资企业服务的水平和成效,推动海外华商在杭州经济建设中发挥更大的作用。顾问团由7名具有丰富工作经验、良好业务素质、工作责任心强、热心于为侨资企业服务的资深律师组成。

【举办侨法宣传日活动】 为进一步增强全社会的侨务法制观念,市侨办会同市人大民宗侨委、致公党市委会、市侨联、市司法局等单位于6月18日在武林广场联合举行《中华人民共和国归侨侨眷权益保护法》和《中华人民共和国归侨侨眷权益保护法实施办法》宣传日活动。活动中,展出宣传图板40余块,印发宣传资料5000份,市公安局、房管局、土管局、教育局、司法局、卫生局、下城区政府、侨资企业等单位组成为侨咨询服务、产品展销展位30个。市委副书记于辉达,市人大常委会副主任安志云,副市长金胜山,市政协副主席曾东元、郁嘉玲和省市有关部门领导及近千名侨界人士和市民群众参加侨法宣传活动。

【海外华文媒体看“休博”采访团到杭采访】 为充分发挥海外华文媒体的积极作用,进一步向世界宣传杭州这座集休闲、旅游、文化、创业于一体,协调互动、和谐新型的“东方休闲之都”,应杭州市侨办邀请,来自美国、加拿大、法国、西班牙等国的海外华文媒体看“休博”采访团一行8人于9月18日~20日到杭采

9月12日,2005相聚“长三角”——海外高新技术交流合作周(浙江段)开幕式在杭召开。（市侨办 供稿）

访。副市长项勤会见采访团，并介绍杭州市情和2006年杭州世界休闲博览会的筹备情况。采访团成员在杭期间考察了休博会会场等。美国《美中晚报》和加拿大《神州时报》等媒体开辟专版宣传杭州，宣传休博会。（周萌萌）

【市第七次归侨侨眷代表大会】1月4日~6日召开。出席会议代表200余人，代市长孙忠焕等市领导和省侨联主席周慧兰等在会前会见全体代表和应邀列席大会的国内外嘉宾。市委副书记于辉达代表市委、市人大、市政府和市政协在会上讲话，祝贺大会召开并对侨联工作提出要求。

会议总结市侨联第六届委员会工作时指出：五年来，市侨联围绕市委、市政府的中心工作，认真履行职能，做好侨界群众工作，充分调动广大归侨、侨眷的积极性和创造性，广泛团结海外侨胞，凝聚侨心，发挥侨力，积极开展工作，为杭州市的改革开放和现代化建设作出了重要贡献。会议审议通过市侨联第六届委员会工作报告和《杭州市侨联工作细则》，选举产生市侨联第七届委员会，表彰杭州市侨界先进集体和先进个人。

【拓展海外联谊工作】应市侨联邀请，西班牙巴利阿里大区政府于4月~10月间，先后4次派代表团到杭考察访问。市委副书记于辉达、副市长金胜山先后于5月25日、10月12日会见并宴请访杭的巴利阿里大区政府代表团。10月12日，该大区政府工业、能源、贸易部部长约瑟夫·胡安卡尔多纳和市政府副秘书长谢国建分别代表双方政府就经贸合作事宜签署合作意向书。

市侨联与法国华商会签署友好合作协议，建立交流机制，互通信息，共同开展华侨华人工作，维护侨界合法权益，促进华侨华人、归侨侨眷事业的发展。市侨联促成法国华商会经贸考察团到杭访问，对上城区、建德市等地进行经贸考察。法国华商会经贸考察团与建德市有关部门签订捐助建设小学教学楼的协议。

【组团出访】应欧洲杭州联谊总会挪威分会、瑞典瑞京华人协会邀请，市侨联侨务考察团一行4人于8月22日~9月2日出访瑞典、挪威两国。出访期间，考察团拜访中国驻挪威大使馆官员，并与当地华侨、华人社团，特别是杭州籍海外侨团进行座谈交流，广泛接触当地华侨、华人，考察了华侨、华人企业，宣传了杭州市经济社会发展情况和市侨联近年工作情况。还就挪威、瑞典两国的经济、科技、文化、社会和谐程度等方面进行深入了解。全年各级侨联随团出访11人。

【参政议政】市侨联与市劳动保障局就尽快建立企业在职人员门诊医疗社会统筹问题联合开展调研，共同完成调研报告。在2005年的市人大、政协会议和区、县(市)“两会”上，侨界代表、委员们提交提(议)案113件，其中涉侨8件。组织侨联界别政协委员开展考察调研活动2次。

1月5日，第七次归侨侨眷代表大会期间，归侨侨眷自编自演文艺节目。
（市侨联 供稿）

【杭州市侨联青年工作委员会成立】成立会议于12月8日召开，市侨联领导与侨界年轻一代代表30余人参加会议。市侨联青年工作委员会是杭州市侨联的非常设机构，主要职责是做好杭州市侨界年轻一代工作，进一步广泛联系和团结海内外侨界青年，维护他们在国内的合法权益，为现代化建设和祖国统一大业服务。

【全市社区侨务工作经验交流会】12月16日，市侨办、侨联联合召开全市社区侨务工作经验交流会，进一步贯彻落实全国、全省和全市侨务工作会议精神，推进杭州的社区侨务工作。各区县(市)侨办主任、侨联主席，城区各街道、侨务工作重点乡镇及受表彰单位的负责人100余人参加会议。上城区清波街道定安路社区等22个单位被授予杭州市社区侨务工作先进单位称号。下城区武林街道等4个单位在会上作交流发言。

【杭州市侨联海归俱乐部成立】为更好地开展留学人员及以留学人员为主的回国创业人员工作，发挥他们的优势和才智，为杭州的经济建设和社会发展服务，促进在杭海归人员的事业发展，市侨联与在杭投资创业的归国人员进行广泛接触和交流后，经过半年多的筹备，于12月17日举行杭州市侨联海归俱乐部成立仪式。俱乐部欢迎在杭投资创业和生活的曾在海外有学习、生活与工作经历的人士加入。俱乐部注册域名为(www.hzorc.org)。

（李孟波）

·台务·

【台务概况】2005年，杭州市对台工作围绕“和平统一、一国两制”基本方针和胡锦涛关于新形势下发展两岸关系的四点意见，积极宣传贯彻《中华人民共和国反分裂国家法》，以反“独”遏“独”为首要任务，以争取台湾民心为根本出发点，认真落实全国、全省台办主任会议精神，开拓创新，对台经贸、对台宣传、交流交往和机构建设工作进一步加强，全市对台工作取得明显成效。

调整充实对台工作机构。3个对台工作重点区、县(市)台办机构全部单设，其他10个区、县(市)台办机构与党委办公室合署办公。市台办新增宣传调研处。

【"东引台资"取得新成效】2005年，杭州市在对台招商引资中，继续贯彻"东引台资"战略。新批台资企业73个，增资企业38个；总投资5.58亿美元，注册台资3.08亿美元，比上年分别增长22.8%和25.1%。市台办以宣传杭州投资环境为切入点，积极推进招商引资工作，广邀台湾省工商界人士到杭州参会和考察。全年有台湾经贸考察团组58批、787人次到杭州考察。西博会期间，应邀到杭州参会投资考察的有台湾电子信息、精密机械、生物医药、现代农业和金融保险等11个行业、15个团组的台商200余人及台湾6家媒体的记者8人。市台办举办杭台经贸投资洽谈会，并围绕投资洽谈主题，先后与市发改委、信息办、贸易局等部门联合举办杭州市服务业台商投资洽谈会、IT产业经贸合作论坛、现代农业投资洽谈会和2005杭州国际生活科技应用博览会。台湾财团法人关怀文教基金会应邀到杭考察后，看好杭州良好的休闲氛围和发展潜力，与休博办签订在世界百座城市休闲风情馆设立台北市、台中市、高雄市等7个城市馆建馆协议。各区、县(市)也举办大型涉台经贸活动，营造良好的招商引资氛围。如萧山区举办"百名乡贤看萧山"和首届萧台汽车电子产业论坛，上城区举办现代服务业合作论坛，西湖区举办台商投资恳谈会，拱墅区举办汽车物流发展与合作研讨会等。

市台办组织杭州市经贸考察团65批、172人次赴台进行经贸考察和招商洽谈。从发挥台资企业自身优势着手，将引资重点放在企业增资扩股和"以台引台"上，直接牵线为浙江下沙荣成包装有限公司引进投资4800万美元。

【做好在杭台胞台商服务工作】市台办以省人大对贯彻落实《中华人民共和国台湾同胞投资保护法》进行执法检查和开好台商座谈会为契机，主动做好服务工作。采用信函督促、当面沟通、开协调会等方式，对台商在市长孙忠焕、副市长金胜山召开的座谈会上提出的28个问题，全部给予回复。妥善处理重大涉台经济投诉案件。全年受理台胞台商来信、来访、来电385件，其中台商投诉31件，有22件已得到妥善处理。积极配合有关部门参与协调处理房产、交通肇事及经济活动纠纷等涉台事件。

2月21日，市政府召开新春台商座谈会。(市台办 供稿)

【对台宣传取得新进展】2005年，台湾国民党、亲民党、新党三党主席相继访问内地，两岸关系出现缓和趋势。市台办抓住契机，大力宣传杭州市经济建设和社会发展情况，扩大杭州的知名度和影响力。4月，中央电视台到杭州拍摄《服务台商东南行》；9月，台湾三立电视台到杭州拍摄专题片《在中国的故事》。西博会期间，邀请台湾《经济日报》、台湾《少年中国晨报》等媒体到杭州采访报道。台湾媒体以《人文的西湖，旅游业的珍珠》、《西博会以和谐生活创业为主，人文关怀为核心》等19篇文章宣传杭州的建设风貌。11月19日，市台办举办"台商喜看杭州新变化"活动。近百位在杭投资发展、工作生活的台商及眷属一起，兴致勃勃参观了杭州新貌。

为宣传胡锦涛的四点意见和《中华人民共和国反分裂国家法》，全市各级台办深入机关和大专院校等单位宣讲中央对台方针政策和台海形势。全年组织台海形势报告会、座谈会、研讨会75场，近万人参加，收到良好的效果。市台办全年撰写调研、宣传和信息文章112篇，编发《台情参考》8期，《杭州对台工作》17期，《涉台情况反映》35期，广泛宣传对台方针政策，交流各地的工作动态。5月24日~25日，全国副省级城市对台工作经验交流会在杭州召开，19个城市台办的40多位代表聚集杭州，交流畅谈新形势下对台工作的体会和感受。

【积极推进各领域交流交往】市台办突出重点，注重实效，积极推进杭台各领域的交流交往工作。全年到杭探亲、交流、旅游和经贸考察的台胞近20万人次。市台办接待到杭经贸考察、文化交流团组88批、1410人次，其中包括国民党副主席江丙坤、台湾工业总会理事长侯贞雄等一批台湾政坛和经济、金融界著名人士。杭州赴台经贸考察、文化交流的团组106批、433人次。市台办着力推出体现杭州优势和特色的项目入岛交流，如杭州黄龙越剧团赴台湾演出10余场，观众3万余人，使广大台湾同胞感受到越剧艺术的魅力；西泠印社也首次赴台成功举办"金石之韵"篆刻作品展。交流项目涵盖经济、文化、教育、科技、卫生、体育等领域，通过杭台间多层次、多领域、多形式的交流，进一步扩大了杭州在台的影响，推进了杭台之间交流工作的发展。杭州市佛教协会和台湾佛光山星云大师合作，在杭举办迎请本师释迦牟尼佛螺髻发舍利供奉法会和海峡两岸佛教文化交流音乐会。杭州市人大代表沈惠娟等8人出席江、浙、闽、沪三省一市100名人大代表和台湾100名县市政界人士参加的两岸合作共谋发展的"双百论坛"。(徐 兵)

政 法
Law

·政法综述·

【平安创建走在前列】 2005 年，全市各级党委、政府和有关部门认真贯彻省、市委关于平安建设的决策部署，按照“发展固平安，机制促平安，合力创平安，民主催平安，亲民育平安，责任系平安”的工作思路，找准创建工作的切入点和载体，全力开展“平安杭州”创建，有力地促进了杭州市的社会和谐稳定。10 月，中央电视台推出《平安中国》大型媒体宣传活动，对杭州市的平安创建工作特别是整体构筑防控体系、全面夯实基层基础以及严厉打击“涉艾”犯罪等做法进行专题报道，认为这些举措为全国平安创建提供了可供借鉴的经验。根据《浙江省平安市、县(市、区)考核办法》的规定，经过认真考核，省委、省政府命名杭州市为 2005 年度平安市，上城区等 13 个区、县(市)为平安县(市、区)。

【制定平安创建考评办法】 7 月，根据平安创建工作的需要，市委平安创建领导小组在广泛征求意见的基础上，制定下发《创建“平安杭州”部门工作职责》和《创建“平安杭州”部门考评办法(试行)》，明确各成员单位在“平安杭州”创建中的工作职责、任务和考核、奖励办法等，进一步形成平安创建工作合力。

【落实社会治安综合治理领导责任制】 年初，市委、市政府主要领导与 13 个区、县(市)和 19 个市级机关的主要领导签订 2005 年度社会治安综合治理目标管理责任书。各区、县(市)及市级有关部门与所属单位和部门层层签订社会治安综合治理目标管理责任制，并通过责任制促进社会治安综合治理各项工作措施的落实。经年终考核，32 个签约单位全部达标，其中拱墅区、西湖区、桐庐县、临安市和市教育局、市总工会等 6 个单位被评为优秀达标单位；有 206 个综治先进单位和 100 名先进个人受到市委、市政府表彰。5 月，杭州市被中央综治委表彰为 2001~2004 年度社会治安综合治理工作优秀城市。

【扎实推进综治基层基础工作】 根据全国社会治安综合治理工作“杭州会议”精神，杭州市进一步深化乡镇(街道)社会治安综合治理工作中心建设。至年末，全市 206 个乡镇(街道)社会治安综合治理工作中心建成率达 100%，规范化率达 81.6%，并有效形成了“联勤、联防、联调、联治、联创”的“五联”工作机制。10 月 18 日，市委、市政府在富阳市召开进一步深化完善社会治安综合治理工作中心建设会议，在规范全市社会治安综合治理工作中心建设的同时，推进社会治安综合治理工作中心的功能、机制、作用向社区、村和企事业单位延伸。至年末，全市有 615 个社区和 2652 个村建立社会治安综合治理工作站(室)。

【构建电子监控体系】 2005 年，杭州市加大对电子监控系统建设的投入，完善电子监控的布局，推进电子监控系统“向外”和“向下”延伸，基本形成覆盖全市的电子监控网络。全年新增治安电子监控点 720 个，电子监控点总数达 2052 个。成功运用电子监控系统，破获“八一九”特大贩毒案等一批案件。

【开展专项整改活动】 根据中央和省委政法委的统一部署，5 月下旬始，全市政法系统组织开展“规范执法行为，促进执法公正”专项整改活动，着力整改政法干警徇私枉法、权钱交易，违规违法办案、执法不文明，玩忽职守、执法不作为，部门保护、违法干预办案等方面的问题。为扎实推进专项整改活动，6 月 29 日~30 日，市委政法委专门举办全市政法系统副局级以上领导干部读书会。通过专项整改活动，干警的执法行为进一步规范，突出问题进一步整改，监督体系进一步完善，队伍素质进一步提高，社会各界对政法队伍的满意度进一步上升。据市统计局民意调查显示，92.4%的群众对杭州市政法队伍表示满意。

【集中处理涉法涉诉上访问题】 2005 年，全市两级政法委和市政法各部门办理涉法涉诉信访案件 93 件。其中，中央督办案件 27 件，省督办案件 38 件，自排案件 28 件。至年末，办结 88 件，占办理总数的 95%。其中，中央督办案件全部结案，息诉罢访率为 85%；省督办案件结案 37 件，息诉罢访率为 73%；自排案件结案 24 件，息诉罢访率为 80%。

【建立执法督查员制度】 9 月 23 日，市委政法委举行专职和特邀督查员聘任仪式，对 2 名专职和 8 名特邀督查员颁发证书。该项制度的建立，是政法委执法监督工作制度

化、规范化的一项突破，对提升市、县(市、区)两级政法委执法监督工作起到了积极作用。 (黄昌富)

·公安·

【公安概况】 2005年，全市公安机关围绕"发展、创新、节约、稳定、为民"的总要求，深化打防控一体化建设，大力推进派出所勤务机制改革，积极改进和加强公安行政管理，保障全市经济社会发展。

全力维护社会政治稳定。严密防范和严厉打击各类敌对势力、敌对分子和"法轮功"邪教组织以及非法宗教组织的破坏渗透活动，有效防止现实危害的发生。开展集中开门接访工作，重点解决公安机关职权范围内的突出信访问题，切实维护人民群众的合法权益。加强反恐防暴工作，组织开展专题集训，推进专业力量建设。圆满完成首届中国国际动漫节、西博会等重大节庆活动的安全保卫任务及到访重要内外宾的警卫任务，确保万无一失。

社会治安持续平稳。全市公安机关稳步推进打防控一体化机制建设，扎实开展"破命案、反盗抢、追逃犯、严防控"等专项行动和专项斗争，实现破案、打击处理数上升，刑事发案下降的"两升一降"总目标。全年破获刑事案件2.17万件，比上年上升5.3%；移送起诉1.31万人，上升12.1%；刑事案件立案下降3.9%。杭州市城市调查队11月份创建"平安杭州"活动民意调查显示，97.9%的市民认为有安全感。

全面落实以"禁吸、禁种、禁贩、禁制"为主要内容的各项禁毒工作，积极推进创建"无毒害地区"活动，严厉查处和打击涉毒违法犯罪。全年破获毒品违法犯罪案件1402件，缴获毒品海洛因4700克、麻姑23708粒、摇头丸5505粒。严厉打击经济犯罪。全年破获经济犯罪案件566件、移送审查起诉510人、挽回经济损失2.71亿元。110接处警和快速反应能力进一步增强。全年110接警量比上年增长23%。

加强公安行政管理。交通管理规范、有序，全市交通事故起数、死亡人数分别比上年下降27.2%和12.6%。加强消防安全管理，严防重大恶性火灾事故发生，全市火灾起数、死亡人数分别下降19.3%和57.7%。全面开展换发第二代居民身份证和市民卡人像采集工作，全市受理换发第二代居民身份证信息187万余人，换发第二代居民身份证143万张。全市新建治安监控点720个。杭州市以优异成绩跨入全国第一批科技强警示范城市行列。

在全市55个公安基层单位开展正规化建设示范，掀起大练兵高潮，在公安部和省公安厅组织的大练兵考核中取得优异成绩。围绕公安中心工作，全年发布公安新闻24次。在公安机关创满意活动中，有5人被授予全国优秀人民警察称号，2个单位被授予全国优秀公安基层单位称号；7人被授予全省优秀人民警察称号，4个单位被授予全省优秀公安基层单位称号；118个集体和204人立功。

【反盗车战果丰硕】 5月起，市公安局在全市组织开展为期5个月的反盗车大会战。期间，破获盗销"三车"案件3331件，其中盗窃摩托车案件773件、盗窃电动车案件1070件、盗窃自行车案件1488件。破获盗窃摩托车、电动车案件总数比上年上升27%。全市处理盗销车违法犯罪人员3674人，查缴摩托车、电动车、自行车1.03万辆，发还被盗车辆5939辆。清理车辆交易、维修行业和旧货交易市场、废旧金属收购点等场点5005个，处罚131个，端掉盗销车窝点73个。全市公安机关发放各类反盗车宣传资料54.26万份，在各类新闻媒体上报道反盗车信息1259条，取得了良好的社会效应。

【集中处理群众信访工作】 5月~9月，全市公安机关按照公安部的统一部署，精心组织，周密安排，集中时间，深入开展集中处理群众信访工作。市公安局及各区、县(市)公安机关均成立领导小组，并结合实际制订接访工作方案。7月18日~20日，市委常委、市公安局局长吴鹏飞和其他局领导，在市公安局设立的3个接待点分别接待来访群众。市公安局各部门通过集中接访、个案专访、主动约访和日常信访，重点解决公安机关职权范围内的突出信访问题。大接访期间，全市接待群众来访1418批次。至9月6日，办结1410件，办结率为99.4%；停访息诉1370件，停访息诉率为96.7%。从中侦查破获刑事案件68件，抓获违法犯罪人员113人，解决群众反映的户口问题及交通事故赔损事件等63件，为国家、单位、个人挽回经济损失79万余元。

【确保首届中国国际动漫节活动安全】 6月1日~5日，首届中国国际动漫节在杭举行。此次活动规模大、规格高、影响广，有国内外代表1万余人参加，参与活动超过120万人次，且以青少年和儿童为主，安全保卫工作难度较大。全市公安机关与"动漫节"执委会等有关部门密切配合，加强组织领导，精心制订安全保卫工作方案，以开幕式、动漫博览会

12月12日，西湖风景名胜区公安分局女子巡逻队成立。 (市公安局 供稿)

活动为重点,提前介入,强化现场管理,狠抓各项安全保卫措施落实,出动警力2万余人次,圆满完成各项安全保卫任务。活动期间,帮助群众寻找失散老人、儿童700余人。

【7个区、县(市)完成"三台合一"工作】 市公安局为切实提高公安机关动态防控能力和整体作战效能,进一步改革和加强指挥中心对各类报警求助的受理、指挥、处置和服务工作,建立和完善以公安指挥系统为龙头的快速反应机制,在上年完成"三台(110、122、119)合一"试点工作的基础上,于2005年1月全面启动该项工作。至11月底,全市负有直接接处警任务的萧山区、余杭区公安分局和5个县(市)公安局"三台"全部顺利割接合一,投入运行,基本建成"一台对外、集中接警、统一指挥、高效规范"的接处警机制,有效地推动了全市警务工作。

【科技强警工作走在全国前列】 2005年,杭州作为全国4个"城市综合报警与监控示范城市"、3个"警用地理信息系统建设试点城市"和21个"科技强警示范城市"之一,全市公安机关在市委、市政府的领导下,大力推进科技强警战略,重点科技项目和特色工作都取得明显成效。10月,公安部在杭召开现场会,全面推广介绍杭州报警与监控体系建设的成功经验和做法。年内,杭州市警用地理信息系统获全国性科技进步奖;全市科技强警示范城市建设工作通过公安部、科技部考核验收,被公安部誉为率先基本实现公安信息化的城市。

【开展"百千万"上门走访群众活动】 6月下旬~11月中旬,市公安局组织全市公安机关广泛开展"百千万"上门走访活动(即每个社区民警或责任区民警上门走访100户以上居民,全市公安机关走访1000个以上企业单位、1万人以上各界群众代表)。各级领导和广大民警深入企业、院校、政府机关、党群部门和居民家中,诚心走访问候,真心汇报工作,虚心征求意见,热心解决困难,并开展形式多样的便民为民活动。活动期间,全市公安机关上门走访单位1.03万个,居民3.5万户、近11万人,征求到各类意见1万余条。对走访中征求到的意见,全市公安机关认真分析研究,制订措施进行整改,并及时反馈走访对象,有效地改进和加强了公安工作。

【评选"天堂卫士"】 9月12日,由市公安局和《杭州日报》、杭广集团主办,杭州民生药业集团有限公司协办的"民生药业杯——感动我的警察"评选活动在《杭州日报》展开,评选活动历时两个多月,根据读者投票情况,评选出10个感动我的警察故事奖和1个特别奖。12月16日,"民生药业杯——感动我的警察故事"颁奖晚会在杭州电视台举行。晚会上,通过对警察故事的真情演绎,生动展现了"忠诚可靠、秉公执法、英勇善战、纪律严明、无私奉献"的新时期杭州公安民警的精神风貌和执法为民、心系群众、服务社会的亲民形象。市委常委、公安局局长吴鹏飞等主办单位负责人向获奖人员颁奖。

【为长住在杭境外人员集中换发驾驶证】 8月,在全市举行外商投资企业服务月期间,推出为在杭投资外商等长期居住在杭的境外人员集中换发驾驶证服务。市公安局出入境管理部门对长住在杭境外人员的驾驶证持有情况进行调查摸底后,派员参加杭州市外商投资企业政策咨询会,现场为外资企业人员68人解疑释惑,并提供境外驾驶证免费翻译服务;协助交警支队车辆管理部门开辟拍照、体检等绿色通道,单设报名窗口和交通法规理论考场,对首批换发驾驶证的境外人员23人送证上门。 (虞伟楠)

表66 2005年杭州市火灾、交通事故统计

月份	火灾事故				交通事故			
	次数(起)	死亡(人)	受伤(人)	经济损失(万元)	次数(起)	死亡(人)	受伤(人)	经济损失(万元)
1	288	3		66.58	760	109	812	250.34
2	267	1		106.68	675	88	783	223.70
3	240			87.51	585	67	693	283.68
4	269			59.56	780	98	911	195.45
5	193		1	59.62	628	65	797	278.00
6	208	1		54.45	628	71	753	152.59
7	226	2		46.07	658	85	804	214.49
8	154	1		35.73	603	70	742	194.86
9	163			25.07	658	97	765	243.52
10	151	2	1	55.28	648	89	742	188.05
11	165			39.33	594	97	689	174.75
12	270	1	8	368.2	612	101	654	130.39
合计	2594	11	10	1 004.08	7 829	1 037	9 145	2 529.82

·检察·

【检察概况】 2005年,全市检察机关坚持"强化法律监督、维护公平正义"主题,进一步加强执法规范化、队伍专业化、管理科学化建设,努力提高法律监督能力和规范化执法水平,积极服务杭州市经济社会发展大局。

全市检察机关把坚持贯彻"三个代表"重要思想与实践执法为民的检察工作宗旨紧密结合,把保持共产党员先进性教育的着力点放在增强干警党性观念、全面正确履行检察职能上,认真清理执法观念、执法作风、执法水平、服务意识等方面存在的突出问题,努力使教育成果转化为加强法律监督、维护公平正义的具体行动。下半年根据中央政法委部署,开展"规范执法行为,促进执法公正"专项整改活动,着重对2003年以来的撤案、不起诉案件和检察院自侦案件,以及人民监督员制度进行专项检查。全市检察机关修订完善执法制度360余项,市检察院新建和修订完善执法制度20余项。

开展业务培训,采取集中教学、观摩互动、专题研讨、评比竞赛等多种形式的培训方法,提高干警专业化素质和执法技能。全年组织各类

专业集训班13期，受训干警660人次。在省检察院组织的全省十佳公诉人、优秀侦查员、优秀反贪局和十大反贪精品案件、十大立案监督精品案件、十佳民事行政诉讼案件办案人、信息化应用展示等专业评比竞赛中取得优异成绩。有10余项检察调研成果获省级以上表彰。

全年受理案件3.58万件，比上年上升0.21万件；办结3.45万件，上升0.18万件。有6个基层检察院跨入省、市先进检察院行列，17个单位和部门、27人受到记功表彰。

【依法批捕起诉】2005年，全市检察机关受理公安、安全等侦查机关移送审查批准逮捕的刑事案件7453件、10988人，经审查批准逮捕7124件、10488人；受理移送审查起诉8945件、13966人，经审查提起公诉8141件、12501人；批捕、起诉案件比上年分别上升6.7%和7.4%。批准逮捕重特大刑事犯罪案件1411件、2121人，提起公诉1582件、2666人，提前介入重特大刑事犯罪案件295件。批准逮捕破坏市场经济秩序犯罪案件212件、294人，提起公诉255件、436人；其中起诉危害税收征管案件57件、金融诈骗案件49件、生产销售伪劣商品案件15件。检察机关对11件涉嫌扰乱和破坏市场经济秩序犯罪案件依法立案监督。

【落实检察环节社会治安综合治理措施】2005年，全市各级检察机关结合办案工作，认真开展社会治安综合治理。积极参加打击“两抢一盗”、禁毒、禁赌等专项整治行动，在乡镇、社区、学校开展多种形式的法制宣传和法律服务，逐步规范社区矫正工作中的检察监督措施，在加强基层基础工作中努力发挥检察职能作用。重视对未成年人犯罪问题的研究，对失足青少年坚持教育、感化、挽救的方针；继续深化“青年文明号”和“青少年维权岗”活动。正确执行刑事政策，对群体性事件和人民内部矛盾引发的刑事案件，坚持宽严相济、区别对待，缩小打击面，努力化解社会矛盾。开展涉检信访集中处理，实行首办责任制和定领导、定责任、定方案、定期限办理的领导包案制，全年集中办理重大涉检信访案件63件，办结62件，息诉54件。

【依法查办职务犯罪大要案】2005年，全市检察机关立案侦查贪污、贿赂等职务犯罪案件170件，比上年上升13.3%；提起公诉192人；为国家挽回直接经济损失3700万元。其中，立案查办处级以上领导干部犯罪案件50件，上升19.1%；突出查办贪污贿赂职务犯罪金额在100万元以上的特大案件23件；立案查办行业系统性窝案串案96件、114人。在全市教育系统查办窝案串案41件、46人，涉及高校15所、高级中学和职业学校9所。

【受理群众举报】2005年，全市检察机关受理各类群众举报1715件，比上年上升33%，其中属检察机关管辖的举报线索928件；审查处理1715件，成案92件，占立案总数的54.1%。深入开展文明接待室争创活动，萧山、江干区检察院被评为全省检察机关文明接待示范窗口，市举报中心工作人员5人被评为市级“优秀接待员”。大力开展举报宣传，在举报宣传周活动中，全市举办宣传咨询活动16次，接受群众咨询261人次，检察长现场受理群众控告、举报27批次。全年检察长接待来访群众145批次，批办信访件111件。全年奖励举报人8人。

【认真查办渎职侵权犯罪案件】2005年，全市检察机关受理渎职侵权犯罪案件线索107件，初查办结77件，其中立案侦查国家机关工作人员滥用职权、玩忽职守、泄露国家秘密等渎职犯罪案件17件、19人。这些案件中有司法人员14人因涉嫌滥用职权、帮助犯罪分子逃避处罚、徇私枉法等犯罪被依法查处，其中处级干部2人、科级干部4人；已提起公诉的被告人14人，均作有罪判决。经提出检察建议，有渎职违法者7人受到党纪政纪等处理，其中3人因涉嫌刑事犯罪被判刑。

【积极推进预防职务犯罪工作】市检察院与市纪委、市司法局共同建立预防职务犯罪教育基地。针对办案发现的管理制度漏洞，及时与案发单位及主管部门沟通，全年发出书面预防职务犯罪检察建议52件。在电力、教育、交通、药检、卫生、国土资源、工商等行业系统和全市38个重点工程中建立职务犯罪预防机制。由检察机关牵头建立的10个预防职务犯罪网络系统有400余个成员单位参加。进一步完善小和山、下沙、滨江3个高教园区的职务犯罪预防工作机制。全年开展预防宣传教育和咨询活动720余次。

【侦查和诉讼监督】2005年，全市检察机关依法监督公安和行政执法机关立案166件，比上年上升107.5%。经检察机关监督的案件，有38人被追究刑事责任。全年依法增捕犯罪嫌疑人30人，增诉被告人29人；决定不批准逮捕犯罪嫌疑人412

3月6日，市检察院举办保持共产党员先进性教育辅导课。(市检察院 供稿)

人，不起诉被告人101人。对17件不该立案而立案的案件，依法向公安机关提出纠正意见。

依照人民检察院刑事抗诉规定，依法提出刑事抗诉11件，提出纠正意见16件次。受理民事行政案件360件，立案审查231件，依法提出民事行政抗诉和提请抗诉130件，提出再审检察建议9件。

【监所检察】 全市检察机关加强驻监狱、看守所检察工作，维护正常监管秩序、保障刑罚正确执行。建立监外执行罪犯数据库和动态跟踪、定期检查等制度，认真配合市人大常委会开展减刑、假释、保外就医案件专项检查。全年对监狱、看守所呈报减刑11850人、假释271人、暂予监外执行61人情况进行审查，对93件不符合减刑、假释法定条件的依法提出纠正意见，对21件不符合监外执行法定条件的提出不予呈报意见；对全市监外执行的5种罪犯3868人进行检察，向监外执行机关提出纠正意见78次（书面21次），监外执行条件消失建议收监执行13人(已全部收监执行)。在全市各看守所实行检察官约见制度，全年发放约见卡1.2万张，对要求约见的在押人员1300人逐个谈话，向监狱在押人员发放维权公开信1.8万封。审查起诉被监管人员再犯罪25人，查办发生在监管场所的监管人员职务犯罪案件3件、3人。

【控告申诉复查】 全年受理申诉997件，比上年上升8%。其中，不服逮捕5件，不服不立案40件，不服刑事拘留5件，不服刑事判决113件，不服民事行政裁判370件。审查处理997件，其中检察机关决定立案复查18件；经立案复查，维护原决定15件、纠正法院原判决裁定3件。受理刑事赔偿申请5件，经立案审查，决定赔偿3件。对全市2004年办理的刑事申诉案件、1995年以来办理的刑事赔偿案件及2003年至2005年办理的不服法院生效裁判刑事申诉案件进行质量检查，针对存在问题提出对策和建议，提高法律监督能力。

【检察技术工作】 全年受理法医文件检验鉴定、现场勘验、文证审查和提供技术协助等鉴定120件，办结118件；出具证据材料118件(份)，其中鉴定书5份、文证审查意见书68份，提供视听证资料45份。检验鉴定的准确率达100%，无复议，无重新鉴定。运用检察专线网、局域网和检察互联网站，积极为检察业务提供技术服务。

【接受人大对检察工作的监督】 10月27日，市人大常委会副主任杨耀梁等一行，到市检察院就人民监督员制度试点工作开展调研，听取关于杭州市检察机关实施人民监督员制度试点工作的情况汇报和部分人民监督员的意见建议。12月20日，市人大代表在市检察院领导陪同下，定向视察萧山区检察院驻南郊监狱检察室。代表们对近年来杭州市监所检察工作的开展情况给予充分肯定。

全市检察机关接受人大对检察工作的定向视察、专项检查、观摩指导52次，向人大专题报告工作37次。查办的24件职务犯罪案件严格按照程序接受人民监督员监督。

【检察档案电子应用系统建成】 2005年底，列入“数字检察”二期项目之一、总投入100万元的杭州市检察档案电子化应用系统建设竣工。该软件与检察业务动态管理系统软件、办公自动化系统软件实行无缝链接，具有档案数据的录入、报出、信息检索、档案工作统计、档案编研、信息发布等功能。系统启用后，用户可通过检察系统的局域网、检察专线网、档案部门内部网和各部门终端机，远程调阅档案，不仅可以多人同时访问相同卷宗，而且具有统一、权威、高效、安全、可靠等性能。该系统对提高档案的查全率、查准率和快速利用率，全面实现档案管理计算机化、档案收集自动化、档案信息数字化、档案利用网络化起到积极作用。（沈福泉）

10月27日，加拿大司法代表团到市法院访问。（市法院 供稿）

·法院·

【法院概况】 2005年，杭州市两级法院按照“公正司法、一心为民”指导方针，全面加强审判和执行工作，为杭州的社会稳定和经济发展发挥了积极作用。全市法院新受理各类案件9.2万件，比上年上升8.9%，旧存案件4288件，案件总量9.63万件；审结9.14万件，结案率95%。其中，市法院新受理各类案件1.76万件，上升2.4%，旧存案件1010件，案件总量1.86万件；审结1.75万件，结案率94.1%。

全市法院有20个集体和47人受到三等功以上表彰，3人获全国性荣誉称号。法官中有709人参加庭审、裁判文书制作、法律适用等职业技能集中授课，组织书记员270人进行专业培训。至年末，全市法官中具有本科以上学历的占77%。

【严厉打击严重刑事犯罪】 2005年，全市法院受理一审刑事案件8300件，审结8293件，比上年分别上升 8.6%和 8.5%；判处罪犯 1.21 万人，其中判处 5 年以上有期徒刑直至死刑 1713 人，分别上升 17.8%和 33.4%。严惩危害国家安全犯罪和利用邪教组织破坏法律实施犯罪。开展打黑除恶专项斗争，严厉打击杀人、绑架、爆炸等严重暴力犯罪和抢劫、抢夺、盗窃等多发性犯罪，审结上述案件 5728 件，判处被告人 8918 人。依法惩处破坏社会主义市场经济秩序犯罪，审结走私、生产销售伪劣食品药品、侵犯知识产权等案件 249 件，判处被告人 422 人；为国家、集体挽回经济损失 5269 万元。依法打击贪污、受贿、挪用公款等职务犯罪，审结此类案件 164 件，判处被告人 178 人，其中判处 5 年以上有期徒刑直至无期徒刑 90 人、涉及县处级以上干部 25 人。对不构成犯罪的被告人 5 人宣告无罪。

【参与社会治安综合治理】 2005 年，全市法院探索创新少年刑事审判方式，实施未成年被告人社会调查员制度。依法对未成年罪犯 941 人从轻减轻处罚，其中判处缓刑 208 人。规范减刑假释案件办理程序，推行公示、听证制度，依法减刑假释 11701 人。加强社区矫正和落实罪犯回访帮教工作。深入开展法制宣传，强化以案释法，组织法律咨询，扩大审判的社会效果。

【精心审理民商事案件】 2005 年，全市法院审结各类民商事案件 4.67 万件，比上年上升 10.1%；解决诉讼标的 81.1 亿元。审理婚姻家庭、继承等事关群众切身利益的民事案件 1.85 万件，上升 9.9%，解决诉讼标的 14.6 亿元。贯彻“能调则调、当判则判、调判结合、案结事了”的原则，强化诉讼调解，经调解结案和做工作后撤诉 1.06 万件，占民事案件结案总数的 57.3%。依法审结国有土地使用权出让转让、商品房买卖等房地产纠纷案件 1855 件；审理合同纠纷 2.83 万件，解决诉讼标的 66.5 亿元，分别上升 10.2%和 42.7%；审结专利、商标、著作权和技术合同等案件 362 件，上升 14.9%。审结各类涉外、涉港澳台民商事案件 97 件，上升 18.3%。

【依法开展行政审判】 2005 年，全市法院审结各类行政诉讼案件 792 件，比上年上升 12.3%。审结的 579 件一审案件中，以撤销和变更行政机关决定、判决行政机关履行职责等方式结案 26 件，占总数的 4.5%；原告撤诉 223 件，占 38.5%；维持行政行为、驳回诉讼请求等方式结案 223 件，占 38.5%；以驳回起诉、移送等方式结案 107 件。余杭区、建德市政府制定了行政机关首长出庭应诉制度。

3 月 5 日，市法院组织开展百名党员进社区法律咨询活动。 （市法院 供稿）

【构建执行工作新机制】 2005 年，全市法院受理执行案件 2.35 万件，执结 2.33 万件，比上年分别上升 10.3%和 9%；执结标的 39.9 亿元，上升 3.3%。其中执结非诉讼执行案件 5128 件。市法院健全执行指导、执行风险提示等制度，规范查封、扣押、评估、拍卖等行为，提高执行效率，保证执行效果。积极构建执行工作良性循环长效管理机制，进一步理顺以市法院为主导、各基层法院为基础的统一管理、统一协调的工作机制。建立协助执行网络，聘请乡镇、街道基层干部担任执行联络员。加强对有效执结率和标的到位率的考核，严格再执行凭证的发放条件。

【规范司法行为】 全市法院积极开展“规范司法行为、促进司法公正”专项整改活动，加强对审判权、执行权的监督制约。2005 年，围绕审判权力相对集中、与群众利益密切相关和容易发生问题的重点环节、岗位及人员，采取多种方式查摆问题。市法院对近三年办结的 300 件案件开展自查，对各基层法院的 1038 件案件进行质量评查，全面查摆不规范行为，提出整改意见。制订审判办案管理、案件质量评查、廉政建设等方面 10 多项规章制度，建立起较完整的司法管理体系。

【落实司法为民要求】 杭州市两级法院加大对弱势群体的司法保护力度，全年对经济确有困难的当事人减、缓、免收诉讼费 164.8 万元，比上年上升 20.1%；为符合法律援助条件的被告人指定辩护人 691 人次。继续推行亲民、便民、利民措施，印发诉讼指南、坚持首问责任制、加强巡回审判等，以方便群众诉讼。做好判后疏导和息诉工作，解答当事人疑问。规范诉讼调解程序，创新诉讼调解机制，依法引入社会力量协助法院调解。

【完善信访长效机制】 加强和改进涉诉信访接待工作，采取联合处理信访、听证、领导下访等方式，把信访工作的立足点放在为群众解决实际问题上。全年处理群众来信 2.18 万件，接待来访 3.42 万人次。对重要疑难信访案件落实责任，采取领导包案、责任到人、限期督办的办法，重点抓好重复访、缠访、无理访、异常访以及越级访、集体访等案件的处理工作，市法院办结此类专项督办案件 23 件。

【加强审判监督】市法院通过审理

二审案件监督基层法院的审判工作。全市基层法院审结一审刑事、民事、行政案件5.11万件，其中当事人服判息诉4.74万件，占审结案件总数的92.8%；不服一审判决上诉3677件，占7.2%。全年市法院审结各类二审案件3613件，其中改判和发回重审256件，比上年下降8%，占二审案件总数的7.1%，占基层法院结案总数的0.5%。全市法院按照审判监督程序审结再审案件132件，其中改判49件，占案件总数的37.1%。依法接受检察机关的法律监督，按照审判监督程序审结抗诉案件43件，其中依法维持23件，作出改判或调解、撤诉及其他处理的20件。

市法院通过发布审判业务动态评析、召开专项审判工作会议、建立业务研讨联席会议制度等形式，指导基层法院提高审判水平；采取普查或抽查的方式评查案件，督促整改，促进基层法院提高办案质量和效率。

【自觉接受人大和社会各界监督】 2005年，全市两级法院继续坚持重大问题、重点工作、重要案件向党委、人大报告制度，向政府、政协和有关部门通报制度，进一步健全接受监督的工作机制。市法院向市人大常委会专题汇报全市法院基层建设情况。全市法院加强与人大代表、政协委员的联络工作，全年办理和答复代表、委员的建议、来信34件，邀请代表、委员旁听庭审640余人次。市法院创办工作季刊《杭州法院资讯》，定期向代表、委员通报法院工作。认真贯彻全国人大常委会《关于完善人民陪审员制度的决定》，完成246名人民陪审员的选任和培训工作，有人民陪审员6320人次参与审判案件3618件。　（陈　群）

·司法·

【司法行政概况】 2005年，杭州市司法行政工作按照“发展、创新、节约、稳定、为民”的总要求，为打造“平安杭州”，维护社会稳定，促进全市经济社会发展，做了大量卓有成效的工作。市属5个监所持续安全稳定，人民调解工作有了新发展，“社区矫正”工作在8个区全面推开，律师、公证、基层法律服务、法律援助、司法鉴定领域进一步拓展。做好《杭州市人民调解条例》实施前的各项准备工作。

【监狱劳教工作】 5月起，根据市委政法委和省司法厅的统一部署，在各监所开展“规范执法行为、促进执法公正”专项整改活动。市人大在对全市监狱减刑、假释、保外就医等工作进行专项执法检查后，给予充分肯定。建立监所法制工作机构，探索执法权和监督权适当分离。劳教所试行以半开放为重点的管理模式改革。认真抓好“三课”(政治、文化、技术教育课)教育，加大劳动技能培训力度。加强罪犯、劳教人员的入监(所)教育、心理矫治和社会帮教，监所各项指标均达到上级考核要求。在2005年的“平安监狱”、“平安劳教所”创建活动中，杭州市的西郊监狱、南郊监狱、东郊监狱被评为省级“平安监狱”。

为群众提供法律咨询服务　（市司法局 供稿）

【人民调解工作继续深化】 2005年，继续在全市推进“四有五无”(有组织、有人员、有经费、有场地调解，所在乡镇街道无民间纠纷引起的非正常死亡、无民事转刑事案件、无群体性上访、无群体性械斗、无归正人员重新犯罪)调解委员会创建活动。至年末，有90%以上的调委会实现“四有”目标，70%以上的调委会实现“五无”目标；全市有各类调解组织5904个，调解员2.04万人。全年调解处理民间纠纷案件3.46万件，调解成功率为97%，其中防止民事转刑事262件、防止民间纠纷引起非正常死亡118件、防止群体性上访519件、制止群体性械斗210件。开展评选“十佳人民调解员”、人民调解工作“金点子”、“百佳案例”、“双百名优秀调解员、优秀调委会”等活动。结合村级组织换届和职工维权需要，加强村调委会和企事业单位调委会建设。“社区矫正”试点工作在市区全面推开，归正人员安置率和帮教率分别为98%、99.4%；重新犯罪率为1.8%，低于全国大中城市平均水平。

【全面完成依法治市普法教育规划任务】 2005年是杭州市“二五”依法治市、“四五”法制宣传教育规划实施的最后一年。杭州市在做好回顾总结工作的基础上，顺利通过省普法办的考核验收，市司法局被中宣部、司法部评为2001年~2005年全国法制宣传教育先进单位。市司法局配合有关部门，开展“革除陋习、提高法律素质、做守法文明杭州人”主题教育活动；与浙江图书馆联合推出“市民学法大讲堂”法制系列讲座；举办市民关注的《法律援助条例》和《阳光规划和依法行政》等系列讲座。开展普法20周年系列纪念活动，在浙江省“走向法治”大型法制宣传活动中，杭州展区被省普法办评为法制展览一等奖。市司法局配合市文明办、民政局等部门，认真指导“民主法治示范村”和“民主法治社区”创建工作。至年末，全市“三星级"以上民主法治社区、村达标率分别为81.7%和76.5%,达到省考核目标。全市有15个行政村(社区)被评为全省五星级民主法治村（社区),4个村被评为全国民主法治示范村。

【法律服务工作进一步规范】2005年，杭州市司法行政系统深入开展律师、公证、基层法律服务"规范建设年"活动。至年末,全市有律师事务所110个，比上年增加13个;有专职律师1060人、兼职律师112人、律师助理和行政人员473人。全市律师办理各类诉讼案件和非诉讼法律事务3.12万件，比上年增长18%。全市有公证处14个、执业公证员119人，全年办理各类公证13.78万件。办理法律援助案件3079件,增长30%。全年组织律师接待信访468批、650人次,24名律师分别随市领导到各区、县(市)下访接待群众。全市司法行政系统接待法律咨询近14万人(个)次,其中12348法律服务专线接电3.69万个、接待来访1.98万人次;各律师事务所、公证处、基层法律服务所为近8万人次提供义务法律咨询服务；法律援助中心设立的便民咨询窗口接待3600余人次;组织律师、公证员等法律服务工作者开展广场咨询服务10余场次,接待群众近万人次。

省、市主要领导分别到杭州市公证处、天册律师事务所视察与调研。市人大专项检查杭州市贯彻执行《中华人民共和国律师法》情况。进一步完善律师管理“两结合"(司法行政机关的行政管理与律师协会的行业管理相结合)体制,市律协各项工作取得明显成效。星韵、天册2个律师事务所被评为全国优秀律师事务所,2名律师被评为全国优秀律师。

完成第四次国家司法考试杭州考区的组织工作，杭州考区报名3236人,参加考试2264人,合格并取得法律执业资格392人，合格率为17.3%。

【保持共产党员先进性教育活动成效明显】2005年,按照市委的统一部署,结合工作职能,全市司法系统组织开展保持共产党员先进性教育活动。创新教育活动载体,围绕“维护稳定党员当先锋”这一主题,组织开展百名机关党员干部参与法律援助咨询接待、百名机关党员干部参与人民调解、百名党团员担任法制宣传员活动,在监所开展争创10个党员示范岗、争创20个党员管教能手、建立30个法制副校长示范点、发动400名党员民警与监所职工结对子等系列活动;组织党员开展“万名党员访万家困难户”和“文明从脚下起步、党员做先锋模范”宣传劝导等活动。（葛　琳）

12月5日,江干区举办纪念法制宣传教育20周年活动。（市司法局 供稿）

·案例·

【侦破女大学生吴晶晶被杀案】2005年1月9日晚22时许,拱墅公安分局上塘派出所接事主李××报案称:其女吴晶晶(浙大城市学院学生)于1月8日晚在回家途中失踪。次日，杭城各新闻媒体对该起女大学生失踪事件进行大量报道，引起社会各界的极大关注。拱墅分局接报后,迅速组织精干力量成立专案组,全面开展侦查工作。市公安局刑侦等部门领导分别率侦察员赶赴专案组,共同开展侦查工作。公安部部长周永康对此案作了批示。

专案组根据现场调查，判断吴晶晶坐151路公交车到达市三医院或城站火车站后失踪的可能性较大，据此将当晚在该车站附近候客的出租车司机列为重点侦查对象。专案组在市公安局有关部门的大力协助下,发现勾海峰(男,36岁,吉林汪清镇人，杭州浙A·T8329个体夜班出租车司机)有重大作案嫌疑,并根据其社会关系及活动规律排摸分析，确定勾海峰一人作案可能性较大。1月16日,专案组在汽车北站将勾海峰抓获，并在其身上搜出吴晶晶的爱国者优盘。经审查,勾海峰交代了1月8日晚因与吴晶晶就车费问题发生争吵在出租车后座掐死吴晶晶并劫走财物的犯罪事实。1月16日晚,专案组根据勾海峰的交代在下沙开发区5号公路延伸段窨井内找到吴晶晶的尸体和衣物，同时在勾海峰的弟弟勾海军住处起获吴晶晶的康柏笔记本、爱国者MP3、三星手机等赃物。

【侦破“三二四”系列流窜抢劫杀人案】2005年3月24日上午11时许，上城区望江派出所警务人员在工作中发现停放在近江路1幢对面停车场车号为浙E·22141的白色赛欧小轿车行李厢下有血水样液体渗出。经上城公安分局刑侦大队现场勘查，在该车行李厢中发现一具捆绑着的男性尸体。

市公安局刑侦支队会同上城公安分局立即成立专案组开展侦破工作。经侦查,很快查明被害人为张培坚(男,37岁,上海市闵行区人),2月24日在银行取款后连车带人失踪，其银行卡在失踪及被害后分别在浙江嘉兴、江苏常州、江西鹰潭三地有取款记录。专案组移师沪上开展工作，通过死者身上捆绑用的胶带纸和作案手段串并，发现该案与上海闵行区发生的“二二四”银行门口尾随取款人上私家车、用胶带纸捆绑抢劫案有较多相似之处：两案捆绑用胶带纸认定同一、受害人均驾驶私家轿车、均涉及银行卡(“二二四”案受害人因坚决不肯说出银行卡密码才未遭杀害)。据此，专案组将两案串并侦查。专案组在获取犯罪嫌疑人可能是湖南省娄底市人的重要线索后追踪至娄底，于4月16日在娄底市涟钢区娄星北路附近发现2名犯罪嫌疑人踪迹。4月16日晚，在娄底市公安局的配合下，专案组抓获犯罪嫌疑人陈辉(男，28岁，娄底市娄星区小科居委会)、邬湘(男，22岁，娄底市大科乡小科村)，缴获仿六四式手枪2支。抓捕过程中，犯罪嫌疑人陈辉开枪拒捕，击伤抓捕民警，陈辉也被民警击伤抓获。经审查，犯罪嫌疑人交代2005年2月24日在上海市闵行区尾随刚从银行取款出来上轿车的张培坚，威逼张说出银行卡密码后将其杀害并抛尸杭州的犯罪事实。专案组根据犯罪嫌疑人作案时的残忍、老练程度及持有枪支等职业犯罪特点，加大审讯力度，迫使犯罪嫌疑人又交代了2004年6月15日在湖南省娄底市希望大厦伤害致死1人、同年10月中旬在广东省韶关市抢劫杀死2人、同年11月下旬在湖南省岳阳市抢劫杀死2人等4起命案的犯罪事实。 (虞伟楠)

【马惠民受贿案】 马惠民，男，1953年9月生，汉族，浙江省杭州市人，大专文化程度，原系杭州锦江集团副总经理。马因涉嫌受贿犯罪于2005年7月被刑事拘留，同年8月被逮捕。

经查证，马惠民于1990年5月~2003年3月，在担任余杭县财税局副局长，余杭县、余杭市财政局局长，余杭市人民政府副市长，余杭区人民政府副区长等职务期间，利用职务之便，为他人谋取利益，收受他人财物共计折合245.23万余元。

为逃避查处，马惠民在任职期间，陆续将收受的违法、违纪财物交由他人保管。案发后，保管人向检察机关退出代为保管的人民币2732034元、港币31000元、日元15万元、印度尼西亚币200万盾、澳大利亚元1800元、香港回归纪念表1块、AP白金手表1块、AP手表1块。

此案由杭州市检察院立案侦查并提起公诉和出庭支持公诉。

杭州市中级法院经过开庭审理，依法作出一审判决，判处马惠民无期徒刑，剥夺政治权利终身，并处没收其个人全部财产。 (沈福泉)

【高云光等4人贪污案】 2005年1月25日，杭州市法院对原温州市规划局副局长高云光等4名被告人分别以贪污、受贿罪作出一审判决：高云光犯贪污、受贿罪，判处有期徒刑二十年；金建林等3名被告人犯贪污罪，被分别判处10年至3年的有期徒刑。

1995年3月，温州铁路房地产开发公司董事会任命杨秀珠(在逃)为董事长，高云光为副董事长兼总经理。该公司下设温州铁路房地产开发公司物业公司和温州市政配套建设有限公司。1996年10月，温州市地方铁路有限公司委派杨秀珠、高云光为该公司董事。同月，温州火车站站前开发建设指挥部经温州市政府同意成立，高云光为副总指挥兼办公室主任。

1996年12月下旬，时任温州市副市长兼金温铁路温州建设指挥部指挥、温州铁路房地产开发公司董事长杨秀珠将高云光、金建林及林素华叫至其办公室，以其弟杨进军做生意亏本为归还银行贷款需钱为由，表示要从温州市铁路房地产开发公司获取公款1000多万元；并提出温州市铁路房地产开发公司在1993年底开发的温州市水心汇昌小区地块，当时经杨批准减免应当上交给市规划局的土地配套费，要高云光、林素华等人将按规定应上交而已减免的配套费数额从温州铁路房地产开发公司取出给其个人，高云光等人均表示同意。杨直接指使高云光测算应该补交的土地配套费数额，到市规划局盖章，金建林用已作废的土地配套费发票按高测算出的数额开出土地配套费11045155元。该发票后经杨秀珠、高云光、林素华审批签字在温州铁路房地产开发公司账目中入账报销。尔后，金建林根据杨秀珠的指使，采用支票二联内容不一的手段，将放在温州铁路房地产开发公司入账的回执联收款单位栏填写温州市规划局，交由银行的转帐支票收款单位栏填写温州市火车站站前指挥部。1997年1月22日，金建林等人再将上述11045155元中的600万元从温州市火车站站前指挥部转到温州铁路房地产开发公司物业有限公司，其余5045155元转到温州市政配套建设有限公司。林素华明确告知李小燕该两笔款系被杨秀珠个人侵吞的公款，并由其负责提现。1997年2月底~9月底，李小燕分20多次从上述两个公司的银行账户上提取现金，交由沙少华，沙在林素华明确告知该款系杨秀珠的贪污款后，仍单独或与林素华一起分次将11045155元公款交给杨秀珠。

【张小泉商标侵权案】 杭州张小泉剪刀厂成立于1958年，2000年改制后成立杭州张小泉集团有限公司，拥有“张小泉”图形与文字商标，该商标为全国驰名商标。上海张小泉刀剪总店成立于1956年。早在1999年杭州张小泉就以上海张小泉刀剪总店商标侵权及不正当竞争为由，向上海第二中级人民法院提起诉讼。2004年7月，上海高院作出终审判决，驳回杭州张小泉的诉讼请求，但该判决同时要求：上海张小泉刀剪总店今后应在商品和服务上规范使用其经核准登记的企业名称。此后，杭州张小泉发现对方并未按照上述判决内容要求，仍在其产品及包装、标牌上直接使用“上海张小泉”字样标志。2004年12月，杭州张小泉将上海张小泉诉至杭州市中级人民法院。2005年12月，市法院对此案作出一审判决：上海张小泉停止在其生产、销售的刀剪产品及包装标牌上使用侵犯杭州张小泉的“张小泉”注册商标专用权标识，并赔偿原告经济损失人民币3万元，在《浙江日报》上登报向原告赔礼道歉、消除影响。 (陈　群)

建德市人民检察院

JIANDESHI RENMIN JIANCHAYUAN

党组会议

建德市人民检察院紧紧围绕争创"先进检察院"目标，坚持以人为本，不断强化基础建设，规范执法行为，促进执法公正，认真履行法律监督职能，积极营造"公正、文明、廉洁"的良好风气，群众满意度逐年提高。2004 年，被评为建德市综合治理先进集体，杭州市"先进检察院"；反贪局荣获浙江省人民检察院集体二等功。2005 年，该院在建德市市级机关目标管理考核中，工作业绩和领导班子综合考核获得了双优的好成绩，被评为杭州市社会治安综合治理先进单位，并被浙江省人民检察院授予"先进检察院"称号。

该院始终把维护社会稳定、建设"平安建德"作为首要政治任务，坚持区别对待、宽严相济的刑事政策，充分运用审查批捕、审查起诉职能，加强与公安、法院等政法部门协作配合，全力营造和谐稳定的社会环境。

该院坚持"一要坚决，二要慎重，务必搞准"的原则，突出办案重点，提高侦查能力，加大对发生在党政机关、行政机关、司法机关及经济管理部门的职务犯罪案件查处力度，强化深挖意识，注重加大窝案串案的查处力度。同时，认真履行检察机关在防腐保廉体系中的工作职责，加强职务犯罪预防网络建设，积极推进反腐败斗争深入开展。

·军事综述·

【圆满完成各项任务】2005年，是杭州警备区体制编制调整后的第一年。警备区坚持以中共十六届五中全会和军委扩大会议精神为指导，以南京军区、省军区抓军分区、人武部建设为契机，牢牢抓住党委班子建设核心，以制定完善应急作战基本方案和组织杭州市保畅通演练及民兵高炮实弹射击演练为牵引，突出应急作战准备中心，密切军政军民关系，确保警备区部队和民兵预备役部队的高度集中统一和安全稳定，圆满完成年度各项重大任务。

思想政治建设显著加强。坚持把思想政治建设放在首位，牢牢把握后备力量建设的正确方向。开展保持共产党员先进性教育活动，坚持用党的创新理论武装头脑，紧紧围绕科学发展观要求，注重对后备力量建设持续发展的思考。认真贯彻军区党委有关文件精神，加大违规占房清理、工程建设审核、规范经费使用的力度。开展“强化战斗精神，提高打赢能力”、“身在好环境、更要干事业”和“讲正气、正风气”3个主题教育。联系实际进行艰苦奋斗、战备形势、安全保密等经常性教育，官兵“弘扬传统、保持本色”的思想更加牢固。

军事斗争准备稳步推进。以年底前基本具备应急作战能力为目标，狠抓两级首长机关按纲施训，狠抓各种方案计划准备和演练，狠抓大项军事任务高标准完成，有力地推进了应急作战准备。成功组织民兵高炮实弹射击演练和“保畅通”演练，对辖区内重要目标和作战需求，进行实地勘察和梳理，调整细化作战方案。围绕防空袭、保畅通课题，对“应急作战条件下杭州市防空袭作战战法”、“装备科技支前保障力量应急动员”等重难点问题进行研究攻关，并参加省军区战役集训交流，得到充分肯定。强化两级首长机关的按纲施训，警备区本级首长机关和8个城区人武部军事主官接受省军区考核，成绩优良。警备区组织对各人武部的普考，达到了以考促训的目的。组织了两级国防动员干部的业务知识学习，国动委工作队伍业务素质明显提高。民兵训练总评成绩良好以上。

后备力量建设全面发展。按照“一个突出、两个依据、三个需要”的原则，对后备力量作战资源进行整合，余杭区防空团试点经验在省军区“温州会议”上交流，该区被评为全国民兵预备役政治工作先进单位。迎接总部民兵工作检查调研，并得到好评。圆满完成士官和新兵的征集任务，在校大学生征集力度加大，兵员质量明显提高。认真组织民兵预备役信息数据采集汇总上报。开展国防潜力调查。落实退伍军人服预备役和地方与军事对口专业人员登记统计。完成防空兵训练中心和修械所整治工程建设。杭州市国防动员指挥中心大楼建设已完成工程立项。修改完善杭州地区兵要地志。军事志撰写工作进展顺利。

【总部工作组到杭调研征兵情况】11月23日，中国人民解放军副总参谋长吴胜利中将率总部工作组视察余杭区的征兵工作。工作组听取了余杭区征兵工作情况汇报，实地察看余杭区民兵训练基地和征兵体检站，并组织召开兵役机关和接兵部队人员座谈会。南京军区副司令员徐小岩少将、总参动员部部长赵建中少将、省军区司令员王贺文少将、副司令员王国兴少将，警备区王炳友司令员、齐毓春政委、张力参谋长等陪同视察。

【总参工作组到杭调研】4月26日，总参动员部部长赵建中少将率总部工作组到浙江省军区开展国防动员和后备力量建设情况调研。根据调研内容分工，杭州警备区汇报了国防动员和后备力量建设情况、民兵预备役防空队伍建设情况、防空队伍的整合和指挥体制情况、民兵预备役和人防、交战队伍编组情况。4月27日，总部工作组到萧山区人武部检查调研，听取萧山区人武部国防动员和后备力量建设情况汇报，实地察看人武部基本设施建设情况。

·国防动员　军事战备·

【组织首长机关按纲施训】2005年开展的首长机关训练，认真贯彻省军区党委扩大会议精神，在巩固深化前两年按纲施训成果基础上，依据军区和省军区军事工作指示，坚持以目标牵引，从警备区和人武部实际出发，精心筹划安排，狠抓训练落实。8月下旬，组织警备区、人武部两级军事主官集训，强化了训练效果。10月，迎接省军区按纲施训质量考核。全年度，警备区本级和人武部首长机关平均落实训练时间52天364小时，落实了每天1小时的体能训练，平均参训率80%以上。通过检查考评，两级首长机关训练组训灵活、重点突出、内容落实、效果明显。

【整合后备力量作战资源】 上半年，在全市范围内对后备力量作战资源进行整合。深入开展了后备力量作战资源的调查，围绕队伍规模、种类和布局，在切实搞清作战需求的基础上，把应急作战所需要的后备力量从整个组织规模中梳理出来，最大限度地优化资源配置，真正构建了与作战任务相衔接、与方案计划相配套的力量体系。8月中旬，警备区组成5个检查验收组，对13个区、县(市)逐一进行检查验收，抽查了35个基层单位，检查验收结果表明，整合达到了预期效果。

【组织专武干部集训】 10月9日~12日，警备区依托省人武学院和警备区教导队，组织全市92名基层专武干部进行集训。集训人员认真学习江泽民国防和军队建设思想、胡锦涛的一系列重要讲话。集训着眼应急作战各项准备在基层到点到位落实，围绕强化业务素质、提高履职能力、促进工作落实主题，采取业务培训、工作辅导、经验交流3种形式，系统学习民兵预备役基础知识和业务技能，有效地提高了基层专武干部开展武装工作的能力素质。

【实施财经集中统管和资金集中支付改革】 根据总部《军队资金集中支付改革实施方案》要求和南京军区、省军区关于贯彻落实财经集中统管和军队资金集中支付改革的指示精神，杭州警备区从2004年6月开始，分两个阶段对所属13个区、县(市)人武部和教导队、修械所、机关食堂等6个直属单位实施财经集中统管和资金集中支付改革。第一阶段实行财经集中统管。2004年6月撤销了警备区6个直属单位的银行账户，资金统一纳入警备区本级财务部门管理。第二阶段实行资金集中支付改革。2005年3月，警备区制订下发了《警备区资金集中支付改革实施方案》、《警备区资金集中支付改革实施细则》、《关于统一资金集中支付有关会计核算的补充通知》、《关于军队资金集中支付改革中调整地方财政资金拨付方法的通知》4个文件，同时，6个老城区人武部撤销银行账户，资金统一上缴警备区财务单一账户，4月1日实行资金集中支付。12月，萧山、余杭区人武部撤销银行账户，2006年1月实行资金集中支付。其他5个县(市)人武部银行账户于2005年3月改开为小额账户，实行限额管理、授权支付。

·民兵 预备役 兵役·

【完善民兵武器装备管理】 警备区紧紧围绕应急作战装备保障准备，突出装备战备建设、保障训练和“三化”管理，落实各项装备管理和保障任务。全年投入近50万元对警备区本级仓库库房墙体和生活区进行改造，升级更新仓库监控系统，改善仓库的保管条件和安全设施。完成了报废武器的上缴，新配发的民兵武器装备器材的接收。确保民兵武器装备时刻处于良好的战备状态。组织对参加民兵高炮实弹演练的火炮进行换油封存保养，及时做好各类武器装备的检修工作，完成高炮实弹演练、民兵训练、学生军训、地方党政领导军事日活动的武器弹药保障任务。实现警备区武器装备管理连续第23个安全年和警备区本级仓库连续第40个安全年。

【民兵军事训练】 2005年，民兵军事训练分4个阶段进行。3月中旬至4月底，完成民兵应急分队、部分专业技术分队训练；5月上旬至6月上旬，组织完成上城、下城、拱墅、萧山、余杭区，建德市的民兵骨干集训和实弹演练任务；8月，组织完成西湖区、滨江区、余杭区民兵防空轮训任务；9月上旬至11月底，指导各区、县(市)组织完成保畅通演练任务。训练主要采取岗位训练、集中组训、以演促训等方式。高炮分队经省军区考核，总评成绩优秀，其他分队经警备区抽考和各人武部普考，总评成绩均在良好以上。

【举行城市防空作战演习】 6月25日~7月6日，预备役高炮部队举行城市防空作战防空兵群行动演习。演习紧密结合城市防空作战任务，立足现有武器装备，着眼实战要求，按照防空作战“一个过程”的要求，采取上导下演、文书导调、情况显示、实兵演练和全程评估相结合的方法，重点研练快速动员、临战训练、防空袭战斗组织实施和实弹射击等课题。演习历时12个昼夜，跨越杭州、宁波两个地区。通过演练提高了各级指挥员的组织指挥能力，增强了部队的军事素质，团队整体战斗力明显提高。

【圆满完成高炮实弹演练任务】 4月1日~6月10日，警备区组织民兵高炮实弹演练。演练中，针对高炮实弹射击的目标考核要求，从严、从难、从实战出发，注重演练效果。警备区首长机关组织指导上城区、下城区人武部首长机关各带1个双25高炮营及余杭区、拱墅区、萧山区、建德市人武部首长机关各带1个双37高炮营参加演练，5月30日至6月7日赴靶场完成组织开进、占领阵地、组织宿营、空炮合练、体验射击和实弹考核，完成对空中目标、对低空目标的实弹体验射击和实弹射击考核，平均弹迹在70%以上，总评成绩优秀，圆满完成了演练任务。7日，组织民兵高炮营、连实弹射击综合演示，省军区副司令员王国兴少将、杭州市委副书记于辉达、副市长孙景森等领导观看演示，并接见了参演官兵。

【组织预备役部队训练】 杭州预备役高炮部队围绕应急作战任务，积极开展首长机关和部分队训练。3月，组织首长机关现役、预任军官、基层分队军官和新编预任军官参加的正规化集训，完成了队列训练、战术标图、防空战术理论、轻武器射击、国际国内形势教育、保持共产党员先进性教育和权利观、地位观、利益观的教育、预备役部队快速动员、首长机关室内战术作业和分队军官编组作业等训练任务。4月，组织现役军官、现役战士、预任军官、预编士兵参加的专业兵集训。6月，组织分队干部骨干集训，受训人员参加预备役师组织的卫勤专业、炊事专业、优秀“四会”教练员3项比武竞赛，其中炊事专业比武取得团体总分第1名的好成绩。

【萧山区被评为征兵工作先进单位】 2005年是中国实行义务兵役制暨颁布第1部《中华人民共和国兵役法》50周年，国防部为了宣扬典型，表彰奖励先进，推动新形势下征兵工作的健康发展，通报表彰一批全国征兵工作先进单位。萧山区委、区政府积极探索新形势下征兵工作的特点和规律，做到领导到位、宣传到位、措施到位、协调到位、优抚到位，形成了依法征兵的有效机制，实现了连续10年无责任退兵，7次被省政府、省军区评为征兵工作先进单位。9月，该区被国防部评为征兵工作先进单位。

·国防教育与军民共建·

【加强全民国防教育】 杭州市始终坚持把国防教育作为促进国防建设与经济建设协调发展、加强社会主义"三个文明"建设的重要举措来抓。4月，在民兵军事训练期间，全市各地四套班子普遍组织过"军事日"活动，领导干部与参训民兵同吃同训练，进行队列、射击等训练，领导干部的国防观念得到进一步增强。富阳市国教办、人武部、文化局联合派出20多名作家、记者采写40多名具有代表性的富阳籍企业复退军人的典型事迹，编印成30多万字《咱当兵的人》下发，使企业履行国防义务的责任感进一步增强。6月，市委宣传部、市国教办、市档案局在杭州市档案馆举行以"以史为鉴，面向未来"为主题的杭州市纪念抗日战争胜利60周年大型图片展，市委书记王国平及四套班子其他成员参加开幕式，并参观图片展。全市机关干部、学生、工人、农民和驻杭部队共60多万人观看了图片展。7月，在全市推广下城区天水街道"国防教育进社区"的做法，各地街道社区，普遍开展国防形势报告会、国防教育知识竞赛、国防教育演讲比赛等活动，在社区宣传栏张贴人防知识、国防教育宣传画5万多张。9月，市委宣传部、市人防办、市国教办与杭州天堂滑稽剧团联合编排"珍爱生命——人防宣传文艺"节目，在全市巡回演出，7万人观看演出，接受国防和人防知识教育。10月，联合省、市征兵办在上城区吴山广场开展《中华人民共和国兵役法》、《浙江省征兵工作条例》和《杭州市征兵工作条例》等法律法规的大型咨询活动，咨询的家长和适龄青年2万余名。市国教办在杭州人民广播电台设立"国防之声"栏目和"国防教育"网站，结合国际军事斗争热点和群众普遍关心的现实问题开展国防教育，宣传国防和军队建设，收到了良好的效果。

【密切军政军民关系】 12月，杭州市、临安市、富阳市接受了"省双拥模范城"考核，警备区党委第一书记王国平接受了浙江省军区和省委组织部联合组织的党管武装工作考评，得到高度评价。认真贯彻全国双拥工作会议精神，充分发挥桥梁纽带作用，积极协调驻杭部队参加市、区重点工程建设和便民服务活动，协调地方开展科技拥军活动，积极组织民兵预备役人员参与抗台抗洪、扑灭山火、抢险救灾、维护社会治安等，出动民兵上万人次，为打造"平安杭州"、"和谐杭州"作出贡献。

6月2日，杭州警备区举行民兵高炮实弹射击演练，图为射击中的民兵高机分队。

(张建恩 供稿)

【积极参加双拥共建活动】 杭州警备区积极参加双拥共建活动。3月，杭州警备区党委主动与淳安县梓桐镇结成扶贫对子，3次组织工作组到该镇进行调研，为学校整修校舍捐款15万元，并为10余位贫困家庭孩子捐助学费。2月，临安市人武部派出200余人次民兵，参与清凉峰失踪旅游者的搜救。9月3日，派出由50名民兵组成的应急分队，参与昌化泥石流灾害的处置。杭州警备区和预备役部队全年派出2500余名民兵和预备役人员扑灭淳安、临安、富阳、余杭闲林、萧山临浦、桐庐桐君街道等处森林火灾，积极配合地方开展"扫黄打非"、"禁毒禁赌"等专项斗争。警备区集中5000余名民兵预备役人员参加抗击台风"麦莎"执勤，派出80余名官兵转移群众150人及大量物资。预备役人员在"钱江观潮节"期间加强执勤巡逻，维持社会秩序。9月，完成浙江金融学院2000名大学生的军训任务。

【市党政军代表团赴西藏慰问杭州籍战士】 杭州市近年来陆续为守卫祖国边疆输送优质兵员。为体现家乡人民对杭州籍子弟兵的关心和爱护，杭州市组织党政军赴藏慰问团，由杭州市委副书记于辉达，市委常委、常务副市长盛继芳，市委常委、警备区政委齐毓春带队，于8月上旬赴西藏慰问杭州籍驻藏官兵。慰问团一行看望杭州籍官兵，并与他们进行座谈，了解官兵们在部队的工作、生活和训练情况，鼓励他们扎根边疆，保卫祖国，立志军营作奉献，为家乡政府和人民争光。慰问团还看望并慰问了杭州援藏干部。

(张建恩)

·人民防空·

【人民防空概况】 杭州市人民防空事业按照"发展、创新、稳定、为民"要求，坚持"长期准备、重点建设、平战结合”方针，加快做好反“台独”军事斗争应急准备，扎实推进防空防灾一体化，圆满完成各项任务。市人防办被评为全省人防系统“十五”优秀单位。

不断增强城市整体防护能力，人民防空工程建设有序推进，城市人防防护面积显著增加。全年竣工验收的人防工程使用面积比上年增加5.8万平方米。建成市本级指挥所，萧山区、建德市、临安市指挥所按计划进度实施。市本级和13个区、县(市)全部完成应急方案的评审、上报。人防通信要素日趋完善，新建防空警报28台，警报终端改造56台。重点目标防护得到加强。建立重要目标防护指挥体系，整合规范人防专业队伍。群众疏散演习有序进行。结合9月18日的防空警报试鸣，开展街道人员掩蔽防护演习。疏散基地建设稳步推进。“紫金港旅游集散中心疏散(避难)基地”建设项目完成上报。重点镇人防工作稳步推进。5个县(市)和滨江、萧山、余杭区编制完成《人民防空与城市地下空间开发利用规划》。

加强人防法规建设。出台了杭州市警报设施管理办法和规范调整人防工程易地建设费的通知。严格人防依法审批。全年受理缴费项目408项，图审141项，会审231项，竣工77项，工程合格率和审批办结率均达100%。优化服务，市人防行政审批窗口被市行政服务中心评为“红旗窗口”第1名。依法规范人防管理。对116名人防工程专(兼)职管理员进行系统化培训；查处违法案件1起，实施行政处罚案件2起。

推进人防宣传教育。在市委党校、各区分校和各县(市)委党校开课16次，受教育干部1500名。深化人防知识进学校，在200所初级中学，7万余名在校学生中宣讲人防(民防)知识，扩大人防知识进企业面。创新人防知识进社区机制。全市70%以上的社区开展人防知识宣传教育。“珍爱生命”人防知识文艺晚会在全市巡回演出。在“杭州人防”网站上栏文章2000余篇。发挥浙江省国防教育基地——“浇铸和平之盾”人防展览馆的作用，接待观众2500余人次。

发挥平战结合效益。全市人防系统积极挖掘潜力，调整结构，盘活早期人防工程，充分发挥战备效益、社会效益和经济效益。在“让洞于民，避暑纳凉”工作中，接待市民群众15万余人次。积极参与“一隧三路二道一厅”工程建设。杭州市城市应急救援指挥中心(96110)受理各类信息8510件。

【杭州市被评为全国人民防空先进城市】 10月27日，在北京召开的第五次全国人民防空会议上，杭州市被国家国防动员委员会评为“全国人民防空先进城市”，市人防办主任施增富荣获全国人防先进个人称号。参加会议的副市长杨戌标和市人防办主任施增富，受到中共中央总书记、国家主席、中央军委主席胡锦涛，中共中央政治局常委、国家副主席曾庆红，中共中央政治局委员、中央军委副主席、国防部长曹刚川等党和国家领导人的亲切接见。

“十五”以来，杭州市认真贯彻落实《人民防空法》，积极探索与拓展人防发展的新领域，各项建设呈现出良好发展势头。编制完成了杭州市本级和8个区、县(市)的《人民防空与城市地下空间开发利用规划》。建立和完善了市、区(县、市)、街道(乡镇)三级人民防空应急预案体系。扎实推进平战结合建设，至2005年底，全市开发利用人防工程面积95万平方米。成立杭州市民防局，加强杭州市城市应急救援指挥中心(96110)建设。加强人防法制建设，成立了行政执法机构。加强人防宣传教育，建立了“杭州人防”网站(http://www.hzrf.gov.cn)，形成了人防知识进学校、进社区、进企业、进党校、进网络的宣传教育局面。

【拱墅应急疏散场所挂牌】 12月30日，杭州市首个可用于防台、防洪、防震和战时人民防空的拱墅区应急疏散(避难)场所挂牌。该应急疏散(避难)场所分为室内避难区和室外棚宿区。在室内避难区，利用公共设施的照明、广播、监控、公用电话、消防器材、餐厅、供水、厕所、物资储备库存等设施，增加应急供电照明、应急供水、临时厕所、统一规范的标牌标志等要素，室内区的接纳主要对象是老、弱、病、残避难人员。在室外棚宿区，利用底下铺设的自来水管、电缆线、排污管线等设施以及地上设有的供电照明、广播、监控、公用电话、消防器材、水源、临时厕所、物资储备库等要素，接纳避难人员。该应急疏散(避难)场所还设置了救灾指挥中心、卫生防疫站、直升机停机坪等，以满足应急指挥和交通保障的需要。

▶▶资料：应急疏散(避难)基地

疏散(避难)基地是指战时组织人民防空或平时处置突发公共事件时，用于较长时间(通常为3天~5天)接纳、安置疏散人员的场所。

疏散(避难)基地的选址与布局应符合辖区人口疏散方案总体要求，避开重要的政治、军事、经济等目标，避开可能遭敌空袭、突发公共事件易发和次生灾害直接威胁的地区，选择交通便利，基本生活资源充足，便于战(灾)时开展疏散(避难)的地点。可以结合城市广场、公园、体育场等空旷和自然洞穴、自然保障区、旅游景点、各类工地等进行建设，也可以选择其他合适地域自建。通常应具备基本设施，并设有醒目的标志。

【万松岭隧道建成】 2月6日，市区道路两年大会战重点建设项目之一的万松岭隧道正式通车。2003年3月18日开工建设的万松岭隧道是虎跑路复线工程的重点建设项目之一。他是市人防办积极贯彻人防建设与经济建设协调发展、与城市建设相结合的原则，开工建设的又一个道路工程。隧道位于西湖景区的东南部，西至南山路，东至中河路。隧道穿越云居山，东接严官巷，并与中河路—上仓桥交叉口相接。隧道及接线工程全长1491米，其中隧道长819米，宽15.2米，净高8米，限高5米。万松岭隧道工程总投资约1.8亿元。

【华丰路建成】 11月30日，经过7个月的紧张施工，市区北部一条西接永安路、石桥路，东到临平星桥，总投资约2500万元的东西向城市交通主干道——华丰路正式通车。华丰路工程是市人防办参与市区道路建设项目之一。2005年3月进行拆迁和管线迁移等工作，4月18日开始施工。华丰路全长约1.95千米，道路红线宽36米。整段道路中有单跨13米长的桥梁3座。

【文二西路延伸段工程竣工】 12月29日，市区直通西溪国家湿地公园综合保护配套工程的文二西路延伸段工程竣工。由市人防办建设的市区道路项目之一的文二西路延伸段工程，2005年5月动工建设，全长3720米，道路红线宽32米，设计为24米的双向六车道（机非混行车道），道路两侧各有4米的人行道(包括1.5米的绿化带)。延伸段道路西起五常港东侧，与余杭区区界接壤，东至紫荆花路，与文二西路相连，道路的南侧紧邻西溪湿地风景保护区二期区域；北侧为蒋村花园、西溪花园等新建农居点。

【人防展览馆被命名为省国防教育基地】 杭州市人民防空展览馆被省政府命名为浙江省国防教育基地。这也是省人民政府首次对国防教育基地进行命名。9月28日，市人防办(民防局)在展览馆举行揭牌仪式。省军区副参谋长冯一鹤和杭州警备区政治部主任、市国防教育办公室主任江震洲为国防教育基地揭牌。

杭州市人民防空展览馆于2004年建成并向社会免费开放，已接待机关和企事业单位、在校学生等3000余人次。

【举行防空袭演习】 9月18日，全市8个城区40个社区3000余名市民和学生，结合防空警报试鸣，进行了“05—918”街道、社区人民防空人员就近疏散隐蔽演习。疏散隐蔽演习的地点为社区居民住处附近的人防工事。

【加强重点镇人民防空工作】 为创新人防工作发展机制，杭州市人民防空工作向基层延伸，加大人防工作力度，萧山区瓜沥镇、富阳市新登镇等13个人民防空重点镇人民防空工作有序开展。杭州警备区司令部和杭州市人防办联合出台了《加强人民防空重点镇人民防空工作的实施意见》，从人民防空重点镇开展人民防空工作的重要意义、组织机构、工作职责、工作重点、工作要求等方面规定10个大项的内容，为重点镇开展人民防空工作做了具体规定。

【约旦国民防局代表团到杭访问】 9月24日，约旦国民防总局局长阿瓦德·马萨伊德少将一行4人到杭州市考察民防工作。国家民政部、省民政厅、省民防局有关负责人陪同考察。杭州市民防局和约旦国民防局相互交流了两地民防建设的基本情况。随后参观了931工程、庆春广场民防工程和白马公寓民防工程。

（王　敏）

·武警·

【武警概况】 2005年，按照中央军委和武警总部命令，原省武警总队直属一支队和原杭州市支队合并整编为新的武警杭州市支队，为一类旅级支队，勤务种类涵盖武警部队所有六大类勤务。合并整编后，新一届党委班子认真分析部队建设的特点规律，提出“认清形势、把握大局，深化调整、步入正轨，稳定部队、确保安全，夯实基础、推进发展”的总体思路，支队各项建设有序开展，圆满完成各项任务，确保部队安全稳定，实现了合并以后首创先进支队的目标，连续11年实现“三无”(无执勤事故、无刑事案件、无行政责任亡人事故)目标，连续19年执勤安全，分别受到总部和省武警总队通令表彰。

支队党委被评为党风廉政建设先进集体。三中队被总部评为精神文明建设先进单位，余杭中队党支部被总部评为先进基层党组织，支队长樊彩声、政治委员吴晓宏被总队评为“一对好主官”，支队有10个方面的经验做法被总队转发推广，支队政治部干事邬莉娅被评为全国军民共建社会主义精神文明建设先进个人。

【开展培育战斗精神主题教育】 武警杭州市支队根据总部、省武警总队部署，分4个专题，深入开展“强化警魂意识，培育战斗精神，永远做党和人民的忠诚卫士”教育活动。紧贴军事斗争准备任务和部队官兵的思想实际，通过理论灌输、传统激励、文化熏陶和实践锤炼，为官兵争做党和人民的忠诚卫士确立精神支柱，提供强大的思想动力。3月，在党委机关开展“保持先进性，提高‘四个本领’”教育活动，对机关干部在理想信念、能力素质、精神状态和思想作风等方面进行集中整治，提高党委机关按纲指导基层的能力水平。下半年，根据合编之初部队形势和官兵思想实际，集中抓“讲大局、守纪律”、“保持共产党员先进性”、“四反”、“密切内外关系”和干部“尽职责、守规矩、树形象”5项专题教育，保证部队内部团结和谐和官兵政治坚定，思想稳定。

【加强前沿指挥所建设】 8月，武警杭州市支队党委做出《加强大队“前沿指挥所”建设的决定》，梳理出大队抓中队“双七条”；组织各大队进行经验交流，开展红旗大队评比，调动了大队一级的工作积极性和主动性；支队领导逐个大队面对面帮助理思路、明职责、教方法、抓落实。各大队坚持每月到所属中队蹲点指导，并加强检查督导，“前沿指挥所”作用发挥有明显进步。

【机关干部当兵代职】 从12月开始，武警杭州市支队合并整编后，为充实基层一线的领导力量，支队党委分批安排机关营职以下干部下基层代职当兵，每期一个月。营职干部安排到大、中队代职，履行大、中队主官职责。连排职干部统一当兵，佩戴士兵警衔，吃住在战斗班，参加所在班的勤务。代职当兵期间，机关干部及时转化角色，认真履行职责，加强调查研究，对基层建设起到帮建指导作用。

【加强部队正规化管理】 武警杭州市支队从狠抓人员管控、枪弹管理、机关和直属队正规化管理入手，坚持从严治警，规范各项秩序。全年3次组织工作组对各单位枪弹管理进行逐室逐库逐枪逐弹的普查，并把枪弹管理作为查勤和下基层必查内容，完善管理机制，发生问题及时通报，基层干部管枪管弹的意识不断强化，落实“双人双锁”、出入库登记等制度。制订机关和直属队管理特别规定，并进行专项整治，推进机关尤其是直属队管理秩序正规化。

【开展勤务专项整治活动】 7月，武警杭州市支队对警卫目标进行专项调研。认真抓营门哨的专项治理，重点解决了部分门卫哨形象欠佳、责任心欠强以及情况处置不当等问题，对营门哨的执勤位置、执勤方式、询问口令及查验证件等进行统一。会同目标单位对目标进行联合整治，解决老大难问题和各类隐患123处。对31处目标“三级网”进行升级改造，8处目标启动安装监控系统，执勤“物防、技防、人防”得到加强。固定目标连续19年执勤无事故。

【完成西博会安全保卫任务】 10月，支队根据省武警总队和杭州市公安局的统一部署，圆满完成第七届西博会西湖国际烟花大会、娃哈哈狂欢大巡游的安全保卫任务。先后出动兵力1377人，车辆56台次、船艇7艘次。

【完成长途押解勤务】 根据省武警总队的统一部署，9月24日~10月2日，支队圆满完成遣送95名新疆籍罪犯从浙江至新疆自治区监狱服刑的跨省长途武装押解任务。这次长途押解距离较远，押解方式特殊，犯情非常复杂。支队负责人具体过问押解任务，挑选素质全面的官兵组成押解分队，对押解途中各种可能出现的情况进行了研究，加强了方案演练，保证了执勤任务的圆满完成。

【抓捕4名涉枪犯罪嫌疑人】 8月22日，根据省武警总队和临安市公安局的指示要求，临安市中队派出由中队长等7人组成的战斗小组，担负对4名涉枪犯罪嫌疑人的抓捕任务。行动中，参战官兵沉着冷静、机智勇敢，在不费一枪一弹，无一人伤亡的情况下，将4名犯罪嫌疑人抓获。

【演练后勤应急保障能力】 武警杭州市支队后勤机关认真落实省武警总队处长集训班关于加强应急保障力量建设的精神，修订完善《处置突发事件后勤保障预案》、《应急保障队抽组预案》等保障方案，拨出经费用于后勤应急保障建设，及时调整和补充战备物资储备，加快后勤战备库室的建设。指定三大队八中队作为应急保障的力量编成，利用“抗台”、迎接总队后勤比武及西博会保障等时机积极开展演练。

6月15日，举行武警浙江省总队杭州市旅级支队成立大会。

（市武警支队 供稿）

【三中队被评为武警精神文明建设先进单位】 武警杭州市支队三中队是“一心为公的共产主义战士”蔡永祥生前所在的中队，1995年被省政府授予“守桥爱民模范中队”荣誉称号，1996年被国务院、中央军委授予“钱塘江守桥模范中队” 荣誉称号。1998年，被定为“省级爱国主义教育基地”。该中队每年接待参观群众2万~3万人，作报告70余场次，军训7000余人。2005年，中队被杭州市委宣传部列为首批 “红色之旅”单位。中队与驻地单位开展共建“文明一条线”、“文明社区”、“文明一座镇”的活动，中队的共建单位都被评为先进单位。中队积极开展扶贫助弱活动，常年义务扶助孤寡老人，收留送返迷路儿童192人，从江中救起遇险群众和轻生者254人。三中队认真履行武警职能，使大桥成为不法分子难以逾越的关卡。1983年以来，在大桥上抓获不法分子158名，截获被盗物资价值30余万元。2005年6月，中队被武警总部评为精神文明建设先进单位。

【余杭中队党支部被评为武警先进基层党组织】 武警余杭区中队党支部从提高党支部的能力着眼，践行“三个代表”职能，发挥好战斗堡垒作用。从夯实支部自身建设这个“基础工程”抓起，从规范党的七项组织生活制度入手，努力提高解决自身问题和领导中队全面建设的能力，较好地发挥了党支部的集体领导和战斗堡垒作用。该中队连续20年被省武警总队评为先进，连续30年执勤安全无事故。1999年12月，该中队被武警总部授予 “基层建设标兵中队”荣誉称号。2005年7月，中队党支部被武警总部评为 “先进基层党组织”。

【修理技师被评为武警“十大学习成才标兵”】 左中文1986年10月入伍，是武警杭州市支队船艇大队机电班班长、船艇修理技师。入伍以来，把科技强警和岗位自学成才作为学习的动力，刻苦钻研业务。左中文会驾驶各类船艇，掌握5种不同类型船艇维修保养技术，14年来为部队节约维修费用100余万元。注重发挥传帮带作用，把掌握的业务技术传授给战友。结合实际操作经验，编写的《冲锋舟橡皮艇基础知识》，成为全国武警部队抗洪抢险舟艇训练指定教材。12次驾驶冲锋舟完成抗洪抢险任务，转移、救助群众1700余人；参加钱塘江大桥水面救援任务100余次，捞救落水群众5人；10次完成总队水上抢险骨干集训教学保障任务。12月，左中文被评为武警部队首届 “十大学习成才标兵”。 （张治毅 周瑞峰）

教育
Education

·教育综述·

【全面提升教育品质】 2005年,杭州教育以科学发展观为指导,以破解"上学难"问题为突破口,以实施名校集团化办学为有效途径,整体提升教育品质和办学水平,满足人民群众不断增长的优质教育需求。

全市中小学1231所,在校学生95万人。其中,小学791所,学生45.9万人;初中289所,学生24.1万人;普通高中80所,学生12.1万人;职业学校(含普通中专、职高、技校)71所,学生12.5万人。学前教育长足发展,"托幼一体"的学前教育体系基本形成。义务教育在高标准、高质量普及的基础上,向均衡化、优质化方向发展。九年义务教育入学率、巩固率以及弱势群体教育均保持全省领先水平,义务教育段优质教育覆盖率55%,其中市区80%。高中教育加快普及。初中毕业生升入各类高中的升学率95.01%,名列全省前茅,其中市区升学率98.48%。优质高中招生率70.59%,其中市区86.13%。职业教育形成中高等职教纵向衔接、普教职教横向沟通、服务于社会经济发展的体系,中等职业教育与普通高中教育招生比例53:47。中小学办学水平整体提升,全市有省级以上高中段重点学校82所,占普通高中和中等职校总数的82.8%以上,其中国家级重点中等职业学校15所,省一级重点中学22所,列全省之首。高等教育快速向普及化迈进,毛入学率47%。在杭普通高校36所,在校全日制学生35.19万人,市属高校科研水平和创新能力提高。发展成人教育,推进社区教育,成人教育培训基地建设加强,市民英语、计算机、普通话培训、下岗职工再就业培训、农民的农业科技培训和离土转岗培训等各类非学历教育培训蓬勃开展,全国10城市联动的"全民终身教育活动周"活动在杭州举办。

进一步加快名师培养。在职特级教师为140名,居全省首位;中小学教师高学历比例居全省前列。其中,小学教师具有大专以上学历比例79.21:100,初中教师本科以上学历比例71:100。直属学校教职工全面实行人事聘用合同,教师资格认定面向社会人员全面开展。组织骨干校长进行异地培训,举办首届6城市中学校长论坛。健全开放式教师培训体系,建立教师继续教育电子登记制度,开发教师培训远程网络资源,组织特级教师赴澳大利亚、新西兰考察,组织下乡支教活动,开展第九届青年教师基本技能竞赛,启动全市新一轮农村教师全员培训。编辑《浙派名师新课程课例精编》受到教育界高度评价。

加强效能、行风建设和宣传,推进依法行政,依法治校。推进校(事)务公开,规范学校收费、师德师风和办学行为。开展"人民满意学校"评选、"管理育人、教书育人、服务育人"先进评选等活动,全市中小学开展了"百名教师访千家"活动,在师德师风教育和促进学校、家庭、社会的沟通上取得明显成效。聘请教育系统行风监督员13人,行风评议代表深入学校进行明察暗访。加强机关效能监察投诉中心工作,全年处理96666投诉8件,调查处理纪检监察信访16件,行风建设信访200余件。加速教育网络资源建设与整合,开通杭州教育城域网英文版,完成杭州数字电视教育平台合作项目。加强对校园网建设的指导,出台《杭州市中小学校校园网建设标准》,举行首届杭州市优秀校园网站评比,大学生思想政治教育网站建设完成。《让更多的人接受更好的教育——杭州实施名校集团化战略破解"上好学"难题》、《中央电视台直播明珠教育集团开学第一天》、《富阳市破解"上学难"电视系列报道》获2005年杭州教育好新闻评选一等奖。

7月2日,中共中央政治局常委、中央纪委书记吴官正视察开元中学,对杭州市上城区通过学科整合、班队活动、社区实践、课外阅读等途径,以及对学生进行以责任、正义、廉洁、节俭、公平、诚信、民主为核心价值观的廉洁启蒙教育给予了高度评价。

【推进素质教育】 推进创建文明学校,53所中小学获得市第2批文明学校称号。开展民族精神教育、基础道德和行为规范养成教育、法制教育、环境教育、"禁毒防艾"教育、青春期性健康教育和心理健康教育活动。大学生科技创新成果评选、市中小学生科技节、社团文化节、艺术团汇报演出、"红色之旅"夏令营、红十字会夏令营、市区高中学生田径运动会和三大球比赛等活动缤纷多彩,杭师院学生获第九届"挑战杯"全国大学生科技竞赛三等奖。加强职业技术教育,成立市中等职业教育专业指导委员会,市中策职业学校和市高级技工学校被教育部、发展改革委、财政部、人事部、劳动保障部、农业部、国务院扶贫办等7部(委)授予"全国职业教育先进单位"称号。深化职业教育、学分制、新课程、地方性综合课程的研究。部分职业高中进行提前毕业、双专业学历文凭试点。改革中考中招办法,探索学生发展性评价机制,在综合素质评价、学习能力考试、高中招生录取3个方面实现新突破。层层签订"减负"责任书,加强明察暗访,遏制学校违规办班、补课和违规征订教辅资料等行为,减轻中小学生课业负担。

【扩大教育建设规模】 杭州市仓前、江东2个高教新区总体规划基本完成,进入控制性详规编制,6个高教功能区的总面积从22平方千米增加到47平方千米。全年市属高校竣工校舍建筑面积12.25万平方米,在建校舍4.74万平方米,完成投资额1.75亿元。实施新一轮中小学校、幼儿园布局调整,全年直属高中完成竣工校舍建筑面积5.55万平方米,在建校舍建筑面积4.88万平方米,完成投资额1.17亿元;17所农村初中进行了跨乡镇调整,其中淳安县由13所合并成6所,建德市由4所合并成2所;幼儿园建设进一步规范。

【开展廉洁教育】 4月11日~12日,教育部廉政文化进校园和青少年廉洁教育研讨会在杭举行。教育部党组成员、中央纪委驻教育部纪检组长田淑兰主持会议,中央纪委副书记刘峰岩,浙江省委副书记、省纪委书记周国富讲话。全国廉政文化进校园和青少年廉洁教育工作正式启动。

12月8日,中国·浙江廉政文化论坛青少年学生廉洁教育观摩活动在开元中学举行,中国社科院党组成员、中央纪委驻中国社科院纪检组长李秋芳,中央纪委宣教室副主任陈远飞,浙江省纪委副书记杨晓光,杭州市委副书记、市纪委书记叶明等领导和来自全国各地专家学者170余人出席观摩活动。

【名校集团化办学】 2005年,杭州市实施名校集团化战略,基本形成名校+新校、名校+民校、名校+名企、名校+弱校、名校+农校,以及中外合作办学等多种办学模式,扩大优质教育资源,推进教育均衡发展。至年末,全市成立教育集团51个,有185所中小学实行名校集团化办学。义务教育阶段优质学校占55%,其中市区达到80%;优质高中招生占70.6%,市区达到86.1%。市委、市政府领导高度重视名校集团化办学工作情况,专题调研并召开名校集团化工作专题座谈会,先后视察了长河高中新校区、拱宸桥小学、中策职校莫干山路校区、安吉路实验学校、采荷实验学校、采荷二小、崇文实验学校、文澜中学、绿城育华学校和杭州四中下沙校区。10月28日,第三届中国杭州国际教育创新大会举办"名校集团化"论坛,教育专家高度评价以名校集团化战略解决优质教育的需求问题。

【城乡中小学结对】 城乡中小学结对是名校集团化战略向农村延伸,实现优质教育资源共享,推进义务教育均衡发展,促进教育公平化的又一种实践方式。5月12日,市教育局在建德召开城乡中小学结对互助会议,杭州市长江实验小学、富阳永昌第二小学、刀茅巷小学、淳安石林中心小学、临安市教育局分别介绍结对的经验和成果。市区30所中小学和临安市、桐庐县、建德市、淳安县、萧山区、余杭区的55所中小学签订结对协议书。8月24日,源清中学、安吉路教育集团、青春教育集团、求是教育集团、文三街教育集团等5所市区中小学校与淳安县威坪镇中小学校签订结对互助协议书。城乡中小学通过加强学校管理优势互补、干部教师定期交流培训、联合举办教学研讨活动、教育教学信息交流等形式,开发、利用和共享两校教育资源,推动双方共同发展。

【杭州通过国家一类城市语言文字工作评估】 9月11日,浙江省暨杭州市第八届推广普通话宣传周活动启动,发出《实现顺畅交流,构建和谐社会——"说普通话、从我做起"倡议书》,开展机关公务员普通话测试及省市级语言文字示范校评比。9月29日~30日,市教育局、市语委办对26个直属学校的语言文字工作情况进行普查。11月27日~29日,国家一类城市语言文字工作评估组对杭州推广情况进行评估,分4组深入省市党政机关、学校、新闻媒体和公共服务行业4个重点领域近20个单位进行实地检查评估,确认杭州市语言文字工作达到一类城市语言文字工作评估合格标准,并在通过的22个一类城市中名列前茅。杭州市被教育部、国家语委授予"普通话初步普及、汉字社会应用基本规范"达标城市奖牌。省广电局、上城区语委、杭师院、杭报集团、市一医院等19个单位成为市语言文字工作先进单位。

【发展农村教育】 全年落实中小学危房改造、改水改厕、布局调整等专项帮扶经费700万元,帮扶项目21

杭州市举行教育集团授牌仪式 (市教育局 供稿)

个。实施农村中小学爱心营养餐工程，全市落实107万元为1万余名学生准备爱心营养餐。开展城乡中小学结对。启动农村教师素质提升工程，杭州市1.6万名农村教师参加全员培训，124名来自农村中学的语文、数学、英语教师成为市农村中学骨干教师研修班首批学员。自2002年至2005年末，杭州市落实对建德、桐庐、淳安3县(市)的教育帮扶资金近2800万元，完成89个帮扶工程项目，推进了城乡教育一体化进程。

【评选人民满意学校】 2005年，全市进行以规范办学行为、加强师德师风建设、密切学校、家庭和社会的联系为主要指向的“人民满意学校”评选活动。848所中小学参加，85.9万名学生家长和8万余名市民代表参与评议，综合满意率89.4%，评出镇(乡)中心小学以上综合得分较高的学校265所。

【完善教育资助券和人民助学金制度】 杭州市教育资助券制度自2003年实施以来，逐年扩大资助对象范围。2004年，将市属和区属公办学校、普通中专、成人中专普通班、技校、少数民族初中的学生纳入受助范围；困难家庭子女和低保家庭子女享受同等资助待遇。2005年，扩大到市残疾学生、乡镇成人文化技术学校的全日制高中学生；低保家庭子女、福利机构监护的未成年人、革命烈士子女、五保供养的未成年人，以及残疾学生和持困难家庭证家庭的子女在义务教育阶段免收杂费、课本费、作业本费、住宿费。农村居民年人均收入1500元以下、城镇居民年人均可支配收入3000元以下的低收入家庭的子女在义务教育阶段免收杂费；有条件的区、县(市) 还减免困难家庭学生课本作业本费和住宿费。2005年，全市接受资助的困难家庭学生5.3万人次，金额达2139万元。三年来，全市累计资助困难家庭学生12.1万人次，金额达4841万元。2005学年市属高校学生贷款646人，发放贷款379.1万元；全年市属高校发放各类奖学金、助学金、勤工俭学金共计1005万元。

【实行中外合作办学】 杭州职业技术学院与澳大利亚北墨尔本职业技术及继续教育学院合作，举办市场营销、园林规划设计专业高等专科学历教育，秋季首次招生315人。中策职校与新加坡商业学校合作开展国际酒店管理专业，招生68人。杭师院与美国福特海斯州立大学签订合作开展基础学科学士学位(BGS)项目协议书。杭师院与香港合作成立杭州华文教育中心，总投资4万美元，举办华文培训和短期留学生教育。杭师院与韩国国际教育有限公司合作举办“中韩文化交流——韩国汉语教师”项目，派遣汉语教师赴韩国幼儿园、中小学、培训机构任教。

全市具有招收外国学生资格的中小学校新增9所，累计22所。杭州国际学校招收小学至高中阶段学生178人，全市共有外籍学生400余人。具有聘请外国文教专家资格的单位，新增长河高中、萧山中学等6所学校，累计35所。选送40余幅中小学生绘画作品参加日本福井中小学生国际交流作品展。

【开展“长三角”教育合作】 10月27日~28日，长江流域各省市教育工作共同发展研讨会在沪召开，地处长江流域的上海、江苏、浙江等10个省(直辖市)及杭州、宁波、武汉等5市的教育行政部门签订《关于加强长江流域各省市教育工作共同发展合作协议书》，就开展中小学课程改革、教师培训、高校招生和毕业生就业等方面的合作达成协议。

10月27日~29日，全国首届“长三角”教师教育论坛暨第二届全国新生代教师成长研讨会在拱墅区召开，探讨“教师的专业成长与教师教育”，并举行了“中韩初等教育比较研究国际学术研讨会”。

全年举办了“长三角”地区城市小学科技教育模式研讨会、“长三角” 地区城市家庭教育指导工作研讨会、“长三角” 地区杭州教育和谐发展论坛、沪杭两地青春期性健康教育课交流活动。华东师范大学为杭州市中小学教师举办岗位培训和骨干培训，88位初中语文、数学骨干教师结业。

【建成省级教育强镇 (乡)134个】 2005年，11个镇(乡)成为市现代化标志性教育强镇(乡)，全市累计有教育强镇(乡)17个。桐庐县和建德市通过省教育厅、省政府教育督导室评估验收，被认定为省第4批教育强县(市)。除淳安县外的杭州各区、县(市)均跻身于省教育强区、县(市)行列；163个镇(乡)成为市教育强镇 (乡)，占乡镇总数的84.8%；134个镇(乡)成为省教育强镇(乡)，占乡镇总数的73.4%。

【规范教育收费】 2005年，市属高校、中小学实行收费公示制，统一印制和发放杭州市区中小学收费公示栏和收费联系卡；落实民办学校收费年审和公示工作；实施义务教育阶段“一费制”政策，执行和完善普通高中招生“三限”政策；实施教育收费轮查制，开展全市教育收费情况大检查；实行教育乱收费责任追究制，层层签订《规范收费责任书》，将规范收费工作列入落实党风廉政建设责任制的责任追究范围；市教育局会同市物价局等部门发出《加强义务教育阶段学校代办服务管理工作的通知》、《改革和规范杭州市区幼儿教育收费管理的通知》、《调整杭州市区义务教育阶段学校部分年级课本费的通知》、《改革和规范中等职业学校收费管理的通知》等文件。

【表彰第2批文明学校53所】 5月16日，杭州市第2批中小学文明学校表彰会在西湖区保俶塔实验学校召开，53所中小学被评为市第2批文明学校。市委常委、宣传部部长张鸿建提出要继续以“创文明校园，做文明师生”为主题，开展中小学文明学校创建工作，为创建文明城市作出贡献。余杭区教育局、西湖区保俶塔实验学校、建德市寿昌中学、朝晖新村一区小学、萧山区育才小学、桐庐县第三高级中学、浙江大学附属中学等文明学校代表，在会上作典型发言。

【创建“绿色学校”】 6月，市教育局作为全国18个“绿色学校”创建工作优秀组织单位之一，受到国家环保总局、教育部的表彰。12月26日，市教育局、环保局联合召开第四批“绿色学校”创建工作表彰暨经验交流会。杭州和睦中学、临平第二幼儿园、崇文实验学校、桐庐职业技术学

表 67

2005 年在杭高等院校基本情况

单位：人

学校名称	在校学生数		本年招生数	本年毕业生数	教职员工数	
	本年	为上年%			合计	其中：专职教师
浙江大学	24 983	98.61	5 344	6 111	8 475	3 262
杭州电子科技大学	14 307	111.26	4 288	2 863	1 275	761
浙江工业大学	19 932	110.33	5 137	3 399	2 329	1 329
浙江理工大学	9 956	112.29	2 794	1 700	1 177	635
浙江林学院	9 873	112.03	2 892	1 815	918	569
浙江中医学院	4 614	106.02	1 004	762	545	345
浙江工商大学	12 426	105.99	3 261	2 697	1 407	753
中国美术学院	8 678	113.79	2 114	1 051	934	523
中国计量学院	8 254	110.93	2 245	1 346	801	498
浙江科技学院	11 505	142.97	4 854	1 453	1 098	680
浙江水利水电专科学校	6 043	117.25	1 977	1 049	500	312
杭州师范学院	10 997	101.22	2 828	2 742	1 942	974
浙江财经学院	6 927	110.27	2 010	1 247	920	505
浙江传媒学院	7 636	123.00	2 897	1 516	615	392
浙江大学城市学院	11 221	104.73	2 850	2 306	717	517
浙江公安高等专科学校	2 536	124.01	924	432	374	170
浙江树人学院(民办)	10 090	107.58	3 581	2 592	663	399
浙江交通职业技术学院	5 693	113.77	2 063	1 333	462	269
浙江机电职业技术学院	6 086	109.15	2 387	1 781	379	263
浙江建设职业技术学院	5 606	117.11	1 941	1 094	328	274
浙江艺术职业学院	1 430	115.32	546	342	326	205
浙江经贸职业技术学院	6 417	118.59	2 480	1 451	483	322
浙江商业职业技术学院	6 568	108.51	2 509	1 903	520	336
浙江电力职业技术学院(筹)	1 859	146.03	589	–	607	238
浙江经济职业技术学院	6 494	116.63	2 440	1 475	460	346
浙江旅游职业学院	4 746	123.18	1 919	989	255	191
浙江育英职业技术学院	4 066	122.69	1 677	897	308	191
浙江警官职业学院	3 882	103.13	1 319	1 183	460	228
浙江金融职业学院	5 038	124.18	1 843	840	365	278
杭州职业技术学院	7 076	111.80	2 619	1 778	487	315
浙江长征职业技术学院	3 221	162.92	1 649	372	295	217
浙江医学高等专科学校	4 754	103.80	1 591	1 408	351	235
浙江同济科技职业学院(筹)	672	148.02	218	–	62	46
浙江体育职业技术学院(筹)	316	239.39	184	–	162	83
杭州万向职业技术学院	2 913	133.20	1 165	410	196	124
杭州科技职业技术学院(筹)	325	37.53	–	502	117	87
浙江广播电视大学	12 064	117.43	4 366	1 899	–	–

（续表 67）

学校名称	在校学生数		本年招生数	本年毕业生数	教职员工数	
	本年	为上年%			合计	其中：专职教师
浙江教育学院	3 876	126.46	1 390	567	–	–
浙江财经学院东方学院	5 511	115.78	1 629	817	387	266
杭州电子科技大学信息工程学院	5 194	116.09	1 614	841	245	231
浙江工业大学之江学院	6 995	113.02	2 117	1 179	626	293
浙江理工大学科技与艺术学院	7 411	108.25	1 987	1 261	349	332
杭州师范学院钱江学院	5 193	119.00	1 799	959	283	215
浙江林学院天目学院	4 632	125.39	1 524	522	305	232
浙江工商大学杭州商学院	6 485	114.84	2 017	1 023	302	294
中国计量学院现代科技学院	5 638	116.25	1 542	842	373	291
浙江科技学院理工学院	3 466	80.16	–	755	230	230
浙江中医学院滨江学院	4 919	118.56	1 250	485	403	327

校、杭州二中在会上进行交流发言。52 所学校(幼儿园)被授予市“绿色学校”的称号。至此，全市共有国家级表彰绿色学校 4 所，省级 53 所，市级 154 所，区、县级 479 所。中策职业学校、娃哈哈幼儿园等校的作品在第二届全国环境教育教学作品大赛上获得一等奖。10 余所学校参加市环保局立项的《学校环境教育综合实践活动模式探析》课题研究。

【评估“平安校园”】 市教育系统内部逐级签订综合治理目标管理责任书和中小学幼儿园安全工作目标管理责任书，加强学校校舍、饮食卫生、交通、防盗、防火等安全。市首批“平安校园”考核评估于 11 月~12 月进行。市“平安校园”考评小组听取汇报、查阅台账、实地察看，从组织领导体系、制度建设、安全和法制教育、常规管理工作、预警机制、处置能力、实际成效等 7 个方面对学校进行考评。评出杭州市首批“平安示范校园”26 个，其中直属学校 23 个。全年全市未发生 1 例重大校方责任事故，学生非正常死亡人数比上年减少，首次降到 100 人以下。

·高等教育·

【高等教育概况】 2005 年，在杭普通高校 36 所，全日制在校学生数 35.19 万人，其中市属高校在校学生为 3.81 万人，年招生 1.15 万人，全市高等教育毛入学率 47%。杭州师范学院“有机硅化学及材料技术实验室”成为教育部重点实验室，学院以《重大疾病社区预防和控制适宜技术的评价研究》课题首次获得国家科技攻关计划重点项目。发展现代远程教育，北京大学、清华大学、浙江大学等 60 所全国重点大学在杭州设立现代远程教育校外学习中心，全市远程教育招收 1.43 万人，在学人数 4.68 万人，毕业生 1.28 万人。

【加强重点学科和重点实验室建设】 全年投入 200 万元，扶持市级重点学科和重点扶植学科建设。加大对首批市属高校 10 个市级重点实验室建设的扶持，每年投入建设经费 100 万元的政策延续到 2007 年。杭师院“500 吨级新型液态橡胶成套技术”等 12 个科研项目被确定为市级科技创新项目，市科技局授予项目所在的杭师院有机硅实验室、动物科学技术实验室、生物化学与分子生物学实验室，浙江大学城市学院集成化信息处理与控制实验室、网络与计算开放实验室、药物信息与新药研究实验室，杭州职业技术学院模具设计与制造实验室，杭州广播电视大学土木工程检测与鉴定实验室，杭州万向职业技术学院产品品质整理与商品化技术实验室等 9 个市属高校重点实验室“杭州市属高校科技创新重点实验室”称号和匾牌，并进行专项资助。

【建设精品课程】 杭州师范学院的《毛泽东思想、邓小平理论和“三个代表”重要思想概论》、《中国近现代史纲要》，浙大城市学院的《当代世界政治与经济》、《形势与政策》，杭州职业技术学院的《思想道德修养和法律基础》，杭州广播电视大学的《毛泽东思想、邓小平理论和“三个代表”重要思想概论》共 6 门课程列入首批市属高校大学生思想政治理论精品课建设课程，市财政给予每门课程 1.5 万元经费支持。

【举办大学生创新成果竞赛】 11 月，举办市属高校大学生创新成果竞赛，收到参赛作品 121 项。其中社会调查报告 67 项、学术论文 35 项、科技发明 19 项。参赛内容涵盖社会问题调研、科技发明创造、广告设计、网页制作等。杭师院傅丽卿等人的《水稻叶绿素含量的基因定位及其与环境互相分析》获特等奖；浙大城市学院的《城院星光》等 12 项成果获一等奖；杭州职业技术学院的《智能电动汽车》等 21 项成果获二等奖；杭州电大的《关于嵊州市谷来镇马村经济发展的调查报告》等 33 项成果获三等奖。其中，杭师院 1 项作品进入第九届“挑战杯”全国大学生科技竞赛决赛获三等奖，浙大城市学院 3 项作品获国际大学生数学建模竞赛一等奖。

（郑利敏　高　宁　黄海燕　徐婕婷）

·浙江大学·

【浙江大学概况】 浙江大学是一所具有悠久历史的全国重点大学，前身求是书院成立于1897年，为中国人自己创办最早的高等学府之一。20世纪50年代初期在全国高等院校调整时，曾被分为多所单科性学校，其中在杭州的4所学校，即浙江大学、杭州大学、浙江农业大学、浙江医科大学于1998年9月重新合并，组建为今日的浙江大学。经过100多年的建设与发展，学校已居于国内一流水平，在国际上有较大影响的研究型、综合型大学，是首批进入国家“211工程”和“985计划”建设的若干所重点大学之一。

浙江大学位于中国历史文化名城、世界著名的风景游览胜地——浙江省杭州市。其北依苏沪，东接甬港，南联闽粤，是中国东南沿海长江三角洲地区的重要城市。学校设玉泉、西溪、华家池、湖滨、之江、紫金港等6个校区，占地面积5.33平方千米。

【加强学科建设】 2005年，浙江大学的学科涵盖哲学、经济学、法学、教育学、文学、历史学、理学、工学、农学、医学、管理学等11大门类。有115个本科专业，39个博士后流动站，具有一级学科博士学位授权点41个，博士学位授权点239个，硕士学位授权点312个，另有临床医学专业博士学位授权点以及法律硕士(JM)、工商管理硕士(MBA)、公共管理硕士(MPA)、教育硕士、体育硕士、农业推广硕士、风景园林硕士、兽医硕士、公共卫生硕士、工程硕士、建筑学、临床医学、口腔医学13个专业硕士学位授权点。学校现有国家重点学科24个，国家重点（专业）实验室13个，国家工程(技术)研究中心5个，国家人文社科重点研究基地3个，国家基础科学研究和教学人才培养基地7个，国家工科基础课程教学基地4个，国家战略产业人才培养基地3个，国家大学生文化素质教育基地1个。

【加快人才培养】 浙江大学师资力量雄厚，现有教职工8400余人。其中：中国科学院院士12人，中国工程院院士9人；教授及其他正高职人员1100余人，副教授及其他副高职人员2400余人。全校有全日制在校学生4.4万人。研究生1.7万人，其中：硕士研究生1.1万人，博士研究生6000余人；另有攻读专业研究生学位4500余人；本科生2.4万人，外国留学生1200余人。

浙江大学在长期的办学过程中，以严谨的“求是”学风培养了大批优秀人才，以执著的科学创新精神创造出丰硕成果。曾被英国著名学者李约瑟誉为“东方剑桥”。浙江大学校友中当选为中国科学院院士、中国工程院院士的有160余人，其中在浙大就学者为90余人。

【办学条件优越】 浙江大学综合办学条件优良，基本设施齐备。2005年，校舍总建筑面积200余万平方米。拥有计算中心、分析测试中心、现代教育技术中心等先进的教学科研机构。科学馆(楼)、体育馆(场)、活动中心、游泳池等各类公共服务设施齐全，为全校师生员工的学习、生活、开展中外学术和文化交流活动提供了完备的条件。各校区图书馆总建筑面积8.3万平方米，总藏书量626万余册，是全国规模最大、分布面最广、学科覆盖最全的综合性大学图书馆之一。出版社1个。附属医院6个，总床位数5459张。还创办了浙江大学国家大学科技园，并在南昌、宁波、温州、嘉兴、绍兴等地设立了分园。总长达120千米的高速计算机骨干网络以及特设的公交线路将各校区和附属医院联为一体。　（浙江大学校办）

·普通高中教育·

【普通高中教育概况】 全市共有普通高中（含完全中学)80所，学生12.1万人，比上年增加5580人；职业学校(含职高、中专、技校)71所，学生12.5万人。全市初中毕业生升入各类高中的比例占95.01%，比2000年增长11.34个百分点。其中市区98.48%，8个区96.58%，5县(市)92.97%。从2003年至2005年，桐庐、淳安、建德、富阳、临安5县(市)初中生升高中比例增长近10个百分点，农村初中升高中比例大幅提升。全市优质高中招生比例扩大，市区(不含萧山、余杭区)普通高中招生数1.12万人，其中17所优质普通高中招生9190人，占市区普通高中招生总数的86.13%。市直属7所省一级重点普通高中招收保送生673人。

【举办中小学生科技节】 11月12日~27日，举办杭州市中小学生科技节。期间，举办小学航空模型比赛、中小学生车辆模型比赛等活动，2万余名中小学生参加现场活动，近3万人登录参加网上科普知识竞赛。该科技节首次列入国家级科技展科普活动内容，首次进入社区，首次颁发“长杭青少年科学技术奖”。杭州高级中学丁舒姗、杭州二中张维加、学军中学王少萱、长河高级中学周荣姝、艮山中学吴晶、杭州外国语学校朱陶元敏、杭州英特外国语学校李昂、浙大华家池校区子弟小学章玮8人获奖，被授予“杭州少年科学院院士”称号。

【创建省级重点普高19所】 2005年，经省教育厅评估认定，萧山区第五高级中学、余杭第二高级中学、临安市昌化中学3所高中成为省一级重点普通高中，杭州市长河高级中学、杭州市源清中学、杭州市西湖高级中学3所高中成为省二级重点普通高中，杭州第七中学、杭州第九中学、杭州第十中学、杭州第十一中学、杭州长征中学、绿城育华学校、萧山区第八中学、余杭区瓶窑中学、临安市天目外国语学校、桐庐第二

表68　　2005年杭州市普通高中学校情况

学校类别		学校数(所)	毕业生数(人)	招生数(人)	在校生数(人) 本年	在校生数(人) 为上年(%)	初中毕业生升入各类高中的升学率(%)
普通高中	全市	80	34 486	40 953	120 883	104.84	95.01
	市区	55	20 582	24 858	73 956	105.45	96.58
	市属	17	7 161	8 227	24 153	102.70	–

高级中学、淳安县威坪中学、建德市新安江中学、富阳市大源中学共13所高中成为省三级重点普通高中。

【减轻过重课业负担】 3月23日，省教育厅召开全省中小学减轻过重课业负担网络视频工作会议。会后，市教育局具体部署“减负”，决定凡违反有关规定，学生课业负担确实过重并被查实的，由检查组向学校发整改通知书；整改不力的，由市教育局在全市通报批评，取消校长和学校当年评选各类先进资格；凡违反规定，在社会上造成不良影响或导致发生危及学生生命等重大事故，重点高中的取消其称号，追究校长责任，并作出处理。市教育局局长徐一超与市直属14所普通高中及绿城育华学校的校长签订了“减负”责任书。

【举行学生社团活动】 3月~6月，举办第四届杭州市中学生社团文化节，主题为“激扬青春岁月，展现真我风采”。内容包括校园歌手组合大赛、“阳光”辩论赛、精品社团评选、动漫嘉年华 cosplay show 动态剧情表演和静态展示、记者团交流、社团文化节 DV 大赛、特刊评比、学生剧汇演等8项。

杭州高级中学天文社社员丁舒珊于8月31日发现1颗全新的近地小行星(简称FMO)，获国际天文学联合会确认，成为全球天文史上首位FMO的女性发现者和中国第2位FMO发现者。杭州二中分校“清风漫语动漫社”副社长沈一帆设计的“多多”、“点点”成为2006年国际动漫节吉祥物。

【举办校园文学PK大赛】 12月4日~25日，市教育局与杭州青少年活动中心、钱江晚报社、“浙江在线”等单位，联合开展以“这一代的声音”为主题的首届“浙江省暨杭州市中学校园文学PK大赛”，成为校园及社会热点，成立了杭州校园文学社团联盟和杭州少年文学院。新知杂志社(杭师院附属高中)、鲁迅文学社(杭州高级中学)、劲萱文学社(景芳中学)被评为3个最具实力文学社。樊旻翔、肖遥、张宙跚、吴导、邹琴、孙群、诸宁、马珏、盛阳、吴利刚获校园文学青春写手奖，并成为首届杭州少年文学院院士。

·中等职业教育·

【中等职业教育概况】 全市有中等职业技术学校71所（含职业高中、普通中专、技术学校)，在校生12.5万人；全市中等职业技术学校招生4.51万人，其中职业高中招生2.83万人、中专招生7450人、技工学校招生0.62万人。中等职业学校与普通高中招生数比例为53:47。中等职业教育学分制初见成效，中策职校460名学生提前半年修满毕业应得学分。

杭州市中策职业学校的“电工电子与自动化技术”专业被国家教育部、财政部列为职业教育实训基地，获中央和杭州市本级各160万元资金的财政资助。富阳市职业高级中学的“电子技术应用”、萧山区第三中等职业学校的“服装设计与工艺”、临安市中等职业技术学校的“电子电器应用与维修”、杭州市桐江职业技术学校的“旅游服务与管理”、杭州市开元职业学校的“商品经营”共5个专业经省教育厅审定，被评为省级示范专业。

【成立市中等职业教育商贸专业指导委员会】 4月14日，为更好地贯彻落实全国职业教育工作会议精神，适应杭州市现代服务业对高素质技能型人才需要，成立了杭州市中等职业教育商贸专业指导委员会，由杭州市贸易局、杭州市教育局、杭州市商业总会、杭州市职业技术教育研究中心、杭州市商贸职业高级中学、杭州市开元职业学校、杭州市商业职业技能培训学校、杭州百大集团、杭州解百集团共9个单位组成。

【中策职业学校与新加坡合作办学】 2005年，杭州市中策职业学校与新加坡商业学院联合举办“国际酒店管理”专业中等职业教育班1个，招生62人，学制为3学年。学生前两年在中策职校学习，第三年根据学生意愿可去新加坡商业学院学习，毕业后颁发中策职校和新加坡商业学院毕业证书。

【确定7所学校为首批职工教育示范基地】 2005年，市教育局、市劳动和社会保障局、市人事局、市经委、市总工会联合考察、评议，确认杭州市中策职业学校、杭州第一机械技工学校、杭州第二机械技工学校、杭州交通高级技工学校、杭州轻工技工学校、富阳职业高级中学、富阳技工学校共7所中等职业学校为全市首批职工教育示范基地。

·义务教育·

【义务教育概况】 全市有小学791所，在校生45.9万人；初中学校(含九年一贯制学校)289所，在校生24.1万人。全市小学入学率、巩固率均达到100%，初中入学率和巩固率均达到99.99%，“三残”儿童少年入学率达到99.71%，均处全省前列。开展城乡中小学结对互助活动，44所市区中小学与77所农村中小学结对，1000余名教师加入互助活动，农村受益学生近1万人。

全市义务教育阶段实施小班化教育的学校占各教育段学校总数的比例，小学达到30.5%，初中达到21.3%，其中市区小学和初中分别达到70.4%和65.2%。

通过举办智力残疾儿童学校、在普通中小学开办弱智儿童辅读

表69　2005年在杭中等职业学校情况

学校类别			学校数(所)	毕业生数(人)	招生数(人)	在校生数(人) 本年	在校生数(人) 为上年(%)
中等专业学校			10	6 661	6 151	20 344	95.68
技工学校			20	4 907	7 450	21 703	102.49
职业中学	全市	高中	41	24 279	28 349	82 348	105.97
	市区	高中	22	14 592	15 969	49 006	107.31
	市属	高中	9	5 448	5 901	18 465	100.58

班、让轻微弱智儿童随班就读的形式，解决好弱智儿童入学问题。全市“三残”儿童入学率达99.71%，其中视力残疾儿童入学率为100%，听力残疾儿童入学率为100%，智力残疾儿童入学率为99.65%。

【开展初中教育专项检查】 12月，市教育局对上城、江干、西湖、拱墅、萧山、余杭、富阳等7个区、县(市)的初中教育工作进行专项检查。各地在初中教育的经费投入、硬件建设、师资队伍建设、教育教学科研等方面成效明显，初中办学水平、教育质量提高，开始向区域内均衡化发展。各获得20万元奖励，专项用于初中教育教学。

【解决外来务工人员子女入学】 2005年，实施《外来务工人员子女在杭就学暂行管理办法(试行)》，坚持“以公办学校为主，民工子女学校为辅”，规范外来务工人员子女到杭就学的入学条件和程序，较好地解决了外来务工人员子女到杭接受义务教育问题。新增外来务工人员子女学校8所，全市已有独立设置的外来务工人员子女学校34所。全市解决外来务工人员子女就学9.95万人，比上年增加1.65万人，增长19.9%。市本级及各区、县(市)均设立外来务工人员子女义务教育专项经费，全年市级财政安排补助经费260万元，提高外来务工人员子女学校办学水平。

·幼儿教育·

【幼儿教育概况】 全市有幼儿园1188所。其中：教育部门和集体办学402所，占总数的33.8%；民办728所，占61.3%；其他部门办学58所，占0.05%。在园儿童18.9万人，其中民办在园儿童9.3万人。学前3年幼儿入学率96.1%，3岁前婴幼儿家长受训率达47.3%。农村乡镇中心幼儿园建园率达到94.9%。8所幼儿园被认定为甲级幼儿园。市政府下发《关于加快学前教育改革与发展的若干意见(试行)》，明确全市学前教育2007年和2010年的发展目标以及改革与发展措施。调整了市区等级幼儿园收费。

2005年杭州市中小学生科技节 (市教育局 供稿)

【评选第1批学前教育先进及达标单位】 按照《杭州市学前教育先进和达标乡镇（街道）评估验收办法(试行)》，经乡镇(街道)所在的区、县(市)政府教育督导室评估认定和推荐，报市政府教育督导室备案与确认，全市评选出首批7个学前教育先进乡镇(街道)、10个达标乡镇(街道)。先进乡镇(街道)为萧山区衙前镇，余杭区崇贤镇、良渚镇、运河镇、中泰乡、星桥街道，建德市新安江街道。达标乡镇(街道)为富阳市高桥镇、上官乡，萧山区闻堰镇、新湾镇、宁围镇、义桥镇，滨江区西兴街道，临安市锦城街道，建德市杨村桥镇、航头镇。

【加强婴幼儿教育人员培训】 市教育局划拨23万元，用于全市3岁前婴幼儿教育从业者的培训，邀请省市教育行政部门领导、浙江大学心理系教师、省特级教师、市教研室专家主讲，内容涉及婴幼儿生理特点、心理特点与教育、疾病预防、教育政策法规、教育环境创设、教育活动设计等。至年末，培训市区婴幼儿教育从业人员近2000人，并核发培训证书。

·成人教育·

【成人教育概况】 全市有民办学校953所，招收各类专业学生46.9万人次，毕(结)业37.4万人，在校生50.96万人。各类成人中等学历教育招生1.18万人，在校生2.37万人，毕业1.6万人。新增省一级成人学校(市示范成校)4所，省级示范成校5所。确定市职工教育培训示范基地23个。农民和职工“双证制”教育分别为3599人和1412人。以业余和函授形式举办护理、社区医学补缺教育、农业水利工程、法律专业等教育，培训1万余人。实施农民素质培训工程，全年培训农民31.5万人。全市成立9个社区学院，拥有2个国

表70　2005年杭州市小学、幼儿园、特殊学校情况

类别		学校数(所)	毕业生数(人)	招生数(人)	在校生及在园幼儿数(人)	
					本年	为上年(%)
小学	全市	791	75 337	67 776	458 942	102.45
	市区	395	43 583	43 452	282 177	106.18
幼儿园	全市	1 188	62 870	59 579	188 991	101.35
	市区	627	39 512	38 482	127 323	105.40
盲聋哑学校		8	98	89	806	97.23
弱智学校		5	42	73	422	114.67
工读学校		1	47	70	111	90.24

家级社区教育实验区、5个省级社区教育实验区，全市有48个街道、340个社区分别建立了社区学校和市民学校。

【举办“全民终身教育活动周”】10月15日~21日，“全民终身学习活动周”活动由中国成人教育协会倡导和组织，北京、上海、天津、南京、杭州、广州、深圳、武汉、宁波、哈尔滨等10个城市展开，主题为“全民学习，终身学习，推进学习型社会建设，促进人的全面发展”。杭州市由市委宣传部、市教育局、市劳动和社会保障局、市总工会、市社科联主办，市成人教育协会承办，浙江省职业和成人教育协会协办。开幕式上，160块展板展示了杭州市社区教育和农民素质培训等终身教育成果。各区、县(市)设立分会场开展形式各异的活动，涉及教育、艺术、休闲、体育、保健等方面。

【开展农村成校等级复评和市成人中专合格评估】市教育局加强农村成人教育基地建设，增强乡镇成人文化技术学校为“三农”服务的能力，对辖区内的等级乡镇成校进行复评，136所省三级以上成人学校复评后被确认为合格学校。其中省示范成校16所、省一级(市示范)成校30所、省二级成校38所、省三级成校52所。开展成人中专合格评估，公布10所在杭成人中专为合格学校，勒令2所学校限期整改。

·师资队伍建设·

【师资队伍建设概况】杭州市深化教育人事制度改革，下发《贯彻落实〈杭州市事业单位实行人员聘用制度暂行办法〉的实施意见》，市直属学校3296名教职工与学校签署人事聘用合同。市区中等学校分别有252人、400人获高级和中级教师专业技术职称。全年受理教师资格认定申请2072人，认定1959人具有相应教师资格，其中应届毕业生1099人，社会人员860人。全市幼儿园、小学、初中、普高、职高教师的学历合格率，分别为96.06%、99.58%、98.82%、96.95%、87.71%，小学教师具有大专以上学历、初中教师具有本科以上学历的比例分别为79.21%、71%。全年有60人被评为省级各类先进，100人评为市级优秀教师、优秀教育工作者，105人被评为系统优秀教师、优秀教育工作者。

【实施教师开放性培训】2005年，改革和完善继续教育学分登记、培训证书管理制度，在直属学校建立教师继续教育电子登记制度。浙江大学、华东师范大学、浙大城市学院等高校为市中学教师开出12个教师岗位培训课程，培训中学教师1000人。开发教师培训远程网络资源，杭州教师教育网开设300余门教师远程网络培训课程，报名参加远程网络培训的教师5000余人。组织骨干教师赴加拿大、澳大利亚进修。

举办杭州市“全民终身学习活动周”　(市教育局 供稿)

【启动农村教师素质提升工程】全市开展新一轮农村教师全员培训工作，举办农村教师初中语文、数学、英语3个骨干教师培训班，培训农村骨干教师120人。组织特级教师和教学设计比赛获奖教师赴淳安、建德、桐庐和临安支教。

【市区民办学校教师参加职工基本养老保险】8月10日，市劳动和社会保障局、市财政局、市教育局、市人事局下发《杭州市区民办学校教师参加机关事业单位职工基本养老保险的实施办法》，认定养老保险对象为市区经县级以上人民政府教育行政部门或劳动和社会保障行政部门按照国家规定的权限批准建立的实施高等教育、基础教育、职业资格培训、职业技能培训的民办学校(含民办教育机构、不含民办幼儿园)聘用的，具有杭州市区户籍、国家规定任教资格、在劳动年龄内、符合事业单位选人条件的教师。并规定办理程序、缴费办法、退休手续办理及退休待遇办法。

·改善办学条件·

【改善办学条件概况】全市教育经费总投入84.39亿元，比上年增长13.2%。其中：财政预算内教育经费投入43.56亿元，增长12.5%；教育费附加投入13.75亿元，增长20.6%。调整中小学布局，撤并薄弱中小学120所，小学、普通中学、职业中学的校均学生，分别为580人、982人、2008人。加大学校基本建设力度，市属高校新增校舍建筑面积12.25万平方米，在建校舍4.74万平方米。全市新增中小学校舍面积55.22万平方米，中小学校舍累计面积930.23万平方米，学生平均拥有面积分别为小学6.84平方米、普通中学14.43平方米、职业学校11.38平方米。中小学校舍中，尚有破旧校舍面积1.11万平方米，占总校舍面积的0.13%。全年落实教育帮扶经费700万元，帮扶项目共21个。除淳安县外，各区、县(市)基本完成农村中小学的改水改厕。

【加快新校舍建设】启动高教功能区规划建设，基本完成仓前、江东的两个高教新区总体规划，6个高教功能区的总面积从22平方千米增加到47平方千米。全年市属高校新增校舍建筑面积12.25万平方米，在建校舍4.74万平方米，共完成投资1.75亿元。加快高中段学校建设，编制《杭州市区高中学校布局规划(2005年~2020年)》。启动市区(含萧山区、余杭区)10所高起点的高中和聋哑学校建设工程，其中市区范围内的4所学校完成前期立项。长河高级中学交付使用，杭州市聋哑学校完成招投标开工建设。杭师院附高新疆班扩建工程完成征地拆迁。全年直属高中完成竣工校舍建筑面积5.55万平方米，在建校舍建筑面积4.88万平方米，共完成投资额1.17亿元。

【加强教育信息化建设】 12月，开通杭州教育城域网英文版，网址english.hzedu.net。以杭州教育城域网中心现有的各类资源库和优质课、优质课件等视频资源为主，各区、县(市)学校自建资源库为辅，加速全市教育网络资源建设整合，达到教育教学资源一体化。完成杭州数字电视教育平台合作项目，开通普通话、英语、计算机的培训、中考查分及优秀课堂实录等。拍摄制作优质课堂教学实况100余课时的光盘。加强对校园网建设的指导，制订《杭州市中小学校校园网建设标准》，举行市首届市优秀校园网站评比。

【开展勤工俭学】 2005年，全市开展勤工俭学活动的中等、初等学校有224所，其中有校办企业的学校123所；勤工俭学基地数191个，接纳10万人次学生参加劳动。全市校办产业工农业总产值为7.03亿元，勤工俭学总收益2386万元，上缴税金3426万元；纯收益中用于弥补教育经费440万元，其中用于改善办学条件349万元，用于集体福利64万元（不含上城区娃哈哈集团公司）。全市创利10万元以上的校办企业有18个。

表71　　2005年杭州市中小学、幼儿园教职工情况

学校类别		教职工(人)	其中：专任教师(人)		达到规定学历的专任教师比例(%)		每名教职工负担学生(人)
			初中	高中	初中	高中	
普通中学	全市	28 770	16 205	8 041	98.82	96.95	12.59
	市区	17 596	9 701	5 034	98.89	97.04	11.99
	市属	2 904	236	1 868	100.00	96.57	9.39
职业中学	全市	5 168	–	4 002	–	87.71	15.93
	市区	2 937	–	2 305	–	89.07	16.69
	市属	1 244	–	1 239	–	90.72	14.84
中等专业学校		893	443		–		–
技工学校		1 655	1 133		–		–
小学	全市	25 793	23 541		99.85		17.79
	市区	15 778	14 428		99.83		17.88
幼儿园	全市	16 161	10 288		96.06		11.69
	市区	11 783	7 328		97.22		10.81
盲聋哑学校		241	200		–		–
弱智学校		106	91		–		–
工读学校		43	33		–		–

表72　　2005年杭州市接收外籍学生的学校

学校类别	学校名称	主管教育局
小学	新世纪外国语学校	上城区教育局
	杭州市天长小学	
	杭州市朝晖六区小学	下城区教育局
	杭州市采荷第二小学	江干区教育局
	杭州市大关小学	拱墅区教育局
	杭州求是教育集团	西湖区教育局
	杭州市学军小学	
	余杭区实验小学	余杭区教育局
	萧山区高桥小学	萧山区教育局
初中	杭州第六中学	上城区教育局
	杭州市江心岛中学	下城区教育局
	杭州市文澜中学	拱墅区教育局
	杭州市采荷中学	江干区教育局
	杭州市保俶塔实验学校	西湖区教育局
	杭州宋城华美学校	
	余杭区临平第一中学	余杭区教育局
	杭州远东外国语学校	萧山区教育局
	萧山区北干初级中学	
普通高中	杭州第二中学	杭州市教育局
	杭州市源清中学	
	杭州绿城育华学校	
职业高中	杭州市中策职业学校	杭州市教育局

注：所有注册登记过的幼儿园均可接收外籍人员子女入学。

【学校场地设施对外开放】 10月~11月，各城区教育行政部门对所属学校的体育场地等设施向社区开放工作进行自查。11月~12月，市教育局对学校场地设施对外开放情况进行抽查与考核。各校均张挂开放公示牌，建立学校与社区的共管机制，开放管理工作制度规范，开放率明显提高，下城区93%，江干区90.3%，上城区90%。

（郑利敏　高　宁　黄海燕　徐婕婷）

·文化综述·

【全面推进文化体制改革】 2005年，全市文化广电新闻出版部门实施并完成宏观文化管理体制的调整和文化市场综合执法体制的改革，组建两级文化广电新闻出版局和文化市场综合执法机构。坚持以邓小平理论和"三个代表"重要思想为统领，贯彻落实科学发展观，以开展保持共产党员先进性教育活动为动力，实践"管办分离"新环境下履行政府职能的新路子，履行管理职能，举办重大活动，谋求新的发展，文化广电新闻出版事业呈现出良好的发展态势。

把制定"十一五"发展规划作为落实科学发展观，转变政府职能，加强宏观管理，谋求新发展的重要抓手。确定9个课题，分析"十五"期间全市文化、广电、新闻出版事业和产业发展取得的主要成绩及存在的问题，研究"十一五"期间发展面临的形势，形成9个调研报告，提出"十一五"期间全市文化、广电、新闻出版事业发展的目标和主要任务，基本形成"十一五"发展"3+2"规划。各区、县(市)把制订好"十一五"发展规划作为发展事业的重要契机，谋划文化发展途径。

适应职能转变的要求，高度重视依法行政。制定《2005年依法行政工作考核评估标准（试行）》、《行政处罚案件审核监督办法》等12项依法行政工作制度，统一行政许可程序，新设立对外行政办事窗口，制订颁发22种行政许可相关文书。建立健全对行政许可及行政执法的监督机制。开展依法行政业务培训，提高队伍的依法行政水平。

【组建市文化广电新闻出版局】 1月17日，市委、市政府召开全市文化市场综合执法机构改革动员大会。提出宏观文化管理体制调整是贯彻落实中央、省、市关于深化文化体制改革试点工作的重要举措，改革按照"分、并、建、调"四大重点，合理推进，平稳到位，使全市文化工作逐步形成党委领导、政府管理、行业自律、企事业单位依法运营的管理体制。市委副书记叶明、市委宣传部部长张鸿建、副市长陈重华出席会议。

举行杭州市文化广电新闻出版局、杭州市文化市场行政执法总队授牌仪式。杭州市文化广电新闻出版局为主管全市文化艺术、广播影视、新闻出版和著作权工作的市政府工作部门，内设13个职能处室，人员编制90名，陈建一任党委书记、局长。市文化市场行政执法总队受市文化广电新闻出版局委托承担文化市场行政处罚以及相关行政强制监督职能，设4个职能处室，事业编制25名，王茂康任总队长。至6月末，各区、县(市)组建完成文化广电新闻出版局和文化市场行政执法机构。

【办好重大文化活动】 2005年娃哈哈西湖狂欢节吸引60余万人参与，创造了浙江卫视和杭州电视台现场直播0.9和1.2的高收视率，被誉为"档次最高、用钱最少、群众反映最好"的一届。2005年西湖书市在参展的名社名刊、观众人次、成交金额等方面取得突破，社会反响良好。继6月成功举办第一届中国国际动漫节，10月再次赢得第二届中国国际动漫节申办权。承办杭州市有史以来规格最高、规模最大、影响最广的对外文化交流活动——第三届全球化论坛。来自26个国家及国际机构的60余名政要、高层人士，以及近200名专家学者出席了会议。

【推进文化产业发展】 市文化广电新闻出版局参与制订动漫产业发展规划，推出15项举措和15条政策，鼓励、扶持动漫产业发展。坚持服务企业，优先发展优势、特色产业的原则，支持文化企业申报国家级、省级文化产业示范基地项目，为文化企业争取产业发展专项扶持资金。杭州高新数字娱乐园、西湖数字娱乐园被命名为国家级文化产业示范基地。贯彻国务院关于鼓励非公有制经济进入文化产业的政策，研究制定杭州市鼓励扶持民营资本进入文化产业的政策意见，加强管理，改进服务，引导支持民营文化企业发展。文化市场健康有序。全市形成演艺娱乐业、现代传媒业、动漫游戏业、网络文化业、出版发行业、创意产业、现代印刷业、数字视听业等八大类文化市场体系，总规模接近1万个。

【拓展对外文化交流领域】 全年引进和输出文化交流项目102批次、1733人次。杭州歌舞团赴朝鲜演出获得11个奖项；10月，杭州歌舞团赴美国参加由国务院外宣办和文化部在肯尼迪艺术中心举办的中国文化节，作为全国唯一一个入选的市级文艺院团，以一台质量上乘、蕴含丰富、演技精湛的民族民间舞蹈专场倾倒美国观众。杭州杂技总团在西班牙演出活动受到欢迎。杭州越剧团、杭州歌舞团赴朝鲜、日本、韩国、新加坡交流演出取得成功,把具有杭州浓厚地方特色的文化门类和文化精品推向了世界。杭州民间艺术团、"东吴传龙"民间艺术表演在意大利、法国等"中国文化周"活动期间受到欢迎。"西湖狂欢节"期间,引进的10余支外国团队到杭表演,受到市民称赞。以市文化广电新闻出版局为主创作排演的《诗画杭州》在日本爱知世博会上受到好评,获中国贸促会优秀项目奖。(许　英)

·专业文艺·

【专业文艺概况】 2005年,是市属文艺院团和部分文化单位进入新组建的杭州文化广播电视集团的第一年。集团所属文艺单位坚持"百花齐放、百家争鸣"方针和"二为"方向,在文化广电资源整合、文艺创作演出、对外文化交流等方面创造佳绩,为杭州文化名城建设增添光彩。

文广资源整合,激发文艺院团活力。以项目为纽带,增强资源整合力度,通过组织大型活动,合作开发栏目,实现文化和广电两大资源的优势互补,激发文艺院团活力,扩大文艺院团影响力,为文艺院团拓展演艺市场奠定了良好基础。元宵节、"五一"节,杭州电视台生活频道、红星剧院、省市曲艺家协会联合推出"有说有笑闹元宵"、"生活真开心"曲艺晚会受到观众欢迎。杭州滑稽剧院、杭州越剧院、杭州歌舞团等院团与广播电视各频道、频率合作,举办"阿六头进社区"、"越剧十大名票友大赛"、"市民音乐长廊"等活动。院团的优秀文艺人才参与到《开心茶馆》、《生活大参考》、《阿六头说新闻》、《我和你说》、《生活真开心》等电视栏目的制作和演出中,为文艺院团加强自我宣传、文艺人才展示才能搭建了舞台。王军、王永林、侯军获第二届"杭州文艺突出贡献奖",陈晓红获市宣传系统"五个一批人才奖",西泠书画院韩祖耀获市"五个一工程奖"。

文艺演出活跃。各文艺院团在国内国外的演出1000余场。杭州歌舞团、杭州滑稽剧院的"双百场文艺演出进社区活动"、杭州越剧院的"百场越剧进社区活动"、儿童音乐剧《寒号鸟》百场进校园活动等,在社会上反响强烈。杭州杂技总团的杂技剧《东方太阳》在西班牙演出,赢得观众评选的"主题公园最佳演出剧目"。市文化中心和杭州金海岸娱乐有限公司联合举办的大型旅游演艺专场《西湖之夜》连演600余场次,吸引观众25万人次。杭州演出有限公司引进国外和港澳台地区演出100余场,杭州大剧院引进国内外61个剧目85场演出,特别是美国百老汇剧目《音乐之声》演出,成为杭州引进的第一个国际一流的原版音乐剧。红星剧院承接昆剧《英雄罪》首演等演出近100场次。

精品剧目层出不穷,文艺创作持续繁荣。各文艺院团加大精品剧目的创作排演。杭州越剧院完成儿童音乐剧《寒号鸟》修改演出,复排《五女拜寿》、《珍珠塔》、《孟丽君》等传统剧目;杭州滑稽剧院创作20个曲艺节目,配合先进性教育,排演主旋律剧目《共产党员凝聚在党旗下》;杭州杂技总团排演《双人皮条》、《脖子高椅》等新节目;杭州话剧团排演小剧场话剧《卡布其诺的咸味》,国庆期间在杭上演。嘉艺影视公司拍摄了《保密局1949》、《越王勾践》两部共61集电视剧。

【举办8小时大型电视直播活动】 10月1日,文广集团推出"欢乐西湖、和谐杭州"8小时大型电视直播活动。文艺院团在杭州花圃莳花广场、平湖秋月、吴山广场分别演出了"西湖欢歌"、"越苑芬芳"、"快乐钱塘"3台大戏,文艺演出与新闻节目紧密结合,向观众进行现场直播。直播当天收视率高居同时段杭城所有电视节目的第一位。活动提升了集团、媒体及院团的知名度、美誉度和社会影响力。

【杭州歌舞团演出创佳绩】 4月8日~19日,受国家文化部委派,杭州歌舞团38人代表中国赴朝鲜平壤参加第二十三届"四月之春"国际友谊艺术节。该艺术节共有25个国家参加。杭州歌舞团《中国风》参加艺术节展演与比赛,共演出7场,获得了11项金奖、1项银奖。受到朝鲜领导人金正日接见,并得到中国外交部通报表扬。1月18日~2月1日,杭州歌舞团一行42人前往新加坡参加第十二届"春城洋溢华夏情"系列演出。舞剧《阿姐鼓》在当地演出17场,得到主办方高度评价。10月,杭州歌舞团赴美国参加在肯尼迪艺术中心举办的"中国文化节"。10月,杭州歌舞团在浙江省第六届音乐舞蹈节上夺得21个奖项。

【杭州越剧院创作演出繁荣】 全年完成儿童音乐剧《寒号鸟》的修改演出,复排《五女拜寿》、《珍珠塔》、《孟丽君》等传统剧目。优秀青年演员陈雪萍"梅花奖"专场,4月8日~9日在红星剧院上演。为纪念越剧百年,举行"百场越剧进社区"活动,从7月2日起至8月31日历时2个

"西湖之夜"文艺演出　　(文广集团 供稿)

表 73　　2005年杭州市文化广电新闻出版部门获奖情况

获奖单位或个人	获奖情况
桐庐县	全国文化先进县
富阳市、西湖区	浙江省文化先进市(县)、区
杭州市文化广电新闻出版局	“日本爱知世界博览会”先进集体、浙江省广电行业行风评比组织奖、浙江省“两个面向”广播影视节目评比组织奖、第七届中国杭州西湖博览会先进单位称号、首届中国国际动漫节组织奖
杭州市文化市场行政执法总队	全国“扫黄”“打非”先进集体
杭州市萧山区文化市场行政执法大队	全国基层文化市场管理先进集体
杭州艺术学校	第二届民族乐器演奏比赛中国文化艺术政府奖——文华艺术院校奖
杭州话剧团夏强《浙江地方戏曲的渊流、现状及前景分析》	“第四届中国戏剧文学奖·论文”三等奖
杭州歌舞团郑培钦	浙江省第六届音乐舞蹈节民族组演唱一等奖
杭州歌舞团陈芬芳	浙江省第六届音乐舞蹈节民族组演唱一等奖
杭州歌舞团徐宁	浙江省第六届音乐舞蹈节民族组演唱二等奖
杭州歌舞团支乐双	浙江省第六届音乐舞蹈节通俗组演唱二等奖
杭州歌舞团孙芳、李育育　舞蹈《马尔蒂努》	浙江省第六届音乐舞蹈节表演一等奖
杭州歌舞团金艳、李婷、华茜　舞蹈《嘻、嬉、戏》	浙江省第六届音乐舞蹈节表演一等奖
杭州歌舞团边巍巍、王永林　舞蹈《生息》	浙江省第六届音乐舞蹈节表演、创作一等奖
杭州歌舞团群舞《太极》	浙江省第六届音乐舞蹈节集体表演一等奖
杭州歌舞团	朝鲜“四月之春”友谊艺术节团体金奖
杭州歌舞团崔巍	朝鲜“四月之春”友谊艺术节导演金奖
杭州歌舞团王军、郑培钦	朝鲜“四月之春”友谊艺术节独唱金奖
杭州歌舞团唐娅	朝鲜“四月之春”友谊艺术节表演金奖
杭州歌舞团舞蹈《卓玛》、《饮酒歌》,双人舞《红色恋人》、《烟雨断桥》,群舞《鼓韵》、《好日子》	朝鲜“四月之春”友谊艺术节剧目表演金奖
杭州歌舞团双人舞《夜戏》	朝鲜“四月之春”友谊艺术节剧目表演银奖
杭州歌舞团实验舞蹈剧《与外乡人一起跳舞》,舞蹈《太阳不是黑色》	杭州市第八届精神文明建设“五个一工程”奖
余杭区小品《根》	第四届中国戏剧文学奖·小型剧本二等奖
余杭区小品《错位》	第四届中国戏剧文学奖·小型剧本三等奖
余杭区小品《哑女打电话》	浙江省第六届残疾人文艺演出表演一等奖、省第三届城市社区优秀文艺节目汇演金奖
余杭区器乐合奏《春晖曲》、《花好月圆》	浙江省首届“天目琴行·文华杯”民乐社团演奏比赛金奖
余杭区越剧清唱《楼台会》	浙江省首届中青年戏曲演唱比赛金奖
余杭区舞蹈《运河渔歌》、小戏《闹元宵》	浙江省第二届乡镇文艺会演创作、表演金奖
余杭区莲花落《分家》、民乐合奏	浙江省第二届乡镇文艺会演创作、表演及集体演奏银奖
余杭区小品《进城》	浙江省第十六届戏剧小品邀请赛表演二等奖
萧山区《夫妻小插曲》	浙江省第十六届戏剧小品邀请赛创作一等奖、表演一等奖
萧山区舞蹈《茶馆儿》	浙江省第二届乡镇文艺会演表演银奖
萧山区小品《征婚启事》	浙江省第二届乡镇文艺会演创作银奖
富阳市舞蹈歌曲《美丽的富阳》	浙江省第二届乡镇文艺会演创作银奖
富阳市艺术越剧团《梁山伯与祝英台》	浙江省首届民营剧团“山花奖”金奖
建德市小品《收房租》	浙江省第十六届戏剧小品邀请赛创作一等奖
桐庐县小品《收房租》	浙江省第十六届戏剧小品邀请赛创作一等奖、表演二等奖
淳安县睦剧小戏《鸳鸯马》	浙江省第二届地方戏剧汇演创作、表演、作曲、编导一等奖
淳安县歌曲《家在明月升起的千岛湖》	第二届群众文艺创作作曲大赛金奖
上城区男声小组唱《嘿！老哥们》	浙江省第三届城市社区优秀文艺节目展演金奖
下城区女声组合《走进雨里》	浙江省首届组唱类歌曲创作演唱大赛创作金奖、表演金奖
拱墅区《寻梦》	浙江省第五届歌曲新作演唱比赛创作金奖、表演银奖
西湖区女声独唱《小康人家》	浙江省第五届歌曲新作创作演唱大赛演唱金奖
西湖区书法作品《石涛诗一首》	浙江省书法艺术小品大赛银奖
杭州数字娱乐产业园	国家数字娱乐产业示范基地
杭州数字电视有限公司“基于广播流的互动电视业务系统平台”、“统一 LOADER 管理系统平台”	浙江广播电视科技创新奖一等奖
杭州广播电视集团“杭州数字电视移动接收系统的设计与集成”	浙江广播电视科技创新奖一等奖
淳安县广播电视台“多格式多媒体新闻制作线”	浙江广播电视科技创新奖三等奖
富阳广播电视台“农村有线广播的自动化覆盖”	浙江广播电视科技创新奖三等奖
杭州电视台生活频道《金秋》	浙江省“两个面向”广播影视评比优秀节目奖
萧山市广播电视台电视栏目《金色大地》	浙江省“两个面向”广播影视评比优秀节目奖
杭州电台新闻综合频率《希望的太阳——漂亮妈妈周若红》	浙江省“两个面向”广播影视评比优秀栏目奖

月。按照市委宣传部“送戏到学校”的指示，9月15日~10月27日，为杭城学校送去了优秀儿童音乐剧《寒号鸟》。11月15日，第三届“中日戏剧友谊奖”在北京和敬公主府举行颁奖。杭州越剧院国家一级演员、文华奖获得者、梅花奖得主谢群英获得荣誉。此奖由中国戏剧家协会、中日戏剧友谊奖组委会颁发，也是已故日本戏剧评论家衫山太郎先生的亲属捐资、中国文化部批准、中国剧协主办的国际性奖项。6月，中央电视台戏曲频道《戏曲采风》栏目4次对杭州越剧院进行报道。

【杭州滑稽艺术剧院重视非物质文化遗产保护】 9月27日，杭州滑稽艺术剧院将杭剧和杭州“小热昏”送浙江省文化厅并上报国家申报首批国家级非物质文化遗产。经专家评审，杭州“小热昏”申报首批国家非物质文化遗产成功，入选首批国家级非物质文化遗产名录。也是杭州市7个入选项目中唯一的曲艺类非物质文化遗产。杭州滑稽艺术剧院结合国家级非物质文化遗产保护工程的启动，创作、移植了杭剧小戏6个。

【杭州杂技总团开拓国外演出市场】 全年5次出访日本、西班牙、法国、荷兰等国家和地区表演。创意改编了《脖子高椅》、《双人秋千顶技》、《皮条》、《抖杆》、《滚杯》、《台圈》、《滚环》等节目。特别是在西班牙演出4年累计2500余场次，被西班牙观众评为“最佳和最受欢迎的演出”，中国对外文化集团公司称赞杭州杂技总团“取得了良好的社会效益和经济效益，为中国对外文化交流工作增添了异彩。”

【杭州话剧团尝试小剧场话剧】 排演小剧场话剧《卡布其诺的咸味》，该剧通过男女主人公复杂的生活经历和情感纠葛，反映现代都市人的生活状态。9月30日至10月2日在杭州大剧院可变剧场上演，在杭城掀起了一股话剧热，受到顾天高、夏仲廉、包朝赞、王若荔等文艺界专家的赞扬。

【杭州大剧院试演出成功】 全年引进61个剧目85场演出。接待了华人全明星乐团、美国百老汇、德国斯图加特西南广播交响乐团、俄罗斯芭蕾舞团、中国交响乐团、总政歌舞团、中国京剧院、中国残疾人艺术团、德国NWR青年交响乐团等中外著名演出团队。承演以芭蕾舞《天鹅湖》和《波西米亚人》、音乐剧《音乐之声》和《周璇》、京剧《梅兰芳》、交响乐《斯图加特交响乐》和《红色经典——祖国颂》等为代表的中外著名剧目，9月连演8场世界著名的美国百老汇音乐剧《音乐之声》。

【市文化中心打造“西湖之夜”品牌】 市文化中心与金海岸娱乐有限公司合作，共同打造大型歌舞综艺节目“西湖之夜”，取得良好的社会效益和经济效益。“西湖之夜”和“休闲娱乐”两档综艺节目全年演出600余场，观众25万人次，收入500万元。“西湖之夜”受到各级领导、文艺界人士和国内外游客的好评。12月14日，推出“西湖之夜”(第二版)，改版后，节目具有较高的艺术水平，文化娱乐效果强烈。 (江政卿)

·社会文化·

【举办第三届全球化论坛】 11月8日~9日，杭州举办第三届全球化论坛——世界文化多样性。论坛以“尊重文化多样性、共建和谐世界”为主题，分开幕式和8个平行会议及闭幕式，有80多位国内外政要、专家学者发表精彩演讲，发表论文90余篇。与会人士围绕主题，就“尊重和维护文化多样性，推动不同文明平等对话”、“倡导新文明观，共建和谐世界”、“发展文化产业的机遇与挑战”、“经济全球化与文化多样性”、“创造性城市发展与文化多样性”、“文化多样性与休闲发展”、“传统文化与现代文化”、“民族文化的独特性与世界文化的多样性”等8个专题进行深入研讨和交流。论坛发表了《杭州声明》，并经联合国教科文组织文化多样性联盟同意，全球化合作基金会与杭州市签订世界文化多样性永久会址协议。论坛期间，杭州市举行具有鲜明地方特色的文化多样性展示活动，给与会代表留下了美好而深刻的印象。

全国人大常委会副委员长何鲁丽，全国政协副主席罗豪才，国家有关部委领导和专家学者，厄瓜多尔前总统马华德、芬兰前总理阿霍、联合国秘书长全球契约办公室执行总长乔治·凯尔、联合国教科文组织的高级代表，俄罗斯、印度、法国、奥地利、韩国、土库曼斯坦、突尼斯、卢旺达、墨西哥等国家的文化官员和驻华使节及专家学者等260余人出席论坛。德国总理施罗德等23个国家的现任或前任领导人以及联合国几位副秘书长发来贺辞。

【实施民族民间艺术保护和非物质文化遗产保护工程】 杭州市发掘民族民间文化艺术资源，加强对非物质文化遗产的保护。西泠印社金石艺术、张小泉剪刀煅字艺术、胡庆余堂中药文化、富阳造纸技艺、杭州小

浙江省委书记习近平(左)、杭州市委书记王国平(右)与人民日报社社长王晨(中)就文化多样性进行交谈。 (许 英供稿)

凉的市民带来了乐趣。6月26日开始，陆续进入萧山区、余杭区及德加社区、在水一方社区、小营社区等34个社区，为居民送去欢乐。

【杭州名家书画作品展在合肥开幕】 6月16日，由杭州市、合肥市文联主办、合肥一久留米友好美术馆承办的杭州名家书画作品展，在合肥一久留米友好美术馆开幕，展出了21位杭州市知名书画家作品共82幅。开幕式由合肥市文联副主席刘晓明主持，合肥市文联党组书记叶明才致开幕词，杭州市文联副主席马国超就两市文联的合作与发展及该展览讲话。参加开幕式的有安徽省、合肥市有关领导，杭州6名书画家及当地书画爱好者共300余人。展览期间，杭州市书画家应邀前往皖南进行交流及采风。

【"人人参与，创建绿色家园"摄影比赛】 由市环境保护局和市文联主办、市摄协承办，4月11日在《钱江晚报》、《杭州日报》发布消息，受到摄影家和摄影爱好者的响应。届时1个多月，收到来稿近400幅(组)，经由省、市环保部门、杭州日报报业集团和杭州市摄影界专家组成的评选，评出一等奖1名、二等奖3名、三等奖6名、优秀奖30名。获奖作品于6月5日(世界环境日)在西湖区西城广场展出并举行颁奖仪式。

【召开市文联主席团会议】 6月30日，市文联五届十次主席团会议召开，市文联向主席团成员通报了2005年上半年工作总结和下半年工作打算，就启动市第六次文代会的筹备作了简要说明，市文联主席陈一辉传达市委书记王国平关于推进文化名城建设的重要讲话。12月21日，召开市文联五届十一次主席团会议和五届七次全委会，审议通过市文联2005年工作总结和2006年工作思路及要点，市文联主席陈一辉就筹备召开市第六次文代会的有关工作情况作了通报，副主席杨培泽就市文联五届委员会《工作报告》的起草框架和修改文联《章程》的基本原则征求了委员们的意见。

【纪念抗日战争暨世界反法西斯战争胜利60周年】 为隆重纪念中国人民伟大的抗日战争暨世界反法西斯战争胜利60周年，牢记历史，不忘过去，珍爱和平，开创未来，弘扬爱国主义精神，激励全市人民团结拼搏、为实现中华民族的伟大复兴而奋斗。由市委办公厅、市政府办公厅联合主办，市委宣传部、杭州文广集团、市文联承办的"杭州市纪念抗日战争暨世界反法西斯战争胜利60周年"活动，于9月3日晚在杭州红星剧院举行。省委常委、市委书记王国平代表市委、市政府和全市650万人民，向杭州参加过抗日战争的老战士、老民兵和老英雄，致以崇高的敬意和诚挚问候，向在抗战中为国捐躯的烈士们以及无辜死难者，表示深切哀悼。市委副书记于辉达主持，市四套班子领导和老同志、驻杭部队官兵及社会各界代表近千人参加。

【"我的母亲河"运河摄影比赛】 由杭州运河集团、市文联主办，市摄协承办，在历时1个月的拍摄后于9月15日截稿。大赛组委会收到110余名摄影家和摄影爱好者送来的400余幅(组)近3000张摄影作品。市摄协组织80余名摄影家分两批在杭州市区至余杭塘栖的运河河道间进行创作，运用组照手法，将不同年代拍摄的运河照片有序的组合成系列，表现运河的历史变迁。摄影比赛收到不少记录运河历史的黑白老照片，其中表现有当年运河两岸黄麻丰收，油菜丰收，珍珠养殖，以及水乡早市、茶馆、老桥；有拍摄的由杭州经浙西通往皖南"茶桑古道"的必经水路和"江涨桥夜泊"，都极具文献史料价值而弥足珍贵。经评选产生一等奖1名，二等奖2名，三等奖3名，优秀奖50幅(组)。

【少儿舞蹈考级师资培训】 市舞协和临安市总工会文工团于"五一"期间在临安共同举办。近20名来自基层的幼儿园老师和一些业余舞蹈爱好者积极参加培训。学员们通过3天听课学习和现场训练，取得明显效果，对少儿舞蹈有了新的理念与体会，对提升舞蹈教学水平，打下了坚实基础。

【第三届"新东方杯"西湖合唱节】 由中共杭州市委宣传部、市文联、中国合唱协会、浙江省合唱协会联合主办，市音协承办，杭州新东方女子医院赞助。自5月上旬起，合唱节组委会开始面向全省征集参赛报名，至7月底报名截止，共有46支社会各界的群众合唱团队参赛。其中成年组16支，少儿组9支，老年组21支；报名参赛队伍中杭州市30支，其他城市10支，合唱队员总人数在3000人以上。10月末，评出金奖8个、银奖14个、铜奖9个。市领导叶明、张鸿建、安志云、陈重华等观看演出并为获奖者颁奖。

【第七届中韩书法交流展】 10月22日，在韩国丽水市文化会展中心隆重开幕，由杭州市书协、山东威海市书协和韩国丽水市书艺人联合会共同举办，共展出两国三地书法作品100余幅。杭州代表团展出的30余幅作品受到韩国书法界高度评价。韩国丽水市政府、市议会、文化界、企业界和丽水市书艺人联合会的嘉宾和同仁，与应邀访问的杭州市书法家代表团、威海市书法家代表团共200余人出席开幕式。中韩书法艺术交流展由浙江杭州、山东威海和韩国丽水等3个城市书法专业团体于1998年共同发起，以"交流书坛信息，共同切磋书艺，增进两国友谊"为宗旨，历时7年，轮流承办。

【第二届大学生电影节】 2005年"UP新势力"大学生电影节(浙江·杭州)于9月24日~10月21日在杭州举行。电影节依托于"西博会"的"金名片"效应，由共青团浙江省委、浙江省学生联合会、市文联、市文化广电新闻出版局、杭州文化广播电视集团等5个单位联合主办，浙江大学、中国联通浙江分公司特别主办，杭州、宁波、温州、金华等21所高校协办。电影节组委会特别邀请著名电影大师谢晋担任电影节荣誉主席，著名艺术大师韩美林担任电影节荣誉顾问，香港著名艺人曾志伟担任电影节主席，浙江大学艺术委员会常务副主任、浙江大学艺术学院院长陈振濂担任电影节艺术顾问。

9月16日起，以"百场电影展映"拉开序幕，选择影响大、质量高的10部影片，以露天放映和室内放映相结合的方式，在杭州、宁波、温州、金华等全省21所高校免费放映300场，在电影节网站在线播映，参与学生20余万人。组委会特别举办"就要你最红——DV大赛"、"就要你最红——电影DIY大赛"，给大学生施展才华的舞台。开通"百年电影网络论坛"，大学生们对电影节活动提出建设性意见。通过短信平台、网上投票和宣传册投票的方式评选出最喜欢电影《张思德》，最喜欢导演为电影《可可西里》导演陆川，最喜欢男演员为电影《张思德》演员吴军，最喜欢女演员为电影《孔雀》演员张静初。

【举办中国杭州国际书法艺术节】 10月30日，由市文联和中国美术学院联合主办，在杭州西湖美术馆开幕。全国人大常委会副委员长李铁映、全国政协文史和学习委员会副主任刘枫、中国银行业监督管理委员会副主席唐双宁、中华人民共和国驻法兰西共和国大使赵进军、浙江省委宣传部部长陈敏尔、浙江省文化厅厅长杨建新、浙商银行董事长蔡惠民、杭州市委副书记叶明、杭州市委宣传部部长张鸿建等出席开幕式，来自美国、英国、加拿大、法国、德国、澳大利亚、巴西、葡萄牙、奥地利、芬兰、新加坡、日本、韩国、马来西亚等十几个国家以及中国香港特别行政区、中国澳门特别行政区、中国台湾和全国各省市200余名艺术家，参加书法盛会。书法艺术节包括5展3会共8项内容：即"书·非书——开放的书法时空"2005中国杭州国际现代书法艺术展，2005中国杭州首届国际草书艺术大展，中国美术学院书法系学生优秀书法作品展，日本井上有一代书法展，韩国儿童象形文字书画展共500余件作品。"当代书法的境域"现代书法国际论坛，草书艺术研讨会，吴山书法联欢会。书法艺术节于11月3日落幕。

【成立杭州高校剧社联盟】 12月11日，召开杭州高校剧社联盟(简称杭剧联）成立大会。浙江大学黑白剧社、杭州师范学院流霞剧社、中国美术学院黑匣子剧社、杭州电子工业大学杭电剧社等在内的共21所高校的24个剧社加入联盟，大会通过了杭剧联章程，选举产生第一届理事会、常务理事会和正、副理事长，并共同发表了杭剧联成立《宣言》。杭剧联工作重点放在为各高校剧社提供交流互助、培训学习的平台，主要抓好校园新剧目的创作和演出，不断推出校园戏剧的编、导、演新人，提升在杭高校戏剧的整体水平。12月18日，杭剧联举办了高校戏剧骨干专业培训讲座，聘请省著名戏剧专家、国家一级导演王复民作"校园戏剧漫谈"，浙江艺术职业学院戏剧系表演教研室主任、上海戏剧学院硕士研究生那钢作"话剧导演入门"，杭州师范学院人文学院中文系主任、市剧协副主席黄岳杰作"校园戏剧创作谈"等讲座。

【"春风行动"大型书画创作义卖】 在全市开展的第6个"春风行动"活动中，市书画界艺术家把爱奉献给杭城的困难群众。12月9日，由市文联、市总工会主办，杭州画院、市美协、市书协、市工人文化宫、浙江皓翰国际拍卖有限公司承办，在杭州市工人文化宫展览厅举行"春风行动"大型书画创作义卖活动。省市著名书画家40余人参加，现场创作了60余幅精美书画作品，义卖总价值数十万元，全部捐献给了市"春风行动"办公室。市委副书记朱报春、市委宣传部部长张鸿建、市人大常委会副主任安志云等到创作现场，赞赏画家们的义举。

【杭州美术展示交流中心入驻岳王艺术城】 12月18日，在杭州岳王艺术城举行中心揭牌仪式，省市领导、画家近20人出席。市美术家协会、杭州画院、杭州油画院、杭州市级机关工会《艺术鉴赏沙龙》、浙江城市广播电视报社《收藏·鉴赏》等专栏联合入驻岳王艺术城，共同打造美术展示交流中心这一联合体，提供观摩、培训、鉴赏、交流的平台。

【新故事创作笔会】 12月9日，市民协与有关单位在余杭共同举办，30余位新故事作者与会，交流了2005年的创作成果和体会，确定新的目标和任务，对如何提升新故事创作水平进行了探讨。上海《故事报》副主编吴伦、《山海经》杂志社主编陈惠芳等到会。

【抢救保护民间艺术】 杭州传统曲艺"杭州评话"、"杭州小热昏"，被列入杭州市第2批民族民间艺术保护项目，于4季度启动。发动组织老艺人，对现存的传统经典"杭州评话"、"杭州小热昏"作品进行展示表演、拍摄录像、制作光盘。对原保存的6部传统书目和小热昏资料进行整理出版。11月25日~27日，市曲杂协组织10位老艺人在采荷社区文体中心，举办"杭州评话精品荟萃"汇书活动，3天演出3场、10个小时，共录制10位杭州老艺人的评话和"小热昏"精彩片断，并编辑录制VCD光盘1套9张、10个小时。将6部杭州评话传统书目资料（240万字)、小热昏资料(20万字)整理编辑出书，以便于保存和传承。

(项日槐)

·档案事业·

【档案事业概况】 2005年，全市档案部门完善档案基础业务建设，创新档案服务机制。至年末，全市14个综合档案馆和市城建档案馆，总馆藏档案147.9万卷，资料13.45万册，向社会开放档案资料33.83万卷册；市档案馆馆藏档案61.64万卷，资料1.5万册，开放档案资料8.87万卷册。萧山区档案馆新馆建筑方案通过评审，余杭区档案馆新馆建设完成前期准备。档案事业协调发展，取得显著成绩。12月，杭州市被评为全省"十五"期间档案事业发展先进市；杭州市档案馆和萧山区档案馆在全省综合档案馆信息化评估中，分获第1名和第2名。

【发挥爱国主义教育基地作用】 2005年，市档案馆爱国主义教育基地建设完善，教育功能基本完备。3月14日~4月3日，市委组织部和市档案局联合主办《杭州市党史和城市基层先进性教育试点工作成果图片展》，配合全市党员先进行教育活动，接待党员群众参观者3万余人。6月10日~9月30日，市委宣传部、市直机关党工委、市教育局、市档案局等单位联合主办《以史为鉴　面向未来——杭州市纪念抗日战争胜利60周年展览》，市四套班子领导参加开幕式并参观展览。展览历时120余天，接待20万人次。9月2

日~9月9日，举办《德国海德堡的建筑》展览，接待参观者8千余人次，开幕式前，市人大常委会副主任丁德明在市档案局会见了海德堡市市长韦伯先生一行。全年，市档案局还举办《近代杭州图片展》、《杭州历史文化图片展》等展览，参观人数50余万人次。

各区、县(市)档案局(馆)发挥爱国主义教育基地的作用。富阳市档案馆受降厅被中共中央宣传部命名为全国爱国主义教育示范基地，在纪念抗战胜利60周年之际，接待了1.5万人次。桐庐县档案馆爱国主义教育基地接待参观者4.1万人次，取得了良好的社会效益。

【档案接收征集和服务利用】 2005年，全市接收常规档案26.2万卷。加强重大活动档案资料的接收，市档案局(馆)接收"七艺节"、"旅交会"、"动漫节"等重大活动档案1026件、62卷、光盘1张。淳安县档案馆接收了"千岛湖秀水节"、新安江移民等重大事件资料。市档案馆从中国第一历史档案馆、中央档案馆以及利用大型展览活动的机会，从民间征集到一批珍贵档案资料。与市旅委、市文联等联合举办"百年经典杭州——'市长奖'摄影珍品大征集"暨第二届"休闲在杭州"摄影作品大赛，承担接收社会无偿捐赠等任务。上城区档案馆征集区各级各类荣誉奖牌(证书)84块，成为全区荣誉档案的保管场所。桐庐县档案馆征集了宗谱、现代桐庐人物档案等地方特色档案。市档案馆全年共采集和积累声像档案资料1900吉视频档案素材。

全年接待利用档案资料和现行文件3.05万人次，提供档案资料和现行文件14.22万卷(册、件)次。开展档案延伸服务，拱墅区档案馆推出了电话查档、预约查档和内网查档等服务形式。

【实施依法治档与管理】 5月，市档案局成立市档案事业"十一五"发展规划编制工作领导小组和工作小组，档案事业被列入全市"十一五"规划编制体系。11月，提出"确立一大目标、夯实两大基础、加强三大支撑"的总体目标和"六抓六促"的思路，编制完成《杭州市档案事业"十一五"发展规划》。6月，市人大常委会副主任安志云一行赴广东进行档案立法调研。10月，市人大常委会主任会议听取了市政府关于档案执法情况的汇报，《杭州市档案管理条例》被列入2006年度地方立法预备计划。

全市组织开展档案馆安全保密大检查，增强档案安全和保密意识。实施新的档案年检标准，加强对档案信息化建设和现行文件报送的考核，116个单位参加市档案局年检，合格率100%；西湖区年检合格率99%，富阳市年检合格率98%。档案管理首次被纳入市级机关共性目标考核，全年完成110个单位的档案工作目标管理认定，其中省级16个、省一级16个、省二级22个、市级19个、市一级37个。市政府办公厅档案管理通过省一级认定。

【档案编研取得成绩】 全年全市共完成编研项目22种。市档案局配合市委、市政府文化名城建设，档案资料编研工作取得新成果。编纂完成《建国以来西湖文献资料汇编》,《近代杭州图集》一书由浙江摄影出版社出版发行，《杭州市志（1986年~2005年）·档案事业章》完成23万余字的资料长编；《抗日烽火中的杭州》完成初稿。《中国杭州通鉴》编纂工作启动，7月25日，市委办公厅、市政府办公厅联合发文《关于建立〈中国杭州通鉴〉编纂委员会的通知》，王国平书记为顾问、孙忠焕市长为主任，编委会下设办公室，年内完成了《〈中国杭州通鉴〉编纂方案》和《〈中国杭州通鉴〉编纂大纲》的编制，撰稿完成三分之一篇幅。

各区、县(市)档案局(馆)围绕地方特色展开编研工作。临安市档案局与城建局联合编印《临安城建画册》，桐庐县档案局完成27万字的《桐庐名人名事选集》(初稿)，江干区档案馆完成30万字的《杭州市江干区党政大事记》，下城区档案馆编写了《武林遗韵》。

【加强档案宣传与教育】 2005年，市档案局在《都市快报》上连载《杭州老底子》栏目。在《杭州市纪念抗日战争胜利60周年展览》期间，在《都市快报》上开辟了《看展览、忆抗战、爱和平》专栏；与杭州电视台第一频道合办了栏目，寻找抗战的英雄，追寻抗战的遗址，追忆抗战故事，为纪念抗战胜利60周年作深度报道。据统计，全年档案宣传有报刊报道40余篇，电视、电台报道30余次。编印《档案工作动态》98期，其中5条被《杭州政务》录用，3条被《杭州信息》录用，2条被市直属机关工委录用。

重新修订《杭州市档案局档案教育培训管理规定》，组织编写档案干部业务培训教学大纲。全年举办档案业务和档案继续教育及档案职称初级、中级培训班8期，600余名学员参加培训。参加初级、中级专业技术资格考试113人，78人考试合格。推荐上报5人为档案专业系列副高级职称。 （乜登科）

举办爱国主义教育展览 （市档案局 供稿）

·新闻出版综述·

【新闻出版业发展态势强劲】 2005年，新闻出版部门以邓小平理论和“三个代表”重要思想为指导，突出落实科学发展观、构建和谐社会这一主题，围绕中心，服务大局，精心组织重大主题报道，着力做大做强正面宣传。市属新闻单位围绕市委、市政府推进“五大战略”、解决“七大问题”，打造“平安杭州”、引领“和谐创业”等重大部署，精心谋划，创新载体，组织策划了市“两会”、背街小巷改善工程、首届中国国际动漫节、第七届西博会、休博会、第三届全球化论坛——世界文化多样性等10多项重大主题报道，为杭州市的改革开放和社会各项事业的全面发展营造了良好的舆论氛围。加强新闻宏观管理，结合杭州实际起草制定了《中共杭州市委关于舆论监督工作的规定(试行)》，并由市委于8月31日下发。

杭报集团努力打造媒体品牌，提高办报质量，优化报业结构，提升报业核心竞争力，积极推进体制改革和运行机制转换，实现集团总收入7.7亿元，广告收入5.35亿元。《都市快报》跻身世界报业发行百强，并在第二届中国报业竞争力年会上排名全国晚报都市类报纸综合竞争力第8名，排名浙江首位。杭州文广集团深化文化体制改革，进一步整合了文化、广电资源，新闻舆论引导、文艺创作演出、对外宣传和文化交流、数字电视发展等各项业务取得长足发展，实现集团总经营收入8亿元，广告收入突破4亿元。杭州交通经济广播成为浙江首家通过ISO 9000认证的媒体。

新组建了市、区(县)两级文化广电新闻出版机构和文化市场综合执法机构，转换职能，理顺关系，认真履行政府管理职能，全力办好重大文化活动，加大依法行政力度，加强文化市场管理，积极探索管理新机制，各项工作发展态势良好。

至年末，拥有市级电视节目5套，拥有市级广播节目3套，电视综合覆盖率99.2%，广播综合覆盖率99.6%。数字电视正式开播，老城区用户完成数字电视整体转换已达51.5万户。新闻出版事业呈现繁荣发展的良好局面。成功举办了2005年西湖书市。全市拥有图书出版社12个，电子音像出版社4个，公开发行的报纸50种、杂志169种。全年出版报纸15.48亿份，杂志8700万册，图书2.71亿册。

(吴　新　王坚勇)

【杭州文化广播电视集团成立】 1月，市委、市政府决定，按照“政事分开、管办分离”的原则，原市广播电视局与杭州广播电视集团分离，由杭州广播电视集团和杭州文化发展投资有限公司进行合并，组建成立杭州文化广播电视集团，同时注册成立杭州文化广播电视集团有限公司，增挂杭州广播电视台的牌子。该集团是集广播电视、文化演艺、有线网络和其他服务于一体的综合性现代文化传媒集团。拥有杭州电视台6个频道(综合频道、西湖明珠频道、生活频道、影视频道、少儿频道、导视频道)，杭州人民广播电台3个频率(新闻综合频率、西湖之声、交通经济广播)和《广播影视周报》等直属媒体，4个中心(技术中心、行政管理中心、视听研究中心、财务结算中心)，5个艺术院团（杭州歌舞团、杭州越剧院、杭州杂技总团、杭州滑稽艺术剧院、杭州话剧团)，还有杭州数字电视有限公司、杭州广电公交移动多媒体有限公司、杭州广播电视集团公众资讯有限公司、杭州电影有限公司、杭州演出有限公司等控股、参股、全资公司和杭州红星文化大厦、杭州市文化中心、西泠书画院等文化企事业单位。在编员工3000余人，固定资产数十亿元。

该集团媒体的广播电视节目覆盖全市13个区、县(市)区域，移动电视信号覆盖杭州主要城区。有线电视网络已开通传输100余套数字电视节目，全市有线电视用户160余万户；杭州市作为全国第1批有线数字电视试点市，已发展有线数字电视用户50余万户。该集团拥有以数字化10信道大型转播车为代表的一批先进技术装备，建有杭州大剧院、红星剧院等设施一流、管理先进的城市标志性和重点演出场馆。

在建面积8万余平方米的杭州广电中心集广播电视节目制作、网络信息传输、观光旅游、影视娱乐、新闻发布于一体，是杭州市“十一五”期间重点建设项目。(江政卿)

【举行《杭州日报》创刊50周年纪念活动】 11月1日，《杭州日报》创刊50周年庆祝大会隆重举行。原中央政策研究室主任、20世纪50年代曾任杭州日报副总编王维澄，中国记协、中国报协、国家新闻出版总署报刊司及省有关部门领导，市四套班子领导，中央、省、市媒体及全国50余个兄弟报社(报业集团)代表，韩国、日本友好报社来宾，杭州市各区、县(市)，市直机关部委办局和企事业单位负责人应邀出席大会。与会领导向杭报老报人代表颁发了纪念章。

11月1日~8日，开展庆典、出版、读者互动与经营等四大系列活动，包括编撰《春华秋实五十载》画册，对《杭州日报》创刊以来的50年纸质报纸全文数字化并压制成光盘，建立社史陈列室，编辑出版《我与杭报50年》丛书和杭报集团获奖作品系列丛书，举行百名读者座谈会、记者签名售书和编辑记者走向读者广场活动等。

▶▶资料：杭州日报报业集团

《杭州日报》创刊于1955年11月1日，经过50年的创业，从开办时单一的一张《杭州日报》发展成为以《杭州日报》为母报，《都市快报》、《每日商报》、《萧山日报》、《富阳日报》、《城乡导报》、《e时代周报》、《休闲》杂志、《风景名胜》杂志、《杭州通讯》杂志为子报子刊，拥有杭州网、宽带报纸、手机报纸等新兴媒体，覆盖全省，辐射华东的大型媒体集团。

·报纸·

【杭报集团快速发展】 杭州日报报业集团提高新闻宣传质量和舆论引导水平，在做大做强、正面宣传、打造媒体品牌等方面取得进展，新闻创新和采编质量提高，采编管理完善，在业内创造出佳绩。集团新闻宣传亮点频出，办报质量不断提高。报业结构不断优化，发行量稳步增长。体制改革与机制转换改革逐步深化，党建和报业文化建设取得新的进展。产业发展步入良性阶段，继续保持快速发展势头。杭报集团再次获得国家新闻出版总署颁发的“全国地方报社先进管理单位”称号，获得市委、市政府首次颁发的“杭州文化产业发展先进单位”等荣誉。

集团创作的反映杭州抗击非典经历的图书《非常历史》获市第八届精神文明建设“五个一工程”奖。在2004年度中国新闻奖评比中，日报副刊的《钟点工》获中国新闻奖三等奖。在浙江新闻奖评比中，报刊作品获得5个一等奖。在杭州市第三届十大名专栏评比中，集团的《倾听·人生》(杭州日报社)、《85100000新闻热线》(都市快报社)、《杭州网论坛》(杭州网)、《18创富》(每日商报)、《新闻故事》(杭州日报社)5个栏目榜上有名；有8件作品获新闻奖二、三等奖。在新闻摄影类、报纸副刊作品类、报纸版面作品类、新闻网络作品类、新闻业务论文类中，集团有17件作品获奖。在首届中国城市网盟网络优秀新闻作品评选中，杭州网的6件作品获奖。

【加强报刊网络内部管理】 集团制订和推广《杭报集团关于严格稿件审核制度的规定(试行稿)》和《把关防错违规扣点计分办法》，向社会公布《杭州日报报业集团新闻采访“十不准”》和举报电话，接受社会各界公开监督。集团把关防错制度受到省委宣传部的肯定，并作为先进典型在全省新闻界推广。集团出台《关于加强互联网管理意见》，对集团所属的新闻网站和拥有网上论坛的媒体，以及挂靠于杭州网的区县(市)新闻网加强管理。集团子报刊、网站有针对性地制订了相关的管理规定。每日商报社重新修订《每日商报编辑记者考核办法及稿费发放规定》，杭州网制订《杭州网突发事件新闻报道管理规定》。

1月10日，杭州网与杭州移动通信公司联手打造“手机报纸”。5月起，增加手机报纸“下午版”。8月8日，开始推出杭州手机报短信版。至年末，手机报纸订户1.4万人。杭州手机报获得2005年度全市宣传思想工作“创新奖”。

【开展对外宣传报道】 集团与友好报社——韩国江原道民日报社共同举办“中国杭州·韩国春川旅游风光摄影展”，先后在韩国春川市和中国杭州市举行。都市快报在英语版《杭州一周》上推出“益梅帮你办”栏目，专为在杭的外国朋友排忧解难。杭州网继续精编英文版，开设商业、旅游、教育、图片等栏目，推出功能服务板块，提供实用信息。推出日文版，加强杭州旅游、休闲的报道。配合市委、市政府的境外招商引资、旅游促销等活动，派记者实地采访，分别报道香港浙江周、欧洲宣传推广等活动。利用网络优势进行“日本爱知世博会杭州周”网络直播。

【突出重大主题活动与报道】 杭报集团各媒体以市委提出的推进“五大战略”、落实“五大举措”为指导，总揽各项重大主题报道，形成正面宣传强势，配合市委、市政府中心工作的开展，受到省市领导的肯定，社会反响良好。

杭州日报报业集团与广播电视互联网媒体、与兄弟城市媒体的联动互动频率大为提高。日报推出“休博会百城馆创意征集全国连线”，快报推出“利群阳光助学行动”，商报推出“福布斯十大商业城市发现杭

开展爱杭州、爱西湖、爱生活活动，组织车队进行宣传。 (杭报集团 供稿)

州之旅”。西博会期间，“三报一网”邀请全国各地媒体到杭采访西博会。年初，“小丫为你跑两会”、“公德万里行·杭州市民为治陋习出金点子活动”等，通过互动实现双赢和多赢局面。

【产业发展呈现优势】杭报集团按照“实施赶超战略、实现跨越式发展”的目标，把深化改革与调整结构、促进发展相结合，推进战略性结构调整，优化产业结构，提升报业核心竞争力，形成产业优势。全年实现营业总收入7.7亿元，比上年增长24%；广告到账收入5.35亿元，增长22%；实现利润6060万元，增长29%；集团总资产达到8.3亿元。增长速度超过前两年，排在全国前列，利润增长首次超过收入增长幅度。杭报集团的做法和实效，引起国家新闻出版总署和全国报业界的关注。

经过新一轮改版，《杭州日报》、《都市快报》、《每日商报》、《萧山日报》、《富阳日报》、《城乡导报》、《风景名胜》、《休闲》特色鲜明，定位清晰，读者反映良好。6月，杭州网取得“网上传播视听节目许可证”，获准在全国范围内，以国际互联网为传播载体，传播新闻类、文化娱乐类和各专业类视听节目。11月18日，《e时代周报》改版成功，并创办《e时代周报·都市消费》。

集团各报刊发行量保持在省市报业市场的优势地位。《都市快报》于6月跻身“世界报业发行百强”，8月在由国家新闻出版总署报刊司主办的“第二届中国报业竞争力年会”上，获得2005年全国晚报都市类报纸综合竞争力监测评比第8名，浙江省排位第一。根据省委宣传部和市委宣传部联合调查，71%的杭州市民喜爱看《都市快报》，名列榜首；52%的市民喜爱看《杭州日报》，名列省内党报首位。每日商报在新生代公司提供的调查数据中，列为商务人士最满意的报纸。杭州网在alexa排名中，由6月的第779名，11月跃升至世界第541名，创造了浙江新闻网站点击率新高。《萧山日报》、《城乡导报》、《富阳日报》办报及经营管理转型后，发行和广告量大幅增长。浙江风行传媒有限公司推出《精致生活》广告DM杂志，从8月起实现盈利。11月，《杭州日报》(1955年~2004年)及《杭州日报下午版》(1993年~2002年)图文数字化光盘完成制作。6月10日，集团斥资1亿余元，引进的高宝柯罗拉高速双幅印刷机和高宝柯镁特半商业印刷机运行，日均总印刷能力达到540万对开张。12月，全国印刷经理人年会上公布“2005中国印刷企业100强”，杭报集团印务中心荣登100强，排名第57位。

【完成集团体制改革】杭州日报报业集团形成以资产与业务为纽带的二级法人运行机制。抓住组建杭报集团有限公司的契机，推进体制改革和运行机制转换，加快形成保证正确导向、富有活力的运行机制。完成杭州日报报业集团有限公司的企业注册、章程起草，并组建董事会。经市编制委员会批准，都市快报、每日商报、杭州网完成事业法人登记；组建都市快报读报人公司，建立读者俱乐部。制订《杭州日报报业集团主办会计委派实施办法》，向各独立核算单位委派主办会计。完善经济目标责任制及考核办法，合理界定各种费用费率，对包括集团管理部门在内的所有部门(单位)推行收支预决算管理制度，制定《关于进一步加强集团固定资产管理工作的意见》从5个方面加强集团固定资产的管理；健全内审机构和审计制度，对经营进度、经营成本、对外投资加强监督。继物业公司后，印务中心和盛元公司通过ISO 9001质量认证。浙江风行传媒公司抓好主业，同时开展国内媒体广告代理、会展、艺术品经营等项目，全年利润突破1000万元。浙江盛元印务公司拓展印刷物资销售及印刷器材代理等业务，新增外报外刊20余种，实现税后总产值4000余万元。杭州网络传媒公司总创收超过440万元，实现收支平衡。

【开展党建和报业文化建设】杭州日报报业集团开展党员先进性教育活动和杭州日报创刊50周年庆典活动，调动了员工的积极性和创造性。举办杭州日报创刊50周年庆典活动，推动了报业文化建设。11月1日(《杭州日报》创刊纪念日)至11月8日(中国记者节)，开展“庆典活动、出版活动、读者互动活动与经营活动”4个系列活动。

3月，集团与美国密苏里新闻学院合作开办新闻采编与经营管理高级研修班。7月起，集团推出“月月大讲堂”。选派4人赴美国、日本、韩国攻读MPA或研修，7人到市背街小巷改善办公室、市城市建设前期办公室等进行挂职锻炼。9月，集团数字图书馆开通。

实施“人才强社”战略，任洲、曹迪民被列入省首批宣传文化系统“五个一批”人才名单。开展“双十佳”评比和年度突出贡献奖、创新奖、杰出员工奖评选，推出“年度新闻奖”和“十佳经营管理先进工作者”评选，表彰奖励优秀新闻作品和业绩贡献突出的经营管理工作者。开展总结重大主题报道、典型报道的成功经验，组织品牌栏目系列研讨会，组织集团评报员队伍。（陈培新）

·广播电视·

【广播电视概况】2005年，新组建杭州文化广播电视集团。集团围绕“当好喉舌，繁荣文艺，打造航母”的目标，开拓进取，在广播电视舆论宣传、节目改版、精品建设、文艺创作、开放合作、产业发展、内部管理、队伍建设等方面成绩斐然。广播电视宣传影响力不断扩大，市场竞争力明显增强。集团获得首届中国国际动漫节先进单位、第三界全球化论坛暨世界文化多样性论坛先进参与单位、2005年娃哈哈西湖狂欢节优秀组织奖、杭州市语言文字工作先进单位、市级优秀青少年维权岗、省爱国卫生先进单位、省无偿献血促进奖单位等荣誉称号。毛小榕等5人获第二届“杭州文艺突出贡献奖”，徐佳伦等2人获市宣传系统“五个一批人才奖”，夏茂松等4人获2005年度杭州新闻奖(人物奖)。

重大报道出新出彩。集团广播电视各频道、频率紧紧围绕中心，服务大局，重点开展了市“两会”、破解“七难”、创建全国文明城市、“和谐创业”、保持党员先进性教育活动、首届中国国际动漫节、西湖综合保护工程、西溪湿地综合保护工程、发展现代服务业、“背街小巷”改善工程、“一纵三横”建设工程、文明礼仪教育、纪念抗战胜利60周年、西博会与休博会、茶博会、第三届全球化论坛、建设文化名城、春风行动等多项大型主题报道和抗击台风“麦莎”等重大突发性事件报道。一系列有声势又有深度的主题报道，为杭州构建和谐社会，促进经济、社会和人的全面发展营造了良好的舆论氛围。

重大活动高潮迭起。集团文化与广电资源整合，推出《欢乐西湖和谐杭州》国庆8小时大型电视直播活动，产生良好社会反响。广播电视各频道（率）先后举办了“寻找平民英雄”活动、“阿六头进社区”纳凉晚会、“生活真开心”系列演出、“闪亮新主播”杭州赛区选拔、杭州市首届“阳光少年”评选、杭州首届形象使者暨杭州先生和杭州小姐评选、越剧十大名票总决选、第二届全国越剧电视票友大赛、“直播中国——走进人间天堂杭州”、“炫彩西湖——首届中国国际动漫节直播晚会”、杭州首届“超级司机”大赛、“八方名嘴话名城”等一系列重大活动，使媒体影响日益扩大。

节目改版成效显著。按照“新闻为中心，文化娱乐和资讯服务为两翼”的布局，集团所属媒体全面改版，广播电视越办越好。杭州电视台综合频道推出了杭州电视史上第一档大版块新闻直播节目《杭州新闻60分》、明珠频道推出文化娱乐节目《开心茶馆》、生活频道推出大型服务节目《生活大参考》。经济之声更名“交通经济广播”、导视频道“文化导视”亮相、广播电视周报全新出炉。全面改版的杭州广播电视节目受到群众欢迎，收视率上升，市场占有率扩大。2005年，杭州广播电视的同区域平均收听、收视率、市场占有率分别超出省台。《杭州新闻60分》、《阿六头说新闻》、《我和你说》、《老马识途、小马指路》获得杭州市第三届十大名专栏称号，《视听麻辣烫》、《小伢儿》、《行风热线》、《轧是轧非》荣获名专栏提名奖。

对外宣传影响扩大。集团新组建了“国际交流中心”，加大了对外宣节目的输出力度。2005年，有近30部推介杭州的外宣节目通过美国斯科拉卫星电视网开设的《中国都市杭州》栏目，面向美国、加拿大、墨西哥约5500万家庭播出，有力宣传了杭州。电视英语节目《走遍杭州》和广播专题《英文速递》的收视率上升。杭州电视台与中央电视台合作的6集电视片《茶香满西湖》，8月在央视4套黄金时间播出。电视片《这里是杭州》在日本爱知世博会中国馆播放1个月。

开放合作实现双赢。11月，杭州电视台和日本福井电视台、韩国春川放送三台（社）重新签署了友好合作协议书，由此三台（社）的合作打开了新的历史篇章。9月，集团与湖南电视台签署友好合作协议，在节目、活动、人员交流等方面开始了全方位的战略合作。为适应城市信息化综合平台建设的需要，数字电视与杭州电信形成战略合作。西湖之声以品牌形象入股钱塘江第一游轮，“新宇玉皇号”正式更名为“西湖之声——新宇玉皇号”，由此进军旅游业。西湖之声还与余杭台共同打造都市新电台。集团与中国传媒大学和浙江传媒学院达成长期合作意向。杭州电视台还与中央电视台联合制作30集电视剧《白蛇传》。

产业发展势头强劲。集团广播电视主导产业广告创收突破4亿元，比上年增长15.6%。广播行业开始推行广告经营分行业代理制。数字电视、移动电视、短信业务等相关产业稳步发展。至年末，杭州完成51.5万户数字电视的平移，实现市区有线电视数字化。交互数字电视用户占总转换用户数的20%，成为国内首个开展交互数字电视商业运营的城市。高清数字电视节目8月底在杭州正式开播，标志杭州城市信息化、数字化发展达到新水平。5月17日，“新动传播——杭州移动电视”正式开播，并成立了杭州广电公交移动多媒体有限公司。每天的节目播出量达到18个小时，1100辆公交车安装了移动电视接收装置，移动电视信号基本覆盖杭州主城区。8月，组建杭州文广集团公众资讯有限公司，对内称集团公众资讯中心，整合资源，开发短信业务。

精品创作成绩喜人。广播电视有58件作品获国家级、省级奖励，其中8件获国家级奖。对外宣传节目《杭州往事》获第八届“彩桥奖”。在省级优秀作品和优秀栏目评比中，有5件作品获一等奖，19件获二等奖，26件获三等奖。

队伍素质全面提升。深入开展了“保持共产党员先进性教育”活动，并以先进性教育活动为载体，组织开展“落实科学发展观、保持党员先进性”大讨论。认真组织广电系统新闻从业人员开展“三项学习教育”和民主评议行风活动。按照“赢在中层”的要求，通过公开招聘中层干部、调整频道（率）中层及内设机构、开展频道（率）中心领导班子任期考核等，全面优化干部队伍结构。推出了“首席编辑、记者、播音员和主持人、摄像”、“集团十佳员工”等评选活动，充分调动优秀员工的积极性、主动性和创造力。

【新闻综合频率加强新闻报道】 9月30日设立新闻采编中心，新设或推出《新闻纪事》、《张公开讲》、《今日新闻之最》等新闻栏目。与市劳动和社会保障局合办《就业热线》。8月11日，与中央人民广播电台中国

公交车上安装的移动电视　　（文广集团 供稿）

之声合作，在西湖画舫联袂举行"直播中国——走进人间天堂"，节目由"旅游休闲的天堂"、"生活居住的天堂"、"求知创业的天堂"3部分组成，在全国引起反响。频率推出调频89新闻广播，做到"新闻随时听，资讯随时新"。在节目设置上，除主要新闻节目并频外，与原先的中波节目完全分离，根据"新闻、资讯、音乐"的定位，精心布局。特别是在白天8时~18时的新闻资讯大板块节目中，进行了创新，推出"整点新闻、半点资讯"的运行方式。

【西湖之声保持省内领先】 西湖之声战略再定位、纲领再明确、创新再推进、文化再创造、队伍再提高，把发展目标始终锁定在"全省领先、全国知名的品牌电台"。节目质量有新提高，《直播早新闻》、《轧是轧非》、《孤山夜话》等老品牌推陈出新，保持优势，新节目《金手指乐翻天》、《阿珍今年41》等新颖亮丽。大型活动有新起色，《我为七一献热血》、《我为动漫形象毛毛和小咪找声音》、《杭州市首届超级司机大赛》、《寻找平民英雄》(与综合频道合作)、《杭千高速公路超级自行车大赛》等活动社会影响力大。品牌拓展迈新步伐，西湖之声以品牌形象及活动策划等资源入股钱江第一轮，进入旅游业；与余杭台合作共同打造都市新电台——丽人广播。内部管理有新举措，深化内部改革，建立节目运作部、品牌拓展部、广告策划部，创办内部杂志《声色》。

【交通经济广播凸显专业品牌】 3月，杭州经济之声更名为杭州交通经济广播，节目定位于交通。根据目标市场情况，联合交警、公安、公交、高速等部门，推出一系列具有鲜明个性和人文关怀的交通栏目，如《老马识途、小马指路》、《交通快活人》、《我的汽车有话说》等。以本土、服务、专业为节目理念，"在杭州开车，听自己的交通广播"成为部分司机的第一选择。市场份额从上年的6.6%上升为11.6%，收听排位从杭州13个电台的第6位跃升为第2位，广告创收实现翻番。年底，全面推行广告分行业代理制。频率还积极探索以现代企业制度的理念和管理手段来推动发展。顺利通过ISO 9001:2000质量管理体系认证，成为浙江省第一家通过ISO 9000认证的媒体，开了浙江媒体质量管理标准化的先河。

【综合频道进行新闻改版】 频道抓好重大主题、重大活动、重要会议和重大工程宣传，体现时政频道的宣传强势。8月12日，设立综合频道新闻中心，按照打造强势媒体、办好时政频道的要求改版新闻节目，将原《杭州新闻》、《民生热线》、《十分关注》、《本市要闻》整合成一档大版块新闻《杭州新闻60分》；原《新闻夜班车》与《新闻开讲》整合成新的《新闻夜班车》，形成该频道18时和22时两档主打新闻专栏。据尼尔森收视率调查，新闻改版后，18时~22时30分时间段综合频道节目收视率提升2.5%。加大新闻直播的力度，推出"国家级湿地公园——西溪湿地公园"落成开园仪式、首届中国国际动漫节开幕式、抗击台风"麦莎"、"西湖论剑"网商大会、千岛湖秀水节、"欢乐西湖，和谐杭州"国庆大型活动、西博会娃哈哈烟花大会、"杭千路上一家亲"等现场直播。策划推出《寻找平民英雄》活动，制作了《茶香满西湖》、《新路盘纡　陌上花开——"交通西进"纪事》《背街小巷故事》、日本爱知世博会杭州形象宣传片《这里是杭州》等一批专题片。

【西湖明珠频道形成品牌栏目群】 《阿六头说新闻》栏目在杭城各档电视栏目中保持高收视率，建立了热线电话、县区新闻、城市协作网、新华社专线4张网，丰富节目源。《明珠大舞台》自4月份起进行改版，推出以杭州百姓喜闻乐见的地方文艺形式为主体的《开心茶馆》，12月1日起从周播改为日播，收视率突破7.9。该频道为提升品牌，对《警界41》、《明珠大舞台》、《影视哈哈哈》、《品味杭州》4个栏目实行制片人竞聘上岗。制作电视专题片《茶都国饮》、大型系列电视专题片《中国电影百年》、电视专题片《燃烧的青春》、《焊接历史断层的人》、电视艺术片《四季西湖》、音乐电视片《我多想对你说》，还参与了电影《来世有缘还叫你爸爸》的摄制。

【生活频道转型资讯服务】 《我和你说》栏目保持了较高的收视率。《生活真开心》栏目由曲艺、相声、小品、滑稽戏、绍兴莲花落、上海说唱等群众喜闻乐见的文化娱乐作品为主要内容。频道撤销《都市生活》、《都市报道》、《都市车缘》、《我想有个家》4档节目，9月30日设立资讯中心，新推大型生活服务资讯类节目《生活大参考》，及时提供生活资讯，还有消费者权益保护、城建、住房、环境、医疗、就业等6类与市民生活息息相关的公众话题，设资讯通、智多星、淘宝王和灵市面四大板块。为纪念抗战胜利60周年，频道联手上海、南京等10余个电视台共同策划推出《英雄城市》大型新闻行动。

【影视频道改版扬专长】 推出新栏目、新主播、新剧场、新形象，改版刷新荧屏形象。8月，为纪念中国电影诞辰100周年，推出"电影·中国典藏经典中国电影展播"活动，挑选百年来具有代表性，融思想性、艺术性、观赏性于一体的21部经典中国电影，如《渔光曲》、《小城之春》、《芙蓉镇》、《红高粱》、《霸王别姬》、《阮玲玉》、《卧虎藏龙》等，并通过专业化评点，让观众重温老电影，了解中国电影及其发展脉络，品味中国百年历史沧桑和演变。

【少儿频道健康快速成长】 新办少儿频道快速发展，在节目播出、品牌打造、频道运营上走在全国少儿频道的前列。构建了节目体系，推出一批符合少儿特色的节目，《小伢儿》栏目老牌子有新亮点，新栏目《阳光行动》、《快乐学艺》出新出彩，新闻类节目《老豇豆有话说》，在国内首创由小朋友担任新闻主播，节目收到孩子、家长及老师的欢迎。开展了形式多样的活动，提高频道影响力，如中学生原创歌曲大赛、十大阳光少年评选、少儿才艺大赛等活动社会反响良好。创新机制，探索了一条新的频道发展路子，吸引社会资本，实施公司化运作。拓展衍生产业，开展培训活动、建立少儿艺术团、创办《小伢儿星奇吧》杂志。

【导视频道强化文化定位】 11月1日，导视频道改版，除继续做电视节目导视外，强化文化导视定位。开办新栏目《文化资讯点点看》、《文化视点》、《文化风景线》等，通过充分挖掘杭州各类文化资源，构建一张“文化资讯网”，为杭州创建文化名城营造浓厚的文化氛围。

【《杭州广播电视报》全新改版】 10月26日报纸全面改版。新版的《杭州广播电视报》确立了“有用、好看的都市生活周刊”的定位，以导视、娱乐、生活三大版块的内容来强化报纸的特色和功能。新版周报凸显了新闻性，新开了生活版块，推出了菜单式节目表，加强了整体策划，采用了国际流行版式，受到读者好评。报纸发行量8.3万份，比上年明显增长。 （江政卿）

·出版发行·

【出版发行概况】 2005年，杭州市审核上报各类内部资料申报单位14个。做好《西湖》杂志、《语文新圃》杂志、《深冷科技》杂志变更和上报。完成经济日报驻杭记者站、新华社现代金报驻杭记者站、浙报驻杭记者站等驻杭记者站的年度检验。83个企业报进行了年检换证。

实施区县（市）政府部门办公软件正版化，组织形式多样的知识产权保护宣传活动，开展跨年度印刷企业专项整治。创建杭州印刷网，加强对印刷企业的行政监管。

开展跨年度印刷企业的专项整治，出动联合执法检查人员4098人次，对171个不合格印刷企业进行限期整改，立案查处非法经营活动8起，收缴非法出版物及相关复制品41.47万册（张）。

【报刊出版物监管】 市文化广电新闻出版局健全出版物宣传导向监管。编印《出版监管通报》，刊发《报纸审读通报》12期，对重点图书实行“印前审验”，加强出版物售前审读制，实施出版物批发经营单位统一批发销售凭证制和登记备查制。全年审读售前出版物1393种1.87万套（册），发现错误225种799套（册），占售前审读总数的16%。

市本级政府工作部门完成软件正版化，组织实施市辖各县（市、区）政府软件正版化。至年末，全市13个区、县（市）政府部门采购安装操作系统软件、办公软件、杀毒软件等办公通用软件1万余套。开展形式多样的版权保护宣传活动。立案查处涉嫌版权侵权、网络侵权案7起，关闭侵权网站4个。

【9个印刷企业列入全国100强】 2005年，杭州市有各类印刷企业3496个，出版物印刷企业89个，包装装潢印刷品印刷企业741个，其他印刷品印刷企业992个。复印打印影印企业1674个。印刷从业人员3万余人。市区共有各类印刷企业1687个，年产值约131亿元。年产值在500万元以上（含500万元）的企业有112个。在最新公布的“中国印刷企业100强”排行榜中，杭州占9个，全国排位第三。

【举办西湖书市】 10月24日~25日，由浙江出版物发行业协会、杭州市文化广电新闻出版局主办，市书刊发行业协会、浙江华盟文化传播有限公司承办的2005年西湖书市在浙江展览馆举办。参与书市主会场、分会场展览及各项活动30余万人次，成交金额3580万元。其中零售2500万元，批发900万元，订货签约180万元。该届书市汇聚国内大量名社、名刊、名报、名商，举行了“中国传媒出版业创新发展论坛”、“全国大学生经典阅读活动启动仪式”，章含之、陆天明、叶辛、梁静茹等知名人士现场签名售书，开展社区赠书、义卖助残、展商答谢晚宴等活动。书市专业性强、品位高、活动多、服务好、效益明显，未发生参展商或读者投诉事件，得到中国出版工作者协会、中国书刊发行业协会、中国期刊协会、中国音像协会等与会领导的肯定。 （许 英）

·新闻出版团体·

【召开市新闻工作者工作会议】 2月22日，市记协五届二次常务理事会议召开。大会总结了2004年度工作情况，部署2005年度工作，市记协秘书长何如旦主持会议。6月29日，成立第五届杭州市记协维护新闻工作者合法权益委员会（维权委），“维权委”由14人组成，其中特聘9人。11月7日，中共杭州市委宣传部与杭州市新闻工作者协会召开庆祝第6个中国记者节大会，对获得2005年度杭州新闻奖（人物奖）、杭州市第三届十大名专栏以及首届杭州市对外传播“金桂奖”新闻报道奖的单位和个人进行表彰。

【参与全球通·纪念长征70周年“接力长征”大型联合采访活动】 4月~6月，市记协参与由省记协市级党报工委组织的全球通·纪念长征70周年“接力长征”大型联合采访活动。《杭州日报》通过多种体裁，多样内容，把接力长征记者所到之处的历史背景，记者的所见所闻，以及当年红军的英雄事迹，一一告诉读者，使广大读者受到了生动的革命传统教育，取得了良好效果。

【组织“杭州新闻奖”评选】 市记协组织2004年度“杭州新闻奖”评选，共评选出获奖作品164篇。其中报刊特别奖1篇、一等奖34篇、二等奖52篇、三等奖77篇，副刊获奖作品31篇。同时，杭州市获“浙江新闻奖”一等奖6篇、二等奖6篇、三等奖10篇，另有副刊、版面、摄影、漫画、网络、论文等获奖作品共18篇。 （乌 颖）

【市印刷协会提高管理水平】 2005年，市印刷协会会员单位580个，企业年产值170亿元。协会坚持以服务为宗旨，发挥桥梁和纽带作用，开展学术活动，提高全体会员的科学管理水平，为杭州印刷业的繁荣与发展做出贡献。《杭州印刷》（月报）宣传印刷企业，传递国家有关法律法规和政策，介绍国际国内印刷业发展动态、市场变化和新技术、新工艺、新设备，以及先进的印刷企业管理经验和模式。全年有13个印刷企业被评为2005年度杭州市文明印刷示范单位，19个印刷企业被评为杭州市文明印刷企业，27个企业或个人获得“杭州市印刷企业优秀经营者”称号。 （许 英）

·卫生综述·

【卫生事业健康协调发展】 2005年，杭州市人群健康和卫生资源主要指标位居全国前列。全市居民人均期望寿命达78.55岁。孕产妇死亡率9.89/10万，5岁以下儿童死亡率8.84‰，明显低于全国平均水平。全市有各类医疗机构2196个(其中医院127个，疾病预防控制中心15所)，有卫生技术人员4.24万人，执业医师1.78万人，各类医疗床位3.33万张。平均每千人口拥有医疗床位5.07张，拥有执业医师(助理)2.72人、注册护士2.21人(含省级在杭卫生资源)，在全国同级城市排位前列。

新型公共卫生体系初步建立。全市初步构建了应对突发公共卫生事件体系和机制，提高了突发公共卫生事件处置能力；建立完善了疾病预防控制机构和卫生监督执法机构，理顺了公共卫生管理体制；加强对传染病的防控力度，重大传染病得到有效控制，“五苗”全程合格接种率97.3%，法定传染病报告发病率控制在387.75/10万；精神心理卫生创出“杭州模式”。

基层卫生工作得到加强。市区建立社区卫生服务中心45个，社区卫生服务站191个，社区卫生服务街道(乡镇)覆盖率100%。加快农村社区卫生服务建设，将乡镇卫生院逐步转换为社区卫生服务机构。建立健全新型农村合作医疗制度，全市乡镇覆盖率100%，参保农民350.6万人，人口参保率89.64%。

医疗服务能力得到提高。加大了基础设施投入，新建、改建、扩建了一批医疗用房，改善了就医环境；增添、更新了一批医疗仪器、设备，提高了疑难杂症的诊治能力；加强医疗机构的重点专科建设，20个专科专病分别被确定为国家级、省级重点；强化科研管理，市卫生部门获省科技进步奖7项次，省医学、中医药等科技创新奖144项次；加大人才培养和引进力度，引进博士41人、硕士251人；全市有高级职称人员1684人，167人被列入市“131”优秀中青年科技人才培养工程，3人被列入省“151”工程，留学归国人员11人。

爱国卫生工作水平提升。颁布实施《杭州市爱国卫生条例》，爱国卫生工作步入法制管理轨道。创建国家卫生城市(镇)4个，省级卫生镇乡21个，市级卫生镇乡(街道)50个。在市区和5个县(市)建城区全面推行公共环境除“四害”市场化运作。推进“亿万农民健康促进行动”，全市农村自来水累计普及率96.2%，余氯合格率98.5%，卫生厕所累计普及率91.2%，粪便无害化处理率46.5%，主要指标处于全国领先水平。

深化卫生体制改革，按照市委、市政府《关于医药卫生和医疗保险救助体制改革的若干意见》精神，有效缓解群众“看病难”问题。放开医疗市场，吸引民资和外资兴办医疗机构，构筑多元化办医格局；探索医院产权制度改革，增强医疗机构的生机和活力；实施药品集中招标采购，降低药品价格；实施“均费双控”、信息公示检查检验结果互认等制度，遏制了医疗费用上涨的势头；建立惠民医院，实施医疗减免救助措施，缓解了弱势群体的“看病难”问题。省纠风办对全省出院病人的满意度进行调查，杭州市满意度为97.8%。

【深化医疗卫生体制改革】 放开医疗市场，鼓励民资、外资兴办医疗机构。2005年，共批准开设各类民营医疗机构121个，其中民营医院25个。深化医疗机构内部运行机制改革。完善绩效考核分配体系，推行和完善人员聘用合同制，增强各医疗卫生机构的生机和活力。完成市级2个医院的产权改革。通过公开转让形式，市四医院65%国有产权转让给万事利集团有限公司，市整形医院100%国有产权转让给中信信托投资有限责任公司。医疗卫生单位实施全员聘用合同、中层干部竞聘上岗、技术职务评聘分开、分配与岗位业绩挂钩为主要内容的人事和分配制度改革。新进人员实行人事代理，院长(主任)实行综合目标责任制。

【医疗机构诊疗4022万人次】 2005年，全市医疗机构诊疗人数为4022万人次，比上年增长13.4%；门(急)诊为3832万人次，增长11.8%。医疗机构入院总人数63.68万人、出院总人数63.57万人，均比上年增加5万人次。居民人均年诊疗数为6.13次，门(急)诊诊疗数为5.84次。住院治愈好转率95.4%。居民死亡率为574/10万，主要死因的疾病前5位顺序：恶性肿瘤、呼吸系统疾病、脑血管病、心脏病、损伤和中毒。

【加强卫生行风建设】 开展警示教育，探索建立卫生惩防体系。市卫生部门对卫生部、省卫生厅和市卫生局行业纪律教育规范学习教育面、具体内容知晓率、医疗机构落实行风建设新举措均达到百分之百。实行政务公开和院务公开，加强医疗信息公示。各医疗机构畅通投诉渠道，接待投诉有登记，处理投诉有依据，反馈投诉有记录。市卫生局组织行风监督员与市纠风办联合对所属医疗机构、卫生行政审批部门、区县(市)医疗机构进行明察暗访。开展“十佳临床医生”、“十佳社区医生”和“十佳护士”评选活动，树立典型，维护卫生系统行业形象。市三医院被评为省行风建设先进集体，市红会医院黄进宇被评为省级白求恩式医务工作者，市卫生局“均费双控、超额双缴”和市一医院“临床用药计算机实时监控”2项措施被评为全省行风建设新举措。

【医疗设备和药品实行招标采购】 杭州市采取省、市药品联合招标，推动药品同城同价，126个公立医疗机构实施药品集中招标采购，1.02万种药品价格不同程度下降，平均降幅22%，全年让利总额近5亿元。实施医疗机构的医疗设备、医用耗材、检验试剂、后勤物资集中招标采购，医用耗材和检验试剂的集中招标采购范围扩大到城区社区卫生服务中心以上共60个医疗机构，降低了医院运行成本。制定《杭州市医疗收费责任追究办法》，规范收费行为。会同有关部门新增8项制度完善集中招标流程，对招标后的采购行为实施监督，重申严禁索要返利、回扣。

【加大医疗救助力度】 卫生部门抓好市惠民医院减免优惠措施及其他医疗机构减免医疗费有关措施的落实，逐步增加救助项目，全年到惠民医院和协作医院就诊的困难病人8.04万人次，共计减免费用364.8万元。杭州市通过设立惠民医院对困难人群实施救助的做法被省政府誉为“杭州模式”，并在全省推广。开展了“光明行动”，为白内障患者1610人诊治。

·公共卫生·

【公共卫生概况】 杭州市基本构建市、区县(市)、乡镇(街道)、村(社区)四级公共卫生管理组织，设立了村级公共卫生联络员和镇乡公共卫生管理员，明确和强化政府公共卫生管理职能。全市有乡镇(街道)公共卫生管理员191人和村(社区)公共卫生联络员4133人。建德市重新确认所有行政村防保人员，统一更名为“村信息员”，明确职责和任务，进行集中培训，落实相应报酬。临安市明确村级公共卫生联络的任职条件和职责。萧山区在26个社区卫生服务中心中全部设立公共卫生科。

完善公共卫生服务网络。全市有基层防保人员1155人。富阳市25个乡镇均成立预防保健所，经费由财政全额拨款。完善疾病预防控制体系，整合公共卫生资源，强化队伍建设。加强卫生监督体系建设，根据“划片设置，垂直管理”原则，设置卫生监督派出机构12个。建立覆盖全市的公共卫生监测信息报告系统，乡镇及以上医疗机构传染病网络直报率100%。

市公共卫生中心建设项目完成方案设计会审、选址、红线勘测、动迁交地等程序，于12月20日进入钻探作业。临安市疾控中心正式投入使用，桐庐县公共卫生中心开工，余杭区、建德市疾控中心完成方案设计，其他区、县(市)公共卫生中心完成改扩建工程。

【健全突发公共卫生事件应急指挥体系】 市本级和各区县(市)制定下发《突发公共卫生事件应急预案》，完善单病种预案，各区、县(市)全部建立突发公共卫生事件应急协调小组，建立包括疾病控制、卫生监督和医疗救治在内的常备应急队伍，共计2304人。淳安县作为全省农村公共卫生体系建设试点。加快急救体系建设，完成萧山区、余杭区及五县(市)急救分中心和市区医疗急救点的设置，组织全市应急救治演练，建立起统一指挥、反应及时、行动迅速、救治有力的医疗急救体系。杭州市疾控中心以公共卫生地理信息系统为重点，完善突发公共卫生事件信息网络系统。拱墅区成立全省第1个区级突发公共卫生事件应急指挥中心，配备统一车型和标志的公共卫生应急专用车10辆。下城区、桐庐县、建德市、淳安县等开展了以人禽流感和急性肠道传染病应急处置为内容的实战演练。对发生的突发公共卫生事件均按规定及时有效地进行处置。

【加强公共卫生监督与管理】 组织开展西博会卫生保障工作安全责任制管理，履行卫生监督、疾病预防控制、医疗急救、保健服务和爱国卫生5个职责。完成春节、五一、十一等节假日，省市“两会”、西湖国际茶文化博览会、“动漫节”、西博会和第三届全球化论坛等66个大型会议及重大社会活动的公共卫生监督保障任务，确保项目实施现场不因抢救不到位而人员死亡。依法加强卫生

5月30日，进行《杭州市爱国卫生条例》执法检查。 (市卫生局 供稿)

行政执法工作，全市食品、公共场所、化妆品、学校生活饮用水、职业放射卫生和医疗机构监督管理明显增强，积极开展创文明城市国家卫生城市活动，大力推进食品卫生监督量化分级管理，有效组织实施各类专项卫生执法整治和健康相关产品抽检，卫生监督覆盖面、合格水平和监管力度明显提高。全年未发生重大集体食物中毒事件。

·预防保健·

【疾病控制】 全市完善疫情监测、报告和预警系统，规范疫情报告。各乡镇街道中心卫生院以上医疗机构网络直报覆盖率100%。制订《杭州市流感监测方案》，设立13个流感监测哨点医院，其中国家级哨点医院3个，市级流感监测哨点医院5个，区、县级流感监测哨点医院5个，市疾控中心作为全国流感监测网络实验室，初步建立起杭州市流感监测网络。对不明原因发热病例和发热聚集性病例进行监测和报告。全年全市网上报告突发传染病疫情77起，均妥善处理。

市政府与各区、县（市）政府签订《霍乱防控责任书》，加强霍乱等肠道传染病的综合防治。启动全国结核病信息系统和公共卫生地理信息系统结核病子系统，实施结核病免费检测和免费治疗，完善结核病项目管理。新涂阳登记率27.33/10万（指标为25/10万），痰检率98.3%，痰检阳性率40%，治愈率89.3%。加强对霍乱、伤寒和痢疾等肠道传染病的防治工作，开展肠道门诊医护人员的培训。规范肠道门诊，落实传染病报告制度。加强规范化接种门诊的管理，提高预防接种质量。开展麻疹疫苗强化免疫，调查接种率100%。首次对医疗单位的死因漏报开展调查。

推进健康教育示范社区建设，有5个示范社区通过市级考核评估。展开以社区干预为重点的慢性非传染性疾病防治。启动杭州市高血压病社区综合干预信息化管理试点，开展高血压分级管理。内科门诊35岁以上首诊病人测压率69.2%，高血压检出率16.1%。在下城区、拱墅区、西湖区、滨江区、临安市和桐庐县等地的8个基层医疗单位中，开展高血压病人治疗情况专项调查，结果显示，94.2%的高血压病人接受药物治疗，其中79.5%的病人属于规律性服药。承担中国疾控中心“生命之光”肾病教育和干预项目。全市全年肿瘤报告率97.9%。《杭州市精神卫生工作条例》进入立法程序。

规范医用废弃物管理，对医疗单位一次性医疗用品集中回收。至10月末，全市直接统一回收的医疗机构点共668个，覆盖医疗单位2960个，累计医疗废弃物处置量6606吨，县级以上医疗机构医疗废物安全处置率在85%以上，其中市本级为100%。

引进和培养疾病控制专业人才。各区、县（市）疾病预防控制机构有554人，其中副高级以上职称37人，中级职称190人，初级职称206人，其他121人；大专以上学历305人，占55%。市疾控中心举办第二期现场流行病学培训班等各类业务培训班11期，培训专业人员800余人。

市传染病后备医院建设项目完成用地规划许可、方案设计招标、地质灾害评估、水土保持方案论证评估、方案测绘、专家论证等工作，建设用地进入施工图纸设计阶段。市红会医院医疗综合楼建设工程开工兴建。市中医院、爱德医院、市二医院等建设工程进展顺利。

【艾滋病和性病防治】 在“2005年杭州市预防艾滋病宣传周”活动期间，56个宾馆饭店等公共娱乐场所联合发出推广使用安全套倡议。各宾馆、饭店等公共场所设置推广安全套放置率85%。至年末，全市共有HIV初筛实验室50个，县以上医疗机构和疾控中心基本完成初筛实验室建设目标。市和10个区（县）中心都成立了自愿咨询检测室。开展免费自愿咨询检测。对符合条件的当地户籍和常住的艾滋病病人开展免费抗病毒治疗。确定艾滋病治疗定点医院，成立专家组。杭州市预防保健门诊部作为卫生部确定的海洛因成瘾者社区药物维持治疗试点，6月26日正式启用美沙酮维持疗法项目，参加替代疗法人数为81人。全市未出现因管理原因发生非法采供血或血源、针具不洁造成艾滋病感染的事件。全市艾滋病防治工作呈现了全社会共同关注和参与的良好态势。

【社区卫生服务】 2005年，市政府下发《关于加快发展城区社区卫生服务的意见》，对深化社区卫生服务体制改革、提升社区卫生服务技术水平和加强社区卫生服务队伍建设等提出具体意见，落实了社区卫生服务相关政策。完成市政府为民办实事10项工程之一的“新建和改造45个社区卫生服务机构”的目标任务。社区卫生服务机构街道（乡镇）覆盖率100%，人口覆盖率93.9%。改善就医环境，改造、改建、装修社区卫生服务机构31个。加快乡镇卫生院功能转换，全市有67个建制乡镇卫生院转型为社区卫生服务中心。新增规范化机构6个，全市达标率68%。下城区、上城区成为“全国社区卫生服务示范区”，江干区、拱墅区被评为省级社区卫生服务示范区。

启动结对帮扶工程，市级医疗机构与社区卫生服务中心签订结对帮扶协议，定期组织专家义诊、讲课，开展技术指导、人员培训，帮助社区卫生服务机构提高医疗技术水平。实施为老助困服务，为市区95岁以上老人免费配备家庭医生，实行“一对一”服务。采取减免制度或“医疗救助券”等措施，为社区低保、特困、困难家庭提供优惠医疗保健服务。开展了“创文明——社区卫生服务月”等活动。城区社区卫生服务机构全科医师培训率73.6%，社区护士培训率62.6%，列全省首位。

【妇幼保健】 修订完善《杭州市流动人口孕产妇、儿童保健系统管理方案》，建立以现居住地管理为主的妇幼保健管理模式。全市孕产妇系统管理率92.5%。重视孕期监测，产前筛查覆盖率100%，筛查2.74万例，产前筛查率51.2%，筛查出先天性畸形儿75例并终止妊娠，随访率95.7%。加强出生缺陷监测，筛查新生儿6.58万例，筛查率96.7%。举办母婴保健知识培训班、新生儿复苏技术师资班等培训，提高助产技术服务人员的水平。进一步加强优生优育知识宣传，全年未发生医疗事故。

加强妇幼保健机构建设。以妇幼保健机构等级评审为契机，加强机构用房、医疗设施建设，拓展服务领域，全市6个妇幼保健机构通过初审。杭州市妇幼保健院筹建产前筛查中心的各项准备就绪。余杭区、桐庐县妇幼保健院病房大楼、临安市妇幼保健所业务用房扩建项目竣工。淳安县承担的“母婴健康工程”项目通过省级卫生部门评估。

【干部保健】 建立健全各项干部保健工作制度，制定《杭州市干部医疗保健分级管理暂行规定》，整理汇编《杭州市干部保健工作制度汇编》。市属干部疗养基地——五云山疗养院二期改扩建工程开工。通过充实中青年业务骨干、参加保健知识培训等手段，加强干部保健队伍建设，提高保健水平。畅通省、市17个保健医院的一级保健对象就医绿色通道，新建杭州市公务员健康网页，开设公务员心理康复室，开通公务员心理咨询专线。通过赠送健康保健资料、举办健康教育科普知识专题讲座等形式，开展保健知识的宣传教育，全年接受健康知识教育近万人次。新增干部健康体检项目，缩短体检周期。坚持每季度为老红军、市级离退休老干部进行医疗保健、健康咨询服务，累计服务440人次。组织医疗专家上门服务60次，参加各类医疗会诊40余次。完成在职和退休、市管干部、科技干部、援疆干部、公务员等5.96万人次的体检任务。

·农村卫生·

【农村卫生概况】 全市贯彻《浙江省人民政府关于进一步加快农村公共卫生工作的实施意见》，各区县(市)提出了加强农村卫生工作的有关建议和意见。市级有关部门加强合作，在经费投入、医疗用房、医保政策等方面对农村卫生工作予以倾斜，为农村卫生事业发展创造良好条件。全市初保考核达标，新型农村合作医疗制度得到完善。13个区县(市)和经济开发区、西湖名胜区全面建立了新型农村合作医疗制度，人均筹资额为57.20元。各地细化新型农村合作医疗方案，加大政府扶持资金投入，提高报销比例，部分区县(市)提前对参合农民实施健康体检。有2个区建立信息管理网络，实行报销实时刷卡及时结报制度，2个区(县)与当地社保局联网开展结报工作，其余区县(市)进入政府采购和组织实施阶段。建立新型农村合作医疗基金月报制、报销公示制、资金年度审计制，加强对基金筹集、使用、报销等方面的监管。加强经办机构建设，7个区县(市)落实经办人员编制16名，13个机构外聘32名。

【地方病防治】 继续实行血吸虫病历史流行区的领导干部“查螺日”制度，市地方病防治办公室与余杭区、临安市建立血吸虫病联防制度，进一步查清灭净毗邻地区的螺情，防止发生内源性血吸虫病新疫情，巩固血吸虫病传播的阻断成果。对历史上的流行区域及有螺地带开展螺情监测，发现螺点1处、300平方米，并及时组织专业人员进行灭螺处理，消除隐患。开展“全国碘缺乏病防治日”宣传活动。监测疟疾和丝虫病，加强对布鲁氏病防治与监测管理，及时处理疫情。

·医院管理·

【医院管理概况】 开展“以病人为中心，以质量为核心”的医疗质量管理年活动。制定了《2005年杭州市医疗机构监督管理重点实施方案》。新成立口腔、骨科、血液净化3个医疗质量控制中心，11个质控中心开展了检查、培训和指导。完成省卫生厅委托的对余杭区二院二级乙等综合性医院标准的试评。7个医疗机构通过二甲评审，17个通过二乙评审。9个医疗机构通过了计量合格评定。推行18个市属、局直管医疗机构间医学检查结果互认制度。市二医院和新东方女子医院开展单病种收费和检查的“双单制”试点。强化安全防范意识，医疗事故技术鉴定严格依照程序实施，鉴定71起，比上年增长36.5%，其中鉴定为事故的16起。协调处理纠纷、投诉及市长公开电话交办事例468件次，办结率100%。

【医疗机构规范执业】 杭州市成立由卫生、公安、工商等部门组成的打击非法行医领导小组，开展打击非法行医专项行动。据统计，全年全市卫生部门共出动执法人员4485人次，检查医疗机构3059个次，取缔无证行医点558个，受理投诉举报378起，立案查处165起。举办医院管理、医疗质量管理、医疗法律法规等大型主题培训4次。组织年度执业医师资格报名和考试，审查2948名考生的报名资格，取消87名不符合考试条件的考生的报名资格，对5名持假文凭报名的考生进行了严肃处理。完成2859名考生的实践技能考试，合格率为78.1%。完成2120名医师资格综合笔试考试考务工作，以及367名医师和100名护士执业注册。

【创建“绿色医院”】 市卫生局、市环保局在创建“绿色医院”进程中，帮助、指导各医院开展活动。各医院结合医院整体规划，扩大绿化范围。全年，全市新创建省级“绿色医院”的6个、市级“绿色医院”16个。并对原有省级、市级“绿色医院”进行“回头看”。

【杭州市被评为无偿献血先进市】 完全取消单位组织计划献血指标，全面开展自愿无偿献血，实行有效应急机制。通过推出一位无偿献血形象大使，打造一个无偿献血特色宣传品牌——保持共产党员先进性，我为七一献热血，开展一次“献一腔热血，表一片爱心”卫生系统党员干部无偿献血活动，举办一场小学生宣传画比赛，成立一支无偿献血知识讲师团，举办一次“杭州网”论坛宣传《中华人民共和国献血法》知识等“六个一”活动，提高人们自愿献血的意识。启用下沙流动献血车固定停靠点。开展“血浓与水，情系于真”无偿献血宣传广告牌进社区活动，首轮50块宣传牌在杭州经济技术开发区各社区挂牌。全年无偿献血13万人次，自愿无偿献血率100%，无偿献血占临床用血率100%。撤销淳安县供血点和桐庐县供血点。规范临床用血管理和制度，实施临床用血互助金制度。杭州市首次被评为省无偿献血先进城市。

·中医中药·

【发展中医中药事业】 加强名中医

学术继承工作，制定《杭州市名中医学术继承工作管理规定》。全年新评选市级名中医20人，举行名中医带徒拜师会，22名市级名中医开始带教47名学术继承人任务（为期3年）。6月1日，省卫生厅与12名省级基层名中医培养对象签订了《3年培养任务书》。滨江区西兴镇中心卫生院沈绍英被国家中医管理局确定为“全国农村基层优秀中医人选”。8名培养对象被省卫生厅授予第1批“浙江省农村中医骨干”称号，20名乡村医生被批准列入第3批省农村中医骨干培养对象。继续开展西医学中医培训，鼓励中医医疗机构创新发展。广兴堂国医馆开馆运行，广兴堂中医药文化有限公司筹建顺利。杭州市中医院、富阳中医骨伤科医院等6个单位向国家中医药管理局申报“中医药文化宣传教育基地”。

加强中医药科研。萧山区中医院和富阳市中医院分别挂牌成为“杭州市中西医结合儿童哮喘病诊疗基地”、“杭州市中医胃病诊疗基地”。杭州市红十字会医院的“中西医结合椎柱病专科”、“中西医结合不孕不育专科”，杭州市中医院的“中医针灸中风康复专科”、“中医颈肩腰腿痛专科”，萧山区中医院的“中西医结合手外科专科”、“中西医结合儿童哮喘专科”等6个专科，经省卫生厅批准挂牌为“浙江省中医重点专科”，并全部转入第二期建设。完成杭州市第三人民医院“浙江省中西医结合肛肠病诊疗中心”的申报。杭州市中医院和杭州市第四人民医院联合申报的“名老中医学术思想、临床经验总结和传统方法研究”课题(列入“十五”国家科技攻关计划重点项目）被上级部门批准并实施。推广定量中药饮片小包装配方，新增5个医院实行定量小包装配方。

【中医行业实行规范化管理】 全市组织完成中医类执业医师资格考试330人。开展中医医疗机构等级评审工作，1个医院通过二甲评审，3个通过二乙评审。对全市各类中医机构进行了依法执业情况专项督查。依法初审中医医疗广告65个，建议撤销违规中医广告1个，通报批评2个，监督覆盖率95%。推进农村和社区卫生服务中医药工作，建德市通过省级农村中医药工作先进市验收，拱墅区拱宸桥街道、上城区清波街道、下城区石桥街道、江干区四季青街道的4个社区卫生服务中心通过验收成为“浙江省首批中医药参与社区卫生服务示范单位”。组织开展全市卫生系统中医四大经典及辩证论治比赛，提高了中医药人员职业素质。

·医教科研·

【医教科研概况】 实施《杭州市医药卫生科技奖励办法》，对学科建设优秀的学科及其带头人给予重奖，实施“以奖代拨”。推荐省优秀青年科技工作者2人。完善科研人员与管理人员沟通制度，加强在职硕士和博士的培养，重视重点学科、重点专病、重点课题、重点人才的科研组织与管理。市六医院中西医结合肝病、市三医院中西医结合肛肠科、余杭区中医院中医骨伤、临安市中医院中医糖尿病等4个专科或专病进入第2轮建设阶段。

【医学科研进展】 全年获批准立项230项，项目中标率增长13%。首次获得国家自然科学基金和省部共建项目，获省科技进步奖4项(二等奖1项、三等奖3项)，省医学科技创新奖13项(二等奖1项、三等奖12项)，省中医药科技创新奖12项(一等奖1项、二等奖3项、三等奖8项)。组织24项科研成果参加各级鉴定和评审。

【推进医学教育】 加强基础医学教育，强化医学教育管理，开展全科医师培训、社区护士岗位培训、农村卫生人员中专学历教育、卫技人员继续医学教育。发挥医学会优势，开展学术交流，举办了“破解看病难”学术论坛。开展全科医师培训、乡村医生全科医学教育、社区护士岗位培训、农村卫技人员中专学历教育、初级卫技人员继续医学教育等基础医学教育。确定25个单位为全科医学教育社区实践基地，20个单位作为临床培训基地。选派52人参加浙江省全科医师培训社区实践带教师资培训。举办市级继续医学教育学习班17个，参加培训2083人次。全市社区卫生服务机构临床医生全科医师培训率51.5%。

▶▶资料：体外膜氧合治疗急性呼吸窘迫综合症的临床研究 该课题首次利用血液净化技术，成功建立体外膜氧合的体外循环通路，临床应用80人次，有效地提高了由于各种原因导致的急性呼吸窘迫综合症患者的抢救成功率，未发现严重的并发症。该方法安全、有效、经济，有利于临床的广泛应用。继人工肝、人工肾后，体外膜氧合作为人工肺，为急性呼吸衰竭的患者带来生命的曙光。（王　瑛）

·卫生监督·

【卫生监督概况】 市卫生部门结合创建全国文明城市和“平安杭州”活动，以食品卫生和医疗卫生为重点，整顿市场经济秩序实施“食品放心工程”。联合加强对餐饮业、旅游业、建筑工地、学校等行业和单位的卫生监管。杭州市被卫生部列为公共场所卫生监督量化分级管理的试点城市，制定公共浴室业、游泳场所的卫生监督量化分级管理实施方案，探索新时期公共场所卫生监督管理新模式。加强卫生监督执法，预防控制各类突发事故，开展对重点场所和重点健康相关产品的卫生监测，对学校、幼托机构、超市、茶馆、放射卫生点等进行专项检查。全市社会公共卫生状况良好，卫生合格率为80%以上，未发生环境污染事故、放射事故、重大急性职业中毒事件。

【食品放心工程】 配合实施食品放心工程，加强食品卫生安全监督管理。制订了加强食品安全监管的具体实施方案，组织开展了保健食品、食品添加剂、学校与建筑工地食堂、散装食品等多项食品安全专项整治。建立健全与市食品安全委员会各成员单位的沟通联络、抄告通报、联合执法、综合信息发布等管理机制，协同做好季度食品安全信息发布、迎接国家8个部委食品安全工作考评、食品信用体系建设等工作，会同有关成员单位共同实施食品放心工程。

实施食品量化分级管理，引导食品行业自律。经省卫生厅批准，全市累计评定食品卫生等级A级单位96个。推行茶楼量化分级管理和公共场所量化分级管理。杭州市被国家卫生部确定为全国13个公共场所量化分级管理试点城市之一。推出食品卫生信息明示制度，让群众享有知情权、选择权和监督权。

开展食品卫生监督和专项整治，对保健食品、乳制品、熟肉制品、调味品、饮料等5类生产企业进行专项整治，卫生许可重新审核覆盖率95.7%。全年实施食品卫生监督22.99万个次，覆盖率100%，监督合格率95.5%；查处食品卫生违法案件5014件，没收违法所得10.89万元，罚款557.2万元，没收销毁食品39.9吨，取缔无证经营899个。

（倪 睿）

·爱国卫生·

【爱国卫生概况】 2005年，杭州市爱国卫生工作以“清洁杭州”为抓手，开展国家卫生城市先进城区评估活动，推进县（市）创“国家卫生城市”工作；提高供水水质和粪便无害化处理率，深化农村改水改厕；完善和推广除“四害”市场化运作，规范除“四害”市场秩序；扩大“亿万农民健康促进行动”试点，完成市爱国卫生“十五”计划。

5月，市人大常委会首次组织《杭州市爱国卫生条例》执法检查，重点是对爱国卫生组织机构落实，做到“有机构管事、有人干事、有钱办事、有章理事”的贯彻实施情况督查。通过检查，推动了各地各部门落实《条例》、依法履行职责的自觉性和主动性。

巩固发展全市创建国家卫生城市成果，提升整体卫生水平，以《国家卫生城市标准》为依据，以区为单位，在市区全面开展国家卫生城市先进城区评估。由12个市爱卫会成员部门组成市评估小组，制定《杭州市国家卫生城市先进城区评估标准、办法和实施意见》。年度综合评估，上城区、余杭区、下城区、拱墅区被评为国家卫生城市先进城区，萧山区、江干区、西湖区、滨江区、西湖风景名胜区、杭州经济开发区被评为国家卫生城市达标城区。

开展各级各类卫生城市、乡镇、街道创建活动。桐庐县、萧山区宁围镇被全国爱卫会命名为国家卫生县城、镇；临安市创“国家卫生城市”工作根据新修订的国家卫生城市标准和考核程序，重新上报并通过全国爱卫会的明查暗访；建德市启动了创建国家卫生城市工作。萧山区河庄镇、戴村镇、余杭区闲林镇、淳安县枫树岭镇等创建为省级卫生镇。长庆街道被评为市级卫生示范街道。望江、城厢、临平、黄湖、中泰、周浦、龙门、龙岗、杨村桥、凤川、文昌等11个街道（镇乡）成为市级卫生街道（镇乡）。文晖、东新、旧县3个街道被重新确认为市级卫生街道。

【农村改水改厕】 以提高供水水质和粪便无害化处理率为目标。实施“安全放心水工程”和“粪便无害化处理工程”，全年新增自来水受益人口8.69万人，累计普及率96.2%；新增卫生厕所4.48万座，累计普及率91.2%；新增三格式户厕8.34万座，粪便无害化处理率46.5%；清除城乡接合部露天粪缸和简易棚厕3539只，超额完成市政府交办的“清露拆棚”年度任务。

【除“四害”市场化运作】 以《杭州市爱国卫生条例》为依据，重点进行环境综合治理，各区规范、完善公共环境除“四害”（灭鼠、灭蟑螂、灭苍蝇、灭蚊）市场化运作，市区原28个区块重新进行招标或续标；萧山区、余杭区和各县（市）建城区开始实行市场化运作，除“四害”质量明显提高。9月9日，杭州市通过“全国灭蝇先进城区”复查验收。

【实施亿万农民健康促进行动】 杭州市结合本地实际，健全各级“亿万农民健康促进行动”网络，50个乡镇和312个村开展“亿万农民健康促进行动”试点工作。经有关部门效果评价，农民健康知识知晓率83.8%，健康行为形成率67.4%。9月和12月分别通过省和国家“亿万农民健康促进行动”办公室“十五”规划终期督导评估。

【开展第17个爱国卫生月活动】 4月，围绕市委、市政府创建全国文明城市的统一部署，以“携手清洁杭州、共创文明城市”为主题，全市开展了全面整治环境卫生、消灭早春蚊蝇、“革除陋习、倡导文明”为重点的第17个“爱国卫生月”活动。据统计，参与环境整治15万人次，消灭卫生死角1630余个，铲除蚊蝇孳生地400多处，杭州城市面貌得到进一步改观，为创建全国文明城市夯实了环境基础。

（爱 卫）

5月11日，杭州市农民健康促进、农村改水改厕现场经验交流会。

（市卫生局 供稿）

·红十字会·

【红十字会概况】 2005年，市红十字会下属基层组织1380个，会员28.3万人。各级红十字会履行《中华人民共和国红十字会法》赋予的职责，开展救灾、救助、救护为重点，拓展人道救助领域。全年募集救助款物1396万元，开展初级自救互救知识和技术培训2.87万人次，宣传红十字运动基本知识610次，发放宣传资料24.67万份，组织各级各类红十字活动113次。

年初，市红十字会系统为印度洋海啸中受灾地区募集400余万元送往灾区。市红十字会开展对临安昌化等地遭受特大暴雨灾区的救灾，先后2次派人深入灾区，了解灾情，慰问灾民，向每户遇难者家属发放慰问款2000元，送去价值10.75万元的服装、旅游鞋等救灾物资，争取到上级红十字会援助的价值5万元大米，全部及时发放给灾民。临安市红十字会募集救灾款12.12万元，派出6支防疫小分队和3支巡回医疗队，携带消毒杀菌药品开展防病、防疫、送医送药活动。建德市红十字会援助1万元。全市红十字会系统为灾区提供了29万余元的救灾款物。开展"迎新年博爱帮困"活动，重点对农村特困户和市区困难家庭进行帮困，发放款物合计66.16万元，受助家庭2608个。

11月下旬，市红十字会开展"关注农村，服务农民——红十字在行动"大型健康援助活动。组织4支红十字医疗队共20余名医务人员，投入10余万元救助款，送医送药到淳安、建德、临安、桐庐等偏远山区和贫困农村地区，为700余名困难群众提供免费医疗援助；联合浙江康莱特集团向全市200个生活困难的下岗女工家庭发放救助款物10余万元，杭州天目山医院向3300名困难群众发放价值100万元的爱心体检卡。通过温州、舟山市红十字会向遭受"海棠"、"麦莎"强台风袭击的受灾地区提供4万元紧急援助。

【推广社区红十字服务】 市红十字会加强对社区红十字服务的工作指导，做好试点和重点推广工作。全年新建社区红十字服务站20个。5县(市)均建立红十字服务站。

12月4日，市红十字会志愿工作委员会开展"服务社区·博爱募捐"大型活动，组成10个代表队，500名志愿者参加，设20个固定点和80个流动组进行现场募捐，发放宣传品2万份，招募志愿者350名，募集善款2万余元。

上城区红十字会为辖区内258户木结构居住户的困难家庭购买每户3万元的家庭财产特殊保险，向36个特困家庭每户发放500元慰问金。下城区红十字会成立民工医疗援助中心。萧山区红十字会联合萧山华东医院开展80万元医疗资助活动。拱墅区红十字会向100名困难群众每人发放价值500元医疗救助卡。江干区红十字会为1名身患"先天性心脏病"的困难家庭学生募集20余万元。富阳市红十字会制订《富阳市红十字会救助办法》、《富阳市红十字会医疗救助站服务办法》，发放救助金8200元。富阳市、建德市红十字会承担了部分精神病患者全年药物治疗费用。余杭区红十字会连续多年对麻风病人进行救助。

11月4日，中国红十字会党组书记、常务副会长江亦曼到滨江区长河天宫社区红十字站进行调研，并给予高度评价。

【开展卫生救护知识与技能培训】 全市各级红十字会重视群众性卫生救护技术和健康知识的普及。市红十字会成立了卫生救护培训讲师组，修订了培训教材，增加了意外伤害和灾害事故的应急处理内容。市红十字会机关全年共举办卫生救护培训班35期，培训1887人。重点对体育场所从业人员、学校师生、社区干部、公安消防人员、外资企业员工及电力系统、旅游行业、涉外饭店员工进行了培训。还联合团市委、市志愿者协会对百余名西博会志愿者和市民进行了救护技能的培训。

富阳、桐庐、萧山等地红十字会重点对机动车驾驶员进行卫生救护培训。滨江区红十字会举办了以社区干部为对象的急救知识培训班。余杭区红十字会对6家外资企业的部分一线员工进行了急救培训。

在9月10日"世界急救日"之际，下城、江干、滨江、萧山、余杭、桐庐、淳安等地红十字会举行了宣传、培训活动。

【红十字青少年活动】 贯彻落实中国红十字会总会和国家教育部《关于进一步推进学校红十字会工作的意见》，将普及人道主义精神和学校的德育教育、素质教育有机地结合起来，广泛开展了深受学生欢迎的救死扶伤、扶危济困、敬老助残、尊师爱幼等助人为乐活动。市红十字会命名杭州二中作为杭州市首个高中"杭州市红十字青少年教育基地"。举办了2期以"关爱生命"为主题的夏令营活动。

萧山区红十字青少年工作在中国红十字会、教育部、卫生部、共青团中央联合召开的全国红十字青少年工作会议上进行交流。浙江省红十字会和省教育厅在萧山召开了"全省红十字青少年工作现场经验交流会"。

江干区红十字会在民工子弟学校——天成学校建立了"红十字会教育基地"，并开展了救助和救护培训活动。区教育系统红十字会动员全区师生，为一名患先天性心脏病的困难家庭学生进行了募捐活动，共募集捐款22.96万元。下城区教育局红十字会在每个街道建立了红十字青少年社区实践基地。建德市三都镇红十字博爱小学以"一所农村小学的红十字精神教育"为题申报教研课题，已由该市教育局立项。

【无偿献血和捐献造血干细胞】 全市红十字会依照《中华人民共和国红十字会法》和献血法的规定，做好无偿献血的宣传、动员和表彰。全市无偿献血12.7万人次。

市红十字会开展了动员市民志愿捐献造血干细胞的宣传活动，举办了两次大型活动，共有263位市民加入"中华骨髓库"。富阳市红十字会开展了3次造血干细胞志愿者入库体检活动，172人完成血样采集。富阳青年汪霖跨国捐献造血干细胞的爱心行动在省内外产生了良好的影响。桐庐县红十字会组织了捐献造血干细胞活动采集血样活动。各城区红十字会和建德、临安、淳安等地红十字会也开展了宣传、报名活动。（郦 汀）

杭州市第三人民医院

杭州市第三人民医院创建于1950年，位于市区西湖大道旁，是一家具有专科特色的市属综合性医院，是浙江中医药大学附属医院和安徽医科大学杭州临床学院，是全国精神文明建设工作先进单位、全国百姓放心示范医院、浙江省文明单位、浙江省卫生系统思想政治工作先进集体、浙江省绿色医院、杭州市创建文明行业工作先进单位。

医院有职工762人。医院开放床位600张，拥有26个临床、医技科室和37个专科专病门诊。其中，皮肤科是浙江省医学重点学科；白癜风专病为中国中医药管理局重点专病，是国内领先的学科；肛肠科为浙江省中医药管理局重点专科；血管外科、泌尿外科为院级重点专科；内科、外科等也脱颖而出，增强了在医疗市场中的竞争力。医院拥有5000多万元的先进医疗设备，保障临床诊疗活动有序开展。

医院附设浙江省皮肤病临床诊治技术指导中心、浙江省中西医结合皮肤病研究中心、浙江省中西医结合肛肠病诊疗中心、杭州市皮肤性病研究所、杭州市骨折愈合刺激素研究所、杭州市皮肤激光治疗中心、杭州市肛肠病诊疗中心、杭州市血管外科中心、杭州市泌尿外科微创诊疗中心。2001年医院通过英国PAL公司组织的ISO 9001:2000质量认证，2002年通过省技术监督管理局组织的省二级计量水平确认。2003年9月27日，通过公开竞标，杭州市惠民医院在医院挂牌成立，为杭州城区困难群众提供“十四免、十减半、六优惠”等医疗服务。

近年来，医院始终坚持“以病人为中心，以质量为核心”的宗旨，不断提高医疗质量，创新医疗服务，倡导人文关怀，努力为病人提供全程、全方位的优质服务。医院率先在省内推出“病人选责任医生”、“病人选责任护士”、“病人选输液护士”、“住院病人药品明细一日清单”的改革举措，并将“医患沟通制”纳入医院规范化管理。医院“门诊服务中心”主动为年老体弱、残疾病员提供看病有人引、检查有人陪、配药有人拿、住院有人送的“四有服务”。

医院本着“看好病，不浪费”的原则，严格把好用药关、检查关、治疗关，赢得了广大患者的信任。据杭州市纠风办和杭州市卫生局测评，出院病人对该院的综合满意度始终位居市属医院榜首，是市属医院中看病最便宜的医院之一。

以病人为中心　以质量为核心

HANGZHOUSHIDISANRENMINYIYUAN

XIACHENGQU JIBING YUFANGKONGZHI ZHONGXIN
XIACHENGQU WEISHENG JIANDUSUO

下城区疾病预防控制中心
下 城 区 卫 生 监 督 所

下城区疾病预防控制中心、下城区卫生监督所坚持以发展为主题，改革为动力，服务社会为宗旨，团结奋进，扎实工作不断开创新局面，塑造了卫生防病和监督新形象。全力投入"国卫复评迎检"、"创文明城区"，开展"艾滋病综合防治示范区"、"全国乙肝监测区"、"健康教育示范社区"等创建工作。加大硬件投入，添置生物安全柜等设备，提高检测能力；积极探索"五小行业"管理新模式，推出新华路五小行业示范街、朝晖路公共场所示范街等精品亮点工程。取得了浙江省思想政治工作先进集体、杭州市文明单位、"杭州市职工职业道德建设'十佳'集体"、下城区先进基层党组织等荣誉称号，获得杭州市区县疾控中心、卫生监督所综合业务工作考核第1名、各项业务奖20余项的好成绩。疾控中心主任何玉芳被评为全国结核病防治工作先进个人。

体育
Sports

·体育综述·

【打造体育强市】2005年，杭州体育事业围绕打造“体育强市”的目标，贯彻落实有关发展体育事业文件精神和《杭州市全民健身条例》，推进群众体育和竞技体育、城市体育和农村体育、体育事业和体育产业协调发展，取得新成绩。实施国民体质监测，完成国家、省和市三级监测样本量1.2万个。举办《杭州市全民健身条例》知识竞赛，开展《国家普通人群体育锻炼标准》达标通讯赛，编印《市民健身手册》向社会发放。

8月，国家体育总局同意作为在杭州市举行的2006年世界休闲博览会的共同主办单位。同时，2006年世界青年举重锦标赛、2006年中国临安国际山地户外挑战赛等多个体育赛事项目被列入休博会项目。

【吴鹏被评为中国体育十佳】2005年，杭州籍运动员吴鹏在加拿大蒙特利尔举行的世界游泳锦标赛上以1分56秒50获得男子200米蝶泳铜牌，成为中国在该男子项目中取得的最好成绩。在南京举行的第十届全国运动会上，吴鹏获得4金2银，并获得全国“希望之星”、“十运之星”称号。吴鹏凭借年度的突出表现，被新华社评为2005年中国体育十佳运动员。

·竞技体育·

【竞技体育概况】围绕奥运争光计划，实施具有杭州特色的竞技体育发展战略，加强体育人才培养，提高运动水平。举办市第十六届运动会。杭州籍运动员参加国内外重大体育比赛取得好成绩。全年举办或协办“商业杯”杭州国际城市围棋赛、“青春宝杯”浙江省暨杭州市国际马拉松赛、“挑战杯”亚洲男子排球赛、国际滑联短道速滑世界杯(杭州站)比赛等体育赛事，以体育赛事为平台，提高了杭州的体育训练竞技水平和赛事组织能力，扩大了体育对外交流。

【举行市第十六届运动会】4年一届的市运会于3月~7月举行。由市政府主办，市体育局和市体育总会承办，杭州汽轮机股份有限公司为冠名合作单位，杭州陈伯滔体育发展基金会、杭州民生药业集团有限公司协办。该届运动会按照“安全有序、节俭隆重、精彩圆满”的要求，组织工作严密，赛风赛纪良好，竞技水平有新的提高。设青少年部和成年部共40个大项、574个单项、591枚金牌。有13个区县(市)和23个行业、系统代表团的近万名运动员参加比赛。3人4次打破4项省纪录，8人9次打破10项省青少年纪录，10人10次打破10项市纪录。

吴鹏在第十届全国运动会上获得4枚游泳金牌 (市体育局 供稿)

【杭州籍运动员在第十届全运会上成绩优异】 杭州籍运动员93人代表浙江省参加17个大项比赛，获得8枚金牌、11枚银牌和3枚铜牌，为浙江体育代表团实现历史性成绩突破立下汗马功劳。其中吴鹏夺得400米个人混合泳、200米蝶泳2枚个人金牌和2枚自由泳接力的金牌，打破男子100米蝶泳、200米蝶泳两项全国纪录。罗雪娟和杨雨分别获得100米蛙泳和200米自由泳金牌。市委书记王国平、市长孙忠焕等领导对杭州籍运动员取得的优异成绩，均作批示给予肯定和鼓励。

【加强体育人才培养】 2005年，有884名青少年运动员参加省级30项青少年体育比赛，夺得金牌205枚，金牌总数居全省第一。200余名青少年运动员参加乒乓球等15个项目的全国性或省市级交流比赛。举办各类市级中小学体育竞赛10余项，2800余名学生参加，其中291人达到国家二级运动员标准。强化运动员管理，制定《杭州市青少年儿童运动员注册交流管理规定》。加强体育传统项目学校建设，制定《杭州市市级体育传统项目学校管理办法》。市模型无线电运动中心被国家体育总局授予“全国无线电测向活动重点单位”称号。

杭州棋院依托中国棋院杭州分院的品牌优势和一流硬件设施，探索“三棋”(围棋、国际象棋和中国象棋)“省队市办”的路子，承接浙江省围棋、国际象棋和中国象棋3支专业队，并成立了杭州围棋学校和杭州棋牌管理中心。

·群众体育·

【群众体育概况】 2005年，组织开展《中华人民共和国体育法》和《全民健身计划纲要》颁布10周年宣传活动，实施《杭州市全民健身条例》，宣传科学健身知识，开展全民健身活动，推进城乡体育事业协调发展。

市残疾人体育协会等10个单位在第十届全国运动会上被评为全国群众体育先进单位，9人被评为全国群众体育先进个人。萧山区体育中心青少年体育俱乐部被评为全国优秀青少年体育俱乐部，萧山区被评为全省首批体育强县（区）。8个镇被列入省首批体育强镇(乡)，5个街道列入省首批城市体育先进街道，18个社区列入省首批城市体育先进(社区)。

【加强农村健身设施建设】 2005年，杭州市把在农村建100个篮球场、100个乒乓球室(场)和100个健身点列入政府实事工程。各地将农村体育设施建设与社会主义新农村建设、农村环境生态整治结合起来，以人为本、因地制宜。至年末，建成132个篮球场（其中灯光球场48个)、147个乒乓球室(场)和194个健身点；新增室外体育健身场地16.03万平方米，室内体育健身场地6199平方米，体育健身器材2214件。

【组织群众体育活动和比赛】 市体育局组织2万余人参加的2005年浙江·杭州全民健身月启动仪式暨万人健康跑活动。《人民日报》头版头条刊登了健康跑活动照片，省、市新闻媒体进行了报道。健康跑活动逐渐成为市群众体育活动的品牌项目。市体育局被国家体育总局评为“全国全民健身月优秀组织奖”，市直机关工委和富阳市体育局被国家体育总局评为“全国全民健身月先进单位”;萧山区政府和下城区、余杭区体育局被浙江省体育局评为“浙江省全民健身月先进单位”。组织了迎春环湖接力跑、“十运会”火炬传递、首届家庭运动会、健身气功交流展示等活动，承办了国际羽毛球邀请赛(杭州)、全国长跑邀请赛(杭州)、华东2省1市老干部桥牌邀请

表74　杭州籍运动员在第十届全运会取得前3名情况

项　目	奖牌	成绩	运动员	备注
男子游泳4×100米自由泳接力	金牌	03′21″3	吴　鹏	团体
男子游泳400米个人混合泳	金牌	04′15″8	吴　鹏	个人
女子游泳100米蛙泳	金牌	01′06″9	罗雪娟	个人
女子游泳200米自由泳	金牌	01′57″9	杨　雨	个人
男子游泳4×200米自由泳接力	金牌	07′21″8	吴　鹏	团体
男子游泳200米蝶泳	金牌	01′55″8	吴　鹏	个人
女子赛艇四人双桨	银牌	06′34″4	童蕴毅	团体
女子赛艇四人双桨	银牌	06′34″4	屠芬琴	团体
女子赛艇四人双桨	银牌	06′34″4	吴丽萍	团体
女子游泳4×100米自由泳接力	银牌	03′45″4	郑　静	团体
女子游泳4×100米自由泳接力	银牌	03′45″4	汤景之	团体
女子游泳4×100米自由泳接力	银牌	03′45″4	陈　桦	团体
女子游泳4×100米自由泳接力	银牌	03′45″4	杨　雨	团体
女子游泳4×200米自由泳接力	银牌	08′05″5	汤景之	团体
女子游泳4×200米自由泳接力	银牌	08′05″5	陈　桦	团体
女子游泳4×200米自由泳接力	银牌	08′05″5	郑　静	团体
女子游泳4×200米自由泳接力	银牌	08′05″5	杨　雨	团体
女子游泳200米蛙泳	银牌	02′26″5	罗雪娟	个人
男子游泳200米个人混合泳	银牌	02′01″4	吴　鹏	个人
男子游泳100米蝶泳	银牌	53″1	吴　鹏	个人
男子游泳1500米自由泳	银牌	15′14″2	于　诚	个人
女子游泳4×100米混合泳接力	银牌	04′03″6	罗雪娟	团体
女子游泳4×100米混合泳接力	银牌	04′03″6	汤景之	团体
女子游泳4×100米混合泳接力	银牌	04′03″6	杨　雨	团体
女子铁人三项个人赛	银牌	05′11″6	于姝君	个人
女子帆船470级奥林匹克航线赛	银牌	21	闻一梅	个人
男子皮划艇500米双人划艇	铜牌	01′45″7	朱雄辉	团体
女子艺术体操团体和个人	铜牌	10	丁　叮	个人
女子艺术体操团体和个人	铜牌	10	严韵文	个人

位完成上城、下城、江干、拱墅、西湖、滨江区数字电视的整体平移,参与市民卡系统的协调和社区推广工作,继续打造"96345"市民服务信息中心品牌。完成上城区各街道、社区的服务中心(站)联网运作,初步实现社区服务信息资源的交换和共享,为居民提供各种有针对性的社区服务。继续实施"10万家庭网上行"工程,开展计算机网络、数字电视、市民卡等知识的培训工作,全年有9000余人参加培训。

【表彰社区建设先进】 为不断推进全市社区建设向纵深发展,1月10日,市委、市政府下发《关于表彰杭州市社区共建十佳标兵单位和十佳先进个人的通报》,中国联通有限公司杭州分公司等10个单位和朱评等10人分别被评为杭州市社区共建十佳标兵单位和十佳先进个人。12月22日,市社区建设领导小组下发《关于表彰杭州市社区共建先进单位和先进个人的通报》,表彰杭州卷烟厂等30个杭州市社区共建先进单位和50个社区共建先进个人。3月17日,上城区在水一方社区等14个社区被评为2004年度杭州市示范文明社区,上城区清波门社区等46个社区被评为2004年度杭州市级文明社区。

2月16日,市民政局、上城区民政局、西湖区民政局、下城区朝晖街道、拱墅区大关街道、江干区采荷街道、滨江区西陵社区、余杭区河南埭社区、萧山区江寺社区,市民政局梁军、上城区马丽华分别被民政部、中央文明办、国家新闻出版总署和国家广播电影电视总局评为"全国万家社区图书援建和万家社区读书活动"先进单位和先进个人,上城区涌金门社区、下城区王马社区、拱墅区塘河新村社区被评为全国十佳学习型社区。

【创建民主法制社区】 11月25日,市委办公厅、市政府办公厅为规范对政府部门工作进社区的管理,进一步深化社区建设,推进社会主义基层民主政治进程,改善和强化社区自治功能,切实维护社区居委会的合法权益,印发《杭州市组织机构、工作任务、评比考核进社区申报准入制度(试行)》、《关于加强社区居民委员会规范管理的若干意见(试行)》和《关于建立社区民情恳谈会等四个会议制度的意见(试行)》等3个文件。8月16日,市依法治市普法教育领导小组办公室、司法局、文明办、民政局联合下发《关于开展民主法制村(社区)创建活动的实施意见》,年内开展了民主法制村(社区)的评选活动。

【提高社区工作者素质】 为提高全市社区干部的理论素养和业务工作能力,增强社区干部的工作积极性和责任感,根据市委决定,市委组织部、市委党校和市民政局共同举办社区党组织书记、居委会主任轮训班,5月16日~28日,分四期在市委党校进行轮训,每期3天。对市区720名社区党组织书记、居委会主任集中轮训,在全市尚属首次。6月6日,市妇联、民政局联合下发《关于加强城镇妇联干部教育培训工作的意见》,分期分批地组织社区妇女干部培训。

11月15日,为贯彻落实全市社区建设工作会议精神,深化社区建设,科学合理评价社区专职工作者的综合素质,市社区建设领导小组下发《杭州市社区专职工作者考核评议指导意见(试行)》。

【落实社区工作者待遇】 4月26日,市委、市政府出台《关于进一步落实和完善社区工作保障条件的意见》,明确社区建设要做到有人干事、有钱办事、有章理事、有场所做事;市委办公厅、市政府办公厅出台《杭州市社区专职工作者管理办法(试行)》,为加强对社区专职工作人员的规范化管理提供了依据。民政部对杭州市这两个文件以"参阅文件"的形式全文刊发并加编者按,向全国各地推广。

5月17日,市委组织部和市财政局、民政局、劳动保障局、人事局联合下发《关于明确杭州市区社区专职工作者工资福利待遇的通知》,规范和完善社区专职工作者工资福利待遇项目及标准,保障社区专职工作者的基本权益,进一步增强了社区专职工作者队伍的凝聚力。9月16日,市财政局、民政局下达2005年社区管理补助经费8600万元。

【规范社区志愿服务】 杭州市倡导社会力量参与社区志愿者服务,规范社区志愿活动。2005年,宣传贯彻《杭州市志愿服务条例》,按照"八个有"(即有统一标识、有独立办公场所和设备、有稳定队伍、有志愿者和服务对象档案、有固定服务项目、有稳定服务基地、有活动计划和有规章制度)的要求规范社区志愿服务站建设。11月4日,团市委和市民政局联合下发《关于进一步推进我市社区志愿服务工作的意见》和《关于开展争创"示范社区志愿服务站"活动的通知》,明确开展社区志愿服务工作的指导思想、工作目标、实施办法,开展了示范社区志愿服务站评选。

杭州市第二届邻居节开幕式　　(市民政局 供稿)

12月26日~27日，由共青团中央、中国青年志愿者协会主办，共青团浙江省委、共青团杭州市委承办，为期两天的“社区志愿服务与和谐社会杭州论坛”顺利召开。来自中央相关部委，各省、直辖市和有关市的团委负责人，从事志愿服务研究的专家学者，志愿服务工作者和社会各界人士约200余人齐聚杭州，通过主旨演讲、分组主题研讨、深入社区街道实地观摩、社区志愿服务特色项目展示等形式就社区志愿服务工作与和谐社会的有关问题进行交流研讨，达成了《社区志愿服务与和谐社会·杭州共识》。

【举办第二届邻居节】 10月23日，由市文明办、民政局和钱江晚报社主办，杭州商业银行协办的杭州市第二届邻居节，在玉皇山脚举行了简朴而又隆重的开幕仪式。市领导王国平、叶明、张鸿建、安志云、俞国庆，浙江日报社社长姚民声、总编杨大进，省文明办副主任张仕英，省民政厅副厅长万亚伟等出席。市委常委、宣传部长张鸿建主持开幕式，市委副书记叶明代表市委、市政府讲话，省委常委、市委书记王国平和与会领导分别向市民政局和各区代表授邻居节节旗。来自各区的1000余名市民代表身着统一服装，唱响了温馨欢快的《邻居之歌》。社区代表宣读了《邻居公约》并作响应性发言。

邻居节活动为期8天，以“健康日、敲门日、互助日、欢聚日”为4个主题日活动，倡导“健康、和谐、文明”。活动期间，全市社区开展了如“邻里情”大型互助志愿服务活动、“邻里小天使”发放联络卡、我来当一回“阿六头”邻里互助说大书、“邻帮邻，亲帮亲，千只饺子结真情”、“中外邻里一家亲”等丰富多彩的活动，展现了浓浓的邻里情和守望相助的精神。活动结束后，主办单位评选出10个最有创意的社区邻居节活动、10个优秀社区邻居节活动和100个邻里互助好家庭。

【完成第七届村委会换届选举】 2月25日，市委、市政府批转市委组织部、市民政局、市农办《关于认真做好2005年村级组织换届选举工作的意见》。4月1日，市委、市政府召开杭州市村级组织换届选举工作会议，市委副书记朱报春出席会议并作动员报告，部署2005年村级组织换届选举工作。4月7日~8日，市委组织部、市民政局、市农办举办区、县(市)党委组织部门，民政部门，农经部门和乡镇(街道)有关负责人参加的杭州市村级组织换届选举培训班，近200人参加了培训。随后，市委组织部、市民政局、市农办召开村级组织换届选举工作座谈会，交流村级组织换届选举工作的进展情况和计划安排。在换届选举过程中还召开情况分析会，深入基层调查研究，解决问题，及时化解矛盾，确保村级组织换届选举工作顺利进行。

杭州市村级民主政治建设研讨会 (市民政局 供稿)

至年底，全市3666个村完成村委会换届选举的有3655个村，占全市村总数的99.7%；300.42万名选民中有293.61万名参加投票，参选率97.7%，比上届提高10个百分点。全市实行有候选人选举的有1190个村，占已完成选举村的32.6%。实行无候选人选举的有2465个村，占已完成选举村的67.4%，比上届提高40.3个百分点；其中实行“自荐海选”的有1447个，占已完成选举村的39.6%。这届村委会换届选举共选出村委会成员1.14万名，其中主任3614名，副主任1556名，委员6221名；村委会成员中党员6281名，女性1443名，党员和女性分别占55.1%和12.7%；文化程度具有大专以上学历的776名，高中中专学历的4339名，初中学历的5286名，小学文化程度的990名。平均年龄42.70岁。

【创新村委会选举方式】 年初，市民政局在调查研究和征求余杭区委、区政府意见的基础上，确定余杭区塘栖镇唐家埭村为村委会换届选举试点。根据民政部关于降低选举成本创新选举方式的要求，探索设计了“自荐海选”的选举方式，召开村民委员会换届选举现场观摩大会，邀请民政部、省、市有关领导和专家学者现场指导。创新的选举方式在实践中取得了成功，中央、省、市的新闻媒体进行了广泛报道，民政部在桂林召开的全国村委会换届选举工作分析会上作了典型介绍，得到与会代表好评。6月24日杭州市村级民主政治建设研讨会上，有关专家学者对“自荐海选”选举模式的创新给予高度评价。江西、山西、江苏、天津等省市纷纷来杭学习考察。市民政局撰写的《基层民主选举方式利弊分析与创新“自荐海选”选举方式的实践》论文在全国村委会换届选举工作分析会上获三等奖，并获杭州市2005年度农业农村工作优秀调研成果三等奖。9月18日~26日，中央电视台来杭专题采访，并观摩了建德市乾潭镇安仁村“自荐海选”现场。

▶▶资料：2004年度杭州市示范文明社区(14个)

上城区：在水一方社区

下城区：京都苑社区

江干区：江汀社区
拱墅区：和睦社区
西湖区：翠苑四区社区
滨江区：新浦社区
萧山区：崇化社区
余杭区：荷花塘社区
西湖风景名胜区：金沙港社区
富阳市：春晖社区
建德市：罗桐社区
桐庐县：迎春社区
临安市：武肃里社区
淳安县：江滨社区

▶▶资料：2004年度杭州市级文明社区(46个)

上城区：清波门社区、紫金社区、梅花碑社区、近江东园社区、耀华社区、玉皇山社区、白塔岭社区
下城区：河东社区、和平苑社区、新颜苑社区、永康苑社区、知足弄社区、仓桥社区、凤麟社区、环西社区、东新园社区、新华坊社区、十五家园社区、长青苑社区、打铁关社区、梨园社区
江干区：金秋花园社区、金兰池社区、人民社区、荷花塘社区
拱墅区：东苑第二社区、华丰社区、登云路社区、田园社区、杭钢北苑社区
西湖区：下马塍社区、117社区、九莲社区、翠苑三区社区、沁雅社区、新金都社区
滨江区：西陵社区
萧山区：拱秀社区、万寿桥社区、商城社区、陈公桥社区
余杭区：桂芳桥社区
富阳市：城东社区、盘龙山社区
临安市：文昌阁社区
淳安县：新北社区

▶▶资料：10个最有创意的社区邻居节活动

上城区：湖滨街道——“中外邻居一家亲”活动
十亩田社区——“相邀e时代，邻里手拉手”活动
下城区：王马社区——“邻居亲、邻里情”五湖四海皆邻里
艮山门社区——“商行杯”社区百家宴美食节
江干区：濮家社区——“动手做饺子，快乐品饺子，幸福过日子”主题活动
拱墅区：珠儿潭社区——烹饪大赛、鸟语花香展、家庭运动会等系列活动
西湖区：竞舟社区——“走出家园、走向户外”快乐邻里大会餐
滨江区：西陵社区——“以德为邻、团结互助、情暖万家、共创和谐”大型晚会
萧山区：南市社区——邻里互助“单元活动”、艺术作品展、盆景展等活动
余杭区：南安社区——文艺晚会、饺子宴、才艺比赛、知识竞赛等活动

▶▶资料：10个优秀社区邻居节活动

江干区：洁莲社区——“架起睦邻亲情桥梁”系列活动
拱墅区：卖鱼桥社区——“邻里近、邻里亲、邻里都是一家人”活动
西湖区：九莲社区——相亲相爱一家人想做就做
西湖风景名胜区：金沙港社区——超级邻居齐欢聚，展示才艺大PK
经济技术开发区：景园社区——“有缘结邻里，美食传真情”邻居节之美食大比拼
萧山区：泰和社区——烹饪比赛、文艺演出等系列活动
余杭区：新城社区——“温馨邻里情，温暖邻里心”爱心传递活动、邻里运动会等系列活动
桐庐县：南门社区——“我们是一家”邻居节活动
富阳市：秦望社区——邻居“厨艺大比拼”活动
临安市：万马社区——登山、健身、文艺晚会等系列活动

（梁　军）

·社会福利事业·

【考核“星光老年之家”】 2005年，杭州市新建、改建“星光老年之家”27个。至年底，全市建成“星光老年之家”563个，其中示范型219个、标准型236个、普通型108个。9月，市民政局为进一步推动和促进“星光老年之家”的良性运营和健康发展，根据《杭州市“星光老年之家”管理暂行规定》的要求，对全市563个“星光老年之家”进行了抽查考核。经各区、县(市)民政局初评推荐，市民政局复核评定，评出13个优秀“星光老年之家”和100个先进“星光老年之家”，并采取以奖代拨的方式，奖励150万元福利彩票公益金资助各“星光老年之家”。

【加强社会福利机构管理】 2005年，全市社会福利机构(不含乡镇敬老院)53个，比上年减少1个；床位数5590张，增加678张。其中国家办社会福利机构15个，床位数3266张；集体办社会福利机构24个，床位数1039张；民办社会福利机构14个，床位数1285张。为提高社会福利机构的护理水平和服务质量，杭州市社会福利协会举办了第六期社会福利机构护理员培训班。

2004年民政部实施孤残儿童手术康复“明天计划”以来，全市共有72名孤残儿童接受手术治疗，其中2005年42名。（杨立江）

【福利企业生产稳步增长】 2005年，全市参加年检年审的福利企业574个，注销企业证书的32个，合格福利企业542个。职工4.29万人，其中残疾职工1.86万人。福利企业总资产283.59亿元，比上年下降1.8%；固定资产净值121.54亿元，增长64.1%。全年完成工业总产值290.11亿元，增长8.2%；销售收入273.25亿元，增长2.3%；实现利润14.48亿元，增长8.1%；完成工业增加值51.48亿元，增长15.7%。工业总产值和销售收入继续列全省各市福利企业生产首位。残疾职工养老保险面100%，人均投保额2329元，人均年收入11227元，分别增长28.1%和31.8%。残疾职工上岗率100%，出勤率保持在90%以上。

（王金根）

【发行福利彩票2.49亿元】 2005年，全市发行福利彩票2.49亿元，募集社会福利金8705万元。福利彩票销售量比上年增长65.1%，创历史新高。福利彩票发行总量和人均销售量继续保持全省领先，杭州市电脑福利彩票管理站被省民政厅评为全省福利彩票优秀管理站，全市有16个站（点）被评为省级优秀投注站。为拓宽福利彩票的销售渠道，市民政局积极探索了即开型福利彩票

网点销售的新模式。 (张六三)

【慈善活动广泛开展】杭州市慈善总会2005年募集善款5375万元，接受各类捐赠物资价值74.32万元；支出善款4349万元，其中助困152.70万元，助学567.77万元，助医9.10万元，资助非营利机构3151万元，赈济国外海啸灾区358.12万元；使用捐赠物资价值61.72万元；受益4.18万人次。9月，杭州西湖风景名胜区慈善总会成立。全市13个区、县(市)及杭州经济开发区、西湖风景名胜区慈善总会全年共募集善款9069万元，募集物资价值912.87万元；共支出善款5797万元，使用捐赠物资价值795.35万元；受益60.32万人次。 (黄笑春)

·民政事务管理·

【地名管理】2005年，市政府办公厅下发了《关于进一步加强全市地名管理工作的若干意见》。市民政局下发了《关于进一步规范地名管理工作有关事项的通知》，明确和细化了地名命名、更名、注销的申报、审批等程序，以及道路门牌整编、门牌证的发放等具体规定。根据民政部和省民政厅关于地名规划编制的要求，组织专家编写组对杭州市的地名规划进行修改，增补了地名规划示意图和主要道路规划名称对照表，并召开有关专家、各区地名办主任参加的地名规划论证会。全年投入地名标志设置经费343.20万元，设置各类路牌533块、门牌7.46万块、幢牌1.07万块、其他地名标志25.93万块。

8月，杭州市被评为全国城市标准地名标志设置工作先进城市，受到民政部、交通部、国家工商总局、国家质检总局的表彰。从2002年底开始，市区800多条道路、900多条巷弄、1.76万多座楼宇都按国家标准设置了地名标志，实现了地名标志的“四统一”(统一规格、统一材质、统一字体、统一色彩)。至2004年底，共投入资金1700万元，设置(更新)路牌7031块、巷牌2456块、幢牌3.17万块、门牌63.17万块。实际设标数量68.07万块，占城市应设标总数的99.1%。

【杭州地名网开通】9月，杭州地名网正式开通，除地名公告、政策法规、地名要闻、服务指南等栏目外，还设置了区、县(市)情况栏。市民政局与市规划局合作的、对地名服务工作有重要意义的全市地名空间数据库系统，在完成了现场核对工作后，于12月8日通过初步验收。

【文华路等3条道路顺利更名】9月，位于西湖区的文华路、文新路、文苑路分别更名为文一西路、文二西路、文三西路。在整个更名工作的调查摸底、征求意见、更名实施、后续回访等过程中，市民政局和西湖区政府始终坚持“地名工作为经济建设服务，为人民群众生产生活服务”的指导思想，注意听民意、集民智，确保了这三条道路更名的圆满成功。在市政府批复同意这3条道路更名后，市地名办又会同西湖区民政局共同做好门牌的更换、安装、门牌证的上门发放等工作，并适时组织市民回访。更名全过程实现了“零投拆”、“零上访”，受到沿路群众的好评。

▶▶资料：2005年杭州市区经批准的标准地名

道路更名：文华路更名为文一西路、文新路更名为文二西路、文苑路更名为文三西路、恒泰弄更名为恒泰路

道路名称：紫薇街、龙舌路、紫花支路、江岚路、汇丰街、桃花河弄、永天路、天元巷、丰庆路、锦鸿街、德新路、富义巷、八丈井支路、清水潭巷、密渡桥路一弄、临丁路、广发西路、广丁路、建达街、红普南路、新苑巷、皋塘一路、皋塘三路、七堡中心路、皋塘中心横路、笕丁支路、丁桥路、九堡直街、九杨街、青荷巷、秋涛北路一弄、洑家井、天杭巷、闸弄口横路、闸新巷、金川弄、凯林巷、绿景路、华家池路、留和路、袁富路、申花路、紫荆花北路、体环一路、体环二路、体中一路、体中二路、体中三路、近江东路、聚景弄、近江南路、珊园弄、诗园弄、近江西路、栖园弄、芭园弄、久园弄、近江北路、清静弄、紫荆商街、华西路、上绍路、市民街、香樟街、森林路、公园路、五星路、民心路、丹桂街、四季路、梁祝路、剧院路、菜场路、老杭海路、高技街、通普路、文菁巷、莲花街、东狮路、杜家浦路、振济路、高木桥巷、文幼巷、林语巷、西城路、金丹巷、金颐巷、花园北弄、金康弄、文乐巷、南天巷、天河巷、桂都巷、文古巷、三院巷、古荡东巷、健身一弄、健身二弄、古荡南巷、葛云飞路、华丰东路、桥北路、桥南路、五金路、樟树村路、定山路、大湾路、致远路、新湾路、浴美路、临水路、元宝山路、龙门桥路、义蓬中路、义隆路、伟神路、红枫路、永金路、新宁路、通北路、学东路、和谐弄、宁达弄、盈丰街、桥园路、新城路、风情大道、宏景街、金山路、蜀山路、府东路、三新路、杭新路、联谊路、飞翔路、新达路、新光路、恒发路、大明路、锦绣路、戴兴路、所前中路、迎富街、东方文化园步行街、跨月路、白腊路、湘堤、越堤、旺盛路、杭机路、万年路、达与路、泰极路、河滨街、求学路、东风路、成教路、东塘路、余山路、兴达路、云会路、五福路、福旺路、顿力路、仁河大道、太史第弄、龙皇路、长征路、丰盛路、兴旺大道、朱家路、大吉路、金家渡路、浅港路、管长路、大洋坝路、小洋坝路、好运路、三仓路、万和路、龙泉路、龙潭路、龙舟路、海曙路、站南路、石塘西路、中心街、重阳路、致和堂街、大桥路、国辅路、羊城路、园东路、园西路、后杨路、上洋路、前山路、杜城路、九曲港路、沈港路、姚家路、庙长桥路、三星路

桥梁名称：花园桥港桥、丰花桥、芦荡漾桥、五里塘河桥、竞舟桥、万塘桥、青园桥、艮山桥、映月桥、轻纺桥、香积桥、学院路桥、新塘桥、衍家桥、水湘桥、城东桥、谢家桥、合建港桥、蒋村港桥、枫树湾河桥、全家桥、五常港桥、高技桥、金山桥、荣华桥、六甲桥、大明桥、跨月桥、拥岚桥、望湖桥、引鹭桥、迎柳桥、枕流桥、卧虹桥、梦湖桥、越王桥、定澜桥、采莲桥、浣月桥、织翠桥、映雪桥、倚秀桥、跨湖桥、红丰立交桥

住宅名称：毛家桥公寓、名珏公寓、风雅钱塘世纪花园、文菁花苑、嘉绿景苑、嘉绿景苑东园、嘉绿景苑西园、嘉绿景苑南园、圆梦园锦江南苑、文鼎苑、西城年华公寓、兰韵

天城、金沙学府、枫华府第、小和山新苑、大塘新村一区、钱江一苑、钱江三苑、钱江六苑、钱江七苑、景园小区(临时)、银马公寓、浮力森林苑、天元公寓、香槟之约园、梦琴湾佳苑、林风花园和风苑、林风花园映水苑、林风花园沁林苑、广景苑、美林湾城市公寓、美林湾城市公寓林境苑、美林湾城市公寓云筑苑、美林湾城市公寓翠谷苑、美林湾城市公寓绿岸苑、水澄花园、凯恩西湖金座、百合公寓、之江家园、西鉴枫景公寓、城南家园、三墩颐景园、三墩颐景园荷风苑、世纪新筑、九树公寓、多蓝水岸小区、多蓝水岸小区银沙苑、多蓝水岸小区蓝波苑、多蓝水岸小区碧海苑、多蓝水岸小区听涛苑、梧桐公寓、今日嘉园、香滨湾花园、大浒东苑、长青嘉苑、水岸莲花公寓、翰墨香林苑、立德园、立业园、立志园、盛元慧谷花园、江新苑、嘉禾花苑、星桥新苑、凯旋金牛坊、三塘菊园、三里家园三小区、之江家园龙王居、之江家园龙心阁、之江家园象山居、之江家园柏联苑、之江家园狮子阁、之江家园范浦苑、之江家园定山苑、定海园、九月庭院、红苹果家园、云河家园、海天城、观邸国际寓所、景上公寓、珊瑚沙家园、东方红润园、之江铭楼、新城国际花园、水晶湾城市雅苑、文晖铭园、天城铭园、伊萨卡国际城、伊萨卡国际城绮风园、伊萨卡国际城鹭江园、云溪香山嘉苑、青春都市公寓、锦都嘉园、紫金文苑、岭上花苑、同仁家园、同仁家园怡心苑、同仁家园逸林苑、同仁家园景新苑、同仁家园馨香苑、西溪铭楼、白马湖小区、白马湖小区孔雀苑、白马湖小区凤凰苑、白马湖小区白鹤苑、春波南苑、杨家沁苑、东华苑、弄口新苑、嘉绿文苑西园、三里家园二小区、丁桥兰苑、天地墅园、景悦家苑、南岸理想城、水城、都市春天名苑、戈雅公寓、湖滨花园、湖滨花园浅水湾苑、湖滨花园碧云天苑、湘湖人家、荣星南苑、天乐云都、天乐云都翠竹苑、天乐云都风荷苑、绿洲嘉园、泰和花园百合苑、泰和花园桂花苑、泰和花园玫瑰苑、泰和花园海棠苑、泰和花园芙蓉苑、泰和花园茉莉苑、佳境天城成合苑、佳境天城佳合苑、佳境天城境合苑、佳境天城天合苑、佳境天城人合苑、新白马公寓、如意公寓、戈雅公寓春雨园、戈雅公寓夏风园、戈雅公寓秋云园、戈雅公寓冬日园、东景苑、黎明苑、郁金香岸花园、东城名苑、临江佳苑、锦鸿苑、名仕园、金凌花园、恒安公寓、湘湖人家中鼎苑、湘湖人家谷丰苑、湘湖人家湘滨苑、湘湖人家湖畔苑、湘湖人家人和苑、湘湖人家家逸苑、天河景园、宝庄公寓、戴家桥公寓、杭新公寓、休博园一区、休博园一区提香别墅、休博园一区云深别墅、休博园一区水街排屋、休博园一区水韵排屋、休博园三区、休博园三区揽亭苑、休博园三区映月苑、休博园三区跨湖苑、休博园三区春晓苑、休博园三区临水榭、休博园三区芳草甸、休博园三区晨曦苑、休博园三区望湖居、休博园三区云影苑、休博园三区听风轩、江盛公寓、湘湖家园、金山名苑、汇宇花园、江南世家、尹悦丽景公寓、广仁小区、惠羽家园、星洲翠谷花苑、华庭嘉苑、名仕苑、蓝庭花园、北秀蓝湾花苑、星雅嘉园、翠谷苑、凤祥苑、庭院深深花苑、华翠嘉苑、九曲营小区、爱丽山庄、原舍花苑、名门天第园、河畔新村、南苑一区、南苑二区、圣塘河新村、西小河小区、西苑小区、乐苑小区、新苑小区、塘栖一小区、运动新村、凤凰新村、雅佳苑、梧桐苑、广宇公寓、凤山小区、紫欣华庭、山西桥小区、向康小区、向塘小区、西安新苑、华惠家园、兰惠家园、南湖明筑花苑

建筑物名称:华荣时代大厦、中澳大厦、现代印象广场、金桂大厦、大世界五金城、环球中心、东联大厦、香溢大厦、阳光星城、钱江大厦、美都广场、水澄大厦、复兴广场、杭州新塘综合大楼、平海国际商务大厦、康恩贝大厦、萧宏大厦、浙江华龙国际大厦、杭州汽轮国际大厦、万安商厦、恒生大厦、采荷嘉业大厦、华星时代广场、雪峰大厦、龙禧硅谷广场、迪尚大厦、阳光华城、浙江建设综合大厦、华东药城、恒鑫大厦、高新区西斗门研发基地、三新大厦、滨江商厦、省地税大楼、立元大厦、房经大厦、西湖国际科技大厦、兴耀大厦、西湖文化广场、凯旋公园、复兴国际商务广场、锦都大厦、易构大厦、浙江纺织采购博览城、宁安大厦、江滨假日广场、帝凯大厦、华瑞中心、嘉富广场、天林广场、阳光大楼、长山农贸市场、香江大厦、汇丰大厦、中兴广场、汇宇大厦、南岸明珠广场、南苑菜场、五彩商城、良渚十六街区中心

(罗庆华)

【婚姻登记管理】 2005年,全市办理国内结婚登记4.74万对,比上年下降18%,其中初婚8.40万人,再婚1.08万人;复婚682对。办理国内离婚登记9334对,上升12.6%。办理涉外及华侨、港澳台同胞结婚登记205对,下降20.5%,其中外国人89人,华侨及出国人员36人,港澳特别行政区居民22人,台湾省居民58人。办理涉外及华侨、港澳台同胞离婚登记28对,下降22.2%。

富阳市完成了集中婚姻登记工作。至此,全市的婚姻登记体制改革全面完成。萧山区、余杭区、富阳市、建德市、桐庐县、临安市利用杭州市民政局数字民政平台,8月1日起实现婚姻登记联网,全市已有12个区、县(市)实现了婚姻登记联网。上城、下城、江干、拱墅、西湖、滨江区解放后历年的52万对婚姻登记档案数据录入计算机工作全面完成。

为贯彻落实省民政厅转发民政部《关于开展婚姻登记工作规范化建设活动的通知》,市民政局下发了《开展婚姻登记规范化建设活动的实施意见》,要求各婚姻登记机关积极争创全国规范化建设窗口单位。

【收养登记管理】 全年办理收养登记855件,被收养人855人,比上年下降11.6%。其中市本级30件,上城区8件,下城区9件,江干区24件,拱墅区10件,西湖区18件,滨江区17件,萧山区190件,余杭区162件,桐庐县69件,淳安县34件,建德市85件,富阳市92件,临安市107件。

【殡葬管理】 2005年,全市火化遗体4.26万具,其中杭州殡仪馆火化遗体1.03万具。淳安县进一步深化殡葬改革,11月1日起将威坪镇等9个乡镇全部纳入火化区范围,实现

了全县遗体火化，至此全市的火化率达100%。杭州殡仪馆通过国际运尸网络承办了美国、英国、法国、波兰、印度、澳大利亚、菲律宾、韩国等14起涉外遗体运尸业务。全市经营性公墓、陵园造墓1.16万穴。

4月26日，市政府在余杭区召开2005年全市生态墓地建设工作会议，总结2004年生态墓地建设工作取得的成绩，交流经验，表彰先进。余杭区、桐庐县、富阳市被评为2004年度生态墓地建设先进单位，临安市被评为2004年度“三沿五区”（“三沿”指沿江河堤坝，通航河道，铁路和国、省道公路两侧视野范围；“五区”指风景名胜区、文物保护区、经济技术开发区、旅游度假区和饮用水源地）坟墓治理先进单位。

农村生态墓地建设全面推进，全年新建707个，至年底累计达2092个，生态墓地覆盖率82.3%；50个生态墓地建设示范点全部完成。

为贯彻落实省民政厅转发民政部《关于进一步加强殡葬管理的紧急通知》，市民政局下发《关于贯彻民政部和省民政厅紧急通知精神，进一步加强殡葬管理的意见》，要求各区、县（市）民政部门强化殡葬管理工作，高度重视殡葬行业的行风建设，规范殡葬服务机构经营行为。各殡仪馆都重新审核服务收费标准，进行了适当调整。杭州殡仪馆对31项服务性收费项目进行调整或合并，占所有服务性项目的40%，价格下调幅度14%；丧葬用品（主要为花圈及鲜花）下调幅度28%；还对市区低保、困难家庭成员，城镇“三无”对象，烈士直系亲属，市级以上劳动模范，革命伤残军人和1954年10月31日前参加革命的在乡老复员军人等特殊对象适当减免。

【举行第12次骨灰撒江活动】3月26日，市民政局在钱江第一码头启航的“玉溪号”客轮上举行了杭州市第12次骨灰撒江活动，各界群众约280人参加，有74位已故者的骨灰撒入钱塘江。自1989年11月21日杭州市举行第1次骨灰撒江仪式以来，全市已有849位已故者的骨灰撒江。 （许东良）

【民间组织】2005年底，全市社会团体总数1919个，其中学术性419个、行业性405个、专业性435个、联合性518个、其他142个；有民办非企业单位1050个，其中教育类707个、卫生类61个、文化类34个、科技类72个、体育类28个、劳动类46个、民政类49个、其他类53个。市本级有社会团体618个，其中学术性151个、行业性101个、专业性142个、联合性92个、其他132个；民办非企业单位170个，其中教育类91个、文化类8个、科技类18个、劳动类28个、体育8个、民政类6个、其他类11个。

【农村专业经济协会稳步发展】2005年，杭州市根据省民政厅转发民政部《关于加强农村专业经济协会培育发展和登记管理工作的指导意见》，从调查研究入手，加强农村专业经济协会培育发展和登记管理的工作力度。副市长孙景淼主持《以工促农，以城带乡》课题调研，对农村专业经济协会的发展提出了具体设想和要求。萧山、余杭、临安等8个区、县（市）相继出台农村专业经济协会培育发展意见、登记管理办法及相关政策性文件，同时将这项工作列入当地经济社会发展规划和工作考核目标。8月，市民间组织管理局出版《杭州市农村专业经济协会实践与探索》一书，从实践与理论研究的高度对全市农村专业经济协会的现状、成效、存在问题和发展方向进行了有益的探索。为总结农村专业经济协会培育发展和登记管理经验，市农办与市民政局年底召开全市农村专业经济协会经验交流会，对西湖区周浦养鳖协会等16个先进农村专业经济协会、余杭区农业和农村工作办公室等4个先进业务主管单位、萧山区民政局等8个登记管理机关和娄定水等15名先进个人进行了表彰，萧山区新街花木产业协会、余杭区径山茶叶管理协会、临安市竹笋加工企业协会等7个农村专业经济协会在会上作了经验交流。

至年底，全市已登记的农村专业经济协会204个（其中市本级7个），备案79个。这些协会基本涵盖了当地农业的主导产业，对促进农村经济发展、繁荣农业生产、增加农民收入起到了重要作用。

【开展民办非企业单位自律与诚信建设活动】市民政局及各区、县（市）民政局根据省民政厅《关于进一步深入开展民办非企业单位自律与诚信建设活动的通知》精神，在2005年都召开了民办非企业单位自律与诚信建设动员大会，同时与相关部门联合下发文件，对自律与诚信建设活动进行部署。市民政局与教育局、科技局、劳动保障局、文化局、卫生局等部门多次召开联席会议，采取加强具体指导、加强检查督促、加强经验交流等措施，推动这项活动的深入开展。据年底统计，全市民办非企业单位开展自律与诚信建设各类活动1447次，参加单位606个（次），向社会提供各类免费服务9.35万人（次），低于成本价服务7.71万人（次），直接社会效益达370万元。民办非企业单位开展的这项活动，得到社会各界的广泛好评。

（郑张源）

【流浪乞讨人员救助管理】2005年，全市8个救助管理站共救助1.25万人次，其中杭州市救助管理站救助1.08万人次，占86.4%。受助人员自己进站求助5132人次，占总数的41.1%；由公安部门护送进站7360人次，占总数的58.9%。在原有联合帮扶小分队、救助管理站救助服务队、志愿救助劝导服务队三支队伍的基础上，市城管执法局新成立城管执法服务队，发挥执法队员宣传员、劝导员、信息员的作用，既节省了人力、物力和财力，又提高了工作效率。萧山、余杭、桐庐等区、县（市）设立救助引导牌，确定救治医院，出台适合当地的救助办法，开展了一系列宣传、劝导活动。各救助管理站通过“全国流浪乞讨人员救助管理信息系统”实现联网，经过各方努力，市区重点区域流浪乞讨人员明显减少。杭州市救助管理站扎实做好流浪未成年人的救助保护工作，较好地维护了流浪未成年人的合法权益，2005年荣获“全国维护妇女儿童权益贡献奖”及“浙江省优秀青少年维权岗”、“杭州市十佳优秀青少年维权岗”等称号。 （詹红军）

·残疾人事业·

【残疾人事业概况】2005年，杭州

市有残疾人21.66万人。其中,听力语言残疾9.1万人,视力残疾3万人,肢体残疾3万人,智力残疾2.9万人,精神残疾1.06万人,综合残疾2.6万人。

市残疾人联合会围绕市委、市政府推进"五大战略"、破解"七大问题"中心工作和"带领广大残疾人共同奔小康"的战略目标,认真履行职责,切实加强各级残疾人联合会的自身建设,整体工作呈现出高潮迭起、亮点不断、成果丰硕的局面。在调查研究和总结"十五"期间残疾人工作的基础上,结合杭州实际,制订了"十一五"期间残疾人事业的发展规划,将进一步完善扶贫帮困、法律服务、医疗服务、生活保障和信息网络等工作体系。

【出台扶助贫困残疾人的优惠政策】 5月,市政府为贯彻落实省政府办公厅《关于进一步加强扶助贫困残疾人工作的通知》,率先在全省出台《关于进一步加强扶助贫困残疾人工作的若干意见》,对残疾人扶贫帮困、培训就学、自主创业、保障金征收、福利企业年检等提出了具体要求。市残联在与市残疾人工作委员会成员单位沟通和协调的基础上,又和有关部门联合出台了《杭州市农村残疾人种养大户和示范基地扶持补助(暂行)办法》、《关于对杭州市区生活不能自理且常年卧床不起的困难残疾人实行生活补助的通知》、《杭州市残疾人事业专项调剂金管理暂行规定》、《杭州市农村残疾人种养业扶持补助办法》、《关于下拨工作经费及残疾人综合服务设施(设备)专项补助经费的通知》、《关于下拨2005年度农村贫困家庭危房改造补助资金的通知》、《关于对杭州市区残疾人自主创业个体经营减免有关费用的通知》等扶助贫困残疾人的新规定。这些文件的相继出台和贯彻实施,规范和完善了残疾人保障救助机制,使残疾人能得到更多的实惠。

【安置3718名残疾人就业】 全年安置残疾人就业3718人,其中按比例分散安置1265人、集中安置1460人、个体创业641人、异地安置166人、非正规就业186人。进一步增强征收残疾人就业保障金的工作力度,在缴费基数、征收核定和经费管理等方面实现制度化和程序化,不断推进残疾人分散按比例就业。评选杭州市城镇残疾人个体创业标兵,鼓励和扶持残疾人自主创业。开发社区非正规就业岗位,加大异地安置的工作力度。举办残疾人人力资源交流会,努力营造全社会关心残疾人就业的良好氛围。加强职业培训。根据市场需求,从单纯的课堂职业培训转向实用技能培训。全市各级残联会同有关部门举办残疾人职业培训295期,参加人数达1.05万人次。

【拓展康复工作领域】 杭州市继续深化"光明行动"。6月中旬,市残联、卫生局联合组建医疗队为淳安县109名患者免费实施复明手术。副市长孙景森专程到淳安慰问,省委常委、市委书记王国平对"光明行动"提出了患者"出现一例,发现一例,治愈一例"的明确要求。2005年为1610名困难白内障患者免费实施复明手术,复明率达100%。"光明行动"收到"复明一人、幸福一家、影响一片"的良好社会效果。全年实施白内障复明手术共2913名,聋儿语训150名,助听器选配93台,残疾人康复训练179名。落实《杭州市社区服务业发展规划》,制定社区康复工作达标创先实施办法,全面部署开展残疾人社区康复工作达标创先活动,1500多名社区康复员接受了业务轮训。经年底考核验收,有41个社区被评为先进,354个社区建立了残疾人康复站,其中街道所辖社区残疾人康复站建站率71%,乡镇所辖社区残疾人康复站建站率29%,上城、拱墅区建站率均达到100%。推广无障碍设施进社区、进家庭活动,无障碍设施免费进家庭增至307户。积极探索残疾人康复社会专项救助和将农村残疾人纳入新型农村合作医疗制度新路子,江干、下城、萧山区年内相继出台并实施康复专项救助政策。

【扶持农村残疾人发展种养业】 2005年,全市农村新增残疾人种养业基地12个,安置残疾人89名;在种养业基地中评选出市级示范基地6个,安置残疾人69名,辐射带动残疾人家庭172户;扶持1441名残疾人脱贫和862户残疾人小康示范家庭。为帮助农村贫困残疾人脱贫致富,市残联组织了农村残疾人种养业"百家千户"(100个基地、1000户大户)竞赛,推动全市农村残疾人种养业健康发展;拨出扶贫专款200万元,从经费上给予扶持;开展送科技下乡活动和农村实用技能培训,增长残疾人的业务知识,提高专业技能。

【采取多种形式扶贫帮困】 2005年,杭州市采取形式多样的扶贫帮困工作模式,取得明显效果。继续实施危房改造工程,改善残疾人的居住条件。全年修建、置换、改造农村贫困残疾人危房726户,面积6.01万平方米,其中低保家庭366户,面

杭州市残疾人人力资源交流会　　(市残联 供稿)

积3.44万平方米,市和区、县(市)残联投入经费近1千万元,实现了"三年计划两年完成"的工作目标。以"春风行动"为载体,做好元旦、春节期间访贫问苦工作。市区有3034户困难残疾人家庭得到"春风行动"救助金704万元,其中141户农村困难残疾人家庭37.72万元。各级残联走访、慰问困难残疾人家庭1.68万户,送去慰问金707.83万元、实物价值30.56万元。实施资金扶贫,帮助贫困残疾人解决最直接的实际问题。市残联及各区残联下拨32个街道工疗站经费共320万元,支持工疗站的正常运转,为691名工疗员基本解决"三疗一教育"(工疗、药疗、娱疗和心理教育)所需经费。开展助学活动,有2447人次的残疾学生或残疾人家庭子女得到助学救助,投入保障金179.8万元。

5月14日,市领导看望杭州市聋儿语训部的孩子们。 (市残联 供稿)

【配好街道(乡镇)残联专职干事】 5月,市残联、财政局联合出台《关于招聘街道(乡镇)残联专职干事的实施意见》,明确了街道(乡镇)残联专职干事的待遇和经费来源。专职干事的待遇参照街道(乡镇)帮扶救助站、劳动和社会保障站工作人员的标准,每人3.5万元/年,市、区各承担50%,所需资金在残疾人就业保障金中列支。9月,按照"自愿、公开、公平、公正"的招聘原则,面向社会,从近400名应聘人员中,通过理论考试、面试等程序招聘了54名街道(乡镇)残联专职干事,并举办了新招聘街道(乡镇)残联干事的培训班,提高他们的政治、业务素质和管理、服务水平。拱墅区残联还探索了街道(乡镇)残联专职干事双重管理的工作新模式。

4月,市残疾人联合会召开全市街道(乡镇)残联组织建设工作现场会,明确从组织机构、办公场地设施、制度建设、职责和经费五个方面进行规范和运作。上城、下城、江干、拱墅、西湖、滨江区的社区中,有387个建立了残协,8个建立了残协小组,都配齐了专(兼)职干事,建立了残疾人活动室。继上城、下城区被评为全国社区残疾人工作示范区之后,5月,西湖区又被评为全国社区残疾人工作示范区。10月,江干区被评为浙江省社区残疾人工作示范区。市残联在年初制定了《杭州市残疾人联合会专门协会委员会工作规则(试行)》,各级残疾人协会的工作条件普遍得到改善。至年底,12个区、县(市)先后建立了残疾人各专门协会,上城、下城区还在街道建立了各专门协会的分会。

【举办残疾人文艺汇演】 7月初,市残联、文广新局、教育局和民政局共同主办杭州市第五届残疾人文艺汇演,200名盲、聋、肢体残疾人演员,带着包括声乐、器乐、舞蹈、戏剧小品四个参演类别的42个节目参加演出,得到市四套班子领导和广大观众的好评。这次演出形式多样,内容丰富,具有较高的艺术水平。在7月底举行的浙江省第五届残疾人文艺汇演中,杭州市获团体奖,并有2个节目获金奖、7个节目获银奖。8月,杭州市残疾人参演的《哑女打电话》获第六届全国残疾人文艺汇演优秀奖。

【残疾人体育工作获全国先进】 6月,市残联、体育局联合举办杭州市残疾人游泳锦标赛,有11支代表队的16位盲人、26位聋哑人及39位肢残人运动员参加比赛。9月,组队参加浙江省2005年残疾人青少年游泳锦标赛,以14金10银2铜、总分122分的成绩获得团体总分、金牌总数两个第一。11月,市残联举办了杭州市残疾人棋类比赛。余杭区承办"全球通"杯2005年全国盲人门球锦标赛,余杭男、女盲人门球队分别获男队第1名、女队第4名的历史最好成绩。此外,富阳市轮椅男篮获全国残疾人锦标赛第五名,萧山区坐式排球男、女队分别获全国残疾人锦标赛第7名、第8名。

近几年来,市残联依托社会资源,与市体育局、教育局、文广新局联合建立了7个残疾人文体人才培育基地、1个残疾人体育人才培育基地。8月,市残联、体育局对8个"十五"期间残疾人体育工作先进单位进行了表彰,同时授予9位曾经培育出在全国残疾人体育比赛中获得名次的运动员教练为"爱心教练"称号。10月,杭州市残疾人体育工作获得2005年度全国群众体育工作先进单位的光荣称号。

【扩大盲人免费乘坐公交车线路和范围】 9月,在市委、市政府的关怀和协调下,市区盲人免费乘坐公交车的线路由原来的1路~299路扩大到1路~399路(315路除外),在2001年行政区划调整时划入市区的萧山、余杭区的盲人也可免费乘坐。4月,市残联会同交警部门做好自2000年以来首次开放的残疾人专用车订购、审核、上牌工作。为加强管理,开发了杭州市残疾人专用车管理软件系统,建立了市、区联网残疾人专用车信息数据库。

【开展助残宣传活动】 2005年,市残联围绕第15次全国助残日和第14个国际残疾人日,大力开展助残宣传活动。制作残疾人就业扶贫专题电视片,展示就业扶贫10年来的工作成果。推出武林广场大幅公益广告,营造扶残助残的良好氛围。与《杭州日报》联合组织首届杭州市残疾人事业十大新闻亮点评选活动。举办首届残疾人书画艺术作品展。在盲人节、聋人节、肢残人节、爱耳日等各类残疾人节日,开展形式多样、生动活泼的宣传活动。

1月,成立杭州市残疾人事业新闻促进会。6月,市残联与杭州电视台联办的“明珠手语新闻”获浙江省第七届残疾人事业好新闻奖电视类第一名,另有十件作品获好新闻奖。12月,市委宣传部、市劳动保障局、团市委、《杭州日报》联合举办杭州市双十佳创业新星评选活动,残疾人徐传友、胡沛根以高票入选。

【加强残疾人联合会自身建设】 年初,市残联制订了对区、县(市)残联考核办法,分解工作目标。年终,组成考核组对13个区、县(市)残联进行逐个检查、考核。通过听汇报、查台帐、看实绩及综合分析,评出残疾人工作先进和优胜单位,推动残联各项工作的开展。市残联被评为2005年度浙江省先进残联,江干、滨江区残联分别被评为江干、滨江区级机关满意单位。 (严云云)

·民族·

【民族概况】 2005年,杭州市有少数民族46个,户籍人口4.48万人,占全市总人口的0.65%。超过千人以上的少数民族有回族、满族、畲族、壮族、苗族、侗族、布依族和土家族等8个民族,呈现大散居、小聚集的分布格局。桐庐县莪山畲族乡是杭州市唯一的少数民族乡,面积28.73平方千米,辖13个行政村,总人口9800人左右,畲族占总人口的26%。全市有少数民族村23个,其中桐庐县7个、淳安县1个、富阳市2个、建德市8个、临安市5个。

杭州师范学院附属三墩高级中学开设新疆班,是杭州市落实加快西部开发战略的重大举措。2000年9月,首批来自新疆维吾尔自治区的维吾尔、哈萨克、乌孜别克、柯尔柯孜、蒙古、回族6个少数民族共80名学生到该班就学。三墩高级中学新建新疆班校舍,教学、生活设施完备,专设清真食堂。几年来,三墩高级中学走出了一条具有杭州特色的民族教育的成功之路,曾被评为全国民族团结教育先进集体。

8月,省民族宗教事务委员会副主任陈智慧在杭州市民族宗教局有关人员的陪同下,实地考察了建德、桐庐、淳安、临安、富阳等县(市)的民族工作,并对少数民族发展资金扶持项目实施情况进行了检查。

【市民族宗教局获全国民族团结进步模范集体称号】 5月27日,中央民族工作会议暨国务院第四次全国民族团结进步表彰大会在京召开,杭州市民族宗教局荣获全国民族团结进步模范集体称号,建德市钦堂乡大岩山畲族村党支部书记钟国良荣获全国民族团结进步模范个人称号。

近几年来,市民族宗教局紧紧围绕“共同团结奋斗、共同繁荣发展”这个主题,积极探索民族工作新路子,勇于创新,扎实工作,切实保障少数民族的合法权益,促进少数民族经济和各项事业的健康发展,维护社会的团结稳定,作出了显著成绩。

【召开市区兰州拉面馆规范工作座谈会】 6月9日,市工商局牵头召开了市区兰州拉面馆规范工作座谈会,市卫生局、环保局、行政执法局、民族宗教局的有关负责人,青海省化隆回族自治县人民政府驻杭办事处负责人及在杭兰州拉面馆业主代表参加。会议就兰州拉面馆整治规范工作和在杭开设兰州拉面馆的标准问题等进行了座谈。

座谈会上,各有关部门分别通报了开展兰州拉面馆专项整治以来的工作情况,向经营户进一步宣传工商、环保、卫生、民族宗教、行政执法等相关法律法规。会议认为,要按照市政府《关于开展市区无证照“兰州拉面馆”专项整治工作的通知》精神,继续扎实有效地做好整治工作。同时,按照“堵疏结合、以疏为主”的原则,在进一步调研的基础上,出台准入条件的有关政策和措施。

【慰问少数民族贫困农户】 春节前后,市民族宗教局根据全市少数民族乡村经济社会发展水平相对落后、畲族群众经济生活水平普遍较低的特点,有针对性地开展了“党员下畲乡,关爱送农家”活动,对百户畲族贫困家庭进行慰问。2月3日,市政府副秘书长杨菊芳等到桐庐县莪山畲族乡尧山坞村看望和慰问了4户畲族农户。2月8日除夕,市民族宗教局机关党员干部,专程给桐庐县莪山畲族乡尧山坞村5户畲族贫困农户送去了彩色电视机,使这些农户第一次看到中央电视台春节联欢晚会节目。

这一活动得到桐庐、建德、富阳、淳安和临安市(县)民族工作部门的支持配合,使民族贫困农家深切感受到党和政府的关怀和温暖,在畲族乡村群众中引起了强烈反响。

市民族宗教局机关干部为畲族贫困农户送彩电 (市民族宗教局 供稿)

【市政协到富泽民族村视察调研】 1月22日,杭州市政协一行4人在市民族宗教局有关人员陪同下,到淳安县千岛湖镇富泽民族村就杭千高速公路建设拆迁征地进行视察调研。市政协一行听取了村"两委"主要负责人的情况介绍,察看了村民拆迁定居点,走访了村民拆迁户,了解了村民对杭千高速公路建设拆迁征地的情况反映。市政协调研人员表示,将高度关注拆迁村民的实际问题,支持和帮助他们发展经济,防止因拆迁失地而返贫。

【组织专家给畲族群众送医送药】 3月24日,市民族宗教局组织名医专家送医下乡,为临安市於潜镇众社畲族村少数民族群众检查身体、把脉看病、送医送药。咨询现场大红横幅高挂,附近的畲族村民奔走相告,前来咨询、检查和就诊的群众130多人次。

近几年来,杭州市位于边远地区的少数民族乡村交通设施有了很大改善,经济社会事业快速发展,但看病难的问题一时难以解决。市民族宗教局发挥市民族团结促进会会员中专家多的优势,选择春季疾病多发时期,根据民族山村的实际需要,组织了这次有意义的送医下乡活动。

【民族山村"爱之路"建成通车】 4月2日,桐庐县莪山畲族乡山阴湾村村口崭新的水泥村道上,彩旗飘扬,鞭炮齐鸣,由杭州市基督教两会捐助修建的村道"爱之路"揭牌暨通车仪式在这里隆重举行。

山阴湾村由于交通不便,经济发展缓慢,引起杭州市、桐庐县两级民族工作部门的高度重视。市和县、乡财政安排了专项扶助资金,新建近3千米长的村道。市基督教两会得悉后主动捐助10万元,使该村道得以顺利建成。村民为感谢市基督教两会的热情帮助,把这条路称为"爱之路"。

【召开城区民族工作现场会议】 为贯彻中央民族工作会议精神,探索城市社区民族工作的新思路、新方法,进一步做好城区的民族工作,8月30日,市民族宗教局在下城区天水街道延安新村社区召开城区民族工作现场会议,上城、下城、江干、拱墅、西湖、滨江、萧山、余杭8个区的民族部门负责人参加会议。省民族宗教事务委员会副主任陈智慧到会祝贺并讲话。会后,大家参观了延安新村社区民族文化馆、社区少数民族美食展和长庆街道的民族文化墙。 (雷俊峰)

名医专家在民族山村为村民诊疗 (市民族宗教局 供稿)

·宗教·

【宗教概况】 杭州市五大宗教俱全,信徒众多。2005年底,全市经政府登记的寺观教堂及简易活动场所890处,其中正式登记开放的676处(佛教33处、道教2处、伊斯兰教1处、天主教11处、基督教629处),保留登记的169处,临时登记的45处;有教职人员827人。可统计的宗教信徒有基督教21万多人、天主教2400多人、伊斯兰教3000多人,佛、道教信徒无法统计。

全市宗教界人士响应"宗教与社会主义社会相适应"的号召,拥护中国共产党的领导,拥护社会主义制度,积极参政议政。发扬各宗教优良传统,挖掘教义教规中的积极因素,引导广大信徒投身社会主义现代化建设。关爱社会人群,积极参加社会公益事业,开展为民服务、扶困济贫活动。办好教务,为构建和谐社会,创造良好的环境。管理好寺观教堂,为杭州的旅游事业服务。2005年,仅春节"黄金周"期间,市区佛、道教的寺院(宫观)就接待游(香)客72万人次。

1月2日,杭州市副市长项勤等看望了部分宗教界人士,实地检查了道教、基督教、天主教等宗教活动场所安全、内部管理和基本建设等情况。7月13日,市人大常委会副主任安志云和民宗侨委部分专委、市人大代表,对基督教工作情况进行调研,实地察看了崇一堂和萧山区城厢基督教堂等基层堂点。

12月5日,市民族宗教局召开全市2004年度"五好"宗教活动场所和"五好"宗教界人士表彰大会,表彰"五好"宗教活动场所32处、"五好"宗教界人士38名。

【举办《宗教事务条例》培训班】 国务院2004年11月30日颁布的《宗教事务条例》,于2005年3月1日起正式实施。3月16日~17日,市委统战部、市法制办、市民族宗教局联合举办了《宗教事务条例》培训班。全市各有关部门负责人、宗教工作重点乡镇负责人和宗教工作干部一百多人参加培训。与会人员表示要全面贯彻党的宗教信仰自由政策,依法管理宗教事务,坚持独立自主自办原则,积极引导宗教与社会主义社会相适应。

【民族宗教界为海啸受灾国捐款80万元】 2004年12月26日,印尼苏门答腊岛附近海域发生强烈地震并引发海啸,对印尼、马尔代夫、印度、斯里兰卡、孟加拉国、泰国、马来西亚和缅甸等国家造成重大人员伤亡和巨大经济损失。这一空前惨烈的灾难，也牵动着杭州市民族宗教界人士的心。2005年1月1日~3日，市佛教协会、市道教协会、市伊斯兰教协会、市基督教三自爱国会、市基督教协会、市天主教爱国会、天主教杭州教区等爱国宗教团体及寺观教堂先后举行为受灾国家祈祷活动，表达对亡者的悼念，并祝福生者消灾，健康吉祥。全市少数民族和爱国宗教团体发扬扶贫济困、乐善好施的优良传统，积极为受灾国家募集善款。1月5日，市民族宗教局举行了杭州市民族宗教界向地震和海啸受灾国人民捐赠仪式，共捐赠人民币80万元。

【举行第三届吴越佛教文化与社会研讨会】 6月9日~10日，由市佛教协会、市宗教与社会主义社会相适应研究会主办，市佛学院承办的第三届中国杭州“吴越佛教文化与社会——纪念义天大师诞辰950周年”学术研讨会在杭州举行。省委常委、市委书记王国平致信祝贺，省民族宗教事务委员会主任钟小毛等到会，副市长项勤在闭幕式上讲话。

北宋时期，韩国高僧义天大师来中国求法，曾在杭州慧因寺师从净源法师学习佛教华严宗教理。义天大师回国后，为报师恩，曾数次捐建慧因寺、赠送经书等，与杭州佛教结下不解之缘，成为中韩佛教交流史的一段佳话。这届研讨会围绕义天大师的生平、佛学思想、对中韩两国佛教界和民间友好交往所做的贡献进行了深入的研究与探讨。

【基督教崇一堂新堂落成】 5月5日，市基督教两会举行崇一堂新堂落成典礼暨《爱的人生》一书首发式。全国政协副主席、中国基督教三自爱国运动委员会名誉主席、中国基督教协会名誉会长丁光训，中国基督教三自爱国运动委员会主席季剑虹，省政协副主席吴国华，市人大常委会副主任安志云，市政协副主席曾东元，省、市有关部门领导，海内外基督教人士和信徒近5000人参加。

新建的崇一堂坐落于江干区，总面积1.1万平方米，教堂建筑7000平方米，能够同时容纳5000人礼拜。崇一堂的恢复重建，体现了宗教信仰自由政策在杭州市得到了进一步的贯彻落实。

《爱的人生》一书是市基督教两会根据全国基督教神学思想建设精神的要求，结合杭州教会的实际，在多次召开神学思想建设研讨会的基础上，挖掘圣经伦理道德的教训编写的，旨在引导信徒树立正确的圣经观，在公民道德建设中发挥积极作用。此书经有关部门批准，由宗教文化出版社公开出版发行。

【天主教杭州教区管理委员会召开第二次会议】 6月22日~23日，天主教杭州教区管理委员会为加强管理工作，完善管理组织，推进民主办教进程，在嘉兴召开了第二次会议，杭州教区的神长教友代表参加。会议审议了教区管理委员会章程及人事、财务等管理制度，讨论了部分堂口解决自养的方案，对完善教区管理组织等提出了许多好的意见和建议。

新建的基督教崇一堂　（市民族宗教局 供稿）

【召开弘扬佛教文化专题座谈会】 9月17日，为贯彻落实市委关于弘扬佛教文化，打响“东南佛国”品牌的指示精神，市民族宗教局和市宗教研究会邀请浙江大学、省社科院、杭州师范学院、市委党校和市社科院的有关专家学者近20人举行了专题座谈会。专家们认为，杭州佛教历史悠久，佛教遗迹众多，佛教文化底蕴深厚，素有“东南佛国”之称，是杭州历史文化的重要组成部分。与会人员结合自己的研究和思考，就杭州市如何弘扬佛教文化，打响“东南佛国”品牌纷纷建言献策，提出了许多宝贵的意见和建议。

【举行和平祈祷活动】 8月，为纪念中国人民抗日战争暨世界反法西斯战争胜利60周年，中国宗教界和平委员会倡导五大宗教举行世界和平祈祷活动，杭州市五大宗教积极响应。市佛教协会、道教协会、伊斯兰教协会、天主教协会、基督教两会分别在灵隐寺、净慈寺、福星观、凤凰寺、天主堂、思澄堂等宗教活动场所，按照各教的传统和仪规，举行祈祷仪式，祈祷世界和平，祝愿人民幸福康宁。近万名信教群众参加了和平祈祷活动。市五大宗教团体负责人参加了在市政协举行的纪念抗日战争胜利60周年座谈会。与会代表回顾了各爱国宗教团体同全国人民一道奋起抗击日本侵略者，积极投身抗日救国运动的历史；对日本当局在战后一味回避责任，甚至美化罪恶历史的行经表示强烈谴责。宗教界人士表示，一定要遵循“友好、和平、合作、发展”的宗旨，高举爱国爱教的旗帜，牢记历史，不忘国耻，团结带领广大信教群众，坚持走宗教与社会主义社会相适应之路，为实现中华民族的伟大复兴，维护世界和平作出应有的贡献。

【市佛教协会召开第四次代表会议】 11月19日~20日，杭州市佛教协会召开第四次代表会议，各区、县(市)佛教协会、寺院和居士代表共100多人参加。会议总结了上一届市佛教协会的工作，提出了今后五年的任务，修改、通过了市佛教协会章程，选举产生了新一届领导班子，光泉法师当选为市佛教协会第四届理事会会长。

多年来，杭州市佛教协会认真贯彻落实党的宗教政策，积极维护佛教团体、寺院和教职人员的合法权益，充分发挥爱国宗教团体的桥梁、纽带作用；团结带领佛教界人士和广大佛教徒继承、发扬佛教的优良传统，积极参加社会慈善和公益事业，赢得了社会的尊重；在探索宗教与社会主义社会相适应方面进行了许多新的、卓有成效的尝试，促进了宗教的和睦和社会的和谐。

【净慈寺举办“吉祥钟声迎新年”活动】 2004年12月31日晚，省旅游局、市旅委和净慈寺联合举办“吉祥钟声迎新年”活动，浙江省副省长钟山、杭州市副市长项勤等省、市领导，来自日本、韩国、新加坡、美国、德国等国，和中国香港、澳门、台湾地区的280余名宾客，以及3000余名杭州市民参加，共庆新年的到来。当吉祥钟声在新年零点响起时，净慈寺院内外爆发出一片欢呼声，群情沸腾。大家互致问候，祝福新年快乐，祝福充满希望和喜悦的2005年的来临。连续多年的“吉祥钟声迎新年”活动，使净慈寺和杭州在国际上更加声名远扬，为杭州市乃至浙江省对外友好交往和旅游事业的发展，作出了新的贡献。

【交流禅茶茶艺】 6月10日，在杭州佛教文化中心举行中韩茶文化交流活动，杭州佛学院学僧与韩国茶艺人分别表演了“天竺禅茶”和“独修禅茶”等茶艺，这是杭州乃至浙江省第一次由佛教僧人和国际友人同台表演茶艺。

“茶”源自于佛教，禅茶更是佛教文化的重要组成部分。杭州佛教界举办的这次禅茶文化交流，对开发禅茶文化，推动杭州传统茶文化的深入发展，打造“茶为国饮、杭为茶都”，都具有积极作用。

【举行海峡两岸佛教文化交流音乐会】 11月3日，由杭州市佛教协会主办，杭州佛学院承办的海峡两岸佛教文化交流音乐会在杭州剧院举行，台湾佛光山梵呗赞颂团的近百名团员和杭州佛教梵呗团的90名法师用心灵和智慧演奏来自天籁的神曲，把拳拳爱国之心和血浓于水的亲情融会于佛教音乐之中。

国家宗教事务局局长叶小文，省人大常委会副主任孙优贤，副省长钟山，省政协副主席李青、王培民，杭州市市长孙忠焕，省、市有关部门领导，中国佛教协会副会长戒忍法师及台湾佛光山开山祖师星云大师，诸山长老、杭州市区各大寺院四众弟子等1600多人观看了音乐会。（雷俊峰）

·人民生活·

【城市居民收入稳步提高】 2005年，杭州市全面建设小康社会进程加快，各级政府采取了扩大就业、扶植发展个私经济等一系列政策和措施，城市居民收入稳步提高。据抽样调查，市区城镇居民人均家庭总收入18762元，比上年增长17.8%，其中人均可支配收入16601元，增长14%，扣除价格因素，实际增长12.1%。

工资性收入快速增长。2005年人均工薪收入12961元，增长22.3%，增幅比上年上升12个百分点，拉动人均家庭总收入增长14.8个百分点。其中，工资及补贴收入12235元，增长22.8%；其他劳动收入726元，增长13.9%。工薪收入占总收入的69.1%，比上年提高2.6个百分点，是居民收入的主要来源。

经营性收入大幅增长。为了加快经济发展，扩大就业渠道，杭州市制定了一系列鼓励和促进个体私营经济发展的优惠政策，使个体私营经济有了良好的发展环境和空间，从业人员不断增加，居民经营净收入大幅增长。据抽样调查，从事个体经营者的人数增长33.3%，人均经营净收入1041元，增长56.2%；经营净收入占家庭总收入的5.5%，比上年上升1.3个百分点。

财产性收入迅猛增长。随着居民家庭资产积累的增多和投资意识的增强，居民的收入渠道不断拓宽，财产性收入增长迅猛。2005年市区城镇居民人均财产性收入586元，增长1.34倍，拉动人均家庭总收入上升2.1个百分点；财产性收入占家庭总收入的比重由上年的1.5%上升到3.1%。财产性收入迅猛增长的原因一是出租房屋收入成倍增长。由于居民家庭拥有出租房屋增多，且出租房面积增加，使人均出租房屋收入成倍增长。2005年人均出租房屋收入411元，增长2.15倍，占财产性收入的70.2%。二是投资收入大幅增长。居民人均投资收入（包括利息收入、股息与红利收入、保险收益、其它投资收入）为169.11元，增长45%。三是扶贫帮困力度加大，社会救济收入增长迅猛。市委、市政府通过“春风行动”和姐妹帮扶等一系列措施加大了对困难群体的扶贫帮困力度，人均社会救济收入37元，增长1.85倍，其中20%的低收入户人均社会救济收入148元，增长2.63倍。

【农村居民收入继续增长】 杭州市不断加大对“三农”的扶持力度，农业和农村经济发展形势良好，农村居民收入持续增长。据农村居民收支调查资料，2005年人均纯收入7655元，比上年增加705元，增长10.1%。

工资性收入增长11.1%。由于各级政府采取多种鼓励措施，促进民营经济、“三资”企业、股份制企业的不断发展和壮大，有效地吸纳了当地农村居民就业，解决部分农村剩余劳动力就业，从而带动了工资性收入的稳步增长。全年农村居民人均工资性收入4317元，比上年增加430元，增长11.1%。其中从本地域企业得到的收入为3130元，占工资性收入的75.5%，增幅上升7.8个百分点。由于外出从业人数增多，农民外出从业得到的劳动报酬明显增加，从上年的536元提高到732元，增幅达36.6%。

经营性收入增长9.8%。随着城乡经济协调发展，农村小城镇建设步伐加快，各类基础设施建设力度不断加大，为农村居民家庭经营二、三产业提供了广阔的发展空间。2005年，全市农村居民家庭经营收入人均2743元，比上年增加245元，增长9.8%。在稳定第一产业的基础上，积极引导农村居民大力发展二、三产业，使家庭经营二、三产业收入实现了高速增长。全年农村居民人均家庭经营二、三产业纯收入1814元，增加882元，增幅达

94.6%，其中二、三产收入分别为826元和988元，分别增长86.9%和101.6%。来自一产收入为1259元，增长0.7%。

非经营性收入增长5.3%。2005年，全市农村居民人均非经营性收入595元，比上年增加30元，增长5.3%。

【发展和享受型消费需求日益显现】随着收入的较快增长，各项社会保障的逐步完善，居民的消费水平明显提高，发展和享受型消费需求日益显现。2005年，市区城镇居民人均消费性支出13438元，比上年增长19.8%，增幅比上年高7.1个百分点，扣除价格因素，实际增长17.8%。居民消费率(即居民消费支出占可支配收入的比例)达80.9%，提高3.9个百分点。交通和通信支出增幅最大，家用小汽车快速进入居民家庭，汽车消费依然是亮点。市区城市居民人均交通和通信支出2234元，增长74.5%，增幅比上年高41个百分点，居八大类消费支出之首，占消费支出的比重由上年的11.4%跃升至16.6%。其中，人均交通支出1506元，占交通和通信支出的67.4%，增长1.45倍，拉动交通和通信支出增长69.7个百分点，贡献率为93.6%。购买家用汽车是交通支出倍增的直接原因。2005年每百户家庭购买家用汽车2.16辆，人均购买家用汽车支出973元，增长3.12倍，拉动消费支出增长6.6个百分点。至年底，每百户家庭拥有家用汽车12.83辆。家用汽车拥有量的增加带动了车辆保险支出、交通工具服务支出的迅猛增长。其中，车辆保险支出增长80.5%，交通工具服务支出增长2.07倍。另外，受家用汽车拥有量增加和石油价格多次上涨的双重影响，车辆用燃料及零配件支出增长1.82倍，其中燃料支出增长2.14倍。家用汽车消费成为近年来扩大消费、促进经济增长的一大亮点。衣着饰品和美容化妆支出大幅增长。随着生活水平的提高，质地考究、款式新颖的品牌服装成为居民衣着消费的首选。同时，商家形式多样的促销手段，极大地激发了市民的消费欲望。2005年市区城市居民人均衣着支出1299元，增长40.9%，增幅比上年高27.8个百分点。其中，人均购买服装支出1009元，增长42.6%，其他衣着用品支出增长57.1%，鞋类支出增长36.9%。由于成衣化趋势明显，自制服装支出越来越少，居民购买衣着材料支出和衣着加工服务费分别下降14.7%和2.3%。收入持续增长，居民对美的追求日益升级，调查资料显示，2005年人均美容费支出增长95.9%，人均购买金银珠宝饰品增长73.7%，人均化妆品支出增长28.2%。

【教育文化娱乐服务支出居高不下】在物质生活日趋富足的同时，居民的精神文化消费需求不断升温，致使教育文化娱乐服务支出居高不下。2005年市区城市居民人均教育文化娱乐服务支出达1970元，比上年增长14.8%，占消费性支出的14.7%。教育费用保持较快的增长势头，人均支出1043元，增长12.3%，其中学杂费增长13.4%，培训费支出增长37.1%，保育费上调使人均托幼费支出增长61.6%。文化娱乐用品消费增长较缓，人均支出407元，增长4.4%。休闲旅游继续升温，成为消费热点。人均文化娱乐服务支出520元，增长30.7%。人均旅游支出500元，增长35.9%，其中人均团体旅游支出383元，增长45.6%。健身活动支出增长65.2%，其他文娱活动支出增长9.4%。医疗保健消费增幅依然较高，药品支出增势较猛。人均医疗保健支出983元，增长14.9%，其中保健器具、医疗器具和滋补保健品均呈下降态势，分别下降31.7%、18.5%和1.1%，而药品费、医疗费支出均有不同程度的增长，药品费支出增势较猛。人均药品费支出535元，增长31.7%；人均医疗费支出173元，增长6%。

【农民消费结构出现明显变化】杭州市农村居民随着收入的稳步增长，生活消费水平进一步提高。据农村住户抽样调查资料显示，2005年全市农村居民人均生活消费支出6004元，比上年增加621元，增长7.1%。消费结构变化明显，食品、居住和医疗保健支出继续平稳增长，文化教育、衣着、交通通讯等享受型消费增长速度加快。恩格尔系数(食品消费支出占生活消费总支出比重)继续下降。食品消费支出人均2145元，增长2.8%，恩格尔系数为35.7%，下降1.5个百分点。衣着消费支出继续增加。农村居民衣着趋向成衣化，人均支出381元，增加73元，在上年增长12.8%的基础上又增长23.7%。交通通信消费支出继续快速增长。2005年人均支出达680元，在前几年快速增长的情况下又增长17.9%。文教娱乐消费支出趋热。2005年人均支出735元，比上年增增加79元，增长12.0%。医疗保健支出继续上升。2005年人均支出474元，增长33.1%。

日用家电在农家进一步普及。2005年末，农村居民家庭平均每百户拥有洗衣机62台，比上年增加12台；电冰箱72台，增加9台；摩托车73辆，增加13辆；抽油烟机39台，增加8台；空调器57台，增加27台；彩色电视机141台，增加25台。家用电脑和生活用汽车分别达到12台和4辆，均是上年的两倍。全市农村居民每百户拥有移动电话125部，增加34部。

【居住条件不断改善】随着城镇住宅商品化的推进和政府加大对经济适用房的投资力度，市区城镇居民家庭居住条件得到较大改善。据市城调队对市区600户居民家庭抽样调查，2005年市区有88.5%的居民家庭已经拥有自己的住房。至年末，市区城镇居民人均住房使用面积达20.7平方米，比上年末增加2.9平方米。全年人均家庭设备用品及服务支出674元，增长20.1%。其中，人均家具支出94元，增长65.9%；人均室内装饰品支出42元，增长61%；人均购买床上用品96元，增长60.4%。居住类支出1151元，增长8.4%。其中，水电燃料费人均支出627元，增长19.1%；居住服务费人均支出64元，增长146.1%。

2005年农村居民人均居住面积66平方米，比上年增加7.1平方米。使用液化气的家庭比重由上年的53%上升到61.1%，89.1%的农户拥有洁净的卫生设备，使用空调器的用户数占31.5%。全年居住消费人均支出1143元，增长5.3%，占生活消费总支出的19.1%。

(卢学法)

·人口和计划生育·

【人口和计划生育概况】2005年，杭州市坚持把人口和计划生育工作作为事关经济社会发展的重大战略任务来抓，实施人口与发展综合决策，统筹安排。市委、市政府主要领导和四套班子分管领导多次参加有关人口和计划生育工作会议，深入基层调研督查，解决实际问题。1月28日，召开全市计划生育国土资源环境保护工作会议，省委常委、市委书记王国平和市委副书记、市长孙忠焕等出席，全面部署了人口和计划生育工作。7月28日，召开全市半年人口形势分析会，市领导于辉达、陈重华等到会并讲话。9月5日~9日，市委、市政府组织检查组对各区、县(市)贯彻落实中共中央、国务院《关于加强人口与计划生育工作稳定低生育水平的决定》情况进行了专项检查。9月26日~28日，省督查组全面检查杭州市贯彻落实情况，给予了充分肯定和高度评价。12月29日，召开市人口与计划生育领导小组会议，专题听取人口和计划生育工作情况汇报。各区、县(市)坚持党政一把手亲自抓、负总责，认真落实人口和计划生育目标管理责任制。各相关部门密切配合，齐抓共管，综合治理人口计生工作。

2005年，杭州市以稳定低生育水平为中心，以开展优质服务为抓手，以深化综合改革为动力，全面完成省政府下达的人口和计划生育各项目标任务。据计划生育统计报表，全市出生52944人，人口出生率8.07‰，自然增长率2.45‰，总和生育率保持在1.30以内；计划生育率98.06%，比上年提高0.08个百分点；出生人口性别比104.15，继续保持在正常范围；统计质量提高，误差率控制在2%以内。全市“低出生、低死亡、低增长”的现代人口再生产类型进入比较稳定的时期，低生育水平进一步巩固，圆满完成了全市“十五”人口和计划生育事业发展计划。2005年，杭州市被评为全国婚育新风进万家活动先进集体和全国避孕药具管理服务工作先进集体。

【推进新型生育文化建设】杭州市深入开展婚育新风进万家活动，精心打造新型生育文化示范园区，至2005年底，已累计建成211个，在建94个。开展各种主题宣传活动。1月6日，在武林广场举行“13亿人口日”宣传周启动仪式，市委副书记于辉达、市人大常委会副主任安志云、副市长陈重华、省人口计生委副主任严掌法等出席，各地开展了丰富多采的宣传活动。市人口计生委与西湖区联合开展的“人口文化进校园”活动有声有色，受到省人口计生委和省教育厅的充分肯定。各级人口计生部门全年举办各种宣传活动1485次，参与群众121万余人次。2005年，下城区、西湖区被评为全国婚育新风进万家活动示范区，上城区人口计生局被评为全国婚育新风进万家活动先进集体。实施计生干部素质提升工程，组织开展“万人培训”活动。市人口计生委与市委宣传部、党校联合下发加强人口理论教育工作的文件，在市委党校建立了全省首个干部人口理论教育基地。10月，邀请国家人口计生委副主任赵白鸽在市委理论学习中心组会上作了题为《中国人口与经济社会协调发展》专题报告。全年各级人口计生部门举办各类培训班276期，培训干部1.1万余人次。

【创建计划生育优质服务县(市、区)】2005年，杭州市继续开展计划生育优质服务县(市、区)创建活动，上城区被评为国家级，江干区、西湖区、富阳市被评为省级，淳安县、桐庐县被评为杭州市级计划生育优质服务县(市、区)。提倡“真心、真情、真诚”服务和“温馨化、人性化、个性化”服务，深受群众欢迎。积极探索社会化服务新途径，在拱墅区成立了全省首个社会化服务机构——杭州市心心人口与计划生育事务所。大力推进“政府购买服务”新方式，与卫生及医疗单位合作开展计划生育技术服务。全年开展计划生育查孕、查环、查病服务130万余人次，节育手术服务5.9万余人次，上门随访服务10.28万余人次。深化避孕药具管理服务改革，年底市区有免费发放点2235个，最大限度地满足了育龄群众避孕节育和生殖健康需求。11月，省人口计生委召开全省深化避孕药具管理改革工作现场会，总结推广了杭州市的改革经验。

【深化青少年青春健康服务】杭州市实施青春健康国际合作项目取得良好成效，走在全国前列，2005年实施范围由市区9个项目点扩大到富阳、临安等地。4月22日，市计划生育指导站建立了全省第一个青少年生殖健康服务中心。4月23日~25日，市人口计生委和计生协会承办了联合国人口基金会、美国适宜卫生技术组织、中国计生协会青春健康2005年青年网络工作会议。6月，市人口计生委与市委宣传部、市教育局等7部门联合出台《杭州市开展青春健康教育服务工作的意见》，将项目工作深化为经常性的教育服务。9月30日，市人口计生委与市委

杭州市农村部分计划生育家庭奖励扶助金首发式　（市人口计生委 供稿）

宣传部联合召开青春健康项目推广会，副市长陈重华到会讲话，部署工作。全年对16.8万名青少年进行了宣教服务和生活技能培训，为235例非意愿妊娠少女提供了免费救助。

【夯实基层基础工作】对计划生育后进地区，继续做好转化工作，加强对市、县两级重点乡镇的指导帮扶，促进全市工作平衡发展。6月，市人口计生委下发《关于进一步加强重点指导乡镇帮扶工作的意见》，多次组织督查组进村入户调研指导。各区、县(市)进一步加大领导、考核和工作力度，督促重点乡镇进行整改。11月23日，市政府在淳安县召开座谈会，总结计划生育后进地区的转化工作，落实下一阶段的整改措施。年底考核，11个重点乡镇计划生育率94.05%，比上年提高3.73个百分点。淳安县鸠坑乡、里商乡通过验收，由重点指导转为正常管理。推进计划生育村(居)民自治工作，全市村、居民自治达标率分别为76.4%、80.4%。加强基层计生协会建设，在余杭区崇贤镇进行的"两委负总责、协会当骨干、群众做主人"的试点工作成效良好。开展育龄妇女信息再调查，进一步摸清基层底数，提高对育龄妇女的管理服务率，全市130余万名已婚育龄妇女信息基本纳了信息库管理。

【加强流动人口计生管理】2005年，市人口计生委应用流动人口信息交换平台，提高流动人口信息的提交率和反馈率，积极探索、推行流动人口多元化管理服务模式，联合相关部门实行综合治理。坚持以人为本，对流动人口开展市民化、亲情化、人性化管理服务，与户籍人口一样同宣传、同管理、同服务、同免费供应避孕药具。12月，精心组织开展了全市流动人口宣传服务月活动，受到外来人员的广泛好评。国家人口计生委先后专程到杭州市拍摄流动人口计生管理服务宣传片和开展专题调研。

【规范计划生育依法行政】杭州市各级计划生育部门认真执行计划生育行政执法责任制，严格执法，规范管理，全年无违反计划生育规定的事件和行政侵权行为发生。高度重视信访工作，信访立案率、按时结案率都达100%。积极探索社会抚养费依法征收新路子。市人口计生委多次与市中级法院协调，研究解决联合执法的问题，于4月联合下发《关于征收社会抚养费非诉案件执行工作的意见》，在全省率先建立了人口计生部门与法院行政执法联动机制。全市征收社会抚养费兑现率、结案率分别比上年提高4.7和4.1个百分点。

【奖励扶助农村部分计生家庭】年初，省人口计生委和市人口计生委分别在桐庐县、滨江区开展奖励扶助农村部分计划生育家庭的试点工作。5月，市人口计生委与市财政局联合出台《关于开展对农村部分计划生育家庭实行奖励扶助制度试点工作的实施意见》。6月27日，在桐庐县隆重举行奖励扶助金首发仪式，市人大常委会副主任安志云、副市长陈重华、市政协副主席韩国熹和省人口计生委副主任宋贤能等出席。临安市率先实行奖励扶助制度。年内，全市有1303人受到奖励扶助，发放奖励扶助金78.2万元。进一步完善计划生育公益金制度，《杭州市计划生育公益金管理实施办法》于11月正式实施。2005年，全市共发放各类计划生育奖励扶助资金1418万元，其中公益金391.1万元，对3679户家庭进行了救助。

【开展人口发展战略研究】1月18日，在滨江区会展中心举行了市计生委更名为市人口计生委的授牌仪式，市人大常委会副主任安志云、副市长陈重华、市政协副主席曾东元、省人口计生委主任陈艳华等出席。市人口计生委认真履行"研究战略、制定规划"的新增职能，加强综合协调，建立了以市政府领导牵头的人口发展战略研究领导小组和课题研究领导小组，落实了研究机构和人员，确定了研究课题，初步建立了"政府领导、部门参与、专家负责、政研结合、课题运作"的运行机制。积极开展人口发展战略研究，年内完成了《杭州市区未来人口预测与趋势分析》、《杭州市人口现代化现状评估及发展对策研究》等课题。12月，召开人口信息发布会，通报了杭州市老龄人口现状和未来发展趋势，引导群众关注、参与人口综合调节。（刘德武）

市计生委更名仪式　（市人口计生委 供稿）

·老龄工作·

【老龄工作概况】2005年，杭州市老龄人口继续增长。据老龄工作部门统计，全市60岁及以上老年人95.99万人，占总人口的14.52%，比上年提高0.31个百分点，其中65岁及以上老年人72.22万人、70岁及以上老年人50.21万人、80岁及以上老年人12.92万人，分别占总人口的10.93%、7.60%、1.95%。市区60岁及以上老年人60.16万人，65岁及以上老年人45.01万人，70岁及以上老年人31.60万人，80岁及以上老年人8.21万人，分别占市区总人口的15.25%、11.41%、8.01%、2.08%。全市百岁及以上老年人共194人，其中男26人，女168人，年龄最大的是萧山区宁围镇合丰村106岁的于阿大老太，1899年10月出生。百岁老人居住分布为：上城区16人，下区城14人，拱墅区15人，江干区18人，西湖区16人，滨江区6人，西湖风景名胜区1人，萧山区56人，余杭区16人，富阳市12人，建德市7人，桐庐县7人，临安市7人，淳安县3人。

老龄机构组织进一步健全。根据人事变动和工作需要，市老龄工委增补了市公安局、市人口计生委、市文广新局、市城建资产经营公司等4个成员单位。富阳、淳安、桐庐、建德等县（市）在乡镇和行政村撤扩并后，及时调整、充实老龄工作领导小组人员，完善基层老年人协会组织。全市区县（市）、乡镇（街道）老龄工作机构健全，678个社区中建立了600个社区老龄工作领导小组、665个社区老年人协会和692支社区助老志愿者服务队伍，分别占社区总数的88.5%、98.1%和102.1%；社区养老保障、医疗保障、生活照料、文化教育、权益保护等为老服务网络有2500个。全市有老龄工作专职人员532人，其中行政编制236人，事业编制57人，聘用239人；人员知识结构进一步优化，大专及以上学历312人，占总数的58.6%。市老龄工办在市委党校举办了为期5天的全市乡镇（街道）以上老龄干部培训班，提高整体队伍的政治和业务素质。

老年文教体育事业全面发展。至年底，各区、县（市）和西湖风景名胜区都建立了老年电视大学分校，教学点发展到653个，秋季在校学员4.39万人，占老年人总数的4.7%，超过省定3%的老年人入学率指标，累计毕（结）业学员13.9万人次；老年大学23所，在校学员9793人，累计毕（结）业2.47万人次；老年学校175所，在校学员2.08万人，累计毕（结）业3.39万人次。全市建有各类老年文艺团队1335个，经常参加活动老年人3.08万人；各类老年体育团队1073个，参加人数4.01万人。

老年福利设施建设步伐加快。年底，全市各类老年活动中心（室）4136个，建筑面积4.45万平方米，分别比上年增长7.8%和12.5%。新改扩建老年公寓9所，新建托老所5个，新增床位666张；乡镇（街道）级以上老年福利机构52个，实有床位5590张；农村敬老院154个，实有床位9778张。市政府投资1.1亿元，建筑面积约1.6万平方米，功能齐全的杭州市老年活动中心，可望于2006年底投入使用。

全市老龄工作会议　　（市老龄工办 供稿）

编制老龄事业发展"十一五"规划。市老龄工办对老龄事业发展"十五"规划的实施情况和《杭州市2004~2005年为老年人办实事》执行情况进行了检查和评估，在此基础上编制了《杭州市老龄事业发展"十一五"规划》（讨论稿），反复征求区、县（市）老龄工委和市老龄工委各成员单位意见，多次讨论修改和补充，形成《杭州市老龄事业发展"十一五"规划》初稿上报，被纳入《杭州市国民经济和社会发展"十一五"规划》。

【召开全市老龄工作会议】 4月15日，全市老龄工作会议在新侨饭店召开。市委常委、组织部长于跃敏出席会议并讲话。副市长、市老龄工委主任孙景淼作2004年老龄工作总结和2005年老龄工作任务的报告。省老龄工办主任黄永正，市老领导陈侠、熊恩生等出席会议。会议还表彰了上城区老龄工作委员会办公室等28个老龄工作先进集体、王克远等34位老龄工作先进个人；淳安县法律援助中心等11个维护老年人合法权益工作先进集体、郑国英等10位维护老年人合法权益工作先进个人；从事老龄工作15年以上的陈侠等25人获得"敬业爱岗荣誉奖"。各区、县（市）党委、政府分管领导和老龄工办主任，市老龄工委成员、成员单位联络员等120余人参加了会议。

【432个社区达到省级规范化标准】 2005年是开展社区老龄工作规范化创建工作的第二年，任务重、难度大。市老龄工办为完成省、市既定的年度创建目标，全面推进，分类指导。将创建范围由省定的8城区和富阳、临安市的城镇社区扩大到全市各区、县（市）城乡社区，办领导和工作人员深入社区，对乡镇翻牌社区和县（市）社区重点进行指导，要求坚持质量，创建一个，达标一个。认真考核，严格把关。9月14日~10月底，组成由市民政局、市劳动保障局、市卫生局、市司法局、市文广新局和市老龄工办等有关人员参加的考评组，对133个申报创建省级达标社区，通过看实地、查台帐、听汇报，对照标准，进行严格的对口抽查考评验收。12月7日~8日，省老龄工办考评组来杭州市抽查，全部顺利达标。至年底，全市共有432个社区达到省级社区老龄工作规范化建设标准，按省定创建范围社区数计算，达标率为93.2%，居全省各市之首。加强调研，积极推广居家养老服务社会化。市老龄工办在深入开展

杭州市首届金婚老人庆典活动 （市老龄工办 供稿）

社区老龄工作规范化创建的同时，抓好已达标社区的巩固和深化工作，探索推广居家养老服务社会化。先后两次组织区、县（市）老龄工办负责人到外省兄弟城市考察居家养老服务工作，并在全国31个城市老龄工作交流会和全省居家养老服务工作经验交流会上作了介绍。上城、下城、江干、西湖区等都在年内全面推广居家养老服务社会化，受到老年人的普遍欢迎。

【抓好老年电大分校规范化建设】市区8所老年电大分校规范化建设被列为市委、市政府2005年为民办实事项目，市老龄工办采取切实有效的措施，在规定的时间范围内，确保了实事办实。与市民政局联合制定《关于落实市政府为民办实事，加强市区8所老年电大建设的意见》，对电大分校的组织机构、教学场地、教学设施、教学管理、教育经费和招生入学率等作了具体的量化规定，明确目标，落实责任；建立每月一次报告制度，年中进行通报交流，平时加强督促检查和指导，及时掌握各区的工作进度和存在的问题；严格按规范化建设的标准进行全面考核验收。由于标准明确，措施到位，责任到人，实事项目提前一个半月完成，荣获市政府为民办实事二等奖。据统计，市区8所老年电大分校共有校舍1290平方米，市财政投入改建资金160万元，各项教学设备均按规定配备，使秋季老年人入学率明显提高，达到4.7%，增幅列全省前茅。

【开展庆祝老人节系列活动】10月11日是浙江省第18个老人节，为体现党和政府对老年人的关怀，营造敬老爱老的良好社会氛围，杭州市开展了系列庆祝活动。走访慰问百岁和特困老年人。老人节前后，市领导朱报春、丁德明、孙景淼等率随行人员分赴富阳和临安市走访慰问特困老人和百岁老人。市老领导陈侠、熊恩生、周玉玲、徐兆骥、胡克昌等率市老龄工办、市老年基金会和市春风行动办公室工作人员，分赴13个区、县（市）慰问675名特困老人和194名百岁老人，给每位老人送上节日慰问金500元。采取省、市、区（县、市）三级联动同步慰问的方式，全市共慰问5598名特困老人和54340名高龄老人，发放慰问金分别为152.14万元和522.23万元。举办百名金婚老人颁奖庆典。老人节，市老龄工办与市文明办、市老年基金会、杭州文广集团在庆春广场联合举办杭州市首届金婚老人庆典活动，市委副书记朱报春出席并致词，市人大常委会副主任丁德明、副市长孙景淼、市老年基金会理事长熊恩生等出席庆典，并为100名金婚老人颁发了金婚证书和纪念品。参加浙江省第五届老年文化艺术周暨老年民间文体精品展演活动。市老龄工办精心组织选送老年人自编自演的器乐合奏《闹金秋》、群舞《开满桂花的杭州》等12个文艺节目，获音乐舞蹈新作调演二等奖3个、三等奖5个和纪念奖4个。举办老年运动会。老人节前，市老龄工办、市老年基金会和市老年体协等单位联合举办了杭州市第六届老年人运动会，比赛项目和参赛人数之多均居历届之最。

【加强维护老年人权益】4月19日是《浙江省实施〈中华人民共和国老年人权益保障法〉办法》颁布四周年，市老龄工办与市司法局等单位联合在吴山广场举办大型专场老年法律咨询活动，组织市法律援助中心、市公证处、浙江海之星等律师事务所30多位知名律师和公证人员，免费解答涉老法律问题，为2000余位老年人发送老年法律法规，有咨询记录的老人达168人。市老龄工办和市司法局领导自始自终在现场解释有关老年法律法规，倾听老年人心声，了解涉老问题。至年底，全市各类老年维权机构增至1976个，有3989位专兼职人员。各级法院全年受理涉老案件210起，审结198起，占总数的94.3%。各级老龄组织接待老年人上访1.88万人次，妥善解决的1.80万人次，占总数的95.8%；收到老年人来信2607件，妥善处理的2075件，占总数的79.6%。

【落实省、市老年人优待政策】杭州市认真实施市政府优待老年人的各项政策，至2005年底已制发老年人优待证70余万张。9月，《浙江省老年人优待规定》出台后，市老龄工办根据市政府办公厅的要求，主动与有关部门协调，通报省优待老年人规定，共同商议落实措施。市政府《关于贯彻实施〈浙江省老年人优待规定〉有关问题的专题会议纪要》下发后，即编写印发《贯彻〈浙江省老年人优待规定〉有关政策问答》，详细介绍申领浙江省老年人优待证手续和享受各项优待规定的具体办法，通过报刊、广播、张贴宣传书等，做到家喻户晓，人人皆知。

（市老龄工办）

墨香和韵，笛声悠扬，这是一个充满诗意的地方。

园林式的庭院位于西子湖畔、古运河侧，四季弥漫着如春的绿意，春桃秋桂、暗香流动。

笑语融融，交谈投缘，棋子轻轻落盘，太极拳柔柔推送，鹤发童颜的老人乐享天年，充满浓郁、和睦、温馨的亲情。

杭州市社會福利中心

Social Welfare

HANGZHOUSHI SHEHUI FULI ZHONGXIN

杭州市社会福利中心位于和睦路451号，是市政府确定的纪念建国50周年重点建设项目和为民办实事工程。中心按国家级福利院标准建设，占地约4公顷，建筑面积约3.5万平方米，绿化面积2万平方米，总投资1亿元，于1999年10月正式开业。

该中心是市民政局所属的社会福利事业单位，以自费寄养为主，具有生活、医疗、康复、文化娱乐等多种功能，是浙江省内档次较高的老年休养中心。院内绿阴环绕，连廊相通，开放大气，设休养楼6栋，床位850张，分单人间、双人间和少数三人间、套间，有彩电、电话、壁柜及独立卫生间(供热水)，每栋楼均配有空调和电梯。有为老年人提供服务的健身房、阅览室、棋牌室、台球和乒乓球室、多功能娱乐厅、餐厅、洗衣房、网球场、垂钓池、室外健身场、花房、地掷球场、医务室等生活服务设施和配套的医疗机构。

中心坚持休养、保健、康复并重的服务方向，本着为老年人服务的宗旨，按老年人的不同年龄、不同需要开展各项医疗和生活护理。欢迎老年朋友前来参观、入住，热忱欢迎社会各界能继续给予支持和合作，发扬中华民族敬老爱老的优良传统，为老年人造福，为天下儿女尽孝。

杭州市民族宗教事务局

杭州市民族宗教事务局荣获全国民族团结进步模范集体称号

HANGZHOUSHI MINZUZONGJIAOSHIWUJU

杭州市民族宗教事务局全体工作人员

在2005年5月召开的中央民族工作会议暨国务院第四次全国民族团结进步表彰大会上，杭州市民族宗教事务局被评选为全国民族团结进步模范集体，建德市钦堂乡大岩山畲族村党支部书记钟国良被评为全国民族团结进步模范个人。多年来，在市委、市政府的领导下，市民族宗教事务局从发展党和人民事业全局的高度深刻认识做好民族工作的重要性和紧迫感，增强做好民族工作的责任感和使命感，认真贯彻落实市委、市政府的各项举措，在巩固和发展平等、团结、互助、和谐的社会主义民族关系，促进少数民族乡、村经济发展，维护少数民族合法权益，推动少数民族经济和各项社会事业的共同繁荣和发展等方面做了许多扎实有效的工作，取得了显著进步，得到了国务院有关部门和省、市领导的肯定。

杭州市民族宗教事务局长赵一新（右一)在下城区延安新村社区少数民族馆调研

建德市钦堂乡大岩山畲族村的钟国良荣获“全国民族团结进步模范个人”称号

公司全景

维希 vish ®

杭州维希矿泉饮品有限公司

杭州维希矿泉饮品有限公司坐落在山青水秀的鸬鸟镇。企业以生产桶装矿泉水为主，设立维希专卖店 20 多个，供应 10 多万名中小学学生饮用。

维希矿泉饮品有限公司以意识创新、管理创新、营销创新、质量为本的新思路，投入大量资金培训员工和更新生产设备，建立质量管理体系，以“优异的品种、全心的满意”为维希的质量方针，坚持向质量和管理要效益，提高产品的市场竞争力，以企业新形象、产品新面貌、服务新质量，面向广大用户。2002 年 12 月获得深圳质量认证中心颁发的质量体系认证证书。

经过多年来的艰难创新，“维希”产品市场占有率不断上升，获得了一系列的荣誉，2002 年被杭州市质量技术监督局授予杭州市首家天然矿泉水“放心水”称号，连续五年省级定期监督检查合格企业。全国少年儿童健康饮水福利工程指导委员会授权“杭州市少儿饮水工程特定品牌”。2003 年被评为“杭州市名牌产品”。2005 年被评为“杭州市著名商标”、浙江省工商企业 A 级守合同重信用单位。

维希矿泉水的井口

整洁的厂区

WWW.VISH.CN

·新闻人物·

朱炳仁　男，1944年11月出生，杭州金星铜工程有限总公司研究开发中心主任、总工艺师。全国五一劳动奖章获得者，浙江省劳动模范。

朱炳仁是“朱府铜艺”第四代传人，长期从事铜工艺美术设计、制作，技艺高超，有许多匠心独运的传世之作，为铜雕艺术的继承和发展作出卓越贡献。近年来，他把传统工艺与现代科技相结合，采用高科技铜建筑技术，先后制作了桂林桐高塔、杭州雷峰塔、西安《唐玄奘求法图》铜壁画、峨眉山金顶铜殿、常州天宁寺中国第一高塔等，并获得62项国家专利，著有《中国当代铜建筑艺术》图文集，多篇论文获浙江省自然科学优秀论文二、三等奖。曾被评为杭州市劳动模范、市先进科技工作者。

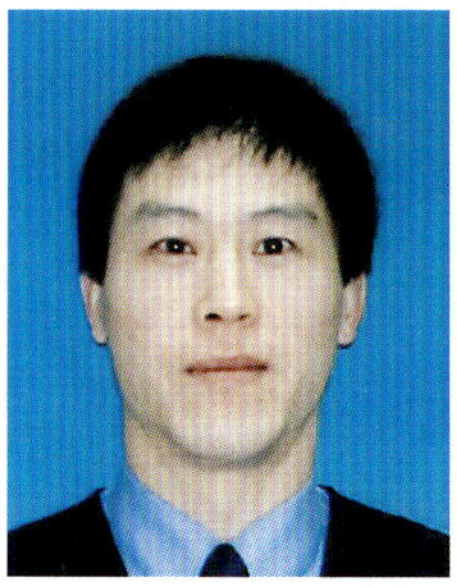

易贤华　男，1965年10月出生，杭州市公安局西湖分局翠苑派出所民警。全国五一劳动奖章获得者、浙江省劳动模范。

易贤华对公安工作有强烈的事业心，对群众安危有强烈的责任感，在平凡的岗位上创造出不平凡的业绩。每当社区居民求助，他总在第一时间赶到为居民排忧解难。他发动群众参与社区治安管理，组织起退休工人和在职党员两支义务巡逻队，建立出租房治安联防责任制，与辖区内每一个出租房东签订治安防范保证书，确保所在社区治安状况良好。2005年，他在带班巡逻过程中，抓获一名长期外逃的“法轮功”分子。先后被评为杭州市劳动模范、区优秀公务员、西湖公安分局优秀党员。

管耀祖　男，1960年1月出生，杭州市种子技术推广站副站长。全国五一劳动奖章获得者、浙江省劳动模范。

管耀祖长期从事新品种的引进、试验、示范和推广工作，先后主持和参加省、市科技攻关课题10项，其中6项成果在国内113.47万公顷土地上应用，增产粮食49.68万吨，增加产值10.31亿元。他主持实施“双低、高含油量油菜新品种的引育及其产业化”工程，引进、推广浙双72、浙双758、沪油15等优质高产油菜新品种，使全市双低油菜种植比例从24.55%提高到74.62%，加快了全市油菜品质结构调整。曾被评为杭州市优秀科技工作者、市劳动模范。

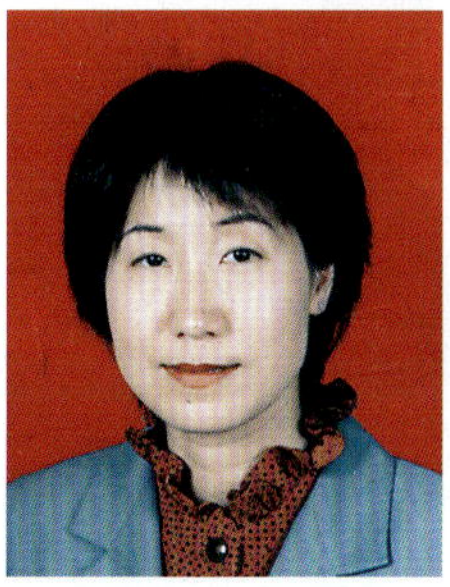

吴巧仙　女，1965年2月出生，杭州杭氧集团有限公司高级工程师。全国五一劳动奖章获得者、浙江省劳动模范。

吴巧仙大学毕业后一直从事空气分离技术和大型空分设备的研究设计工作。她勤奋好学、兢兢业业、乐于奉献、勇于创新，先后主持完成中石化两套50000m³/h等级、两套出口的60000m³/h等级等大型空分设备的技术和商务洽谈工作，并积极参加国家重大装备攻关项目——大型空分装置分子筛吸附器的研究和大型化工型空分装置的流程技术开发研究工作。她参与的采用规整填料塔及全精馏制氩技术的新型大中型空分设备获国家科技进步一等奖。曾被评为杭州市劳动模范。

金永新　男，1962年4月出生，杭州外事旅游汽车公司出租车驾驶员。全国五一劳动奖章获得者、浙江省劳动模范。

金永新担任出租车驾驶员20年，安全行驶120余万千米。他热情为国内外乘客服务，车上常年备有地图、报纸、晕车药、针线包、纸巾、雨伞、塑料袋等物品，并努力为乘客预订客房、代购车船机票。他总结出

“三声三感”服务模式，做到来有迎声、问有答声、去有送声，使乘客有安全感、舒适感和信任感。对客人遗留在出租车上的钱包、手机、行李等物品，他都及时送还客人或上交运管处，多次受到乘客表扬。他热心社会公益事业，积极参加志愿者服务活动。连续五年保持五星级驾驶员称号，当选杭州市首批“十佳的士之星”，2004年被评为杭州市劳动模范。

华　平　男，1958年10月出生，富阳市供电局工会主席。全国五一劳动奖章获得者、浙江省劳动模范。

华平认真落实“有困难找工会”的承诺，积极维护职工的合法权益，把维护职工的切身利益作为自己工作的主要目标。他倡导并率先实施的创建“零违章”班组活动，有效地加强了职工安全意识，培育了职工安全习惯，提高了企业安全生产率，并在杭州市和浙江省供电系统中推广。他热爱职工，对职工的子女入托就学、生病住院、意外变故等困难，总是亲手帮助解决。近年来，他先后为职工办好事、实事238件，维护职工合法权益10余起，职工满意率达100%。曾被评为浙江省优秀工会工作者、杭州市十佳模范工会干部。

（竺锡雄）

江　航　男，1961年6月出生，1979年12月进入市园林局钱江果园工作，1997年12月加入中国共产党。生前是市园文局钱江管理处文物宣传科科长。

江航爱岗敬业，工作中始终保持谦虚谨慎的作风，虚心学习，钻研业务，兢兢业业，埋头工作，不计得失，为钱江管理处的文物保护、文化陈设、历史研究等方面做出了较大贡献。

江航兴趣广泛，爱音乐、诗歌、绘画、摄影，爱摆弄无线电。他先后参加浙江省博物馆学会、浙江版画艺术研究会、中国无线电运动协会。1996年参与筹建杭州市业余无线电通讯研究会，任秘书长；1997年参与筹建杭州市无线电运动协会，任副会长。

江航热爱生活，热爱同志，性格乐观豁达，诚恳待人，团结友爱，乐于助人。从1995年开始，他默默地帮助云南省怒江州贡山县丙中洛乡秋那桶村五里小学的孩子，多次千里迢迢、翻山越岭为那里的孩子们送去学习用品、衣服、糖果，送去外面世界的精彩信息。大山里的孩子们亲切地称他为杭州的“爸爸”。

2005年2月18日，江航因病于杭州逝世。3月22日，中共杭州市委追授江航为杭州市优秀党员。

（市园文局）

赵桔水　男，1967年出生，大学文化程度，1987年参加工作，1997年加入中国共产党，杭州市萧山区人民检察院党组成员、反贪污贿赂局局长，一级检察官。

1987年以来，赵桔水一直战斗在反贪工作第一线。他政治坚定，业务精通，执法公正，勇于创新，在实践中探索出“以查办窝案串案为突破口，以滚动深挖为主要方式”的侦查思路和“事先决策、随机决策、风险决策”的侦查方法，有力地推进反贪工作持续健康发展。他廉洁自律，爱岗敬业，只要案件一上，他就全身心投入办案，没有双休日，也没有白天夜晚，始终坚守在岗位上。2001年以来，反贪局共立案查处贪污贿赂案件120件、129人，其中大案要案97件、99人，件件办成“铁案”，为国家挽回直接经济损失2100余万元。

赵桔水2001年被杭州市人民检察院记个人二等功，2003年被浙江省人民检察院授予全省检察机关优秀侦查员称号，2005年被最高人民检察院评为全国十佳反贪局局长。萧山区人民检察院反贪污贿赂局2001年~2003年连续3年被杭州市人民检察院评为办案优胜单位，2003年被杭州市人民检察院记集体三等功，2001年和2005年被浙江省人民检察院记集体二等功各1次，2005年被浙江省人民检察院评为优秀反贪局。

（萧　检）

洪　英　女，1958年2月出生，1976年6月参加工作，1983年6月加入中国共产党，大学文化程度。

洪英1998年4月~2004年10月任杭州市余杭区侨务办公室副主任、主任期间，热爱侨务事业，热爱侨胞侨眷，工作勤奋，讲究方法，清正廉洁，服务周到，被海外侨胞和归侨侨眷称为娘家人，海外侨胞的贴心人。2001年，洪英被评为杭州市侨务工作先进个人，2002年被评为全国侨务信访工作先进个人，2003年被美国上海联谊会聘请为顾问，2005年2月荣膺全国侨务系统先进工作者称号。

洪英曾当选第二、三、八届余杭区（县、市）政协委员、中共余杭区第十次代表大会代表，多次被评为区（县、市）级机关优秀党员和党员积极分子、行政事业单位先进工作者。2004年10月调任余杭区外经局党委副书记、纪委书记，人们称她是招商引资的热心人。

（区侨办）

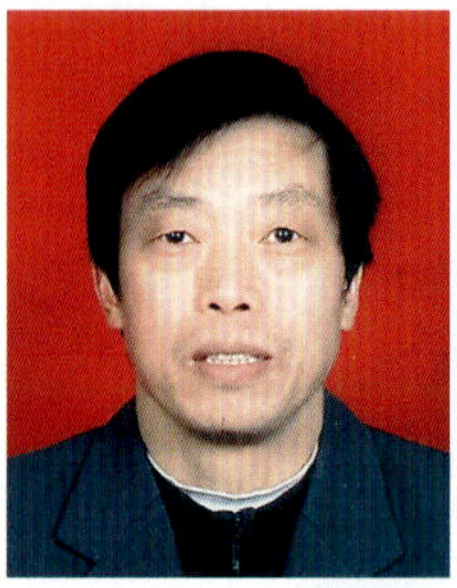

商俊荣　男，1960年11月出生，淳安县千岛湖镇梦利来家具厂木工。

2003年10月21日21时40分左右，在梦利来家具厂会议室看电视的职工陆续回房休息，商俊荣收拾整理好电视机，关好电灯及门窗，往厕所走去，突然感到左胸被撞击了一下，接着右胸又被撞了一下。原来，一个躲在一旁柴油桶后的小偷以为被发现了，便用匕首狠扎商俊荣两刀，并猛推一把，欲夺路而逃。商俊荣发现了暴徒，顾不得喷血的伤口，强忍剧痛，双手死死地揪住小偷。小偷挥动匕首朝他腹部、背部乱捅。身负重伤的商俊荣丝毫没有退缩，一面与小偷搏斗，一面高喊抓贼。厂里其他职工和邻居听到喊声后赶来，协助商俊荣将小偷抓住。商俊荣因流血过多而昏死过去。

经县公安局刑侦大队法医检验，商俊荣的伤势十分严重：全身有十一处刀口，其中胸部两刀位于致命处。县第一人民医院的医护人员全力投入抢救，商俊荣的伤势很快得到控制。治疗一个月后，基本康复出院。

《浙江市场导报》连续报道了商俊荣的事迹，《淳安报》和《杭州个体私营经济通讯》也都作了报道。淳安县社会治安综合治理委员会、见义勇为奖励基金会授予商俊荣见义勇为二等奖。杭州市和浙江省先后授予商俊荣杭州市见义勇为积极分子和浙江省见义勇为先进分子称号。2005年11月16日，商俊荣进京参加全国第九届见义勇为表彰大会，荣获全国见义勇为先进分子称号。

（章杜耿）

李兰娟 女，1947年9月出生，大学毕业，1973年7月参加工作，1972年4月参加中国共产党，教授、主任医生，浙江省卫生厅厅长，2005年当选中国工程院院士。

李兰娟从事传染病临床、科研和教学工作30余年，是中国著名的传染病学家，卫生部传染病重点实验室主任，国家传染病重点学科带头人。作为中国人工肝的开拓者，她创建独特有效的人工肝支持系统（ALSS）治疗重型肝炎获重大突破，开辟了重型肝炎治疗的新途径，使急性、亚急性重型肝炎病死率从88.1%降至21.1%，慢性重型肝炎病死率从84.6%降至56.6%。她组建了中华医学会感染病学分会肝衰竭和人工肝学组并任组长，主编国内首部《人工肝脏》专著，主持制定ALSS技术规范，推进ALSS技术的科学规范应用，将ALSS技术推广至全国。她还建立了中国第一个永生化人源性肝细胞系，创建"四步灌流"分离肝细胞新方法，构建新型混合型人工肝，引领中国人工肝研究发展的方向。她连续主办第一、二、三届国际暨全国人工肝会议并担任主席，多次应邀赴日本、意大利等国讲学，学术成果受到国际同行的高度赞誉，被聘为国际血液净化学会人工肝方面中国唯一的理事和上海二医大、日本冈山大学客座教授。

李兰娟在肝病微生态和感染微生态领域开展了创新性研究，首次揭示重型肝炎病人肠道微生态变化规律，阐明肠道微生态变化与重型肝炎发生、发展的关系，丰富了重型肝炎发病机制的理论；提出B/E值为肠道定植抗力的新指标，为肠道微生态基础和应用研究提供了客观依据；深入开展医院内感染和细菌耐药的研究，主编中国首部《感染微生态学》专著，奠定了感染微生态学的基础。此外，在抗击"非典"中，她提出系列的防治措施，确保浙江省没有发生二代病人和医务人员被感染，重症病人得到有效救治，为浙江取得抗击"非典"胜利发挥了关键性作用。她率攻关小组成功培养分离出SARS病毒并完成全基因测序，系中国内地第二株登录Genbank；首次发现PBMC中有复制型SARS-CoV存在，对揭示"非典"的发病机理具有重要意义。

李兰娟先后获得国家科技进步二等奖1项、省科技进步一等奖3项、教育部推广应用二等奖1项等重大科技成果，获发明专利1项。承担国家863、973、"十五"攻关和国家自然科学基金等项目，发表论文200余篇，SCI收录20余篇。主编教育部全国高等学校医学规划教材《传染病学》等专著8部。担任中华医学会副会长、中国医师协会副会长、中华医学会感染病学分会副主任委员、中华预防医学会微生态专业委员会副主任委员、全国人工肝培训基地和浙江省人工肝中心主任以及《感染病杂志》主编、《中华传染病杂志》和《国际流行病感染病学杂志》副主编等职。

（曹红翠）

程泰宁 男，1935年12月出生，中国联合工程公司总建筑师、中联·程泰宁建筑设计研究院主持人。

程泰宁1956年毕业于南京工学院（现东南大学）建筑系，曾先后在中国科学院土建研究所、国家建委建筑科学院、建工部建筑科学研究院、建工部标准设计研究所、山西省临汾地区设计室以及杭州市建筑设计院工作。其代表作品有：杭州铁路新客站、加纳国家剧院、马里会议大厦、杭州黄龙饭店、杭州国际假日酒店、上海市公安局办公指挥大楼、联合国国际小水电中心、绍兴鲁迅纪念馆、李叔同（弘一大师）纪念馆、浙江美术馆等。其作品3项获全国优秀设计奖，3次获中国建筑学会创作奖，多项获省部级特、一、二等奖。1999年，第二十次世界建筑师大会"当代中国建筑艺术展"展出中华人民共和国建国50年来的建筑作品54项，程泰宁有3项作品入选，获建筑创作成就奖。同年，国际建协主编《廿世纪世界建筑精品选集》在全球挑选1000件作品，程泰宁创作的加纳国家剧院、马里会议大厦入选。程泰宁有3本作品集出版。

程泰宁1990年获人事部授予的国家级突出贡献中青年专家称号，1991年获国务院特殊津贴，2000年初被评为中国工程设计大师。2002年获梁思成建筑奖提名，2004年获第三届梁思成建筑奖，同年入选英国剑桥国际名人录及美国名人堂。2005年当选中国工程院院士。

（胡 新）

鲁冠球 男，1945年出生，1984年加入中国共产党，万向集团董事会主席，荣誉工商管理博士，高级经济师。

1969年，鲁冠球带领6个农民以4000元起家创建万向集团。37年来，他以坚定的信念和敏锐的洞察力，踏着中国改革开放的战略节拍一路走来，并以高新技术改造传统产业，使一个小铁铺发展成为国家520个重点企业中唯一的汽车零部件企业，世界上专利最多、规模最大的万向节企业。2005年，企业实现营业收入252亿元，上缴税收7.8亿元。

鲁冠球带领万向集团大胆地“走出去”，在美国、英国、德国、加拿大等8个国家拥有18个公司，并成为通用、福特等国际一流主机厂的合作伙伴，演绎了一个中国企业和企业家与时俱进、走向世界的真实传奇。

鲁冠球在发展工业的同时，积极反哺农业，投资兴建山核桃种植、加工基地，研发玉米种子，发展远洋渔业。2005年，万向三农集团资产超过50亿元，营业收入近40亿元，利税超过3亿元，直接解决40多万农民就业。

鲁冠球以“奋斗十年添个零”的业绩赢得社会好评，被誉为企业界的“常青树”。1985年被评为浙江省特等劳动模范，1989年被评为全国劳动模范，曾当选中共十三大、十四大代表和九届、十届全国人大代表。2005年获得袁宝华企业管理金奖。

（李　杰）

汪力成　男，1960年9月生，1986年7月1日加入中国共产党，华立集团董事局主席。

汪力成是具有战略思维的企业家。他善于敏锐地捕捉发展机遇，经过长期实务的运作，练就了对市场的驾驭能力。他推行“技术创新、资本经营、国际化”三大战略，通过对企业的产权制度改革、资产重组和强化管理等阶段，至2005年末，华立集团发展成为“多元化投资、专业化经营、差异化管理”的跨国民营股份制企业，员工1.2万余人，总资产逾100亿元，在国内控股华立药业、华立科技、昆明制药、武汉健民4个A股上市公司，产业涉及仪表及系统、医药、信息电子、化工、房地产等领域，主要研发基地分布在浙江、上海、重庆、云南、湖北、四川、广东、香港、海南等地；在泰国、美国、加拿大、法国、以色列、阿根廷、印度、尼日利亚设有工厂、公司和研究机构。2005年，华立集团实现销售收入110亿元。

汪力成热心公益事业。在引领华立走向成功的同时，发起成立慈善事业基金会和公益事业基金会，用于资助农村贫困家庭大学生及唤醒国民对环境和野生动物保护的意识。

汪力成是全国工商联执行委员，浙江省工商联副会长，浙江省第十届人大代表，杭州市第十届人大代表，浙江大学MBA特聘导师，浙江财经学院兼职教授。曾获全国劳动模范、中国第二届创业企业家、美国《财富》杂志(中文版)2001年度中国大陆商界风云人物、2003年度首届浙江商人年度风云人物、2004年度浙江省优秀社会主义建设者、西部开发功勋浙商、2005年度中国经营大师等荣誉称号。

（李明华）

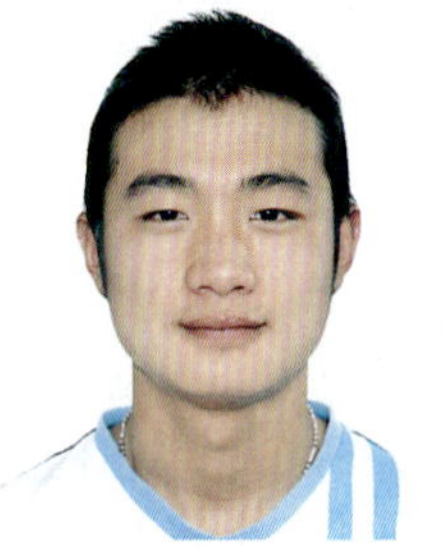

李　刚　男，1986年3月出生，高中文化，杭州太极茶道馆茶艺技师。2005年10月参加中央电视台《状元360》超级茶博士赛，一举夺魁，成为中国首个“茶状元”。

2002年秋，李刚到杭州太极茶道馆学徒。他谦虚、憨厚、执著和沉稳的性格，受到有200多年历史的中国茶道流派——太极茶道掌门人郑纯辉的赏识，将他收为自己的徒弟。茶道学习和练习的过程充满艰辛。铜茶壶沉甸甸，细细的壶嘴有一米多长，茶博士要高举铜壶，滚烫的开水从壶嘴中奔泻而下，使茶碗里茶叶上下翻滚，水至七八分满时嘎然而止，恰到好处，滴水不漏。李刚几年如一日，坚持学茶、练茶，面对高难招式，一遍又一遍琢磨，反复练习，终于把技艺练得炉火纯青。赴北京比赛前夕，老师要求他对准茶叶罐小口子练习泡茶3000遍，他一练就是5000遍。在比赛中，5个环节中有4个道具是小口径的，这5000遍练习起到了关键的作用。

成为“茶状元”后，李刚仍然怀着浓厚的兴趣钻研、琢磨茶道理论和技法，仍然每天忙碌在服务第一线。他希望自己能为中国茶文化事业多做一些贡献。

（太　极）

·逝世人物·

章志刚　男，1913年11月出生，浙江省富阳县（今富阳市）人，红军离休干部（享受副厅级政治生活待遇）。因病医治无效，于2005年12月26日在富阳逝世，享年92岁。

章志刚出生于富阳常绿木坞村一个贫苦农民家庭，年少时在地主家放牛。1930年8月在诸暨三都暴动中参加中国工农红军，担任通讯员。日本发动侵华战争后，章志刚参加“四乡农民游击队”，期间，由领导人蒋忠介绍加入中国共产党，并担任蒋忠的警卫员。后任常绿抗日自卫队班长、新四军三五支队武工队组长。1941年被日寇抓捕入狱，遭受非人折磨。他凭着过人的机智和胆识，成功逃脱，怀揣着一颗赤诚的心寻找组织，并在山东参加了八路军。1946年后回到浙江，担任新四军三五支队武工队组长、新四军金肖支队武工队队长。1951年被错误处理离开部队，后在新疆建设兵团当了一名普通工人，于1979年5月退休。1987年给予平反，并改办离休。1996年1月起，经杭州市委组织部批准，享受副厅级政治、生活待遇。

章志刚有坚定的共产主义理想信念，工作作风踏实，组织纪律性强。在战争年代，他作战英勇，不怕牺牲，从不计较名利地位。在被错误处理的漫长岁月里，他丝毫没有动摇对党的忠诚，始终立场坚定，忍辱负重，服从大局，默默工作。在生活中，他作风正派，密切联系群众，待人诚恳，平易近人。

章志刚体弱多病，但始终保持革命乐观主义精神，积极与病魔作斗争。对身后事宜，他曾多次嘱咐亲属丧事从简，充分体现出崇高的思想境界。

夏树国 男，1933年11月出生，浙江省杭州市人，原杭州市人大常委会党组书记、副主任、代主任。因病医治无效，于2005年4月7日在杭州去世，享年71年。

夏树国1952年6月参加工作，1953年9月加入中国共产党。历任下城区委宣传干事、副科长，杭州市竹器业联社主任，市委宣传部干事，拱墅区委宣传部副科长，区炼铁队党委副书记，区机械队党总支副书记，区联社党委政研室负责人，区委委员、区委办公室主任、宣传部长，祥符公社党委书记，区团委书记，省委社教工作团萧山浦沿甘露公社工作队队长、书记，省委社教工作团五分团农办副主任，拱墅区农业办公室主任、贫协副主席，湖墅街道革委会主任，拱墅区革委会生产指挥组干部、副组长，区革委会计委副主任，拱墅区委常委、革委会副主任，半山区委副书记、区革委会主任、区人大常委会主任，杭州市外贸局局长、党委书记，江干区委书记兼人武部政委，杭州市供应服务局局长、党委书记，市贸易办公室党委书记、主任，杭州市委委员，市人大常委会副主任、代主任、党组副书记、党组书记。中共杭州市第五次、六次、七次代表大会代表，市第六届、七届、八届人大代表，中共浙江省第七次代表大会代表。1997年6月退休。

夏树国热爱党，热爱祖国，热爱人民，忠诚党的事业，对工作兢兢业业，对同志无限热诚，对自己严格要求。40多年来，他始终坚决贯彻执行党的路线、方针、政策，积极学习宣传马列主义、毛泽东思想、邓小平理论和“三个代表”重要思想，密切联系群众，积极探索创新，工作求真务实，动员和带领广大干部群众投身社会主义革命和建设事业，为推进杭州市经济建设、社会发展和民主法制建设作出了积极贡献。退休后，他仍然关注杭州市的政治、经济、文化建设，担任市关心下一代工作委员会常务副主任，在关心下一代工作中做出积极贡献。（余　辉）

·历史人物选介·

林　枫 江苏溧阳人，1906年出生。原名宋书常，化名王长善等。1926年在吉林铁路局工作时，先后参加中国共产主义青年团和中国共产党。1927年冬，离东北返回家乡。1932年，林枫在溧阳再次入党，因组织遭到破坏，被捕，后被保释出狱。1937年6月，林枫在上海重新入党，在工厂、企业开展群众工作。七七事变后，中共江苏省委着手组织抗日武装斗争，林枫作为中共江苏省委军委书记张爱萍的助手，到江浙一带开展武装斗争。1938年秋，任宁沪东特委书记。后在无锡、常熟等地开展党的工作，开辟游击区。1947年5月，中共中央上海分局成立外县工作委员会，林枫先后任副书记、书记，频繁往返于上海、杭州、四明山之间，并亲自参加四明山上王岗反击战。1949年初，任中共杭州市委书记，发动党员和进步群众，开展了卓有成效的护厂、护校、护桥斗争，特别是保卫钱塘江大桥的工作。杭州解放后，林枫历任中共杭州市委副书记、书记，后调任中共浙江省政法委员会书记兼高等法院院长，中共浙江省委常委兼统战部部长。1953年调任上海第一医学院院长，边养病，边工作。1955年返浙江任省政协副主席。1963年病逝。

白居易 祖籍太原，后迁居下邽(今陕西渭南北)，772年出生。字乐天，自称香山居士。少聪慧过人，胸怀大志，其著作文辞华丽，尤精于诗。唐贞元十四年(798年)进士，授秘书省校书郎。此后，历任翰林学士、左拾遗、太子左赞善大夫、太子少傅、刑部尚书等职。长庆二年(822年)，因屡次上疏不被天子(穆宗)采纳，请求到外地任职。七月，出任杭州刺史。在任内，白居易心系百姓，兴修水利，筑堤保护钱塘湖(西湖)，泄引湖水，灌溉良田千顷，又重新疏浚六井，便民汲用。他还颁布一条特别法令：穷人如果犯了西湖管理之法，罚他在湖边种几棵树；富家如果触犯此法，罚他在湖上辟除葑草。长庆四年五月，白居易任满离杭。后人为纪念白居易的惠政，名其所筑堤为白公堤，并于堤西端建白公祠以祀之。白居易在杭期间及以后，作有《冷泉亭记》、《钱塘湖石记》等文及西湖诗200余首，是历代写西湖诗文最多的诗人。“未能抛得杭州去，一半勾留是此湖”、“忆江南，最忆是杭州”等诗句，脍炙人口。846年逝世。

苏　轼 眉州眉山（今四川省眉山市）人，1037年出生。字子瞻，号东坡居士。宋嘉祐二年(1057年)进士。熙宁四年(1071年)，因反对王安石变法，上书未果，请求外任，为杭州通判。哲宗即位，迁起居舍人，除翰林学士等。元祐四年(1089年)，再度莅杭，以龙图阁学士出任知州。至杭时，恰逢天大旱，“饥疫并作”，苏轼即着手济民赈灾工作：奏请朝廷免上供米三分之一；减价销售大米；作病坊、制药剂，遣使分坊治病。在任期间，发动民工疏浚盐桥、茅山两河及西湖，在湖中种菱，并修筑一条南北长三十里的湖堤，建堰造闸，蓄汇湖水，灌溉农田。工诗文，名列“唐宋八大家”，著有《东坡全集》、《东坡词》等。长于行、楷，与黄庭坚、米芾、蔡襄并称“宋四家”。善绘竹，喜作枯木怪石，存有《竹石图》等。1101年逝世。

司徒雷登 美国基督教新教传教士、外交官。其父母司徒尔夫妇均为美国在华传教士，清同治、光绪年间主管杭州基督教天水堂。1876年，司徒雷登出生在天水堂教士住宅（今杭州市下城区耶苏堂弄）。1905年，司徒雷登开始在中国传教。1919年，任燕京大学第一任校长。1946年，任美国驻华大使。同年10月，到杭参加杭州青年会复会典礼，并祭扫其父母之墓，杭州市参议会授予他杭州市荣誉市民称号。1949年8月2日，司徒雷登悄然返回美国。1962年去世。　（摘编自《杭州市志》）

·上城区·

【上城区概况】全区辖6个街道,有51个社区。户籍人口31.79万人,人口自然增长率0.36‰。全年实现生产总值57.2亿元,比上年增长17.7%。

全年实现工业总产值156.34亿元,比上年增长15.6%;工业销售产值155.3亿元,增长17%。工业重点企业支撑作用明显,规模以上企业完成销售产值152.4亿元,增长19%,占工业销售总量的98.1%,增长1.7%。高新产业发展迅速,区科创中心孵化企业实现技工贸总收入3亿元,增长25%;税收1380万元,增长16%。新培育省级高新技术企业2个,市级中小科技型企业20个,有3个科技项目列入国家重点新产品计划和火炬计划,20多个项目列入省、市科技计划,组织实施区级科技计划项目148项;获国家、省、市科技经费资助370万元。工业基地工贸总收入13亿元,实现工业销售产值10.4亿元,增长34%;完成利税2亿元,增长38%。固定资产投资27.59亿元,增长16.7%;投入技改资金10.55亿元,增长28.7%。据省统计局、省科技厅发布的县(市、区)科技进步统计监测报告,上城区科技进步水平居全省第4位。

商贸旅游服务业收入138.5亿元,比上年增长21%。第三产业增加值占生产总值比重达36.5%,增长2.1%。引进外资项目46个,实际利用外资7208万美元,增长18.3%。引进内资项目46个,实际到位资金81.6亿元,增长42.2%。引进企业中,服务业项目1000余个,比重达82%。

全区财政收入22.87亿元,比上年增长12.2%;其中地方财政收入12.4亿元,增长12.5%。地方财政支出6.6亿元,增长8.2%。

城市基础设施不断完善,区容区貌不断改善。全年开工57万平方米,竣工59.2万平方米。三年以上拆迁户基本得到安置。完成浙大路等9处低洼积水治理。改善背街小巷86条,修缮破损道路21万平方米,整治立面22万平方米。实施道路畅通工程和街景美化工程,解放路等13条主要道路街景容貌达标率90%以上。文化遗产保护工作受到高度重视,元福巷历史地段保护整治扎实推进,5处历史建筑修缮工程竣工,小米园、大资福庙2处文物修缮的前期工作基本就绪。区政府与市园文局联合举办文物建筑消防演示活动。建成占地1.1万平方米的凤山门公园,获杭州市绿化优秀工程二等奖。全区增加绿化面积12.6万平方米,绿化覆盖率29.5%。制定《上城区饮用水源保护应急预案》,投资500万元,实施中河复兴路段饮用水污染综合整治。大力推广清洁能源,重点开展"烟控区"巩固和"禁燃区"创建工程,积极开展以工业污染源达标和油烟废气污染治理为重点的专项整治,实现污染源稳定达标排放治理。对20个生活污染源和1256个公建单位进行了截污纳管改造。继续开展"绿色工程"创建活动,有效控制物尘污染。完善城市管理体制机制,成立社区城管工作联系站,实行区、街道两级条块捆绑式考核办法,制定《上城区城市管理三年实施计划》,实施数字城管试点,全面落实"洁化、绿化、亮化、序化"长效管理,在75条主要道路全面推行"门前三包"ME卡管理。严厉查处非法加层、借危翻建、假期突击等违建行为,共拆除违法建筑129处近2万平方米。调整组建区建筑工程质量安全监督站,实行工程质量、安全和文明施工管理"三位一体"的监督模式。

基础教育进一步加强,通过浙江省教育强区复检,杭十中被评为省三级重点高中。全区有中学10所,在校生1.1万人;小学25所,在校学生1.7万人。翻建校舍1万余平方米。筹集社会资金1000余万元,成立区教育发展基金会,加大对中青年教学骨干的培训力度,成功举办第四届名师名校长论坛。结合西博会等重大节庆,开展形式多样,丰富多彩的群众文化活动。有医疗卫生机构11个,医疗床位336张,卫生技术人员583人,新建社区卫生服务站9个,获"省级社区卫生服务示范区"称号,通过"全国卫生服务示范区"评估。艾滋病初筛实验室通过验收。深入开展爱国卫生运动,获"国家卫生城市先进区"称号。计划生育符合率98.3%,被评为"全国计划生育优质服务先进区"。在年度国民体质抽样测试中,全区群众身体素质综合指标提高2个百分点。蝉联"全国游泳之乡"、"全国先进游泳池(馆)"称号,在市十六届运动会上取得金牌数、奖牌数、总分3个第一的佳绩。

积极开展国防教育和“双拥”共建活动。以“人防知识进社区”为主要载体的人防知识普及工作，得到省、市业务主管部门的肯定。全年办理人民代表议案、意见和建议94件，办理政协委员提案114件，满意率均为99%。受理群众来信815件，来访3100多人次，受理市长、区长公开电话1.6万余件，办结率、满意率均为99.5%。

7月2日，中共中央政治局常委、中纪委书记吴官正到开元中学视察，了解廉政文化进校园情况，给予了充分肯定。（薛金炊）

【加强公共财政建设】上城区大力推进预算改革，健全部门预算体系，规范定额标准，细化项目支出预算，完善项目库建设。坚持以“绩效”为目标，统一使用预算编制软件，使部门预算编制更加规范，财政资金安排更加科学、高效。按照“积极稳妥、循序渐进、分批实施”的要求，扩大国库集中支付的范围，减少资金流转环节，严把经费审核拨付关。制订《上城区区级部门资金财政直接支付暂行办法》，对财政统发工资、上交工会经费、政府采购专项资金等项目实行直接支付。制订《上城区政府采购工作补充规程》，对单位常用基本设备等采购项目实行协议采购。加强预算外资金管理，从源头上治理腐败，强化“收支两条线”管理，防止乱收费现象以及非税收入坐收坐支行为的发生，确保预算外资金及时、足额上缴财政专户。认真做好行政事业单位银行账户管理，逐步完善单位银行账户审批制度以及银行账户合法性审查机制。制订《上城区罚没物资管理办法》，强化对罚没物资的管理和监督，促进依法行政。

【金星铜公司研制成功新型装饰板】杭州金星铜工程有限公司研制的多重蚀刻仿铸铜装饰板被科技部列为2005年度国家重点新产品。该产品通过蚀刻、锻浮、彩雕等先进工艺，使表面产生装饰效果。多重蚀刻次数采用专用计算机控制、氧化和化学反应产生出理想的凹面。该工艺技术的研究成功，填补了国内空白，该项技术已注册国家专利。

【建成4个名校教育集团】上城区大力实施名校集团化战略，积极整合优质教育资源，切实解决“上好学难”问题。采取“名校加新校”、“名校加名企”、“名校加民校”、“准名校加准民校”等不同模式，坚持成熟一个，发展一个，继2004年12月成立天长教育集团之后，1月成立由省重点高中杭十中与区实验学校小营小学组成的宗文教育集团；5月成立由原胜利幼儿园胜利园区、东河园区、大塔儿巷园区和大学路园区组建的胜利学前教育集团；12月成立由行知幼儿园和行知幼儿园陶子分园组建的行知幼教集团。

（薛金炊　马黎宪）

【南山路形成艺术休闲特色街】南山路长约2500米，北起湖滨路口，南至万松岭路口，沿路及周围有柳浪闻莺、钱王祠、吴山天风、万松书院、中国美术学院、浙江美术馆、西湖历史博物馆、潘天寿纪念馆等人文、历史景点，艺术休闲氛围浓厚。为适应旅游休闲发展需要，南山路临街单位、住宅的建筑立面进行整治，实施了管线下地、道板铺设、雨污分流、夜景灯光、扩绿建绿、更新城市家俱、街景小品、调整公用设施等10余项工程。

整治后，南山路街区吸引了国内外知名品牌商家100余家。索菲特、法拉利、保时捷、玛莎拉蒂、贝尼尼等国际著名品牌相继在南山路街区落户，形成酒吧茶楼、艺术字画、中西餐饮、休闲娱乐四大类业态特色。

2003年南山路被浙江省旅游协会、省旅游消费协会推荐为省旅游消费推荐单位；2003年1月被杭州市特色街建设领导小组评为商业特色街区建设先进单位；2004年6月被列为杭州市外宣基地；2005年元旦被杭州市旅委命名为杭州市国际旅游访问点；3月，被中国城市商业网点建设管理联合会、中国步行商业街工作委员会评为中国最具升值前景的商业街区；12月获杭州市级“百城万店无假货”示范街。

（马黎宪　陈　理）

【湖滨国际名品街开街】杭州湖滨国际名品街位于西子湖畔，东起延安路、南接解放路、西连西湖东岸、北至庆春路，街区总商业面积1.8万平方米，有30余家国际著名品牌专卖店，主要经营国际品牌服饰、箱包、珠宝、手表、皮草、家居、美容及中西式餐饮等，由世界著名品牌商直接经营或指导经营。

专卖店单店面积为200~1000平方米不等，设VIP客户服务专区、休息室、试衣室，为VIP客户提供一对一的服务。湖滨国际名品街的建成，标志着杭州继上海、北京之后，成为中国内地又一时尚品牌荟萃中心。2003年10月，湖滨国际名品街工程竣工，先后获得法国MIPIM未来项目奖和美国ULI卓越奖两项国际大奖。两年后，名品街全面完成招商。2005年10月10日，湖滨国际名品街正式开街。（陈　理）

湖滨国际名品街骑楼　（施　智摄）

【上城区成为全国养老服务社会化示范活动试点】 2005年，上城区推出以“养老在家里，我们来帮你”为主题的居家养老服务。居家养老服务以社会化为手段，以社区为依托，为老人提供生活照料、疾病看护、精神慰藉等服务。形成了区、街、社区、中介服务机构“三级管理，四级运作”的组织管理体系和“以社区为依托，中介服务机构为实体，社会各界与志愿者广泛参与”的运营模式。在服务方式上，根据老人的经济状况和服务需求，将居家养老服务对象划分为困难、特殊、一般三种类型，分别提供无偿、低偿和优惠服务，实现了养老服务全覆盖的目标。6月，上城区成立“为老服务联盟”，加盟企业806个，其中服务加盟414个，信息加盟392个。7月，在全国“养老服务社会化示范活动”启动仪式上，上城区被民政部确定为“全国养老服务社会化示范活动试点单位”，并作为46个试点城区的唯一代表作了交流发言。截至12月底，有41948人次的老人享受了居家养老服务。

（陈学军）

【开展敬廉崇洁教育】 从2003年开始，上城区教育局以廉政文化进校园为抓手，在8所中小学开展敬廉崇洁启蒙教育试点，对青少年进行以廉洁为主题的理想信念、基础道德、传统美德、民主法制等教育。2005年4月，教育部在了解全国廉政文化进校园工作开展情况的基础上，将全国“廉政文化进校园和青少年廉洁教育研讨会”现场观摩活动放在上城区开元中学进行。中纪委副书记刘岩峰，教育部党组成员、纪检组长田淑兰出席研讨会。4月18日，省委常委、市委书记王国平在看了《中国纪检监察报》头版刊登的上城区开展敬廉崇洁教育的报道后，批示“在全市中小学推进这项工程”。

（马黎宪）

·下城区·

【下城区概况】 下城区辖8个街道，有68个社区。户籍人口35.69万人。人口自然增长率2.58‰。全年实现生产总值37.45亿元，比上年增长16.40%。

全年实现工业总产值149.97亿元，比上年增长27.4%。实现工业销售产值147.94亿元，增长27.9%。完成省级工业新产品研发项目12种，获得中国商业名牌产品称号1项，浙江省品牌1种，杭州市名牌产品2种，7种新产品获得杭州市优秀新产品奖。完成外贸出口总额38.92亿元，增长60.6%。加快产业结构“退二进三”步伐，搬迁工业企业13个，新增商业可用面积26万平方米。完成华丰科研区块用地性质调整，共出让土地3.73公顷，取得出让收益3.68亿元。

扎实推进商务区建设，完成杭州（武林）商务区规划、百井坊巷和武林地区控制性详规，启动百井坊商业街区建设。武林商务区核心区块新增商务楼宇129万平方米，外延区域新增商务楼宇110万平方米，全年实现楼宇企业税收22亿元。世界500强企业美国沃尔玛公司在杭首家旗舰店项目动工，引进浙江机场管理有限公司、东亚银行杭州分行、杭州联合农业合作银行和杭州嘉里置业有限公司等品牌企业。举办首届“全国十大中心城区CBD建设研讨会”。

加快发展以现代服务业为主体的第三产业，编制完成《下城区现代服务业发展规划》，制订《扶持现代服务业发展的若干意见》。优先发展以金融服务、会展商务、信息中介、商贸物流、文化旅游产业等为主体的都市型经济，努力构建“高增值、强辐射、广就业”的现代服务业体系，第三产业增加值占GDP的比重超过70%，服务业对地方财政收入贡献率超过90%。全年实现商业销售收入180.02亿元，实现社会消费品零售总额43.17亿元，分别比上年增长54.7%和28.6%。成立中介服务业发展中心。浙江国际旅游展示中心地块成功出让，成功举办首届国际动漫产业博览会、省农博会、省旅交会和西博会部分项目等42个展会，吸引客商及参观群众210万人次，交易总额突破80亿元。成功举办首届下城购物节和西博会“购物天堂”博览周活动。武林路鲜花景观街完成二期工程，中国丝绸城街区景观改造有序进行，通过省级“百城万店无假货示范街”考核验收，武林路时尚女装街和中国丝绸城双双被中国步行商业街工作委员会评为“中国最具升值前景商业街”和“中国特色商业街”。绍兴路汽车精品街建设稳步推进，成功引进保时捷、奥迪、丰田等知名品牌。

加大招商引资力度，积极参与“港澳浙江周”等大型活动，全年引进内资企业1953个，注册资金74.90亿元，比上年增长15.1%；其中引进杭外企业1050个，注册资金56.18亿元，增长33.2%。协议利用外资2.27亿美元，实际利用外资8520万美元，分别增长59.2%和56.7%。“安商稳商”成效明显，全年非正常流失企业个数下降59.5%。加强企业信用工程建设，开展农贸市场、无证照经营等专项整治活动。

全区财政收入35.51亿元，比上年增长22.4%；其中地方财政收入20亿元，增长23.9%。地方财政支出10.41亿元，增长26%。

城区面貌不断改善，编制景观河道综合整治、截污纳管、绿地系统建设等专项规划以及天水、长庆、朝晖、石桥街道生态建设规划。全年扩绿12.87万平方米，实施41幢房屋“平改坡”。完成桃花河、林司后等精品小区整治和武林广场环境整治，新建改建兴隆桥等3座环保型垃圾中转站，实施长浜河、南大河等7条生态河道整治和石桥河、东新河、北景园泵闸建设，实施14个生活小区、20个污染源点及47个公建单位的截污纳管。100条背街小巷得到改善，庆春路被评为省级市容示范路。完成三塘、灯塔、西文等三个“城中村”改造试点项目规划。中山北路一期、东新路延伸一期建成通车。全年新建改建道路43万平方米。完成15条道路、12个社区、34个公建单位和8座公厕的无障碍设施建设。完成《下城区城市管理三年计划》编制，试行“数字城管”。全年拆除违法建筑5.3万平方米，新增地面停车泊位1496个，建成潮鸣休闲广场地下停车库。

编制《下城区和谐社区建设发展规划》和《下城区和谐社区建设评价体系基准指标》。被列入全国首批养老社会化示范区试点。推进创建省级可持续发展实验区，科技进步水平和科技进步情况变化两项综合指标名列全省第一，被命名为全省首批科技强区。全区有中学12所，在校学生1.11万人；小学21所，在校学生1.81万人。通过“浙江省教育强区”复查,“全国社区教育示范区”预评估名列全省第一。深入实施名校集团化战略,新成立朝晖等3个教育集团。成功举办第三届中国杭州国际教育创新大会和亚太国际口琴邀请赛。有医疗卫生机构110个,医疗床位288张,卫生技术人员1035人。开展社区责任医生进家庭试点,探索建立五级社区慢性病监测管理网络,被评为首批“全国社区卫生服务示范区”和“省级艾滋病综合防治示范区”。新建7个健身苑点、4个社区示范图书阅览室、7个社区文化信息资源共享工程。建成全省第1个社区少数民族馆。成功举办“全国太极拳邀请赛”等大型文化体育活动,获“省全民健身月活动先进单位”称号。全区计划生育率99.10%。新建东新园、东河、打铁关3个社区生育文化园区,建成区计划生育宣传技术指导站,再次获得“全国婚育新风进万家先进区”称号,被评为“全国青春健康项目先进单位”。

全年办理人民代表议案、意见、建议129件,办结率100%,满意和基本满意率100%;办理政协委员提案83件,办结率100%,满意和基本满意率100%。(王振宵 陈 安)

【下城被命名为全国社区卫生服务示范区】 下城区切实加大社区卫生服务投入,2005年下拨卫生事业经费2400万元,比上年增长24.7%,卫生事业经费占区级财政支出的5.1%,其中社区卫生服务专项经费从2002年的人均5元增加到人均20元。全区建成6个社区卫生服务中心、32个社区卫生服务站、23个社区卫生服务室,基本形成以社区医院为中心的三级社区卫生服务网络,全区社区卫生服务覆盖率100%。8月1日,下城区被卫生部、民政部、国家中医药管理局命名为首批全国社区卫生服务示范区。

【下城成为全国婚育新风进万家先进区】 下城区按照“大联合、大宣传、出精品、创亮点”思路,大力开展“婚育新风进万家”活动,积极探索计划生育宣传教育新载体,扎实推进“培育七色花,建设新园区”新型生育文化建设,人口文化和计划生育宣传氛围浓郁,涌现出一批生育文化精品园区。11月10日,下城区被中宣部、中央文明委、人口计生委、教育部、文化部、广电局、中华全国总工会、共青团中央、全国妇联联合表彰为“全国婚育新风进万家先进区”。(俞 钧)

【下城被评为省科技强区】 据省统计局、省科技厅联合发布的《2004年度县(市、区)科技进步统计监测报告》,在全省88个县(市、区)科技进步综合评价三大指标中,下城区科技进步水平综合评价指标、科技进步变化情况综合评价指标名列第1位。2005年8月,在省科技强区考核组对下城区的科技进步情况的定量和定性综合考评中,下城区以综合考评得分917分(城区满分为959分)的成绩,通过浙江省科技强区考评。12月1日,下城区被省委、省政府表彰为首批浙江省科技强区。(孙 炜)

【加强招商引资】 下城区以“两外一大”为重点,切实加大招商引资力度,对外开放水平明显提高。全年引进杭外企业1050个,注册资金56.18亿元,比上年增长33.2%;协议利用外资2.27亿美元,实际利用外资8520万美元,分别增长59.2%和56.7%。西博会投资项目签约会取得巨大成功,签订内外资项目119个,注册资金87.72亿元,总投资达到181.39亿元。其中内资签约项目108个,注册资金66.08亿元,总投资155.87亿元;外资签约项目11个,注册资金2.67亿美元,总投资3.15亿美元。

【中介服务业发展中心成立】 10月,由杭州市发展中介服务业领导小组办公室、市工商局和下城区政府联合组建的浙江省第1家中介服务业发展中心——杭州市(下城)中介服务业发展中心在庆春路广利大厦挂牌成立。该中心面积约1.4万平方米,分别位于广利大厦及宏都商务楼,主要引进国内外为生产、流通行业提供中介服务的科技、律师、鉴证、会计评估、信息咨询、广告传媒、工程监理、知识产权代理等行业著名中介企业,力争在较短时间内实现品牌集聚和行业示范效应。入驻中心的新引进企业可享受市委市政府关于发展现代服务业的所有扶持政策,还可享受中心企业专有的特殊优惠,如免费代办工商登记、30%的房租补贴、财政配套补助和品牌培育奖励措施等。(陈 安)

【完成100条街巷改善工程】 下城区街道改善工程贯穿“重和谐、重功夫、重人文、重特色”4项原则,做好“完善设施、改善交通、提升环境、传承历史”4篇文章。100条街巷改善工程完成。其中特色类22条、提高类72条、达标类6条。工程包括“上改下”道路46条,改善道路31.42万平方米。整治166幢51万平方米房屋立面,“平改坡”46幢,绿化81条街巷5万平方米,整治农贸市场6

位于杭州市孩儿巷98号的清代古宅(宋代基础上翻建),重修后设为下城区文史馆。(俞 钧供稿)

个,拆除违法建筑209处2829平方米,保护古建筑10处,埋设雨水管250米、污水管2500米、电缆8940米,新增停车泊位4280个。

(朱文阳)

【建立慈善救助联动机制】下城区按照"出现一个发现一个,发现一个帮扶一个,帮扶一个解决一个"的慈善工作目标,完善帮扶网络,创新帮扶政策,扩大帮扶范围,探索形成"三级帮扶组织联建、四级救助对象联帮、五项捐赠手段联动,实现一卡通用"的"3451"慈善救助联动机制,即建立了"区慈善捐赠物资调控中心"、8个"街道慈善爱心家园"和63个社区"慈善爱心捐赠站点"的三级慈善救助机构;为市、区、街道、社区4级救助圈的困难群众无偿或低偿提供实物救助;利用慈善捐赠热线、慈善爱心网站、慈善直通车、慈善捐赠日、爱心志愿者行动5种手段;区、街道、社区3级慈善救助机构联网通用"春风卡"。(沈宏宇)

【开展社区责任医生进家庭试点】下城区着力破解群众"看病难"问题,有效落实"小病在社区,大病有保障"的要求。通过建立和完善"以社区诊断为基础,以上门服务为手段,以群众满意为准绳,以特需服务为补充"的机制,为每1000户~2000户社区居民配备1名责任医师。主要向社区居民提供上门出诊、送医送药、家庭病床等服务,推出就诊陪护、居家护理、联系专家和上级医院会诊及转诊等医疗保健特需服务。

(俞　钧)

·江干区·

【江干区概况】全区辖4个镇、6个街道,有29个行政村、87个社区、1个居民区。人口42.5万人,人口自然增长率4.6‰。其中下沙、白杨街道(辖17个社区、1个居民区,人口11.35万人)委托杭州经济技术开发区管理。全年实现生产总值78.3亿元(不含下沙、白杨街道,下同),比上年增长15.3%。

全区农、林、牧、渔业总产值3.68亿元,比上年下降23.7%。农民人均年收入10633元,增长10.16%。新建农业精品小区10个,培育省市级农业龙头企业3个、农产品加工贸易型企业3个,外拓农业生产基地206.7公顷。加强河道整治和配水,完成备塘河(丁桥段)一期生态河道建设,109千米河道实行市场化保洁。三卫村、普福村获省"全面小康建设示范村"称号,3个示范村和5个重点整治村通过市级考核验收。

全年实现工业总产值209.3亿元,销售产值203亿元,分别比上年增长22.16%和25.3%。新增规模以上企业32个,其中1亿元以上企业4个。规模以上工业实现销售产值180.2亿元,增长27.2%,四大优势行业实现工业销售产值125.9亿元,税收4.25亿元,分别占比重69.9%、79.1%。西子联合控股集团实现销售产值56.36亿元,增长54.15%。新增销售产值1亿元以上企业4个、3亿元以上企业2个。江干科技经济园实现工业销售产值21.91亿元、税收8027万元,分别增长71.9%和98.6%。省大学科技园顺利通过国家级大学科技园评审。全年完成技改投资4.86亿元,增长75.5%。获批国家级科技项目1项,省级4项。新星光电有限公司被评为省级高新技术企业,东华链条集团有限公司被认定为省级企业技术中心。8个建筑公司国家一级资质达标。"爱大制药"在美国证券市场上市。

全社会消费品零售总额83.79亿元,比上年增长23.8%。开展商品市场"整合提升年"活动,搬迁或嫁接改造市场9个,腾出市场资源10.5万平方米,提升专业市场16个,综合整治农贸市场24个。杭州四季青服装市场、浙江汽配城进入中国商品市场竞争力50强。专业市场全年成交额282.5亿元、税收2.18亿元,分别增长13.2%和40.2%。名车长廊新引进4S店及相关企业15个,全年税收5615万元,增长56.9%;四季青服装特色街区,建成网上四季青服装城,被授予"中国特色商业街"称号。

全年招商引进项目1170个,实际到位资金66.77亿元,比上年增长29.2%。引进华润新鸿基、广业控股、国昌建筑、绍兴一建等一批较大项目。引进到位资金1000万元以上项目100个,5000万元以上项目26个。引进企业当年纳税率53.9%,实现税收2544万元。新批外商投资企业34个,协议利用外资1.86亿美元,实际利用外资8020万美元。自营出口3.47亿美元。

全区财政收入20.01亿元,比上年增长32.4%;其中地方财政收入9.76亿元,地方财政支出4.599亿元,分别增长30%和15.7%。

围绕省、市重点工程建设,推进钱江新城核心区块、九堡经济适用房、丁桥大型居住区、德胜路、杭州客运中心等项目的征地拆迁。全年交地126.7公顷,拆迁56.5万平方米。实施"一纵三横"道路综合整治,完成34幢、17万平方米的建筑立面整治,推进庆春广场二期工程,实施运河景观带东段综合整治。凯旋路北段道路工程竣工。开工建设"农转居"多层公寓70.6万平方米,竣工20.1万平方米。区全民健身中心获"钱江杯"优质工程奖。完成双菱路、景昙路等54条背街小巷改善工程,改善道路25千米,立面整治16万平方米。新建和改建垃圾中转站2座、公厕17座、垃圾房166座,新增停车泊位970个。全年建设绿地25.8万平方米,全区绿地面积逾600万平方米。实施"平改坡"45幢,精品小区整治8万平方米,完成13条道路、31个公建单位、6座公厕的无障碍设施改造。编制完成《江干生态区建设规划》,完成5个居民生活小区的截污纳管工程,洁莲社区被评为首批国家级绿色社区。凯旋路北段被评为省级街容示范街。集中整治三里亭、艮山东路等重点地区,探索重点区域、重点路段的城管模式。开展数字化城管执法试点工作。

社会事业协调发展。新建镇社区服务中心3个、农村劳动保障室30个,劳动保障室覆盖城乡。建成工疗站7个、社区残疾人康复站16个,被评为省级"残疾人工作示范区"。新建和改扩建丁桥等4所农村敬老院,农村"五保户"和城镇"三无"对象集中供养率达91.8%。建成"星光老年之家"95个,城乡覆盖率达95%。推广生活服务员"一券解两难"居家养老服务模式,被确定为省首批养老服务社会化示范单位。完成29个村委会的换届选举。完善社区工作者管理机制,175名社区工作者取得岗位资格证书。采荷、闸弄口街道被评为市社区建设示范街道。

广泛开展科普宣传。完善中小学布局调整规划，新建采荷中学教育集团濮家校区和区教育综合大楼。夏衍中学通过省三级重高评估，濮家小学被确定为市实验学校，新成立采荷大地学前教育、濮家幼儿园、濮家小学3个教育集团。以公办为主、民办为辅，解决3000多名外来务工创业人员子女入学问题。全区有中学15所，在校学生1.196万人；小学16所，在校学生2.24万人。文体设施进一步改善，建立区级图书馆，新建健身苑点10个。有医疗卫生机构11个，医疗床位333张，卫生技术人员520人。推进新型农村合作医疗，新建社区卫生服务站7个，2个医院列入二级乙等医疗机构，被评为省级社区卫生服务示范区。全区计划生育率99.3%，获省计划生育优质服务区称号。

完成"四五"普法教育和"二五"依法治区规划目标任务，通过市级考核验收。法制讲座"进村、进社区、进市场、进企业"，受教育人数1.5万人。创建星级民主法治村(社区)，有28个村、51个社区达到三星以上标准。全年受理信访电2.18万件，办结率99.8%。

【大学科技园通过国家级大学科技园评估】浙江省大学科技园位于杭州下沙高教园区西部，与杭州高新技术开发区、江干科技经济园毗邻，园区规划面积113.6公顷，核心区规划用地21.13公顷。2002年3月20日，采用"多校一园、校府共建"模式，由浙江工业大学、浙江理工大学、中国计量学院和江干区政府共同组建。2002年10月，经省科技厅、教育厅批准为省级大学科技园。2004年5月，被认定为省级重点孵化器。该园有孵化企业85个，总注册资金7000万元，孵化场地总面积1.8万平方米，建筑面积5万平方米，园内的科技创业研发大楼被列为2005年省重点建设项目。2005年11月7日，国家教育部、科技部专家评估组按程序进行评审质询，现场考察浙工大国家重点实验室、园内孵化企业、研发大楼建设现场等处，同意浙江省大学科技园通过国家大学科技园评估。

12月26日，下沙物美超市开业。　(顾一进 摄)

【钱江弹簧有限公司厂区奠基】5月10日，投资总额2500万美元的中美合资杭州钱江弹簧有限公司在杭州经济技术开发区奠基。该公司第一期投资1000万美元，征地4公顷，建设3.6万平方米现代化厂房，计划年销售额8亿元的一流弹簧生产企业。中美合资杭州钱江弹簧有限公司是杭州钱江弹簧厂在1988年创建的一家私营企业。2003年，实施"以民引外，民外合璧"措施，在美国底特律世界汽车城成立钱江弹簧美国有限公司，产品进入美国通用、福特、克莱斯勒三大汽车公司。2004年2月，杭州钱江弹簧厂占55%股份的中美合资杭州钱江弹簧有限公司成立。

【万事利集团获权生产福娃】6月，万事利集团获得北京奥运会特约经营商资格，成为全国丝绸行业唯一有资格生产、印制奥运会相关图案产品的企业。7月，该集团根据"严格按照奥运会产品要求的质量生产，必须在秘密状态下生产"的要求，明确责任人。在接到奥运会吉祥物福娃图案后，启动保密计划，立即组织设计，向北京奥运会组委会申报500多个生产品种，最后获准生产30多个品种。11月9日，精心印制的素绉缎方巾6个品种、1200条和丝绸贺卡6个品种、2000多张，如期送往北京奥运吉祥物物流中心封存。11日，当奥运会吉祥物揭晓后，丝巾、贺卡投放市场。至12月底，万事利生产奥运会特约经营产品价值591.8万元，其中丝绸方巾4800多条、丝绸贺卡7400多张。

【境外投资项目22个】江干区通过组织企业参加各类境外投资洽谈会、说明会、对接会，充分利用各种途径和机会，做好境外投资的宣传发动，提高江干的知名度。引导企业合理定位，到产业导向与已相符的国家和地区，开拓投资力所能及的产业。以万事利、西子等集团企业走出国门，获得成功为示范，鼓励更多的企业到国外去，到国际市场上参与竞争。2005年，新批境外投资项目7个，总投资额213万美元。累计境外投资项目达到22个，涉及9个国家和地区。

【"农转居"公寓竣工59万平方米】2003年5月，杭州市批准江干区的章家坝、新塘、皋塘、彭埠、闸弄口、范家6个社区为杭州市第1批"城中村"改造试点。"农转居"多层公寓建设作为"城中村"改造的重要内容。在公寓建筑设计上，以租居合一型、租居分离型、宜分宜合型等户型为主，突出大开间、多采光的房间设计特点。2005年10月，6个社区共投入建设资金2.2亿元，完成计划立项75万平方米，开工18.6万平方米，竣工11.8万平方米，265户"农转居"得到安置。全区在"城中村"改造中，"农转居"多层公寓建设共立项501万平方米，累计开工124万平方米，竣工59万平方米，3000户"农转居"得到安置。

【拆除违法建筑46.32万平方米】4月22日，江干区针对农村危房修缮中违章建设、村民房前屋后违章建筑，法人违章建设等问题，召开全区"拆违"工作会议，区政府与各镇(街道)签订《拆违工作目标责任书》。至7月中旬，组织拆违活动68次，拆除违法建筑298处、7.01万平方米。为加强"防违、控违、拆违"，落实坚决拆、全面控、严格管、重点整的方针，连续组织开展"拆违突击周"活动。注重与建筑工匠整治、农居修缮整治和承包土地"拆违"相结合，加大重点信访"违建"的拆除力度，全年整治违章工匠2419户、1644人次，拆除违法建筑2165处、46.32万平方米，重点信访违法建筑拆除到位。

【加强人才队伍建设】江干区从培养、引进、使用人才3个环节入手，开展"七个一批"工作，优化人才创业环境，增强人才队伍实力。制定《江干区"136"优秀中青年人才培养工程实施意见》、《江干区爱才重才先进单位和优秀专业技术人才评选奖励办法》等，为"人尽其才"提供制度保证；以重点工程挂职锻炼、党校学习、行政学院培训、高级经理培训等多渠道多形式培训人才，全年培训公务员2500余人次，专业技术继续教育1.5万余人次，经营管理培训500余人次，1500余人取得《职业资格证书》；以"柔性流动"方式引才，组织200余个(次)企业参加人才招聘，全年引进急需人才200余名、留学回国创业人员20多人；以"人才宣传月"活动、"和谐创业奉献江干"演讲会和人才先进事迹宣传巡回展览，宣传先进典型；实施优秀中青年人才培养工程，提高人才知识更新能力，培养优秀人才；营造爱才用才的氛围，奖励一批优秀人才；建立3个大学生实践基地，强化省大学科技园、江干科技经济园和区科技创业中心建设，促进产研学结合，建成一批实践基地，并发挥其培养、锻炼及吸纳人才的作用。

【提高教师待遇】2005年江干区从4个方面提高教师待遇。增加1500万元财政资金，提高全区教师的奖金福利待遇，并将教师公积金计提基数提到与公务员同等标准。教职工体检由原来年龄30周岁以上每2年安排1次，改为全区2000余名教师每年安排1次；检费标准从150元/人提高到300元/人。发放15年以上(含15年)工龄段的老职工住房补贴和新职工住房补贴5111万元，计划在3年内把全区教师的住房补贴发放完毕。建造教师专项经济适用房130余套、计1.1万平方米交付使用。

【维护"农转居"人员合法权益】江干区在城市化过程中，有2003年6月11日前被批准征用土地的"农转居"人员23426人(为劳动年龄段人数)，其中参加社会养老保险15938人，尚需参保7488人。针对部分人员因家庭经济困难等原因未参保，或无法交满15年的养老保险等情况，为了保障其合法权益，区财政拨款1.2亿元，实行被征地"农转居"人员养老保险财政补贴制度，对符合"双低"养老保险的2573人予以优先补贴。6月，"双低"养老保险缴费标准开始按新的省平工资缴纳，每人多承担2200多元费用。区有关部门通过举办业务培训会、现场指导等形式，帮助各村制定参保方案，使1579人于5月底顺利参保，为被征地"农转居"人员直接节约保费347.38万元。

【实施社区矫正衔接】3月28日，为贯彻落实省、市社区矫正工作会议精神，加强和完善社会治安综合防范体系，江干区社区矫正工作委员会成立。4月，按照建立组织、招聘人员、组织培训、核实人数、法律文书交接等步骤开展社区矫正衔接工作。制定下发《社区矫正工作者学习资料》、《社区矫正对象须知》等资料数百册。针对9个派出所管理的200多名社会服刑人员的具体情况，全区成立帮教小组152个，为每名矫正对象建立3人以上帮教小组，志愿者队伍达到300多人。7月，先期在采荷、闸弄口街道完成矫正衔接试点工作。9月1日，这项工作基本结束，全区共接收矫正工作对象152人，其中缓刑135人，监外执行1人，假释6人，剥夺政治权利10人。

【城市家具实施长效管理】江干区通过制定《城市家具长效管理实施办法》，明确市容环卫、市政园林、市属产权等职责，细化和规范管理内容、标准，对艮山西路、艮山东路、解放东路、凯旋路等路段，实施"四位一体"保洁制的市场化运作方式。在"城市家具"的巡查、督查中，创新"三级监管、三督并举"，"日查周报、月督通报"，"条块结合、三办一局联督"，"查访结合、监管并重"等机制，建立健全管理联席会议制度和网络，确保监管、整改到位。投入资金467万元，完成全区22条道路"城市家具"的整治。（张杭平）

·拱墅区·

【拱墅区概况】全区辖4个镇、6个街道，有68个社区、18个行政村，户籍人口30.78万人，人口自然增长率1.88‰。全年实现生产总值44.23亿元，比上年增长19.4%。

全区一、二、三产业结构比例调整为1.74∶45.27∶52.99。全年农林牧渔业总产值1.07亿元，蔬菜总产量2.23万吨，家禽出栏22.32万羽，淡水鱼起水量651吨。基本形成花卉苗木、瓜果蔬菜、高效养殖三大主导产业，农业生产结构进一步优化。深入推进"百千"工程，半山村通过省、市全面建设小康示范村验收，独城村等8个村达到省重点整治村标准。食用农产品安全管理不断加强。农民人均收入10326元，增长9.99%。1000户居民改善了居住条件。

全区实现工业总产值115.52亿元，比上年增长14.2%。实现工业销售产值114.01亿元，增长15.8%；销售收入104.86亿元，增长4.8%；工业利润4.19亿元，增长10%。加大工业投入，全区117项工业项目完成投资12.49亿元，紫金实业等9个重点项目竣工投产。积极实施名牌战略，天马牌轴承成为拱墅区首个中国名牌和国家免检产品，全区有省级名牌6个、市级名牌1个。科技经济园区建设顺利推进，13个项目开工建设，12个项目建成投产，实现技工贸收入22.5亿元。新增三级以上资质建筑企业39家，实现建筑业总产值35亿元。

全年实现社会消费品零售总额121.09亿元，比上年增长13.9%。汽车、物流、市场等特色优势行业快速发展，浙江康汽集团入选中国企业500强。全面推进汽车物流中心和特色街区建设，米卡迪等3个4S品牌店(即集整车销售、零配件、售后服务和信息反馈于一体的汽车特许经营模式)和金通汽配城建成开业。成功举办第六届中国杭州国际汽车展览会、第五十五届全国国际医药原料药、中间体、设备、包装秋季交易会和首届(杭州)拱墅汽车消费节。加快发展物流业，引进美国联合包裹公司和网达物流等项目。优化专业市场资源整合，杭州南方机电市场、钱江市场鞋类批发交易中心等专业市场建成开业，全区商品市场成交额达332.14亿元。迪尚商务楼、红石中央大厦顺利结顶，世纪联华运河广场店、通信商务大厦如期开业。

全年引进各类项目2398个，实际到位市外资金74.47亿元，合同利用外资2.29亿美元，实际利用外资7685万美元。引进浙江金丽温高速公路公司等注册资本1000万元以上大项目150个。全年自营出口1.88亿美元，比上年增长29.1%；新批赴境外投资企业3个。

全区财政收入24.05亿元，比上年增长9.6%；其中地方财政收入11.5亿元，增长17.11%。地方财政支出4.9亿元，增长27.46%。

全社会固定资产投资40.12亿元，比上年增长28.5%。扎实推进运河两侧老城区建设和城郊城市化，全年开工94万平方米。运河文化景观带建设全面启动，御码头、青莎古镇等项目开工。加快拆迁安置房建设，初步建成小河佳苑等安置房小区，全年竣工37万平方米，商品房销售34.04万平方米。积极推进城中村改造，阮家桥庆隆片、吉如片和上塘第二文教片改造规划确定，全年开工建设“农转居”多层公寓11.2万平方米，竣工9.3万平方米，240户农转居住户入住新居。着力抓好基础设施建设，轻纺路、赵伍路等道路如期开工，小河路南段和丽水路北段顺利建成。全年共拆迁826户、单位49个，基本完成3.5公顷出让土地拆迁工作。改善背街小巷51条。完成104国道入城口拓宽整治。实施和睦新村等10个旧有住宅小区截污纳管，完成杭印路等23处市政设施改造。城区“洁化、绿化、亮化、序化”长效管理覆盖率由61.6%提高到93.1%。白马公寓等3个项目获杭州市最佳人居奖。全年拆除违法建筑1572处、26.3万平方米。

社会事业繁荣发展。获省级科技进步和人才工作目标责任制考核优秀单位，知识产权工作再度被评为省级先进。新增省级高新技术企业5个，省级高新技术成果6项，中亚机械被认定为国家高新技术企业，3个企业获得国家科技创新基金资助。有普通中学14所，在校学生1.25万人；小学28所，在校学生1.92万人。组建拱宸桥小学4大教育集团。新建长征中学、德胜小学综合楼等教学设施，新增校舍3.3万平方米。通过省教育强区复查。组建区文化广电新闻出版局。成功举办LOFT创意产业与自主创新发展论坛。基本建成运河广场、运河博物馆，大关游泳健身中心投入使用。新建和改建小河、绍兴路等15个社区卫生服务中心(站)，城区社区卫生服务覆盖率100%。成立全省首家人口和计划生育事务所，全区计划生育率98.79%。

区(社区)行政服务中心正式投入使用，初步建成社区事务网上管理系统，新建10个退休人员活动中心，5.04万名企业退休人员纳入社区管理。平安创建成效明显，通过“二五”依法治区和“四五”普法教育工作考核。建成区看守所，改建区公安分局大楼和区法院半山法庭，完成治安动态监控系统二期工程和区检察院审讯监控系统建设。区人民群众来访接待中心正式启用，全年共受理信访电1.96万件，办结率99.2%。(周国如　陈　亮　唐　华)

【引进浙江金丽温高速公路有限公司】 拱墅区进一步健全招商引资机制，完善考核奖励政策，注重招商引资质量，着力引进现代服务业大项目，精心举办招商活动，取得了显著成效。4月，成功引进注册资金24亿元的浙江金丽温高速公路有限公司。该项目是目前拱墅区引进的最大的招商引资项目。(蔡儒杰)

【康汽集团入选全国企业500强】 浙江康桥汽车工贸集团股份有限公司是国家工商局批准的小轿车经销商，国家经贸委批准的拥有自营进口权的外贸企业，专业从事汽车销售及维修服务，拥有福特、东风、解放、东南、江铃、广州本田、上海大众、神龙富康、一汽大众、上海通用等20多个知名品牌的经销权，并在省内首创汽车销售服务“4S”模式。2005年，该集团已拥有总资产3亿多元。全年销售汽车34500辆，维修汽车33.36万辆次，实现销售收入43.28亿元，成功入选全国企业500强。

【举办第五十五届国药展】 11月15日~17日，由中国医药集团、国药励展展览有限公司主办的第五十五届中国国际医药原料药、中间体、包装、设备秋季交易会(API China)在拱墅区杭州国际会议展览中心举

墅园雪景　　(阎　剑　摄)

办。API China 是国内历史最悠久、规模最大、产品最全的医药原料药及相关领域的品牌展会，该展会每年举办两届，已成为医药行业各相关领域面向全球贸易合作和信息交流的桥梁，极大地推动了中国医药原料药及相关行业的发展。该届交易会展出面积3.5万平方米，展位1500个，参展企业1000个，展出内容包括传统的医药原料药、中间体、辅料、化工、包装、设备、兽药、食品添加剂等，并专门设立"外包生产服务展区"，反映了制药领域发展的新动向。（金 马）

【天马牌轴承被评为中国名牌产品】9月，浙江天马控股集团有限公司的主导产品TMB轴承被国家质量检验检疫总局认定为中国名牌产品，该产品是拱墅区第一个中国名牌产品。成立于2002年的浙江天马控股集团有限公司是一家专业从事汽车、铁路、工程机械轴承生产的国家大型民营企业。近年来，公司坚持"科技强企"方针，加大技术改造投入力度，注重引进吸收与自主创新相结合，开发出一系列具有较强市场竞争力的高精度、高附加值、高技术含量的长寿命精密轴承，使企业成为全国轴承生产行业最大的企业之一，产品综合实力位居同行业首位。2005年，公司实现销售产值7.2亿元，创税6000余万元。（蔡儒杰）

【蒋家浜村被评为全国文明村】10月，康桥镇蒋家浜村被中央文明委命名为"全国文明村镇"。蒋家浜村面积2.2平方千米，有9个村民小组，农户706户，常住人口2495人。村下属9个企业，年生产总值达1.7亿元。蒋家浜村高度重视思想道德和文化阵地建设，切实开展村庄环境和社会风气整治，相继建成了蒋家浜生态公园、老年公园、广场公园、老年活动中心和一批村民健身点，对蒋家浜河、杨家店桥和康桥河进行了整治，对水、电、有线电视线路进行了改造，成立了健美操和扇子舞两支文艺表演队，村民文化生活日益丰富，文明意识不断提高，先后获得了全国民主法治示范村、浙江省文明村、浙江省全面建设小康示范村、省级园林绿化村、省级卫生村等荣誉称号。（陈 亮）

【运河广场建成】运河广场于2002年10月开工建设，2005年12月底建成。该工程是运河杭州段综合整治与保护开发的重点项目，是展示运河文化的重要载体。项目总用地5.29万平方米，总建筑面积5万平方米，主要由地下商城、运河博物馆和沿河牌楼组成。运河广场西面与广场相连的丽水路设计为下穿，保证了运河广场与大运河、拱宸桥连成一体，使大运河及拱宸桥成为运河博物馆的室外展品。广场西侧建有南北2个牌楼，建筑面积600平方米，作为京杭大运河南北两个端点象征性的标志。（余荣升）

【拱墅区成为省科技强区】12月，拱墅区被浙江省委、省政府命名为首批浙江省科技强区。拱墅区坚持科技强区战略，着力增强企业自主创新能力，提升区域经济核心竞争力；加大知识产权扶持力度，推进自主知识产权技术产业化，区科技创业中心被列为省级重点；强化产学研合作，与浙江大学、浙江工业大学等4所高校建立起长期协作关系，以网上技术市场为载体的技术创新公共平台初具雏形；推进传统产业技术创新，省级高新技术企业累计达25个，中亚机械被认定为国家高新技术企业；积极开展科普工作，绿色节能特色的科普画廊被列为国家科普示范画廊。顺利通过国家科技进步先进区复核。

【中亚机械公司被认定为国家高新技术企业】5月，杭州中亚机械有限公司被科技部认定为国家火炬计划重点高新技术企业。该公司成立于1993年，现拥有各类有效专利36项，专利产品DASB全自动无菌软包装机被国家科技部列为"十五"攻关项目、国家科技创新基金项目。近年来，公司始终坚持科技创新，积极开发拥有自主知识产权新产品、新工艺，形成"生产一代、储备一代、研发一代"的良性发展态势，2005年公司产值2.069亿元，其中专利产品产值1.269亿元，约占61%。

（邓国赟）

【组建拱宸桥小学等4个教育集团】拱墅区全面实施名校集团化战略，1月6日，新组建的拱宸桥小学教育集团、卖鱼桥小学教育集团、红缨学前教育集团、外来创业者子女教育集团正式挂牌。拱宸桥小学教育集团由拱宸桥小学本部和左岸校区组成，共27班，在校学生901人；卖鱼桥小学教育集团由卖鱼桥小学本部和仓基校区组成，共31班，在校学生1077人；红缨学前教育集团由红缨幼儿园本部及大关苑分园、舟山路幼儿园组成，共22班，在校幼儿569人；外来创业者子女教育集团由树人小学、运河小学、北秀小学、光明小学组成，共75班，在校学生3574人。

【长征中学成为省三级重点高中】3月，长征中学顺利通过省重点高中督导评估，晋升为省三级重点高中。长征中学前身为杭州第十八中学，成立于1956年。该校占地面积4万多平方米，共有28个教学班，在校学生1209人，教职员工107名，其中96名专任教师具有大学本科及以上学历。学校建有校园计算机网络、闭路电视、广播通讯、安全监控、校园一卡通等五大系统，基本实现了教育、教学、管理和服务工作的数字化。学校一贯坚持"把成功的快乐送给每一位学生，把成就的喜悦留给每一位教师"的办学理念，注重每一个学生的健康成长，校民乐队、风筝队、无线电测向等多次在全国、省、市比赛中获奖。

【举办LOFT创意产业与自主创新发展论坛】10月18日~21日，LOFT创意产业与自主创新发展论坛在拱墅区杭印路49号举行。该活动为第7届中国杭州西湖博览会项目，由杭州市委宣传部、拱墅区人民政府主办，拱墅区委宣传部、区商贸旅游局、区文广新局承办，以"智慧创造财富、创意成就未来"为主题，分为三大板块五个专题，其中访谈板块包括寻访大运河和新闻会客室两个专题，论坛板块包括开幕式暨LOFT创意产业与自主创新发展论坛专题。来自北京、上海、杭州等地的有关领导、专家和业内人士等参加了论坛。

【拱墅成为省级社区卫生服务示范区】10月，拱墅区被省卫生厅命名为浙江省社区卫生服务示范区。目前,全区有8个社区卫生服务中心,31个社区卫生服务站,社区卫生服务覆盖率100%,基本形成了设施一流、功能齐全的社区卫生服务中心圈。区政府专门设立1000万元的卫生事业发展专项基金,每年用于社区卫生服务和公共卫生体系建设,全区社区卫生服务保健经费人均21.42元。改建4个社区卫生服务中心,新建、改建11个社区卫生服务站,建成区突发公共事件应急处置指挥中心。全区全科医生占执业医师总数的81.2%,全科护士占执业护士总数的99.2%。组建社区责任医生队伍70支,平均每万名居民拥有4.12名责任医生。（富荣欣）

【区(社区)行政服务中心投入使用】 7月,拱墅区行政(社区)服务中心投入使用。中心位于文一路28号,建筑面积2000平方米,是区政府派出机构,为公民、法人和其它组织审批、注册、登记等办事项目提供集中受理、一门式服务;承担各街道、镇社区服务中心的业务指导和全区社区服务信息化建设的推广工作;负责社区服务热线的运作管理以及社区服务网的建设、规划和运行。目前,有工会、人事、劳保、民政、残联、卫生、司法、文体等8个部门在中心设立14个服务窗口,开展56项为群众办事项目,9项行政审批事项。

（傅科兵）

·西湖区·

【西湖区概况】 西湖区辖7个街道、2个乡、5个镇,122个社区、64个村,其中西湖街道由风景名胜区托管。全区户籍人口56.65万人,人口自然增长率5.88‰。全年实现生产总值58.8亿元,比上年增长17.8%。

优化产业调整。全区三次产业比重调整为6.77∶53.2∶40.03(按在地口径为2.18∶32.52∶65.30)。农业结构调整面积累计1666.7公顷。都市农业特色更加鲜明,西湖龙井茶、无公害蔬菜、无公害水产、花卉苗木等四大优势产值比上年增长4.3%。全年农林牧渔业总产值6.01亿元,下降2.4%。粮食产量2.08万吨,下降15%;茶叶产量697吨,产值6970万元,分别增长6.2%和3.6%。有各类休闲观光农业园33个,其中省级4个。

扎实做好产业结构调整基础,编制完成10%留用地规划和留下、浮山、翠苑等单元控规。全力组织112个用地项目申报,涉及用地861.4公顷,13个项目被列为省市重点。杭州卷烟厂迁扩建等重大项目启动。重点区块建设扎实推进,西湖科技经济区块累计有23个企业竣工投产,完成工业销售产值12.5亿元,税收7085万元。转塘科技经济区块引进德力西集团等高科技产业项目,浙大科技园老和山区块修建性详规调整方案通过专家审查,启动东风客车厂等企业拆迁安置。

全年完成社会固定资产投资54.92亿元,比上年增长36.5%。其中,限额以上投资26.87亿元,增长32.6%;第三产业投资24.78亿元,增长25.7%。

全区实现工业总产值161.77亿元,比上年增长15.1%。完成工业销售产值157.76亿元,增长16.7%。其中,全区319个年销售收入500万元以上工业企业完成同业产值148.35亿元,增长15.7%,完成销售产值143.5亿元,增长13.8%。全区完成工业技改投入6.21亿元,增长16.6%。以电子信息产业、电子电器设备、生物医药等制造业为主的高新技术产业发展迅速,全年实现产值37.39亿元,增长24.3%,实现工业增加值11.67亿元,占全区工业增加值的29.6%。全年工业产销率97.52%,实现工业利税12.89亿元,增长23%。

西溪国家湿地公园建成开放,龙坞茶村开村。之江度假区、西溪湿地和其他景区景点全年接待游客310.50万人次。引进毕马威会计事务所等国际知名企业,东方威尼斯、UME国际电影大都会等大型服务设施建成营业,之江度假区阳明谷度假村、玫瑰园健康休闲世界等项目顺利推进,云栖假日酒店实现营业收入约2000万元。

全年引进区外到位内资75.19亿元,比上年增长11.2%;协议利用外资4.84亿美元,增长59.4%;实际利用外资1.43亿美元,增长71.8%。引进港中旅、林德工程等一批现代服务业、高科技产业项目。积极调整出口产品结构,全年实现自营出口4.16亿美元,增长14.2%;4个企业在境外设立企业和机构。之江度假区招商引资和项目建设稳步推进,旅游产品有所增加。

全区财政收入31.35亿元,比上年增长16.6%;其中地方财政收入17.66亿元,增长19.8%。地方财政支出7.46亿元,降低9.3%。

重点工程进展顺利。完成拆迁74.12万平方米。西溪湿地综合保护一期工程3.46平方千米建成开放,实现湿地保护利用、城市化推进和当地居民受益“多赢”。完成之江度假区53个项目、372.7公顷土地的征地和58个项目、47.32万平方米建筑的拆迁任务,开工建设江涵路、科海路等道路。区块建设有序推进,调整优化了转塘、留下、三墩三大区块规划,组织完善蒋村区块规划,建成竹桥路等7条道路。农转居公寓开工54万平方米,竣工42万平方米。全年推出出让用地17公顷,回笼资金7.59亿元。启动城中村改造“一村一方案、一区一统筹”规划编制,登云圩村实施整体拆迁,开工农转居公寓2.3万平方米。

城市基础设施建设全面推进。累计投入道路建设资金12亿元,紫荆花路、文一西路、文二西路延伸段建成通车。完成西溪路拓宽改建工程以及竞舟路、高技路、益乐路、通普路等城市道路建设。袁富路一期、留泗路(龙坞至转塘段)、杭千高速配套匝道基本建成。体育场路、曙光路、保俶路、凤起路等道路实施综合整治。完成留下历史街区保护工程立项和规划方案编制,留下横街等5个村(社)自来水改造工程全面完工。共拆除违法建筑26.67万平方米,扩绿70万平方米。投资近亿元,完成72条背街小巷改善工程。大力开展“百村整治”工程,完成2个省级示范村、10个市级重点村整治。

全力组织实施《西湖区生态区建设规划》,启动龙坞等5个乡镇、街道生态建设。制定饮用水源保护区排污口3年拆除整治计划,并有5个单位整治完毕。顺利通过烟控达标区验收。完成大清石矿等6个矿山整治复绿。全面完成赤通浦排涝站建设、龙坞镇山溪小流域农业生态治理和板壁山、光明寺水库达标整治工程。编制浙大护校河、沿山河及西溪路沿线截污纳管规划方案,完成15个小区、60个公建单位、23

西溪湿地公园景点——秋雪庵 (施 智 摄)

个污染源的截污纳管和污水收集系统改造。

完成城市管理体制调整，"两级政府、三级管理、四级服务"的管理模式得到巩固。积极推行文三西路、古墩路等道路综合养护试点，继续加快城管作业市场化进程，市容环卫、绿化、市政市场化作业率进一步提高。启动停车场(库)清理整顿，完成22个农贸市场及周边环境综合整治，东山弄、古荡农贸市场成为"全国绿色市场示范单位"。积极推进"数字城管"建设，完成调查摸底、网格式管理构架等前期工作。

社会各项事业统筹推进。调整农村教育管理体制，新成立西湖小学等4个教育集团。新建、扩建6所学校，12所中小学通过省级标准化验收。全区有中学19所，在校学生1.71万人；小学37所，在校学生4.28万人。积极组织开展面向农村和社区的文体活动，新建健身苑点34个。北山、古荡街道分别成为国家级、省级体育先进街道。有卫生医疗机构315个，医疗床位5134张，卫生技术人员4556人。健全公共卫生服务体系，新建、改建九莲新村等15个社区卫生服务站点。调整完善了西湖区、之江度假区和转塘及周边地区的管理体制。进一步放开医疗市场，民营医疗机构发展迅速。积极培育新型生育文化。全区计划生育率98.79%。

城乡居民收入持续增长，城镇职工年平均收入29850元，农民人均收入9108元，比上年分别增长16.5%和12.5%。全年办理人民代表意见、建议和政协委员提案303件，满意率73.28%，基本满意率26.72%。 (何海强 徐冠群)

【西湖区成为省科技强区】 西湖区不断优化区域创新环境，强化创新能力建设，促进科技与经济、社会各项事业的协调发展。全区拥有市级以上高新技术企业35个，高新技术产业增加值占工业增加值的比重达27.30%，新增省级高新技术企业6个、市级8个，省级高新技术研发中心1个、市级3个，新建孵化器2个，实施国家科技创新基金项目8项。12月，被浙江省委、省政府命名为首批省科技强区。

【提升文三路电子信息街区品牌】 通过完善创新创业环境，积极搭建公共服务平台，文三路电子信息街区的品牌效应进一步提升。6月份，被省文化厅命名为省内首个"文化产业示范基地"，并经国家文化部同意，正式筹建国家数字娱乐产业示范基地。10月，被中国步行商业街工作委员会授予"中国特色商业街"称号。街区内杭州数字娱乐产业园引进中国博客网、华人传媒等35个企业，成为浙江省数字娱乐和动漫产业的重要集聚地。 (徐冠群)

【调整农村教育管理体制】 西湖区出台《关于调整农村教育管理体制的实施意见》，调整乡镇中小学、幼儿园、成教学院的教育管理体制，实行农村教育"分级管理，以区为主"，进一步明确区、乡镇两级政府在农村教育中的主要职责、事权及财权，加大推进基础教育资源整合、优势互补、统筹协调发展的力度。

【创建省级文化先进区】 近年来西湖区大力推进"文化西湖"建设，围绕打造品牌文化、培育特色文化、丰富基层文化三大目标，进一步强化文物保护、市场监管、文化产业发展。12月，该区顺利通过省文化先进区创建考核，被浙江省政府命名为省文化先进区。

【西湖区被评为全国婚育新风进万家活动先进区】 西湖区通过创新各类活动载体，努力营造婚育新风进万家活动的良好氛围，1月被中宣部和国家计生委等9个单位评为2001年~2005年度全国"婚育新风进万家活动"先进集体。全区建立生育文化园区23个、乡镇街道人口文化艺术团队13支，并设立网上人口学校，积极拓展"姐妹夜校"、"民工子弟快乐家园"等活动内容。与浙江大学合作，在全国首创人口文化进校园系列活动，人口计划生育宣传教育扎实开展。

【开展农村"一十百千万"工程】 西湖区集中各方面社会资源，推进农村社会文化建设，以"丰富农村文化、促进城乡文明"为主题，在农村开展"十场体育比赛、百场文艺演出、千场电影下乡、万民农民素质培训"活动。全年组织各类体育比赛10场、文化活动149场、电影下乡1320场、农民素质培训12876人次，累计服务群众50余万人次，受到村民的欢迎。 (邵建华)

【创新实施社会救助】 西湖区建立三级慈善物资调剂网络，在区一级设立慈善物资调剂中心，在乡镇街道设立慈善互助家园，在各街道社区设立慈善物资捐赠接收点，推进了社会慈善捐赠活动的经常化、制度化和规范化。同时，实施低保听证制度，通过听证确定是否给予低保待遇，增加过程透明度，有效杜绝了漏保、错保、骗保等不良情况的发生。

(齐剑伟)

【大力推进农居多层公寓建设】西湖区撤村建居"农转居"公寓建设项目已完成立项面积约473万平方米,占全市立项总面积的43%,规划定点25个住宅小区,其中20个规划小区的设计方案已获批准,总用地约415.6公顷。至2005年末,累计竣工农居多层公寓103万平方米,交付使用40.6万平方米,安置农户1500余户。 (马柏法)

【西溪国家湿地公园建成开放】2月,西溪湿地被国家林业局确定为我国首个国家湿地公园试点,正式开展湿地公园的保护和管理工作,杭州成立西溪湿地公园管委会。5月1日,西溪湿地综合保护一期工程基本建成,西溪国家湿地公园3.46平方千米对游客开放。至2005年底,累计接待游客45万人次。

(胡　鹏)

【2个农贸市场成为全国绿色市场示范单位】古荡、东山弄农贸市场2005年投入100余万元,进行了硬件设施的提升改造,并进一步完善了各项管理制度。10月,顺利通过国家商务部"绿色市场"认证机构现场认证验收,成为杭州市区首批2个"全国绿色市场示范单位"。

(沈　剑)

【西湖区被评为全国社区残疾人工作示范城区】西湖区切实加大社区残疾人工作力度,通过完善社区残疾人工作组织、优化社区残疾人服务、丰富社区残疾人文体活动,全面推进社区残疾人事业的发展。11月,该区通过检查验收,被中国残疾人联合会命名为全国社区残疾人工作示范城区。 (齐剑伟)

·滨江区·

【滨江区概况】全区辖3个街道,12个社区、23个村。户籍人口13.22万人,人口自然增长率3.77‰。全年实现生产总值150.6亿元,比上年增长18.6%。

全区三次产业比重由上年的1.5:69.5:29调整为1.2:68.4:30.4。结合现代农业园区建设,积极抓好现代农技示范推广,全区示范园区良种覆盖率95%以上。蔬菜、水果、花木、水产等农业特色产业占全区种植面积的85%以上。全年实现农林牧渔业总产值3.13亿元,比上年下降2.3%。

全区技工贸总收入912亿元,比上年增长29%,完成计划的101.4%。实现工业总产值635亿元,增长21.2%。积极开展服务企业活动,召开银企合作座谈会,推出22个重点产业化项目商请银行机构给予贷款支持。开展区领导"走访企业服务周"和"项目开工月"、"项目推进月"、"外商投资企业服务月"等活动,及时解决企业发展中遇到的困难和问题。实施科技计划项目10项,列入市级以上各类科技和产业化项目9项,信息化示范专项7项,新批传统企业技改项目78项。

实行区领导分工联系重点商贸服务业项目制度,加大第三产业项目的引进和实施力度。全区新批外商投资企业82个,协议利用外资5.37亿美元,比上年增长66.5%;实际利用外资2.56亿美元,增长28.1%。协议利用内资53.1亿元,实际引进内资30.6亿元。新批1000万美元以上的大项目19个。外贸出口增长迅速。全区完成出口总额20.82亿美元,增长54.9%;其中自营出口9.77亿美元,增长23.0%。进行商务、政务考察和项目洽谈,全年接待630批1.3万余人次。开展赴欧洲、日本和深圳等境内外的定点招商活动。房地产业发展平稳,全区建成、在建商品房面积累计682万平方米,全年供应商品房7241套,成交4619套。

全区财政收入37.0亿元,比上年增长15.5%;其中地方财政收入18.0亿元,增长21%。地方财政支出12.7亿元,增长19.3%。

城市规划体系不断完善。坚持规划先导,高起点开展控制性详细规划编制工作。着手铁路以南区域专项规划编制,认真做好沿江地带等重点地段的城市景观设计。确定冠山隧道、时代大道南伸等工程为2005年城市基础设施建设10大重点工程,其中滨江公园、东冠路、滨文路西伸工程基本建成,滨江水厂完成桩基工程。推进农村多层住宅建设,调整选房安置方式,开展"集中安置月活动"。农村多层住宅新开工115万平方米,累计开工347万平方米;累计交付使用129万平方米;累计安置农户3816户。西兴区块经济适用房一期19.2万平方米大部分结顶。完善市政、绿化养护、环卫保洁等市场化运作机制,对全区道路市政养护和市容环卫保洁全部实行公开招投标。浦沿路等9条道路架空线完成了"上改下"工作。新开公交线路6条(区内共27条)。城市管理执法工作不断加强,拆除违法建筑6.5万平方米。坚持"有地快用、有地优用",建设项目争上国家和省重点工程,落实用地指标。依法收回超过两年未开发的土地。全区完成交地4226公顷,拆迁农户1240户、企业30个,挂牌出让经营性用地400公顷。进行生态街道规划编制,全面实施环境污染整治和生态示范工程,完成ISO 14000国家示范区创建。集中式饮用水源水质达标率100%,城镇污水处理率85%,工业污染物排放达到控制目标。编制全区扩绿计划,先后开工建设六和公园、滨江公园、沿江生态带、滨文路等配套绿化,全区新扩绿地55万平方米。

深化教育体制改革,实施"名师名校长"工程,面向全省公开招聘一批优秀教师。与杭州第二中学联合办学的江南实验学校正式开学。全区有中学6所,在校学生4966人;小学11所,在校学生8905人。教育投入力度进一步加大,全区完成教育基建投资6100万元,投入教育设施经费1000万元。合理配置教育资源,启动第二轮学校布点规划调整。通过省教育强区复检。群众文化体育活动广泛开展。举办新春系列文化体育活动和"金鸡报晓——东冠之春"元宵灯会、百场电影大巡映、文化送戏下乡、第二届全民运动会等大型文体活动。在2005年娃哈哈狂欢节活动中,选送的《动漫之都》和表演队伍获得"最佳彩车"奖和"最佳表演队伍"奖。改扩建区图书馆中心馆,建成区国民体质监测站和篮球场2个、乒乓球室5个、健身点8个,重新组建36支业余文化体育骨干队伍。有医疗卫生机构76个,医疗床位85张,卫生技术人员252人。加强对区属卫生院的管理,认真解决群众"看病难"问题。加强社区卫生服务,初步建成社区卫生服务站6个示范点。开展文明礼仪

钱塘江畔滨江公园　　(李建军 摄)

“一村一课”教育活动，举办“邻居节”，表彰“十佳邻里互助好家庭”。开展“清洁滨江”活动，改善城区环境卫生。爱国卫生工作成效明显，顺利通过全国爱卫会灭蝇达标城区复验。不断完善农村新型合作医疗制度，农村合作医疗参保率98.8%。计划生育率99.6%。

切实加强信访工作，全区信访总量比上年下降19.6%，无赴京、赴省访，越级到市上访人数比上年下降65%。城乡居民收入持续增长，农民人均收入10098元，比上年增长6.8%。全年办理人民代表、政协委员的议案、建议和意见50件，办结率100%。

村级基层组织换届顺利进行。按照《中国共产党农村基层组织工作条例》和《中华人民共和国村民委员会组织法》等规定，对全区28个村(社区)党组织和村(居)委会进行了换届选举，共选出村(社区)两委成员166名。

【沿江景观一期工程完成】 2003年5月开工建设的沿江景观一期工程，位于钱江三桥至四桥之间、区政府办公楼以北，占地面积23.4万平方米，分成A、B、C、D4个区域。A区为科技广场，主要包括科技广场和健身活动区等；B区为山水景观区，主要包括咏诗园、儿童游乐园和人工湖水面等；C区为钱王射潮广场；D区为文化公园。共计建筑单体15幢，总建筑面积2.5万平方米，建筑用地23.4公顷，绿化面积30万平方米，总投资2亿元。9月，工程完工。10月，2005年西湖国际烟花大会滨江分会场设立在该地块。

【新建道路完成“上改下”工程】 为提高城市综合竞争力，确保交通安全、行人安全、信息安全，2004年3月开始对滨江区新建道路实施“上改下”工程，实施江南大道、东信大道、创业路、南环路、西环路、滨安路、滨康路、滨盛路、火炬大道、建业路、信诚路等11条道路通信和电力线路“上改下”。经过近3个月的摸索，2004年7月1日起，在全区范围开展“上改下”工程，先后实施浦沿路、滨康路、滨安路、建业路、信诚路、滨文路、江陵路、江晖路、滨兴路、江虹路电力线路“上改下”，浦沿路架空线“上改下”，杭州电信公司、数字电视公司、联通公司等单位28处道路架空线“上改下”。2005年12月，37条城市新建道路117千米，全面完成道路架空线“上改下”。

【江南实验学校建成】 浙江省杭州江南实验学校由滨江区教育局和杭州二中教育集团合作办学的九年一贯制学校，按民办管理机制运行。学校位于江南大道南侧滨和路与春晓路交汇处，占地面积8.3公顷，建筑面积5.28万平方米，投资2亿元。2002年3月开始筹建，2005年8月31日、9月1日，该校分别举行了学校初中部和小学部开学典礼。学校首批共招新生485人，13个班。其中，初一新生315人7个班，小学一年级新生170人6个班。同时，学校引进优质教育资源，实行名校加新校的办学模式，由杭二中老校长徐承楠任校长，引进师资40名，其中特级教师2名。

【滨江水厂开工建设】 8月16日，该区单项投资最大的市政公用设施项目杭州滨江自来水厂开工奠基。滨江水厂工程是滨江区唯一列入2004年省重点A类工程的项目。工程地处规划四季大道、火炬大道交叉口西南侧，占地面积约220公顷。水厂远景规划设计日供水40万吨，其中一期工程规模日供水15万吨，投资3.45亿元，计划2006年12月建成投产。水厂取水水源为钱塘江，满足该区未来30多万居民和所有企事业单位的用水量。利用水厂清水池的调节容积，并在水厂内设避咸塘解决避咸问题。在水处理方面，采用常规处理和深度处理相结合的水处理工艺技术，经过臭氧、活性炭的深度处理，出厂水质将达到直饮水标准。

【《天眼》获专项奖】 11月26日，在成都举行的2005年四川电视节“金熊猫”奖国际电视节目评选中，浙江中南集团卡通影视有限公司原创的大型系列动画片《天眼》脱颖而出，获得专家评审委员会特别奖、亚洲优秀动画片提名奖、中国优秀动画系列大片提名奖3个奖项，成为浙江省原创动画片首次在国际影视大赛中获奖的作品。参加“金熊猫”奖国际电视节目动画数字艺术作品评选的有来自中、日、韩、美、法、德等18个国家共923部作品。《天眼》是由中南卡通影视有限公司投资4800万元打造的第一部精品巨片，已经在包括中央电视台少儿频道在内的全国20多个省、市的电视台播出，并且成功输出到新加坡、泰国、法国、日本等国家。《天眼》共500集，每集长度为7分钟。它采用国际先进的三维和二维相结合的表现手法，通过描述一只来自遥远“天眼星球”、额头长着魔法之眼的灵物奉命到地球采撷“精神能源”的神奇故事，使孩子们领悟科学魅力，学会善良诚实、爱心奉人。

【治安动态监控网络系统基本建成】

12 月，滨江区投入 900 余万元，建成 155 个控点，32 个内控点以及滨江公安分局监控中心和各派出所分控中心。建设工程分三期：第一期，以西兴派出所辖区为试点，在主要干道和案件高发区域新建 19 个监控点，并建立 10 个内控点。第二期，在长河、高新、浦沿 3 个派出所辖区，建成 76 个监控点和 22 个内控点。第三期，在前期建设的基础上，为完善网络系统，建成 60 个监控点。

【华润万家超市滨江店营业】 12 月 2 日，滨江区首家大型超市——华润万家超市滨江店开门营业。该超市营业面积 1.3 万平方米，集餐饮、百货、超市卖场、娱乐等功能，吸纳包括肯德基、九佰碗等休闲餐饮，李宁、波特等品牌服饰于一体。该超市覆盖了浦沿街道居民、高教园区 6 所高校学生、高新企业员工和周边楼盘住户在内的 15 万人商圈，开通了 5 条免费接送班车，12 月 2 日~7 日，超市共接待顾客 10 万余人次，营业额累计 380 万元。

【实行免费婚检】 5 月 1 日起，滨江区实行免费婚检。凡是拟婚一方具有该区户籍，办理婚姻登记手续的男女青年均可享受免费婚前医学检查。免费婚检项目为一般体格检查、血常规、尿常规、肝功能、胸部 X 线透视、梅毒筛查、白带常规。免费婚检费用合计为每对 85 元，费用全额由区财政列入年度卫生经费，检出疾病或其他情况需要进行其他项目检查的，经当事人知情同意后作进一步检查，费用由个人承担。

【滨江老年电视大学成立】 9 月 9 日，“浙江老年电视大学高新区（滨江）分校”成立。该校总部设在长河街道中兴社区，下设水电、西陵、天官、新浦 4 个社区教学点。老年电视大学开设法律、医学、保健、书法、文学、历史、家教、心理、旅游文化、戏曲、电脑、科普等 10 多门课程，学员可以自由选择学习。第 1 批 5 个社区教学点首批招生 531 人。

【保护长河街道历史风貌】 9 月 23 日，由瑞士 Holcim 可持续建筑基金会与国际上 5 所知名理工院校合作举办的首届可持续建筑大奖赛颁奖仪式在北京举行，同济大学设计的《长河历史风貌保护实施方案》，在亚太地区参展的 300 件作品中脱颖而出，获亚太地区唯一金奖。《长河历史风貌保护实施方案》较成功地把高科技新城和传统社区充分融合在一起，契合当地居民的民族特性，再现了长河古镇和来氏大家庭昔日的繁荣，该方案在生态意义上是节能方面的一大典范，对现有条件能够进行适应性重建，改造以整体性、真实性、再生性为原则，整旧如故，保护与再生并重，风俗与空间并举。长河街道旧城改造工程于 9 月启动。 （李海松　陈　悦）

·萧山区·

【萧山区概况】 全区辖 22 个镇、4 个街道，有 411 个行政村、135 个社区（居民区）。户籍人口 117.66 万人，人口自然增长率 2.75‰。全年实现生产总值 589.33 亿元，比上年增长 14.5%。

实现农林牧渔业总产值 50.55 亿元，比上年增长 10.2%。其中，农业产值 29.82 亿元，增长 8.6%；林业产值 0.60 亿元，增长 5.0%；畜牧业产值 12.55 亿元，增长 10.9%；渔业产值 5.98 亿元，增长 7.5%。畜牧、水产、蔬菜、花木、茶果五大特色主导产业产值 42.93 亿元，占农业总产值的比重 84.9%，提高 0.8 个百分点。新增区外农产品生产基地、订单农业基地 7333 公顷，累计 14.2 万公顷；新增区外农产品加工企业 6 个，累计 18 个。全年粮食种植面积 5 万余公顷，下降 1.2%；粮食总产量 26.82 万吨，下降 1.9%。棉花种植面积 537 公顷，产量 781 吨，分别下降 13.9%和 14.3%；络麻种植面积 62 公顷，产量 464 吨，分别下降 25.3%和 25.5%；油菜子种植面积 4676 公顷，产量 9351 吨，分别增长 6.8%和 15.6%；蔬菜种植面积 3.04 万公顷，产量 113.4 万吨，分别下降 1.4%和 0.9%；花卉苗木种植面积 2.04 万公顷，下降 11.7%；水果总产量 8.11 万吨，增长 3.8%。粮经作物比例由上年的 44.4∶55.6 调整为 45.3∶54.7。全年生猪饲养量 142.03 万头，生猪年末存栏 44.70 万头，分别增长 3.9%和 5.7%；全年猪、牛、羊、兔、禽等肉类总产量 8.43 万吨，下降 2.9%；牛奶产量 4280 吨，增长 19.2%；全年水产品产量 3.86 万吨，增长 8.5%。全年完成绿化造林面积 19 公顷，公益林 1.33 万公顷，新增经济林 66.7 公顷，全民义务植树 88.4 万株，森林覆盖率 22.1%。全年投入水利建设资金 2.54 亿元，投工 464.69 万工，完成土石方 545.66 万立方米，完成标准塘建设 165.48 千米、标准农田建设 2155 公顷，有效灌溉面积 5.31 万公顷。年末拥有农业机械总动力 76.22 万千瓦，增长 2.4%。

全区实现工业总产值 2006 亿元，比上年增长 21%；工业销售产值 1970 亿元，增长 22.1%；工业产品销售率 98.2%。实现工业利润 93.41 亿元，税金 66.27 亿元，分别增长

12 月 28 日，举行萧山发电厂天然气发电工程开工典礼。 （傅宇飞　摄）

义桥工业加大技改投入，进行设备更新。 （傅宇飞 摄）

28.1%和16.9%；工业劳动生产率75697元/人，提高6560元/人。新增企业技术中心35个，累计142个，其中国家级2个、省级13个。开发省级以上新产品218种，其中国家级3种。规模以上工业企业1826个，工业总产值占全部工业总产值比重87%；销售产值超10亿元企业17个，超1亿元企业308个。新增2个上市公司，累计6个。新增名牌产品46种，累计115种，其中国家级名牌产品10种、省级37种。新增著(驰)名商标31件，累计102件，其中国家级2件、省级55件。拥有资质以上建筑企业250个，完成建筑业产值277.88亿元，增长36.9%。

实现全社会消费品零售额123.08亿元，比上年增长15.1%。其中，批零贸易业113.21亿元，增长14.8%；餐饮业9.87亿元，增长17.8%。有各类专业市场136个，其中消费品市场98个、生产资料市场26个。新增星级市场8个，累计33个，其中四星级市场4个、三星级市场6个。全年市场成交额301.04亿元，增长15.3%。10月11日，开元名都大酒店被国家旅游局授予五星级旅游饭店称号，实现萧山五星级旅游饭店"零"的突破。

全年实现进出口总额51.10亿美元，比上年增长23.3%；其中进口18.28亿美元，出口32.82亿美元，分别增长12.2%和30.5%。产品出口企业750个，增加139个，其中出口超过1000万美元的企业83个，增加19个。有外贸公司184个，自营进出口权的生产企业746个，境外办事处(公司)37个。新批外商投资企业109个，增资项目76个，总投资11.65亿美元；协议利用外资5.85亿美元，实际利用外资3.25亿美元，分别增长26%和27.5%。

完成全社会固定资产投资242.28亿元，比上年增长0.5%。全年限额以上工业投入项目569个，完成投资额105.94亿元；完成房地产投资55.73亿元，增长7.9%。杭州萧山国际机场开通159条固定航线，"萧山大通道"工程、"高速上网"工程、"乡村康庄"工程、"绿色通道"工程进展顺利。全区机动车拥有量28.46万辆，增长8.8%；每100户居民拥有汽车25.5辆。完成全社会货运总量5095万吨，增长20%；完成全社会旅客发运量1.18亿人次，增长28%。实现邮电业务收入14.28亿元，增长25%。固定电话用户46.84万户，移动电话用户88万户，"小灵通"用户20.17万户。全区电话主线普及率（含移动电话和"小灵通"）131.7线/百人。注册的互联网用户12.72万户，其中宽带网用户10.41万户。

全区财政收入64.28亿元，比上年增长20.1%；其中地方财政收入30.95亿元，增长20.4%。地方财政支出30.46亿元，增长19.1%。年末金融机构各项存款余额（含外币）816.08亿元，增长25.5%；贷款余额590.50亿元，增长17.5%。保险机构保费收入8.90亿元，增长14.8%。

有各类技术人员4.79万人。全年组织实施科技项目234项，其中国家级28项、省级16项；申请专利1300项、授权专利485项；获各类科技进步奖88项，其中国家级一等奖2项；认定登记技术合同121项，合同成交额0.59亿元。有小学160所，在校学生10.35万人；初中46所，在校学生4.71万人；普通高中10所，在校学生2.46万人；4所职业高中在校学生1.60万人。文艺表演团体演出180场次，观众50.4万人次。43个放映机构全年放映电影1802场次，观众11.6万人次。《萧山日报》日发行量4.2万份。有各类医疗机构253个，医疗床位3417张，卫生技术人员4972人。全区计划生育率98.98%。全年获杭州市级以上运动会奖牌258枚，其中省级71枚。

城镇居民人均可支配收入18884元，比上年增长13.2%；农民人均纯收入9498元，增长10.1%。城镇居民人均居住面积32.93平方米，增加3.75平方米；农村居民人均居住面积70.85平方米，增加5.36平方米。

【黄孟复到萧山视察】 12月12日，全国政协副主席、全国工商联主席黄孟复一行到浙江恒逸集团，视察企业发展和员工生活情况。黄孟复说，近年来恒逸集团发展得很快，员工在企业生活得很舒适，工作得很安心。他勉励企业要坚持科学发展观，促进企业更快更好地发展。

【萧山网开通】 1月18日，经浙江省政府新闻办公室批准，萧山网正式开通。这标志着在报纸、电视、广播之外，萧山有了"第四媒体"。萧山网的前身是1999年发行的《萧山日报》电子版，经过8个年头，有了很大的发展。该网由萧山区委宣传部、萧山日报社、萧山广播电视局和杭州沈氏化纤有限公司4个单位联合运营。

【民营企业家购买私人飞机】 1月29日，一架新型的公务机"首相一号"飞抵杭州萧山国际机场，杭州道远集团董事长裘德道购买了属于个人的私人飞机。道远集团是萧山区新街镇的一个民营企业，有总资产20亿元，主营化纤。道远集团出资6500万元，从美国雷神公司购买豪华型喷气式飞机“首相一号”。道远集团成为浙江省首个拥有自己公务飞机的民营企业。

【收取汽车养路费2亿元】 近年来，萧山区围绕推进城乡一体化进程，运政事业快速发展，2005年全区汽车养路费首次突破2亿元，达到2.63亿元。该区努力改善群众出行的乘车环境，实施短途道路客运公交化；规费征收实行人性化服务，深化“稽征无假日”活动；加大行政执法和稽查力度，2004年查获各类违章案件4270余件，查获非法营运车辆427辆。2005年2月1日，萧山区公路运输管理所被浙江省交通厅运管局评为浙江省运管系统先进单位。

【检察干部被评为全国十佳反贪局长】 2月25日，萧山区人民检察院反贪污贿赂局局长赵桔水，在北京接受最高人民检察院检察长贾春旺颁发的“全国十佳反贪局长”证书。浙江省获此殊荣的，仅赵桔水一人。赵桔水，男，1987年到萧山区检察院工作，在反贪第一线工作了近20个年头。从2001年以来，赵桔水带领反贪局干警，立案查处贪污贿赂案件85件、涉案人员90人，为国家挽回经济损失1300余万元。

【完成行政村规模调整】 5月8日起，萧山启动全区行政村规模调整。调整围绕“布局调优、规模调大、实力调强、班子调好”目标，历时近一个月。调整后，全区行政村由原先的739个减至411个，调减率44.38%；村均面积2.63平方千米；2000人以上的村有214个。此次村规模调整，将有利于资源要素的优化配置，促进区域融合发展；有利于优化村干部结构，加强基层组织建设；有利于降低成本，减轻农民负担；有利于推进村民自治，加强民主法治建设；有利于推进城乡一体化，促进经济社会全面发展。

【萧山被评为中国花边之都】 10月28日，在杭州黄龙饭店，中国工艺美术协会正式授予萧山区“中国花边之都”称号。这是萧山区继“中国纺织产业基地”、“中国羽绒之都”之后，获得的又一项国家级品牌。萧山人从事花边行业有100余年历史，1979年，萧山花边厂的产品获得国家质量奖金奖。20世纪90年代以来，萧山花边逐步从手工生产转向机械生产，形成传统花边艺术与世界一流的电脑绣花生产线相结合的产业化模式。萧山花边的产量约占全国的50%，出口量占全国的40%，产品远销欧美、中东、非洲等50多个国家和地区。2004年，萧山花边实现产值30亿元，创利税9.6亿元。

【“钱潮”被认定为中国驰名商标】 5月27日，万向集团的“钱潮”商标被国家工商行政管理总局商标评审委员会在争议案件的裁决中，认定为中国驰名商标。这是该区2000年获得首个中国驰名商标——传化集团的“传化”商标后，产生的第2个中国驰名商标。

【萧山城市管理规划通过评审】 7月15日，《萧山城市管理规划》原则通过专家评审。该规划由萧山区政府委托浙江大学管理学院制订。围绕向“规则制度化、监管职业化、服务产业化、参与社会化”的现代城市管理模式的转变，致力于改革与完善城市管理体制和法制，明确了以后相当长时期内，萧山城市基础设施管理与公共服务、城市应急系统以及城市管理综合执法的实施原则、目标和重点。该规划期限近期从2005年至2010年，中期从2011年至2015年，远期从2016年至2020年。

【8种产品成为中国名牌】 9月1日，在北京举行的2005年中国名牌产品暨中国世界名牌产品表彰大会上，萧山区有8种产品夺得中国名牌产品。分别是浙江柳桥羽毛有限公司生产的迪欧达牌羽绒被、浙江三弘国际羽毛有限公司生产的飞利弘牌羽绒被、中国浙江北天鹅服饰股份有限公司生产的北天鹅牌羽绒被、德意控股集团有限公司生产的德意牌吸油烟机、杭州钱江电气集团股份有限公司生产的钱潮牌变压器、传化集团生产的传化牌合成洗衣粉、万向集团生产的万向牌工业轴承和富可达控股股份有限公司生产的富可达牌茄克衫。

【萧山被命名为中国钢结构产业基地】 萧山钢结构产业起始于1984年，经过20余年的发展，年产钢结构超过100万吨，有三级资质以上企业28个，其中一级7个、二级12个。2004年，萧山钢结构企业创利税2.76亿元，实现建筑业产值41.1亿元，占全区建筑业总产值的18.8%，占全省钢结构建筑业总产值的45.2%，占全国钢结构总加工量的1/8。9月21日，在萧山举行的“中国钢结构产业基地”挂牌仪式上，中国建筑金属结构协会会长杜宗翰将“中国钢结构产业基地”牌匾授予萧山，萧山成为中国的钢结构产业基地。

【“友成控股”在香港上市】 10月13日，位于萧山经济技术开发区的浙江友成塑料模具有限公司的“友成控股”在香港创业板成功上市，实现了萧山外资企业上市和外资企业在香港上市两个“零”的突破。该公司是1992年落户萧山经济技术开发区的日本独资企业，以研发、生产精密注塑模具、塑料配件为主，产品涉及汽车、办公设备、家用电器等。“友成控股”股票代码8319，总发行量4000万股，可以募集资金约5000万港元，所募集的资金将全部引入萧山，以实现企业的规模扩张和增量发展。

【萧山被评为全国文物工作先进】 12月18日，国家文化部和文物局在成都举行表彰会，表彰2005年全国文物工作先进县，萧山区作为浙江省唯一的县(市、区)入选。萧山历史悠久，文化深厚，是跨湖桥文化的发祥地。2005年有省级文物保护单位7处、市级文物保护单位23处、文物保护点101处，省级历史文化保护区(名镇)2处，杭州市地下重点文物保护区2处，馆藏文物近4000件。

(沈　科)

·余杭区·

【余杭区概况】 全区辖1个乡、14个镇、4个街道，有262个行政村，54个社区。人口81.23万人，人口自然增长率2.79‰。全年实现生产总值288.72亿元，比上年增长16.2%。

全区农林牧渔业总产值41.1亿元，比上年增长9.3%。农业产值

18.17亿元，增长13%；林业产值3.42亿元，增长9.7%；牧业产值8.26亿元，增长6.4%；渔业产值10.05亿元，增长6.4%。种植业结构继续优化，粮食经济作物面积比例稳定在48:52，全年粮食种植总面积2.98万公顷；粮食总产量19.3万吨，下降9.4%；蔬菜产量41.9万吨，下降0.5%；茶叶产量8408吨，增长13%；水果(包括果用瓜)产量5.9万吨，增长7.4%。全年生猪出栏46.41万头，与上年基本持平；羊出栏10.46万只，增长13.8%；年末家禽存栏479.2万羽，下降5.4%；水产品产量4.81万吨，增长7.4%。全年完成低产林改造面积159.87公顷，平原绿化面积58公顷，绿化育苗面积151.2公顷，年末生态公益林面积2.1万公顷，森林覆盖率40.5%。全年实现农产品加工产值31亿元，增长32.8%；农产品外贸出口交货值8.5亿元，增长21.4%。至年末，累计有市级以上农业龙头企业20个，区级52个；建成浙江华立现代景观植物园区等4个省级现代农业园区，杭州绿色大地生态农业等7个园区被列为杭州市都市农业示范园区。农业基础设施不断完善，水利工程建设有所加强，全年投入水利建设资金1.85亿元，完成河道整治136.2千米，新建水闸13座、机埠15座、闸站31座。石门、长溪等8座容量10万立方米以上水库完成保安达标建设，四岭水库除险加固工程基本完工，通济桥退堤扩孔工程通过验收。

全年完成工业总产值1044亿元，比上年增长34.3%；销售收入971.7亿元，增长34.6%；利润35.9亿元，增长30.1%。全区规模以上企业1367个，完成产值586.9亿元，占全区工业经济总量的66.8%；销售收入543.8亿元，增长29.5%；利润20.8亿元，增长20.6%。有48个企业建立技术中心和研发机构。全年申报列入国家“火炬计划”项目2项，申报国家星火计划项目2项，国家新产品试制计划项目1项，省重点新产品试制计划项目16项。新增国家名牌产品1种，省、市级名牌产品16种；累计有国家级名牌产品2种，省、市级34种，区级66种。

全年完成外贸出口交货值161.66亿元，自营出口11.54亿美元，分别比上年增长29%和51.9%。2005年新批外商投资项目72个，总投资4.9亿美元；协议利用外资3.04亿美元，实际利用外资1.31亿美元，分别增长35%和42%；实际引进内资49.45亿元，其中市外资金16.77亿元，增长23.3%。

全社会消费品零售总额77.65亿元，比上年增长15.1%。其中，批发零售贸易业零售额66.5亿元，增长14.4%。有各类交易市场100个，其中生产资料市场13个，消费品零售市场79个；成交额1亿元以上的有14个，成交额55.5亿元，占总量的41.2%。各类市场成交额134.5亿元，增长12.4%。

全年接待国内外游客282.1万人次，实现旅游总收入22.77亿元。其中，接待入境游客4.6万人次，增长1.25倍；旅游外汇收入1011万美元，增长1.16倍。接待国内游客277.5万人次，增长10.8%；国内旅游收入22.0亿元，增长16.2%。

全区财政收入40.03亿元，比上年增长33.9%；其中地方财政收入23.03亿元，增长37.4%。地方财政支出20.67亿元，增长25.2%。金融机构年末各项存款余额418.1亿元，比年初增长22.1%；贷款余额281亿元，比年初增长19%。全年保险机构保费收入4.4亿元，保险赔付金额1.2亿元。

全社会固定资产投资188.09亿元，比上年增长14.7%。其中，第一产业完成2.28亿元，增长3.5%；第二产业完成75.84亿元，增长6.3%；第三产业完成109.97亿元，增长20.1%。编制完成塘栖历史文化区保护规划、和睦水乡概念性总体规划和城市管理等专项规划。02省道杆线余杭段“上改下”工程、104国道绕城至祥符桥段整治工程、沪杭高速余杭段拓宽工程、澧雅线改建、杭州文一路延伸段等项目建成。年末全区有公交线路21条，增加4条；公交营运车辆109辆，增加14辆；营运出租车354辆。全年公路、水运完成货物运输总量2889万吨，公路客运量1461万人次。全年用电量31.64万千瓦时，增长19.8%；其中工业用电24.38万千瓦时，增长18.1%。全年完成邮电业务总量7.06亿元，增长4.7%。年末城乡交换机容量66.4万门，增长31.7%；本地电话用户44.1万户，增长13.7%；城乡居民固定电话主线普及率和移动电话普及率分别为54部/百人和49部/百人。公用电话4.5万部，增长22.5%。互联网用户6万余户。

引进各类科技成果和适用技术150项。有国家高新技术企业2个，省级高新技术企业21个，市级高新技术企业7个，省级科技型企业5个，省市级研发中心8个。全年申请专利579件，专利授权359件，其中发明专利27件。全区有小学102所，在校学生5.35万人；初中37所，在校学生2.82万人；普通高中11所，在校学生1.43万人。有5所区域性中心成校成立社区教育中心，其中良渚镇社区教育中心被认定为市级社区教育实验单位。有52件(次)文学艺术作品获市级以上奖项，其中国家级19件(次)、省级23件(次)。区图书馆拥有藏书37.3万册。有各类医疗机构327个，床位2438张，卫生技术人员3287人。全区新型农民合作医疗参保人数58.7万人，参保率97.3%，乡镇覆盖率100%；累计完成175个农村卫生服务站建设。区少体校组织学生参加各种比赛，获得省级以上金牌23枚，中泰武术学校学生参加全国青少年拳击锦标赛，获得男子52公斤级第一名。广播电视节目质量得到提高，余杭电视台每天播出16小时，其中自备节目3.75小时；广播电台播出19小时，其中自备节目18.5小时。

城乡居民生活水平持续提高，城镇居民人均可支配收入16863元，比上年增长11.7%。农民人均纯收入8679元，增长10.2%。城区居民人均住房使用面积22.4平方米，农民人均住房面积62.1平方米。国家统计局发布2004年全国百强县(市、区)社会经济综合发展指数测算结果，余杭区以79.571综合指数名列全国第16位。

【实现工业产值1044亿元】 全区实现工业产值1044亿元(老口径)，首次突破1000亿元大关，比上年增长34.3%。乡镇工业发挥重要作用，全年完成工业产值868.2亿元，增长36%；其中运河镇、塘栖镇均过100亿元，分别达到125.4亿元和101.5亿元。规模以上企业迅速发展，全年顷。通过对小流域通道的综合整治,改良了土壤,增加了植被,有利于防洪排涝和改善环境。

【《汇报咏叹调》在中央电视台春节联欢晚会播出】 2月9日,由余杭文化馆最初创作并演出的小品《汇报咏叹调》,经精心修改和重排,在中央电视台2005年春节联欢晚会播出。该小品以诙谐的语言讽刺了套话连篇、文山会海等形式主义。2004年,小品先后获第5届浙江鲁迅文学艺术奖提名奖和全国群星奖(戏剧)金奖。该剧在1999年完成创作后,先后修改10余稿,并多次调整演员,最终从全国各地近200个推荐节目中脱颖而出。这是浙江省小品首次入选中央电视台春节联欢晚会。

【农民陈法庆成为浙江最具影响力人物】 余杭区仁和镇奉口村农民陈法庆,因为热衷环保事业,成为"浙江骄傲——2005年度最具影响力人物"。

陈法庆,男,1967年生,靠养殖和运输过上了富裕生活。他热衷环保事业,从打环保官司到关注环保立法,从个人出资刊登环保公益广告到创办环保网站,呼吁公众提高环保意识。2004年5月,出资1万元,在杭州电视台连续一周播出"善待环境就是善待自己,农民陈法庆传播"的公益广告;5月28日,出资4万元,在《人民日报》刊登环保公益广告。2005年4月,分期出资25万元,委托中国环境文化促进会,在全国31个省会城市推出环保公益灯箱广告。

2005年,陈法庆获中国民间环保奖生态特别奖,并入编《中国环境年鉴》。 (沈文娇)

·桐庐县·

【桐庐县概况】 全县辖2个街道、7个镇、4个乡,有21个社区(居民区)、186个行政村。户籍人口39.53万人,人口自然增长率1.13‰。全年实现生产总值103.32亿元,比上年增长15.2%。在公布的全国100强县(市、区)行列中由上年的第92位升为第72位。

全年实现农林牧渔业总产值15.98亿元,比上年增长11.9%。农业结构调整继续深化,实现农业产值9.03亿元,增长9.6%。农作物播种面积3.59万公顷,增长2.3%。其中粮食作物播种面积1.71万公顷,增长0.8%,占农作物总面积的47.6%;经济作物播种面积1.85万公顷,增长4.0%。完成造林面积379公顷,幼林抚育面积3159公顷,实现林业总值1.10亿元,增长17.0%。全年肉类总产量2.22万吨,禽蛋3284吨,蚕茧3675吨,分别增长12.5%、2.8%、17.7%。实现畜牧业产值4.40亿元,增长14.8%。实现渔业产值1.19亿元,增长10.2%。全县有36个农业龙头企业,实现产值11.02亿元,其中13个出口型企业实现出口2.94亿元,2个企业被命名为杭州市外向型农业企业。有44个农民专业合作社。农田水利工程建设投入资金2.84亿元。农业机械总动力19.48万千瓦,增长13.4%。农田有效灌溉面积14.05千公顷,旱涝保收面积9.26千公顷。农林牧渔业生产用电量1605万千瓦时,化肥施用量(折纯)8158吨。

全县工业总产值282.49亿元,比上年增长34.9%,增幅居杭州区、县(市)第1位。其中县属工业总产值280.77亿元,增长34.8%。全县工业销售产值277.57亿元,增长34.8%;其中县属工业销售产值275.86亿元,增长34.7%。全年工业产品产销率98.25%。规模工业企业453个,其中销售产值亿元以上企业31个,5亿元以上企业1个。规模工业总产值157.39亿元,增长46.3%。规模企业实现利税8.15亿元,其中利润4.48亿元,分别增长18.5%和19.6%。规模工业中,纺织、皮革服装及其制造、服装制造、文教体育用品制造四大支柱产业实现销售收入74.77亿元。非金属矿物制品、化学原料及化学制品制造、黑色金属冶炼及压延加工、通用设备制造业的销售收入分别为7.57亿元、6.57亿元、6.25亿元和3.04亿元,分别增长25.1%、25.7%、78.1%和76.7%,销售收入合计所占比重17.6%,正逐渐成为新的增长点。

全年实现外贸出口交货总值111.56亿元,比上年增长23.6%;外贸出口交货总值占全县工业销售产值的39.5%,提高4.2个百分点。有外贸生产企业975个,增加107个;其中有外贸自营出口权企业128个,比上年增加36个。

全年实现社会消费品零售总额27.16亿元,比上年增长14.3%。其中,批发零售贸易业23.73亿元,餐饮业3.22亿元。全县拥有各类商品交易市场17个,其中1亿元以上市场2个。城乡集市贸易成交额9.90亿元,增长6.1%。

全年接待游客328.26万人次,比上年增长15.9%。景点接待游客219.02万人次,增长14.8%;其中接待国外和港、澳、台地区游客1.68万人次,增长51.2%。全社会旅游总收入14.01亿元,增长54.0%;其中景点门票收入4955万元,增长19.0%。圆通寺对外开放,一批新的景点、宾馆项目建设稳步推进,"农家乐"乡村旅游得到推广。

全县财政收入10.28亿元,比上年增长13.6%;其中地方财政收入5.08亿元,增长20.5%。地方财政支出6.94亿元,增长17.1%。

全社会固定资产投资总额62.70亿元,比上年增长19%。其中,基础设施投资11.39亿元,增长7.5%;房地产投资8.22亿元,增长38.2%。第一产业投资0.11亿元;第二产业投资34.47亿元,增长33.7%,占全社会固定资产投资的59.8%;第三产业投资17.10亿元,增长76.8%,占全社会固定资产投资的27.3%。重点基础设施建设顺利推进,分水江水利枢纽工程提前蓄水发电,杭千高速顺利开通。全县有建筑企业48个,其中二级企业6个、三级企业42个。全年完成建筑业总产值14.8亿元,建筑业全员劳动生产率10.01万元/人。

全县公路通车里程1228千米,其中路面硬化里程1168千米,公路硬化率95.11%,形成县域"40分钟交通圈"。实施"康庄工程",完成通村公路改造438千米。全年完成货运周转量13亿吨千米,增长19.5%;客运量1934万人次。

全县有省级高新技术企业1个,市级高新技术企业5个。建省级高新技术企业研发中心和市级行业研发中心各2个。实施县级科技发展计划项目102项,资助资金300万元,其中国家"火炬计划"2项、重点新产品1项、创新基金项目1项,省级项目7项、市级项目27项。完成网上技术难题招标项目2项,“产学研”合作项目2项。认定登记技术合同45项,合同成交额1308万元。申请专利授权429项。全县有各类在聘专业技术人员1.55万人,其中高级职称237人。有小学35所,在校学生2.78万人;中学33所,在校学生2.79万人。继续实施“名师工程”,加强教师队伍建设,启动基础教育资源整合方案,创建省级教育强镇1个,省级示范学校4所。文艺作品获国家级奖项2个、省级5个、市级1个。有文化、印刷经营单位494个,拥有民间艺术35个项目、70余支活动队。开展各类大中型文化活动466次,下农村演出796场。桐庐电视台平均每周播出98小时,其中自办节目47小时。桐庐人民广播电台平均每天播音16.1小时,其中自办节目15小时。

开展群众体育活动30余次,参加人数3.3万人次。新增健身苑(点)19个,篮球场12个,乒乓球室23个。运动员参加省、市体育比赛获金牌90枚、银牌18枚、铜牌11枚。承办第十六届杭州市运动会举重项目比赛。有医疗卫生机构90个,医疗床位917张,卫生技术人员1453人。以大病统筹为主、医疗救助为补充的新型农村合作医疗稳步开展,全年参加农村新型合作医疗达28.35万人。

全县有私人汽车7429辆,比上年增长20.9%。居住条件不断改善。城镇居民人均住房面积21.01平方米,农村居民人均住房面积64.18平方米。

【分水江水利枢纽工程建成】 浙江省分水江水利枢纽工程是经国家发改委立项,浙江省“十五”期间八大重点水利建设项目之一。坝址位于桐庐县分水镇上游五里亭。该工程是钱塘江、分水江流域综合治理规划推荐确定实施的防洪骨干工程。工程以防洪为主,结合发电,兼顾灌溉、供水、旅游和改善水环境等综合利用的国家大Ⅱ型水利项目。坝址以上集雨面积2630平方千米,占该流域面积的76.4%。总库容1.926亿立方米,其中防洪库容1.435亿立方米,坝基宽度33米,坝高34.7米。电站装机容量3万千瓦,多年平均发电量6837万千瓦时。动迁移民7000人,工程概算总投资7.84亿元,工期三年。工程建成后,与下游堤坝疏浚等工程相结合,可使下游沿江两岸乡镇的防洪能力提高到20年一遇,农田防洪能力提高到10年一遇,桐庐县城的防洪能力达到50年一遇。通过与富春江电站的合理调度,可显著减轻富春江两岸的防洪压力,能进一步提高钱塘江流域中下游地区防洪标准。同时,对优化分水江、富春江沿岸投资发展环境,促进流域经济和社会可持续发展也起着积极的影响。

2000年12月,国家水利部批复《项目建议书》。2001年4月6日,通过国家计委审批,予以正式立项。2001年10月9日,枢纽纵向围堰动工建设。2002年9月6日,浙江省分水江水利枢纽主体(一期)工程开工建设。2003年9月25日,二期截流顺利完成。2004年9月25日,三期截流顺利完成。2005年5月28日下闸蓄水;8月10日和8月14日,电站一号机组、二号机组分别进行了连续72小时试运行;10月20日~21日,浙江省水利厅主持召开分水江水利枢纽工程机组启动阶段验收会议。会议同意启动阶段的验收,待消防专项验收完成后,电站可以投入试生产。截止12月31日,已累计试运行发电1600万千瓦时,产生经济效益800万元。

桐庐图书馆和博物馆 (章祖森 摄)

【桐庐名列百强县第72位】 根据中国县市社会经济综合发展指数指标体系对发展水平、发展活力、发展潜力3个方面的测算,桐庐县再次进入全国百强县(市)行列,排位从2003年首次跨入的第92位提升至2004年的第72位。据国家统计局从全国2070个县以及县级市、区的经济发展指数测算,桐庐县的综合指数为60.4250,比上年提高5.4310个百分点。其中发展水平指数58.2700,提高6.9350个百分点;发展活力指数85.7643,提高3.8193个百分点;发展潜力指数56.2944,下降1.5999个百分点。

【杭千高速公路桐庐段竣工】 杭千高速公路桐庐段全长29.323千米,路基宽33.5米,双向6车道,设计时速120千米,投资15.2亿元。途经江南镇、凤川镇、桐君街道、桐庐经济开发区和富春江镇。境内设置深澳、凤川、桐庐、富春江4个互通收费服务站,1个服务区和1个收费所。工程自2003年12月31日开工,于2005年12月26日竣工通车。杭千高速公路桐庐段的建成,可以将大奇山国家森林公园、严子陵钓台、白云源等景区以及凤川台商工业功能区、桐庐经济开发区、青山工业园区、富春江机械制造工业功能区连在一起,对促进旅游,带动沿线经济发展具有重要意义。

【桐庐创建国家卫生县城】 1996年,桐庐县创建成为省级卫生县城。2003年,被命名为省级文明县城。在创建国家卫生县城活动中,该县建立长效工作机制，把创建工作纳入经常化、制度化轨道。8月28日~29日，省爱卫会考核组对创建工作进行实地检查考核。11月20日，全国爱卫会组织调研考核组到桐庐进行调研考核，全面了解“国卫”创建情况，认为桐庐县创建国家卫生县城工作达到了创建国家卫生县城标准要求。12月27日全国爱卫会命名桐庐县为国家卫生县城。

【桐庐成为全国文化先进县】 桐庐历史悠久，人文荟萃，名人辈出。东汉时代，严光给后人留下了严子陵钓台遗迹；唐代，桐庐出过状元施肩吾和徐凝等16位进士，被人称为“状元故里”；被人称之为“进士之乡”的芦茨出过方干及其后代18位进士。据史料记载统计，自南北朝至清代，有1000余位诗人到桐庐留下吟咏桐庐山水、人文古迹的诗词2000余首。近现代国画大师叶浅予，剪纸艺人胡家芝、谢玉霞，故事大王吴文昶，浙江“十大”笑星之一的陈敏珠等，均出于桐庐。2003年，桐庐被文化部命名为“中国民间艺术(剪纸)之乡”。民间艺术普查表明，传承和可以发掘的民间艺术有24大类72小类，主要分故事、灯彩、剪纸、民歌、民乐、杂耍等。剪纸艺术及民间音乐、木雕、竹雕、石雕、砖雕、瓦雕、竹编、刺绣、泥塑、腰鼓、杂技等民间艺术遍布城乡，剪纸、书法、瓦雕等特色文化艺术进入部分学校。专业越剧团先后培育出“梅花奖”得主4名。在硬件建设上，近年来建立图书馆、博物馆、叶浅予艺术馆、体育馆、游泳馆，各乡镇(街道)大力建设“东海明珠工程”。10月28日，文化部在北京人民大会堂召开全国文化先进县表彰大会，授予桐庐县“全国文化先进县”称号。

【加强农村电气化建设】 2001年，桐庐县被水利部正式列入“十五”期间全国400个“水电农村电气化建设县”之一。按照《水电农村电气化标准》，2001年~2005年，全县投入电源建设资金4.23亿元，新建电站6座，更新改造9座，新增装机容量4.39万千瓦，多年平均发电量达到1.73亿千瓦时。9月22日~23日，浙江省水利厅组织验收委员会对桐庐县的水电农村电气化建设、农村水电和农网、城网新建改造进行检查验收，认为桐庐县的水电农村电气化建设各项指标均达到水利部颁标准，通过达标验收。

【“雪水云绿”获国际博览会金奖】 10月，由商务部主办的第二届中国国际茶业博览会在北京举办。参加该茶博会的有中国、印度、日本、斯里兰卡、韩国、德国、英国、马来西亚等14个国家及浙江、福建、安徽、四川、广东、云南等茶叶生产大省的参展商260家，设展位2000多个。桐庐选送的“雪水云绿”，以其“外形绿润细扁，汤色嫩绿明亮，香气清雅，滋味爽醇，叶底完美匀齐”的特点，列评选总分第二，获得金奖。“雪水云绿”茶叶商标已在国家商标局注册，并领取核准的商标证书。

【复建圆通禅寺】 桐庐圆通禅寺曾与拉萨布达拉宫、昆明圆通寺、普陀山齐名，被称为全国“四大观音道场”。圆通禅寺始建于唐会昌元年(841年)，初名“紫竹林”，又名“潮音寺”，供奉观世音菩萨。宋大中祥符七年(1014年)，赐名圆通禅寺。20世纪50年代至90年代中期，一度成为县政府办公驻地。

复建后的圆通寺由圆通禅寺寺院区、寺前商贸区、舞象山绿色风景区三部分组成，建筑面积1.7万平方米，其中新建面积1.1万平方米。

2005年5月28日，圆通禅寺举行全堂佛像开光法会，正式对外开放。

【分水被评为全国文明镇】 10月26日，在北京召开的全国精神文明建设工作表彰大会上，分水镇被授予“全国文明村镇”称号。该镇在抓经济建设的同时，大力加强精神文明建设。针对不同领域、不同群体，采用不同的形式和方法开展公民道德宣传教育，大力开展乡土文化、学校文化、企业文化等形式的群众性文化体育活动。以激发群众爱祖国、爱家乡的热情。各村实施“建立一个好机制、明确一个好项目、办好一件实事、创建一个文明村”的创建工作。2004年该镇完成总投资1500万元的分水江城防工程建设，建成总投资1000万元的东门大道，投资1300余万元新建了分水实验小学，投入1000万元改善工业功能区基础设施。该镇还开展了以环境卫生、交通秩序、乱埋乱放、社会治安等为重点的整治活动，建立了长效管理机制。2005年，该镇有9个亿元村，人均纯收入6646元。

【学生获全国儿歌比赛大奖】 8月8日在大连举行的第六届中国少年儿童歌曲卡拉OK电视大赛上，由桐庐县富春堂艺术学校和桐庐县音舞协会共同选送的学生徐冉和许婕代表浙江赛区前往参赛，分获银奖和铜奖。该项赛事浙江赛区从6月开始选拔，8岁女孩徐冉脱颖而出，获得一等奖。在大连举行全国总决赛上，全国各地的300多名小选手，经过初赛、复赛两轮淘汰赛后，11名选手进入决赛。结果徐冉以一曲《鸭妈妈和鸡阿姨》获得成功。 (章祖森)

·淳安县·

【淳安县概况】 全县辖18个乡、12个镇、有898个村、12个社区(居民区)。户籍人口45.25万人，人口出生率8.22‰，人口自然增长率4.92‰。全年实现生产总值62.12亿元，比上年增长13.5%。

全县实现农林牧渔业总产值18.96亿元，比上年增长12.6%。其中农业产值11.28亿元，增长8.6%；林业产值2.78亿元，增长8.6%；牧业产值3.73亿元，增长17.3%；渔业产值1.01亿元，增长21.2%。粮食生产呈恢复性增长。全县粮食播种面积2.61公顷，增长2.1%；粮食产量10.62万吨，增长1.4%。油料产量1.2万吨，增长11.1%；水果产量7.08万吨，增长10.4%。茶叶产值达3.05亿元，增长21.2%；蚕桑产值1.86亿元，增长40%；蔬菜产值2.35亿元，增长0.8%。茶叶、蚕桑、干果、水果、蔬菜等支柱产业产值9.53亿元，占农林牧渔业产值的50.3%。全年造林面积2.5公顷，封山育林206公顷，全县森林覆盖率73.9%。全年生猪出栏25.6万头，增长8%；家禽存栏52.3万羽；肉类总产量2.07万吨；鲜鱼起水量9538吨，增长13.4%。

全年实现工业总产值83.78亿元，比上年增长28%；工业销售产值80.33亿元，增长24.1%；全部工业产品产销率97.6%。在工业销售产值中，国有及年销售收入500万元以上非国有工业企业实现销售产值42.5亿元，增长43.4%。全县独立核算工业企业实现利税6亿元，增长19%；其中利润3.5亿元。全年完成工业投入10.5亿元，增长31.6%。全县规模企业增加11个，其中1亿元以上企业10个。

全年完成固定资产投资32.6亿元，比上年增长26.6%。其中，第一产业投资0.16亿元，增长6倍；第二产业投资8.16亿元，增长90.7%；第三产业投资19.11亿元，增长11.9%。全年完成建筑业增加值4.8亿元，增长13.4%。重点工程进展顺利。千岛湖大桥竣工通车，杭千高速公路淳安段完成工程进度的85%。千（千岛湖）汾（汾口）公路全线动工，昌（昌化）文（文昌）公路一期建成通车。康庄工程全面实施，累计完成投资3.8亿元，完成路基路面2125千米。全县用于城镇道路、供排水、公用事业、电力等基础设施建设的投资2亿元。千岛湖广场二期投入使用，千岛湖大道全线贯通，滨湖景观大道二期工程建设顺利实施。完成2万平方米经济适用房建设。两大入城口改造和新安大街中心段改造全面完成。汾口、威坪两个副中心镇建设进一步加快。千岛湖镇城区拥有新型公交车辆16辆，营运出租车111辆。全年城乡居民生活用电4852万千瓦时，比上年增长27.8%。其中，城镇居民生活用电2292万千瓦时，增长24.6%；农村居民生活用电2559万千瓦时，增长30.7%。市区居民生活用水240万吨，年末城区居民液化气用户16900户。全年工业废水排放总量811万吨，工业烟尘排放量554吨。工业粉尘排放量2551吨，下降26.5%。城区园林绿地面积256.6公顷，城区公共绿地面积59.7公顷，城区绿化覆盖率49.9%。城区人均占有公共绿地面积12.8平方米。

交通运输、邮电通信事业稳定发展。境内通车公路里程894千米，其中高等级公路32千米。货物运输量480万吨，比上年增长27.6%；旅客运输量893万人次，增长5.1%。全年完成邮政业务总量1251万元，增长19.7%；完成电信业务总量5388万元，与上年持平。全县固定电话用户12.82万户，其中市内电话5.44万户，农村电话用户7.38万户。全县固定电话普及率28.15部/百人。移动电话在网用户13.5万户，互联网用户1.38万户。

全县实现社会消费品零售总额14.9亿元，比上年增长13.8%。其中，批发和零售业13亿元，增长12.4%；餐饮业1.9亿元，增长24.7%。城区居民消费价格总水平上升2.2%，其中，食品类上升4.6%，衣着类上升1.5%，家庭设备及用品类上升1.2%，医疗保健类上升0.5%，交通和通讯类上升0.2%，娱乐教育文化用品类下降0.6%，居住类上升4.3%。

全年接待中外游客150万人次，比上年增长25.3%；其中接待境外游客5.39万人次，增长23.3%。全年实现旅游经济总收入15亿元，增长42.9%。成功举办“2005杭州·千岛湖秀水节”。

全年实现外贸出口供货总值19.3亿元，比上年增长13.1%；其中自营出口4617万美元，增长26.8%。出口594万美元，增长6.97%。

新批外商投资企业22个，协议利用外资9547万美元，增长24.2%；实际利用外资4356万美元，增长12.4%。全年外派国际劳务419人。全年引进项目197个，协议资金26.9亿元，实际到位资金15.5亿元，增长40.6%。在全部到位资金中，农业项目67个，到位资金2.27亿元；工业项目119个，到位资金11.21亿万元。

全县财政收入4.78亿万元，比上年增22.1%；其中地方财政收入2.77亿元，增长16.3%；地方财政支出6.50亿元，增长22%。全县金融机构存款余额50.6亿元，比上年增长18.3%；其中，城乡居民储蓄余额28.9亿元，增长17.9%。贷款余额27.2亿元，增长19.3%。全年金融机构现金收支相抵净回笼1.6亿元。全县保险机构保费收入9677万元，全年支付各类赔款1335万元。

全年组织实施科技项目55项，其中工业项目39项、农业项目16项。有26项科技项目列入国家、省、市科技项目，其中国家级1项、省级6项。全年申请各项专利50项，已授权专利20项。全县在职专业技术人员6955人，其中中级职称以上3526人。

全县有中学29所，在校学生2.75万人；小学127所，在校学生2.92万人；职业高中4所，在校学生6022人；广播电视大学在校学生516人；县聋哑学校在校学生60人。全国皮划艇春季冠军赛在淳安举行。成功举办县第四届运动会。在市以上体育比赛中，获奖牌36枚，其中金牌21枚、银牌9枚、铜牌6枚。

有文化馆（站）31个。公共图书馆1个，藏书量8万册。有医疗卫生机构（网点）85个，医疗床位845张，卫生技术人员1181人。

城镇居民人均可支配收入12262元，比上年增长12.9%；农民人均纯收入4358元，增长11.1%。城镇居民人均住房使用面积24.8平方米，农民人均住房面积41.3平方米。

【省委书记到下姜村调研】 3月21日，浙江省委书记习近平到淳安县枫树岭镇下姜村，察民情，听民声，与村民一起拉家常，谈发展。该村是习近平的联系村，也是原省委书记张德江的联系村。他在村民的陪同下，到田间地头察看；观看建设中的沼气池，要求一定要将沼气池建好，让群众真正受惠；在药材基地，了解群众对种植药材的积极性、销路和效益情况；登门走访慰问困难群众，并送慰问品；召开党员和村民座谈会，共商致富对策。习近平到浙江后两年多来，曾5次到淳安，2次到下姜村考察调研。

【天清岛向游人开放】 天清岛位于千岛湖西北湖区，经天清大桥与陆地相连，是千岛湖中唯一的水陆相连岛屿，游人可驾车前往。全岛占地面积12.13公顷，环境幽雅，曲径环绕，楼台亭阁，星点错落，森林绿化率达88.8%。岛上建有“易文化”主题公园，依据易经八卦、阴阳五行等学说设置景观。整个景区分为“逍遥区”、“养生区”和“曲径通幽区”。岛内的天清岛酒店按五星级标准建造，设有各类客房263间，以及700余平方米的多功能厅和200余平方米的西餐厅。

【命名“千岛湖舰”】 4月30日，海军某部隆重举行命名授旗仪式。威武的886号舰稳泊军港，舰上彩旗飘扬、官兵整齐列队。雄壮的《中国人民解放军军歌》奏响后，“千岛湖舰”所在某部政委宣读命名“千岛湖舰”命令，基地司令员向886号舰授予“千岛湖舰”命名证书、军旗。

【千岛湖大桥建成通车】 9月20日，位于淳安城北3千米的千岛湖大桥正式通车，从此结束了淳安县南北两个地区群众46年必须依靠水路通行的历史。为改变淳安县的落后交通面貌，2002年4月，浙江省交通厅下发《关于淳安县千岛湖大桥工程初步设计的批复》。9月中铁大桥局集团有限公司中标承建。9月28日大桥奠基仪式隆重举行。经过34个月的紧张施工，大桥于2005年8月16日合龙。该桥长1258米，总投资1.38亿元。

【推出杭州人游千岛湖优惠活动】 以往，每年12月至次年2月底，淳安县群众游览千岛湖只要付10元的门票，杭州地区其他居民要付120元的门票。2005年12月1日开始，淳安县向杭州市民推出“同城同待遇、同城同政策”，决定实行杭州(包括所辖区、县、市)的居民都可以享受“千岛湖人游千岛湖”政策待遇，即景区门票10元/人，甲类游船20元/人(乙类游船15元/人)。千岛湖镇旅游码头每天上午8:30~9:00、下午12:00~13:00设立杭州人游千岛湖专门售票窗口，居民持本人身份证直接购买，上午安排游览A线，下午安排游览B线。

【千岛湖生态鱼注册原产地标记】 杭州千岛湖发展有限公司生产的“淳牌”有机鱼，依托千岛湖一流的生态环境、独特的品质，赢得广大消费者青睐。3月20日该产品首家通过国家环保总局有机食品发展中心(OFDC)的有机认证；通过国家原产地标记注册，并被评为浙江省名牌产品。公司先后与杭州市质监局、中国产品质量管理中心等多家质量管理机构合作，成功开发出有机鱼智能防伪卡，为“淳牌”有机鱼颁发了“身份证”。淳安县的千岛湖鱼味馆在鱼肴开发上，创新出一道道鱼品菜肴，连续3届承办了全国淡水鱼烹饪大赛。12月中旬，受国务院办公厅行政司的邀请，千岛湖鱼味馆特级厨师、3届全国淡水鱼烹饪大赛金牌获得者王文荣、周峰还应邀到中南海掌勺献艺。

【千岛湖镇获中国最佳自然生态名镇金杯奖】 10月30日，在北京举行的2005年CCTV中国最佳魅力名镇颁奖典礼上，千岛湖镇继2004年获得“国际花园城市”称号后，又捧回中国最佳自然生态名镇的金杯。魅力名镇评选是中央电视台2005年推出的最具人气和影响力的重头戏，分为历史文化、自然生态、民族风情、经济活力、人文精神类别进行评选。4月评选活动启动，全国有180个镇参加角逐。淳安县精心组织，进行文字、摄影、展播、特色展示等活动筹备，最后以实力获得中国最佳自然生态名镇金杯奖。

【大力发展天坪笋干】 瑶山乡天坪村地处淳安县北部，是经济欠发达村，平均海拔800米以上，有住户152户、478人，分散在51个自然居住点。在淳安县委、县政府的帮助下和有关部门的支持下，村民依托独特的资源优势，积极发展石笋竹生产。石笋竹面积由1982年的66公顷发展到2005年的330公顷，已投产200公顷；产值由1万余元提高到102万元。2005年农民人均收入仅石笋一项就有2300余元。“天坪笋干”生产先后获得浙江森林食品基地、省无公害农产品、杭州市都市农业市级示范村、市残疾人种养示范基地等称号。 (章杜耿)

·建德市·

【建德市概况】 全市(以下均指建德市)辖3个街道、12个镇、1个乡，有513个村、27个居民区、30个社区。户籍人口50.71万人，人口自然增长率1.14‰。全年实现生产总值98.84亿元，比上年增长12.5%。

全年实现农林牧渔业总产值22.61亿元，比上年增长8.3%。粮食种植面积1.95万公顷，大田结构调整面积1.35万公顷，增长5.73%；蔬菜种植面积7187公顷，蔬菜产量24.75万吨；油菜子8487吨，增加97吨。草莓1343公顷，下降8.8%；莲子707公顷，增长6.0%；花卉苗木1887公顷，增长13.2%；香榧1200公顷，增长16.1%。茶叶产量3337吨，增长6.85%。水果产量13.68万吨。建成草莓、柑橘、茶叶等无公害基地1.05万公顷，有机茶基地1347公顷，新增农业龙头企业4个。完成造林更新1053公顷，建设生态公益林8万公顷。年末生猪存栏14.76万头，增长2.4%；家禽存栏563.52万羽，增长15.3%；肉类总产量2.41万吨，增长12.5%；水产品产量1.04万吨，增长7.9%。完成各类水利工程153处，新建水库3座；修复农田灌溉渠道40.3千米；完成土地整理及标准农田建设1000公顷。全市拥有农业机械总动力21.39万千瓦时，增长11.1%。有效灌溉面积1.31万公顷，增长1.5%。

全市工业总产值244.32亿元，比上年增长25.9%；完成工业销售产值237.30亿元，增长25.1%。工业产品产销率97.1%。全市国有及年销售收入500万元以上工业企业428个，工业总产值139.02亿元，增长28.2%，实现利税10.56亿元，增长22.8%。工业用电量11.71亿千瓦时，增长20.1%。工业生产性投入18.16亿元，下降8.1%。完成开发区、乡镇(街道)产业功能区和独立工矿区基础设施投资1.61亿元，累计入区企业267个，其中投产企业187个。全年建筑业增加值6.02亿元，增长9.3%。完成房地产开发投资7.77亿元。

全社会消费品零售总额21.15亿元，比上年增长13.9%。有各类商品交易市场48个，总成交额10.69亿元，比上年增长0.4%，其中消费品市场成交额10.14亿元，生产资料市场成交额5494万元。旅游接待212.43万人次，增长5.2%；旅游直接收入2.18亿元，增长10.2%。完成千岛湖旅游码头改造和梅城开元寺复建工程，实施“江南村”二期工程，正式推出杭金衢“神奇之旅”线路。实现第三产业增加值28.49亿元，增长13.3%。

全社会固定资产投资40.98亿元，比上年增长10.4%。全市20个重点项目完成投资6.5亿元。严州大道基本贯通，严东关路西段、府前路改建顺利完成，城防工程、东入城口改造、洋安大桥、引水工程等项目有序推进，洋安区块开发开始启动。完成乡镇行政区划和省级经济开发区管理体制调整。农村土地承包权证发放扫尾工作顺利完成。14个事业单位的整合和改制基本结束，新安化工国有股转让顺利完成。深入推进生态建设和环境保护工程，城市垃圾综合处理项目建成运行，城东、梅城污水处理厂启动建设，农村面源污染得到有效遏制，6个化工企业污染整治、21条机立窑水泥生产线关停工作基本完成，环境质量稳中有升，成功创建成为国家级生态示范区。城区绿化覆盖面积320公顷，公共绿地面积90公顷，绿地率达到40%。

杭新高速公路、330国道改建工程及省、县道改造任务全面完成。杨梅公路、马目大桥项目开始设计。新建、改建、扩建通村公路486.5千米。全市电话交换机总容量22.53万门。本地电话用户18.95万户，其中小灵通5.55万部，增长27.7%；每百人拥有固定电话37.2部。互联网用户2.26万户，增长35.9%；移动电话用户20.41万户，增长8.3%。全年电信邮政业务总收入2.56亿元，增长19.1%。

全市财政收入10.87亿元，比上年增长23.5%；其中地方财政收入5.86亿元，增长31.1%。地方财政支出7.28亿元，增长31%。金融机构各项存款余额90.90亿元，增长11.9%；贷款余额53.73亿元，增长7.5%。全市保险机构保费1.78亿元，增长3.9%；支付各类赔款2324万元，下降24.3%。

坚持“科教兴市”战略，网上技术市场发布技术难题95个，落实上网企业421个，签订技术合同20个，成交合同金额1435万元。建成19个研发中心，新建专利示范企业8个。申请专利135件，授权85件。新安江中学建成并交付使用，省教育强市验收顺利通过。全市普通中学33所，在校学生3.21万人；小学56所，在校学生3.56万人。

市公共图书馆图书藏量13.4万册，其中新购图书3000册。全年放映电影302场次，观众3万人次。举办各类展览28个。全市有线电视用户11.8万户，新增2.8万户；建德电视台、广播电台全年分别播出5658小时。各类医疗机构141个，医疗床位1452张，卫生技术人员2014人。513个村实行了新型农村合作医疗制度，农村初级卫生保健覆盖率达到100%。市体育馆建成并投入使用，成功举办全市首届残疾人运动会，全年举办市以上各种体育比赛活动43项次。参加杭州市级以上各类体育比赛运动员443人次，获各项比赛奖牌131枚，其中金牌76枚，银牌26枚，铜牌29枚。参加经常性体育锻炼人数22.5万人。

城市居民人均可支配收入14061元，比上年增长13.7%；农民人均纯收入5613元，增长12.2%。城市居民人均居住面积22.3平方米，农民人均居住面积52.7平方米。

【建德入选中国特色魅力城市200强】 2005年度中国特色魅力城市200强推选活动由爱国华人商会世界著名企业联盟、美中经贸投资总商会、世界品牌组织、全球华人名牌网联合举办。活动根据城市知名度、美誉度、信用度、满意度、忠诚度、影响力、投资环境、资源节约与环境保护、人居环境、空气质量、发展潜力、综合竞争力、经济社会协调可持续发展等指标，全国（含香港特区、澳门特区、台湾省）600多个城市中通过问卷调查方式进行多轮筛选，综合评定。10月17日公布推选结果，建德因城市个性独特鲜明、投资环境良好、社会和谐充满活力入选。

【建德成为国家级生态示范区】 2002年6月，国家环保总局批准建德市为第7批全国生态示范区建设试点市。该市通过《关于坚持生态立市、创建国家级生态示范区的决议》，编制1个市级和26个乡镇（街道）、28个行政村生态建设规划，制订《加快生态市建设工作的若干政策》，经过3年多的努力，“生产发展、生活富裕、生态优美”的统筹协调可持续发展理念成为共识，经济、社会、环境协调发展。2005年8月19日至20日，建德市创国家级生态示范区通过浙江省环保局预验收。11月28日至29日，国家环保总局通过实地考察、观看录像、听取汇报、问卷调查、审查资料等方式，了解该市创建国家级生态示范区情况和各项验收指标完成情况，对生态示范区建设工作进行验收。

【建德列入省教育强市】 2005年，3所高中成为省级重点高中，其中严州中学为省一级重点中学，寿昌中学、新安江中学为省三级重点中学。加大教育投入，其中生均共用经费、人均教育经费、人均预算内教育经费均高于省平均水平。近三年，全市中小学新建、扩建、改建校舍19.7万平方米，改造、消除B级以上危房4.2万平方米，总投入超过3亿元。全面实施素质教育，落实“放心车”工程，建立农村中小学图书资源中心，探索集团化办学新模式。创建省教育强市工作取得了显著成绩，通过省评估验收组考核验收。

【建德成为省级中医先进市】 建德

建德新安江大桥　　（施　智　摄）

市实行创建省级农村中医工作先进市与缓解群众看病难、看病贵问题相结合，完善中医药服务网络，规范药房建设，中医队伍素质不断提高，看病群众得到更大实惠。把创建工作与发展中草药产业相结合，形成一批特色鲜明的拳头产品。12月30日~31日，省级农村中医工作先进市评审验收组对该市的创建工作进行验收。验收组观看了创建工作专题片，查看了台账，并分组到市中医院、市第一人民医院以及寿昌、李家、杨村桥、乾潭等乡镇卫生院，李家镇新桥村、杨村桥镇绪塘村等村卫生所，就中医工作情况进行实地检查评审。验收组认为建德农村中医工作达到标准，通过省级农村中医工作先进市验收。

【杭新高速公路建成通车】2003年12月16日，杭州至新安江高速公路开工建设，公路总长108千米，双向六车道，设计时速120千米/小时，是杭州市“构筑大都市、建设新天堂”的基础性与先导性工程，也是杭州市“交通西进”发展战略的重要项目。2005年12月26日，杭新高速建成通车，建德融入了杭州市一小时交通圈。该公路建德段东起桐庐与建德安仁交界处，西至新安江枢纽互通与杭新景高速公路淳安支线、龙游支线及320国道相连，全长34千米，是连接杭州、金华、衢州及赣、皖等地区的重要通道。公路征迁涉及4个乡镇（街道），征用土地365公顷，拆迁600余户，总投资20亿元。高速公路建德段设安仁、乾潭、杨村桥、洋溪4个出口。建德服务区停车位323个，可接待500人同时就餐。

【乾潭镇列入全国发展改革试点】该镇是全国小城镇综合改革试点镇和国家小城镇经济综合开发示范镇。2004年编制了镇经济社会发展总体规划，以“浙江经济强镇、人居旅游胜地”为城镇建设定位目标，推进发展和改革，并向国家发改委申报。生态旅游基础设施项目和五金工具工业园区基础设施工程建设项目通过浙江省发展和改革委员会验收。2005年1月，该镇被国家发展和改革委员会列为全国第1批(118个)发展和改革试点小城镇。

【新安江水电站被列入“红色之旅”教育基地】新安江水电站是全国第1座自己设计、自制设备和自行建造的大型水利发电站。2005年3月，杭州市委宣传部、市教育局、市精神文明建设委员会办公室、共青团杭州市委联合在全市开展青少年“红色之旅”教育活动。新安江水电站被列入活动的6个教育基地之一。

【实施乡镇行政区划调整】为统筹城乡发展，合理调整乡镇资源，4月该市对乡镇行政区划进行调整，26个乡镇(街道)调整为16个乡镇(街道)，即设新安江、洋溪、更楼3个街道，杨村桥、莲花、李家、大慈岩、寿昌、航头、大同、下涯、梅城、乾潭、三都、大洋等12个镇和钦堂乡。

【新安化工集团列入全国工业重点行业效益10佳】该集团全面推行“5S”管理，启动人力资源管理咨询项目，实施薪资制度改革，提高各项专业管理水平。围绕推行清洁生产，建立环境良好型企业目标，实施了省市安全环保专项整治项目，节能降耗水平不断提高。全年申请10项发明专利，1项实用新型专利。对高含量草甘膦铵盐申请了PCT，产品顺利进入美国、巴西等5个国家。草甘膦与有机硅联产技术专利还获得了国家专利优秀奖。列入国家“十五”科技攻关的高含量草甘膦铵盐及其可溶性粒剂研制顺利通过国家验收，并获得中国石化行业协会科技进步二等奖。与浙江工业大学联合成立精细化工研究中心，开展了草甘膦连续化工艺与工程等重大技术的研究。全年完成销售收入19.46亿元，创利税3.7亿元。10月17日，《经济日报》公布了“全国工业重点行业效益十佳企业名单”，新安化工集团股份有限公司位列其中，并荣登农药制造业榜首。

【财政收入首次超过10亿元】该市按照“抓大、控中、定小”的思路，建立三级税源监控体系，制定落实管理举措，强化对重点税源的培育，大力推进财源建设。对化工、水泥、饮料、电力等重点行业建立市局、税务分局两级到户分析工作。加大陈欠清理力度，通过积极措施当年压缩陈欠31.6%。全市财政收入达10.87亿元，首次突破10亿元大关，比上年增长23.5%。地方当年财政收支平衡，保证了该市经济和社会事业的健康发展。

【确定“山水画廊休闲天堂”宣传口号】“十五”期间，该市获得全国绿化模范城市、中国特色魅力城市200强称号，创建成为中国优秀旅游城市、国家级生态示范区和浙江省文明城市，新安江城市形象焕然一新。11月23日，该市开始征集新安江城市形象宣传口号活动，有1073人次参加了网上征集和来信投稿。12月28日，新安江城市形象宣传口号征集活动揭晓，“山水画廊休闲天堂”从7500余条口号中脱颖而出，成为新安江城市形象宣传口号。

【潘秋梅列入“全国十大农民女状元”】潘秋梅是建德市秋梅食品有限公司总经理，她创办的秋梅食品有限公司于2001年8月注册成立，是一家集农产品生产、加工、销售为一体的农业龙头企业，主要生产经营倒笃菜、方腊酱等土特产。公司产品加工、检测、研发、配送、管理均按照QS生产标准操作，形成8个系列1700多个品种。公司凭借现代科学技术及公司+农户的经营形式，联结淳安、龙游、衢州、临安、萧山、杭州等地50余个农产品加工企业，使4500多户农户走上致富路。公司还在上海、杭州、横店影视城等地区开设连锁经营窗口，并与上海世纪联华超市、康师傅(顶益)集团公司等知名企业成为合作伙伴，产品进入全国1500余家超市，网络覆盖杭州、上海、南京、广东等地区，年销售额5000多万元。潘秋梅曾被授予全国农村妇女“双学双比”竞赛活动女能手、建德市十佳市民等称号。全国妇联授予潘秋梅“全国十大农民女状元”称号。（杨忠平）

·富阳市·

【富阳市概况】全市(以下均指富阳市)，辖6个乡、15个镇、4个街道，有611个行政村、3个居民区、23个社区。总人口63.18万人，人口自然增长率4.93‰。全年实现生产总值201.18亿元，比上年增长14.8%，人均生产总值31916元。根据2004年度统计资料，县域社会经济综合发展指数列全国百强县第29位，比上年前移1位。

全年实现农林牧渔业总产值26.4亿元，比上年增长16.1%。粮食总产量14.35万吨，与上年基本持平。蔬菜总产量31.99万吨，水果总产量6.79万吨。新增杭州市都市农业示范园区6个，都市农业专业村7个，25只农产品在省农博会上获奖，其中获得金奖11只，180只农产品注册商标。林业产值3亿元，增长21.4%。绿化造林586公顷，幼林抚育120公顷，成林抚育2400公顷。畜牧业产值6.82亿元，增长9.8%。生猪饲养58.02万头，家禽饲养1032.67万羽，菜羊饲养7.58万头，猪牛羊禽等肉产量4.09万吨，禽蛋产量6405吨。蚕茧产量1225吨。渔业产值2.1亿元，增长58%；淡水产品产量7998吨，增长7.6%。年末拥有农机总动力38.6万千瓦。全年投入水利建设资金1.4亿元，完成水利重点工程53处；投入劳动力329万个工，完成土石方389万立方米；改造中低产田567公顷，建成标准农田1780公顷；年末耕地有效灌溉面积19.59千公顷，占耕地面积的91.7%。

全市工业总产值603.7亿元，比上年增长25.9%。规模以上工业实现产值443.4亿元，增长33.1%，实现利税28.5亿元，其中利润14.8亿元，分别增长25.2%和24.5%。完成建筑业总产值37亿元，增长4.9%，其中增加值8.6亿元，增长4.1%。

全社会消费品零售额38.18亿元，比上年增长15.2%。其中城镇零售额29.9亿元，增长15.6%；农村零售额8.3亿元，增长13.5%。在全部零售额中，批发零售贸易业增长13.6%，餐饮业增长27.9%。城乡集市贸易成交额35.9亿元，增长6%。建立农村连锁超市29个。

全年新批外商投资项目56个，合同外资1.95亿美元，与上年基本持平；实际利用外资7949万美元，增长8.1%。协议内资21.5亿元，实际到位内资13.8亿元。全年自营出口3.36亿美元，增长34.1%；自营进口3.87亿美元，增长39.7%。主要旅游景点接待游客139.9万人次，增长9.8%，旅游景点门票收入6681.6万元，增长45.2%。

全市财政收入24.58亿元，比上年增长15.7%；其中地方财政收入12.76亿元，增长17.8%。地方财政支出14.29亿元，增长15.8%。全年金融机构各类存款余额178.3亿元，增加21.8亿元；各项贷款余额153.2亿元，增加17.8亿元。保险费收入1.4亿元，理赔4576万元。

公路通车里程891.7千米，其中，高速公路里程37.3千米。货物运输量1556万吨，增长6.1%；旅客运输量1626万人次，增长4.4%。邮电业务收入2.04亿元，与上年基本持平。城乡交换机总容量26.4万门，增长4.6%；固定电话用户31.59万户，增长16.1%；移动电话用户35.5万户，增长16.3%。电话普及率为106.2部/百人。互联网用户4.6万户。

全年组织实施各类科技计划项目84项，其中国家级5项，省级6项。高新技术企业33个，其中国家级3个，省级22个，杭州市级8个。新增省级名牌产品3只，省、杭州市著名商标9件。专利申请898项，授权106项。认定登记技术合同125项，金额483.3万元。有各类专业技术人员2.28万人，比上年增长6%。创建省教育强乡（镇）21个；杭州市教育强乡（镇）23个，覆盖率92%。有普通中学43所，在校学生3.77万人；小学110所，在校学生4.95万人；中等职业学校3所，在校学生1.1万人。学龄儿童入学率、初中入学率均为100%。有线电视用户13.03万户；《富阳日报》全年出版355期，发行639万份；市图书馆藏书14万册（件）。有医疗卫生机构193个，医疗床位2137张，医疗卫生技术人员2504人，乡村卫生组织一体化管理达100%，计划生育率97.07%。全年举办各类群众性体育比赛27场，参赛运动员1.1万人次，体育强乡（镇）数在杭州地区13个区、县（市）中名列第一。

全年城镇居民人均可支配收入15036元，比上年增长13.5%；农民人均纯收入7585元，增长11%。城镇居民人均居住面积24.87平方米，农村居民人均居住面积69.44平方米。 （章全桥）

【"东吴传龙"参加法国尼斯狂欢节】 2月24日~3月2日，受降镇梓树村"东吴传龙"龙灯队应法国尼斯旅游局邀请，作为中国唯一一支民间艺术代表队参加尼斯狂欢节，在狂欢节上连续巡演3场，受到法国观众欢迎。

【富通集团"光纤反倾销案"胜诉】 富通集团于2003年7月发起并参与光纤反倾销调查案，在整个诉讼过程中，集团以事实证据反驳国外光纤业巨头的谬论。2004年6月17日，商务部发布公告，决定对原产于美国、日本、韩国的进口"G·652"单模光纤采取临时反倾销措施。12月，商务部最终裁定被调查产品存在倾销，自2005年1月1日起，对原产于美国、日本、韩国的进口非色散位移单模光纤征收反倾销税。

【常绿镇成为浙江省篮球之乡】 3月30日，省体育局授予常绿镇"浙江省篮球之乡"称号。该镇从20世纪50年代开始推广篮球运动，经过50多年的发展，篮球运动已成为该镇的传统体育项目，拥有深厚的群众基础。2005年，全镇有20多支篮球队、7个村级和5个学校标准灯光篮球场。该镇篮球队在20世纪90年代曾获杭州市农民篮球赛第1名，还代表杭州市参加浙江省农民篮球比赛，曾分别获得第1名和第4名。

【联魁塔列为省级文物保护单位】 联魁塔位于新登镇郊贤明山上，又名贤明塔，始建于明万历四十六年（1618年）。该塔为六面石塔，塔身采用本地开采的大青石砌成，建筑工艺水平高，是全省留存至今的少数石塔之一。1983年，该塔成为富阳县第一批县级文物保护单位。5月，浙江省政府公布第五批省级文物保护单位，联魁塔名列其中。

【成立首家地方银行】 6月18日，全市首家地方银行——富阳农村合作银行挂牌开业。该行是一家富阳市境内的农民、农村工商户和企业法人及其他经济组织入股组建的股份合作制社区性地方金融机构，前身为富阳市农村信用合作社联合社及所辖23家农村信用社，于1月29日成立，注册资本2亿元，下辖营业网点69个，存款余额51亿元，贷款余额39亿元，拥有资产76亿元。5月13日，中国银监会同意该行开业。

【举办“走进富春山水”全国摄影大赛】 12月2日，“2005·走进富春山水”优秀摄影作品大展评选在北京揭晓，杭州天荒坪电厂吴建平拍摄的组照《纸乡遗韵》获得5万元大奖，6幅作品获等级奖，161幅作品入选。该活动由中国摄影家协会和富阳市委、市政府主办，富阳市委宣传部、市旅游局、市文联、市摄影家协会和《中国摄影报》社承办，从3月起至11月15日截稿，共收到全国各地摄影家和摄影爱好者6000余幅（组）近万张作品。

舞龙表演——跃龙门 （何荣发 摄）

【“受降厅”被列为全国爱国主义教育基地】 11月20日，中共中央宣传部公布第3批66个全国爱国主义教育基地，富阳市的侵浙日军投降仪式旧址——受降厅（千人坑遗址）名列其中。在此次公布的名单中，浙江省仅此1家。1945年9月4日，国民党第三战区副司令长官韩德勤中将等在富阳县长新乡宋殿村（现富阳市受降镇中秋村）接受侵驻浙江地区日军投降。1997年8月，“受降厅”被浙江省人民政府列为省级文物保护单位。1998年2月，被省精神文明建设委员会列为浙江省爱国主义教育基地。

【富阳市被评为国家环境保护模范城市】 2002年初，富阳市提出创建“国家环境保护模范城市”（简称“创模”）的目标，逐步形成“领导重视，以人为本，明确目标，落实责任，加大投入，严格执法，齐抓共管”的创建机制。2002年~2005年，投入资金13亿元，实施十大“创模”工程。加快城市环境基础设施建设，城市污水日处理能力达5万吨；大力开展生态保护建设，实施25个生态乡镇、街道建设规划，181个生态示范村规划编制通过专家论证；做好水、气、声环境综合整治和固体废物处理，完成苋浦水系三期整治，在富春江南岸规划兴建5大集中式污水处理工程；加强农业污染控制，实施畜禽养殖污染“三化”治理；投入500万元，建成2个城市空气自动监测站，开展空气质量日报和预报。通过创建，城市环境质量得到改善，污染防治能力增强，城市空气质量达到国家Ⅱ级标准，富春江水质稳定保持Ⅱ类水体，声环境质量达标。2004年4月和5月，“创模”工作先后通过浙江省环保局预验收和国家环保总局技术核查。2005年1月，通过国家环保总局考核验收。5月20日，国家环保总局正式命名富阳市“国家环境保护模范城市”，成为全国第17个、全省首个获此称号的县级市。

【市图书馆成为“国家一级图书馆”】 7月，全国第3次县以上公共图书馆评估结果揭晓，市图书馆荣获“国家一级图书馆”称号。2003年开始，为配合富阳市“省级文化先进市”创建工作，该馆进一步加强硬件建设，提高服务质量。2003年~2005年，先后完成全国文化信息资源共享工程基层一级中心建设、ILASⅡ自动化业务管理系统，开通运行图书采访、编目、流通、期刊管理、检查查询等子系统，完成标准化、规范化图书业务档案。同时还举办青少年征文、富阳市首届“十大藏书人家”评选等活动。至2005年底，该馆藏书14万册。

【龙门古镇保护与旅游开发一期工程完工】 龙门古镇位于富春江南岸，是三国时孙权后裔最大聚居地，已有千余年历史，较为完整地保存着一大批明、清时期古建筑，是中国民俗文化村、“两江一湖”国家风景名胜区一级景点和浙江省历史文化保护区、浙江省风景旅游城镇。为进一步提升富阳旅游形象，富阳决定实施龙门古镇保护与旅游开发工程，由市政府主导组建龙门古镇旅游发展有限公司，按照政府主导与市场运作相结合的原则，保护、开发该镇旅游资源。2004年10月27日，举行了龙门古镇保护与旅游开发建设启动仪式。首期工程，投入资金1亿元，重点整治和开发入城口广场、龙门溪、主要厅堂以及道路、环境，形成10个全新的主题景点。经过1年整治建设，一期工程顺利完工。2005年9月28日，举行开业迎宾典礼。

【富春江环保热电项目一期竣工】 浙江富春江环保热电有限公司是杭州地区最大的公用型热电企业，该公司环保热电项目是浙江省重点工程，利用垃圾焚烧发电。该工程于2004年6月底开工，总投资6.9亿元。2005年6月11日，首台2.5万千瓦抽凝发电机组成功并网发电。至年底，一期工程“三炉两机”全部投入运行，总发电量3.7万千瓦小时，供热量180吨/小时，日处理垃圾400吨。

【富阳市成为省级双拥模范城市】 2002年4月，富阳市启动创建“浙江省双拥模范城市”活动。3年中，市财政累计安排资金3000多万元支持部队建设，完成市人武部和武警中队营房改造；在全省率先制定优抚对象医疗补助政策，至2005年补

表 80　　2005 年杭州市区、县(市)外商投资情况

区　域	批准项目个数(个)	实际利用外资(万美元)
合　计	756	171 274
杭州市区	608	146 006
萧山区	109	32 515
余杭区	72	13 147
桐庐县	28	2 585
淳安县	22	4 356
建德市	17	4 337
富阳市	56	7 949
临安市	25	6 041

助金额 120 余万元；投入 40 多万元，修缮浙江省国防教育基地“受降厅”和“千人坑遗址”；先后编写宣传资料《双拥模范城市在呼唤》等 3 册，作为中小学乡土教材；建立“军民共建基金”，表彰“双拥”先进。2005 年 9 月，创建工作通过考核验收。省委、省政府和省军区授予富阳市“双拥模范城市”称号。

【城区智能监控系统开通】 7 月 10 日，城区智能监控系统正式开通，110 报警、119 火警和 122 交通事故报警电话实行“三台合一”。该系统采用统一平台接警、指挥的高科技处警调度机制，集治安动态、电子警察、智能卡口、交通信息、交通信号监控于一体，实行 24 小时全天候、全方位、多层次的智能监控管理，设有 300 多个智能监控网点。该工程 2004 年 6 月动工兴建，总投资 2100 万元，2005 年 6 月基本完工，投入试运行。至年底，该系统有效接警 45155 起，利用监控系统查破刑事案件 23 起，抓获违法犯罪嫌疑人 23 人，破获交通肇事逃逸案 6 起。

【《中国富阳纸业》出版】 10 月，市政协编撰的《中国富阳纸业》由人民出版社出版发行。全书约 35 万字、300 余幅图片，较为全面地反映 1000 多年来富阳纸业的历史和传统，集中展示了现代富阳纸业的活力和风采，是一本集中反映纸乡及纸业生产的专著，也是中国纸业发展历史的缩影。全国政协副主席李蒙等为该书题词，中国工程院院士、华南理工大学教授陈克复等为该书作序。

【富春山居度假村被评为全球最佳新酒店】 6 月 18 日，杭州市旅游委员会受国家旅游局委托，宣布富春山居度假村获世界权威旅游杂志《Conde Nast Traveler》评出的世界 116 家“全球最佳新酒店”称号。该度假村位于富春江畔的东洲街道，占地约 26.67 公顷，拥有别墅和 108 个房间，由国际知名建筑师设计，于 2004 年底正式开业。

【富阳成为省文化先进市】 2003 年起，富阳市确定创建省文化先进市目标，重点加强基层文化设施、文化队伍、文化活动和文化市场建设和管理，建立健全市、乡、村、户四级文化网络。至 2005 年底，全市 25 个乡镇(街道)全部成立文化服务中心，全市拥有民间职业剧团 14 支、民间演出团体 20 支、群众业余文化队伍 800 余支；“东海文化明珠”工程全面展开，14 个乡镇(街道)通过省级验收，10 个通过杭州市级验收，还命名富阳市级文化示范村 41 个、市级文化示范户 50 户；11 月，投资 1.1 亿元的市文化艺术中心工程开工，全市文化事业得到长足发展。12 月，通过省考核验收，省政府授予富阳市“浙江省文化先进市”称号。

（陈炜祥）

·临安市·

【临安市概况】 全市(以下均指临安市)辖 7 个乡、15 个镇、4 个街道，有 651 个行政村、15 个居民区、11 个社区。户籍人口 52.25 万人，人口自然增长率 5.22‰。全市实现生产总值 135.27 亿元，比上年增长 17.1%。

实现农林牧渔业总产值 23.83 亿元，比上年增长 13.3%。其中，农业产值 7.72 亿元，增长 13%；林业产值 10.99 亿元，增长 14.1%；牧业产值 4.44 亿元，增长 12.5%；渔业产值 0.35 亿元，增长 12.1%。完善农业扶持政策，加大扶持力度。有农村专业合作经济组织 57 个，新增 11 个；农业龙头企业 55 个，新增 8 个。新增国家级无公害农产品 3 种、有机食品 5 种，杭州市名牌产品 2 个。设立城郊蔬菜基地、高山蔬菜基地等 10 个农产品质量安全监控点，农产品上市抽检合格率达到 98%。出台《临安市农业示范园区(基地)管理办法》，建成杭州市都市农业示范园区 8 个、示范村 7 个。新建农业部“一站通”信息点 25 个。粮食作物播种面积 1.61 万公顷，粮食总产量 9.31 万吨，粮食生产保持稳定。蔬菜种植面积 6580 公顷，实现产量 12.78 万吨，增长 4.2%；花卉园艺种植面积 1243 公顷，实现产值 1.03 亿元，分别增长 14.8% 和 3%；水果产量 3.12 万吨，增长 15.4%。完成绿化造林面积 86 公顷，生态公益林面积 7.67 万公顷。竹笋 19.13 万吨，增长 15.8%；茶叶 2090 吨，增长 6.4%；山核桃 6984 吨，保持稳定。全市森林覆盖率 76.55%。年末生猪存栏 15.84 万头，肉猪出栏 35.4 万头，增长 9%；家禽出栏 133.95 万羽，增长 10.3%。肉类总产量 2.91 万吨，蚕茧总产量 3701 吨，基本保持稳定。渔业放养面积 2332 公顷，水产品产量 3310 吨，增长 3.8%。休闲渔业发展到 30 余个。完成 7 座水库“千库保安”工程，修筑山塘水库、防洪堤坝 206 余处。拥有农业机械总动力 34.45 万千瓦，增长 2.9%。全年机械作业面积 1.86 万公顷，机械耕地面积 1.28 万公顷。

实现工业总产值 365.97 亿元，比上年增长 22.1%；实现工业销售产值 357.41 亿元，增长 21%。完成工业性投资 24.6 亿元，其中技改投入 16.9 亿元。全市规模以上工业企业 515 个，新增 109 个；实现工业销售产值 174.95 亿元，增长 25.7%；规模工业销售产值占全部工业的比重达到 48.9%。销售产值超 1 亿元企业 42 个，超 5 亿元企业 4 个。全市规模工业实现利税总额 11.60 亿元，增长 22.1%；其中利润 6.17 亿元，增长 21.2%。强乡镇(街道)带动作用

增强,7个强乡镇(街道)规模工业销售产值占全市总量的74.9%。累计引进企业258个,投产企业167个,实现产值94.02亿元,增长36.9%,占规模工业的52.3%。锦江集团覆铜板、西子集团电梯机械配件等4个项目建成投产。杭氧集团、杭机集团等大型企业落户临安。浙江杭叉工程机械公司、杭州塑料工业公司等投资项目顺利签约。

全社会消费品零售总额32.58亿元,比上年增长15.1%。市区零售额18.56亿元,增长15.8%;市以下零售额14.02亿元,增长14.2%。有连锁超市门店86家,营业面积6.24万平方米。农村现代流通网络和消费维权网络日趋健全,创建放心店330家,发展农村连锁农资点130家。实现餐饮收入4.79亿元,增长14.8%。完成临安旅游集散中心、投诉中心和信息中心建设。旅游景点接待游客191.8万人次,实现门票收入5301万元,分别增长1.1%和1.5%。"农家乐"旅游有经营户218户,从业人员500余人。

实现外贸出口交货值66.30亿元,比上年增长20%;其中自营出口2.91亿美元,增长15.1%。从出口企业的类型来看,外商投资企业出口1.17亿美元,增长28%;外贸企业出口1.74亿美元,增长8.2%。在境外新设立投资机构3个。引进内资项目91个,合同利用内资31.12亿元,增长10.1%,实际到位内资24.76亿元,增长20.8%。引进外资项目29个,协议利用外资1.47亿美元,增长20.6%;实际利用外资6041万美元,增长38%。

完成全社会固定资产投资64.98亿元,比上年增长13.6%。限额以上投资中,第二产业完成投资17.45亿元,占33.1%;第三产业完成投资35.21亿元,占66.9%。交通、水利、教育、卫生等基础设施完成投资16.58亿元,占31.5%。全年安排重点建设项目41项,当年完成投资20.5亿元。商品房施工面积187.74万平方米,增长50.5%。商品房销售额3.77亿元。

公路客运量2535万人次,比上年增长5.1%。公路货运量1239万吨,增长6.1%。水路货运量30万吨,增长1.7倍。年末全市民用汽车拥有量2.12万辆,新上牌汽车3457辆。年末区域内通车公路里程2137千米,居全省首位。实现邮电业务收入3.54亿元。年末固定电话用户25.6万户,移动电话用户27万户。电话普及率101部/百人。互联网用户4.24万户,增长28%。

全市财政收入11.87亿元,比上年增长16.2%;其中地方财政收入6.73亿元,增长25.1%。地方财政支出7.56亿元,增长21.2%。年末金融机构各项存款余额116.34亿元,增长22%;贷款余额108.07亿元,增长20.8%。保险机构保费收入2.55亿元,增长4.4%。全年支付各类赔款7600万元,增长16.1%。

新增各类科技计划项目176项,其中国家级6项、省级26项、杭州市级38项。认定登记技术合同68项,技术贸易额5375万元。受理专利申请266项,授权135项。新增省、杭州市高新技术研发中心10个,省级高新技术产品3种、新产品34种,3个项目列入省重点高新技术项目。万马神牌35千伏及以下系列电线电缆被确定为国家免检产品。建成国家火炬计划临安电线电缆产业基地。全市有小学68所,在校学生3.47万人;初中31所,在校学生2.1万人;普通高中6所,在校学生9756人,职业中学4所,在校学生6174人。新增省、杭州市级教育强乡镇3个,锦城街道通过杭州市现代化标志性教育强乡镇验收,创建省级标准化学校8所,其中省I类标准化学校2所。

新增省、杭州市级"东海文化明珠"乡镇5个。新增省级文物保护单位5处,馆藏珍贵文物第一次赴国外进行交流展览。文艺创作获全国奖29个、省级奖2个。组织文艺活动268次,群众业余演出团(队)339个。《临安新闻网》被评为省十佳网站。《今日临安》全年出版266期。有各类卫生医疗机构83个,医疗床位1168张,卫生技术人员1995人。大力推进新型农村合作医疗制度,农村参保人口36.7万人。临安人民医院病房大楼建成,妇幼保健所门诊楼、疾控中心投入使用。全市计划生育率98.5%。成功举办第二届残疾人运动会。建成60个健身苑(点),建立国民体质监测站。

城镇居民人均可支配收入14860元,比上年增长13%;消费性支出11230元,增长19.4%。农民人均纯收入7263元,增长10%。城乡居民人均住房面积分别为38平方米和65.6平方米,分别增加1.1和0.2平方米。

【建成4个省级无公害农产品基地】 经浙江省无公害农产品领导小组审定,临安市蔬菜产业协会的341.3公顷蔬菜基地,临安市清凉峰吊瓜产业协会的133.3公顷中药材基地,杭州临安天目山绿色食品有限公司的200公顷青豆基地,临安市种子公司的1000公顷稻米基地被认定为浙江省无公害农产品基地。在此基础上,经农业部农产品质量安全中心认证,浪广高山蔬菜合作社的天目山牌高山南瓜和天目山牌高山四季豆2种农产品被认定为国家级无公害农产品,葛林富农业开发有限公司的葛林富牌葛根粉通过IMO有机转换认证,东方茶业应用技术研究所的东华茶叶通过IMO有机茶认证,天目山禽业有限公司的天目山牌肉鸡通过中国有机产品认证。

【华光潭水库蓄水发电】 华光潭水库梯级水电站工程是浙江省政府决定兴建的分水江流域综合治理规划的一期建设项目,是省重点工程。工程于2002年4月1日开工建设,总投资9.5亿元,由两个梯级水电站组成,总装机容量8.5万千瓦,年发电量1.85亿千瓦小时。其中,一级电站水库总库容8257万立方米(含防洪库容1500万立方米),装机容量6万千瓦;二级电站水库库容386万立方米,装机容量2.5万千瓦。一级电站大坝从2002年11月25日开始浇筑,于2005年2月1日完工,累计完成混凝土浇筑15万立方米。大坝为混凝土双曲拱坝,最大坝高103.85米,坝顶宽5.8米,坝底宽23米,坝顶弧长227.14米。2005年6月3日一级大坝下闸蓄水,9月17日和27日两台机组分别投产发电。二级电站于2004年3月31日下闸蓄水,4月26日投产发电。至2005年末,一、二级电站累计发电8100多万千瓦小时。

【"九三"特大暴雨灾害】 9月3日17时到4日凌晨1时,受强降雨云团发展滞留影响,临安市中西部地区出现大到暴雨，局地特大暴雨的天气过程。此次降雨的特点是范围小，强度超强，滞留时间长，暴雨区基本集中在昌化镇5平方千米~10平方千米范围内。昌化镇19时~20时降水量143.5毫米，20时~21时降水量145毫米，21时~22时降水量127毫米，19时~22时3小时雨量达415.5毫米。这是临安有气象监测站记录以来，从未出现过的罕见特大暴雨。此次特大暴雨，造成全市10个乡镇、126个村、8.8万人受灾；引起一定规模以上的山体滑坡562处，造成龙岗镇新溪村和昌化镇后营、箬建、后葛村以及华通公司共12人死亡；倒塌民房452间，农田和经济作物受淹2600公顷，冲毁稻田和经济作物315.3公顷，山核桃受损4558株，落果损失1000吨以上；02省道、昌文线、龙岛线3条省道及24条县乡道路交通中断；昌化镇供水中断14小时，受影响群众2万余人；100多个企业进水受淹，倒塌厂房98间，受淹损坏成品10万余件。灾害造成直接经济损失3.59亿元。

【临安电线电缆产业基地建成】电线电缆产业是临安市特色支柱产业之一。全市有相关企业近400个，其中规模以上企业60余个，年销售收入1亿元以上企业5个，符合产业基地条件的国家重点高新技术骨干企业8个。2004年，全市电线电缆企业实现销售产值近70亿元，占工业销售产值的11%，同轴电缆的销售量占全国市场的30%以上。为进一步做强电线电缆产业，临安市编制《国家火炬计划临安电线电缆产业基地发展规划》，组织实施“高性能电缆编织屏蔽用铝镁合金圆线”等多项国家火炬计划项目。针对电线电缆行业骨干企业优势不明显、产品技术含量低等问题，成立以浙江天杰实业有限公司等6个骨干企业为主，以信息产业部上海23所、上海电缆研究所为技术依托的电线电缆特色功能区行业技术研发中心。2005年11月19日，基地通过科技部组织的专家评审。12月16日，科技部火炬高新技术产业开发中心正式批准建立国家火炬计划临安电线电缆产业基地。

【大峡谷景区发生浮桥侧翻事故】3月6日上午10时，浙西大峡谷景区剑门关景点发生浮桥侧翻事故，桥上88名来自江苏、安徽的游客，由于浮桥侧翻，全部落水。经全力抢救，83名游客获救，仍有5名江苏金坛游客不幸遇难。事故发生后，省委、省政府，杭州市委、市政府等各级领导高度重视，以电话、电文批示或亲赴现场指挥抢救。该市领导率领公安、卫生、交通、旅游、安检、大峡谷镇等负责人赶到事故现场，成立事故调查处理工作小组，组织指挥抢救和善后处理工作。至3月12日，善后处理工作圆满结束。

【实现连锁超市覆盖乡镇】1998年，临安市自引进第1个连锁经营企业以来，就出台政策加以扶持，鼓励连锁经营企业向乡镇延伸。2005年，临安市被商务部列为“万村千乡”(千镇连锁超市、万村放心店)市场工程试点县(市)，钱王华联超市、昌化华联超市被商务部核准为“万村千乡”市场工程试点企业，并被省经贸委确定为“千镇连锁超市”龙头企业。8月10日，华联超市新桥店在新桥乡老屋下村开业，标志着全市在浙江省山区县(市)中率先实现连锁超市乡镇全覆盖，提前完成省政府三年“千镇连锁”、杭州市政府连锁超市两年乡镇全覆盖要求。9月19日，商务部部长助理黄海到临安市考察“万村千乡”工程建设情况。至年底，全市有上海联华、华联、农工商等品牌连锁超市门店86家，营业面积6.24万平方米，全年实现商品销售额3.46亿元，占全社会消费品零售总额的10.6%。

【浙皖农贸城投入使用】浙皖农贸城作为临安市农副产品批发的主要集散中心，依托该地得天独厚的林业、农业资源，为农产品产业发展提供平台。该农贸城是临安市重点工程项目之一，总投资1.6亿元。一期工程于2004年5月动工，建筑面积10.3万平方米。其中，交易区4.7万平方米，有405间营业房、2个蔬菜交易区及1个2.6万平方米农副产品展示中心。市场内信息中心、监控广播系统、检测中心、物流配送中心、储藏保鲜等设施齐全。2005年11月29日，农副产品批零市场投入使用。

【增加5处省级文保单位】临安市原有吴越国王陵和功臣塔两处全国文物保护单位，昌化南屏塔和横畈普庆寺石塔两处省级文物保护单位。3月16日，在浙江省政府公布的第5批省级文物保护单位中，临安市的天目窑遗址、功臣寺遗址(含婆留井)、西天目山墓塔群、陈家祠堂、昱岭关等5处具有鲜明时代特征、地域特点和较高历史、艺术、科学价值的古遗址、古建筑、古墓葬榜上有名。

天目窑址群是宋元时代的古窑址群。位于於潜镇凌口、绍鲁一带，分布面积约6平方千米，已探明有多处龙窑窑床。天目窑烧造时间长，装烧方法独特，装饰工艺精湛，窑址大多保存完好，对于揭示“天目瓷”之谜和研究陶瓷发展史具有较高的价值。

功臣寺遗址(含婆留井)是江南地区首次发现的较为完整的唐五代建筑遗址，位于锦城街道功臣山南麓。遗址呈廊院式平面布局，强调中轴对称。该遗址为吴越国王钱镠“舍宅为寺”的功臣寺建筑遗址，以实物遗存方式印证史料中与钱镠有关的记载。

西天目山墓塔群是元朝、明朝、清朝、民国时期天目山高僧之灵塔，集中表现了佛教不同历史时期的墓塔建筑形式和特征，对揭示天目山蕴藏的佛教文化内涵，研究佛教发展史及佛教丧葬习俗具有重要的实物价值。

陈家祠堂位于马啸乡山边村，复建于清雍正二年(1724年)，为陈氏家族家庙。祠堂砖雕、木雕、石雕精良，文化内涵丰富，对于研究前人的宗族观念、生活习俗和古建筑的选址、设计、结构布局、装饰工艺等具有较高价值。

昱岭关位于浙皖交界的清凉峰镇阳川村昱岭山，古时为兵家必争之地，至今依稀可辨沿山脊延伸的关墙。具有古关隘的典型特征，对战争史、古代军事防御研究有重要的意义。 (曾南方)

上城区工商业联合会

SHANGCHENGQUGONGSHANGYELIANHEHUI

杭州市上城区工商业联合会成立于1953年8月。50多年来,工商联的职能及会员结构发生了重大变化。

2005年,上城区工商联有10家基层商会,其中湖滨、清波、小营、紫阳、望江、南星6个街道均建立了街道商会,还成立了上城区家具业商会、河坊街历史街区商会和南山路特色街区商会。至年底,共有会员493家,其中绝大多数为非公有制企业会员。

上城区工商联紧密围绕区委、区政府的中心任务,在调查研究、参政议政,自我教育、维护权益,宏扬传统、热心公益,提供信息、服务会员,增进联系、协助招商等方面做了大量的、卓有成效的工作,开展了中小企业信用担保、政企连心沙龙、非公有制企业维权、组织会员培训及健康体检、帮困助学等连续性强、影响性大的活动。工商联已成为党和政府联系非公有制经济人士的桥梁和纽带,成为政府管理非公有制经济的助手,成为具有统战性、经济性、民间性的商会。上城区工商联发挥联系非公有制企业和非公有制经济人士的主渠道作用,为上城区非公有制经济的健康发展和非公有制经济人士的健康成长作出了积极的贡献。

上城区工商联会长宋维信(右)在美国向旧金山国际交流协会秘书长赠送纪念品

上城区工商联举行政府部门和非公有制企业连心桥启动仪式暨“政企连心沙龙”

上城区工商联在杭州吴山广场举行大型宣传服务活动

努力发展经济，打造和谐新区

三墩镇 SANDUNZHEN

三墩五里塘商业风情街效果图

高起点、高标准建设的董家河景观河道

杭城规模最大的农居点——三墩同仁家园一期

三墩镇位于杭城西北部，经济和社会各项事业全面协调发展。2005年引进内资8.38亿元，实际利用外资1716万美元。实现国地两税总收入1.15亿元，比上年增长78.3%。全镇集体经济可分配收入3451万元，农民人均收入达9157元。城市化有序推进，社会保障体系更加完善，社会秩序稳定。

三墩镇认真贯彻落实西湖区委、区政府关于发展“旅游休闲经济、高校经济、省会经济”的要求，致力于落实“三大经济”重点发展区块规划，集中打造浙大经济商圈，推动重大项目建设进程，抓好古墩路整治工程建设，加快三墩新区基础建设，积极抓好水资源和水生态保护，努力开创三墩建设的新局面。

已经开工的社区10%留用地项目之一：虾龙圩龙申——剑桥公社效果图

房地产闻堰板块的三江花园

索菲特世外桃源酒店远眺

聞堰鎮 WENYANZHEN

闻堰江鲜

闻堰镇位于钱塘、浦阳、富春三江交汇处，依山傍水临江。面积23.68平方千米，户籍人口2.5万人。先后获得全国综合发展水平百强镇、浙江省综合经济实力百强镇、浙江省卫生镇、杭州市社会综合实力优秀乡镇、萧山区经济发展优胜镇等荣誉称号。2005年，全镇实现生产总值22.8亿元，人均收入超过1.1万元。

楼观沧海日，门对钱江潮。三江口江面宽阔，6.5千米的江岸水景雄奇秀丽。得天独厚的闻堰已成为杭州房地产市场中最具投资价值的板块。通和置业、西子房产、正江房产、三江国际、中谷杭州世外桃源等知名房产商纷纷加盟；南岸花城、戈雅公寓、郁金香岸、湘湖人家、江南摩卡等8大楼盘先后动工，总建筑面积203万平方米，规划居住人口10万人。

绘时代三江名镇，展人居休闲新城。投资6.8亿元，占地133.33公顷的风情园是2006年杭州世界休闲博览会主会场之一，与湘湖度假区、世界休闲博览园、东方文化园相得益彰，共同打造闻堰休闲旅游"金字"招牌。坐落在风情园内的索菲特世外桃源酒店，为世界级品牌的五星级酒店。他的建成将有力提升"一湖三园"服务档次，推进杭州旅游国际化进程。

"吃江鲜，到闻堰"已成为美食家的时尚。闻堰江鲜颇具特点：天然野生，水华珍贵，游水生猛，品种繁多。2006年，闻堰成功举办首届中国·杭州(闻堰)三江美食节，建成"江鲜一条街"。全镇有29个规模餐饮企业，形成了捕捞、送货、销售、餐饮产业链。一座新兴的商贸城、娱乐城、江鲜城将使闻堰更具人气，倍添魅力。

美丽的"三江活码头"

径山镇

JINGSHANZHEN

径山湖

径山万寿禅寺

陆羽泉

径山镇位于杭州市西郊，北苕溪、中苕溪横贯全镇，南连杭徽公路，北接104国道，015省道穿境而过，交通便利。区域面积157.08平方千米，人口3.85万人。辖13个村，2个社区，274个村民小组，1.29万户农户。

径山镇自然风景优美，森林覆盖率59.9%。文化积淀丰厚，境内有马家浜文化、春秋战国的小古城遗址；有江南五山十刹之首的径山禅寺；有茶圣陆羽品茗著《茶经》之地陆羽泉；有“江南第一漂”国家AAAA级景区——双溪竹海漂流；径山茶被评为浙江省十大名茶，并成功获得涉外注册商标，禅茶文化和旅游文化构成独特的径山文化。径山镇是杭州西郊的生态旅游重镇，被誉为大杭州的“后花园”。

近年来，径山镇着力于社会主义新农村建设，先后获得全国千强乡镇、浙江省教育强镇、杭州市文明乡镇、杭州市生态镇等荣誉称号。

大杭州后花园

双溪漂流

径山茶园

富春街道

FUCHUN JIEDAO

街道领导班子成员研究工作

富春第三中学

富春街道为富阳市政府所在地，面积103.95平方千米，辖33个行政村、19个社区，人口11.62万人。街道按照“争先领先、和谐富春”的工作理念，落实科学发展观，坚定不移，开拓进取，务求实效，优化产业结构，大力发展循环经济，不断加快建设社会主义新农村步伐，2005年实现工农业总产值104.6亿元，农民人均收入9295元。拥有工业企业392个，企业职工年人均收入1.86万元，光缆产量占全国1/4强。三个文明建设取得显著成效，先后创“浙江省绿色社区”4个、“杭州市绿色社区”6个，获“杭州十强乡镇（街道）”、浙江省城市体育先进街道等称号。

茶叶基地

秋月社区居民举行文娱活动

杭州蓝鸟通信电缆有限公司

YONGCHANGZHEN

永昌镇

永昌镇位于富阳市西北部，距杭州市区60千米，14省道横贯全境，与23、05省道相邻，交通便利。全镇面积49.54平方千米，人口1.08万人。永昌镇有得天独厚的生态环境，全镇竹林面积约2000公顷，植被面积95%以上，山青水绿，有“竹笋之乡、生态之镇”的美誉。建有基础设施齐全的工业功能区，是创业者梦寐以求的创业天堂。全镇以化工、胶鞋、造纸、食品业为支柱产业，2005年支柱产业总产值7.6亿元。永昌镇各项社会事业全面发展，荣获杭州市体育强镇、杭州市卫生镇等称号，并被评为2005年度“杭州市十佳农业发展乡镇”。

富阳市交通局

FUYANGSHIJIAOTONGJU

富阳市交通局局长赵庆林介绍工程概况

局领导班子成员研究工作

富阳市交通局以科学发展观为统领,按照“建设大交通、接轨大都市、促进大发展”的工作思路,突出工作重点,大力破解“行路难”。交通建设在克难攻坚中有序推进,行业管理在依法行政中得到加强,党风、行风和效能建设在创新载体中不断深化。

交通重点工程建设和公路养护工作成效显著。全年富阳市交通重点工程建设和公路养护总投资9.8亿元,其中续建项目和开工项目总投资7.7亿元,养护项目总投资2.1亿元。两大续建工程建成通车。五大开工项目动工建设,另五大开工项目前期准备有序推进。公路日常养护工作和绿色通道工程建设力度加大。

加强交通行业管理,以大力破解“行路难”为契机,加强交通行业管理和运输市场管理,取得了明显成效。加快出租汽车更新改造,合理调整公交线路,方便市民乘车。

深化党风、行风、效能建设,扎实开展“行风建设月”和公交行业民主评议行风活动,以人民满意为标准,以文明服务、规范服务、强化服务为目标,把“管行业必须管行风”的要求落到实处,把公路无“三乱”和政务公开、社会承诺服务等内容以百分考核制纳入交通工作目标考核,加大行风建设力度。

杭千高速富阳段路貌

·统计表·

表 81

杭州市土地面积、年末户数、人口数及人口变动情况(2005 年)

指标名称	计量单位	全市	为上年(%)	市区	为上年(%)
一、土地面积	平方千米	16 596	100.0	3 068	100.0
二、年末总户数	万户	207.42	101.4	122.02	101.2
三、年末总人口数	万人	660.45	101.3	409.52	102.0
按性别分					
男性	万人	336.12	101.1	207.70	101.6
女性	万人	324.33	101.7	201.82	102.4
按农业、非农业分:					
农业人口	万人	362.91	98.3	163.96	97.3
非农业人口	万人	297.54	105.3	245.56	105.4
四、人口密度	人/平方千米	398	101.3	1 335	102.0
五、人口自然变动情况					
自然增长人口	人	21 816	84.4	12 746	82.7
本年出生人数	人	57 233	95.6	34 056	97.7
本年死亡人数	人	35 417	103.9	21 310	109.6
自然增长率本年	‰	3.33	83.5	3.14	-
上 年	‰	3.99	172.7	3.88	-
六、人口机械变动情况					
(一)本年迁入人口合计	人	143 437	89.5	116 106	94.6
其中:省内	人	95 069	86.6	74 530	91.0
省外	人	48 368	95.6	41 576	101.9
(二)本年迁出人口合计	人	82 715	92.9	55 562	108.5
其中:省内	人	62 046	90.6	38 292	107.0
省外	人	20 669	100.5	17 270	111.9
(三)本年净迁入人口	人	60 722	85.2	60 544	84.7
七、暂住人口(一个月以上)	万人	215.87	117.2	192.55	116.1

注:暂住人口中,市区的萧山、余杭区,分别为 61.02 万人、24.62 万人;桐庐县 3.29 万人、淳安县 0.63 万人、建德市 3.06 万人、富阳市 10.03 万人、临安市 6.31 万人。

表 82

杭州市国民经济主要指标(一)

项　目	计量单位	2001年	2002年	2003年	2004年	2005年
年末总人口	万人	629.14	636.81	642.78	651.68	660.45
非农业人口	万人	237.77	252.02	263.67	282.58	297.54
人口自然增长率	‰	2.92	2.72	2.31	3.99	3.33
市区	‰	3.05	3.45	2.01	3.88	3.14
年末从业人员数	万人	413.18	441.14	450.59	477.62	481.10
全市生产总值(当年价格)	亿元	1 568.01	1 781.83	2 099.77	2 543.18	2 942.65
第一产业	亿元	111.46	114.64	126.59	132.23	148.21
第二产业	亿元	793.58	901.82	1 075.78	1 318.23	1 496.94
第三产业	亿元	662.97	765.37	897.40	1 092.72	1 297.50
全市生产总值指数(以 1978 年为 100)	%	2095.65	2 372.28	2 732.87	3 142.80	3 551.36
人均生产总值(当年价格)	元	25 074	28 150	32 819	39 293	44 853
人均生产总值指数(以 1978 年为 100)	%	1682.78	1 881.35	2 144.74	2 438.57	2 719.01
年末耕地面积	公顷	185 966	183 969	182 706	183 451	182 950
每万人耕地面积	公顷	295.59	288.89	284.24	280.00	277.01
规模以上独立核算工业企业利税总额	亿元	208.54	274.98	359.54	427.23	450.68
全社会交通运输客运量	万人次	20 342	21 089	21 348	22 833	24 124
全社会交通运输货运量	万吨	12 443	14 341	16 815	18 895	19 909
限额以上固定资产投资	亿元	463.49	562.34	895.21	1 108.20	1 277.80
社会消费品零售总额	亿元	579.01	660.65	742.58	855.45	975.43
到杭的外国人、华侨、港澳台同胞人数	万人次	81.94	105.63	86.12	123.41	151.36
实际利用外资(外商直接投资)	万美元	50 324	52 186	100 850	140 982	171 274

注:1.交通运输客货运输量为全社会数;2.到杭的外国人、华侨、港澳台同胞人数为全市数;3.规模以上工业的计算口径为全部国有企业和年销售收入 500 万元及以上的非国有企业数。

表 83

杭州市国民经济主要指标(二)

项目	计量单位	2001年	2002年	2003年	2004年	2005年
财政收入	亿元	188.46	257.14	329.71	395.75	520.79
财政支出(预算内)	亿元	104.93	141.02	163.59	195.63	238.33
金融机构年末存款余额	亿元	2 621.51	3 373.15	4 652.73	5 707.20	6 748.72
金融机构年末贷款余额	亿元	2 087.70	2 752.38	3 818.70	4 800.04	5 545.30
城乡居民储蓄年末存款余额	亿元	941.84	1 183.40	1 589.96	1 835.17	2 191.66
全市城镇单位职工工资总额	亿元	151.13	164.84	190.46	222.47	301.01
全市城镇单位职工平均工资	元	17 645	20 712	23 969	28 186	30 580
市区居民消费价格指数(以上年为100)	%	99.5	98.8	99.5	102.5	101.7
市区商品零售价格指数(以上年为100)	%	95.3	97.9	98.1	101.6	100.3
市区居民年人均可支配收入	元	10 896	11 778	12 898	14 565	16 601
农村居民年人均纯收入	元	5 330	5 708	6 250	6 950	7 655
高等学校在校学生数	人	174 894	224 048	269 798	313 599	351 918
中等专业学校在校学生数	人	32 763	26 255	21 735	21 262	20 344
普通中学在校学生数	人	364 835	374 586	376 940	367 594	362 257
小学在校学生数	人	467 982	456 535	448 969	447 971	458 942
卫生机构数	个	1 496	1 817	1 901	1 985	2 196
医院	个	391	116	99	114	127
卫生技术人员	人	36 643	37 193	39 019	39 816	42 353
执业(助理)医师	人	16 994	16 092	16 614	16 770	17 833
床位数	张	27 063	27 609	29 144	31 738	33 251
医院	张	23 520	22 797	22 036	24 444	25 907

注:1.2002年起医院数不包括卫生院;2.高等学校在校学生数包括各高校研究生。

表 84

杭州市历年生产总值及发展指数

年份	全市生产总值(万元,按当年价计算)				全市生产总值发展指数(%)			
	总计	第一产业	第二产业	第三产业	总计	第一产业	第二产业	第三产业
1978	284 046	63 372	169 344	51 330	100.00	100.00	100.00	100.00
1985	904 897	159 684	520 853	224 360	268.85	139.90	300.80	352.81
1990	1 896 216	309 404	961 673	625 139	372.37	154.40	422.20	528.01
1991	2 279 545	334 024	1 131 088	814 433	439.77	161.12	492.38	669.52
1992	2 900 690	349 033	1 487 838	1 063 819	540.48	161.61	637.53	814.80
1993	4 247 094	419 364	2 264 440	1 563 290	703.16	171.15	878.66	1 004.65
1994	5 855 239	575 131	3 143 430	2 136 678	888.09	185.01	1 161.59	1 225.67
1995	7 620 055	692 510	4 100 008	2 827 537	1 064.82	198.15	1 434.56	1 445.06
1996	9 066 133	839 985	4 776 225	3 449 923	1 203.25	208.85	1 644.01	1 621.36
1997	10 363 299	913 611	5 415 017	4 034 671	1 360.88	223.05	1 852.80	1 861.32
1998	11 348 899	960 558	5 879 589	4 508 752	1 513.30	244.02	2 071.43	2 060.48
1999	12 252 795	975 821	6 307 510	4 969 464	1 667.66	257.44	2 280.64	2 287.13
2000	13 825 616	1 039 641	7 093 233	5 692 742	1 867.78	272.11	2 565.72	2 563.87
2001	15 680 138	1 114 569	7 935 809	6 629 760	2 095.65	292.25	2 891.60	2 884.30
2002	17 818 302	1 146 388	9 018 225	7 653 689	2 372.28	304.23	3 276.18	3 308.41
2003	20 997 744	1 265 890	10 757 812	8 974 042	2 732.87	322.48	3 885.55	3 725.27
2004	25 431 796	1 322 341	13 182 254	10 927 201	3 142.80	338.93	4 534.44	4 257.98
2005	29 426 519	1 482 145	14 969 361	12 975 013	3 551.36	350.45	5 037.76	4 956.29

注:生产总值发展指数以 1978 年为 100,按可比价格计算。

表 85

杭州市各县(市)经济主要指标 (2005 年)

指标名称	计量单位	全市合计	市区	其中		桐庐县	淳安县	建德市	富阳市	临安市
				萧山	余杭					
土地面积	平方千米	16 596	3 068	1 163	1 222	1 780	4 452	2 364	1 808	3 124
年末总人口	万人	660.45	409.52	117.66	81.23	39.53	45.25	50.71	63.18	52.25
年末总户数	万户	207.42	122.02	37.46	23.67	14.62	14.73	17.32	20.8	17.93
人口自然增长率	‰	3.33	3.14	2.75	2.79	1.13	4.92	1.14	4.93	5.22
耕地面积	公顷	182 950	97 567	53 187	33 867	15 468	11 323	18 404	21 354	18 834
粮食总产量	万吨	103.50	48.59	26.82	19.30	10.27	10.62	10.36	14.35	9.31
全市生产总值(当年价格)	亿元	2 942.65	2 341.92	589.33	288.72	103.32	62.12	98.84	201.18	135.27
限额以上固定资产投资	亿元	1 277.80	1 035.85	216.11	171.80	42.50	27.55	31.68	89.63	52.58
社会消费品零售总额	亿元	975.43	841.47	123.08	77.65	27.16	14.90	21.15	38.18	32.58
财政总收入	亿元	520.79	458.41	64.28	40.03	10.28	4.78	10.87	24.58	11.87
财政支出(预算内)	亿元	238.33	195.76	30.46	20.67	6.93	6.50	7.28	14.29	7.56
城镇单位年末在岗职工人数	万人	97.12	81.56	12.45	5.57	2.43	1.80	2.52	5.03	3.77
城镇单位职工工资总额	亿元	301.01	261.77	33.99	15.58	5.35	4.07	6.97	14.00	8.85
城镇单位职工平均工资	元	30 580	31 594	27 542	27 940	21 828	23 563	27 011	27 782	23 404

表 86

杭州市规模以上工业企业单位数、总产值 (2005 年)

项目	全市				市区		
	单位数(个)		产值(亿元)		单位数(个)	产值(亿元)	
	实绩	为上年(%)	实绩	为上年(%)		实绩	为上年(%)
合计	7 359	108.2	5 441.13	121.3	4 995	4 477.53	119.2
一、按轻重工业分							
轻工业	3 995	107.9	2 405.97	121.8	2 704	1 960.11	119.8
重工业	3 364	108.5	3 035.16	120.9	2 291	2 517.42	118.7
二、按经济类型分							
国有经济	124	104.4	605.43	112.4	98	559.24	111.1
集体经济	169	102.4	60.34	117.3	104	39.06	100.8
股份合作制经济	160	101.9	39.36	110.3	150	37.55	111.5
联营经济	13	107.7	6.76	71.0	11	6.21	66.7
股份制经济	4 714	108.7	2 856.15	121.0	3 240	2 215.81	118.6
三资经济	1 314	109.2	1 725.04	124.2	1 021	1 535.68	123.0
其他经济	865	107.0	148.05	122.6	371	83.97	119.6
三、按企业规模分							
大型企业	27	100.0	956.02	101.4	27	956.02	101.4
中型企业	545	100.6	2 018.53	121.8	437	1 699.50	121.6
小型企业	6 787	108.8	2 466.58	126.7	4 531	1 822.00	122.9

表 87

杭州市规模以上工业企业主要财务指标 (2005 年)

单位:亿元

项目	合计		国有经济	集体经济	股份合作制经济	联营经济	股份制经济	三资经济	其他经济
	本年	为上年(%)							
企业单位数(个)	7 359	108.2	124	169	160	13	4 714	1 314	865
其中:亏损企业数(个)	1 079	111.6	40	26	20	3	635	276	79
工业总产值(当年价)	5 441.13	121.3	605.43	60.34	39.36	6.76	2 856.15	1 725.04	148.05
产品主营业务收入	5 282.80	121.1	481.51	57.32	37.96	6.45	2 750.92	1 808.96	139.67
营业费用	177.77	121.3	15.60	0.8	0.7	0.13	66.53	91.96	2.05
产品主营业务税金及附加	68.22	107.8	47.87	0.36	0.21	0.04	15.69	2.97	1.08
产品销售利润	483.75	114.8	49.99	4.01	3.06	0.4	242.27	173.55	10.47
固定资产净值年平均余额	1 319.07	112.2	225.36	13.58	6.99	1.56	383.36	366.62	21.6
流动资产年平均余额	2 560.65	118.6	268.29	32.78	20.44	3.54	1 345.6	841.68	48.35
利润总额	234.99	103.6	31.80	1.99	1.27	0.26	113.78	81.23	4.66
利税总额	450.68	105.5	107.92	4.37	2.66	0.53	197.72	128.02	9.45

表 88

杭州市规模以上工业企业主要工业产品产量(2005 年)

产品名称	计量单位	本年	为上年(%)	产品名称	计量单位	本年	为上年(%)
发电量	亿千瓦时	113.88	126.2	轮胎外胎	万条	1 346.84	128.5
罐头	万吨	17.83	120.8	水泥熟料	万吨	1 034.53	245.1
乳制品	吨	103 318	93.5	平板玻璃	万重量箱	394.72	93.5
啤酒	千升	691 994	114.4	生铁	万吨	220.56	121.6
软饮料	万吨	306.18	123.6	铁合金	万吨	1.51	103.9
精制茶	吨	17 425.74	127.1	成品钢材	万吨	370.77	106.3
卷烟	亿支	402.25	105.5	铜材	吨	298.55	92.0
味精	吨	27 198	98.1	搪瓷制品	吨	20 706	118.6
化学纤维	吨	2 514 019	143.6	工业锅炉	蒸吨	4 121.2	85.4
纱	万吨	26.92	120.6	内燃机	万千瓦	185.22	85.5
布	万米	262 269	109.5	金属切削机床	台	10 781	100.3
印染布	万米	322 746	110.9	锻压设备	吨	3 956	97.7
丝	吨	5 859	119.0	泵	万台	24.07	137.6
丝织品	万米	15 399	113.2	轴承	万套	18 187	128.8
服装	万件	29 910	121.4	叉车	台	27 676	112.8
皮鞋	万双	206.48	137.1	电力电缆	千米	214 693	133.9
家具	万件	2 301.6	107.6	通讯及电子网络用电缆	千米	22 841 116	117.6
塑料制品	吨	677 506	125.2	家用电冰箱	万台	71.57	149.8
机制纸及纸板	万吨	445.47	131.1	电工仪器仪表	万台	1 571.58	118.1
焦炭	万吨	54.59	94.5	家用洗衣机	万台	189.29	125.7
盐酸(含量 31%以上)	吨	77 773	117.7	排油烟机	万台	104.65	108.3
硫酸(折 100%)	吨	81 164	125.7	微型电子计算机	部	1 381 621	116.6
氢氧化钠(烧碱)(折 100%)	吨	144 947	109.7	移动电话机	万部	1 586.11	171.0
碳酸钠(纯碱)	吨	131 933	103.1	电工仪器仪表	万台	1 571.58	118.1
农用氮、磷、钾化肥总计	吨	51 247	100.7	自动化仪表及系统	万台	43.47	100.5
化学农药	吨	68 868	105.9	电视机	万部	391.69	100.5
合成洗涤剂	吨	120 126	109.9	其中:彩电	万部	125.39	122.0
化学原料药	吨	413.34	72.1	灯泡	亿只	5.28	118.6
中成药	吨	7 223.67	105.0	肥(香)皂	吨	21 470	85.0

表 89

杭州市农林牧渔业总产值
(2005 年)

单位:亿元

指　标	本　年	上　年	为上年(%)
农林牧渔业总产值	219.48	198.27	110.7
农业产值	113.66	101.09	112.4
林业产值	23.30	20.68	112.7
牧业产值	49.59	45.76	108.4
渔业产值	27.08	23.41	115.7

注:1.2003 年起,农林牧渔业总产值包括农林牧渔业服务业产值;2.为上年(%)系同口径对比。

表 90

杭州市主要农产品产量
(2005 年)

单位:吨

指　标	本　年	上　年	为上年(%)
粮　食	1 034 950	1 068 009	96.9
谷　物	848 155	888 452	95.5
豆　类	89 197	88 107	101.2
番　薯	97 598	91 450	106.7
油　料	78 681	72 944	107.9
油菜子	70 733	65 514	108.0
棉花(皮棉)	1 038	1 184	87.7
麻　类	750	927	80.9
蔬　菜	3 093 203	3 010 261	102.8
蚕　茧	16 339	14 744	110.8
茶　叶	25 551	25 009	102.2
水　果	525 535	499 006	105.3
柑　橘	105 697	118 731	89.0
梨	41 150	33 592	122.5
桃	37 900	33 599	112.8
葡　萄	6 974	5 179	134.7
肉　类	307 377	298 757	102.9
猪　肉	229 145	217 422	105.4
禽　蛋	98 722	95 636	103.2
鲜牛奶	50 436	64 673	78.0
淡水产品	147 800	139 540	105.9

表 91

杭州市外商直接投资情况
(2005 年)

指　标	计量单位	本　年	为上年(%)
项目个数	个	756	94.3
协议总投资额	万美元	770 941	122.4
协议利用外资	万美元	400 503	130.1
实际利用外资	万美元	171 274	121.5

表 92

杭州市进出口情况
(2005 年)

单位:亿美元

指　标	实 际 数		
	本　年	上　年	为上年(%)
全市进出口总值(海关口径)	298.70	244.96	121.9
一、出口总值	198.04	151.75	130.5
1.国有企业	66.72	58.27	114.5
2.三资企业	81.16	58.18	139.5
其中:(1)中外合作企业	0.77	0.54	139.6
(2)中外合资企业	41.58	26.85	155.0
(3)外商独资企业	38.81	30.79	126.1
3.集体企业	16.81	15.56	108.0
4.私营企业	33.35	19.74	168.9
二、进口总值	100.66	93.21	108.0

表 93

杭州市工业"三废"排放及处理率
(2005 年)

单位:%

指　标	全　市	市　区
工业废水排放达标率	97.85	96.85
工业废水重复用水率	59.95	70.01
工业废气二氧化硫去除率	24.22	24.48
工业废气烟尘去除率	96.50	97.63
工业废气粉尘去除率	87.77	91.12
工业废气二氧化硫排放达标率	96.27	94.94
工业废气烟尘排放达标率	96.58	96.30
工业废气粉尘排放达标率	97.75	98.82
工业固体废物综合利用率	93.88	95.94
工业固体废物贮存率	0.11	0.05
工业固体废物处置率	5.97	3.99
工业固体废物排放率	0.09	0.07
工业锅炉烟尘排放达标率	95.96	93.88
工业炉窑烟尘排放达标率	92.49	89.94
城市污水处理率	76.93	78.62

表 94

杭州市区城市公用事业情况
(2005 年)

指 标	计量单位	数 值	指 标	计量单位	数 值
一、城市居民人均住房使用面积	平方米	20.7	五、城市供气(含萧山、余杭区)		
二、城市公共交通			1.城市液化气供气总量	万吨	15.28
(市公交公司系统,不含萧山、余杭区)			其中:家庭用气	万吨	9.51
年末营运线路条数	条	368	家庭用气户数	万户	67.60
年末营运线路总长度	千米	4 902	2.人工煤气及天然气		
年末营运公共汽车	辆	3 997	家庭用气量	万立方米	3 225
客运总量	万人次	70 653	家庭用气户数	万户	25.48
全年票款收入	万元	86 448	3.全社会气化率	%	99.17
三、城市供电(含萧山、余杭区)			六、园林绿化(含萧山、余杭区)		
全年用电总量	亿千瓦时	244.78	园林绿地面积	公顷	10 774
其中:工业用电	亿千瓦时	172.56	其中:公共绿地	公顷	2 564
生活用电	亿千瓦时	27.98	建成区绿化覆盖率	%	37.31
四、城市自来水供应(含萧山、余杭区)			公园景点	个	184
总售水量	万立方米	58 332	公园景点面积	公顷	997
平均日供水量	万立方米	201	七、收费公园、风景点游人量	万人次	2 396
供水能力	万立方米/日	253	八、市政建设(含萧山、余杭区)		
供水总量	万立方米	73 331	年末实有道路面积	万平方米	4 091
其中:生产用水	万立方米	27 327	年末实有道路长度	千米	2 259
生活用水	万立方米	35 220	年末实有桥梁数	座	991
用水普及率	%	100	排水管道长度	千米	2 945
			城市污水排放量	万吨/日	151

表 95

杭州市限额以上固定资产投资
(2005 年)

单位:亿元

项目	本年	上年	为上年(%)
限额以上固定资产投资	1 277.80	1 108.20	115.3
1.第一产业	1.40	1.60	87.4
2.第二产业	445.19	436.90	101.9
3.第三产业	831.21	669.70	124.1

表 96

杭州市金融机构本外币年末存、贷款余额
(2005 年)

单位:万元

指标名称	全市		市区	
	本年	为上年(%)	本年	为上年(%)
一、各项存款	67 487 200	118.3	62 249 500	118.5
1.企事业单位存款	27 871 300	110.5	26 360 500	111.0
(1)活期存款	15 605 000	103.5	14 592 100	103.9
(2)定期存款	12 266 300	121.0	11 768 400	121.2
2.储蓄存款	21 916 600	119.4	19 231 800	120.1
(1)活期存款	7 029 900	117.6	5 999 100	117.9
(2)定期存款	14 886 700	120.3	13 232 700	121.1
3.信托存款	397 300	110.2	397 300	110.2
4.委托存款	997 200	102.0	996 400	101.8
5.其他存款	16 304 800	134.0	15 263 500	133.5
二、各项贷款	55 453 000	115.5	51 455 900	115.6
1.短期贷款	27 864 700	110.9	25 549 000	110.7
2.中长期贷款	21 365 000	115.5	19 775 700	115.5
3.信托贷款	303 700	129.9	303 700	129.9
4.委托贷款	995 400	109.0	995 400	109.0
5.其他贷款	657 100	87.8	652 400	87.5
6.票据融资	4 254 000	171.6	4 166 900	172.7
7.各项垫款	13 100	119.1	12 800	116.4

表 97

杭州市城市住户调查情况

项目	计量单位	2001年	2002年	2003年	2004年	2005年
调查户数	户	440	500	500	500	600
平均每户人口	人	2.98	2.93	2.92	2.92	2.84
平均每户就业人数	人	1.72	1.53	1.51	1.48	1.42
年人均可支配收入	元	10 896	11 778	12 898	14 565	16 601
年人均消费性支出	元	8 968	9 215	9 950	11 213	13 438

注:2001 年起为新市区口径。

表 98

杭州市城市居民家庭人均消费支出

单位:元

项目	2001年	2002年	2003年	2004年	2005年
消费性支出	8 968	9 215	9 950	11 213	13 438
食品类	3 501	3 707	3 853	4 421	4 682
粮食	217	195	206	260	250
油脂类	51	50	62	81	73
肉禽及制品	486	505	531	586	575
蛋类	43	48	51	54	55
水产品类	523	507	502	564	466
菜类	297	357	377	420	365
酒和饮料	213	141	235	259	298
干鲜瓜果类	214	269	276	310	335
在外用餐	673	813	800	963	1 233
衣着类	729	837	815	922	1 299
设备用品及服务	945	566	585	561	674
医疗保健	628	746	874	855	983
交通和通讯	698	788	958	1 280	2 234
娱乐文教服务	1 268	1 461	1 518	1 717	1 970
居住	711	808	1 038	1 062	1 151
杂项商品和服务	488	302	309	395	445

表 99

杭州市农村住户调查情况

项　目	计量单位	2001年	2002年	2003年	2004年	2005年
调查户数	户	630	630	670	670	1 100
平均每户人口	人	3.57	3.53	3.48	3.48	3.34
平均每户劳动力	人	2.53	2.53	2.53	2.54	2.34
农民人均年纯收入	元	5 330	5 708	6 250	6 950	7 655
人均生活消费支出	元	3 909	4 444	5 142	5 608	6 004
人均住房面积	平方米	49	52.7	54.7	58.9	66

表 100

杭州市农村居民家庭人均消费支出

单位:元

项　目	2001年	2002年	2003年	2004年	2005年
生活消费支出	3 479	3 957	4 578	4 993	6 004
食品类	1 388	1 528	1 662	1 916	2 145
在外饮食	95	130	160	190	221
食品加工费	13	13	13	46	11
衣着类	169	213	243	282	381
居住	700	739	900	839	1 143
住房	580	603	665	503	724
电费	49	60	71	78	110
燃料	38	47	142	82	77
家庭设备、用品及服务	159	211	279	263	307
医疗保健	210	291	316	356	474
医药卫生保健品	112	136	107	168	189
医疗保健服务费	85	133	209	188	256
交通和通讯	283	350	464	577	680
交通工具	77	95	115	215	158
交通费	43	56	60	63	83
邮电费	71	110	138	156	219
文教娱乐用品及服务	409	460	603	656	735
文化教育娱乐用品	80	90	122	95	114
文化教育娱乐服务	329	370	481	561	621

表 101

杭州市房地产销售价格指数

(上年=100)

项　目	2000年	2001年	2002年	2003年	2004年	2005年
总　计	104.9	105.8	106.9	106.1	111.7	109.7
一、商品房	105.7	106.2	106.9	106.0	112.4	110.1
(一)住　宅	104.7	105.3	107.5	106.1	112.9	109.7
1.经济适用房	99.5	102.1	103.9	101.0	102.3	100.0
2.普通住宅	104.9	105.3	108.1	106.2	116.3	112.1
(1)多层住宅	106.2	106.6	109.7	106.2	114.0	115.5
(2)高层住宅	101.2	104.2	106.6	106.2	116.9	110.6
3.豪华住宅	105.6	105.9	107.1	107.3	110.2	110.2
(1)别　墅	105.6	106.1	107.1	104.3	113.9	112.9
(2)高档公寓	–	106.2	107.2	108.5	106.8	109.8
(二)非住宅	110.5	109.1	103.9	105.4	108.7	111.0
1.写字楼	103.1	110.3	103.9	105.4	109.0	112.6
2.商业用房	117.1	110.2	104.1	105.4	105.7	105.3
3.其　他	–	107.7	100.0	111.7	117.5	113.2
二、私房交易	107.1	105.7	108.9	107.3	110.6	108.4
(一)非住宅	–	–	–	106.3	110.7	110.6
(二)住　宅	107.1	105.7	108.9	107.8	110.5	107.6
三、公房交易	100.0	102.2	100.0	100.0	100.4	–
其中:住宅	100.0	102.2	100.0	100.0	100.4	–

表 102

杭州市主要经济指标在全国 15 个副省级城市中的位次 (2005 年)

城　市	生产总值（亿元）	规模以上工业销售产值（亿元）	全社会固定资产投资（亿元）	社会消费品零售总额（亿元）	出口总额（亿美元）	城镇居民人均可支配收入（元）
杭　州	2 942.65	5 346.01	1 386.68	975.43	198.04	16 601
沈　阳	2 240.00	2 185.70	1 363.20	915.10	23.70	10 098
大　连	2 290.00	2 443.10	1 110.50	732.00	137.80	11 994
长　春	1 675.00	1 700.50	650.00	600.00	12.70	10 065
哈尔滨	1 830.40	1 041.30	639.00	788.10	12.29	10 065
南　京	2 413.00	4 014.24	1 402.72	1 005.0	142.45	14 997
宁　波	2 446.40	4 645.03	1 370.40	759.80	222.30	17 408
厦　门	1 029.60	2 010.23	401.62	271.86	172.68	16 403
济　南	1 876.50	2 199.10	856.90	807.90	17.78	13 578
青　岛	2 695.50	4 215.75	1 456.60	865.90	194.22	12 920
武　汉	2 238.00	2 246.96	1 055.18	1 128.64	36.48	10 850
广　州	5 115.75	5 916.17	1 445.33	1 898.74	266.68	18 287
深　圳	4 926.90	9 329.98	1 176.13	1 437.67	1 015.02	21 494
成　都	2 371.01	1 580.96	1 457.35	999.20	26.80	11 359
西　安	1 270.14	951.06	835.10	666.48	26.34	9 628
杭州位次	3	3	5	6	4	4

表 103

杭州经济占浙江省的比重 (2005 年)

指　标	计量单位	浙江省	杭州市	比重(%)
生产总值	亿元	13 437.85	2 942.65	21.9
第三产业增加值	亿元	5 378.87	1 297.50	24.1
规模以上工业利税	亿元	1 977.10	450.68	22.8
社会消费品零售总额	亿元	4 631.69	975.43	21.1
限额以上固定资产投资额	亿元	6 138.39	1 277.80	20.8
出口总额	亿美元	768.04	198.04	25.8
实际利用外资	亿美元	139.38	17.13	12.3

表 104

杭州市主要经济指标在长江三角洲 16 个城市中的位次 (2005 年)

城　市	生产总值（亿元）	规模以上工业销售产值（亿元）	全社会固定资产投资（亿元）	社会消费品零售总额（亿元）	出口总额（亿美元）	城镇居民人均可支配收入（元）
杭　州	2 942.65	5 346.01	1 386.68	975.43	198.04	16 601
上　海	9 143.95	15 585.49	3 542.55	2 972.97	907.42	18 645
南　京	2 413.00	4 014.24	1 402.72	1 005.00	142.45	14 997
无　锡	2 805.00	5 604.20	1 335.09	824.11	155.46	16 005
常　州	1 302.21	2 448.36	770.00	444.08	61.28	14 589
苏　州	4 026.52	9 738.69	1 870.14	905.07	727.75	16 276
南　通	1 472.08	2 121.33	815.26	536.41	57.93	12 384
扬　州	922.01	1 487.50	410.00	306.89	19.00	11 379
镇　江	833.50	1 299.34	404.75	241.39	20.34	12 394
泰　州	819.60	1 189.54	403.13	233.81	13.41	11 122
宁　波	2 446.40	4 645.03	1 370.40	759.83	222.30	17 408
嘉　兴	1 155.71	2 120.64	732.89	374.44	70.44	15 555
湖　州	640.05	1 034.42	433.08	237.75	19.96	15 375
绍　兴	1 440.48	3 112.73	700.25	381.63	81.42	17 319
舟　山	272.00	265.43	163.83	100.14	10.69	15 524
台　州	1 247.43	1 692.39	558.13	439.92	51.96	18 313
杭州位次	3	4	4	3	4	5

·2004年统计数据原上报数与后调整数比较表·

表105

杭州市部分国民经济指标调整情况（2004年）

项　目	计量单位	原上报数	后调整数
全市生产总值(当年价格)	亿元	2 515	2 543.18
第一产业	亿元	139.1	132.23
第二产业	亿元	1 332.9	1 318.23
第三产业	亿元	1 043	1 092.72
人均生产总值(当年价格)	元	38 858	39 293
人均生产总值指数(以1978年为100)	%	2 438.57	2 445
规模以上独立核算工业企业利税总额	亿元	394.37	427.23
限额以上固定资产投资	亿元	1 202.22	1 108.20
社会消费品零售总额	亿元	704.34	855.45

►►资料:统计指标解释

生产总值(GDP):生产总值是指一个国家(或地区)所有常住单位在一定时期内生产活动的最终成果。从价值形态看,是所有常住单位在一定时期内生产的全部货物和服务价值与同期投入的全部非固定资产货物和服务价值的差额,即所有常住单位的增加值之和;从收入形态看,是所有常住单位在一定时期内创造并分配给常住单位和非常住单位的初次收入分配之和;从产品形态看,是所有常住单位在一定时期内最终使用的货物和服务价值与货物和服务净出口价值之和。

城镇居民可支配收入:可支配收入是指城镇居民家庭全体成员的收入扣除个人所得税、个人交纳的社会保障支出后余下的可用来自由支配的收入。包括居民从工作单位得到的工薪收入(工资、奖金、津贴、离退休再就业收入、其他劳动收入等)、财产性收入(利息、红利、租金等)、转移性收入(养老金及退休金、失业救济金、赡赠收入、出售财物收入等)以及从事个体经营活动所得的净收入等。

农民人均纯收入:农民人均纯收入是指农民家庭全年总收入(包括实物收入)中扣除家庭经营费用支出、生产用固定资产折旧、税收、上交集体承包任务和调查补贴等归农民所有的收入按人口平均指标。包括的内容主要有四个方面:(1)农民家庭成员中的职工工资性收入;(2)农民家庭经营纯收入;(3)财产性收入,包括利息、股息、租金等收入;(4)转移性收入,包括亲友相互赠送的收入。但不包括向银行、信用社和向亲友借款等属于借贷性的收入。

居民消费价格指数:居民消费价格指数是反映居民购买并用于消费的一组代表性商品和服务项目价格水平的变化趋势和变动幅度的统计指标。该价格指数为分析和制定货币政策、价格政策、居民消费政策、工资政策以及进行国民经济核算提供科学依据。国际上通常将居民消费价格指数作为反映通货膨胀(或通货紧缩)程度的重要指标。

固定资产投资总额:固定资产投资总额是以货币表现的建造和购置固定资产活动的工作量。它是反映固定资产投资规模、速度、比例关系和使用方向的综合性指标,是观察经济波动的重要指标。全社会固定资产投资的范围包括城镇以上(单位)投资项目和农村限额以上非农户投资项目(即基本建设投资、更新改造投资、房地产开发投资、其他固定资产投资、城镇和工矿区私人建房投资、农村限额以上固定资产非农户投资),还包括农村限额以下非农户和农户固定资产投资。

社会消费品零售总额:社会消费品零售总额是指各种经济类型的批发零售贸易业、餐饮业和其他行业对城乡居民和社会集团的消费品零售额总和。这个指标反映通过各种商品流通渠道向居民和社会集团供应的生活消费品总量,是研究人民生活、社会消费品购买力、货币流通等问题的重要指标。居民的消费品零售额是指售给城乡居民用于生活消费的商品。社会集团的消费品零售额是指售给机关、团体、部队、学校、企业、事业单位和城市街道居民委员会、农村村民委员会用公款购买的用作非生产、非经营使用的消费品。

统计上规模(限额)以上企业标准:规模以上工业企业是指全部国有工业企业和年产品销售收入在500万元及以上的非国有工业企业。限额以上批发贸易企业是指年末从业人员20人及以上、主营业务收入2000万元及以上的批发贸易企业。限额以上零售贸易企业是指年末从业人员60人及以上、主营业务收入500万元及以上的零售贸易企业。限额以上餐饮企业是指年末从业人员40人及以上、主营业务收入200万元及以上的餐饮企业。限额以上住宿业是指星级宾馆、饭店。

·先进名录·

【2005年继续保留荣誉称号的杭州市文明行业(单位)】

中国工商银行浙江省分行营业部
中国农业银行浙江省分行营业部
中国建设银行股份有限公司浙江省分行营业部
杭州市商业银行
中信银行杭州分行
浙江省电信有限公司杭州市分公司
杭州市邮政局
杭州市电力局
中国联通有限公司杭州分公司
浙江移动通信有限责任公司杭州分公司
杭州市港航管理局
杭州市气象局
杭州市商贸大型商场
杭州市公交行业
杭州市供水行业
杭州市环保系统
杭州市燃气行业
杭州市卫生局
杭州萧山国际机场有限公司
上海铁路局杭州铁路办事处

【2005年度杭州市文明镇】

靖江镇　益农镇
中泰乡　瓶窑镇
杨村桥镇

【2005年度市直单位综合考评优胜单位(满意单位)】

杭州市民政局(市老龄工办)
杭州市信访局("12345"市长公开电话受理中心)
杭州西湖风景名胜区管委会(市园文局)
杭州市人事局(市编委办)
中共杭州市委组织部(市人才办)
杭州市财政局(市地税局)
杭州市农业局(市水产局)
杭州市劳动保障局
杭州市纪委机关(市监察局)
杭州市公安局

【2005年度市直单位综合考评先进单位】

杭州市林水局
中共杭州市委宣传部(市文明办)
杭州市科技局
杭州市妇联
杭州市建委
杭州市委老干部局(市关工委办公室)
杭州市贸易局(市粮食局)
杭州市旅委
杭州市司法局
杭州市统计局
杭州市人口计生委
杭州市委政法委(市综治办)
杭州市总工会

【2005年度市直单位综合考评达标单位】

共青团杭州市委
杭州市经委(市乡企局)
杭州市农办
杭州市残联
杭州市西博办(市会展办)
杭州市体育局(市体育总会)
杭州市民族宗教局
杭州市侨办
杭州市发改委
杭州经济开发区(杭州出口加工区)管委会
中共杭州市委党校(市行政学院、社会主义学院)
杭州市档案局(市档案馆)
杭州市科协
杭州市机关事务局
杭州市城管执法局
杭州市外经贸局
杭州日报报业集团(杭州日报社)
中共杭州市委党史研究室
杭州市工商局
中共杭州市委台办
杭州市外办
杭州市社联(市社科院)
杭州市法制办
杭州市国土资源局
杭州市侨联
杭州市人防办(市民防局)
杭州市审计局
杭州市环保局
杭州市经合办
杭州市信息办
杭州市交通局
杭州市文联
杭州市质监局
中共杭州市委统战部
杭州市房管局
杭州市城管办
杭州文广集团
杭州市教育局
杭州市物价局
杭州市供销社
杭州市食品药品监管局
杭州市规划局
杭州市卫生局(市保健办)

【2005年度市直单位非综合考评成绩显著单位】

中共杭州市委办公厅(市委政研室)

杭州市政府办公厅(市政府政研室)
杭州市政协机关
致公党杭州市委会
杭州市国税局
杭州市人大常委会机关

【2005年度市直单位非综合考评工作先进单位】

杭州市气象局
杭州市直机关工委
杭州市政府驻北京办事处
杭州市工商联
市检察院
杭州市国资委
九三学社杭州市委会

【2005年度市直单位非综合考评合格单位】

杭州市公共资源交易管委会办公室
民建杭州市委会
民革杭州市委会
民进杭州市委会
农工民主党杭州市委会
民盟杭州市委会
杭州市安全监管局
杭州移动公司
杭州联通公司
杭州市文广新闻出版局
杭州市国安局
杭州市钱江新城管委会
杭州市政府驻上海办事处
西泠印社社委会
杭州市政府驻深圳办事处
杭州电信公司
杭州市法院
市烟草局
杭州市红十字会
杭州市电力局
杭州市邮政局
杭州市打私与口岸办
杭州市经济建设规划院
杭州钱江经济开发区管委会

说明:市打私与口岸办、市经济建设规划院2005年度未下达职能工作目标,总得分为领导考评和目标考核中的共性目标得分合计;杭州钱江经济开发区管委会2005年度因职能目标调整较大,未计职能目标考核分数,总得分为领导考评和目标考核中的共性目标得分合计。

【杭州市"十五"期间十佳示范文明社区】

上城区小营街道小营巷社区
下城区天水街道灯芯巷社区
江干区采荷街道洁莲社区
拱墅区湖墅街道珠儿潭社区
西湖区文新街道湖畔社区
杭州高新开发区(滨江)长河街道天官社区
萧山区城厢街道南市社区
余杭区东湖街道梅堰社区
桐庐县桐君街道洋塘社区
建德市新安江街道健安社区

【杭州市"十五"期间十佳社区共建先进单位】

中信银行杭州分行
浙江省电信有限公司杭州市分公司
中国联通有限公司浙江分公司
浙江日报报业集团
杭州滨江房产集团有限公司
杭州钢铁集团公司
杭州三替服务集团有限公司
杭州兴耀控股集团有限公司
绿都控股集团有限公司
杭州余杭新城房地产有限公司

【2005年度市直单位"十佳公务员(工作者)"】

陶　俊　杨冠琼　王　键　黄之镛
徐嘉龙　李文钢　姚吉锋　戴志刚
王　卫　毛海涛

【杭州市创建全国绿化模范城市先进集体】

上城区人民政府
西湖区人民政府
萧山区人民政府
杭州市园林文物局
杭州市林业水利局

【杭州市创建全国绿化模范城市优胜单位】

下城区人民政府
江干区人民政府
拱墅区人民政府
杭州高新开发区(滨江)管委会、政府
余杭区人民政府
杭州经济技术开发区管委会
杭州市钱江新城建设管委会

【2005年杭州市农村经济发展奖】

先进区、县(市)

一等奖　萧山区人民政府
　　　　余杭区人民政府
二等奖　临安市人民政府
　　　　淳安县人民政府
　　　　西湖区人民政府
三等奖　富阳市人民政府
　　　　桐庐县人民政府
　　　　建德市人民政府
　　　　拱墅区人民政府
达标奖　江干区人民政府
　　　　下城区人民政府
　　　　杭州高新技术产业开发区管理委员会(滨江区人民政府)
　　　　杭州经济技术开发区管理委员会
　　　　杭州西湖风景名胜区管理委员会(杭州市园林文物局)

十佳乡镇

西湖区三墩镇
萧山区临浦镇
萧山区新塘街道
余杭区闲林镇
余杭区良渚镇
富阳市永昌镇
临安市横畈镇
桐庐县分水镇
建德市杨村桥镇
淳安县里商乡

十佳农业示范园区

西湖福海堂生态茶示范园区
杭州滨江精品农业科技示范园区
杭州百穗蔬菜示范基地
萧山梅林生猪养殖示范园区
杭州闲林仿野生中华鳖示范园区
桐庐横山畈粮油示范园区
富阳市新登镇鲜桃示范园区
杭州桂花开发示范园区
建德市大同蚕桑示范园区
淳安石林镇毛竹示范园区

十佳农产品加工企业

杭州冰灯米业有限公司
杭州常青蜂业公司
杭州天堂食品有限公司
浙江跃腾水产食品有限公司
杭州远圣贸易有限公司
杭州金富春丝绸化纤有限公司
桐庐外贸冷冻食品有限公司
杭州深宝绿色食品有限公司
建德市秋梅食品有限公司
千岛湖山之子食品实业有限公司

十佳农民专业合作组织

杭州西湖区周浦水产专业合作社
杭州萧山兴农出口蔬菜专业合作社
杭州余杭鸬鸟果农专业合作社

富阳市常安芦笋专业合作社
临安市天目肉羊合作社
临安市明山本草药材专业合作社
桐庐县蚕桑专业合作社
建德市三都西红花专业合作社
建德市惠农蚕桑专业合作社
淳安县威坪无核柿专业合作社

农业丰收项目奖一等奖

单季晚稻稻飞虱等重大病虫无害化治理技术推广应用
杭州市萧山区植物保护站、萧山区新湾镇农技站、萧山区义蓬镇农技站、萧山区河庄镇农技站、萧山区瓜沥镇农技站、萧山区南阳镇农技站、萧山区益农镇农技站、萧山区靖江镇农技站、萧山区党湾镇农技站、萧山区党山镇农技站
名茶“雪水云绿”标准化生产技术示范与推广
桐庐县农技推广中心茶叶站
桑蚕一代杂交蚕种标准化生产技术应用
杭州蚕种场、建德市农业局蚕桑技术服务站
蛋鸡标准化饲养管理技术推广
建德市畜牧兽医站、建德市杨村桥镇农技站、建德市莲花镇农技站、建德市下涯镇农技站、建德市大同镇农技站
南美白对虾标准化养殖技术示范与推广
萧山区农技推广中心水产站、萧山农业对外综合开发区管委会办公室、萧山区党湾镇农技推广中心、萧山区新湾镇农技推广中心、萧山区河庄镇农技推广中心、萧山区瓜沥镇农发局、萧山区北干街道农技推广中心、萧山区农垦一场农办
淳安县8万农民饮用水技术推广工程
淳安县水利技术服务总站
杭州精准农业气候资源信息化建设与应用
杭州市气象信息中心、浙江大学农业遥感与信息技术应用研究所
村规模调整后集体资产的管理
萧山区农村经营管理总站

【2005年度杭州市外贸出口“金龙奖”】

杭州摩托罗拉移动通信设备有限公司
东芝信息机器(杭州)有限公司
杭州中策橡胶有限公司
杭州市轻工工艺纺织品进出口有限公司
杭州市粮油食品土畜产进出口有限公司
浙江柳桥羽毛有限公司
杭州市五矿机械化工进出口有限公司
杭州余杭国际贸易有限公司
杭州市对外经济贸易服务有限公司
杭州热联进出口有限公司
杭州华为三康技术有限公司
万向进出口有限公司
汉帛(中国)有限公司
杭州威陵钢家具有限公司
达利(中国)有限公司
浙江华立国际发展有限公司
杭芝机电有限公司
浙江华越家具工业有限公司
兽王集团有限公司
杭州余杭轻工进出口有限公司
浙江庆丰纺织印染有限公司
浙江汉欣家具工业有限公司
泰尔茂医疗产品(杭州)有限公司
杭州松下住宅电器设备(出口加工区)有限公司
杭州松下家用电器有限公司
杭州得力纺织有限公司
杭州金弘三鸟羽绒制品有限公司
杭州松下马达(家电)有限公司
国际香料香精(杭州)有限公司
杭州市萧山进出口贸易有限公司
杭州久祺工贸有限公司
乐金大自然(杭州)记录媒体有限公司
杭州帝凯工业布有限公司
矢野电子(杭州)有限公司
杭州博瑞进出口有限公司
浙江蓝天环保高科技股份有限公司
杭州海龙家私有限公司
西子奥的斯电梯有限公司
博雷控制系统(浙江)有限公司
杭州爱信伊奈机电有限公司
杭州达美染整有限公司
杭州永盛纺织有限公司
杭州东信移动电话有限公司
杭州萧山美艺花边有限公司
建德市新化化工有限责任公司
数源科技股份有限公司
杭州鸿江纺织印染有限公司
杭州恒丰皮革制品有限公司
杭州河合电器股份有限公司
杭州申达化纤有限公司

·名牌产品名录·

【2005年杭州市获中国名牌产品及其生产企业】

SUPCON牌集散控制系统
中控科技集团有限公司
富可达牌茄克衫
富可达控股股份有限公司
迪欧达牌羽绒被
浙江柳桥羽毛有限公司
北天鹅牌羽绒被
中服浙江北天鹅服饰股份有限公司
飞利弘牌羽绒被
浙江三弘国际羽毛有限公司
老板牌吸油烟机
杭州老板实业集团有限公司
德意牌吸油烟机
德意控股集团有限公司
凯喜雅牌桑蚕生丝
浙江凯喜雅国际股份有限公司
TMB牌汽车、火车矿山用滚动承载轴承
浙江天马轴承股份有限公司
万向牌汽车、火车矿山用滚动承载轴承
万向集团公司
钱潮牌110KV及以下油浸式变压器
杭州钱江电气集团股份有限公司
传化(TRANSFAR)牌合成洗衣粉
传化集团有限公司
利群牌卷烟
杭州卷烟厂

【2005年杭州市获浙江名牌产品及其生产企业】

金国牌汽车钢圈
浙江金固汽车部件制造有限公司
钱潮牌电力变压器〔复〕
杭州钱江电气集团股份有限公司
自强(Zq)牌工业链条〔复〕
杭州东华链条集团有限公司
杭叉〈HC〉牌叉车系列〔复〕
浙江杭叉工程机械股份有限公司
鸿雁牌电气装置件、PVC塑料管槽〔复〕
杭州鸿雁电器有限公司
珍琪牌灯具
杭州珍琪电器有限公司
兽王牌皮衣〔复〕
浙江兽王集团有限公司
地球牌圣诞灯饰礼品

浙江环球控股集团有限公司
毛源昌牌眼镜、眼镜片
杭州毛源昌眼镜厂
司迈特牌饮水机〔复〕
杭州司迈特电器有限公司
波达牌 PVC-U 管材管件
杭州波达塑业有限公司
东南牌钢结构、网架及聚氨脂/岩棉复合夹芯板〔复〕
浙江东南网架股份有限公司
杭萧牌钢结构〔复〕
浙江杭萧钢构股份有限公司
CONCORD 牌墙地砖〔复〕
浙江协和陶瓷有限公司
ACON 牌单抗诊断试剂和试剂盒
艾康生物技术(杭州)有限公司
吉粒粉牌重组人粒细胞集落刺激因子注射液
杭州九源基因工程有限公司
利祥牌复合肥料
杭州利时化肥有限公司
百合牌有机颜料〔复〕
杭州百合化工有限公司
大化牌碳酸钾
建德市大洋化工有限公司
钱塔牌钢结构用涂料
杭州灯塔涂料玻璃有限公司
争光牌离子交换树脂
杭州争光树脂有限公司
富通牌通信光缆、电缆〔复〕
富通集团有限公司
UW 牌集成电路〔复〕
杭州友旺电子有限公司
快威牌建筑智能化系统〔复〕
浙江浙大网新快威科技有限公司
飞虹牌通信光缆〔复〕
浙江飞虹通信集团有限公司
AB 牌闭路电视监控设备
浙江诶比控股集团有限公司
dahua 牌数字硬盘录像机(DH-DVR)
浙江大华技术股份有限公司
蓝纺牌涤纶绣花线
杭州华欣纺织有限公司
春江牌纱线
浙江春江轻纺集团有限责任公司
云森牌纱线
浙江云森集团有限公司
金富春牌真丝弹力面料〔复〕
杭州金富春丝绸化纤有限公司
依特曼牌装饰布〔复〕
杭州华龙纺织装饰有限公司
澳坦斯牌装饰布
杭州奥坦斯布艺有限公司
富可达牌休闲服饰
富可达控股股份有限公司
凯喜雅(CATHAYA)牌真丝服装、丝
浙江凯喜雅国际股份有限公司
艾诗雅特牌女装
浙江省二轻企业集团进出口有限公司
飞利弘牌羽绒制品〔复〕
浙江三弘国际羽毛有限公司
西湖牌味精〔复〕
杭州西湖味精集团有限公司
农夫山泉牌饮用天然水〔复〕
农夫山泉股份有限公司
农夫果园牌混合果蔬汁饮料
农夫山泉股份有限公司
致中和牌五加皮酒〔复〕
浙江致中和酒业有限责任公司
大庄牌竹木地板〔复〕
杭州大庄地板有限公司
升佳牌强化复合地板〔复〕
杭州森佳木业制造厂
金迪牌环保型装饰门
杭州金迪家私装饰有限公司
Linglong 牌装饰耐火板〔复〕
浙江玲珑纸业集团有限公司
里叶牌莲子〔复〕
浙江省建德市里叶白莲开发公司
御牌西湖龙井茶〔复〕
杭州西湖区龙坞茶叶总公司
古钟牌径山茶〔复〕
杭州市余杭区径山茶业管理协会
千岛玉叶牌茶〔复〕
淳安县茶叶产业协会
塘栖牌枇杷
杭州塘栖枇杷专业合作社
杭塔牌瘦肉型商品猪
杭州灯塔养殖总场
冠华王牌兔肉制品〔复〕
桐庐冠华兔业有限公司
万事利牌水产饲料
杭州万事利生物科技股份有限公司
谷王牌乳猪用配合饲料
建德市国茂饲料有限公司
森禾牌花卉、种苗〔复〕
浙江森禾种业股份有限公司
龚老汉牌中华鳖
杭州金达龚老汉特种水产有限公司

【2005 年杭州名牌产品及其生产企业】

ACON 牌单抗诊断试剂和试剂盒
艾康生物技术(杭州)有限公司
春江牌纱线
浙江春江轻纺集团有限责任公司
澳坦斯牌装饰布
杭州奥坦斯布艺有限公司
AB 牌闭路电视监控设备
浙江诶比控股集团有限公司
吉粒芬牌重组人粒细胞集落刺激因子注射液
杭州九源基因工程有限公司
农夫果园牌混合果(蔬)汁饮料
农夫山泉股份有限公司
甘泉牌 110 甲基乙烯基硅橡胶
浙江新安化工集团股份有限公司
XINMEI 牌高低压开关柜
杭州欣美成套电器制造有限公司
青春宝牌青春宝美容胶囊
正大青春宝药业有限公司
顾家牌沙发
杭州海龙家私有限公司
老板牌食具消毒柜
杭州老板实业集团有限公司
卡博平牌卡博平(阿卡波糖片)
杭州中美华东制药有限公司
MULTIF 牌无纸记录仪
浙江浙大中控自动化仪表有限公司
利泰牌炭黑
杭州富春江化工有限公司
FDI 牌汽车减振器
杭州福鼎交通器材有限公司
莹石、恒乾三力牌直流电动机
杭州恒力电机制造有限公司
牌不锈钢多级离心泵
杭州南方特种泵业有限公司
双圈牌滤纸
杭州新华纸业有限公司
兴源牌压滤机
杭州兴源过滤机有限公司
荣德牌平面磨床
浙江荣德机械有限公司
保灵牌保灵孕宝口服液
杭州澳医保灵药业有限公司
济民牌羊毛衫
杭州济民羊毛衫有限公司
壮发牌纺织服装面料
浙江宏发集团有限公司
huaguang 牌铜基钎料、银钎料
杭州华光焊料有限公司
宏纺牌棉纱
杭州宏宇纺织有限公司
交大龙山牌综合纳税服务平台
浙江西安交大龙山软件有限公司
舒奇蒙牌淋浴房
杭州福莱特塑料开发有限公司
HD 牌污水处理设备

杭州恒达环保实业有限公司
澳立平牌注射用阿奇霉素
杭州澳亚生物技术有限公司
牡丹牌小麦粉
杭州东南面粉有限公司
百泰首饰牌黄金饰品
杭州航民百泰首饰有限公司
海霸牌化工泵
杭州碱泵有限公司
牌涂布白纸板
浙江三星纸业股份有限公司
建链牌输送设备
建德市机械链条有限公司
梦虹牌钢芯铝绞线
杭州江南电缆厂
康利达牌淋浴房
杭州康利达卫浴有限公司
牌电能表
杭州西力电能表制造有限公司
云丰牌圆珠笔
浙江桐庐云山制笔有限公司
万思牌计算机
浙江万思计算机制造有限公司
重峰牌西裤
浙江重峰制衣有限公司
HAMATON 牌轮胎用气门嘴系列产品
杭州万通气门嘴有限公司
永亨牌聚丙、硬聚氯乙烯管材管件
杭州永亨高分子材料有限公司
绿盛牌肉制品系列
杭州绿盛集团有限公司
塘栖牌枇杷
杭州余杭塘栖枇杷专业合作社
龚老汉牌中华鳖
杭州金达龚老汉特种水产有限公司
万事吉牌蜂产品
杭州天厨蜜源保健品有限公司
牌南美白对虾
杭州天海水产食品有限公司
常青蜂业牌蜂产品
杭州常青蜂业公司
深宝牌山核桃系列产品
杭州深宝绿色食品有限公司
世外桃源牌山核桃系列产品
杭州临安桃源绿色食品有限公司
玉鼎牌大米
杭州余杭粮油加工有限公司
明成牌地板
杭州明成木业有限公司
怡可牌有机绿茶
杭州浙大天赐生态科技有限公司
其门堂牌调味萝卜
杭州其门堂蔬菜食品有限公司
千农园牌柑桔
淳安县水果产销协会
龙盈牌笋干菜
杭州龙盈庄园有限公司
天堂牌西湖藕粉
杭州天堂食品有限公司
绿茵牌蝴蝶兰
杭州绿茵园林花卉有限公司
马大嫂牌酱油
杭州西湖神谷酿造食品有限公司
牌鲜冻分割猪肉
杭州联合肉类集团有限公司
高峰牌山核桃系列
杭州淳安千岛湖高峰实业有限公司
万隆牌肉制品(腌腊、酱卤)
杭州万隆肉类制品有限公司
洪德兴牌萧山金蜂王
杭州德兴蜂业有限公司
富春山歌牌鸡蛋
富阳市碧云山绿色综合养殖场
妙方牌种猪、生猪
杭州方兴养殖有限公司
天海园牌中华鳖
杭州萧山天福生物科技有限公司

【2005 年杭州市获浙江省著名商标企业】

图形
杭州大厦有限公司
数源
西湖电子集团有限公司
QC
万向集团公司
径山茶
杭州市余杭区径山茶业管理协会
开元
开元旅业集团有限公司
Leodan
浙江柳桥羽毛有限公司
传化
浙江传化股份有限公司
TMB
浙江天马轴承股份有限公司
自强
杭州东华链条集团有限公司
本
杭州市余杭区本牌中华鳖管理协会
TENDE
杭州通达电缆材料有限公司
红化
杭州红山化纤有限公司
现代
现代联合控股集团有限公司
东南
浙江东南网架股份有限公司
野娇娇
淳安千岛湖野娇娇特色食品有限公司
花中城
杭州花中城大酒店有限公司
金迪
杭州金迪家私装饰有限公司
浙美
浙江美术地毯制造有限公司
华德
浙江华特实业集团华特化工有限公司
澳坦斯
杭州奥坦斯布艺有限公司
里叶
浙江省建德市里叶白莲开发公司
利泰
杭州富春江化工有限公司
LingLong
浙江玲珑纸业集团有限公司
珍琪
杭州珍琪电器有限公司
红泥
杭州红泥餐饮娱乐有限公司
百令
杭州中美华东制药有限公司
龚老汉
杭州金达龚老汉特种水产有限公司
紫香
杭州紫香食品集团有限公司
波达
杭州波达塑业有限公司
日月
富阳日月电器有限公司
永亨
杭州永亨高分子材料有限公司
远翅
浙江远翅塑料有限公司
皇冠
王车业浙江皇冠王车业有限责任公司
争光
杭州争光树脂有限公司
众望
杭州众望布艺有限公司
正强
杭州正强万向节有限公司
淳
杭州千岛湖发展有限公司

深宝
杭州深宝绿色食品有限公司
邦德
浙江邦德光电集团有限公司
盛大
杭州盛大高科技机电有限公司
福澳
杭州市桐庐医疗光学仪器总厂
五洲
浙江环球控股集团有限公司
尚舒兰
杭州舒兰农业有限公司
千岛玉叶(续评)
淳安县茶叶产业协会
东信(续评)
东方通信股份有限公司
XIMEI(续评)
杭州欣美成套电器制造有限公司
金首(续评)
浙江金首水泥有限公司
恒星(续评)
杭州减速机厂
百合(续评)
杭州百合化工有限公司
杰(续评)
杭州万杰减速机有限公司
图形(续评)
杭州和合玻璃工业有限公司
金鼠(续评)
杭州之江有机硅化工有限公司
恒逸(续评)
浙江恒逸集团有限公司
图形(续评)
浙江亚太机电股份有限公司
鹤舞(续评)
浙江蓝天鹤舞控股有限公司
佳力(续评)
浙江佳力科技股份有限公司
图形(续评)
荣盛化纤集团有限公司
萧星(续评)
浙江国泰密封材料股份有限公司
大光明(续评)
浙江大光明眼镜有限公司
威尔达(续评)
浙江威尔达化工有限公司
崇杭(续评)
杭州崇贤纺织机械厂
西泠桥(续评)
浙江西泠啤酒有限公司
济民(续评)
杭州济民羊毛衫有限公司
秋意浓(续评)
杭州秋意浓实业有限公司
钱潮(续评)
杭州钱潮建材股份有限公司
兴源(续评)
杭州良渚压滤机厂
长林(续评)
杭州长林西服有限公司
人(续评)
杭州人人集团有限公司
富杭(续评)
浙江富春江通信集团有限公司
牡丹(续评)
杭州东南面粉有限公司
升佳(续评)
杭州森佳木业制造厂
张生记(续评)
杭州张生记酒店管理有限公司
万马(续评)
浙江万马集团有限公司
天屹(续评)
浙江天屹网络科技股份有限公司
西泠印社(续评)
西泠印社社务委员会
东南(续评)
浙江东南网架股份有限公司
华宝斋(续评)
华宝斋富翰文化有限公司
利群(续评)
杭州卷烟厂

【2005年杭州市著名商标企业】

绿盛
杭州绿盛集团有限公司
寿星
华东医药股份有限公司
现代
现代联合控股集团有限公司
杭氧
杭州制氧机集团有限公司
FDI
杭州福鼎交通器材有限公司
Andstar·聚星
杭州市轻工工艺纺织品进出口有限公司
天伦
浙江天伦钢丝有限公司
形象
杭州临安形象塑业有限公司
newpeak
杭州临安新联电器工业有限公司
泮立苏
杭州中美华东制药有限公司
卡博平
杭州中美华东制药有限公司
QC
万向集团公司
开元
开元旅业集团有限公司
CPS 萧星
浙江国泰密封材料股份有限公司
APG
浙江新亚太机电集团有限公司
宏纺及图形
杭州宏宇纺织有限公司
大明及图形
杭州大明荧光材料有限公司
华瑞
浙江华瑞信息技术有限公司
华东钢构及图形
杭州华东钢结构制造有限公司
贤法及图形
杭州九龙厨具型钢建材制造有限公司
飞达及图形
杭州飞虹针织服饰有限公司
循环及图形
浙江万达汽车方向机有限公司
笔泉及图形
杭州华泉豆制品有限公司
汇德隆
浙江汇德隆实业集团有限公司
三弘及图形
浙江三弘国际羽毛有限公司
凌飞及拼音
杭州萧山凌飞环境绿化有限公司
绿茵
杭州绿茵园林花卉有限公司
萝兰
浙江传化江南大地发展有限公司
哨兵+图
浙江哨兵实业有限公司
华伦
华伦集团有限公司
向阳+图
富阳市马铁厂
众意
杭州众意纸业有限公司
通兴
浙江通兴铁塔有限公司
金火
杭州富阳金火仪表机床厂
CHESAPEAKBAY
美通日用品(杭州)有限公司
坤和 CANHIGH
坤和建设集团有限公司
图形
阿里巴巴(中国)网络技术有限公司
IECHOSOFT

杭州爱科电脑技术有限公司
海康威视
杭州海康威视数字技术有限公司
之江
杭州龙山化工有限公司
龙生+LONGSHENG
杭州市汽车内饰件有限公司
桐江
桐庐县农业技术推广中心
图形
浙江力达现代纺织有限公司
大雄寺
杭州大雄寺酒业有限公司
双溪漂流
杭州双溪旅游开发有限公司
NF
杭州南方特种泵业有限公司
图形
浙江飞碟汽车制造有限公司
双金
杭州紫英合金钢铸造有限公司
HAMATON
杭州万通气门嘴有限公司
双径
杭州余杭区径山四岭名茶厂
科皇
杭州科皇饲料有限公司
中都
浙江中都控股集团有限公司
天堂鸟
杭州余杭鸬鸟镇农业技术服务站
塘栖
杭州余杭塘栖枇杷专业合作社
超园
杭州梅园食品有限公司
嘉德威
杭州嘉德威钢琴有限公司
秀水玉针
浙江省淳安县安阳名茶协会
千岛湖
淳安县千岛湖中华鳖基地
巨牛
杭州巨牛椅业有限公司
伟伟牌
建德市新安江电力电容器有限责任公司
建链
建德市机械链条有限公司
利禾
杭州正泰家具厂
名师
杭州市名师集团有限公司
红泥+图(续评)
杭州红泥餐饮娱乐有限公司
绿之盛(续评)
杭州绿盛集团有限公司
图(续评)
杭州三和食品添加剂配料有限公司
八方(续评)
杭州八方物流有限公司
五味和(续评)
杭州市食品酿造有限公司
知味观(续评)
杭州饮食服务有限公司杭州知味观
万马神(续评)
浙江万马集团有限公司
天目神+图(续评)
浙江天目神圣实业有限公司
盛大(续评)
杭州盛大高科技机电有限公司
登城(续评)
富阳登城建材有限公司
JNBY(续评)
杭州江南布衣服饰有限公司
蓝色倾情(续评)
杭州蓝色倾情服饰有限公司
TMB(续评)
浙江天马轴承股份有限公司
山水(续评)
杭州汇同实业有限公司
JINGWANG(续评)
浙江建华集团压滤机有限公司
鸿光(续评)
杭州豆制食品有限公司
赤龙+图(续评)
浙江赤龙水泥有限公司
诗蝶+图(续评)
杭州诗蝶卫生用品有限公司
党山(续评)
杭州萧山党山酱萃食品有限公司
品字+图(续评)
杭州红景酱品有限公司
江乐+图(续评)
杭州萧山江乐蔬菜酱品有限公司
Leyuan+图(续评)
杭州颜料化工厂
珍琪+图(续评)
杭州珍琪电器有限公司
金迪+图(续评)
杭州金迪家私装饰有限公司
尚舒兰+图(续评)
杭州萧山舒兰农业有限公司
东坞山+图(续评)
富阳市受降东坞山豆腐皮厂
XAJ(续评)
建德市新安江化工有限责任公司
商辂(续评)
杭州商辂丝绸有限公司
野娇娇(续评)
淳安千岛湖野娇娇特色食品有限公司
图形(续评)
杭州中得水产饲料有限公司
吉粒芬(续评)
杭州九源基因工程有限公司
白浪(续评)
杭州电化集团有限公司
长鼻王(续评)
杭州大恩食品有限公司
钱江(续评)
杭州钱江水泥厂
圣丹(续评)
浙江圣丹实业集团有限公司
众望(续评)
杭州众望布艺有限公司
依特曼(续评)
杭州华龙纺织装饰有限公司
争光(续评)
杭州争光树脂有限公司
永亨(续评)
杭州永亨高分子材料有限公司
溢佳香(续评)
杭州佳美旅游营养食品有限公司

·获科技进步奖名录·

【2005年杭州市获国家科学技术进步奖】

二等奖

全自动电脑调浆系统　杭州开源电脑技术有限公司　许光明　柴　展　金成春　张东升　徐海江　蔡冬强　周　卢　黄　雷　郭　杭　李乐君

环孢菌素A生产新工艺关键技术及其应用　上海医药工业研究院　杭州中美华东制药有限公司　陈代杰　吴　晖　李继安　戈　梅　吴　萍　吴　飞　李邦良　陈坚强　朱　健　刘　垚

【2005年杭州市获浙江省科学技术进步奖】

一等奖

激光在线气体分析系统　杭州电子科技大学　聚光科技（杭州）有限公司　王　健　陈　人　王　欣　顾海涛　杨　宏　宛立君　曾宏晔　邵乐骥　马海波　叶华俊　韦俊峥　洪　明　刘　罡

设施(可控)环境下蔬菜生育障碍的克服机制与配套产品 浙江大学农业与生物技术学院 杭州市农业科学研究院蔬菜研究所 绍兴市农业技术推广站 嘉兴市植保站 温岭市农业技术推广站 平湖农药厂 富阳广丰园艺设施公司 喻景权 周艳红 张明方 朱祝军 杜尧舜 卢双威 吴爱芳 陆雪荣 钟雪明 林炎炎 孙松华

全集成新一代主控系统 浙江大学 浙江浙大中自集成控制股份公司 王文海 孙优贤 张龙旗 黄永达 冯 华 孙亚广 黄永忠 沈德堂 储消和

大型乙烯装置成套冷箱国产化攻关研制 杭州杭氧股份有限公司 中国石化集团北京燕山石油化工有限公司 阎振贵 邵 勇 张淑文 徒泽湘 马程华 王 峰 周有武 赵大为 钟晓龙 朱朔元 秦 燕 张国兴 王金宏

二等奖

600MW 等级电站半容量锅炉给水泵汽轮机 杭州汽轮机股份有限公司 董兴杰 叶水泉 陈永林 王万琴 王 晔 李雄峰 叶昌明 楼瑞锋 尤康杰

飞宇 2000 新时代自动缫丝机 杭州纺织机械有限公司 浙江丝绸装备研究开发试验基地 杭州飞宇技术工程有限公司 叶 文 江文斌 王金根 丁章芳 戚文兴 何华丰 赵彩珠 何豫安 姚旦鸣

基于 Unix 平台的视频监控存储与管理系统 杭州银江智能交通系统有限公司 杭州银江电子有限公司 浙江工业大学 杭州市公安局交通警察支队科研所 董红召 王晋生 周海淞 王 辉 赵燕伟 李晓明 周为钢 张建跃 金向东

光纤预制棒 富通集团有限公司 王津沂 刘志军 韩肖明 李国昌 卢卫民 殷柏涛 刘 刚 李群星 吴海港

导热塑料蓄冰盘管 杭州华电华源环境工程有限公司 国电机械设计研究所 杭州华源环境设备有限公司 曹李农 杨雄民 赖海鸣 周晓峰 蔡盛明 王为民 孔建强 李健生 刘蓉芳

绍兴鸭配套系优质、安全、高效产业化关键技术研究与应用 浙江省农业科学院畜牧兽医研究所 绍兴市绍鸭原种场 浙江省畜牧兽医局 浙江武义田歌实业有限公司 杭州萧山玉泉家禽有限公司 卢立志 鲍国连 赵爱珍 沈军达 邓 波 陈黎洪 游兆彤 张 存 陶争荣

旧水泥混凝土路面改造成沥青混凝土路面的研究 浙江省交通规划设计研究院 长安大学 嘉兴公路建设投资有限公司 浙江登峰交通集团有限公司 杨少华 陈拴发 陈 鹏 江建坤 姜正晖 杨 斌 许海云 程 毅 熊伟民

戊型肝炎病毒 ORF2 蛋白的免疫原性及应用 浙江大学医学附属第一医院 浙江省医学科学院 杭州市第一人民医院 阮 冰 洪 艳 王淑颖 焦杨文 陈亚岗 马亦林

二尖瓣狭窄左心房局部凝血功能异常的研究及临床应用 浙江大学医学院附属邵逸夫医院 王建安 何 红 孙 勇 盛 夏 李长岭 周斌全 蒋晨阳 蒋 峻 胡新央

反求工程 CAD 系统 RE-SOFT 浙江大学 杭州一茗软件有限公司 柯映林 李江雄 刘云峰 范树迁 陈 曦 单东日 王世兵 李 岸 陈 伦

超声波牛奶快速成份分析仪的研制 浙江大学生物系统工程与食品科学学院 杭州三博科技有限公司 刘东红 叶兴乾 陈健初 童军锋 吴昭同

畜禽养殖废弃物资源化生态化综合处置技术研究及示范 浙江大学 浙江省环境科学设计研究院 杭州市能源环境技术研究所 浙江省农业科学院 杭州天创沃元实业有限公司 台州南方环保设备厂 陈英旭 石伟勇 沈东升 吴坚阳 吴伟祥 寿亦丰 王卫平 张 珺 李全胜

大中型燃煤工业锅炉烟气脱硫技术及设备产业化（双碱法烟气脱硫技术及设备产业化） 浙江大学 浙江天蓝脱硫除尘有限公司 吴忠标 程常杰 官宝红 莫建松 徐卫平 吴晓琴 汪大翚 刘玉荣 邵雄飞

大容量单模通讯的智能开发电源 浙江工业大学 杭州中恒电气股份有限公司 南余荣 茅伟良 袁明祥 俞 立 余 鍫 阙声浩 钟德刚 张治辉

南宋官窑工艺恢复和产品开发及应用推广 浙江树人大学 浙江萧山宋代名瓷研究所 浙江大学 龙泉天工青瓷厂 龙泉夏候文青瓷研究所 长兴紫砂工艺厂 叶宏明 叶国珍 杨 辉 陆静娟 袁敏智 叶时平 胡兆雄 夏候文 董建民

加味桃红四物汤治疗白癜风的疗效观察及机理探讨 杭州市第三人民医院 许爱娥 钟晓明 尉晓冬 李永伟 叶文伟 王 琪 徐伟爱 徐航斌

浙江省高血压影响因素与中医证型相关性流行病学调查研究 浙江中医学院 温州医学院附属一院 衢州学院（筹） 杭州市上城区中西医结合医院 绍兴市卫生局 程志清 王子宽 叶 人 章赛月 姚晓天 齐 昕

农田鼠害控防关键技术研究与集成推广 浙江省植物保护总站 诸暨市农业技术推广中心 桐庐县病虫测报站 全国农业技术推广服务中心 临安市植物保护站 天台县病虫测报站 王华弟 蔡国梁 赵 敏 陈军昂 钱冬兰 徐 云 郭永旺 汪恩国 杨廉伟

浙江省常绿阔叶林的群落特征、动态变化及生态恢复技术研究 浙江林学院 淳安县新安江开发总公司 余树立 周国模 李翠环 许绍远 徐高福

【2005 年杭州市科学技术进步奖】

一等奖

600MW 等级电站半容量锅炉给水泵汽轮机 杭州汽轮机股份有限公司 曹李农 杨雄民 赖海鸣 周晓峰 蔡盛明 王为民 孔建强 李健生 刘蓉芳

大型乙烯装置成套冷箱国产化攻关研制 杭州杭氧股份有限公司 中国石化集团北京燕山石油化工有限公司 阎振贵 邵 勇 张淑文 司徒泽湘 马程华 王 峰 周有武 赵大为 钟晓龙 朱朔元 秦 燕 张国兴 王金宏等

嵌入式数字硬盘录象机 浙江大华技术股份有限公司 朱江明 王增锹 吴 军 张煜电 林志强 陈伟中 黄祖衡 梁亦昆

飞宇 2000 新时代自动缫丝机 杭州纺织机械有限公司 浙江丝绸装备研究开发试验基地 杭州飞宇技术工程有限公司 叶 文

江文斌 王金根 丁章芳 戚文兴 何华丰 赵彩珠 何豫安 姚旦鸣

体外膜氧合治疗急性呼吸窘迫综合症的临床研究 杭州市第一人民医院 费 晓 王 鸣 李佩璋 朱家骐 沈小玲 潘 恬 龚剑华 吴 缅

·单位名称·

【市直属各单位和相关单位名称及规范化简称】

中共杭州市委办公厅(简称市委办公厅)
杭州市人民代表大会常务委员会办公厅(简称市人大常委会办公厅)
杭州市人民政府办公厅(简称市政府办公厅)
杭州市市级机关事务管理局(简称市机关事务局)
政协杭州市委员会办公厅(简称市政协办公厅)
中共杭州市纪律检查委员会(简称市纪委)
杭州市中级人民法院(简称市法院)
杭州市人民检察院(简称市检察院)
中共杭州市委组织部(简称市委组织部)
中共杭州市委宣传部(简称市委宣传部)
中共杭州市委统一战线工作部(简称市委统战部)
中共杭州市委政法委员会(简称市委政法委)
杭州市社会治安综合治理委员会办公室(简称市综治办)
中共杭州市委维护稳定工作领导小组办公室(简称市委维稳办)
中共杭州市委政策研究室(简称市委政研室)
杭州市发展研究中心(简称市发展研究中心)
中共杭州市委、杭州市人民政府农业和农村工作办公室(简称市农办)
中共杭州市委台湾工作办公室(简称市委台办)
杭州市人民政府台湾事务办公室(简称市台办)
中共杭州市直属机关工作委员会(简称市直机关工委)
中共杭州市委老干部局(简称市委老干部局)
中共杭州市委保密委员会办公室(简称市委保密办)
杭州市保密局(简称市保密局)
中共杭州市委机要局(简称市委机要局)
中共杭州市委巡视工作办公室(简称市委巡视办)
中共杭州市委对外宣传办公室(杭州市人民政府新闻办公室)〔简称市委外宣办(市政府新闻办)〕
杭州市机构编制委员会办公室(简称市编委办)
中共杭州市委防范和处理邪教问题领导小组办公室(简称市委610办公室)
杭州市人民政府防范和处理邪教问题办公室(简称市政府防范邪教办)
杭州市人民代表大会常务委员会研究室(简称市人大常委会研究室)
杭州市人民代表大会常务委员会人事代表工作委员会(简称市人大常委会人事代表工委)
杭州市人民代表大会法制委员会、杭州市人民代表大会常务委员会法制工作委员会(简称市人大法委、市人大常委会法工委)
杭州市人民代表大会内务司法委员会、杭州市人民代表大会常务委员会内务司法工作委员会(简称市人大内司委、市人大常委会内司工委)
杭州市人民代表大会财政经济委员会、杭州市人民代表大会常务委员会财政经济工作委员会(简称市人大财经委、市人大常委会财经工委)
杭州市人民代表大会城乡建设环境保护委员会、杭州市人民代表大会常务委员会城乡建设环境保护工作委员会(简称市人大城建环保委、市人大常委会城建环保工委)
杭州市人民代表大会教育科学文化卫生委员会、杭州市人民代表大会常务委员会教育科学文化卫生工作委员会(简称市人大教科文卫委、市人大常委会教科文卫工委)
杭州市人民代表大会民族宗教华侨委员会、杭州市人民代表大会常务委员会民族宗教华侨工作委员会(简称市人大民宗侨委、市人大常委会民宗侨工委)
市人大教科文卫委、市人大民宗侨委和市人大常委会教科文卫工委、市人大常委会民宗侨工委为两块牌子一套班子,可简称为市人大教科文卫、民宗侨委和市人大常委会教科文卫、民宗侨工委
杭州市人民代表大会常务委员会办公厅信访办公室(简称市人大常委会办公厅信访办)
杭州市发展和改革委员会(简称市发改委)
杭州市经济委员会(简称市经委)
杭州市乡镇企业局(简称市乡企局)
杭州市建设委员会(简称市建委)
杭州市旅游委员会(简称市旅委)
杭州市教育局(简称市教育局)
杭州市科学技术局(简称市科技局)
杭州市民族宗教事务局(简称市民族宗教局)
杭州市公安局(简称市公安局)
杭州市监察局(简称市监察局)
杭州市民政局(简称市民政局)
杭州市司法局(简称市司法局)
杭州市财政局(简称市财政局)
杭州市地方税务局(简称市地税局)
杭州市人事局(简称市人事局)
杭州市劳动和社会保障局(简称市劳动保障局)
杭州市国土资源局(简称市国土资源局)
杭州市规划局(简称市规划局)
杭州市房产管理局(简称市房管局)
杭州市园林文物局(简称市园文局)与杭州西湖风景名胜区管理委员会合署,可简称杭州西湖风景名胜区管委会(市园文局)
杭州市交通局(简称市交通局)
杭州市农业局(简称市农业局)
杭州市水产局(简称市水产局)
杭州市林业水利局(简称市林水局)
杭州市贸易局(简称市贸易局)
杭州市粮食局(简称市粮食局)杭州市对外贸易经济合作局(简称市外经贸局)
杭州市文化广电新闻出版局(简称市文广新闻出版局)
杭州市体育局(简称市体育局)
杭州市卫生局(简称市卫生局)
杭州市人口和计划生育委员会(简称市人口计生委)
杭州市审计局(简称市审计局)
杭州市统计局(简称市统计局)
杭州市环境保护局(简称市环保局)
杭州市工商行政管理局(简称市工商局)

杭州市质量技术监督局(简称市质监局)
杭州市食品药品监督管理局(简称市食品药品监管局)
杭州市城市管理行政执法局(简称市城管执法局)
杭州市城市管理行政执法支队(简称市城管执法支队)
杭州市安全生产监督管理局(简称市安全监管局)
杭州市安全生产委员会办公室(简称市安委办)
杭州市信息化办公室(简称市信息办)
杭州市人民政府外事办公室(简称市外办)
杭州市人民政府侨务办公室(简称市侨办)
杭州市人民政府法制办公室(简称市法制办)
杭州市人民政府城市管理办公室(简称市城管办)
杭州市人民政府国有资产监督管理委员会(简称市国资委)
杭州市人民政府打击走私与口岸管理办公室(简称市打私与口岸办)
杭州市人民政府打击走私办公室(简称市打私办)
杭州市人民政府口岸管理办公室(简称市口岸办)
杭州市人民防空办公室(简称市人防办)
杭州市民防局(简称市民防局)
杭州市公共资源交易管理委员会办公室(简称市公共资源交易管委会办公室)
与杭州市行政服务中心合署,可简称市公共资源交易管委会办公室(市行政服务中心)
杭州市老龄工作委员会办公室(简称市老龄工办)
杭州市爱国卫生运动委员会办公室(简称市爱卫办)
市政府派出机构
杭州经济技术开发区(浙江杭州出口加工区)管理委员会〔简称杭州经济开发区(杭州出口加工区)管委会〕
杭州高新技术产业开发区管理委员会(简称杭州高新开发区管委会)
与滨江区人民政府合署,可简称杭州高新开发区(滨江)管委会、政府
杭州之江国家旅游度假区管理委员会(简称杭州之江度假区管委会)
杭州西湖风景名胜区管理委员会(简称杭州西湖风景名胜区管委会)
与杭州市园林文物局合署,可简称杭州西湖风景名胜区管委会(市园文局)
杭州良渚遗址管理区管理委员会(浙江省杭州良渚遗址管理局)〔简称杭州良渚遗址管理区管委会(杭州良渚遗址管理局)〕
杭州钱江经济开发区管理委员会(简称杭州钱江经济开发区管委会)
杭州工业新区管理委员会(简称杭州工业新区管委会)
杭州市人民政府驻北京办事处(简称市政府驻北京办事处)
杭州市人民政府驻上海办事处(简称市政府驻上海办事处)
杭州市人民政府驻深圳办事处(简称市政府驻深圳办事处)
杭州市行政服务中心(简称市行政服务中心)
与杭州市公共资源交易管理委员会办公室合署,可简称市公共资源交易管委会办公室(市行政服务中心)
中共杭州市委、杭州市人民政府信访局(简称市信访局)
杭州市物价局(简称市物价局)
政协杭州市委员会研究室(简称市政协研究室)
政协杭州市委员会提案委员会(简称市政协提案委)
政协杭州市委员会经济科技委员会(简称市政协经科委)
政协杭州市委员会城市建设和人口资源环境委员会(简称市政协城建和人资环委)
政协杭州市委员会社会法制和港澳台侨委员会(简称市政协社会法制和港澳台侨委)
政协杭州市委员会文史和教文卫体委员会(简称市政协文史和教文卫体委)
中共杭州市委党校(简称市委党校)
中共杭州市委讲师团(简称市委讲师团)
中共杭州市委党史研究室(简称市委党史研究室)
杭州日报报业集团(简称杭报集团)
杭州日报报业集团有限公司(简称杭报集团公司)
杭州日报社(简称杭州日报社)
西泠印社社务委员会(简称西泠印社社委会)
杭州市精神文明建设委员会办公室(简称市文明办)
杭州市人民政府政策研究室(简称市政府政研室)
杭州市人民政府国内经济合作办公室(简称市经合办)
杭州市西湖博览会组委会办公室(简称市西博办)
杭州市发展会展业协调办公室(简称市会展办)
2006年杭州世界休闲博览会组织委员会办公室(简称休博办)
杭州市钱江新城建设管理委员会(简称市钱江新城管委会)
杭州市钱江新城建设指挥部(简称市钱江新城指挥部)
杭州文化广播电视集团(简称杭州文广集团)
杭州文化广播电视集团有限公司(简称杭州文广集团公司)
杭州广播电视台(简称杭州广播电视台)
杭州市档案局(简称市档案局)
杭州市档案馆(简称市档案馆)
杭州住房公积金管理中心(简称杭州公积金中心)
杭州市文化市场行政执法总队(简称市文化市场行政执法总队)
杭州市公安局交通警察(公路巡逻民警)支队(简称市公安局交警支队)
杭州市公安局特警支队(简称市公安局特警支队)
杭州市公安局刑事侦查支队(简称市公安局刑侦支队)
杭州市公安局消防支队(简称市公安局消防支队)
杭州市电力局(简称市电力局)
杭州市邮政局(简称市邮政局)
杭州市气象局(简称市气象局)
杭州市烟草专卖局(简称市烟草局)
杭州市国家税务局(简称市国税局)
杭州市国家安全局(简称市国安局)
浙江省电信有限公司杭州市分公司(简称杭州电信公司)
浙江省电信实业集团杭州市有限公司(简称杭州电信实业公司)
浙江移动通信有限责任公司杭州分公司(简称杭州移动公司)
中国联通有限公司杭州分公司(简称杭州联通公司)

中国网络通信集团公司杭州市分公司 (简称杭州网通公司)
浙江省石油总公司杭州分公司(简称杭州石油公司)
杭州市工业资产经营有限公司(简称市工业资产经营公司)
杭州商业资产经营公司(简称市商业资产经营公司)
杭州市城市建设资产经营有限公司(简称市城建资产经营公司)
杭州市交通资产经营有限公司(简称市交通资产经营公司)
西湖电子集团有限公司(简称西湖电子集团)
杭州汽轮动力集团有限公司(简称杭州汽轮动力集团)
中国(杭州)青春宝集团有限公司(简称杭州青春宝集团)
杭州信息科技有限公司(简称杭州信息科技公司)
杭州制氧机集团有限公司(简称杭氧集团)
杭州华东医药集团有限公司(简称杭州华东医药集团)
杭州市供销合作社联合社(简称市供销社)
百大集团股份有限公司(简称百大集团)
杭州旅游集团有限公司(简称杭州旅游集团)
杭州市地铁集团有限责任公司(简称市地铁集团)
杭州市京杭运河(杭州段)综合整治与保护开发指挥部(简称市运河指挥部)
杭州市运河综合保护开发建设集团有限责任公司(简称市运河集团)
杭州市投资控股有限公司(简称市投资控股公司)
杭州天园经济发展有限公司(简称杭州天园公司)
杭州师范学院(简称杭师院)
杭州广播电视大学(简称杭州电大)
浙江大学城市学院(简称浙大城市学院)
杭州职业技术学院(简称杭职院)
杭州市社会科学院(简称市社科院)
杭州市农业科学研究院(简称市农科院)
杭州市经济建设规划院(简称市经济规划院)
杭州经济建设发展(集团)总公司(简称杭州经济建设发展总公司)
杭州市商业银行(简称市商业银行)
杭州工商信托投资股份有限公司(简称杭州工商信托公司)
杭州联合农村合作银行(简称杭州联合银行)
杭州市总工会(简称市总工会)
中国共产主义青年团杭州市委员会(简称团市委)
杭州市妇女联合会(简称市妇联)
杭州市文学艺术界联合会(简称市文联)
杭州市科学技术协会(简称市科协)
杭州市归国华侨联合会(简称市侨联)
中国国际贸易促进委员会杭州市分会(简称市贸促会)
中国国际商会杭州商会(简称市国际商会)
杭州市残疾人联合会(简称市残联)
杭州市工商业联合会(简称市工商联)
杭州市社会科学界联合会(简称市社科联)
杭州市关心下一代工作委员会(简称市关工委)
杭州市红十字会(简称市红十字会)
中国国民党革命委员会杭州市委员会(简称民革市委会)
中国民主同盟杭州市委员会(简称民盟市委会)
中国民主建国会杭州市委员会(简称民建市委会)
中国民主促进会杭州市委员会(简称民进市委会)
中国农工民主党杭州市委员会(简称农工党市委会)
中国致公党杭州市委员会(简称致公党市委会)
九三学社杭州市委员会(简称九三学社市委会)
中国人民解放军浙江省杭州警备区(简称杭州警备区)
中国人民武装警察部队杭州市支队(简称武警杭州市支队)
中国人民解放军浙江陆军预备役步兵师高射炮兵团(简称杭州预备役团)
中华人民共和国杭州边防检查站(简称杭州边防检查站)
中共杭州市委警卫局(简称市委警卫局)
中国人民银行杭州中心支行、国家外汇管理局浙江省分局(简称人行杭州中心支行、省外汇局)
中国工商银行浙江省分行营业部(简称工行省分行营业部)
中国农业银行浙江省分行营业部(简称农行省分行营业部)
中国农业发展银行浙江省分行营业部(简称农发行省分行营业部)
中国建设银行浙江省分行(简称建行省分行)
中国银行浙江省分行(简称中行省分行)
交通银行杭州分行(简称交行杭州分行)
中国人民财产保险股份有限公司杭州市分公司(简称人保财险杭州市分公司)
中国人寿保险公司杭州市分公司(简称中国人寿杭州市分公司)
中国太平洋财产保险股份有限公司浙江分公司(简称太保产险浙江分公司)
中国太平洋人寿保险股份有限公司浙江分公司(简称太保寿险浙江分公司)

·彩色图版单位信息·

杭州余杭人民印刷有限公司(81页)
法定代表人:张建成
地　址:杭州余杭勾庄勾运路68号
电　话:0571-88750788
　　　　88751932
传　真:0571-88751566
网　址:www.hzyhrmys.com.cn
邮　编:311112

杭州市墙体改革领导小组办公室(82页)
地　址:庆春路139号
邮　编:310003

杭州老板实业集团有限公司(84页)
法定代表人:任建华
地　址:浙江省余杭经济开发区临平大道592号
电　话:0571-86281535
传　真:0571-86280606
邮　编:311100

富丽达集团控股有限公司(85页)
法定代表人:戚建尔
地　址:杭州市萧山区临江工业园区

电　话:0571-82125120
传　真:0571-82127258
邮　箱:fulida@xs.hz.zj.cn
网　址:www.hzfulida.com
邮　编:311228

杭州卷烟厂(86 页)
法定代表人:孟伟刚
地　址:杭州市中山南路 77 号
电　话:0571-86052044
传　真:0571-86051543
网　址:www.hzliqun.com
邮　编:310008

杭州长命印刷有限公司(88 页)
法定代表人:陈国元
地　址:莫干山路长命桥(余杭区)
电　话:0571-88531698
传　真:0571-88531869
邮　箱:cmys@vip.163.com
邮　编:311115

浙江康莱特集团(104 页)
法定代表人:李大鹏
地　址:下沙杭州经济技术开发区 16 号路
电　话:0571-86911888
传　真:0571-86913767
邮　编:310018

杭州九源基因工程有限公司(105 页)
法定代表人:李邦良
地　址:杭州经济技术开发区 8 号大街东
电　话:0571-86910099
传　真:0571-86911588
网　址:www.china-gene.com
邮　编:310018

达利(中国)有限公司(106 页)
法定代表人:费建明
地　址:杭州市萧山区钱江农场鸿达路北侧
电　话:0571-82695661
传　真:0571-82697350
邮　箱:sqf@highfashion.com.hk
邮　编:311231

浙江红剑集团有限公司(108 页)
法定代表人:周凤剑
地　址:浙江省杭州市萧山区红山农场
电　话:0571-82867999
传　真:0571-82867305
邮　箱:info@cn-hongjian.com
网　址:www.cn-hongjian.com
邮　编:311234

浙江翔盛集团有限公司(109 页)
法定代表人:沈柏祥
地　址:杭州市萧山区党山镇工业园区
电　话:0571-82523036
传　真:0571-82523188
网　址:www.xstex.cn
邮　编:311245

杭州湖畔居茶楼(147 页)
法定代表人:朱家骥
地　址:杭州圣塘景区 1 号
电　话:0571-87020701-130
传　真:0571-87021618
邮　箱:ywj.hpj@hz.gov.cn
邮　编:310006

杭州新蕉叶餐饮有限公司(148 页)
法定代表人:唐广敏
地　址:湖滨路 39 号
电　话:0571-87068829
传　真:0571-87068819
邮　编:310006

浙江银泰百货有限公司(150 页)
法定代表人:沈国军
地　址:杭州市延安路 530 号
电　话:0571-85069888
传　真:0571-85065888
网　址:www.intime.com.cn
邮　编:310006

杭州联合肉类集团有限公司(152 页)
法定代表人:陈炳炎
地　址:杭州市秋涛路 198 号
电　话:0571-86051888(总机)
　　　　86813210
传　真:0571-86051165
邮　箱:hzug@hzug.com
网　址:www.hzug.com
邮　编:310008

杭州世界休闲博览会组委会办公室(174 页)
地　址:中国杭州环城北路 318 号
电　话:0571-85251100
传　真:0571-85253607
邮　箱:sxb@hz.gov.cn
网　址:www.wl-expo.com
邮　编:310026

浙江天都实业有限公司(219 页)
法定代表人:何　勇
地　址:杭州余杭区星桥经济开发区
电　话:0571-87065699
　　　　87065677
传　真:0571-86266088
邮　编:311100

杭州湖滨国际名品街(220 页)
法定代表人:周　忠
地　址:杭州市白傅路 6 号
电　话:0571-87172528-8060
传　真:0571-87172578
网　址:www.hubinstreet.com
邮　编:310006

浙江移动通信有限责任公司杭州分公司(264 页)
总经理:林长春
地　址:体育场路 406 号
电　话:13805710571
客户服务热线:10086
网　址:www.zj.chinamobile.com
邮　编:310006

浙江省电信有限公司杭州市分公司(266 页)
负责人:吴晓伟
地　址:杭州庆春路 87 号
电　话:0571-87073777
传　真:0571-87237791
邮　编:310066

杭州工商信托投资股份有限公司(280 页)
法定代表人:郑向炜
地　址:杭州市庆春路 155 号中财发展大厦 11 层
电　话:0571-87218033
传　真:0571-87215866
网　址:www.hztrust.com
邮　编:310003

杭州联合农村合作银行(282 页)
法定代表人:张　晨
地　址:杭州市中山北路 288 号
电　话:0571-87923220
　　　　87923221
传　真:0571-87923222

邮　箱:urcb@urcb.com
邮　编:310003

杭州资信评估公司(284 页)
法定代表人:刘俊剑
地　址:杭州市解放路 203 号
电　话:0571-87028269
传　真:0571-87917733
邮　编:310001

杭州市国家税务局(285 页)
地　址:建国北路 276 号
邮　编:310009

杭州市商业银行股份有限公司(286 页)
法定代表人:马时雍
地　址:杭州市凤起路 432 号
电　话:0571-85109707
传　真:0571-85109707
邮　编:310006

杭州数字电视有限公司(306 页)
法定代表人:方建生
地　址:杭州市文三路 20 号建工大厦 5 楼
电　话:0571-28958066
传　真:0571-28958234
网　址:www.hzdtv.com
邮　编:310012

建德市人民检察院(365 页)
法定代表人:余国利
地　址:建德市新安江街道白沙路 121 号
值班室电话:0571-64703636
传　真:0571-64703616
邮　编:311600

杭州市第三人民医院(406 页)
法定代表人:张延祥
地　址:杭州市西湖大道 38 号
电　话:0571-87823126(日)
　　　87823107(夜)
传　真:0571-87814481
邮　箱:hz3yy@hz3yy.com
邮　编:310009

下城区疾病预防控制中心
下城区卫生监督所(407 页)
法定代表人:何玉芳　裘伟康
地　址:中山北路观巷 2 号
电　话:0571-87702844
传　真:0571-87702850

邮　编:310003

杭州市社会福利中心(435 页)
地　址:杭州市和睦路 451 号
电　话:0571-88097809(总机)
　　　28026728
传　真:0571-88181120
邮　箱:smz.flzx@hz.gov.cn
邮　编:310011

杭州市民族宗教事务局(436 页)
法定代表人:赵一新
地　址:杭州庆春路 178 号
电　话:0571-87225692
传　真:0571-87219962
网　址:www.mzj.hz.gov.cn
邮　编:310003

杭州维希矿泉饮品有限公司(438 页)
法定代表人:林夕华
地　址:浙江省杭州市余杭区鸬鸟镇门前山
电　话:0571-88579838
传　真:0571-88579378
网　址:www.vish.cn
邮　编:311118

上城区工商业联合会(475 页)
地　址:杭州市惠民路 26 号 8 楼
电　话:0571-87822502
传　真:0571-87822471
邮　箱:hsglsh@mail.hz.zj.cn
网　址:www.scgsl.org
邮　编:310002

杭州市西湖区三墩镇人民政府(476 页)
法定代表人:邵国建
地　址:杭州市三墩镇三墩街 188 号
电　话:0571-88951272
传　真:0571-88951557
邮　编:310030

杭州市萧山区闻堰镇人民政府(477 页)
法定代表人:卢方利
地　址:风情大道 3368 号
电　话:0571-82300088
传　真:0571-82300070
网　址:www.wenyan.net
邮　编:311258

杭州市余杭区径山镇人民政府(478 页)
法定代表人:申屠成朽
地　址:径山镇龙皇路 12 号
电　话:0571-88583918
邮　编:311116

富阳市人民政府富春街道(479 页)
法定代表人:郑桂山
地　址:桂花西路 28 号
经办人:刘海军
电　话:0571-63321790
传　真:0571-63322844
邮　编:311400

富阳市永昌镇人民政府(480 页)
法定代表人:邵伟斌
地　址:富阳市永昌镇永昌村
电　话:0571-63201270
传　真:0571-63201270
邮　编:311423

富阳市交通局(481 页)
法定代表人:赵庆林
地　址:富春街道市心北路 30 号
电　话:0571-63323866
传　真:0571-63321766
邮　编:311400

胜达集团有限公司(511 页)
法定代表人:方吾校
地　址:萧山经济技术开发区北塘路 2 号
电　话:0571-82831019
传　真:0571-82831016
邮　编:311215

杭州市建筑业协会(西湖杯)(514 页)
会长:虞振羽
地　址:杭州市浣纱路 347 号 6 楼
电　话:0571-87012114
传　真:0571-87011350
网　址:www.hzjzxh.com
邮　编:310006

杭州澳医保灵药业有限公司(525 页)
法定代表人:钟海荣
地　址:杭州市保灵路 5 号
电　话:0571-88144888(总机)
传　真:0571-88145608
网　址:www.aoyipollen.com
邮　编:310022

胜达集团有限公司

SHENGDA GROUP CO., LTD

集团董事局主席方吾校

德国 BHS 2800 瓦楞纸板流水线

胜达集团有限公司的前身系 1983 年用 2000 元创办的萧山包装材料厂。该公司不断改革创新，历经 23 年的艰苦创业，成为拥有总资产 21 亿元、净资产 15 亿元、员工 4028 人的大型企业集团。

胜达集团总部设在国家级萧山经济技术开发区，已形成造纸包装、纺织、房地产、物流四大门类的专业结构，拥有 3 个包装生产基地和 1 个纺织生产基地，占地总面积 56.67 公顷，建筑总面积 28 万平方米。第一包装生产基地坐落在萧山河上祥里工业区块，第二包装生产基地坐落在萧山经济技术开发区，第三包装生产基地坐落在苏州吴中经济开发区；纺织生产基地坐落在萧山区河上镇；生活用纸生产基地坐落在江苏射阳县。在苏州、上海、安徽、台州等地设有办事机构。集团已通过 ISO 9001 质量体系认证及 ISO 14001 环境体系认证，产品深受客户好评。由于技术过硬、质量优良，2000 年 10 月 15 日被中国包装联合会批准为国家级的中国纸包装开发生产基地；2004 年 11 月，集团生产的出口瓦楞纸箱和生活用纸被国家质量监督检验检疫总局认定为国家免验产品。集团公司在技术装备、经营规模、市场份额、出口创汇、经济效益等方面，在全国纸包装行业名列前茅，是全国最大的纸包装企业之一，也是中国民营企业 500 强之一。2005 年，胜达集团完成工业产值 26.59 亿元，销售额 25.8 亿元，利税 1.3 亿元。

胜达集团有限公司正朝着“以包强包、全面发展”的目标快速推进。在未来的发展规划中，将充分发挥各项优势，继续做大、做强、做精企业。

纺织车间

城 建 新 貌

留下入城口

上石立交

复兴立交

九溪大型水厂

运河杭州市区段

图片由市建委供稿

工程名称：杭州金融大厦
承建单位：浙江省建工集团有限责任公司

工程名称：杭州西湖博物馆
承建单位：浙江省建工集团有限责任公司

工程名称：浙大医学院附属妇产科医院门诊医技综合楼
承建单位：浙江省长城建设集团股份有限公司

工程名称：浙江广播电视高等专科学校演播楼
承建单位：龙元建设集团股份有限公司

工程名称：浙江省体育训练中心游泳馆
承建单位：浙江省建工集团有限责任公司

工程名称：黄龙体育中心20号B地块
承建单位：浙江杭州湾建筑集团有限公司

工程名称：黄龙体育中心网球中心暨省老年体育活动中心
承建单位：中天建设集团有限公司

工程名称：浙江省人民医院病房综合楼
承建单位：华丰建设股份有限公司

2005年"西湖杯"建筑优质工程

YOUZHIGONGCHENG

工程名称：开元名都大酒店
承建单位：华丰建设股份有限公司

工程名称：浙江大学生命科学学院
承建单位：浙江宝业建设集团有限公司

工程名称：浙江工业大学屏峰山校区四标段工程
承建单位：中天建设集团有限公司

工程名称：浙江工业大学屏峰山校区经贸管理学院工程
承建单位：浙江宝盛建设集团有限公司

工程名称：浙江工业大学屏峰山校区人文学院楼工程
承建单位：浙江中设建工集团有限公司

工程名称：浙江工商大学下沙校区后勤E2F2区块T2学生食堂
承建单位：浙江大华建设集团有限公司

工程名称：浙江工商大学下沙校区文科实验室外语学院楼
承建单位：杭州二建建设有限公司

工程名称：浙江工商大学下沙校区信息机电楼
承建单位：杭州二建建设有限公司

工程名称：浙江工商大学下沙校区行政楼
承建单位：浙江省长城建设集团股份有限公司

工程名称：浙江工商大学下沙校区风雨操场/游泳馆
承建单位：五洋建设集团股份有限公司

工程名称：浙江农资集团总部大楼
承建单位：浙江省建工集团有限责任公司

工程名称：杭州市长河高级中学行政综合楼
承建单位：杭州浦沿建筑工程有限公司

工程名称：浙江杭州阳光都市财富中心
承建单位：浙江昆仑建设集团股份有限公司

工程名称：浪漫和山花园五期 3 号楼
承建单位：浙江鲁易建筑安装工程有限公司

工程名称：萧山区绿都宾馆 A 号楼
承建单位：浙江宝盛建设集团有限公司

工程名称：浙水房产下沙开发区住宅配套项目一期 1-8 号楼及地下车库
承建单位：浙江大经建设股份有限公司

工程名称：钱塘春晓 E 标 11 号楼
承建单位：杭州市第四建筑工程公司

工程名称：钱江彩虹城二期 R5 组团 1 号、3 号楼
承建单位：浙江三丰建设有限公司

2005年“西湖杯”建筑优质工程

YOUZHIGONGCHENG

工程名称：红石·中央花园D1 D2号楼
承建单位：浙江新盛建筑工程有限公司

工程名称：临安市人民医院病房大楼
承建单位：浙江华厦建设集团有限公司

工程名称：浙江林学院学生活动中心
承建单位：中鑫建设集团有限公司

工程名称：海陆·星光园单身公寓
承建单位：浙江大运建筑工程有限公司

工程名称：金都富春山居悠远居北组团c标段(16幢)
承建单位：浙江东联钱江实业有限公司

工程名称：杭州广利大厦
承建单位：浙江省二建建设集团有限公司

工程名称：杭州雪峰花苑A号商务楼
承建单位：龙元建设集团股份有限公司

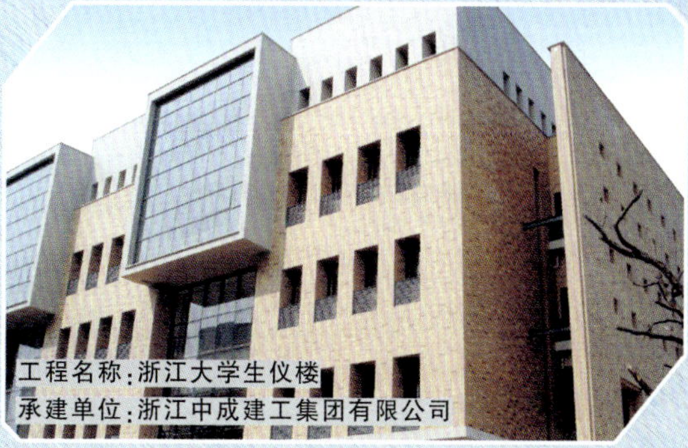

工程名称：浙江大学生仪楼
承建单位：浙江中成建工集团有限公司

工程名称：杭州天翔时代大厦
承建单位：中天建设集团有限公司

工程名称：杭州大剧院工程
承建单位：龙元建设集团股份有限公司

工程名称：新丰商务写字楼
承建单位：杭州二建建设有限公司

工程名称：余杭区星桥中心小学教学楼
承建单位：浙江杭州湾建筑集团有限公司

工程名称：浙江省国土资源厅综合办公楼·耀江商务楼
承建单位：浙江省建工集团有限责任公司

工程名称：杭州绿城育华学校二、三期Ⅰ、Ⅱ标段
承建单位：浙江省建工集团有限责任公司

工程名称：浙江经贸职业技术学院风雨操场
承建单位：五洋建设集团股份有限公司

工程名称：浙江理工大学会展中心(二期剧场)
承建单位：浙江省长城建设集团股份有限公司

2005年"西湖杯"建筑优质工程

YOUZHIGONGCHENG

工程名称：大浒弄东片(杭二毛)地块A区北标段
承建单位：浙江新盛建筑工程有限公司

工程名称：庆隆苑二期西区w4号楼
承建单位：安徽九华建筑集团有限公司

工程名称：庆隆苑二期东区6—7号楼
承建单位：杭州滨江建筑工程有限公司

工程名称：杭州永福寺工程
承建单位：浙江省东阳木雕古建园林工程有限公司

工程名称：杭州市公安局余杭分局办公大楼
承建单位：歙山建设集团有限公司

工程名称：三里新城B'C组团Ⅱ标段
承建单位：浙江东联钱江实业有限公司

工程名称：西溪花园C一东区Ⅰ标段1—4号楼
承建单位：杭州中宙建工集团有限公司

工程名称：加州阳光南区公寓写字楼
承建单位：浙江中成建工集团有限公司

工程名称：欣思成套电器制造有限公司办公楼、辅楼
承建单位：杭州党湾建筑工程有限公司

2005年“西湖杯”建筑优质工程

YOUZHIGONGCHENG

工程名称：武警浙江边防总队办公楼
承建单位：浙江宝业建设集团有限公司

工程名称：西斗门科研开发基地1号产业楼
承建单位：鼎立建设集团股份有限公司

工程名称：南肖埠·文景苑10号楼
承建单位：杭州通达建筑工程公司

工程名称：南肖埠·文景苑1—2号楼
承建单位：杭州中豪建设工程有限公司

工程名称：毛家桥第九、十标段B6号楼
承建单位：浙江昆仑建设集团股份有限公司

工程名称：同仁家园三期八标段9号楼
承建单位：杭州中庆建设有限公司

工程名称：三里新城二期BC组团Ⅲ标段8幢住宅
承建单位：杭州市第四建筑工程公司

工程名称：毛家桥小区三标段D1号楼
承建单位：浙江中成建工集团有限公司

杭州澳医保灵药业有限公司
HANGZHOU AOYIPOLLEN PHARMACEUTICAL CO.,LTD.

杭州澳医保灵药业有限公司由杭州保灵有限公司与新加坡爱美雅美容沙龙有限公司合资组建，其中保灵公司占注册资本的75%，新加坡方占注册资本的25%。公司占地82公顷，有员工420人，其中各类专业技术人员159人。建有原料药、药品、保健食品、食品生产等车间。保灵药业的主要产品有“保灵孕宝”口服液，保灵牌蜂皇胎胶囊，国家二类新药依巴斯汀片、醋甲唑胺片，保健食品有蜂皇浆冻干胶囊、蜂胶片、孕妇多维片(胶囊)、孕妇钙咀嚼片等。

该公司通过内抓管理挖潜力，外抓市场要销量，中外合资和股份制优势得以显现。公司十分重视科技投入，每年用于R&D的费用保持在3%以上，用于工艺技术改造的投入不下300万元。公司企业技术中心、企业研发中心分别被认定为杭州市市级技术中心、杭州市市级研发中心。注重企业技术创新，获得发明专利1项，申请并被受理的发明专利8项，醋甲唑胺片被浙江省科学技术厅认定为高新技术产品。从2003年起，保灵药业销售持续增长，利税快速增加，年投资收益率保持在50%。连年成为杭州市工业国税重点纳税企业，杭州市新药港建设重点企业，区、市文明单位，浙江省先进技术企业。公司涌现出全国劳模、省劳模在内的一批优秀员工。

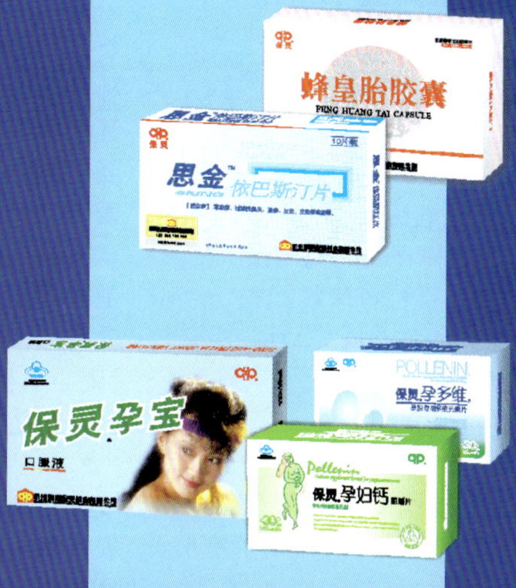

http://www.aoyipollen.com

说明：

一、本类目设主题索引、表和资料3个分目。

二、主题索引采用分析索引方法，按标引词第一字汉语拼音（同音字按声调）顺序排列；第一字相同，按第二字音序排列。依次类推。

类目、分目用黑体红字标示。标引词后的阿拉伯数字表示内容所在页码。数字后的拉丁字母a、b、c分别表示从左到右第一、二、三栏。

参见条目的标引词缩后两格放在相关分目或条目的标引词下面。标引词后有多个页码的，则表示互见内容所在的位置。

本年鉴的“特载”、“大事记”、“统计资料”、“附录”和“彩色图版”均未做主题索引。

三、表按序号排列，所在位置标注方法同上。

四、资料按标题第一字汉语拼音（同音字按声调）顺序排列；第一字相同，按第二字音序排列。依次类推。所在位置标注方法同上。

·主题索引·

0–9

“12345” 37a
“12345”接处电话数 37a
“12345”接处电子邮件数 37a
“12345”接处手机短信数 37a
“2005·走进富春山水” 471a
“49100”帮扶工程 49a
5+2工作制 190a
“5511”培训工程 120b
“5S”管理活动 141a
600兆瓦等级电站半容量锅炉给水泵汽轮机 126b
60岁及以上老年人数 432c
65岁及以上老年人数 432c
70岁及以上老年人数 432c
80岁及以上老年人数 432c
95518专线（人保财险） 278a

A

《阿姐鼓》 383c
阿里巴巴公司 195b
艾滋病防治 401b
爱大制药有限公司 35c 158b
爱国卫生 440a
　概况 404a
爱国卫生月活动 404c
爱国主义教育基地 391c
“爱心工程” 336a
爱心献功臣活动 413a
“爱之路” 427a
安吉路教育集团 373b
安吉路实验学校 373b
“安家工程” 313c
《安妮日记》 389c
安置 412c
安置就业困难人数 19c
案例 363b
奥科亚瓶盖系统公司 187b
奥普电器公司 75a
奥运产品 72b

B

白堤整治 231c
白居易 443b
白山市 179c
白塔 237a
白蚁防治 208a
白油技改项目 77c
“百场文艺演出进社区”活动 38a
百城馆 167a
百强县 464c
百岁及以上老年人数 433a
班组长培训班 70c
办公自动化 188a
半山天然气发电工程 80b
帮扶救助组织网络 412c
帮教工作 318c
帮困助学 319a
包装工业 75b
宝宝在线 304c
保持共产党员先进性教育活动 19a
　　概况 19a
　　市直机关 319b
　司法 363a

保费收入
平安产险 279b
平安寿险 279c
人保财险 277c
太保产险 278c
太保寿险 279a
保护管理 231a
保健品综合监管 299b
保健食品 403c
保密工作 313a
保税物流中心 187a
保险 277b
保障妇女权益 342b
报刊出版物监管 398a
报刊网络内部管理 394b
报业文化建设 395b
报纸 394a
报纸出版数 393b
暴雨 64a
北山街历史文化街区 230a
北天鹅牌羽绒被 459b
背街小巷改善工程 22c 205a 447c
概况 22c
受益单位数 22c
受益市民数 22c
总投资 22c
改善街巷数 22c
被帮扶乡镇退耕还林面积 54b
变电容量 78c 79a
变电所数 78c
标准堤塘管理 59a
标准化船型 253b
标准农田建设 209b
标准信息咨询平台 298b
表彰 324a
表彰先进(社区) 418a
滨江老年电视大学 457a
滨江区 455a
概况 455a
滨江水厂 456c
殡葬管理 422c
兵役 367b
病床数 399a
波浪文化城工程 215b
《波西米亚人》 385a
《脖子高椅》 385a
泊菴 22c
博士后科研工作站 346b
博物馆 234c **237c**
不脆酱瓜 94c
不良贷款余额 (人行) 272a
不良贷款占比(农行) 274b
不良资产余额(联合银行) 276c

C

财经集中统管 367a
财务变革 118c
财政 268 268a
概况 268a
滨江 455b
拱墅 451a
江干 448c
上城 444b
西湖 453c
下城 446c
财政金融
淳安 466b
富阳 470b
建德 468a
临安 473b
桐庐 463c
萧山 458b
余杭 460b
财政审计监督 290b
财政收入 33c
高新开发区 194b
杭州开发区 191a
建德 469b
之江度假区 196b
财政总收入 268a
裁决工作 39c
采用多媒体发言 334a
参加“保先”教育共产党员数 19a
参加“保先”教育中共基层党组织数 19a
参与东北振兴 179b
参与西部大开发 179b
参与中部崛起 179b
参政议政 332a
九三学社 336c
民建 334c
民进 335a
侨联 354b
餐饮业 141b
零售额 132a
残疾人就业 424b
残疾人事业 423c
概况 424a
残疾人数 424a
残疾人体育工作 425b
残疾人文艺汇演 425b
残疾人优惠政策 424a
残疾职工年人均收入 420c
残疾职工数(福利企业) 420c
残联建设 426a
残联专职干事 425a
蚕茧产量 52a
蚕茧专业合作 53c
蚕桑产业(淳安县) 73b
仓前高教新区 373a
查办违法案件数 299a
查处违规违章建设 232c
查处伪劣商品 299a
查螺面积 402b
茶馆经营发展论坛 137b
茶楼业 142b
茶叶高产与病虫害防治 125a
拆除违法建筑 199a
拆迁安置房开工建设面积 198c
柴油机动力 60b
禅茶 429a
产权交易额 158c
产销结合 118b
产学研合作 121b
产业标准化 298a
产业基地(电子信息业) 92c
产业联动 178c
产业链
动漫游戏 93a
汽轮机 115a
兴惠化纤 97c
长河高级中学 373b
长河街道 457a
《长江三角洲地区城市合作协议》 179a
长睦居住区 213b
《“长三角”地区区域规划》 178a
“长三角”健康食品协会 95c
“长三角”教育合作 374b
长途押解 371a
长征中学 452c
常绿镇 470c
“倡导茶为国饮 打造杭为茶都”论文 123a
“倡导茶为国饮、打造杭为茶都”高级论坛 233b
车辆购置税 270a
车辆险(人保财险) 277c

撤并学校 380c
撤村建居土地测绘 210a
陈法庆 463a
陈家祠堂 474c
陈介祺学术思想及成就研讨会 387b
陈文龙墓 230a
成长型企业 67c
成交总量(粮油商业) 144c
成人教育 379c
　　概况 379c
　　培训机构 379c
成人中专评估 380a
诚信个体工商户 120 289a
城管预案 205a
城管执法 205b
城管执法志愿者总队 207a
城建筹融资 211b
城建设计研究院有限公司 202b
城建投入 211a
城建资产经营 211a
　　概况 211a
城区绿化 216b
　　概况 216b
城区智能监控系统 472a
城市部件普查 201c
城市创业投资公司 212b
城市地震活断层 126b
城市地质调查 210c
城市电网规划 79b
城市防空作战演习 367b
城市公共安全试点 124c
城市管理 204c
　　概况 204c
　　法制建设 204c
　　规划 205b
城市规划 199b
　　概况 199b
城市规划编制 199b
城市规划公示 199c
城市规划管理 199c
城市化建设(杭州开发区) 191b
城市基础设施建设投资数 198a
城市基础设施建设支出 269a
城市家具 450b
城市建设管理 198
　　综述 198a
城市金融生态排名 158a
城市客车 91a
《城市快速轨道交通建设规划》 213c 289a
“城市快运” 251a
城市体育局长协作会议 410c
城市阳台桩基工程 215b
城西供电局 80b
城乡基层组织建设 416c
城乡统筹就业 343b
城乡中小学结对 373b
城镇建设 218a
　　概况 218a
“城中村”改造 198c
“城中村”改造地块布点规划 201b
惩治和预防腐败体系 330c
程泰宁 441c
重组改制(食品工业) 94b
初中教育专项检查 379a
出版发行 398a
　　概况
出版物印刷企业数 398b
出访活动 348b
　　侨联 354b
出境旅游市场 240b
出境游目的地 240c
出口产品电子监管系统 188c
出口产品结构 183b
出口创汇
　　出口加工区 186c
　　电子信息业 92b 93a
　　杭州开发区 191a
　　化学工业 76c
　　女装产业 99a
　　西湖电子集团 112a
　　萧山开发区 193b
　　信息业 301a
　　医药工业 102b
出口服务平台 298c
出口加工区 186b 185c
　　概况 186c
出口加工区通行管理系统 187a
出口交货值
　　纺织化纤工业 96a
　　机械工业 89a
　　轻工业 73c
　　丝绸工业 71a
出口免验证书 91b
出口退税 269c
出入境货物 187c
出入境检验检疫 187c
　　概况 187c
出生率 31a
　　市区 31b
出生人口 31a
　　市区 31b
出生人口性别比(计划生育统计报表) 431a
出生人数(计划生育统计报表) 431a
出租车IC卡积分考核 250c
出租车行业“文明行动” 251a
除“四害” 404c
储蓄存款余额增加额(人行) 272a
处罚 324a
处理生活垃圾 211c
传化集团 77b
传化牌合成洗衣粉 459b
传染病发病率 399c
传统工艺美术 74c
船舶检验数 252c
船闸数 252c
“创模”复查 225a
创收(广电) 396c
创新菜奖励基金 142c
创新菜展示 143c
创新基金 124a
创业环境 121b
　　汽轮动力集团 115a
创业与家族企业成长国际研讨会 130c
“春风行动” 154b 319c 339a
“春风行动”书画义卖 391b
春季广交会出口额 184a
淳安千岛湖大桥 247b
淳安投资环境说明会 180b
淳安县 465c
　　概况 465c
慈善活动 421a
慈善救助联动机制 448a
慈云岭造像保护亭 236c
村级民主政治建设研讨会 50b
村级组织换届选举 313c
村级组织活动场所建设 20c
村经济合作社换届 49b
村委会选举 419a
村务公开 36c
村务民主管理 36c
村镇规划 218b
村庄整治 48b
存款额(农行) 274b
存款余额
　　工行 274a

交行 275c
联合银行 276c
商行 276a
存款余额增长率(中行) 274c
存款余额增加额
建行 275a
人行 272a

D

达利公司 72c
“打非” 156c
打击盗版音像制品 157a
打击非法行医专项行动 402b
打击刑事犯罪 360c
打击走私 185c
打击走私与口岸管理办公室 189c
大佛寺 230a
大屏幕液晶彩电 113b
大气污染整治 224c
大容量快速公交规划 200c
大松树集装箱码头 247c
《大唐风云》 386c
大卫·麦克梅林 144a
大峡谷景区 474b
大型电视直播活动 383b
大学科技园 449a
大学生创新成果竞赛 376c
大学生电影节 390c
大雪 63c
大自然集团 98a
代办护照数 348a
代办签证数 348a
贷款担保结构(商行) 276b
贷款额(农行) 274b
贷款余额
工行 274a
交行 275c
联合银行 276c
商行 276a
贷款余额增长率(中行) 274c
贷款余额增加额
建行 275a
人行 272a
党报党刊发行工作 314b
党风廉政建设
工商行政管理 293a
市直机关 319c
党风廉政建设责任制 330b
党内监督 330b
党史宣传教育 317c
党史专题征编工作
改革开放时期 317b
社会主义时期 317a
党外干部队伍建设 316a
党校教学内容改革 316c
党员帮助困难群众办实事数 19c
“党员电教新干线” 20c
党员领导干部联系点制度 20a
党员领导干部上党课 20a
“党员喜看新变化”活动 21a
党员走访慰问困难户数 19c
党政 308
《党政干部淘汰制研究》 130a
党政机关办公业务资源系统 303a
党政领导科技进步目标责任制 122b
档案编研 392c
档案服务利用 392a
档案馆数 391c
档案管理 392b
档案教育 392c
档案接收征集 392a
档案事业 391c
概况 391c
档案宣传 392c
导游员数 244b
到访活动 348c
悼念革命先烈 415c
盗版音像制品大案 157b
道路保洁 205c
稻飞虱 62c
德国交响乐团 385a
德意牌吸油烟机 459b
登记失业率 343a
登记失业人数 343a
等级航道里程 252c
迪欧达牌羽绒被 459b
地方病防治 402b
地方财源 269b
地方财政收入 268a
地方财政支出 268a
地方立法工作 322b
地方税务 270b
概况 270b
地理 30b
地理位置 30b
地力培育 54a
地貌 30c
地名管理 421a
地税收入 270b
地税收入结构 270c
地铁 1 号线站点 201a
地下购物广场 140c
地质灾害防治 209c
第二长途通信枢纽楼 259a
第二垃圾填埋场工程 211c
第三产业
滨江 455b
淳安 466b
富阳 470a
拱墅 450c
建德 467c
江干 448b
临安 473a
上城 444a
桐庐 463c
西湖 453b
下城 446b
萧山 458a
余杭 460b
第三产业从业人员比例(个体工商户)120b
第三产业投资比例(个体工商户) 120b
典当业 135b
碘缺乏病防治 402b
电大 131a
电动机动力 60b
电力工业 78c
概况 78c
电力工业固定资产净值 78c
电力工业固定资产原值 78c
电力用户 79a
电线电缆产业基地 474a
电信实业公司 260a
电信通信 257c
概况 257c
电信营运体制 260b
电站辅机新产品 111a
电子监控体系 356b
电子信息 100 强企业 94b
电子信息街区 454b
电子信息业 92b
概况 92b
电子政务系统(交通) 245c
调研活动
工商联 337b 337c
民盟 334a
民主党派 332b

农工党 335c
致公党 336b
调研课题数(市发改委) 288b
东北亚投资贸易博览会 179c
“东方剑桥” 377b
《东方太阳》 383a
东方文化园 173c 310c
“东方休闲之都”推广活动 171b
《东方休闲之都·杭州》画册 244a
《东方休闲之都——杭州》光盘 244a
《东方休闲之都——印象杭州》 243c
东海明珠工程 386a
东来阁 462b
东苕溪 30c
“东吴传龙” 470b
东西部合作与投资贸易洽谈会 69a
“东引台资” 355a
动漫产业 386c
动漫产业高峰恳谈会 387a
动漫企业数(民营企业) 120a
“动漫之都” 195a
动物疫病防控 134c
动物诊疗单位监管 56c
都市农业园 192c
《抖杆》 385a
毒品案件破获数 357a
渎职侵权犯罪 359b
渡船数 252c
渡口数 252c
短期贷款余额增加额(人行) 272a
短信科普知识竞赛 128b
对公存款余额(交行) 275c
对口扶贫 180c
对口联系 337a
对口支援 180c
对台宣传 355b
对外传播“金桂奖” 315b
对外交流(文化) 315a 382c
对外经济贸易 181
综述 181a
概况 181a
对外开放
滨江 455b
淳安 466b
富阳 470a
拱墅 451a
江干 448b
临安 473a
上城 444a
桐庐 463b
西湖 453b
下城 446c
萧山 458a
余杭 460a
对外投资项目 185b
对外宣传报道 394c
对外宣讲(党校) 316c
多党合作和政治协商制度建设 315c

E

EMBA 研修班 292b
俄罗斯芭蕾舞团 385a
俄罗斯时尚展览会 101b
儿童食品安全信用体系 94c
儿童文学创作笔会 389b
二十世纪俄罗斯现实主义绘画大展 239a
二手车市场 135c
二氧化碳回收 95a

F

发电量 78c
发电设备总容量 78c
发放房屋产权证 207c
发放计划生育奖励扶助资金数 432c
发展环境(之江度假区) 197a
发展民营经济措施 119b
发展民营经济政策 119a
发展世博经济座谈会 178a
法国尼斯狂欢节 470b
法律服务工作 363a
法院 360c
概况 360c
反盗车 357b
反走私综合治理 190b
梵天寺经幢 237a
防旱 51a
防空袭演习 370a
防汛 51a 206c
防震减灾科普宣传 126c
房产登记受理 207c
房产管理 207c
概况 207c
房产交易成交量 207c
房产交易面积 207c
房地产价格调控 293c
房地产开发(西湖电子集团) 113b
房地产市场管理 208a
房地产预警预报系统 208b
房屋安全鉴定 208a
房屋拆迁 208a
纺织化纤工业 96a
概况 96a
纺织品·装饰织物国家标准 97b
纺织品监管 189a
纺织品著名商标 96c
放射源管理 225c
“放心肉”工程 134b
放心修车街 252a
“放心早点”工程 135a
放映单位数 156b
飞利弘牌羽绒被 459b
飞来峰 236c
非处方药 300b
非公有经济贡献率 119c
非公有经济实力 119b
非农业人口 31a
市区 31b
非物质文化遗产 387c
非物质文化遗产保护工程 386a
废旧金属回收管理 136b
废纸造纸节水技术应用研究 124a
分级分类管理 194a
分级救助制度 411b
分水江水利枢纽工程 464b
分水镇 465b
《丰子恺漫画研究》 130b
风景名胜 230a
风景名胜区森林防火 230a
风险防范(联合银行) 277a
风险管控能力(农行) 274b
蜂存栏数 55c
扶持“三农”支出 268a
扶贫帮困 424c
扶贫助教(民建) 334c
扶贫助学(民进) 335a
服务地方经济 186b
服务业统计调查制度 296b
服装设计未来之星 101a
服装制作技能大赛 101a
浮桥侧翻事故 474b
福利彩票 420c
福利工作 347a
福娃 449b

妇女活动阵地数 341a
妇女组织 338 341a
概况 341a
妇幼保健 401c
复兴大桥经营权 212a
复议工作 39c
赴北京招商 177b
赴欧洲招商 181c
赴上海招商 177c
赴温州招商 177c
赴珠江三角洲招商 177b
富春江环保热电项目 471c
富春江镇 78c
富春山居度假村 472b
富可达牌茄克衫 459b
富通集团 470c
富阳技工学校 378c
富阳农村合作银行 470c
富阳市 469c
概况 469c
富阳市图书馆 471b
富阳职业高级中学 378c
富泽民族村 427a

G

GE 水电设备 194b
GMP 认证 116a 299c
GSP 认证 299c
改善办学条件 380c
概况 380c
改善农民饮水条件人数 58c
改造危房 412c
干部保健 402a
干部教育培训(党校) 316c
《干部任用条例》313b
干部体育活动 410a
肝炎控制 401a
钢结构产业化基地 78b
港澳台联谊活动 329b
港澳台人员就业管理 154c
港澳同胞捐赠 352c
港联航空公司 255b
高标准平原绿化面积 54b
高等教育 376a
概况 376a
高尔夫球赛 197c
高级工商管理研修班 292b
高级人才评聘 153c
高技术产业 289a
高科技企业孵化器 192b
高炮实弹演练 367c
高山蔬菜无公害种植技术 125a
高速计算机骨干网络 377b
高温干旱 64a
高校毕业生就业 153b
高新技术产业开发区 194b
概况 194b
高新技术高峰论坛 164a
高新技术企业 125a
高新企业服务网 195c
高新软件园 195b
高云光等贪污案 364b
革命烈士遗属数 413a
格凌水研项目 193c
个人保险保费收入(平安寿险)
279c
个人所得税 270b
个体工商户从业人数 119a
个体工商户数 119a 291c
农场企业 61a
个体经济 120b
个体客运出租汽车经营户数 249c
个体民营经济 119
综述 119a
个体民营协会活动 120b
个体演出经纪人数 156b
个体演出人员数 156b
各国来宾数 348a
各类市场数 291c
各类印刷企业数 398b
各类住房布点规划 200b
给付赔款(中国人寿) 278a
工程担保试点 204a
工程项目管理系统 246a
工会会员数 338a
工农业旅游示范点 242c
工农业总产值(农场企业) 61a
工商信托公司 277a
工商行政管理 291c
概况 291c
队伍建设 293a
行政执法 292c
执法办案 292c
专项整治 292b
工商银行 273c
工业 66
综述 66a
工业产值(余杭) 460c
工业经济
滨江 455b
淳安 465c
富阳 470a
拱墅 450c
建德 467c
江干 448b
临安 472c
上城 444a
桐庐 463b
西湖 453b
下城 446b
萧山 457c
余杭 460a
工业经济运行特点 66b
工业销售产值 34a 66a
工业增加值(福利企业) 420c
工业资产经营 110a
概况 110a
工业总产值 34a 66a
福利企业 420c
工艺美术大师博览会 163c
工艺美术精品 74b
工艺美术宣传 74b
工资工作 347a
工资集体协商 70c
工作交流(文物) 235a
工作流管理系统 196a
公安 357a
概况 357a
公车改革 461a
公共财政建设(上城) 445a
公共场所卫生 403c
公共停车场库 213a
公共图书馆 386c
公共卫生 400b
概况 400b
公共卫生管理 400c
公共卫生监督 400c
公共卫生事件应急处置 188c
公共资源交易 289c
概况 289c
公交车载电视 212c
公交客运量 211c
公交快速 1 号线工程 211c
公交线路短信查询系统 212b
公路 249a
概况 249a
GIS 管理系统 246a
等级客运站数 252b
国道里程 249a

"杭州新闻奖" 398c
《杭州研究》131c
杭州盐业公司 139a
杭州油漆公司 77c
杭州越剧院 383a 383c
杭州杂技总团 385a
杭州至釜山国际航线 255b
杭州至曼谷航班 255b
杭州至香港航班 255b
杭州中策职业学校 378c
航空安全年 253c
航空口岸文明共建活动 190b
合资经营机场协议 254b
合作医疗基金 402a
何鲁丽 385b
和平国际会展中心 71b 75a 165b
和平祈祷活动 428c
和谐杭州建设 328c
和谐杭州示范区研讨会 201b
和谐劳动关系先进企业 339b
和谐先进企业 68a
"和谐之夏"电影月 333c
"和谐组工"建设 314a
河流 30c
黑龙江华冠科技股份有限公司 158b
弘扬佛教文化座谈会 428c
《红顶商人胡雪岩》233c
"红色之旅"活动 314c
"红色之旅"教育基地 469b
红十字会 404c
　　概况 404c
红十字会数 404c
红十字会员数 404c
红十字青少年活动 405c
红星剧院 383a
红缨学前教育集团 452b
宏观经济监测预测 303c
宏观经济监测预测信息系统 304a
洪英 440c
"鸿光浪花"品牌 141b
鸿阳家电公司 192a
后备力量建设 366b
后备力量作战资源 367a
后勤物资 400a
后勤应急保障能力演练 371a
胡忠英 144b
湖滨国际名品街 445c
湖泊 30c
湖中三岛整治 231b
户外广告设置 206a
沪杭高速公路 247a
沪杭铁路 249a
花园式科研产业化基地 197a
华平 440a
华鼎集团 72c
华东交易会出口额 183c
华东医药集团 118a
　　概况 118a
华丰路 369c
华光潭水库 473c
华立集团 91b
华人全明星乐团 385a
华润万家超市滨江店 457a
化纤业创新 96c
化学工业 76b
　　概况 76b
化学制药 102b
"欢乐六一杭州行" 334b
环保"十一五"规划 222c
环保产业与科研监测 226b
环保管理 226c
《环保剑》386c
环保科研 226c
环保提案 226a
环保投入 76c
环保投诉 226a
环保执法检查 226a
环境保护 222
　　综述 222a
环境管理体系标准认证 226b
环境管理执法 225b
环境基础设施建设 225a
环境违法案件 225c
环境污染整治 224a
环境质量体系认证 297b
环境综合整治 224a
缓解"看病难" 294a
缓解"行路难、停车难" 294b
黄孟复 458c
黄源旧居 230a
《汇报咏叹调》463a
会展场馆 165b
会展活动 163c
会展业 159
　　综述 159a
　　承接会议数 159a
　　举办展览数 159a
会展业协会 159a
《会展组织与管理》130b
婚姻登记管理 422c
火炬计划 67a 125c
火灾起数下降率 357a
火灾死亡人数下降率 357a
货物到达量(铁路杭州地区) 248b
货物发送量(铁路杭州地区) 248b
货运拖拉机数 249b

I

IC 卡自助报名系统 290a
ISO 14000 国家示范区 195b
IT 产业通信应用研讨会 263b

J

机场公安机构 255a
机动车驾驶培训机构数 250a
机动车维修企业数 249c
机耕作业面积 60b
机关干部代职 370c
机关干部当兵 370c
机关事业单位妇委会数 341a
机卡分离式小灵通 259b
机卡分离数字电视 113a
机械播种面积 60b
机械工业 89a
　　概况 89a
机械工业科学技术一等奖 90b
机械秸秆还田面积 60b
机械手 191c
鸡血石 31a
基本建设项目并联审批办法 290a
基层党组织建设 319c
基层妇代会数 341a
基层妇联数 341a
基层工会数 338a
基层工商联领导干部培训班 337c
基层团组织数 339c
基层文化活动 386b
基础测绘 200b
基础建设
　　出口加工区 186c
　　电信 258a
　　邮政 256b
基础设施建设
　　高新开发区 195a
　　杭州开发区 191b
　　西湖电子集团 112c
　　萧山开发区 193b

滨江 455b
淳安 466a
富阳 470b
拱墅 451a
建德 468a
江干 448c
临安 473a
上城 444b
桐庐 463c
西湖 453c
下城 446c
萧山 458b
余杭 460b
之江度假区 196c
基地管理 188b
基督教崇一堂 428b
稽查制度 271b
“吉祥钟声迎新年”活动 429a
疾病控制 401a
集成电路设计 92c
集美国际大厦 216a
集邮文化展 257a
集约用地 209c
集约招商 193c
集中供养 412b
计划生育率(计划生育统计报表) 431a
计划生育优质服务县(市、区) 431b
计量检测体系审核 297b
计生基层基础工作 432a
记录媒体公司 116c
纪念馆 234c
纪念九三学社建社60周年 337a
纪念抗日战争暨世界反法西斯战争胜利60周年 390a
纪念抗日战争胜利60周年 314c 317b 333c 38b
纪念民建成立60周年 334c
纪念农工党建党75周年 336a
纪念世界反法西斯战争胜利60周年 317b
技改投资额 66c
技工贸总收入(高新开发区) 194b
技能培训鉴定 344c
技术创新
高新开发区 194c
建材冶金 78a
汽轮动力集团 114c
技术创新示范企业 77b
技术创新项目 66c
技术改造
纺织化纤工业 96b
建材冶金工业 78a
女装产业 99b
信息科技公司 116b
技术市场 155a
概况 155a
技术合同交易额 155a
技术合同数 155a
注册会员数 155a
《济公》 386c
继续教育 346c
家纺产业 97a
家禽出栏数 55c
家禽存栏数 55c
家禽定点检疫 56c
家庭主题教育活动 342b
家政业 142c
甲肝疫苗 103c
“甲醛”风波 95a
价格调控监测 293b
价格改革 295b
价格欺诈专项整治 295a
驾培IC卡计时系统 251c
驾驶员理论培训中心 251b
驾驶证换发 358c
监所检察 360a
监狱工作 362b
减免税额 269c
减免医疗费用 400b
减轻农民负担 48c
检察 358c
概况 358c
办结案件数 359a
检察档案电子应用系统 360c
检察技术工作 360b
检验试剂 400a
见习岗位 343b
见习基地 343b
建材冶金工业 78a
概况 78a
建德高垣孝子牌坊 237a
建德市 467b
概况 467b
建德市级文保单位 237a
建设市场管理工作会议 203b
建设项目环境评价 225b
建设信用网 204b
建设银行 275a
建议(环保) 226a
建制镇数 31c
建筑工地食品 403c
建筑设计研究院有限公司 202a
建筑市场行为 203b
建筑市场专项检查 204a
建筑业 203a
概况 203a
增加值 203a
健康行为 404c
健康知识 404c
江航 440a
江东大桥 247a
江东高教新区 373a
江干区 448a
概况 448a
江南水乡文化博物馆 235a
奖励 324a
蒋家浜村 452a
降水 63b
交流活动 351b
交流交往(台务) 355c
交通建设投资额 245a
交通接轨上海 178b
交通经济广播 397a
交通事故起数下降率 357a
交通事故死亡人数下降率 357a
交通信息指挥系统 246a
交通银行 275b
交通运输 245
综述 245a
概况 245a
交通职业院校毕业生 246b
交通指示牌 241c
交通重点工程建设 246c
概况 246c
投资额 246c
郊坛下遗址 236c
教场路 23a
教师待遇 450a
教师培训 380b
教师学历 380b
教师职称 380b
教师资格认定 380b
教育 372
综述 372a
总投入 380c
教育调研实验基地 334b
教育规模和需求 372a
教育合作交流 178c
教育科学研究 131a

教育培训(工商联) 337b
教育强镇(乡) 374b
教育事业支出 268c
教育收费 374c
教育收费改革 294c
教育收费规范 294c
教育文化娱乐服务支出 430b
教育效能和行风建设 372b
教育宣传 372b
教育资助券 374a
接待工作 326c
接待观众数(会展业) 159a
接待海外侨胞港澳同胞数(侨办) 352c
接待华侨华人港澳同胞数(侨联) 352c
接轨上海 177c
"接力长征" 398c
接受人大监督
　法院 362a
　检察 360b
接受社会监督(法院) 362a
街道办事处数 31c
街面管控机制 207c
结对帮扶 411b
结构调整
　建材冶金工业 78a
　化学工业 76c
　女装产业 99b
　汽轮动力集团 114b
　轻工业 73c
　西湖电子集团 111c
结核病控制 401a
姐妹帮扶工程 341b
解放路百货商店 140a
解决上学难贫困学生数 19b
解决外来务工人员子女就学数 19b
巾帼文明示范岗 342a
金富春公司 72c 73a
金海岸娱乐有限公司 385b
"金鸡报晓闹元宵"灯会 386c
金丽温高速公路有限公司 451c
"金龙奖" 184b
《金钱豹与美洲狮》邮票 257a
"金桥工程" 127c
金融 272
金融担保制度 35c
金融服务 273a
金融改革 272c
金融生态环境建设 272c
金融业增加值 158a
金维他 111c
金星铜公司 445a
金永新 439c
紧密型代维改革 263b
紧缺人才培训 178c
劲萱文学社 378b
进出口总额 181a
进境肉类检查 188b
进口旧机电产品监管 188c
京杭大运河 30c
京杭高科技产业化合作 127b
经典怀旧菜 143c
经典中国电影展播 397c
经纪人管理 156a
经济案件查结数 357a
经济发展 31c
经济管理 288
经济合作交流 176
　综述 176a
经济建设规划 300b
　概况 300b
经济适用房 208b 339b
经济适用房开工建设面积 198c
经济体制改革 34a
经济责任审计 290c
经济租居房 208b
经营管理
　电信 258a
　联通通信 262a
　移动通信 261a
　邮政 256c
经营规模(西泠印社) 388a
经营结构优化(工行) 274a
经营收入(电信) 257c
经营者信用监管 155b
精密夹具 191c
精品课程 376c
精品网络 262a
精神残疾人数 424a
精神文明建设 37c
精神文明建设突出贡献奖 37b
景观林带建设 55a
景区监管信息系统 232c
景区指示路牌 233a
"景中村" 229a
净慈寺 429a
净资产(西湖电子集团) 111c
竞技体育 408b
　概况 408b
敬廉崇洁教育 446a
境内客源市场 240b
境内旅游收入 240b
境内外游客数 240a
境内游客数 240b
境外来宾接待数 348a
境外投资领域 185b
境外投资企业(机构) 181b
境外投资区域 185b
境外投资项目 69b 449c
静逸别墅 230a
纠正损害群众利益的不正之风 331b
九堡东站 214c
"九三"暴雨 473c
九三学社市委会 336c
酒吧 142a
就业服务 343b
居民区调整 31c
居民区数 31c
居民消费价格总水平 293b
居住区发展规划 200b
具有粮食收购资格企业数 144b
捐款捐物(民主党派) 332c
捐献造血干细胞 405c
军队离退休干部安置 416a
军队转业干部安置 347b
军粮供应中心 145a
军民共建 368a 415a
军民关系 368b
军事 366
　综述 366a
军事战备 366c
军政关系 368b

K

咖啡西餐业 142a
《卡布其诺的咸味》 383a 385a
开放带动战略 110c
开放档案数 391c
"开门立法" 39a
开拓国际市场(杭氧) 118a
开拓海外市场(汽轮动力集团) 114c
开元中学 372c
勘测设计 202a
勘测设计研究院 202c
康复工作 424b
康汽集团 451c

抗台 206c
考古 239b
考古成就展 237b
考古发掘 234b
考核驾培行业 251c
考核维修行业 251c
科技部先进管理单位 195b
科技成果鉴定 126a
科技成果奖励 126b
科技创新 121b
医疗卫生 124b
科技创新能力(萧山开发区) 194a
科技创新体系 121b
科技扶贫项目 125a
科技合作 179a
科技合作与交流 123a
科技合作周 123a
科技活动周 122c
科技计划 124a
科技计划管理 121a
科技进村入户活动 53c
科技企业孵化器 125b
科技强警 358a
科技强警示范城市 124c
科技强市 122b
科技强市建设规划纲要 122b
科技强县 122b
科技情报研究项目 126c
科技特派员 122c
科技投入(轻工) 74a
科技咨询服务 127a
“科教进社区”活动 128a
科普宣传周 122c
科协交流 128a
“科协为民服务”讲座 128c
科学技术 121
可恩索华伦纸管公司 116c
可果美食品公司 95b
客户服务(电力工业) 80a
客户结构调整(工行) 274a
客运出租汽车经营企业数 249c
客运站场电子监控系统 251a
肯德基 143b
空气质量 223a
控告复查 360a
口岸管理 189b
概况 189b
块状经济 120a
宽带网 301c
宽带用户数 259a
矿产资源 31a
矿产资源储量登记 210c
矿山管理 209c
矿山治理备用金征收标准 210c

L

LOFT 创意产业 452c
垃圾焚烧技术 91c
兰州拉面馆规范工作 426c
蓝色倾情公司 102a
劳动保障 343 343a
概况 343a
劳动保障城乡统筹 35c
劳动保障执法监察 345a
劳动关系调整 344c
劳动力市场 154a
概况 154a
招聘专场数 154b
达成就业意向人数 154b
推出就业岗位数 154b
劳动力转移工程 341c
劳动模范管理工作意见 139b
劳动生产率(建筑业) 203a
劳动用工管理 344c
劳动争议仲裁 345a
劳教工作 362b
劳务合作 154c
老板集团 74c
老板牌吸油烟机 461b
老干部工作 317c
老虎洞窑遗址 236c
老龄工作 432c
概况 432c
老年电大分校 434a
老年人权益 434c
老年人体育 410a
老年人优待政策 434c
老人节 434b
“老字号·新菜点”活动 143b
老字号博览会 69a
乐金大自然(杭州) 116c
乐墅 230a
雷电 64a
冷藏保鲜库容量 60b
离休干部保健 402a
离休干部服务 318b
离休干部管理 318b
李刚 442b
李兰娟 441a
里万物桥 235c
理论科研(党校) 317a
理论学习(统战部) 316a
理论研究 314b
理赔案件数(太保寿险) 279a
历史建筑 209a
历史建筑保护 234a
历史街区保护 234a
历史人物选介 443b
历史文化名城保护规划 201a
历史文化遗产保护 234a
历史沿革 30a
概况 30a
立法工作 39a
立法论证会 39b
立法选项工作 39a
利润总额
建筑业 203a
电子信息业 92b
利益平衡机制 34c
利用外资(第三产业) 184c
连锁超市 133a 474b
连续阴雨 64a
联合康康连锁店 139a
联合收割机跨区作业面积 60b
联合银行 276c
联合银行组建 276c
联魁塔 470c
联通通信 261c
概况 261c
廉洁教育 373a
廉租房 208b
廉租公寓 193a
良种繁育体系 58a
梁宅 235c
粮食复种面积 52a
粮食基地 145b
粮食每公顷平均产量 52a
粮食生产 53a
粮食收购优惠政策 48a
粮食物流中心 145a
粮食应急预案演练 145c
粮食总产量 52a
粮油商业 144b
概况 144b
“两保一优”活动 211c
“两项制度、两项活动” 309b
亮灯工程 205c
列入 500 强民营企业数 119c
邻居节 419a

林枫 443b
林地征占用面积 54b
林木采伐额度 55c
林业 54b
概况 54b
产值 47a
林业刑事案件破案率 54c
临安市 472b
概况 472b
临安市清凉峰吊瓜产业协会中药材基地 473c
临安市蔬菜产业协会蔬菜基地 473c
临安市种子公司稻米基地 473c
临床用血管理 402c
灵通杭州网站 259a
灵隐头山门牌坊 230b
领导班子综合考核评价试点 313a
领导干部廉洁自律工作 330c
领导干部轮训 20b
领导干部综合考核评价试点 313a
流动人口计生管理 432a
流动人员党员管理 154a
流浪乞讨人员救助管理 423c
留学人员创业园 346b
留学人员招聘 346b
留用地管理办法 210b
六大优势产业产值 47a
龙井茶文化村整治 231a
龙井寺修复 231a
龙门古镇 471b
鲁冠球 441c
鲁迅文学社 378b
旅店业 141c
旅客到达量
铁路杭州地区 248b
铁路杭州东站 248a
铁路杭州站 248a
旅客发送量
铁路杭州地区 248b
铁路杭州东站 248a
铁路杭州站 248a
旅行社总数 244b
旅行市场秩序规范 244c
旅行市场秩序整治 244c
旅游 240
综述 240a
总收入 240a
旅游(休闲)商品博览会 137b
旅游促销 230c **243c**
概况 243c
旅游规划工作 241a
旅游平安卡 260a
旅游外汇收入 240a
旅游宣传品 244a
旅游业管理 244b
旅游业增加值 240a
旅游资源开发 241c
绿城育华学校 373b
绿地面积 216b
绿化覆盖率 216b
绿化审批制度改革 218a
绿化养护管理 216c
绿化养护管理综合考核 217c
绿化优秀工程 217a
绿化招投标 216c
“绿剑出鞘”行动 55b
“绿色饭店”数 244b
“绿色企业” 67b 75a 77c
绿色市场 155b
绿色市场认证 134c
“绿色通道”政策 50c
绿色通道建设长度 54b
绿色文明进万家活动 217b
“绿色学校” 374c
“绿色医院” 402c
罗豪才 385b
罗雪娟 409a

M

马惠民受贿案 364a
马尼托瓦制冷公司 69c
玛瑙寺 230a
麦特达因底盘零件公司 186c
卖鱼桥小学教育集团 452b
曼谷航空公司 255b
盲人乘坐公交车 425c
毛茶产量 52a
贸易摩擦 183c
玫瑰婚典 163b
梅竹山庄 22b
美国 183b
美国百老汇 385a
美国国际科技 Ilial 公司 123c
美国肯尼迪艺术中心 383c
美国伦敦亚洲基金集团 123c
美国纳米技术研究院 123c
美国西雅图加速器公司 123c
美浓丝网印刷公司 75a
美容美发业 142c
美食节 137a
“门耳千人茶会” 335b
《孟丽君》 383c
密渡桥南宋河道遗址 239b
密山粮食收储基地 145b
免费婚检 457a
免费培训下岗失业人员数 19b
面点师服务师技能大赛 143b
面积 30b
市区 30b
灭螺面积 402b
民办非企业单位数 423b
民办学校教师基本养老保险 380c
民兵 367b
民兵军事训练 367b
民兵武器装备管理 367b
民革市委会 333a
民间艺术抢救保护 391c
民建慈善帮困金 335a
民建会员经理厂长联谊会 334c
民建会员企业家联谊会 334c
民建市委会 334c
民进市委会 335a
民盟市委会 334a
民情民意调查 296c
民生计量监管 298c
民生药业 196a
民事案件 361a
民营航空公司 255c
民营经济 119b
民营企业雇工数 119a
民营企业数 119a
农场企业 61a
民营企业投资者人数 119a
民营企业运动会 337c
民用航空 253b
概况 253b
出入境货邮行李数 253c
出入境旅客数 253c
高峰日起降架次 253b
高峰小时起降架次 253c
航班起降数 253b
货邮行李吞吐量 253c
基础设施建设 255a
旅客吞吐量 253c
通航城市数 253c
民政事务管理 421a
民主党派工商联筹备换届 316a
民主党派和工商联 332

综述 332a
自身建设 332b
民主法制社区 418b
民族 426a
概况 426a
民族工作现场会议 427a
民族民间艺术保护工程 385c
民族宗教工作 329b
名牌产品(食品工业) 94b
名牌战略 96b
名胜区慈善总会 229b
名师培养 372b
名特优水产养殖 57c
名优茶产量 52a
名中医学术继承 403a
“末位告诫”制度 347a
目标管理考核工作 325c
牧业产值 47a

N

内部审计工作 291b
内资企业数 291c
纳税服务 271b
纳税服务体系 270a
纳税评估 270a
纳税荣誉等级评定 270b
奶牛存栏数 55c
南昌 180a
南山路 445b
南宋官窑博物馆 236b
南宋皇城遗址保护规划 235a
南宋史研究 129a
《南唐故家与西昌文学》 130b
倪萍 111c
年降水量 30c
年日照时数 30c
年雨日 30c
宁围镇 52a
“牛皮癣”整治 206a
农产品加工企业 49c
农产品展销 50c
农产品质量安全 53c
农场企业 60c
概况 60c
农场土地确权 61a
农村成校等级复评 380a
农村电气化建设 465a
农村改厕 404b
农村改水 404b
农村工作会议 47a
农村工作指导员 50c
农村公共卫生 49a
农村公路 250a
农村健身设施建设 409b
农村教师素质提升工程 380c
农村教育 373c
农村教育管理体制 454b
农村经济
滨江 455a
淳安 465c
富阳 470a
拱墅 450c
建德 467b
江干 448a
临安 472b
桐庐 463a
西湖 453a
萧山 457b
余杭 459c
农村经济总收入 47a
农村居民人均纯收入 429c
农村居民人均居住面积 430c
农村科普 128b
农村清洁能源 49b
农村社区股份制改革 35c
农村实用人才 51b
农村卫生 402a
概况 402a
农村卫生费投入 402a
农村卫生所建设 300a
农村现代流通网 299b
农村现代流通网络 62a
农村药房建设 300a
农村药品监管网建设 300a
农村邮件 257b
农村邮路改造 257b
农村专业合作组织 48c
农村专业经济协会 423b
农夫汽茶 75b
农副产品加工机械数 60b
农工党市委会 335c
农机购置补助政策 60b
农机警务室 60b
农机具数 60b
“农嫁女”维权 342c
农居多层公寓 455a
农居公寓房产 208c
农居建筑节能住宅 78c
农林牧渔业总产值 47a
农贸市场整治 139c
农贸市场综合整治 133c
农民人均纯收入 47a
农民素质培训工程 49a
农民体育 410a
农民消费结构 430b
农民专业合作社 51c
农药残留检测 133b
农业 47
综述 47a
农业标准化 53c
农业产业化经营 54a
农业产业化经营 61c
农业产值 47a
农业股份经济合作社 49c
农业机械 60b
概况 60b
农业机械总动力 60b
农业科技攻关 122a
农业科技信息 49a
农业银行 274a
农业专家系统开发应用项目 51b
农业自然灾害 52a
“农转非”人员社会保障 210b
“农转非”人员社会保障政策 48b
“农转居”公寓 449c
“农转居”人员维权 450b
农资供应 62c
农作物受灾面积 411a
女职工重大疾病互助保险 339c
女装产业 99a 99b
概况 99a
综合实力 99b
女装产业发展会议 100b
女装设计大赛 101a
女装网 101c
《女子十二乐坊杭州演奏会》光碟 244a

O

欧盟 183b
欧洲投资 185a

P

拍卖业 136a
排灌机械数 60b
排污申报 226b
排污收费 226b

潘秋梅 469c
培训技术人员(民主党派) 332c
培训下岗工人(民主党派) 333a
培训员工数 244c
赔付率(太保产险) 278c
赔款支出
　　平安产险 279b
　　太保产险 278c
配套援助措施 412a
彭凯南 117a
批捕 359a
批发销售量(烟草) 146b
批零贸易业零售额 132a
《皮条》385a
啤酒业 95a
品牌建设 297b
　　农产品 50c
"品牌竞争力 50 强"占有数 120b
品牌升级 77b
品牌意识 119c
品牌战略 74c
平安创建工作 356a
平安创建考评办法 356a
平安交通 245b
"平安校园" 376a
平保产险浙江分公司 279b
平保寿险浙江分公司 279c
平均期望寿命 399c
平壤 383c
评标专家语音通知系统 290a
瓶窑南山造像群 236a
"破七难,作贡献"活动 19b
"蒲公英行动" 340b
普法教育 362c
普利适优迪车桥项目 193c
普通高中教育 377b
　　概况 377b

Q

QS 认证 95c
七格污水处理厂 212a
期货代理交易 158b
企事业存款余额增加额(人行) 272a
"企业 110"联动机制 192c
企业搬迁 77a
企业出口实力 183a
企业创新能力(电子信息业) 93c
企业孵化器 121b
企业服务年 70b
企业高新技术研发中心 125a
《企业工资集体协商试行办法》34c 339c
企业管理
　　华东医药集团 118b
　　化学工业 76c
　　网络通信 263a
　　西湖电子集团 111b
企业规模(轻工) 73c
企业基础信息交换系统 302b
企业技术中心 67a
机械工业 89c
企业科协管理 128a
企业科协建设 128a
企业数
　　电信 257c
　　电子信息业 92b
　　纺织化纤工业 96a
　　福利企业 420c
　　工业资产经营公司 110a
　　杭氧集团 117b
　　华东医药集团 118b
　　化学工业 76b
　　机械工业 89a
　　建材冶金工业 78a
　　联通通信 261c
　　汽轮动力集团 114a
　　青春宝集团 115b
　　丝绸工业 71a
　　信息科技公司 116b
　　医药工业 102a
　　移动通信 260c
企业所得税 270b
企业退休人员社会化管理 344a
企业退休职工党员教育管理 20c
企业外出投资 69b
企业文化(移动通信) 261a
企业信息创新能力 305b
企业与专家结对 337a
企业运行质量(轻工) 73c
企业自主创新 110b
启功 388b
起诉 359a
气候 30b
气候特点 30c
气候特征 30c
气温 30c 63a
气象 63a
　　概况 63a
气象保障服务 65a
气象服务领域 65a
气象工作会议 64c
气象规章 64c
气象为农服务先进奖 65c
气象现代化建设 64c
气象信息发布 65b
气象灾害报警电话 65c
汽车检测 252a
汽轮动力集团 90c 114a
　　概况 114a
汽轮机公司 114c
汽油机动力 60b
千岛湖 31a
千岛湖大桥 467a
千岛湖舰 466c
千岛湖生态鱼 467a
千岛湖镇 467b
千里马国际培训工程 116c
千强镇 218c
迁移人口 31b
前沿指挥所建设 370c
"钱潮" 459b
钱潮牌变压器 91a 459b
钱江潮等级预报 65b
钱江弹簧公司 191c
钱江弹簧有限公司 449a
钱江电气集团 91a
钱江水系 253b
钱江四桥经营权 212a
钱江新城 215a
　　概况 215a
　　规划设计 215a
　　基础设施建设 215a
　　建设规划管理 215b
　　建设投资 215a
　　项目服务 215c
　　征地拆迁 215b
　　重点工程建设 215b
钱其琛 235a
钱塘江 30c
钱塘江两岸城市景观规划 200c
钱塘江水系 31a
钱塘江隧道 215a
《钱塘文丛》388c
乾潭镇 469a
侨法宣传日 353c
侨联海归俱乐部 354c
侨联青年工作委员会 354c
侨务 348 352c
　　概况 352c

侨务工作会议 353a
禽流感 47b
禽流感防范与控制 125a
禽流感疫苗定点厂 192b
勤工俭学 381a
勤工俭学基地数 381a
勤务专项整治 370c
“青春·创业·杭州”行动 340b
青春宝集团 115b
　　概况 115b
青春教育集团 373b
青年科技奖评选 127c
青年中心 340c
青山水库 58c
青少年成长环境监测网 131b
青少年科普教育 128b
青少年青春健康服务 431c
青少年思想道德建设 340a
青少年文化活动 341a
青少年组织 338 339c
　　概况 339c
轻工业 73b
　　概况 73b
“清洁杭州”工作 37c
清洁企业 68a
清洁生产方式 77a
清理拖欠工程款 203c
清理行政职能 347c
清凉峰 30c
情况通报会 177a
庆祝民进建会60周年 335b
庆祝致公党成立80周年 336b
丘山市场 462b
秋季广交会出口额 184b
秋涛路站工程 214a
秋雪庵 22a
求是教育集团 373b
裘德道 458c
区(社区)行政服务中心 453a
区、县(市)主要机构及负责人名单 44b
区县(市) 444
区域创新体系 77a
区域旅游合作 241b
衢州市党政代表团 180b
全国1000强企业集团 70a
全国500强民企 70b
全国爱国主义教育基地 471a
全国比赛夺冠情况 408b
全国博物馆十大陈列精品 239a
全国发展改革试点 469a
全国房地产业管理先进单位 199a
全国婚育新风进万家先进区 447a 454c
全国巾帼文明岗 261a
全国精神文明建设先进单位 79a
“全国科普日”活动 128a
全国绿化模范城市 54c 217a
全国绿色零售市场样板单位 140b
全国绿色农贸市场 462b
全国绿色市场示范单位 455a
全国盲人门球锦标赛 462a
全国民兵预备役政治工作先进单位 462c
全国民族团结进步模范集体 426b
全国农业标准化先进单位 461c
全国青年文明号 210c
全国社区残疾人工作示范城区 455a
全国社区卫生服务示范区 447a
“全国十大农民女状元” 469c
“全国售后服务十佳” 113c
全国体育产业工作会议 410c
全国文化先进县 465a
全国文明村 452a
全国文明单位 213b
全国文明镇 465b
全国文物工作先进单位 459c
全国文物工作先进县(区) 237b
全国物业管理示范大厦 209a
全国物业管理示范小区 209a
全国养老服务社会化示范活动 446a
全国影视动画工作会议 387a
《全面推进依法行政实施纲要》 39a
全民国防教育 368a
全民健身苑(点) 409a
全民终身教育活动周” 380a
全球化论坛 385b
全球最佳新酒店 472b
全社会货物运输量 245a
全社会旅客运输量 245a
全市“双对口”工作会议 180c
全市共产党员数 19a
全市科技工作者状况调查 127c
全市老龄工作会议 433b
全市中共基层党组织数 19a
全资(控股)企业营业收入 211a
犬类管理 206b
群众举报 359b
群众体育 409a
　　概况 409a
群众体育比赛 409c
群众体育活动 409c
群众信访工作 357c

R

绕城高速公路南线 247c
热电发电量 211c
人保财险杭州市分公司 277b
人才队伍建设 450a
人才市场 153a
　　概况 153a
　　达成择业意向人数 153b
　　应聘人数 153b
　　招聘企事业单位数 153a
　　招聘人才数 153a
　　招聘专场数 153a
人才网站 153b
人才引进政策 345b
人大定向视察活动 293a
人防展览馆 370a
人工煤制气 213a
人均GDP 31c
人均绿地面积 216b
人口
　　滨江 455a
　　淳安 465c
　　富阳 469c
　　拱墅 450c
　　建德 467b 472b
　　江干 448a
　　上城 444a
　　桐庐 463a
　　西湖 453a
　　下城 446a
　　萧山 457b
　　余杭 459c
人口变迁 31a
人口出生率(计划生育统计报表) 431a
人口发展战略研究 432c
人口和计划生育 431a
　　概况 431a
人口机械增长 31c
　　市区 31c
人口自然增长率 31b
　　市区 31b
　　计划生育统计报表 431a

人力资源管理 118v
《人力资源开发与管理》 130c
人民防空 368c
　概况 368c
人民防空工作 370a
人民防空先进城市 369b
人民建议征集 37c
人民满意学校 374a
人民生活 429b
　淳安 466c
　富阳 470b
　建德 468b
　临安 473b
　桐庐 464a
　西湖 454a
　萧山 458c
　余杭 460c
人民助学金 374a
“人人参与，创建绿色家园”摄影比赛 390a
人事 343 345b
　概况 345b
人事关系代理 153c
人事系统创新奖 347c
人事系统攻关奖 347c
人物 439
日本 183b
日本三井住友银行 35b
日照 63c
荣安企业总部 216a
融入“长三角” 177c
乳制品 403c
入境游客平均逗留时间 240b
入境游客数 240a
入库粮食(粮油商业) 144c
入学率
　高校 376b
　义务教育 378c
软科学研究计划 125b
瑞奇包装公司 187a

S

SIYB 创业培训 344b
赛可平 103c
“三百工程” 337a
三堡船闸通过船舶数 252c
“三标一体”认证 79c
“三二四”系列流窜抢劫杀人案 363c
“三个十”评选 100b
“三级联创”活动 339b
“三绿工程”达标城市 132c
“三农”工作 47a
“三台合一” 358a
“三网融合” 302c
三资医药企业 103a
散装食品 403c
缫丝企业准产证 73a
“扫黄” 156c
森林病虫害防治率 54c
森林覆盖率 31a
森林火灾受害率 54c
森林火灾综合防控能力 55a
“山海协作工程” 180a
　先进单位 180b
　协议总投资 180a
　新增项目数 180a
山核桃 95b
山林纠纷调处 55b
山区固定电话 259c
“山水画廊休闲天堂” 469c
伤残国家机关工作人员数 413a
伤残军人数 413a
伤残民兵民工数 413a
伤残人民警察数 413a
伤寒控制 401a
商标品牌培育 292a
商会领导干部培训班 337c
商俊荣 440c
商辂亚麻纺纱厂 97c
商贸服务企业优秀经营者 136c
商贸市场经济秩序 132c
商贸特色企业 135a
商品交易市场总数 155b
商品市场 155b
　概况 155b
商品质量监管 292b
商品准入制度 155c
商铺展览 136c
商事案件 361a
商务环境说明会 182b
商务领航 259b
商业 132
　综述 132a
商业特色街风采展示 136c
商业银行 276a
商业资产经营 137c
　概况 137c
上城区 444a
　概况 444a
“上改下” 456b
上缴税金
　电力工业 78c
　电子信息业 93a
　建筑业 203a
　农场企业 61a
　青春宝集团 115c
　西湖电子集团 111c
　信息科技公司 116b
上网企业数 155a
苕溪 461b
少儿频道 397c
少儿舞蹈考级师资培训 390b
少数民族贫困农户 426c
少数民族人口数 426a
少数民族数 426a
畲族群众 427a
社会保障支出 268b
社会发展形势分析例会 288a
社会服务活动(民主党派) 332c
社会福利机构 420c
社会福利事业 420b
社会化维权 338c
社会救助 411a 454c
　概况 411a
社会科学 128c
　概况 128c
社会科学研究 129a
社会科学优秀成果评选 129b
社会生活 411
社会事业
　滨江 455c
　淳安 466c
　富阳 470b
　拱墅 451b
　杭州开发区 191b
　建德 468b
　江干 448c
　临安 473b
　上城 444c
　桐庐 463c
　西湖 454a
　下城 446c
　萧山 458c
　余杭 460c
社会团体数 423a
社会文化 385b
社会消费品零售总额 132a
社会治安综合治理 40a

法院 361a
检察 359a
社会治安综合治理领导责任制 356a
社会资源国际旅游访问点 242c
社科普及 129b
社区城管联系站 206b
社区调整 31c
社区服务业 417a
社区概况 416c
社区工作者待遇 418c
社区工作者数 416c
社区工作者素质 418b
社区红十字服务 405a
社区建设 416c
社区建设财政补助政策 269a
社区矫正衔接 450b
社区老龄工作规范化 433c
社区侨务工作经验交流会 354c
社区青少年事务管理 340c
社区书记主任轮训 314a
社区数 31c 416c
社区卫生服务 401c
社区卫生服务中心 399a
社区详图 201c
社区责任医生 448a
社区志愿服务 418c
社区志愿服务论坛 131b
社团工作会议 177a
涉法上访问题 356c
涉诉上访问题 356c
涉渔工业和建筑业总产值 57a
涉渔流通和服务业总产值 57a
申诉复查 360a
深潭口 22b
审计 290b
概况 290b
审计调查项目 290b
审计项目 290b
审计质量控制体系 291b
审结案件数 360c
审判监督 361c
审批制度改革 34b
生产能力(纺织化纤工业) 96b
生产总值
滨江 455a
淳安 465c
富阳 469c
高新开发区 194b
拱墅 450c
杭州开发区 191a
建德 467b
江干 448a
临安 472b
农场企业 61a
上城 444a
桐庐 463a
西湖 453a
下城 446a
萧山 457b
萧山开发区 193a
余杭 459c
生活频道 397b
生态村建设 223c
生态公益林管理办法 54c
生态市建设 223b
生态市建设工程 223c
生态市建设目标分解 222b
生态市建设目标考核 222b
生态市建设意见 223b
生态市建设支出 269a
生态乡(镇)建设 223c
生态型旅游休闲新区 197b
生物医药 102b
生猪出栏数 55c
生猪存栏数 55c
生猪饲养数 55c
声环境 223a
声环境整治 224c
胜利学前教育集团 445a
省蚕桑西进工程先进县
淳安 53a
建德 53a
临安 53a
省二轮修志研讨会 326c
省级社区卫生服务示范区 452c
省级双拥模范城 471c
省级文保单位档案 235b
省级文化先进区 454c
省级中医先进市 468c
省级重点普通高中 377c
省级重点生态公益林建设面积 54b
省教育强市 468c
省科技强区 447b 452b 454b
省十强花卉乡镇 52a
省文化先进市 472b
师资队伍建设 380b
概况 380b
"诗心造印"学术研讨会 387b
湿地保护与可持续利用论坛 48a
湿度 30c
十大杰出青年系列评选 340c
十大名专栏 315a
十大外国客源市场 240b
十大休闲基地 241c
十佳城管执法队员 207a
"十一五"规划 288c
"十一五"规划编制(城建资产经营公司) 211a
时政报告会 334b
实际利用外资 181a
杭州开发区 191a
萧山开发区 193b
之江度假区 196b
实事工程建设 198a
实物捐赠 412c
实现利润
建材冶金工业 78a
电子信息业 92b
纺织化纤工业 96a
福利企业 420c
工商信托公司 277a
工业资产经营公司 110a
杭氧集团 117b
华东医药集团 118b
化纤工业 97a
化学工业 76b
机械工业 89a
女装产业 99a
汽轮动力集团 114b
青春宝集团 115c
人行 272a
商业资产经营公司 137c
食品工业 94b
丝绸工业 71a
外资企业 185a
西湖电子集团 111c
校办产业 381a
烟草工业 146b
医药工业 102b
实现利税
纺织化纤工业 96a
工业资产经营公司 110a
化学工业 76b
机械工业 89a
建材冶金工业 78a
女装产业 99a
食品工业 94b
萧山开发区 193b
信息科技公司 116b

信息业 301a
商业资产经营公司 137c 138b
烟草工业 146b
医药工业 102b
食品安全监管 155c 299a
食品安全监管责任网 299b
食品安全群众监督网 299b
食品安全信用体系 145c
食品安全综合评价 299b
食品博览会 139b
食品放心工程 403c
食品工业 94b
概况 94b
食品酿造公司 141a
食品生产加工环节监管 297c
食品添加剂 403c
食品卫生 403c
食品药品监督管理 299a
概况 299a
食品展销会 95c
矢崎配件有限公司 187a
世纪联华庆春店 140b
世界贸易中心会展中心 165c
世界休闲博览会 166
综述 166a
安吉分会场 166c
场馆建设 173a
筹备工作 166a
筹备活动 171b
富阳分会场 166c
活动项目 167c
建德分会场 166c
桐庐分会场 166c
宣传工作 166b
遗产利用 171a
周庄分会场 166c
诸暨分会场 166c
世界休闲博览园 173a 310c
世界休闲风情园 173b 310c
市本级地方财政收入 268a
市本级地方财政支出 268a
市长办公会议 324a
市场 153
市场主体准入 292a
市场准入 299c
市第十六届运动会 408c
市第四医院 73b
市纺织协会 98c
市佛教协会代表会议 428c
市工会法律志愿服务总队 338c
市工商联 337b
会员数 337b
企业会员数 337b
市工艺美术大师 74b
市和区、县(市)机构概况 40b
市级电视节目频道数 393b
市级广播节目频率数 393b
市级优秀党员待遇 313c
市级主要机构及负责人名单 40b
市纪委 329c
市纪委派驻机构管理 331c
市纪委全会 329c
市监察局 329c
市科协年会 127b
市劳动保障咨询服务中心 345a
市民呼叫服务中心 258c
市民卡 302a
市民族宗教局 426b
市农产品加工企业协会 50b
市农科院实验中心 51a
市区河道管理 59b
市区河道整治 224c
市区居民人均可支配收入 429b
市区居民人均消费性支出 430a
市区居民人均住房面积 430c
市区居民消费率 430a
市区汽车租赁企业数 249c
市区商业网点规划纲要 133b
市人大 320b
市人大常委会第二十八次会议 321c
市人大常委会第二十二次会议 321a
市人大常委会第二十六次会议 321c
市人大常委会第二十七次会议 321c
市人大常委会第二十三次会议 321a
市人大常委会第二十四次会议 321a
市人大常委会第二十五次会议 321b
市人大代表工作 323a
市人大会议 320b
市人大监督工作 322c
市社科联代表大会 129a
市蔬菜产业协会 54b
市水泥协会 78c
市统战理论学会 316b
市土地交易登记发证中心 210c
市委财经工作领导小组会议 309b
市委常委会议 309a
市委常委下访 20a
市委党校 130a
市委全委会议 309a
市委人大工作会议 322a
市委召开的重要会议 312b
市委政研室 129b
市文化国有资产管理机构 315b
市文化中心 385b
市文联主席团会议 390a
市辖区数 31c
市新闻工作者工作会议 398b
市印刷协会 398c
市政府 323b
市政府常务会议 323b
市政府廉政工作会议 330a
市政府、市总工会联席会议 338a
市政协 328a
市政协常委会会议 328b
市政协成立50周年纪念 329c
市政协会议 328a
市政协建言献策 328c
市政协理论学习和研究 328b
市政协献计出力 329a
市直单位综合考评 320a
市制笔行业协会 75a
市自来水总公司 213b
事业单位改革 347c
视力残疾人数 424a
逝世人物 442c
收藏 239c
收割机跨区作业 60c
收获机械数 60b
收养登记管理 422c
手机报纸 261a
首长机关训练 366c
受降厅” 471a
受理案件数
法院 360c
检察 359a
受灾人口 411a
售报亭整治 206a
售电量 79a
授权经营工业 110
授信业务管理(中行) 274c
书画展 237b
输电线路 78c
蔬菜每公顷平均产量 52a

蔬菜种植面积 52a
蔬菜总产量 52a
熟肉制品 403c
数据容灾备份中心 305a
数控成形磨床 92a
《数码精灵》 386c
“数源” 114a
数源科技公司 112c 113c
数源科技信息产业园 112c
数字城管 261c
数字城管建设 302c
数字电视 395c
数字电视发展模式 301b
数字电视合作协议 258b
数字电视用户 288c
数字化城管试点 206b
“数字执法”试点 207a
“双百”工程 198c
“双对口”地区 180c
“双对口”劳务合作 180c
“双对口”培训工作 180c
“双对口”资金数 180c
双菱路采荷段 23a
“双千结对、共创文明”活动 37c
《双人秋千顶技》 385a
双拥 412c
双拥共建活动 368c
双拥模范城 415a
“双最”评选 216c
水产健康养殖技术 57a
水产品加工业 58a
水产品市场 57b
水产品总产量 57a
水产行业中介组织 58b
水产养殖面积 57a
水产业 57a
　　概况 57a
水果产量 52a
水环境 222c
水库达标工程 59a
水库抢险演练 59c
水利 58c
　　概况 58c
水利建设投资数 58c
水路货物运输量 252c
水路货物运输周转量 252c
水路旅客运输量 252c
水路旅客运输周转量 252c
水路通航里程 252c
水路危险品吞吐量 253a
水路运输企业数 252c
水泥机立窑 78b
水泥企业化验室 78b
水上巴士航线 253a
水上交通规费征收数 252c
水上交通事故数 253a
水上交通指挥中心 253a
水生野生动物保护 58b
水运 252c
　　概况 252c
　　服务企业数 252c
水政执法 59c
税前利润(农场企业) 61a
税收教育 270b
税收精细化管理 270c
税收宣传 270a
税收执法 271c
税收秩序 269c
税务 268
税源管理 270b
税源基础性工作 271a
丝绸工业 71a
　　概况 71a
丝绸网 72a
丝绸与女装产业 71a
司法 362b
　　概况 362b
司法为民 361c
司法行为 361b
司徒雷登 443c
私人汽车数 34a
私营企业数 69c 291c
思想政治建设 366a
《思维的跨度》 130a
死亡率 31b
　　市区 31b
死亡人口 31b
　　市区 31b
四川金顶(集团)股份有限公司 158b
“四化”长效管理 204c
“四进社区”活动 417c
四宜路近代银元窖藏 239b
“四月之春” 383c
松下空调压缩机工厂 192b
松下马达二期工程 192a
淞沪抗战纪念牌坊 235b
宋城 197b
送医送药 427a
苏轼 443c
苏堤整治 231c
诉讼监督 359c
素质培训 341c

T

TMB 轴承 91b
台胞台商服务工作 355a
台风 64b
台务 348 354c
　　概况 354c
太保产险浙江分公司 278c
太保寿险杭州分公司 279a
太湖流域水质 178c
特辑 19
特色家庭 342a
特色街区管理 132b
特色街区建设 132b
特色业务(建行) 275a
特色渔业基地 57a
特种设备安全监管 297c
提案工作 329b
《体验杭州·感受中国》 244a
体育 408
　　综述 408a
体育产业 410a
　　概况 410a
体育产业发展经验 410b
体育场地设施规划 410c
体育场地设施建设 410c
体育交流 410c
　　概况 410c
体育培训 409a
体育强市 408a
体育人才培养 409a
天长教育集团 445a
《天鹅湖》 385a
天马控股集团 91b
天马牌轴承 452a
天目窑遗址 474c
天坪笋干 467b
天清岛 466c
天然气使用量 212c
天然气西线高压管铺设工程 211c
天然气有限公司 212c
天然药物公司 115c
“天堂卫士” 358b
“天网一号”行动 250c
《天眼》 386c 456c
天主教杭州教区管理委员会 428b

调解工作 362c
调解矛盾纠纷数 40b
调味品 403c
调整非常设机构
市委 312c
市政府 325c
铁路 247c
概况 247c
听力语言残疾人数 424a
通关监管 186a
通济桥 461c
通信设备制造业 92c
通信业务(网络通信) 262c
桐庐县 463a
概况 463a
《童话动物园》 386c
统计 295b
概况 295b
法制建设 296a
服务领域 296c
基础建设 296a
统战调研宣传信息工作 316b
投产企业(杭州开发区) 191a
投资储备项目前期研究 289a
投资体系建设 305b
投资项目网上审批平台 290b
投资信托业务(工商信托公司) 277a
突出贡献商贸服务企业 136c
突发公共卫生事件应急指挥体系 400c
图书出版社数 393b
图书出版数 393b
徒步新西湖 172c
土地承包工作 49c
土地出让金收缴 209b
土地储备 209b
土地登记办结系统 210a
土地更新调查 209c
土地管理(之江度假区) 196c
土地开发整理补助办法 209c
土地面积构成 30c
土地收购 209b
土壤 31a
兔出栏数 55c
兔存栏数 55c
团体保险保费收入(平安寿险) 279c
团员主题教育活动 340a
推介休博会 172c
退休干部保健 402a
退休干部服务 347b
退休干部管理 347b
退役士兵安置 415b
拖拉机数 60b

U

“UP 新势力”旗舰店 262b

W

外经 185b
外来创业者子女教育集团 452b
外来动物和动物产品报验站 56c
外来务工人员子女入学 379a
外来员工 138c
外贸 183a
外贸出口供货值(农场企业) 61a
外派劳务人员 181b
外商投资企业数 181a
外商投资项目签约仪式 182c
外事 348 348a
概况 348a
外向型农业 50a
外资 184b
外资企业数 291c
完成土石方数(水利) 58c
“万枚明信片相约休博会” 172b 335b
“万名党员访万家困难户” 19c
万事达装饰用品公司 187c
万事利集团 73a 73b 449b
万寿亭街 23b
万松岭隧道 369c
万向牌工业轴承 459b
万向轴承 91a
汪力成 442a
汪宅 236a
王国平 19b
王建宙 261a
王星记扇子 111b
王政宏 144b
网吧管理 156c
网吧数 156b
网络覆盖(网络通信) 263a
网络建设
广电 395c
联通通信 262a
网络通信 262c
烟草工业 146c
移动通信 260c
网络通信 262c
概况 262c
员工综合素质 263c
网络游戏形象电话卡 259c
网络运行质量 301c
网上发布技术难题数 155a
网上技术难题招标 155a
危机管理调研 206c
危险固体废物监管 225c
为海啸受灾国捐款 427c
为华资企业服务法律顾问团 353b
“为省直机关服务月” 319c
围巾披肩标准 102a
违法建筑拆除 450a
违纪违法案件 331a
维护妇女权益 342b
维权服务宣传 120c
维修车辆数 249c
卫生 399
综述 399a
卫生技术人员数 399a
卫生监督 403c
概况 403c
卫生监督服务网络 400b
卫生救护技能培训 405b
卫生救护知识培训 405b
卫生科研成果 403b
卫生科研立项数 403b
卫生事业支出 268c
卫生许可行政审批 403c
卫星定位技术 262b
未成年人思想道德建设 38a
未成年人思想道德教育 342b
未来世界 197c
未落户常住人口 31b
慰问杭州籍战士 368c
慰问演出 388b
温室设施面积 60b
文保单位(青春宝集团) 115c
文二西路 370a
文华路 421b
文化 382
综述 382a
文化产业 382c
文化交流(西泠印社) 387c
文化市场 156b
概况 156b
管理工作领导小组 157a
经营单位数 156b

文化事业支出 268b
文化体制改革 382a
文化信息资源共享工程 386a
文联与协会 388b
　概况 388b
文明城市创建 37c
"文明从脚下起步"劝导活动 38c
"文明从脚下起步·党员做先锋模范"活动 20c
文明服务(铁路) 248b
文明礼仪宣传教育实践活动 38b
文明学校 372c 374c
文三街教育集团 373b
文物 234
　综述 234a
文物保护 235b
文物保护单位巡查 237b
文物管理 388a
文物建筑修复 234b
文物维护 388a
文物宣传教育 234c
文物巡查 234a
文物征集 234c
文新路 421b
文学创作题材交流会 388c
文学双年奖 389a
文艺创作 388b
文艺创作总结表彰会 314c
文艺活动 388b
文苑路 421b
污泥处置 213a
污水处理 211c
无偿献血 405c
无霜期 30c
无物管小区绿化改造 217b
《无锡倡议》241b
无线电管理 326a
无线寻呼 262b
无照经营整治 292c
吴官正 19b 372c
吴晶晶被杀案 363b
吴明熹 336c
吴鹏 408b 409a
吴巧仙 439c
吴山宋代建筑遗迹 239b
吴仪 186a
吴永兴 462b
吴越佛教文化与社会研讨会 428a
"五常"管理 143a
五大特色产业产值 47a
"五费合征" 343c
五丰冷食公司 138c
"五个一批"人才 314b
《五女拜寿》383c
"五险合征" 270c
武警 370b
　概况 370b
　精神文明建设先进单位 371b
　"十大学习成才标兵" 371c
　先进基层党组织 371b
物价管理 293b
　概况 293b
物美超市下沙店 193a
物业管理 208a

X

物业开发研究 214c
西柏莱玩具公司 187a
西班牙工业园区 75b
西湖 31a
西湖八十景摄影大奖赛 233c
西湖博览会 159c
　概况 159c
　安全保卫 371a
　参加活动人数 160a
　活动项目数 159c
　贸易成交额 160a
　协议利用外资数 160a
　宣传工作 160c
　引进内资数 160a
　烟花大会 261b 262b
　专用通道 190b
西湖博物馆 237c
《西湖丛书》314b
西湖电子集团 111c
　概况 111c
西湖风景名胜 227
　综述 227a
西湖风景名胜区 227a
西湖风景名胜区规划 229a
西湖风景名胜区"十一五"规划 228c
西湖国际茶文化博览会 164b
西湖国际烟花大会 160c
西湖合唱节 390b
西湖街道敬老院 229c
西湖狂欢节 386b
西湖龙井茶 51c
西湖论剑 165b
西湖明珠频道 397a
西湖区 196b 453a
　概况 453a
西湖书市 398b
　成交金额 398b
　订货签约量 398b
　零售金额 398b
　批发量 398b
西湖水上交通管理 253a
西湖水质 232c
西湖新梨园 230b
西湖学研究院 229c
西湖之声 397a
"西湖之夜" 385b
西湖执法中队 229b
西湖资料研究 317c
西湖资料征集 317c
西湖综合保护 310a
西湖综合整治保护 228c
西泠印社 387a 387c
　概况 387a
西泠印社出版社 388b
西泠印社春季拍卖会 388a
西泠印社秋季大型艺术品拍卖会 388a
西泠印社书画苑 388a
西泠印社倚石苑 388a
《西泠印社志》387c
西宁 180a
"西洽会" 179b
西天目山墓塔群 474c
西溪草堂 22c
西溪国家湿地公园 21a 455a
　概况 21a
　接待游客数 21b
　主要景点 21c
西溪梅墅 22c
西溪湿地水上交通管理 253a
西溪湿地水质 224a
西溪湿地综合保护一期工程 21b
　施工面积 21a
西溪湿地总面积 21a
西溪水阁 22a
西溪印象视觉艺术展 389c
西医学中医培训 403a
西子联合控股公司 91c
习近平 466c
洗染业 142a
喜得宝集团 72b
下城区 446a

概况 446a
下姜村 466c
下沙商贸城 193a
夏树国 443a
“先锋形象”大讨论 20b
先进单位(广电) 396c
先进科技工作者 126b
先进事迹巡回报告 19c
先进制造业基地 89b
杭州开发区 191a
先进制造业基地研讨会 117a
县道公路 250a
县级市数 31c
县数 31c
现代服务业 310c
现代流通方式 132a
现金回笼(人行) 272a
现金投放(人行) 272a
现役军人家属数 413a
乡村通达工程 48c
乡数 31c
乡镇调整 31c
乡镇行政区划调整 469b
香港东亚银行 35c
香港记者团 194b
香港时装节 99c
湘湖 310c
湘湖主体工程 173a
向阳杨梅研究所 51c
项目咨询评估 300c
消博会 183a
消防摩托车 92a
消费说 269c
消费维权工作 293a
萧山城市管理规划 459b
萧山经济技术开发区 75b 193a
概况 193a
重点产业 194a
萧山区 457b
概况 457b
萧山区文化市场行政执法大队 157b
萧山网 458c
销毁违法物品 157a
销售产值
纺织化纤工业 96a
工业资产经营公司 110a
化学工业 76b
机械工业 89a
建材冶金工业 78a
民营工业企业 119a
轻工业 73c
丝绸工业 71a
医药工业 102a
销售超亿元产品(医药工业) 102c
销售成交额(商业资产经营公司) 137c
销售额(民营商贸企业) 119a
销售收入
电子信息业 92b 93a
福利企业 420c
杭氧集团 117b
华东医药集团 118b
女装产业 99a
汽轮动力集团 114b
青春宝集团 115c
软件产业 92c
食品工业 94b
丝绸工业 71a
西湖电子集团 112b
信息科技公司 116b
信息业 301a
烟草工业 146b
小剧场话剧 385a
小灵通用户数 259a
“小热昏” 385a
小说笔会 389b
校企科技合作 123b
校舍建设 380c
校园文学 PK 大赛 378b
笑星欢乐社区行 389c
协议利用外资 181a
杭州开发区 191a
萧山开发区 193a
之江度假区 196b
新安化工集团 77b 469b
新安江水电站 469b
新产品
电子信息业 92b
机械工业 90a
建材冶金工业 78a
丝绸工业 72a
西湖电子集团 112b
信息科技公司 116b
新城购物中心 216a
新城开发公司 216a
新故事创作笔会 391b
新技术(丝绸工业) 72a
新技术推广 53b
新加坡杭州科技园 192c
新建市级园林绿化村数 54b
新街镇 52a
新老兵中转 415c
新品种推广 53b
新设立非常设机构
市委 312c
市政府 325b
新生儿保健 401c
新闻出版 393
综述 393a
新闻出版团体 398b
新闻人物 439a
新闻综合频率 396c
新型农村合作医疗方案 402a
新型农机具 60c
新型生育文化 431a
“新药港” 102c
新药筛选中心 103a
新鱼种 58a
新增改善灌溉面积 58c
新增个体工商户数 120b
新增就业岗位 343a
新增农村残疾人种养业基地数 424c
新增水电装机数 58c
新增外商投资项目(萧山开发区) 193a
新知杂志社 378b
信贷风险排查(工行) 274a
信贷结构
交行 275c
联合银行 276c
信贷投入 272b
信访长效机制 361c
信访工作 37b
环保 226a
信托 277a
信托产品 158c
信托资产(工商信托公司) 277a
信息安全测评认证中心 305c
信息产业重大技术发明奖 196a
信息服务体系建设 305b
信息工作(政协) 329c
信息化法规体系 305a
信息化环境建设 305a
信息化基础建设 301c
信息化建设 301 301a
综述 301a
档案 304b
工商行政管理 292a

公交 304b
规划 200b
环境 226c
教育 381a
社区 302c 417c
审计 291a
市电信公司 301c
统计 297a
萧山开发区 193b
休博会 302a
信息化示范企业 68a
信息化试点企业 68a
信息技术推广应用 302a
信息科技公司 116b
概况 116b
信息人才培养 305b
信息协会 304a
信息资源建设 303b
信用风险防范(建行) 275b
信用企业 67c
“星光老年之家” 420b
星火计划 126a
星级宾馆数 159a
星级饭店床位数 244b
星级饭店分布 244b
星级饭店经营利润 244b
星级饭店客房出租率 244b
星级饭店客房数 244b
星级饭店利润总额 244b
星级饭店平均房价 244b
星级饭店数 244b
星级饭店营业收入 244b
星级农贸市场 156a
星级文明规范市场数 155b
刑事案件破获数 357a
行车安全年(铁路) 248b
行政处罚(检验检疫) 188a
行政村调整 31c
行政村规模调整 459a
行政村数 31c
行政机构改革 347b
行政区划 31c
概况 31c
行政审判 361a
行政执法(粮食) 145a
行政执法监督工作 39b
行政执法检查 331b
行政执法责任制 39c
行知幼教集团 445a
性别比 31a
市区 31b
性病防治 401b
休博对接世博推广活动 171b
休博圣火 172a
休闲观光农业旅游工作会议 47c
休闲观光农业旅游培训班 50a
休闲观光农业旅游示范单位 192c
徐冉 465c
畜牧业 55c
概况 55c
总产值 55c
宣传报道(广电) 395c
宣传思想工作会议 314a
宣杭铁路 248c
学会发展 128c
学会改革 128c
学前教育达标单位 379b
学前教育先进单位 379b
学生“减负” 378a
学生社团活动 378a
学生数
初中 378c
小学 378c
学术报告会(社科) 128c
学术活动(社科) 128c
学习型机关 319b
学校场地设施 381c
学校基本建设 380c
学校食堂 403c
学校数
高校 376a
高中 377b
义务教育 378c
“雪水云绿” 465b
循环经济试点 67c
汛情 60a

Y

雅虎中国 195b
亚太技术中心 90c
亚洲包装中心 75c
《亚洲包装中心建设总体规划》 75b
烟草专卖 146b
概况 146b
烟草专卖市场 146c
烟水渔庄 21c
延安路营业厅 261a
沿江景观工程 456a
演出剧场数 156b
羊出栏数 55c
羊存栏率 55c
“阳光助学工程” 120c
杨澜 172a
杨雨 409a
养路费 459a
养殖污染综合治理 56b
药材种植公司 116a
药品采购 400a
药品广告治理 299c
药品集中采购年让利总额 19c
药品集中采购平均降价幅度 19c
药品监管 299c
药品质量地方性法规 300b
药械市场整治 300a
业务培训(统战部) 316a
业务收入
联通通信 262a
移动通信 260c
工商信托公司 277a
联合银行 276c
一本堂 237a
“一号工程” 121a
“一湖三园”建设 166a
“一路一档”工作 23b
“一十百千万”工程 454c
一枝黄花 54a
“一纵三横”道路综合整治工程 309c
伊朗卡维集团 118a
伊斯坦布尔经贸合作交流会 182c
医教科研 403b
概况 403b
医疗保险 344a
医疗机构数 399a
医疗救助 412a
医疗器械使用监管意见 300a
医疗器械行业 102b
医疗设备 400a
医疗设备采购 400a
医疗事故鉴定 402b
医疗卫生体制改革 399c
医疗卫生制度改革 35a
医学教育 403b
医药工业 102a
概况 102a
医药工业固定资产净值 102a
医药卫生科技奖励 403b
医药先进制造业基地 102c
医用耗材 400a

医院管理 402b
概况 402b
医院数 399a
依法行政
城管 207b
计划生育 432b
交通 245b
依法治档 392b
依法治路(公路) 250c
依法治市 39a 362c
依科生物医药公司 116a
移动办公 304c
移动通信 260b
概况 260b
通信业务 260c
用户数 261b
“颐和名苑”楼盘 139c
乙烯装置成套冷箱 90b
以民引外 185a
义务教育 378c
概况 378c
艺术休闲特色街 445b
议案提案办理工作 331c
议政座谈会 336b
易贤华 439a
因公出国境人数 348a
因公出国境团组数 348a
因公牺牲病故军人遗属数 413a
因灾倒塌房屋数 411a
因灾死亡人数 411a
因灾直接经济损失 411a
《音乐之声》 383a 385a
音像制品书报刊零售单位数 156b
银川 180a
银企关系研讨会 139a
银行 272a
概况 272a
引进大项目 184c
引进境外投资 (商行) 276b
引进内资(民主党派) 332c
引进内资产业结构 176a
引进内资地域结构 176c
引进内资金额 176a
引进内资所有制结构 176b
引进内资项目数 176a
引进企业(高新开发区) 194c
引进人才(高新开发区) 195a
引进人才数 345b
引进外资(民主党派) 332c
引进外资数(出口加工区) 186c
引进外资项目数(侨务) 352c
引资质量 184c
饮料 403c
饮食服务业 141b
饮用水源保护 224b
印刷企业数 156b
印刷业从业人员数 398b
应急联动指挥系统 303a
应急疏散场所 369b
应诉工作 39c
《英雄城市》 397c
《英雄罪》 383a
《英语画刊》(初中、高中旬刊) 131c
婴幼儿教育从业人员 379b
迎春座谈会 177a
营销保费收入(太保寿险) 279a
营销联动(建行) 275a
营业收入
农场企业 61a
汽轮动力集团 114c
之江度假区 196b
营业税 270b
营造生物防火林带长度 54c
拥军慰问活动 414c
用地保障 209b
用电业务跨区受理 80a
优抚 412c
优抚标准自然增长机制 414a
优抚对象数 413a
优秀科技工作者 126b
优秀软件产品 94a
优秀外资企业 185b
优秀中青年人才培养计划 346a
邮电通信 256
邮电通信业 301a
邮政 256a
概况 256a
局(所)数 256a
生产作业系统 257a
业务量 256a
油菜生产机械化 60c
油菜种植面积 52a
油菜籽产量 52a
游千岛湖优惠活动 467a
友成控股 194a 459c
有机大米 146a
有机硅反倾销 77c
有奖举报(环保) 226a
有线数字电视 393b
幼儿教育 379a
概况 379a
幼儿园数 379a
余杭区 459c
概况 459c
余杭区农场改革模式 61a
余杭区人武部 462c
余杭区收藏家协会 239c
余杭邮政储蓄余额 257b
鱼类病害测报体系 58a
娱乐场所数 156b
渔船安全生产事故应急救援预案 58b
渔船备案改造 189a
渔业产值 47a
渔业水域养殖证 58a
渔业总产值 57a
渔政执法 58b
《语文新圃》 131c
语言文字工作评估 373c
《语言学习概论》 130b
昱岭关 474c
预备役 367b
预备役部队训练 367c
预防保健 401a
预警服务平台 298b
预算改革 269b
元宵灯会 233c
园林绿化养护在线信息系统 217c
园林养护 233a
原产地标记 188a
原创动画片 386c
原料管理 188b
圆通禅寺 465b
源清中学 373b
源头治理 331a
院士专家巡讲团 345c
约旦国民防局代表团 370b
月饼包装 95a
岳王艺术城 391b
云森集团 98b
孕产妇保健 401c
运河(杭州段)保护开发 310b
运河(杭州段)综合整治 310b
运河广场 452b
运河摄影比赛 390b
运萨包装制品公司 76a
运输船舶数 252c
运输收入(铁路杭州地区) 248b

Z

杂志出版数 393b
再就业人数 19b
再就业援助活动 343b
再就业招聘会 120c
再就业专项资金 343a
在乡复员军人数 413a
在乡红军失散人员数 413a
在乡退伍军人数 413a
在校生数
　高校 376a
　高中 377b
在园儿童数 379a
在职干部保健 402a
造林更新面积 54b
增值税 185c 269c
增值业务 260b
债券投资余额(联合银行) 276c
债券资产结构(商行) 276b
展览活动 233b
展览总面积 159a
战斗精神主题教育 370b
张小泉锻制技艺 111a
张小泉商标侵权案 364c
章志刚 442c
招聘海外留学人才 313b
招商洽谈暨国际企业协作会 68c
招商引资 34a
　商业 134a
　下城 447b
招商引资大会 184b
招商引资活动 177b
招商引资先进单位 117a
招商引资主平台 183a
招生数
　高校 376a
　技校 378b
　职高 378b
　中专 378b
招投标监管 203c
赵桔水 440b 459a
哲学社会科学普及周 326b
浙大城市学院 130b
浙大湖滨校区地块 211a
浙大中控 EPA 195c
浙赣铁路 249a
浙江大学 377a
　概况 377a
　办学条件 377b
　博士学位授权点 377a
　人才培养 377a
　硕士学位授权点 377a
　学科建设 377a
浙江华鼎集团有限公司 35c 158b
《浙江检验检疫志》 189b
浙江名牌产品数 297a
浙江省篮球之乡 470c
浙江友成塑料模具有限公司 158b
浙江展览馆 165b
浙江周 181b
浙江著名商标 114a
浙洽会 183a
浙商论坛 177a
浙皖农贸城 474b
《浙西旅游合作宣言》 241b
侦查监督 359c
珍稀食用菌展示 143c
《珍珠塔》 383c
诊疗人数 399c
赈灾义画义卖 388c
征兵工作先进单位 368a
征兵情况调研 366b
征地“农转非”人员 344b
征文大赛 389a
正规化管理 370c
证券交易 158a
政法 356
　综述 356a
政府门户网站 303b
政工人员专业职称评定 314c
政务督查工作 325c
政务实时监督系统 290a
政治文明建设 36a
　概况 36a
　滨江 456a
　拱墅 451b
　江干 449a
　上城 445a
　西湖 454b
　下城 447a
之江国家旅游度假区 196b
　概况 196b
　游客数(之江度假区) 196c
支边扶贫(民主党派) 333a
支持“科技强市”支出 268c
支付赔款(人保财险) 277c
支柱工业 89
知识产权保护 126c 292c
知识产权战略 122a
知味观 143c
知味观·味庄 143a
肢体残疾人数 424a
执法督查员 356c
执法监察(土地) 209b
执法检查(质量技术监督) 299a
执法考核办法 207b
执法人性化 207b
执行工作 361b
执业医师资格考试 402b
直路溪小流域治理 462c
直销保费收入(太保寿险) 279a
职工安置 138c
职工教育培训 338b
职工教育示范基地 378c
职工人均年收入(农场企业) 61a
职工数
　联通通信 261c
　网络通信 262c
　信息业 301a
　移动通信 260c
职工体育活动 410a
职工运动会(网络通信) 263c
职工总数
　电力工业 78c
　电信 257c
　电子信息业 92b
　纺织化纤工业 96a
　福利企业 420c
　工业资产经营公司 110a
　杭氧集团 117b
　华东医药集团 118b
　化学工业 76b
　女装产业 99a
　汽轮动力集团 114b
　青春宝集团 115b
　西湖电子集团 111c
　医药工业 102a
　邮政 256a
职工组织 338 338a
　概况 338a
职介机构 343c
职务犯罪查办 359b
职务犯罪预防 359c
职业教育先进单位 372c
职业介绍机构从业人数 154b
职业介绍机构数 154b
植保机械数 60b
植物疫情 188c
志愿服务事业 340b
制造业信息化 121c
治安动态监控网络系统 456c

治理教育乱收费 372b
治理水土流失面积 58c
治愈好转率 399c
质量管理体系认证 297b
质量技术监督 297a
　概况 297a
质量监督稽查 298c
质量升级(食品工业) 94b
致公党市委会 336b
"致中和" 95b
智果禅寺 230a
智力残疾人数 424a
智能网升级工程 263b
中策职业学校 373b
中长期贷款余额增加额(人行) 272a
中等职业教育 378b
　概况 378b
中等职业教育商贸专业指导委员会 378b
中法化学公司 110c
中共杭州市委 308a
　工作概况 308a
《中共杭州市委党校学报》 131c
中国(沈阳)消费品交易会 68c
中国餐饮业博览会 143a
"中国茶都·杭州"西湖茶文化嘉年华活动 233b
《中国富阳纸业》 472a
中国钢结构产业基地 459c
中国桂花论坛 55a
中国桂花品种繁育中心 55a
中国国际动漫产业博览会 164c
中国国际动漫节 301b 357c
中国国际海报双年展 164b
中国国际湖泊旅游论坛 243c
中国国际旅行社 244a
中国国际女装展 100c
中国国际丝绸博览会 71b
中国哈尔滨经济贸易洽谈会 68c
中国杭州国际书法艺术节 391a
中国花边之都 459a
中国旅行社 244a
中国名牌产品 68b 74b 91a 459b
中国名牌产品数 297a
中国青年旅行社 244a
中国人寿杭州市分公司 278a
中国软件产业100强 195c
中国商业科技创新企业 138c
中国生态魅力名镇 467b
中国食品博览会 74a
中国特色魅力城市 468b
中国投资峰会 177a
中国网商大会 165b
中国银行 274b
中国印刷企业100强 398b
《中国印学》 387c
中国制造业500强 118a
中韩书法交流展 390c
《中华人民共和国反分裂国家法》 332c
"中捷杯" 101a
中介服务业 291c
中介服务业发展中心 447c
中美洲华裔青年代表团 336b
中南集团 92a
中日旅游资源交流展 244a
中外合作办学 374a
中小学布局规划 201b
中小学生科技节 377c
中亚机械公司 75c 452b
中药 102b
中药技术及应用 103b
中药饮片 115c
中医规范化管理 403a
中医继承人 403a
中医师执业考试 403a
中医中药 402c
种植业 52a
　概况 52a
种子资金管理 124b
仲裁工作 40a
重大建设工程抗震设防标准 122a
重大节庆文化活动 315a
重大节庆新闻活动 315a
重大外资项目 289a
重大文化活动
重点工程投资额 289b
重点化工企业 76c
重点实验室 376b
重点项目审批 290a
重点学科 376b
朱炳仁 439a
猪链球菌病 56c
主题教育活动 335c
主要气候事件 63c
主要死因的疾病 399c
属地营业网点 259b
住房保障体系 208b
住房分配货币化 208b
助残宣传活动 425c
注册企业数 291c
注册资金
　个体工商户 119a
　民营企业 119a
著名商标(民营企业) 119c
抓捕犯罪嫌疑人 371a
专利申请 127a
专武干部集训 367a
专项审计调查 290c
专项整改活动(政法委) 356c
专业技术人员数
　工业资产经营公司 110a
　西湖电子集团 111c
　邮政 256a
专业技术资格考评 346c
专业评比竞赛(检察) 359a
"专业市场50强"占有数 120b
专业文艺 383a
　概况 383a
专职团干部数 339c
"茁壮之路"计划(建行) 275a
资本市场 157c
　概况 157c
资产负债率(农场企业) 61a
资产数
　杭氧集团 117b
　华东医药集团 118b
　汽轮动力集团 114b
　青春宝集团 115b
　信息科技公司 116b
资产质量(农行) 274b
资金集中支付 367a
资金使用绩效 269b
资源节约型科技项目 124a
子午胎项目 77c
"自荐海选" 419c 461a
自律与诚信建设 423c
自然科学 121a
　概况 121a
自然生态环境 223a
自然资源 31a
自营出口(工业资产经营公司) 110c
自营出口额 181a
自营出口数(丝绸工业) 71a
自营进出口额 183a
自主创新发展论坛 452c
宗教 427b
　概况 427b
宗教房产 208c

宗教界代表人士学习班 316b
《宗教事务条例》培训班 427c
宗文教育集团 445a
综合残疾人数 424a
综合经济管理 288a
概况 288a
综合频道 397b
综合营销服务制 258b
综治工作室(站) 40b
综治工作中心 40a
综治基层基础工作 356b
总保费(中国人寿) 278a
总部工作组 366b
总参工作组 366c
总产值
出口加工区 186c
纺织化纤工业 96a
工业资产经营公司 110a
杭州开发区 191a
化学工业 76b
机械工业 89a
建材冶金工业 78a
建筑业 203a
女装产业 99a
轻工业 73c
食品工业 94b
丝绸工业 71a
萧山开发区 193b
校办产业 381a
医药工业 102a
总户数 31a
市区 31b
总人口 31a
市区 31b
总述 30
总投资(外商企业) 181a
总资产
福利企业 420c
工商信托公司 277a
农场企业 61a
西湖电子集团 111c
走访群众 358b
走访慰问 411b
“走进余杭”中国画展 239c
足浴业 142c
祖国统一工作 333a
最低生活保障标准 411c
最佳工作流中间件奖 196a
最佳人居环境奖 199b
最佳人居奖 199b
最具品牌竞争力100家”占有数 120b
左中文 371c

附:笔画检字表

说明:

一、本表收录主题索引中全部标引词汉字首字,供按笔画检字用。

二、各标引词汉字首字按笔画数排列。同笔画的字按第一笔的笔形顺序排列。笔形顺序为:横、竖、撇、点、折。

三、标引词汉字首字后的汉语拼音字母表示该字在索引中的位置。如“安A”,即表示“安”字应在“A”部查找。

四、标引词首字为数字的,在索引的“0–9”中查找。标引词首字为英文字母的,则在该字样部位查找。

一画

一Y
乙Y

二画

二E 七Q 十S
人R 九J 儿E 入R

三画

三S 下X 大D 土T 工G 干G
上S 口K 小X 山S 巾J
个G 千Q
义Y 门M 广G
习X 乡X 卫W 女N 子Z 飞F
马M

四画

不B 专Z 丰F 云Y 五W 元Y
区Q 历L 天T 友Y 太T 开K
支Z 无W 犬Q 王W 艺Y
车C
中Z 内N 少S 水S 日R 见J
仓C 公G 反F 分F 化H 月Y
毛M 气Q 手S 牛N 长C 风F
为W 之Z 六L 户H 文W 火H
计J
书S 办B 双S 引Y

五画

世S 东D 功G 古G 可K 左Z
平P 打D 未W 末M 正Z
灭M 龙L 亚Y 艾A 共G
业Y 卡K 北B 四S 归G 甲J
申S 电D 目M 光G
丘Q 乐L 代D 包B 处C 外W
生S 用Y 白B 皮P 矢S 仲Z
价J 企Q 伊Y 休X 优Y 会H
传C 伤S 先X 全Q
主Z 兰L 半B 市S 汇H 汉H
立L 议Y 记J 交J 产C 关G
丝S 以Y 出C 发F 台T 司S
奶N 孕Y 对D 幼Y 弘H
民M 纠J

六画

再Z 刑X 列L 动D 协X 吉J
在Z 地D 成C 执Z 扫S 有Y
机J 死S 百B 老L 考K 达D
西X 轨G
因Y 团T 师S 网W
创C 华H 印Y 危W 各G 合H
名M 后H 向X 多D 年N
朱C 杂Z 自Z 行H 行X 迁Q
延Y
军J 农N 安A 庆Q 汛X 江J
污W 羊Y

妇F 导D 收S 欢H 红H 约Y 纪J 观G 防F 阳Y

七画

两L 劳L 医Y 块K 声S 志Z 扶F 批P 技J 抓Z 投T 抖D 抗K 报B 李L 村C 来L 杨Y 求Q 玛M 花H 苏S 走Z 麦M
助Z 县X 听T 吴W 员Y 园Y 围W 旱H 时S 财C 足Z 邮Y 里L
住Z 体T 何H 余Y 免M 兵B 利L 私S 肝G 邻L 饮Y
冷L 启Q 宋S 宏H 应Y 汪W 汽Q 沪H 社S 良L 证Z 评P 诉S 诊Z 迎Y 运Y 进J 违W 连L
劲J 张Z 改G 灵L 纳N 纺F 阿A 陈C 鸡J

八画

事S 到D 卖M 垃L 拆C 拍P 拖T 招Z 拥Y 杭H 松S 林L 欧O 武W 玫M 环H 现X 直Z 矿K 苕S 英Y 茁Z 表B 规G 软R 青Q
具J 典D 咖K 固G 国G 图T 易Y 果G 罗L 肯K 非F
乳R 供G 依Y 侦Z 侨Q 兔T 制Z 和H 岳Y 征Z 服F 牧M 物W 知Z 股G 肢Z 货H 质Z 采C 金J 鱼Y
京J 净J 学X 宗Z 宝B 实S 审S 废F 性X 房F 放F 河H 油Y 治Z 沿Y 泊B 法F 波B 注Z 盲M 空K 视S 诗S 诚C 迪D 郊J
参C 姐J 孟M 孤G 居J 建J 承C 经J 降J 驾J

九画

南N 城C 帮B 拱G 拱G 政Z 春C 查C 标B 残C 毒D 珍Z 胡H 茶C 荣R 药Y 赴F 赵Z 轻Q 面M 革G 项X
临L 品P 战Z 星X 昱Y 省S 背B 贵G 骨G
俄E 保B 信X 受S 复F 秋Q 种Z 科K 胜S 贷D 贸M 重C 重Z 钢G 食S 香X
举J 亮L 养Y 前Q 变B 奖J 客K 宣X 总Z 洗X 洪H 济J 祖Z 突T 美M 语Y 送S 音Y 首S
结J 绕R 给G 统T 院Y 除C 退T

十画

原Y 哲Z 夏X 捐J 校X 格G 桂G 桐T 档D 热R 班B 破P 素S 致Z 蚕C 起Q 都D 配P
党D 圆Y 柴C 监J 紧J
倡C 倪N 债Z 健J 徐X 徒T 爱A 特T 留L 笑X 航H 钱Q 铁T
家J 宽K 旅L 案A 流L 浙Z 浮F 海H 消X 涉S 烟Y 瓶P 畜X 被B 调D 调T 资Z 通T 逝S 造Z 酒J 疾J 病B 离L 竞J 高G
娱Y 展Z 继J 预Y

十一画

乾Q 勘K 培P 基J 授S 排P 接J 控K 推T 教J 梅M 梵F 检J 理L 职Z 营Y 萧X 著Z 雪X 黄H
啤P 婴Y 常C 曼M 赈Z
售S 猪Z 移Y 第D 脖B 船C 银Y 领L 馆G
商S 密M 康K 悼D 情Q 梁L 深S 淳C 清Q 渎D 渔Y 章Z 盗D 鸿H
婚H 维W 综Z 绿L

十二画

博B 喜X 彭P 提T 散S 敬J 期Q 森S 植Z 联L 蒋J 裁C 雅Y 韩H
景J 最Z 赔P 黑H
储C 奥A 循X 惩C 智Z 畲S 短D 禽Q 程C 税S 等D 街J 销X 集J 鲁L
富F 寒H 就J 普P 渡D 温W 港G 游Y 湖H 湘X 湿S 禅C 童T 道D
属Z 登D 缓H

十三画

勤Q 瑞R 碘D 蒲P 蓝L 裘Q 输S 雷L 颐Y 境J 殡B
蜂F
解J 管G
廉L 慈C 数S 新X 源Y 滚G 滨B 福F 粮L 演Y 精J 赛S
群Q 缫S

十四画以上

静J 增Z 撤C 蔬S 整Z 融R 暴B
餐C
德D 稻D 稽J 衢Q
熟S 潘P
慰W

·表·

表1:2005年杭州市行政区划概况 31
表2:2005年杭州市乡、镇调整情况 31
表3:2005年杭州市社区、居民区、行政村调整情况 32
表4:2005年杭州市农村经济总收入情况 47
表5:2005年杭州市农村三大产业收入构成 47
表6:2005年杭州市粮食生产情况 52
表7:2005年杭州市棉花、麻类、油菜子生产情况 52

表 8:2005 年杭州市蚕茧、茶叶、水果生产情况 52
表 9:2005 年杭州市畜牧业生产情况 56
表 10:2005 年杭州市主要畜产品产量 56
表 11:2005 年杭州市水产养殖面积 57
表 12:2005 年杭州市水产品产量 57
表 13:2005 年浙江省各地(市)规模以上企业销售与利润情况 66
表 14:2005 年杭州市被认定的中国名牌产品 68
表 15:杭州市 42 强与全市 1 亿元以上规模企业集团对比情况 71
表 16:杭州市在浙江省进入全国 1000 强企业集团中的情况 71
表 17:15 个副省级城市进入全国 1000 强企业集团单位数 71
表 18:2005 年全社会用电量按用电性质构成情况 80
表 19:2005 年全社会用电量按区域用电构成情况 80
表 20:杭州市列入第十九届全国电子 100 强企业排序情况 94
表 21:2005 年杭州市列入全国服装行业销售收入 100 强企业 101
表 22:2005 年杭州市列入全国服装行业利润总额 100 强企业 101
表 23:2005 年杭州汽轮动力集团有限公司企业经营情况 114
表 24:2001 年~2005 年杭州市专利申请、授权量及排名情况 127
表 25:2005 年杭州市销售额超亿元定点商场经营情况 137
表 26:2005 年杭州市区定点连锁经营企业销售情况 137
表 27:2005 年浙江省与杭州市证券业发展情况 158
表 28:2005 年杭州市新增上市企业基本情况 158
表 29:2005 年杭州市举办展览情况 159
表 30:2005 年杭州市展览规模分类情况 159
表 31:2005 年杭州市会展业协会所属宾馆饭店承办会议情况 159
表 32:第七届(2005)中国杭州西湖博览会会议项目 160
表 33:第七届(2005)中国杭州西湖博览会展览项目 161
表 34:第七届(2005)中国杭州西湖博览会文体项目 161
表 35:第七届(2005)中国杭州西湖博览会支持项目 162
表 36:第七届(2005)中国杭州西湖博览会观光项目 163
表 37:2006 年杭州世界休闲博览会计划活动(筹备)项目 167
表 38:2005 年杭州市国内招商引资情况 176
表 39:2005 年杭州市自营出口额居前 18 位的国家 182
表 40:2005 年杭州市自营出口额居前 20 位的企业 183
表 41:“一纵三横”道路历史文化碎片汇总表 199
表 42:国家环保模范城市一览表 225
表 43:国家环保模范城市复查通过城市一览表 225
表 44:2005 年杭州市旅游指标一览 240
表 45:2005 年杭州市国外旅游促销活动 243
表 46:2005 年杭州市主要国内旅游促销与交流活动 243
表 47:2005 年杭州市旅游饭店客房出租率及房价 244
表 48:2005 年杭州市铁路客、货运量 249
表 49:2005 年杭州萧山国际机场国际航线及杭港、杭澳航线旅客流量 254
表 50:2005 年杭州市邮政局基本情况 257
表 51:2005 年杭州市电信分公司主要营业网点 259
表 52:2005 年杭州市区财政收支情况 271
表 53:2005 年末在杭金融机构本外币存贷款情况 272
表 54:2005 年杭州市区主要主副食品零售价格 294
表 55:2005 年中共杭州市委重点调研课题 310
表 56:2005 年中共杭州市委重要文件索引 311
表 57:2005 年中共杭州市委办公厅重要文件索引 311
表 58:2005 年杭州市人大常委会重要文件索引 320
表 59:2005 年杭州市人民政府重要文件索引 327
表 60:2005 年杭州市人民政府办公厅重要文件索引 327
表 61:2005 年杭州市各民主党派组织成员情况一览 332
表 62:2005 年杭州市各民主党派、工商联参政议政情况一览 332
表 63:2005 年杭州市各民主党派、工商联社会服务情况一览 333
表 64:杭州市新世纪“131”优秀中青年培养人选成果(2001 年~2005 年)统计 346
表 65:2005 年杭州市其他主要出访团组 349
表 66:2005 年杭州市火灾、交通事故统计 358
表 67:2005 年在杭高等院校基本情况 375
表 68:2005 年杭州市普通高中学校情况 377
表 69:2005 年在杭中等职业学校情况 378
表 70:2005 年杭州市小学、幼儿园、特殊学校情况 379
表 71:2005 年杭州市中小学、幼儿园教职工情况 381
表 72:2005 年杭州市接收外籍学生的学校 381
表 73:2005 年杭州市文化广电新闻出版部门获奖情况 384
表 74:杭州籍运动员在第十届全运会取得前 3 名情况 409
表 75:2005 年杭州市城乡居民最低生活保障标准

“十五”期间，杭州市用于城市建设投入300多亿元。实施了市区道路建设两年大会战“33929”工程（33条道路、9座立交桥、2条隧道和9个入城口环境综合整治）。根据道路建设工程三年滚动计划，2004年，市建委重点开展了德胜快速路建设各项前期工作和“三口五路”（3个入城口、5条主要道路）的综合整治，“一纵三横”（保俶路、曙光路—体育场路、凤起路、庆春路）整治一期工程，北山街整治工程（北山街、栖霞岭路、葛岭路、西泠桥），体育场路和岳庙人行过街设施（地道）等工程全面完成。

实施“居者有其屋”工程。共建设经济适用房700余万平方米，公开摇号销售200余万平方米；市区大型居住区建设进展顺利；10万平方米的大学生人才公寓建设顺利推进；拆迁安置用房建设完成情况良好。初步构筑起商品房、经济适用房、廉租房的住房保障体系；制定一系列住房政策，促进杭州房地产市场健康有序发展。

注重环境综合整治，人与自然和谐发展。市区10条河道新一轮整治于2003年开始实施，建成的七格污水处理厂一期、二期工程全面运行；组织实施截污纳管工程、西湖疏浚和引水工程等，有效改善了城市的水环境；2003年启动天子岭第二垃圾填埋场工程，开展了以清洁杭州为主题的活动；每年新增城市绿化面积600万平方米以上；大力推广清洁能源，市区燃气气化率99.97%；自来水日供水能力147万立方米；市区污水处理能力90万立方米，污水处理率80%；市区年供热260万吉焦。

第二章 直播前筹备

一场真正的带货直播是一个比较大的工程，直播前的筹备工作如同楼房地基一样重要，从宏观着眼、从微观着手是直播前筹备的工作要则。本章共包含了“直播设备、直播软件、直播间设计与搭建、账号注册与直播创建”四个内容。

第一节 直播设备

☆ 要点提示

A. 入门级及专业级推流直播设备。

B. 直播设备的组装方法。

☆ 教学目标

A. 掌握并熟记直播设备清单。

B. 可以独立组装直播设备并完成直播间初步搭建。

直播设备的组装与搭建是一场直播最基础的工作，也是最核心的工作之一。直播间的各个设备相互连接，共同组成了集画面和声音采集、处理、传播于一身的专业推流直播设备组合。直播设备清单上的硬件设备缺一不可，否则在直播过程中就会出现问题甚至无法开播，所以熟记直播设备清单并掌握直播设备组装的方法就变得尤为重要。

2.1.1 入门级及专业级推流直播设备

直播设备分为入门级直播设备和专业级推流直播设备两大类，一般情况下，对于刚进入直播领域的个人来说，在开播 1 ~ 3 个月内会采用入门级的直播设备，当个人直播的质量及销售数据稳定后，可以考虑将入门级直播设备更换为专业级推流直播设备。两种设备相互比较，入门级直播设备操作简单、开播方便，但是直播画面的二次编辑处理却相对单一，无法融入更多的营销性元素；而专业级推流直播设备虽然操作相对复杂，却像 Photoshop 一样具有图层功能，可以任意地添加悬浮卡、背景图片、文字、音频及视频等元素，并具备抓取电脑屏幕上指定画面的强大功能。

1. 入门级直播设备

智能手机 *2	手机支架 *1	环形补光灯 *1	桌、椅 *1	配件
一部手机作为摄像头及话筒； 另一部手机作为查看直播间画面及粉丝互动情况使用。	放置查看直播间画面及粉丝互动情况的手机。	放置作为摄像头及话筒的手机； 在缺乏光线条件情况下为人物提供辅助光线，具有美白、美颜，提供瞳孔高光的作用。	亚光质感白色桌子，放置产品； 亚光质感白色吧台椅，主播座位。	手机充电器 *2； 插排 *2； 无线路由器 *1。

2. 专业级推流直播设备

工作站主机 *1	显示大屏 *2	专业摄像头 *2	声卡麦克风套装 *1	专业补光灯 *3
用于安装并操作直播推流、主播美颜、声音处理等软件。	连接工作站主机，显示软件操作页面及直播画面控制。	用于采集直播间的画面，一个摄像头位于正前方采集全局画面，另一个位于侧方采集特写画面。	采集并处理声音。	侧前方 2 个作为主光源； 另一个置于主播身后向前打出轮廓光。
定制背景绿幕 *1	智能手机 *1	支架 *5	桌子 *1+ 椅子 *2	配件
利用绿幕，通过技术手段实现背景的随意切换，背景可以是图片、视频或抓取的桌面画面等。	作为查看直播间画面及粉丝互动情况使用。	显示大屏支架 *1； 摄像头支架 *2； 手机支架 *2。	亚光质感白色桌子，放置产品、直播设备操作台； 亚光质感白色吧台椅，主播座位。	手机充电器 *1； 大插排 *2； 高清连接线 *3； 路由器 Pro*1； 网线。

2.1.2 直播设备的组装方法

1. 入门级直播设备组装

入门级直播设备组装相对比较简单，只需要按照下图布局，把设备放置到位即可。

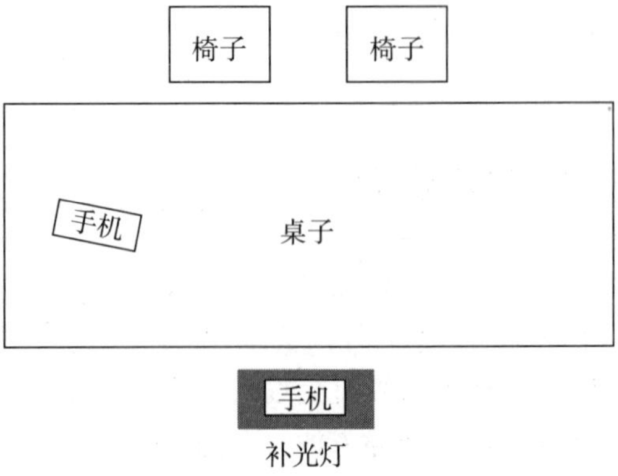

2. 专业级推流直播设备组装

专业级推流直播设备中需要组装的分别是，主机、显示器、摄像头×2、声卡、话筒、补光灯，我们可以按照每个设备的说明书完成设备组装，然后以下图位置作为参考，连接设备、放置所有设备、搭建直播间即可。

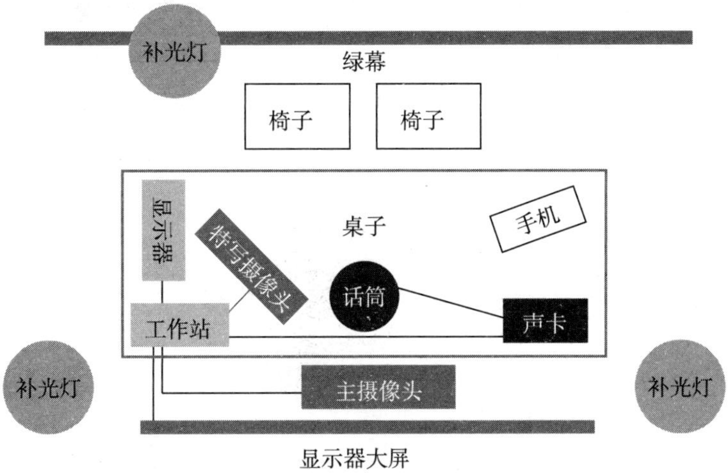

名词解释

推流直播：一个完整的直播过程，包括采集、处理、编码、封包、推流、传输、转码、分发、解码、播放等，这一过程所采用的技术，我们也称之为“流媒体技术”；其中推流直播是指使用推流工具等内容抓取软件，把直播内容传输到服务器的过程。

小节测试

1.（理论）请将入门级直播所需要的设备及说明填写在下面表格中：

2.（理论）请将专业级推流直播所需要的设备及说明填写在下面表格中：

第二节　直播软件

☆ 要点提示

A. 主流平台常用的电脑端直播软件。

B. 美颜修形的软件安装与操作说明。

☆ 教学目标

明确主流平台常用的电脑端直播软件分别是什么。

目前在直播带货领域，主流的直播软件有淘宝直播、直播伴侣、快手直播伴侣、OBS等，其中淘宝、抖音、快手都有自己的直播平台，其余各大平台基本都支持通过OBS进行推流直播。直播软件需要安装在直播硬件设备电脑中，它相当于直播画面及声音的中转站，在软件中可以采集到摄像头的画面和话筒的声音，并可以进行二次加工优化，比如通过软件可以对人物进行美白、磨皮和瘦脸，等等，还可以对产品进行调色使其更有质感和光泽。直播软件更具备强大的色度键功能，可以对视频进行抠像，比如人物坐在绿色背景前面，通过色度键可以将绿色去除，即人物的背景变成了透明的状态，此时我们可以选择在人物图层的下面置入图片、视频或抓取的实时页面等作为新的背景。此外，还可以利用直播软件在人物图层上面放置已经设计好的静态或动态悬浮卡设计图，以达到丰富直播间内容及传达营销类信息的目标。

2.2.1 直播推流软件的安装与使用

软件的安装相对来说比较简单，对于上文提到的淘宝直播、直播伴侣、快手直播伴侣、OBS 等软件，我们可以分别打开对应的直播软件官网，选择对应的软件完成下载；下载完成后双击安装包，然后按照提示操作即可完成直播软件的安装。

虽然各软件功能很多并且比较强大，但是操作使用相对简单，只需要按照对应的官方操作手册进行学习和操作实践，就可以熟练掌握软件的使用方法。

2.2.2 直播美颜修形软件的安装与使用

市场上的直播美颜修形软件种类较多，比如 YY 开播、酷狗直播伴侣、爱奇艺直播伴侣等，也有很多平台的电脑端直播软件直接内置了美颜修形的功能，比如淘宝直播、抖音直播伴侣等。此类软件一般分为两个模块：美颜和微整形。软件整体操作比较简单，只需要简单了解即可学会，在所有美颜修形软件中，推荐大家使用 YY 开播。

软件的安装相对来说比较简单，我们可以打开 YY 开播软件官网，选择对应的软件完成下载；下载完成后双击安装包，然后按照提示操作即可完成直播软件的安装。

虽然 YY 开播功能较多，但是操作使用相对简单，只需要按照对应的官方操作手册进行学习和操作实践，就可以熟练掌握软件的使用方法。

名词解释

1. OBS：OBS Studio 是一款视频直播录制软件，为用户提供了视频、文本、图像等的捕获录制功能，用于进行直播画面和声音的处理。
2. 色度键：色度键是直播推流软件 OBS 滤镜菜单中的一个功能，通过色度键功能可以抠除画面上的绿色，使绿色位置变成透明状态。

小节测试

（实训）下载安装淘宝直播、直播伴侣、快手直播伴侣、OBS 等软件，并在其各自的官网上找到对应的操作手册，然后按照操作手册学会软件的操作与使用。

第三节 直播间设计与搭建

☆ 要点提示

A. 线上线下直播间所需要的物料。
B. 线下直播间的布光方式与效果。
C. 线上直播间的构图方式。
D. 主流直播间设计风格是由哪些模块构成的。

☆ 教学目标

可以独立设计并搭建直播间。

直播间是主播与产品出现的终极场景，也是观众可以看到的最终画面，所以直播间的设计与搭建直接影响了观众对直播的喜爱程度，布局合理、颜色和谐、主题突出、具备美感的直播间总会受到更多观众的青睐与信任，而成功地完成直播带货是基于主播与观众之间的信任建立，因此通过直播间的设计促进彼此间信任的建立，让用户喜欢上主播就是本节内容的核心目标。

2.3.1 直播间物料准备

直播是“人、货、场”多维度的集合呈现，直播间物料作为“场”中的一部分，担当了锦上添花的责任，可以整体提升直播的精致度、亲和力、趣味性和内容的触达率，从而实现留客、提升互动、引导变现等一系列目标。直播间物料分为线上、线下两大类，线上的直播间物料包含悬浮卡、动态悬浮卡、动态字幕、背景图片、背景视频、配音等；线下的直播间物料包含引导牌、宠物或吉祥物、装饰物、直播道具等。小小的物料，大大的用途，充分表明了直播间物料准备的必要性和重要程度。

1. 线上直播间物料

悬浮卡	动态悬浮卡	动态字幕	图片	视频	配音
浮于直播间最上层，展示活动、产品、福利等信息的静态（png）异形图片。	浮于直播间最上层，展示活动、产品、福利等信息的异形动态（gif）图片。	以动态文字的形式展示活动、产品、福利等信息。	在直播间从图片维度展示产品，或作为直播背景，丰富直播间内容。	在直播间从视频维度3D展示产品，或作为直播背景，丰富直播间内容。	在直播间插入背景音乐或音效，以烘托直播氛围，引导观众情绪。

2. 线下直播间物料

引导牌	宠物或吉祥物	装饰物	直播道具
包含品牌、活动、福利、功能性等引导牌，用于展示信息并引导用户行为，丰富直播内容，避免枯燥乏味。	可以是家中宠物，也可以是可爱的毛绒玩具等，用于丰富直播间互动方式，找到与用户的共同点建立情感及信任链接。	包含桌面装饰、背景装饰及人物装饰三大类，用于直播间的美化或衬托人物的IP特性。	用于辅助产品展示的道具，与各产品展示场景的设计保持一致即可。

2.3.2 直播间布光

光线是画面视觉信息和视觉造型的基础，无论是现实中还是直播中，我们都离不开光线，细致的光线可以刻画出具有鲜明视觉形象的人物和产品，打造出更精致的直播画面。光分为聚、散、软、硬四种类型，聚光是来自一个明显的方向，散光是来自若干方向，软光比较柔和自然，硬光往往比软光的轮廓更明确，更富有生气。在布光中分为主光、辅光、轮廓光、背景光、修饰光五种光型，而在直播中，常用的光型一般有主光、辅光和轮廓光三种。

1. 直播间补光灯的位置

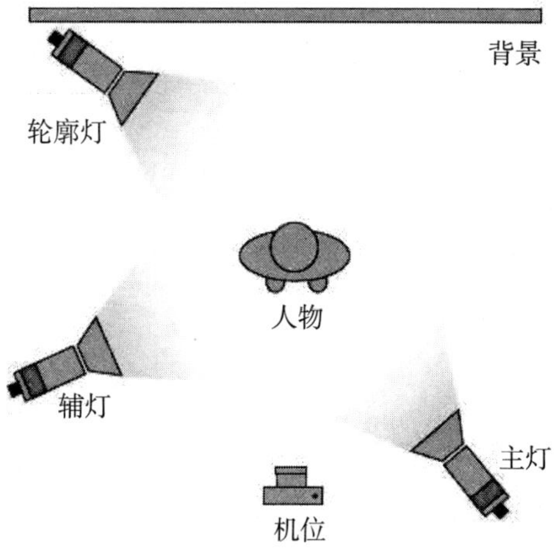

一般情况下，在直播间搭建中需要 3 个补光灯提供光源，增加人物层次使其立体感更强，其中机位放置于人物的正前方，主灯放置人物的左前方 45° 的位置，开全光；辅灯放置于人物的右前方 60° 的位置，开 1/2 光；轮廓灯放置于人物的右后方 45° 的位置，开全光。

2. 直播间补光的作用

主光又称“塑型光”，指用以显示景物、表现质感、塑造形象的主要照明光，为直播间提供主光源。

辅光用以提高由主光产生的阴影部亮度，揭示阴影部的细节，减小影像反差。

轮廓灯放置于被摄体的侧后方，能使被摄体的一侧产生轮廓线条，使主体与背景分离，从而加强画面的立体感和空间感。

2.3.3 直播间构图设计

直播间的构图是指直播画面中桌面、人物、产品与背景的位置及比例的关系，好的直播间构图设计可以给观众舒适的视觉感受，以免在观众进入直播间后因为视觉不适马上离开，因此直播间构图设计对于留客的重要性显而易见，它更是构建直播质量的核心要素之一。

一般情况下，我们会十等分整个直播间，其中从下至上五分之一的位置作为桌面的最高点，可以略低于最高点，要注意桌面边缘线需调整到水平；从下至上十分之七的位置作为人物的最高点参考，横向上人物约占总宽度的五分之三；纵向上剩下未被人物遮挡的十分之三空间可以放置悬浮卡或通过背景展示直播主题、产品信息、活动内容，等等。

另外，产品的放置有两种情况：第一，自有产品并开设了线上店铺，其直播带货的产品款式相对固定，而每天直播间的观众却不同，这种情况下我们可以把主打产品陈列在桌面上；第二，品牌商提供产品，直播带货的产品经常更换且单次直播的产品数量比较多，这种情况下我们便不会把全部产品都陈列在桌子上，而是主播讲到哪款产品，才会把对应的产品放置于主播的桌子上。

2.3.4 主流直播间设计类型与风格

直播间的设计是指房间装修风格、隔断材质、墙面颜色、直播背景类型、直播设备的综合选择与搭配的设计，其中影响直播画面风格的主要因素是直播的背景，按照呈现方式划分，直播背景可以分为三大类型，分别是：墙面 + 大屏幕、定制绿幕、定制装修的实体墙。

1. 墙面 + 大屏幕

以“墙面 + 大屏幕”作为直播间的背景是一种非常常见的方式，墙面一般选择现代简约的装修风格，颜色以纯净的浅色系为主。除此之外，也可以根据直播内容和墙面相应尺寸设计直播主视觉背板，喷绘出画面张贴于墙上与大屏幕共同组成直播背景。其中大屏幕可作为展示直播带货的产品图片或视频使用，以便多维度向观众介绍产品的价值，并塑造更强的场景感提升产品的诱惑力。

2. 定制绿幕

以“定制绿幕”作为直播间的背景是“技术”与“创意”的结合，用绿幕将整个背景墙遮挡，通过技术实现用电脑中已经保存的图片、视频或实时抓取的页面替换绿幕作为直播的背景，因此此类型的直播间风格可以随意切换，只要找到或设计出与主播 IP 相匹配的背景图就可以更换背景到新的风格，如草坪图片、室内图片、海报图片等。定制绿幕的尺寸一般要做到 4 米 ×2.5 米，可以稍微缩小，不过要注意避免因为尺寸缩小而未能覆盖摄像头取景区域的问题。

3. 定制装修的实体墙

以“定制装修的实体墙”作为直播背景更具有真实感，不过与其他两种方式比较，实体墙相对而言略显单一，且成本较高不容易调整其风格。非服装类一般情况下，此类型直播背景会由“墙面 + 架类”组成，墙面多为纯净的颜色或用带有纹理的墙纸装饰，所以架类选择和物品陈列就成为展示直播间特色的核心要素，其中架类选择现代简约风格的即可，而陈列的物品需与自己的定位或带货产品有直接或间接的联系；服装类的背景一般只有实体墙，或再加入龙门架。除此之外，也可以选择房间的一角，配合窗帘、装饰画及落地灯等物品打造一个简约却充满设计感的直播间。

4. 主流直播间风格

主流的直播间大多数都是现代简约的风格，也有少数是时尚混搭、中式风格、欧式风格、地中海风格、美式风格、日式风格等，在颜色上多采用了浪漫粉红、温暖橙色、明亮黄色、中性暖色、动感绿色、海洋蓝色、神秘紫色、中性冷色等。而隔断材质虽然不能出现在直播画面中，但是同样重要，隔断材质除了隔开空间外，还需要具备阻燃和隔音的功能，常见的有隔音玻璃和多层吸声板两大类。另外在直播背景类型和直播设备的选择上则更注重实际的应用，以功能需求为主要依据、以风格选择为辅助进行相应采买。

2.3.5 直播间搭建

直播间的搭建是指在直播间硬装完成的情况下，将直播背景、直播设备、直播物料进行有序的布局，并进行软件的安装与调试。

序号	核心动作	备注
第一步	搭建直播背景。	3 种背景类型：大屏幕、绿幕、架类放置与物品摆放。
第二步	放置直播桌、椅。	与直播背景保持约 1 米距离。
第三步	组装工作站主机、连接大屏幕，主播端和观众端各一个大屏幕。	前后 2 个大屏幕分别安装在双面显示屏支架上。

续前表

序号	核心动作	备注
第四步	组装摄像头并连接至工作站主机。	两个机位，一正一侧，正面机位为全景，侧面机位为产品特写。
第五步	组装声卡、麦克风，连接至工作站主机。	带货直播无须混响音。
第六步	补光灯布局及放置。	直播间需要主灯、辅灯及轮廓灯三种补光灯。
第七步	开机。	接通电源，打开电脑。
第八步	连接路由器，进行网络设置。	将电脑以网线连接网络。
第九步	安装软件并调试。	以 OBS、YY 开播为主或使用直播平台自有直播软件。
第十步	检查画面及声音并调整优化。	横竖画面及人物美颜美形调节、高低音及音量调节。

名词解释

1. 悬浮卡：不规则形状的图文设计的电子图片，置于直播间的顶部或左右侧。
2. 轮廓灯：置于主播背后左、右侧约 45° 位置的补光灯，当打开灯时，左、右侧的人物边缘会出现明亮的边缘线。

小节测试

1.（理论）请将线上直播间物料信息填写在下面表格中：

2.（理论）请将线下直播间物料信息填写在下面表格中：

3.（理论）请画出直播间补光示意图。
4.（理论）请默写出直播间搭建需要的所有物料，并独立做出一个直播间的规划方案。
5.（实训）请在 30 分钟内根据提供的设备清单搭建出直播间。

第四节　账号注册与直播创建

☆ 要点提示

A. 账号注册的流程。
B. 账号包装五要素。
C. 直播创建与基础平面设计。

☆ 教学目标

A. 明确注册账号流程并可以完成账号的包装。
B. 可以快速完成直播创建。
C. 可以做出直播背景及直播间悬浮栏的设计规划。

一个账号就是一个 IP 的线上载体，始于账号注册，成于无数次的直播积累，因此账号注册与直播创建都影响着主播 IP 的塑造，在账号注册与直播创建中涉及的要素约占据了账号与用户接触点的 70%，如在账号注册时除了需要填写手机号码、性别、出生日期等基础信息外，还需要设置头像、昵称、平台号、个性签名、背景封面五大内容。在创建直播过程中期及后期，我们需要上传直播封面图并设置直播背景及直播间的悬浮栏等。以上任何一个要素都是与用户的重要接触点，IP 信息能否准确传递、主播能否与观众快速建立信任关系都与这些接触点有必要的关联，所以账号注册与直播创建是行业中每个人的必修课。

2.4.1 账号注册流程

账号注册相对而言比较简单，只需要下载相应 APP，并通过手机号收取验证码或微信授权等方式就可以登录平台，成功登录后按平台提示完成实名认证即可完成账号注册。

2.4.2 账号包装五要素

人靠衣装，自然靠绿装，人类用花儿装扮世界，圣贤用思想装扮自己，对于一个账号来说，如果未经包装那么一切都会显得生涩简陋。有价值的账号需要被正确地表达并传播，价值点、记忆点和传播点对于账号包装来说尤为重要，也是指导我们进行账号包装的三大原则，而五要素则是账号包装的具体执行方法。

1. 头像的重要性

在互联网中，颜值很重要，我们只能先通过小小的头像去认识一个人，一个头像就是辨认一个人的标志，有时候头像比昵称显得更重要！好的头像总能得到更多人的青睐，互联网是虚拟的，在对方头像不是真实人物或形象较差的前提下，你是否会担心被欺骗或者不愿建立连接？因此头像首先要是个人具备美感的形象照，同时具备所属领域应该有的差异化特点，我们希望给别人留下深刻的印象，得到认可，那就要做到气质不凡。

好头像应该是什么样？好头像应该要体现三个关键词：性格特点、特长爱好、个人职业，如书籍 + 自己：适合出过书的一些作者；食物 + 自己：适合出售食物的伙伴；办公环境 + 自己：通过办公场景体现自己的地位；大自然 + 自己：体现自己的所爱。还有是只有个人出境，在拍摄角度上我们可以选择正面、侧面、站直、托下巴或叉臂等，但是精神状态一定要调整到最佳。

通过以上的例子，我们知道拍照场景、拍摄道具、妆容、表情、服装搭配、配色都会影响人物性格特点、特长爱好、个人职业的表达，因此整体装扮与个人 IP 定位的协调就是好头像的衡量标准。

※ 只把微信作为亲朋好友交流的工具时，头像可以依自己喜好来定；

※ 只要会接触到自己客户，建议使用个人真实头像；

※ 要找到适合自己的拍照场景、姿态和表情。

2. 昵称的重要性

在现实生活中，每个人都有一个名字，它是生命中不可或缺的一部分，不过一生中听到自己全名的机会却远远低于自己的简称，比如小李、大潘、阿美、云峰等，每一个称呼都是简称，也有很多人会给自己起一个好听的艺名，尤其是在互联网中大部分人不会使用自己的真实姓名，因为真实姓名不仅记忆困难，更不能反映出自己的职业与追求，而且好的昵称带有自传播的效果，有的自带调侃和领域专家的感觉，人们也愿意将其作为谈资的一部分传递给他人。

昵称涉及两个关键问题，第一个是想到你，第二个是找到你。以微信通讯录举例，假如你定位化妆品类目，某一天有用户需要购买一盒“面霜”，这时需要用户先想到你，试想一下，一个复杂的名字容易想起来么？毕竟你与用户之间不会存在太多交流，都不会花费时间去记忆对方的一些信息，因此名字简单易记就变得尤为重要。想到你之后用户需要进行搜索找到你，这时就要求昵称中尽量不要出现生僻字和花、草等类似的表情，因为如果无法正确输入你的名字，用户不仅会生气更会直接放弃向你购买产品的行为。

如何快速确定自己的好昵称？好昵称要具备以下特征：有特点、别太长、易记忆，人如其名，要体现职业、性格特点，要与大家熟知的元素有关，元素可以是兴趣、植物、动物、食物、人物名、称呼、行业名词等。那应该如何应用上面的原则呢？我们来看一些案例：

职业 + 称谓：漫画大叔

行业名词 + 称谓：直播一姐

植物 + 称谓：蒲公英姑娘

颜色 + 动物：蓝喵

食物 + 称谓：蛋挞王子

上面只列举了很少一部分，我们可以拿出一张白纸，把自己喜欢的，与自己职业相关的植物、动物、食物、称呼都写下来，然后两两之间进行连线，相信你一定可以创作出自己中意的昵称。

3. 平台号

平台号是指微信、抖音、快手、头条、小红书等平台的账号。平台号具备两个功能：第一个是检索功能，如当产生口碑后，新粉丝想要关注你，可以通过搜索平台号找到你、关注你；当然除微信平台外，粉丝都可以通过搜索昵称找到你，不过因为微信中私域流量的重要性，平台号必须引起大家的重视。第二个功能是提升专业度，在我们刚注册平台账户时，系统自动生成的平台号是处于一种类似乱码的状态，没有任何意义，影响我们账户的专业度，进而微妙地增加了信任成本。因此平台号的设置是必须要做的一件事情，在进行平台号设置时，一般注意两个原则即可，一是要与昵称保持一致，也就是使用昵称的拼音作为平台号；二是所有平台的平台号保持一致，这样既可以体现专业，又利于平台之间进行粉丝迁移。

4. 个性签名

在平台中我们与用户的接触点是固定的头像、昵称、平台号、个性签名、封面、私信、内容创作七大方式，而个性签名的作用就如同一个企业品牌的 slogan，它涵盖了个人的 IP 定位的全部内容及链接方式，其重要性不言而喻。一般情形下，个性签名不超过五句话，句句言简意赅聚集精华，内容结构为：身份 + 价值 + 行为 + 链接方式，例如：90 后女孩，某某传媒 CEO，为你分享直播变现的知识与技巧，每晚八点准时开播与大家见面，❤：51topstar。

5. 背景封面

背景封面作为我们与用户最大的视觉性接触点，不仅能触动用户对我们价值的认可，更能保障信息传递的有效性，从而大大提升粉丝价值。背景封面分为很多形式，但可以概括为“意境类和功能类”两大类。其中意境类封面适合承接广告及商业服务定位的账号，处于吸粉养粉阶段的账户也可以使用意境类封面。意境类是指画面中不出现文字，以营造一种氛围为目的。功能类封面适合带货或知识付费等定位的账号，一般是以产品或文字为主体进行设计的海报，当然人物是海报不可缺少的要素。背景封面的文字内容会围绕着个性签名中的价值进行展开创作，并结合产品和人物进行整体设计。

2.4.3 直播间创建

直播间的创建是开播前必备的工作之一，没有创建直播就不存在开播，直播间的创建需要主题、封面、内容、上架产品、直播类别及开播时间六个模块的内容。

主题：对应直播场次的标题，如“开学季全场 5 折起、美妆护肤小秘籍、生活节来了，家电送送送”，等等。

封面：在创建直播时需要上传直播封面，直播封面可以是个人形象照，也可以是集合了人物、产品、主题、内容和时间地点等内容而设计的海报封面。

内容：对直播更详细的描述，包含产品信息、优惠力度、分享内容或直播价值，等等。

上架产品：在创建直播时需要关联产品，因此需要提前在抖音小店、微店、淘宝店、京东店或快手小店等完成产品上传，在哪个平台直播就在对应平台的可以链接的店铺上传即可。

直播类别：创建直播页面会有选择“类别”的选项，点击进入后可以选择颜值、才艺、三农、时尚、生活或教育等直播类型，根据直播实际情况选择即可，一般情况下需要选择到二级分类。

开播时间：根据实际情况选择时间即可。

每个平台的直播间创建入口及流程虽然不尽相同，但是所需要填入或上传的内容却保持一致，因此在六个模块内容准备完善后，创建直播间其实很简单，找到“创建直播”按钮，进入后填写信息、上传封面，提交即可完成创建。

2.4.4 直播间悬浮栏设计

在直播间经常会看到一些悬浮的图片，这就是悬浮栏，悬浮栏有圆形、正方形、长方形或异形等形状。在直播间放置悬浮栏是为了向每一位进入直播间的观众传递产品、福利、优惠或活动等信息，以此抓取刚进入直播间的观众的注意力并留客。如在某次直播中，晚上 8 点有原价 198 元洗护套装的 1 元秒杀的优惠活动，晚上 6 点开播后，在长达两个小时的时间中如何让每一个观众都知道这个福利呢？主播不间断地重复两个小时肯定不现实，以直播间留言形式公布福利虽然可行，但是容易造成刷屏引起观众反感，并且信息传达效果较差，所以把这个福利的内容“产品图片 + 1 元秒杀原价 198 元洗护套装 + 晚 8 点”等元素融合做成一个透明背景的异形 png 图片就可以完美地解决福利信息传递的问题了。

一般情况下我们只需要创作直播间悬浮栏的内容，设计的任务是由专业的平面设计师完成的，在悬浮栏内容创作时我们一定要谨记悬浮栏是为了抓取用户注意力、留客，为成交做铺垫的，此外悬浮栏也可以展示下期直播的特色与亮点实现为下期直播引流的目的。因为悬浮栏极高的实用性和适应性，多元化地应用悬浮栏已经成了直播间设计的核心要素之一。

名词解释

1. 接触点：我们可以设置信息、用户可以获取信息的中间介质。
2. 抓取注意力：是指通过颜值、礼品、优惠活动、声音、痛点及价值等引起观众的关注，使观众认真观看、接受主播传递的内容。

小节测试

（理论）请简述账号包装五要素，并做出自己账号包装的规划。
（实操）请选择任意平台注册账号。
（理论）请简述创建直播间前都需要准备哪些内容。

第三章　选品与产品营销

一切商业都是为了成交，而商业的本质是消费，只有客户积极用掉的商品才是好商品。因此，没有产品，任何商业行为都没有意义。产品是连接企业与用户实现价值交换的桥梁，企业获得了经济回报，用户获得了产品的使用价值，实现双赢的局面。对于直播电商来讲，产品是决定能否盈利的关键要素之一，不合适的产品用户不会接受；较差的产品营销不仅不能被理解，更不能触发用户的购买欲望。可见在选品及产品营销中也有很多的挑战，而面对并解决这些挑战就是作为直播电商的从业人员需要具备的关键能力，即选品与产品营销的能力。

第一节　直播选品

☆ 要点提示

A. 影响选品的三大要素。
B. 不同属性产品的作用。

☆ 教学目标

A. 通过课程学习，学生可以具备根据主播定位、供应链资源情况，并借助大数据分析完成直播选品的能力。
B. 通过课程学习，学生可以识别四种产品身份，并应用于对选品比例的把握。

直播选品是直播电商可以持续发展的生命力所在，市场中企业生命力强弱的很大原因基本都集中在产品供应链是否具备优势上，对于主播不是任何产品都可以带货的，这个筛选的过程非常重要，而且影响选品的因素特别多。本节课程将从主播定位对选品的影响、供应链资源、大数据分析、产品四大身份四个方面讲解直播选品。

3.1.1 主播定位对选品的影响

直播并不是想卖什么就卖什么，每个主播都有自己的属性与气质，只有所选产品与主播的特征可以很好地融合匹配，做到如出一辙，才能更好地避免来自直播间观众的吐槽与拒绝购买产品，也就是说对于新人主播来讲，我们只能选择符合自己属性与气质的 1 ~ 2 种产品类目。可能大家会有疑惑，为什么知名主播带货产品种类都那么丰富，这是因为他们已经通过前期积累拥有了非常庞大的粉丝群体，有特别高的知名度，因此无论他们推荐什么产品，总会有忠实的粉丝因为信任主播而选择购买产品。

作为一名未建立个人 IP 的新人主播需要解决的是粉丝认知、粉丝数量和粉丝信任度的问题，因此在这个阶段，我们需要持续地输出同一形象，否则就不能树立我们在受众心中的可靠认知，更谈不上什么成交。例如一个人昨天做前台接待、今天做直播带货、明天又要去做产品经理，请问有谁敢给予他太多的信任？因为大家都不知道他想做什么、他到底可以做什么。我们经常看到歌手和演员在跨界，跨界之后依然受到粉丝的热爱，但大家不要被这种现象误导，更不能学习已经建立个人 IP 的主播带货类目上的超大跨度。在这件事情上，前期是产品与内容为主播 IP 赋能，后期是主播 IP 为产品和内容赋能。

那么直播带货的产品应该怎么选呢？一名身着工作服面部黝黑的农民伯伯可以选择带货天然无害的绿色农产品，农产品不仅符合农民伯伯的自身形象气质，同时也是他经验丰富并且最擅长的领域；而如果主播人选是一位身材高挑面着淡妆的甜美女士，衣服、美妆及首饰等是不是都是很好的选择呢？另外，还需要看主播对什么最擅长、最感兴趣和最具潜力。

通过主播自身属性与气质确定固定的唯一产品类目满足了直播间观众的内心预期，这样不仅可以帮助主播快速有效地在直播间观众心智中拥有一席之地，更可以强化主播的垂直定位，明确稳定持久的垂直定位有利于平台把直播间推荐给更多精准的潜在用户，精准意味着更有助于提升产品转化率。由此可知，通过主播的自身属性与气质确立选品的唯一类目，不仅有助于信任的建立更可以为直播间带来更多流量。

综上所述，选品的第一步需要考虑主播的定位，在主播定位中，我们需要重点考虑主播的行业属性、气质、兴趣、擅长领域等要素来初步判定选品的大类目，如美食、美妆、护肤品、男装、女装、家电以及书籍等。

行业属性是指主播已经拥有的工作背景，比如在图书馆工作。

气质是指主播的面貌感觉，比如看上去是一名饱读诗书的博士。

兴趣是指主播非工作时间喜欢做什么，比如喜欢读书，只有工作和兴趣一致，主播才更可能开心地坚持把一件事做成功，因为主播是一个需要较长时间积累的职业。

擅长领域是指主播在什么领域有出色的研究或经验，可以独立把工作卓越地完成，比如擅长总结知识和分享心得。

通过上述对主播定位各要素的解释和举例，我们就会发现，如果一个主播具备举例中的所有特点，则让该主播通过知识分享吸粉，再通过书籍推荐书单进行变现就是非常不错的一个选择，因此这里选品的第一步可以确定为书籍。

3.1.2 供应链资源

在根据主播定位确定了直播选品的大类目后，接下来就是产品供应链资源的寻找与盘点整合，对于不同的团队来讲，拥有的产品供应链资源不同，通过谈判拿到产品供应链资源的能力也不同，这个环节其实也是在反检第一步的选品定位是否可以实现，比如通过主播定位确定了可以带货美妆和衣服两类产品，而直播团队只有美妆的优质产品供应链，那就可以确定直播选品就是美妆；如果直播团队什么供应链都没有，则可以依据预估的带货潜力确定是带货美妆还是带货衣服，这时要看主播对于化妆或服装搭配哪个更擅长，比如确定了带货女装，那又该去哪里寻找女装的供应链呢？

首先我们可以从传统电商平台中找到一些女装品牌的官方旗舰店，找到客服说明意愿，再和对方负责人谈一个不错的佣金就可以了，不过这种方式会有一定的难度，一般情况下只有保障比较可观的销量，对方才会有合作的意愿；因此谈下有知名度的品牌是需要粉丝数量的积累的。所以对于一个新的直播团队来讲，选品也会经历从性价比到品牌知名度的转变。

在前期各方面都没有具备优势的情况下，我们可以去阿里巴巴、京东联盟等平台找到可以一件代发的产品或工厂；除此之外，我们周围人脉资源的梳理与应用也是一个寻找产品供应链资源很重要的方式；并且我们还可以去线下展会或线下批发市场挑选直播需要的一些产品，如果可以有知名度的品牌产品最好，否则就以性价比为出发点寻找产品。

3.1.3 大数据分析

通过主播定位和供应链资源我们已经确定了选品的方向，但是如何继续选出具体的产品呢？不论是主播定位还是供应链资源都是从内部思考选品的方向，可是我们要面对的是整个市场和全部用户，因此外部的市场需求及用户行为是选品时必须要研究和考量的，毕竟只有选到符合当下市场和大量用户刚好需要的产品才有可能成为爆品，如季节性产品羽绒服在夏天卖就比较难，但是除了季节性这一点可以明显地感知到有销售时间的问题外，那么即使在冬季时短款、长款不同版型的羽绒服，哪种类型更受欢迎就需要大数据的支持了。所以想要选出具体的产品就需要把 STP 选品路径与不同平台的大数据分析结合应用，成功地完成引流和变现的直播带货目标，因为不同的产品具有不同的优先级，不同的特征能够赋予产品不同的职责，这也是选品中进行大数据分析的意义与重要性。

1. STP 选品路径

选品路径是一个从大范围到小范围的筛选过程，其中 S 是指产品细分（Segmenting）、T 是指目标产品（Targeting）、P 是指产品定位（Positioning），假设通过主播定位与供应链资源我们确定了选品方向为食品，但是食品的种类却是难计其数，我们该如何继续选品呢？

这时我们可以根据 STP 选品路径把选品继续细分到最小单元，然后再进行产品的选择和差异化的卖点确认。下面我们来看一下 STP 选品路径具体应该如何应用。

S（产品细分）：此环节需要把已经确定的选品方向细分到最小单元，如食品可以分为方便食品、休闲食品、营养保健品、餐饮食品及其他等（如图）；其中休闲食品可以继续细分为膨化食品、蜜饯果脯、罐头、肉类即食品、巧克力、糖果、干果类、散装休闲食品等；其中蜜饯果脯又可以分为苹果脯、酸角脯、杏脯、梨脯、桃脯、太平果脯、青梅、山楂片、果丹皮等产品。

T（目标产品）：在经过产品细分后，我们可以得到一个很详细的产品清单，接下来就可以在产品清单中进行选品了。在这个环节我们需要注意的是不要跨太多类目进行选品，比如选择了休闲食品，就不要再选择餐饮食品，我们要一直思考：自己直播间的观众是谁？他们都需要做什么？他们都有什么需求？比如在直播间购买休闲食品巧克力的用户大概率不会购买餐饮食品中的米面粮油等，因为购买巧克力的用户最有可能是学生或职场人士等，而他们基本不做饭或偶尔做饭，他们对米面粮油等烹饪食材的需求非常小。

P（产品定位）：假设在目标产品的环节中我们选择了休闲食品类目下的很多产品，那么在借助大数据分析前，选择一个产品的大前提是什么呢？也就是产品如何定位。在选择产品时，如果可以明显感知到产品的差异化优势，这个产品就值得选择。如蜜饯果脯中的梨脯，其原料是来自辽南的特产梨中之王南果梨，果肉细腻、风味香浓，并且价格上也相对具有优势。

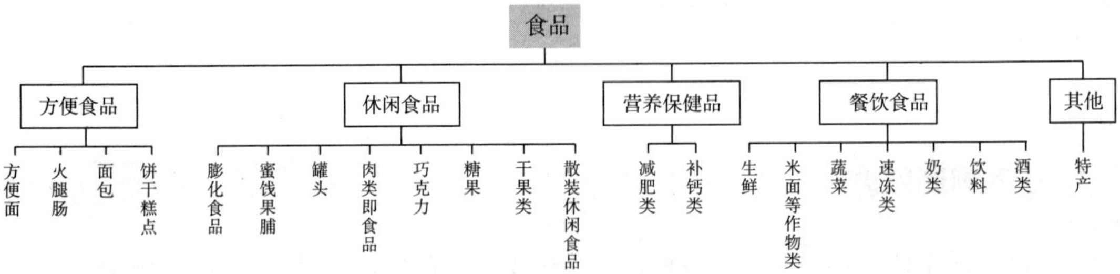

2. 生意参谋数据分析

生意参谋是阿里巴巴基于淘宝和天猫店铺的一款大数据分析平台，通过大数据分析后我们能够更准确地判断和预测市场的走势和用户的需求，为我们选品提供了强有力的可靠性支持，尽可能避免出现误选的情况。

生意参谋大数据分析平台可以在任一淘宝或天猫店铺的营销中心中找到入口，如下图所示：

进入生意参谋后，我们主要用到的是行业趋势、行业构成、搜索排行、搜索词分析等功能，但是无论是哪一个功能，我们都会用到搜索人气、交易指数、点击率、支付转化率四个主要数据指标，除外之外还有访问人气和加购人气等数据指标。搜索人气是指在某时间段内的搜索人数，它可以代表市场的大小和潜在用户量级；交易指数是根据产品交易过程中的核心指标，如订单数、买家数、支付件数、支付金额等，进行综合计算得出的数值，数值越大反映交易的热度越大，不等同于交易金额，但对应着相应的销售额；点击率是指网站页面上某一内容被点击的次数与被显示次数之比，它是一个百分比，反映了网页上某

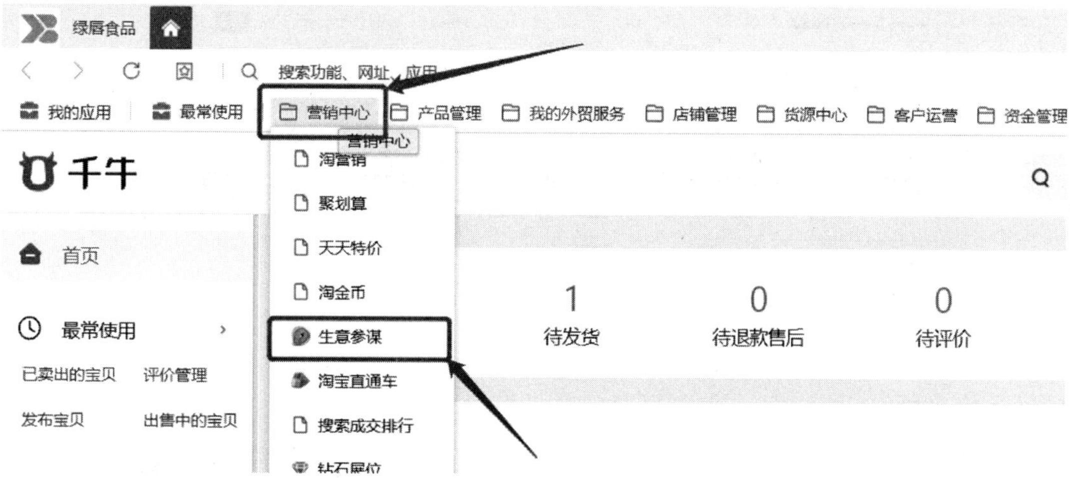

一产品的受关注程度，经常用来衡量主图的吸引程度；支付转化率是所选时间内，支付买家数除以访客数（支付买家数 / 访客数），即访客转化为支付买家的比例，支付转化率越高代表了产品越容易成交；访问人气是指在某时间段内的访问人数；加购人气是指在某时间段内的加购人数。

在我们选择一个行业或产品后，我们都可以通过生意参谋对行业或产品的各项数据进行分析，首先我们要选择较高数据的产品，另外每个数据指标都会呈现出曲线图，我们可以自主选择看一天、一个月或半年等周期的指标变化情况，因此除了数据要高，我们还要尽量选择正处于增长趋势的类目或产品。

（1）行业趋势：打开生意参谋—市场—市场排行，如下图，然后在左上角位置选择好具体类目后即可查看细分行业的当前大数据情况了。

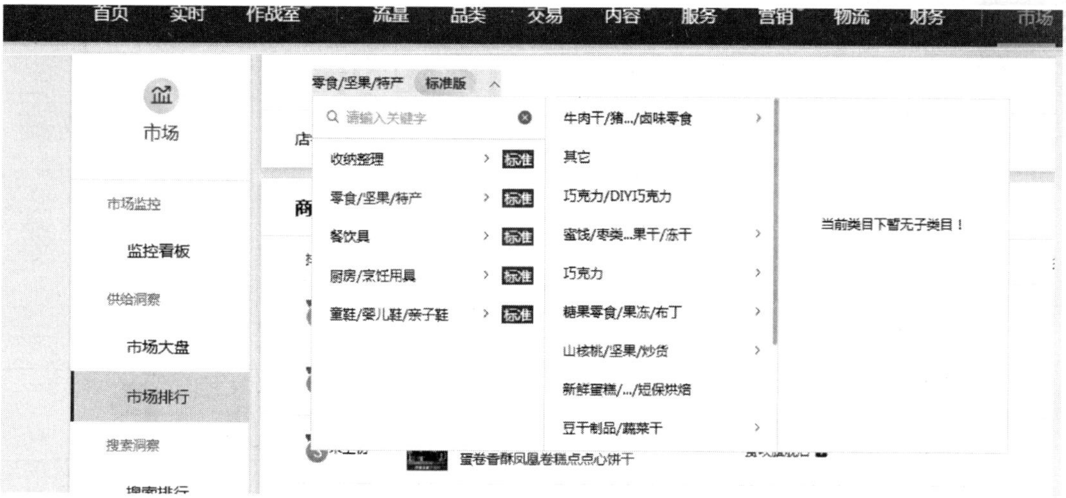

如下图，我们可以看到美容护肤 / 美体 / 精油 30 天内的行业趋势，访问人气：3 407 816、加购人气：1 385 590，趋势曲线平缓略有上升。

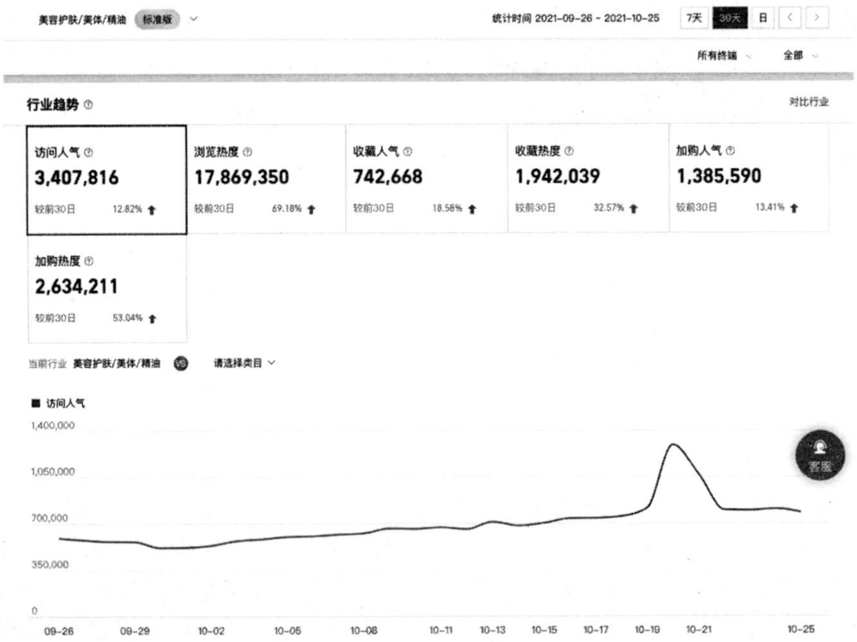

（2）行业构成：在行业趋势页面继续下滑页面就可以看到行业构成页面，如下图我们可以看到美容护肤 / 美体 / 精油行业的组成情况，如这个行业包含子行业面部护理套装、面部精华、面膜、乳液 / 面霜，等等，通过交易指数及支付金额较父行业占比指数我们可以明确每个子行业的市场占有率，进而帮助我们选择行业或者反检已经选好的行业是否有市场需求。

行业构成

子行业	交易指数	交易增长幅度指数	支付金额较父行业占比指数	支付子订单数较父行业占比	操作
面部护理套装 较前 30 日	7,947,643	-16.41%	12.32% 0.46%	12.64% 0.70%	趋势
面部精华（新） 较前 30 日	5,819,450	-21.61%	8.44% -0.81%	6.80% -0.66%	趋势
面膜（新） 较前 30 日	5,013,873	-21.93%	7.74% -0.82%	13.02% -2.24%	趋势
乳液/面霜 较前 30 日	4,990,481	+1.20%	7.66% 1.46%	11.95% 2.08%	趋势
洁面 较前 30 日	3,733,990	-21.69%	4.25% -0.60%	9.83% -2.08%	趋势
身体护理（新） 较前 30 日	3,565,141	-6.10%	4.04% 0.40%	8.95% 0.30%	趋势
化妆水/爽肤水 较前 30 日	3,551,107	-18.17%	4.03% -0.05%	4.70% -0.60%	趋势
眼部护理（新） 较前 30 日	3,246,923	-18.82%	3.69% -0.09%	3.28% -0.01%	趋势
卸妆 较前 30 日	3,132,238	-27.14%	2.85% -0.62%	4.46% -1.02%	趋势
男士面部护理 较前 30 日	2,982,238	+0.52%	2.71% 0.21%	3.69% -0.09%	趋势

每页显示 10 条　　〈上一页 1 2 3 下一页〉

（3）搜索排行：打开生意参谋—市场—搜索排行，我们就可以看到对应类目下的搜索词各项数据与排名，搜索排行有两种排名方式，分别为热搜与飙升，热搜是以搜索人气高低进行排序，而飙升则以搜索增长幅度大小进行排序。如下图所示，排名中的每个关键词都代表了一类产品，因此搜索排行给我们直播选品提供了很好的方向性参考，有助于我们快速准确地找到符合市场需求的产品。

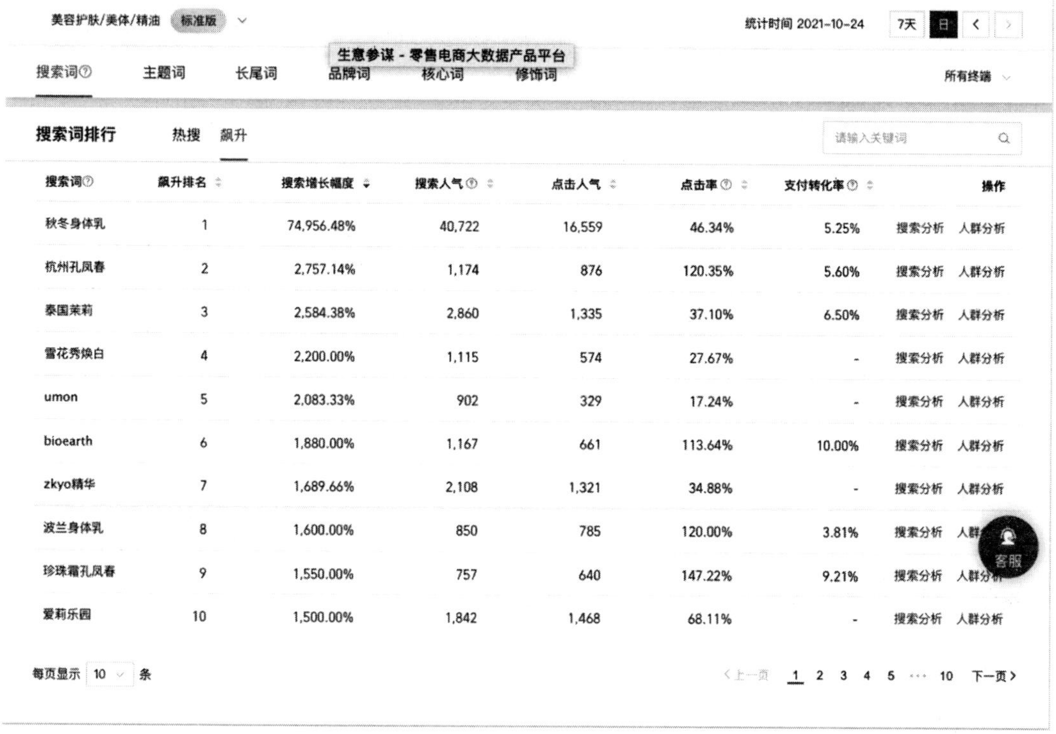

美容护肤/美体/精油 标准版　统计时间 2021-10-24　7天 日

生意参谋 - 零售电商大数据产品平台

搜索词　主题词　长尾词　品牌词　核心词　修饰词　所有终端

搜索词排行　热搜　飙升

搜索词	飙升排名	搜索增长幅度	搜索人气	点击人气	点击率	支付转化率	操作
秋冬身体乳	1	74,956.48%	40,722	16,559	46.34%	5.25%	搜索分析 人群分析
杭州孔凤春	2	2,757.14%	1,174	876	120.35%	5.60%	搜索分析 人群分析
泰国茉莉	3	2,584.38%	2,860	1,335	37.10%	6.50%	搜索分析 人群分析
雪花秀焕白	4	2,200.00%	1,115	574	27.67%	-	搜索分析 人群分析
umon	5	2,083.33%	902	329	17.24%	-	搜索分析 人群分析
bioearth	6	1,880.00%	1,167	661	113.64%	10.00%	搜索分析 人群分析
zkyo精华	7	1,689.66%	2,108	1,321	34.88%	-	搜索分析 人群分析
波兰身体乳	8	1,600.00%	850	785	120.00%	3.81%	搜索分析 人群分析
珍珠霜孔凤春	9	1,550.00%	757	640	147.22%	9.21%	搜索分析 人群分析
爱莉乐园	10	1,500.00%	1,842	1,468	68.11%	-	搜索分析 人群分析

每页显示 10 条　〈上一页 1 2 3 4 5 ··· 10 下一页〉

（4）搜索词分析：打开生意参谋—市场—搜索分析，如下图，我们可以在搜索框中输入自己想查询数据的产品的关键词。

如我们输入“面膜”后按回车键开始查询出现下图所示界面，我们可以看到每天中面膜的各项数据及曲线变化情况，搜索人气：76 134、点击率：80.01%、交易指数：190 742、

支付转化率:8.77%。在选品过程中,我们会优选市场规模较大和各环节转化率较高的产品,其中搜索人气和交易指数代表了市场规模的大小;而点击率和支付转化率代表了行业成交的难易程度。(以上数据仅反映数据对应的平台市场情况)

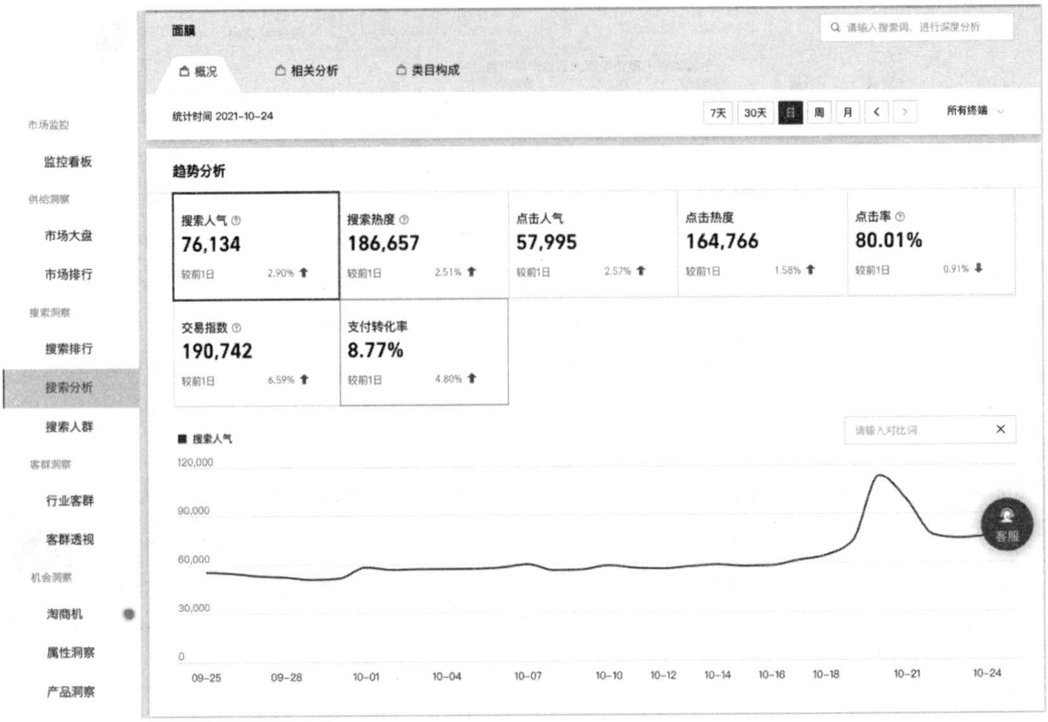

3. 新抖数据分析

新抖是一个基于抖音平台的第三方数据平台,通过新抖数据分析我们可以了解到以内容作为支点的电商市场与用户需求情况,为我们选品提供强有力的数据支撑,尽可能避免出现产品误选的情况。

在新抖平台中,我们主要使用直播流量大盘、直播电商和电商带货三大数据模块,其中直播电商模块中我们经常用到的是直播实时爆款和直播商品排行,电商带货模块中我们需要经常用到的是查找商品和热门商品排行,通过以上数据我们可以明确抖音平台上直播带货的市场情况,进而给我们选品提供重要的参考依据。

(1)直播流量大盘:在这个模块中我们主要看"预估销售额"和"观众性别比例、观众年龄分布、观众地域分布、观众来源分布"等数据情况,通过这些数据我们可以知道市场的规模和平台上用户的一些特征,即不同的产品对应的市场大小不同,就可以更好地把握大的市场,比如选择年轻女性的产品会有更大的市场,如果选择款式偏老人的男装就很难打开市场,甚至说几乎没有机会。

(2)直播电商:进入新抖平台后,打开直播电商中的"直播实时爆款和直播商品排行"页面,在"直播实时爆款"页面我们可以看到以30分钟为统计单位的爆款产品、带量主播、带货直播间、直播人气峰值和2小时新增销量等数据,这些数据虽然不能直接反映我们所选产品的情况,但是可以从侧面映射出一个产品类目的市场接受度和消费群体特征,如有很多消费者购买了某款女鞋,那女装肯定也能卖掉,因为两个产品的消费群重合度是非常高的，因此“直播实时爆款”中的数据可以帮助我们选品时明确某些类目的接受度和成交的可能性。

在“直播商品排行”界面，我们可以看到按销售额、按销量、按关联直播数、按关联主播数四种排序方式，一般情况下，我们只查看按销售额排序的直播商品排行情况，另外我们可以选择按日或按周查看数据，还可以选择“美妆护肤、服装鞋帽、3C 数码、居家、书籍、办公文具”等任一单独类目中的直播商品排行。在直播商品排行数据中，我们可以看到商品、关联直播数、关联主播数、直播销量、直播销售额的数据，比如我们定位了美妆护肤，那我们可以只查看美妆护肤的直播商品排行，这样我们就能看到哪些产品的销售潜力更大，同样可以通过产品反观消费群体，再通过消费群体判断我们的选品是否合理。另外通过不同类目的单独数据对比，我们也可以得出在对应时间段内哪个品类的市场份额更大。

（3）电商带货：进入新抖平台后，打开电商带货中的“查找商品”页面，我们可以自主输入商品名称查询交易数据。

一般情况下，搜索栏下面的“商品品类、商品销量、商品来源、商品信息、推广声量、观众画像”数据筛选选项基本用不到，我们只需要点击“导出结果”，把数据导出进行分析即可。这其中包含的数据分别是商品、售价、预估佣金、关联作品数、商品销量、抖音访客量六项数据，我们主要看商品销量和抖音访客量两个数据，销量代表了市场的大小，“商品销量 ÷ 抖音访客量”代表了成交转化的能力，因此商品销量和抖音访客量的数据越高，该商品在市场中的竞争力也就越强。此外，我们还可以通过计算得出商品的销售总额，如销量是 3.07 万，券后价是 14.9 元，那销售总额就是 45.74 万元，这也是该款产品的市场规模，当然真正的市场规模，我们需要计算全部商品的销售总额之和。

在电商带货的“热门商品排行”界面，热门商品排行有全网销量排行、抖音访客量排行、低粉热货榜、人气好物榜、抖音销售排行、达人推荐排行六大排行方式，一般情况下，我们只看“全网销量排行”的数据，在查看数据前我们可以在“商品品类”中选择自己已经定位的大类目，这样得到的数据会更贴合主播的定位，更有参考意义。选好商品品类后，我们可以点击“导出结果”把数据以 Excel 的形式导出，保存在桌面上准备进行整理分析。热门商品排行主要包含排名、商品名称、售价、关联作品数、新增抖音访客量、新增商品销售等数据，与“直播实时爆款和直播商品排行”数据一样，这些数据虽然不能直接反映出我们所选产品的情况，但是都可以从侧面映射出一个产品类目的市场接受度和消费群体特征。那这些数据如何应用呢？首先可以通过产品反观具有某些特征的消费群体规模，然后再通过消费群体判断我们的选品是否合理，是否具有广大的市场；其次通过选择不同商品品类查看并分析数据进行对比，我们也可以得出在相应平台上哪个品类的市场份额更大，为我们在初期确认选品方向时提供重要的参考。

4. 大数据应用

通过“生意参谋”和“新抖”我们可以查询到行业的市场规模或产品的成交数据及趋势，借助这些大数据可以助力我们实现两个目标，分别是协助团队确定选品方向和为选款选品提供数据支撑。如生意参谋中的行业趋势、行业构成、搜索排行和新抖中的商品排行可以协助团队确定更具潜力的选品方向，就是选择那些市场份额较大、接受度高、处于增长趋势的行业，而生意参谋中的搜索词分析和新抖中的查找商品可以为我们选到更好卖的产品提供强有力的数据支撑。

对于每一款产品我们都可以查询到相应产品在某时间段内的市场规模（用户量级和销售总额）和成交转化率，除此之外，每款产品都有不同的利润。有了用户量级、销售总额、成交转化率和利润四项数据，我们就可以做出产品的优先级排行选品表。比如我们已经选定 5 款产品，我们可以把 5 款产品分别以用户量级、销售总额、成交转化率和利润为对比数据进行 1、2、3、4、5 名排序，如下表所示：

名称	用户量级 / 人	排名 A	销售总额 / 元	排名 B	成交转化率	排名 C	利润 / 元	排名 D	排名总和
产品 4	884 130	1	560 000	1	0.16	3	42	1	6
产品 5	641 273	3	490 000	2	0.18	2	20	4	11
产品 2	665 418	2	410 000	3	0.15	4	26	3	12
产品 1	398 521	5	230 000	5	0.18	2	37	2	14
产品 3	412 576	4	320 000	4	0.19	1	12	5	14

最终，我们可以把每款产品的 ABCD 四项排名数值相加算出排名总和，在对产品进行排名时，用户量级、销售总额、成交转化率、利润任何一项数据越高，产品就越具有优势，排名就越靠前，即排名数值越小，代表了产品竞争力越强，所以排名总和的数值大小就可以映射出产品的综合竞争力，如上表，经过数据分析后，我们可以得出产品 4 最具综合竞争力，产品 3 和产品 1 相对来说综合竞争力较弱。

3.1.4 产品四大身份

直播需要流量、直播需要建立主播 IP、直播需要盈利，因此在选品过程中，除了要考虑主播定位、供应链资源、行业数据、产品数据外，我们必须还要考虑产品的四大身份，也就是说我们可以通过上面的方法把产品选出来，但是不同的产品在直播带货中承担着不同的责任，即产品的四大身份，分别为引流款、形象款、利润款、爆款，通过归纳、分析与总结后，我们可以发现它们之间的区别主要是由价格、利润、品质、知名度等要素的异同造成的。

其中引流款产品承担了吸引用户进入直播间的职责，对于直播带货来讲，引流款产品不仅可以在预热前期作为诱饵吸引用户进入直播间，更有利于促进新粉丝在直播间下第一单并建立起彼此的链接，也为培养用户在直播间购物的习惯奠定良好的基础。一般情况下，引流款产品的价格较低并且没有利润空间甚至亏钱，如果产品具有品牌知名度，那引流效果会大幅度地提高，即便引流款产品不具备知名度，但是品质也要保证中等以上。

形象款产品承担了提升主播信任度和影响力的职责，即新人主播可以通过带货具有品牌知名度的产品，把消费者对品牌的信任与理解转嫁到主播自己身上。形象款产品基本上具备知名度高、价格高、品牌好、利润较低的特征，因为对于新人主播来讲，直播团队对有知名度产品的供应价格的谈判能力较弱，不过这类产品对于长期发展与主播 IP 塑造有积极的促进作用，因此也是直播带货的必选产品类型。

利润款产品承担了为整场直播带来利润收益的职责，因此我们选择的利润款产品的利润空间一定是比较可观的，另外售价和品质应为中等水平，最好具有一定的品牌知名度，但是没有品牌知名度也没关系，我们主打产品的性价比卖点即可。

爆款产品是引流款、形象款、利润款三款产品的优势集合款产品，因此它也承担了引流、提升形象、盈利三种职责，所以综合来看爆款产品的特征应该是性价比很高、售价较低、利润空间为中高水平、具有一定的知名度，并且爆款产品的市场规模一定要很大并且处于增长趋势。市场规模是一个产品未来前景的天花板，因此爆款产品基本上是大众需要并且乐意消费的产品，一般说潜在的目标用户规模需要达到百万级。

明确了产品不同的属性会赋予产品不同的职责这一规律，我们在选品时就需要提前规划并明确四种产品的需求量了，如果等选好产品之后再去考虑产品的四种身份就为时已晚了。通过对产品四大身份的学习，我们可以很清晰地理解“产品组合结构”的重要性，较弱的产品组合结构要么导致直播间观众数量很少，要么导致直播带货没有利润，要么导致大家觉得主播的产品供应链整合能力较弱，例如直播选品全是200元以上的高品质产品，肯定会流失很多消费水平低的用户；如果直播选品全是30元以下的低品质产品，肯定会造成利润很低并且还可能出现大量售后问题。一般情况下，引流款、形象款、利润款、爆款四种类型产品的比例为2：1：2：5，当然我们根据主播的阶段与供应链的实际情况进行调整，只要可以持续吸引流量并盈利就是好的产品组合。产品的四种身份在产品维度上给了我们聚集流量、与直播间观众建立信任并充分变现的方法和技巧，这也是选品时需要时时刻刻明确的最终目标。

名词解释

1. 类目：主要是指网上电子商务平台为适应当今时代的消费人群在网上商店有针对性地选购各种各样的商品而对商品做出的归类，如：虚拟、服装、配饰、美容、数码、家居、母婴、食品、文体、服务和保险等类别。类目也可以分为大、中、小类目，如：食品是大类目、休闲食品是中类目、干果类是小类目等。
2. 用户量级：是指用户数量的规模，如百万级、千万级，当然用具体数量描述也可以。
3. 3C：是指3C认证，就是中国强制性产品认证制度，英文名称China Compulsory Certification，英文缩写CCC。它是各国政府为保护消费者人身安全和国家安全、加强产品质量管理、依照法律法规实施的一种产品合格评定制度。

小节测试

1.（理论）请以思维导图的形式总结出直播选品的方法与路径。

2.（实操）请在阿里巴巴或京东联盟中，按照所学课程选出3~5款产品，并完成产品分析报告。

第二节 产品定价

☆ 要点提示

A. 影响产品定价的三个模块。
B. 调研分析市场和竞品的数据方法。

☆ 教学目标

A. 通过课程的学习可以依据产品价值与成本、目标用户支付能力、市场与竞品调研完成产品定价。
B. 通过课程的学习可以掌握市场和产品数据调研与分析的方法。

产品定价是影响市场营销策略的最重要因素，它决定了企业利润的高低，决定了市场对产品的接受度有多高，也就是说产品定价是一个企业生存与发展的重要战略布局。产品定价时会受到非常多的因素影响，常见的产品定价有成本导向、用户导向、竞争导向三种方式，但是合理且优秀的定价在产品价值、产品成本、用户支付能力、竞争市场和市场走势等方面都要认真考虑，既要有产品价值和成本的支撑，也要根据用户和竞品的市场行为反馈优化调整。本节课程将从产品价值与成本、目标用户支付能力、市场与竞品调研三个模块讲述产品定价。

3.2.1 产品价值与成本

产品的成本和价值是产品定价的基础，这也是区分低、中、高端产品的一个主要因素，对于不同水平的产品，就会存在不同的定价区间。产品价值是由产品的功能、特性、品质、品种与式样等产生的价值。它是顾客需要的中心内容，也是顾客选购产品的首要因素，因而在一般情况下，价值大小是顾客是否决定购买的关键和主要因素。产品成本是指团队从无到有，选择产品发生的各种耗费，可以指一定时期为选出一定数量产品而发生的成本总额，也可以指一定时期选品耗费的单位成本，我们这里讲的产品成本是指产品供货价加上推广成本。为了便于讲述，课程中我们把供货成本加上推广成本叫基础成本。

产品基础成本是可以量化的，比如供货成本为 128 元、推广成本为 18 元，产品基础成本就是 146 元。那么，推广成本应该如何计算呢？推广成本在推广之前是无法 100% 准确地计算出来的，只能根据以往的大量数据进行预测，比如每进入直播间 100 人需要消耗推广费用 180 元，每 100 人约成交 10 人，那推广成本即为 18 元。

除了产品基础性的成本，我们在为产品定价时还需考虑企业的运营成本，企业日常运营也会产生大量的成本费用，如管理费用、销售费用等，这些成本该如何核算呢？如果整个直播团队共 10 人，薪资每月共 24 万元，场地费用每月 3.2 万元，差旅及各项费用每月约为 4 万元，那企业每月的运营成本就约为 31.2 万元。这个成本看起来很高，可是应该如何应用在产品定价中呢？首先我们需要预测产品的销量，比如所有产品月销 50 万件，则单件的运营成本就约为 0.624 元；但是如果所有产品月销只有 4 万件，则单件的运营成本就约为 7.8 元。因此定价时最好做出运营成本预测，否则就可能出现卖了一个月产品反而亏钱了。这里还有一个问题是，如果所有产品中基础成本有 10 元、20 元、30 元、100 元的四个产品，那上面预测出的运营成本 7.8 元针对每款产品都相同吗？其实是不同的，这种情况下，我们需要先计算 4 款产品的平均成本：（10+20+30+100）÷4=40（元），此时基础成本为 10 元的产品运营成本为 10÷40×7.8=1.95（元），基础成本为 100 元的产品运营成本即为 100÷40×7.8=19.5（元）。

如果我们要分别为基础成本为 10 元和 100 元的产品定价，那 11.95 元和 119.5 元就分别是对应产品定价的盈亏平衡线，也可以被叫作定价底线。

产品价值虽然无法明确地量化，但是可以通过把产品的功能和品质与市场中的竞品或替代品进行对比得到相对的价值高低值。如为一款新品上市定价，除了考虑成本外，还需要找到市场中类似的产品做定价参考，具体内容请见本节“市场与竞品调研”部分。

3.2.2 目标用户支付能力

需求三角是通过“缺乏感、目标物与支付能力”三个维度分析用户需求的方法模型，由此可以看出，用户产生需求一定具备了缺乏感、目标物、支付能力三个要素。认真研究需求产生的本质，我们可以发现支付能力是影响用户是否购买产品的决定性因素，所以能否在用户支付能力范围内对产品进行定价决定了产品能不能有很好的销量。用户支付能力有两个维度，分别是心理支付预期和支付能力，只有两者都符合的情况下，才可以激发用户做出下单购买的行为。

心理支付预期是指，产品的定价是否符合消费者对此类产品成交价的认知。如一部手机对于大多数人来讲，心理预期价位是 2 000 元 ~ 8 000 元，如果同样的手机卖到了 2 万元，那就肯定会流失很多的用户。当然，针对不同收入的用户群体，每个群体对相同品类产品的心理预期价位会有不同，如三线城市人均工资约为 3 000 元 ~ 5 000 元，那对于三线城市的大部分消费者来讲，2 000 元可能就是他们买一部手机的最高心理预期价格了，而在一线城市的大部分消费者的心理预期价格差不多就能上升至 2 ~ 5 倍；但是让一线城市的消费者用 2 000 元去购买一个手机壳，大部分人肯定是不能接受的。因此，心理预期价格受到用户群收入的影响，但也和产品自身价值直接挂钩。

支付能力是指，用户具有购买某个产品的足额资金，比如某款手机 5 000 元，某消费者有存款 8 000 元，就说明这个消费者具有支付能力，有购买产品的概率；如果某消费者只有存款 3 000 元，那他购买 5 000 元手机的可能性就非常小。但是我们需要注意具备支付能力不一定会购买产品，因为我们必须还要考虑心理支付预期，也就是说存款 8 000 元的消费者如果是年轻人，那他很可能具备支付 5 000 元买手机的心理预期；如果是一位成家有子女的消费者，那基本很难具备存款 8 000 元支付 5 000 元买手机的心理预期。

3.2.3 市场与竞品调研

选品与定价是企业内部的行为，但是产品最终需要投放到市场当中，消费者购买产品也会进行多次的货比货，因此定价除了考虑产品和用户外还需要掌握市场和竞品的定价情况。市场整体定价情况影响了产品定价的最高点和最低点，我们在进行产品定价时，一定要充分地了解市场的情况。

市场的反馈可以给我们一个定价的区间或方向，但是想要给产品精准定价我们需要对竞品进行多方面的调研与数据跟踪，由此我们可以发现：产品定价不是低就一定卖得好，这样的差距可能是因为品牌知名度或产品营销造成的，但是定价的确非常影响产品的销售；卡位定价可以抢占市场，对于功能与性能接近的产品是可以通过价格卡位的形式抢夺市场的，这也充分体现了产品定价的重要性；多价位段产品布局比单产品定价更具优势，如同一个品牌做不同产品价格的矩阵布局，这样品牌方就拥有了两个价位段的用户群。

那么，我们应该如何查询市场与产品的相关数据呢？首先我们可以以消费者的身份访问几大电商和短视频平台进行查看并跟踪数据报告，其次我们还可以通过淘宝、抖音等平台相关的数据分析功能对市场和产品进行分析，如利用生意参谋和新抖等。

名词解释

心理预期：是指人从感知或思维上对某一客观事物的未来动向所作的事先推测或预期。

小节测试

1.（理论）请以思维导图的形式总结出影响产品定价的所有要素。

2.（实操）请在阿里巴巴或京东联盟中选一款产品，对产品进行多平台的数据分析，并提交分析报告。

第三节 产品卖点

☆ 要点提示

A. 产品卖点提炼的方法与原则。
B. 产品卖点提炼的角度。

☆ 教学目标

A. 能够熟悉并掌握 20 个以上的产品卖点提炼的角度。
B. 可以独立提炼出足量的、符合卖点原则的产品卖点。

产品多如牛毛的市场中，产品很难突出重围成为爆品，与此同时，用户想选到一件自己心仪的产品也越来越难。面对这样的市场大环境，如何使产品拥有让消费者眼前一亮的卖点就变得特别重要，这样不仅有助于产品打开市场增加其成为爆品的机会，也会帮助用户在需要某类产品时可以更高效地做出选择，为企业带来更大的市场份额，为用户节省时间和精力。本节课程将从 FABE 法则、三五七原则、卖点提炼角度、爆款卖点原则四个方面为大家讲解产品卖点提炼的角度、方法和法则。

3.3.1 FABE 法则

FABE 推销法是非常典型的利益推销法，而且是非常具体，具有高度可操作性的利益推销法。它通过四个关键环节，极为巧妙地处理好了顾客关心的问题，从而顺利地实现产品的销售，对于主播来讲，虽然销售的形式变了，但是顾客关心的问题没有发生任何变化，因此沿着 FABE 推销法的四个关键环节去挖掘产品的卖点是一种极为有效并快速的卖点提炼路径。

FABE 法，简单地说，就是在找出顾客最感兴趣的各种特征后，分析这一特征所产生的优点，找出这一优点能够带给顾客的利益，最后提出证据，通过四个关键环节销售模式，解决消费诉求，证实该产品确能给顾客带来利益，极为巧妙地处理好顾客关心的问题，从而顺利实现产品的销售。FABE 分别是指特征（Features）、优点（Advantages）、利益（Benefits）、证据（Evidence）。

F 代表特征（Features）：产品的特质、特性等最基本功能，以及它是如何用来满足我们的各种需要的。例如从产品名称、产地、材料、工艺定位、特性等方面深刻挖掘这个产品的内在属性，找到差异点。

每一个产品都有其功能，否则就没有了存在的意义，这一点应是毋庸置疑的。对一个产品的常规功能，许多推销人员也都有一定的认识，但需要特别提醒的是：要深刻发掘产品自身的潜质，努力去找到竞争对手和其他推销人员忽略的、没想到的特性。当你给了顾客一个“情理之中，意料之外”的感觉时，下一步的工作就很容易展开了。

A 代表优点（Advantages）：由某个特征所产生的优点，即所列的商品特性究竟发挥了什么功能。这也是给顾客一个购买的理由，如同类产品相比较，列出比较优势；或者列出这个产品独特的地方。可以直接也可以间接去阐述，例如：更管用、更高档、更温馨、更保险……

B 代表利益（Benefits）：某个优点能带给顾客的利益，即商品的优势带给顾客的好处。利益推销已成为推销的主流理念，一切以顾客利益为中心，通过强调顾客得到的利益、好处激发顾客的购买欲望。这个实际上是建立在右脑销售法则的基础上的，用众多的形象词语来帮助消费者虚拟体验这个产品。

E 代表证据（Evidence）：证据可以是技术报告、顾客来信、报刊文章、照片、示范等，通过现场演示，出示相关证明文件，或借助品牌知名度来印证刚才的一系列介绍。我们需要注意的是，所有作为“证据”的材料都应该具有足够的客观性、权威性、可靠性和可见证性。

（以上关于 FABE 销售法的概念内容来自百度百科）

通过学习我们了解了 FABE 法则的基本内容，也能感受到它的重要性，那么，如何借助 FABE 法则进行卖点的挖掘呢？

首先我们应该把产品的特征（F）详细地搜集记录下来，比如现在我们拿到了一个产品，我们可以在产品的包装上找到非常丰富的产品信息，这些信息肯定是属于特征（F）的范畴；此外，我们还可以在几个常用的电商平台中进行拍产品照片搜索，基本上可以找到相同的产品，即便找不到相同的产品，但是我们肯定可以找到类似的产品，然后我们可以点击产品的头图进入到产品的详情页中，在整个详情页当中，就会有很多对该产品详细的介绍，这些内容中一定会包含很多的产品特征（F）描述，例如产品名称、产地、材料、工艺定位、特性，等等；我们除了可以从产品包装和电商平台产品的详情页两个渠道获取特征（F）信息外，我们还可以向产品的供应商询问关于产品的特征（F）信息，一般情况下，供应商一定能够给我们提供产品的基础性信息，而这些信息基本上全部属于产品的特征（F）。在通过以上渠道搜集完产品资料之后，我们就可以把属于该产品的特征（F）一一进行归类和分析，为找到产品优势（A）打下良好的基础。如下所示：

蓝莓	
内容项	产品特征（F）
产地	××
味道	醇香甘甜
颜色	深紫色，带有白色斑点
外形	圆润饱满，颗颗似一元硬币大
成分	花青素、抗氧剂、维他命 C、阿拉伯胶、柠檬酸等
重量	500g

续前表

蓝莓	
内容项	产品特征（F）
包装	透明盒装
采摘时间	下单当天采摘、当天发货
物流方式	顺丰冷链
种植	原生态

第二步就是根据已经罗列好的产品特征（F）找到产品的优势（A），也就是说，我们所列的商品特征究竟发挥了什么功能，能为使用者提供什么帮助，在什么情况下可以使用这款产品。比如我们拿到一盒蓝莓，我们可以依据产品的产地和成分（花青素）两个信息得出我们选到的这个蓝莓的花青素含量要高于其他地区的蓝莓这个结论，因为该地区是全世界第三大优质蓝莓产区，它所在经纬度的光照和环境决定了它的品质，花青素含高于其他地区的蓝莓就是我们根据产品特征（F）推导出来的产品优势（A）。采用这个推导方法，我们可以把产品的每个特征都与产品优势一一对应起来，如下所示，每个产品特征都可以找到一个产品优势。

蓝莓		
内容项	产品特征（F）	产品优势（A）
产地	××	
味道	醇香甘甜	
颜色	深紫色，带有白色斑点	
外形	圆润饱满，颗颗似一元硬币大	
成分	花青素、抗氧剂、维他命C、阿拉伯胶、柠檬酸等	
重量	500g	
包装	透明盒装	
采摘时间	下单当天采摘、当天发货	
物流方式	顺丰冷链	
种植	原生态	

第三步是根据产品优势（A）延伸出产品为消费者带来的好处或者利益（B），但是我们需要注意产品可以带给消费者的利益一定要与消费者真正需要的利益相匹配，因此这个过程中我们需要站在消费者的角度去思考问题，也就是利益的主体应该是消费者。比如吃适量的蓝莓可以补充身体所需要的花青素，对于缓解眼睛疲累等有好处，这就是蓝莓这款产品可以为消费者带来的利益（B），接下来我们可以思考一下顺丰冷链、原生态、500g等特征（F）造就的优势（A）可以为消费者带来哪些利益（B）。

最后一步就是找到证明自己所讲内容真实性的证据（E），能够满足消费者需要的证明可以是证书、说明书、百度百科、客户反馈、名人案例、权威公开性内容，等等，比如想要证明某地是世界第三大蓝莓优质产区、想要证明花青素可以缓解眼睛疲累、想要证明生态种植现摘现发货，等等，我们可以查阅相关蓝莓优质产区资料、我们可以从网上找到很多三甲医院医生对花青素的讲解、我们也可以录制采摘视频等来证明我们说的所有内容都是实实在在的良心之言。

以上就是通过 FABE 法则挖掘产品卖点的具体方法与路径，它不仅为我们提供了一个全纬度了解产品的方法，更沿着认知逻辑解决了消费者想了解的问题，并实现成交的目标。

3.3.2 三五七原则

通过 FABE 法则我们可以把产品的基本信息全部梳理清楚，但是它只是一种方法与路径，那么对于一件直播带货的产品，在卖点提炼与卖点整理汇总后可供人使用有哪些衡量标准呢？也就是直播中带货的产品需要被提炼出多少个特征、多少个差异化利益、多少个用户使用场景，等等，因为太少的内容不能支撑一个产品的带货，更不足以说服直播间的消费者下单购买。三五七原则就是指导我们进行产品卖点提炼的一个基础标准，三五七分别是指三个差异化卖点、五个用户使用场景、七个产品特征。

三个差异化卖点是指，通过货比货的形式挖掘出三个与市场上的产品不同的卖点，这种差异化不一定是产品自身优于竞品的特征或功能，也可以是表达或者呈现方式上的差异化。如前例蓝莓的三个差异化卖点可以是花青素含量高、当天采摘当天顺丰冷链发货、颗粒饱满似一元硬币大小，差异化的卖点就是告诉消费者我们的产品哪里更强。如果某款产品自身找不到三个差异化卖点怎么办呢？此时我们可以通过创新表达和创造性的展示方式给用户一种新的感觉，比如用电子秤称一颗或一盒蓝莓的重量，这样不仅可以感受到蓝莓的颗粒比较大很饱满，还能增加消费者对我们的信任，因此电子秤的客观数字就代表了准确，也就是诚信；再如在现场可以使用水果刀把一颗蓝莓切开，给直播间的观众看切开时流出的汁液，给直播间的观众看蓝莓果肉的内部横截面，这样创新的展示方式可以让消费者感受到蓝莓果肉优质与甘甜。

当然除了三个差异化卖点，我们也要讲出产品比较多的通用卖点，这些通用卖点可以沿着七个产品特征去展开，这里的七个产品特征是介绍产品时一定要讲的，它们分别是品质、规格、成分、颜色、包装、感受、价格，看起来都是很常见平平无奇的内容，但却是用户非常关心的问题，并且在这个七个特征中总会存在 3 ~ 5 个通用的卖点，它们可以起到对三个差异化卖点补充说明的作用，把产品为消费者讲解清楚。比如蓝莓的七个产品特征：

品质：A 级果

规格：500g

成分：花青素、抗氧剂、维他命 C、阿拉伯胶、柠檬酸等

颜色：深紫色

包装：食品级 PET 材质包装盒

感受：Q 弹甘甜

价格：45.8 元

在上述蓝莓的七个产品特征中，我们可以很轻松地找出“A 级果、食品级 PET 材质包装盒、营养丰富、口感 Q 弹甘甜”四个还不错的卖点，它们与差异化卖点一起共同证明了该蓝莓的优质及购买价值。

说完三个差异化卖点和七个产品特征，接下来我们看一下五个用户使用场景，它是对什么用户在什么时间、什么地点、以什么方式、为解决什么问题而使用我们推荐的产品的具体描述，以蓝莓为例的话，我们可以这样设计：“当孩子在晚上 8 点多写完作业之后，欢快地在客厅嬉戏玩耍，孩子学习了一天，累了，也有点饿了，这个时候可以适量地吃些蓝莓，蓝莓中含有大量的花青素可以为孩子补充营养，坚持吃适量蓝莓对孩子有非常大的益处”，以上就是产品的一个用户场景。针对每一款产品，我们最好能够找到五个用户使用的场景，借助让用户有身临其境感的描述，给对方充足的理由推动其下单购买产品。

3.3.3 卖点提炼角度

无论是 FABE 法则还是三五七原则，都为我们挖掘和润色产品的卖点提供了有效的方法，为了帮助大家更有效地寻找和发现产品卖点，本书特意为大家总结了“原材料、原产地、重量、大小、颜色、味道、手感、造型、功能创新、原生态、包装、文化、名人、感觉、概念、服务、效率、质量、稀缺、方便、实力、附加值、选择、产品构造、新技术、解决痛点、公司实力、品牌故事、价格、热点事件借力、节日特供、促销专享、具体数字化、情感故事、社交需求、价值共鸣”等三十多种卖点提炼的角度。

角度	示例
原材料	这款牛奶选用新西兰奶源，每一口都是纯净的味道。
原产地	为大家推荐的蓝莓来自气候温良、光照充足的地区。
重量	这款混合装的坚果包只有 50g，拆开就能吃完，避免受潮影响口感。
大小	这款 10 000mA 的充电宝，体积只有手机的一半，非常小，携带太方便了。
颜色	过年了，一定要买这件红色的显得特别红火的卫衣。
味道	轻轻一咬，嘴里顿时灌满了新鲜的汁水，甜而不腻，细腻爽口。
手感	这件 T 恤的面料就如同肌肤一样柔滑舒适。
造型	这款车的流线型不仅特别漂亮，更减低了流体对车的阻力。
功能创新	这款车搭载了辅助驾驶功能，可以及时提醒司机安全行车，有效地降低事故率。
原生态	这款鸡蛋是来自农村的土鸡蛋，营养特别丰富。
包装	采用了食品级原料的 PET 透明盒装。
文化	这款产品引用了长城的元素，绵延万里，尽显志气恢弘。

续前表

角度	示例
名人	拖把生产专家，某明星自用款。
感觉	比如蹦极，在大声嘶吼中体验极限的乐趣，心理和生理都会达到极限。
服务	免费接站，拎包入住。
效率	平时画眉毛 5 分钟，但是使用这款产品只需 10 秒即可。
质量	这款沙发的框架是全实木的，坚实耐用。
稀缺	全球限量款，一共只有 10 台。
实力	上市公司，荣获了非常多的奖项等，或畅销 100 万件。
附加值	只要购买我们的产品都提供价值 1 980 元的免费安装服务。
选择	这套衣服可以给你多一种选择；也许职业装更适合你。
成分	蓝莓中含有大量对身体有益的花青素，对于缓解眼睛疲劳有好处。
新技术	比如车的新能源技术。
解决痛点	这款茶可以通过促进新陈代谢的方式实现减重。
热点事件借力	指针对产品进行热点事件营销。
节日特供	今年过节不收礼，收礼只收脑白金。
促销	如双十一、买一送一、两件 6 折等。
情感	父母年纪大了，洗衣服不方便，爱她就送她一台全智能洗衣机。
社交需求	出去参加聚会时，这条项链可以让你格外吸引众人目光。
价值	这辆电动车不仅方便你骑行，设计更能保障安全。
价格	如其他手机相同配置卖 2 000 元，这款只要 1 200 元。

3.3.4 爆款卖点原则

通过对本节上述三个模块内容了解，我们可以顺利地提炼出产品的卖点，卖点的好与坏决定了能否激发直播间观众的购买欲望，爆品的产生一定需要有强大的卖点支撑，所以在提炼产品卖点中我们还需明确三个标准和一个思维，其中爆款卖点的三个标准是可衡量、可感知和市场空白，找到爆款卖点的一个思维是卖点排序。那么，它们具体如何应用呢？我们结合例子来感受一下。

可衡量是指产品卖点可以被量化或者行为化，即验证产品卖点的数据或者信息是可以获得的，如这款冰箱每天只消耗 0.3 度电，耗电量是市面上大多数冰箱的三分之一，与其他众多冰箱相比，一年可以节省几百元的电费；如这件连衣裙的设计真的很修身，我体重是 120 斤，但是我穿这件连衣裙就显得只有 100 斤，并且很舒适，也没有紧绷的感觉。

可感知是指产品卖点具有产品功能、质量或相关服务本身的有形线索，它影响顾客对产品及服务质量的认识，其中像外观、数据、产品功能等具象的元素都可以被感知到，另外像服务态度、安全感等抽象的元素也可以被感知到；如制造电饭锅的厂家经过调研之后，发现大多数人在评价电饭锅质量好不好时，就是依据端起来手感重不重，重则表示材料真，质量好，因此在改版设计过程中，加厚了底座，当用户拿到手之后，端起来感觉沉甸甸的，就反映真材实料非常不错。在这个例子中，我们可以得到的信息是，如果去讲芯片优质耐用，短时间内消费者是无法感知到的，而沉甸甸可以很明确被感知，因此在直播带货过程中，一定要将这一特征作为卖点，除了讲智能，还可以现场称一下电饭锅重量，通过重量证明它的质量。如在直播间讲面膜可以美白祛皱，直播间观众可能感知不到，但是面膜袋中液体的多少与黏稠却可以被看到，因此通过讲美白祛皱成分，再给大家展示成分的量很足也是一个产品卖点展示思路。

市场空白是指在市场中还不存在的产品卖点，或者市场规模及需求量很大的产品卖点，这个很容易理解但是比较难找到，市场中产品同质化现象太严重了，一般情况下在选品期间进行大数据研究时就会考虑这个问题，因此更多时间无须一定找到市场空白的卖点，只要找到消费群能够认可的卖点就可以，这个卖点其实也是产品的核心特点，如会跳舞的蘑菇，通过把蘑菇扔在桌子上或地上感受它的弹性来证明蘑菇的品质，这个卖点就是把普通卖点以一种独特的表现形式展示给了直播间的观众，从而占据了其中一个角度的市场空白，让蘑菇品质很好地深入人心。

卖点排序是指我们需要挖掘出多个具备潜力的产品卖点，然后依据消费者画像分析，把产品卖点进行排序以确定主次卖点，一般情况下，爆款卖点不超过三个，其他卖点可以作为辅助卖点围绕爆款卖点对产品进行补充说明，因此卖点排序的思维就是为了选出主要卖点，为了选出要重复强调的爆款卖点，对于听众来讲，卖点讲得多了会记不住，更感受不到核心卖点了，反而是多次重复的卖点才真的可以被用户记住，这也是对核心卖点的尊重，重要的事情说三遍还是非常有道理的。

名词解释

1. 爆款卖点：也可以被称为核心卖点，在这里是指卖点排序中的前三个卖点，一般情况下，在直播带货中每个爆款卖点都需要被强调三遍。
2. 辅助卖点：在主播推荐产品过程中，只讲爆款卖点无法让直播间观众全面地了解产品，因此需要其他信息，如通过产品特征、优势和利益的介绍来辅助“爆款卖点”完成对产品的全面介绍。

小节测试

1.（理论）请根据课程内容完成产品卖点提炼方法的思维导图。

2.（实训）请选择任意一款产品，依据课程内容中的方法提炼出足量的产品卖点，三五七是最低要求。

第四节　场景策划

☆ 要点提示

A. 场景设计的重要性。

B. 基于产品卖点的场景设计的方法。

☆ 教学目标

通过课程学习，能够根据课程中的方法设计出产品卖点展示的场景。

想要了解场景策划的重要性，需要先明白直播带货是在做什么。直播带货就是通过直播的形式把产品介绍给直播间的观众，让他们下单购买。在这里我们需要思考，在什么情况下直播间的观众会产生下单的想法，我们依据“需求三角”来看这个问题。

3.4.1 为什么需要场景设计

需求三角包括缺乏感、目标物、能力三个要素，缺乏感要求主播展示产品时，必须要与用户的缺乏感建立联系，唤醒消费者自己都没有感受到的需要的那种感觉，给他们一个让自己变得更好的理由和方案，而这个方案其实就是目标物了，即消灭缺乏感的解决方案。缺乏感加上目标物，就构成了动机，也是主播在直播中的主要任务，但是我们需要注意的是，缺乏感和目标物需要匹配，否则直播间观众就不会产生购买产品的想法，比如以“改变世界，颠覆你的生活”描述热水器，就会发现改变世界这个缺乏感太大了，而热水器目标物过小根本无法做到改变世界和颠覆生活；再如以“每次省下 10 秒时间”描述电动牙刷，就会发现很多人对省 10 秒时间的缺乏感根本不在意，却很在意需要花费几百块才能拿到目标物，这样也会失去购买的想法。

因此场景设计就是为了唤醒消费者内心的缺乏感，并提供解决缺乏感的目标物，也就是推荐某款产品填补他们“想要”的那种内心冲动和空缺。在直播带货中，产品自身就是目标物，如何引发直播间观众的缺乏感呢？如何让直播间观众感同身受呢？答案就是产品使用的场景设计，因为看到的美好，如果我们没有，我们就会想要拥有。

3.4.2 基于卖点的场景设计

场景设计简单理解就是模拟产品使用时的状态，要求就是真实。场景设计应该如何实现呢？我们可以借助事件五要素（4W+H）来进行设计，分别是 Who（人）、When（时间）、Where（地点）、What（事件）、How（方式），即什么人、在什么时间、在什么地方、通过什么、做了什么事情。比如：3 个小伙伴，在晚上 8 点，在合租的客厅中，用电热锅，煮了一锅美食。场景设计就是要模拟这个场景，这就是为什么我们可以看到很多主播都在直播间“吃吃吃”，就是为了通过真实场景引发直播间观众以前品享美食的联想，进而产生对美味的怀念与期待，从而产生下单购买的冲动。

因此直播间产品卖点的场景设计，就是通过从产品真实使用过程中找节点进行包装和突出展现，如酸辣粉带货中，主播会给直播间观众展示配料，会用筷子夹起几根粉展示给大家，更会吃几口粉喝几口汤然后张开嘴巴轻轻地“啊”一声表现出很满足的样子，体现那种酸酸甜甜暖暖的幸福感；再如所有衣服都会上身试穿，穿好后会前后左右转动，让直播间观众亲眼看到穿上后显得腰细、腿长和行动不皱巴等状态，甚至会侧面对镜头蹲下展示裤子松紧度的适合。平时我们也会经常听到“你看她的衣服真好看”“你看旁边桌上的那道菜感觉真香”“隔壁家新买了全自动带烘干的洗衣机真方便”“你看我同事都 36 岁了可皮肤比我还好”等等一些羡慕的话语，通过这些话我们也能感受到，看到美好的事物每个人都想要，这也是产品卖点的展示场景的设计意义。具体应用方法如下表所示（蓝莓的场景设计）：

卖点	场景设计
颗粒饱满、颗粒大。	卡尺测量直径或与硬币对比大小。
花青素含量高（缓解眼睛疲累）。	相关资料截图置于背景中。
果肉肥硕甘甜。	对半切开轻捏，给直播间观众看果肉、Q 弹感觉和汁液。

名词解释

1. 缺乏感：缺乏感是需求三角理论中的一个要素，在直播带货中，指人们因听到产品讲解、看到产品而对未来有了美好的期待，因此在心中产生了落差，需要购买产品进行填补。
2. 目标物：目标物是需求三角理论中的一个要素，在直播带货中，指可以填补心中落差的产品，即主播在直播间推荐的产品。

小节测试

（实训）请选择一款产品进行卖点的提炼，并进行产品卖点的场景设计与场景搭建。

第五节　产品话术卡

☆ 要点提示

A. 用户线内容。
B. 产品话术卡的应用。

☆ 教学目标

A. 通过学习可以明确实现成交所需用户线的四个步骤，并可以应用在直播中。
B. 通过学习可以学会直播前、中、后话术卡的应用。

经过大量场次的直播观看与研究，很多主播在讲解产品时都存在“随性讲”的问题，主播虽然一直在讲，但是其实他们却不知如何正确地讲解商品；产品讲解的时间和节奏总被粉丝的问题带着走，时间无法控制、直播没有重点、直播中总是出现突发状况。很多主播出现这么多问题或者看似没问题却不卖货，都是因为话术不到位，没有话术卡的直播带货，就如同上战场没有带枪，这就是产品话术卡的重要性。

3.5.1 什么是产品话术卡

产品话术卡是由产品线和用户线两个模块的内容构成的直播带货话术表格卡，其中产品线的内容便是产品卖点的全部内容，本书在第三章已有详细讲述，这里不再重复了。下面将重点讲解用户线内容。用户线是指在掌握产品卖点的基础上，以“用户对产品从不了解到购买整体阶段的用户端变化”进行的内容设计，用户线包含抓取注意力、唤醒购买欲、建立信任、引导下单四个步骤，也就是用户线四步曲，下面我们逐一拆分讲解。

1. 抓取注意力

在当下任何渠道与用户的接触点中，注意力是最缺乏的，若无法抓取用户的注意力，任何信息就不存在传递的意义，那谈何成交？因此在用户进入直播间的那一刻，我们需要用一种方式引起对方的注意或者兴趣，让对方愿意集中注意力听主播的讲解，看主播对产品的展示、对活动的介绍。在直播间抓取观众注意力有惊喜福利、产品秒杀、戳中痛点、幽默逗捧、积极欢迎等方法，其中惊喜福利是指给直播间观众准备一些福利，比如粉丝在直播间留言，然后截图满屏抽取一个礼品；产品秒杀是指拿出几款产品给予很大的优惠力度，比如原价 99.8 元，秒杀价 19.8 元；戳中痛点是指当用户进入直播间时获取到了击中痛点的内容，比如如果你四肢不胖，但是小肚腩却比较大的话，基本上是因为饮食造成的，就为大家分享一些技巧解决这个问题；幽默逗捧是指主播与助播相互协作为直播间带来了很多欢乐与趣事，就如同在平时我们看到两个人聊天时也会有很多的开心时刻；积极欢迎是指向进入直播间的观众打招呼，这个道理很简单，我们喊谁的名字，谁一定会回应我们，对吗？这个回应本身就是抓取到注意力的结果。

一般情况下，可以抓取到用户注意力的事情，主播要不断地重复与强调，但是即便是这样，也不能保证所有进入直播间的观众都可以获取到这些信息，因此在实际应用中，我们可以借助悬浮卡将相关的信息时刻传递给在直播间的观众。

2. 唤醒购买欲

每位消费者的购买力都是有限的，他们只会购买自己非常需要的产品，所以在抓取到对方注意力之后，如何唤醒消费者内心的缺乏感就是重中之重了，唤醒直播间观众的购买欲有感官占领、下危机、认知对比、使用场景、顾客反馈等多种方式，其中感官占领是指通过刺激视觉、嗅觉、味觉、听觉、触觉五大感官让用户产生欲望，也就是说我们可以从这五个角度去描述产品，比如拿一颗饱满的蓝莓放入嘴巴里，轻轻嚼一嚼，甘甜的汁水四溅流入口中，甜而不腻，果肉 Q 弹可口；下危机是指通过坏的结果增加对方的恐惧心理，再通过给予解决方案实现带货目标，例如带货某牙膏产品时对观众讲，一般的牙膏并不能清理牙渍，时间久了就会有牙结石导致牙龈出血，大家遇到过这种问题吗？因此我们一定要选择一款好的牙膏，比如这款 ×× 的牙膏；认知对比是指改变用户原有的认知，其实也就是合理化购买的理由，比如你觉得家中洗衣机是半自动的，因为使用不方便就想换一个新的，但是需要花费几千元，就犹豫了，导购员发觉这个问题后，就对你说：其实你用不用没有关系，但是你父母年纪应该也 50 多了吧，他们辛苦了一辈子，现在应该多些时间休息，估计你洗衣服的次数也很少吧！洗衣服这么累的事情，你舍得让他们就用半自动洗衣机吗？听完对方的话，你果断下单了；使用场景是指产品使用的具体场景，具体应用方法可见本章第四节内容；顾客反馈是指借助顾客使用产品后的反馈来展示产品的效果，为产品树立美好的客观形象，如减肥产品的直播就经常采用这种方式，背景放一个胖时的自己的照片，直播间是一个当下很苗条的自己在为直播间观众讲解产品，或者用别人使用产品之后的效果来证明也是可以的。唤醒购买欲的方法还有很多，希望大家在使用过程中可以挖掘出更多的可能性。

3. 建立信任

在直播间中会有很多陌生人，当他们接触我们时、觉得我们介绍的产品不错时，是不会马上就信任我们的，但是没有信任就不会成交，因此在直播间观众产生了购买欲望之后，就需要借助一些方法建立与直播间观众的信任关系，如权威转嫁、事实证明、化解顾虑等，其中权威转嫁是指把他方的信任关系转移到自己身上，如一场直播带货中，带货了一款具有品牌知名度的产品，则这款产品的品牌信任关系就可以复制在主播身上。

4. 引导下单

由于资金有限，人们在购买产品时都会考虑再三，也就是在下单这件事情上每个人都有拖延症，而引导下单则是通过在优惠、时间、名额、额外奖励、落差等方面紧迫感的营造对犹豫不决的用户进行“逼单”，比如说：离下播还有 30 分钟了，今天在我的直播间下单购买这款护肤套装，享受满 300 减 150，还剩最后 50 套库存，并且只要是今天下单的还会再获得价值 59 元的精美礼品一份……这款产品是一款非常值得下单的护肤品。其中满 300 减 150 是营销诱饵，最后 50 套库存是名额截杀营造紧迫感，只剩半小时是时间截杀营造紧迫感，再送价值 59 元精美礼品是额外奖励截杀……在引导下单环节中，以上截杀营造紧迫感的方式不一定全部使用，但是一定要明确讲出赶紧下单、立即购买、马上抢拍等要求对方购买的指令。

以上就是用户线的内容，学习完后，我们可以通过第三节产品线内容和本节中用户线的内容总结出一个“产品话术卡”范例：

直播产品话术卡															
序号	产品	特征	优势	利益	第1次报价	用户使用产品的场景	第2次引导下单	权威背书	权威数据	案例	第3次引导下单	货比货	促销	价格
1														

3.5.2 产品话术卡的应用

通过前面的学习，相信大家可以理解产品话术卡中的每一项内容，在直播前，我们需要完成直播话术卡内容的写作，并提前进行简单的练习；在直播中，主播需要严格按照产品话术卡的结构和内容进行产品的介绍；在直播后，我们需要对照直播数据、主播感受、运营感受、粉丝反馈等对产品话术卡进行复盘优化。

特别说明一下，直播带货并没有绝对的话术，语言表达千变万化却能各自实现相同的目标，因此在使用产品话术卡时避免刻板照抄，但是对于新人主播建议遵循产品话术卡的设置进行产品介绍和带货等；对于已经拥有把控用户心理能力的成熟主播可以使用自己的话术结构，本身产品线和用户线的内容融合在一起就有无数的可能性，但是殊途同归。

名词解释

悬浮卡：是指直播间界面中放置的信息卡或轮播条，一般情况下由设计师根据内容信息设计好，通过 PC 端开播软件置于摄像头采集的画面之上。

小节测试

（实训）请根据第 1～4 节中收集的产品内容完成产品话术卡的写作。

第六节　产品包装

☆ 要点提示

A. 产品头图、产品详情页与直播间产品背景的应用。
B. 购物袋产品排序的规则。

☆ 教学目标

A. 可以规划出产品头图、产品详情页的内容和直播间产品的背景。
B. 可以合理规划购物袋中产品的排序。

在直播带货中，最终用户是需要点击直播间下方的产品主图或打开购物袋选择产品进入产品详情页进行下单的，这是完成直播间成交的最后一个环节，在前面的环节中，直播间观众基本上已经决定购买产品了，因此产品主图和详情页只要保证不出现问题就可以，但是在工作中，我们还是要对产品的主图和详情页进行合理的内容规划与设计。除此之外，产品包装还包括购物车产品排序与直播间产品背景的合理策划，也就是说，产品主图、产品详情页、购物袋（车）产品排序、直播间产品背景四项共同构成了直播间产品的包装。

3.6.1 产品主图

产品主图，也叫头图，一般情况下由产品、产品 + 文案、产品 + 效果、产品 + 人物 + 文案等组合设计构成，其中对产品与人物的拍摄需要专业摄影师操作，组合设计需要专业设计师完成，本节主要讲解其内容结构。

主图可以为纯产品的类型，也可以为“产品 + 文案”的类型，还可以为“产品 + 效果”的类型，甚至是“产品 + 人物 + 文案”的类型，其中文案基本上要有 1 ~ 3 个产品的核心卖点，此外产品的促销信息也是主图上经常看到的。

3.6.2 产品详情页

产品详情页与主图相同，分为设计和内容两部分，在这里我们只讲解内容部分。一般来讲，消费者来到产品详情页的时候，都是带着某种需求来购买产品的，因此我们需要点明客户的问题，并提出解决方案，这样就可以引起客户的共鸣，让对方愿意接着往下了解；接下来详情页的内容就需要全面地介绍产品，这一步其实要通过产品的优势激发用户的购买欲望，具体的做法可以参考本章第三节“产品卖点”；第三步需要消除客户的顾虑，建立彼此的信任关系，如权威背书、信任转嫁、顾客证言、公益事件、畅销数据等；第四步是通过优惠的促销策略及售后服务承诺对客户进行逼单。

其实看完详情页的内容和逻辑，我们可以发现产品详情页的内容就是产品话术卡中讲到的用户线四步曲，因此基础的详情页内容规划化难度较小，只要按照上面的四块内容进行创作和延展，就不会影响直播间的转化率。

3.6.3 购物袋产品布局策略

在直播中有很多用户喜欢去逛购物袋，如同逛超市一样，逛购物袋对他们来说是一种休闲的行为，虽然没有明确的购物意向，但是却存在购买的可能性，因此直播间的产品排序特别重要，只有用户在浏览过程中，不断地看到他感兴趣的产品，他才会持续浏览看完直播间购物袋的所有产品。

因此，为了实现这个目标，购物袋中用户首先可以看到的位置应该放置爆品和引流产品，紧接着可以是形象款、利润款、常规款，等等，让产品的价格呈低、高、低、高……的形式分布，并且使用频率高的产品也要间隔分布，以满足跳跃性引导用户看完产品列表的目的，当然也可以按照主播推荐产品的前后给产品排序，因为主播的推品逻辑也符合这个规则。此外，为了给用户带来意外的惊喜，我们也可以在购物袋中悄悄地设置一些秒杀福利，这些福利可以不在直播间公布，只给那些喜欢逛购物袋的幸运用户准备。

3.6.4 直播间产品背景

在直播带货中，由于场地受限，可能很多产品使用场景都无法 100% 还原，我们或者需要一些照片和截图辅助对产品进行说明，或需要一些资料作为证据论证产品的卖点，以上这些都属于直播间产品背景的应用，即在选品、定价、提炼卖点、场景设计、话术卡应用之外，我们还需要准备一些与产品相关的图片或视频作为直播间推荐产品时的背景，如展示线下超市的价签证明直播间产品价格实惠，以采摘蓝莓发货的现场视频证明蓝莓的新鲜度，一款甜点的下午茶场景照可以引发直播间观众的幸福感，“产品图片＋优惠价格”的图片设计可以保证所有进入直播间的用户都能清晰知道产品的优惠力度。直播间的产品图背景在烘托氛围方面有着举足轻重的作用，因此产品图片背景的准备也是产品准备阶段需要完成的一个重要工作。

名词解释

购物袋：是指直播间中所有产品列表的入口，一般位于直播间的左下方。

小节测试

（理论）请指出在直播带货中，直播间的产品包装上包含哪几部分，分别需要注意哪些事项。

第四章 主播职业化塑造

提起主播职业化的塑造，不得不先说直播电商的本质，直播电商是以主播与粉丝间信任为前提、产品为支撑、销售为目标的三位一体的直播形态，它打破了传统电商的抽象化特征，让线上销售更为具象化。随着直播普及和各大直播平台的发展，社交属性已经融入了直播电商中，因此对主播的塑造也提供出了新的要求，就是不仅要职业化还需要接地气，其实就是以贴近大众的方式把高品质产品通过直播推荐给粉丝，只有这样才能快速地与粉丝建立信任，实现直播的带货目标。

第一节 主播 IP 设计与打造

☆ 要点提示

A. 主播 IP 的本质与意义。

B. 设计主播 IP 的路径。

C. 主播 IP 的打造方法与技巧。

☆ 教学目标

A. 可以充分地分析主播自身属性并完成主播 IP 的设计。

B. 可以策划设计出 IP 打造的路径及可执行方法。

在直播电商时代打造个人 IP 已经成为了一种共识，无论是在淘宝、京东、抖音、快手、腾讯还是其他的直播平台上，作为主播都必须打造出自己独具特色的个人 IP，个人 IP 其实就是打造一个人设，主动给自己贴上符合自己属性的主、辅标签，通过积累主播与粉丝之间的交流频次与时长，进而产生一种“朋友”的关系，在增加信任感之后，就会消除观众对商品质量、售后的担忧，从而促使观众在最快时间内购买产品，所以了解主播 IP 知识并掌握设计和打造主播 IP 的路径成为了直播带货的核心环节。

4.1.1 什么是主播 IP

主播 IP 是一个比较抽象的概念，也可以被称为个人 IP，它是直播带货的基础，没有主播 IP，直播带货就如同无源之水，很难持续发展下去。那么我们应该如何具象地理解主播 IP 呢？就像我们提到马云，会马上想到阿里巴巴；我们谈到乔布斯，会马上想到苹果，主播 IP 就是主播与观众经过一段时间的交流后，主播个人转化成了一种符号，而这种符号可以代表品质、价值观、生活方式、有效价值等。简单来理解，主播 IP 就是粉丝对主播及其带货产品的评价和印象，这种评价和印象一定是简约、具体、有效、可描述的。

4.1.2 打造主播 IP 的意义

生活或工作中，当我们有某种需求或明确需要哪类产品时，脑中会想起一些特定的品牌，比如想要买运动鞋，我们就会想到李宁、耐克等品牌，想到之后就会去天猫、京东或者唯品会进行搜索选择，最后在旗舰店、自营店或者官方店下单购买，这是传统电商中基于品牌的认可产生的一个成交路径。其实打造主播 IP 也是期望实现同样的成交路径，即用户需要购买一款产品，就想到了主播，然后会进入该主播的直播间了解产品信息，最后直接下单购买。

相信每个人都知道个人 IP 的重要性，个人 IP 不仅是主播持续发展的驱动力，建立起主播 IP 更有助于主播实现获取低成本流量、建立与粉丝间的信任、提升圈层高度及持续变现的目标。

（1）获取低成本流量：随着目前在互联网上投放广告的成本不断升高，导致获客的成本越来越高，已经达到了大部分中小企业无法承受的程度，因此通过建立主播 IP 打造影响力吸引新粉丝就成为了最具竞争力的获客方式。

（2）建立与粉丝间的信任：直播电商的最终目标是为了成交，而成交的核心支撑是信任，主播如果解决了与新老粉丝间信任的问题，其实就达成了直播间成交转化的目的。之前我们看到的大部分都是传统的冷冰冰刷屏商业广告，但是有谁愿意去查看和关注呢？其实用户更愿意关注和信任一个真实的活生生的人，这也是建立主播 IP 的价值与魅力。

（3）提升圈层高度：现在是圈层社交的时代，我们所在的圈子决定了我们的高度和人脉，而主播 IP 的打造是自主地为自己贴上已经设计好的定位标签，定位标签的确立与宣传即在塑造自己的形象与影响力，也就是主播 IP，此时我们的 IP 就可以成为通行各大圈子的名片，优质的资源就会被吸引过来，从而形成主播 IP 强化与圈层升级的良性循环。

（4）持续变现：盈利的稳定性是一切商业的终极目标，目前盈利能力也正从“短暂变现能力”向“持续变现能力”转变,仅能单次成交变现已经成为了大部分企业需要突破的难题，而主播 IP 的打造便是与粉丝建立了情感的链接，增加了双方的黏性，从而实现了因为信任而产生的全空间、全时间的经济价值。以前用户购买产品会选择对应产品群中最优秀最具性价比的品牌，现在因为主播 IP 的成功建立，用户会选择购买主播推荐的大部分产品，人类对产品的需求会一直存在，而主播 IP 就是针对性地以用户需求为出发点，基于情感链接而建立了持久的供需关系，实现了持续变现的终极目标。

4.1.3 如何设计主播 IP

明确了主播 IP 的重要性，那么通过什么方式设计出“主播 IP”就成为了重中之重，在讲解如何设计主播 IP 之前，我们先来学习一下“个人 IP 之 1+2+1”相关的知识。个人 IP 之 1+2+1 包含印刻效应、价值性和差异化、STPDBE 三个部分，其中“印刻效应”用在主播 IP 中时是指主播第一形象有效地进入用户心智时，用户为主播进行了很难逆转的贴标签行为，即第一印象形成了，也就是说主播在开播前就应该有完整明确的 IP 定位，一旦定位出现问题想要更正就变得很难。例如，明哲和小美是一对初中就相识的情侣，本来是两小无猜，但是明哲在这段感情中却总是觉得怪怪的，原因就是小美在初中时是一个 160 斤的胖女孩，也不懂打扮自己，虽然现在已经瘦了下来，但是两个人在一起时，明哲总是回忆起初中时的胖女孩小美，内心情绪就会觉得比较复杂，两人也会经常因为这件事情有些争吵，到最后他们选择了分手。这就是一个很明显的印刻效应的例子，即便现在的我们很优秀，但是让熟人来评价我们，或许对方就会对我们的优秀充满疑虑，即第一印象一旦在用户心智中成形，想要再去改变，那我们就需要付出巨大努力，所以印刻效应告诉我们，IP 定位一定要引起大家的重视。

第二部分“价值性和差异化”是指主播 IP 定位特性，也就是说主播的 IP 定位自身要具有价值和差异化的特征。价值性是指你可以为用户提供什么，提供的产品或者服务可以帮助用户解决什么问题，价值性的衡量一定要用用户思维，因为用户的痛点和需求点才真正是价值性确立的依据；差异化是指与提供相同服务或产品的主播的区别，差异化与价值性相反，需要研究竞争者的情况，以至在主播 IP 设计中做到“你无我有、你有我优、你优我特”的差异化 IP 定位。你无我有是指竞争对手没有的作用或者优势，我们有；你有我优是指同行都有的作用或者优势，我们的作用和优势更具吸引力；你优我特是指同行间都具有同等优质的作用或优势，而我们的比较特别，比如相同品牌和型号的空调，我们提供了上门安装和定时清洗的服务。

第三部分“STPDBE”是由“市场细分、目标市场、市场定位、用户需求、购买属性及盈利性”构成，STP 是选择主播 IP 定位的一个路径，DBE 是反检主播 IP 定位是否合适的三个要素。其中市场细分是指把大领域细分为 N 个小的品类，比如把服装分为男装、女装、童装三大类目，当然小品类可以继续细分，比如女装可以分为裙装、休闲装、运动服、晚礼服、西装等更小的类目，市场细分可以选择一直细分直至品类的最小单元；目标市场是指从 N 个小品类中选择出适合自己的类目作为自己的产品定位，目标市场的最终目标就是找到符合主播的产品品类最小单元；市场定位是指根据潜在用户群的特征为已经选择的产品类目加上描述性的定语，如“158cm 女孩这样搭衣服，更显高挑好身材”。通过 STP 我们可以得到一个初步的定位方向，此时我们还需要思考用户是否真的有需求、用户是否有购买产品的可能性及产品卖出去能否盈利等关键性存活因素。

了解了主播 IP 设计的大概念，下面我们来学习主播 IP 设计的具体路径与方式，主播 IP 的设计包含对主播自身特性、资源整合能力、用户画像三个核心问题的分析。首先，气质、兴趣、能力、经历都属于主播的自身特性；资源整合能力是指主播或团队对产品供应链的谈判及掌控能力，简单理解就是我们的人脉圈在哪里，可以找到哪些具有竞争优势并能稳定供应的产品；以客户为中心是所有企业都在遵守的一个价值观，那么在主播 IP 设计中也一样，除了思考主播自身特性和我们的供应链能力外，还需要研究用户，因为需求市场决定了供方是什么样子，所以我们需要精准描绘出用户画像。

第一步：分析主播自身特性

气质观察、挖掘能力、顺应兴趣，每个人都有自己独特的特性，主播 IP 的设计不是创造而是挖掘主播自身的特性，并进行相应的放大与包装，主播自身特性直接影响了主播 IP 的定位，如果让农民伯伯带货彩妆，那结果可想而知。

第二步：盘点周围资源

在分析完主播自身特性后，我们可以确定出适合主播带货的方向，比如某位主播，护肤美妆和服装都符合她的特性，此时就要考虑这位主播或者其团队是否拥有对应的产品供应链资源，假如只有服装的产品供应链资源，那主播的 IP 定位就可以初步定在服装行业，也就是说通过分析主播的自身特性我们得到了可能适合主播带货的品类，然后根据周围资源的情况确认哪些品类具备带货的条件。

第三步：用户画像分析

用户画像就是根据用户的基础特征、社会特征、偏好特征、购买特征等信息，形成无数个标签化的用户描述（如图）。

用户特征分析

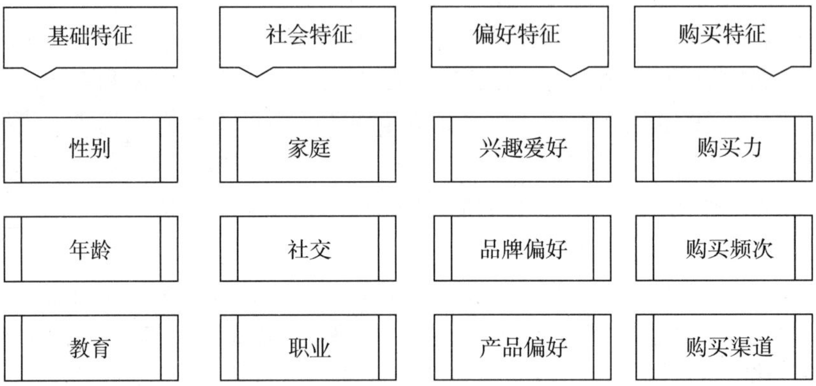

其中基础特征包括性别、年龄、婚否、胖瘦、教育、收入、资产等，社会特征包括家庭、社交、职业等情况，偏好特征包括兴趣爱好、产品偏好、品牌偏好等，购买特征包括购买力、购买频次、常用平台等。

在收集好用户的以上信息后，我们将用户的性别、年龄、婚否、胖瘦、教育、收入、资产、家庭、社交、职业、兴趣爱好、产品偏好、品牌偏好、购买力、购买频次、常用平台等标签化，再通过整体描述及分析，就能快速地挖掘到用户的痛点，从而准确地反向为主播 IP 定位提供重要依据。

在做出用户画像之后，我们就可以参考画像做出主播差异化的定位，例如：通过分析主播自身特性得出我们可以带货食品、日用品、文具等品类，再盘点周围资源后发现目前只能找到比较不错的食品供应链，但是食品也是一个非常巨大的品类，它拥有水产品、畜产品、果蔬、糖果、膨化食品、方便食品、糕点、米面粮油、奶类、网红零食、饮料等很多的细分品类，那我们该从哪里切入呢？此时就需要对用户画像进行分析，比如主播作为一名学生就可以选择水果、膨化食品、糕点、奶类、网红零食等，因为学生可以触达的主要群体就是学生，学生在校阶段对水果、膨化食品、糕点、奶类、网红零食有需求，但是对米面粮油就没有直接购买需求；如果主播作为一名宝妈就可以选择果蔬、糕点、奶类、米面粮油等。在做差异化主播 IP 定位时，除了要考虑我们可以触达的用户特征外，还要考虑主播的形象是否切合目标用户的特征，宝妈的周围一定会有很多的宝妈群体，假如宝妈带货膨化食品，这既不符合目标群体的需求更不符合宝妈的身份，因为膨化食品对儿童健康没有帮助，大部分家长都会控制孩子吃膨化食品的频次。

如果是学生，最终的定位可以是“幸福一刻，课间的美味零食”；如果是宝妈呢？因为用户群的画像不同，主播 IP 定位显然也会天差地别，如可以是“早晚一杯，好奶给孩子健康多一点保障”。在主播 IP 设计过程中，我们会发现“主播自身特性、资源整合能力、用户画像”并没有绝对的前后顺序，想要做好一个主播 IP 设计，这三部分内容需要有主次地应用在所有环节当中。

4.1.4 如何打造主播 IP

在上面一节讲解了如何设计主播的 IP，当主播 IP 设计完成后，如何把 IP 内容多维度地传递给用户并让对方认可呢？这个其实就是打造主播 IP 的路径和方法。我们先来看一下主播 IP 形成的本质到底是什么。主播通过各种方式在各种渠道宣发自己的 IP 内容，在受众体验其产品或服务后给予的评价总量形成的影响力就是主播 IP 建立的本质。通过主播 IP 形成的本质，我们可以看出主播 IP 的形成包括两个大的环节，分别是“宣发和反定位”，首先为什么需要宣发呢？其实很简单，因为用户不会主动帮我们总结，所以我们希望用户对我们有怎样的印象，就要主动把这些内容告诉或展示给他们，让他们记住并作为谈资传递给他人，这就是宣发的意义。第二个环节是反定位，是指我们宣发自己的定位后，用户是否认可我们定位的行为与过程，即用户了解我们之后对我们的定位。在互联网中，我们通过宣发给自己贴好 IP 标签属于“自嗨”阶段，不被用户认可的主播 IP 就不是有价值的主播 IP，只有当用户在体验过我们的产品或服务后，对我们有了一定认知，此时用户会把自己的认知与主播的 IP 宣发内容进行对比，两者保持一致则主播 IP 开始建立，若用户体验较差则主播 IP 建立失败。另外我们需要牢记主播强大 IP 的成功建立不是短时间可以完成的，因为粉丝量级和影响力需要从 0 到 1 的积累，但是它们的增长却是复利式的指数级增长曲线，随着时间的推移增长速度会越来越快直至触达平台的天花板。

1. 宣发

通过上面的介绍，大家都明确了宣发的重要性，那么，我们到底要宣发什么具体的内容呢？主播 IP 又是由哪些内容模块构成呢？以上两个问题其实是同一个答案，下面为大家详解。我们需要宣发的内容是基于主播“价值定位、产品定位、内在定位、形象定位、环境定位”五大模块延伸出的“昵称、核心定位标签、自我介绍、IP 形象、IP 主张、IP 故事”六种传递方式。

（1）宣发的五大基础模块

① 价值定位是指可以为用户提供的有帮助的产品或服务，比如“15 天让你成为直播电商行业专家”，就是一句话描述自己是做什么的，能为对方带来什么价值的价值定位宣发。

② 产品定位是指通过什么产品为用户带来了价值，比如价值定位为“15 天让你成为直播电商行业专家”的关联产品定位就是“直播电商培训课程”，其实也就是我们选择的产品，需要注意的是，产品定位和价值定位需要保持一致，具有相关联性。

③ 内在定位可以理解为人设，是主播 IP 建立很重要的内容，我们可以通过“人设”来控制我们留给观众的印象，从而影响观众对我们的评价和行为，比如作为直播电商培训课程的企业教师人设就应该是博学、身经百战、能言善道、干练、拥有激情、意志力坚定等。

④ 形象定位是指穿着、妆容和行为动作，观众对我们的第一印象大部分都来自视觉，也就是说形象定位直接决定了观众看到你的第一眼是否对你有好感，比如教师在授课中穿着要得体，不能穿拖鞋、背心或短裤等不符合场合及形象定位的服装，更不能蓬头垢面，需要把面部及头发收拾干净，另外对站姿、坐姿、角度、手势和表情也需要进行管理，如授课过程中手势保持在胯部以上区域活动会更显得有精神，也不宜长时间以背部面对学员。

⑤ 环境定位是指我们适合出现在哪些环境中，比如作为企业教师出现在图书馆、校园、高峰论坛、研讨会、咖啡厅等较为符合逻辑，假如一名企业老师出现在酒吧，虽然可以理解，但是一旦被传播出去，企业老师的形象就会受到比较大的冲击，造成不良影响，环境定位其实也为我们选择图片素材提供了很好的参考依据。

（2）六大方式

宣发中除了需要完成内容创作外，还需要找到与用户的接触点，也就是以什么样的方式把 IP 内容呈现给用户。在用户了解我们或者我们向用户介绍自己时，我们不会和用户说我的内在定位是博学和身经百战，更不会说把环境定位确定为图书馆只是为了赢得你的认可，也就说宣发的五大基础模块内容需要转化为“昵称、核心定位标签、IP 形象、IP 主张、IP 故事、自我介绍”六大接触方式的内容。

① 昵称就是我们叫什么，我们希望用户如何称呼自己。昵称没有特殊的要求，不过也要满足以下四个特征：有特点、别太长、易记忆、人如其名，其中人如其名是指昵称要与主播形象相匹配，如一名带货农副产品的大叔就不能叫花开，当然使用自己的真实名字也可以，但是也要尽量满足优秀昵称的特征。

② 核心定位标签是前文所谈的主播 IP 设计的主要内容，也是价值定位，如：幸福一刻，课间的美味零食；早晚一杯，好奶给孩子健康多一点保障；15 天让你成为直播电商行业专家等。

③ IP 形象是穿着、妆容、行为、人设及环境定位的综合呈现，主要体现在主播在直播时的直播间风格、个人装扮和行为等方面。

④ IP 主张是指主播坚持的一个原则，比如倡导售卖原切牛排，抵制含有添加剂的合成牛排，通过 IP 主张的宣发有助于用户更加信任我们。

⑤ IP 故事是指讲出自己做这件事的理由、支撑点和共鸣点，故事中会包含过往经历来表明自己可以做好目前定位的领域，融入由失败到成功的逆袭和对于机会的把握等经验来引起用户的共鸣，也是我们从事这个行业的理由，一个好的故事可以快速赢得用户的认可和信任，也可以达到自传播的效果。

⑥ 自我介绍是“昵称、核心定位标签、IP 形象、IP 主张、IP 故事”的内容集合，也是直播欢迎阶段主播主要展现的内容，另外每个直播平台的账户都需要设置头像、昵称、个性签名、背景墙及发布动态，等等，它们分别对应了 IP 形象、昵称、核心定位标签+IP 主张、IP 形象、IP 故事等内容，两者的对应结合最大程度且多次地曝光了主播 IP 内容，也方便了用户可以自主搜索账号了解主播的详尽 IP 信息。

（3）常态化内容输出

除了静态内容的持续重复输出，我们还需要有动态的内容输出，动态的内容一般会穿插在直播各个环节作为与粉丝互动的内容，即和粉丝聊聊自己最近的工作、生活和学习中发生的有意义的事情。此外，这些内容也可以作为粉丝运营的素材出现在朋友圈，丰富的内容结合常态化的稳定输出，一定可以帮助我们打造一个鲜活的人设，服务于 IP 的打造，其中常态化是指每天 1 ~ 3 条的内容输出，稳定是指内容质量和类型要尽量保持一致。

（4）IP 输出的原则

在主播 IP 宣发中，我们需要遵循四个原则——持续性、稳定性、预期内、多渠道，持续性是指 IP 输出需要持之以恒，不能短时间内没有效果就马上放弃；稳定性是指输出的 IP 内容质量不能忽好忽坏，也不能跨越性太大；预期内是指我们输出的 IP 内容要符合用户的期待和评判标准；多渠道是指要借助全网的新媒体平台进行 IP 内容的输出，以增加曝光机会并作为信任背书。

有关主播内容及其输出，可参见下表。

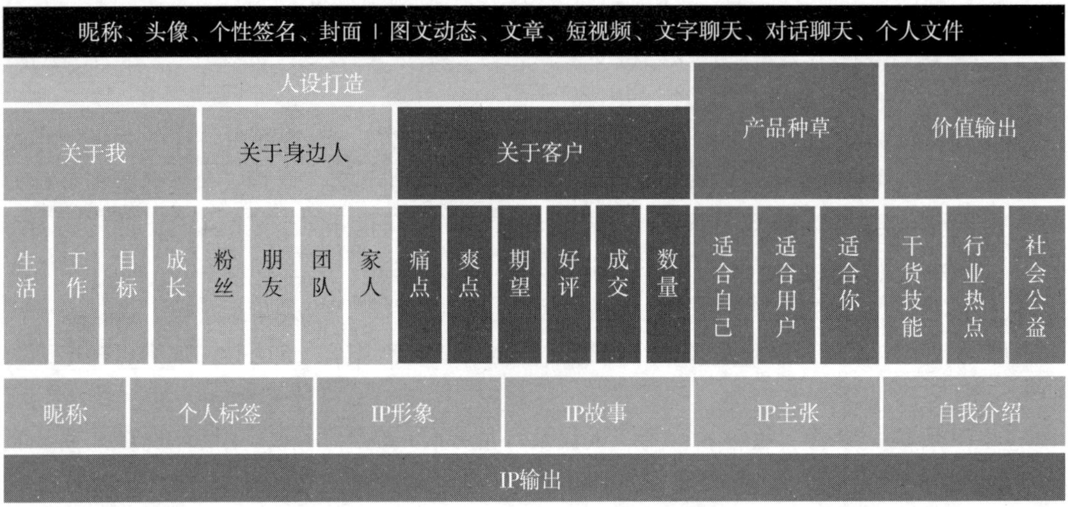

2. 反定位

IP 内容成功的宣发为 IP 建立提供了坚实的基础，只有当 IP 内容得到了用户的认可，主播 IP 才算真正的建立，因此 IP 是赢在成交之后，这里的成交可以泛指“下单、入群、关注或知道”等关键性动作，成交之后我们与粉丝建立了初步的链接，但此时粉丝对我们 IP 的认知仅仅停留在知道的层面，想要赢得粉丝的认可，产品、服务和人设就要经得起考验，在用户多次体验过产品或服务之后，用户才会对我们做出中肯的评价，这种评价不只是好评，更多的是它代表了用户转介绍的概率大小，换句话说就是主播 IP 影响力的增加速度。

因此想要打造优质的主播 IP 是需要售后服务支撑的，也可以理解为我们经常讲到的粉丝运营与维护。另外，我们可以通过以下三个问题来更好地理解反定位的重要性，得人心者得天下，没有产品体验如何得人心？没有服务跟进如何得人心？没有用户反馈如何得人心？所以用户的感受就是主播 IP 建立的关键，而成交之后运营与维护就是核心动作。比如主动把产品使用的注意事项发给下单的粉丝、定期询问一下使用产品后的体会、及时帮助用户答疑解惑等都是成交之后的维护与运营。

4.1.5 主播 IP 在直播中的应用

主播 IP 对于直播来说是很重要的一部分内容，首先在整场直播中主播 IP 要间断性地重复传递给直播间的粉丝，从变现能力角度来看，单场直播带货属于短暂变现能力，而主播 IP 的打造属于持续变现能力，所以单场直播带货与 IP 内容传递的协调统一就成了直播电商可持续发展的重要工作内容。一般情况下，主播的昵称、核心定位标签和 IP 主张可以每 10 ~ 15 分钟重复一次，而 IP 故事和自我介绍的展示每场直播有 1 ~ 2 次即可。其次为了让直播间粉丝更快地记住主播的 IP 定位，我们要把 IP 内容融合到与粉丝的互动中，比如有奖问答，也就是在自我介绍结束后让粉丝回答自我介绍中提取的问题，这样粉丝就会比较用心地听和记，再比如截图留言抽奖，即让粉丝在评论区打出主播的昵称及核心定位标签，然后随机截图抽取幸运粉丝，以上的做法有助于粉丝深度了解主播成为忠实粉丝，为主播 IP 的打造插上翅膀。最后一点，主播 IP 与直播间产品可以相互赋能，简单理解就是互相借力，如果一场美妆直播中我们带货了知名品牌的口红，此时产品就可以为主播的 IP 赋能，帮助主播充分地提升 IP 形象，赢得粉丝更深度的认可；如果直播中我们带货了一款性价比很高但是品牌较弱的产品，此时主播 IP 就可以为产品赋能，解决产品没有品牌知名度的问题，提升产品在直播中的销量。

名词解释

1. STPDBE：是进行主播定位的一个方法与路径，STPDBE 分别为市场细分（Market Segmenting）、目标市场（Market Targeting）、市场定位（Market Positioning）、需求（Demand）、购买可能性（Buying possibility）、盈利性（Earning）。
2. 反定位：区别于传统基于内部情况定位的方式，它是结合市场调研数据，以消费者视角反过来给主播 IP 进行贴标签的行为，从而实现触达消费者后，消费者可以快速接受并认可这个定位。简而言之，就是“消费者认为你应该是什么样的，那我就顺着消费者的期望方向，接受并加以优化、提炼，顺势建立并推出自己的 IP 形象”，即消费者认可则 IP 有效，消费者不认可则 IP 定位失败。
3. 天花板：用在某个行业中时，是指对应行业的最高水平。

小节测试

1. 请结合自身特征完成个人 IP 的设计。
2. 请以思维导图方式描述出个人 IP 打造的路径及可执行方法。

第二节　形象管理与设计

☆ 要点提示

A. 构成主播形象的要素。
B. 塑造主播形象的方法与技巧。

☆ 教学目标

A. 可以独立为主播设计出正确的 IP 形象。
B. 可以独立完成形象的塑造。

4.2.1 主播的颜值力

在互联网中，我们经常听到一句话“颜值即正义”，但是对于直播带货来说，主播的专业能力更为重要。以前主播吃的是青春饭，主要看长相，但现在的主播不一样了，是一个可以活到老、干到老的职业，那么我们这里讲的颜值力到底是什么呢？在直播中，大部分时间都只有上半身出现在直播画面中，因此观众的视觉焦点只能在主播的上衣、头发和脸部，除了和谐的穿着与精致的妆容，配饰也是加分项，因此这里讲的颜值力其实是与主播 IP 相匹配的妆容、发型、配饰和穿着搭配的艺术。

每个主播都有自己个人的风格，风格越明显，主播的“吸粉”、“锁粉”和成交转化的能力就越强。刚才讲到主播的颜值力是由主播的妆容、发型、配饰、穿着构成，那么，颜值力的不同是否影响了他们的风格呢？

直播中，有的主播穿着时尚简约，很少散下头发，总是梳着马尾或者丸子头以较浓的全妆出镜，配饰稍有夸张但却很精致，整体搭配尽显干练和可靠，充分地诠释了一位邻家大姐姐的形象，让粉丝想要依赖；有的主播在直播中轻便的穿着丰富多样，通过精致立体的妆容和很潮很有范的发型刻画出了一个很阳光的偶像形象，全力迎合了大学生这个主要粉丝群的喜好；有的主播在直播时没有配饰，却总是穿着那件宽松版型、设计简洁、厚实挺括的深蓝色衬衫，至于妆容和发型都是以干净整齐作为标准的，这也完全是为了深化自己在粉丝心中的形象。

1. 妆容

直播带货对于妆容的要求不是特别高，但是为了给粉丝更好的视觉感受，直播前我们还是需要根据个人 IP 定位画好底妆、眼妆、口红及腮红，当然部分男士或带货农副产品的主播不需要上妆，但面部清洁也要保证做到位。

2. 发型

发型对主播来说非常重要，可以使主播变得更精神，呈现独有的气质，另外合适的发型不仅可以修饰脸形与头形，在视觉上还有修饰身材的作用，那么作为主播应该如何确定自己的发型呢？是选择短发还是长发、直发还是卷发？我相信这个问题每个人都有自己的答案，毕竟好不好看与是不是合适已经经过了无数人的验证，大众审美就是我们需要遵循的一个标准。因此在遵循大众审美的基础上，每次直播前头发能够修剪得干净利落即可。

3. 手部护理

在直播中主播需要用手高频次地展示产品，因此手部和指甲的护理也是构成形象的核心要素之一。首先手需要清洗干净，每周要对手进行一些深层的清洁，去除角质，每次洗手后或手部比较干燥时，都要涂抹适量的护手霜。再有就是对指甲的修剪和护理了，大概有几个步骤。一般情况下，在用指甲刀修剪完指甲后，要使用有细密纹理的锉刀把指甲磨到距离指腹大约 3 毫米的长度，使其呈椭圆形或方形的弧度；当指甲打磨完毕后，把手指浸泡在温热的肥皂水中，几分钟后，用去死皮棒将指甲周边的死皮向后推，再用角皮钳将指甲边缘参差不齐的死皮和倒刺剪掉，去死皮的环节尤为重要却容易发生意外，一定不要分心做其他事情；接下来，使用抛光棉将指甲表面轻轻地打磨，将指甲磨到光滑亮丽；最后可以涂上指甲表皮保养油和含有营养剂的底油；当然也可以选择进行更充足的美甲，比如画上图案或镶嵌装饰物等，但是切忌浮夸，一定要简约大方，不要抢走产品的风头。

4. 穿着

人靠衣装这句话一直在告诉每个人穿着的重要性，在直播中为了避免粉丝产生视觉疲劳，既要穿得合适还要经常换装，所以掌握直播间的穿搭技巧可以帮助主播减少很多为“穿什么”而发愁的时间，直播间穿搭的第一个要求就是轻薄，不论外面是艳阳高照还是雪花飘飘，直播间的画面中最好只过夏天，如果因为天气冷穿羽绒服上镜，直播间就会显得臃肿杂乱，比如我们可以穿短袖、针织衫、裙装、衬衫、西服等，但是切记不可暴露；第二个要求是直播间的穿着一般以浅色服装为主，因为重色会让直播间显得压抑，但是也不能纯白色，在补光灯的作用下纯白色很容易曝光过度，导致直播间效果变差。另外需要注意，衣服的颜色不能太过鲜艳或者五颜六色，因为直播时间较长，鲜艳色彩或者五颜六色很容易引起粉丝的视觉疲劳；第三个要求是轮廓精致版型挺括，因为松松垮垮的衣服会显得主播较为懒散，会带给粉丝负面的情绪感受。所以综合以上来看，直播间的穿着在符合主播 IP 定位情况下，只要保持轻薄、浅色和挺括即可。

5. 配饰

配饰需要根据发型和穿着而定，在直播中主播常用的配饰包括项链、耳饰、发饰、手链或戒指等，配饰虽然小巧却是非常不错的形象加分项，直播间的配饰没有特殊的要求，只要别喧宾夺主抢了主播或产品的风头就好。

4.2.2 主播的表演力

想了解表演力需要明确什么是表演，在电影拍摄中表演是由演员扮演角色，在摄影机前表演“情节”的艺术，延伸到直播中，表演力就是主播在摄像头前展示“产品情节”的艺术。

这样讲比较难以理解，可以提炼出两个关键词：展示产品、情节艺术，从关键词去看的话，直播的表演力就是多种场景去展示产品，听起来比较简单，不过艺术两个字就是对主播的肢体动作和表情管理提出了比较高的要求，到这里我们用一句话来定义直播的表演力就是：以适当的肢体动作和面部表情，在多种场景中展示产品的能力。对于主播来说一定要思考“被放大的动作和被夸张的表情”，这是一场带货直播的魅力所在！

在整场直播中，表演包含的“六感”也是特别重要，现在大家可以感受一下：分寸感、幽默感、信念感、节奏感、形象感、真实感，看到这些词你会有画面感吗？在直播中这“六感”如何使用呢？其实没有多难，就是需要用心多练习几次，直播中主播应做到产品介绍要有分寸，闲聊环节要幽默风趣，卖点介绍要信念满满，报价促单要把握节奏，每分每秒要守住形象，情感流露要真实可信。

1. 面部表情

在学习面部表情之前，我们先来思考一下，直播间的观众为什么愿意成为你的粉丝？为什么愿意在你的直播间下单购买产品？第一可能是因为产品性价比太高，只有我们的直播间有这样的优惠力度；第二因为粉丝喜欢我们，不去讨论粉丝为什么喜欢我们，我们从面部表情的角度去思考，粉丝希望看到什么样的表情即粉丝希望接收什么样的情绪，是喜还是丧？是快乐还是忧虑？肯定是喜，肯定是快乐，正面情绪也是粉丝能够一直留在直播间并下单的重要原因之一。

表情是最直接的情绪传递方式，尤其是在直播间所有粉丝的视觉焦点都会集中于主播的面部，因此面部表情对直播带货的重要程度不言而喻，所以要保持积极正向的表情，也就是“笑”，当然也可以将表现坚定、惊讶及失望等情绪的表情根据实际情况融合在直播中，比如微笑可以贯穿整场直播，其他情绪可以是对产品优势表现出的坚定、对价格的优惠力度表现出惊讶和惊喜、对产品没有库存之后的失望，等等。

人的面部有 42 块肌肉，通过对不同肌肉群的控制，面部可产生极其丰富的表情，精准地传达不同的心情和态度，为了向粉丝展示更好的自己，直播中我们需要克制负面的消极的情绪，让脸上出现更多的暖心微笑，因此学会用调动面部肌肉控制我们的表情就成了直播带货必须掌握的技能之一。

（1）笑

笑容是由笑肌、颧大肌、眼轮匝肌、额肌、提上唇肌、降下唇肌等肌肉同时发力完成的，不过因为我们肌肉的发力不同导致了人们笑的方式多种多样，但是好看的笑容会有以下三个共同点：脸上的线条干净、眼睛和嘴巴周围的肌肉发力协调、五官要舒展，其中眼睛和嘴巴周围的肌肉发力协调可以避免笑得太假，舒展的五官和干净的线条保证了面部的美观，所以做到以上三点可以保证主播的微笑既好看又真诚。

好看的微笑到底该如何练习呢？当我们微笑时，可以借助笑肌和颧大肌收缩牵拉嘴角两侧向斜上方微微移动，呈现为唇线两侧向上翘起，并让鼻唇沟在横向上扩张；眼睛表情需要借助眼轮匝肌发力使下睑部凸起、变直，伴随轻微提升；眉毛保持松弛时的自然拱形即可。切忌五官往中部挤压，一定要保证五官的舒展状态，并且眼部表情要和嘴巴保持一致，如果嘴巴笑了，眼睛没跟上，笑容就会很假。

除了微笑外，笑容还包括露齿笑和大笑，它们之间的区别就是眼睛眯紧度、脸颊隆起度、嘴角上扬度、嘴巴张开度以及牙齿露出度的不同，幅度中等和最大的就分别是露齿笑和大笑了。

对于主播来说，每个人的情况不同，造成了她们最好看的笑容是有不同的幅度的，也就是说有些主播更适合微笑，比如牙齿不齐、牙齿小而密集、露牙过短、露双排牙、面部偏瘦或鼻唇沟不顺滑的等；也肯定会有很多主播喜欢露齿笑，露齿笑首先就要求我们的牙齿比较整齐或者牙齿的整体形状比较美观，另外牙弓过长或过短也不合适露齿笑，也就是说露齿笑的时候，嘴角和牙齿之间要有一点点合适的缝隙，不能太大或太小；大笑在笑容中肯定是最有感染力的，但是控制不好或者不合适容易破相，所以要特别注意，一般情况下只有嘴巴大一些、牙齿整齐、月牙眼并且肌肉发力后面部纹路也能保持平整顺滑的人才适合大笑。

露齿笑的眼睛是处于眯起来的趋势，下眼睑轻微提升凸起，开始形成笑容沟纹，上眼睑基本保持不动，苹果肌提升后显得更饱满，嘴角会向斜上方向拉扯，上唇提升使牙齿露出，整体面部要求保持平整，避免出现太多沟纹。

大笑时眼睛会眯起来，另外，除了露出大部分上齿，下颚也会打开并与降下唇肌一起带动下嘴唇下移露出少量下齿，此时还是要求面部平整，即大笑时，嘴角到下巴颏的沟纹可以顺畅地与鼻唇沟融合在一起，否则该主播就不是很适合开口大笑。

（2）失望

在视频内容创作中，情绪反转是爆款视频很重要的一个要素，因此在直播中除了积极情绪的传达，在某些环节也需要融入消极的失望情绪，丰富的情绪表达才能使直播更具看点，俘获粉丝的真爱。失望情绪的表达需要降下双眉，但眉头要微微上扬并在眉毛三分之一处呈扭曲状，眉头之间也会被挤出沟纹，下眼睑可提升覆盖更多眼球或保持两眼无光状态，而嘴角要呈现出微微下拉的趋势。

（3）惊讶

惊讶本身是一种中立的表情，运用在合适的节点上可以充分调动粉丝的情绪并快速赢得认可，比如看到产品时露出欣喜的惊讶之情，知道产品瞬间被秒光并且没有库存时露出难过的惊讶之情等，这些惊讶之情都可以让粉丝感同身受，并对直播间的内容营销设计深信不疑，为成交做铺垫。

惊讶表情可以通过同时收缩额肌和上眼提肌大幅提升双眉并使眼睛睁大至露出虹膜上边缘的眼白来实现，此时嘴巴也要在口轮匝肌发力的带动下自然张开，动作幅度的不同也会造成惊讶度不同，只要我们掌握了如何做出惊讶的表情，惊讶度的把控我们可以根据实际状况灵活应用。做惊讶表情时一般都会使用手迅速挡住已经张开的嘴巴，并且惊讶的表情不会持续很长时间，一般 1 ~ 3 秒后，惊讶表情就会根据事件的好与坏转向惊喜或难过。

（4）坚定

情绪是相互影响的，因此想要粉丝信任我们并在直播间下单，坚定的情绪是必不可少的。坚定不需要很多面部肌肉发力参与，但是想要传递坚定的情绪，眼睛、嘴巴、眉毛和脸部都不能有小动作，比如要杜绝皱眉、眯眼、咧嘴、皱鼻和后缩脖子等行为，另外眼睛要放松地目视镜头。

（5）表情系统

面部表情由眉毛、眼睛、鼻子、嘴巴和面部其他部位的动作共同组成，总的来讲，双眉倒竖是愤怒，横眉是敌意，挤眉是戏谑，低眉是顺从，扬眉是畅快，眉头舒展是宽慰，眉梢上挑是愉悦；正眼视人是坦诚，躲避视线是心虚，斜眼是轻佻，瞳孔扩大是欢喜，瞳孔缩小是厌恶；耸起鼻子是厌恶，嗤之以鼻是轻蔑，鼻孔张大是愤怒，鼻腔收缩是紧张；嘴角下撇是伤心，嘴角提升是快乐，撅起嘴巴是委屈，张口结舌是惊讶，咬牙切齿是怨恨，咬住下唇是痛苦；面部肌肉松弛是开心与轻松，肌肉紧张是难过和严肃。

2. 肢体动作

在直播时除了面部表情之外，肢体动作也是构成主播形象的核心要素之一，主播有没有精气神，站姿、坐姿及手势起了决定性的作用，好的肢体动作总能受到粉丝更多的喜爱，含胸驼背吊儿郎当的样子每个人都不会喜欢。

（1）站姿（服装主播）

正确的站姿，身体要保持放松状态，避免僵硬呆板。第一，头部要摆正，不要仰头或低头，也不要左右偏；第二，眼睛要平视镜头，因为俯视会让人觉得你在藐视对方，显得傲慢不平和，而仰视又会给人很卑微的感觉，缺乏自信；第三，要自然沉肩，切忌耸肩和压肩，否则会比较难看；第四，还要做到自然挺胸，收紧背部肩胛骨即可，一定不能故意挺胸，那样会很不自然比较做作，也不能含胸，会让人觉得拘谨没有自信；第五，腰背部要挺直并要收紧腹部，切忌驼背给人很没精神的感受；第六，双脚可以脚尖朝前呈靠拢趋势，或者一前一后成丁字形站立，不要把脚分得较远，或者把重心偏落在一只脚站着，这样都会让人觉得不雅并且态度比较懈怠；第七，如果没有产品展示需求，双手需要保持在腰部以上区域运动，可把双手交叉相握，手臂自然弯曲 90 度放于腹前作为基础手势。

总的来看，站姿的关键词是挺、直、稳，而日常我们经常讲的是站立时一定要挺胸和收腹，这是最基础的要求，即便是在行走过程中，挺胸、收腹和其他站姿的要求也要继续保持，另外走路时脚尖要朝向前方，尽量不要抬胯，通过后腿膝关节弯曲，向前自然摆动就可以向正前方迈步，要不然姿势就会比较不美观，切记不能外八或者内八走路。

（2）坐姿

对于坐姿而言，要求与站姿大致相同，虽然直播中粉丝看不到主播的下半身肢体动作，但是为了我们可以养成良好的习惯，还是需要规范我们的坐姿。第一，挺胸、收腹、腰背挺直和目视镜头的要求和站姿相同；第二，坐姿的重心可以垂直向下或稍向前倾，一般臀部只占座椅面的三分之二；第三，双膝并拢或微微分开，双脚并齐，除基本坐姿外，也有很多优雅的坐姿，如女士可以双腿平行斜放或两脚前后相掖，男士可以两脚呈小八字形等；第四，手臂自然弯曲放在座椅扶手或者桌面上即可。

（3）手势

直播中的手势虽然没有严格的要求，但是有些大的原则还是需要遵循，比如站姿手保持在腰部以上区域运动，坐姿手尽量要保持在桌面以上区域运动。另外指示关注按钮位置的手势、引导领券的操作手势、打招呼的手势、传递产品及展示产品的手势等都需要直播前设计好固定的手势并能熟练执行。坐姿直播时我们可以把“一只手掌握住另一只手的手背或两手半握掌心相对，放于桌面上”和“双手呈半握状态，小臂内斜且二分之一处放于桌面上”两种手势作为基础手势，也就是说在执行完其他任何手势后都要回到这两种手势上，比如在拿手机查看粉丝留言、向粉丝挥手打招呼、拆开产品或整理着装后，手势都要再次回到基础手势。

名词解释

1. 视觉焦点：在一个画面中，吸引我们的视线停留下来的视觉元素。
2. 鼻唇沟：由上唇方肌和颧骨的上颌突构成，其位置在鼻翼两侧至嘴角两侧。鼻唇沟是将面颊部及颌分开的体表标志，鼻唇沟是由面颊部有动力的组织和无动力的组织相互作用的结果而形成。人们的许多表情动作，如微笑、哭泣等，都是通过鼻唇沟形态的改变，而开始启动的。

小节测试

1.（实训）请利用周末时间对自己的发型及穿着做出调整，并拍照提交给老师。

2.（实训）请在 15 分钟之内完成面部化妆，在 10 分钟内完成手部护理。

3.（实训）请依次完成站姿、坐姿、手势、微笑、露齿笑、大笑、惊讶表情、失望表情和坚定表情等行为练习。

第三节　表达管理与设计

☆ 要点提示

A. 构成直播带货主播表达力的三要素。

B. 主播表达的九个技巧。

☆ 教学目标

A. 学习及练习表达力三要素，让说话更加具备层次感和感染力。

B. 学习表达技巧，可以更多地讲出用户心中所想，赢得用户的认可。

直播是由画面和声音共同组成的，它们共同承担了直播内容的传递任务，两者相互依存不能分割。声音作为信息传递最大的载体，直接影响了直播的质量和产品销量，因此作为一名合格的直播带货主播，一定要掌握语言的表达方式，也就是提升主播的表达力和表达技巧。

4.3.1 主播的表达力

在带货直播中主播的表达力可以用三要素概括，分别是断句、划重点和快慢结合，为了更好地理解“表达力”这个概念，我们先从写文章和读书来感受表达力的三要素。

我们在写文章时会加入很多标点符号，比如逗号、句号、问号或引号，等等。如果写文章时不加入标点符号是什么效果呢？一是看不懂一段话是什么意思，二是获取信息的时间会成倍地延长，所以加入标点符号是在给文章断句，帮助我们更快更好地理解内容。说话和写文章相同，也要进行断句，就是两句话中间使用“停顿”把它分隔开，要不然用户就很难知道我们在表达什么，并且连续不断的讲话不仅自己没时间喘气，用户也会因为感受到很大压迫而离开直播间。

在读书过程中，我们看到比较重要的词语或句子，就会用笔画横线、波浪线或圆圈标注出来，做标注前后会有什么显著的区别呢？标注前需要读完整节内容才能找到核心要点，标注后一眼就能看到核心要点，可以提升阅读效率并有利于后期的查找和复习，这就是读书时划重点的重要作用。对于表达而言也需要划重点，那么在语言表达中有哪些方式可以划重点呢？比如提高音量、重复、放慢语速、尾音拉长、结合表情或者配合手势等，其本质就是差异化的语言表达。

通过写文章这个场景，我们可以知道讲话要学会断句，也就是停顿；通过读书的场景，我们也感受到了说话时划重点的重要性。以上讲了两个表达技巧，分别是停顿和划重点。另外，因为直播的时间普遍比较长，为了避免每一句话都千篇一律，我们还需要把控讲话的节奏，比如在一段音乐中，有缓和的部分，也有节点骤然加速的部分，这样的节奏更能让用户产生愉悦感，因此语言表达中也要融入缓和和骤然加速的节奏，在带货直播时主要体现在主播的语速变化上，快速、慢速与正常速度相结合会让说话更有魅力和力量，并且主次也会更加突显，一般情况下如承前启后的话段、非核心卖点的产品说明、非核心利益点的活动规则说明、非关键词部分的句子前后内容或寒暄感谢等话语都可以适当地加速，相反在讲关键的词和句子时就可以适当地减速。

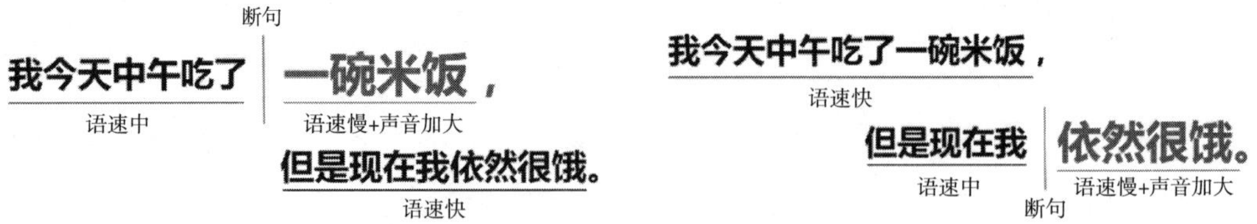

例如“我今天中午吃了一碗米饭，但是现在我依然很饿”这句话，不同的断句、划重点和语速组合就会让听众感受到不同的内容。在日常中，我们需要结合表达方式不断的刻意练习，直至可以熟练的应用表达力三要素。

4.3.2 主播的表达技巧

语言表达是一门艺术，同一句话不同的说法、同一件事不同的描述或同一产品不同的人介绍很可能会有截然不同的结果。平时我们能经常看到有些人侃侃而谈、有些人沉默寡言的现象，有个有趣的现象是很多饱识之士却是沉默寡言的人，他们远比那些能说会道的人知识渊博，可是为什么了解甚浅的人却能将内心的仅有的一丝认知以一种生动有趣的方式表达出来呢？除了敢于表达之外，也是因为他们掌握了一些表达的技巧。作为一名合格的主播，大多是经历了想表达、敢表达和会表达的过程，想表达和敢表达是战胜自我的内在过程，会表达就需要表达技巧的支撑了，它是主播的核心竞争力之一，如“讲三点”、植入路线图、FFC 推荐、多案例少道理、三人聚、链接价值观、简单 + 重复、植入促单点或让客户觉得占便宜等都是主播应该掌握的常用的表述技巧。

1. “讲三点”

“讲三点”是指简单地用三个维度，将自己的想法表述清楚，即把自己的想法提炼为三点并表达出来，从而有效帮助我们厘清思路、组织语言，让听众更容易接收我们传递的信息，它可以帮助我们迅速在他人心中营造出逻辑性强的印象，并且可以真正帮助我们提升表达的逻辑性和条理性。比较常用的三点论结构有“感谢 + 回顾 + 展望”“事件 + 原因 + 结论”“开始 + 发展 + 结局”“个人 + 群体 + 社会”“自己 + 对方 + 其他人”“细节 + 局部 + 整体”“复述问题 + 解释原因 + 建议”等。目前传统的电商不仅变现越来越难，商家的获客成本也在逐渐增加，进行全面的市场分析后就会发现，短视频和直播的兴起抢掉了传统电商很多流量是造成这些问题的主要原因，想要走出目前的困境，就需要积极拥抱市场的变化，把握市场趋势开启直播带货，这是解决传统电商变现难及获客成本高的有效途径，这一段关于传统电商的话题就是典型的“复述问题 + 解释原因 + 建议”的结构。

2. 植入路线图

植入路线图有些类似总分的结构，总分结构可以帮助观众在最短时间内了解主播传达的最重要的信息，除此之外更能渲染直播间的积极情绪，经过大量采样调研，有一个有趣的现象是，通常人们会觉得去的路要比回来的路漫长，例如我们开车去一个陌生的地方，在去的过程中会觉得花费了很长时间，但是在返途就会觉得快了很多，这就是未知和有路线图的区别所在，它会影响大家的情绪和判断。植入路线图实际上是给予用户掌控全局的感觉，也就是在冗长的产品讲解前先告诉观众将从哪些方面对产品进行介绍，可以看作是三句话讲完某款产品的核心卖点，比如用福利预告和产品预告把整场直播的环节为观众讲清楚。当然具体的产品带货中也需要为观众植入路线图，如今天为大家带来了一款超高性价比的强效补水美白面膜，7 天就能完全修复因为熬夜导致的暗黄皮肤，限量 1 000 单哦！通过三句话就把一个产品立体地呈现给了观众，观众可以在很短时间内洞察了产品的全部核心利益，那么在接下来的展开讲解中，用户就会自动获取相关的论证内容，最主要的是用户可以感知到主播要讲哪块内容了，大概什么时候会结束讲解，用户有了这种掌控感就会大大地提升愉悦度和舒适度，有效提升观众买单的可能性。

3. FFC 推荐

FFC 推荐是由三个要素组成的，分别是感受（feeling）、事实（fact）和对比（compare），这种推荐方式就是先说自己使用产品的感受，再说事实，最后进行一下对比。比如，这件 T 恤穿在身上不仅遮挡肥肉凸显了身材，更让人身心愉悦的是面料的亲肤感，如同婴儿的肌肤一般嫩滑，这件 T 恤由著名设计师精心设计而成，面料也是纯棉的，并且选用的是来自新疆的优质棉花。市场上大部分 T 恤为了降低成本都会采用棉和涤纶混纺，原创设计也不是很多。下面我们把上例拆分理解一下：

感受：这件 T 恤穿在身上不仅遮挡肥肉凸显了身材，更让人身心愉悦的是面料的亲肤感，如同婴儿的肌肤一般嫩滑。

事实：这件 T 恤是由著名设计师精心设计而成，版型特别适合偏胖一点点的人群，面料也是纯棉的，并且选用的是来自新疆的优质棉花。

对比：市场上大部分 T 恤为了降低成本都会采用棉和涤纶混纺，原创设计也不是很多。

通过这种结构去推荐产品不仅让主播的讲解条理清晰了，关键是用户听得明白，可以明确地感知到拥有产品后的好处，那么成交可能性自然会随之提升。

4. 多案例少道理

多案例少道理比较容易理解，就是产品的讲解中要避免大篇幅介绍产品的自身属性或优势，而最好是通过案例或现场场景化布置诠释产品对于用户的利益和好处是什么。

5. 三人聚

为了使直播间表达的氛围更加轻松欢快，一般情况直播间需要主播和助播两个人，相对于单个主播来讲，这类似于降维打击，有互动有交流有补话的直播会给每一位观众一种能够参与或看热闹的错觉。三人聚是说除了主播和助播外，也需要其他工作人员配合展示产品或偶尔从主播背后走过，这种形式赋予了直播故事性和情节性，那么故事和情节有什么作用呢？故事和情节其实是属于内容创作范畴，是带货变现的基础，因此好的故事和情节可以瞬间抓住并长久留住观众，最终实现直播带货的目标。

6. 链接价值观

链接价值观是指在直播中要不断地强调自己的价值观，也就是表明自己在选品、控价及售后方面坚持的底线，此类信息的传递有助于快速培养与观众之间的信任，并解除潜在用户购买产品的后顾之忧，最重要的是有助于个人 IP 的形成，不论从短期利益出发还是从长期利益出发，链接价值观都是一种极为有效的方式。

7. 简单 + 重复

在直播带货中，对产品的讲解并没有十分华丽的词藻，也许一个产品的卖点就是 3 ~ 5 个，仅有的卖点内容不能支撑 5 ~ 10 分钟的产品介绍，那么怎么办呢？这就要具备"简单 + 重复"的思维了，简单是指很少的核心卖点，重复是说多次提到相同的核心卖点，对于很多主播来讲，这是一个比较大的障碍，因为把相同的卖点讲第二遍，大部分主播自己就会认为重复了，自己没话说了，观众一定觉得自己黔驴技穷了，不断地给自己消极的心理暗示，从而丧失了信心。其实，多次重复是一种把产品价值有效植入到用户心中的方法，大量事实也证明核心卖点讲一遍用户很难理解或记住，反而是多次重复更符合人类的记忆原理，就如同脑白金的广告，很多人都说真烦人，但是逢年过节手里都会拎着几盒去走亲访友。

但是重复也需要一定的技巧，同一个卖点要试着换不同的表达方式，比如“这款饮料特别沁人心脾”，换一种方式也可以表达为“喝了这款饮料我有了通透的感觉，神清气爽，令人精神百倍”。因此在直播中，多次重复和换方式表达要结合在一起应用。

8. 植入促单点

植入促单点是指要提前在话术中埋入边界线，以便对潜在用户进行软约束及促单。边界线可以是价格、时间、数量、额外奖励及结果等，边界线的存在是为了框住潜在用户的购买行为，举个例子：“今天为大家带来的这款洗面奶性价比很高，原价 169 元，现在立降 109 元，仅需 60 元，只有直播中享受这个价格哦，下播就会恢复原价，不过还是要限量 88 份，前 30 名购买者再送精美礼品毛巾一份，干净清爽或油光满面，你选择好了吗？321，上链接。”下面我们看一下“价格、时间、数量、额外奖励及结果”是如何成为促单点的。

价格 + 时间：如果你再不下单，直播结束就要恢复原价了，还有 1 小时就下播了，抓紧时间下单吧。

价格 + 数量：还没有决定要购买吗？数量有限，抢完就没了，抢完就只能原价买了，需要的话马上下单吧。

额外奖励 + 时间：赶紧下单吧，直播结束，额外奖励就没有了哦。

额外奖励 + 数量：赶紧下单吧，不然额外奖励就被别人抢没有了。

结果：马上下单吧，早买早解决自己油光满面的问题，干净清爽的面部可以为你赢得更多的青睐哦。

9. 让客户觉得占便宜

首先我们需要明白一个概念，产品价格的高低并不是单纯地根据数额大小来衡量的，比如 10 万元买辆有品牌的车，大家会觉得挺便宜，如果 2 万元买了一件衣服，那很多人估计都觉得比较贵了吧。因此用户是否认为自己占到了便宜是需要一个同属性的参照物的，比如某款产品在天猫、京东或实体店价格为 119 元，那就要让用户认为之前所有人购买这款产品的最低价是 99 元，而他在今天买却只需要 59 元，并且在用户身上还能体现出 500 元的价值；或者虽然价格还是 99 元及在用户身上体现的价值依然是 500 元，但是却可以得到很多的精美赠品。通过上面的例子我们可以知道参照物有三个，分别是产品自身、用户情况及别人购买情况，其中产品自身和别人购买情况比较容易理解，就是在主流电商平台显示的产品原价、产品配置及购买价格。用户情况是什么呢？这里其实是一种对用户的赞美，比如：这件衣服的质量非常好，因为活动力度比较大，所以今天差不多接近半价的价格，但是穿在您的身上却能穿出昂贵大牌的感觉，真的是非常适合您呢。

名词解释

促单点：可以促使意向用户短时间内决定下单的要素。

小节测试

1.（实训）选择一名对标主播的产品介绍片段，抽出对应文字内容，完成表达练习并提交录音。

2.（实训）完成主播表达技巧及知识点在直播中更多延展应用的思维导图制作。

第四节　产品理解力

☆ 要点提示

理解产品的五个维度及方式。

☆ 教学目标

通过学习，学生可以依据五个维度全面地认知产品。

直播电商包含产品、直播和流量三个可视化的关键存活要素，而产品理解力与诠释力就涉及了产品和直播两个关键存活要素。产品是商业的基点，没有产品就没有价值交换，直播电商也就失去商业价值只剩直播了。那如果拥有产品，但是对产品的理解浮于表面，或很理解产品却不懂如何诠释呢？这种情况出现在直播前和直播中时，不论是不够理解产品还是不懂表达都会造成产品价值内容传递失败，一个没有被用户知道并坚信优势利益的产品注定成交惨淡，因此主播对产品的理解能力和诠释能力就自然成为直播电商的关键存活要素之一，所以产品理解力和诠释力也成为了主播的必备能力之一。

产品理解力是指主播了解一个产品的能力，这个能力分为两个维度，分别是了解产品的方法技巧和单位时间内对产品知识的接受程度，对知识的接受力需要多次反复地刻意练习形成利益关联思维，也就是说提到某个知识点，主播需要明确在产品使用中对用户的具体利益是什么，千万不能仅停留在了解和记住的层面上，而是要具备能够延展出与用户发生关系的利益点的能力；而了解产品的方法技巧相对来说较为简单，它更多的是考验主播对所学方法技巧的执行能力。那么怎样做呢？当我们拿到新的产品，我们可以从业务、研发、客户、竞品、替代品和行业六个角度对产品进行调研和内容整理。

4.4.1 业务角度

首先我们可以从业务角度了解产品的基础性知识，这些知识大部分都会体现在产品的外包装或主流电商平台的详情页内容中，有些知识可以通过和供货商沟通快速获取，业务角度的产品基础性知识包括成分、材质、生产工艺、功能、规格、包装、运输方式、生产地、发货地、成本构成、售后服务、使用及储存方式等，在收集完产品的基础属性后，我们发现有些属性会带给产品一些特有的优势，所以在业务角度中，我们还需要根据产品自身基础属性罗列出产品的优势。如图（某款免洗手消毒液）：

属性	内容	优势
成分	六亚甲基四胺、苯扎溴铵为主（不含酒精、不含氯），食品用消毒原料。	可以带上高铁和飞机、对皮肤无刺激、无须水洗，母婴可用。
材质/口味	避光PE材质。	避免包装被腐蚀、避免光照氧化。
生产工艺	国际发明金奖技术、医用级别。	
功能/作用	适用于手及皮肤的消毒； 30s快速高效杀毒、滋润皮肤抵御干燥、杀菌率99.999%。	杀菌率高、杀菌快、滋润皮肤。
规格	50ml。	可使用1月有余。
包装	喷头式瓶装、小型。	轻巧便携，可随身携带，多场景使用。
运输方式	京东快递。	
生产地	中国大陆。	
发货地	石家庄。	
成本构成	产品成本、人工成本、推广转化成本。	
售后	支持7天无理由退货（拆封后不支持）。	
使用方法	距离消毒的部位30cm按下喷嘴。	操作方便、储存便捷。
储存方式	阻凉干燥处存放。	
注意事项	外用消毒剂不得口服、置于儿童不宜触及处。	

4.4.2 研发角度

直播带货介绍产品时，想要在精神上打动直播间的观众，主播需要向观众传递产品研发设计的理念，也就是传递一种价值观，因此作为主播需要从研发角度去学习和理解产品，比如某品牌免洗手消毒液的研发团队坚持研发出对皮肤无刺激但杀菌效果却很强的免洗手消毒液，反对在消毒的同时对皮肤造成任何影响。

4.4.3 客户角度

对产品的理解除了产品本身，我们还需要站在客户角度思考，换位思考之后我们就会清晰地看到产品到底是基于潜在用户的需求层次还是痛点背景或者是消费惯性和使用场景等，这其实也是在思考用户会在什么时间、什么地点、什么场景下使用我们的产品，是否必须使用，使用多少，以及要解决什么问题，等等。

用户的需求层次可以分为生理需要、安全需要、归属与爱的需要、尊重的需要、求知需要、审美需要、自我实现的需要七大层次，马斯洛认为，各层需求之间不但有高低之分，而且有先后顺序之别，只有低一层需求获得满足之后，高一层的需求才会产生。其中生理需要、安全需要、归属与爱的需要、尊重的需要作为基础需求都可以被称为缺失性需求，缺失性需求的特征是，一旦得到满足，就不会有再需要的感觉直至再次失去时；求知需要、审美需要、自我实现三种需求被称为成长需求，对成长需求的需要是没有止境的。每种需求层次都对应了用户不同的心理状态和生存环境，因此主播需要正确地理解产品和目标用户所在的需求层次，这样有助于主播快速说服潜在用户下单购买产品。比如免洗手消毒液的用户需求层次是安全需求，这时候如果去强调消毒液的包装设计很时尚大气，而去主推送礼有面子的卖点就是非常不合适的，也就是说产品是哪个需求层次就要从对应范围内进行产品核心卖点的提炼和梳理。

痛点背景比较容易理解，就是思考潜在用户所面对的大环境和需要使用我们产品解决的具体问题是什么，通过分析潜在用户需要解决的问题，我们就可以得出如果潜在用户不购买此类产品会有什么样的后果，这个后果就是潜在用户需要解决的真实痛点，比如在2020年疫情期间所有人都要解决外出后洗手消毒的问题，那不消毒的后果是什么呢？就是可能对身体健康不利，可能会生病，事关身体健康的安全需求，即便产品不做太多的营销行为，消毒产品同样是供不应求。除消毒产品外，换做其他的产品类目，我们也可以借助痛点分析对潜在用户进行引导购买和促单。

消费惯性是指潜在用户购买此类产品的普遍情况，一般情况下，如果潜在用户已经养成购物的某些习惯，那是不容易被改变的，因此我们需要迎合潜在用户的消费惯性，比如潜在用户可能一次性买10盒面膜，但是一次买10支口红的可能性就很小。这里我们讲到的消费惯性更多的是为了找到产品合适量的打包营销，如面膜可以采用买5盒送5盒的营销方式，但是口红就不可以，因为很少有人一下子储备这么多支口红，那对于口红来讲可以尝试买1送1，也可以尝试买2送眼影盘的营销方式。并且在表达过程中，要把产品的使用规划告诉用户，如告诉用户每周敷面膜5次，一周需要一盒面膜，10盒面膜可以使用10周，也就是2个多月，可以重复强调同一品牌或功效的面膜见效周期也是2个月，一下买全就可以安心地使用了，不用操心面膜不够用了还要抽时间麻烦自己下单。因此消费惯性考虑更多的是用户对产品的使用周期情况，当然价格也是用户消费惯性的一个要素，所以也需要调研产品在用户心里的预期价格。

使用场景是指潜在用户在什么时间、什么地点、什么场景下需要我们的产品，在直播带货过程中，主播需要通过产品使用场景还原的方式触发潜在用户认为自己马上需要对应产品的思考，比如：你在上班路上，摸过了万人摸过的扶梯把手、扶过了百万人扶过的地铁扶手、推开了千人推过的门，到达公司后，手上已经沾满了细菌，仅仅靠清水冲洗是很难把细菌全部去除的，为了健康，一定要使用消毒液对手部进行完全消毒，这样把包子放到嘴巴里时，也会更放心。

4.4.4 竞品/替代品角度

在目前这个产品同质化严重的市场上，用户拥有太多的选择，因此只了解和掌握我们自己的产品是完全不够说服潜在用户的，在了解产品时，我们需要使用SW分析法对自己

的产品和竞品 / 替代品进行分析比较，做到知己知彼，心中有数，当然在产品讲解过程中，我们不需要去分析竞品 / 替代品的不足，只要可以明确地讲出我们的产品比同类或类似产品有哪些优势即可，也就是我们经常提到的通过货比货方式对潜在用户进行种草或建立信任关系。

SW 分析法是指把产品与竞品 / 替代品进行比较，然后明确自己产品优势与不足的分析方法，一般情况下，在产品讲解过程中，我们只会提到自己产品的优势和竞品 / 替代品的不足，其实自己产品优势的反面就是竞品 / 替代品的不足，但是需要注意不要明确说哪款产品有什么缺点，可以讲市场上大部分或部分产品存在哪类问题。如：这款免洗手消毒液的优势是不含酒精、不含氯、对皮肤无刺激，而竞品 / 替代品的不足就是因为含有酒精或氯不能带上高铁和飞机，但是这款免洗手消毒液是可以的。

4.4.5 行业角度

不论任何行业，大家都更喜欢博学的人，对应产品的理解如果只局限于小维度会缺失一点大局观，行百里者半九十，真正可以让观众成为粉丝的也许就是一点点的大局观，所以作为主播是需要去了解整个行业的发展的，行业的知识会帮助主播逐渐建立一个行业领袖或专家的身份。

也许你认为用以上的方式去理解一个产品实在太复杂，但不管用什么样的途径，只要我们可以明确告诉或解答客户提出的产品相关问题就可以，尤其要准确地了解产品成分、功能、售后服务、质量水平、业界地位、需求层次及价格定位等内容，因为用户不会因为你讲对九个产品知识就信任你，但是却会因为你说错一句话而怀疑你。

名词解释

SW 分析法：就是将与研究对象密切相关的各种主要的内部优势、劣势和外部的优势、劣势等，通过调查列举出来，然后用系统分析方式把各种因素相互匹配并加以分析，从中得出一系列相应的结论，而结论通常带有一定的决策性。其中 S（strengths）是优势，W（weaknesses）是劣势。

小节测试

1.（实训）根据产品理解力五个维度做出思维导图。

2.（实训）任选一件产品，根据产品理解力五个维度对产品进行全方面的分析与理解。

第五节 用户心理与主播策略

☆ 要点提示

A. 成交的逻辑、消费的心理动线及 10 种消费心理动机。
B. 互动技巧的内在和外显。
C. 直播间引导观众关注的方法。

☆ 教学目标

A. 可以按照正确的产品介绍内容、结构完成直播脚本，直播中可以根据直播间留言及后台数据判断消费者所处心理阶段并针对性地更改内容以便刺激观众更大可能下单。
B. 可以做到完成内在塑造及良好的外显互动。
C. 掌握吸粉的方法并将其应用于真实的直播带货中。

能否掌握消费者心理是蜕变为一名精英主播的门槛，研究表明，消费者做出的购买决定很多时候都是感性的，消费者的内心一定是因为某种感觉才做出的决定，这就是消费心理动机。很多数据表明，我们很多时候会不自觉地购买了并不需要的产品，或者原来计划购买产品 A，实际却购买了产品 B。懂得消费者心理的人，可以理解顾客的可表达和隐形的需求，再通过交流技巧做到潜移默化地影响用户的购买理念，成功让消费者购买某些产品，由此可见消费心理与主播策略的重要性，因此直播间的消费心理剖析判断、互动技巧及吸粉策略成为一名精英主播必备的能力。

4.5.1 消费心理

在“流量为王”、用户至上的时代，想要在直播电商市场中获得一席之地，主播需要充分理解用户的消费心理，因为如果我们讲的话不被用户认可，成交的可能性就会非常低，也会导致成交成本巨幅提升，就如同“攻心为上，攻城为下”的道理。不过世界上没有相同的两片叶子，更没有相同心理的两个人，因此深度剖析消费者的消费心理，准确地抓住不同消费者的心，并对症下药，对于直播带货而言真的至关重要，所以一名优秀的主播需要用心研究并掌握成交的逻辑、消费的心理动线及消费心理动机。

成交是指有支付能力的潜在客户经历了对产品从不了解（甚至排斥）到认可的过程后，当欲望被激发时产生的一个行为结果，主播承担了让潜在用户对产品从不了解（甚至排斥）到认可的责任，并且需要做到有效激发对方欲望，引导潜在用户下单成交。想要承担得起这样的责任，主播需要清晰地理解在整个成交过程中的用户心理路径，也就是潜在用户购买产品的前期、中期和后期要经历产生需要、寻找产品、不知道、了解、欲望放大、判断比较、信任、决定下单、产品体验、使用反馈等过程，即消费心理动线。了解和学习消费心理动线，有利于主播正确地布局产品及营销内容的顺序，在答疑中更可以通过潜在用户的问题判断其所处阶段，并进行相应的回复；有利于主播快速准确地找到并解决潜在用户最关心的问题，避免答非所问、无效促单而白白流失客户。此外，理解消费心理动线之后，在直播过程中，主播也能更具有信心，能够从容不迫地引导直播间观众进入不同的成交阶段。

一般情况下，用户决定购买产品存在不同的心理动机，如求实心理、求美心理、求新心理、性价心理、攀比心理、从众心理、尊重心理、便捷心理、崇外心理、恐惧心理，等等。

求实心理：是指面对众多产品时，能够做到不被营销内容所影响，只相信自己可以看到或体验到的功能，求实心理的用户更看重产品的实用价值，外表对于他们来说并不十分重要。

求美心理：随着人们生活水平的提高，在购买产品时，有大部分用户开始追求内心情感上的满足，求美心理的用户基于产品质量有保障的情况下，更追求产品的精致度。

求新心理：有很大一部分人群追求新奇的产品，他们追逐时尚走在前沿，喜欢新鲜的事物，比如，衣服穿破的少，过时的多。

性价心理：有些消费者在购买产品时，会对产品实用价值和价格进行考量，他们更倾向于物美价廉的产品。

攀比心理：为了面子或为了优于周围人而选择购买某些产品的心理。

从众心理：消费者在很多购买决策上，会表现出从众倾向。比如，购物时喜欢到人多的商店；在品牌选择时，偏向那些市场占有率高的品牌；在选择旅游点时，偏向热点城市和热点线路。当然市场中也有一个很大的消费群，他们不愿意落后于周围人，但是也不想突出，趋同是他们在消费中的最优先考虑的原则。

尊重心理：在用户选购产品时，如果服务比较差，那么即便产品的质量比较好，也很难实现成交，因为用户需要被尊重，这类用户追求服务上的尊重或产品能带来的他人的尊重。

便捷心理：随着生活节奏的加快，大家更加地珍惜时间，因此对于选择性有限的产品，用户会选择看到即买，直播电商正符合了消费者这种购买心理。

崇外心理：有部分消费者认为只要是进口产品品质就比较不错，在产品选购上把进口产品作为了第一选择，此类用户就是崇外心理。

恐惧心理：人对贫穷、肥胖、疾病、失去爱、年老、死亡、危险等都具有恐惧的情感，当我们面临这些恐惧时，我们会去主动寻求解决恐惧的办法，如疫情期间人们因为害怕染上疾病，会主动购买口罩。

针对不同的用户群或不同的产品需要应用不同的心理动机，因此主播需要学会识别用户群的属性，并将产品进行归类，最后将两者相互匹配实现最大的经济价值。

4.5.2 互动技巧

直播电商相对传统电商最大的改变就是信息传递的方式变成了实时的、多元化的及互动式的，因此主播的言谈举止就变成了成交的最关键要素，并且经过大量直播数据跟踪与分析，发现参与互动的观众的成交可能性会更高，因此在直播中充分引导观众进行点赞、留言或关注等互动可以有效地提高直播间整体的转粉率和成交率，由此可见互动技巧对于直播电商来说也是重中之重，更是主播的核心能力之一。

直播的互动技巧分为内在和外显两个方面，内在是指主播内心的自我修炼，外显是指言谈和举止的综合展现。

主播的内在塑造包括相信自我之心、相信产品之心、相信顾客信任我之心、相信顾客现在就需要之心、相信顾客使用后会感谢我之心五个方面，也就是培养主播的自信心，这种内在的塑造在于主播的自我肯定与不断自我暗示，如果寻求"五颗心"可以被塑造的根源，其实要回归于产品的价值上，基于优质的产品价值和超高的性价比，通过主播不断地给自己积极的心理暗示，就可以逐渐完成内在的塑造，即心理素养的刻意练习。通过内在塑造，主播在直播间会呈现出坚定、自信及不畏艰难的心态，无论遇到什么情况，都能够始终以一种积极的面貌面对直播间的潜在用户。

主播在直播间的言谈举止在互动技巧方面包括丰富的肢体语言、面带微笑、奖品福利、不确定的小惊喜、分享经历和经验、问诊、设主题备演说、固定话术等，每一种互动的技巧都为主播指明了一个有效互动的具体方式，主播依据每种互动技巧延展创作出具体的 3～5 种话术内容，再经过反复练习，一定可以做到在直播中应对自如，成为一名八面玲珑的优秀主播。

（1）丰富的肢体语言

在人与人的交流中，如果没有肢体动作，再多的话语也会略显平淡无奇，研究表明，我们大部分的交流是通过肢体语言的沟通方式实现的，正如百闻不如一见的道理，日常生活中我们也经常会讲"电话里聊千句，不如见面聊一句"，由此可见，如果在说话时，配以恰当的肢体动作，话语的表达效果就会数倍增强。如：摊开手掌可以表示欢迎、宽容与诚实；手心向上表示善意、接纳和坦诚；耸肩表示困惑；双手交叉在胸前能够呈现成功、自信的气场和状态；双手指尖互相接触能展现一种权威感，显示自己懂得很多，掌控着全局；不抖腿、不四处张望、不坐立难安可以展现出自信、镇定自若；恰当的眼神接触可以表现对对方的尊重。所以主播在直播时应极力避免耸肩弓背，双臂环抱、身子缩在位子上等防御性姿势带来的逃避及害怕感。那么在直播中如何具体应用呢？

欢迎动作：主播在直播间用双手尽情地鼓掌；或把手指张开做出打招呼的动作。

感谢动作：双手合十，也可以一只手握拳，另一只手掌搭在拳头上，在胸前前后摆动，然后再说声"感谢信任"；或者双手食指和拇指触碰在一起做出心形的动作。

惊讶动作：愣住，嘴巴说不出话，嘴张得大大的；满脸笑容，且用手捂住嘴巴。

坚定动作：双手拍一下，然后说"为大家带来一款超值产品"并配以一个手臂斜着指向天空的动作。

开心动作：在直播间尽情地挥动双手，满脸挂着笑容轻轻拍桌子。

忧愁动作：低着头左右摇摆；满脸表现出无奈的神情；用手捂住自己的眼睛；低着脑袋，同时用牙齿一直咬着嘴唇；低着头，用手轻轻地捶着胸口。

（2）面带微笑

面带微笑很容易理解，就是直播中要一直以笑容面对直播间的粉丝，整场直播中，主播应以微笑作为贯穿全局的表情，根据情况可以辅以露齿笑和大笑丰富主播的表现力，让直播间观众融入这种快乐的氛围中。

（3）奖品福利

在直播间中想要观众积极参与互动，奖品福利是最有效的方式，当然奖品福利的设置更是主播的核心互动技巧之一，比如主播可以在直播间讲，“今天晚上 9 点，也就是半小时后，就是我们的抽奖时间了，大家一定要准时来哦”，或者说“请大家在公屏上打出‘直播电商’参与抽奖，现在我开始倒计时，10 秒钟后截图，截图中有哪些朋友打出了‘直播电商’四个字，就可以免费获得我们的惊喜奖品啦”，这种情况有点类似强制性的互动，但是可以快速提升直播间的气氛并拉高热度，非常有效。

（4）不确定的小惊喜

这种互动方式比较随机，一般情形下可以根据实际情况插入互动环节给直播间的观众一个小惊喜，当然可以提前准备几个思路，这样用的时候也可以游刃有余，比如主播播到一半时候突然说想要给直播间观众唱歌；比如让男助理穿女装出镜等，这都会让直播间一下子热闹起来，有这样的话题点大家也会乐于参与互动。

（5）分享经历和经验

每个人都会有自己的经历和经验，以这种形式去互动相信每个主播都能做得到，虽然容易做到但是它的作用却是非常重要，全面地了解一个人是建立信任的基础，并且大家都喜欢听别人的故事，有一个好的经历或经验分享给大家，除了互动外还能额外获得大家的认同感。我们可以分享自己奋斗的职业生涯，也可以分享自己对行业的理解，更可以分享一些对应领域的实用技巧等，这种形式的互动要么可以引发观众的同理心，要么可以成为观众心目中很励志的鸡汤，或者对观众有真正的实用价值。在经历或经验的分享中，主播也是在向观众传达自己的 IP 内容，通过不断的分享，主播会在观众心中树立一个立体真实的形象，从而得到粉丝的认可、支持和追随。

（6）问诊

问诊的互动技巧也可以称为发问式互动，发问可以让直播间的观众来问，主播来回答；也可以主播自己抛出一些问题引起直播间观众的思考和互动，比如你们用口红都遇到过什么问题呢？这款口红你们用过吗？在直播过程中，如果可以把发问式互动和经验分享式互动结合起来，一定可以做到迅速抓取直播间观众的注意，并通过一些技巧的分享赢得直播间观众的认可，自身能贡献的价值永远是与粉丝建立长久联系的核心要素。

（7）设主题备演说

每一次直播都会有一个主题，这个主题可能是关于活动、产品、技能或节日等，设主题备演说其实就是指在直播的主题确认后，根据主题提前准备一些文字内容，作为直播开场、直播福利环节、直播结束等阶段与直播间观众互动的内容。

（8）固定话术

① 欢迎话术：欢迎 ×× 进入直播间，这名字挺好听，一定有不错的寓意吧！感谢大家的支持，我最近看了一部电影，不知道你们看过没有？欢迎 ×× 进入直播间，今天给大家带来了 ×× 产品，有需要的伙伴记得点个关注哦。

② 宣传话术：非常感谢现在还在直播间的伙伴们，现在我就要下播了，明天晚上 8 点依然为大家带来超高性价比的产品，我们不见不散；每天晚上 8 点我都会准时在直播间等着大家，没点关注的朋友点个关注哦，谢谢大家的支持。

③ 问答话术：直播间问答可以分为三种形式，分别为发问式、选择式和指令式，如：给大家分享的画眼影的方法，可以吗？接下来你们想让我为大家推荐口红还是面膜呢？觉得这件衣服很显身材的、很好看的可以在公屏上打 666。

④ 感谢话术：谢谢大家的信任，感谢大家的支持；感谢大家来到我的直播间，谢谢你们的认可。

⑤ 活动话术：今天的产品第二件半价，马上加入购物车准备抢购吧；如买 2 送 1、加 1 元可得 ×× 产品、全网最低价、今天直播间的价格比实体店要优惠很多，没点关注的抓紧时间点个关注，只有粉丝才能享受以上活动哦。

⑥ 催单话术：大家都知道所有人都害怕失去，催单类话术也是抓住潜在用户的这一心态进行了语言的设计，比如：马上抢购吧，只有前 100 名才有额外的精美礼品哦；直播结束后就会恢复原价了，还没有下单的伙伴抓紧时间哦；这件产品今天只需要半价，我们为大家争取了 1 000 份，需要的伙伴在产品上架后一定马上去拍哦。

⑦ 引导话术：喜欢主播的可以多多关注我们的直播间，一会儿就给大家发福利了；来到直播间的伙伴一定要先分享一下直播间，再来抽奖哦，只有分享了直播间并且关注主播的人抽到奖品才有效。

4.5.3 “吸粉”策略

直播电商行业除了直播带货外，还有另外一个核心的目标就是“涨粉”，可以说粉丝数量代表了一个主播的影响力，并和带货能力间接挂钩。好的直播内容是“吸粉”最关键的策略，比如主播是价格杀手，可以为粉丝争取到很实惠的产品；比如主播是行业 KOL，可以给直播间观众分享很多实用的技能，定位带货服装可以分享穿搭技巧，定位带货美妆可以分享化妆技巧，等等；比如主播自身就特别幽默风趣，可以给大家带来很多欢声笑语，这些都会吸引直播间观众主动关注主播成为粉丝。除此之外，常见的“吸粉”方式还有发红包、抽奖品、产品秒杀、粉丝福利、重复引导，等等。

发红包：发红包一直是“吸粉”的一个重要方式，除了少许的金额，或许大家更喜欢这种抢红包的热闹氛围。比如在两个小时的直播中，可以设置 5 轮红包环节，红包的金额和数量可以根据直播间实际人数情况适当调整，在红包发放前，告诉直播间观众先关注主播，然后让观众回复指定文字引导大家互动后，再发放红包；另外要预告其他时间的红包，并引导大家关注，比如可以这样说，“今天的直播一共有 5 轮红包，大家一定先关注主播哦！以免找不到直播间，错过抢红包机会哦！”

抽奖品：在直播中设置一些奖品免费送给粉丝，虽然是免费但是需要设置门槛，比如想要抽奖的观众需要先关注主播，未关注主播的观众抽到奖品视为无效；一般情况下，奖品会选择一些成本在 20 元左右但品质较好的产品，当然奖品的选择并没有绝对的标准，可以依据主播影响力、带货的产品类别及目标客户群调整奖品标准。

产品秒杀：在直播中设置一些产品的秒杀，比如原价 59.9 元，秒杀价 19.8 元，限量 50 份，而参与秒杀的条件就是必须关注主播。

粉丝福利：在直播中也可以通过讲述粉丝的专属福利吸引更多观众关注自己，比如专属售后群、专享折扣、生日福利，等等。

重复引导：吸引观众关注主播的形式有很多，究其根本可以分为利益、欢乐、成长三大类，不论哪一类、哪种形式，多次重复、多次引导观众关注直播间是很重要的一个环节，除了话术上的引导，也要通过用手机演示怎样关注的操作进行行为上的引导。

名词解释

心理动线：人任何一种行为的发生，内心都要经历很多心理活动，而心理活动的前后节点的连线即为心理动线。

小节测试

1.（实训）根据消费心理所有知识制定出单产品的介绍策略及多场直播的战略计划。
2.（实训）根据互动技巧及吸粉策略完成个人直播间的互动话术及吸粉办法。

第六节　助播的工作日常

☆ 要点提示

助播在直播中的重要性及角色。

☆ 教学目标

明确助播的定位及关键能力，并可以独立作出能力培养规划。

助播是直播团队中非常重要的一个角色，既要求具备主播的能力又要负责很多与运营相关的事宜，就如直播画面中看到的一样，永远是一半身体在屏幕内，一半身体在屏幕外。一名合格的助播一定身兼多职的，一般情况下助播除了出现在直播间外，可能还要承担直播场控、商务对接、后台操作、补位主播、调动氛围、复盘、选品、策划等工作。助播是主播职业化塑造的一个重要要素，就如同相声中的捧哏，作为优秀的助播在直播中要做到边捧哏边眼观全局，急主播之急，忧运营之忧。

作为直播场控，助播不仅需要统筹直播开始后直播间线下的所有事宜，还需要管理线上直播间粉丝留言、抽奖并配合主播调动直播氛围，等等，其中涉及的所有工作，不一定需要助播自己独立完成，更重要的是统筹二字，协助主播管理好整个直播前中后的必要环节，对于一些紧急、反应时间短、沟通成本高的即时性工作，助播最好具有完成这些工作的能力，有利于整场直播更加流畅，节奏更加清晰。

作为商务对接，助播需要对接一些产品供应商或品牌商进行商务谈判，比如需要找到一些可以盈利的产品或具有品牌背书的产品等。

作为后台操作，助播需要在直播前及直播中完成开播、产品上架、产品下架及下播等操作。

作为主播的补位人员，助播需要在主播离开直播间时或不适时马上承担直播任务，避免直播空场，如服装类主播去换衣服时，如主播长久时间讲话嗓子沙哑时，如主播有事需要暂时离开直播间时。

调动氛围，直播间观众的情绪与整体的氛围是主播与助播状态的映射，主播与助播是什么状态，直播间的观众就会是什么情绪，作为捧哏和主播一起出现在直播间的助播，在语言表达与肢体表情上，首先要做到不抢主播的话，其次还需要以积极的状态、抑扬顿挫的表达、合适的肢体动作配合主播调动直播间的氛围。

复盘，直播结束后，助播一般都需要协助主播或运营负责人对直播环节及各项数据进行复盘并组织讨论会解决问题。

选品，直播前助播需要配合主播及选品经理完成直播的选品工作，清晰地了解与认可每一款选出的产品是完成直播带货的关键，也是助播的重要工作。

策划，直播策划也是助播需要参与的一项重要工作，其中产品与活动的营销方案是重点内容策划，当然这些工作不一定需要助播亲自完成，但是需要助播提出自己有价值的建议，并督促团队对直播策划进行不断的优化。

从整体上来看，助播的存在不仅使单调的个人直播变成了有互动交流的双人直播，而且让直播内容更加丰富、有趣、有说服力，还能给观众一种在屏幕外的参与感。

名词解释

捧哏：捧哏是相声中的一个术语，在相声中，有逗哏和捧哏；捧哏所当担的是配角，即在逗哏说完一段哏后，捧哏给予评论或者台阶，以便让逗哏继续下一个哏。在直播中，逗哏指主播，捧哏指助播。

小节测试

1.（理论）请根据课程内容做出助播关键能力与核心工作的思维导图。

2.（实训）请根据课程内容做出助播关键能力的培养计划。

第五章 直播推广

任何形式的电商都离不开推广环节，直播自然也是一样，在电商运营过程中，我们把所有工作划分为“内功”和“外功”，内功指的是类似客服团队，产品企划，运营把控，粉丝管理等工作，分别由很多的岗位担当，而“外功”指的就是推广一件事，换句话说，别的部门都在赚钱，推广部门却在花钱，所以在电商中对于推广的考核最严，因而推广岗位对于人才的要求也很高。

我们上面说的是整个电商行业的“内功”“外功”，那么电商行业细分出来的直播，它的内功、外功又各是什么？它的内功就是主播的职业素养，选品的精准，产品策划的质量，外功就是如何把这场直播精准地推荐给更多的客户，也就是直播的推广。本书将用整整一章带您去洞悉整个行业多平台的推广方式，同时也会介绍我们在日常应用中的推广的各种逻辑。

第一节 传统电商的专业知识

在阐述直播推广之前，我们有必要先向大家介绍一下传统电商推广的知识，对于传统电商来说，直播算是一个分支，随着它占有的比重越来越大，自然而然地单分出来一条直播推广的路线。虽然是单分出来，但是其整体的逻辑与传统电商推广的逻辑也还是一样的，甚至后台的系统也是由传统电商推广演变过来的，所以我们拿出一个章节来讲传统电商推广，先介绍一下电商推广的发展历程，它是怎么出现的，有哪些形式，这些形式之间的关系是怎么样的，让大家对于传统电商的推广模式有个整体的认识。第二节主要讲述电商推广的三次技术升级。我们在第一章岗位教学中着重介绍过推广经理的工作内容，推广经理是个技术性极强的岗位，它的技术具体体现在哪些方面，这三次推广系统的升级就是推广经理技术递进的依据。同时，我们也可以了解推广由原来的野蛮发展转变到今天的精细化运营每一次转变的过程及转变的内容，为我们后期关于推广的学习提供很好的基础知识。

传统电商推广的知识体系很复杂，具体表现在术语很多这一点上，而且这么多的专业术语只有在传统电商推广上才可以见到，这节内容把传统电商出现过的术语总结起来，以便大家在操作和逻辑层面能够更好地理解知识的内容。电商推广的通用思维，讲的是电商推广中最常用的常规思维，电商有“推广”以来距今已经有 10 多年的历史，即使过程中系统有升级，但是再升级也不会抹杀掉电商推广的一些底层逻辑，因为这些是可以通用的底层逻辑，学会了这些底层逻辑可以说你的电商推广算是入门了，以后随着经验的积累和对于商业的理解，你会掌握更多逻辑，成为一个成熟的电商推广经理。最后是电商推广后台，我们将通过图文的方式细致地讲解电商推广后台的内容，各个关键的功能设置，以及这些设置在推广中的应用。总之，这一章节的内容，是将前面讲的模式运营逻辑具象化，并且让大家知道在哪里实操，通过实操的内容把以往所学又系统地再整理一遍，加深印象。

☆ 要点提示

A. 电商推广发展经历的几个阶段。
B. 电商推广三次技术升级分别是指什么，为什么要做这样的技术升级。
C. 电商推广专业名词术语有哪些。
D. 电商推广中 CPS、CPC、CPM 通用的推广逻辑有哪些，分别解决什么问题。
E. 电商推广中的操作。

☆ 教学目标

认识传统电商推广，了解传统电商推广，从而能够更轻松地应对直播推广的学习。

5.1.1 电商推广的发展

在学习直播推广之前，我们有必要先学习一下整体电商的推广知识。直播是电商底下的细分，于 2018 年才开始正式进入到发展期，而电商则不同，从最早的 2007 年就有了专业的推广形式，这些推广形式的出现和完善，也给未来的直播行业推广奠定了基础。更好地了解整个电商的推广发展，对于我们后续讲解直播推广有很大的帮助。

以电商最具代表性的平台——淘宝而言，在最初的获客阶段没有任何的推广工具，整个平台交易、开店等环节都是免费的，想在淘宝首页进行推广，只需要报名相应的活动，通过审核即可出现在淘宝首页上。对于流量唯一的设计环节就是搜索引擎，做了一套“七天螺旋”的优化，通过上传商品的周期决定产品关键字页面的前置。搜索引擎规则的设置也是后期推广的基础。

在第二个阶段，当电商网站有相对稳定的流量且达到一定的基数时，出现了“硬广”的推广方式，硬广的推广的方式就是固定卖首页或是频道页的固定模块，按照一天 24 小时计算，即消费者可花费一定的费用就可以拥有首页一天的广告权限，无论是首页流量大还是流量小，不过这个阶段非常短暂，也是推广的一个过渡性阶段。

下表是早期的淘宝“硬广”的报价，里面有首页，有频道页，有每天的费用和总体的费用。

位置属性	频道	名称	系统新命名	可售数量	类型	单价(元/天)	总价格(元/天)
全网首页	首页	第2轮播焦点图	淘宝首页第2轮播焦点图（1/3）	3	A	140 000	420 000
		第3轮播焦点图	淘宝首页第3轮播焦点图（1/3）	3	A	135 000	405 000
		第4轮播焦点图	淘宝首页第4轮播焦点图（1/3）	3	A	130 000	390 000
		一屏Banner	淘宝首页1屏BANNER（1/5）	4	A	100 000	400 000
		三屏Banner	淘宝首页3屏BANNER（1/2）	2	A	50 000	100 000
交易类频道首	品牌商场首页	第2轮播焦点图	品牌商城首页第2轮播焦点图	1	A	55 000	55 000
		第4轮播焦点图	品牌商城首页第4轮播焦点图	1	A	50 000	50 000
		一屏通栏	品牌商城首页1屏通栏	1	A	40 000	40 000
		二屏通栏	品牌商城首页2屏通栏	1	A	35 000	35 000
		三屏通栏	品牌商城首页3屏通栏	1	A	30 000	30 000
	促销频道首页	第2轮播焦点图	促销频道首页第2轮播焦点图	1	A	50 000	50 000
		第4轮播焦点图	促销频道首页第4轮播焦点图	1	A	45 000	45 000
		二屏通栏	促销频道首页2屏通栏	1	A	30 000	30 000
		三屏通栏	促销频道首页3屏通栏	1	A	25 000	25 000

第三个阶段是推广发展阶段，当时主流的 CPC 推广就是按照点击付费推广站上了主流的舞台。我们之前介绍过，电商推广第一阶段的关于搜索引擎的设置就是为之后的 CPC 推广留下了伏笔，早在 2006 年淘宝就有了自己的“直通车”系统一直沿用至今。直通车系统是淘宝站内根据关键字竞价的系统，单次点击的关键词出价越高排名就会越靠前，目前就整个电商而言，CPC 推广还是最主流的推广方式之一，主流的电商都是用 CPC 进行推广，京东叫作京东快车，苏宁易购叫生意通，都是这个含义。

到了第四个阶段，电商平台不仅自身从站外获取流量，它们也希望商家参与进来找到站外获取流量的来源，淘宝推出了淘宝客 CPS，也就是按照佣金付费的方式，你把产品推荐给你的朋友购买你会得到相应的佣金，它也是为今后的分销电商、社交电商打下了基础，不仅仅是有了 CPS 的系统，众电商网站也推出了联盟，如阿里妈妈和京东联盟，就是带货的平台，上面会标注每销售一款商品获取的佣金。我们常会看到抖音达人带货，链接都是外连到淘宝和京东去购买，形成交易了会根据提前约定好的佣金给引荐者进行返佣。

再往后发展，电商平台有了 CPM 的推广形式，就是按照展现数量付费，不管是否有点击量，只要是你的广告被人看到，就要付费，也就是竞价系统，你 1 000 次展现单位时段竞价的高低决定你的产品的曝光量。通常有 CPM 的广告形式就已经代表平台成熟，具备稳定且较多的流量。CPM 也是运作起来投入较大的，最需要技巧的推广方式，比如，CPC 是按点击付费，假设你推广的产品没有任何的点击就无须付费，而 CPM 则是只要你的产品有了展示就需要付费，所以比 CPC 更有风险。

以上是对电商推广发展经历的阐述，我们可以看到一个电商平台的收费系统，从最开始没有稳定流量或是拓荒阶段的全免费，再到硬广告位，再到 CPC、CPS、CPM 的发展过程。简单陈述一下就是，在拓荒期，一切的流量都是免费的，平台会做大量的广告，吸引流量到平台，平台有了流量也就更容易招商，更容易有更多的产品，平台基础也就是在这个时间建立起来。当流量具备一定的规模，且都指向平台首页的时候，就有了硬广的推广方式，按照一个展位以天为单位计算价格，这个时候也是推广刚兴起的阶段，竞争并不大，只需要提前预约即可，愿意花钱投入广告的商家也比较有限。平台具备稳定流量且商家具备一定规模的时候，流量开始变得紧张起来，这个时候就有了 CPC 竞价系统，你想要更好的排位就需要付出比别人高的价格，这个时候的推广是完全可以自己控制的，也就是说推广的效果好我跟进出价，如果效果不好可以立即暂停，同时 CPC 竞价也是整个电商运用最多的推广方式。当 CPS 出现时大家对于推广已经有了一定认识，平台也不满足于自身获取流量，它希望可以通过商家的商品获取很多的流量到平台，就有了 CPS，CPS 也是最安全的推广方式，当你有了销售额才有佣金扣除，如果没有销售额就没有佣金。比如早期抖音、快手的商品几乎全是天猫、京东的 CPS 供应链。最后是到了 CPM 阶段，CPM 阶段是对硬广的广告进行分解，硬广是一个展位买一天，CPM 则不是，它是通过竞价，竞价这个展位获取展现量数量的成本，而且 CPM 一次性投入比较大，如果操作不当经常会造成费用支出很多，但是点击量很少的情况，也是推广竞争很靠后的环节。

5.1.2 电商推广三次技术升级

上面我们讲了电商推广的整体发展，似乎推广看起来并不是一件难事。其实不然，商家付给平台的广告费是平台的一项主要收入来源，自然会设置很多的规则，加入了很多参数。今天我们就来看一下电商推广的三次升级。

这三次升级主要是指 CPC、CPM 的升级。在推广方式中，CPC 和 CPM 是属于竞价系统，如果只是单一的我比你多出 1 元钱我的排名就更靠前，这样就难免会恶性竞争，大家对于持续推广的热情也会大打折扣，而推广的支出也没有达到很好的效果。随着系统的升级，规则越来越细致，对于推广经理技术上的要求也越来越高，所以我们说推广经理是电商运营中技术要求很高的岗位。我们现在来看一下电商推广的三次升级，排名不分先后。

第一种是质量得分系统，在最初的 CPC 推广中，只有加价竞价一种方式，谁出的价格高就会排在前面，对于任何的产品都是这个逻辑，哪怕推一个新品只要是你的出价足够高你也会排在最前面的位置，也可以一下子买断所有和这个产品相关的关键词，由于竞价方式单一，商家中存在恶性竞争，兴趣自然也不高，淘宝网针对现状推出了质量系统。我们先看一下质量得分系统的原理。你的产品想在推广上获取好的位置，不只是考虑出价一个因素，还要考虑卖家的购买关键词，宝贝所属类目、宝贝属性、宝贝标题、宝贝详情页、宝贝的客户评价等多重因素，淘宝会给你这个商品做一个质量得分，你商品推广词质量的得分越高，获取好位置的报价就越低，所以经常会出现你的报价低，但是你的排名却高这样的情况，如下所示。

卖家的购买关键词
宝贝所属类目
宝贝属性
宝贝标题
宝贝详情页
宝贝在淘宝上推广的反馈
其他

产品	关键词	出价	质量得分（原始分）	质量得分（标准处理分数）	综合排名得分	综合排名	最终扣费
A	小脚牛仔裤	0.67	1 500	10	100 500	1	0.64
B	小脚牛仔裤	0.72	1 320	10	95 040	2	0.67
C	小脚牛仔裤	0.8	1 105	9	88 400	3	0.65
D	小脚牛仔裤	1.2	600	7	72 000	4	

产品 A、B、C、D，显然 D 在推广词上出价更高，如果在原有系统中，D 的出价高于 C、B、A 会处于排名靠前的位置。有质量得分系统后，我们看到它会根据每个宝贝的综合情况给到一个综合得分，根据综合得分作排名，反而是出价低的商品因为关键词、详情页、好评反馈等综合参数取得的权重分高，而扣费最低且排名靠前。可以说在淘宝直通车质量得分系统没有出现之前，推广行业是不存在优化这个概念的。正是因为有了质量得分，大家才会更加注重宝贝标题、详情页、属性、好评等参数内容，也开始有了给宝贝养词养分等操作手段，推广经理的工作上了一个台阶。

第二次技术升级是千人千面系统，在最初的电商中，每个人打开的页面看到的内容是一致的，就会导致流量的过于倾斜，这样造成的弊端是产品缺乏指向性，好比一个女生打开电商首页看到的是刮胡刀的促销，这样会对客户的体验大打折扣。针对这个问题，淘宝开始完善每个人的用户资料，如整理性别、年龄、工作、喜好等详细信息。这样一来就可以做到识别来访者的身份，推荐与其身份相符的商品。我们会问，淘宝的千人千面系统升级对推广的影响是什么，推广不仅仅是知道运用 CPS、CPC 等工具引流，还有一点是对“刷单”的应用。在千人千面系统没有出现之前，“刷单”就是简单地增加产品的购买数量；有了千人千面系统后，刷单要考虑购买客户的身份、性别是否与产品相符，好比说刮胡刀产品如果是女性购买的多，那么它将不会在男性页面上前置。在之前的推广中，运用刷单的技巧会非常有效，后来觉得不那么有效了，投入不小但是获取流量变化不大，甚至刷单很多排名都上不去，这个就是千人千面的系统起了作用，做好千人千面刷单推广要懂得收集自己目标客户的刷单，再做持续刷单，才会有效果。千人千面初步有了人群标签的概念，也为后面的 CPC 标签推广奠定了基础。

第三次技术升级是 CPC、CPM 人群标签升级，这种升级是基于平台的流量足够多且足够稳定，上面说的千人千面的意思是指不同身份的人打开搜索界面看到的是不同的商品，那么作为推广，就是要做到把自己的商品找到符合需求的人。以淘宝直通车推广为例，人群标签分为四个方面。见下图。

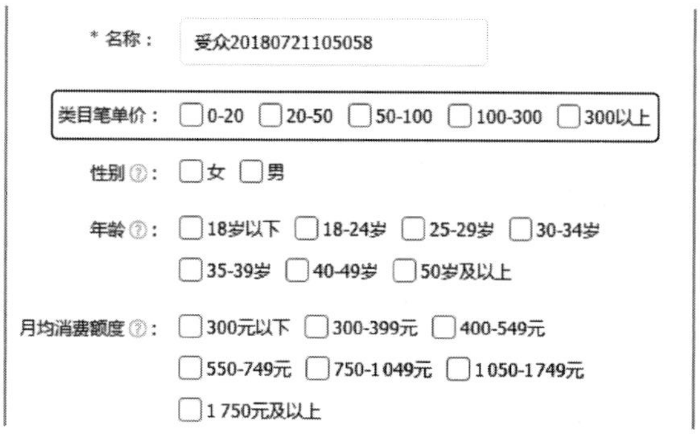

类目单笔价格决定的是客户曾经在这个类目下的消费能力，是买促销多一些还是买相对贵的产品多一些，通过这个标签可以更精确到我们需要的人群是高消费人群还是低消费人群。

第二个标签是性别，希望我们的目标客户是男性还是女性，男性女性在消费同一类商品的时候往往转化率不同。

第三个标签是年龄，我们商品提供给哪个年龄段的人使用。

第四个是网购消费额度，也就是对电商的依赖程度。当你的标签精细化程度越高，就代表你覆盖的人群越精准。

如图所示。

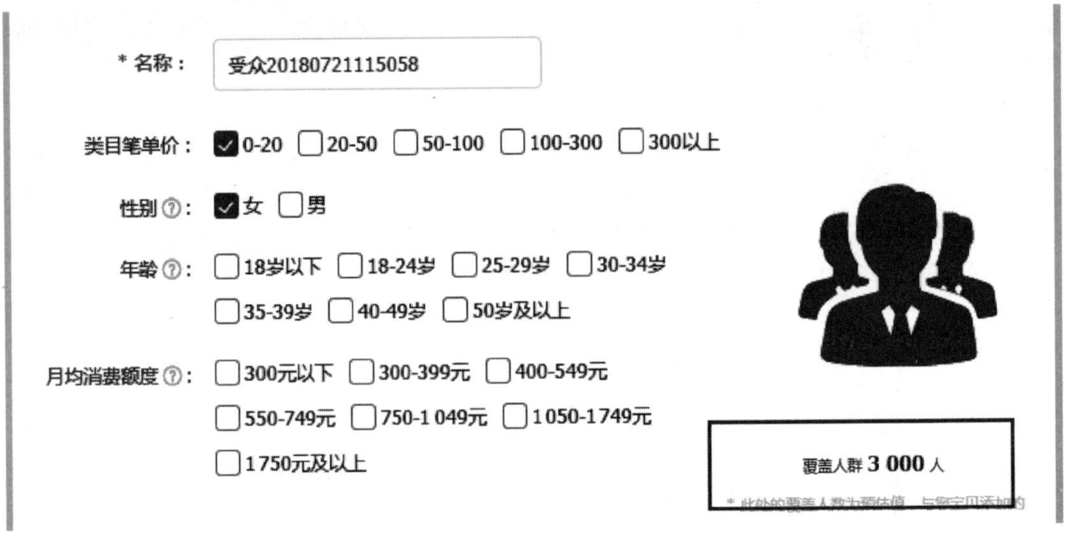

我们可以看到随着标签选项逐步被勾选，覆盖人群就会相应减少。看你的产品在同行业是否有竞争力主要看的是你精准人群覆盖的数量，还有进店的转化率。我们可能会有个疑问，标签人群是否就是这几个维度？其实远远不是，尤其是直播电商，各大平台为了获得精准的流量，所设置的标签系统完全不同。这个随后我们在讲直播推广的时候会涉及这些方面的内容。大家现在需要学会的是知道大概的推广操作的方式有哪些，这三次系统升级后对于推广有什么促进就可以了。我们相信随着平台不断的升级更新，以后会有更多的推广的新概念出现，无非都是让卖家能够更快捷地获取人群。

5.1.3 电商推广专业名词术语

大家一定感觉到，讲到推广阶段，难度明显要比以往讲的内容大很多，这是为什么呢？以往讲的设备，讲的选品类或是标准化较强或是具备内在逻辑，所以比较好理解；而推广的知识点相对来说分散且范围很大，专业术语专业名词较多，初次接触的人容易混淆专业名词。为了让大家更好地学习专业知识，所以本书特别在此讲解我们常用的所有推广术语。

三种常见的推广方式及其对应的专业名词术语：

第一种，CPC 方式，是按照点击付费，多采用竞价系统。

系统专业名词如下：

应用平台：淘宝、京东、抖音、快手等。

工具名称：淘宝直通车、京东快车、抖音 CPC、快手 CPC。

关键词：用户在搜索引擎中搜索的词语，比如，你想在淘宝推广你的商品，最基础的工作是改标题，让标题中的关键词能够被搜索引擎抓取，这样才可以搜索到你的宝贝。同样，在抖音、快手中你发布的视频要有个标题，标题中提及的关键词要能够被搜索引擎抓取，这样才可以通过搜索看到你的视频。

关键词出价 / 竞价：关键词的推广的方式，在同样的关键词中你出价越高搜索排名也就会越高。

关键词排名：你的出价获取的在关键词排行中的位置，排行越高被搜索展现的概率就越高。

今日花费：在 CPC 推广系统中今天的花费。

账户余额：CPC 账户多为充值账户，充进去一笔钱才可以开户，随着消耗，剩余的金额为账户余额。

实时数据：即当下你的关键词、出价、消耗、展现、点击等情况用数据的形式显示出来。

点击量：你的宝贝或是视频被点击的次数。

展现量：你的宝贝或是视频在搜索中被展现的数量。展现量是个基础的数据，在推广中和你的标题设置以及出价有关系。

点击率：点击量 ÷ 展现量 ×100%，点击率是综合维度，与你的产品或是视频主图有很大关系，你的主图做得越好，引发的点击欲望越强，点击率就会越高，这也是推广经理考核的重要数值。

ROI：投入产出比，CPC 成交金额 / 财务消耗，ROI 是推广经理考核的重要参数，好的推广经理是能够在花费大的情况下，平衡住 ROI，或是提高 ROI。

直通车成交：用户在进入广告位后三天之内买下这个宝贝或店铺中的其他宝贝（淘宝、京东独有）。

间接成交：直通车用户在通过直通车进店后三天内买下其他宝贝（淘宝、京东独有）。

直接成交：用户在三天内买下这个宝贝（淘宝、京东独有）。

直通车成交 / 间接成交 / 直接成交：是考验你的直通车产品出价是否精准，相关联产品是否成功（淘宝、京东独有）。

深度访问：是指一个客户连续访问页面 / 视频的次数。

定向推广：除了站内资源外，还投放于外部相关联网站。

质量得分：对关键词与宝贝和客户之间的黏性判定给出的综合权重得分（淘宝和京东独有）。

人群画像：搜索你产品的人群特征。

人群标签：通过特征细化触达人群的范围。

跳出率：打开一次页面直接关闭的客户与所有进入页面的客户之比。

第二种，CPS 方式，即按佣金付费分成的方式。

应用平台：京东、淘宝、抖音、快手等。

工具名称：淘宝、淘宝客、京东、京挑客。

佣金比例：每成交一单佣金所占的比例，如 5% 的佣金比例即每成交 100 元平台收取 5 元的佣金。

佣金：每成交一单淘宝客获取的费用。

淘宝联盟：在淘宝中发布对外佣金产品的联盟。

京东联盟：在京东中发布对外佣金产品的联盟。

第三种，CPM 方式，按照千次展现付费。

应用平台：淘宝、京东、抖音、快手。

工具名称：淘宝、钻石展位、京东、精选展位、快手智钻。

CPM：千次展现的价格。

CTR：点击率。

CPC：点击成本。

PV：被用户打开的次数。

展示位：页面上包括视频、文字、图片等的展示区域。

日预算：每天消耗的最高金额。

人群定向：期望广告触达人群的效果。

底价：通投的价格。

溢价：针对某一群体意愿多出的投放价格。

以上就是推广的部分专业名词。

5.1.4 电商推广的运营思维

学习完了模式、发展、专业名词后，我们来看一下电商推广的基础工作，电商推广要比直播推广难一些，在系统上更为成熟，而且电商推广与直播电商推广都是 CPS、CPC、CPM 三种模式，同样的模式使得基础工作与一些底层思维是一致的，只是操作界面会略有不同，我们在这里着重学习一下电商推广的基础工作。

1. CPS 推广

先从 CPS 开始，相对来说 CPS 推广模式比较简单，由于按照成交金额支付佣金，店铺商家的风险也是最小的。以淘宝的 CPS 淘宝客为例，做淘宝客之前我们先要弄清楚淘宝客的推广模式的优缺点才可以更好地应用这个工具。

◎ 淘宝客的优点

（1）容易获取精准流量，推广商品的商家们通常的逻辑是先分析自己的粉丝属性需求，最终根据自身粉丝的属性需求确认合作的商品，因为做直播的商家如抖音、快手、腾讯广点通等，他们的引流方式要比淘宝还要细致，所以从他们那里能获取到更精准的流量。

（2）淘宝客不需要选品，是自然采集而成，推广人员在设置淘宝客商品的时候，不用有侧重，通常是把所有店铺的商品全设置成淘宝客商品，因为你不知道和你合作的商家具体需要什么样的产品，你设置的商品越多，被选中的概率越大。

（3）精准标签，通过淘宝客进店的全是卖家设计过的精准流量，能够提供给推广更多标签参考。

（4）权重提升较快，通过发放优惠券做直播的方式，实际的成交价低于淘宝的售价，但是权重提升是按照淘宝的原始售价提升的，例如一个商品淘宝售卖 99 元，与主播合作发放 60 元的指定代金券，最终成交价格是 39 元，但是前台显示宝贝是按照 99 元成交，这个也就成了提升销量的促销通道。

（5）推广成本较低，因为是成交后计费的模式，所以店铺商家不存在什么风险。

◎ 淘宝客的缺点

（1）时间周期长，很缓慢，从开始有人推到最后形成爆款是个缓慢的过程。

（2）通过淘宝客产生的佣金会给店铺商家带来不必要的成本。比如电商前台显示的成交额是扣除淘宝客佣金前的成交额，所以经常会出现成交金额较高，但是可提现金额却没有这么高的现象，就是因为体现部分仅为淘宝客自身所得佣金。

（3）若没有找到合适的主播带货，电商流量会越来越少。淘宝客推广名义上是被动的，设计好产品等着主播来选，但是实际上是主动的，需要自己主动找到主播推广我们的商品。

（4）淘宝客页面也开始收费了，按照 CPM、CPC 模式，淘宝联盟、京东联盟由原来的纯商品竞争的免费模式过渡到收费模式。

分析过淘宝客的优缺点，接下来讲一讲怎么样运营淘宝客，淘宝客存在哪些运营思维。

运营思维一，佣金设置。很多的推广会把店铺所有的产品设置一样的佣金，但是很难产生什么效果，淘宝客通常会喜欢和高佣金的商品合作，因此一个常规的运营思路是，最初开店的时候或是新品期产品做高佣金设置，尽可能在同类商品中给到淘宝客更多的佣金，他们才愿意帮你推广，随着销售量慢慢提高再缓慢地减少佣金，这个时候会给淘宝客一个信号，就是即使这个产品的佣金并不高也会很好卖，因为有很多的成交记录好评会促进商品的转化。

运营思维二，类目选择。什么样的商品能让大家都容易赚到钱？显然是非标品，就是我家店铺有的商品别人家不见得有，这类的商品如果你是真的喜欢很难找到同样的商品做参考，最明显的行业就是服装行业，这个款式、这个材质的衣服只有这个品牌有，其他的品牌没有一样的，这类商品通常价格较高，设置的佣金较高，成交率也较高，我们在前面讲过，整个电商带货业态最成熟的就是服装行业，这个也是根据淘宝客特性而来的。

运营思维三，标签应用。我们之前说过标签对于推广很重要，它代表着推广的技术升级，也是精细化推广的重要依据，获取有效的标签通常是用百度指数或是生意参谋的人群画像，但问题是这些人群画像只是提供关键字的标签，而我们这款商品的标签可能与关键字有所不同，比如红酒有高价位的和低价位的，高价位的是礼品属性，低价位的是家用属性，它们的自然标签也不同，这些是通过指数分析不出来的，淘宝客用得好便可以事先知道自己的产品吸引什么样的人群，给 CPC 推广提供更好的依据，避免盲测，减少了试错成本。

运营思维四，主播带货。我们在淘宝客优缺点的分析上说过，淘宝客最大的市场是主播带货，如果你的商品迟迟没有主播带货则权重会越来越低，流量自然也就很少。比如淘宝客以前的操作是发布商品到淘宝联盟等着主播来选，现在更多的是线下操作，店家联系 MCN 公司带上商品，和主播谈好佣金后，回去再设置淘宝客。佣金方式如下，如果谈的商品是 50% 的佣金，在淘宝客中设置 30% 私下返主播 20% 的佣金，这样别的主播会通过渠道了解到这款产品卖得很好，也就会在联盟按照 30% 的佣金比例接单。我们看到很多商家和顶流主播合作直播带货，目的一是促进销售；二是让其他主播知道顶流主播带过这款产品，也会趋之若鹜地在淘宝联盟中找同款，在淘宝联盟找的款自然是按照淘宝联盟的标准佣金操作。关注直播久一点的人会发现，顶流主播带过的货很多腰部主播或是小主播也在带，就是这个道理。

以上是关于淘宝客推广运营的思维总结，淘宝客只是工具，对于任何的推广人员来说界面都是一样的，最终结果的不同，是缘于做事思维的不同。

2. CPC 推广

我们再来看一下 CPC 推广的运营思维，以淘宝系统的直通车为例，淘宝的直通车系统是目前能够接触到的最全面的 CPC 系统，如质量得分、用户标签等升级都是从淘宝开始，其他平台都是效仿淘宝的。我们首先也来分析一下淘宝直通车的优势和劣势。

◎ 淘宝直通车的优势

（1）可控式推广，想推的时候推，想停的时候停。每日推广没有限额可以根据自身情况随时调整。

（2）流量精准，通过关键词再通过人群标签可以吸引精准流量。

（3）按照点击付费，有点击才有支出，没有点击没有支出。

（4）有自己的权重系统，可以通过直通车推广流量拉动店铺自然流量。

◎ 淘宝直通车的劣势

（1）出价竞争激烈，特别是对一些新的店铺小商家而言，成本很高，直通车的权重是综合权重，你的宝贝用直通车推广越久，取得的成绩越好，质量得分越高，而新卖家入围普遍要付出更多的成本。当直通车有了自己权重后，新店铺获取推广流量的难度就越来越大，成本越来越高，这个也是淘宝店铺新店铺成长的周期长、成本高的一个重要原因。

（2）细节较多，初级学者难度很大。直通车有自己的权重系统，有头图，有标题，有定向标签等很多细节，把这些细节有效地结合运营好才可以是合格的推广，而最初接触直通车的卖家，往往会在这些细节上吃亏。

接下来我们说一下直通车运营的一些固定思维。我们说过传统电商比直播电商的推广更为复杂、更成体系，了解了传统电商的一些运营思维可以很好地嫁接到直播电商，方式方法、思维逻辑有很多一致的地方，只是操作的工具页面会有不同。

◎ 测原始质量得分（淘宝、京东适用）

我们发布一个商品，推上直通车，直通车会根据你宝贝的标题、创意图片、类目、买家评价等多个维度来判定你关键词的质量得分。这里有个技巧，我们在操作的时候会发现同一个产品做不同的创意图片，虽然标题相同但关键词的质量得分会有不同，这个时候就存在一个测试初始化质量得分的操作，通常是把一个产品按照不同的创意图片和标题组合得到关键词不同的质量得分，最好的那一组搭配就是我们的选择，原始测评相对来说工作量较少，但是能解决后期很多养词等的成本。质量得分系统代表着 CPC 先进，因为它的出现直通车操作的难度变大，独自形成了自己的一套模式，目前直播电商领域还很少设置有质量得分系统的，但是随着系统升级，店铺商家买流量越买越多最终会走向与质量得分一样的独立推广系统，我们现在的学习是为了以后操作直播推广打基础。

◎ 原始积累

一个商品如果是零销售不建议上车，有几点原因：首先是零销售的商品推广转化不会太高，因为顾客很少会去购买零销售的产品；再有就是当你的商品零销售的时候，直通车质量得分判定不会给出关于你商品评价的判定，造成质量得分也会偏低。这个时候通常要做的是先让宝贝形成一些有效的销售，有一些好评后再去直通车推广，结果会完全不一样，目前这套逻辑只适用于京东、淘宝。其实直播短视频 CPC 也是如此，比如说我们很少会把没有跑过数据的短视频做 CPC 推广，我们会将很多的短视频对比后才选出最有竞争力的短视频进行推广。

◎ 测图

不同的直通车图片会影响质量得分，还会影响点击率，要知道在大流量推广的情况下点击率每增加 1% 都会带来不少的流量。通常的做法是，同一个商品用不同的直通车图片买相近的位置发布两次，最终看哪个商品的直通车图点击率最高就留用哪个商品。这个逻辑和短视频、直播的逻辑相同，短视频和直播都有橱窗图，你的橱窗图的质量直接关乎你的流量，所以无论是在直播电商中还是在短视频领域，测图都是一项很重要的工作。

◎ 测标签

可以分别将一组计划建立多个标签，跑一定的数据后，做标签计划的横向对比，最终效果最好的标签为长期投放标签。不同人群对同一个商品的转化率是不同的，为了做好细分人群，我们会事先将同样的关键词设置几组不同的标签，当有了一定数据基础后，做减法，把转化率不高的标签停掉，所节省的费用用于做转化率高的标签。这种方法同样适用于短视频直播间推广，在抖音上也可以细分人群，不同的人群对于短视频的完播率，关注量各有不同，找准短视频最精准的人群持续投放，也是推广的技巧之一。

◎ 测流量配比

一个店铺的流量组成有两种，一种是推广流量，就是我们在类似直通车这样营销工具上花费获得的流量，另外一种是自然流量。在做直通车的时候我们时常会发现你的推广流量和自然流量是成比例上升的，这里解释一下，很少有商品只有推广流量没有任何自然流量的，开直通车都会或多或少地带动商品的自然流量，只是这个多与少在于你不断地调整你的推广计划。

到了这里我们已经把直通车的底层逻辑给大家分享得差不多了，这些全是行业内比较通用的手法和逻辑，因为这些逻辑的存在，对于推广经理的考核，便不仅仅只是引流成交的考核，还要考核养词、流量配比等多项内容，这就是所说的推广经理是对技术要求极高的岗位的原因。

3. CPM 推广

最后我们再说一下 CPM 钻石展位的运营思维，钻石展位（简称“钻展”）为什么要最后一步讲，大家可以看到之前的 CPS 淘客是属于没有风险的先成交后扣佣金模式，CPC 直通车是属于可控式推广，而且有点击有流量才有费用产生，钻石展位的难度就是可能你花费很多的钱，却没有带来相应的流量，因此钻石展位的风险也是相对最大的。通常一个店铺的推广都是从 CPS、CPC 最后过渡到钻展，那什么时候开始使用钻石展位的推广呢？是当你的 CPC 推广已经守恒（达到理想的效果、各项指标稳定、出价合理、排名靠前）时，才会使用钻石展位获取流量。而钻展的运作会和直通车 CPC 的运作有很大的不同，如前面所讲的，直通车适合的维度是以销售量为导向推广单品，适合通过单品引流，配比流量，打造爆款，使产品成为店铺流量来源最高的单品。钻展上我们可能就要换个思维，钻展更像是在推店铺，维度是店铺的所有单品，它的导向是以流量为主，适合全店商品的动销，这两种推广方式形成了两种不同的目的。根据钻展的特点我们着重学习一下钻展的运营逻辑。

◎ 流量配比

我们之前在直通车运营逻辑部分讲过这个概念，是指通过给不同商品的关键字引流实现流量配比，不同的关键词推广的流量不同，匹配的自然流量也有不同。钻展更是如此，钻展通常的做法是把流量引到店铺，它的逻辑和直通车的逻辑在这里有些相近，都是利用流量配比原则，通过推广的方式拉动自然流量。

◎ 改店铺标签

钻展做的是流量，但是钻展做流量的原理是什么呢？简单地说，钻展是通过人群标签把指定的人群引入店铺中增加店铺的流量，这个阶段不光是店铺的流量增加了，同时你的店铺标签也会更鲜明，更靠近你用钻展引流的人群标签，这个时候就会触发千人千面，每当有与钻展标签重叠的人群的时候，你的产品会优先展示。我们在观察钻展的时候不难发现一个现象，一些类目鲜明的店铺会经常投钻展，如女装店、母婴店等；反而一些用户群体比较分散的店铺很少投钻展，如小家电类目等，这种店铺受众人群比较广，哪些是他们的标准人群比较难以精确，所以他们更多的是用直通车直接触达人群的方式推广。

◎ 测图与标签

测图与标签的方法和直通车大体上一致，钻展也需要测图，我们知道钻石展位是CPM为主的形式，如果你的标题图点击率低，便不会有流量的，同时还在消耗你的成本，所以钻展的测图要尤为的细致，它与直通车不同的是，直通车可以为一个商品发布两个推广计划，用不同的推广图去测试，而钻展则不具备这个特性，通常只能是发布一个钻展计划，直接评估点击率的效果。但是做多个标签推广的逻辑在钻展也一样成立，它也可以一个推广做多组标签，最终长期投放测试效果最好的标签。

◎ 资源测试

资源测试是投放金额比较多的钻展大玩家做的推广，我们看直通车都是统一搜索引擎的推广，钻展则不然，它更多的是页面上的推广，以淘宝为例，首页、频道页、促销页等都有钻展的投放位，只是它们的每个页面人群不同，流量大小不同。一些大投入的店铺通常会将自己心仪的所有的展位走一遍，然后横向对比各个展位的投产比，最终确认自己的长期展位。比如保健品行业，我们经常见到某品牌某款的保健品经常在一个位置上出现，这个位置就是他们经过多次测试得出的最好的位置，也是长期投放位置。

我们不难发现随着推广金额的提升，推广工作也变得越来越细致。但是上述讲的都是在电商推广中的底层逻辑，即任何行业做这种推广都好使，也可以说是推广经理的入门基本功。

5.1.5 传统电商推广后台

这里是关于传统电商后台界面的学习，更偏重于操作，界面熟悉后跟后续的推广逻辑、专业名词等可以作很好的结合。以淘宝网推广的后台为参考，淘宝推广后台可以说是最成熟的电商推广后台，其中的很多参数设置都为今后其他电商平台打下了基础，其他电商平台后台与淘宝网的后台性质一样，只是名词各有不同而已。

CPC 淘宝直通车路径

淘宝直通车是专职为淘宝和天猫卖家量身定制的，按点击付费的 CPC 效果营销工具，为卖家的宝贝提供精准推广。我们先来了解一下 CPC 淘宝直通车的后台，直通车是电商应用最为广泛的 CPC 的推广方式，在这里我们陆续讲解一下直通车后台的一些基本的设置和功能。

进入后台后点击左侧边栏营销推广中心链接，就会看到营销推广的页面，其中直通车也在里面。

（本节图片来自淘宝网截图）

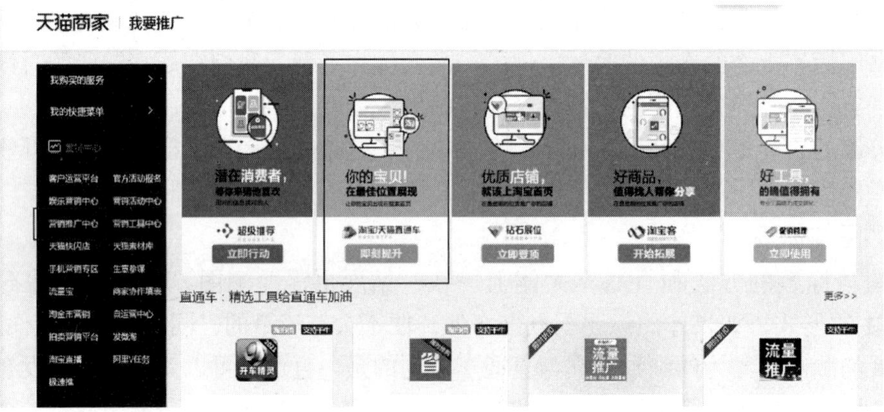

登录进后台，我们先看到的是数据页，数据页显示的是当前你的直通车整体的推广效果。如图所示。

这里的数据是整个直通车数据，它可能涵盖多个商品不同计划的推广，通常用于数据记录，不用于数据判断。

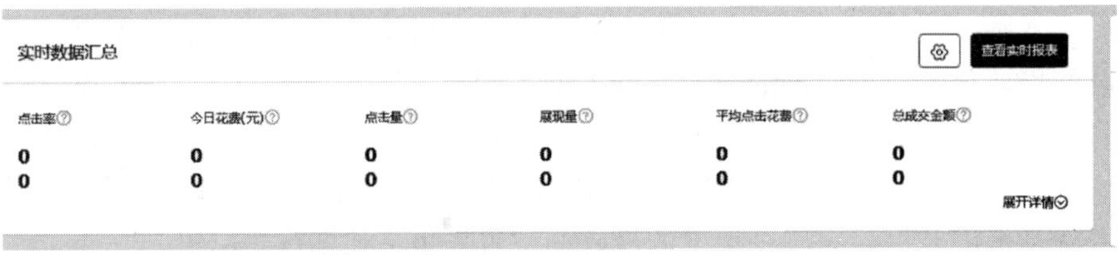

在推广界面项下细分了五种推广效果（如图）：

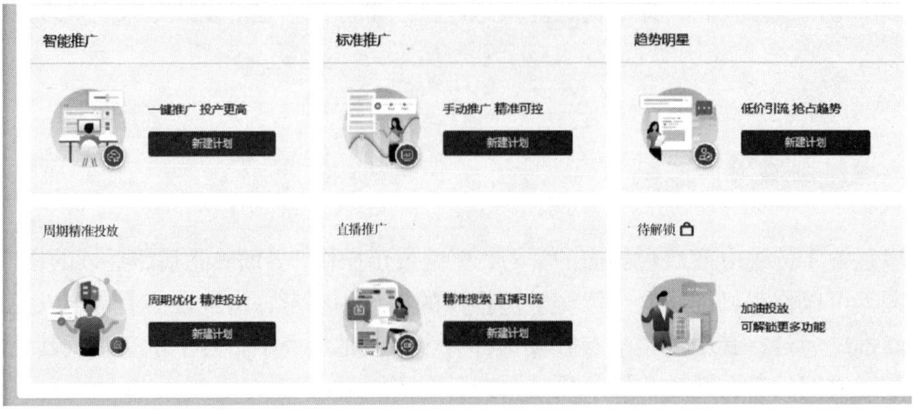

◎ 智能推广

智能推广就是选品后出价、出价时间等自动化，根据选取关键词的变化随时自动调整。

优势：自动出价系统和自动溢价系统可以根据关键词的变化自动调整，比较省心省力，尤其方便初期用直通车的用户。

劣势：只是遵循系统的变化出价，不会根据自身的产品做相应的计划调整，如直通车花费了 500 多元产生流量 1 000 个，但是产品并无销售，当出现这样的情况时智能推广不会将产品下架，换句话说它只为流量负责。

智能推广的作用是帮助新手迅速地建立推广计划，因为直通车计划的建立是件非常烦琐的事情，在没有经验的前提下很难建立出较好的计划，而智能推广就是系统帮你建立推广计划，操作简单。

◎ 标准推广

标准推广就是手动推广，在直通车领域，高手通常喜欢用手动推广。初期的时候选用智能推广，到了中后期随着自己的对于推广理解的深入会改回手动推广。

优势：细致，可调节性强，通过自身的调整更容易获取经验。

劣势：设置较多，比较烦琐，观察周期长。

标准推广在后期的应用作用越来越大，可以说直通车推广之间的能力高低的分别就体现在标准推广上，我们去想如果两个推广经理都用智能推广做计划，智能推广的逻辑是相同的，很难分出高低，而标准推广完全是手动建立计划，根据自身的经验，设置计划内容，再通过数据进行相应的计划调整，我们讲解过直通车推广的通用逻辑，如测图环节、人群标签测试环节，等等，全是通过标准推广设置手动完成的。

◎ 趋势明星推广

趋势明星推广是直通车新推出的推广方式，在 CPC 的推广上关键词设置分为热词、长尾词、潜力词，热词和长尾词可以说是推广人员必争之地。潜力词并不是很好判断，趋势明星推广会根据大数据的规律来制定潜力词的推广计划，用低成本获取更高的流量。

优势：成本很低，覆盖面积广，能关注到智能推广和手动推广不易关注到的词，并且能够根据未来可能出现的趋势来选词进行推广。

劣势：虽然成本较低，但是带来的流量转化也不如精准词转化率高。

趋势明星推广是低价引流的很好的方式，它对预判出的可能搜索量会暴增的词进行出价，通常我们管这个过程叫作蓄水过程，也就是养词过程，在搜索量不高的时候建立这个计划进行观测，人为地提高一些重点词的质量得分的参数，以备后期搜索量起量做储备。

◎ 周期推广

周期推广是辐射全店的推广方式，它会在店铺中精准选品，给选定的产品设定一个投放周期，并且根据投放周期做相应的调整，如果说智能推广针对的是对部分的已选定商品进行推广，周期推广则是用推广方式测算店铺中其他商品的周期。

◎ 直播推广

直播行业在传统电商的比重越来越大，通过直通车也增加了直播推广的入口，可以通过购买竞价关键词的方式把流量引入直播间。本书后文将专门以一个章节深度讲解直播推广，这里不多介绍，大家只需要记住可以用直通车的系统为直播间购买流量就可以了。

计划建立

我们来看一下如何建立一个推广计划，先进入直通车页面选定一个推广计划，其中有添加关键词选项，勾选添加关键词，系统会根据你的产品推荐一些关键词，你需要做的是在这个关键词上进行出价等相关设置（见图）。我们这里只需记住计划的三个重要因素，第一个是关键词，你产品的搜索路径来源。第二个是出价，你愿意为你设置的关键词出一个什么样的引流价格，这个价格直接决定你的关键词在搜索引擎的排名。最后是人群定向，你希望你的商品被什么样消费能力什么样身份的人群看到，有经验的推广经理会不断地根据数据来优化计划以便达到更好的效果。

匹配完关键词后，再去设置你希望展现的人群（见图）。精选人群是传统电商推广的一个重大升级，在最初的时候直通车推广的转化率并不是很高，会有大量的流量成本浪费在和我们的目标人群不相干的人上，直通车推广精选人群设置回避了这个问题，也为推广的竞争提升了一个高度。

在精选人群点击添加按钮会看到系统推荐给你的适合你店铺的人群。我们可以看到系统会想帮你选定一些优质人群。例如根据人群在一级类目的点击转化率效果计算的效果榜单；根据人群在一级类目的使用热度计算的热度榜单；根据热门场景人群的喜好程度计算的场景榜单。每个榜单根据数据对人群进行排名：如喜欢店铺新品的访客、喜欢相似宝贝的访客、购买过店内商品的访客、浏览过同类店铺商品的访客等等。如图所示。

完成直通车推广计划，除了需要考虑三个主要元素之外，还需要借助三个动作，第一个是选品，第二个是选词，第三个是设置人群标签，这样一个直通车宝贝计划就算是发布完毕了。后面的事就是观测数据，横向对比标签产出，根据数据变化进行调试，最后得到一个出价合理、标签精准、转化高、流量大的完美的直通车计划。

CPS 淘宝客路径

登录商家后台，找到营销推广中心，在营销推广中心找到淘宝客。如图。

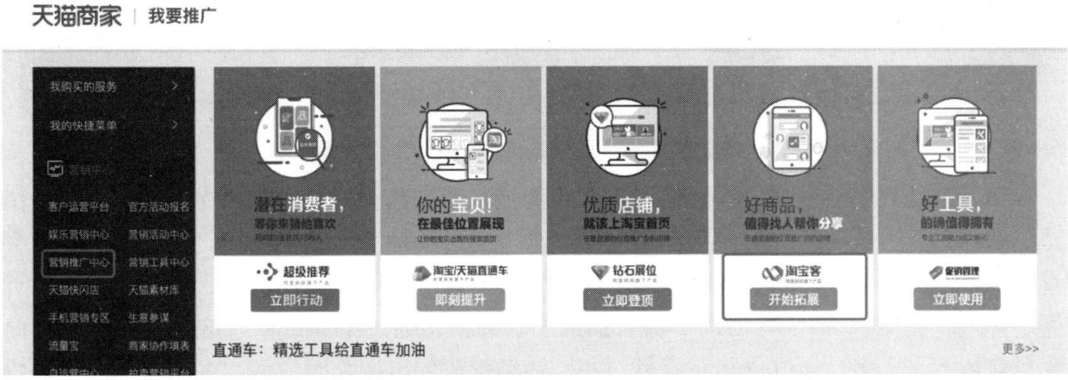

这里先介绍一下淘宝客系统的几个身份，淘宝客是 CPS 系统的名称，在这个系统中有两个主要身份，淘客和店家，淘客就是在淘宝客系统中找相应商品进行推广的人，店家就是设置淘宝客的人。

CPS 淘宝客是按照佣金付费推广的模式，它是把你店铺中的产品设置相应的佣金，生成链接，淘宝客联盟会收录你的单品在各大论坛、群、网站中做推广，如果有客户从推广链接中购买商品最终成交，店主会付相应的佣金给到淘宝客。

做淘宝客推广的前提是我们先要来了解一下淘宝客五大计划的区别。

第一个计划是通用计划，通用计划的特点是有保底设置，它的模式是淘客会被动推广，该计划是面对所有的淘宝客公开的，同时也面向全店的商品，它的工作原理是当淘客推广你营销计划的单品成功后，顾客又通过营销单品进入店铺买了其他商品，而其他商品的佣金就按照通用计划佣金进行收取。通用计划是淘宝客最早出现时使用的计划，覆盖面积广，早期有一定的应用效果，后期效果越来越差，淘宝也在转型精细化运营。

第二个计划是如意投计划，如意投计划不再通过淘客来推广，而是官方系统进行推广，类似“爱淘宝”“橱窗”“帮我推”这样的系统推广，推广成功后系统会扣除相应的佣金。可以这么去理解，相当于如意投系统就是一个大的淘客，那么如何获取如意投系统中在“爱淘宝”或是在“橱窗推荐”中更好的展位，如意投计划有一套自己的权重统计系统，有些类似直通车的质量得分系统，在这里我们只做一个初步的了解，具体的排名取决于综合得分与佣金比例，综合得分高、佣金比例高的商品是如意投最值得推荐的单品。淘宝在成长过程中陆续会收购一些合作网站的广告位，来做自己整体互联网的布局，最初的时候这些广告位用于直通车的外站智能推广，可以做 CPM、CPC 付费，但是因为投放的网站运营问题，转化并不高，而后转成了如意投产品，也就是我们讲的淘宝客如意投。如图。

如意投产品原理：系统对参加如意投的产品进行打分，根据综合得分进行排名。淘宝客通过各种形式，进行如意投宝贝的产品展示。

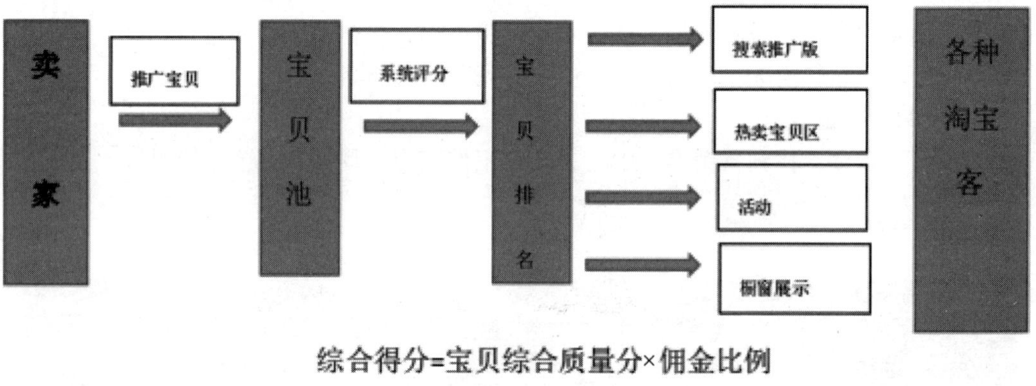

第三个计划是活动推广计划，淘宝客在淘宝联盟有独立的页面，独立的页面有些展位是免费的，想上这些展位就要报名相应的活动，通过活动筛选最终上线。在淘宝客界面会有淘宝客活动广场，活动广场会有当下淘宝客的活动，只需要选择活动，报名单品，设置佣金即可（见图）。淘宝客活动不像天猫大型官方活动通过率那么低，这里的活动报名商家目前还不是太多，通过也相对容易一些。活动推广的出现是因为淘宝客联盟、阿里妈妈流量越来越大，除了常规展示外会有些限时限佣金的活动，这些活动就是淘宝客的活动，一些占据很好资源位的活动有不错的营销效果。

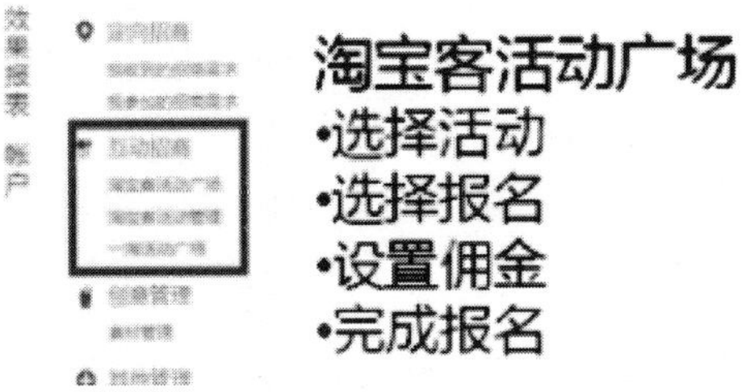

第四个计划是定向计划，即指定目的的计划，自行招募淘客，但是需要通过审核。如图。

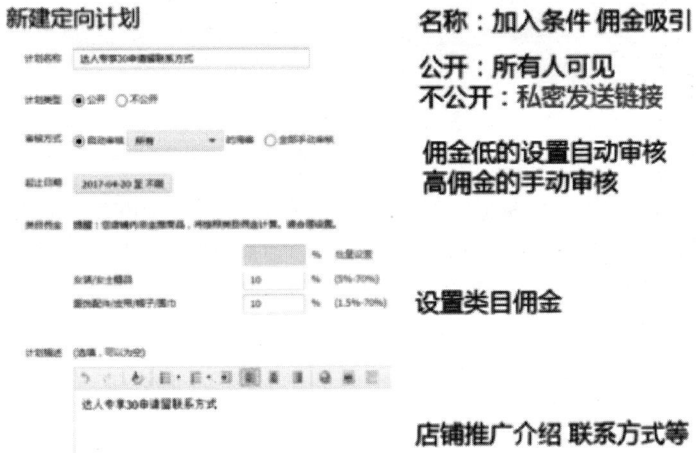

这个计划的用途主要是针对与一些特殊达人的合作，比如说某达人在通用计划中得到商品的佣金是 10%，当达人符合定向推广计划的要求时，他会得到 30% 的佣金，利用这个链接进行推广可以获取比普通计划更多的佣金。比如抖音、快手中比较厉害的带货主播都是走这一渠道，他们通常通过自己的高粉丝量，对于商家的产品有佣金要求，当达成了协议商家就会为这个主播设置定向计划，这个主播能拿到的佣金与营销推广计划该商品的佣金截然不同。

最后一个计划是营销推广计划，营销推广计划是淘宝改版后新推出的计划，主要针对单品，与传统推广不同的是，营销推广计划除了佣金外还支持优惠券，同一商品优惠券和佣金的不同比例吸引不同的淘客。

一些专门以返利圈淘客的网站如返利网就适合用高佣金的营销推广计划，如 199 元商品佣金 80 元；而要是吸引一些主播则适合用中佣金比例加中优惠券的推广计划，如 199 元的商品 20% 的佣金再派放 20 元的优惠券，达人主播会很在意优惠券的数额，这些是用来做活动必要的营销工具；还有一种设置是高优惠券低佣金，主要的方式是给买家一种大力度打折的印象，适合小淘客，当小淘客在流量上竞争不过大淘客的时候，想要成交只能多出让利润，也就是多送优惠券。掌握了这三个佣金设置的公式，也就基本掌握营销推广计划了，这个计划无论是主播、大淘客还是小淘客都可以触达。定向计划目前在淘宝客应用最为广泛，原来是商品为王，你有好的商品，自会有很多的淘客来推荐你，随着自媒体的发展慢慢转变为流量为王，如抖音、快手的大粉丝主播，通常在看到心仪的商品谈合作时，他们会提出对于优惠券、佣金的要求，而这些要求通常是建立在通用计划上的要求，商家又不希望这种合作被其他的淘客看到，所以用定向人群单独建立了一个合作通道以方便分佣，越是后期定向人群淘客的应用就越大。如图。

钻石展位

钻石展位是以图片展示为基础、精准定向为中心，面向全网精准流量的竞价平台，早期只是按展示付费，现在开发出了按照点击付费，为客户提供创意策略、效果监测、精准营销、数据分析、诊断优化等一站式推广解决方案，帮客户实现更精准更高效的网络数字营销。

它的路径也是从营销推广中心进入，会看到钻石展位的选项。

进入钻展后台后它会有两个选择，是你钻展投放的目的，第一个是展示类的广告也就是我们说过的 CPM，它有两种设置，一种是为店铺引流设置，一种是为宝贝引流设置。随着钻展的发展，现在又有了新的模式——信息流 CPC 的推广方式，也就是后台中第二个选择——内容推广，它主要是应用到站外，如土豆、优酷视频等阿里合作网站投放，是按照点击率付费的模式。如图。

进入钻展的页面我们首先看到是钻展的数据栏，在右侧部分有建立新的计划。如图。

填写基本信息

钻展主要是针对特定人群的基础引流方式，系统里把流量分为了三个圈层。

第一个是未知人群，就是没有在本类目消费过的人群，也是比例最大的人群。第二个是泛兴趣人群，就是与本类目商品发生过互动但和本店铺未互动过的人群。第三个是兴趣人群，是与本店铺产生过互动的人群，通常我们用在激活沉睡客户上。最后是其他自定义人群更细分的人群领域。如图。

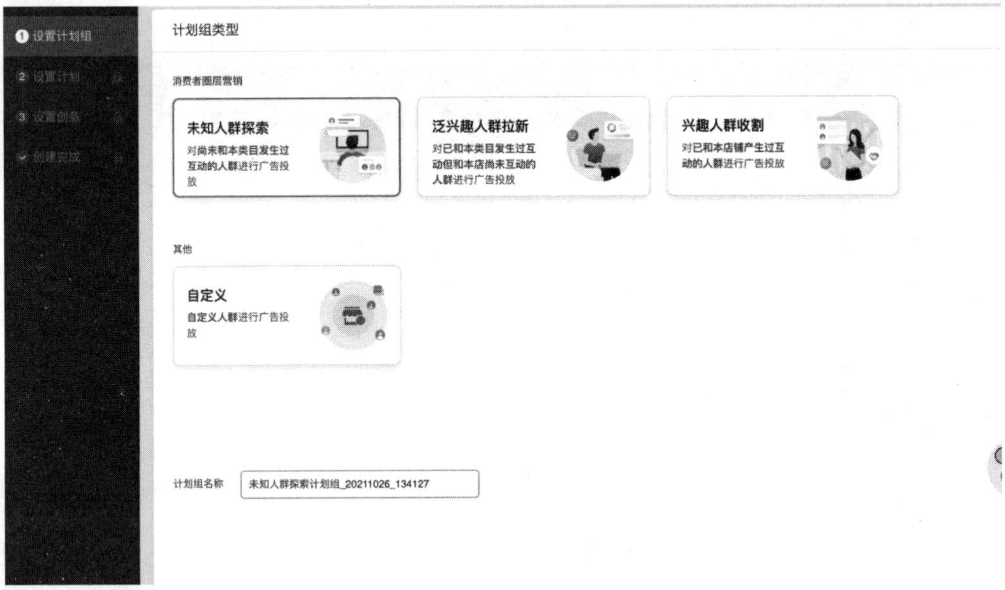

建立定向。如下图，我们可以看到 AI 优选，也就是系统根据平台大数据进行的推荐人群，例如小二推荐：双十一本类目会员拉新模型人群，大快消专属小镇青年，等等，也可以根据自身的推广目的自定义细分人群，从性别、年龄、职业、人生阶段、城市等级等方面做了定向，为什么我们做 CPM 系统的举例都爱用淘宝？就是因为淘宝的推广系统做得最细致。

选择资源位。有站内资源位选择和阿里合作资源位选择，比如站内资源位较大的板块，手机淘宝的首页焦点轮播，天猫的首页焦点轮播等，选定一个投放的资源位，这样就完成了钻展计划的建立。

我们通过关于后台操作的学习能够体会到，推广的方式是按照建立推广计划形成的，通常后台系统会提供给我们几种建立计划的方式，智能的、手动的、趋势明星的、周期精准的，等等。智能的是系统推荐，手动的是人工选择。建立完计划方式后，再通过人群标签设置进行推广。

名词解释

1. 热词：是指搜索引擎中搜索量最高的词。
2. 长尾词：指与热词搭配的词，比如连衣裙是热词，白色连衣裙就是长尾词。
3. 养词：是指通过手段提高关键词的权重得分。
4. 淘宝客：指的是天猫 CPS 的工具。
5. 淘客：指的是代售商品的人。
6. 人群标签：系统根据人群注册特征提供的勾选项。

知识要点

1. 直通车的后台基础设置与计划内容。
2. 淘宝客的后台设置与计划内容。
3. 钻石展位的后台设置与计划设置。
4. CPC、CPM、CPS 推广方式的特点。
5. 质量得分、千人千面、人群标签在电商推广中的应用。
6. 推广发展的历程。
7. CPC、CPS、CPM 推广的通用逻辑。

小节测试

1. 到店铺后台分别设置淘宝客直通车的五大计划。
2. 去淘宝网找到 CPC、CPM、CPS 各自的广告位。
3. 去淘宝网后台找到人群标签的推广页面。
4. 学习抖音、快手、淘宝、京东的推广模块。
5. 分别建立直通车、钻展、淘宝客的推广计划。

第二节 直播的预热推广

在上一节中我们学习了传统电商的知识，这一节开个新的主题——直播电商推广。传统电商的推广是基于有店铺的前提下，熟悉各种推广软件的操作，熟悉各种推广的逻辑；直播电商推广与传统电商有很大的不同，它是个人主播推广，不需要有店铺的形式，只需要有合作的产品，这样的推广要比传统电商经营起来更加的直接。我们知道传统电商养一个店铺、养一个产品时间很长，而直播电商推广是先积累自己的粉丝，然后利用平台推广引进公域流量完成的推广。直播电商分为两个部分，一部分叫作预热，一部分叫作直播，这一节我们主要讲的是预热，学习预热先从直播预热的重要性开始。

☆ 要点提示

A. 直播预热推广包括哪些内容?
B. 直播预热推广的工作流程。
C. 直播预热推广的相关技巧。

☆ 教学目标

能够系统地了解并掌握直播预热推广的全部内容。

5.2.1 直播电商预热的重要性

一场好的直播始于预热，直播电商是基于自身私域流量和外界公域流量相结合，获取外界公域流量的一个方法是用我们的推广，花钱把客户引导进直播间，还有个取巧的方法就是用预热增加直播间的订阅来获取更多的公域流量，自身的公域流量激活需要靠我们的预热，比如在抖音中，我们有个 200 万粉丝的账号，如果未预热的前提下，直播能够进店的客户比例只在 1%～2.5%，这个比例较低，所以一场好的直播预热是要充分调动自己的公域流量进到直播间。因为对于主播来说，通过很漫长的短视频积累下来的粉丝，如果在直播中应用不上，那是十分可惜的。所以我们越来越在乎直播的预热环节。我们下面就来阐述一下直播预热的重要性。

激活原有粉丝

我们发布预热，谁会最先看到预热消息？自然是我们账户中的粉丝，你的预热做得越好，粉丝关注度越高。通常我们看到的很多的短视频内容都是在为直播做相关的铺垫，当你的粉丝看到预热视频会对你直播开始的时间有印象，观看直播的概率要提高很多，所以对于自己粉丝的激活直播预热是关键一步。在抖音中，即使你的粉丝关注了你，也并不意味着他会看到你之后更新的每一个视频，通常做一场直播电商的带货，预热短视频不会低于 3 个，这样才能确保覆盖更多的粉丝，开直播的时候会有更多的粉丝涌入直播间。

◎ 新粉丝的关注

我们运营的每个账号，做的每个短视频，目的是为了更多地吸引粉丝，直播也是一种吸引新粉丝的好方式，短视频虽然精彩但是互动性比较差，直播相对于短视频而言就会轻松很多，很多关注主播的粉丝都是因为主播开了直播而去关注的。再有，每个短视频的时长通常在 5 分钟以内，对于很多喜欢主播的粉丝很难看过瘾，所以选择关注直播多的主播也是粉丝在关注的时候一个重要的参考，事实证明，边开直播边做短视频的账号确实比只有短视频账号增粉更快。怎么能够让新粉丝多多关注？就是在短视频里多增加直播的预热功能，一方面短视频平台会不断地根据账号权限推荐给新的用户，另一方面通过看过去的短视频作品，粉丝会知道这个主播经常开直播，很愿意和粉丝进行互动。抖音某头部主播，除了日常发送一些幽默搞笑的作品外，另一个题材就是直播预热的内容，并且把直播预热的内容做得很有趣，每浏览 5 条视频就会有一个关于直播预告的视频，这些视频的发出不仅会提示老粉丝关注直播，也会告知新粉丝。在抖音中，一个粉丝加一个主播的关注通常需要看到该主播四条以上的短视频才做最终决定，所以在短视频作品中合理地加入一些直播预热的元素，一方面让短视频的题材更加丰富，一方面也可以吸引更多新的粉丝。

◎ 提高直播广场的排名

有些纯直播类的软件，如腾讯的看点直播，它有一个直播广场，直播广场会有大量的流量涌入进来，那么在直播广场排名的先后直接决定了当时开播的流量，那么直播广场排名的依据是什么呢？主要是开直播当时的人气，你的人气越高越活跃，直播广场给你的排名位置就越靠前。那么如何提高初始化直播排名的位次？这个就要靠你的直播订阅量了，直播订阅量指的是在直播前订阅这场直播的人数，订阅的人数多系统会将其列为一个重要的权重参数从而把你的直播间位置更前置，订阅量就是通过直播预热带来的。

直播广场排名越靠前展现量越高，直播间的流量就越高，这个也就是我们常说的公域流量路径之一。

◎ 为直播商品“种草”

直播预热是为了私域流量激活自己的粉丝，为了公域流量提升直播广场排名和增加新粉丝的关注，经常做直播电商的人会发现它还有一个长远的目的，就是为商品活动“种草”。我们关注直播电商最终的目的还是购物，是毫无目的地去直播广场看各大直播间，看直播销售商品好，还是在直播之前就知道要卖什么商品好？显然是后者。直播电商在预热活动中会插入直播的品牌、直播的产品、直播的价格和直播间的福利等一些大家最为关心的信息，这样会大大地增加直播间的订阅人数，更为重要的是提升产品的转化率。

直播电商竞争越来越大，现在的战线已经不仅仅体现在直播环节，从直播预热就已经开始了竞争，当你的直播越预热做得好，直播间的人气关注自然就会变高，所以做好预热是直播中的一个重要环节。

5.2.2 直播预热的路径

从直播预热的重要性可以看到，一场好的直播是从预热开始的，接下来我们要看的是直播预热的路径有哪些，通过哪些渠道预热，学习这些内容会把整个的直播预热做得更充分，很多人做直播预热误以为就是发送个朋友圈，这样的思考太过简单了，其实还有很多途径可以做预热的。

下面我们来讲解直播预热的途径。

◎ 个人简介

短视频还有直播平台个人简介部分是经常被浏览的部分，曝光量很高，不少做直播的主播都会用个人简介页面来介绍自己的直播，个人简介做直播预热也是最常见、最常用的直播方式。如常态直播的主播，在用个人简介做直播预热的时候会直接公布每周的直播。

另外一种是带货的大主播，他们的直播预热内容比较多，很难通过简介说得清楚，通常会用个人主页，把粉丝引到公众号或是社群，在公众号或社群中做二次直播的预告。

◎ 微博

作为老牌的自媒体，微博虽然现在的利用率在走低，但是还是有很多粉丝在关注自己喜欢的人的一举一动，比起抖音的灵活，微博现在显得更加正统一些，在作用上正在慢慢地向个人微官网转变，但是还是会有大量的忠实用户。

微博预热要比个人简介预热应用率更高，传播更广，我们可以看到，当你进入到抖音的个人介绍页面只能是点击关注，而微博预热还会有转发功能、评论功能和点赞功能，如转发直播间是二次转播，在主播的个人社群中，通常会鼓励大家转发直播预热的微博，会触达更多的流量，这个也是私域流量裂变的玩法之一，我们在后文的社群课程中会有详尽的讲解，在这里我们只需要知道，在微博中的直播预热是可以转发的，转发的数量越高触达的陌生人就越多。微博预热的另一个优势就是评论，我们可能想象不到一个带货主播怎么会有这么多的评论，那么看一下评论内容我们就会知道，评论是粉丝和主播沟通的路径之一，以微博的直播为例，粉丝会复购很多自己在直播间买过的商品。虽然都是发一条预热信息，但有时微博的评论人数会高于抖音个人账号的评论人数，通过评论、转发、点赞与粉丝的对比我们会计算出触达率，那么多主播坚持维护微博账户，显然微博账户的触达率并不低。

◎ 微信

微信作为现在使用率最高的软件，日活量高达 10.9 亿，微信的朋友圈也是一个预热的重要工具，我们可能会说朋友圈不都是私域流量吗？确实，朋友圈仅限于自己的好友能看得到，其实直播的最原始状态就是从私域流量做起来的，你的好友平时会关注你的朋友圈，你开直播他们往往是第一批进直播间的人。再有就是朋友圈有非常便捷的转发功能，我们在微信外看到直播的预告，还要先下载图片再去打开微信转发，而朋友圈的转发，是在微信内，可以直接下载直接转发。如有的微信号里面含有一些社群的群主，当你发预告的时候如果逐个通知会非常慢，或是消息容易被忽略掉，但是微信的朋友圈中有提醒谁看的设置，用起来就非常方便。大家现在可能觉得微信就是私域流量，最多无非就是覆盖5 000个人（好友上限），但是微信便捷的转发功能形成二次传播，这个效率是不可以被忽视的。

◎ 公众号

我们说过微信是私域流量，且触达的人最多是5 000个，因为好友存在上限。公众号就不会面临这样的问题了，它的关注人数可以无限多。公众号还有个好处就是可以按月发布文章来做预热，文章的内容上要比单一的预热图片好很多，而微信朋友圈预热大多是单一的图片，信息传达得不完整，用户了解的信息越多进入直播间的概率就越大。比如朋友圈的图片展现方式虽然说很醒目，但是关于商品的描述信息很简单，而公众号文章则不同，可以很详细地对于商品进行描写。再有就是给我们的文章发评论的买家，已经开始关注直播，讨论商品了。因此预热除了朋友圈，公众号也是必不可少的工具，而且能够和朋友圈结合有效地预热。

◎ 小红书

除了用微信、微博、公众号外，现在关于小红书的预热应用也越来越多，小红书类的软件最强大的地方是它在标记生活。微信吸引的人群大多是朋友，不容易获取公域流量，公众号和微博吸引的是关注你的人群，而且微博、公众号又有些其他的商业目的（公众号和微博通常都不是本人在运作）。而小红书标记生活功能就像是一个对全网开放的朋友圈，通过个人生活标记，慢慢地圈粉喜欢自己的人群，这样形成了自己的忠实粉丝，用小红书做直播预热，可以带动的是喜欢但并不认识自己的人群，这样就又多了一个预热渠道。

◎ 抖音、快手及视频号

短视频行业是现在流量用户增长最迅猛的行业，大家除了在短视频上发个性视频外，很多的带货主播会在短视频上发直播预热的通告，发出的预热短视频既可以触达自己部分的粉丝，同时根据视频的质量还会被推送到公域流量池，获取部分的公域流量资源。尤其是在抖音、快手做直播的主播，短视频预热是必不可少的形式。

我们学习个人简介、微博、微信和公众号这四种主要的预热渠道，接下来看一下这四种渠道之间的关系及其优劣势。首先是个人简介，这里我们拿抖音举例，在抖音加关注的人或是想了解主播的人更多会关注个人介绍部分，曝光量高是它的优点，但其缺点是直播预热只能用简单的文字描述，给人留有的印象不深。个人微信朋友圈的优点在于灵活，朋友圈的曝光效果较好，但是劣势也很明显，只能针对私域流量，而且微信加好友有5 000人的上限，你个人发的朋友圈如果不参考转发因素最多只能曝光给5 000个人。公众号的优点是没有人数上限，可以用文章预热，内容完整，同时便于转发、评论等，唯一的不足是有一定的操作成本，如日常的软文输出、公众号维护，等等，而且个人主播大多没有公众号。微博预热的优点在于不限上线人数，增粉比较快，缺点是偏官方一些，粉丝的互动黏性不强，活跃率不高。其他如小红书等社交软件，偏生活化，有自己的权重算法，能获取部分的公域流量，粉丝关注度高，整体的用户基数不如微博、微信这么大。短视频预热，优点是触达部分私域流量的同时也有公域流量，预热内容视频化比普通图片要新颖，缺点是制作成本高，用于预热的短视频还要有一定的质量要求，成本上比普通的图片设计高出许多。

5.2.3 如何做好直播预热推广——文案篇

在上面的内容中我们了解了现在应用最为广泛的一些直播推广的路径，路径只决定你可以在哪些平台上做预热，但是并不包括预热内容的质量，下面我们就从文案这个维度来讲述一下如何做好直播预热推广。

文案在预热中的作用是让客户第一眼看到时就被吸引，所以文案上要做好设计，在以前推广文案中大家只会提及什么时候直播之类的内容，但是现在预热文案的营销已远非如此，文案不仅仅是简单地公布将有一场直播，还会夹杂着一些主播的人设。比如2020年最经典的预热文案是罗永浩的直播预热海报，主题是“交个朋友”，这个文案突出几个特点：第一是“基本上不赚钱”，表明他的直播很亲民，价格很有竞争力。第二是“交个朋友”，标明罗永浩做直播的姿态，非常的谦卑，以交朋友的心态在做直播，引申表达产品的质量好。这两句文案结合在一起就是不赚钱交个朋友，或是不为赚钱就为交朋友，现在已经成为了网络流行语，一说交个朋友，大家先想到的就是罗永浩。第三“也许是中国第一代网红”，“也许”是个有猜测含义的副词，中国第一代网红说明资历，这两个结合在一起给人一种很诙谐的感觉，容易形成印象。第四是抖音独家，标明直播合作平台。

把整个文案通读下来的感受是，接地气，用谦卑的神态拉近与观众的距离，让人感觉到亲切，同时和罗永浩憨厚的个人形象也有关系。“基本上”“也许是”，这样的字眼的应用使后面的“中国第一代网红”，不再违反广告法，同时传递给别人非常高级的感觉。通过文字就能体现出罗永浩诙谐、幽默、自嘲、憨厚等诸多人设。如果我们换个方式表述这个文案：

“我是网红罗永浩，我开直播了，商品物美价廉。”这样给人的感觉非常不生动。

罗永浩直播预热的文案是以罗永浩为中心，恰好衬托了他的幽默与憨厚，但是这样的文案大多是知名人士使用，大家预先对他留有一定的印象，再通过文案的烘托达到更好的效果。

在预热文案中还有一种更为通用的倒计时递进写作手法，通常用于需要5天这样的长期预热。

例如倒计时第5天的文案是，如果你不是全网最（火的主播）怎么可以让上千万人，挤在一个屋子里买东西？（抽象说明人气，我的直播间人很多很火爆）倒计时第4天的文案是，如果不能帮忙节省更多的（钱），怎么会让有事做的人也在这里待上好几个小时？（抽象说明产品价格优惠）倒计时第3天的文案是，如果没有大量地发（红包），怎么会让路人也兴奋得大呼小叫？（抽象说明红包多）倒计时第2天的文案是，如果不能涨（粉），为什么还会有那么多人花了钱还心怀谢意？（抽象说明服务好）最后一天的文案是，如果不是全程都（精彩），怎么会让不买东西的人也舍不得离开？这个也是罗永浩抖音首秀的预热文案，这篇文案突出的不再是罗永浩的个人标签，而是整场直播从人气到产品到服务到内容等信息，这种递进加试问的预热写作手法，也被许多人争相模仿，在5天或是5天以上的长期预热中，这样的预热效果会很好。

最难写的是短视频文案，因为展现的字数有限，内容需要简明扼要直击内心。由于文字短不能像海报文案一样形成人设或是递进关系，短视频文案只需表明一件事就可以了，这件事有可能是时间，有可能是场景，有可能是福利，有可能是产品，等等，切记不能冗长拖沓。

我们看了一些预热文案的写作手法，接下来总结下如何做好直播预热的文案。

（1）制造悬念——激发客户的好奇心，例：如果不是大量地发（红包），怎么会让路人也兴奋得大呼小叫？

（2）运用数字 + 制作悬念——直观感受，例：一场销售破千万的直播不来感受一下吗？

（3）简明扼要，拉近距离，例：不为赚钱，就为交个朋友！

我们除了在文案上下功夫外，还有一些其他为直播间引流的小技巧。

（1）直播或是预热短视频开启同城定位，会让更多的粉丝进入你的直播间，同城界面也会有一定的流量，如果不去应用这个界面，会少了个流量的入口。

（2）账号主页简明扼要地告诉粉丝直播的内容、时间。我们之前讲过账号主页也是一个曝光度非常高的页面，粉丝想要浏览主播之前的作品，或是了解主播，都会去看账号主页，在账号的主页做预热也是常用的方式。

（3）定期直播。直播是项需要长期坚持的工作，即使在最初期粉丝很少的情况下，也要定期做直播，让粉丝了解主播传递的内容，养成定期看直播的习惯，定期规律性直播要比随机插入直播更能吸引粉丝的长期关注。在直播行业中只有两种情况做不下去，第一个是内容不好，不管是带货还是知识付费，只要你的内容不够新颖，就很难引起粉丝的关注；第二个就是不能够坚持，有很多的 MCN 公司初期策划了很多很好的内容，主播适应得也不错，但是随着直播开展，粉丝积累慢，于是慢慢放弃，现在想想也实在可惜，身边不少经营成功的案例告诉我们，直播在于新颖在于坚持。

（4）设计好看的封面和标题。直播过程中不仅要有内容和主播，优质的封面和标题也是必不可少的，以直播封面来说，优秀的直播封面能够有效地提高点击率，提高直播间的人气。直播平台普遍都会有一个直播广场，直播广场的排名只是决定了你的曝光量，并不决定你的点击率，那什么决定点击率呢？自然是你的封面图片和文案，所以我们会经常看到一种现象，就是排名第一的直播间人气可能还没有第三第四的高，有一种解释就是排名相对靠后的直播间，设计和标题做得好。

（5）分享直播间的二维码。直播流量就是私域流量加公域流量的累计，私域流量就是指我们的朋友圈，有效带动朋友圈的方式就是分享二维码，试想我们做一场直播，如何能够通知到自己认识的人，发送二维码到朋友圈到群里无疑是最快的方式，而公域流量要通过养号等过程才能得到积累。再有直播平台在运营的时候会做流量配比，之前我们也说过，平台会根据你能带动的私域流量来配比给你相应的公域流量，所以发送直播二维码是直播推广中必不可少的方式。

5.2.4 如何做好直播预热推广——海报设计

上面的内容着重讲了在直播预热环节中文案的重要性，这里主要讲直播间的海报设计，好的海报在直播预热期间能有效地增加直播间的订阅量，在直播期间可以增加点击量，对于直播的人气是个重要的参考因素。现在随着设计软件的智能化、模板化，即使没有很好的设计基础也可以通过模板软件快速地制作出精美的直播海报。下面我们就给大家讲解做出好的海报的几个重要因素。

（1）直播预热海报之海报背景

背景图在海报上占有的比例很大，也很容易给观看者造成视觉冲击，做海报的时候优先要考虑用个好背景，在做直播预热海报的时候，还要考虑是否加入商品，如何用海报的背景给商品赋能。例如某张海报是电影风格，黑色加有渐变条纹的效果让人们直观想到了《黑客帝国》这部电影，满满的科技感，配有无线靠枕这种偏科技类的产品一点也不突兀。还有张海报凸显的是国潮风，背景用的是暗红色，配有牡丹花的图案，带给人暖意的效果，同时国风元素十足。

（2）直播预热海报之海报元素

在直播预热海报中必不可少的就是元素设计，例如点线面都是常用的基础设计元素，好的元素利用可以使海报变得饱满，视觉冲击力好。好的元素和背景一样，一定要符合主播的身份，或是产品的调性。

例如某张海报，整体风格十分炫酷，运用一些流行的元素，如网络线、鎏金字体、故障字体等，还巧妙地使用了地下音乐元素符号，结合主播一身朋克服装，再加上流行的发辫，与整体的海报很协调。

还有张海报，突出国潮风格，使用了亭台楼阁、祥云流动、高山耸立等诸多国风元素，让人一看到就可以感受浓浓的国风气息，再配合主播甜美的气质，给人的感觉刚刚好，让人的视觉感到很舒服。在字体上也用了异样字，偏毛笔字体，整体海报的风格十分和谐。

（3）直播预热海报之页面布局

直播海报的布局对于整体的页面效果尤为重要，其中有两个重要的布局元素，一个是产品，一个是主播，这两个内容在布局上会有一个轻重关系，通常在直播产品有绝对优势的海报上，会重点突出产品；在主播人气有优势的海报上，会重点突出主播。在产品的布局上通常有两种，一种是通过品类的多，来表示直播间这次直播的产品品类齐全，吸引观众进直播间看看是否有关注很久的产品；另外一种是真便宜，通常通过一个特价商品抓住大家的关注点，为整个直播间进行引流。

比如某张海报，是通过产品布局的多而全去吸引人，海报中的两个人不属于明星主播，所以在布局上也只是点缀，靠的还是商品的布局，商品全是电器类，这样，观众在预热中就可以清晰地判断是否有与自己相宜的商品，而去关注直播。还有张海报，布局上十分突出主播，是因为该主播是一场直播的流量担当。再有就是商品的布局，该主播通常都是跨类别直播，吃的玩的用的都有，所以在商品的布局上会突出一个重点的商品，靠优惠的价格吸引受众。在商品的选择上也是以非标品为主，主要选择一些新科技的产品，比如家里不常有，但是见到了会觉得挺有用的产品，如说海报中推荐的眼部按摩仪，可能我们平时不会想起类似的产品，但是对于眼部按摩保护视力都有需求，所以受众也不在少数。

（4）海报之人物照片布局

通常优先考虑选择用人物布局的条件是，主播或是明星网红能为产品形成背书，同时能够带来明星效应。人物布局又分单人布局和多人布局，这在海报设计上也很有讲究。例如某张海报，突出海报中明星人物整体的明星效应，海报后面的配色与该明星的服装形成鲜明的对比，又引入了电影元素，整体把该明星衬托得更加鲜亮。

多人组海报通常使用双人的或三人的，如果人数太多占据的篇幅太大，海报画面会有些凌乱感，多人组海报多用矩形构图，并排构图，或是三角形构图，例如某张双人海报，属于并排型构图，两个明星分配的篇幅刚刚好，既谁也不抢谁的位置，又能保证海报鲜明。

（5）海报中的文本标题设计

海报除了有视觉传达，还要有文字信息的传达，海报中所使用的文字字体、字号、编排方式都会直接影响到海报的效果，对于直播海报，文字一般排版到上下方或两侧，主题上可以使用醒目的表现力强的字体，常用粗体、立方体，或是轮廓字体等，突出气氛。

例如某张海报，主字体用的是金色字体，在字体上还做了描边、3D 等处理，更加凸显海报的质感。还有张关于直播预告的海报，又是另一种风格，整体的海报上运用了多种字体风格，配色上也非常舒服，对字体做了很多大胆的处理，如文案中的主播昵称，用了黑色的背景，“踏浪而来”用了中划线，这么多字体的文案通过背景表现出来孰轻孰重，而且搭配上繁而不乱，是制作难度很高的海报。

5.2.5 直播预热流程分析

在上面的内容中，我们系统地学习了做好直播预热的方式方法，包括直播预热的技巧如文案、海报等。这里我们找个案例将整个直播预热的内容串起来，让大家有逻辑性地了解直播预热。由于现在的直播案例中，运用到全部预热方法的直播还没有，所以本书用流程 + 案例相配合的方式，更便于大家理解内容。

◎ 直播预热 · 方案期 ① 设定直播时间

预热是个反推的流程，首先第一步要设定好直播的时间，然后根据直播的时间进行预热流程反推。所有的预热都是为最终的直播上线服务，如罗永浩在抖音的首场直播，预热时间长达一个月。如图。

阶段	任务分解	目的
预热方案制定期	设定直播时间。	以直播时间进行整体时间倒推。
	直播预热资源盘点。	清晰哪些渠道可以进行预热。
	直播预热方案制作。	如何预热。

◎ 直播预热 · 方案期 ② 盘点直播预热资源

在一场直播中，能够为我们提供预热途径的资源很多，经常出现的状况是，在直播预热期间容易忘记利用哪个资源，而且直播规模的大小也决定了预热方式的不同。预热途径通常分为公众号预热、微博预热、微信朋友圈预热、微信群预热、直播账号个人设置，若我们在抖音、快手直播，还要做个人信息更新、短视频预热，等等。为了扩大直播预热的影响，参与直播的人员也要做微信朋友圈、群预热，以上说的都是私域流量免费的资源，但是大型的直播活动不仅要用免费资源，还要有收费资源的预热，收费资源有大型社群的广告，抖音、快手、广点通的推广等，可以将做好的海报或是短视频通过平台推广曝光给精准人群。有政府背景的直播如扶贫类的直播还有一块重要的资源，就是政府资源的利用，如下放到居委会发送一些直播预热的海报，或是居委会组织扫直播间预热二维码等。根据直播参与者的不同，预热资源也就不同，在直播开始前一定要好好地进行梳理。如图。

阶段	任务分解	目的	完成时间
预热方案制定期	设定直播时间。	以直播时间进行整体时间倒推。	
	直播预热资源盘点。	清晰哪些渠道可以进行预热。	
	直播预热方案制作。	如何预热。	

◎ 直播预热 · 方案期 ③ 直播方案制作

直播方案制作是这一时期最难的一个环节，我们在上面看到，直播的预热途径有很多，直播预热的方法有很多，我们是否全部都要？显然并不需要。但是有的方案比较复杂，用的途径和方法也比较多，比如先引发关注，发布某某某要开始直播带货的消息，然后评论他为什么要直播带货，等等，相当于先做一段市场铺垫。最为经典的就是罗永浩直播带货前，大量的媒体都在宣传罗永浩“欠债”事件，因此罗永浩如何还债也成为了当时的热搜主题之一，最终明确罗永浩的“还债”方式是在抖音开展定期的直播带货。这个时候市场热点与抖音带货形成了良好的结合。大家的疑问开始转移，什么时候开始带货？带什么货？在这些疑问陆续产生的时候，启动正式的直播预热。先是通过个人的微博以文字形式官方公布入驻抖音开始带货，该微博公布后得到了大量的转发，慢慢涉及微信生态的公众号，也纷纷转发，创造了当时的热搜。接下来开始营销这次直播带货，也就有了直播预热领域关注度最高的那个海报——交个朋友，当时发出那幅海报时还没有明确抖音开始直播的时间，只是给罗永浩的直播做了营销。

营销期过后，是和抖音长达一周的广告预热合作，把流量引入老罗的抖音账号，在这七天预热期账号增加 500 多万粉丝，达到了很好的预热效果。相信在 2019 年三月底经常刷抖音的人，都不止一次看到过老罗的直播预热短视频。

与抖音官方预热同步的是其他媒体的海报预热，也就是经典的设问式海报，不仅仅是在抖音站内有了预热短视频的轰炸，同时在站外也看到了营销十足的预热的海报。

还有一项较为长期的预热工作，就是罗永浩的短视频内容，我们不难发现罗永浩在直播预热之前的短视频内容有许多和网红互动的题材，现在想想也都是为了自己直播做铺垫，当罗永浩的直播预热短视频上线的时候，各路网红也纷纷转发支持。

通过罗永浩的直播预热，我们可以看到一套完整的直播预热方案的复杂，有市场热点，有个人媒体官宣，有抖音内部的付费推广预热，有外包网站的整体海报文案预热，包括罗永浩的人设都在方案里有所涉及。一场直播的预热方案越精确，预热效果就越好。我们简单梳理一下方案的形成，首先确认有哪些预热的渠道，第二是确认好各个渠道的启动时间点与预热的方式，再有明确各预热渠道的作用是什么，如微博是官宣，目的是公布并强调做某件事的正式性和可靠性，外部五天的倒计时海报是为了引导大家持续关注和转发，内部的抖音一周的预热广告是便于大家直接订阅罗永浩的直播间。

◎ 推广筹备期 ① 资源整合

在整个直播预热的阶段，对于资源是十分倚重的，在直播预热开始前，很重要的一点就是确认我们有哪些资源可以利用，这其中包括两大类，一类是官方资源，如公众账号、微博等，还有一类是个人资源，在预热阶段开始前，通常会开一个资源整合的会议，就是看看在官方资源外还能够通过我们的人际关系、企业关系整合到什么样的资源。如下表。别小看了这个整合阶段，过往的经历中有许多整合来的资源要比官方资源更加靠谱，只是大家并没有把对外整合资源当作一个很重要的事情来看待，经常是想起什么是什么，结果造成遗漏，直播完成后才发现有一些很好的资源没有得到利用。解决方案就是资源整合的会议，通过会议集中思考能够利用的资源，线上的、线下的、人际的、优质付费的，等等，避免资源的疏漏。

预热资源整合类	官方预热资源统计	×
	资源整合会	×
	相应资源梳理	×
	资源对接	×

◎ 推广筹备期 ② 海报

推广筹备期中，海报是一个很重要内容，通常在进行海报制作的时候会有以下几个过程，首先是海报需求统计，需要做多少张，分别在什么平台用。接着，在明确了需求后，开始做海报相关的文案，海报文案要经过审核，主要审核目标是文案内容是否新颖。进入设计阶段，设计完成后同样要经过一轮审核，主要审核的内容是视觉效果。通过审核的海报会进行存档，等待预热的时候做发送。海报预热主要是利用微博、微信等平台，具体流程详看下表。

二次分解	工作流程	执行责任人
海报制作	海报需求统计	×
	海报文案设计	×
	海报文案审核	×
	海报制作	×
	海报审核	×
	海报发送	×

◎ 推广筹备期 ③ 短视频

随着自媒体的发展，短视频所占的曝光比重越来越高，预热短视频也有同样的制作流程（见下表）。预热短视频制作流程通常分为以下几个环节，最重要的是脚本，它决定着整个短视频的拍摄思路。脚本要经过审核，审核通过后开始进入拍摄的筹备，筹备完成后进入后期阶段，后期制作完后要对整个短视频审核，审核通过后进行发放。与预热海报不同的是，预热短视频有自己的统计方式，从播放量，到转发率，到点赞、评论等互动都有自己的数据统计。通常用这些统计数据来衡量一个短视频是否有相应的价值，经常遇到的一种情况是，前期做短视频很辛苦，制作成本投入很大，但是短视频发出后，却发现播放量很低，所以在直播预热视频上很多人也会做一些有针对性的推广。

预热短视频制作	短视频脚本撰写	×
	脚本审核	×
	拍摄筹备	×
	短视频拍摄	×
	后期制作	×
	短视频审核	×
	短视频投放	×
	数据统计	×

推广筹备期 ④ 数据跟踪

做直播预热最大的目的是提高直播间的订阅量，提高直播的关注度。如在看点直播上预先建立直播间，然后通过二维码订阅直播间。这类平台的直播，需要定期观测直播间的订阅量，这类直播间的权重关系是，你直播间订阅量的基数决定你在直播的时候直播广场的排序，也就是说订阅量高的直播间在直播的时候会获得更好的展现位置，获取更多的流量，所以做数据跟踪也是预热的一个常态化工作，通过数据跟踪及时调整预热的方案，如当你的直播间订阅量较低的时候，你要考虑是否给现在的直播预热加一些推广，来提高订阅量。

知识要点

1. 直播预热的必要的工作流程。
2. 直播预热如何影响私域流量。
3. 直播预热如何影响公域流量。
4. 直播预热的路径有哪些，分别覆盖什么样的人群。
5. 直播文案的写作技巧。
6. 海报的搭配。

小节测试

1. 尝试撰写一份直播预热工作流程。
2. 观察一下头部主播的一场直播要做多少个预热短视频。

3. 去抖音、快手找到直播预热相关的内容。
4. 完整学习罗永浩的直播推广内容。
5. 找十张预热海报，分别做设计分析。

第三节　直播推广

其实在整个直播系统中，预热推广的花费通常只占到直播推广花费的 1/5，因为直播推广是直接把流量引入直播间，而不是让大家订阅直播间，所以比起预热推广要更加的现实，但是难度也很大。预热推广的讲解中，我们把技巧学习放在海报、文案等内容上，这些技巧一般都是通用技巧，比较好理解。但是正式的直播推广，是以数据为导向的，根据数据不断地调整推广方案，这些就是经验层面的内容了，这一节我们讲解的内容主要是推广的经验与逻辑。

☆ 要点提示

A. 直播经理岗位说明书。
B. 抖音、淘宝两种直播经理考核方式。
C. 淘宝与抖音推广思维本质的不同。

☆ 教学目标

A. 能够理解直播经理的工作与绩效，找到相关的工作。
B. 熟练掌握淘宝直播后台及其直播推广后台。
C. 熟练掌握抖音直播后台及其直播推广后台。
D. 能够理解及时性直播推广操作核心。

5.3.1 人群标签

直播推广并不是简单地花钱，而是要知道如何更精确地花钱，那么怎么才能更精确地花钱呢？重点就是你要了解到你带货的商品适合针对什么样的人群销售，也就是说你的直播要推荐给什么人群看，这个就是人群标签，在传统电商章节里我们介绍过人群标签的重要性，同样在直播电商里人群标签也是很重要的。我们打开抖音也好快手也好，不同的人群看到的界面是不一样的，直播的界面也如此，也就是说直播行业也存在着千人千面的特性，根据你注册的信息，了解到你的标签，你的年龄、性别、喜好什么的，你就被打上了一个标签，系统会推荐给你感兴趣的视频，以达到让你尽快地在软件里活跃的目的。不同的平台，人群标签的叫法也不一样，传统电商京东、淘宝管人群标签叫作定向推广，在淘宝、京东直播中，把精准流量引入直播间同样也叫定向推广。如抖音平台定向人群还要细分，分为达人、明星及相似粉丝群体，通常我们在做抖音短视频或是直播的时候，都会有个对标账号，比如说我们的账号调性与对标账号一致，这个时候做直播推广我们就可以选定这个标签，把我选定的符合我直播间的标签人群引入到我的直播间，增加粉丝的数量；有效互动和观看人群标签，就是曾经在我的短视频中留有评论点赞等动作的人，也可以理解为我的短视频的忠实粉丝；参加综艺和影视的人群，这类标签主要是娱乐界人群，多用于电影剪辑娱乐新闻账号投放；最近在平台上有过物品购买的人群，如果你是直播带货，那么关注过你的商品或是购买过该产品的人群是主要的标签；行为兴趣分类及与商品相关的人群，是在原始注册中，把喜好划分在你直播短视频类别的人群。同样快手、视频号、看点直播等也有各自的人群标签细分，由于内容相似度较高，这里就不一一展开了，大家能够理解到直播推广主要就是操作标签、操作报价这一点就可以了。

5.3.2 如何做出精准的人群画像

人群标签是根据平台提供的推广方式细分人群的类别决定的，但是带货直播中，还有一个重要的工作是为了解你的产品的人群画像，当你完成了人群画像后，再与平台提供的人群标签相互结合，就能设计出一套完整的推广计划。在带货直播中会带各种不同的货品，这个时候通常一个直播间会根据直播的商品建立很多的直播计划。人群画像有许多的付费工具，如神策数据等，但是那些过于专业，多用于与新品研发相关的工作。在这里为大家介绍一款很好用的人群画像工具——百度指数，在直播这个环节中，应用百度指数做人群画像便足够了。

首先在百度指数中输入一个关键词，可以看到对这个关键词搜索最多的人群分别在哪些省份，它给我们的提示是，如果做地域推广应该重点投放哪几个省份。

第二个是性别分布，关注这类产品的男士多还是女士多，比如手镯，关注的如果是女生则多因为自用，如果是男生则多作为礼物，那么在你的直播中，如果对男生推广要有与礼物相应的话术，对女生推广，更多是围绕着产品本身。见下图。

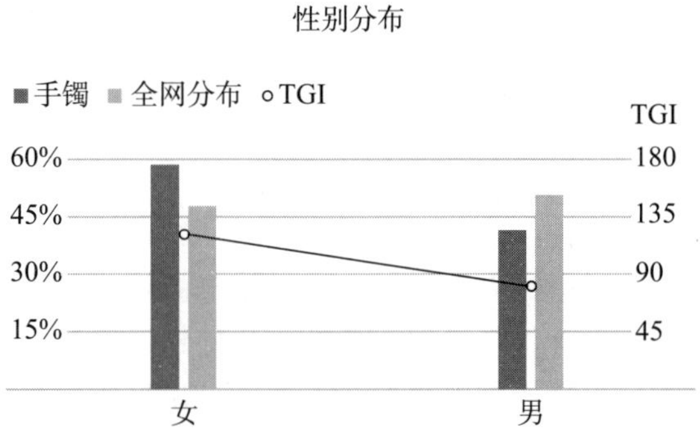

第三个是年龄，可以看出你的产品受什么样年龄层关注最多。见下图。

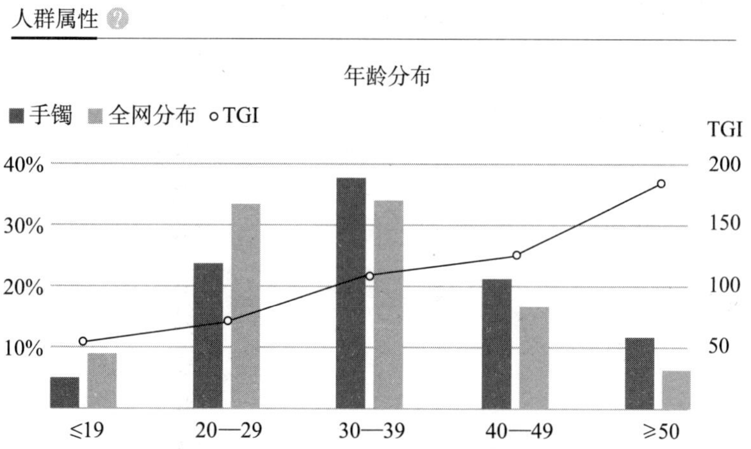

最后一个是兴趣爱好，可以知道在众多喜好中，常常搜索手镯的人还会关注什么样的信息。见下图。

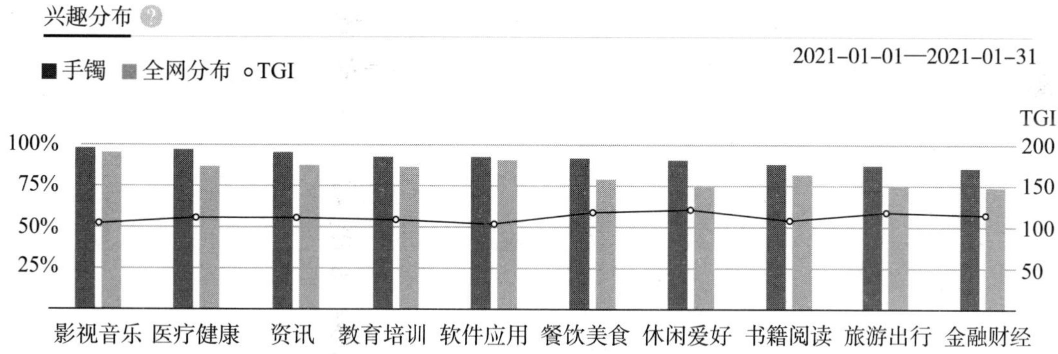

通过这些内容就可以较为轻松地得到一个人群画像，关注手镯的人，大多是来自南方城市 30 岁到 39 岁的女性，她们也喜欢关注影视、音乐、医疗、资讯等相关信息，有了这个人群画像后再和平台推广规定的人群标签相匹配，就可以制定一个较为清晰的推广计划了。

5.3.3 如何做定向人群直播推广计划

了解产品人群画像的目的是让我们更好地建立推广计划。推广计划的核心在于如何把精准的流量引入直播间，精准流量是指能够或有意向消费你的商品的人群流量。在真实的直播环境中，我们会根据产品的特点建立不同的推广计划，面向不同的人群，当推广开始后，会去观测各个计划的数据变化，如转化率、流量、流量成本，等等，最终将几个标签横向对比，你会发现几组推广计划中有的数据呈现比较好，有的数据呈现并不好，呈现比较好的数据就是我们的精准数据。

以淘宝来说，它里面有个设置叫直播推广组，它其实就是计划组，如一个产品我们可以做三种到四种标签同时引流进直播间，则可以看到各个分组引流的转化情况，最终确定哪个标签是长期使用标签。如图。

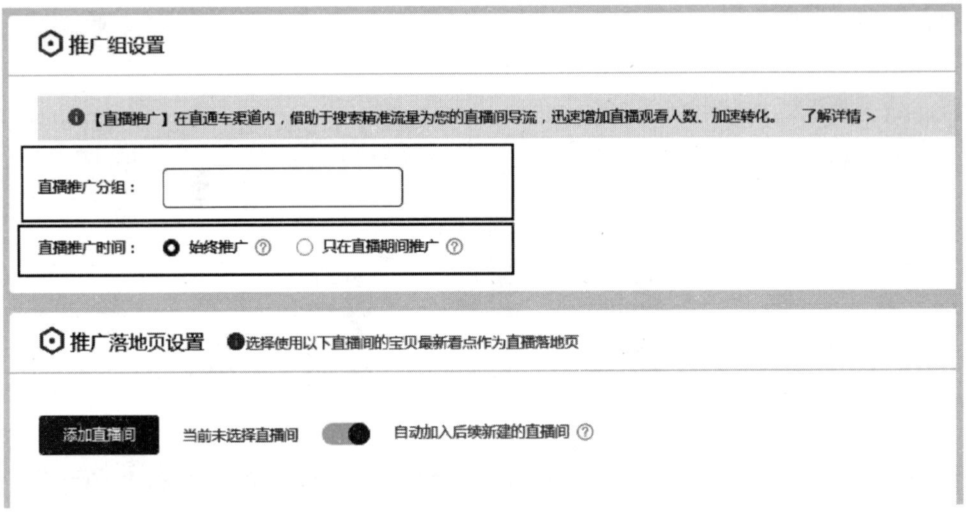

不同维度建立的标签组

见图。

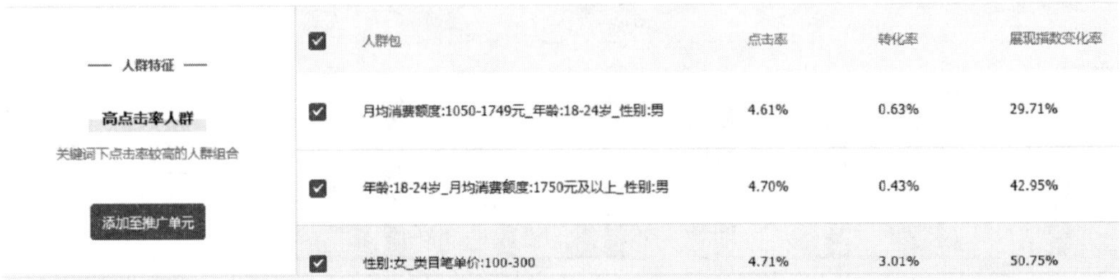

通常淘宝会给你三个选择：第一个是高点击量人群，是对产品日常关注度较高的人群；第二个是高转化率人群，是对产品有消费能力的选择的人群；第三个是潜力人群，在年龄上、月消费上接近产品指定画像的人群。这三个人群是淘宝自己智能建立的，在推广时不同的人群组会有不同的数据结果。通过最终的数据结果判断选择哪个需要加大推广力度，哪个要减少推广力度。

在淘宝系中除了直通车可以做定向人群标签外，还有超级推荐也有定向标签功能，它的主要应用方法和要点是：

首先在官网的产品栏目中找到超级推荐。如图。

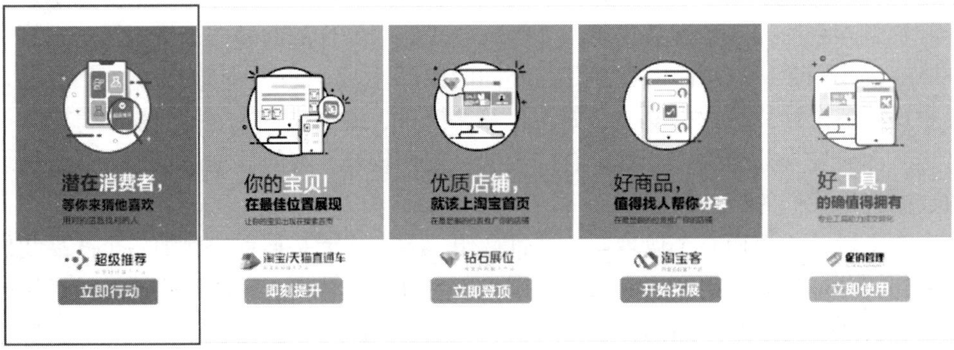

然后选中超级直播。如图。

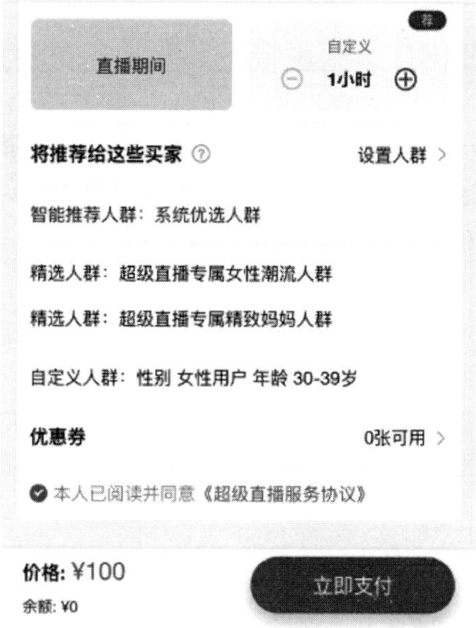

横向地对比直通车推广标签和超级直播的推广标签，谁的投入产出比值小，带来的收益最大，谁就是值得大规模投放的常态标签。

根据不同的标签维度进行不同的标签组合，形成了不同的计划，每个计划都做同样比例的投入，最终会测试出最适合的计划，这个就是定向人群推广计划，在直播运营中经常会出现失误的原因是只做一组计划，没有计划与计划间的对比参考，所以也就无法判断计划的合理性。所以有经验的推广，会为直播间设计好几组计划，最终选定最合适的计划，加大推广。

5.3.4 直播间导入流量的最佳时机

我们做一场直播，到底需要在什么时候开始导入流量，这是做直播运营需要掌握的一种能力。我们都知道做一场直播，流量不会是恒定值，就是说直播开始时的流量和结束时的流量会有很大的不同。一般情况下直播流量会出现三个高峰，第一个高峰是开播时的高峰，这些客户是收到了直播预热而进入直播间。第二个高峰是直播中的抽奖高峰，这些客户是因为直播间的观众发散推广消息而来到直播间。第三个高峰通常会在一些爆款的商品上，因为价格很有优惠会有大量的客户来购买。那么作为推广，我们导入流量的逻辑是什么呢？在之前的内容中我们学到，一场直播可以带多个商品；在定向推广中我们也学到，根据不同的商品会建立不同的推广计划。则在带货形式的直播中，最为重要的一个推广引流环节就是，在直播这个商品的前 5 分钟导入流量，通常直播一个商品大致需要 10 ~ 15 分钟，在前 5 分钟导流最有效，如果流量进早了商品介绍还没有开始，如果流量进晚了一些核心的功能已经介绍完成，所以大家只需要记住推广流量最好在介绍该商品的最初的 5 分钟导入。

5.3.5 直播推广的后台及推广运营逻辑

这里着重介绍淘宝与抖音的直播后台，从直播后台，到直播推广后台，到整个淘宝、抖音的推广逻辑，都会有细致的介绍，掌握这些，我们可以更好地理解直播推广的工作，同时也对淘宝与抖音的推广的差别有个初步的认识。

1. 淘宝直播后台

淘宝作为最有代表性的电商平台，目前的直播销售占整个电商直播销售的 80%，在直播的推广系统上也是最完善的。

我们来学习一下直播的数据后台，在生意参谋中，先找到直播选项，最早生意参谋中的直播选项是与内容选项合并的，但是随着直播所占的比例越来越大，生意参谋已经为直播独自建立频道了。

直播频道中的第一部分内容是你的直播与行业的整体对比以及你直播间的排名情况，这里的参考价值是你现在做的直播可以与行业同层商家形成对比。如图。

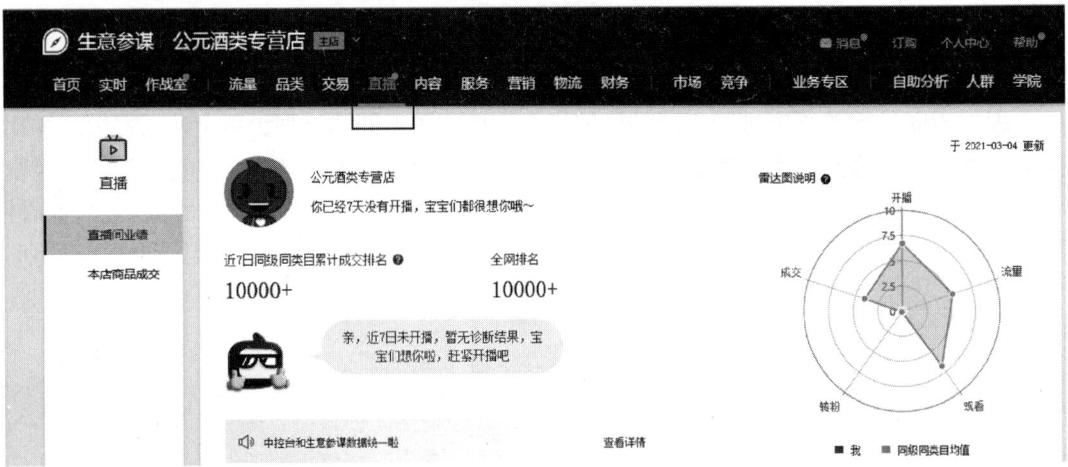

第二个内容是你直播的整体数据。如图。

直播间的场次记录，是按照场次记录的数据，可以有场次的数据，也可以有商品的相关数据。如图。

下图是你的直播订单明细，这里对于复盘很有帮助，我们在复盘内容中会展开讲解订单明细的应用。

直播间预售数据，前面我们学习过直播间的预热，在抖音、快手中预热的意义是直播间的订阅人数，或是直播间的粉丝数量，在淘宝中，直播间预热更多是做商品的预售，如一些限定款的产品，会以事先缴纳定金的方式来锁定货品，然后再通过直播间的方式对外销售，在服装行业新品预热+直播是普遍的配合方法。如图。

商品成交数据，在淘宝做直播主要是两种方式：一种是店家自己开的直播间，自己做直播；另一种就是找有粉丝的淘达人做的直播，也就是下图所示的合作直播间，里面销售所产生的数据都会有显示。

到这里关于淘宝的直播后台学习已经完成，通过这些内容的学习，我们可以知道直播的数据主要分两层，一个是直播间的数据，一个是商品的数据。

2. 淘宝直播推广后台

随着直播在淘宝中占据的比例越来越高，直播推广的后台也越来越相近，此处内容的重点是淘宝直播的推广后台。淘宝中常用的直播推广后台主要有两处：一处是超级推荐（是定向人群细分的推广方式）；一处是直通车推广，按点击付费推广方式。下面分别介绍，首先看一下超级推荐这种推广方式的后台，在下图界面中找到超级推荐。

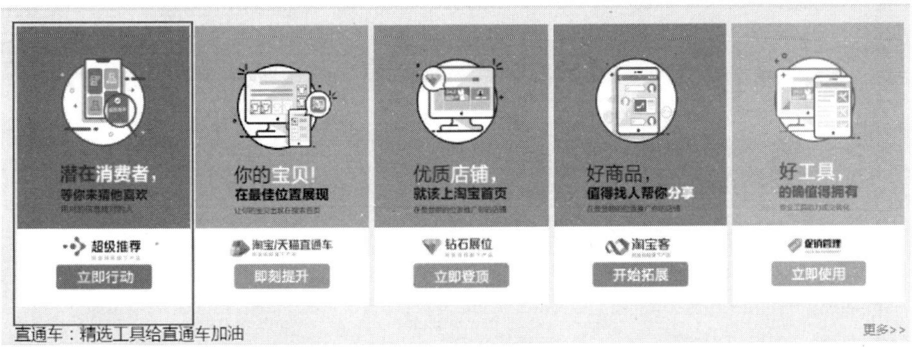

在下图超级推荐中找到直播推广。

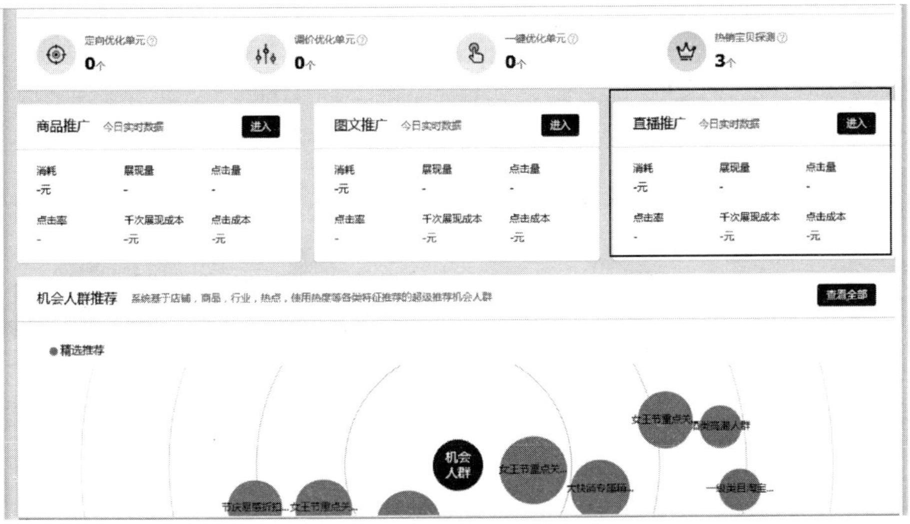

下图，进入到超级推荐—直播推广页面，这里主要是采集直播间推广的相关数据（注：不是直播间的整体数据）。

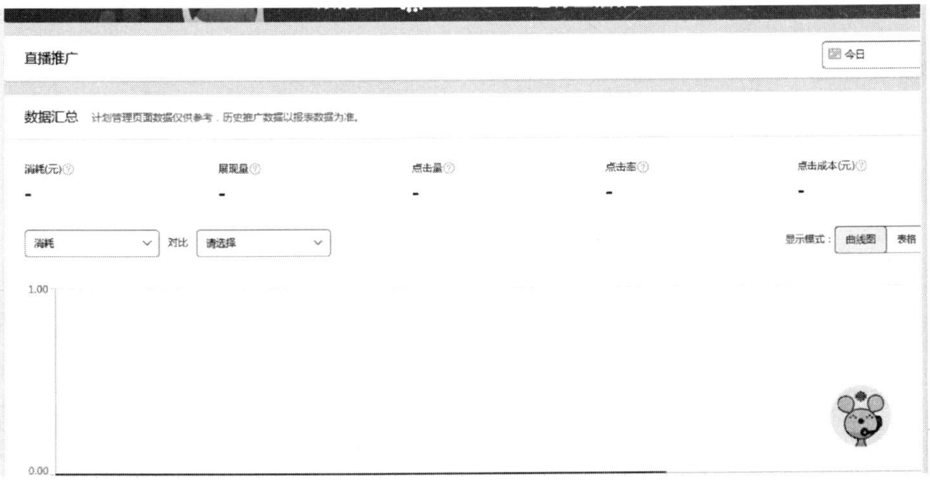

在下图的选项中选择计划中的新建推广计划。

推广主体选择超级直播。如图。

在超级直播中选择新建推广计划。如图。

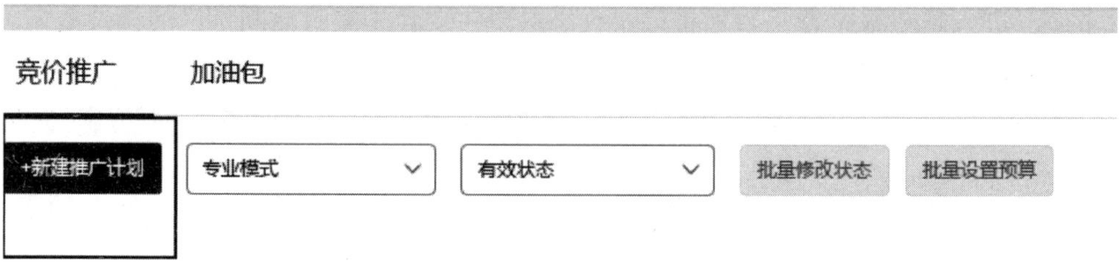

这样就可以看到定向人群页面，选择适合直播间的人群，就建立了一个直播计划。如图。

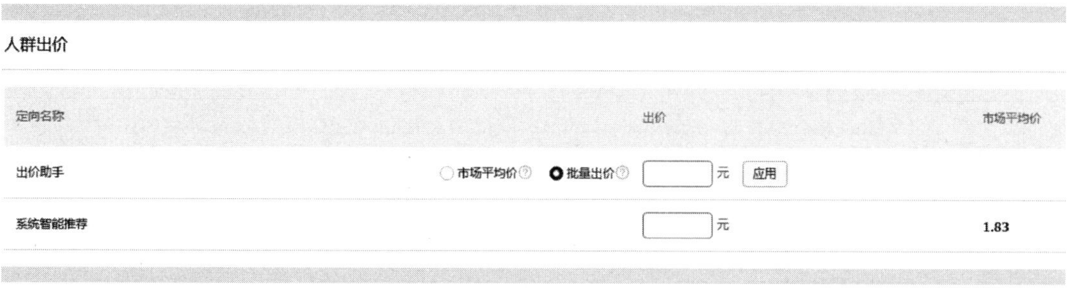

以上就是超级推荐直播推广后台，它的特点是根据定向人群做推广，推广页面主要出现在淘宝直播频道。

淘宝中还有一个可以做直播间推广的后台，是直通车后台的直播选项。我们先从淘宝的后台找到直通车推广。见图。

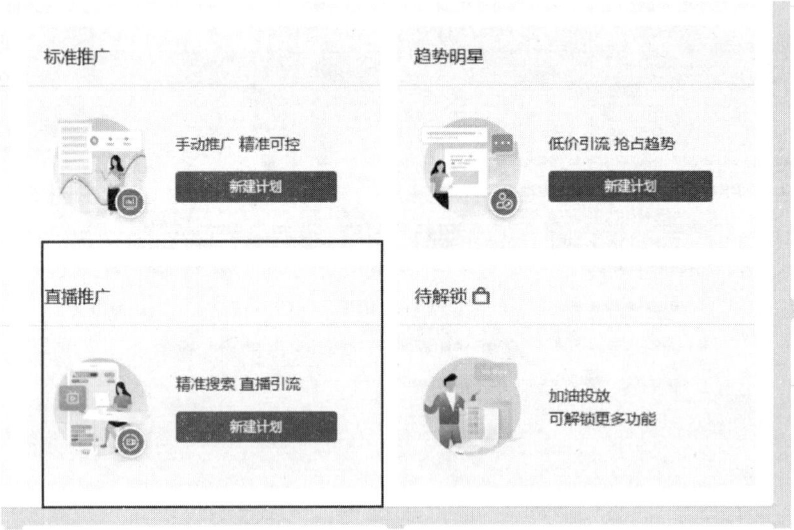

我们会看到直通车的推广页面（下图）。

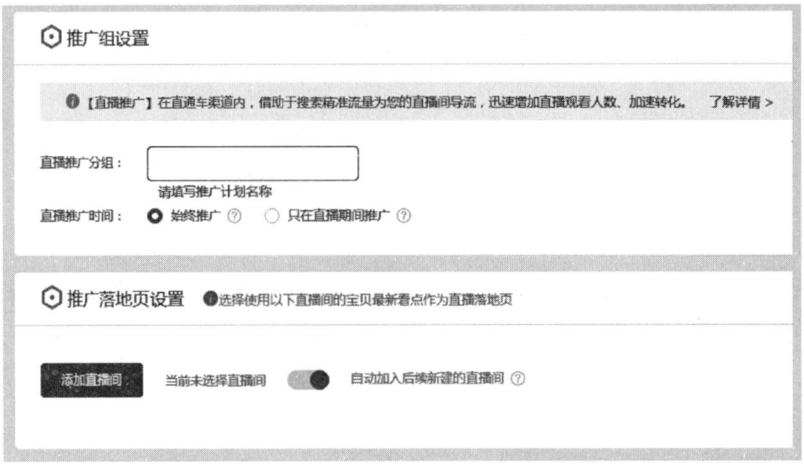

先建立推广组，然后选定直播间，选定商品，建立推广计划，进行推广。如图。

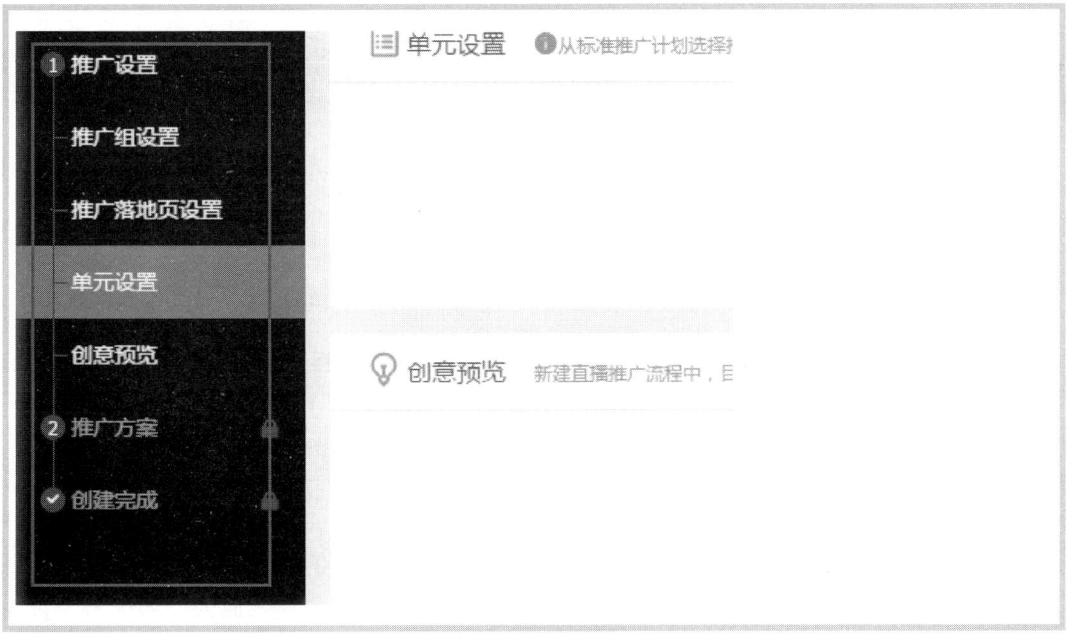

直通车推广与超级推荐有所不同，主要是体现在定向人群上，直通车的定向人群是以店铺为核心，因此会有店铺人群选项。还有一点不同就是基础属性人群，在人群标签上没有人群喜好选项。见下图。

以上是关于淘宝直播推广后台的讲解。

3. 淘宝直播推广运营逻辑

在上面的内容中，我们学习了淘宝的直播后台、推广后台，学习的目的是让我们更好地进入淘宝直播推广运营环节，在真实的运营场景中，大家用的后台都是同一个，但是每个人的推广技术却各有不同，这些技术的运用存在着一些逻辑，想要成为一名优秀的直播推广经理，这些逻辑是必须要去学习的，掌握这些逻辑后再加上自己逐渐深入的对于行业的了解，就可以成为优秀的直播推广人才。

首先我们要明白为什么要做直播推广，直播究竟解决了行业中的什么问题，各大平台为什么都争相竞争直播市场？

直播推广的第一层逻辑：有效提高推广转化率逻辑。

本书前面内容讲过，直播的本质是解决了转化率的问题，举个例子，当访客搜索到你的产品，只是看到图文后，100 个访客有 3 个人购买，转化率 3%，但是当访客看到你的直播的时候，100 个人会有 10 个人购买，转化率 10%，这个就是做直播的意义，可以有效地提升购买转化率。我们在书中讲解了这么多关于主播养成的内容，就是为了让大家严抓直播的质量，更有效地提高转化率。直播中的工作可以分为两个层面，一个是内功，是指你的文案，主播的功力是为流量转化服务；另一个是你的外功，就是你通过推广引入精准人群的能力，为的是带来更多的优质流量，之前所讲的人群标签、画像、计划组便是对外推广引入精准流量可以用的工具。

直播推广的第二层逻辑：精准推广对比逻辑。

之前我们讲述过，在淘宝的直播后台中，通过淘宝直播间有两个引流渠道，第一个是直通车直播间内容相关的引流，第二个是淘宝为直播新开通的工具叫超级推荐，两个工具的原理都是标签精准推广，我们做推广的目的是，用低成本引入精准流量，降低成本不是简单地降低整个推广预算，而是降低单个流量的引入成本。现在正好有两套推广工具可以使用，我们根据不同的人群建立不同的推广计划，然后在直播中同时做几个推广计划，最后将计划做横向对比，哪个计划转化率最高，流量成本低，就加大哪个计划的推广力度；哪个计划流量成本高，且转化成本不理想，就放弃哪个计划，最终通过层层筛选出来的计划，就是收益最稳定计划。见下图。

这就是我们发现为什么运营好的店铺，它的推广费用反而并不是最多的道理。

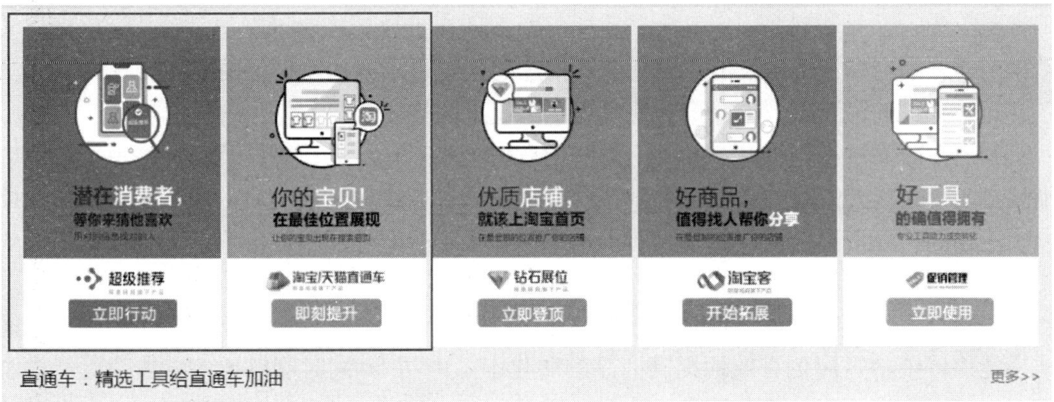

下图是超级推荐中的直播推广选项。

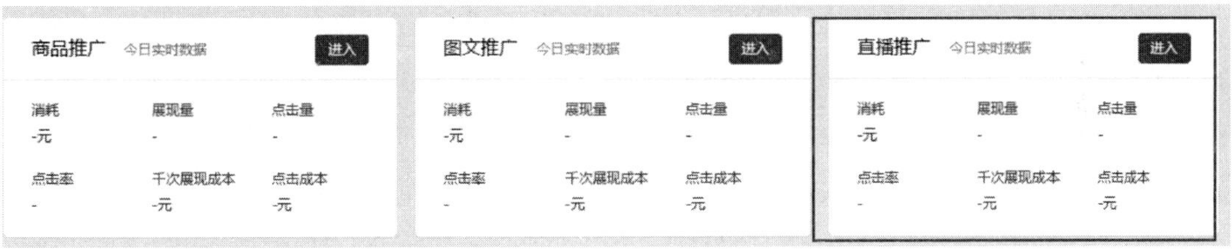

下图是直通车中的直播推广。

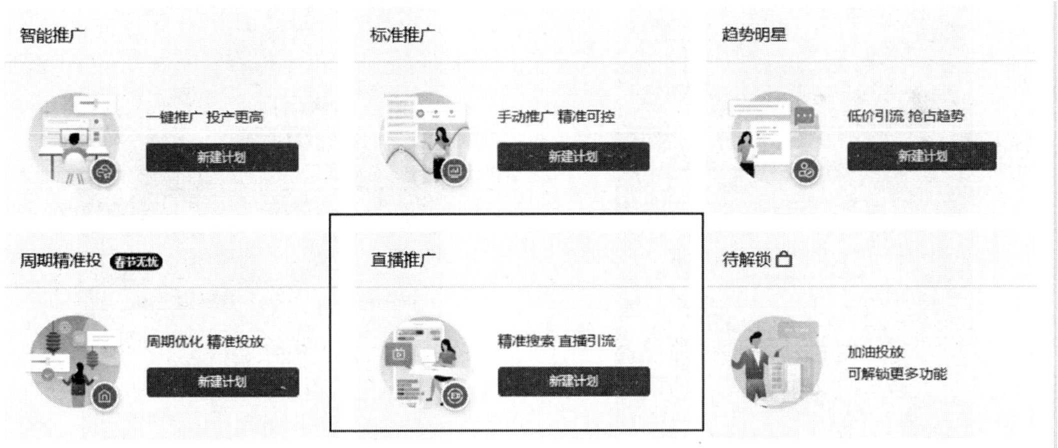

直播推广的第三层逻辑：公域流量之直播广场权重。

做一场直播，流量不仅仅是来自私域流量，同时也来自公域流量，那么淘宝直播的公域流量来自哪里？怎么获取呢？淘宝上有自己的直播广场，当你做直播的时候会去累积直播的权重，直播权重高会在淘宝的直播广场排名靠前，排名靠前更容易获取点击，所以直播广场就是直播的公域流量入口之一。我们最初做直播，都会有一个过程才能收到效果，这个过程就是指积累在直播广场排名值，使之靠前的过程。

直播推广的第四层逻辑：直播间专属的活动。

除了在直播广场获取流量外，直播还有自己的专属活动，我们想要获取更多的流量有时并不一定要有花费，或是要积累权重。淘宝的直播发展很迅猛，现在的直播专属活动几乎都是免费的，由于现在固定开店铺直播的商家还在少数，相对于其他活动，淘宝直播活动报名通过率更高，所以我们在做好花费推广的同时也不要忽略掉免费推广。

直播推广的第五层逻辑：推广流量与自然流量的配比。

我们在前面学习传统电商的推广的时候有一个难点，就是流量配比，简单地说，推广不只是能带入收费流量，当淘宝看到你的推广时，也会给你配来相应的免费流量，所以要用推广去撬动免费流量。在传统直通车带来免费流量有配比政策的同时，直播间推广形成了一个新的免费流量配比路径。这个就是直播间推广流量配比的逻辑。

五种直播间推广流量讲解完了，我们做一个总结，为什么要做直播推广，是因为直播推广能比传统的页面更有效地提高商品的转化率（内功），同时能够比传统电商更低成本地引入精准流量，在公域流量获取的入口上有自己的频道——公域流量池，同时有自己的流量配比政策，掌握这五大淘宝直播推广逻辑，你才能是一名合格的直播推广人员。

4. 抖音直播数据

在学习了传统的以淘宝为代表的电商直播推广后，我们来学习一下直播电商的代表抖音的推广。和淘宝直播的路径一样，我们首先来了解一下直播电商抖音的后台，看一下后台都给我们提供了哪些数据。先来看一下进入直播后台的路径。

如图：在抖音页面点击右下角的“我”。

① 进入菜单栏找到创作者服务中心。

② 点击创作者服务中心进入主播中心。

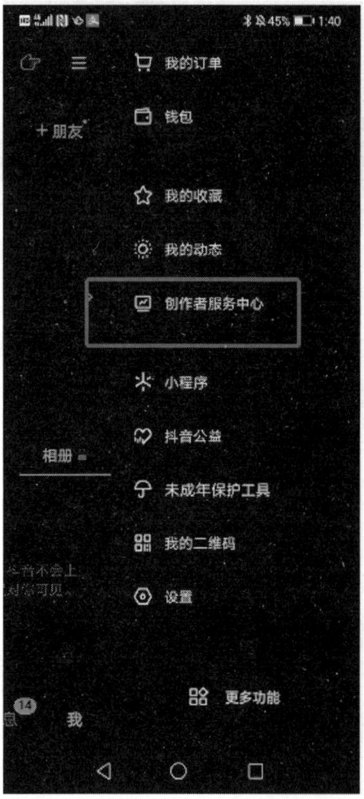

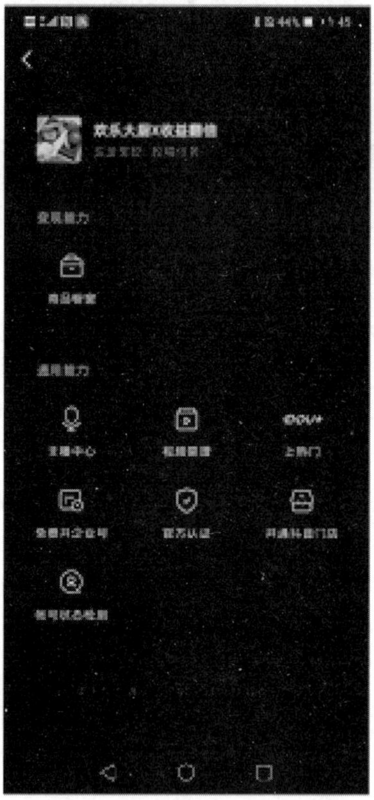

③ 进入主播中心后我们就可以看到抖音的直播后台。

④ 点击数据选项就可以看到直播的累计数据。

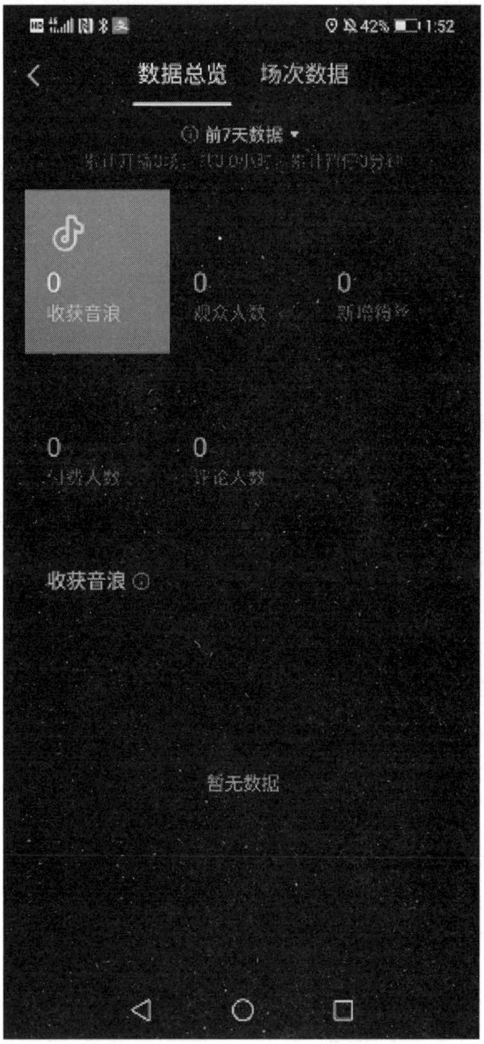

抖音的直播后台相对简单，我们就不一一介绍了，唯一要注意的是抖音的直播有两种变现模式，一种是礼物，就是我们现在在直播后台看到的音浪变现，一种是通过带货变现。在抖音后台中只体现直播变现的数据，带货的数据体现在巨量引擎的后台。

5. 抖音直播推广后台

在学习抖音推广后台之前，我们要了解一下巨量引擎。巨量引擎是北京字节跳动旗下的大数据营销服务平台，我们所知道的抖音、今日头条、西瓜视频等全是字节跳动旗下的产品，巨量引擎的强大之处就是整合这些产品的大数据，可以实现多渠道推广。由于推广平台的众多，积累的大数据人群就多，可以据此做出更细致的标签，这也就是抖音可以与淘宝抗衡的核心价值点。

6. 抖音直播推广逻辑

抖音属于直播电商，它的推广逻辑与电商直播的淘宝有很大的不同，通过前面内容的学习我们了解到，抖音的直播和淘宝的直播在选品策略上有很大的不同，抖音在选品上、推广上更加宽泛。下面介绍几个抖音推广的通用逻辑。

◉ 通用逻辑 ① 主播粉丝、产品定向客户推广客户的匹配

做抖音的都知道粉丝的重要，每个主播根据自己的短视频、直播积累的粉丝也是不同的，在做直播选择的时候，优先考虑的是私域流量就是自己的粉丝群，在选择商品上也以自己的用户群为重。通常在做一场抖音直播推广的时候我们会匹配三个画像：第一个是主播自己的粉丝群的画像，分析他们的特征、喜好;第二个是对产品有需求的人群的画像（如何制作参考本章第一节内容），在这个环节虽做不到多么细致，但是也会锚定出这类人群除本类产品外还会对什么感兴趣；第三个是推广的标签，推广的标签是自由设置，要结合客户的粉丝标签和需求人群的标签做设置，由于标签的颗粒度细致，可以做出多组计划用于观测对比。

测试对比的方法和原则同于淘宝直播的计划策划测试环节。

◉ 第二个核心逻辑 ② 抖音的公域流量推送逻辑

在抖音中不仅仅是每个计划人群有标签，同时每个抖音号还会有自己的标签，根据标签抖音平台会选择给它推荐什么样的人群，什么样的内容，在直播中当你做推广的精细化标签的时候同样也会影响抖音系统对你账号的判断，会默认你直播间进来的人群就是你的精细化人群，以后直播间配流的时候以精细化人群为主为你配流。我们会发现抖音直播分两种：一种是全品类大流量的带货，其优势是自身已经完成了社群的搭建，可以更多地支配自己的私域流量；还有一种是固定就带一个类别的主播，别看流量没有那么大，但是转化率做得好，这个就和推广做得好有关，长期吸收固定标签的人群，长期带货符合固定人群的标签的产品，这样久而久之也形成了一种良性循环。

5.3.6 直播推广经理岗位说明与考核

在直播体系中，推广是极其重要的工作，所以在成熟的直播体系中，推广经理是个必不可少的职位。在这里我们研究推广经理的岗位说明书，作为一个合格的推广经理应该具备的技能有哪些，推广经理的考核方式是什么，这些对于大家日后择业创业，都有很大的帮助。

1. 直播推广岗位说明书

在前面学习了淘宝（电商直播）和抖音（直播电商）的推广，我们可以看到推广对于直播来讲非常重要，由于推广的工作比较细碎，通常在一些成熟的直播公司中，都会配有专职的推广经理，此处重点讲解直播推广经理。在直播行业中，其他的部门都是帮助公司赚钱的，唯有推广部门是“帮助”公司花钱的，而且能做到推广经理的位置通常个人收入不低，所以对推广经理的任职标准与考核相对其他部门也是最严格的。

下表是我公司推广经理的岗位说明书。

推广负责人岗位职务说明书 制表日期

部　门	星播电商	岗位名称	直播推广负责人
任 职 人	××	任职人签字	××
直接主管	××	直接主管签字	××
任　职 条　件	学　历	大专	
	工作经历	直播推广 2 年以上工作经验	
	专业知识	人群标签、CPM 和 CPC 推广竞价系统、推广逻辑	
	业务了 解范围	各个平台的推广方式、竞价系统	
岗位目标 与 权 限	目标：为直播间引入性价比高的流量，提高成交转化。 权限：向上汇报 1 人。		

岗位职责 以重要程度为序依次 列出每项职责及目标	责任程度 全责 / 部分 / 支持	标准 数量、质量
推广制定精准人群推广计划	部分	通过产品策划提供的人员标签做推广标签设计。
引流方案制作	全部	引流渠道、引流的方式以及临时增加或减少流量的依据。
直播推广	全职	在直播间负责直播间的引流，以及对流量的及时观测与调整。
直播预热推广	全职	能利用好全网工具对直播进行整体预热。
直播推广优化能力	全职	能够根据一场直播下来的数据对于推广方案进行优化修订。

整体工作描述：

负责直播间推广流量的引入，同时制作引入流量的标签，使直播间引入的流量是高性价比流量，及时观测直播的效果，决定后续是否增加或是减少流量的投入，将每次直播的流量进行最终推广分析。

我们可以看到对于推广经理的要求是十分高的，首先在工作经历层面，有过两年以上推广部门工作经验的人，才可以担任推广经理一职。我们也说过推广的细碎工作很多，而且不同平台的推广方式和技巧也会略有差异，有两年以上的推广工作经验，可以保证的是你能够接触到更多的推广方式。再有就是两年的推广工作经历可以积累不少工作经验并掌握推广的逻辑，这些经验和逻辑才是企业最为看重的。

在专业知识上，推广经理首先要学会制作推广人群标签，电商推广的竞争实际上就是精准人群出价的竞争，精准人群的依据来自客户画像，最终形成人群标签，对于产品人群画像的应用和各大平台人群标签推广计划的应用是必不可少的技能。懂得了人群标签，下一步就是推广的方式和出价，直播最常见的两种方式就是 CPC（按点击付费）和 CPM（按展现量付费）竞价付费，在推广经理这个行业中，懂得 CPC 和 CPM 只是基础，最重要的是能够根据产品特点和推广平台找到自己的推广逻辑。80% 的推广经理都懂 CPC 和 CPM，但是只有 20% 的推广经理懂推广逻辑。推广逻辑也是推广经理必须掌握的内容。他们的工作通常向运营总监进行汇报。

下面说一下推广经理的几个职责。第一个职责是会做精准人群标签，这个并不是全职，在体系健全的直播体系中，选品师会提供产品的精准人群标签（根据百度指数），推广经理收到产品标签后，根据产品人群标签的维度将精准人群标签带入后台，再去匹配相关的推广任务标签（后台设定）。第二个职责是制订引流方案，就是在推广前根据对产品的把握，选择 CPM 还是 CPC 的推广方式，这两种不同的推广方式代表的出价方案也会不同。第三个职责是负责整个直播预热推广的流程管理。第四个职责是其在直播进行中的推广能力，根据直播产品的不同及时调整推广计划，给正在直播的产品引入更多的精准流量。第五个职责是对直播的优化能力，是指在直播复盘后，对整个推广进行总结，并根据总结制定出优化方案，以备下次推广的时候使用，这个也是提高推广经理工作技能最有效的方式，在很多的项目中，大家并不重视推广复盘，这样做不仅仅对项目不负责任，同时推广经理自身的成长也会特别慢。

2. 直播推广岗位考核

有岗位责任就要有考核，制定推广经理的考核标准是件非常难的工作，但也是必不可少的一项工作，在推广经理的考核体系中是以数据作为最终评测结果的。由于抖音和淘宝的本质形态不同，在推广经理的考核上也不同。

先来看电商直播的淘宝。淘宝是交易为主的平台，在交易的数据上也最为详尽，但是难点在于建立考核标准上，目前常用的考核标准如下：第一个是关于产品的推广能力。在最初推广经理不到位的时候，淘宝运营通常会借助工具，如开车精灵类软件，先建立一个初始数据，记录当前的直播推广情况（类似省油宝、快车助手之类的工具），它们的特点是根据行业的变化而去改变出价模式。在推广经理到位后，根据软件所取得的数据，再根据产品下个月的销售变化，由推广经理制定考核方案，但前提是推广经费一定要放大 3 倍到 5 倍，这里有个信息，很多的推广经理并不具备优秀的能力完成上级部署的数据任务，通常会以降低预算的方式来完成，而优秀的推广经理，会在将预算提高若干倍的情况下，依然能保持或是提高投产比数据，所以现在在淘宝推广经理考核上，推广能力是比较硬核和通用的考核方式。第二个是对于推广优化的考核。由于淘宝直播通常都是在反复卖店里的几款商品也就是爆品，这个时候考核的是推广优化能力，我们在之前反复地讲要建立多个直播推广计划，目的是进行比对，找到最佳的人群推广计划。通过对于几次推广计划的优化会得到一个出价与转化都最理想的计划，能够完美地得到这个计划也是对推广经理考核的内容，即推广经理的推广优化能力。第三个要考核的是直播间的权重排名，前面我们讲过直播有自己的频道页，直播间权重越高在频道页出现的位置也就越靠前，直播推广经理会随时关注直播间权重的变化，及时调整推广方案，增加直播间整体的排名，获取最佳的流量。把以上的内容进行总结，可以看出直播经理的考核第一是对推广预算增加数据稳定的考核，考核的是直播推广的细节处理，第二个考核的是推广复盘中的查错改错能力，也就是直播优化能力，最后考核的是为直播间获取淘宝公域流量的能力。这三个也是淘宝直播推广经理的核心考核标准。

直播电商抖音的考核方式截然不同。我们知道抖音更多是以短视频内容为中心，直播带货是个辅助性的工作，而且带货的品类不受限制，不会出现类似淘宝直播带货的问题，如一些商品反复地卖。抖音直播经理考核，更多考核的是临场方案调整的能力，抖音带货也是事先做好定向推广计划，然后在主播开始销售这个产品的时候，推广经理进行临场推广，这个时候主要是根据数据来判断是否需要加大推广，通常就是两种情况：一种是直播的效果特别好，推广经理会直接抬高竞价，以获取更多的精准流量，我们经常会看到有些主播会把产品重复播两轮，就是这个原因；还有一种情况是直播的效果不理想，推广经理便适当地降低推广的份额，以求避免过大的损失。如果把淘宝推广经理考核看作一个对其在相对长期的工作中能够不断优化提高推广效率的能力的考核，那抖音直播经理考核更多的是针对其临场判断和协调的能力的考核。

名词解释

“种草”金额：是指客户进入直播间，当时没有消费，但是该客户在15天内有消费的金额。

知识要点

1. 如何制作人群画像？
2. 什么是人群标签？
3. 淘宝直通车关于直播推广的应用。
4. 淘宝超级推荐关于直播推广的应用。
5. 抖音巨量引擎关于推广的应用。
6. 推广流量导入是根据介绍商品为原则的。
7. 在介绍商品的最初的5分钟之内为最佳的导入时间。
8. 直播间的数据记录内容。
9. 直播间推广直通车与超级推荐直通车推广的不同。
10. 直播间推广五大逻辑。

11. 抖音带货的路径。
12. 抖音直播的推广逻辑。
13. 淘宝直播推广经理考核与抖音直播推广经理考核的区别。
14. 推广经理的岗位职责。

小节测试

1. 找到抖音、快手、视频号、看点的推广页面，了解以上几个平台的人群标签的细分。
2. 观测一场直播，看一下直播间流量的变化规律。
3. 直播间的数据记录内容。
4. 分别找到超级推荐和直通车直播间推广。
5. 完成一次完整的淘宝直播推广。
6. 在自己的抖音号中找到直播后台。
7. 找到几个大流量主播和专一类目型主播，分析一下他们整场带货的区别。
8. 进入淘宝后台建立几个不同的推广组。
9. 进入抖音后台建立几个不同的推广组。
10. 根据责任书中的内容重新复习一下整个直播推广。

第六章 直播运营

第一节 直播间内容

☆ 要点提示

A. 产品组合的方式与目标。
B. 不同类目的产品在直播带货中内容设计的异同。
C. 产品促销的方式。

☆ 教学目标

A. 通过课程学习，能够做好直播中的产品组合。
B. 通过课程学习，可以明确产品的内容设计方向，并可以完成内容规划。
C. 通过课程学习，可以完成产品的促销方案。

在直播运营中，直播间内容基本决定了一场直播带货的成败，任何与成交有关的事情本质上都是转化。为了有一个不错的结果，被转化的基数要高，转化率也要高，但是成交不可能一蹴而就，在成交前粉丝与主播之间需要一个培养信任的过程。沿着直播间内容作用思考，我们可以赋予直播间内容四个责任，分别是引流、留客、锁客和回流。为了更好地履行直播间内容的职责，直播间内容的设计分为产品组合、产品内容设计、产品促销三个模块，其中任一模块都需要独立实现引流、留客、锁客、回流四个目标，接下来将逐一为大家讲解。

6.1.1 产品组合

不同特征的产品在直播间有不同的作用，在上面课程中，我们把产品分为了引流款、形象款、利润款、爆款四个产品身份，在产品组合中，除四个身份的产品外，我们还需要加入一些惊喜福利，然后把它们有规划地排序以实现对流量的弱控制，共同完成产品组合肩负的引流、留客、锁客、回流的目标。在一场直播中，直播分为不同的阶段，流量是存在高峰和低谷的，我们要做的就是在流量低谷时拉高流量，在流量峰值时带货产品盈利，比如在我们刚刚开播时，直播间肯定是没有流量的，处于一个流量的低谷，那此时就需要有引流的行为和活动，为了开播后直播间流量可以持续增长，在开播欢迎、福利、福利预告、产品预告、第一款产品等直播的环节都需要有引流的内容设计，结合产品组合的5个内容，首先开播后马上就可以给直播间观众发福利，包括直播间推荐的第一款产品基本上是性价比超高的1款引流产品，在直播前期福利和引流产品的推动下，直播间的流量会出现一个小峰值，此时我们就要推出爆款的产品，之后依次是形象款和利润款产品，在经历福利、引流款、爆款、形象款、利润款直播阶段后，直播间流量一般情况下又会处于一个下降状态，此时我们需要再次进行引流或拉新，即流量低谷与峰值之间的“直播间和主播”行为的循环。

在整个过程中，福利、福利预告、引流款产品三者就可以实现引流、留客、锁客、回流的目标，有福利、有引流款产品吸引用户来，这是引流；有福利预告，用户一会儿会回来，这是留客；引流款产品的高性价比为实现锁客提供了很好的保障；每天有福利、有引流款产品，每天用户都会来，这是回流。

总括来讲，产品组合的价值就在于以福利和引流款产品拉高流量，以爆款产品实现高销量、优评价、高利润，以形象款产品提高主播形象，以利润款产品的返场可以获取剩余流量价值增加收益。

6.1.2 产品内容设计

我们一定听过“因材施教”这个词，这是一种根据实际情况进行方案设计的思维，产品营销同样需要这种思维，产品可以分为很多的类目，比如服装、美妆、美食、母婴、运动健身产品、3C数码，等等。其中服装带货时，把衣服搭配好穿上身示范给直播间观众看，带货效果会更好；带货美妆时，在直播间中现场化妆出来，带货的效果更好；直播带货美食时，一般情况下都会现场试吃，通过感官占领唤醒直播间观众对美食的欲望；在直播间带货母婴类产品时，最好的方式就是多分享一些选品的经验，多分享一些相关的养娃技巧；如果带货运动健身类产品，那对主播要求就相对高一些，首先身材要比较不错，另外也要懂运动健身的方法，并熟知健身器材，在教大家健身减脂过程中完成带货；对于3C数码类产品，买家会更加注重它的性能，因此在直播带货中，需要融入产品性能测试的环节。

通过以上内容我们可以看到，不同类目的产品内容设计方向是不同的，但是我们遵循了一个大的原则，就是用户在购买这个品类产品时最关心什么问题，我们就会沿着这个方向进行内容的设计。

根据产品价格属性的不同，产品内容营销的方式也会不同，主要分为高客单价和低客单价两种价格属性。

对于高客单价的产品我们一般会通过“产品优势及用户所得”的内容塑造，专注去打造产品的信任力与品牌力，而产品的促销策略只能作为辅助，因为高价的产品即使以6折在直播间销售，那单价其实还是很高，直播间消费者的购买压力也还是比较高，在这种情况下，如果他们不认可这个产品，打折也依然不足以影响带货结果。而如果直播间用户认可了这款产品，即便以9折在直播间销售，他们也会购买。值得注意是，在这里我们不是说促销对高客单价的产品没有效果，而是在强调产品价值的塑造是高客单价产品带货的核心。

对于低客单价的产品我们会以促销策略为主，用户在购买价格低的产品时决策压力很小，几乎是那种可以任心而为的感觉，就是我想买就要买，因此促销策略就会特别有效，比如45.8元的一个可折叠床上电脑桌，无须过多地去塑造它的品质，因为大家在意的可能就是它的便捷性和颜值，更重要的是它的价格，可以做立减20元的产品促销，在这里大家也要注意，以促销策略为主并不是说产品的品质不重要，而是指在低客单价的产品带货中，我们要更多地去强调产品的优惠力度，渲染一种再不买就亏了的氛围。

6.1.3 产品促销

任何一场直播基本都围绕着“产品促销”进行整体的策划与设计，在直播间购买产品更实惠已经是直播带货的一个必要标签，所以产品促销的设计是非常核心的工作，常见的促销方式包含降价式促销、有奖式促销、打折式优惠、任务式促销、试用式促销、赠送式促销、组合促销、专属身份促销8种方式。

降价式促销是指产品直接降价，如原价120元，现在立减48元；同一种优惠力度也可以用不同的方式，比如原价120元，今天拍3送2。

有奖式促销是指提供抽奖机会的促销方式，如：“凡是今天在直播间下单的用户都可以免费获得一次抽奖机会，有机会抽到‘免单卡’，不知道哪5位幸运的伙伴可以这么幸运？”

打折式促销是指通过产品折扣的形式进行产品促销，如：原价120元，现在可享6折优惠，最后还剩20个名额。

任务式促销是指让直播间用户完成任务而获取优惠的促销方式，如：邀请3人进入直播间就可以获得30元优惠券，满50元可用。

试用式促销是指在直播间发放产品试用装，这样第一可以获取新的客户，第二可以促进直播间观众下单购买，如：关注主播就可以领取试用装，只要下单任意产品就送试用装，等等。

赠送式促销是指为产品配备额外赠品，即买就送，如：今天购买2支牙膏的伙伴，会再赠送一支牙刷。

组合促销是指把几件产品组合在一起设置促销，如平时大家买洗发露都要30元，买沐浴露也要50元，而今天在直播间购买沐浴露和洗发露的套装仅需49.9元。

专属身份促销是指为粉丝或者下单的用户单独设置福利和促销策略，比如设置粉丝专属折扣；为用户设置生日福利，等等。

以上就是常见的一些产品促销方式，当然还会有更多，大家可以在工作中探索和创造更多的促销方式，补充到自己的知识体系中。

名词解释

1. 锁客：直播带货中的锁客是指引导对方在直播间下第一单，用户下了第一单就被称为锁客，因为下单后用户有了体验产品的机会，我们也可以继续与用户产生持续的连接。
2. 回流：直播带货中的回流是指粉丝再次来到直播间，也指用户来直播间复购产品。

小节测试

1.（理论）请完成直播内容规划设计的思维导图。
2.（实训）请根据课程内容，完成对已选产品的产品组合、产品内容设计、产品促销的内容规划设计。

第二节　直播间的营销活动

在整个直播的运营环节中，除了做好选品，主播做好展示外，还有一块很重要的内容就是直播间的氛围，直播之所以能够超过电视购物的原因是，直播间能够给观众提供实时参与的营销的氛围，所以做好整个直播间的氛围也是一场好的直播必不可少的因素之一，我们管这个氛围统一叫作直播间的营销，本节将系统讲解目前直播间主流效果较好的营销方式，并会详细讲述使用这些营销方式的技巧。

☆ 要点提示

直播间各种活动技巧。

☆ 教学目标

能够独立策划直播间活动，并能应用技巧，达成最终目的。

6.2.1 直播间活动之关注红包

关注送红包，是早期直播间主播重要的营销工具。现在各个平台开直播的主播很多，在开播伊始，并不会得到很好的流量扶植，直播间里人气很低是常态化，主播在直播中也会略显尴尬，没有人互动，没有人点赞，这个也就是很多的主播坚持不下去的原因。最初的直播效果也是平台系统判定你直播质量的重要因素。所以很多有经验的直播公司都会把推广费用砸向最初的几场直播上，比如某知名主播在第一场直播预热所做的投入远超于后续的投入，就是为了直播的“开门红”。最初的几场直播很重要，那么作为直播间活动应该如何配合呢？这里最常见的活动就是“关注送红包”，刚开始直播的时候来的人是第一次走进你直播间的，很难对你的直播形成印象，这个时候关注送红包是最可取的方法之一。表面上看起来这种方法很亏，毕竟来个人只要加了关注就要送红包，而且他们与直播间的黏性并不强，大家是为了收红包才来关注你，其实换个角度想想，第一次做直播，能够让很多的粉丝加你的关注已经是很不错了，至于黏性，可以后续通过你的直播质量、主播 IP 慢慢形成。最初期的目的是做到迅速提高关注度。

另外，加关注送红包还有两个隐藏的好处：第一个好处就是增加社群数量。在很多的平台上即使你加了直播间，平台功能也不能实现一对一送红包，这个时候最好的方法是把加你关注的人引入你社群，在社群中开始抽红包，这样可以快速增加你的社群人数，为接下来的宣传、裂变提供很好的基础。很多新入行的主播往往不具备这样的经验，失去了很多转化社群的机会。我们常常惊叹那些头部主播为什么会有这么多的关注？其实在他们最初做第一场第二场直播时和我们一样，也是观众很少，但是他们是最早对直播＋社群有反应的主播，懂得利用“加关注送红包”的方法来迅速加大自己直播间的关注度和社群的数量，才有了今天的体量。

第二个好处是我们知道直播的公域流量很大一部分来自直播广场，那么直播广场排名又是由什么决定的呢？是你的权重。我们看直播广场会发现，直播广场中的推荐，经常推荐的是直播刚开始一个小时内的商家，如果商家已经播了三个小时，马上下播，直播广场通常不会推荐，所以在直播开始的第一个小时竞争是最激烈的，加关注送红包，可以大大提升关注率，系统采集你的数据，会因为你的关注率默认为你是优质直播间，不仅会配发给你公域流量，更重要的是还能提高你在直播广场的排名以获取更好的位置和更多的公域流量。我们在直播广场中也经常发现有很多开直播没有多久，场观人数并不是很好的直播间前置，这个就是关注送红包带来的权重价值。在初期做直播的时候，一定不要忘记加关注送红包。

6.2.2 直播间活动之抽奖

抽奖是现在直播间最常见营销活动方式，在上一环节中我们简单介绍了抽奖在直播中的应用，做好抽奖也有许多的技巧。在不同的时段使用抽奖活动方式能够有不同的效果，通常抽奖环节也是和直播推广相互配合，才能达到期望的效果。抽奖有个通用目的，就是把直播间的观众拉进社群，我们知道主播的社群积累是个很漫长的过程，通过抽奖能够迅速达到积累社群的目的，所以不管你是什么时段抽奖，第一件事就是建立好社群，以便抽奖的时候能够把你的场观引入到社群中。再有就是抽奖的时段不同，效果和目的也截然不同，现在直播抽奖尤其是抽大奖通常是在预热环节应用最为广泛。接下来介绍几种常见的抽奖营销活动策略。

※ 策略一：抽大奖

现在抽奖可以说已经成为直播间常态化活动，几乎每个直播间都有抽奖活动，奖品有大有小，可以说抽奖是增加直播间人气最有效的方式之一，如直播间送汽车、送手机都属于抽大奖的范畴。直播间送大奖，最大的价值在于以下几方面：第一，增加直播间订阅量，也就是我们说的直播预热效果，在预热海报上宣传主播、宣传商品的效果远不如宣传抽大奖，这样会让每个看到海报的人都觉得这场直播与自己相关，从而增加订阅量。第二，在直播头图上标明抽大奖，当你的直播头图在直播广场中出现的时候，你会发现你的点击率远高于平常的头图宣传，它是抓住观众猎奇的心理，都愿意进来看看是怎么回事而停留在直播间里等待抽奖。第三，抽奖之前的一个小时是推广力度最强的时候，这个时候通过推广，把流量大规模地引入直播间，并在直播间横幅上注明几点开始抽奖，这里我们可能会有疑问为什么不在抽奖前 10 分钟把流量引进来而是要在前一个小时呢？这里有个技巧，就是抽奖前的一个小时把流量引进来，可以让客户更多关注到你正在直播的商品，在等待抽奖时也有可能购买你带货的商品，所以抽大奖前的商品品类选择上也有技巧，多是覆盖面广，大家日常刚需的产品，米面粮油等，我们不管看哪个大主播的直播，最后的销冠（销售量冠军）通常都是刚需型产品。而刚需产品的流量一方面是靠自己的精准标签引流，还有很大一部分是靠抽大奖引流。第四，抽大奖的时候，通常会设定一些门槛，毕竟大奖并不是随意送出的，通常在送大奖的时候，对参与者会做如下提示，或是在本次直播消费过的客户，或是转发过本次直播间的客户，或是邀约 3 人到直播间的客户，这样的客户才有资格抽取大奖，这样做不仅仅增加了中奖概率，也可以让对直播间有贡献的观众享有更多的利益。

※ 策略二：抽小奖

上面说过了比较厉害的抽大奖，但并不是每次抽奖我们都要送手机或是汽车，直播间的抽奖活动也不是一种类型，我们现在要说的就是抽小奖，小奖的特点是奖品不是那么贵重，但是中奖人数多，中奖率高一些，同时也没有什么门槛。抽小奖通常是两个时机：第一个时机在直播最开始的阶段，比如在之前我们已经通过直播间抽大奖的方式，在直播的最初积累了很多的人气，这个时候通过抽小奖的方式可以迅速地积累社群（进入社群的人员才有机会抽奖）。第二，直播间最开始的时候，如果关注度高，会大大地提高直播间在直播广场中的权重，排名也会靠前，获取到更多的自然流量（详见加关注送红包权益），当你直播间没有抽大奖的选项时，抽小奖也是一个必要的引流方式，通常会安排在爆品前抽奖，常见的方法是在爆品介绍完后再公布最后的中奖截图名单，这样做的好处是为爆品积累一定的抽奖流量，增加爆品的转化。

※ 抽奖的工作准备

在抽奖之前还要做一些准备，以期达到更好的目的，比如我们要将奖品展示出来，无论是在直播间的桌子上，还是常规介绍中，都要对奖品有所展示，这样能够提升大家参与抽奖的热情，如果没有这些展示，会让观众觉得抽奖形同虚设，体验感不强。再有，抽奖的时候一定要有直播助理的配合，主要是配合抽奖的截图，并在社群中公布截图，最后根据中奖人信息发奖，这些是必不可少的工作。

6.2.3 直播间活动之点赞上福利

直播间互动常常是很难解决一个环节，并不是每个进入直播间的观众都有互动的欲望，所以会造成在线的人数挺多，但是感觉参与的人数很少，为此直播间通常都开发了点赞功能，就是在直播的右下角，有一个心形或是礼物的图标，每点击一下，就会有一个提示，这个功能也被称作软互动。借助这个功能，在直播活动的设计上也有了许多新的方式，点赞上福利就是最常见的方式。点赞上福利就是当你获得的点赞达到一定的数字，你或是为产品添加赠品，或是降低折扣，或是送红包让利于客户，目的就是让大家多多点赞多多参与，在直播间中并不是只有卖家和买家两个角色，还有大量的围观者，围观者可能对于这个商品没有太多的需求，但也会因为福利的原因参与点赞的活动，让整个直播间的气氛好起来。再有，点赞功能现在被很多的平台赋予权重，当你获得的点赞多的时候，平台会反补给你流量，最终你的点赞数量也会被纳入你直播间的综合成绩，所以点赞上福利也是直播间必不可少的一个环节。

6.2.4 直播间活动之秒杀

秒杀也是常见的一种直播间营销的方式，现在单纯打折已经不能引起关注者足够的兴趣，秒杀就变得很不同了，秒杀也有自己的成熟的玩法，如做秒杀之前一定要做足噱头，比如产品如何好市场上如何贵，在今天的直播间里将会有什么样的劲爆价格出现，但是库存有限，不是每个人都能买到，主要是看大家的手速网速之类的话术，就是让大家对于这个商品有所期待。这里有个现象不知道大家有没有关注到，秒杀经常做食品类产品，这是为什么呢？因为食品是以有效期作为价格标尺，如天猫、淘宝上凡是有效期在半年以内的都不能上架销售，而且食品也较为容易遇到库存积压问题。有很多的公司会大量收购有效期在 12 个月左右的食品，然后定期在直播间进行平价秒杀，既节约了成本又成了直播间很好的营销方式。

还有一种秒杀更为夸张，如一元买走 iPad，这类的秒杀同“抽大奖”作用相同，更多的是为了集聚人气而不是真的卖这个商品。

6.2.5 直播营销活动之助力榜

直播助力榜是各个平台新推出的功能，大致的含义就是谁邀请来直播间的人数最多，谁将获得榜一的位置，这个也是现在很好的引流的方法，我们之前学习过直播间在直播的过程中会发朋友圈，但是你的转发是否有效，就要看你在助力榜中的成绩和排名了。助力榜中排名高的人也是对你的直播认可度最高的人，我们可以想象在同一时间同一平台有这么多人在同时直播，为什么他就转发你的直播间，那一定因为他是喜欢你的直播、认可你的直播的粉丝。对这些对直播间引流有突出贡献的观众，我们都会设计一些活动来鼓励他们，常见的就是助力送奖品，对助力榜前三名会分别送不同的奖品，让大家更多地为你的直播间助力，也是为了感谢那些长期支持你的粉丝。

6.2.6 直播营销活动之社群活动

以上所说的直播营销形式，都是在直播间进行的，随着你越做越大，你的社群人数也必然越来越多，现在通过社群来反补直播流量的方式也越来越多，而且也成为头部主播的主流引流方式。比如，某头部主播是从淘宝直播间走出来的，但他为什么在抖音也会有这么多的流量？这就是源于该主播的社群管理，该主播通过直播积累了大量的社群，每当他新开一个直播的时候，都会在社群中发红包，通过做任务截图来领红包，那么他想让直播间什么时候暴增流量通过这种方式就可以达到目的。再结合运营，什么阶段引入流量会让直播间的权重最大化，就有了今天的效果，该主播无论在哪个平台直播，都会有很高的场观。而且社群的积累是不受平台任何限制的，把粉丝导入到微信中，用微信统一管理。这样再配合社群活动就实现了粉丝的转移，由一个平台转到另一个平台。

知识要点

1. 直播间加关注送红包的目的。
2. 社群引流的技巧。
3. 抽大奖抽小奖的技巧。
4. 点赞上福利的技巧。
5. 秒杀的技巧。

小节测试

1. 找到直播场次少却在直播广场前置的直播间，记录它的直播间活动。
2. 为某头部主播直播间抽奖环节做分析并说明目的。
3. 找到有秒杀的直播间，分析它的秒杀策略。

第三节 直播复盘

复盘是直播中的一个重要环节，它不仅有着自己的节奏，还同时对于提高主播的能力、提高推广的能力有着至关重要的作用。本章节的学习，我们会把复盘拆分开来，看看在直播完成后如何做复盘。

☆ 要点提示

A. 四次直播复盘分别都复盘哪些内容。
B. 全息复盘都包括哪些内容。

☆ 教学目标

通过复盘提高直播的质量。

6.3.1 直播复盘的重要性

如何能够提高直播的质量，如何能够提高推广的质量，这一切都要从复盘开始，复盘就是把今天已经结束的直播，从头到尾结合数据再做一遍并加以分析，通过分析寻找漏洞，做优化方案。在很多的企业中，经常会做直播，但是忽略了复盘，这样的直播可以说等于白做，或是说很难再去提高，经常复盘也是快速提高主播技巧的必要方式。根据直播的复盘结果提出的优化报告是下次直播的重要参考，一个好的主播在卖同一款商品的时候通常要复盘五次以上，主播能够通过一次次复盘看到自己直播的变化和数据的变化，自己的哪些行为提升了数据，自己的哪些不足影响了数据，都是通过复盘得出来的，基本上直播到了第五次以后就不用再做复盘，这个时候主播和推广的配合相对已经到了一个成熟期，到了第五次后意味着可以加大流量给主播和直播间，那么前三次需要复盘的直播我们也可以理解为测试。

6.3.2 直播复盘的四个阶段

直播复盘也是有次序的，我们知道一个成熟的主播要经过四次复盘，这四次复盘的内容很有讲究。先说第一次复盘，第一次复盘也叫作测播，是指不加入推广的直播，这个时候是主播第一次直播这个商品，主要复盘的是话术的流畅程度，产品的卖点是否介绍清晰，话术卡在直播过程中的应用，这个时候的复盘主要是对语言组织产品逻辑负责，不牵扯数据，目的是让主播尽快找到直播这款产品的感觉，并能通过自己对话术的分析，找出自己直播的不足，做优化，过了这个阶段的主播基本上对产品已经有了初步的熟悉。第二次直播这个商品是结合第一次的优化方案展开，复盘工作的重点是验证是否已经解决了第一次直播中的问题。第三次直播开始进入推广，就是通过推广给直播间进行引流，这个时候的复盘就不再以主播为中心，而是以推广流量为中心，复盘重点是取得这次直播各组标签推广的数据，进行二次优化，细化出价、细化人群、细化投放时间，通过复盘得出一组直播推广优化方案。第四次直播是推广和主播的结合，推广看的是优化方案产生的数据是否比第三次复盘结果要好，和主播的结合是看主播在用什么话术或是做什么动作的时候下单引导最高，查看是否要配合重复使用这个话术。到了第五次直播，就是一个常态化直播了，推广和主播已经相对调整到最佳的状态。所以，一般建议固定商品的直播最好复盘四次以上。

6.3.3 全息复盘之筹备篇

这里我们将带出一个新的概念，叫作全息复盘，顾名思义就是最完整的复盘方式，是指从项目的筹备期到最后结束每个环节的复盘，通过复盘来验证直播中的各个环节是否执行到位，是否执行出相应的标准。我们先来看一下直播复盘的筹备篇，就是复盘直播前所有的工作准备。前面的内容讲过，一场好的直播前期的筹备也很重要，那么这些筹备指的是什么，如何复盘呢？

前期筹备之预热推广复盘。好的直播都需要预热，预热推广复盘是指在前期预热资源是否充分利用，预热图片质量如何，以及文案质量怎样，最后考察的是整场预热的直播间订阅量。

前期筹备之直播场景。在直播中往往因为忽略一些细小的环节而酿成重大的失误，这个就是针对整个直播的场景各个方面而言的，场景包括你商品的摆放，在桌子上、在货架上的摆放是否凌乱，凌乱通常会带给人非常不舒服的感觉，常看直播的朋友会发现那些头部主播的直播通常桌面上很简单，只摆放当时正在直播的商品，这个时候商品的替换能力就要很强，在一组商品结束后立刻在桌子上摆放好接下来要直播的商品，而这些都是在筹备期需要完成的固定动作，复盘的时候也会重点通过直播中商品的摆放、替换等环节是否凌乱，来看相关筹备工作是否到位。

前期筹备之产品推广计划。在一场直播中通常会卖许多的商品，为了实现利益的最大化，我们在直播商品之前，会建立好每组精准人群推广计划，以便直播商品的随时切换，复盘时可以通过产品推广的切换来反观推广工作的筹备状况。

6.3.4 全息复盘之主播篇

复盘就是两个目的，第一是提高主播的直播业务能力，第二是提高推广的精准度。我们这里讲解的是如何复盘主播，主播在直播中会有两个文档，话术卡和产品卖点卡（详见选品篇），复盘的主要内容是看主播将这两个工具利用得充分不充分，话术卡上重要的信息和逻辑是否表达流畅，卖点卡中的产品卖点介绍是否完整或有诱惑力。在主播复盘中，可以看出来主播是否对商品熟悉，在卖点上话术卡上的内容是否有所遗漏。还有就是关于场景化的应用，在直播过程中不仅有口播，还有场景上的直播，如真实使用这个产品，使用这个产品的过程是否吸引人，等等。再有就是主播的压单能力，我们知道在一场直播的下单过程中不会正好是一分钟下一单，通常会在一个时间段集中下单，而在集中下单的阶段主播用什么行为或什么话术能够诱使大家下单是关键，主播复盘使我们可以知道主播在什么时间节点上用什么方式对下单最有效，促进主播反复记忆练习，通过反复练习对于直播产品越来越熟悉，技巧运用起来越来越得心应手，主播的功力自然会提高。

6.3.5 全息复盘之推广篇

在之前的学习内容中，我们知道推广是很难的一项工作，既要对比推广计划，又要掌握好引入流量的时间，一场直播的花费少则过万多则几十万，对于推广的复盘也是必不可少的。推广复盘考察的是一个事物的两个侧面，即推广计划的取和舍，在直播后，对比自己做的几个推广计划的数据，删除转化不好的推广计划，对于表现一般的推广计划进行出价的微调，调高数据好的推广计划出价，最终得出常态化的推广方案，这个就是推广的复盘。通常推广复盘要测试两轮才可以得到常态化的推广方案。

知识要点

1. 推广复盘内容有什么。
2. 复盘的重要性。
3. 四次复盘分别的目的是什么。
4. 直播筹备复盘内容有什么。

小节测试

1. 完成一次直播，并对推广工作进行复盘。
2. 做两次同样商品的直播，分别进行复盘。
3. 完成一次直播，并对筹备期工作进行复盘。

第四节　大型直播活动运营总控

我们进行一场大的直播活动时，为了保证不混乱，通常都会由运营出具一张总控表，总控表的作用是管理直播中的各个细节，责任到人，主要是关于每件事的完成标准和时间节点。做一场大的直播通常会消耗大量的人力、精力、物力，如果没有人来统一管理、调度，直播就会显得混乱不堪，所以总控是直播中必不可少的一个环节，也是运营重要的工作。

☆ 要点提示

直播间各种活动技巧。

☆ 教学目标

能够独立做直播总控。

6.4.1 运营总控表

以某次公益活动为例。如表。

阶段分解	二次分解	工作流程	执行责任人	统筹管理负责人	工作标准
	方案类	活动方案初稿	王 ××	刘 ××	介绍清楚活动内容和整体活动大流程。
		初稿讨论会	全员		
		初稿修改	王 ××		
		五地领导出场排序	王 ×、白 ××		出镜领导介绍。
		×× 区妇联，女企协、嘉宾领导出场排序	王 ×		出镜领导介绍。
		当天现场活动流程方案	王 ××		活动当天现场以时间为单位。
		方案确认	全员		
		主持人活动方案沟通	王 ××		
	话术类	直播间领导话术框架	王 ××	王 ×	
		五地连线话术框架	王 ××		
		主持人串词话术	主持人		
		样品准备	刘 ××		根据样品做产品话术。
		部分产品卖点话术	王 ××		
		产品话术制作培训（待定）	王 ×× & 刘 ××		
		最终话术确认（串词）	全员		

总控表中横向内容包括，阶段分解、二次分解、工作流程、执行人、统筹负责人、工作标准和时间轴。

阶段分解是把整个直播划分为几个阶段：直播筹备期、彩排期、复盘彩排期、预热期、活动期，也是从时间上记录一场大型直播从开始到最后结束的全过程，包括活动的筹备，筹备好了后进行一次彩排，彩排后复盘彩排纠错，直播预热，直播。

二次分解是每个阶段的细分，如筹备期我们要准备方案，准备话术，准备产品等相关的工作。

工作流程是指细分的每项工作的发起和结束，这件事是由哪个指令发起，由哪个指令结束。

执行责任人是这个指令谁来负责执行。

统筹责任人是这个二次分解的工作谁来整体统筹并确认完成，简单地说，就是执行是做事的，统筹是盯事的，通常大型活动不能只有执行，没有统筹，这样容易乱。

工作标准是指这个动作完成到什么质量算是真正的完成。

最后是时间轴，每件事完成的时间节点。

6.4.2 运营总控表案例分析

项目是 2020 年 5 月某机构做的扶贫区产品开放式（允许大家观看）带货活动，平台是腾讯看点，总人力 10 余人，当场销售额 72 万元，直播后销售额 33 万元，总销售额 105 万元，直播方式是直播间五地连线，直播时长是 4 个小时。

工作一，明确直播当天的人员及其分工。直播当天有直播主持人，直播间工作人员（直播助理）负责设备调试等现场管理以及维持现场秩序，直播社群助理拉粉丝进入社群同时充当直播间管理员角色，最后是直播辅助专员没有明确的分工，但是要求驻场当场临时调度。还有就是外场人员，在直播间以外的人员，由于活动是开放性直播，也邀请很多人来观看，场外需要人员维护秩序，因此安排了场控、协调负责人这样的角色，以便维护场外的秩序和保障场外场内的沟通。由于此次直播的内容丰富且形式多样化，所以需要有现场导演，安排机位，等等。由于我们的带货需要与贫困县五地连线所以需要专人负责五地连线的对接，谁先进入直播间，谁后进入直播间。同时需要有技术负责人，确保连线时技术环节别出问题。最后是这次直播会有自媒体报道，所以我们会安排短视频拍摄，以留存相关视频资料。

主持人：陈×、白××
直播间人员
现场管理员
群助理：
直播辅助专员：

场外人员
场控：王×× 、刘××、 王 ×
协调负责人：刘×× 、王×、 白××
现场导演：张×
五地领导 连线负责：王×、白××
现场技术负责人：王×、熊×
短视频拍摄、摄影：马×

重要时间节点：
3月14日完成整体筹备 3月15日完成整体串词连线效果等确认，同时全员预热；3月17日正式直播。

直播阶段又分为以下几个阶段：筹备期就是关于这场直播的所有准备；彩排期，这场直播要做一次彩排；彩排复盘期，根据彩排的结果进行复盘纠错，并优化方案；预热期指直播的预热活动；活动期是正式的直播。通过这几个阶段的划分我们会知道在直播之前具体有哪些大的事项。

阶段分解
扶贫直播筹备期
彩排期
彩排复盘期
预热期
活动期

其中最为复杂的是彩排期，彩排期第一个工作是方案拟定，任何活动的启动都是从方案开始，这里的方案主要是指活动方案，也就是这场直播怎么进行，当天直播的流程是怎样的，如直播几点开始，几点抽奖，等等。活动方案最终是通过会议确认，现场活动流程以和主持人进行完沟通为最后的节点。如表。

阶段分解	二次分解	工作流程	执行责任人	统筹管理负责人	工作标准
	方案类	活动方案初稿	王 × ×	刘 × ×	介绍清楚活动内容整体活动大流程。
		初稿讨论会	全员		
		初稿修改	王 × ×		
		五地领导出场排序	王 ×、白 × ×		出镜领导介绍。
		嘉宾领导出场排序	王 ×		出镜领导介绍。
		当天现场活动流程方案	王 × ×		活动当天现场以时间为单位。
		方案确认	全员		
		主持人活动方案沟通	王 × ×		

话术筹备分为几个部分，第一个是产品的话术，第二个是五地连线话术（避免五地连线时出现直播超时或是和主直播台对应不上等情况），所有的话术需要参与当场直播的全员作确认。如表。

话术类	直播间领导话术框架	王 × ×	王 ×
	五地连线话术框架	王 × ×	
	主持人串词话术	主持人	
	样品准备	刘 × ×	
	部分产品卖点话术	王 × ×	
	产品话术制作培训（待定）	王 × ×&刘 × ×	
	最终话术确认（串词）	全员	

场景是指直播间的具体氛围，也包括主直播台场景和五地连线的场景，确保场景符合直播特色。如表。

场景类	北京直播间背景板制作	阳 ×、白 × ×	王 ×
	横幅制作	王 ×	
	北京场景确认（拍照发五地参考）	刘 × ×	
	五地场景沟通	王 ×	

除了直播外，还有直播店铺需要上传商品，需要做装修等工作。如表。

店铺类	绑定新微信/企业微信	王 ×
	直播悬浮设置	王 ×
	直播主推重点推荐	王 ×、阳 ×
	效果测试	王 ×
	管理员直播助理培训	王 ×、阳 ×

这次直播采用的预热方式是海报和对外发出的新闻稿。如表。

海报类	海报生成二维码确认	王 ×、白 ××
	全预热海报策划制作	白 ××
	主持人预热海报策划制作	白 ××
	五地海报预热策划制作（待定）	白 ××
文字类	新闻稿撰写	王 ××
	新闻稿审核	王 ×

预热资源统计和场观资源统计，统计能够为这次直播服务的资源，同时记录这些资源利用后的直播间的订阅量。还有一些需要领导向下推动的资源统称为场观资源。如表。

预热资源整合类	确认发送机构	刘 ××	刘 ××
	确认发送的时间	刘 ××	
	预热发送内容对接	刘 ××	
	对接领导向下推动	刘 ××	
	陈 × 对接（转发）	徐 ××	
	何 × 对接（转发）	陈 ××、白 ××	
	整体资源统计	刘 ××	
	对接窦 ×	刘 ××	
场观资源整合类	确认标准	刘 ××	刘 ××
	对接领导	刘 ××	
	向下推动	刘 ××	

下表为拍摄、抽奖、短视频等工作。

基础培训类	看点直播规则培训	王 ×	王 ×
	店铺操作培训	王 ×	
	与直播相关各岗位工作要点培训	王 ×	
	设备使用准培训	王 ×	
	直播前辅导	刘 ××	
资源申报	整体活动对接	刘 ××	刘 ××
	腾讯内部沟通	窦 ×	
	沟通结果反馈	窦 ×& 刘 ××	
短视频拍摄	短视频拍摄标准确认	刘 ××	刘 ××
抽奖筹备	五地抽奖奖品确认	刘 ××	
	五地抽奖标语	刘 ××	
	抽奖产品相关信息准备	刘 ××	

完成了以上工作，筹备期的工作正式结束。

接下来是彩排期，这次直播是一次较为复杂的直播，为了确保直播质量，在直播正式开始前两天，安排一轮彩排。彩排主要是确认筹备期的工作是否到位，同时对于整个直播进行一次演练。见表。

彩排期	确认全员	机构领导通知（彩排）	王 ×
		企协领导通知	刘 × ×、白 × ×、陈 × ×
		五地领导通知	王 ×
		其他现场参会人员通知	刘 × ×
		主持人通知	刘 × ×、徐 × ×
	调试	直播设备调试	王 ×、熊 ×
		直播手机调试	王 ×、熊 ×、白 × ×
		场景调试	白 × ×、阳 ×
	活动会议	打印相关内容	阳 ×、刘 × ×
		逐个和参与本次测试人员沟通	王 × × & 刘 × ×
	正式彩排		

彩排后是彩排的复盘，根据彩排的结果作出相应的优化建议，并传达到每个相关人员。如表。

彩排复盘期	彩排复盘	彩排复盘会议	王 × ×
		问题点讨论	王 × ×
		方案优化	王 × ×
		相关人员沟通	刘 × ×

开始整个活动的预热，预热中有个重要的环节是预热跟踪，最终随时统计预热中直播间的订阅量，便于向腾讯争取更多的免费资源。如表。

预热期	预热话术	预热话术编辑	王 × ×
		预热话术审核	王 × ×
	自媒体预热	公众号预热	王 ×
		朋友圈预热	王 ×
		资源朋友圈预热	王 ×
		主持人自媒体预热	王 ×
		重要平台预热跟踪确认	王 ×
		预热数据统计	刘 × ×
		窦 × 沟通	刘 × ×

预热完成后就是最后的活动期。如表。

活动期	人员到位	王 ×、白 × ×、阳 ×、刘 × ×
	517 现场布置	全员
	正式直播	

我们可以看到，整场的活动中有多达 114 个指令要去执行，可能大家有疑惑为什么没有复盘，复盘通常用于需要长期优化的直播带货，是就如何让货物卖得更好进行复盘，而大型活动每场活动的具体要求不一样，也就没有复盘的必要。

知识要点

总控表横坐标内容。

小节测试

1. 详读总控表，对于总控表中不清晰的地方做记录。
2. 独立分析总控表各个横向坐标的工作标准。

第七章 粉丝运营

前后端设计逻辑就是要前端做好内容，后端来变现；弄清楚什么是公域流量，什么是私域流量；通过直播电商平台，学会从公域流量倒流到私域流量的路径；设计出私域流量的沉淀内容，最终进行后端变现。

第一节 粉丝前后端设计

☆ 要点提示

A. 粉丝运营的前后端思维。
B. 公域流量转到私域的路径设计。

☆ 教学目标

可以应用粉丝运营的前后端思维独立设计出公域流量转到私域的路径。

7.1.1 什么是前后端思维

简单来说，我们可以理解为前端做好内容，再依靠后端来变现。

举几个例子来说明一下：

（1）我们经常使用百度查资料而不付费，百度却非常赚钱，百度怎么做到的呢？

前期百度投入大量的资金开发了搜索引擎，供用户免费使用。但是在后端，百度在查询结果中插入了商家的广告，通过广告盈利，这让百度成为了数一数二的互联网公司。

（2）微信、QQ、支付宝，不仅不收费，还要花费大量的金钱来开发系统，支付服务器和宽带的费用。正是因为在前端免费了，后端才能有各种各样的变现方式，比如，微信生态里申请公众号需要认证费，提款需要交手续费，支付宝变现的方式就更多了，这让它们成为了中国最赚钱的两家互联网公司。

（3）打车、外卖都有免费使用平台，它们还会赠送用户不同的优惠券。其实它们的平台前端都是需要大量的资金、人力来开发和运营的，用免费和赠送的方式来快速抢占市场，就是为了后端服务的，通过免费把这些出租车、专车、各类餐饮店家网罗在一起，后端就变成抽成式的赚钱方式，每一次有人使用，都会给平台带来收益。

以上案例，就是一个前后端设计的变现模式。这样的一个思维模式，就是先赚人心后赚钱，让用户先免费体验，快速喜欢，进而养成使用习惯，慢慢地离不开，最后变成平台的稳定用户。用户消费给平台带来收益，平台还可以通过稳定的客户使用数据，插入广告变现，或者通过后端的其他的收费项目多种方式变现。

7.1.2 粉丝前后端设计是指什么

前端：通过提供有价值的优质内容，满足用户需求建立信任，刷选精准用户，把用户转化为粉丝。

后端：通过购物车、直播间、广告、加微信、进社群、卖货、引流到线下等方式，把粉丝转化为销售额。

这里先了解粉丝前后端设计的逻辑，接下来要讲解的就是如何通过直播平台，帮助你把直播间的粉丝转化到你的私域流量池，再通过前后端设计最终变成销售额，获取粉丝带来的经济价值。

7.1.3 建立私域流量转化路径

什么是私域流量？什么是公域流量？

私域流量

私域流量是相对流量池而言的，指的是我们不用付费，可以任意时间，任意频次，直接触达用户的渠道，比如微信社群、朋友圈、微信号等。

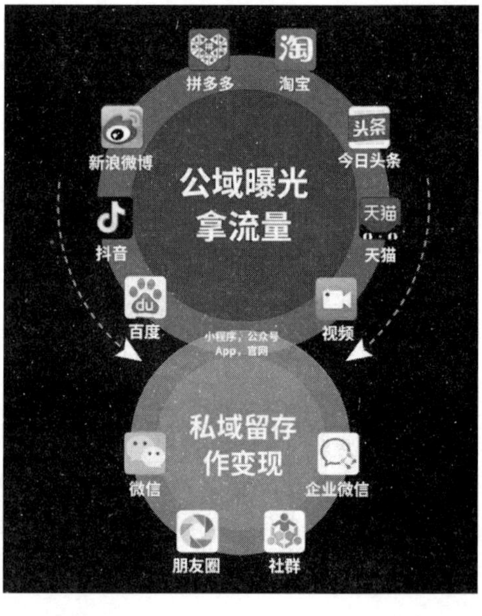

公域流量

公域流量指商家直接入驻平台实现流量转换，比如大家熟悉的抖音、京东、淘宝、百度等，以及内容付费行业的喜马拉雅、知乎、得到等公域流量平台。见图。

那么建立私域流量转化路径的主要目的是，通过公域平台拿流量，然后转化到私域留存作变现。但问题就在于，这个路径是怎么达成的，就像是从北京到上海，利用什么交通工具抵达的？

无论是抖音平台还是类似淘宝直播这种平台积累的线上粉丝，与主播和品牌方关系并不紧密，因为都是间接性关系，开播时粉丝可能会看，不开播时也不知道粉丝在哪里关注谁，只有将粉丝导入自己的私域流量池里（独立的 APP、微信群、公众号、个人号、企业微信等）才能实现可控的高黏性。流量为王的时代，粉丝就是资产，你留存的粉丝越多，你的资产就越大，后端可实现经济价值的维度就会变广变宽。所以，务必要学会建立自己的私域流量池。转化到私域流量模式的好处有以下几点：

（1）直接降低获客成本，可以直接触达到自己的用户，甚至通过粉丝分享实现裂变。

（2）防止粉丝流失，更方便通过社群等方式跟客户建立高度黏性关系。

（3）有助于塑造品牌，粉丝近距离感受产品服务，增强口碑对品牌认知，形成叠加影响。

严格来说，私域流量不是一种工具，而是一种机制，一种思维方式，是一个综合的运营体。

如何建立私域流量转化的路径？

虽然不同的平台特点不一样，平台的定位、产品基因不同，其用户需求、粉丝质量也会有明显差异，但是从公域流量平台转化到私域流量的运作模式却大致相同。

那么，平台不尽相同，转化成私域流量的路径到底在哪里呢？可以说，从流量端考量，微信是当之无愧的私域霸主，因为用户量已经达到 10 亿以上的状态，而且黏性之超高是我们有目共睹的。所以，通过直播电商平台转化到个人微信里是公域流量转化成私域流量最好的路径选择。见表。

	微信	淘宝 & 天猫	抖音	快手
定位 & 基因	社交	电商	强媒体 弱社区	社区
信息获取	社交分发	搜索为主	推荐为主	兼管关注 & 推荐
算法原则	时间顺序	基于关键词、销量等，效率为先	以用户体验为主，爆款逻辑	公平原则
私域流量载体	微信群、朋友圈、公众号、企业微信等	微淘、哇哦视频、淘宝直播等	直播（为主）、短视频（为辅）、群聊	直播（为主）、短视频（为辅）、群聊
关注展示	首页—“微信”、订阅号	首页—“微淘”	首页—“关注”	首页—“关注”
信息传递	聊天界面	通知栏提醒	通知栏提醒	通知栏提醒
私域流量营销工具	服务号、小程序，支持各种卡、券	*	品牌挑战赛、品牌热 DOU 榜	品牌集成页等、群聊
变现便捷性（电商）	小程序、视频号	淘宝、天猫	抖音小店、淘宝	快手小店、有赞商城

通过对抖音平台实际案例的分析，学习和掌握路径的建立。

案例一：在主播个人主页留微信号。

这个是最简单直接的方式了，如果粉丝量过高的话，建议先建立好微信粉丝社群，每个群最高上限 500 人，可以建立多个社群，以便容纳转化的粉丝。不论是促进粉丝之间的交流，还是发布直播预告、社群卖货等，都是后端变现设计。

案例二：美妆产品转化粉丝群。

主播是卖美妆产品的，通过作品吸引粉丝，然后通过在抖音个人主页留下助理信息，搜索并添加到微信粉丝群的路径。

案例三：广告、商务合作。

通过主播在抖音个人主页留下的联系信息，可添加到个人微信号，进行商务合作。

通过淘宝平台转化成私域流量的路径

（1）淘宝是中心化的电商平台，用户基于搜索行为寻找商品，平台拥有对流量的绝对掌控权力，店铺收藏影响有限。淘宝主要通过内容化来涉足私域流量，包括有好货、淘宝头条、哇哦视频、微淘等，其中最为重要的就是淘宝直播。

直播这个版块现在是越来越重要的一个渠道，通过直播可以直接和粉丝互动，介绍产品，让顾客先喜欢产品，从而引导粉丝关注店铺，当粉丝关注店铺进入店铺主页后，就可以有粉丝福利群信息，很多粉丝会入群，虽然不能立即转化到微信社群里，但是淘宝群可以作为第一阶梯的私域流量转化，淘宝群是商家和店铺会员、粉丝互相交流的一个私域平台，当然店铺上新、买家秀以及发布的一些微淘内容也可以关联到群聊里面，这样能让更多的粉丝去了解。第二阶梯可以再从淘宝群里转化到微信社群。

卖家可以针对店铺的粉丝体系进行分群管理，更好地进行精细化运营。日常维护可以设置一些针对群聊粉丝的互动，比如限时折扣、提前购、红包喷泉、淘金币打卡等维系好与粉丝的关系，那么之后就可以在淘宝粉丝福利群里公告微信号、微信社群二维码，让粉丝可以转化到你的微信群里，这样就可以形成二次以及多次转化的目的。

（2）我们还可以通过淘宝后台，把已经购买过产品的客户的数据导入到微信，再利用工具转换到私域流量中。

首先，我们进入淘宝后台，点击“已卖出的宝贝”。然后选择时间段，点击“搜索”，然后点击“批量导出”，然后点击“生成报表”。

其次，点击“下载订单报表”，进行下载。

打开所下载的订单报表，把其他不相关的都删去，留下姓名和电话（主要是手机号码）。

打开微信，选择 Excel 表格里的客户手机号，直接添加就可以了。

7.1.4 私域流量沉淀内容设计

上面讲解的是如何通过直播平台或电商平台把公域流量积累的粉丝转化到私域流量个人微信号、社群的路径搭建，那么这个前端到后端的通道已经构建成功的话，接下来的问题就是要学会设计和搭建沉淀内容。因为粉丝已经转化到微信号里了，怎么留住这些粉丝呢？所以，私域流量的核心不再是怎样拉人，而是如何把公域流量里面吸引来的人留下来，并形成复购和变现。

所以，优质内容是最好的广告，能够加强主播、产品对这些从公域过来的用户的影响力，也就是持续性的吸引力，才能让吸引来的粉丝在私域更好地沉淀。吸引他们的唯一办法就是，内容好看、有趣，产品不负期待。用户是蜜蜂，内容是花粉，先把蜜蜂吸引过来，喂饱了才会有蜜。如图。

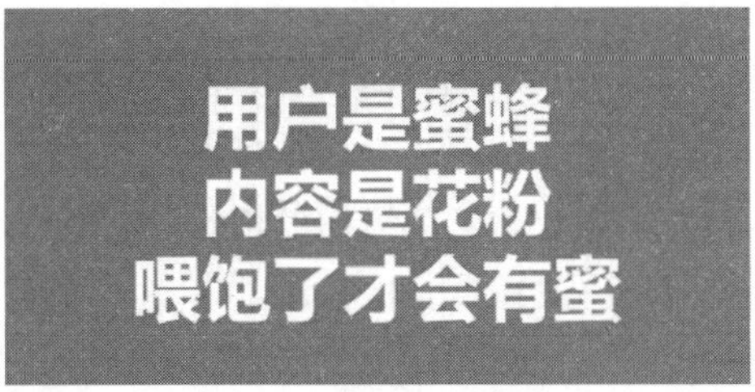

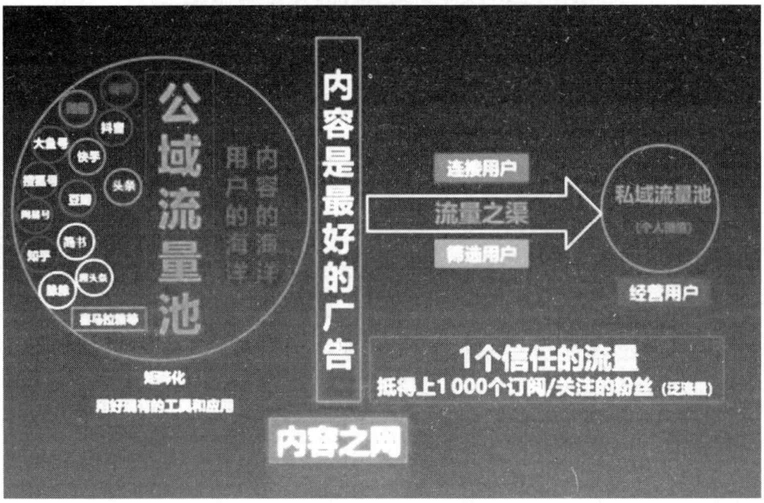

粉丝已经转化到私域流量之后，更重要的是要做长期的内容经营，只有这样才能保证私域流量的质量，所以，私域流量内的沉淀内容非常重要。

粉丝们纷纷入群之后，就需要通过多维度的内容设计，来持续吸引粉丝，那么都需要哪些内如呢？

1. 提供福利或干货

优秀的主播会持续给粉丝提供福利，这也是粉丝留下的原因之一。对于品牌来讲，当然要给粉丝们提供优惠的福利，提供产品或行业相关“知识类”干货，比如不定时地公布一些福利政策，搞一些福利活动，如优惠券、买赠、满减等，让粉丝总是尝到甜头，就会让粉丝非常开心和喜悦，当然更好的是让粉丝真正学到一些东西，这给粉丝带来的价值不亚于优惠。如图所示。

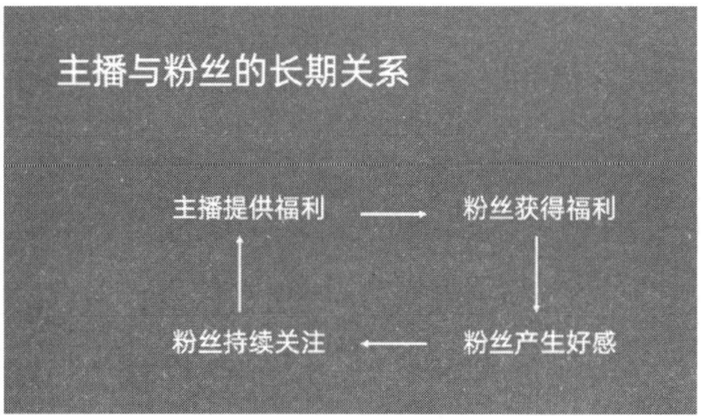

举个实例：

某彩妆品牌进入抖音后，没有急于卖货，而是先通过线上直播，帮助用户学会如何使用彩妆。

用三个月时间运营抖音号，前一个半月每天开播 3～4 小时进行彩妆教学和“种草”测评，配合发布短视频，积累了大批粉丝。之后，发起“花式不脱妆”超级挑战赛，期间直播间标题与挑战赛话题呼应，迅速带来 3 倍粉丝增长。

2020 年 5 月 8 日，品牌进行了 11 个小时彩妆师 + 达人的超长带货直播，突破了 430 万的总下单金额，比预期高出 3 倍。如图所示，品牌在达人短视频带货活动之前都是处于粉丝累积阶段，也就是所谓的前端内容设计，而后在 5 月 8 日最后一天的直播活动中，有 54% 的 GMV 都是前期累积的粉丝所贡献的，可见，前端内容设计有多重要。

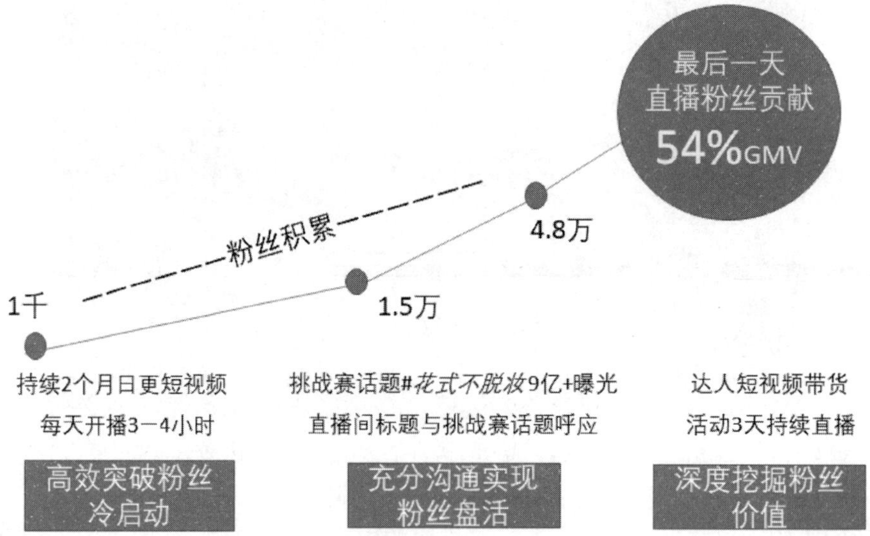

2. 做好粉丝运营，品牌输出

想让蜜蜂产蜜的关键就是运营，只有通过运营盘活私域流量，提高私域流量的质量，私域流量的价值才能充分体现。

除了提供有价值的内容和干货外，如何激活粉丝，让粉丝与品牌形成长久互动关系，甚至参与共建品牌的过程，是一个重要的课题。

举个例子：

某知名运动品牌近几年做了多个运动相关的 APP，在运营这些 APP 的时候，它不只是个卖鞋的，关键在于它建立了运动的社群，长期经营社群用户，为用户带来更多的价值。

疫情期间，人们被困在家里。品牌签约 7 位健身教练，第一时间联动抖音直播，为用户带来专业的“云健身”解决方案。品牌在抖音一共做了十几场关于健身的直播，引导镜头面前的用户一起参与。

这个直播其实跟带货关系不大，品牌是真正为用户提供室内的运动解决方案，给用户带来真正的价值。虽然对于单次销售促进有限，但却增加了用户的黏性和好感度，有了这些，未来无论是直播带货还是社群卖货都不用愁。

3. 定期发起话题，鼓励粉丝参与

定期发起话题讨论，群内不定时邀请一些积极分子针对某个领域的话题进行分享，比如创业心得体会，产品外包装创意设计，社群营销技巧，等等。这种分享会要定好时间和分享方式，根据自身资源可以邀请实力嘉宾，也鼓励群内人员参与互动，尤其是鼓励群内的活跃分子和 KOL（意见领袖），可以让他们多一些评论，起个拉动作用，常常发发红包，让大家活跃一下，对讨论的氛围都会起到很好的作用。

4. 发布主播动态和线下活动

很多粉丝入群是因为对品牌、产品、主播感兴趣，那么必不可少的内容沉淀设计就是发布动态，关于品牌、产品、主播个人等信息要实时在群内或朋友圈发布出来，这也是一种持续性的价值输出。当然，如果有线下活动举办是更好的方式，互联网是相对陌生和虚拟的，做社群就像是谈恋爱，两个人如果线上认识，刚开始聊蛮有热情，如果不实际见面，就容易冷淡了。线上聊十次不如线下聊一次，线下互动增强真实感，如果在粉丝热度还不错的时候，可以策划线下活动。

从下一节开始，本书分步骤来讲解沉淀粉丝到私域流量之后的内容，以及社群如何运营。

知识要点

1. 建立私域流量转化路径的主要目的是，通过公域平台拿流量，然后转化到私域留存作变现。
2. 内容是花粉，先把蜜蜂吸引过来，喂饱了才会有蜜。
3. 沉淀内容设计，可以有 4 个模块参考。

小节测试

1. 通过抖音平台的个人账号，设置一个导入微信号的路径。
2. 设计一个沉淀内容方案，产生持续吸引粉丝的内容课表。
3. 通过直播平台账号引流到私域流量，建立一个粉丝福利群。
4. 设计私域流量沉淀内容模块，搭建起活跃粉丝的内容架构。

第二节　打造千万价值的粉丝群

社群是人与人关系链接下的产物，从古至今一直都有社群，只是那个时代叫部落、社区、俱乐部、会所，现在叫圈子、社群。

当微信成为国人手机标配 APP 之后，微信社群就成为了人与人之间的新的连接关系。

社群一般是有共同爱好、共同需求的人组成的群体，有内容有互动。

社群的功能属性，不仅服务于亲朋好友同事等关系的维护，同时也具有商业价值，可以为企业或者产品起到营销和服务的深度作用，还可以建立起高效的会员体系，增强了品牌影响力和用户归属感，为企业发展赋予新的驱动力。

☆ 要点提示

A. 建立社群的重要性。
B. 社群对于粉丝的意义。
C. 如何建立社群。

☆ 教学目标

A. 认识社群作为商业手段的价值。
B. 通过学习进行实操，按步骤成功建群。

7.2.1 社群对粉丝运营的意义

◎ 为什么要建立社群

一般来说，建群的目的有以下几种：

人脉，将社交关系搬到线上是最低成本的沟通方式，通过社群可以结识不同的人，形成圈子，发生链接，维系人脉关系。

兴趣，为了共同的爱好，构建一个社群是最普遍的方式，可以聚集同类人，互相交流探讨。

卖货，通过社群可以分享商品，商品可能是具体的产品，也可能是知识、服务、培训等，通过建立社群的方式可以在线进行分享、培训、答疑、服务，既可以用于销售产品又具有方便维护顾客关系的用途。

品牌影响力，社群的传播是很快的，很多企业用于品牌宣传，增加客户黏性，让消费者持续关注品牌，产生持久的价值。

◎ 建立一个商业社群的根本目的

如图。

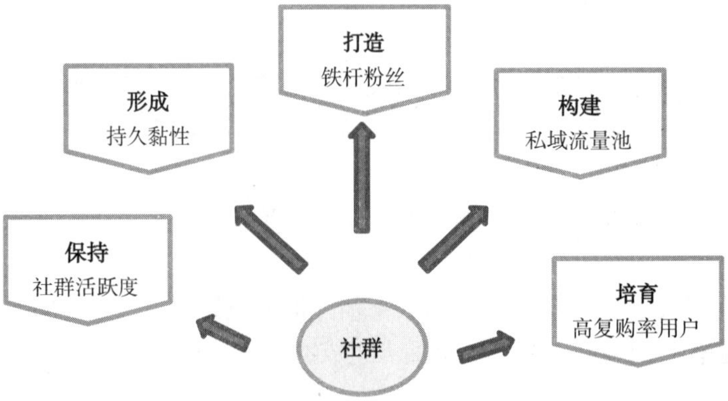

◎ 社群对粉丝运营的必要性

就以上所说的建群的几种目的来看，可以说想要更低成本的粉丝运营，社群是首选工具！粉丝运营的意义就包含其中四种目的，不仅可以通过同样的兴趣爱好聚集在一起，也可以经常发布品牌动态或者名人动态，扩大影响力，让粉丝持续关注品牌，从而可以高黏性地卖货，或者用于积累人脉关系。

一个大 V 或者网红主播，想要让自己的粉丝跟自己长期链接，不脱粉、不掉粉，那就需要用到社群进行维护。将流量从直播平台引到微信中，做转化也需要用到社群。一个网红主播好不容易积累的粉丝，如果不去运营和维护的话，会有很大损失，所以社群用于留存和转化，功能性极强。

所以一个长期直播的主播，一定要学会社群运营，因为社群粉丝运营带来的后续价值很大，不可忽视，也不要嫌管理社群复杂、麻烦，要深刻地理解社群运营中的价值。

7.2.2 如何做社群

社群运营是每个新媒体运营人必须掌握的技能。

社群的五大构成要素：目的定位、制度结构、价值输出、运营维护、复制裂变。

◎ 社群目的定位策略

你的社群面向谁，价值导向是什么，简单地说就是你建群的初心是什么，要给社群一个明确的定位，包括定位什么类型的人群，如女性、幼儿、老年、职场、等等，假如你是做美容产品的，你的定位就是女性和宝妈一类的客户人群。所以，要针对自己的产品是什么，来清晰划分目标人群，做好自己社群的定位。

建社群的目的是第一个要搞清楚的问题。目的明确好了，才能开始筹划社群的名称、运营内容。

举例：如果目的是要组建一个卖美容产品的社群，那么针对的人群大多数是女性群体，所以社群的名称就要以此为主题，每日运营内容是宣传美容知识和产品的使用方法及效果，社群要达到的结果就是每天都有成交，每月有一定的销售额。

社群的方向和定位清晰了之后，给社群取名称是最为重要的第一步。

◎ 建立社群的前期准备

取好名称。

群名称可以展现社群的定位和特色，也可以根据自己的喜好来命名，切记不要起得太商业化，比如说有的起名为“×× 产品销售群”，一看就是卖东西的，谁还愿意进去呢？可以取一个比较吸引人又温暖的名字，比如“好物分享”“生活美学聚集地”。社群，做的要有温度，才能吸引人进群。

群主备注昵称。

群主是本群的大家长，大家有问题的时候，都想着去和群主反映，比如，以“漂亮的群主”为昵称，大家一看就知道你是这个群的主人，所以修改群主的群昵称很重要，幽默一点的更好。

设置一个群的公告欢迎语。

就是让我们邀请的新人进群之后，看到一个简短的欢迎文案，让进群的好友能够了解这个微信群的用意。

举例：

欢迎进群，感谢大家的信任，这是我建立的好物福利群，里面每天会有很多物美价优的水果美食推荐，天天有低价，天天有特卖，各种美食应有尽有……在本群大家随意聊天，畅所欲言，本群都是我最亲近的朋友，希望群里好友互相之间也能成为很好的朋友，感谢亲们对我的支持！温馨提示，如果您觉得打扰您的正常生活，您可以将群设置成免打扰模式。

设定好群规。

一个社群，就是一个线上场景，一个大家族，一个圈子，无规矩不成方圆，所以需要设立群规。需要提前编辑好一个群规则，目的是让大家都能遵守群规。举例（如图）：

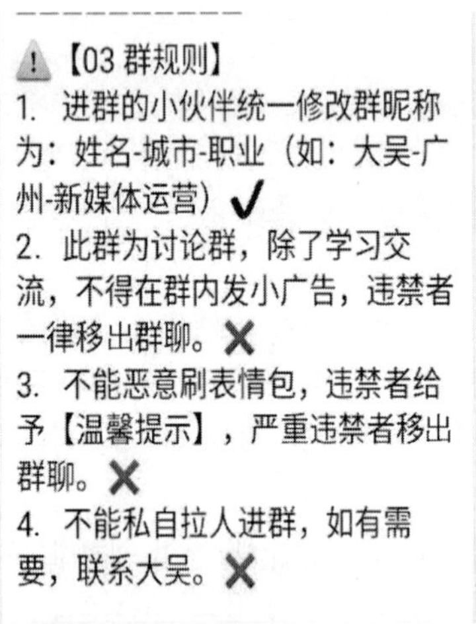
【03 群规则】
1. 进群的小伙伴统一修改群昵称为：姓名-城市-职业（如：大吴-广州-新媒体运营）✓
2. 此群为讨论群，除了学习交流，不得在群内发小广告，违禁者一律移出群聊。✗
3. 不能恶意刷表情包，违禁者给予【温馨提示】，严重违禁者移出群聊。✗
4. 不能私自拉人进群，如有需要，联系大吴。✗

群规则介绍，这里以瘦身爱好者为例

1. 本群宗旨为瘦身产品的推广、分享交流经验。
2. 不可私加好友，违反者移出群。
3. 新人入群请先自我介绍，填写介绍模板。
4. 群价值观：正面、尊重、互助。
5. 积极活跃者定期有奖励。

社群制度结构搭建。

首先就是人员架构的搭建，团队分工明确，每件事落实到个人头上，有具体工作内容。

社群的人员构架里要有 3 ~ 5 个核心人物，有明确的分工，有做反馈的，有发素材的，有带货的，有做宣传推广的，有发布成交记录的，有回答群成员问题的，等等，要将这些工作内容提前分工好谁负责什么，可以做一个人员构架的图表（可以使用 XMind 思维导图工具），标识好每个人的工作内容，要有群运营的整体规划。要在人员架构搭建好之后，方可以准备建群。

好的开始是成功的一半，因此在建立一个目的是促进粉丝反复消费的产品销售群之前，我们必须要做好充分的规划准备，做好目标定位。以上几个步骤就是建群的前期准备工作。

成功建群与群维护

1. 建群的步骤

我们要建立一个产品销售群，一般来说，人数要控制在 100 ~ 300 为宜。

邀请人进群的时候可以层层递进，分批进行。

第一批邀请进群的人，前 40 人是不需要对方同意就可以直接邀请的，所以说我们应该先选择自己比较亲近的亲朋好友，这些亲朋好友是能给我们支持的人，也能够让你获得信心，所以一定要提前和他们沟通，让他们在群里边积极地配合你。先把他们拉进来，发一波红包作为报答！

第二批邀请进群的人，可以是亲朋好友介绍过来的人，经过亲朋好友的信任传递介绍过来的人也特别容易产生信任，再发一波红包鼓励他们介绍朋友进来！

第三批我们可以选择通讯录里面或者朋友圈里面聊过天的陌生人，后续进群的人可以是通过一些社交软件或者其他兴趣群聊得来的人，或者是对你发的朋友圈有兴趣的人。

总之我们的销售群每天都要有 1 ~ 2 个新人进群，有新鲜的血液才能使这个群有活力。当然，也有可能是从直播平台上转化下来的。

为了建群后保持良好的社群活跃度和互动，可以让你的购买客户帮忙晒晒单，分享一些产品的反馈，当然你也要帮别人去烘托气氛。你在群里多发一些红包，红包是最好的气氛调节剂。

2. 社群长期价值输出

社群的价值输出简单理解就是分享干货，你的干货必须是粉丝们最最需要的，否则“挠”不到“痒”处，会使后续各种问题的解决效果大打折扣，所以一定要将粉丝需要的知识分享在社群里。比如，群主是做美容的，可以定期分享美容知识和做美容的手法，可以在微信群提供视频教学，并且现场答疑解惑。总之，要有不断的价值提供给群内成员。

3. 社群每日运营维护

建立微信群之后，我们每天都应该在微信群里发送相关的内容，用来增进交流，并定点推荐一些相应的产品，一般可以根据自身的情况，制定一个日常的发送流程。

我们在发送商品信息之前，可以发个红包吸引大家关注。提升客户的关注度，红包的命名也是一个宣传的好机会，比如“今日新品上线，有福利哦”“新疆葡萄特惠上线”等，吸引大家了解我们下面要发的商品，有点开链接查看的意向。因此，红包一定要写上标题，否则就白发了。

如果是粉丝明确知道的商品推销群，可以每天只推一款商品，反馈好的商品，自己用过又和别的平台对比过价格的商品，进行重点推荐，提前编辑好商品图片和文案，还有视频，因为视频是最有冲击力的，发个自用的视频分享会更真实有效，因为最好的广告就是我自己在用！

也可以鼓励购买产品的粉丝多多分享产品使用体验，粉丝分享的体验更能激发其他人的购买欲望。还可以和朋友或者是购买过产品的客户私下里沟通，让他帮你在群里互动，不至于让群里冷场，这也是在粉丝心里埋种子的过程，迟早会生根发芽吸引其他粉丝来购买的。

还有一个细节，就是根据用户购买的产品的品类，可以在购买后给用户私发一下产品使用须知、使用小常识等，比如说用户购买了车厘子，我们可以告诉他们搭配酸奶食用口感更好等，让用户看到购买商品还有服务赠送，感觉很温暖。

4. 如何增加活跃度

一个成熟的运营需要高效率的团队来协作。社群运营需要很多人分工来做，有做分享的，有做管理的，有做海报裂变的，等等；也要定期给社员组织一些线上活动，有利于增加社群的活跃度，比如：猜谜送礼物，节日大抽奖，定期分享新知识，等等。

5. 每日咨询答疑

社群每天都需要有人打理，就像一个店铺一样，早上有人开门营业，晚上也需要打烊。

一个好的社群，为了保持热度，也需要天天运营维护。早上可以发早安问候，按照时间表定时发放一些咨询或者产品介绍，有人提问的时候，也需要及时回复。不然有人丢进来一条消息，半天都没有人回复的话，会显得这个群很冷清，发消息的人会觉得这个群没人管理啊，慢慢地次数多了，会认为群主根本不是认真在经营群，导致粉丝会失去关注度，出现退群的现象。

每个社群都有爱问问题的"小白"，群管理员要耐心予以解答，理解对方的出发点。为粉丝答疑也是一项很重要的内容，经常被问到相同的问题，可以编辑个答疑模板，就像在淘宝里咨询客服问题时，产品型号、大小，发货几天能到，都有什么颜色等，常见的问题就会有一个标准的答疑模板，能直接快速解决问题。所以管理员可以提前编辑好，有人问到相同的问题，直接就可以复制粘贴了。但是，对于粉丝的其他问题，也要予以人性化合理的解答。

6. 热门话题

为了保持活跃度，也要在群里制造一些热门话题，例如将最近网络头条的新闻链接发到群里，让大家探讨交流。这种高关注度的话题，很容易引人注意，甚至平时在群里潜水的人也可能会冒出来说几句。这样的互动，会让大家感受到此群是很新鲜、很有趣、有人气的社群，这样就会愿意去关注群里的消息和内容。

7. 社群复制裂变

社群想要裂变，就需要用到 AARRR 模式，这五个字母就是 Acquisition（获取用户）、Activation（提高活跃度）、Retention（提高留存率）、Revenue（获取收入）、Refer（自传播）这五个单词的缩写，分别对应用户生命周期中的五个重要环节。

社群运营其实也适用于 AARRR 模型，也无可避免地需要经历用户获取、激活、留存、收入、传播这几个环节，让运营健康顺利进行，直至完成收入指标。

我们前面已经讲了如何建群、运营社群，人员分工、干货输出，这些都是运营好一个社群的前提基础，只有搭建一个良好氛围的社群，再去做复制裂变才是可靠的。因为第一个群里面的人都可以成为你的种子用户，都有机会去分享社群，让更多人加入社群。所以做好传播的文案内容也是关键一步，如何才能让别人通过你的文案或者图文介绍，就非常愿意扫码入群，这是需要动脑筋编辑策划的。

提供以下方法：

（1）平级裂变复制

这是最简单而且最易上手的裂变复制方式，在主题明确且单一的产品群或兴趣群最常见，即裂变复制的每个群与主群目标一致、讨论话题一致、管理模式一致，每个群不会有太大的差别，只因主群人数太多而裂变复制为多个群。

（2）上下级裂变复制

这种复制模式就是对主群进行精准划分，即从普通群里找到优质的人，组成核心群，或者是根据不同的级别分组，比如说，从服装销售群中分出销售经理群、销售成员群等，级别或者精通点相同才会有更多的共同话题。

（3）分化整合裂变复制

一个大群虽然有着共同的标签，但因具体的需求和痛点不同，很难在某些小点上达成共识，很容易出现话题分散、对一些具体话题不感兴趣等情况，这时进行裂变复制就可以根据不同角度或是不同关系，组成新的社群，这种不断迭代和更新，更能保持社群活力。比如说从宝妈育儿社群中可以根据宝宝的年龄段分出不同的社群，以便于后期的运营管理的细分化。

（4）地域裂变复制

通常我们建一个社群，只要符合社群主旨定位，全国各地的人都可以加入，当你的社群达到一定人数时，你可以根据地域复制同城群，这种有着共同标签的同城群是很受欢迎的，也是比较成功和稳定的可以复制的方式。比如说，主群为美食社群，你就可以根据地域分出各地区群，这样群成员也会比较开心，毕竟老乡很有亲切感，还能组织各种线下的美食交流活动。

知识要点

1. 建立社群的必要性在于，从线上将粉丝转化成用户，用社群长期输出的价值和活动增加粉丝黏性，目标是成为铁杆粉丝，增加复购率。
2. 建群的目的和定位是第一需要明确的方向，这是决定社群是否能够长期存活的前提。
3. 搭建社群的框架和分工细则，是需要提前布局和团队分工协作的重要步骤。
4. 建群流程是需要按教材顺序进行实操落地的内容，才能初步成功搭建一个社群。

小节测试

1. 根据自己的爱好，建立一个爱好群，20 人以内即可。

2. 找到 2 个伙伴，一起探讨，做出一周的群运营和管理方案。

3. 想一想，产品如何植入到社群里，且能有让大家更喜欢的接受方式。

4. 建立一个 50 人的美食社群，要求：群名称设定，搭建出来人员架构和分工明细；群规内容设定，制定出来一个月的群运营内容，包括群活动和热门话题；裂变出一个群。

第三节　有运营，粉丝才有价值

“社群运营”是什么？简单来讲，21 世纪已经从传统的营销模式改变，谁抓住用户，在用户身上下功夫，深耕用户，谁就是王道，社群运营就是通过微信群或者 qq 群的形式，减少平台的获客成本，提高转化率的一种运营工具。

☆ 要点提示

A. 运营的目的是什么。
B. 留存——社群的价值所在。
C. 保有用户高黏性的两个方法。
D. 转化——产品知识 + 信任背书构建。
E. 社群人员框架搭建。

☆ 教学目标

A. 学会运维一个社群，从留存到转化的全过程实操。
B. 社群人员的维护和管理。
C. 学习运维技巧，实现高黏性的社群，最终达成变现成果。

7.3.1 如何通过社群高效运维粉丝

上一节里讲解了搭建社群的意义和实操方法，接下来通过有效的落地方案，让大家学会如何运维粉丝，拥有留存和转化的实操技能。

我们了解了从公域流量池引流并建立自己的私域流量池的路径方法，这是运维粉丝的前提，有了粉丝，才能谈到后端的留存和转化，达到最终销售变现的目的，这是一套闭环操作流程，三个阶段缺一不可，希望大家都能掌握此运营能力。如图。

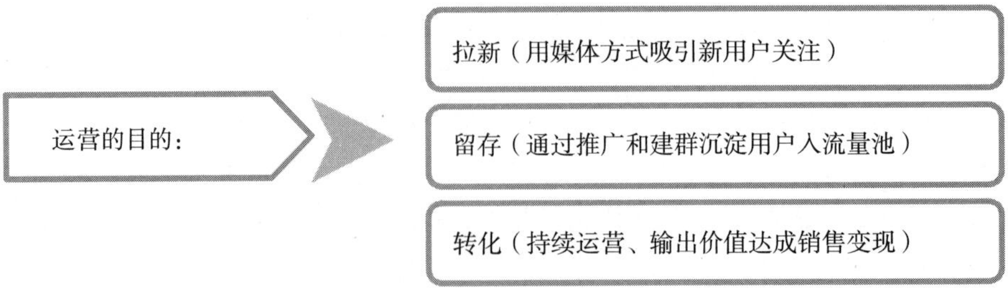

◎ 留存——社群的价值所在

社群搭建后的第一步就是保粉，也就是留存。只有先留住这批原始的群用户，才能谈后续的社群复制裂变。作为创建者，你就得思考一个问题——这批用户为什么愿意留在群里，是因为可以抢到几分钱的红包吗？还是可以没事凑个热闹？

当然不是，是因为社群有价值。只有当你存有可见价值时，用户才愿意去忍受群内的信息干扰，长久地留在群里。

比如淘宝网某个品牌服装网店沉淀下来的用户社群，会有发放各种优惠券、新品推荐、新品试穿等福利；又比如有某行业大V在社群里长期可以知识分享；还比如在逻辑思维群里，你可以挖掘出不同的思路并发起观点交流，有利于群员们的自我提升。人还是会追逐对自己有价值的东西，如果社群存在价值，那么这个社群就有了存活的基础。同时，基于利益价值的提升和延续，社群的生命力也会越发旺盛。

所以，作为群运营者，要主动为社群赋予相关价值属性，结合自己产品和品牌调性，为所有群成员提供专属福利、自我提升渠道、观点分享、价值认同、行业交流等“好处”，不然大家都有自己的社交圈，为什么非得在你这个群里乐此不疲地关注呢？肯定是因为这个群有看得见摸得着的“价值”所在。

如何保有用户高黏性？

1. 分享感兴趣的话题

做好了留存工作后，就要开始激活社群气氛了，也就是保持群成员的黏性。在群内的日常运维中，我们要经常带上群成员，分享一些大家感兴趣的话题，在这个基础上去搭建群文化和群价值观，在时间的积累下，不断收获认同，形成一个互相熟识的“圈子”，大家虽然可能现实中没有见过面，但却在网络社群中不断分享观点，交流观点，并认可对方，熟悉对方。在这个过程中，不仅个人得到了成长和提升，也在群文化的闭环中形成了高度黏性。

建议群主可以平时多搜集一些有趣的话题和资料图片。

2. 有温度

一个社群的温度取决于群主是否活泼，生动有趣的群主也会带动成员积极互动，因为社群运营实际上是建立某种情感的磁力链接，再用价值去维系，从而形成稳定的生态关系。在群内，建立情感联结，就能让社群变得有温度。不能只是群主单方面地对群成员进行观点输出，没人回应，而是要形成高度共鸣的双向沟通，我认同你，你认同我，在融洽、愉悦、有趣、活跃的氛围中，大家都能融入参与进去，不要搞得死气沉沉，大量沉默。有温度的社群，有着更高的黏性，因为这种群已经形成了一个有情感链接的社交圈，并为走向线下衍生出可能性。

转化——产品认知 + 信任背书构建

做社群，到哪个阶段可以开始做转化，如何做转化，如何提高转化率都是让运营者较为焦虑的问题。其实转化是一个水到渠成的过程，前面的运维都是在铺垫，到了一定阶段，自然可以开始做转化了。那么这个阶段怎么定义呢？有几个方面必不可少。

第一，要积累一定的产品认知，只有在社群里刷够了脸，让用户熟知这个产品了，才有推介的可能，一个初来乍到的产品，大家都不知道这个产品是否靠谱，其卖点、功能性也不知道，那么就算 KOL 喊得声嘶力竭也不一定奏效。

第二，要积累信任背书。除了群主外，其他的活跃群成员也要成为领袖般的“KOC”，在群内具备一定知名度、受到信任很重要，所以当产品的推介开始后，由群主开始，逐渐蔓延到KOC，通过个人朴实的评测，更能形成一种真实、客观、有效的产品体验，更能增加卖货力。所以，当产品认知+信任背书构建完成后，转化就真的不再是问题了。

第三，线上线下结合。有这样一句话，“线上聊千句不如线下见一面”，社群不仅要有话题，更要有活动。初期的活动肯定是侧重于线上，到了后期，群内相互熟知，有了情感基础后，就可以开始走向线下了。社群是一个价值入口，大家通过网络社群建立情感，认识值得结交的朋友，或许是同行业的，或许是相同爱好的，或许是生活理念相近的，以此扩大自己的社交圈，不仅能接触到不同的领域，更能吸收到不同的观点，甚至能催生出某种合作。

有着强烈吸引力的社群，走向线下也是必然，通过群成员的组织，大家线下相聚，开展各式各样的活动，帮助社群焕发出新的活力和升级。线下活动的另外一个点在于，通过见面加深共同的价值感和情感链接，会让线上的社群更有人情味儿，黏性更高。同时，品牌方做社群线下活动时，也对品牌打造铁粉拥有巨大推动性。

7.3.2 社群人员架构

一个高质量的社群不是靠群主一个人的能力支撑的，社群中也应该有各种不同的角色分工，大体上可以分为五类：群主管理员、灵魂人物、副群主、爱提问的“小白”和沉默的大多数，只有这五类人都有了的时候，社群里才是一个比较健康的生态环境。

1. 群主管理员

群主就是建群的人，在前期的运营维护中起到的作用是非常重要的，因为在前期，社群成员之间还不太熟，情感链接、价值链接在群里还都没有体现出来，这个时候就需要群主去活跃气氛，比如回答一些问题进行价值输出，再就是多和群里的活跃成员保持联系等，甚至有的时候还需要其他群成员配合群主来活跃社群的气氛。

2. 灵魂人物

灵魂人物就是指一些懂得比较多的，有过去行业沉淀背景的，做出一定成就的，而且很愿意在群里去交流沟通的人，他们是群里的KOL，需要他们在群里给大家传授一些知识，解答“小白”的疑问，作为群分量感的支撑。

3. 副群主

副群主是配合群主一起运营社群的核心人物，可以是多人组成，他们也有要分摊的工作内容，帮助群主一同维护群内的秩序、维持群内的热度和促成转化过程，也需要常常结合群主发布的内容，回复群成员的疑问，或者配合群里活跃的人回答问题，发表对灵魂人物言论的评价和支持，具体工作内容很繁杂，比如制作海报、提供相关信息资料、发布产品等。

4. 爱提问的“小白”

这类人对一些专业知识比较感兴趣，但是他们自己了解得却比较少，不过好在爱提问，不懂就问，或者他们也喜欢讨论一些跟群相关的事情，很多时候他们和灵魂人物贡献了群里80%的聊天内容。

5. 沉默的大多数

每个群里几乎都会有很多人不怎么说话，就像潜水者，但是他们也不退群，只是在群里默默地看着大家交流，也会间接性地摄取知识，偶尔会发一些自己的见解。

最后总结一下。有的人建群生命周期太短，1 天、1 周就没有后续了。为什么你的群管理不好？最根本的原因是把“卖货”当作了社群运营的核心目标，其实社群的本质是服务好用户，用户的满意度是一切的根本。如果你的群一直做不起来，不妨尝试做以下几点：把卖货这个目标更换一下，变成建立个人 IP 或者品牌 IP 输出群，然后提升口碑，让用户对你认可，觉得你人品好、专业、有趣，喜欢你；增加和用户交流的机会，让平时不搭理你的人在群里参与活动，参与福利，和别的成员聊起来；让你的价值在群里不断地放大，让你的用户愿意关注你，关注你的群；让你的社群变得有吸引力，更多的人愿意进群，愿意跟随你。

做到了这些，其实结果一样是成交。

7.3.3 朋友圈运营

朋友圈的价值

1. 很多人只是认为朋友圈就是一个展示自己生活状态的地方，但其实朋友圈的价值很高，可以把朋友圈比作自己家的“客厅”。试想一下，当有客人到你家来做客，一定最先看到的是你家客厅，客厅的装修设计、美观程度、整体感受都会在他心里打下一个烙印，通过客厅来判断你在生活中是个什么样的人。

朋友圈的重要作用就是让别人快速认识你，甚至是了解你。假设有陌生人加你为好友，你觉得他首先会做的第一件事会是什么？没错，是看你的朋友圈，估计你认识一个陌生人的第一件事也会是翻看他的朋友圈。因为通过朋友圈，我们能对这个陌生人进行初步判断，了解他是个怎样的人，是否可信赖，他的行业是什么，他平时关注什么，他的圈子又是怎么样的。

所以，朋友圈如此重要，如果是粉丝加了你，或者事业伙伴加了你，都可能通过你的朋友圈来判断是否可以对你深入了解，你是不是一个可信的人，那么这就需要我们平时对朋友圈有所积累，要做经常性维护，只有你的朋友圈丰满真实起来，才能在初次交往中赢得他人好感。

2. 朋友圈就像我们个人招牌的一个门店。我们会发现，在互联网崛起的今天，传统商人和互联网做社群的商人一个最大的不同点是：传统商人在线下开实体店，而互联网型商人在网上开店。

传统商人是通过线下门店的打造，来为消费者营造一个很好的购物环境，让消费者愉快地把货买回去，就像我们去各种各样的精品店一样，它里面的装修装潢都是特别的好。

而互联网型商人的焦点都是在线上，比如淘宝店老板会找美工在网上装饰自己的网店吸引客人，微商则会想办法美化自己的朋友圈。这时候，朋友圈扮演的就像是互联网商店的角色，微商们会把自己的商品放在朋友圈里去推广。所以，要想商品卖得好，店面的装修一定要给力，朋友圈的打造也必须用心，才能吸引别人愿意购买。

3. 朋友圈就是我们自己的一个信任背书。什么叫信任背书呢？简单讲就是一个让人相信你的东西。客户之所以迟迟不下单，根本原因，是因为他不够相信你，不知道你的产品是好是坏，缺乏对你和产品的信任。

有了朋友圈，就能很好地传递这种信任背书了，因为朋友圈可以“一对多”地让别人了解你，你在朋友圈的一言一行都能增加他们对你的熟悉度，进而慢慢产生信任感，前提是在朋友圈的你是一个真实的人，是一个不浮夸也不做作，也无负面和荒诞行为的人。朋友圈打造好了，好友对你这个人有了更高认可度、信任感，自然而然对你推广的产品也不会抗拒。所以说，打造好我们的朋友圈，对我们后期的人脉积累是非常有帮助的。

如何打造优质朋友圈

既然朋友圈对我们这么重要，我们该如何打造一个好的朋友圈呢？接下来讲讲打造朋友圈的“五有”原则。

什么是“五有”？就是“有情”“有料”“有品”“有趣”“有种”。见图。

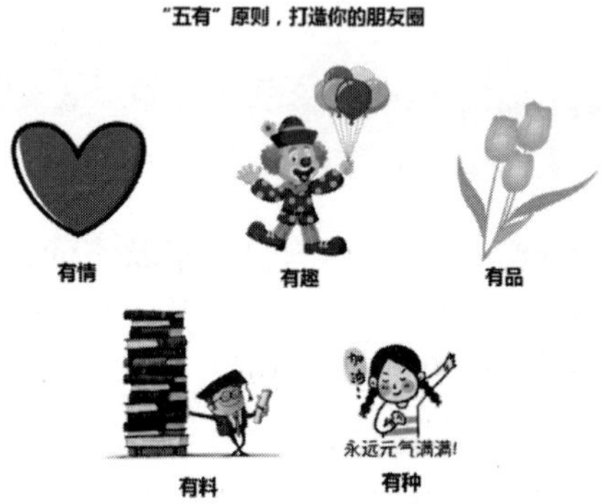

1.“有情”，为什么把“有情”放在第一位呢？因为人始终是感性动物，在营销界流传着这样一句话：“一切的成交都是为了爱。”那么这里的爱是什么呢？就是感情。

很多人的朋友圈就是因为没有任何感情，永远都是复制粘贴，永远都是只有产品，所以很少有订单成交，产品不好卖。

讲到这里，可能会有人说，我的朋友圈真没有什么东西要发，其实这只能说你还不够用心。当然，我们讲的“朋友圈有情”不是非要你的每一条朋友圈都煽情，但是也要记住，不要让你的朋友圈只有卖货的内容，看起来像一个唯利是图的商人。

要想我们的朋友圈有情、有温度，最好的办法就是，平时可以发些个人情感方面的内容，引起好友情感的共鸣，让他们觉得你是个展露自己真实生活的个体。只有真情才可以打动用户，才能成交。

我们以早安类信息为例，一般早安信息，字数不要太多，控制在三排以内，不一定要天天谈人生、谈理想，但是一定要体现自己的个性，或者发一张自拍，问候一声早安，只要能够体现你的正能量、积极活泼的一面都可以。碰到节假日，比如中秋节之类的，我们也可以自己写一段文字，配上和家人在一起过节温馨的图，让人感觉你是很有温度的人。

2.“有料”，就是你的朋友圈内容要有价值，有个人特色，不是千篇一律的吃喝玩乐，也不全都是自拍照或者产品宣传，让人反感，而是能给别人带来价值和收获的内容。

这里的“有料”，更多的是指专业价值输出。比如你是卖护肤品的，你连这瓶面霜的功效都不能表达到位，怎么让人放心来买呢？反过来，你不仅知道你卖的面霜有什么功效，还能专业地给别人提供皮肤诊断，帮别人找到最合适的护肤品，解决肌肤问题，这就算一个提供价值的点。或者，你有自己非常擅长的爱好，也可以经常分享心得。简单地说，你的朋友圈里的内容要经常有一些能够帮助别人的建议或者知识，能够让别人获得价值。

3.“有品”，这里的“品”理解为品格也行，品德也行，甚至品味都可以。

谁都不喜欢和一个低俗的人在一起，所以我们的朋友圈千万不要发一些低俗的东西，要发一些可以体现我们高级趣味、高远眼光、高尚人格、肯为他人着想、为顾客着想、有爱的朋友圈。只有这样一个有品的朋友圈，才能够表达我们对生活积极向上的态度，表达我们乐观的生活状态，表达我们是一个有理想有抱负的人。

一个人品好且有着正能量的人总是能让人不知不觉地去接受、喜欢。而一个整天带着消极情绪，充满抱怨、仇恨的人，不会有太多人愿意去靠近，因为跟这样的人相处会非常累，他们会消耗你的能量。

所以朋友圈的内容应该精致发放，千万不要刷屏，也不要经常发一些消耗自己人品的内容。朋友圈的背景图和发圈内容加起来就像见到你这个人整体形象一样，若想给人留下好印象，朋友圈的照片和视频也要有品味，不要随便一张就放上去了，要精心地编辑文字，选择画质高、有美感的照片。

4.“有趣”。每一个人都是个性十足的个体，利用微信做生意的人，应该把自己有趣的一面在朋友圈体现出来。朋友圈确实需要有品位的“高大上”，但如果每条朋友圈都这么崇高伟大，多少会让人觉得不真实，甚至是浮夸做作。所以，朋友圈里也同样需要体现生活化、趣味性的一面，两者结合才更能体现我们是一个真实的人。

例如在晚上空闲的时候可以发一些有趣的内容，聊聊朋友之间的趣事、当下热门的脱口秀节目段子、生活里一些有趣的乐事等，通过这样有趣的朋友圈来提高我们与好友的互动性，让客户相信我们是足够真实的，一句话：“无互动、不营销”。

另外，还要注意一点，互动是一个双向的交流，不要每次都是你发朋友圈等着别人来评论，反过来，当你看到一个比较有趣的朋友圈时，不管是不是熟人，你都可以去互动。要知道，来自一个陌生人的关注是大部分人都在意的，我们会好奇到底是谁在给自己点赞，谁在评论自己。很有可能我们简简单单的一个点赞、一句评语就赢得了一个粉丝，你说值不值？

5.“有种”。如果你是一个有志向、有目标、有抱负的人，那么和你在一起的这群人就不会消沉，会因为和你在一起而充满正能量。没有人喜欢和一个每天抱怨的人待在一起，一会抱怨自己的倒霉事，一会抱怨工作不好，一会又抱怨社会太黑暗了。

也许你只是在朋友圈发个感慨，可能过会儿就忘了，但朋友圈的好友却会通过你发表的言论来判断你是一个怎样的人，慢慢地感觉到你身上的负能量，就不想和你进行交往了。

所以，如果真想打造一个好的朋友圈，就不要轻易在朋友圈表达负面的情绪和言论，多点积极向上、多点诗和远方、多点正能量，会让大家都喜欢、欣赏你的朋友圈，进而慢慢为你这个人树立一种正向形象。

注意不要传递虚假的、浮夸的信息。要真诚一些，多展示自己努力的过程，让别人通过你努力的态度、你得到的结果，对你建立信任感，觉得你是一个积极向上能干事业的人，甚至愿意主动找你合作。

通过以上五个原则，可以打造一个好的朋友圈，给大家留下好印象。那么再深一步，如何打造一个有个人影响力的朋友圈呢？如何让圈子里的人喜欢你，并且追随你呢？

◎ 通过朋友圈打造个人影响力

说到影响力，最先触达的肯定是朋友圈，因为这是你生活里积攒下来的圈子，这里很多人是认识你的。在这个圈子里展现的个人影响力，是最能直接触达粉丝和用户的。

希望在朋友圈里能够有成交，首先要有势能的打造、能量的交流，这个圈子里谁是能被你影响的人，你的影响力就能扩展到谁那里。你的个人影响力同样也需要被塑造，所以，先从最近的私域流量开始勾画自己的品牌形象，至少先从朋友圈内做个 KOC，成为大家关注的人物，那么你的言论和发布的产品才会让大家更愿意接受。

影响力，首先来自你的发声，来自你输出的文字、视频、工作成果、意见观点、推广的产品、人生态度、生活表现等内容，所以要想打造朋友圈内的影响力，就需要持续输出个人作品，有价值的内容，慢慢累积成你个人 IP 的独特标签。

这可以从个人魅力、作品分享、知识分享、情感共鸣这四个方面去累积。见图。

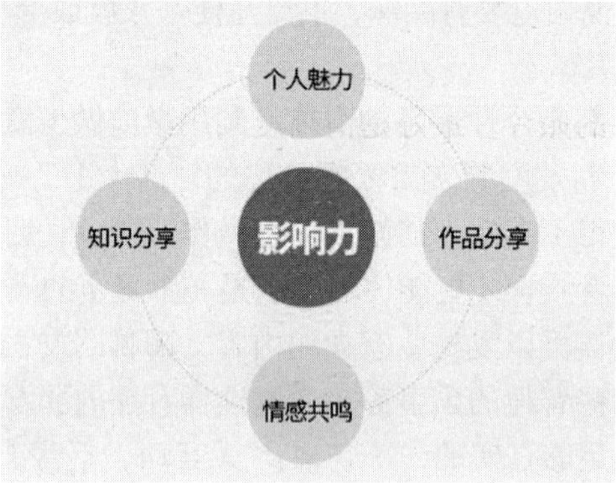

频率

关于内容发布的频率，建议以均匀而且不打扰大家为原则，一个月发一条会特别没有存在感，一天发 30 条，大家很快就会删掉你，或者屏蔽你。据说微信朋友圈在一个人每天转发的链接超过 5 个的时候，会给这个人做降权，也就是说，如果这个人发第 6 条，他朋友圈的人只有少部分可以看到这个内容。如果真是那样，有可能是平台希望不给用户带来太多的干扰而设置的吧。所以，一天 5 条可能是微信发朋友圈是否适当的衡量标准。

可读性

指的是你发的这个内容，是否容易阅读。简单来说，字很多的话，一定要有标点符号，需要换行。可以插入小表情来表达情绪，但不要太多，最多 3 个表情。

如果想要给自己的个人品牌带来一些正向的促进，在发布内容的时候，最好有带个人色彩的感悟、评价、感受，让你的个人品牌更有立体感。

对于内容的具体选择，每个人的个人品牌不同，内容也不同，但还是建议多发布跟个人品牌内容相关的信息。另外，应多维度地发布内容，比如可以发图片加文字，可以发链接加文字，可以发小视频，等等；可以发一些工作相关的，也可以发一些生活相关的。就像是一个人每天也会在不同场景中出现，扮演不同的角色一样，是多维度的。

想要塑造自己的人设和品牌影响力，最先需要去优化和调整的地方有三处，就是微信名、头像、朋友圈。

微信名

微信名—这是让别人认识你的第一标识，建议大家用真名或者能被大家容易识别的个人昵称，尽可能清楚地告诉别人你是谁、你是做什么的、你提供什么价值，让别人容易记住，容易搜索，比较规范的格式是：真名 + 你的价值或行业，让别人一下子就能弄清你的 IP 定位。

比如你是做美食的，你的微信名可以叫：× ×—用美食疗愈你的心。或者用如下格式：× × | 喜马拉雅财经频道主播；× × × | 资深减肥教练；× × ×| 社群运营达人。

地区也要尽量真实，有的人喜欢写一个外国地点，其实看着就有不真实、不踏实的感觉，在国内就要写个国内的城市、地区，让别人也能大概知道你在哪里生活。

头像

头像——建议用真人头像，有时候，“像个成功者”比“是个成功者”更重要，形象永远走在能力的前面。

有的人喜欢用风景、小孩、汽车、卡通等作为头像，这些都不利于做个人 IP。建议到影楼去拍一组 OL 风、商务风的个人照片，或者是独具个人魅力特色的照片，也可以是跟自己从事的相关行业有关的照片。最好是清晰度高的半身照，配上带有温度的微笑，更有亲和力，既然要打造自己的影响力，第一印象真的很重要。

个性签名——个性签名要展示自己的个性特点、爱好、特长和专业等，最多 30 个字符。个性签名是展示自己生活方向、态度的地方，所以要尽量真实和有价值。

朋友圈背景图——这是别人进到你朋友圈后第一个展现你风格的地方，同时也是一个带有广告属性的位置，可以给自己设计一张自我介绍的海报放这里，让别人更加清晰地记住你。

朋友圈

设置好了昵称、头像等，剩下的重点就是朋友圈的营销打造了。如果想把自己塑造成某一领域的牛人大咖，怎么来塑造自己的专家形象呢？不能夸大其词，不能太招摇，也不能太沉默低调，朋友圈的内容也不要太随意发布，一个有温度、有 IP 感的人应该是围绕你所属的行业展开，最好是垂直一个细分领域，比如你属于美容护肤领域，就要以此内容为朋友圈的核心，能让别人快速了解你的行业和产品。

对于发圈内容有以下建议：多发表自己的原创观点；发和别人的聊天截图，或者群里的聊天截图，别人夸你的那部分内容；发布参加活动的照片，证明自己的圈子状态；发一发自己的个人海报；拍摄短视频发圈；发一些文章链接，加上自己的评论。

生活中不能只有工作，否则别人会觉得你这个是工作号，一定得有个人生活部分，一周的时间，70% 发和工作有关的，30% 发和自己生活有关的。

大众口味会欣赏哪些类型的内容呢？可以从以下 9 个要素出发：有才华；有修养；有品位；有故事；有颜值；有爱心；爱家庭；有爱好；有幽默感。

这些方面都是符合大众心理需求的，人们大都还是喜欢正向的内容，可以关联几个要素来发圈，就不会太差。比如有故事性又带有幽默感，还配了一张展示才华的图片，就是不错的组合。

朋友圈互动激活

朋友圈互动，就是你通过朋友圈的形式和微信好友互动。你可以给你的微信好友评论和点赞。当然非常走心的评论是最好的，一条好的评论也会让别人瞬间记住你，甚至还愿意和你深入交流，经常对别人发的朋友圈点赞，也是互相建立好感的基础。

你也可以在朋友圈做不同形式的互动，比如在朋友圈搞有奖竞答，答对发红包；比如求助一件事，可以发红包。提问有礼这种形式大家很愿意参与，会点开认真看。有人留言，就会有互动，就会有打开陌生市场的机会，就会成为强链接的关系。

互动形式还有很多种，可以多多创新。

朋友圈晒成果

在朋友圈展示你的个人成果是非常有必要的一件事情。可以展现别人对你的认同，最好是第三方对你的称赞和认可，晒截图；或者你在所从事的行业当中得到的好结果，比如达成了什么目标，获得了什么奖章，比赛赢得了什么奖励，等等。要懂得第一时间在朋友圈里去晒这些好的成果，配上真实感受的文字，这些内容就会让别人感觉你是一个厉害的人，是有能力的人，在某个领域是很上进的人，那么别人也会增加对你的信任感，甚至会积累朋友圈内的粉丝，让别人愿意追随你一起做事，毕竟谁都愿意向很有成就的人学习。千万不要不好意思发，因为这些晒成果的图片或者内容都是打造你个人品牌影响力的好机会，你不展示，谁又会知道呢？低调做人，高调做事，作为互联网时代的生意人，也要抓住宣传自己的机会。

发朋友圈时间规划

关于发圈的时段和频率，也需要注意一下，分为四个时段效果最好。

发朋友圈的时间段决定了我们发朋友圈能够获得多大的传播率和多大的覆盖率。早上 7:30—9:00 早高峰时间，大部分人都在挤公交和搭乘地铁，这段时间刷朋友圈是上班族很重要的消遣；中午 11:30—13:00 吃饭和午休时间，很多人都会边吃饭边刷朋友圈，或者饭后休息的时候刷会朋友圈；下午 17:30—20:00 晚高峰时间，跟早高峰一样的道理，很多课程的推广和分销会选择在 20:00 这个时段；晚上 21:30—23:00 睡前放松时间，这个时间大都已经吃完晚饭或者回到家，躺在床上、沙发上准备休息，很多人都会刷朋友圈。

据统计，晚上 21:00—22:00 之间发的朋友圈能够获得更大的朋友圈信息触达率。发一条朋友圈的时间段更为重要，强烈建议发朋友圈的时间段定在晚上 21:00—22:00 之间。见图。

按照以上的原则和规律把内容做好了，重新梳理出一个打造优质朋友圈的方法，实操几次，再不断地修整和改进，这样就很容易通过朋友圈打造个人 IP，让人对你的印象不错，为你做社群引流，就变得容易了。

黄金发圈时间

早上：07:30–09:00
中午：11:30–13:00
下午：16:30–18:00
晚上：20:00–23:00

名词解释

1. KOC：关键意见消费者，英文全拼为 Key Opinion Consumer，一般指能影响自己朋友、粉丝，产生消费行为的消费者，相比于 KOL（关键意见领袖，Key Opinion Leader），KOC 的粉丝更少，影响力更小，优势是更垂直、更便宜。
2. 影响力：是一种用别人所乐于接受的方式，改变他人的思想和行动的能力。影响力又被解释为战略影响、印象管理、善于表现的能力、目标的说服力以及合作促成的影响力等。
3. OL：Office Lady，也即白领丽人（白领女郎），是指打扮衣着入时，且具备一定办事能力，美丽与智慧兼备的办公室女性文职人员。

课后作业

知识要点

1. 粉丝运营的目的是拉新、留存、转化，一个闭环的变现模式。
2. 留存就是通过建立社群，每日运营维护提高粉丝的黏性。
3. 转化就是第一要增加产品认知，第二要构建信任背书，才能逐步达成销售变现的目的。
4. 社群中也应该有各种不同的角色分工，要学会搭建社群人员架构，大体上可以分为五类人：群主管理员、副群主、灵魂人物、爱提问的“小白”、沉默的大多数。
5. 朋友圈的重要作用就是让别人快速认识你，甚至是了解你。所以打造一个优质的朋友圈极为重要，可以通过朋友圈来树立自己的个人品牌影响力。
6. 通过微信名、头像、朋友圈内容和发圈时间段，以及发圈互动激活等几个方面来塑造自己的个人品牌影响力。

小节测试

1. 检查自己现在的微信头像、微信名称、朋友圈内容，是否具有“五有”原则，哪里不符合？找出来，试着更新一下。
2. 检索一下自己的优点和特色是什么，给自己的个人影响力做几个关键词标签。
3. 从找到自己的个人品牌影响力是什么出发，来梳理和改变自己的朋友圈内容，从头像、微信名、朋友圈内容和图片等几个方面展现一个新的清晰的定位形象。
4. 根据“五有”原则，编辑五条相对应的朋友圈，并按着发圈时间段规划发放到朋友圈。
5. 编辑一条互动激活朋友圈的内容，搜集 10 个赞。
6. 思考如何让社群长期保持活跃度。
7. 进入一个别人建立的产品社群，观察群主在群里的所有活动。
8. 自己搭建一个社群的人员架构图，写明各个成员的分工。
9. 下载一个微商水印相机，试着做一个产品海报。

第四节　有互动，才有忠实粉丝

☆ 要点提示

A. 忠实的粉丝来自高频次的互动。
B. 私聊破冰的四个技巧。
C. 群破冰需要发布什么内容。
D. 早安打卡和常态化分享的工作内容。

☆ 教学目标

A. 通过日常运维社群的具体工作，学会做一个持久的群管理。
B. 通过学习案例，进行实操，成为一个社群运营小能手。

7.4.1 私聊破冰

前面的内容讲到微信朋友圈互动激活的内容，通过给别人点赞和走心评论，以及朋友圈竞猜有奖等形式的活动，使自己的朋友圈能够充满活力和互动活跃感，增加了很多的亲切感，有参与感的时候就容易让别人记住，那么也会遇到别人因为你发的朋友圈内容，直接私聊你的情况，遇到这种主动型的朋友就很好开场和深入交流下去。但是当你因为业务原因需要找别人私聊，或者新加了一个人入圈，这时总会避免不了和一些陌生人打交道，初次认识，大家不免有些尴尬，因为是你要找对方说话，所以在私聊中，你应该主动打破尴尬局面，那么在私聊的过程中如何快速破冰呢？

◎ 四招，让私聊快速破冰

技巧一：介绍自己。

为什么很多人没有通过你的好友申请呢？很可能是你没有说明加对方的理由。加好友时你一定要注意表明来意：你是谁，你与他的关系，为什么要加对方。

怎样做自我介绍才能吸引陌生人呢？

突出你的职业。

突出你的特长。

突出你的社交圈。

突出你的成绩。

突出你的价值。

举一个自我介绍的例子：“某某，我是阿娇，我通过某某群看到你的发言和自我介绍，吸引了我，加个好友方便联系。我是某某平台的知名主播，现在做自媒体领域，主要做美食分享，目前已经有 20w+ 的粉丝了，如果你也很喜欢美食的话，可以分享更多你没尝试过的美食做法，相信志同道合者必能相遇，以后多多交流。”

自我介绍是经常会用到的私聊方式，可以编辑个自我介绍模板，也可以做成个图片或海报，方便随时用。

技巧二：先从简单易答的问题问起。

问一些简单易答的封闭式问题，比如：“亲爱的，我看到你做美妆产品分享，好像还不错，效果怎么样？”“我看你朋友圈你很喜欢吃辣的，你是四川人吗？”“你是一枚吃货吗？好巧我也是！哈哈！”……这样就很容易让对方接上话题。

技巧三：通过赞美拉近距离。

如果你想要跟别人拉近距离，一定要会赞美对方。但是这种赞美不是很浮夸的赞美，一定是真的发现了对方有闪光点和与众不同的优点时的真诚称赞。因为人人都喜欢被关注，被赞美，所以真心地称赞对方，一定是快速拉近距离、产生好感的好方法！

技巧四："套近乎"。

怎么说话让彼此迅速建立友谊呢？我们可以从相同的经历、相同的圈子、相同的兴趣等方面去"套近乎"。如果你想与某人快速建立信任关系，最简单的三个字就是"利他心"。如何利他呢？有5个思路。

你能够提供给对方需要的人际关系资源。

你可以提供给他人想要的某些工具或者知识。

通过共同的兴趣，提供相关的组织或者创造见面机会。

通过共同的经历，可以分享自己的感受，也认同对方的观点。

因为投缘，可以给对方发微信红包。

总结：想要通过微信与陌生人聊天破冰，拉近彼此的距离，最重要的一点就是利他心。自我介绍能让对方迅速地了解你，打消顾虑，而利他心能快速让陌生人对你产生信任，才有后续的更多互动，以至于最终产生其他价值。红包则是一个神奇的催化剂，记得用起来哦！你可以发感恩红包、开心红包等。

7.4.2 群破冰

微信群建立初期，需要规范昵称、明确群规，之后大家都陆陆续续加进群了，而群里都是一些彼此不认识的陌生人，这时大家虽然知道了建此群的目的，但是进群后不知道该说什么，活跃度不会很高是正常情况，而这个时候群管理者就需要想办法让群成员互动起来，最好的方法就是邀请大家开始自我介绍、制造群相关话题并通过一些小游戏等来激发群成员的活跃性。

最简单的方法就是自我介绍，这个方法可以让群里的各位快速熟悉起来。一般来说，较内向的人不太喜欢做自我介绍，显得比较拘谨，还有的人不知从何说起，或者抓不到重点，这种时候，可以提供一个模板，让他们套用模板，就能很好地引导他们做自我介绍。

不过群破冰也要考虑群规模，规模在500人左右的话，如果每个人都做自我介绍，会出现刷屏的现象，所以这时候可以让优秀的社群成员出来介绍，这可以作为一种奖励机制。

7.4.3 早安打卡

关于早安打卡，是很多社群都会有的一个步骤，一天之计在于晨，一个社群的热度、正能量传递、群员之间的互动和问候，都是从早安打卡开始的。每天群主可以做榜样，从早上起来就先在群里打卡，问候大家，表现你的精神面貌和表示你对大家的关心。

早安打卡的好处：

可以让大家养成早上就关注你的群的习惯。

早上起来彼此问候增进感情，让群里氛围很有温度，有朝气。

可以知道群里的活跃分子有哪些。

早安打卡有几种形式：

1. 表情或图片进行早安问候；
2. 天气关心表示问候；
3. 励志名言开启问候；
4. 用早安红包问候；
5. 用群打卡方式进行早安打卡问候。

群打卡设置：

如果想做一些其他打卡内容，让群里成员参与，其实很简单，通过微信搜索“群打卡”小程序，即可进入设置群打卡项目、群接龙项目、发起投票等，选择、编辑自己需要打卡的内容即可。

7.4.4 常态化分享

我们讲解了建立社群的步骤、人员架构的搭建、群管理、朋友圈打造、早安打卡等前期开创一个社群的具体工作，这时一个社群框架已经基本搭建完备，整个过程就像在线下开了一个店铺一样，找合伙人、取店铺名称、装修、铺货……接下来要做的就是，一个已经开起来的店铺每日要经营什么内容、策划什么活动能够让店铺持续地运转下去，这便要做好规划并努力使之常态化。

所以，我们已经搭建好的社群，也需要有每周、每月、每年常态化的社群活动以及直播内容宣发，让社群里的人与货整体都运转起来。运转起来就需要互动和常态化的分享，让群成员或粉丝能够及时看到群动态，参与进去，因为参与感是整个品牌和社群的灵魂！需要群成员共同参与、共同创造，才能持续化地运转下去。如图。

首先，来看一下社群与直播之间的关系。社群（私域）直播是以服务为目的与顾客保持高度黏性的有效手段，常态化运营将成为直播带货落地在社群中，不断孵化新的粉丝，带来高频次消费的动力。

其次，直播的常态化运营，也需要不断地在群里给沉淀下来的粉丝发宣告，提醒粉丝们及时观看直播，达到场景呈现，通过观看主播生动的讲演产品，促使粉丝们拥有购买欲，达到下单成交的结果和目标。

最后，社群的常态化分享就是为了服务于粉丝，使销售过程不断循环。此时，社群的最大用处就开始体现，让直播平台当中公域流量的用户不断地通过进入社群，被转化成高黏性的粉丝，成为私域流量中的种子用户，通过每日常态化的社群分享，继续服务于这些粉丝，深入沟通产品等问题，进行需求运营维护，让销售过程不断地呈现。

社群活动策划分享

这样一个生态闭环，离不开社群的常态化分享。社群就是一个私域流量的生态关系网，需要每日都有内容发布，证明这是一个活着的社群。比如每天都有直播，那么就可以把每天直播间的福利、产品预告发到群里，包括直播链接，都可以发放到群里，写好文案和时间，来提醒群里的粉丝们及时进入主播的直播间，享受福利。

群运营分享也可以策划每周、每月度一个主题，在群里进行分享，并且附带优惠活动，给粉丝们带来新鲜感和期待感，增加主播关注度。

特别是到了一些节日的时候，比如双 11、元旦、三八妇女节，更应该提前策划一些社群福利活动，吸引粉丝们的注意力，没有这些及时应景的活动，会显得这是一个很冷淡的群，没有跟上潮流节奏，让粉丝们感觉失落，渐渐失去关注度。因为粉丝从直播平台转化进社群里，就是为了更亲近主播，常常能关注到主播的动态，或者某品牌产品的福利动态，所以在活动日子分享福利促销信息是社群里最应该出现的动作。

除了这些日常活动的发布，也可以在群里做产品的分享，目的是让粉丝们更详细地了解产品优势和使用场景，让产品信息在社群里直接到达顾客那里；还可以鼓励购买过产品的粉丝在社群里分享体验感受，通过第三方增加信任度，让未购买过的人产生欲望想要购买试试，让购买过的人产生共鸣、共情的效果。这样的群里氛围很好，因为产品也可以使大家更愿意在群里说话分享，这些都促成了每日群里的常态化内容诞生。

知识要点

1. 与陌生人交流如何打破初始阶段的尴尬局面，“四招，让私聊快速破冰”的技巧，在实践中必然很实用，但最重要的一点是要有“利他心”，能为对方提供价值和帮助。
2. 群破冰，最好的方法就是通过大家自我介绍、制造群相关话题、小游戏等方式来激发群成员的活跃性。
3. 早安打卡和常态化分享的核心是每日的群运营工作要持续，重点是让群成员有参与感！

小节测试

1. 组织群运营管理员从早安打卡起开启每天的群管理工作，并且组织一个带有参与感的游戏，统计参与人数。
2. 通过在社群里提前公告直播信息，带动群内粉丝购买产品。
3. 策划一个节日促销活动，在群里发布消息和福利政策。
4. 分享一个关于美食的话题，在群里互动。

5. 加一名陌生人，用四个技巧中的不同方法实践“私聊破冰”。
6. 找到一位朋友，试着去赞美对方，看看会发生什么效果。
7. 在自己的社群里尝试每天早安问候。
8. 通过“群打卡”设置一个打卡内容。

第五节　赋能粉丝成为传播者，实现快速裂变

☆ 要点提示

A. 学会发现和培养种子用户成为传播者。
B. 制定超级诱饵和奖励机制是引发裂变的动力。
C. 学会设计海报和文案话术。
D. 群裂变的五个环节。

☆ 教学目标

A. 通过了解一些群裂变的必备工具和学会群裂变策划，用奖励机制赋能粉丝成为传播者，使社群达到复制裂变的目的。
B. 通过学习具体环节，进行实操，成为一个社群运营小能手。

7.5.1 种子用户

种子用户

种子用户指的就是，在产品发布的早期表现得非常积极，热衷产品，愿意发表意见去互动，愿意给你产品反馈的人，这样的一群人就是核心用户，也可以认定为是种子用户。他们在产品发布的早期对这款产品的完善，包括后续的推广、后续的成长等起到一个比较重要的作用，所以对于产品销售和后期群裂变来说种子用户非常关键。如图：

种子用户很可能就是你建立好的一个社群里的第一批人，这批人对于你的意义就好比，你现在把他们当作一颗种子播种到了土地里，等待他们能够逐渐地发芽成长，逐渐地开花结果。所以这批人最能接受你最早期建立社群时的种种不完善，虽然也有不满，但是终究他们是留存坚持下来的种子用户，非常珍贵。

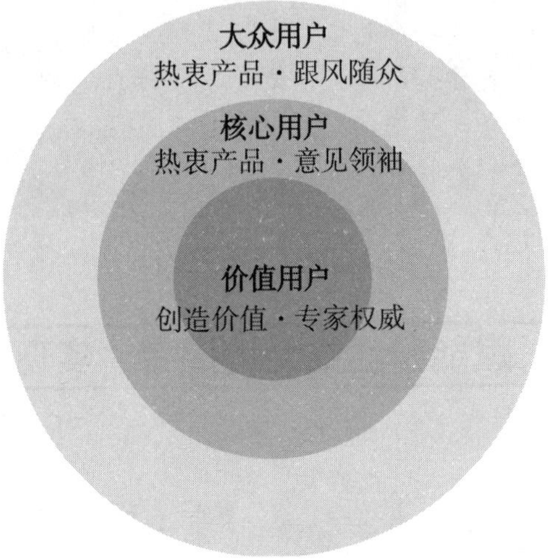

种子用户的特点（如图）

（1）痛点更强。需要我们的产品解决他们的痛点。

（2）可以尝试不完美。配合程度比较高，愿意尝试和体验新鲜事物。

（3）提建议反馈。愿意为产品的迭代提出反馈，也愿意为产品做口碑传播。

最终他们会成为小圈子内的 KOL，有一定的影响力。

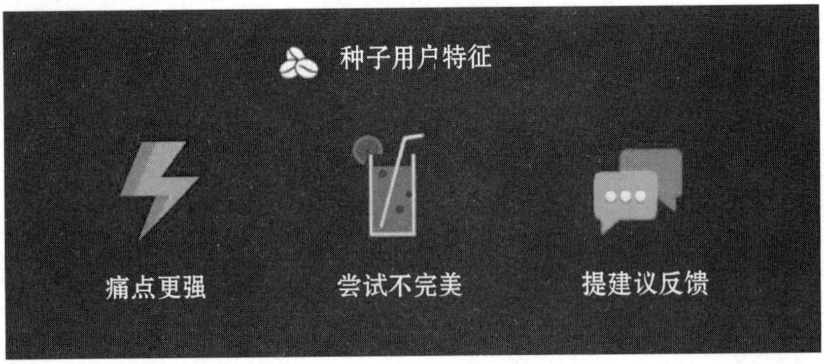

种子用户的重要价值

产品层面：早期版本的产品在用户体验上肯定无法保障，一定会有很多 bug 存在，需要有包容精神的早期用户来做互动反馈，成为群里的产品拥护者 、跟随者。

推广方面：新产品的推广成本高，而种子用户的口碑传播却是成本较低的传播方式，而且转化效果比广告更为明显，种子用户会用自身的使用体验来为产品背书，效果更棒！

所以，种子用户的价值属性非常高，种子用户可以凭借自己的影响力，吸引更多的目标用户，是有利于培养产品持续热销的第一批用户。

选择种子用户，需要明确以下几点

（1）种子用户不等于初始用户。

种子用户也不是 100% 都是第一批用户，有可能是后期进来的同样对产品有热衷的粉丝，也可能是在社群里愿意互动的人，他们都具有可培养的种子用户属性。

（2）种子用户的质量比数量重要。

选择种子用户要有标准，尽量选择影响力高的、活跃度高的、价值观要尽量与产品的调性吻合的人作为种子用户，因为他们的发声很重要。用户少而精，更利于精细化管理和沟通链接。

（3）种子用户能够反馈产品建议。

要经常鼓励种子用户为产品开发者提供中肯的意见和建议，使产品体验感得到更好的提升，因为他们是最热衷产品的人，当然希望产品更好，所以能得到他们体验感的反馈尤为重要，这是不断完善产品生产最直接的路径。

可见，优质的种子用户，不仅会经常购买和使用产品，还会活跃于社群，经常发表言论，带动其他用户分享和互动。具有主人翁精神的用户，是最好的种子用户。

加强种子用户强链接关系的方法

（1）重视用户的体验感以关心对方的使用感受，经常主动沟通，让用户感受到被重视，这样种子用户就很愿意发表观点和建议，觉得自己的反馈还能起到作用，能让产品更好，是一件很有价值感的事。

（2）经常宣导公司的价值观，用产品所表达出来的情怀和使命来感染用户，有时不是光一个产品就能打动人，还需宣传产品背后的故事、企业的文化，一种向往和情怀，让用户产生认同感，愿意跟随，这样就更容易产生铁粉。

（3）常用一些激励机制，激励那些热爱分享的种子用户，给予诱人的奖励，比如具有一定稀缺性的礼品（所提供的限量大福利），或者挑战性的任务，达到多少，就可以拿 88 元的红包，等等，让用户有紧迫感和参与感。

（4）线下见面会，组织线下活动可以更加近距离与活跃用户建立强关系，还会有机会成为很好的私交关系，这种线下关系再搬到线上的时候，就会更有热度和熟悉度，当需要有推广任务的时候，恰恰是这些有着强互动的种子用户更愿意参与进来给予支持。

当你和 N 多的种子用户有了强链接之后就更有了影响力，也会知道一些他们的基本情况，自然可以为有互利需求的小伙伴牵线搭桥，介绍他们相互认识，帮助他们建立联系，这样种子用户之间的凝聚力会更强。一定要经常花些时间维护种子用户，这是非常有必要的事，因为他们能为你延伸出来的价值有很多，他们能为你快速拓展人脉，所以，种子用户就是你可见的资产。

7.5.2 超级诱饵

社群裂变的关键因素，不仅需要有种子用户，还需要设置“超级诱饵”。社群不会无缘无故裂变，还需要“诱饵”的促发，诱饵足够诱人，就是社群裂变的核心动力。

设置超级诱饵

希望社群产生裂变，通过设置超级诱饵可以快速达到目的。那么设置诱饵最常用的方式有送大礼包福利、超低折扣、拼购满减、抵现优惠券、转发送礼物等，让粉丝感觉到捡了大便宜，不能错过，有一定要参与的感觉，满满的诱惑，让裂变变得很容易。

怎样设计一个引爆社群裂变，又能达到高成交转化率的引流诱饵呢？

（1）诱饵一定要与你的产品有相关性、互补性。

你的超级诱饵一定不能脱离你的产品周边，要有相关性或者互补性，因为本来沉淀在群里的粉丝就是对产品有兴趣的人，所以诱饵应该对产品起到加成作用，搭配上这样的诱饵，让顾客觉得更喜欢，更完美，充满了诱惑力。比如，你的产品是一款锅具，那么诱饵可以是超值的一套餐具，或者是酸奶机，都是厨房会用到的东西，就会充满诱惑力。

（2）诱饵最好有超出用户期望的价值。

如果诱饵是价值感很低的物品，几块钱就能随便买到的话，就没什么诱惑力，让人觉得没什么可稀罕的，那么就会失去关注度，起不到诱惑的作用了。设计的诱饵最好是稀缺的，或者新奇的，物超所值的，用户不好买到、平时也不想自己花钱买的东西，也可以是超大力度的折扣，或者大额抵用券，比如，分享 3 个人一起购买，自己的产品可以免费获得，等等。

（3）低成本高价值。

诱饵的边际成本越低越好，这样就不用担心裂变量大而导致成本高。但是，诱饵最好是能体现高价值的，且是用户能感知到的高价值，或者对其价值有高估的模糊感也可以。

举一个利用诱饵引流精准用户并转化成交下单的例子：

“购买一套 788 元的 ×× 品牌化妆品套装，送一个网红款拉杆箱，只限前 30 名，送完为止，如果分享 2 名朋友购买，加送一个旅行双肩包。”大家看到拉杆箱的照片就觉得非常漂亮，感觉价值也很高，心想这个拉杆箱怎么也得 200 ~ 300 元吧？太超值了，于是为了进入前 30 名行列就纷纷下单。实际上，一个拉杆箱从厂家进货的成本只有 60 元。

所以，为了让社群能够得到裂变、引流，尽可能地付出超出期望的价值，才能够去促进裂变，这是一个利益共赢的合作关系。诱饵只要是有十足诱惑力的，让人无法拒绝的，就有其能产生的作用力。

◎ 发布超级诱饵

（1）裂变海报：为了广而告之，先要设计一个裂变海报，内容一般都会借用大牌的身份，比如说京东内购价、天猫特价、某明星力荐等，以获取用户的信任感。海报的图片设计上，采用这些大家熟知的品牌设计样式。

（2）微信社群二维码：也就是裂变海报上扫码识别入群的二维码，但是微信社群需要提前设计好群名称、活动公告、产品介绍等内容，配合这个超级诱饵活动，让裂变进群的粉丝能够知道这个群的所有正在进行时的信息。

（3）朋友圈设置：在活动开始前一天和前几个小时就需要发圈预告活动内容，然后在开始的半小时前需要再发一次海报，提醒大家活动马上开始了，做好准备参加。然后呼吁想参加的人也帮忙转发海报，让更多的人知道有这么大的活动福利，创造一种紧迫感、火热感，让更多的人好奇，被诱惑到，关注参与。

7.5.3 奖励机制

奖励机制，其核心就是以利益驱动，目的是让社群里的种子用户和活跃的社群成员可以更有目标性和有动力去分享社群，使社群达到快速裂变。可以设置合理的、具有诱惑力的奖励机制，这样使人做事更有动力，借助用户的社交关系快速促进产品的传播和销售。所以，前期的裂变准备工作都做好了，合理的奖励机制设计才是驱动裂变的根本原因。

这里所说的奖励分为物质奖励和精神奖励，其中，物质奖励又可以分为实物奖励（如现金、礼物、纪念品等）和虚拟奖励（如京东的购物卡、淘宝店铺优惠券、饭店代金券、某名人课程名额等）；精神奖励一般是提升身份等级，提高社群地位，荣誉象征等。

通过给社群成员一定的奖励，促使他们把自己的朋友也介绍到社群中来。从心理需求的角度来看，任何人都会对一个自己不了解的社群持有一定的怀疑态度，而如果经过了周边朋友的确认，这种怀疑态度就会降到最低，进而形成心理上的安全感。从社交需求的角度来看，当朋友都加入了同一个社群的时候，大部分人都会通过加入这个社群来提高自己在朋友间的存在感和认同感。

那么究竟怎样才可以建立一个社群裂变的奖励机制呢？应该从以下几方面开展，做好前期工作。

1. 确立合理的目标。

在制定奖励机制之前，一定要确立一个合理的群裂变目标。也就是说，这个目标一定是与社群情况相符的，而且是社群成员可做到的。否则的话，不仅达不到增加社群成员数量的目的，还会使原有社群成员心生不满。

例如，针对社群裂变目标，群主作了如下规定：成功推荐 30 位朋友进入社群的成员，可以获得 ××× 奖励。这里的 30 位朋友就是一个不合理的目标，因为这不是一般人可以达到的。所以，在确立加人目标的时候，一定要注意其合理性。通常情况下，如果社群规模不是很大的话，以推荐 3 ~ 5 位朋友为目标就比较合适，大家也觉得很简单，容易做到才更有热情参与。

2. 以身作则带动群成员参与。

作为社群的管理者，一定要以身作则，自己始终保持热情，不然怎么能激励社群成员呢？领导者的态度和情绪会对社群成员产生很大的影响，如果领导者都缺乏吸引更多社群成员的动力，那么社群成员的动力就更无从谈起。所以，群运营团队一定要向社群成员展示出高度的热情，不断地向社群里推荐新人，不断地激励种子用户为社群推荐新人，这样一起热火朝天地行动起来的话，就会更有效果。

3. 对社群成员的努力结果给出“即得”利益。

实际上，有不少心理学家都认为，为了得到认可，人们可以付出很多的努力。由此来看，要想让社群成员为社群付出更多的努力，就应该及时认可他们的努力。也就是说，当社群成员为社群推荐新人以后，要给他们一定的奖励作为反馈。这种反馈最好是即时的，立即兑现，能够触发更多的成员看见“即得”利益，更有动力去分享推荐。

4. 奖励机制设计。

奖励机制更多的是针对社群内的种子用户设计的，为了促使群成员热情参与，这个奖励机制的设计也需要金钱投入，但是换来的是更多的粉丝用户，所以是非常值得的投资。

需要设计好奖励机制文案提前公布在群里，让大家知悉群内要搞什么活动，有什么奖励机制，这样才能引发大家热情参与，那么之前设计的超级诱饵海报就可以派上用场了。

先说说设计奖励机制的一些案例。

物质奖励：

（1）比如，双 11 活动要卖一款某品牌补水面膜，目标是卖掉 5 000 份，原价 99 元 10 片装，这次活动价是满 99 元减 40 元，相当于 59 元 10 片装。为了促成 5 000 份的目标达成，需要群成员参与分享裂变，那么给出的奖励机制是，9 号—11 号三天内分享给 3 位好友加入社群且购买成功，可以免费领取 1 盒面膜或者是 50 元现金；分享 6 位好友加入社群且购买成功，可得 100 元现金 + 一盒面膜；分享 10 位好友加入社群且购买成功，可得 200 元现金 + 一盒面膜。

那么，如果有 100 ~ 200 个群成员参与，每个人分享 3 ~ 5 个好友入群购买，即可达成目标，也可以使群迅速从一个群裂变到 3 ~ 5 个群，当群裂变后，就会又增加一些高黏性的种子用户，为下次的裂变作基础。

（2）比如，推广一门社群营销课程，价格是 499 元 3 个月的实战学习，为了推广进行群裂变，让更多的人看到消息能够购买，设计好超级诱饵海报后，那么给出的奖励机制是，分享一个好友成功购买课程，可以奖励 100 元，并可以免费学习 3 个月的社群营销课程，还有机会获得竞选社群班长的资格。

那么，这样的机制会诱发群里的成员积极参与，因为分享后不仅可以拉动好友一起学习，还能有回报，还可以免费参与课程，当然很划算，重要的是分享一个人的门槛是很低的，很容易达成，那么当种子用户分享成功一个，就可以在群里即时奖励，促发其他成员也努力分享裂变，也让有成果的群成员更有信心分享下一个用户，达到裂变的目标。

精神奖励：

（3）社群是做自律早起打卡的，建群是为了获取人脉资源，建立线下组织，延伸人脉价值。那么可以设计的奖励机制是：邀请 3 名好友加入早起社群，一起养成 21 天早起打卡习惯，可以获得早起达人勋章一枚，挑战完成三个 21 天打卡目标，可以获得早起超人勋章一枚，拥有早起达人以上等级勋章者，可以参与线下早起见面会活动。这种精神奖励，也是一种荣誉上的动力。

另外，更直接点的有红包雨邀请裂变奖励机制，比如邀请好友入群领红包，每日上午 10 点、下午 2 点、晚上 8 点、晚上 10 点有红包雨，金额不等，最高领取 88 元，这种类型的现金奖励也可以快速激发群内成员愿意邀请自己身边的亲朋好友积极参与进来，促使群快速裂变。

当然，也可以将设计好的海报提供给群内成员，让他们能够生成自己的海报二维码，用以发圈宣传，配合奖励机制，这样就能更好地促使社群裂变快速进展。最重要的是掌握奖励机制设计原理后，根据自己的社群活动要灵活设计奖励机制。

7.5.4 文案写作

裂变活动中的文案写作分为标题文案和朋友圈文案两部分，无论是哪种文案都需要遵循三个大的原则，分别是用数字、锁定位、利益场景化。用数字是指在文案写作中使用数字，如 7 000 元、5 个技巧、满 100 减 40 等都是用数字的方式；锁定位是指明确地指明此类产品适合哪类群体，如都市白领的下午茶、90 后、00 后等都是锁定位的方式；利益场景化是指具体地描述对方所得的利益，如只说赚钱就不够场景化，改成说每天 90 分钟月入 8 000 元，这才是能让客户产生场景感的描述。如图。

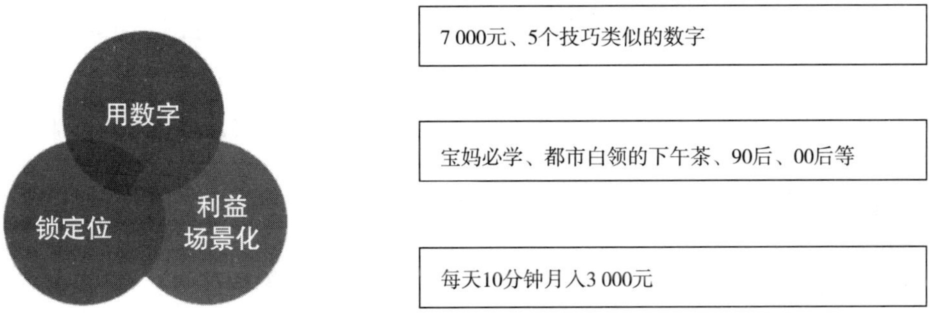

对于标题写作来说，在遵循以上三个原则的基础上，此处也为大家提供了抛问题、下危机、反常理、借热点、引欲望五个写作方向。如图。

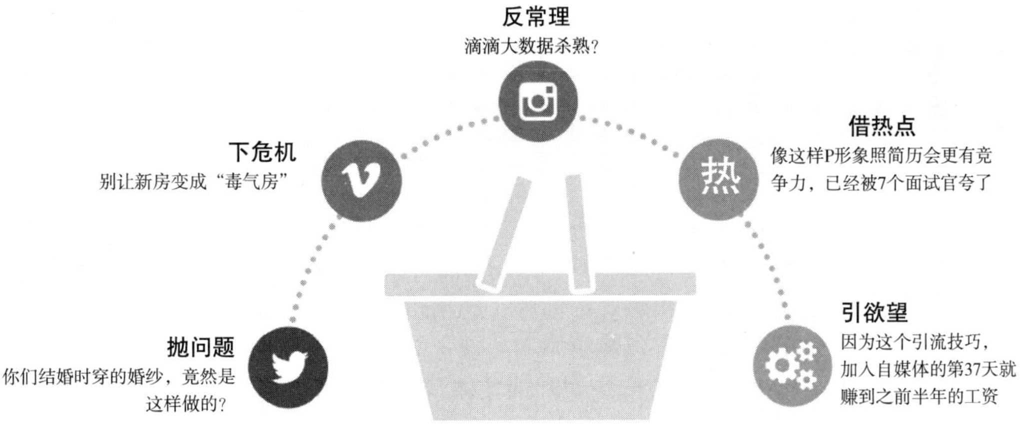

抛问题是指利用疑惑感向受众提出一个他熟知的问题，如“你们结婚时穿的婚纱，竟然是这样做的”；下危机是指通过用户恐惧的事情加强对方的紧迫感，促使对方产生强烈的解决问题的想法，如清理甲醛相关公司的文案，“别让新买的房变成‘毒气房’”；反常理是指表述的事实与我们的认知恰恰相反，从而激发了用户探索答案的决心，如曾经标题为“滴滴大数据杀熟？”的文章迅速传遍全网；借热点是指把自己的产品、技能或事件与热点进行关联，组合出与热点有关的标题，如一名设计师发布的一篇文章的标题为“像这

样P形象照，简历会更有竞争力，已经被7个面试官夸了”；引欲望是指通过为用户树立一个美好的目标引起对方内心的落差感，从而让其产生追求目标的想法，如“因为这个引流技巧，加入自媒体的第37天就赚到了之前半年的工资”。

对于朋友圈短文文案的写作，我们一般采用三段式或四段式的写法，首先我们应该遵循上面讲到的用数字、锁定位、利益场景化三个原则，另外我们可以借鉴抛问题、下危机、反常理、借热点、引欲望五个写作方向写朋友圈短文文案的开头，下面为大家分享几个常见的写作结构。

（1）我用过＋我的收获＋适合人群＋立即购买的理由：

主播训练营开营已经有半个月了，主播训练营的每一条更新都是超级实用的干货，我加入之后做了这些事情：

① 学习了成交的底层逻辑，并认真完成思维导图作业，这些导图是我迄今看到的最完整最有逻辑的。

② 学习了精英主播塑造的5大模块内容，每一个模块都配合案例讲解，通过认真思考很多伙伴也都洞悉了直播中那么多的秘密。

③ 最有意义也收获最大的就是直播实操环节了，大家一起策划直播，一起完成我们的直播首秀。

学会直播还不是收获最大的，最开心的是通过主播课程的学习，我学会和掌握了成交的节奏。

主播训练营的内容都是普通人可以理解的、掌握的，对于很多没有人脉没有资源的普通人来说，可以借鉴的东西非常多。刚加入时我也是零基础，有很多人鼓励我，学习艰难的时候也是最需要被人肯定的时候，所以鼓励式教学可以帮助每个伙伴跨过一个个障碍，成为更优秀的自己。

朋友圈短文文案分析如下：

我用过：开营了半个月。

我的收获：3点收获。

适合人群：没人脉没钱的普通人。

立即购买的理由：效果佳。

（2）我用过＋五感描述＋使用效果：

这是我最近用过的少有的使用感好的面膜（我用过）。这款面膜包装并不华丽，素净的珍珠白外包装袋，却比一般面膜包装更厚实（视觉），从开口处撕开，随着一声清脆的“吱啪”声（听觉），就闻见了带着茉莉花和绿茶淡淡的香味（嗅觉），把面膜纸抽出来，发现这个面膜纸也比一般的面膜纸要厚，摸在手上，还有点软，面膜纸自带一点弹性，显然上面的精华含量也比一般的精华含量要高，精华滴在手上，有一点柑橘清爽的感觉，一点都不腻（触觉）。把面膜敷在脸上15分钟，轻轻揭开，皮肤喝饱了水，水润Q弹（使用效果）。

（3）解决顾虑＋活动信息＋限时限量：

解决顾虑：899元看起来有点小贵，可以买件质量还不错的衬衫，但用这钱来提升自己的学员裂变能力，获得的价值将远超过899元。例如上一期学员，刚毕业半年花899元报名了训练营后，成功换岗，月薪直接 8 000 元起。活动信息：而今天报名这个课，早鸟价只要 399 元，一共 5 大模块，20 堂课，相当于每节课仅需不到 20 元。限时限量：这个价格只限今天报名的前 20 位，过后就恢复原价 899 元。如果你最近正在考虑要进行粉丝或学员裂变，不妨立即扫描下方海报二维码报名吧。

除了以上的几种朋友圈短文文案结构外，还有更多的选择，但是基本上都是围绕着问题、解决方案、价值、收获、权威、用户反馈、价格对比、解决顾虑、优惠截杀等要素进行有目标的组合，在实际应用过程中，我们一定可以探索出更多的可能性与创作出更多的精彩文案。

7.5.5 海报内容设计

在裂变中海报作为信息传递的重要载体，直接决定了裂变的成败。海报设计分为内容策划和排版设计两部分，排版设计找专业设计师即可，下面我们进行海报内容设计的讲解，大家可以先思考一下，什么样的海报才算是合格的裂变海报呢？合格的裂变海报有以下三点内容：

第一：3 秒强吸引，即主标题 + 副标题 + 锁定位这三个部分要在 3 秒完成对受众的强吸引。

第二：价值与信任，要挖掘出产品的客户价值，并以具体场景化的特性取得信任。

第三：营销与成交，要有促单的营销策略，并且要钱的理由要明确合理。

根据以上三点内容，我们可以对裂变海报的内容构成提炼出 9 个要素或内容模块，它们是根据人们的认知心理动线进行的内容布局。在海报设计中丢了谁，谁就会偷走你的转化率。

第一个是主标题，它是一张海报的核心，它是核心的价值点和个人定位的不同角度的呈现，主标题必须是痛点、需求点或用户所得，可以进行适当放大但是不要夸张，因为大家对社群都有认知，真与假大家都可以感受出来。痛点是指当用户在使用产品或服务的时候，因为某个接触点产生了抱怨，有不满的或痛苦的情绪，有痛点就会产生需求点，而我们的产品核心价值就是用户所得。它们三个是相互关联、相辅相成的。

比如卖英语课程的，关注的就是家长不会英语、没时间教孩子的痛，需要别人辅导是需求，孩子学会英语提高了成绩是用户所得；卖营养品的，关注的是有人身体出现了问题，这是痛点，病人想要恢复健康，这是需求点，达到身体健康吃饭很香是用户期望的结果。

主标题的字号一定要大，为什么呢？ 因为我们要用标题“进攻”用户的心理防线，吸引用户。那么大到什么程度呢？就是大到在朋友圈发动态时，不点开都能看清标题内容。想要大，字数就不能太多，再者字多了用户获取信息的时间就长了，这些都会造成用户关注度的下降。

第二个要素是副标题，它需要的是用一句话再次证明主标题的真实性，或者延展至具体场景化的几个需求点或者支持点，这里要求我们必须写出产品的一句话卖点来配合主标题“进攻”人心。

第三个要素是锁定位，为什么要锁定位呢，因为我要让你觉得咱们之间有关系，这样你才会关注，比如我在群里说一句话，你可能不回复我，但是如果我 @ 你了呢？

锁定位有两个维度：一是用户群的定位，例如：主播必学、毕业生必看、应届生专属等，他们都是人群定位，但是他们的范围不同，带来的结果也会有差异。

比较简单的例子就是，如果我今天 @ 所有人来上课，那你可能因为忙不回复我，但是我如果只 @ 你一个人，那你回复的可能性就会提高很多倍，可同时我也会失去其他人的回复，所以这就是人群定位是否精准对互动率和成交率产生的影响。

二是锁产品的定位，这是什么呢？它是找出产品核心属性的关键词，并把产品的关键属性展示给用户，它有助于用户用最快的时间了解你的产品，关键词用得好，马上就能引起用户的兴趣。

第四个是产品图片和产品基本信息内容，产品照片建议找专业摄影师拍摄。

第五个是用户所得和痛点，在最开始我们用几个字的标题把别人吸引进来了，我们得负责，要不对方肯定走了，这里就是要把解决用户什么问题，或是学完之后可以得到什么结果讲清楚。

在写作上，我们要写产品的好处，但重点是要写具体场景，不要过多使用形容词，因为形容词太抽象，占据心智的力量太弱。很多文案老师都是这样，讲完之后再举一些例子就结束了，今天我们从另外一个很实在的角度去理解一下。

比如：待机时间长，长是多长？没有任何概念，如果有人向我们这样介绍产品，我们肯定会反问，可以待机多长时间呀？可是我们发个裂变海报出去，客户没有机会问，对吧？所以我们要直接回答。这也就是为什么文案要是具体场景化的，我们一定要记住，文案写好后，想一下如果客户提出疑问，自己还能不能继续解释，所以我们要给客户的是最终的解释。比如震撼音质耳机，如果客户问我们震撼是什么效果呀，我们怎么回答？换个角度，客户讲我们不知道的名词，我们是不是也肯定不能理解，所以要说客户有场景感的事情，这里记住“感同身受”这个词。

第六个是权威背书，常见的是大咖推荐、大咖自用、大咖联名、优异项目经历，这个需要注意的是要用目标受众认可的大咖，即便和这样的大咖没有什么关系，我们也要找机会去嫁接关系。

第七个是价格锚点，它是指不同时间、不同空间、不同关系的价格差，这个很好理解，例如一款文案写作力课程，原价 399 元现价 199 元；群内购买 199 元，群外购买 399 元；红娘老师推荐 199 元，其他人 399 元。原价和价格差的原理是塑造价值感，所以一定要有并且合理，永远不要说免费，也尽量少说价值 399 元的课程。价值和价格是两个概念。价值是抽象的，在这里也是不确定的、自我定义的概念，价格是实实在在的真实标价，价格比价值的分量重。

第八个是行动指令，其实就是营销，促动客户在最短时间内行动的营销，如特价策略、涨价策略、赠送策略、已报名多少人策略、开班在即、学完即用等都是属于行动指令模块的。如图。

第九个是成交入口。成交入口是用户与我们建立联系的方式，现在基本上都是二维码。二维码分成很多类，个人二维码、粉丝群二维码、直播间二维码，等等。我们需要评估设置哪种二维码合适，这个要回到整个引流裂变方案的定位上去看，一般做裂变的都是属于低价或者公开课。

入口显著度指的是二维码的位置和大小，首先它的位置放在视觉动线的末端最合宜，再者就是大小的问题，如下图，二维码如果太大的话那就比较露骨，企图心太强，反而适得其反；如果太小，就会被当作一个装饰物忽略掉，这个过程需要我们根据画面实际情况多调整，感觉几次，因为设计中的大与小都是相对的，只有找到合适的尺寸，才能既不让受众反感还能及时引起受众注意，引发对方在脑中形成付不付款的反问。

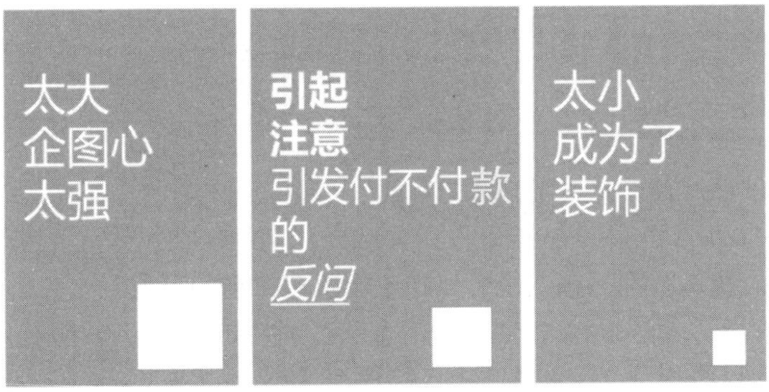

二维码下面要求对方马上付款抢占名额的文字一定要有，不要放弃任何一个能引导对方思考付款问题的机会。

7.5.6 裂变工具

社群裂变简而言之就是用户通过某张海报入群，或通过消息群发 / 朋友圈入群，或者通过种子用户分享传播入群，一层一层地实现指数级裂变的过程。

工欲善其事必先利其器，裂变初期用户流量会非常大，可能会快速裂变出很多个群，那么随之而来的问题就会产生，这么多的社群，谁去维护，如何互动？这时候运营人员会面临一个困境，人手不够，想要照顾到所有用户，互动质量就很难保证。

此时，我们可以借助社群管理裂变工具，最基础的两个工具，一个是群活码，一个是群机器人。

如果会使用群机器人 + 群活码，可以减少大量的人工重复性工作，社群运营管理只需要一个后台就可以裂变并管理多个群，同时还可以收集各类数据，全部可以由机器人搞定。

在网站搜索群管理工具，会有很多软件或者 APP，你可能不知道选哪个更实用，那么建议选一款好的社群裂变工具，至少需要具备以下四个核心功能：

第一，能够自动建群，可以自由调度，当群不够用时也能自动补群；

第二，活码系统要足够稳定，并且能自动更新群二维码；

第三，能自动发放入群欢迎话术和群消息，让每一位用户都能及时收到信息；

第四，需要具备一定的社群管理功能，以便用户拉新完成后顺利过渡到下一个运营阶段。

群活码

群活码要保证微信群二维码不受微信群人数限制，可以无限制地进群，一般的群活码都可以实现，不过这样自动化拉群每个群基本只能有 100 个人，快满员时会自动在跳转页面中显示另一个群的二维码，突破了用户入群的限制，这个技术通常是在裂变活动中使用。

群机器人

群机器人在社群裂变的技术上是很有必要的一个工具，不仅可以触发裂变过程的便捷性，还能为群裂变之后的社群管理和运营工作作出许多智能化贡献，大大地节约了人力劳动和时间的投入。

群机器人可以实现哪些功能？至少对于社群裂变而言，不可或缺的社群功能有哪些呢？

（1）设置入群欢迎语：可以帮助你打造个性、新颖的欢迎方式，让进群者在第一时间内感受到群主的热烈欢迎，从而留住入群者。

（2）关键词自动回复：用户在群里发送关键词，就可以收到运营者提前设置好的内容，利用关键词回复，快速解答问题，也可以衍生出很多有趣的玩法。

（3）批量修改群公告：群公告和群发消息的区别在于会不会 @ 所有人，对于重要的、希望每个群成员都看见的消息，批量修改群公告会使工作效率更高。

（4）广告过滤：很多人可能不知道，群内广告其实是一个“黑产”，“广告党”们会有组织地潜入各种群里发广告，原本健康的群，很可能因为一个“广告党”而废掉。所以，广告过滤是非常必要的一种手段。

（5）自动踢人和黑名单：同样是防广告的功能，当用户触发某些敏感行为(比如发公众号名片、小程序、链接或者某些敏感词)时，就会被移出群聊，并加入黑名单(可考虑是否设置开启)。

（6）数据统计：该功能支持查看每日入群、退群的人数，以及群成员拉人进群的数量。有数据才能追踪到活动的效果，所以数据统计也是群机器人必备的功能之一。

（7）标签入群：用户可以选择特定的标签，而进入不同的群。

（8）群分组：当需要管理大量群的时候，分组功能就显得重要了。将相同属性的群归为一组，就可以以组为单位进行管理，非常方便。

（9）群发消息：它是运营者与用户沟通的重要渠道，可以同时转发消息到多个社群。

（10）多群转播功能：社群语音课程，可以同时转播到多个社群内。

功能如图：

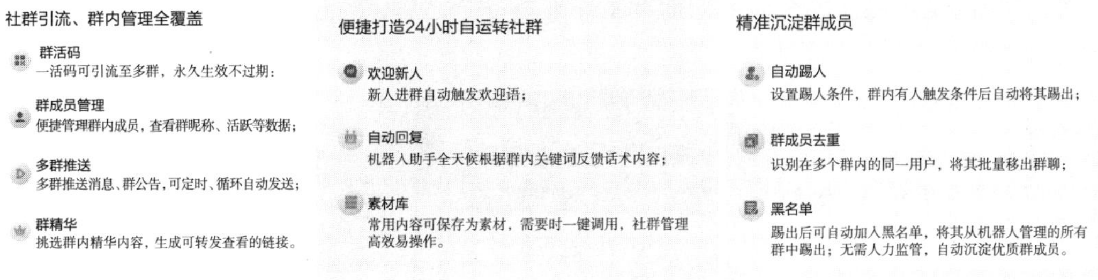

群机器人后台（如图）：

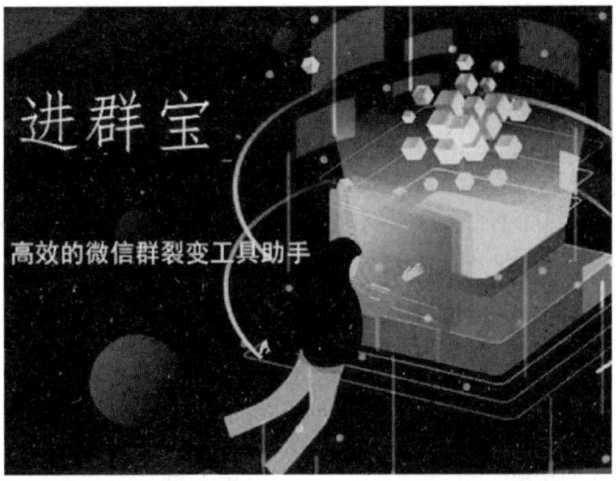

群工具使用期间需注意的问题

第一，一般的群管软件机器人都是需要商家自己的微信号，这会面临一个问题，群机器人的功能之一便是可以大量发送消息，如果同质化的内容发送过多过频，很容易被封号，所以对使用者来说，应避免太过大量地频繁发放同样的内容，可以按一天中不同的时间节点发放，避免被封号。

第二，下载了群机器人之后，需要自己多研究各个使用功能，熟悉之后，再设置自己需要的内容，选定群消息需要设定多群发放的社群，统一管理，特别是群语音转播的情况下，需要提前设定好转播时间段。

7.5.7 裂变流程

前面讲了建立社群之后需要找到种子用户，然后设计奖励机制，抛出超级诱饵，运用海报的设计、文案的创作，借助裂变工具，最后通过裂变流程，达成社群裂变的目标，产生社群变现的全步骤。那么裂变的前期工作准备齐全之后，通过裂变流程的操作，即可呈现我们最终要的成果。如图。

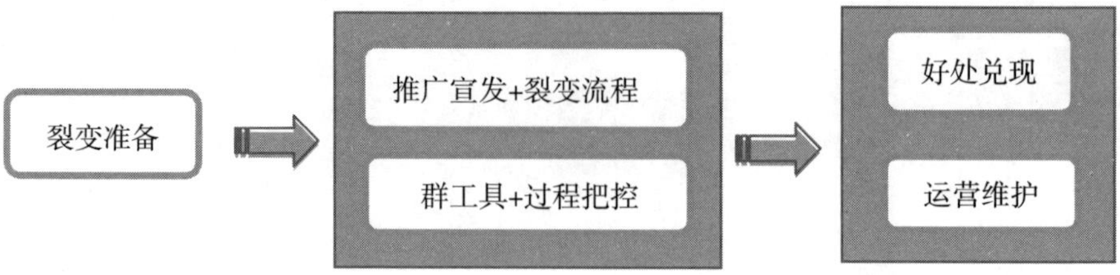

第一个环节：裂变准备。

社群裂变的流程开启之前，需要做好哪些准备呢？

设定活动主题：裂变群目标和活动变现目标；

设计超级诱饵：超出意料的价值，找到低成本高价值的具有诱惑力的产品或者活动作为吸引用户的福利；

设置奖励机制：激励种子用户愿意分享的原动力，物质和精神奖励，需要核算好投入成本和回报的比例；

召集种子用户：找到初始活跃用户和乐于传播推广的用户；

设计裂变海报：制作本次活动的推广海报，海报上罗列出超级诱饵福利和转发好处等，同时附上进群活码；

文案话术：把本次活动介绍写成文章，需要准备几套文案放在不同的场景中，话术准备需要介绍转发分享的好处并营造紧迫氛围；

社群工具：推荐使用建群宝之类的工具，设置好流量入群时，自动群欢迎的话术、群规、关键词回答等；

运营团队：在活动开始前，将带动氛围的福利照片、视频、预热红包、答疑话术等准备好，以备后期进行数据监控和管理。

如图：准备过程

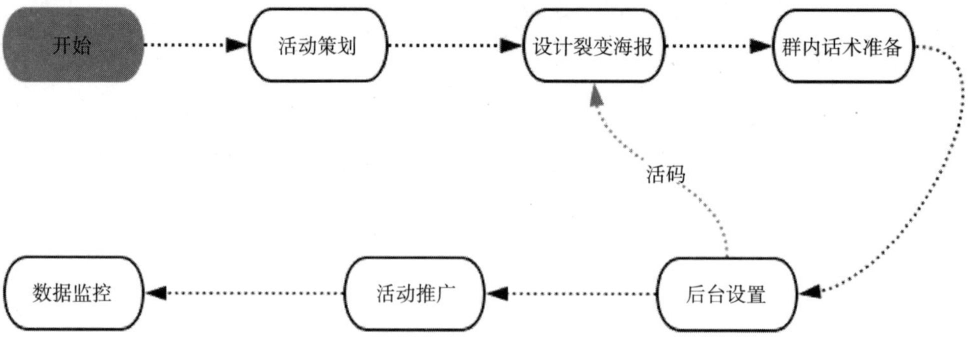

第二个环节：推广宣发＋裂变流程。

流程一共四步：

第一步，将活动福利主题、超级诱饵、奖励机制等信息在初始群里发放，激励种子用户参与，提前 1 ~ 2 天预热，通过红包和激励话术激活活动热度。

第二步，推广引流。将裂变海报通过种子用户分享，通过朋友圈、微信群、公众号等渠道去推广宣发，引导流量扫码进群。

第三步，任务发布。在流量扫码进去后，将群内设置好的欢迎语和要分享任务的话术以及海报自动推送给新进群人员，促动他们去传播。

第四步，循环引流。群内用户推广传播吸引新的用户进群后，新用户收到群内的分享传播任务，再去传播，吸引新的流量。

如图：裂变过程

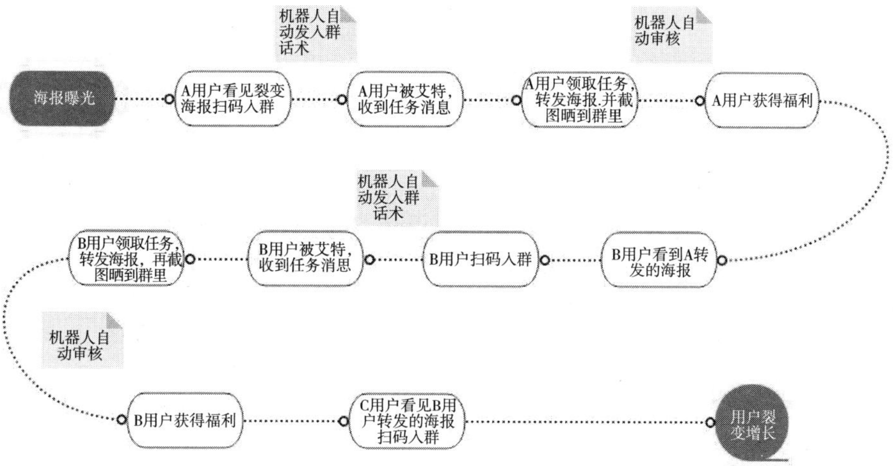

第三个环节：群工具+过程把控。

在整个裂变活动的过程中，需要把控好三个点。

（1）工具：随时检查群工具小助手是否还能正常使用，活码是否失效，自动回复是否失效，等等。

（2）互动：在群内做好氛围带动，多发红包，互动沟通等。

（3）违规者：裂变过程中，经常会遇到在群内发广告或发负面消息的人，要及时发现和调节，最好委婉移出。

第四个环节：好处兑现。

在用户完成了分享传播的任务后，要及时把承诺的好处毫不缩水地兑现，不要让大家失望或产生质疑，如果不能马上兑现的，要与其明确兑现时间和方式。在兑现好处的时候，也可以做如下几点：

（1）鼓励群成员在群里晒领取后的福利照片或视频和感受，体现成果。

（2）给予认可，言辞最好是亲切的、热情的，建议此时不要用机器人，那样显得太无趣、生硬冷淡。

（3）鼓励再次转发分享，活动限时定量，增加时机的紧迫感。

第五个环节：运营维护。

随着社群不断裂变引进新的成员，需要更好地进行维护，群主一定要经常出现，比如打个招呼，问候早安，自我介绍，发个红包等，也需要告知新群员，我们这个群有什么价值，日常会给大家提供哪些好处，1、2、3、4……清晰列举出来。

千万不要群刚刚建好就马上推出产品促销让大家花钱买单，这样会让成员立马产生防备心，心生反感。社群营销的逻辑是先输出价值与内容，培育信任，而后再追求成交，这样才能更好地去转化。

以上五个环节便是一次社群流量裂变的基本操作模式，流程并不复杂，难度也不大，但是社群营销本身是一个需要用心打磨细节、精细每一个环节的工作，只有这样，才能让一个社群持续不断地产生经济价值，带来粉丝的留存转化，输出个人品牌、产品品牌，让社群成为一个最低成本投入的生态化的商业模式。

名词解释

群活码：顾名思义，就是一个可变化的群二维码，活码的本质是一个短网址，内容实际上存储在云端。一旦云端的内容改变，用户扫描活码展示的内容也会随之立即改变。实际上就是一个跳转页面，当你有一大波流量涌入的时候，普通的群二维码是有100人的进群限制的，超过100人需要你手动去拉人，这样你的流量有很大一部分会被拒之门外，活码的作用就在这个时候体现出来了，因为它会跳转页面，所以在一个群快满100人时，会自动在跳转页面中显示另一个群的二维码，突破用户入群的限制，这个技术通常是在裂变活动中使用。

知识要点

1. 种子用户是留存坚持下来的核心成员，非常珍贵，要学会线上线下与种子用户建立强链接关系。
2. 群裂变需要“诱饵”的促发，诱饵足够诱人，就是社群裂变的核心动力，设计超级诱饵的时候要选择成本低价值高，超出预期的产品才有作用。
3. 奖励机制的设计、海报设计、文案设计、群工具的使用都是群裂变的前期必要准备，需要掌握工具的使用。
4. 把握好群裂变流程的五大环节，才能实现真正的裂变效果。

小节测试

1. 下载微商水印相机APP，设置超级诱饵，发一款福利海报，扫码入群引流裂变。
2. 设计一种物质奖励机制，尝试社群裂变的玩法，达成至少裂变出1个群的目标。
3. 挑选一款功能齐全，满足裂变需求的群工具下载并使用。
4. 策划一场福利活动，实操群裂变流程的全过程。

5. 根据群裂变需要的前期准备内容，策划一个活动主题，并需要布置完整的前期准备工作。
6. 通过宣发和推广，达到不低于2个群的裂变目标，并做好后期运营维护工作。

第六节　粉丝运营的成交方法

☆ 要点提示

A. 经营社群就像是经营一家线上公司，最终目标是要实现盈利存活。
B. 顾客不会一日便来，需要慢慢用心维护和经营。
C. 成交变现的真相就是价值交换，学会一些成交技巧可以帮助自己更快获得结果。

☆ 教学目标

A. 通过持续经营朋友圈养客，最后实现成交。
B. 通过视频号的引流方法为自己积累流量。
C. 学习成交的9个方法，掌握核心原理，成为社群成交高手。
D. 通过社群发布直播预告，让自己的直播间人气增加，更容易成交。

我们在前面讲解了社群的搭建、运维、裂变方法，这些其实都是积累粉丝、预热产品、宣传的过程，是一步一步准备成交的过程，就像是买米、洗米，焖米饭的过程一样，最后一步总归是煮成熟饭吃到嘴里，我们学习了这么多经营社群的知识和实操方法，最终目的也是为了要一个好的结果，那就是要我们能够通过粉丝运营来变现，并且要能够拥有持续变现的能力，我们可以把这个结果总结为两个字“成交”，简单而直白。

其实，社群就像一个公司，只是搬到了线上的微信生态里，借助别人的平台生长出一个自己的产品公司，整个过程就像开公司一样，那么一个经营成功的公司，考验其成果的方式就是盈利，或者是其他的价值体现。当然，我们最想要的就是经济价值。

只要我们还使用微信社交，就少不了社群，或许每个人手机里都有 *N* 多个社群，而社群和社群之间也是有差别的，最初的社群经济价值体现就是微商，纯属卖货，但如今逐步趋于成熟的社群，其运营的核心是将物品转为人，把流量转化为关系，把价值转为价值观。也就是通过个人的IP品牌影响力、经营关系、输出价值观，让社群产生更长久的黏性，不仅可以吸引更多同频的粉丝，也可以扩大影响力，让变现自然而然地发生。

任何社群都有自己的生命周期，群主唯一能做的就是延长生命线，这就需要学习朋友圈养客的方法，抓取粉丝注意力，运用成交技巧实现成功变现，拥有粉丝经济价值体现。

7.6.1 朋友圈养客

朋友圈内的流量都是我们的私域流量，有一些是熟悉的人，还有一些是不知道在哪里添加的陌生人，再就是从公域流量转化过来的粉丝，是认识你的陌生人。其实，通过二度人脉法则原理，我们熟悉的人大概不超过250个，那么微信里剩下的几千个好友，都属于不认识的陌生人，朋友圈的经营也是为了把这些私域流量内的陌生人转化为我们可以变现的流量资源。

那么你能和陌生人快速建立关系吗？你知道如何在朋友圈养客吗？如何让看到你朋友圈的人想要和你交朋友，想要私信你，想要持续关注你？下面介绍一些方法。

朋友圈养客的方式技巧，整体分两个大板块：朋友圈价值观输出＋朋友圈养熟激活。

◎ 朋友圈价值观输出

价值观一致是使关系持久的发动机，朋友圈的展现需要塑造你的价值观，可以借鉴我们前面分享的朋友圈打造“5有原则”即“有情”“有料”“有品”“有趣”“有种”，让每天朋友圈输出的内容是非常人性化、人格化、生动有趣的。通过经常发圈展现你的动态和价值观，就会慢慢养客，让别人更多地去了解你、认识你，甚至想要跟你做朋友。以下几种方式，可以构建起你的个人品牌和价值观输出：

（1）生活方式分享。

让粉丝了解你之为人最快速的方式就是展现你的生活状态，知道你这个人在生活当中是个什么样的人。生活态度是可以感染粉丝的，如果想给粉丝留下一个有亲切感的印象，可以发一些居家做饭、看望父母、好友相聚、打扫房间、旅行收获等，让人感觉你热爱生活，生活状态很健康，品味越来越高的朋友圈，这样别人才会被你所吸引，吸引力是最好的销售手段。

（2）价值信息分享。

朋友圈不能只是吃吃喝喝，而要分享一些行业干货、行业信息，需要思考你的粉丝到底想要看到什么内容，思考哪些内容能够给他们提供价值，带来帮助。例如，你的用户是宝妈群体，那你就应该思考宝妈到底需要什么，她们也许需要护肤保养知识，需要育儿经，需要家庭日常生活知识，需要烹饪知识等，你的定位决定了你的内容，所以先思考定位，再思考你的内容。一个没有价值点的微信是没人愿意关注的，持续输出有利于他人学习的内容，就是在展现你自身的价值。

当你有了价值，自然就能吸引更多的粉丝！当粉丝在你的身上获得价值了，黏性自然就有了，并且理所当然就会信任你，因为你是专家、行家。

（3）情感共鸣分享。

分享一些容易触动人心，让人产生共鸣的经历。人都是情感动物，当你某一方面让人产生共鸣了，也就让人信任你了，要懂得情感营销，如经常分享一些自己人生的经历，一些触动人心的故事，通过这些分享能够吸引一大批粉丝关注你，并且可以让现有粉丝更充分地了解你，从而喜欢你。

（4）受益体验分享。

朋友圈粉丝变现，最重要的是让别人知道你在做这个产品，并且你也是这个产品的受益者，别人为什么会信任你？就是因为你自己先体验了，因为体验好了你才愿意拿出去分享，一个好的产品一定首先自己是受益者，然后通过分享传递给身边更多的人，才能说服你的粉丝也来购买。

要切记的是：朋友圈一定要连贯，比如你收了钱，客户买了货，就会有聊天记录、下单收钱截图、售后反馈等内容，这些也一定要发圈展示，一是要展示你的产品好，有人愿意买单，二是展示你的工作有真实结果，让别人看到你努力的成果。所以，养客还要在朋友圈真实地、连贯地晒成果。

◎ 朋友圈养熟激活

俗语说，一回生二回熟，就是指我们认识了一个新的朋友，刚开始很陌生，第二回见面就可以变成熟人了，多次联系就能变成一个好朋友，这就是一个养熟的过程。变成熟人了就会了解你，对你产生信任，那么会更容易产生后期的经济价值。

下面介绍一些朋友圈养熟的基本方法。

回复点赞和评论。

当你发的朋友圈被点赞，或者有人评论了，那么就要及时地给予回复，或者是表达感谢，语言诙谐幽默一点更好，容易让人产生好感。那么通过这样一来二去的相互回复，就会让对方加深对你的印象，就和陌生人有了第一次的交流和切磋。

主动往来。

第一种方法是把给你点赞评论过的人，微信名称前面加个特殊符号，作为只有你知道的标识，因为他们给你点过赞，就是说关注过你，那么当他们发朋友圈的时候，你也应该给予及时的点赞或评论，表示同样关注，最好是多次点赞和评论留言，让对方知道你也关注了他，而且还能产生共鸣，这样在无形中就有了默契和交流，也促使你与他慢慢变成互相关注的熟人。

第二种方法是对于给你发的朋友圈作出评论的人，可立即主动私信交流，因为朋友圈评论区回复一两次就差不多了，想深入交流下去的话，太多的内容在评论区无法体现，这时最好的方式就是直接私信，和对方直接发生深度联系。私聊破冰的方式本书前面已经讲过了，可以借鉴使用。这两种方式的主动权都在你手里，可以快速养熟朋友圈。

激活旧关系。

朋友圈里也有很多是见过一次面就加了微信，后来没有再联系过的陌生人，还有一些是曾经认识，但是很少交流的朋友，这些人脉也同样需要激活变成熟络的人。如何激活呢？那么最简单直接的方法就是点开对方的朋友圈，看看他最近的生活内容和发圈状态，针对一些你也感兴趣的图片或者视频，直接转发给对方，开始沟通，比如转发一张对方出去旅行的图片，可以说："哇～看你最近去了云南啊，景色好美啊，我也去过一次，很怀念啊，看你最近状态挺好的，感觉生活得不错呢！"这样因为对方的经历而触发的一些聊天，就开始拉近距离，从过去不怎么联系又慢慢变成熟人。那么，接下来的交流就会过渡到介绍你自己最近在做什么呢，也会引发对方去看你的朋友圈内容，就可以去分享你的工作或者产品。

但是，也不要一上来就推销自己的产品，有句话是这样说的：先有问题，后有需求。如果你还不知道对方有什么需求，千万不要立即和盘托出你的产品，让人明显感受到你的目的，就会弄巧成拙。多交流，慢慢发现对方的需求和痛点，再合理地分享自己的产品，这是一个很关键的因素，顺理成章地给对方提供一个解决方案，你会发现，前面所有的铺垫，都是值得的。如果发现对方没有任何需求，可以不提自己的产品，以免给对方造成困扰。

毕竟，养熟不一定全部都是为了快速成交，还需要有耐心，慢慢经营，细水长流。

课后作业

通过朋友圈养客所教的方法，在自己的朋友圈开始实践，成功激活3个陌生人。

7.6.2 视频号引流

视频号的价值

微信视频号是一个人人都可以平等创作和分享的平台，是在2020年3月出现的一个基于微信生态链上的新平台，它不只面向机构或者媒体，每个人都可以创建视频号。

10亿日活的微信，拥有强大的社交关系链，这将会让视频号的内容分发，在社交推荐上有很强的爆发力。也就是说，在你的微信朋友圈里，如果你的微信好友看了视频号里的一条视频，并且点了赞，那么就会在视频号里显示一共有几位好友点赞了这条视频，如果有多位朋友看过并点赞，内容的权重将会被不断放大，推送给更多相关联的好友，增加观看流量。另外，视频号还会根据地理位置做推荐，发布视频号的位置也可能会带来一部分的流量。

况且视频号下方链接已将直播功能和小程序商城打通，让用户购物体验更加完善，也让微信生态功能更加强大。拍视频的门槛比图文创作的门槛更低，而它的内容丰富度和商业化空间又非常宽广。

视频号想象空间很大，它并没有让微信更臃肿，只是辅助现有的微信公众号平台，服务每一个想要创作或者分享的人，给他们提供更完善的选择，丰富微信这个工具的使用功能。

视频号引流方法

那么，怎么通过视频号进行引流，来提升视频号的影响力以及收益呢？作为微信新推出的一个功能，加上微信本身拥有巨量的用户基数，主播或社群主也可以借此来帮助自己获得更多的流量和关注度。

下面介绍六个微信视频号引流的方法，让你利用视频号积蓄私域流量，让更多的粉丝加到你的微信。

（1）个人简介引流。

个人简介引流，一共分为两种：第一种就是通过个人简介留微信，写出你是谁，你是干什么的，你能提供什么，然后留上联系方式，可以留公众号，也可以留微信号。留微信号的时候，也可以提示送点资料福利什么的，如免费的交流群、行业运营资料等，以此来增加引流的转化率。第二种是引导私信，就是在简介里面留关键词，引导粉丝关注并私信你，然后送他福利，这种方式可以吸引很多第一次关注你的人迅速加你微信。当然，别人加你微信，你一定要及时通过验证，并且和对方打个招呼，如果有送福利的承诺，也应立即兑现，以免对方被冷落而导致失去持续关注的兴趣。

（2）扩展链接引流。

视频号下方可以挂扩展链接，扩展链接可以直接挂公众号文章，这个为引流带来了极大的便利，首先可以挂与视频号内容相同的公众号文章，视频结尾的时候，加一句“更多讲解可以点击下方文章”，就可以给自己的公众号增加阅读和关注。

也可以用扩展链接引流到个人微信号，引流可以直接在标题文字写上“点击链接”“加我微信”等字样，用户点击链接进去，就是你的个人微信号，就可以直接添加了。标题里面最好带有免费的福利，吸引用户点击，文章里面一定要有群二维码，吸引粉丝加群。

（3）链接到小程序 / 小商店。

还可以直接把小商店或者小程序链接到下边，用户可以通过视频号的号主个人信息那里直接点击进入小商店或者小程序，给个人微信号进行引流。

如果想经营视频号，建议大家还要建一个公众号，注册很简单，你可以不写公众号，但是借助它来引流和承载一些内容，还是很便利的。链接公众号、小程序，都需要你先写一篇送福利和引导添加微信的文章发出去，然后就可以添加到视频号下方了。

（4）本地位置引流。

本地位置引流会吸引同城的人关注你，当别人看到你的视频，发现是同城时就可以添加微信咨询了，最好是在主页上显示福利信息，或者是写明可以提供的帮助，这样让对方更加有指向性地通过视频号加微信。本地位置信息是可以修改的，只需要点击位置，然后输入你想改的位置。如果在当地有线下店铺，这就是最好的引流方式了。

（5）下方文案区引流。

文案区引流的方法也是留微信，这个引导文案一定要设置到位，可以是个人简介 + 经历 + 微信，或者是视频简介 + 福利 + 微信，需要提示大家注意的是，如果你编写的文案超过两段话就会被系统自动折叠了，其余的内容在界面上是无法看到的，用户需要点击展开才能看到，所以，尽可能用简短的表达方式编写文案标题内容来引流。

（6）评论区蹭热度引流。

在一些热门视频下面，发送自己的引流话术，进行引流，比如有的人视频播放量已经是 10 万 + 了，意味着很多人认可这条视频，那么你可以发表弹幕，或者在评论区发表言论，也会有人想要认识你，但是切记评论一定要跟视频相关，不然容易被号主删掉评论。

最近已经有越来越多的人开始习惯使用视频号了，视频号已快速融入微信生态中，成为了微信流量闭环的一部分。对于私域流量来说，视频号是一个不可多得的、离私域流量最近的公域流量池。

还有一点特别重要，你的视频号主页图需要精心设计，以及你的简介都需要用心打磨。这样引流过来的用户才能快速知道可以在你这里获得什么，不然引流过来意义也不大，别人看一下就走了。所以，在微信视频号这个生态里，想要吸引流量粉丝，还是要精创作品和内容，才能引起更多的人关注，能够持续创作短视频内容发布，才是视频号里能够获得价值的根本。最重要的还是要找到适合自己的内容输出，深耕于此，慢慢就会得到越来越多流量粉丝，通过社群转化为经济价值。

7.6.3 成交的九大要素

我们学习主播能力、建立社群、引流裂变等，目的是什么呢？就是成交，拥有成交的过程，才能产生变现的结果。在社群运营的过程中，可以说最后一个重要的环节就是成交了，只有成交才能让前面所有的工作变得有成果，更有价值。

那么成交的本质是什么呢？你认为什么是成交？

有人说是成功卖出东西，有人说是获取结果，有人说是满足了客户的需求，也有人说成交就是建立客户的信任，从而达到商品的成交，各种各样的答案……其实这些答案都对，成交就是一种互换价值的共赢。

同样的产品，同样的店，同样的价格，同样的优惠，有的人能卖出去，有的人卖不出去，有的人很快卖出去，有的人很困难才能卖出去，有的人卖出去以后客户再也不来了，有的人却能不断地获得复购转介绍。到底是什么原因呢？不是产品的问题也不是价格的问题，而是销售者自己的问题，在于你能不能影响客户。只有掌握了一些方法和技巧，才能真正影响客户。记住一句话，只有卖不出去货的人，没有卖不出去的货。

如果你掌握了一些影响客户的方法，那么你成交的能力就强，获得的成交结果就会更好，所以，成交也是有方法的。

下面将为大家介绍九个成交方法。

第一个：成交心法，开口成交。

其实是心理战术，只要你敢开口，你就有机会成交。

成交，必须要大胆地说出来。只要开口，你可能就有一半的机会。只要开口，就算对方没买，没成交，你也没有损失。

给大家分享一个成交的金句：“您就买了吧！”

很多时候，客户是需要有人帮他下决心的，哪怕这个帮他下决心的人就是你自己。你不要在他犹豫的时候问他：你觉得怎么样啊？好还是不好？要还是不要？还有什么意见呀？不要问这些问题，而是说，“没有什么问题，您就买了吧！”你只要把这句话说出去，他就可能成交。如果你不说，他在那一直犹豫一直纠结，说再等一等，再看一看，可能就走了。这个成交的心法，其实没什么技巧，很简单，但是很多人不懂，不敢讲，就会让交易不了了之。

第二个：价值交换。

成交的本质是什么，最好的成交又是什么？

最好的成交就是“你刚好需要，我刚好专业”。我和你成交是为了帮助你，是为了成就你，是为了爱你。乔·吉拉德有一句名言：成交一切都为了爱。你刚好需要，而我刚好能满足你。所以成交的本质，就是一场等量的价值交换！

分享一个案例，这个案例的标题叫“换出美好人生”。从2005年7月起，一个加拿大外卖员——凯尔·麦克唐纳利用互联网，用一枚红色曲别针开始与人交换，换回一支鱼形笔，再把笔换成小件艺术品、汽车……就这样，随着物品的变化，麦克唐纳最终没花一分钱，换回一套漂亮的双层公寓！这个内容曾经上过新闻。

这个案例告诉我们什么道理呢？其实，成交很多时候就是一种交换。人是群居的动物，生活中每一个人无时无刻不在跟外界交换。如果你懂得了交换的原理，你会把销售做得更好。在交换的过程中，你要懂得如何让别人更愿意跟你交换，你能提供什么交换价值。

凯尔·麦克唐纳这个案例告诉我们，成交当中有一个非常重要的前提——价值交换。如果你懂得对方需求点是什么，不仅可以提供满足需求的商品，还能提供一些解决痛点的方法、咨询、服务，那么你就能无往而不利，成交就变得很容易，甚至对方还会感谢你。所以，我们在成交的过程中，一定要懂得挖掘别人的需求点、痛点，发现自己能满足别人的价值点，再去交换。

第三个：免费赠送。

针对陌生客户，可以说几乎百分百成交的方式，就是免费赠送。

瑞幸咖啡在起步当中，就用到这个非常重要的成交方式。瑞幸咖啡早期开拓市场的时候，会让消费者下载APP，免费获得一杯价值几十元的咖啡。瑞幸咖啡在成交过程当中的重要手段，就是免费赠送。免费赠送一些咖啡抵用券、周边产品，这是非常好的引流方式，可以达到快速获客、快速宣传产品的目的。免费赠送的核心原理就是让别人能够占到便宜，先体验了你的产品，当产生了体验感和好感的时候，你就赢了第一步，进而达到推广和成交的目的。

你想把一个事情做成，要懂得先付出，懂得先利他，先让别人得益处。一个人是先付出还是先得到，决定了这个人此生成就的高度。

第四个：优惠成交法，又叫让步成交法。

这是指通过提供优惠产生诱惑，促使客户愿意马上购买。例如：买二送一，买面膜送洗面奶等。

使用优惠成交法，要注意三点：

（1）给用户“独特感”和“唯一感”，让客户感受到，优惠只针对他一个人。

（2）不要随意就给出优惠，要在顾客犹犹豫豫的时候，再给出优惠，会促使他下决心购买。

举个例子：对不起，在我的权限内，我只能给您这个价格。不过，您是老客户，我给您些额外优惠。但是，我们这种优惠名额很少，您真是赚到了。

（3）优惠成交法需要注意“度”的把握。因为，通过给顾客让利来促成交易，必将导致销售成本上升，若把握不好让利尺度，就会减少销售收益。

第五个：从众心理法。

面对一款知名度不高、自己也不太熟悉的新产品，客户都会有“恐惧”心理，大部分情况下会持有一种怀疑态度，不敢轻易购买。但对于很多人都认可的产品，就容易产生信任和喜欢。这时，我们就可以利用“从众心理”，引导客户下单。

举个例子：客户已经看好一款补水面膜，还有一点犹豫，你可以这样说：“亲，您真会挑，这款面膜是今年的网红款，最近3个月，每天都有很多人买，口碑非常好。”

客户想了想问：真好用吗？你可以继续说：某某明星也都在用，说补水效果好，还在网上推荐了呢，我自己也在用，确实不错呢。

这种做法的原理就是利用从众心理，先说产品很畅销，再拿名人或者身边人举例子强化。总之，让顾客相信，这款产品正被越来越多人使用，这样，很容易让客户有信任感，促使他更快购买。

第六个：害怕失去法。

害怕失去，也是人性的弱点。研究表明，一个人丢失100元的痛苦感，远高于捡到100元的幸福感。所以，我们可以在日常销售工作中，抓住客户这种心理，让他觉得“再不买就得不到了”，加速成单。

具体可以从这几方面入手：

限数量：购买数量有限，欲购从速，每人只能买一个。

限时间：指定时间内，享有优惠、赠品，赠品只赠不卖。

限服务：指定的数量内，会享有一定的增值服务。

限价格：针对明日要涨价的商品，此刻最为优惠。

注意，这种方式不能无中生有，而且承诺的事情，要及时兑现，否则只会伤害客户，损失信誉。

第七个：层层紧逼法。

当一位顾客和你说“我再考虑一下”“我再想想”“过几天再说”“我们商量一下”，这时很多销售人员都会束手无策，会先投降，说，好吧，那您再想想吧，就这样轻易放走顾客。但一名优秀销售员，通常会使用“步步紧逼法”来促成购买。

首先，他们会赞同客户：买东西就应该像您这么慎重，多花时间把价值考虑清楚。看来您对这个产品还是很有兴趣的，不然您不会花这么多时间去考虑。客户一般会认可这种观点。

接下来，销售人员可以问一句：出于好奇心，我很想了解一下您主要考虑什么呢，是我们的产品有不符合你要求的地方吗？

对方可能会说：并不是，你们产品挺好的。

这时，还可以再问：那是您觉得价格有点高了吗？

层层逼近，不断发问，几个回合，客户会说出他所担心的问题。这时，你只需要解决客户最担心的那个问题，就很容易成交了。

步步紧逼法，通常适合性格上比较谨慎纠结的客户。

第八个：总结利益成交法。

把产品特点与客户内心需求点密切结合起来，总结出客户最关心的利益，促使成单。

总结利益成交法，由三个基本步骤组成：

第一步：洽谈时确定顾客关注的核心利益。

第二步：总结出这些利益点。

第三步：作出购买建议。

举个例子：王小姐，我们前面讨论过，这种配备高速电机的吹风机（特征）比一般吹风机转速快两倍（优点），能给您节约15分钟吹头发时间（利益），最重要的是，不会伤到头发，还有负离子功效呵护秀发（利益），正赶上优惠活动，价格这么合适，这些都是您想要的吧（试探成交）？如果对方有积极的回应，就可以进一步促单：您喜欢黑色机身还是白色机身？（二选一方法）

使用这种方法的关键，就是你必须把握住顾客真正的需求，有针对性地总结产品优点，不要“眉毛胡子一把抓”。

注意，产品的优势可以反复强调，但不能把不贴切、不真实的内容强加解释作为优点总结，不然容易失去真诚和信任度。

第九个：与竞争对手比较。

我们常常会遇到顾客拿着你的产品和别人家的产品对比、纠结犹豫的情形，这时可以适当地与竞争对手做比较，但不要过度贬低对手，而且一定要跟顾客讲清楚，我们的优势在哪儿，对方相比的劣势在哪儿（一定是客观的，不能是恶意的攻击）。最好是拿出可以对比的利益点，展示给对方看，让顾客快速地了解产品之间的差别，你的产品竞争优势是什么，能给顾客带来什么好处，这样也会让顾客清晰认识到你产品的竞争优势，而快速做出购买决定。

以上就是九个成交的方法和技巧，大家可以发现在其中的一些规律、规则、核心、逻辑。成交是有技巧和方法的，是有心理战术的，你只要学会了，经常去实践应用，也会找到适合自己的方法。

当然，最好的成交就是真诚。你要用心地对待每一个相信你的人，这个时候你的生意就会越做越大，所以你要记得，客户不是一个人，而是一个群体，口碑很重要，所有的坑蒙拐骗，在真诚、真相面前终将无所遁形。你千万不能去伤害你的客户，千万不要急功近利，不要杀鸡取卵，你一定要真正地发自内心地去帮助客户解决需求，这才是真正意义上的成交，当你真心地、持续地站在客户立场去思考，去付出，他一定会感受得到，从而回馈你，成交就会变成自然而然的事了。

先从善，再从商。当你真正变得善良的时候，就是你事业真正开始的时候，事业也能持久地进行下去。

7.6.4 如何通过社群再引流到直播间成交

社群已经是我们留存粉丝的一个线上聚集地了，那么想让这些留存下来的粉丝持续产生购买力，一个方法就是通过社群发布直播预告，再次引流到直播间成交。

因为这些粉丝有些就是通过看你的直播、短视频沉淀下来进入社群的，当然也有一部分是在私域流量里转化到社群的，那么你在社群里当然要经常发布你的直播动态，这样才能让大家通过社群里的消息及时知道你哪天、几点要直播，这个方式比在直播平台上发布预告更快捷，毕竟有些人不是天天都打开直播平台，你什么时候直播，有些粉丝是不一定会知道的。但是微信一定是人们天天都会看的，而且不只一次地看微信消息。

所以，在社群里发布直播预告是最好的，可以更直接地让粉丝快速捕捉到你要直播的信息，从而定时观看。

因此在开播前预热是直播间成交技巧的一大关键，做好直播前预热，并在社群里发布信息，才能吸引到更多粉丝进直播间，而不至于开播时流失掉粉丝。

需要强调的一点是，一定要提前在群里发布直播消息，直播时间如果是第二天晚上 8 点，那么直播预告最迟要在头天的下午 4 点前发布，如果这场直播阵容强大、很重要，那么至少提前三天就可以发布一些预告来引起大家的关注，需要提前设计好预告的海报、文案、短视频、福利，等等。

下面介绍几个通过社群再引流到直播间的方式：

◎ 直播文案预热方式

好的文案能起到画龙点睛的效果，戳中用户的痛点，勾起用户的好奇心。所以，我们可以从文案上吸引用户进入直播间。

（1）清晰的直播主题。向大家展示直播的主题是直播预热文案中最关键的内容，然后还有直播的时间、平台和主要内容。这些内容一定要放在文案最显眼的地方，让群内成员一眼就能看到，方便粉丝在直播前准确了解直播的相关信息！

（2）抛出直播亮点。我们在设计预告文案时，一定要将直播策划的亮点展现出来，只有将我们的直播间渲染得够好才足以吸引到观众。比如说是直播带货，那么产品的卖点、优惠活动都可以作为亮点。又比如是才艺直播，就可以突出主播的才艺和精彩的节目表演。总之，一定要有一个能够抓住用户眼球的亮点。

（3）设置悬念。文案预告中，可以适当地保留一些直播的亮点和福利，给用户留一些悬念，勾起用户的好奇心，激发用户的观看兴趣！比如：今晚直播间还有神秘大礼哦，我在直播间等你来拿！

（4）个人 IP 标签。文案中，可以将你的个人 IP 信息写出来，让别人快速了解你的信息，产生好奇或者信任。

（5）附带直播间链接。这样方便让看到文案想关注的粉丝能够直接点击进去观看。

（6）开播前一天，或者是当天中午就可以将你直播预告的文案发布在社群里，然后 @ 所有人，让大家都能看见此条信息，建议一天之中可以发布 2 ~ 3 次预告，特别是在开播前一小时，需要在群里提醒大家准时观看直播间，可以发一些红包引起大家的热度和关注。

◎ 宣传海报预热方式

通过软件 APP 制作一张预热海报，需要如下信息：

（1）详细地把直播时间和地点写出来，让更多人知道这件事。

（2）清晰描述直播主题和直播内容，让用户提前了解。

（3）上传你的图片，让粉丝通过海报一眼认出你。

（4）可以公布一些在直播中要分享的商品和福利政策信息，吸引大家。

（5）上传你的直播间二维码。

当你把直播预告海报发布到社群里的时候，最好也配上文案，并鼓励粉丝和好友进行二次转发，为直播间吸引更多人气。

◎ 短视频预热方式

短视频预热文案的重心在于，你要告诉别人你将在什么时间、什么场景做什么事，有没有福利，有什么亮点等，激发用户看直播的欲望，例如有几轮红包，会送什么福利，等等。开播前可以多发几个预热短视频，引导用户进入你的直播间。

发布预热短视频时，有这样几种形式，可以提升直播预热短视频的吸引力：

（1）纯直播预告。这类直播预告视频主要是为了让粉丝知道你的开播时间，直接真人出镜告诉粉丝开播的时间和内容即可。

（2）制造悬念。如果你想吸引未关注的粉丝，就需要留点悬念，可以是一些场景或者是故事情节，勾起用户的好奇心，进入你的直播间。

（3）放出诱饵。对于陌生观众来说，如果你的直播预热视频中没有强大的诱惑力，是很难让他们进入直播间的，所以，你可以在视频中放诱饵。而这个诱饵的诱惑性一定要大，例如，直播间会抽奖，奖品是某品牌包包、手机、护肤品等。有了这样的诱饵，你的直播预热视频不需要太长，15 秒内放出诱饵，勾起用户的好奇心，让他们定点进入你的直播间即可。

这几种方法类似于花絮，就像很多电影电视剧播放前会给出一些小花絮，让观众对影片感兴趣。拍直播片段、发短视频也是一样，例如将你上一场直播中好玩的情景，截取一个片段作为短视频发出去，为你的下一场直播造势引流。

以上介绍的三种预热方式可以叠加使用，还需要对直播预热的每一个细节进行优化，不断地用多种形式在社群里让大家知道你的直播时间，可以直播前发预告，也可以在刚开播时立即转发已经开播的二维码或小程序，招呼大家赶紧进直播间，有福利，同样能很好地通过社群引流。只有多次发布推广消息，才能为直播间积累大量人气。

知识要点

1. 逐步趋于成熟的社群运营的核心是将物品转为人，把流量转化为关系，把价值转为价值观。也就是通过个人的 IP 品牌影响力，经营关系，输出价值观，以此让社群产生更长久的黏性，不仅可以吸引到更多同频的粉丝，也可以扩大影响力，让变现自然而然地发生。

2. 对于私域流量来说，视频号是一个不可多得的、离私域流量最近的公域流量池。所以，在微信视频号这个生态里，想要吸引流量粉丝，还是要精心制作作品和内容，这样才能引起更多的人关注，也可以通过六个方法获得粉丝关注。
3. 通过学习九个成交的方法和技巧，发现其中的一些规律、核心和逻辑，让自己能够很有方向地成交。
4. 通过提前设计好直播预告、通过社群发布消息，可以再次引流到直播间实现成交。

小节测试

1. 申请开通视频号并发一条视频，按照介绍的六个方法，分别实操一下。
2. 用成交的九个方法在社群里实践，练就敢于成交的能力。
3. 在开播前，以三种预告方式中的其中两种在社群发布消息，引流到直播间成交。
4. 在朋友圈养客的过程中，实践“成交的九个方法”中的方法，实现两笔成交。
5. 开设一场直播，通过在社群里发布三种形式的直播预告，引流到直播间。

图书在版编目（CIP）数据

直播电商实务一本通 / 北京星播文化传媒有限公司主编；窦敏，李曦，孟迪云副主编. --北京：中国人民大学出版社，2021.12
ISBN 978-7-300-29793-4

Ⅰ. ①直… Ⅱ. ①北… ②窦… ③李… ④孟… Ⅲ. ①网络营销 Ⅳ. ①F713.365.2

中国版本图书馆 CIP 数据核字（2021）第 171412 号

直播电商实务一本通
主　编　北京星播文化传媒有限公司
副主编　窦　敏　李　曦　孟迪云
Zhibo Dianshang Shiwu YiBentong

出版发行	中国人民大学出版社		
社　　址	北京中关村大街31号	**邮政编码**	100080
电　　话	010–62511242（总编室）		010–62511770（质管部）
	010–82501766（邮购部）		010–62514148（门市部）
	010–62515195（发行公司）		010–62515275（盗版举报）
网　　址	http:// www. crup. com. cn		
经　　销	新华书店		
印　　刷	唐山玺诚印务有限公司		
规　　格	185 mm × 260 mm　16开本	**版　　次**	2021 年 12 月第 1 版
印　　张	16.25	**印　　次**	2021 年 12 月第 1 次印刷
字　　数	369 000	**定　　价**	55.00 元